세기가 바뀔 무렵 출간된 이 방대한 주석은 영어권에서 고린도전서에 관한 본격 비평 주석의 오랜 부재를 해소하는 단비와 같았다. 그 후 20여 년이 지났고, 그간 다른 주석도 여럿 나왔지만, 영어 본문을 토대로 한 고든 피(Gordon D. Fee)의 주석과 더불어 이 책은 여전히 고린도전서에 대한 최고의 주석 중 하나로 꼽힌다. 이 주석의 최대 장점은 사유의 포괄성이다. 본문에 대한 자신의 번역을 제공하면서 주요한 해석의 관건들을 소개하고, 본문에서 생겨나는 역사적, 신학적, 윤리적, 사회적 물음들을 신중하게 탐색한다. 문법, 역사적 배경, 수사적 효과처럼 좁은 의미의 해석적 물음도 다루어지지만, 보다 사회적이고 현실적인 차원에 관한 논의도 자주 등장한다. 주어진 본문의 다층적 의미를 가늠하는 이런 전방위적 자세에서 철학적 해석학과 조직신학에 지대한 관심을 가진 신약학자로서의 면모가 여실히 드러난다. 이처럼 저자의 시선은 포괄적이지만, 그의 논의는 언제나 차분하고 신중하다. 이런 신중함은 다양한 해석의 가능성을 소개하며 이를 꼼꼼하게 따져보는 학문적 대화의 성실함과 맞물린다. 방대한 분량의 논의 속에서 서로 다른 견해들과 마주하는 것이 부담일 수 있지만, 본문의 정확한 의미를 탐문하는 이들에게는 더없이 반가운 선물이다. 핵심적 사안에 관해서는 고대에서 현대에 이르는 해석의 역사가 제공되는데, 이 '영향사'(Wirkungsgeschichte) 역시 이 주석을 더 유용한 것으로 만든다. 각자 다양한 삶의 자리에서, 고린도전서를 읽으며 그 뜻과 씨름하는 이들에게는 무엇보다 유익한 묵상의 동반자가 될 것이다.

권연경 | 숭실대학교 기독교학과 신약학 교수

고린도전서를 전문적으로 연구하는 학자들이 앤서니 티슬턴의 『NIGTC 고린도전서』 주석을 참고하지 않는다는 것은 상상하기 어렵다. 최고의 위치를 인정받고 있는 이 방대한 주석이 한국어로 번역 출판된 것을 기뻐한다. 그리스어 원문을 충실하게 다룬 주석으로 원문의 의미를 파악하는데 유익하다. 고린도의 문화와 사회-역사적 배경에 근거한 티슬턴의 고린도전서 주석은 해석의 지평을 더욱 넓혀주고 있다. 이 책이 영어권에 미친 긍정적 영향이 한국 학계와 교계에 이어질 것이 분명하다. 고린도전서 연구에 새로운 바람이 불어오길 기대한다.

김현광 | 한국성서대학교 신약학 교수, 전 대학원장

신약학과 해석학 분야에서 세계적인 명성을 지닌 앤서니 C. 티슬턴의 『NIGTC 고린도전서』는 엄청난 분량의 참고자료와 함께 치밀하고 철저한 본문 분석을 제공하여 독자를 단번에 놀라게 한다. 기존에 출판된 다른 주석서들의 양상과는 다르게 이 주석은 고린도전서 원문에 대한 문학적이고 수사학적인 분석과 함께 이전 역사로부터 현재까지의 연구 상황을 추적한다. 또한 본문 이해에 필수적인 신학과 윤리의 과제 그리고 사회-역사적 배경을 신중하게 다뤄 최고의 주석임을 입증한다. 결국 독자는 고린도전서를 1세기의 관점에서 해명하는 저자의 탁월함에 기대어 바울의 의도를 구체적으로 파악할 수 있으며, 특히 21세기 교회가 맞닥뜨린 성(gender)과 결혼에 얽힌 복잡성을 해결하는 데 큰 유익을 얻는다. 궁극적으로 본서는 설교자와 신학도들이 반드시 소지해야 할 주석서가 확실하며, 모든 독자는 본 주석의 설득력 있는 해명에 빠져들게 될 것이다.

윤철원 | 서울신학대학교 신학전문대학원 신약학 교수

도시를 여행할 때, 그 도시의 내부 곳곳을 명확히 그려놓은 세부지도가 꼭 필요할 때가 있다. 고린도전서라는 세계로 여행할 때도 이런 세부지도가 필요하다. 고린도전서 전체 윤곽은 대체로 알려진 듯하지만, 그 내부 본문의 진짜 모습과 의미는 아직도 흐릿한 부분이 적지 않다. 티슬턴의 『NIGTC 고린도전서』는 이 서신의 곳곳을 꼼꼼히 연구하고자 하는 여행자에게 꼭 필요한 세부지도 같은 주석이다. 방대한 지식과 풍성한 자료가 빼곡하게 채워져 있다. 사회역사적 배경에 대한 자세한 연구 결과를 들을 수 있고, 본문을 깨닫고자 노력하는 학자들의 깊은 고민과 유용한 저술을 쉽게 엿볼 수 있으며, 실타래처럼 얽혀있는 본문의 난제를 독특한 방식으로 해설하고 풀어가는 저자의 해결책을 새롭게 맛볼 수 있다. 읽다 보면 석학들의 난상 토론 세미나에 참석해 그들이 갑론을박하는 수려한 논의를 듣는 것 같은 착각을 하게 된다. 고린도전서를 읽고 고민하며 그 답을 찾고자 하는 사람들이라면 꼭 옆에 두고 보아야 하는 책이다. 독자는 본문의 참뜻을 찾고자 노력하는 저자가 지닌 사고의 깊이와 넓이와 무게에 놀랄 것이며, 그 노력의 결실로 전달해주는 신선함의 선물을 기쁨으로 누릴 것이다.

이진섭 | 에스라성경대학원대학교 신약학 교수

의심의 여지 없이, 이 책은 고린도전서에 관한 가장 권위 있는 주석서다. 고린도전서에 담긴 바울의 사상들을 역사적, 언어적 문맥 속에서 드러내고, 본문 속의 다양한 신학적, 윤리적 쟁점들을 균형 있게 헤쳐나가면서 그 현재적 함의들을 풀어내는 일에 티슬턴만한 적임자가 또 있을까? 영국 교회의 성경 교사요 지도자로서 신학의 한 분야에만 안주하지 않고 해석학, 조직신학, 신약학, 실천신학 사이에서 끊임없이 정진해온 저자의 신학적 여정은 이 책 속에서 고린도전서를 정원 삼아 그 꽃을 만개하였다. 그렇지 않아도 포스트모던 시대의 현상들을 많이 닮은 1세기 고린도 교회의 문제들은, 변혁적 성경 읽기와 목회적 해석학을 추구해온 티슬턴의 숙련된 솜씨를 거쳐, 그 낯선 베일을 벗고 십자가와 성령의 능력에 자리를 내준다. 고린도전서에 대한 학문적 논의를 기대하는 이들과 실천적 메시지를 기대하는 이들을 모두 만족시킬 수 있는 역작이다.

정성국 | 아신대학교 신약학 교수

앤서니 티슬턴은 이미 잘 알려진 영국 성공회 사제이며 신학자요 학자이다. 이번에 우리말로 번역 출판된 『NIGTC 고린도전서』 주석은 저자의 고백 그대로 그의 "일평생의 고린도전서 연구" 결과물이다. 그런 만큼 고린도전서 연구에서 이처럼 방대한 주석은 영어권에서 처음이다. 저자는 본문에 매우 치중하여 철저하고 명확한 해석을 제시하며, 사회 역사적인 배경에 세심한 관심을 갖고 사회 역사적인 쟁점들을 본문과 함께 학문적으로 깊이 있고 냉철하게 다룬다. 그 논쟁들은, 예를 들면, 사도직, 윤리에 관한 이슈, 은혜 및 칭의 신학, 결혼, 이혼 및 재혼, 고대 로마의 노예제도, 종말론적인 긴급성, 머리 됨과 젠더 구별 이슈, 바울과 권능, 주의 만찬, 성령의 다른 은사들, 예언과 방언, 그리스도의 부활, 죽은 자들의 부활, 등이다. 이 방대한 주석은 앞으로 한국교회에서 고린도전서 연구와 해석을 위해서 필수적인 도구로 독자들에게 오랫동안 독보적인 위치를 차지할 것이며, 한국 개신교회가 안고 있는 여러 문제들과 신학적 논쟁에 대해서도 적절한 해답과 방향을 제시해줄 것으로 기대한다.

조석민 | 에스라성경대학원대학교 신약학 은퇴교수, 기독연구원느헤미야 초빙연구원

"해 아래 새것이 없다"는 전도서의 이치는 성서주석서를 쓰는 일에도 알뜰하게 적용된다. 성서주석을 쓰는 작업은 이전에 나온 수많은 주석서들의 통찰과 해석을 최대한 폭넓게 아우르면서 그 알짬을 적절하게 재배치하고 산뜻하게 재구성하는 성서학자의 고단한 수행이다. 거기에 독창적이며 설득력 있는 본인의 통찰과 해석을 풍성하게 제시할 수 있다면 주석서로서 금상첨화 격이 될 터이다. 종교철학과 해석학 연구자로서의 이력을 지닌 티슬턴 교수가 성서주석학자임을 천명한 이 고린도전서 주석서는 이 점에서 모범이 될 만한 작품으로 손색이 없다. 그는 겸손하게 수많은 학자들의 선행 연구와 주석을 참조하여 그것들을 안성 맞춤하게 재조립하였고, NIGTC 시리즈의 주석서 전통에 걸맞게 원문의 해석에 중요한 그리스어의 의미를 정밀하고 풍요롭게 조명하였다. 그 결과 이 전대미문의 방대한 고린도전서 주석서는 바울이 고린도 지역을 선교하며 기독교 신앙 공동체를 개척하여 돌보던 1세기 중반의 제반 정황과 역사적 실상을 고스란히 재현하여 보여주는 소중한 학문적 성과로 나타났다. 이 주석서는 이전에 산출된 여러 뛰어난 주석서들의 연구사적 흐름을 풍성하게 수렴하면서 다시 또 새로운 해석적 도약을 준비하는 미래의 주석서를 견인하는 방대한 주석적 저수지로서 위용과 기품이 넘친다. 신약성서 연구자는 물론 일반 신학도와 초기 교회공동체의 신앙적 분투와 그 세세한 속사정에 궁금한 일반 독자들의 융숭한 영접을 받을 만한 대작이 마침내 모국어로 탄생했다. 크게 환영하고 축복한다.

차정식 | 한일장신대학교 신학과 교수, 전 한국신약학회 회장

서구권에서 2000년에 빛을 본 티슬턴의 NIGTC 주석 시리즈 고린도전서가 한국 독자에게도 마침내 다가왔다. 한국교회와 신학도들에겐 큰 선물이 아닐 수 없다. 티슬턴의 주석은 NIGTC 시리즈 안에서도 손에 꼽히는 작품이다. 고린도전서에 있어 어떤 주석 시리즈나 어떤 단행본 주석을 망라해도 가히 독보적이다. 먼저 방대한 사회-역사적 배경에 기초해서 그리스어 텍스트를 정밀하게 분석한 후 본문 사역과 주경적 해설을 꼼꼼히 제공한다는 점이다. 더불어 (성서)해석학자의 대가답게 본문의 구절을 유기적이고도 다양한 관점에서 깊이 있게 풀이해준다. 이때 수사적-화행론적 읽기가 바울 해석뿐 아니라 오늘의 설교자에게도 매우 적실하게 활용될 수 있음을 깨닫게 된다. 더 나아가 티슬턴은 그때 거기 고린도에서 벌어졌던 신앙적, 신학적 이슈와 논쟁이 오늘 여기 우리의 도시와 문화에 노출된 성도와도 긴밀한 상관성이 있음을 고려하면서 '두 지평'과 '새 지평'을 친절하게 열어준다. 티슬턴이 엄밀한 학자이자 따뜻한 목자라는 향기가 각 장마다 묻어나는 이유다. 그러니 우리 가까이 이렇게 성큼 다가온 이 두터운 선물을 멀찍이 바라만 보지 않았으면 좋겠다. 혼자가 힘들다 싶으면 함께 읽고 함께 고민하고 함께 순종하는 '공동체 성경주석 읽기' 운동을 내가 먼저 제안해보는 것은 어떻겠는가.

허주 | 아신대학교 신약학 교수

고린도전서를 제외하고 신약성경의 모든 책은 최근 몇 년 동안 그리스어 텍스트에 기초하여 영어로 저술된 대표적인 주석서를 적어도 한 권씩은 갖고 있다. 그러나 고린도전서의 경우에는 이러한 수준의 마지막 주석서가 로버트슨과 플러머가 공저한 1914년(!) 개정판이다. 이제 그 공백은 지금까지 저술된 주석서 가운데 가장 세부적이며 광범위하고 해석학적으로 설득력 있는 이 고린도전서 주석서를 통해 완벽하게 메워졌다. 학자들과 목회자들과 신학생들은 모두 이 기념비적인 저서를 집필한 앤서니 티슬턴에게 엄청난 빚을 지게 되었다.

크레이그 블롬버그 | 덴버 신학교 신약학 교수

나는 앤서니 티슬턴의 주석서를 매우 즐겁게 읽었다. 이 주석서는 고린도전서에 대한 현대 학자들의 가장 탁월한 해석과 깊은 대화를 나눈다. 또한 이 주석서는 상반된 주요 견해들을 명료하게 대비하여 제시해준다. 이러한 특징은 초기 교회의 가장 중요한 기록 가운데 하나인 고린도전서를 더 깊이 연구하고자 하는 모든 이들에게 학문적으로 소중한 도구를 제공해줄 것이다.

레이먼드 콜린스 | 미국 로마 가톨릭 대학교

고린도전서에 대한 이 비범한 주석서는 신학생들과 학자들과 목회자들이 모두 두 팔을 벌려 환영할 것이며, 대단한 학문적 업적을 이루어낸 책이다. 이 책은 고린도전서뿐만 아니라 바울 신학 연구에 있어서도 매우 유익한 자료가 될 것이다.

Evangelical Review of Theology

티슬턴의 이 포괄적인 주석서는 저자가 고린도전서뿐만 아니라 바울 연구에 관련된 광범위한 이슈들을 모두 섭렵하고 있음을 입증해준다. 저자의 본문 주해는 신중하며, 거의 모든 본문에 대한 다양한 해석을 명쾌하게 소개하고 엄격하게 평가한다. 매우 전문적인 내용을 탁월하게 풀어나가는 티슬턴의 이 고린도전서 주석은 앞으로 오랫동안 신약 연구에 크게 이바지할 것이다. 적극적으로 추천한다.

Theological Studies

THE FIRST EPISTLE TO THE CORINTHIANS

A Commentary on the Greek Text

Anthony C. Thiselton

NIGTC 고린도전서(하권)

앤서니 C. 티슬턴 지음 | 신지철 옮김

Holy WavePlus

차례(하권)

차례(상권)

약어표

AARAS	American Academy of Religion Academy Series
AB	Anchor Bible
ABD	*Anchor Bible Dictionary*
ABenR	*American Benedictine Review*
ACNT	Augsburg Commentaries on the New Testament
ACR	*Australian Catholic Record*
AGJU	Arbeiten zur Geschichte des antiken Judentums und des Urchristentums
AGSU	Arbeiten zur Geschichte des antiken Spätjudentums und Urchristentums
AJA	*American Journal of Archaeology*
AJAH	*American Journal of Ancient History*
AnBib	Analecta Biblica
ANET	*Ancient Near Eastern Texts*
AnGr	Analecta Gregoriana
ANRW	*Aufstieg und Niedergang der römischen Welt*
ASeign	*Assemblees du Seigneur*
ATR	*Anglican Theological Review*
ATRSS	Anglican Theological Review Supplementary Series
AusBR	*Australian Biblical Review*

BA	*Biblical Archaeologist*
BAGD	Bauer, Arndt, Gingrich, and Danker, *A Greek-English Lexicon of the New Testament and Other Early Christian Literature*
BAR	*Biblical Archaeologist Reader*
BBET	Beiträge zur biblischen Exegese und Theologie
BDB	Brown, Driver, and Briggs, *Hebrew and English Lexicon of the Old Testament*
BDBG	Brown, Driver, Briggs, and Gesenius, *The New Hebrew and English Lexicon*
BDF	Blass, Debrunner, and Funk, *A Greek Grammar of the New Testament and Other Early Christian Literature*
BETL	Bibliotheca Ephemeridum Theologicarum Lovaniensium
BGBE	Beiträge zur Geschichte der biblischen Exegese
BGU	*Berliner Griechische Urkunden*
BHT	Beiträge zur historischen Theologie
Bib	*Biblica*
BibInt	*Biblical Interpretation*
BibRev	*Bible Review*
BibTod	*Bible Today*
BJRL	*Bulletin of the John Rylands Library*
BK	*Bibel und Kirche*
BR	*Bible Research*
BSac	*Bibliotheca Sacra*
BT	*Bible Translator*
BTB	*Biblical Theology Bulletin*
BU	*Biblische Untersuchungen*
BWANT	Beiträge zur Wissenschaft vom Alten und Neuen Testament
BZ	*Biblische Zeitschrift*

BZNW	Beihefte zur Zeitschrift für die neutestamentliche Wissenschaft
CBC	Cambridge Bible Commentary
CBQ	*Catholic Biblical Quarterly*
CD	*Church Dogmatics*
CIG	*Corpus Inscriptione Graecarum*
CIQ	*Classical Quarterly*
ComC	Communicators Commentary
ConB	Coniectanea Biblica
ConBNT	Coniectanea Biblica, New Testament
Conc	*Concilium*
ConNT	Coniectanea Neotestamentica
CSEL	Corpus Scriptorum Ecclesiastorum Latinorum
CT	*Christian Today*
CTQ	*Concordia Theological Quarterly*
CV	*Communio Viatorum*
DPL	*Dictionary of Paul and His Letters*
Ebib	Études bibliques
EDNT	*Exegetical Dictionary of the New Testament*
EeT	*Église et Théologie*
EHST	Europäische Hochschulschriften Theologie
EKKNT	Evangelisch-Katholischer Kommentar zum Neuen Testament
ETR	*Études theologiques et religieuses*
EvQ	*Evangelical Quarterly*
EvT	*Evangelische Theologie*
Exp	*Expositor*
ExpTim	*Expository Times*
FB	Forschung zur Bibel

FRLANT	Forschungen zur Religion und Literatur des Alten und Neuen Testaments
Grimm-Thayer	Grimm and Thayer, *A Greek-English Lexicon of the New Testaments*
GTA	Göttinger theologische Arbeiten
GTJ	*Grace Theological Journal*
HALAT	*Hebräisches und Aramäisches Lexicon zum Alten Testament*
HNT	Handbuch zum Neuen Testament
HTR	*Harvard Theological Review*
HUCA	*Hebrew Union College Annal*
HUT	Hermeneutische Untersuchungen zur Theologie
IB	*Interpreter's Bible*
IBS	*Irish Biblical Studies*
ICC	International Critical Commentary
Int	*Interpretation*
ISBE	*International Standard Bible Encyclopedia*
ITQ	*Irish Theological Quarterly*
JAAR	*Journal of the American Academy of Religion*
JBL	*Journal of Biblical Literature*
JBR	*Journal of Bible and Religion*
JES	*Journal of Ecumenical Studies*
JETS	*Journal of Evangelical Theological Society*
JHC	*Journal of Higher Criticism*
JR	*Journal of Religion*
JRE	*Journal of Religion and Ethics*
JRS	*Journal of Religious Studies*
JSNT	*Journal for the Study of the New Testament*
JSNTSS	Journal for the Study of the New Testament Supplement

	Series
JSOT	*Journal for the Study of the Old Testament*
JSS	*Journal of Semitic Studies*
JTS	*Journal of Theological Studies*
KD	*Kerygma und Dogma*
KNT	*Kommentar zum Neuen Testament*
Lampe	Lampe, *A Patristic Greek Lexicon*
LB	*Linguistica Biblica*
LCC	Library of Christian Classics
LCL	Loeb Classical Library
LD	*Lectio Divina*
Louw-Nida	Louw and Nida, *A Greek-English Lexicon of the New Testament Based on Semantic Domains*
LSJ	Liddell, Scott, and Jones, *A Greek-English Lexicon*
LV	*Lumière et vie*
LW	*Lutheran World*
MHT	Moulton, Howard, and Turner, *A Grammar of New Testament Greek*
MM	Moulton and Milligan, *The Vocabulary of the Greek Testament Illustrated from Papyri and Other Nonliterary Sources*
Moule	Moule, *An Idiom Book of New Testament Greek*
MTZ	*Münchner theologische Zeitschrift*
NCBC	New Century Bible Commentary
Neot	*Neotestamentica*
NIGTT	*Nederduitse gereformeerde teologiese tijdskrif*
NICNT	New International Commentary on the New Testament
NIDNTT	*New International Dictionary of the New Testament Theology*
NIGTC	New International Greek Testament Commentary

NIVAC	New International Version Application Commentary
NovT	*Novum Testamentum*
NovTSup	Novum Testamentum Supplements
NPNF	Nicene and Post-Nicene Fathers
NRT	*Nouvelle revue théologique*
NTA	*New Testaments Abstracts*
NTD	New Testament Deutsch
NTR	*New Theology Review*
NTS	*New Testament Studies*
NTTS	New Testament Tools and Studies
PastPsy	*Pastoral Psychology*
Pauly	Pauly and Wissowa, *Real-Encyclopädie der classischen Altertumswissenschaft*
PG	*Pastrologia Graeca*
PL	*Pastrologia Latina*
PRS	*Perspectives in Religious Studies*
PSB	*Princeton Seminary Bulletin*
PSI	*Pubblicazione della Società Italiana*
RAC	*Reallexikon für Antike und Christentum*
RB	*Revue bibliques*
RechBib	*Recherches bibliques*
RefRev	*Reformed Review*
RevBib	*Revue biblique*
RevExp	*Review and Expositor*
RevistB	*Revista biblica*
RGG	*Religion in Geschichte und in Gegenwart*
RHPR	*Revue d'histoire de philosophie religieuses*
Robertson	Robertson, *A Grammar of the New Testament in the Light of*

	Historical Research
RSR	*Recherches de science religieuse*
RTP	*Revue de théologie et de philosophie*
RTR	*Reformed Theological Review*
SacPag	Sacra Pagina
SBL	Society of Biblical Literature
SBS	Studies in Biblical Theology
ScEs	*Science et esprit*
SE	*Studia Evangelica*
SEÅ	*Svensk Exegetisk Årsbok*
SJT	*Scottish Journal of Theology*
SNT	Studien zum Neuen Testament
SNTSMS	Society for New Testament Studies Monograph Series
SR	*Sciences religieuses/Studies in Religion*
ST	*Studia Theologica*
TBei	*Theologische Beiträg*
TBü	*Theologische Bücherei*
TDNT	*Theological Dictionary of the New Testament*
TEH	*Theologische Existenz heute*
Theol	*Theology*
ThEv	*Theologia Evangelica*
THKNT	Theologischer Kommentar zum Neuen Testament
TLG	*Theologische Linguae Graeca*
TLZ	*Theologische Literaturzeitung*
TNTC	Tyndale New Testament Commentaries
TQ	*Theologische Quartalschrift*
TrinJ	*Trinity Journal*
TRu	*Theologische Rundschau*

TS	*Theological Studies*
TTh	*Tijdschrift voor Theologie*
TToday	*Theology Today*
TTZ	*Trierer theologische Zeitschrift*
TynBul	*Tyndale Bulletin*
TZ	*Theologische Zeitschrift*
UBS	United Bible Societies
UBSGNT	United Bible Societies Greek New Testament
USQR	*Union Seminary Quarterly Review*
VC	*Vigiliae Christiane*
VoxEv	*Vox Evangelica*
VoxRef	*Vox Reformata*
VS	*Verbum Salutis*
VT	*Vetus Testamentum*
WA	*Weimarer Ausgabe*
WBC	Word Biblical Commentary
WTJ	*Westminster Theological Journal*
WUNT	Wissenschaftliche Untersuchungen zum Neuen Testament
WW	*Word and World*
ZKG	*Zeitschrift für Kirchengeschichte*
ZKT	*Zeitschrift für katholische Theologie*
ZNW	*Zeitschrift für die neutestamentliche Wissenschaft*
ZTK	*Zeitschrift für Theologie und Kirche*

주석

3. 우상들과 관련된 고기에 관한 질문들에 대한 바울의 대답의 세 번째 부분 (10:1-13)

우리는 8:1-11:1의 일부가 고린도전서의 주요 부분과 구별되는 별도의 자료에 해당하며 이 세 장은 문학적인 통일성이 없다는 많은 저자들의 주장을 이미 언급했다.[1] 다른 한편으로 우리는 이 세 장이 일관된 논점을 나타낸다는 윌리스, 피, 슈라게, 미첼의 논의를 지지한다. 미첼이 지적하듯이 지난 30년 남짓한 기간 동안 고린도전서는 여러 편의 편지가 결합된 것이라는 이론에 대한 고찰에 근거하면 학자들은 이른바 여기에 결합된 각각의 편지의 경계선와 관련하여 완벽함 내지는 대략의 의견 일치를 제시해주지 못한다.[2] 하지만 현대의 보다 이른 시기의 저자들은 해당 이슈에 대해 한스 폰 조덴의 견해를 따라 어느 정도 의견의 일치를 보여준다. 즉 고전 8장은 "편지 A"에 해당하며, 10:1-22은 "편지 B", 그리고 10:23-11:1은 "편지 C"에 해당한다는 것이다(하지만 심지어 여기에도 상당한 견해의 차이가 있다. 예를 들면 에링은 8장과 10:23-11:1이 "편지 A"에, 9:1-10:22은 "편지 B"에 해당한다고 주장한다).[3] 많은 학자들은 8:1-13과 10:23-33에서 바울은 "보다 더 약하고" 더욱더 관대하게 반응하지만, 10:1-22에서는 "보다 더 거칠게" 접근한다고 주장한다.[4]

만약 이 부분들이 서로 밀접하게 관련되어 있긴 하지만 서로 다른 이

---

1) 8:1에 대한 주해 참조. 예를 들면 Weiss, *Der erste Korintherbrief,* xxxix-xliii; W. Schmithals, "Die Korintherbriefe als Briefsammlung," *ZNW* 64 (1973): 263-288, and his *Gnosticism at Corinth,* 87-113; G. Sellin, "Hauptprobleme des ersten Korintherbriefes," *ANRW* 2:24:4 (1987), 2:964-986; Héring, Walther, and Yeo, loc. cit.

2) 참조. M. M. Mitchell, *Paul and the Rhetoric of Reconciliation,* 16-19, 296-304, 그리고 곳곳에.

3) Hans von Soden, "Sakrament und Ethik bei Paulus," in *Marburger Theologische Studien* (Gotha: Klotz, 1931), 1-40, 특히 17-18; Héring, *First Epistle,* xii-xvi. 또한 1965년까지의 연구 결과의 요약은 다음을 참조하라. J. C. Hurd, *The Origins of 1 Corinthians,* 43-47.

4) 예. Wayne A. Meeks, "'And Rose Up to Play': Midrash and Paraenesis in 1 Cor 10:1-22," *JSNT* 16 (1982): 64; 참조. 64-78. 또한 참조. Yeo, *Rhetorical Interaction in 1 Cor 8 and 10,* 특히 1-14 그리고 곳곳에.

슈를 다룬다면 바로 앞에서 언급한 이론들은 충분히 이해할 만하다. 하지만 만약 8:1-13이 이방 신전의 경내에서 고기를 먹는 것에 관심을 두고, 10:23-11:1은 이것으로부터 비롯되는 이슈들에 대해 보다 더 자세하게 말하지만, 10:1-22은 우상들에게 제사 드리는 의식과 관련된 사건에 "참여"하는 것을 직접 언급한다면 우리는 서로 다른 어조를 기대할 수 있을 것이다. "바울은…이스라엘이 이방의 우상숭배 의식에 탐닉함에 따라 그 행위에 대한 심판을 받은 사례는 고린도 교인들에게도 중요한 본보기가 된다고 주장한다. 왜냐하면 그들도 이방 신들에 연루되는 시험에 빠질 수 있기 때문이다(10:6-13)."[5] 10:14-22에서 바울은 서로 양립할 수 없는 교제(κοινωνία)에 "관여" 또는 "참여"하는 것의 상호 배타성을 보여준다. 하지만 윌리스가 지적하듯이 이것은 곧바로 8:4에서 고린도의 "강한 자들"이 주장하던 논점들을 암시한다. 즉 "우리는 모두 '우상은 아무것도 아니다'라는 지식(γνῶσις)을 공유하고 있습니다." 따라서 "아무것"도 아닌 것에 "참여하는 것"은 결코 어떤 문제가 있다고 여겨질 수 없다는 것이다. 이방의 배경에서 넘어온 어떤 전제와 관련하여 다음과 같은 발터의 설득력 있는 주장은 이 시나리오를 매우 잘 입증해준다. 즉 혼합주의적이며 종교 다원주의적인 문화에서 "거룩한 것"의 모든 현현은 유일신론의 한 하나님의 존재를 반영한다고 상상하는 것은 그럴듯하게 여겨질 것이다. 이와는 대조적으로 바울은 하나님에 대한 결정적이며 궁극적인 계시로서 그리스도에게 신실해야 하는 언약에 기초한 배타주의를 주장한다.[6]

우리는 일관되게 9:1-27은 8:1-11:1의 논의에서 꼭 필요한 부분에 해당한다고 주장해왔다. 바울은 복음을 위해 그리고 사랑에 기초한 교회 전체, 특히 "약한 자들"에 대한 관심 때문에 그의 사도적 "권리"를 포기한다. 만약 주제에서 벗어나는 부분이 있다면 그것은 10:1-13 또는 아마도 10:1-

---

5) Willis, *Idol Meat in Corinth,* 271.

6) Walter, "Christusglaube und heidnische Religiösität in paulinischen Gemeinden," 422-442.

22일 것이다. 하지만 이 부분도 바울의 논의 가운데 일부를 차지한다. 해당 부분에서 그는 "가장 나쁜" 시나리오에 대해 역설한다. 아마도 이 시나리오는 "강한 자들" 중에서 극단주의자들로 이루어진 소수 그룹 안에서 발견될 것이다. 10:23-11:1에는 기본적인 논점이 요약되어 있다. 윌리스는 그것이 바울의 다른 자료와 밀접한 평행 관계를 이룬다고 이해한다(미첼과 다른 이들도 이 견해를 따른다). 고전 10:1-12과 롬 14:10에서 바울은 수신자들에게 하나님의 심판대 앞에서 각자의 행위에 대해 엄중한 책임을 져야 한다는 사실을 상기시켜준다. 하지만 "바울이 롬 14-15장과 고전 8-10장에서 긍정적으로 강권하는 행위는 바로 신앙 공동체를 굳건하게 하고, 그것을 '세워나가는 것'이다(고전 8:1; 10:23; 롬 14:19; 15:2)."[7] 윌리스는 "요약하자면 롬 14장과 15장에서 평행 관계에 있는 논의는 고전 8-10장에서 제시하는 바울의 논점들과 통일성을 이루고 있다는 것을 보여준다"고 결론짓는다.[8]

현대 독자들에게 이 장들은 "약한 자들"을 존중할 필요성, 필요한 경우에 자기 "권리"를 포기해야 하는 원리, 그리고 공적인 영역에서 다양한 의식 또는 행사에 참여하는 것은 선하거나 악한 영향을 미친다는 것 그 이상을 선언한다. 즉 이 장들은 구약성경과 신약성경의 연속성과 기독교 공동체에 성경의 중요성을 강조하는 역할을 한다. 고펠트는 이 장들에 대한 고전적인 연구 중 하나를 제공한다. 그는 10:1-13은 바울이 단지 갈라디아서와 로마서의 논쟁에 가담할 때만 성경에 진지하게 호소한다는 전제가 오류라는 것을 결정적으로 입증해준다고 주장한다. 성경에 대한 바울의 호소는 "이 구절들뿐만 아니라 다른 절들에서도 단순히 전후 문맥과 관련된 변증이나 논쟁 또는 율법학자들의 전통적인 학식이 아니라…**복음을 해석하기 위한 핵심 수단**"이라는 것이다(강조는 원저자의 것임).[9]

---

7) Willis, *Idol Meat*, 275.

8) 같은 책.

9) Goppelt, "Paulus und die Heilsgeschichte: Schlussfolgerungen aus Röm iv und 1 Kor x:1-13," 32; 참조. 31-42.

a. 성경의 경고와 모델: "갈망"과 우상숭배(10:1-13)

1,2 나의 사랑하는 동료 그리스도인 여러분, 나는 여러분이 다음 사실을 알지 못
하는 것을 바라지 않습니다. 곧 우리의 영적인 조상들은 모두 구름 아래 있었으
며, 모두 바다를 가로질러 지나갔습니다. 그들은 모두 구름과 바닷속에서 스스
로 세례를 받고 모세에게 속하게 되었습니다. 3,4 또한 그들은 모두 동일한 영적
인 음식을 먹었고, 그들은 모두 동일한 영적인 음료를 마셨습니다. 왜냐하면 그
들은 그들과 동행했던 영적인 바위로부터 흘러나오는 것을 마시곤 했기 때문입
니다. 그런데 그 바위는 바로 그리스도였습니다. 5 그럼에도 불구하고 하나님은
그들 가운데 대다수를 기뻐하지 않으셨습니다. 왜냐하면 그들의 시체들이 광야
에 널리 흩어져 있었기 때문입니다.

6 그런데 이 사건들은 우리를 위한 본보기로서 일어났습니다. 그것들은 그
사람들이 악한 것들을 탐냈던 것처럼 우리가 악한 것들을 탐내지 않게 하려는
것입니다. 7 그들 중에서 어떤 이들처럼 여러분은 우상숭배에 참여하지 마십시
오. 성경에는 "사람들이 앉아서 먹고 마셨으며, 일어나서 미친 듯이 뛰놀았다"
고 기록되어 있습니다. 8 또한 그들 중에서 어떤 이들이 성적인 부도덕에 빠졌던
것처럼 우리는 성적인 부도덕에 빠지지 말아야 합니다. 그들은 단 하루에 이만
삼천 명이나 쓰러져 죽었습니다. 9 또한 그들 중에서 어떤 이들이 그리스도를 시
험해보았던 것처럼 우리는 그리스도를 시험하지 맙시다. 그들은 뱀들에게 물려
죽어갔습니다. 10 또한 그들 중에서 어떤 이들이 불평했던 것처럼 여러분은 불
평하지 마십시오. 그들은 멸망시키는 이에게 멸망당했습니다. 11 이 [모든] 일들
은 보다 더 광범위한 유형들에 대한 본보기로서 그들에게 연속적으로 일어났습
니다. 또한 그것들은 우리에게 경고하기 위해 기록되었습니다. 우리에게는 세대
들의 종말이 다가와 있습니다. 12,13 그러므로 누구든지 견고하게 서 있다고 생각
하는 자마다 넘어지지 않도록 조심하십시오. 사람이라면 누구나 겪는 것 외에는
어떤 시험도 여러분에게 닥치지 않았습니다. 하나님은 신실하십니다. 그분은 여
러분이 감당할 수 있는 것 이상으로 여러분이 시험을 당하도록 허락하지 않으실
것입니다. 오히려 그분은 시험과 더불어 빠져나갈 길을 마련해주실 것입니다.

이에 대한 그분의 목적은 여러분이 그것을 잘 견디게 하려는 것입니다.

고펠트의 관점은 10:1-13에 대한 훌륭한 머리말을 우리에게 제공해준다. 이 단락의 중심에는 교회를 위한 성경의 지위와 해석이 어떠해야 하는지에 대한 이슈들이 놓여 있다. 이교도적인 배경이 주를 이루는 혼합 회중의 교회에서는 구약성경이 결정적인 판단 기준을 제시하지만, 그리스도에게 초점이 맞추어진 관점은 성경이 사람들에게 새로운 목소리로 말하고 그 음성을 들을 수 있게 한다. 고펠트가 주장하듯이 구약성경은 (단순히 무시간적으로 고안된 "개념들"에 기초하고 있는 것이 아니라) 구원 역사 안에 뿌리내리고 있다. 그 역사 안에서 "그리스도-사건은 실질적인 또는 영향력 있는 중심"을 유지하고 있다.[10] 한편 다음과 같은 다른 질문들도 제기된다. 어떤 의미에서 고린도 교인들이 "우상숭배"에 관련된 것처럼 여겨지는가? 어떻게 이와 같은 "참여"가 시험에 빠지게 하는 매력적인 "열망"처럼 보이는가?[11] 1-13절은 이 편지나 심지어 바울보다 시기적으로 앞서는 구약성경 구절들에 대한 미드라쉬에 해당한다는 주장은 과연 올바른가?[12]

10:1-13에 대한 참고문헌

Aageson, J. W., *Written Also for Our Sake : Paul and the Art of Biblical Interpretation* (Louisville: Westminster/Knox, 1993), 49-53 and 117-127.

Badke, W. H., "Baptized into Moses—Baptized into Christ ...", *EvQ* 88 (1988).

Baird, W., "1 Cor 10:1-13," *Int* 44 (1990): 286-290.

Bandstra, A., "Interpretation in 1 Cor 10:1-11," *Calvin Theological Journal* 6 (1971): 5-21.

Ciocchi, D. M., "Understanding Our Ability to Future Temptation: A Theological Watershed," *JETS* 35 (1992):463-479.

Collier, G. D., "'That We Might Not Crave Evil': The Structure and Argument of 1 Cor 10:1-13," *JSNT* 55 (1994): 55-75.

Comblin, J., "Le conflit de la liberté et dela charité (1 Cor 10)," *ASeign* 37 (1971): 48-52.

10) Goppelt, "Paulus und die Heilsgeschichte," 33.

11) 참조. J. D. Collier, "'That We Might Not Crave Evil': The Structure and Argument of 1 Cor 10:1-13," 55-75.

12) Meeks, "'And Rose Up to Play': Midrash and Paraenesis in 1 Cor 10:1-22."

Cullmann, O., *Baptism in the NT* (Eng. trans., London: SCM, 1950), 45-54.

_______, "πέτρα," *TDNT,* 6:95-99.

Dabelstein, R. M., Die Beurteilung der 'Heiden' bei Paulus, *BBET* 14 (Frankfurt am Main: Lang, 1981).

Davidson, R. M., *Typology in Scripture: A Study of Hermeneutical Typos Structures* (Berrien Springs, Mich.: Andrews University Press, 1981), 191-231, 245-247.

Davies, W. D., *Paul and Rabbinic Judaism*(London: SPCK, 2d ed. 1955), 147-176.

Dunn, J. D. G., *The Theology of Apostle Paul* (Grand Rapids: Eerdmans and Edinburgh: T. & T. Clark, 1998), 266-293.

Ellis, E. E., "A Note on 1 Cor 10:4," *JBL* 76 (1957): 53-56; rpt. in his *Prophecy and Hermeneutic in Early Christianity* (Grand Rapids: Eerdmans, 1978), 209-212.

_______, *Paul Use of the OT* (Edinburgh: Oliver & Boyd, 1957), 66-70.

Feuillet, A., *Le Christ Sagesse de Dieu d'après les Épitres Pauliniennes* (Paris: Gabalda, 1966).

Gardner, P. D., *The Gifts of God and the Authentication of a Christian: An Exegetical Study of 1 Cor 8-11* (Lanham, Md.: University press of America, 1994), 111-155.

Goldingay, J., *Models for Interpretation of Scripture* (Grand Rapids: Eerdmans and Carlisle: Paternoster, 1993), 61-66.

Goppelt, L., "Paulus und die Heilsgeschichte: Schlussfolgerungen aus Röm iv und 1 Kor x:1-3," *NTS* 13 (1966): 31-42.

_______, "τόπος," *TDNT,* 8:246-260.

_______, *Typos: The Typological Interpretation of OT in the New* (Grand Rapids: Eerdmans, 1982), 127-152 and 209-237.

Hamerton-Kelly, R. G., *Pre-Existence. Wisdom and the Son of Man,* SNTSMS 21 (Cambridge: Cambridge University Press, 1973), 131-144, 192-193.

Hanson, A. T., *The Image of the Invisible God* (London: SCM, 1982).

_______, *Jesus Christ in the OT* (London: SPCK, 1965), 11-16.

_______, *Studies in Paul's Technique and Theology* (London: SPCK, 1974).

Haykin, A. G., " 'In the Cloud and in the Sea': Basil of Caesarea and the Exegesis of 1 Cor 10:2," *VC* 40 (1986): 135-144.

Hays, B., *Echoes of Scripture in the Letters of Paul* (New Haven: Yale University Press, 1989), 91-102.

Hofius, O., "The Lord's Supper and the Lord's Supper Tradition on 1 Cor 11:23b-25," in F. B. Meyer (ed.), *One Loaf, One Cup: Ecumenical Studies* ... (Macon, Ga.: Mercer, 1993), 75-115, 특히 100-102.

Jervis, L. A., " 'But I Want You to Know ...': Paul's Midrashic Intertextual Response to the Corinthian Worshippers (1 Cor 11:2-16)," *JBL* 112 (1993): 231-246.

Koet, B. J., "The OT Background to 1 Cor 10:7-8," in R. Bieringer (ed.), *The Corinthian Correspondence,* BETL 225 (Leuven: Leuven University Press, 1996), 607-615.

Kreitzer, L., "1 Cor 10:4 and Philo's Flinty Rock," *CV* 35 (1993): 109-126.

Lampe, G. W. H., and K. J. Woollcombe, *Essays on Typology* (London: SCM, 1957), 16-69.

Malina, B. J., *The Palestinian Manna Tradition,* AGJU (Leiden: Brill, 1968), 94-99.
Maly, K., *Mündige Gemeinde* (Stuttgart: Katholische Bibelwerk, 1967), 123-127.
Martelet, G., "Sacraments, Figures et Exhortation en 1 Cor 10:1-11," *RSR* 44 (1956): 323-339 and 525-559.
McEwen, A., "Paul's Use of the OT in 1 Cor 10:1-4," *VoxRef* 47 (1986): 3-10.
Meeks, Wayne A., "'And Rose Up to Play': Midrash and Paraenesis in 1 Cor 10:1-22," *JSNT* 16 (1982): 64-78.
Osten-Sacker, P. von der, "Die Tora in 1 Kor 10:1-13," in his *Die Heiligkeit der Tora. Studien zum Gesetz bei Paulus* (Munich: Kaiser, 1989), 60-86.
Perrot, C., "Les examples du désert (1 Cor 10:6-11)," *NTS* 29 (1983): 437-452.
Ramsaran, R. A., *Liberating Words: Paul's Use of Rhetorical Maxims in Cor 1-10* (Valley-Forge, Pa.: Trinity Press International, 1996), 특히 47-63.
Schnabel, E. J., *Law and Wisdom from Ben Sira to Paul,* WUNT 2:16 (Tübingen: Mohr, 1985).
Schnackenburg, R. *Baptism in the Thought of St. Paul* (Eng. trans., Oxford: Blackwell, 1964), 91-95.
Sigal, P., "Another Note to 1 Cor 10:16," *NTS* 29 (1983): 134-139.
Smit, J. F. M., "Do Not Be Idolaters: Paul's Rhetoric in 1 Cor 10:1-22," *NovT* 39 (1997): 40-53.
Walter, N., "Christusglaube und heidnische Religiösität in paulinischen Gemeinden," *NTS* 25 (1979): 422-442.
Willis, W. L., *Idol Meat in Corinth: The Pauline Arguments in 1 Cor 8 and 10* SBLDS 68 (Chico: Scholar Press, 1985), 123-164.
Witherington, B., Jesus the Sage: The Pilgrimage of Wisdom (Edinburgh: T. & T. Clark and Minneapolis: Fortress, 1994).
_______, "Not So Idle Thoughts about *Eidolothuton,*" *TynBul* 44 (1993): 237-254.
Yeo, Khiok-Khing, *Rhetorical Interaction in 1 Cor 8 and 10, BibInt 9* (Leiden: Brill, 1995), 특히 74-119, 142-179, 212-214.

i. 경고 모델들: 모두 신령한 음식을 먹고 마셨지만, 많은 사람들이 멸망함(10:1-6)

1-2절 메츠거의 논평과 UBS 4판에서 2절의 부정과거 수동태 ἐβαπτίσθησαν이 "C" 등급으로 분류되어 있다는 것은 UBS 위원회가 א, A, C, D, G, 33, 바실레이오스와 키릴로스가 채택한 부정과거 수동태를 원문으로 받아들일지, 아니면 p[46c], B, 오리게네스, 크리소스토모스가 채택한 부정과거 중간태 ἐβαπτίσαντο를 원문으로 받아들여야 할지에 대해 의견이 나뉘어 있다는 것을 암시해준다. 메츠거와 위크그렌은 춘츠와 더불어 중간태를 지지한 UBS 위원회에서

소수 의견에 속했던 것 같다.[13)] 논란의 여지가 있긴 하지만, UBS 4판은 보다 더 광범위한 사본들이 지지한다는 점에 기초하여 수동태를 원문으로 채택한다. 하지만 UBS 3판, 메츠거와 춘츠는 원래는 중간태였지만 나중에 수동태로 바뀌었다고 보는 것이 더 개연성이 높다고 판단한다. 확실히 이와 정반대의 과정은 설명하기가 어려울 것이다. 자기 스스로 세례를 베푸는 유대교의 관습, 구약성경의 배경과 특히 콘첼만의 논평에 비추어볼 때, 비록 우리가 수동태와 중간태 간의 의미상의 차이에 지나치게 많은 것을 부여할 수 없지만, 세례에 대한 바울의 말은 그들이 모두 스스로 세례를 받았다(자기에 대한 관심을 나타내는 중간태의 용례)를 뜻할 것이다. 즉 중간태가 개연성이 더 높으며, 이것은 우리의 본문 번역에도 반영되었다.[14)] 원래 p^{46}은 ἐβαπτίζοντο(현재 중간태)를 원문으로 채택했다. 하지만 이것은 나중에 부정과거 중간태로 수정되었다. 콘첼만이 암시해주듯이 심지어 수동태도 (만약 그것을 원문으로 받아들인다면) 재귀적인 의미 — 그들은 스스로 세례를 받았다 — 일 수 있다.[15)]

웨인 믹스는 다음과 같이 세부적으로 주장한다. 고전 10:1-13은 "이것이 현재의 문맥에서 사용되기 이전에 매우 사려 깊게 작성된 문학적인 한 단위다. 이 편지에 삽입되기 이전에 그것의 삶의 정황(*Sitz im Leben*)이 무엇인가에 대해 나는 여기서 질문을 제기하지 않는다. 편의상 나는 그것을 일종의 설교라고 부르고자 한다."[16)] 그는 10:1-13은 어조와 방향에서 8:1-13 및 10:23-31과 서로 대조될 뿐만 아니라(10:1-31의 머리말 참조) 구약성경 구절들, 주제들, 동시대 유대교의 중요한 상징들과 텍스트의 측면에서 서로 연관성이 있는 독특하고 다양한 내용을 포함하고 있다고 주장한다. 그 가운데는 "[이스라엘 백성을] 뒤따라오던 바위, '신령한 음식'과 '신령한 음료'의 의미"와 지혜와 연관성이 있는 주제들이 포함되어 있다는 것이다. 또한

---

13) Metzger, *Textual Commentary* (2d ed.). 특히 추가 주석을 참조하라. 또한 참조. Zuntz, *Text of the Epistles,* 234. 한편 Fee, *First Epistle,* 441, n. 2와 Schrage, *Der erste Brief,* 2:390, n. 44은 중간태를 원문으로 지지한다.

14) Conzelmann, *1 Cor,* 164, n. 1. 심지어 현대의 초기 주석가들도 부정과거 중간태가 원문일 가능성을 인정한다. 예. Meyer, *First Epistle,* 1:279.

15) 참조. Edwards, *First Epistle,* 244.

16) Wayne Meeks, "'And Rose Up to Play': Midrash and Paraenesis in 1 Cor 10:1-22," 65.

만나와 바위는 필론의 저서에서 지혜에 대한 상징들이었다.[17] 이와 같은 상징은 출애굽기의 광야 내러티브와 연관이 있다. 그 가운데는 구름(출 13:21), 바다(출 14:21-22), 만나(출 16:4, 14-18), 바위에서 물이 나옴(출 17:6), 배교 행위(출 12:6) 등이 포함되어 있다.

원칙적으로 바울이 바울 시대 이전 또는 심지어 기독교 이전의 자료를 그의 서신들에 삽입시켰다는 추측은 전적으로 합리적이다. 왜냐하면 고전 11:2b-26과 15:3b-5에서 그는 바울 이전 기독교 전승을 인용하기 때문이다. 바울은 고린도전서를 받아쓰도록 불러주기 이전에 스스로 13:1-13에 수록된 내용을 작성했을 것이고, 그것을 고린도전서에 반영했을 것이다(13장에 대한 머리말 참조). 롬 1:18-32에서 바울은 반(反)이방인 회당 설교에서 가져온 전형적인 또는 판에 박은 듯한 문장들 또는 표현들을 사용한다. 하지만 10:1-13의 주제들을 8:1-11:1과 이 편지 전체의 더 광범위한 주안점과 분리하는 것은 13:1-13의 시적인 운율을 고린도 교회의 상황에 대한 암시로부터 떼어내는 것보다 결코 더 쉬운 일이 아닐 것이다. 피는 다음과 같이 올바로 지적한다. "설명의 역할을 하는 γάρ(왜냐하면)와 형제들[그리고 자매들]의 호격은 이 부분의 논의가 바로 앞에 있는 권면 및 경고와 밀접하게 연관되어 있다는 것을 알려준다. 그들은 경주에서 이기려는 자들처럼 달려야 한다. 다시 말해 그들은 모든 면에서 자신을 절제해야 한다.…많은 주석가들은 이 γάρ를 무시하거나…또는 바로 앞에 언급된 내용과 '느슨하게' 연결하여 그 효력을 최소화한다.[18] 슈라게도 9:27과 관련하여 γάρ가 설명의 역할을 하며, 바울은 자신이 시험을 통과하지 못한다(ἀδόκιμος)고 판명되지 않는 것에 관심을 두고 있다고 지적한다.[19]

10:1-5을 "일종의 미드라쉬"와 동일시하는 바이스와 다른 이들의

17) 같은 책, 64; 참조. 64-78. 한편 곧바로 이어지는 주해 부분에서 언급되는 상징들은 다음 주석서에 그 목록이 제시되어 있다. Conzelmann, *1 Cor,* 165.

18) Fee, *First Epistle,* 443 and 444, n. 7. 그는 먼저 Conzelmann의 주석서에서, 그다음에는 Barrett의 주석서에서 오류를 찾아낸다. Fee의 강조점은 중요하다.

19) Schrage, *Der erste Brief,* 2:387-388.

더 이른 시기의 주석서들은 1-6절이 한 단락이라고 강조한다.[20] 믹스는 1-13절은 "대략 두 부분으로 나뉘어 있으며, 그 바다[홍해]에서 하나님의 구원을 경험하고 광야에서 그분의 보호에 참여한 '모든' 이스라엘 백성과 하나님께 반역하여 그 행위에 대해 심판을 받은 '그중 일부[대다수]를 서로 대조한다"고 주장한다. 그리고 "1-4절에서 πάντες로 반복되는 다섯 구절들은 6-10절에서 '그들 중에서 어떤 이들'로 묘사되는 다섯 진술과 상응한다."[21] 다섯 가지 긍정적인 모델과 다섯 가지 부정적인 모델은 6절과 11절의 다음과 같은 수사학적인 표현에 의해 12-13절의 권면의 독특한 결론과 연결된다. 즉 ταῦτα δὲ τύποι ἡμῶν …(6절)과 ταῦτα δὲ τυπικῶς …(11절)다. 그리고 6-11절은 민 14:22, 23, 28-30에 언급된 사건들에 대한 일종의 주해다(이 주해는 일종의 미드라쉬로서 광야의 "시험"에 대한 랍비 문헌의 전승을 반향한다). 나아가 이 절들은 출애굽기, 민수기, 시편의 언급들 또는 구절들의 텍스트들과 서로 연결되어 있으며, 서로 참조하는 역할을 한다(아래의 주해 참조). 피가 주장하듯이 시 78편과 신 32장을 반향하는 내용은 9:1-27에서 자세하게 설명된 자기 절제의 필요성을 경고하는 이슈들을 이어받는다.[22]

Οὐ θέλω γὰρ ὑμᾶς ἀγνοεῖν라는 구절은 기원후 1세기 그리스-로마의 서신 또는 논술에서 광범위하게 사용되던 전형적인 표현이다(예. Josephus, *Antiquities* 13.354; Epictetus, *Dissertations* 4.8.27; 고전 12:1; 고후 1:8; 살전 4:13; 롬 1:13). 그러나 (여기서처럼) 많은 문맥에서 두 번째 부정사 οὐ와 함께 ἀγνοέω는 "인식하지(알지) 못하는 것"을 가리킨다. 또한 이것은 1절에서 이 동사 다음에 ὅτι로 이어지는 절이 사용되는 것과도 일치한다.[23] 또다시 ἀδελφοί에 대한 번역은 다음 두 가지 이유에서 어려움을 제공한다. 첫째, 젠더 이슈로 인해 텍스트를 방해하지 않는 젠더 포괄적인 용어(다소 어색한 형제들과 자

---

20) Weiss, *Der erste Korintherbrief,* 249-250.
21) Meeks, "'And Rose Up to Play,'" 65.
22) Fee, *First Epistle,* 442.
23) BAGD, 11.

매들과 같이)를 필요로 하기 때문이다. 둘째, 이 그리스어 명사는 가까운 친척뿐만 아니라 친한 동료들도 포함하기 때문이다. 따라서 우리는 번역에 변화를 주어 여기서 "나의 사랑하는 동료 그리스도인 여러분"이라는 번역을 제안한다. 비록 엄밀히 말해 οἱ πατέρες ἡμῶν은 "우리의 조상들"을 의미하지만, 언어사전들은 "선조들 또는 조상들"이 성서 그리스어에서 흔히 사용되는 용어이며, 이 단어는 반드시 혈육 관계를 나타내는 것이 아니라 조상들의 성품을 닮았다는 의미에서 종종 "영적인 조상들"을 가리킨다고 말한다.[24] 여기서 신학적인 측면에서 매우 중요한 점은 바울이 그리스 로마 고린도의 이방인-그리스도인 또는 혼합된 그리스도인 공동체의 조상들인 모세 시대의 이스라엘 백성을 가리켜 ἡμῶν, "우리의"라는 표현을 사용한다는 것이다. 고펠트는 이 점을 매우 강조한다. 그리스도 안에서 새 창조를 통해 어떤 새로운 것과 불연속적인 것이 일어난다 하더라도 이스라엘과 그리스도인 교회는 하나님의 구원 행위와 자기 계시라는 단일 역사에 속한다.[25] 이레나이우스와 특히 마르키온과 맞서 싸운 후대의 다른 교부들은 바울의 주제의 일관성을 강조하려고 했다. 즉 이스라엘 백성의 경험들, 실패들 또는 그것으로부터 얻는 교훈들은 여전히 "우리를 위한 가르침"이다.[26] 이스라엘의 하나님과 그리스도인 교회의 하나님은 "동일한 하나님"이다(마르키온의 견해에 반하는).[27] 한편 1절에서 구름을 의미하는 그리스어 단어에 정관사가 붙어 있고 그것에 대한 설명이 없는 것은 구약성경의 자료가 잘 알려져 있고 널리 사용되었다는 것을 암시해준다.[28]

이제 바울은 모든 이스라엘 백성이 모세의 인도하에 누렸던 특권들의

---

24) 참조. Epictetus, *Dissertations* 3.22.82, 디오게네스와 견유학파에 대해; Aelius Aristides 47, 425D. 하지만 **조상**은 πατήρ의 일반적인 의미—특히 아브라함(요 8:39, 53, 56; 행 7:2; Josephus, *Antiquities,* 14.255), 이삭(롬 9:10), 야곱(요 4:12)—다. 그리고 **조상들**로서 복수 πατέρες는 Josephus, *Antiquities,* 14.297; 마 23:30, 32; 특히 히 1:1, 8, 9 등. 또한 참조. BAGD, 635.

25) Goppelt, "Paulus und die Heilsgeschichte," 35-39; 참조. 31-42.

26) Irenaeus, *Against Heresies,* 4:27:4.

27) 같은 책, 27:1-4.

28) 참조. Conzelmann, *1 Cor,* 165.

목록을 제시한다. 첫째, 그들은 모두 그 구름의 보호와 인도를 받았다. 그 구름은 하나님이 그들과 함께 하시면서 그들을 인도하셨다는 것을 나타낸다(출 13:21; 14:19-20). 또한 그들은 모두 하나님의 구속 행위를 경험했다. 하나님의 구원 행위에 의해 그들은 이집트의 노예 상태에서 벗어나 갈대 바다를 통해 하나님의 언약 백성의 새로운 존재 상태로 들어가게 되었다. 이 사건들은 구원의 패러다임에 해당하기 때문에(하나님의 구원 행위에 의해 속박에서 벗어나 새로운 생활 방식과 현실로) 바울은 그것이 하나님의 은혜로 말미암아 세례 받는 것과 같은 구속의 경험을 가리킨다고 생각한다. 모세와의 관계 안에서 세례의 중요성은 최소한 그들의 신분과 경험의 참여적 특성을 확인해준다. 어떤 대상의 이름으로 세례를 받는다는 것은 세례를 받는 자가 그 대상과 가장 밀접하게 연결되어 있으며 그의 영향력 안에 있다는 것을 의미한다. 따라서 바울의 관점에 의하면 그리스도인의 세례는 그 무엇보다도 그가 그리스도와 하나가 된다는 것, 특별히 그리스도의 죽음과 부활에 동참한다는 것을 의미한다(롬 6:3-11). 슈나켄부르크는 이 점을 설득력 있게 강조한다.[29] πάντες가 모두 이 구속 사건들에 동참하고 그 사건과 자신들을 동일시한다는 것을 강조하는 것과 마찬가지로 세례를 받는다는 동사와 함께 구름과 바다가 서로 짝을 이루며 묘사되는 것도 구속의 측면을 강조해준다.

기독교의 성례인 세례는 신앙에 대한 명백한 고백보다 하나님의 은혜

---

29) R. Schnackenburg, *Baptism in the Thought of St. Paul* (Eng. trans., Oxford: Blackwell, 1964). 이 연구서는 고전적인 연구로 남아 있다. Schnackenburg는 "씻는 것 그 자체"의 측면은 바울에게 최소한의 중요성을 지니고 있지만(같은 책, 3-17), 다음 두 가지는 매우 중요한 요소들이라고 주장한다. (i) "그리스도에게 양도되어…그리스도 안에서 그와 하나 됨을 이룸"(고전 1:13; 고전 12:13; 갈 3:27). (ii) "그리스도와 함께(σύν) 구원 사건에 동참함"(롬 6:1-11). 거기에는 σύμφυτοι(6:5), "함께 십자가에 못 박힘"(6:6) (같은 책, 30-61) 등이 포함되어 있다. 그리스도의 구원 행위는 기초를 제공한다(같은 책, 112-121). 그리스도의 죽음과 부활이 중심을 이루는 그리스도 사건 안에 "포함되는" 것에 의해 그의 구원 행위는 내 것이 된다(같은 책, 154-169, 196-203). 해당 번역은 로마 가톨릭 저자와 침례교 번역자 사이에 의견이 일치한다는 것을 보여주며, "특별한 논평을 요구할 만큼 매우 이례적인" 것이다(G. R. Beasley-Murray, *Baptism in the NT,* ix).

에 대해 증언한다고 주장하는 이들은 여기서 모세 안으로(into Moses) 세례 받았다는 것은 하나님의 백성의 가시적인 공동체의 공동 경험 안으로 들어가게 되었다는 것을 의미한다고 주장할 것이다.[30] 반면에 "침례교"의 견해를 견지하는 이들은 여기서 세례 받았다는 단지 모형론적 또는 비유적인 의미를 지니고 있을 뿐이라고 주장할 것이다. 그럼에도 우리는 왜 바울이 이 용어가 이 배경에 적합하다고 믿었는지 묻지 않을 수 없으며, 그것에 대해 우리의 대답에서 그것을 추론하지 않을 수 없다. 따라서 쿨만은 다음과 같이 논평한다. 고전 10:1-6은 "유아 세례에 대한 논의에서 매우 신중하고 진지하게 다루어야 할 단락이다. 세례의 모형으로 간주되는 하나님의 은혜의 행위는 바로 여기서 하나님이 자기 백성 전체와 맺으시는 언약에 관심을 기울인다."[31] 슈나켄부르크는 "이것(이 단락)은 분명히 εἰς Χριστόν에 대한 일종의 모사(模寫, imitation)"라고 믿는다. 하지만 그는 그리스도가 아니라 바로 모세가 τύπος로 언급된다는 점을 확인해준다. 왜냐하면 탄나임의 전통에 기초한 미드라쉬 메킬타는 "[바다의] 물이 갈라진 것을 물속에 있는 아치 밑의 통로로 해석하기" 때문이다.[32] εἰς τὸν Μωϋσῆν을 모세 안으로(into Moses; NRSV, NIV, NJB; 참조. REB, into the fellowship of Moses — 이 번역도 지지받을 수 있다)와 다르게 번역하기는 어려울 것이다. 이 표현은 모세의 리더십 안으로(into)를 의미할 수도 있을 것이다. 하지만 만약 그 의미가 εἰς Χριστόν과 대조되는 모형의 측면에서 결정된다면 (슈나켄부르크와 더불어) 몇몇 저자들은 그 의미를 다음과 같이 이해해야 한다고 주장할 것이다. 즉 이 경우에 사실상 εἰς는 τὸ ὄνομα τοῦ Χριστοῦ를 축약한 표현이다. 이 전치사는 장소, 영역 또는 이동이 아니라 세례 지원자가 어떤 대상의 이름으로 세례를 받는 것을 가리키며, 이는 바로 그 대상(곧 그리스도)에게 속한다는 것을 가리킨다. 그러므로 βαπτίζειν εἰς는 πιστεύειν εἰς와 평행 관계에 있다.

---

30) 참조. O. Cullmann, *Baptism in the NT,* 14-15, 23-46, 49-70.

31) 같은 책, 45.

32) Schnackenburg, *Baptism,* 92-93.

그리고 πιστεύειν εἰς는 "믿음의 방향"을 암시한다. "하지만 그것은 어떤 신비적인 이동을 나타내는 것은 아니다."[33)]

하지만 여기서 주요 강조점은 명백하다. 하나님의 은혜는 크고 끝이 없어 모든 이들(1-4절에서 πάντες가 다섯 번 반복됨)이 하나님의 구원받은 언약 백성의 특권과 축복에 동참한다. 여기서는 그중에서 다음 두 가지가 언급된다. 첫째, 구원의 하나님의 임재를 나타내고 이스라엘 백성을 보호해주는 구름이다. 둘째, 구속받고 갈대 바다를 건너는 것이다(만나와 바위에서 물이 나온 사건은 곧 언급될 것이다). 이처럼 크고 끝이 없는 하나님의 은혜를 받았음에도 그들은 모두 하나님의 은사들을 받아 자기 절제를 실행해야 한다. 그것을 통해 그들은 광야의 여정에서 만나게 될 시험을 안전하게 통과할 수 있다.

3-4절 3절에서 p[46], ℵ[*], A는 첫 번째로 나오는 τὸ αὐτό, "동일한"을 생략한다. 또한 p[46]과 A는 두 번째 τὸ αὐτό도 생략한다. 만약 우리가 이 구절을 "우리 그리스도인들이 먹고 마시는 것과 동일한"을 의미하는 것으로 이해하는 칼뱅과 하인리치의 입장을 따른다면 어떤 초기 기독교 필사자가 기독교의 성례에 대한 "고등" 신학에 기초하여 그것을 생략했다고 설명할 수 있을 것이다.[34)] 그밖의 사본에서 "동일한"(ℵ[3], B, C[2], E, F, G, K, 라틴어 번역본들)은 사실상 원문이 확실하다고 인정할 수 있을 만큼 충분히 잘 입증된다. 만약 이 표현이 "서로 동일한"을 의미한다면 그 의미는 구문 안에 이미 암시되어 있다.

τὸ αὐτὸ πνευματικὸν βρῶμα와 τὸ αὐτὸ πνευματικὸν ἔπιον πόμα,

---

33) 같은 책, 23; 참조. 21-29. 참조. Schrage, *Der erste Brief*, 2:390-391, including nn. 48-51. 또한 칼뱅도 이 점을 강조한다. 그는 여기서 εἰς가 ἐν + ὄνομα를 대신한다고 주장한다.

34) Calvin, *First Epistle*, 203: "율법의 이전 성례들은 오늘날 우리의 성례들이 지닌 것과 동일한 능력을 지니고 있다.…표징(*signum*)은 진정으로 표징이며, 그것의 고유한 본질(*substantiam*)을 유지하고 있다.…성례의 실재(reality)는 우리에게 전달된 것과 마찬가지로 구약 시대의 백성에게도 전달되었다." 칼뱅은 "스콜라주의자들과…소르본의 사람들"을 공격한다. 왜냐하면 그들은 이것과 반대되는 견해를 지니고 있었기 때문이다. "우리와 그들(모세의 인도 아래 있던 하나님의 백성) 사이의 차이점은 단지 정도의 차이에 지나지 않는다. 우리는 그들보다 더 풍성하게(*plenius*) 지니고 있다."(*First Epistle*, 204) 또한 참조. Heinrici, *Das erste Sendschreiben*, 262.

"동일한 영적인 음식…동일한 영적인 음료"라는 표현은 만나(출 16:4, 14-18)와 모세가 지팡이로 바위를 쳤을 때 흘러나온 기적의 물(출 17:6; 민 20:7-13)을 가리킨다. 우리가 바울이 "영적인"이라는 단어를 사용한 것에서 예상하듯이 이 형용사는 비물질적인 것이 아니라 기적적인 공급으로 여겨지는 모든 "특징"과 더불어 하나님의 영에 의해 공급되는 것을 의미한다(참조. 9:11; 12:1; 15:44, 46). 많은 이들은 영적인 음식과 음료가 사도 교부 시대에의 성찬 요소들을 가리키는 용어가 되었다고 주장했지만(예. 디다케 10, 3—πνευματικὴν τροφήν καὶ πότον), 이 의미는 바울의 해당 텍스트에 역으로 적용될 수 없다. 구약성경의 배경에서 "영적인" 음식은 하나님이 기적을 통해 제공해주신 만나를 가리킨다. 반면에 신약성경과 특히 바울 서신에서 πνευματικός는 하나님의 영에 속한 것을 가리킨다. "이 땅이 아니라 하늘로부터 오는 신비로운 특성을 지닌 은사들"이다.[35]

동시에 여기서 언급되는 만나와 물은 관련 대상과 언급 대상을 세부적으로 모두 망라하는 것은 아니다. 주석가들은 통상적으로 만나와 물을 이중적인 의미로 해석해왔다. 그들은 옛 언약과 새 언약의 "눈에 보이는 표징들"을 서로 나란히 놓았다. 만나는 (모형론적으로 또는 다른 어떤 방법으로) 주의 만찬 또는 성찬에서 영적인 음식을 암시한다. 반면에 바위로부터 흘러나온 물은 성찬 또는 주의 만찬의 포도주에 해당하는 영적인 음료를 가리킨다. 바울은 10:14-22에서 성찬 또는 주의 만찬에 대해 더 자세하게 다룬다. 하지만 만약 바울이 하나님의 지혜가 이전의 역사에서 하나님을 대리하는 행위와 그분의 임재를 능동적으로 표현했다는 유대교 전통을 활용하고 있다면 그는 이미 하나님의 지혜와 그리스도를 동일시했을 것이다(예. 1:30). 핸슨은 "고전 10장에서 우리는 구약 시대의 이스라엘 역사에 나타난 그리

35) Hofius, "The Lord's Supper and the Lord's Supper Tradition," in Meyer (ed.), *One Lord, One Cup*, 101; 참조. 99-103. 참조. Justin, *Apology*, 1:65:5. 한편 성령과 "영적인"에 대해서는 다음 연구서 참조. R. Bultmann, *Theology of the NT*, vol. 1 (Eng. trans., London: SCM, 1952): "프뉴마는 고대 그리스-플라톤적인…의미에서 '(성)령'을 의미하지 않는다. 반면에 이 단어는 몸과 대조되는 정신(마음)을 뜻한다.…프뉴마는 인간적인 모든 것과 절대적으로 대립되는 관계에 있는 신적이며 기적적인 능력이다." 참조. Schrage, *Der erste Brief*, 2:392.

스도의 실제적 임재에 대한 한 가지 사례를 발견한다"고 말한다.[36] 바울은 모세의 바위가 실제로 굴러갔고, 이스라엘 백성을 따라갔고, 그들과 함께 갔다(ἀκολουθούσης πέτρας)는 랍비들의 전승에 기초하여 말할 수도 있었을 것이다. 그렇다면 바울은 이 전승을 초월하는 진리—그리스도는 언제나 새롭고 변함없는 그들의 공급자였으며 언제나 그들과 함께 했다—를 가리키고자 했을 것이다.[37] 사실상 핸슨은 바울의 이해에서 이 구름은 그리스도의 인격을 통해 중재된 하나님의 임재를 암시한다고 주장한다.[38] 그리스도는 "하나님의 천사"다. 구약 시대의 이스라엘 역사에서 그는 하나님을 대리한다. 그리스도는 "옛 이스라엘 백성에게 알려진 하나님의 형태"다.[39]

"그들과 동행했던 바위"에 대한 바울의 언급

신약의 구약 사용과 특별히 바울 서신과 히브리서에 나타난 기독론에서 그것의 중요한 의미를 다루는 핸슨의 세 권의 연구서에서 그가 제시한 논평은 우리를 신학적 논쟁으로 인도한다. 만약 핸슨의 해석이 옳다면 바울의 말—그 바위는 바로 그리스도였습니다—은 어떤 특정 상황을 설명하는 명제의 역할을 한다(그 상황에 대해 핀들레이는 ἡ πέτρα δέ를 "바로 그 바위는…"으로 훌륭하게 번역한다).[40] 다른 한편으로 많은 저자들은 ἦν ὁ Χριστός를 일종의 모형론적인 주해로 간주한다. 이 경우에 부정과거 ἔπιον πόμα(그들은 동일한 영적인 음료를 마셨습니다)에서 미완료과거 ἔπινον(그들은 그들과 동행한 영적인 바위로부터 흘러나오는 것을 마시곤 했습니다)으로 시제가 바뀌는 것은 다음과 같은 해석을 빚어낸다. 즉 이 변화는 그리스도였던 생명의 원천으로부터 나오는 어떤 한결같고 신선한 음식과 음료를 가리키는 것이 아니라 랍비들의 전승에 기초하여 모형론적으로 그리스도를 의미하는 "그 뒤따르는 바위"에 대해 암시한다.

---

36) A. T. Hanson, *Studies in Paul's Technique and Theology*, 100.

37) (단순히 "따라가다"라는 의미보다) "같이 가다, 동반하다, 동행하다"로서 ἀκολουθέω의 의미 영역에 대해서는 BAGD, 31을 보라.

38) Hanson, *Jesus Christ in the OT*, 11-16.

39) Hanson, *The Image of the Invisible God*, 81.

40) Findlay, *Expositor's Greek Testament*, 2:858.

사실상 여(Yeo)는 "현대 학자들이 제시하는 해석"을 다음과 같이 세분한다. (a) 실재적인 해석. 이 바위는 바로 창조 이전부터 존재하는 그리스도다. (b) 이것들은 동일한 사건들이다(캐제만, 리츠만, 핸슨). (c) 상징적인 해석. 이 바위는 그리스도를 상징한다. (d) 이것들은 서로 평행을 이루지만, 동일하지 않다(바레트). (e) 모형론적인 해석. 이것은 그리스도인의 현재의 삶을 가리킨다(벤트란트). 콜린스는 이렇게 주장한다. "바울의 관점에서 보면 이 바위는 틀림없이 이스라엘 백성을 뒤따라왔다. 왜냐하면 모세는 이 바위를 한 번 이상 내리칠 수 있었기 때문이다."[41] 따라서 핸슨의 견해와 정반대 편에 있는 헤이스는 사실상 모든 비교와 평행을 이루는 요소들은 모형들(τυπικῶς, 11절; τύποι, 6절)이라고 주장한다. 이 모형들 안에서 구름과 바닷속에서 세례를 받았다는 표현은 "그리스도인의 세례에 대한 유비에 기초한 상상력이 풍부한 해석"이며, 영적인 음식과 음료는 "기독교의 성찬을 예기한다." "상상에 기초한 유비에 근거하여 바울은 특별한 영적인 경험에 동참하는 것은 하나님의 백성을 윤리적인 책임에서 면제시켜주지 않는다고 진지하게 강조한다.…바울은 그들에게 놀랄 만한 비유적인 요구들을 제시한다. …바울의 은유들은 무리하게 해석해서는 안 된다."[42]

타르굼, 미드라쉬, 그리고 거의 틀림없이 탈무드에 반영된 랍비 전승들이 사용된 것과 관련하여 해당 시기에 대한 이슈들은 알기 어렵고 매우 복잡하다. 엘리스는 이동하는 어떤 우물에 대한 랍비 전승을 다음과 같이 일관성 있게 재구성한다. "바위 형태로 된 체(sieve)를 닮은 [이동하는 우물이]…광야에서 이스라엘에 주어졌다.…그것은 여섯째 날 저녁에 창조된 열 가지 중 하나였다.…그것은 언덕들을 넘고 골짜기들을 통과하던 방랑자들을 따라 굴러왔다. 그들이 장막을 쳤을

41) Collins, *First Cor,* 369. 참조. Yeo, *Rhetorical Interpretation in 1 Cor 8 and 10,* 167, n. 52. 많은 저자들은 민 21:17과 물을 공급하며 지속적으로 공급하기 위해 이스라엘 백성을 "뒤따라왔던" 바위에 대해 언급하는 다른 구절들을 랍비들이 고찰하는 것에 대한 전승을 보여주는 자료들을 수집했다. 참조. Targum Onkelos [Aramaic translation of] Num 21:17; Midrash Sifre on Num 11:21; *b. Sabbath* 35a, "a movable well"; *b. Aboth* 5:6; *Midrash Numbers Rabbah* 19:25-26; *Sukka* 3:11. 참조. Strack-Billerbeck, *Kommentar,* 3:406-407. 참조. Ellis, *Paul's Use of the OT,* 66-70, 특히 67 and 67, n. 2; Willis, *Idol Meat,* 132-142; Schnabel, *Law and Wisdom from Ben Sira to Paul.*

42) Hays, *Echoes of Scripture,* 91.

때 그것은 만남의 장막 한가운데 멈추어 있었다."[43] 과연 바울이 수신자들에게 말하기 위해 심지어 문서 이전의 형태로 된 자료도 사용했는가라는 이슈에 대해 우리는 어느 정도 추측에 근거하여 답변하는 것을 회피할 수 없을 것이다. 다른 한편으로 **광야 생활을 하던 동안 이스라엘을 인도하고 보호하며 양육하는 지혜의 역할**은 바울이 그의 편지들을 쓰기 한 세기 이전의 헬레니즘 유대교 문헌, 바울의 동시대 회당의 설교들, 그와 거의 동시대인인 필론의 저서에서 매우 광범위하게 입증된다. 지혜서와 필론은 모두 지혜가 방랑하던 이스라엘 백성에게 물을 공급해 주었다는 것, 즉 "단단한 바위로부터 그들에게 물을 주었다"(ἐδόθη αὐτοῖς ἐκ πέτρας ἀκροτόμου, 지혜서 11:4)는 것에 대해 언급한다. 필론는 "이 단단한 바위는 바로 하나님의 지혜다"라고 말한다(Philo, *Legum Allegoriae* 2.86). 여기서 강조점은 바울이 구약의 지혜 문헌(예. 잠 8장)과 기원후 1세기 헬레니즘의 영향을 받은 유대교로부터 창조 이전부터 존재했던 지혜에 대한 전승에 명백하게 기초하여 자신의 기독론을 제시한다는 것이 분명하고 광범위하게 인정된다는 것이다. 최근에 크라이처는 고전 10:4과 관련하여 랍비들과 필론의 전승 사이의 차이점에 대해 탐구했다. 그의 접근 방법은 바울의 자료들과 그가 그것들을 사용한 것에 대한 널리 알려진 가설들에 너무 성급하게 또는 무비판적으로 접근하지 않도록 주의할 필요성이 있음을 강조한다.[44] 바울은 분명히 70인역의 지혜 전승들에 기초하고 있다. 하지만 바울이 랍비 전승이나 필론의 저서에서 어떤 사변적인 자료를 사용했는지는 여전히 신중하게 다루어야 할 의문으로 남아 있다.

우리는 그리스도가 바로 하나님의 지혜(1:30)라는 이슈와 관련하여 바울의 역할을 소극적으로 다룰 수 없다. 왜냐하면 그것은 바울과 고린도 교인들, 특별히 "강한 자들"과의 대화에서 중요한 역할을 할 뿐만 아니라 지난 50년 남짓한 기간

---

43) Ellis, *Paul's Use of the OT,* 67. 랍비 문헌의 출처에 대해서는 앞에서 제시한 주해를 참조하라.

44) Kreitzer, "1 Cor 10:4 and Philo's Flinty Rock," 109-126. Kreitzer는 바위의 역할과 구약성경 구절들에 대한 바울과 필론의 입장 - 예를 들면 적어도 필론의 "무시간적인" 알레고리와 바울의 역사에 기초한 모형론의 관점에서 - 에 상당한 차이점들이 있다고 인정한다. 단지 필론의 배경에만 기초한다면, 그리스도의 선재론에 도달할 수 없다는 것이다. 하지만 Kreitzer는 신 8:5-8과 다른 성경 구절들을 통해 언약의 모티프에 이를 수 있다고 주장한다.

동안 데이비스(1948년)로부터 십 년마다 출간된 중요한 연구서들—예를 들면 푀이에(1966년), 해머튼-켈리(1973년), 슈나벨(1985년), 위더링턴(1994년)—을 포함하여 던(1998년)에 이르기까지 바울에 대한 연구에서 두드러지게 나타나기 때문이다.[45] (헤이스, 피와 더불어) 위더링턴은 "이 바위는 바로 그리스도다"가 정확히 무엇을 의미하는지에 대한 논의의 복합적인 특성이 우리를 바울의 다음과 같은 주요 강조점에서 벗어나게 해서는 안 된다고 주장한다. 그의 주장은 전적으로 옳다. "그리스도인들과 마찬가지로 이스라엘 백성도 동일한 은혜를 받았다. 심지어 그들도 그리스도 자신으로부터 다양한 유익을 얻었다. 하지만 이것 자체는 그들이 멸망하거나…실패하는 것으로부터…그들을 보호해주지 못한다."[46] 그럼에도 바울은 광야에서 이스라엘의 보호자, 인도자, 양육자로서 하나님의 지혜의 역할에 대한 배경을 천지창조 이전부터 존재했던 그리스도에게 적용하는 것을 당연하게 생각했을 수 있다. 헬레니즘적 유대교의 디아스포라 회당의 설교에서 이 배경은 단골 메뉴였다. 그러나 이것은 오늘날 대다수 독자들에게 친숙하지 않다. 따라서 자세한 설명이 필요하다.

지혜서 11:4뿐만 아니라 광야에서 유랑하던 이스라엘 백성을 인도하고 도와준 선재한 지혜의 역할에 대한 수많은 언급은 솔로몬의 지혜서에서 여러 장에 걸쳐 하나의 주제를 형성한다. 지혜는 "거룩한 백성을…압박하는 자들로부터 구원했으며…그들을 인도했다. [지혜는]…낮에는 그들에게 그늘이 되어주고…밤에는 별빛이 되어주었다. 또한 [지혜는] 그 많은 물을 갈라 그들을 인도하여 홍해를 건

45) Davies, *Paul and Rabbinic Judaism,* 147-176; Dunn, *The Theology of the Apostle Paul,* 266-293. 또한 참조. Dunn, *Christology in the Making* (London: SCM, 2d ed. 1989 and Grand Rapids: Eerdmans, 1996). Feuillet, *Le Christ Sagesse de Dieu d'après les Épitres Pauliniennes;* Hamerton-Kelly, *Pre-existence, Wisdom and the Son of Man,* 112-154 and 192-196; Schnabel, *Law and Wisdom from Ben Sira to Paul;* B. Witherington, *Jesus the Sage: The Pilgrimage of Wisdom.*

46) Witherington, *Conflict and Community,* 219. 참조. Fee, *First Epistle,* 448: "그[바울]의 관심은 물 그 자체가 아니라 그것의 원천에 있다." "그가 그 음식이 성례와 상관있는 어떤 특성을 지니고 있다는 것에 대해 무엇인가를 말하고자 한다는 것은 의문점이 있다"(같은 책, 447). Fee의 이 견해는 Goppelt, *Typos,* 145와 다른 많은 이들의 견해와 반대되지만, Witherington의 다음 주장에 동조한다. 곧 "그는 홍해 사건이 일종의 성례라고 주장하고 있지 않다"(Witherington, *Conflict and Community,* 219); 참조. Hays, *Echoes of Scripture.*

너게 해주었다"(지혜서 10:15-18). "그들이 친 천막 위에 구름(σκιάζουσα νεφέλη)이 나타났고…그들은 모두 놀라운 기적들(θαυμαστὰ τέρατα; 참조. 앞에서 πνευματικός, "신령한"에 대한 우리의 논의)을 눈앞에서 보면서…건너갔다"(지혜서 19:7-8). 우리는 지혜서의 다른 부분들에서도 고린도전서의 지혜 기독론과 상응하는 구절들을 찾아낼 수 있다. 지혜는 "하나님의 창조적인 존재로부터 능동적으로 흘러나오며", "전능하신 분으로부터 나오는 영광"이다(지혜서 7:25; 참조. 7:22-8:1). 또한 지혜는 "모든 것에 스며들며 모든 것을 통찰한다"(지혜서 7:24; 참조. 고전 2:10-16). 심지어 지혜는 인내하며 온유하고 자비롭게 심판하며 다스린다(지혜서 11:20-12:18; 참조. 고전 8:7-9:27; 10:23-11:1; "너희는 나를 본받는 자가 되라", 11:1a; 참조. 9:1-23; "그리스도를 본받는 자", 11:1b).

이와 같은 배경은 잠언서뿐만 아니라 구약성경의 다른 본문들에 대한 깊은 사색을 반영할 수 있다. 바위와 관련하여 쿨만은 출애굽기 자료뿐만 아니라 신 8:15; 32:13; 느 9:15; 사 48:21; 시 78:15-20; 81:16 등이 모종의 역할을 했을 것이라고 주장한다.[47] 이 모든 선승의 경향을 전부 고려하고 나서 던은 "분명히…바울은 이전에 하나님의 지혜에 부여했던 역할을 **그리스도**에게로 돌리고 있다"는 견해를 제시한다(강조는 원저자의 것임).[48] 이것은 아마도 직접적인 동일시도 아니며, 단순한 "인격화"도 아닐 것이다. 던은 바울이 그리스도에게 적용하는 하나님의 지혜의 "위격화"(hypostatization)라는 용어 또는 더 나은 "하나님의 지혜라는…지혜의 '은유'"를 사용하는 것을 선호한다.[49] 하지만 그는 우리가 고전 10:4에서 "이 전승들이 거의 동시대 유대교의 사고에 영향을 미쳤던 광범위한 사색을 바울이 머릿속에 떠올렸을 것이라고 추론할 수 있다고 시인한다.[50] 요컨대 우리가 선재한 그리스도와 선재한 지혜 사이의 관계가 어떠한지 또는 그 둘을 어느 정도로 동일시해야 하는지는 여전히 논쟁의 대상으로 남아 있다.[51]

---

47) O. Cullmann, "πέτρα," *TDNT*, 6:97.
48) Dunn, *Theology of Paul*, 270.
49) 같은 책, 272.
50) 같은 책, 279.
51) 같은 책, 280. 이 이슈에 대해 Willis가 제공해주는 스펙트럼에서 입장의 차이를 참조하라. Willis, *Idol Meat*, 133-142.

만약 우리가 바울의 기독론의 함의(참조. 고전 8:4-6에서 우주적으로 언급된 "신앙 고백적"인 유형과 고전 12:4-6에서 언급되는 "삼위일체적인" 유형. 또한 해당 부분에 대한 주해)를 진지하게 고려하면 우리는 "그 바위는 바로 그리스도였다"는 구절에 대한 위더링턴의 다음과 같은 주해를 온전히 지지할 수 있을 것이다. "'~였다(was)'는 신성을 지닌 그리스도가 진정으로 이스라엘 역사의 일부에 속한다는 것을 가리킨다. 그는 이스라엘 백성에게 생명수를 공급해주었다."[52] 밴드스트라는 이 점을 "그리스도 자신은 바로 선재한 그리스도였다. 그는 이스라엘 백성이 광야에서 유랑하며 생활하는 동안 그들과 함께 했다"고 강력하게 표현한다. 또한 그리스도는 "이스라엘 백성의 영적인 음식과 음료의 원천이었을 뿐만 아니라 고린도 교회에서 주의 성찬에 현존하신 분이다."[53]

바위와 그리스도의 관계에 대한 오래된 논쟁은 상당한 격론을 불러일으켰다. 하지만 우리는 모형론을 전제하고 본 텍스트에 접근하기보다는 τύπος를 어떻게 이해해야 할지 결정하는 것을 주해에 허용하는 것이 더 나을 것이다. 모형과 알레고리의 주요한 차이점은 무엇인가? 모형은 역사 안에 뿌리를 내리고 있으며, 서로 상응하는 사건들을 전제한다. 반면에 알레고리는 표징들 또는 기호론적인 코드들의 언어학적인 체계 안에 기초하고 있으며, 개념들 또는 기호론적인 의미의 상응들 또는 평행들을 전제한다. 만약 우리가 전문 용어에 대한 현학적인 질문을 제기하고자 한다면 바울은 다음과 같은 이슈들에 대해 답할 것이다. (i) 선재한 그리스도의 대리 직분과 관련하여 신학적 또는 존재론적인 진리에 대한 주장들. (ii) 이스라엘의 경험 안에서의 사건들과 고린도 교회의 경험 안에서의 사건들 사이에 역사적으로 상응하는 요소들에 모형론적인 배경을 사용하는 것과 나아가 일종의 암시적인 기호를 사용하는 것. (iii) (만약 필론과 랍비 자료에서 나타나는 몇몇 전승들이 바울이 편지를 쓸 시기에도 이미 광범위하게 알려져 있었다면) 상징적인 반향에 기초할 가능성 등이다.[54] 만약 이것이 타당하다면 그것은 바울이 일종의 암시적인 "연극"(play)을

---

52) Witherington, *Conflict and Community,* 218. 참조. Schrage, *Der erste Brief,* 2:395-396.

53) Bandstra, "Interpretation in 1 Cor 10:1-11," 14; 참조. 5-21. 우리는 이미 앞에서 칼뱅도 이와 같은 견해를 지녔다는 것을 언급했다.

54) 이 논점은 다음 연구서에 제시되어 있다. Davidson, *Typology in Scripture,* 191-231, 245-

제시한다고 주장할 수 있을 것이다. 이 연극은 (단순히 정적인 γνῶσις의 원천으로서가 아니라) 이 축복에 참여하는 특권을 받은 모든 자들을 위해 지속적인 공급자, 보존자, 인도자로서 자비를 계속 새롭게 하는 살아 있는 그리스도의 전적인 충족성(all-sufficiency)을 묘사한다.[55] 슈라게는 이스라엘에 베풀어진 은혜와 주의 만찬의 은혜 사이의 "유비"에 대해 말한다. 그의 주장은 전적으로 옳다.[56]

5절 모두⋯모두⋯모두(1-4절에서 다섯 번 나타남)와 τοῖς πλείοσιν αὐτῶν(그들 가운데 대다수) 중에서 제외된 소수의 사람들은 서로 극명하게 대조된다. 따라서 우리는 (NRSV, NIV와 더불어) 이 두 가지를 대조하는 그리스어 접속사 ἀλλ'을 강조하여 "그럼에도 불구하고"라고 번역할 필요가 있다.[57] REB의 "그렇지만"(yet)은 대조를 소극적으로 제시한다. 반면에 NJB의 "이 사실에도 불구하고"는 정당화될 수 있지만, 해당 접속사가 제시하는 의미를 초월한다. 한마디로 모든 것은 예리하고 간단명료하며 명백한 대조에 달려 있다. 비록 우리는 οὐκ ... εὐδόκησεν ὁ θεός라는 구절을 "하나님의 호의가 [그들에게] 머물러 있지 않았다"라고 번역할 수도 있겠지만, "불만을 나타내다"라는 번역은 이중 부정보다 그 의미가 더 강력한 것 같다. 한편 [5b에서] 피는 NIV가 γάρ, "왜냐하면"을 생략한 채 번역한 것은 시체들이 광야에 널리 흩어져 있었다는 그들의 운명이 οὐκ ... εὐδόκησεν 안에 내포된 내용에 대한 설명과 증거로서 해당 표현을 해설해준다는 강조점을 제대로 살려주지 못한다고 지적한다.[58] 또한 피는 κατεστρώθησαν

247. 여기서 Davidson은 기호론적인 접근 방법을 안식교의 신학적인 접근 방법과 결합한다.

55) 참조. Aageson, *Written Also for Our Sake*, 123-124; 참조. 112-127.

56) Schrage, *Der erste Brief*, 2:393. Schrage는 고전 10:4의 배경으로서 (보다 더 사변적인 "자료들"과 대조를 이루는) 구약성경의 민 21:16-18; 출 17:5-7; 민 20:11에 주목한다(2:394). 또한 ἦν(그리스도가 있었다)을 설명하기 위해 Ellis가 페쉐르 해석을 언급하는 것에 대해 논의한다. 참조. Ellis, *Prophecy and Hermeneutic*, 159-161.

57) Edwards와 다른 이들이 지적하듯이 οὐκ ἐν τοῖς πλείοσιν은 "대단히 적은 수"를 가리킨다(Edwards, *First Epistle*, 247). 민 14:30에 의하면, 단지 갈렙과 여호수아만 약속의 땅으로 들어간다.

58) Fee, *First Epistle*, 450 and 450, n. 41.

을 "널려 있는" 또는 "흩어져 있는"으로 번역하는 것을 설득력 있게 지지한다. 왜냐하면 이 표현은 70인역의 민 14:16이 동일한 그리스어 동사를 사용하며—그 모습은 민수기의 해당 절에 기초함—전달하고자 하는 내용을 반영하기 때문이다. "그들의 시체들이 널리 흩어져 있었다"는 번역은 REB를 따르며, NRSV의 번역인 "죽이다"(때려눕히다)와는 반대된다. 한편 NJB와 NIV는 해당 동사를 "흩어져 있었다"라고 번역한다.[59] 만약 "흩어져 있었다"에 대한 70인역의 뉘앙스를 무시한다면 더 좋은 대안은 "멸망당했다"(καταστρέφω)의 의미를 보존하는 것이었을 것이다. 자만심, 자기 고집, 불순종은 이스라엘 백성이 모두 동참했던 특권을 잃게 했다.

6절 많은 해석자들은 6절을 7-13절과 연결하여 그 단락에 포함시키면서 탐내는 것이 다섯 가지 구체적인 실패 사례 가운데 첫 번째 사례임을 확인한다.[60] 하지만 우리의 관점에 의하면, 탐내는 것은 전반적인 태도를 가리키며, 그것에서 7-13절에서 열거되는 네 가지 구체적인 실패 사례가 파생된다. 어떤 진술을 요약적으로 소개하는 이 문맥에서 또다시 δέ는 영어에서 논리적인 "그런데"(now)의 의미를 지니고 있다(참조. NRSV, NJB, NIV). 여기서 바울은 (알레고리의 경우처럼) 단순히 개념들 사이에 서로 상응하는 것이 아니라 (모형론의 경우처럼) 사건들 사이에 서로 상응하는 것에 대해 숙고하며, (고펠트가 주장하듯이) 역사에 호소한다. 따라서 REB에서 ταῦτα는 "이 사건들"로 잘 번역되어 있다. *TDNT*에서 τύπος 항목에 대한 자신의 글에서 고펠트는 다음과 같이 주장한다. 비록 이 그리스어 명사는 사례 또는 종종 (도장을 찍다 또는 새기다의 의미에서) 표시 또는 표준으로서의 모범(롬 6:17)을 의미하지만, "신약성경 특유의 의미도 나타난다." "고전 10:6, 롬 5:14에서 τύπος는 구약의 '모형'에 대한 해석학적인 용어다. 이와 상응하는 의미

59) BAGD, 419. 이 사전은 단지 "전복시키다, 뒤엎다, 멸망시키다"를 포함한다. 이 의미들은 통상적으로 사용되지만, 거기에 모든 의미가 망라되어 있지는 않다(참조. 마 21:12, "돈 바꾸는 사람들의 상을 들러 엎다").

60) 예. Yeo, *Rhetorical Interaction in 1 Cor 8 and 10,* 167-170; Meeks, "'And Rose Up to Play,'" 69.

는 고전 10:11에서 τυπικῶς, 벧전 3:21에서 ἀντίτυπος에 의해 제시된다."[61] 또한 고펠트는 이 단어가 히 9:24에서 하늘에 있는 "원본"(original)이라는 의미로 사용된다고 지적한다.

하지만 성경을 연구하는 자들 외에 일반인들은 대체로 모형이라는 단어가 이와 같은 전문적인 의미로 사용된다는 것을 거의 알지 못한다. 그러므로 **패러다임**이나 **패러다임적인 모델**이라는 단어를 빌려오는 것도 매력적일 것이다. 왜냐하면 이 단어는 현재 언어 철학과 (토마스 쿤과 더불어) 과학사에서 10:6에서 τύπος가 사용된 것과 거의 정확하게 일치하는 의미로 널리 사용되고 있기 때문이다. 하지만 슈나크는 최근에 자신의 훌륭한 기고문에서 **형성적인 모델**(formative model)이라는 용어가 고전 10:6과 같은 문맥에서 "해석학적으로 입증된 용례"를 보여준다고 주장한다.[62] 우리는 이 번역을 선택했다. 왜냐하면 바울의 관점에 의하면 해석학적인 이론의 몇몇 접근 방법의 지지를 받는 이 성경 텍스트들의 기능은 (단순한 일반화가 될 위험을 무릅쓴다 하더라도) 영적이며 윤리적인 모범을 형성하는 것이며, 그것은 변화를 수반하기 때문이다.[63] 슈나크가 주장하듯이 τύπος가 과연 "어떤 텍스트 또는 진술된 사건의 '진정한' 영적인 의미를 가리키는가?"에 대한 질문은 주요 논점에서 벗어나는 것이다. "모형론"에 대한 이슈들은 기독교 전통의 역사 안에서 바울의 취지에서 벗어나는 의제들을 쌓아왔다. 이것은 τύπος를 "유형"(type)으로 번역하는 것을 회피하는 것이 좋다는 방향으로 이끈다.[64] 따라서 NRSV, NIV, NJB, AV/KJV, 바레트, 필립스 등은 해당 명사(τύποι)를 "사례들"(examples)로, REB는 "경고들"(warnings)로 번역한다(의아하게

61) Goppelt, "τύπος," *TDNT*, 8:248-249; 참조. 246-259.

62) G. Schunack, "τύπος," *EDNT*, 3:374; 참조. 372-376. Hays는 그것의 고유한 의미는 패턴 또는 모델이라고 주장한다(Hays, *1 Cor*, 162).

63) 참조. Thiselton, *New Horizons in Hermeneutics: The Theory and Practice of Transforming Biblical Reading*, 특히 1-35, 272-312, 379-410, 546-520.

64) Schunack, "τύπος," *EDNT*, 3:375. 한편 "역사적인 사실…인물, 행위, 사건…"의 역할에 대한 Goppelt의 관점과 그것에 대한 Schunack의 입장은 일치하지 않는다. 이것은 마치 Schunack가 종말론을 강조하는 것이 역사와 사건에 대한 Goppelt의 타당한 강조점에 하나의 대안이라도 제시하는 것과 같은 의문점을 불러일으킨다.

도 REB는 11절에서 τυπικῶς를 "상징적인"이라고 번역한다). "사례들"이라는 번역은 "유형들"(types)이라는 번역보다 낫다. 하지만 "패러다임적인 모델들, 패러다임들, 또는 본보기들"로 번역할 수 있다는 점에 비추어볼 때 이 단어는 의미가 너무 약하다. 우리는 20세기 후반에 이르러 자연과학, 인간에 대한 지식, 사회윤리학적인 이해의 발전이 모델들 또는 인식적, 상상적, 패러다임적 또는 본보기적인 모델들에 달려 있다는 것을 깨닫게 되었다. 이와 같은 인식을 통해 바울의 강조점을 보다 더 잘 이해할 수 있는 근거가 마련되었다. 그 근거에 비추어보면 개념 형성과 성격 형성의 과정에서 "모델들"의 역할을 보다 더 깊게 파악할 수 있다는 현재 상황과 관련하여 "τύπος가 '사실적인' 것인가 아니면 단지 하나의 사례에 지나지 않는가"라는 질문은 별 의미가 없다.

폴 가드너의 몇몇 탁월한 논점에 비추어볼 때 이것은 더욱더 명백해진다. 그는 다음과 같이 주장한다. "하나님이 주시는 후대의 계시는 반드시 어떤 '영적인' 방법으로 후대의 사건들에 직접 **적용되는** 것으로 이해해야 하는 것은 아니다. 오히려 하나님은 실제로 사건들이 어떠**했는지**에 대해 더 많이 계시하셨다. **이전에** 일어났던 것에 대한 새로운 이해는 이제 독자들이 사는 시대에 일어난 평행을 이루는 사건들을…밝혀줄 수 있을 것이다"(강조는 원저자의 것임).[65]

바울의 의미에서 우리를 위한 본보기가 왜 중요한 지표(指標)인지에 대한 또 다른 이유는 모형론의 이론들이 아무리 복합성을 지니고 있다 하더라도 τύπος가 일부를 형성하는 모형론의 개념이 지닌 가치가 다음과 같기 때문이다. 즉 "성경에서 소개되는 각각의 이야기는 전체 이야기의 배경에 속한다. 또 그 이야기는 처음부터 끝까지 이어지며, 그리스도 사건이 그 이야기의 중심에 있다.…마르키온이 그것[신약성경]을 전적으로 새로운 이야기로 이해하려고 시도했음에도 불구하고…구약성경과 신약성경에서 말

65) Gardner, *The Gifts of God,* 113. 참조. Lampe and Woollcombe, *Essays on Typology,* 66; Ellis, *Prophecy and Hermeneutic,* 166.

하는 사건 전체는 오직 한 가지 이야기를 형성한다."[66] 골딩게이는 "모형론"이라는 용어가 "한 가지 이야기에 대한 증언"이라는 점을 상당히 중요하게 여긴다. 그 이야기 안에서 예수 그리스도의 아버지이신 이스라엘의 하나님의 목적에 참여함으로써 사건들은 "서로 연결된다." 하지만 그는 모형론을 사용하는 데는 잠재적인 "위험"이 뒤따르며, 자기기만과 시대착오에 빠지지 않도록 각별한 주의가 필요하다고 시인한다.

여기서 목적절은 부정의 불변화사 μή와 더불어 εἰς + 정관사 τό와 부정사가 사용되는 구조를 지니고 있다. 즉 εἰς τὸ μὴ εἶναι ἡμᾶς, "우리가 악한 것들을 탐내지 않게 하려는 것입니다." 바레트는 εἶναι와 함께 명사가 사용되고 그다음에 καθὼς κἀκεῖνοι ἐπεθύμησαν가 뒤따르는 것은 "거친" 표현일 뿐만 아니라 그 의미를 강조한다고 주해한다. 또한 (헤이스와 다른 이들과 더불어) 그는 이것은 민 11:4-34에서 "이집트의 냄비 안에 있던 고기"를 그리워했다는 것을 암시한다고 주장한다.[67] 핀들레이가 주장하듯이 이집트의 식단을 "탐내는 것"은 "고린도의 우상숭배 의식을 암시한다."[68] 다른 한편으로 여기서 τύποι가 특별히 복수 형태로 사용된 것에 주목할 필요가 있다. 블롬버그는 1-5절에서 모두에게 허락된 네 가지 특권이 7-10절에서 대다수가 네 가지 시험에 실패한 것과 평행을 이룬다는 점을 우리에게 상기시켜 준다. (1) (a) 구름의 인도를 받고 (b) 홍해를 건너고 (c) 만나를 공급받고 (d) 초자연적으로 물을 공급받은 특권. (2) 실패로 이끈 불순종적이며 자기만족적인 자세는 다음 네 가지로 묘사된다. (a) 우상숭배, (b) 부도덕 또는 음행, (c) 하나님을 시험함, (d) 불평불만을 드러냄.[69] 한편 콜리어는 해당 텍스트가 민 11장에 언급된 ἐπιθυμία에 대한 일종의 축약된 미드라쉬에 해당한다고 주장하면서 "악한 것들을 탐내는 것"이라는 번역을 지지한다. 그

66) Goldingay, *Models for Interpretation of Scripture,* 62; 참조. 61-66.
67) Barrett, *First Epistle,* 224; 참조. Hays, *1 Cor,* 162-163.
68) Findlay, *Expositor's Greek Testament,* 2:859.
69) Blomberg, *1 Cor.* 191.

것은 출 32:6과 다른 구약성경 구절들에 의해 그 의미가 분명해진다.[70] 바울은 이 미드라쉬를 고린도의 "강한 자들"이 우상숭배의 관습에 속한 의식들과 이른바 신성한 사건들에 참여하고자 탐내는 것에 초점을 맞추어 적용한다.[71]

ii. 성경의 경고와 더불어 끌어온 네 가지 본보기(10:7-13)

만약 이 단락에서 ἐπιθυμία의 의미와 중요성에 대한 콜리어의 견해가 옳다면 이것은 인간의 죄에 대한 바울의 신학과 전적으로 일치한다. 판넨베르크는 바울과 역사 신학과 관련하여 다음과 같이 올바르게 지적한다. "죄에 대한 기독교의 가르침과 관련하여 아우구스티누스의 고전적인 중요성은 그가 **바울이 죄와 욕망을 연결하는 것**을 그때까지 기독교 신학이 탐구해왔던 것보다 더 심오하게 이해하고 분석했다는 사실에 기초하고 있다.… [해당 주제에 대한] 오늘날의 많은 연구는 불만족스러운 상태에 있다. 왜냐하면 그것들은 아우구스티누스의 가르침을 지나치게 성급하게 일축해왔기 때문이다"(강조는 덧붙여진 것임).[72] 인간을 하나님으로부터 소외시키는 것은 단순히 죄를 행위들과 동일시하는 얄팍한 도덕주의가 아니라 바로 "절대적인 자아 의지"다. 이와 같은 도덕주의는 법적 또는 도덕적인 표준에 부합하지 않는다.[73] 뿐만 아니라 아우크스부르크 신앙고백에 의하면 죄는 하나님에 대한 거룩한 두려움이 결여된 것이며, "그분에 대한 신뢰가 결여된 것이다."[74] 바울은 그리스어 단어 ἐπιθυμία를 사용하지만, 아우구스티누스는 죄의 기본적인 형태로서 라틴어 단어 리비도(*libido*) 또는 쿠피디타

70) Collier, "'That We Might Not Crave Evil': The Structure and Argument of 1 Cor 10:1-13," 55-75.

71) ἐπιθυμία와 ἐπιθυμέω에 대해서는 BAGD, 293을 참조하라. 이 사전의 293면에는 신약성경 및 70인역뿐 아니라 플라톤과 스토아학파에서 "무엇인가 금지된 것을 열망하는 것"을 가리키는 데 그 단어들이 사용되는 용례들이 제시되어 있다.

72) W. Pannenberg, *Systematic Theology,* 2:241 and 242; 참조. 238-265.

73) 같은 책, 2:261.

74) Schaff, *Creeds*, 3:8. Pannenberg, *Systematic Theology,* 2:241에 인용됨.

스(*cupiditas*)를 사용한다.[75] 그는 하나님으로부터 "벗어나도록 유도하는 매력"에 대해 말한다. 또한 그는 "다른 사람들에게 존중받고자 하는 것…다른 사람들을 지배하는 것…달콤한 촉감을 느끼게 하는 대상들…좋은 것들을 잃어버리는 것에 대한 두려움…다른 사람의 아내나 재산을 소유하고자 하는 것…속이는 것…명예를 얻는 것" 등에 대해서도 말한다. 사실상 그는 바울이 고린도전서에서 확인해주는, 그릇된 방향으로 나아가는 인간의 의지, 열망, 생활 방식의 모든 측면에 대해 언급한다.[76] 이 모든 것은 "자아를 중심에 놓고, 그밖의 모든 것을 자아를 위한 수단으로 사용하고자 하는 의지의 자율성"으로부터 비롯되는 것이다.[77]

이것은 결코 단순히 역사 신학으로 우회하는 것이 아니다. 오히려 이것은 8:1-11:1과 고린도전서 전체 및 바울 신학에 대해 10:1-13에서 바울이 말하려는 주장의 근본적인 특성을 밝혀준다. 더욱이 19세기에 저술된 자신의 주석서(1885년)에서 에드워즈는 믹스와 다른 이들이 확인해주는 "네 가지 사례"를 탐구하여 네 가지 모두의 배후에 ἐπιθυμία, "그릇된 방향으로 나아가고자 하는 욕망"이 있다는 것을 보여준다. 나아가 그는 세상적인 방종 또는 "육욕에 탐닉하기"는 (i) 우상숭배 (ii) 부도덕과 불신앙 (iii) 하나님을 시험하는 의심 (iv) 절망, 불평, "투덜대기"로 이끈다고 주장한다.[78] 요컨대 신학적인 측면과 아울러 수사학적 또는 해석학적인 측면에서도 10:7-13은 통일성을 지니고 있다.

7절 믹스는 "일어나서 놀았다"(ἀνέστησαν παίζειν)라는 표현에서 자신이 열거하는 다섯 가지 실패 목록을 간파한다(앞에서의 주해 참조). 하지만 이 표현은 아마도 장면이 우상숭배에 참여하는 것으로부터 8절에서 언급되는 성적인 부도덕으로 바뀌는 것을 예비할 것이다. 바울은 출 32:6(참조.

---

75) Augustinus, *On Free Will*, 1:3-4; 3:17-19. 의지의 타락과 욕망에 대해서는 다음 참조. *On Eighty-Three Varied Questions*, 35:1 (Migne, *PL*, 40:23); *City of God*, 12:8; *Confessions*, 2:5.

76) Augustinus, *Confessions*, 2:5.

77) W. Pannenberg, *Systematic Theology*, 2:241 and 243.

78) Edwards, *First Epistle*, 248.

32:1-6)에서 서술하는 에피소드를 자신의 구약 인용문으로 사용한다. 거기서 금송아지 우상에게 제사드리는 이야기는 모세가 부재한 상황에서 실컷 먹고 마시는 것으로부터 시작되어 미친 듯이 뛰노는 행위로 이어졌다. 여기서 παίζειν의 의미를 정확하게 번역하는 것은 거의 불가능하다. NJB는 마치 순진하게 뛰노는 것을 연상시키듯이 "그들은 즐겼다"라고 번역한다. 이것은 BAGD가 παίζω를 상상력을 동원하지 않고 무미건조하게 "놀다"(to play), "즐기다"(to amuse oneself)로 번역한 것에서 비롯된 것이다.[79] 엄밀히 말하자면 이것은 이 단어의 동족어 παιδία, "어린아이와 같음"과 παιδίον, παῖς, "어린아이"와 같이 이 단어가 가장 빈번하게 사용되는 의미를 전달해 준다. 즉 어린이들이 놀이를 하다라는 의미다. 또한 이 그리스어 동사는 "춤추는 것"을 의미한다. 하지만 그림-타이어와 리델-스코트-존스 그리스어 사전은 보다 더 광범위한 의미 영역을 제시한다. 거기에는 "운동하다, 익살을 부리다, 즐겁게 놀다, 농담하다, 춤추며 노래하다, 게임하다, 운동 경기를 하다" 등이 포함되어 있다(참조. Collins, rose to play).[80] 한편 베르트람은 심지어 더 광범위한 의미 영역을 찾아낸다.[81] 그렇다면 우리는 여기서 이 그리스어 단어가 어떤 의미 영역에 해당하는지를 결정할 수 있을까?

이 질문에 대한 대답은 바울이 (70인역의) 출 32:1-6을 어떻게 이해했는지에 달려 있다. 비록 바울은 70인역의 표현을 인용하지만, 70인역의 παίζειν은 아마도 해당 히브리어 단어인 צחק(차하크), 여기서는 부정사 연계형 לצחק(레차헤크)에 가장 가깝게 상응하는 번역으로 선택되었을 것이다. BDB는 이 히브리어 동사의 칼(Qal) 형태를 "웃다"로 번역한다. 하

79) BAGD, 604.

80) Grimm-Thayer, 473; LSJ, I.109. (이 사전에서 항목 I. 5에서는 **다정다감하게 놀다**가 제시되어 있다. 또한 참조. Louw-Nida, *Lexicon,* 1:528; Collins, *First Cor,* 363, 370.

81) G. Bertram, "παίζω," *TDNT,* 5:625-630. 호메로스 시대 이후로 παίζειν은 모호한 또는 성적인 어조—예. 님프들의 춤—를 지니기도 했다. 플라톤도 경솔한 행위를 언급하는 데 이 단어를 사용한다(Plato, *Republic,* 10.602b). **놀이**(play)는 사람들을 **장난감**으로 여기는 것을 포함하기도 한다. 구약성경에서 가장 이른 시기의 언급들은 **춤**과 **웃음**에 관심을 기울이지만, 지혜서 15:12은 **삶**을 일종의 유희로 삼았다는 것을 비판하는 데 그 용어를 사용한다.

지만 출 32:6의 배경에서 사용된 피엘 형태, "놀이를 하다"는 아마도 다음과 같이 삼중적인 의미를 허용할 것이다. (i) 모세가 없는 상황에서 "그들의 머리를 길게 내려 풀다." 이것은 다음 두 가지의 뉘앙스를 지니고 있다. (ii) 금송아지 앞에서 우상숭배를 하며 춤을 추었고 (iii) 신비적인 성적인 종교의식에 근접하여 성적으로 방종하게 행동했다. 이 세 가지는 모두 하나님의 언약 백성에게 요구되는 신학적·윤리적 측면에서의 절제와 근신하며 자신을 절제하는 것(참조. 9:24-27)과 극명하게 대조된다.[82] 이것은 "놀다"(NRSV)보다 더 강력한 의미로, "한껏 즐기다"(REB)보다 더 부정적인 뉘앙스를 지닌 의미로 번역할 것을 요구한다. 피는 NIV의 번역인 "이교도적인 환락에 빠지다"가 텍스트에 "이교도적인"을 덧붙여 이해했다고 비판한다. 하지만 그의 비판은 출 32장에서 "종교의식과 관련된 춤"에 대한 베르트람의 주해를 간과하는 것이거나 히브리어와 출 32:1-6의 배경에 비추어볼 때 지나치게 신랄한 것이다. 해당 본문과 배경에는 "이교도와 같은"이 암시되어 있다.[83] 지나친 음주로 촉발되어 통제 또는 제한이 "풀린 것"과 모세라는 지도자가 없는 상황이 서로 결합된 것은 단순한 놀이 이상으로 그들을 유도했다. 비록 루-니다는 παίζω의 "의미 영역"을 (롬 13:13의) κῶμος(호사한 연회[표준새번역])의 의미 영역과 서로 분리하지만, 벧전 4:3에서 κῶμος는 ἐπιθυμία와 함께 사용된다. 루-니다는 다수의 학자들이 고전 10:7에서 παίζω를 "성행위에 대한 은유적인 표현"으로 이해한다는 것을 인정한다.[84] 이처럼 이 두 용어의 의미 영역은 서로 겹친다. 브레버드 차일즈는 출 32:1-6의 분위기를 이렇게 묘사한다. 즉 아론이 사람들이 만든 조형물에 대해 "이스라엘아, 이는 너희를 애굽 땅에서 인도하여 낸 너희의 신이로다"라고 선포했으며, 이 부분은 "갑자기 광란적인 행위가 일어났고…[사람들은] 일종의 종교적인 의식처럼 흥청거리고 뛰놀았다"는 것으로 마무

82) BDBG, *Hebrew Aramaic English Lexicon* (1980 ed.), 850.
83) Fee, *First Epistle,* 454, n. 19. 참조. Bertram, "παίζω," 629.
84) Louw-Nida, Lexicon, 1:528 (entry 50.8), 773 (entry 88.287).

리 된다는 것이다.[85] 따라서 우리는 의미상 κῶμος와 구분하기 위해 이 동사를 "미친 듯이 뛰놀았다"(virtual orgy)라고 번역하지만, 바울은 70인역에 제시된 단어(ἀνέστησαν παίζειν)를 사용해야 했다. "미친 듯이 뛰놀았다"는 다음과 같은 의미를 허용한다. (i) 깨어 있는 상태에서 자기를 절제하고 통제할 수 없다. (ii) 합리적 또는 온건한 한계를 벗어나는 종교적 또는 제의적인 "열광"이 내포되어 있다. (iii) 아마도 성적으로 문란한 행위가 수반될 것이다. 만약 이것이 제의적인 차원에 해당하지 않는다면 우리는 현대 영어에서 "일어나서 장난치며 성행위를 하며 놀았다"(참조. romp in the hay[성행위를 하다]) 또는 "일어나서 즐겁게 놀며 애정 행위를 했다"(got up to have "fun and games")라는 이중적인 의미로 묘사할 수 있을 것이다. 한편 슈라게는 "금송아지 앞에서 제의적인 춤을 난잡하게 춘 것"에 대해 말한다.[86]

"그들은 즐거워했다"(NJB) 또는 "놀았다"(NRSV)는 번역은 이스라엘 백성이 경험한 것이 고린도 교회에도 타당하며 그와 같은 정서가 중대한 의미를 지닌다는 사실이 강조하는 바를 제대로 전달해주지 못한다. 70인역, 헬레니즘적 유대교와 바울은 인간이 고안한 종교적인 조형물과 성적인 부도덕 및 무절제한 탐닉에 대한 "통제"를 포기하는 것 사이에는 서로 밀접한 연관성이 있다고 생각했다. 우리가 이것을 온전히 이해할 때 비로소 우리는 이 강조점을 제대로 파악할 수 있다. 그리고 이것은 지혜서 7:25, 11:15, 13:1-19, 14:22-31, 15:18-19(그리고 시 106:20; 사 44:9-20)을 반영하는 롬 1:18-31을 제대로 설명해준다.[87] 고전 10:1-13에서는 우상숭배와 관련된 제의적인 축제가 절제력을 완전히 잃어버리고 정신 착란적인 마음 상태로 이어지게 한 바로 그 "행동"이 바울로 하여금 이 이슈를 그렇게 강력하게 다루도록 이끈다. 이와 같은 "참여"는 기독교 공동체가 나타내는 모든 것을

85) B. S. Childs, *Exodus: A Commentary* (London: SCM, 1974), 566; 참조. 564-567. 또한 참조. Strack-Billerbeck, *Kommentar,* 3:410.

86) Schrage, *Der erste Brief,* 2:398.

87) 참조. Dunn, *Romans 1-8,* 53-76; S. Wibbing, *Die Tugend and Lasterkataloge im NT und ihre Traditionsgeschichte,* BZNW 25 (Berlin: Töpelmann, 1959); Fitzmyer, *Romans,* 270-290.

손상시키고 파괴할 수 있다.

BAGD는 고린도의 배경(이방인들의 제사 의식에 참여하지 말라)뿐만 아니라 언어(εἴδωλον + λατρεύω, λατρεία)에 근거하여 μηδὲ εἰδωλολάτραι γίνεσθε를 "우상숭배에 참여하지 말라"고 번역한다. "여기서 그[바울]가 비난하는 것은 우상숭배에 실질적으로 참여하는 것이다. 그는 이 행위를 결코 묵인하지 않는다. 왜냐하면 그것은 귀신들과 친밀하게 교제를 나누는 결과를 초래하기 때문이다(10:20, 21)."[88] 이것은 이방 신전에서 시장으로 공급된 고기를 먹는 것과는 다른 문제다(8:1-13; 10:23-33). 젠프트가 주장하듯이 바울은 바로 "이방인들의 잔치에서 제사 의식[제의적인 축제]에 참여하는 것"을 염두에 두고 있다.[89]

(파우사니아스도 언급하고 있는) 아스클레피오스 신전에 대한 고고학적인 증거는 식사에 참여하는 것과 식사 초대를 받아들이는 것 사이에 차이가 있다는 탁월한 사례를 제공한다. 전자는 어떤 신전의 경내에 위치한 곳에서 일어날 수 있는 반면, 후자는 제사 의식과 이어지는 잔치를 계획하고 준비하는 사람의 입장에서 건강을 회복시켜준 것에 대해 치유의 신인 아스클레피오스에게 감사 제물을 바치고 그를 찬양하는 것과 연결되어 있다. 비트루비우스는 다음과 같이 기록하고 있다. "그들의 신비적인 의술로 환자들이 완전히 치유된…아스클레피오스와 살루스를 위한…신전들…그래서 그 신들은 [신전이] 세워진 곳에서…더욱더 위대하고 높은 명성과 권위를 얻을 것이다."[90] 바울 시대에 아스클레피오스 신전의 동쪽 경내에 연회를 위한 세 개의 공간이 활용되고 있었을 가능성이 있지만 확실하지는 않다. 벽들 앞에 놓여 있던 소파들은 열한 명을 수용할 수 있었다. 검게 그을린 돌은 그곳에서 요리를 했다는 것을 암시한다. 머피-오코너는 다음과 같이 기본적인 강조점을 제시한다. "[그 공간의] 몇 가지 기능은 순전히 **사회적인** 특

---

88) Barrett, *First Epistle*, 225; BAGD, 221. 이와 비슷하게, Schrage, *Der erste Brief*, 2:398.

89) Senft, *La Première Épitre*, 130.

90) Vitruvius, *On Architecture*, 1.2.7. 편의상 다음 연구서에서 인용함. Murphy-O'Connor, *St. Paul's Corinth*, 162.

성이 있었을 것이다(참조. 8:1-13; 10:23-33; 강조는 덧붙여진 것임). 하지만 다른 기능들은 치유, 출산, 성년이 됨 또는 결혼과 같은 행복한 일들과 관련하여 [참조. 10:1-22] 신에게 감사를 표하는 것과 연결되었을 것이다."[91] 초대장의 인사말은 종종 종교적 또는 제의적 요소가 포함되어 있는지를 일러주기도 했다. 널리 알려진 한 가지 사례는 다음과 같다. "헤라이스는 내일 오전 11시부터 오후 9시까지 당신을 세라피스 신의 연회에 세라페이온[= 아스클레피오스] 연회장으로 초대합니다."[92]

아스클레피오스의 유적지에서 머리, 손, 발, 다리, 눈, 귀 등을 상징하는 테라코타가 발굴되었다. 이것들은 신체의 일부분을 가리키는데, 치유의 신에 의해 어떤 사람의 병이 낫고 회복되었다는 것을 인정하기 위해 만들어진 것이다. 사실상 힐은 이것이 바울이 신체에 대한 비유적인 표현을 사용하는 데 기여했다는 주장을 폈다. 그러나 머피-오코너와 다른 이들은 이 견해를 단호하게 거부했다.[93] 한편 머피-오코너는 어떤 연회 주최자가 제사 음식과 연관성이 있다고 의심할 만한 식사에 초대할 경우에 "약한 자들"이 직면할 딜레마를 상상해보라고 제안한다. 어떤 "약한 자"는 이른바 어떤 "강한" 그리스도인이 연회장 안에서 이미 몸을 비스듬히 한 채 식사를 하는 모습을 본다. 8:1-13과 10:23-33의 차이점을 이해하는 것과 관련하여 이것은 피와 다른 이들이 상당한 추측 및 논쟁과 함께 "우상에게 바친 고기"의 특성에 대해 매우 자세하게 논의하는 것보다 더 좋은 틀을 제공해줄 것이다. 이 점과 관련하여 여는 다음과 같이 주장한다. "결혼, 출산, 진급 축하 파티 등과 같은 일종의 사회적인 의무는 친구들과 친척들이 신전이나 연회장 또는 친구의 집에서 함께 축하해줄 것을 요구했을 것이다. 그와 같은 축하 모임은 종종 희생제사로 시작하여 연회로 마무리되었다.…고전 8장과 10장의 배경과 관련하여 8:10에서는 우상의 신전으로, 10:23-11:1에서는 개인의 집으

91) Murphy-O'Connor, *St. Paul's Corinth,* 164(그는 연회장에 대해 위와 같이 묘사한다).

92) *Papyrus Oxyrhynchus,* 110.

93) A. E. Hill, "The Temple of Asclepius: An Alternative Source for Paul's Body Theology?" *JBL* 99 (1980): 437-439.

로 명백하게 언급된다."[94] 윌리스는 다양한 모임의 특성을 다음과 같이 구별한다. (i) 제의적인 식사를 포함하는 것으로서 이방 신들에게 공식적이며 공적으로 희생제물을 바치는 의식. (ii) 유사종교적·사회적 또는 정치적인 모임이나 국가의 축제일. (iii) 이방인의 가정에서의 사적인 식사 또는 이방 신들과 연관된 공간에서의 식사 등이다.[95] 바울은 우상숭배에 참여하는 것으로 여겨질 수 있는 상황에 대해서는 매우 엄격한 입장을 취한다.

발터는 우리가 "강한 자들"의 입장을 쉽게 이해하는 데 도움을 준다.[96] 그들은 자기 가족이나 친구들, 특별히 영향력이 있는 자들에게 자신들이 "편협하거나" 너무 세심하거나 지나치게 민감한 사람처럼 보이는 것을 원치 않았다. 또한 그들은 "우리 모두가 하나님은 한 분"(참조. 8:3-6)이라는 것을 알고 있기 때문에 "신성한 것"의 현현 또는 "종교"의 현상은 분명히 보편적인 한 분 하나님의 임재를 드러낸다고 주장했다. 이 하나님은 한 얼굴이 아니라 다수의 얼굴을 갖고 있었다. 어쨌든 바울은 이와 같은 현상이 세상에서 사라지지 않았다고 믿었다.[97] 사적인 식사의 배경 자체는 아무런 문제도 일으키지 않는다. 하지만 여기서 이슈는 εἰδωλόθυτον에 초점이 맞추어진다. 하지만 어떤 우상 자체는 "아무것도 아니다." 다른 한편으로 이방의 제사 의식에 참여하는 것은 εἰδωλολατρία에 해당하는가?[98] 바울에게 있어 이 질문에 대한 대답은 분명하다. 그는 구약성경의 전통에 기초하고 있다. 따라서 그는 우상들은 실질적으로 존재하지 않을 뿐만 아니라 사악한 마귀적인 세력을 드러낸다고 믿는다. 왜냐하면 인간이 만든 우상들은 사람들이 간절히 바라는 온갖 종류의 방종에 종교적인 재가를 제공해주기 때문이다.[99] 그러므로 이방 세계로부터 온 혼합주의적인 전제에 반대하면

---

94) Yeo, *Rhetorical Interpretation in 1 Cor 8 and 10*, 95-96.

95) Willis, *Idol Meal*, 8:64.

96) Walter, "Christusglaube und heidnische Religiosität in paulinischen Gemeinden," 특히 425-436.

97) 같은 책, 422.

98) 같은 책, 427.

99) 같은 책, 429.

서 바울은 수신자들에게 언약에 기초하여 이스라엘의 하나님께 충성해야 한다는 성경의 전통적인 가르침을 제시한다. 언약한 기초한 충성은 고대 그리스-로마의 "종교심"과는 다른 것이다.[100] 그리스도인들의 성례는 특별히 그리스도에 대한 신앙에 초점이 맞추어져 있다.

8절 (i) 몇몇 후대 소문자 사본은 민 25:9과 일치시키기 위해 숫자를 이만 사천 명으로 수정한다. (ii) D^3, K, L은 제1부정과거 ἔπεσαν을 제2부정과거 ἔπεσον으로 바꾼다. 하지만 70인역과 특히 알렉산드리아 문헌에서는 제1부정과거가 사용된다. 이것이 원문이라는 점은 의심의 여지가 전혀 없다.

성적인 부도덕(8절)은 네 가지 실패 또는 실패한 시험 가운데 두 번째에 해당한다. 이것은 구약 시대의 광야 생활에 대한 전승들에서 이스라엘의 특성을 묘사해준다. πορνεύω, πόρνος, πορνεία의 정확한 의미에 대해서는 5:1, 5:9-11, 6:9(πόρνος), 6:18(πορνεύω), 5:1, 6:13, 18, 7:2(πορνεία); 특히 5:1, 5:9-11, 6:13에 대한 주해를 보라. 10:8에서 이 명령이 보다 더 구체적으로 이방 신전에서의 음란 행위에 적용되는 것으로 인식되긴 하지만, 이 절에서 이것은 보편적인 의미로 적용된다.[101] 우리는 이 구절의 이중적인 배경을 기억해야 한다. (i) 첫 번째 배경은 구약성경의 전승들, 헬레니즘적 유대교 문헌(특히 솔로몬의 지혜서), 랍비 문헌에서 발전된 형태로 발견되는 미드라쉬 전승들이다. 그 누구보다도 믹스와 콜리어는 이 구절들을 랍비 문헌과 연결한다(10:6-7에 대한 주해 참조). (ii) 두 번째 기본적인 배경은 고린도에서 아프로디테, 디오니소스/바쿠스, 아폴론, 이시스와 세라피스, 포세이돈 등에 대한 제사 의식에 영향을 받은 것과 관련이 있다. 고고학적인 증거는 이것을 실증해줄 뿐만 아니라 이 제사 의식들의 실재와 영향을 생생하게 보여준다. 그 가운데 많은 요소는 고린도에서 도시생활, 문화 및 일상생활에서 성적인 방종이 만연했다는 것을 암시해준다. 분명히 우리는 시대와 관련된 문제에 대해서도 언급해야 한다. 오래전부터 고린도 도시의 수호자

---

100) 같은 책, 430-436. 참조. Yeo, *Rhetorical Interpretation in 1 Cor 8 and 10*, 100-119.

101) Wolff, *Der erste Brief*, 219 et al.

인 아프로디테와 연관되어 있던 아크로코린토스 언덕의 장관을 언급하는 이들은 종종 로마 제국 시대보다 이른 시기의 무절제한 행위를 언급한다. 로마 시대보다 이전의 고대 그리스 시대가 특별히 이방의 우상숭배와 연결된 성적인 방종에 훨씬 더 많은 영향력을 행사했다는 것이다. 그럼에도 로마 제국 시대 역시 이런 측면에서 결코 결백하지 못하다. 고고학은 고대 그리스-로마의 제사 의식과 우상들이 모든 측면에 영향을 미쳤다는 것을 풍부하게 증언한다.

기원전 1세기 무렵에 세워진 여섯 개의 이방 신전은 아고라의 서쪽에 일렬로 늘어서 있었다. 그곳은 북쪽에서 연속적으로 제사 의식을 거행하던 곳으로부터 멀지 않았다. 아마도 바울은 고린도에 머물렀던 18개월 동안에 북쪽 지역에서 가죽 제품 가공자로 열심히 일했을 것이다. 바울이 그곳에서 일했든 그렇지 않든 간에 아폴론 신전은 그 작업장들 위로 우뚝 솟아 있었다. 우리는 앞에서 아스클레피오스 신전에 대한 증언을 이미 언급했다. (윌리엄스와 엥겔스에 이어) 여(Yeo)는 "고린도에서 [아프로디테는] 뱃사람들과의 거룩한 매춘 행위를 돌보는 여신이었으며 그 도시의 수호자였다"고 주장한다.[102] 따라서 사업상의 이권과 상거래는 우상숭배가 성행하는 것과 밀접하게 연결되어 있었다. 하지만 구약성경과 유대교 전통에서 아프로디테는 렘 7:18과 44:17-19에서 비난을 받던 아시리아-바빌로니아-페르시아의 "하늘의 여왕"과 역사적으로 직접적인 연관성이 있다. 고린도에서 발굴된 주화에는 이방의 다른 어떤 신들보다도 아프로디테와 포세이돈의 형상이 더 많이 새겨져 있었다.[103] 우리가 우상숭배와 성적인 탐닉의 연관성에 대해 6-7절의 주해에서 살펴본 것은 모두 이 배경에서 추가적인 강조점을 얻는다. 뿐만 아니라 브로니어의 연구를 지지해주는 여의 연구는 고린도

---

102) Yeo, *Rhetorical Interaction*, 109. 참조. C. K. Williams, "Corinth and the Cult of Aphrodite," in M. A. Del Chicago (ed.), *Corinthiaca: Studies in Honor of Darell A. Amyne* (Columbia University of Missouri Press, 1986), 12-24; D. Engels, *Roman Corinth* (Chicago: University of Chicago Press, 1990), 97-99.

103) 참조. J. K. Kent, *Corinth: The Inscriptions*, 1926-1952, no. 12; Yeo, *Rhetorical Interaction*, 105.

에서 바쿠스/디오니소스 숭배가 영향력을 행사한 것에 대한 또 다른 증거를 제시해준다.[104)]

우리가 이미 지적했듯이 경쟁심과 더 높은 신분의 추구는 다양한 측면에서 21세기 초의 모던/포스트모던 문화와 평행을 이룬다. 이와 비슷하게 아프로디테, 아폴론, 디오니소스 숭배 의식은 도덕적인 제약 없이 즉각적인 자기만족의 개인적인 "권리"에 간섭하는 모든 배경을 초월하는 진리에 대한 주장을 배제하고 모든 것을 관용하는 "자유"로 초대했다. 이 모든 것은 포스트모던의 윤리에서도 발견된다. 이 윤리는 21세기 초에 단지 "사회가 있는 곳"(where society is)에 기초하고 있다.[105)] 그리고 "일어나서 놀았다"는 제사 의식이나 섹스 놀이에서 다른 사람들을 "놀이감"으로 취급하는 것에 상응한다(서론 59-60을 보라). 이와 같은 배경에서 바울은 다음과 같은 이슈를 강력하게 제시한다. 구약성경은 과연 경전으로서 신자들에게 본보기를 제시하는가(10:6, 11)? 아니면 신자들은 쓰러져 죽은 이스라엘 사람들뿐만 아니라 타락으로 이끄는 우상숭배와 유대 관계에 있는가?

여기서 바울은 민 25:1-9에서 이야기하는 사건을 인용한다. 민 25:9에 의하면 염병으로 이만사천 명이 죽었다. 하지만 (70인역과 필론과 달리) 바울은 이만삼천 명을 언급한다. 주석가들은 온갖 지혜를 짜내 이러한 숫자상의 "불일치"를 설명하고자 시도했다. 그로티우스에게서 발견되는 이른 시기의 전승은 어느 날 하루에 이만삼천 명이 쓰러져 죽었지만, 모두 합쳐 이만사천 명이 죽었다고 주장한다. 칼뱅은 다음과 같이 추측한다. "모세는 상한선을 제시했고, 바울은 하한선을 제시했다. 따라서 이 두 수치(數値) 사이에는 실질적인 불일치가 없다."[106)] 벵엘은 칼뱅의 제안을 다음과 같이 더 자

---

104) Yeo, *Rhetorical Interaction,* 107 (and 94-119); O. Broneer, "Paul and the Pagan Cults at Isthmia," *HTR* 44 (1971): 182.

105) H. W, House, "Tongues and the Mystery Religions at Corinth," *BSac* 140 (1983): 134-150.

106) Calvin, *First Epistle,* 209.

세하게 논의한다. 만약 예를 들어 우리가 (모세와 바울에게 알려진 숫자가) 이만 삼천육백 명이라고 가정한다면 바울은 대략 이만삼천 명을 제시할 수 있으며, 모세는 천의 단위에 더 가까운 이만사천 명으로 계산했을 수도 있다는 것이다. 벵엘은 상대방을 무장 해제시키듯이 이것은 "다른 해석자들의 난해한 제안들을 무효화시킨다"(!)라고 덧붙여 말한다.[107] 찰스 하지는 칼뱅과 벵엘의 입장을 따르면서 성경의 "무오성"에 대해 간략하게 옹호하는 말을 포함하여 다음과 같이 주장한다. 설명이 가능한 사소한 문제에 호소하면서 이 가르침(성경의 무오성)을 공격하려는 이들은 상대방의 취약점을 드러내는 것이다.[108] 오늘날 많은 주석가들은 바울이 자신이 기억하고 있는 것을 정확하게 제시하는 데 특별히 고민하지 않았다고 주장한다. 그의 생각은 민 26:62의 숫자에 대한 또 다른 언급과 결합되었다는 것이다.[109] 피는 "천 명이 모자라는 불명예스러운 사례에 대해 전적으로 만족스러운 해결책은 없다"고 결론짓는다. 반면에 키스트메이커는 우리가 과연 어떤 일이 일어났는지 명확하게 알 수 없는 어떤 사례에 대해 너무 쉽게 추론을 제시하지 말아야 한다는 점을 우리에게 상기시켜준다.[110] 교부 시대 저자들이 이 절에 대해 혼란스러워하지 않았다는 점은 지적할 만하다. 나는 오리게네스, 크리소스토모스 또는 아우구스티누스의 저서에서 이 이슈에 대해 논의하는 것을 발견하지 못했다.[111]

9절 (1) Χριστόν은 가장 초기의 사본들에 의해 입증된다. 즉 p^{46}, D, E, F, G, K와 다양한 지역의 교부 시대 초기 저자들—이레나이우스(리옹), 에프라임(에데사),

---

107) Bengel, *Gnomon,* 639-640.

108) Hodge, *First Epistle,* 178.

109) Conzelmann, *1 Cor,* 168; Wolff, *Der erste Brief,* 219; Schrage, *Der erste Brief,* 2:400; Lang, *Die Briefe,* 125.

110) Fee, *First Epistle,* 456; Kistemaker, *First Epistle,* 330.

111) Chrysostom, *Homilies on 1 Corinthians.* 그는 이 차이점에 대해 아무런 주해도 제시하지 않는다. J. W. Wiles, *A Scripture Index to the Works of Augustine* (Lanham, Md.: University Press of America, 1993). 이 색인에도 이러한 언급은 없다. 또한 다음 연구서도 마찬가지다. D. D. Hannah, *The Text of 1 Corinthians in the Writings of Origen* (Atlanta: Scholars Press, 1997).

클레멘스(알렉산드리아)—고대 라틴어 사본, 불가타, 고대 시리아어, 사히드어 및 보하이르어 사본들 등은 이 독법을 원문으로 지지한다. 하지만 ℵ, B, C는 τὸν κύριον으로 읽는다. 이 독법은 τὸν θεόν(참조. 70인역의 민 21:5-6; 신 6:16; 시 77:18[시 78:18]: 그들이 그들의 탐욕대로 음식을 구하여 그들의 심중에 하나님을 시험하였다)을 반영하는 것이다. p[46]에 대해 언급할 수 있던 시기 이전에 몇몇 이전 주석가들은 "우리는 τὸν κύριον을 [원문으로] 안심하고 선호할 수 있다"고 제안했다.[112] 하지만 더 최근의 저자들—하지만 그렇지 않은 저자들도 있다—은 거의 한 목소리로 τὸν Χριστόν을 원문으로 지지한다. 그들 가운데는 메츠거, 콘첼만, 슈라게, 피와 가장 단호하게 춘츠와 고전 10:9 텍스트에 대한 오스번의 논문 등이 포함되어 있다.[113] "그리스도"를 원문으로 받아들이고 견지하는 입장을 지지하는 주요 논점은 다음과 같다(UBS 4판은 이 독법에 "B" 등급을 부여한다. 곧 원문일 가능성이 "거의 확실하다"는 것이다.) (a) 원문인 "그리스도"가 어떻게 "주님"으로 바뀔 수 있었는지를 이해하는 것은 쉽다. 왜냐하면 (i) 그리스도는 창조 이전부터 존재하는 그리스도라는 개념과 더불어 이스라엘의 하나님(또는 주의 천사)과 동일시하는 기독론을 전제하기 때문이다.[114] (ii) "시험하다"라는 표현과 더불어 "주님"은 메시아가 받은 시험을 소개하는 복음서의 내러티브에서 신 6:16을 인용하는 것을 통해 잘 알려져 있었을 것이다. (iii) "주님"은 70인역의 민 21:5-6; 시 77:18[78:18]과 매우 가까울 것이다. (b) p[46]의 기원은 대략 기원후 200 무렵으로 거슬러 올라가며, 사본 D와 고대 그리스-로마 세계의 매우 이른 2세기와 3세기 교부들의 증거들은 이 독법을 원문으로 지지해준다. (2) C, D, G는 ἀπώλοντο라는 독법으로 필사되어 있다. 이것은 더 좋은 독법으로 필사되어 있는 ℵ, A, B의 독법(ἀπώλλυντο)을 반향한다. 몇몇 사본들은 ἀπώλλυντο라고 읽는다

112) Robertson and Plummer, *First Epistle,* 205; Meyer, *First Epistle,* 1:279.

113) C. D. Osburn, "The Text of 1 Cor 10:9," in E. J. Epp and G. D. Fee (eds.) *NT Textual Criticism: Its Significance for Exegesis: Essays in Honour of B. M. Metzger* (Oxford: Clarendon Press, 1981), 201-212; Metzger, *Textual Commentary,* 2d. ed., 494; Zuntz, *Text,* 126-127; Conzelmann, *1 Cor,* 164, n. 2; Fee, *First Epistle,* 450, n. 2 and 457, n. 34; Schrage, *Der erste Brief,* 2:400-401, n. 101. 반면에 Senft는 예외다. Senft, *La Première Épitre,* 130.

114) 참조. J. Habermann, *Präexistenzaussagen im NT,* EHS T 23 (Frankfurt am Main, 1990), 219-220; A. T. Hanson, *Jesus Christ in the OT,* 11-16.

(아래 주해 참조).

세 번째 모델 또는 본보기는 그리스도를 시험하는 것에 대해 경고한다. 첫 번째 구문은 가정법 현재와 함께 μή가 사용되는 형태, 곧 μηδὲ ἐκπειράζωμεν로 표현되어 있다. ἐκ가 맨 앞에 덧붙여진 복합동사는 70인역뿐만 아니라 신약성경에서도 그리스도와 관련하여 나타난다(마 4:7; 평행 본문 눅 4:12). 아마도 가정법 현재형은 "우리는 더 이상 시험하지 맙시다" 또는 "우리는 그리스도를 시험하지 맙시다"를 의미할 것이다. 비록 다음과 같은 의미를 강요해서는 안 되겠지만, 이 표현은 수신자들이 이미 그와 같이 행동하고 있었다는 것을 암시한다. 고전 그리스어에서 ἐκπειράζω는 코이네 그리스어에서 πειράζω의 동의어에 해당한다. 왜냐하면 바울은 여기서 70인역의 용어를 사용하기 때문에 ἐκ가 덧붙여진 복합동사의 강조적인 의미를 구체적으로 살려주는 것, 곧 단순히 "시험하다"(NIV)와 대조되는 "시험해보다"(NRSV, REB, NJB)로 번역하는 것이 바람직할 것이다.[115] 70인역은 종종 ἐκπειράζω를 사용하긴 하지만(민 21:4, 5; 시 77:18), 다른 경우에는 단순형태인 πειράζω(시 94:9)를 사용한다. 따라서 강조형태가 나타날 때는 그것에 주목할 필요가 있다.[116]

우리가 두 번째로 주목해야 할 점은 제2부정과거 중간태 ἀπώλοντο의 사용이다. 이 동사는 과거의 어떤 사건과 관련하여 죽는 것 또는 멸망하는 것을 의미한다. 그런데 미완료 과거 중간태의 "생동감 있는" 또는 "그림을 보여주는 것 같은" 형태 ἀπώλλυντο 또는 더 흔히 사용되던 미완료 과거 ἀπώλλοντο(개연성 있는 다른 독법)는 과거에 진행되고 있던 과정의 측면에서 죽어가는 것 또는 멸망해가는 것을 가리킨다. 핀들레이는 "누운 채 죽어가고 있다"라는 의미를 제안한다.[117] BAGD는 이 구절을 따분하고 무미건조하게 "그들은 죽임을 당했다"고 번역하며, NIV와 NJB도 이 번역을 채

115) 참조. BAGD, 243.

116) Schrage, *Der erste Brief,* 2:401.

117) Findlay, *Expositor's Greek Testament,* 2:861.

택한다.[118] NRSV와 REB는 "그들은 멸망당했다"라고 번역한다. 이 번역은 강력한 의미를 지닌 동사 ἀπόλλυμι(능동태, 멸망시키다; 중간태, 소멸하다, 파괴되다)를 더 잘 반영해준다. 자동사 중간태와 함께 능동적인 대리자를 나타내는 데 ὑπὸ τῶν ὄφεων, "뱀들에게"라는 표현이 사용된 것은 다른 곳에서도 평행 구문들을 발견할 수 있으며, 비정상적인 것은 아니다. 이 편지에서 바울은 ἀπόλλυμι의 의미와 중요성을 강조하며 사용하기 때문에(1:18, τοῖς ἀπολλυμένοις, 멸망의 길로 나아가고 있는 이들에게; 1:19, ἀπολῶ, 내가 [지혜롭다는 자들의 "지혜"를] 헛것으로 만들 것이다) 우리는 파괴 또는 멸망을 번역에 보존해야 한다. 하지만 하나의 과정으로서 미완료 과거의 의미를 가시적으로 보여주기 위해 우리는 (그 효력이 이미 나타나고 있었기 때문에 죽음의 고통을 포함하여) "뱀들에게 물려 죽어갔습니다"라고 번역했다.

네 가지 본보기 간의 신학적인 구분은 심오하다. 우리는 어떻게 이 모든 것이 ἐπιθυμία로부터 유래했는지에 대해 이미 다루었다(7-13절의 머리말 부분 참조). (i)과 (ii)는 우상숭배와 성적인 부도덕을 드러냈다. 7절과 8절은 이 두 가지가 서로 밀접하게 연결되어 있다는 점을 밝혀주었다. 서로 대조되는 (iii)과 (iv)의 본보기는 각각 그릇된 확신의 죄와 절망의 죄에 관심을 기울인다. (위더링턴의 말을 빌리자면) "그들은 자신들이 영적인 위험으로부터 영향을 받지 않고" "이방의 축제들에 참여할 때 영적인 위험으로부터 영향을 받지 않는다"고 전제함으로써 하나님의 사랑과 약속을 매우 심하게 시험했다. 그들은 하나님이 자신들을 보호하실 것이라는 그릇된 확신을 가졌다.[119] 하나님의 사랑과 구원을 가장 심각한 방법으로 시험함으로써 그들은 자신들을 지키기 위해 하나님이 그의 권능의 손을 사용하도록 강요할 수 있다고 뻔뻔하게 상상했다. 이것은 "강한 자들"이 자신들은 안전하다고 지나치게 맹신하는 자세를 전적으로 드러낸다. 하지만 슈라게가 지적하듯이 그들은 그릇된 "지식"(γνῶσις, 8:1)과 자유의 남용(10:23)으로 거짓된 안전

118) BAGD, 95.

119) Witherington, *Conflict and Community*, 220.

을 맹신하고 있었다.[120]

위르겐 몰트만의 『희망의 신학』은 이 거짓된 확신을 예리하게 그리고 감동적으로 드러낸다. 구약성경의 하나님의 약속과 소망에 대한 발터 침멀리와 게르하르트 폰 라트의 연구에 기초하여 몰트만은 그리스도에게 속한 순례하는 교회처럼 광야의 이스라엘 백성에게는 미래에 대한 약속이 이미 주어졌지만, 아직 도래하지 않았다고 주장한다. "거짓된 확신은 우리가 하나님께 바라는 것을 성급하게 자의적으로 기대하는 것이다. 절망은 성취되지 않을 것을 미리 임의로 성급하게 기대하는 것이다."[121] 이 두 가지와 대조되는 기독교의 신앙은 하나님의 약속을 꼭 붙잡고 있다. 이 문맥(고전 8-10장)에서 기독교 신앙은 "강한 자들"의 그릇된 확신을 받아들이지도 않고, "약한 자들"의 염려와 소심함을 받아들이지도 않는다. 반면에 이 신앙은 용의주도하며 확신을 갖고 자기를 자제하고 하나님을 신뢰하며 앞으로 나아간다. (바울과 함께) 몰트만은 신자들은 "출애굽의 교회"로서 살아가야 한다고 주장한다.[122]

10절 그리스어 전문사전들은 의성어로서 γογγύζω(10절)의 일반적인 의미 영역을 다음과 같이 잘 전달해준다. 곧 중얼거리다, 투덜대다, 짜증내다, 신음하다, 흐느끼다, 속삭이다, (특히 사람 등 뒤에서) 불평하다 등이다.[123] 하지만 의미상 어떤 뉘앙스가 작용하고 있는지 파악하는 데는 구약의 배경이 우리에게 결정적인 도움을 준다. 하지만 "불평하지 마십시오.…죽음의 천사가 그들을 죽였습니다"(W. F. Beck, *The New Testament in the Language of Today*)와 같은 대담한 번역 또는 "그중에서 어떤 사람들이 불평해서 멸망시키는 자에 의해 멸망한 것처럼 여러분도 불평하지 마십시

---

120) Schrage, *Der erste Brief,* 2:401.

121) J. Moltmann, *Theology of Hope* (Eng. trans., London: SCM, 1967), 21.

122) 희망, 언약과 출애굽의 교회에 대해서는 같은 책, 95-154을 참조하라.

123) BAGD, 164; Grimm-Thayer, 120. 사전학자들은 이 단어가 전형적으로 불만족의 표시로서 불평하는 것을 가리킨다는 데 동의한다(예. 출 16:7; 마 20:11; 민 14:27, 불평하며 말하다, BAGD). Grimm-Thayer는 종종 **신앙 공동체적인 측면에서** 불평하는 것의 **은밀한** 또는 숨겨진 특성을 강조한다.

오"(AV/KJV)는 의문의 여지가 있는 하나님의 신학을 암시한다. 이러한 신학은 문맥에 어울리지 않는다. 이 배경에서 해당 개념은 그와 같은 사소한 불평이 아니라 끊임없이 못마땅해하는 것, 트집 잡는 것, 불평을 늘어놓으며 신음하는 것이다. 하나님은 새로운 삶을 살게 하려고 이집트에서 그들을 구원하셨지만, 이와 같은 태도는 자신에 대한 담대하고 좋은 인식에서 자신을 연민하며 그릇되게 인식하는 것으로 변질시켰다. 이집트나 세상에서 이상적인 존재로서 환상적인 삶을 살던 것과는 대조적으로 그들은 하나님이 자신들에게 무거운 짐을 지우시고 혹독한 시련을 겪게 하셨다고 생각했다. 그래서 그들은 자신들을 "희생자"로 잘못 인식했다.

모세가 자제 또는 절제를 요구했을 때마다, 이스라엘 백성이 자신들은 지도자나 숭고한 경험들과 상관이 없다고 주장했을 때마다 70인역은 그리스어 동사 γογγύζω로 그들을 묘사한다. 이 단어는 히브리어 동사 לון(룬)을 번역한 것으로 출 15-17장, 특히 15:24, 16:2, 7, 8에서 종종 על(알)과 함께 (14:27, 29) 모세에게 불평을 늘어놓은 것을 묘사하는 데 사용되었다. 또한 민 14-17장, 특히 14:2, 27, 29, 16:11, 41에서도 על(알)과 함께 14:27, 29에서 하나님에 대해 불평하는 것을 묘사하는 데 사용되었다.[124] 오르와 월터가 지적하듯이 이 절은 모세오경에서 대략 열여섯 번 나타나는 γογγύζω를 "일종의 요약적인 진술"로 사용한다.[125] 그리고 ἀπώλοντο ὑπὸ τοῦ ὀλοθρευτοῦ에 대해서는 앞에서 9절의 주해를 보라. 이것이 (이스라엘뿐만 아니라) 고린도 교회에 적용될 때 작은 그룹 안에서 은밀한 대화로 (종종 지도자에 대해) 불평을 쏟아붓는 것에 대한 그림-타이어의 설명은 매우 타당하다 (이전의 주해 참조).

헤이스는 이 이슈를 매우 세밀하게 탐구했다. 그는 10:7-10에서 언급되는 구약성경의 네 가지 사례 중에서 "구약성경의 특정 텍스트와 연결하는 것과 관련하여" 이 네 번째 사례가 "가장 어렵다"고 말한다. 또한 그는

124) BDBG (1980 ed.), 534.
125) Orr and Walther, *1 Cor,* 246.

이 사례를 "잘 알려진 고린도 교인들의 어떤 행위와 연결하는 것도 매우 어렵다"고 인정한다. "바울이 민 14장을 염두에 두고 있다고 추측하는 것이 가장 바람직할 것이다. 민 14장에 의하면 이스라엘 백성은 모세와 아론에게 불평을 늘어놓으며 이집트로 돌아가기를 원했다(민 14:2-4)."[126] 이 절은 어떤 구체적인 사례보다 일반적인 사례를 언급할 수 있기 때문에 멸망시키는 자(70인역 출 12:23, ὀλεθρεύ οντα)가 죽음의 천사(대상 21:12, 15)보다 더 적합하고 덜 구체적인 번역일 것이다. 슈나이더는 이 이슈에 대해 자세하게 논의한다.[127] 다른 곳에서 바울은 반드시 어떤 절들을 구체적으로 가리키기보다는 구약성경에 나타난 유형들을 언급한다(참조. 15:4a, b, 성경대로). 이것은 종종 어떤 한 절이 제시하는 것보다 덜 강력한 것이 아니라 더욱더 강력한 본보기들을 제공해줄 것이다.

11절 UBS 4판은 ταῦτα를 πάντα없이 "B"로, 곧 원문으로 "거의 확실한" 것으로 분류한다. 이 결정은 아마도 옳을 것이다. 하지만 바울은 "이 모든 일들"(א, D, F, G에는 '모든'이 포함됨)이라고 기록했을 수도 있다. 하지만 A, B, 33은 "모든"을 생략한다. 그리고 사본마다 πάντα가 있는 곳이 서로 다르다.[128] 한편 D와 G는 τυπικῶς를 생략한다. 하지만 (춘츠를 제외하면) 사실상 거의 모든 저자들은 이 단어가 원문에 포함된다고 여긴다.

하인리치는 우리가 그리스도인들은 마지막 날(ἐσχάται ἡμέραι, 사 2:2)을 사는 특권자들로 살고 있다는 이 절의 주요 전제에 주목하지 않는 한, 이 절 전체의 의미는 불분명하게 남아 있다고 믿는다.[129] 하지만 바이스(에링도 부분적으로 그의 입장을 따름)는 τὰ τέλη τῶν αἰώνων, "세대들의 종말"(NRSV;

---

126) Hays, *First Cor,* 165.

127) Schneider, "ὀλεθρεύω," *TDNT,* 5:168-170. 참조. Fee, *First Epistle*, 457-458. Fee는 민 14:1-38 또는 민 16:41을 관련 텍스트로 제안한다(해당 텍스트는 고라와 관련된 내러티브로서 사람들은 재앙으로 죽었다). 한편 Heinrici는 관련 텍스트로서 민 16장을 지지하면서 민 14장을 암시한다는 것을 받아들이지 않는다(Heinrici, *Das erste Sendschreiben,* 268-269).

128) Metzger, *Commentary,* 2d ed., 494.

129) Heinrici, *Das erste Sendschreiben,* 269.

참조. NJB, in the last days of the ages; NIV, the fulfillment of the ages[복수로 표현됨]; AV/KJV, the ends of the world[복수로 표현되지만, 그 대상이 다름])이라는 표현에서 두 개의 복수를 진지하게 다루어야 한다고 주장한다. 바이스는 구약과 유대교 사상의 두 시대가 "서로 끝이 맞닿는 것" 곧 서로 교차하는 것을 상정한다. 다시 말해 "이전 시대가 막을 내리고 새로운 시대가 시작되는 것이 서로 맞닿는다."[130] 슈바이처보다 먼저 그는 에스라4서(에스드라2서) 6:7-10을 언급한다. "이 모든 것은 두 시대의 경계에 서 있는 '우리를 위해' 기록되었다(롬 15:4; 고전 10:11). 이 마지막 때 그 너울은…벗겨져야 한다(고후 3:14)…그리스도(고후 1:20)는…거룩한 성경의 진정한 내용이다(롬 1:2, 3)…성경 안에 기록된 모든 것은 그리스도와 연관이 있다. 모든 것은 그와 연결되어야 한다.…이와 같이…'주님'이라는 단어는 새로운 빛 안에 나타난다."[131]

에링은 바이스가 κατήντηκεν, "다가와 있습니다"의 의미와 관련하여 관계 대명사(οὓς, 누구에게)와 함께 사용되는 전치사 εἰς의 강조점에 충분한 관심을 기울이지 못한다고 주장한다. 에링은 이 표현을 그들은 서로 마주친다는 의미로 이해한다. 로버트슨과 플러머는 신약성경에서 καταντάω는 "어떤 사람의 목적지에 이르다"를 의미하지만, 여기서 그 의미는 "분명하지 않다"고 시인한다.[132] 에링은 바울의 이 표현이 "두 세대는 그리스도인들이 서 있는 시점의 절정에서 서로 만나며, 우리는 두 세계가 교차하는 시점에 서 있다"를 의미하는 것으로 이해한다.[133] 이 해석은 에링이 주장하고자 하는 것만큼 바이스의 견해와 크게 다르지 않은 것 같다. 하지만 더 중요한 에링의 다음과 같은 주장은 바울과 신약성경의 종말론 "지금 그러나 아직은 아니다"(now and not yet)와 전적으로 일치한다. 즉 "한편으로 그리스도인들은 이전 시대의 종말을 살고 있다. 다른 한편으로 그들은 미래의 시대를 고

---

130) Weiss, *Der erste Korintherbrief,* 254.

131) Weiss, *Earliest Christianity,* 2:436-437.

132) Robertson and Plummer, *First Epistle,* 207.

133) Héring, *First Epistle,* 89. 그는 그들이 서로 만날 때 능동태가 중간태의 효력을 지니고 있다는 근거로서 Polybius, 4.261.1을 언급한다(89. n. 23).

대하는 그리스도의 왕국 안에 존재한다."[134)]

이 준거 기준은 고린도 교인들의 교만 또는 지나친 확신에 기초한 신학과 절망 또는 의심에 기초한 신학으로서 10:9과 10:10을 서로 대조하는 데 정확하게 들어맞는다(전자는 부분적으로 이미 실현된 종말론과 부분적으로 "강한 자들"이 물려받은 고대 그리스-로마의 자세에 기초한다. 후자는 아마도 몇몇 "약한 자들" 중에서 불안정과 자신을 의심하는 경향에 반영되어 있을 것이다).[135)] 몰트만이 주장하듯이(앞의 설명 참조) 교만과 절망은 그 어떤 것도 하나님의 약속에 근거한 출애굽의 순례 신앙과 양립할 수 없다. 하나님의 백성은 결정적으로 이미 바다를 건넜다(2절). 하지만 그들은 순례자들로서 광야를 지나가야 한다. 이 순례자들은 여전히 약속된 땅을 내다보고 있다. 특별히 1950년대에는 바울과 신약성경의 종말론에 대한 거의 모든 논문과 연구서에서 다음과 비슷한 표현이 끊임없이 나타나곤 했다. 즉 (맨슨의 표현을 빌리자면) "일종의 본질적인 양극화—종말은 이미 왔다! 하지만 종말은 아직 완전히 오지 않았다!"—가 제시되었다.[136)] 마치 학자들은 "헬레니즘"의 유행이 지나갔을 때 바울이 "성경 신학 운동" 또는 묵시론적인 유산과 랍비 전승을 받아들인 "히브리적인 사고"에 의존했던 것에서 어떤 모순이 야기된다는 사실을 즐기는 것 같았다. 하지만 몰트만은 이것은 바이스로부터 슈바이처를 거쳐 도드와 예레미아스의 연구에 이르기까지 이론적으로 꽉 막혀 있는 상태를 전혀 해결해주지 못한다는 것을 오늘날의 조직신학을 통해 입증해주었다. 종말론—특히 그것이 지니고 있는 역동적이며 양극적인 긴장감—은 신학 및 윤리학과 관련하여 심오한 실천적인 함의를 지니고 있는 신학의 한

134) Héring, *First Epistle,* 89.

135) 앞에서 "강한 자들"과 "약한 자들"에 대한 주해를 보라. A. C. Thiselton, "Realized Eschatology at Corinth," *NTS* 24 (1978): 51-526; E. Käsemann, *NT Questions of Today,* 125-126. 한편 기독론을 종말론의 하위에 두는 위험성에 대해서는 다음을 참조하라. A. König, *The Eclipse of Christ in Eschatology* (Grand Rapids: Eerdmans, 1989).

136) W. Manson et al., *Eschatology,* SJT Occasional Papers (Edinburgh: Oliver & Boyd, 1953), 7.

측면을 제시한다.[137] 바울 신학에서 실천적인 함의는 캐제만이 이미 실현된 종말론과 "열정"을 현실 속에서 나타나는 자기 절제와 순례의 삶의 결핍을 동일시하는 데서 나타나기 시작한다. 또한 이것들은 연속성과 대조를 모두 포함하는 "새로움"에 대한 해리스빌의 강조점와 동일시하는 데서 나타나기 시작한다.[138] 그것의 윤리적인 중요성은 점점 더 광범위하게 인식되었다. 1991년에 이것은 샘플리의 연구서 『시대들 사이에서 살아감: 바울의 도덕적 논거』에서 표현되었다.[139]

우리는 샘플리의 용어를 바울이 더 자세하게 말하는 이슈들과 조화를 이루는 방식으로 말할 수 있을 것이다. "아직은 아니다"의 측면은 고린도 교인들의 지나친 확신의 신학, 특히 "강한 자들"을 염두에 두고 말한다. 그들은 다음과 같이 주장한다. "우리는 모든 면에서 완전히 자유롭다. 하나님은 우리가 실족하는 것을 허락하시지 않을 것이다. 또한 세상으로부터 구속받고 존재의 새로운 차원으로 승격된 그리스-로마 종교들에 속한 자들과 마찬가지로 우리도 전적으로 새로운 창조세계의 세대에 속한다."[140] 그래서 자신들이 견고하게 "서 있다고" 생각하던 자들은 "넘어지지 않도록 조심할" 필요가 있었다.[141] 그리고 "이제"의 측면은 고린도 교인들이 의심과 염려의 신학, 특히 "약한 자들"을 염두에 두고 말한다. 유력한 자들—그 당시 그들은 교회 안에서 종종 유력한 자들로 기능했다—을 의존해야 하는 그들의 사회경제적인 현실은 별로 변하지 않은 것처럼 보인다. 삶은 계속 진행

---

137) Moltmann, *Theology of Hope*, 16 그리고 곳곳에; *The Coming of God* (Eng. trans., London: SCM, 1966), 특히 6-46.

138) Käsemann, *NT Questions of Today*, 125-126; R. A. Harrisville, *The Concept of Newness in the NT* (Minneapolis: Augsburg, 1960) and throughout; "The Concept of Newness in the NT," *JBL* 74 (1995): 75-76.

139) P. J. Sampley, *Walking between the Times* (Minneapolis: Fortress, 1991), 특히 7-35, 50-70, 107-119.

140) 참조. A. D. Nock, *St. Paul* (New York and London: Harper, 1938), 174; Nock, *Conversion* (Oxford: Oxford University Press, 1933; rpt. 1961), 1-16, 33-47, 99-137, 193, 211; R. A. Knox, *Enthusiasm*(Oxford: Oxford University Press, 1950), 9-24.

141) Gardner, *Gifts of God*, 149 and 10-12.

되고 있다. 이 두 대상 모두에게 바울은 다음과 같이 설명한다. 그들은 모두 이스라엘과 교회에 주어진 하나님의 무한한 은혜의 이야기 안에 포함되어 있다. 그 안에서 하나님은 그 백성을 궁극적으로 구속하시며 그들이 이 세상에 "속한" 것이 아니라 순례자들로서 이 세상을 "통과하는" 경험을 할 것을 요구하신다. 그들은 그 과정에서 현실에서 자신을 절제하며 하나님의 약속을 신뢰하는 삶을 살아야 한다.

바로 이와 같은 종말론적인 구조 안에서 우리는 τὰ τέλη τῶν αἰώνων이라는 표현이 무엇을 의미하는지 질문할 수 있다. 나아가 이 구조 안에서 우리는 어떻게 ταῦτα δὲ τυπικῶς συνέβαινεν ἐκείνοις를 이해해야 할지를 (6절에서 τύποι에 대한 우리의 주해에 근거하여) 탐구할 수 있다. 종말론에 대한 우리의 논의는 고든 피가 "시대의 성취"에 대해 강조하는 것만으로는 (NIV, REB, 피) 충분하지 않다. 바울은 이스라엘 시대와 교회 시대(곧 그리스도 안에서 우리는 구약의 전승들의 의미를 보다 명백하게 인식함) 사이에 서로 대조되는 사항뿐만 아니라 연속성도 강조한다. 이것과 더불어 그들은 한 시대로부터 다른 시대로 인도함을 받는다(교회도 순례 여행을 하면서 받게 될 "시험"을 경험한다). 그러므로 "이전 것은 지나갔으니 보라 새 것이 되었도다"(고후 5:17)라고 말하는 것만으로는 충분하지 않다.[142] 사실상 바울에게 있어 그리스도인들은 그리스도와 더 가까운 관계에 있으며, "모든 역사는 그를 목표로 삼고 나아가고 있다."[143] 또한 피는 "비록 6절에서부터 표현이 바뀌었지만, 그 강조점은 두 경우에서 모두 동일하다"고 주장한다. 만약 피의 이 주장이 옳다면 본보기들(τύποι, 6절)과 종말론 사이의 관계는 더 복합적이다.[144] 우리는 τύπος에 대한 가드너의 다음과 같은 주해를 부분적으로 중시한다. "나중에 주어진 계시는…반드시 어떤 '영적인' 방법으로 후대에 일어나는 사건들에만 직접 적용되는 것으로 이해해서는 안 되었다. 오히려 하

142) Fee, *First Epistle*, 459.
143) 같은 책.
144) 같은 책, 458.

나님은 과거의 일들이 실질적으로 어떠했는지에 대해 더 구체적으로 계시하셨다."[145]

하지만 바울은 이 절에서 광야의 사건들이 우리에게 τυπικῶς로 일어났다고 말하지 않는다. 반면에 그는 "이 일들은 그들에게 본보기로(τυπικῶς, 부사) 연속적으로 일어났습니다"(연속적인 것을 가리키는 미완료 과거, συνέβαινεν, 한 가지 사건 다음에 또 한 가지 사건)라고 말한다. **광야를 지날 때 이스라엘 백성에게 일어난 일련의 사건 안에서 연속적으로 일어나는 각각의 사건에 비추어** 그들은 올바른 믿음을 갖고 올바로 행동해야만 했다. 연속성을 가리키는 미완료 과거를 올바로 이해하는 것은 중요하다. 왜냐하면 오직 한 사건이 모든 이스라엘 백성을 없애버렸다면 이것은 그들에게 일종의 본보기로서 기능하기 어려울 것이기 때문이다. 하지만 바울은 곧바로 그들의 내러티브는 또한 "우리에게 경고하기 위해 기록되었습니다"(ἐγράφη δὲ πρὸς νουθεσίαν ἡμῶν)라고 덧붙여 말한다. 아게손의 논문 제목 "또한 우리를 위해 기록되었다"는 바울이 δέ를 사용하는 것을 충실하게 드러낸다. 바울은 이스라엘 백성과 그리스도인들 사이의 연속성 및 대조와 관련이 있는 종말론적인 상황에 관심을 기울인다. 의심의 여지 없이 그는 자신이 어떤 의미에서 지금 τυπικῶς를 사용하는지에 대해 밝히기 위해 여기에 관심을 기울인다. 그것이 더 광범위한 유형들에 대한 본보기의 작용 방식을 가리킨다는 것은 이 배경에서 논리적인 기본 원칙의 일부가 되었다. 또한 이 본보기들은 그것들의 직접적인 배경을 초월한다.[146] 그러므로 그들(이스라엘 백성)뿐만 아니라 우리(세대들의 종말 또는 그 교차점을 사는 그리스도인들)를 위한 본보기로서 해당 사건들의 일차적인 기능을 인정하는 번역이 필요하다. 왜냐하면 이것들은 더 광범위한 유형을 전제하고 예시하기 때문이다(6절에 대한 주

145) Gardner, *Gifts of God,* 113. 보다 더 자세한 인용은 6절에 대한 주해 참조.

146) 참조. Ramsaran, *Liberating Words:* "그들에게 일종의 패턴과 같은 방법으로 일어났다"(137, n. 253). 또한 τυπικῶς는 다른 곳에서는 단지 후대의 파피루스 문헌과 교회에 속한 저자들의 저서들에서만 나타난다는 점을 언급할 필요가 있을 것이다. 바울은 여기서 한 가지 전문적인 의미를 전달하려고 이 그리스어 부사를 스스로 지어냈다. 참조. BAGD, 829; A. T. Robertson, *Epistles,* 4:153-154; MM, 645; Schrage, *Der erste Brief,* 2:403-408.

해 참조). 우리는 τὰ τέλη를 (교차점보다는) "종말"이라고 번역했다. 왜냐하면 우리의 해석은 종말을 의미하는 어떤 단어가 지닌 다른 뉘앙스를 배제해서는 안 되기 때문이다.[147)]

12-13절 슈라게, 람사란과 더불어 우리는 12절과 13절을 πειρασμός라는 주제 아래 있는 두 가지 측면으로 이해한다.[148)] 가드너는 다음과 같이 주장하며 "고린도 교회의 문제의 뿌리"를 올바로 인식한다. "자신들이 '서 있다'고 생각하는 자들은 넘어지지 않도록 조심할 필요가 있다. 많은 사람들은 자신이 견고하게 '서 있다'고 생각했다. 그러나 사실상 그들은 넘어지는 상황에 놓여 있었다."[149)] (3인칭 단수) 명령법과 함께 사용되는 ὥστε는 10:1-11에서 소개된 본보기와 경고에 이어 언급되는 이 명령의 중요성을 밝혀준다. 따라서 이 접속사는 (핀들레이와 더불어) "그러므로"(참조. 3:21)라고 번역해야 한다.[150)] 윌리스는 (7-10절에서 A-B-B-A의 교차 대구법적인 형태에서) 명령법과 가정법이 규칙적으로 나타나는 형태를 지적한다. 그는 이것은 여기서 명령법과 함께 절정에 이르며, "ὥστε는 이 문장이 지닌 결론적인 특성을 가리킨다"고 주장한다.[151)]

또한 현재완료 부정사 ἑστάναι는 "안전하게 서 있다 또는 견고하게 서 있다"를 가리킨다. 그리고 콘첼만이 지적하듯이 ὁ δοκῶν, "생각하는 사람"은 "지나치게 자신만만한 자세"를 취하는 그릇된 안전을 암시한다.[152)] 어떤 사람이 견고하게 서 있다고 생각하는 것은 하나님의 언약에 기초한 안전에 의존하는 것을 강조한다. 70인역의 ἵστημι는 언약의 확실성을 확신하면

---

147) 많은 저자들은 τυπικῶς의 의미와 어떤 "묵시론적 또는 종말론적으로" 논리적인 측면을 실질적으로 분리하는 해석을 제시한다. 심지어 Aageson도 τυπικῶς를 "한 가지 사례를 제시하는 것"으로, 그리고 논리적인 측면을 "세대의 종말이 왔다"는 의미에서 "묵시론적"으로 해석한다. 하지만 이 해석은 여기서 이슈가 되고 있는 교만과 의심의 배경과 대조와 연속성 사이의 변증법을 간과하는 것이다(참조. Aageson, *Written Also for Our Sake*, 23).

148) Schrage, *Der erste Brief*, 2:409; Ramsaran, *Liberating Words*, 2:862.

149) Gardner, *Gifts of God*, 149.

150) Findlay, *Expositor's Greek Testament*, 2:862.

151) Willis, *Idol Meat*, 147 and 155; 155, n. 143.

152) Conzelmann, *1 Cor*, 168.

서 견고하게 서 있는 배경에서 종종 히브리어의 עמד(아마드)와 כון(쿤)을 번역한 것이다(시 104:10, 70인역).[153] 이 "교만"(9절에 대한 주해 참조)은 "강한 자들"의 경우에 "지식"(γνῶσις, 8:1)과 연관이 있다. 이와 같은 지식은 자신을 속이며 이론에 지나지 않는 공상적인 것이다. 결국 그들은 슈미트할스와 다른 이들이 일반적으로 지지하며 사용하는 의미에서가 아니라 그들의 그릇된 확신이 하나님의 은혜를 날마다 받아 그것을 자기에게 적용하는 대신에 자신들의 신학에 기초하고 있다는 의미에서 "영지주의적"이다.

또다시 다음과 같이 주장하는 칼 바르트의 "예언자적인 해석"에는 이것이 암시되어 있다. "그들은 자신들의 담대함, 확신, 열정으로 하나님을 믿지 않고 하나님에 대한 그들 자신의 신념을 믿었다.…이것을 반대하면서 바울은 크고 분명한 음성으로 이렇게 외친다. '누구든지 사람을 자랑하지 말라'(iii:21) 또는…'누구든지 자랑하는 자는 주 안에서 자랑하라.'(i:31)"[154] 아주 오랜 기간 동안 해석자들은 이처럼 바르트의 사고 안에서 발견되는 중요한 증거를 오직 로마서에만 찾으려 노력해왔다. 하지만 그들의 자세, 생활 방식, 실천과 관련하여 고린도의 "강한 자들"은 바르트가 종교인(*homo religiosus*)이라고 부르는 부류에 꼭 들어맞는 패러다임을 보여준다.[155] μή와 더불어 사용되는 가정법 제2부정과거 πέσῃ는 "당신[엄밀히 말하자면 어떤 남자 또는 어떤 여자]이 넘어지지 않도록"이라는 부정적인 목적을 표현해 준다.

여기서 πειρασμός는 시련(REB, NJB), 시험하기(NRSV, Barrett) 또는 시험(NIV, AV/KJV, 필립스)으로 이해해야 하는가? 언어사전의 정보에 근거할 때 여기서 배경이 제한하는 것을 무시한다면 이 세 가지 번역은 모두 가능하다.[156] 만약 우리가 이스라엘 백성이 광야에서 실패한 이른바 "신분"에 대

---

153) 보다 더 자세한 내용에 대해서는 다음 연구서 참조. Gardner, *Gifts of God*, 152.

154) Barth, *The Resurrection of the Dead*, 17.

155) 같은 책, 20.

156) BAGD, 640-641; 집회서 6:7; 27:5, 7-시험하기; 벧전 1:6; 4:12; 약 1:2; 히 9:7-시련; 눅 4:13; 약 1:12; 집회서 33:1; 44:20; 마카베오1서 2:52; 마 6:13(평행절 눅 11:4); 디다케 8:2-시험. Moulton-Milligan은 이 용어가 사용되는 것은 실질적으로 성경 그리스어에 한정되

한 네 가지 테스트, 특히 그리스도를 시험한 것(ἐκπειράζω, 9절)을 생각한다면 우리는 시험하기 또는 시련이라고 번역하는 방향으로 기울 것이다. 하지만 바울은 히브리서에서 "[어떤 목표에] 미치지 못하는 것"에 대한 구체적인 행위로서 두드러지게 묘사되는 것보다 오히려 자세, 태도, 상태 또는 의지의 방향으로서 언제나 죄에 더 많은 관심을 기울인다. 우리는 사건으로서 일어나는 네 가지 본보기에 부채질하는 것은 ἐπιθυμία 또는 탐욕의 자세라는 것을 이미 살펴보았다(6절). 여기서 바울은 시험이라는 용어를 사용하면서 탐욕에 대해 말한다. 이 시험은 죄의 더 깊은 특성으로 이끌고 미혹하고 속이고 끌어당기고 그것과 하나가 되게 한다. 바울, 아우구스티누스와 역사 신학에 대한 판넨베르크의 최근의 분석은 이 특성을 깊이 드러낸다(앞의 주해 참조).

광야에서 이스라엘 백성이 경험했던 구체적인 사례들(6-11절)은 바로 이 탐욕과 일치한다. 하지만 바울은 여기서 그것을 보다 더 포괄적으로 언급한다. 즉 그것은 사람이라면 누구나 겪는 것(εἰ μὴ ἀνθρώπινος, 인간의 운명에 몫으로 주어지는 것)이다.[157] 따라서 바울은 이방 종교의 제의적인 식사에 참여하는 일이 습관화된 자들은 희생자들이라는 개념을 비난한다. (정치가들과 정당 지도자들이 종종 주장하듯이) 그들은 자신들에게는 "다른 선택의 여지가 전혀 없다"고 이해했다. 다시 말해 그들이 이방의 동류 그룹에 의해 "강한 자들"로 받아들여지는 것을 탐내고, 이방의 종교의식 또는 축제에 참여하는 것은 자신들을 특별한 희생자로 붙잡아 매는(εἴληφεν, 현재완료 시제) 것으로 이해했다는 것이다. BAGD는 λαμβάνω가 매우 광범위한 의미 영역을 갖고 있음을 보여준다. 그중에는 사람들 중에서 선택되다(히 5:1), 얻다 또는 자기의 것으로 만들다(빌 3:12), 영접하다(요 6:21)뿐만 아니라 더 자주 사

어 있다고 알려준다. Liddell-Scott-Jones, 1169도 이것에 동의한다. Grimm-Thayer, 498-499은 70인역에서 이 단어가 사용된 것을 언급하며, 이것은 히브리어 단어 מסה(마사)를 번역한 것이라고 지적한다. 또한 종종 이 단어는 어떤 사람의 미덕이나 신실함을 연단하는 것을 묘사하는 데 사용된다(벧전 4:12). 또는 때때로 죄를 짓도록 유혹하고 미혹하는 데 사용된다(눅 4:13; 8:13; 고전 10:13). 그리고 어떤 사람의 신실함을 입증하기 위해 하나님이 보내시는 역경이나 고난을 묘사하는 데 사용된다.

157) Robertson, *Epistles,* 4:154.

용되는 의미로 꼭 붙잡다 또는 받아들이다 등이 포함되어 있다.[158] 만약 우리가 이른바 희생자로서의 특별한 범주 안에서 선별되었다는 배경에서 "붙잡다"와 "꼭 쥐다"의 의미를 결합한다면 "사람이라면 누구나 겪는 것 이외에 어떤 시험도 여러분에게 닥치지 않았습니다"라는 번역은 다음 두 가지를 강조한다. (i) "강한 자들"은 반드시 "특별한 범주"에 속하는 자들이 되려고 노력할 필요가 없다. 그것은 종종 사람들에게 자신들의 요구에 응하도록 영향을 미치거나 그와 같이 교육을 시킨다. (ii) 현실을 무시하는 "열정"과 이미 실현된 종말론의 입장과는 대조적으로 하나님의 백성은 여전히 연약하며 너무나도 인간적이다(11절에서 τὰ τέλη τῶν αἰώνων에 대한 주해 참조). 그들은 여전히 일상생활에서 "여행 중에" 있다. 그 과정에서 그들은 시험에 빠질 수 있기 때문에 연단을 필요로 한다(참조. 1:7, 9; 1:18 등).

압박감에 너무 짓눌려 다른 선택의 여지가 전혀 없었다는 "강한 자들"의 주장에 맞서 바울은 하나님은 언제나 그의 백성에게 선택할 기회를 제공하신다고 대답한다. 이 상황은 일종의 시험(유혹)을 초래한다. 하지만 이 시험과 더불어 하나님은 또한 빠져나갈 길(ἔκβασις)을 마련해주신다.[159] 비록 한편으로 바울은 "하나님은 신실하십니다"(그리스어 원문에서 '신실한'은 의미를 강조하는 위치에 있다—πιστὸς δὲ ὁ θεός)라고 말하면서 수신자들을 위로하고 권면하지만, 또 다른 한편으로 하나님이 신뢰할 만한 분이라는 사실은 수신자들에게 다음과 같은 것을 요구한다. (i) 수신자들은 자신과 자신이 받는 유혹으로부터 눈길을 하나님께 돌려야 한다. (ii) 그들은 자신들에게 빠져나갈 길이 마련될 것임을 확신해야 한다. 그것은 긍정적이며 (더 좋은) 대안을 제시

---

158) BAGD, 464-465(대략 열 가지에서 열두 가지의 항목들이 소개됨). 한편 Grimm-Thayer, 370-371에서는 그보다 다소 적은 항목이 제시된다. 이 사전은 "꼭 붙잡다"의 의미가 빈번하게 나타난다는 점을 강조한다.

159) 그리스어 동사 ἔκβαίνω는 단순히 "밖으로 나가다"를 뜻한다. "성공적인 결과"라는 ἔκβασις의 특별한 뉘앙스(참조. Weiss, *Der erste Korintherbrief*, 255, 결론)는 이 동사가 단지 τοῦ βίου(지혜서 2:17)—어떤 사람의 삶의 결과—와 사용될 때 나타난다. 그밖에 이 단어는 출구 또는 빠져나가는 길을 의미한다(BAGD, 237-38; Grimm-Thayer, 193). BAGD와 Grimm-Thayer는 에픽테토스의 저서에서 출구 또는 빠져나가는 길이 언급되는 것을 인용한다. 한편 Conzelmann(*1 Cor*, 169)은 이 단어를 종말론과 연결한다.

할 것이며, 그들이 핑계를 대지 못하게 할 것이다. 하지만 가드너가 지적하듯이 70인역에서 πιστὸς θεός라는 표현이 나타나는 곳에서—놀랍게도 이 표현은 단지 두 번 나타남, 신 7:9 및 34:4—이것은 모두 언약과 관련된 배경에서 사용된다.[160] 이 점은 과연 언약은 "두 측면"을 지니고 있는가라는 이슈에 상당한 빛을 비추어준다.[161] 이스라엘 백성 또는 그리스도인들은 자신들이 극심한 압박에 직면할 때 언약에 대한 충성을 포기할 수밖에 없었다고 주장할 수 없다. 왜냐하면 언약의 신실함의 일부로서 하나님은 그들이 전적으로 불가능한 어떤 일들을 겪도록 홀로 내버려 두지 않으실 것이기 때문이다. 하나님의 은혜는 하나님의 자녀가 언약에 신실하도록 언제나 새로운 기회를 제공해준다. 하지만 바울은 인간의 교만에 의해 이 신실함이 조종되는 것을 허용하지 않는다. 신자들은 모든 시험(유혹)이 제거되는 것을 기대해서는 안 된다. 오히려 시험이 닥칠 때 하나님이 마련해주시는 빠져나갈 길을 택해야 한다. 하나님은 그 길을 표시해주시고 신자들이 그 길을 사용하여 시험을 이길 수(δύνασθε) 있도록 이끄신다. 왜냐하면 그분은 여러분이 감당할 수 있는 것 이상으로 여러분이 시험을 당하도록 허락하지 않으실 것이기 때문이다. 만약 신자들이 시험을 어떻게 물리칠 수 있는지 주의를 기울인다면 하나님은 신자들이 시험에 직면했을 때 하나님의 은혜를 자신에게 올바로 적용하는 것과 관련하여 그것이 어떤 능력을 발휘할 수 있는지를 돌보실 것이다.[162]

그런데 어떤 주석가들은 10:1-13a에서는 경고로 가득하지만, 바울은 이 절에서 약간의 위로를 제공한다는 것에 놀라움을 표현한다. 하지만 그것은 핵심에서 상당히 벗어난 것이다. 첫째, 사람이라면 누구나 시

160) Gardner, *Gifts of God,* 154.

161) 오직 이 한 구절에만 근거해서 D. M. Ciocchi가 시험과 하나님의 은혜에 대해 응답하면서 "아르미니우스주의자"와 "칼뱅주의자" 또는 "양립 가능론자"(compatibilist) 사이의 논쟁에 어떤 견해를 제기하는 것이 과연 진정한 해석인지는 의심스럽다. 다른 한편으로 이 절에 대한 우리의 마지막 주해(아래 참조)는 Ciocchi의 일부 논평과 조화를 이룬다. 참조. Ciocchi, "Understanding Our Ability to Endure Temptation: A Theological Watershed," 463-479(또한 아래 참조).

162) Allo, *Première Épitre,* 235; Chrysostom, *1 Cor. Hom.,* 24:1(한편으로 크리소스토모스는 "인내"와 시험으로부터의 "벗어남 또는 구원"에 대해서도 말한다).

험을 겪는다는 말은 이 절에서 일종의 위로가 아니다. 오히려 그것은 어떤 특별한 그룹("강한 자들")에 속한 자들이 특별한 변명을 늘어놓는 것을 거부하는 것이다. 그들은 자신들의 시험을 특유한 능력을 행사하는 것으로 인식한다. 둘째, 언약에 신실하신 하나님은 신자들이 시험을 겪게 하시지만, 동시에 그것을 극복하게 하신다. 염려하고 있는 "약한 자들"에게 그것은 대단한 보증으로 다가온다. 즉 그들의 불안감 또는 자신에 대한 의심은 치명적인 결과를 불러오지 않는다. 하나님은 그들 자신의 능력 부족으로 인해 하나님의 은혜를 제한하는 것을 허용하지 않으신다. 다른 한편으로 "고린도 교회에서 그노시스(지식)를 뽐내는 자들에게…바울은 그렇게 우쭐대지 말라고 준엄하게 경고한다."[163] 가드너는 이 이슈를 다음과 같이 잘 요약한다. "13절은 단순히 '격려하는' 것도 아니고, 그렇다고 단지 경고만 하는 것도 아니다.…하나님의 신실하심은 그들이 시험 '가운데 잘 인내하도록'(ὑποφέρω) 도와준다."[164] 이것은 이 편지의 프롤로그를 반영한다. 그곳에서 바울은 이 편지 수신자들에게 종말론적인 순례 여행 중에(ἀπεκδεχομένους τὴν ἀποκάλυψιν τοῦ κυρίου ἡμῶν, 1:7) 하나님은 그날에 아무런 비난도 받지 않게 그들을 굳게 지키실(βεβαιώσει ... ἕως τέλους ἀνεγκλήτους ἐν τῇ ἡμέρᾳ ...) 것이라고 확증한다. 왜냐하면 하나님은 신실하시기(πιστὸς ὁ θεός) 때문이다(1:8, 9a).[165]

163) Hays, *First Cor,* 166; 참조. Wolff, *Der erste Brief,* 223-224.

164) Gardner, *Gifts of God,* 155. 한편 ὑποφέρω에 대해서는 BAGD, 848을 참조하라. 또한 70인역에서 미 7:9과 암 7:10은 이 의미를 전달한다.

165) 이것은 Ciocchi의 논문의 건설적인 측면을 반영한다. 참조. Ciocchi, "Understanding Our Ability to Endure Temptation," 463-479. 이 절에 대한 루터, 칼뱅, 오시안더, 슈페너의 주해에 대해서는 다음 주석서를 참조하라. Schrage, *Der erste Brief,* 2:426-429.

4. 오직 하나님께만 충성: 주의 만찬에 참여하는 언약적 신실함(10:14-22)

[14, 15] 그러므로 내가 매우 사랑하는 친구들이여, 우상숭배를 멀리하십시오. 나는 여러분의 상식에 호소합니다. 내가 선언하는 것을 여러분 스스로 판단해보십시오. [16] 우리가 축복하는 그 축복의 잔은 그리스도의 피에 공동으로 참여하는 것이 아닙니까? 우리가 떼는 떡은 그리스도의 몸에 공동으로 참여하는 것이 아닙니까? [17] 떡이 하나이기 때문에 우리가 여러 사람이지만 우리는 한 몸입니다. 왜냐하면 우리는 모두 하나의 떡을 공유하기 때문입니다. [18] 이 땅의 가계를 따른 이스라엘을 숙고해보십시오. 희생제물을 먹는 이들은 희생 제단에 공동으로 참여하는 이들이 아닙니까? [19, 20] 그렇다면 내가 무엇을 시인하고자 하는 것입니까? 우상들에게 바친 제물이 무엇이라도 됩니까? 또는 우상이 무엇이라도 됩니까? 물론 그렇지 않습니다. 그렇지만 그들이 제물을 바칠 때, "그들은 하나님이 아니라 귀신들에게 제물을 바치는 것입니다." 하지만 나는 여러분이 귀신들의 세력에 동참하는 것을 원치 않습니다. [21] 여러분은 주님의 잔과 귀신들의 잔을 동시에 마실 수 없습니다. 여러분은 주님의 식탁과 귀신들의 식탁에 동시에 참여할 수 없습니다. [22] 뭐라고요? 우리가 주님의 질투를 불러일으키고 있습니까? 정녕 우리는 그분보다 "더 강한 자들"일 수 없습니다. 그렇지 않습니까?

분명히 언약의 주제는 10:1-13과 10:14-22을 연결하는 역할을 한다. 10:14-22은 고린도전서에서 주님의 만찬에 대해 논의하는 두 단락 중 하나다(참조. 11:17-34). 11:17-34에서 주의 만찬은 그 자체로 중요한 주제다. 하지만 여기서 이 주제는 "하나의 본보기(*exemplum*)로서…κοινωνία[1:9에서 '공동으로 참여함'으로 번역됨]와 μετέχειν[참여하다 또는 참여; 참조. 9:10, 12]의 이중적 측면을 밝혀준다. 그리스도의 몸과 피에 참여(κοινωνία)하는 것은 개인적 함양보다 공동체 의식을 의미한다. 또한 그리스도의 몸에 κοινωνία와 μετέχειν하는 것은 오직 하나님께만 충성하는 배타성과 필요성을 의미한다"(강조는 덧붙여진 것임).[1] 따라서 여(Yeo)가 주장하듯이 사고의 측면에서 이 단락은 고전 8-10장 나머지 부분과 이중적으로 연관되어 있다. 공동체는 "그리스도께서 그들을 위해 죽은 형제들 또는 자매들"(8:11)에게 관심을 갖는 것을 의미한다. 곧 그들은 그리스도의 몸과 피에 동참한다. 배타성은 "우상들"이나 인간이 만든 다른 사물을 거부하는 것으로서 오직 한 분이신 하나님께만 언약에 기초한 충성을 맹세하는 것을 의미한다. 그리스도인의 가치 체계 또는 생활 방식에서 그것들이 결코 하나님을 대신해서는 안 된다. 만약 그렇게 한다면 그것은 반드시 하나님의 질투를 불러일으킬 것이다(10:22; 참조. 출 20:5; 신 5:9).

십계명의 주된 배경에 해당하는 언약의 주제(출 20:1-17; 신 5:6-21)는 10:14-22과 11:17-34에서 그리스도 중심적인 또는 그리스도 형상적인 해석 방법을 취한다. 출 20장, 신 5장, 고전 10장은 "우상숭배"에 해당하는 것과 하나님의 구원 행위—그 행위를 통해 하나님은 자기 백성을 자신의 소유로 삼으셨다—에 동참하는 것은 결코 서로 양립할 수 없다는 데 관심을 기울인다(참조. 출 19:4; 신 5:1-3; 6:4-15; 고전 10:1-13, 18-22; 11:25, 26). 우리는 이미 1:9에 대한 논의에서 κοινωνία는 고대 그리스-로마에서 비슷한 생각을 소유한 자들의 친목 단체 그 이상을 의미한다고 지적한 바 있다. 제제만(Seesemann)과 손턴(Thornton)으로부터 하인츠(Hainz)와 스미트(Smit)에 이르기까지 많은 저자들은 **그리스도 안에 참여하는 것**의 "수직적" 또는 신학적 측면은 어떤 그룹의 "친밀한 교제"의 "수평적" 또는 사회교회적 측면에 기초를 제공한다고 주장해왔다.[2] 스미트는 십자가에 못 박힌 그리스도와의 신학적 하나 됨은 단순히 유사사회적·교회적 차원으로 축소될 수 없다고 명백하게 지적한다. 설령 이 두 측면(신학적 측면과 유사사회적·교회적 측면)이 서로 배타적이 아니라고 하더라도 말이다. 하지만 바울은 "선언적

---

1) Yeo, *Rhetorical Interaction in 1 Cor 8 and 10*, 174.

2) Thornton, *The Common Life*, esp. 322-355 (but also, 156-187); Seesemann, *Der Begriff κοινωνία in NT*; Hainz, *Koinonia*; and Smit, "'Do Not Be Idolaters': Paul's Rhetoric in First Corinthians 10:1-22," 40-53.

삼단논법"(disjunctive syllogism)이라는 수사법을 적용하는데, 그리스도 안에 "참여한 자들"은 우상숭배에 "참여하는 것"을 명백하게 배제해야 한다고 선언한다. κοινωνία는 일차적으로 "수직적"이며, 이차적으로 추론에 의해 "수평적"이다.[3)]

그리스도의 몸과 피에 **참여하는 것** 또는 **관여하는 것**은 "사도직"의 경우와 마찬가지로 단순히 교회에 속하는 것을 의미하는 것도 아니며 주의 만찬에 대한 일종의 유사-물리적 성례 신학에 의존하는 주장도 아니다. 오히려 이것은 다음 두 가지를 중심 무대에 둔다. (i) 공동성("다른 사람들"에 대한 관심과 더불어), (ii) **십자가를 구현하는 생활 방식**이 (언약에 대한 신실성이라는 틀 안에서 갖는) 배타성. 이 배타성은 그리스도가 "다른 사람들"을 위해 죽었으며 하나님에 의해 다시 일으킴을 받았다는 것이 지닌 함의가 **실천적 자세와 생활 방식에서 그리스도와 하나가 되는 것**임을 증언한다. 따라서 바울은 흘린 피에 동참하거나 한 덩어리의 떡을 형성하는 것(10:16, 17)과 감사하며 마시는 잔이나 하나님을 송축하며 마시는 잔을 받는 것 간의 변증법을 제시한다. 이 두 요소는 주의 만찬 그 자체가 아니라 그리스도 형상적이며 그리스도 중심적인 삶과 생활 방식을 하나님께 제사로 드리는 것을 나타낸다. 그러므로 "여러분은 주님의 식탁과 귀신들의 식탁에 동시에 참여할 수 없다"(10:21, NIV). 윌리엄 레인(William Lane)은 "언약은 바울과 고린도 교회의 갈등에 핵심적인 해결책을 제공하는 역할을 한다."[4)]

언약에 대한 충성을 타협하는 것은 언약 관련 정황에서 등장하는 두 가지 십계명 기사에서 우상숭배로 인해 이스라엘 백성의 충성심이 나뉜 것을 경고하는 것과 같은 결과를 초래할 위험이 있다. 이것은 언약 동맹을 배반하는 것이며 주님의 질투를 일으킬 위험이 있거나 심지어 그것을 유발한다(10:22; 참조. 출 20:5; 신 5:9). 가드너는 이 이슈를 다음과 같이 탁월하게 요약

---

3) Smit, "'Do Not Be Idolaters': Paul's Rhetoric in First Corinthians 10:1-22," 40-53. 참조. Gardner, *The Gifts of God*, 159-165.

4) Lane, "Covenant: The Key to Paul's Conflict with Corinth," 28; 참조. 3-29. 이 배경에서 언약의 중요성에 대해 이어지는 주해를 참조하라.

한다. "그리스도의 피와 몸에 참여하는 것(κοινωνία)은 그리스도의 희생적 죽음의 결과에 참여하는 것을 의미한다.…고린도 교인들이 교만과 자만심 때문에 깨닫지 못한 것은 그들이 죄를 지을 때 그 잔 또한 그들에게 언약에 기초한 심판을 내린다는 사실이다."[5] 10:14-22은 "성찬에 관한 것이라기보다는…이에 대한 고린도 교인들의 경험에서 나오는 수사학적인 논증(파토스에 기초한 논증)이다."[6] 또 다른 한편으로 우리는 이 단락에서 주의 만찬에 대한 바울의 이해를 몇 가지 추론해낼 수 있다(11:17-34에서 더 자세히 추론하겠지만).

10:14-22에 대한 참고문헌

Aalen, S., "Das Abendmahl als Opfermahl in NT," *NovT* 6 (1963): 128-152.

Allo, E.-B., "La synthese du dogme eucharistique chez saint Paul," RB 18 (1921): 321-343.

Baumert, N., "κοινωνία τοῦ αἵματος τοῦ Χριστοῦ (1 Kor 10:14-22," in R. Bieringer (ed.), *The Corinthian Correspondence* (Leuven: Leuven University Press, 1996), 617-626.

Best, E., *One Body in Christ* (London: SPCK, 1955), 74-114.

Boismard, M. E., "L'eucharistie selon S. Paul," *LV* 31 (1957): 93-106.

Bornkamm, G., "Lord's Supper and Church in Paul," in his *Early Christian Experience* (Eng. trans., London: SCM, 1969), 123-160 (German, *ZTK* 53 [1956]: 312-349.

Campbell, J. Y., "κοινωνία and Its Cognates in the NT," *JBL* 51 (1932): 352-380.

Casey, P. M., "The Original Aramaic Form of Jesus' Interpretation of the Cup," *JTS* 41 (1990): 1-12.

Cohn-Sherbok, D., "A Jewish Note on τὸ ποτήριον τῆς εὐλογίας," *NTS* 27 (1981): 704-709.

Cope, L., "First Cor 8-10: Continuity or Contradiction?" *ATRSS* 11 (1990):114-123.

Cullmann, O., *Early Christian Worship,* SBT 10 (Eng. trans., London: SCM, 1953), 26-33.

_______, and F. J. Leenhardt, *Essays on the Lord's Supper,* Ecumenical Studies in Worship 1 (Eng. trans., London: Lutterworth, 1958).

Delling, G., "Das Abendmahlsgeschehen nach Paulus," in *Studien zum NT und zum hellenistischen Judentum. Gesammelte Aufsätze 1950-1968,* ed. F. Hahn et. al. (Göttingen: Vandenhoeck & Ruprecht, 1970), 318-335.

Dunn, J. D. G., "The Body of Christ in Paul," in M. J. Wilkins and T. Paige (eds.), *Worship,*

5) Gardner, *The Gifts of God,* 162 and 164.

6) Collins, *First Cor,* 375.

Theology and Ministry in the Early Church, JSNTSS 87 (Sheffield: JSOT Press, 1992), 146-162.

_______, "The Lord's Supper," in his *The Theology of Paul the Apostle* (Edinburgh: T. & T. Clark and Grand Rapids: Eerdmans, 1998), 599-624.

Gardner, P., *The Gifts of God* (Lanham, Md.: University Press of America, 1994), 155-185.

Grayston, K., *Dying We Live* (New York and Oxford: Oxford University Press, 1990), 36-45.

Gressmann, H., "ἡ κοινωνία τῶν δαιμονίων," *ZNW* 20 (1921): 224-230.

Gundry, R. H., *Soma in Biblical Theology*, JSNTMS 29 (Cambridge: Cambridge University Press, 1976).

Hainz, J., *Koinonia: 'Kirche' als Gemeinschaft bei Paulus*, BU 16 (Regensburg: Pustet, 1982)

Higgins, A. J. B., *The Lord's Supper in the NT* (London: SCM, 1952).

Jeremias, J., *The Eucharistic Words of Jesus* (Eng. trans., London: SCM, 3d ed, 1966), esp. 218-262; 참조. 41-88.

_______, "πάσχα," *TDNT*, 5:896-904.

_______, "This is My Body," *ExpTim* 83 (1972): 196-203.

Jourdan, G. V., "Koinonia in 1 Cor 10:16," *JBL* 67 (1948): 111-124.

Käsemann, E., Essays on NT Themes (Eng. trans., London: SCM, 1964), 108-135.

_______, *Leib und Leib Christi* (Tübingen: Mohr, 1933).

_______, "The Theological Problem Presented by the Motif of the Body of Christ," in Käsemann, *Perspectives on Paul* (Eng. trans., London: SCM, 1971), 102-121, esp. 105-114.

Karrer, M., "Der Kelch des neuen Bundes," *BZ* 34 (1990): 198-221.

Kevan, E. F., *The Lord's Supper* (Kovilpatti, South India: SBM, 1960), 21-62.

Kilpatrick, G. D., "Eucharist as Sacrifice and Sacrament in the NT," in J. Gnilka (ed.), *Neues Testament und Kirche* (Freiburg: Herder, 1974).

Klauck, H.-J., "Eucharistie und Kirchengemeinschaft bei Paulus," *Wissenschaft und Weisheit* 49 (1986): 1-14; 참조. "Eucharist and Church Community in Paul," *Theology Digest* 35 (1988); 19-24.

_______, *Herrenmahl und Hellenistischer Kult* (Münster: Aschendorff, 1982), 258-272.

Lane, W., "Covenant: The Key to Paul's Conflict with Corinth," *TynBul* 33 (1982): 3-30.

Lietzmann, H., *Mass and Lord's Supper: A Study in the History of the Liturgy* (with Introductory Notes by R. D. Richardson; Eng. trans., Leiden: Brill, 1979), 20-29, 177-187, 326-331, 508-509, 596-608 and 685-698.

Maccoby, H., "Paul and the Eucharist," *NTS* 37 (1991): 247-267.

MacGregor, G. H. C., *Eucharistic Origins: A Study of the NT Evidence* (London, 1928).

McDermot, M., "The Biblical Doctrine of Koinonia," *BZ* 19 (1975): 64-77.

Maly, K., *Mündige Gemeinde* (Stuttgart: Katholischer Bibelwerk, 1967), 127-146.

Marion, D., "Communion. L'essence du christianisme," *Esprit et Vie* 102 (1992): 145-150, 157-159.

Marshall, I. H., *Last Supper and Lord's Supper* (Exeter: Paternoster and Grand Rapids:

Eerdmans, 1980).

Martin, D. B., *The Corinthian Body* (New Haven: Yale University Press, 1995).

Marxsen W., *The Lord's Supper as a Christological Problem* (Eng. trans., Philadelphia Fortress, 1970).

Mazza, E., "L'Eucharistia di 1 Cor 10:16-17 in rapporto a Didache 9-10," *Ephemerides Liturgicae* 100 (1986): 193-223.

Meyer, B. F. (ed.), *One Loaf, One Cup: Eucharistic Studies of 1 Cor 11 and Other Eucharistic Texts,* New Gospel Studies 6 (Macon Ga.: Mercer University Press, 1993).

Millard, A. R., "Covenant and Communion in First Corinthians," in W. Gasque and R. P. Martin (eds.) *Apostolic History and the Gospel: In Honour of F. F. Bruce* (Exeter: Paternoster, 1970), 242-248.

Moule, C. F. D., "The Judgment Theme in the Sacraments," in W. D. Davies and D. Daube (eds.), *The Background of the NT and Its Eschatology: Studies in Honour of C. H. Dodd* (Cambridge: Cambridge University Press, 1956), 464-481.

Müller, P., *Der Soma-Begriff bei Paulus* (Stuttgart: Brachhaus, 1988).

Murphy-O'Connor, J., "Eucharist and Community in 1 Cor," *Worship* 51 (1977): 56-69.

Neuenzeit, P., *Das Herrenmahl. Studien zur paulinischen Eucharistieauffassung* (Munich: Kösel, 1960).

Neyrey, J. H., "Body Language in 1 Corinthians: The use of Anthropological Models for Understanding Paul and His Opponents," *Semeia* 35 (Social-Scientific Criticism of the NT and Its Social World): 129-170.

Panikulam, G., *Koinonia in the NT. A Dynamic Expression of Corinthian Life.* AnBib 85 (Rome: Pontifical Biblical Institute, 1979), esp. 3-30.

Pesch, R., *Das Abendmahl und Jesu Todesverhältnis.* Questiones Disputatae 80 (Freiburg: Herder, 1978), esp. 190-193.

Porter, C. L., "An Interpretation of Paul's Lord's Supper texts: 1 Cor 10:14-22 and 11:17-34," *Encounter* 50 (1989): 29-45.

Prout, E., "One Loaf-One Body," *ResQ* 25 (1982): 78-81.

Robinson, J. A. T., *The Body: A Study in Pauline Theology* (London: SCM, 1952).

Roetzel, C. J., *Judgment in the Community: A Study of the Relationship between Eschatology and Ecclesiology in Paul* (Leiden: Brill, 1972).

Rosner, B. S., "'Stronger Than He?' The Strength of 1 Cor 10:22b," *TynBul* 43 (1992): 171-179.

Schweizer, E., "Die Kirche als Leib Christi in den paulinischen Homologoumena," *TLZ* 86 (1961): 161-174.

_______, *The Lord's Supper according to the NT* (Eng. trans., London: SCM, 1967).

_______, "σῶμα," *EDNT,* 3:321-325.

_______, "σῶμα," *TDNT,* 7:1024-94.

Sebothoma, W. A., "κοινωνία in 1 Cor 10:16," *Neot* 24 (1990): 63-69.

Seesemann, H. *Der Begriff κοινωνία in NT,* BZNW 14 (Giessen: Töppelmann, 1933), esp.

34-56.
Sigal, P., "Another Note to 1 Cor 10:16," *NTS* 29 (1983): 134-139.
Sloyan, G. S., "Primitive and Pauline Concepts of the Eucharist," *CBQ* 23 (1961): 1-13.
Smit, J., "'Do Not Be Idolaters,': Paul's Rhetoric in First Corinthians 10:1-22," *NovT* 39 (1997): 40-53.
Soden, Hans von., "Sakrament und Ethik bei Paulus," in his *Urchristentum und Geschichte* (Tübingen: Mohr, 1951), 1:239-275.
Söding, T., "Eucharistie und Mysterien: Urchristliche Herrenmahlstheologie und antike Mysterienreligiösität im Spiegel von 1 Kor 10," *BK* 45 (1990):140-145.
Thornton, L. S., *The Common Life in the Body of Christ* (London: Dacre Press, 3d ed. 1950), 34-65, 156-187, 253-286, and esp. 322-355.
Thurian, M., *The Eucharistic Memorial.* Ecumenical Studies in Worship 8 (Eng. trans., London: Lutterworth, 1961).
Truets, C., "The Eucharist and the Christian Community: Some Pauline and Augustinian Evidence," *LS* 12 (1987): 152-171.
Wedderburn, A. J. M., "The Body of Christ and Related Concepts in 1 Corinthians," *SJT* 24 (1971): 74-96.
Willis, W. L., *Idol Meat in Corinth: The Pauline Argument in 1 Corinthians 8 and 10* (Chicago: Scholars Press, 1985), 182-192.
Winter, B. W., "The Lord's Supper at Corinth," *RTR* 37 (1978): 73-82.
Wolff, C., "Exkurs: Das in 1 Kor 10:16 aufgenommene Traditionsstück," in his *Der erst Brief des Paulus an die Korinther* (Leipzig: Evangelische Verlagsanstalt, 1996), 226-229.
Yeo, Khiok-Khing, *Rhetorical Interaction in 1 Corinthians 8 and 10* (Leiden: Brill, 1995), 172-179.

14-15절 UBS 4판은 14절에서 새로운 단락을 시작한다. 비록 많은 학자들이 15절에서 새로운 단락이 시작되는 것으로 이해함에도 불구하고, 슈라게는 (UBS 4판의 텍스트와 더불어) 접속사 διόπερ와 연결된 ἀγαπητοί μου가 "새로운 단락을 시작한다"고 주장한다.[7] REB는 διόπερ를 "그러므로"(so then)라고 잘 번역한다. 왜냐하면 이 접속사는 추론적이자 논쟁적이며, 전후 문맥과 관련하여 강조를 나타내는 위치에서 의미를 강조하는 접속사의 역

---

7) Schrage, *Der erste Brief*, 2:435. 또한 Barrett, *First Epistle*, 230 and Conzelmann, *1 Cor*, 170.

할을 하기 때문이다.[8] 하지만 "내 사랑하는 친구들"(REB, NRSV)이라는 통상적인 번역은 더 친밀한 표현인 ἀγαπητοί μου에 비해 다소 거리감이 있어 보인다. 또한 "내 사랑하는 자"는 예스러운 번역이다. 따라서 한 가지 타협안은 REB-NRSV의 번역을 강화하여 "내가 매우 사랑하는 친구들"이라고 번역하는 것이다. 한편 크리소스토모스의 글에 나타난 독법 ἀγαπητοί는 사본의 지지를 충분히 받지 못한다.[9] 하지만 크리소스토모스는 바울이 "단순히 우상숭배에서 '떠나라'고 말하지 않고, '도망치라'(φεύγετε)"고 말하며, "이 죄를 신속하게 제거하라"고 말했다고 주해한다.[10] 나아가 그는 이제 바울의 논거가 다른 사람들에게 해를 끼치는 것에서 재앙과 파멸을 자초하는 것으로 바뀐다고 덧붙여 말한다. 나이젤 터너는 τῆς εἰδωλολατρίας라는 표현에서 정관사가 사용된 것은 "여러분이 잘 알고 있는 우상들을 숭배하는 것"을 암시한다고 주장한다.[11] 하지만 바레트가 주장하듯이 이 해석은 문장 구조를 왜곡하는 것이다.[12] 더 적절한 해석은 정관사 앞에 있는 전치사 ἀπό가 위치와 능동적인 도피에 대한 은유적인 의미를 전달하며, 이는 13절의 ἔκβασις를 암시하는 것으로 이해하는 것이다. 빠져나갈 길(13절)은 협곡에 갇혀 있는(εἴληφεν) 군대에 산길을 따라 힘을 다해 빨리 도망칠 것을 재촉하는 이미지를 떠오르게 한다.[13]

ὡς φρονίμοις의 의미는 많은 논쟁을 불러일으켰다. 이 표현은 종종 "분별력 있는 사람들에게"로 번역되었다. 3:1, 4:10과 유사한 표현들은 혹시 바울이 여기서 일종의 아이러니를 사용하는 것이 아닌지 질문을 던진다. 하지만 마이어, 에드워즈, 콘첼만 등 다른 학자들은 바울이 수신자들에게

---

8) BAGD, 199: "그러므로, 바로 이 이유에서." 참조. Barrett, *First Epistle,* 230 and Schrage, *Der erste Brief,* 2:435.

9) Chrysostom, *1 Cor. Hom.,* 24.2.

10) 같은 책.

11) Moulton-Howard-Turner, *Grammar,* 3:173.

12) 참조. Barrett, *First Epistle,* 230.

13) Schrage는 이러한 연관성을 강조한다. Schrage, *Der erste Brief,* 2:435 (including nn. 310 and 311). 또한 Edwards도 이 이미지를 사용한다. Edwards, *First Epistle,* 251-252. 또한 참조. Robertson and Plummer, *First Epistle,* 211(이들의 주해는 Weiss의 견해에 반대한다).

지성을 사용할 것을 호소하는 것으로 해석한다. 바레트와 슈라게는 바울이 그들의 상식에 호소하는 것이라고 올바르게 결론짓는다.[14)] 15절 후반절의 구문은 ὑμεῖς, "여러분 스스로"에 강조점을 둔다. 따라서 우리는 κρίνατε ὑμεῖς ὅ φημι를 "내가 선언하는 것을 여러분 스스로 판단해보십시오"라고 번역했다. 여기서 φημι, "선언하다"는 덜 공식적이며 무게감이 다소 덜한 λέγω와 구별된다. λέγω는 "나는 ~을 의미한다" 또는 (15a의 경우처럼) "나는 ~을 말한다"에서 "나는 호소한다"에 이르기까지 광범위한 의미를 포함한다.[15)]

16절 서방의 몇몇 소문자 사본은 16절에서 εὐλογίας, "축복"을 εὐχαριστίας, "감사"로 대치한다. 이것은 아마도 후대의 전례 전통을 반영할 것이다. 하지만 또한 필사자는 동의어의 반복을 피하고자 했을 수도 있다. NIV는 이 구절을 "우리가 감사하는 감사의 잔"이라고 번역한다. 하지만 이 번역은 후대의 다른 독법에 기초하기보다는 틀림없이 εὐλογίας의 의미를 오해하지 않게 하려는 의도일 것이다.

슈라게는 논쟁의 대상이 되는 이 절의 복합적인 문제들을 해명하는 데 도움을 주려고 다음 세 가지 질문을 제기한다. (a) 우리는 τὸ ποτήριον τῆς εὐλογίας(대체로 "그 축복의 잔"으로 번역됨, REB, NRSV)를 어떻게 이해해야 하는가? (b) ὃ εὐλογοῦμεν의 의미는 무엇인가?(대체로 "우리가 축복하는"으로 번역됨. 또한 "우리가 그것에 대해 축복하는") (c) 우리는 οὐχὶ κοινωνία ἐστὶν τοῦ αἵματος τοῦ Χριστοῦ를 어떻게 해석해야 하는가?(이 구절은 다양하게 번역됨. "[그것은] 그리스도의 피에 공동으로 참여하는 것이 아닙니까?" 우리의 번역)[16)]

(a) 그 축복의 잔은 주의 만찬에 대한 해석을 위한 틀로서 유월절 식사의 배경과 정확하게 일치한다. 하지만 다른 배경에서 이 표현은 유대교에 속한 가정에서 날마다 식사를 할 때 드리는 "감사 기도"에서 언급되는

---

14) Schrage는 여기서 영어 표현 "common sense"를 사용한다. Schrage, *Der erste Brief,* 2:433-436.

15) Meyer도 이러한 의미상의 차이점을 올바르게 지적한다. Meyer, *First Epistle,* 1:294.

16) Schrage, *Der erste Brief,* 2:436-439.

잔을 가리킬 수도 있다. 미쉬나 및 다른 자료들은 다음과 같은 관습에 대해 풍부한 증거를 제공해준다. 즉 유대인 가정에서는 식사를 마칠 때 "우주의 왕이신 주 하나님, 당신은 복을 받으소서. 당신은 포도 열매를 만드셨습니다"(베라코트 6:1)라는 문구를 사용하여 감사 기도를 드렸다.[17] 잔에 대한 감사에 해당하는 히브리어는 כוס של ברכה이다(더 자세한 내용은 1322-29에 수록된 특별 해설을 보라). 또한 미쉬나는 열매, 채소, 또는 떡에 대한 다양한 감사를 언급한다. "당신은 복을 받으소서. 당신은 이 땅에서 떡을 만들어내셨습니다"(베라코트 6:1). 따라서 그리스어를 사용하는 유대교에서 감사 기도를 드릴 때 사람들은 "잔을 축복하는" 대신에 하나님이 제공해주신 것에 대해 (감사와 더불어) **하나님**을 축복했다.

하지만 이 절에서 τὸ ποτήριον τῆς εὐλογίας의 의미를 결정하는 틀이 주로 다음 중 어떤 것에 의해 형성되었는지에 대한 복잡하고 다양한 질문이 제기된다. (i) 헬레니즘 종교의식에 뒤따르는 식사의 배경, (ii) 유대인 가정의 일상적인 식사 또는 유대교의 이른바 몇몇 "특별한" 친교 식사(하부라에 대한 리츠만의 견해; 딕스도 이 견해를 따름) 또는 심지어 안식일의 키두쉬 식사(예를 들면 슈피타, 바티폴 등이 제안함), (iii) (우리가 강력하게 주장하듯이) 해당 본문을 이해하기 위해 우리는 유월절 식사의 배경으로 돌아가야만 하는가? 많은 저자(예. 시걸)는 그 축복의 잔을 유월절 식사 중에 마시는 네 개의 잔 중 세 번째 잔과 동일시한다. 그러나 어떤 이들(예. 콘-셔복)은 이것이 유월절 식사에서 네 번째 잔일 개연성이 더 높다고 주장한다.

그 축복의 잔(10:16)

(i) 여기서 우리는 이 절의 바울의 표현이 헬레니즘의 영향을 받았다는 주장에 대해

---

17) *m. Berakoth* 6:1 (Danby ed., 6); *b. Pesahim* 103a, 106a. 참조. Strack-Billerbeck, 4:2; 62, 611-639; L. Goppelt, "ποτήριον," *TDNT*, 6:53 (148-160); Jeremias, *The Eucharistic Words of Jesus*, 15-89 and throughout; Marshall, *Last Supper and Lord's Supper*, 19-20; B. Klappert, *NIDNTT*, 2:522.

자세히 논하지 않을 것이다. 이러한 주장은 죄딩(T. Söding)이 가장 최근에 제기했지만, 클라우크(H.-J. Klauck)가 이 이슈를 더 상세하게 다루었고, 그 이전에는 하이트뮐러(W. Heitmüller)가 다루었다.[18] 우리는 κοινωνία의 의미와 관련된 이 이슈를 앞으로 더 자세히 논의할 것이다. 그 누구보다도 캐제만이 이 견해의 주된 문제점을 잘 확인해주었다. 유대교 또는 더 구체적으로 유대-기독교 전통을 반영하고, 다른 요소들과 더불어 마가와 바울 이전 전승을 반영하는 바울의 정형화된 언어는 "주님의 만찬에 대한 바울의 가르침을 헬레니즘의 제사 의식과 연결된 식사와 연결하여 해명하려는 시도가 전적으로 실패했다"는 것을 의미한다는 것이다.[19] 하지만 캐제만은 헬레니즘과 연관된 "유비"가 바울의 논의에서 "논쟁의 목적을 위한" 형태를 취하고 있다는 것을 부인하지 않는다.[20] 맥그레고어(G. H. C. MacGregor)는 하이트뮐러의 주장에 대해 다루었으며, 젠프트는 일반적으로 합의된 견해를 요약해준다. "축복의 잔이라는 표현은 셈어에서 비롯되었다."[21]

(ii) 비록 11:20-29에 대한 주석에서 이 이슈를 더 세부적으로 다루겠지만, 우리는 여기서 이 축복의 잔이 하부라(Haburah)에 참여하는 유대교의 친교 그룹(하부로트)의 친교 식사의 일부분을 형성했다는 한스 리츠만의 널리 알려진 이론을 간략하게 언급할 필요가 있을 것이다.[22] 리츠만의 이론은 얼핏 보기에 고린도에서는 애찬식 또는 아가페가 최초기 교회에서 "떡을 뗀 것"을 반영했다는 개념에 잘 어울리는 것처럼 보인다. 애찬식에서는 부활하신 그리스도의 임재를 기뻐하는 것과

---

18) Söding, "Eucharistie und Mysterien. Urchristliche Herrenmahls-theologie und antike Mysterienreligiösität im Spiegel von 1 Kor 10," 140-145; Klauck, *Herrenmahl und hellenistische Kult*, esp. 258-272; W. Heitmüller, *Taufe und Abendmahl im Urchristentum* (Göttingen: Vandenhoeck & Ruprecht, 1903, 2d ed. 1911); 참조. R. Reitzenstein, *Hellenistic Mystery Religion*, 77-78.

19) Käsemann, "The Pauline Doctrine of the Lord's Supper," in *Essays on NT Themes*, 108; 참조. 108-135.

20) 같은 책, 108.

21) Senft, *La Première Épitre*, 133; 참조. G. H. MacGregor, *Eucharistic Origins: A Survey of the NT Origins.*

22) H. Lietzmann, *Mass and Lord's Supper: A Study in the History of the Liturgy* (with essays by R. D. Richardson; Eng. trans., Leiden: Brill, 1979), 161-187; 참조. 267-268, 623-625. 참조. Dix, *The Shape of the Liturgy* (1945), 50-70.

사회적인 친교에 초점이 맞추어져 있었다면, 바울은 주의 만찬이 주님의 죽음에 초점을 맞춘 언약에 있다는 것을 강조했다. 따라서 바울은 고린도 교인들이 주의 만찬을 친교와 기쁨에 치우친 나머지, κυριακὸν δεῖπνον에 참여하는 것이 아니라 자신들의 "만찬"에 참여하는 것이라고 비판했다는 것이다(11:20). 주의 만찬에 대한 바울의 견해는 진지한 태도로 주의 만찬에 참여할 것과 그렇지 않으면 심판을 받을 것이라는 점을 강하게 드러낸다(11:27-29).

그럼에도 리처드슨이 리츠만의 방대한 연구에 대한 논평에서 인정하듯이 이 이론은 다음과 같은 몇 가지 중대한 취약점을 지니고 있다. 첫째, 리츠만은 대체로 1세기 중반에 대한 히폴리투스의 의심스러운 재구성에 의존한다.[23] 둘째, "두 가지…상반된 재구성"은 "모든 증거의 도도한 흐름 및 변화와 관련하여 2세기의 증거를 올바르게 다루지 못했다."[24] 셋째, 마셜의 관점에 의하면(많은 학자들이 동의함) "유대교 하부로트에서 나누는 식사가 유대인들의 일상적인 식사와 어떤 차이가 있는지를 알려주는 증거는 전혀 없다."[25] 예레미아스도 동일하게 주장한다. "우리는 우리가 추측할 만한 증거가 전혀 없다."[26]

예레미아스는 또한 키두쉬(Kiddush) 식사와 연관하여 추측하는 것도 완전히 배제한다. "따라서 키두쉬는 식사도 희생제사도 아니다.…오히려 그것은 단순한 축복이다."[27] 그렇다면 최후의 만찬은 일상의 식사에 지나지 않았는데, 예수의 말씀을 통해 그것에 특별한 의미가 부여된 것인가? "최후의 만찬: 유월절 식사!"라는 부제를 제시한 부분에서 예레미아스는 "최후의 만찬이 지닌 유월절의 특성을 설득력 있게 지지해주는" 열네 가지 중요한 구성 요소를 제시한다. "**떡과 포도주에 대해 해석하는** 말과 더불어 최후의 만찬에서 예수는 자신의 임박한 수난을 예고한다.…**그 식사의 특별한 요소들에 대한 해석은 유월절 의식에서 고정된 한 부분을 차지하고 있었다**"(강조는 원저자의 것임).[28]

23) Lietzmann, *Mass and Lord's Supper,* 20.
24) R. D. Richardson, 267.
25) Marshall, *Last Supper and Lord's Supper,* 160-171.
26) Jeremias, *The Eucharistic Words of Jesus,* 30.
27) 같은 책, 27.
28) 같은 책, 55-56. 또한 41-62에서 집중적으로 제시되는 논의를 참조하라.

(iii) 예레미아스는 한 가지 이상의 연구에서 **유월절 배경의 중요성**을 논증한다.[29] 마셜을 포함하여 이 주제에 대한 특별한 연구 논문을 기고한 학자들뿐만 아니라 몇몇 주석가들은 이 견해를 지지한다.[30] 유월절 의식은 미쉬나 페사힘 10:1-7에 요약되어 있다. 이 개요에 의하면 **첫 번째 잔**을 들고 하나님을 축복한다. 이때 무교병(5:7에 대한 주해 참조.)을 포함하여 양념을 친 음식과 하로세트(견과류와 과일을 넣고 식초를 섞어 만든 밀가루 음식)가 집안의 가장 앞에 놓인다. 그다음 **두 번째 잔**이 부어진다. 이때 아들은 아버지에게 그 의식의 의미에 대해 "왜 이 저녁 식사는 다른 저녁 식사와 다릅니까?"(페사힘 10:4)라고 질문한다. 그러면 아버지는 하나님의 구원 행위에 대해 설명하기 시작한다. 이 설명에는 이스라엘 공동체가 그 사건과 연관되어 있으며 그 사건에 대한 증인이라는 내용이 포함되어 있다. "내 조상은 방랑하는 아람 사람으로서…"(신 26:5 이하; 참조. 출 12:37-39). 또한 "이집트인들이 우리 조상들의 삶을 고통스럽게 했기 때문에" 그것을 기억하면서 쓴 나물을 먹었다(페사힘 10:5). 미쉬나에서 다음과 같이 1인칭 단수가 사용된 것은 이 식사에 참여하는 자들도 그 이야기에 포함된다는 특성을 드러내준다. "**내가** 이집트로부터 빠져나올 때 야웨가 **나를** 위해 이 일을 행하셨다"(페사힘 10:5).[31] 세데르(細示, 종교 의식과 유사한 순서)는 할렐 찬송의 첫 번째 부분(시 113-118편 중 시 113-114편)을 사용하면서 찬양으로 응답하며 시작하고 축복, 특히 하나님의 구속(גאולה[게울라], 동사형 גאל[가알, 구속하다]; גאולים[게울림, 구속])을 찬양하는 것으로 마무리된다. 아마도 대다수 주석가는 고전 10:16에서 언급되는 이 축복의 잔을 우리가 이제 설명

---

29) Jeremias, *Eucharistic Words,* 15-88, and πάσχα, 896-904, 특히 899. "예수가 떡과 포도주에 대한 해석의 형식으로 그의 말과 선물을 표현했다는 것은 유월절 의식과 연결하지 않으면 설명하기 어려울 것이다."

30) I. H. Marshall, *Last Supper and Lord's Supper,* 57-75; Edwards, *First Epistle,* 253; Robertson and Plummer, *First Epistle,* 211; Weiss, *Der erste Korintherbrief,* 256-257; Héring, *First Epistle*, 94; Wolff, *Der erste Brief,* 228-229; Lang, *Die Briefe,* 127; Schrage, *Der erste Brief,* 2:436-437; Goppelt, *TDNT,* 6:156; Bornkamm, "Lord's Supper," in his *Early Christian Experience,* 140-143; Collins, *First Cor,* 376 and 379. 하지만 Collins는 다른 반향들(resonances)도 덧붙인다.

31) 미드라쉬는 이렇게 선언한다. "매 세대마다 각 사람은 반드시 마치 자신이 이집트에서 빠져나온 사람처럼 간주해야 한다.…하나님은 나를 위해 그 일을 행하셨다.…"(페사힘 10:5). 참조. 출 13:8; H. Danby (ed.), *The Mishnah,* 151, nn. 1-5.

하려고 하는 유월절 세데르의 세 번째 잔과 연결할 것이다. 이 잔을 나누어 마시는 것은 이 배경, 곧 이집트의 억압에서 해방된 것이 아니라 그리스도의 "몸과 피"로 값을 치르고 죄에서 자유롭게 되어 구속이 성취된 것에 동참(κοινωνία)하는 것을 나타낸다. 하지만 세 번째 잔을 마시고 나서 가장 또는 식사 집례자는 나머지 할렐 찬송(시 115-118편)을 부르면서 마무리한다. 이것은 대체로 막 14:26(마 26:30)의 ὑμνήσαντες와 연결된다. 가장은 마지막으로 **네 번째** 잔을 축복한다. 한편 콘-셔복(D. Cohn-Sherbok)은 이 절에서 τὸ ποτήριον τῆς εὐλογίας가 네 번째 잔(이 잔을 마신 후에도 추가 찬송이 허용되었다)을 의미한다고 주장한다.[32]

이 부차적인 질문을 살펴보기에 앞서 우리는 10:14-22의 머리말에서 언약적인 배경을 언급하는 핵심 강조점을 재차 강조함으로써 유월절 세데르에 대한 예레미아스, 마셜, 볼프 등 다른 학자들의 언급을 강화하는 논증을 제시해야 한다. 비록 παραζηλοῦμεν τὸν κύριον, "우리가 주님의 질투를 불러일으키려는 것입니까?"(10:22)는 반사실적인 부정적 가정이긴 하지만, 이 단락은 언약에 대한 신실함을 언급하는 것으로 마지막 결론에 도달한다.[33] 이것은 그리스도의 구속의 피라는 유월절 축복의 잔에 공동으로 참여하는 언약을 어기는 행위에 해당할 것이다. 뿐만 아니라 여, 윌리스, 가드너의 강력한 논증은 이 배경에서 언약의 주제가 두드러지게 나타난다는 것을 설득력 있게 주장한다. 곧 "κοινωνία는 언약에 기초한 관계다." 그것을 통해 "그리스도인은… '그리스도의 죽음에 관심을 갖는다.'"[34] 레인은 특별히 고린도후서(특히 고후 3:1-7:1)를 언급하면서 "바울과 고린도 교회 사이의 갈등의 핵심"을 "언약"으로 이해하며 그것에 대해 자세하게 설명한다.[35] 그는 언약에 기초한 법적인 "고소" 양식의 언어를 보여주는 구약성경의 모델을 비교한다.

---

32) D. Cohn-Sherbok, "A Jewish Note on τὸ ποτήριον τῆς εὐλογίας," 704-709.

33) 이 부분에 대한 Yeo의 통찰력 있는 논점을 참조하라. Yeo, *Rhetorical Interaction in 1 Cor 8 and 10,* 172-179. 예를 들면 "16-21절에서 주의 만찬은 κοινωνία와 μετέχειν의 이중적인 측면을 보여주기 위한 본보기의 사례로 사용된다"(Yeo, 174).

34) 참조. Willis, *Idol Meat in Corinth,* 205-206 and 208(마지막 문장은 Barrett, *First Epistle,* 232-233에서 인용한 것이다). 참조. Gardner, *The Gifts of God,* 162-165.

35) W. L. Lane, "Covenant: The Key to Paul's Conflict with Corinth," 3-30, 특히 19-20, 23-24.

그는 바울이 고린도후서에서 이러한 양식을 제시하는 것으로 인식하며, 고후 3:6, 14; 4:2; 5:18-20; 6:14-7:1을 언급한다. 비록 고후 6:14-7:1을 후대의 삽입으로 간주하는 이론들이 존재하긴 하지만, 고전 10:14-22과 고후 6:14-7:1은 서로 놀라울 정도로 유사하다. 프랜시스와 샘플리가 『바울의 평행 본문』(*Pauline Parallels*)에서 이 본문들을 명백하게 평행을 이루는 목록에 제시한 것은 결코 놀라운 일이 아니다.[36] 또한 언약 참여를 의미하는 이 축복의 잔은 고후 11:1-2에서 "정혼 서약에 대한 은유"와도 평행을 이룬다. 이 두 가지는 모두 서약에 기초한 신실함을 심판에 대한 이미지와 연결한다.[37] 따라서 보른캄은 고전 10:16을 "새 언약"과 연결한다. 한편 캐제만은 심판의 측면을 인정하면서 διαθήκη의 핵심적인 중요성에 대해 말한다.[38]

그러므로 바울 이전 전승의 유월절 배경에 대한 다양한 논의를 모두 결합하면 그것은 이 절들에서 바울이 언약에 기초하여 강조하는 것과 일치한다. 그는 유월절의 틀을 강조하며, 이 틀은 τὸ ποτήριον τῆς εὐλογίας에 결정적인 의미를 부여한다. 심지어 이 축복의 잔은 **세 번째** 잔보다는 **네 번째** 잔을 암시한다는 콘-셔복의 세부적인 논의도 이것이 유월절 식사를 직접 가리킨다고 추정한다. 이것은 심지어 우리가 지지하는 축복에 대한 해석을 허용한다. 콘-셔복의 견해에 의하면 "바울은 이 잔에 어떤 특별한 축복이 부여되었다고 보기보다는 단순히 예수가 축복한 잔을 구체적으로 언급한 것일지도 모른다."[39] 특별히 칼뱅은 예수를 "이 잔을 축복하는" 행위의 대리자로 이해한다.[40] 굿스피드는 다소 지나치게 τὸ ποτήριον τῆς εὐλογίας를 "성별된 잔"으로 번역한다. 또한 모나 후커는 만약 이 배경이 유월절 전승에 기초한 배경이라면 이 축복의 잔은 **네 번째** 잔이라는 견해에 동의한다.[41]

---

36) Francis and Sampley, *Pauline Parallels,* 144, sect. 110.

37) Lane, "Covenant," 26.

38) Bornkamm, "The Lord's Supper," in *Early Christian Experience,* 140-143; and Käsemann, "The Pauline Doctrine of the Lord's Supper," in *Essays,* 120 and 130-132.

39) Cohn-Sherbok, "A Jewish Note ...," 707.

40) Calvin, *First Epistle,* 215.

41) M. D. Hooker, *The Gospel according to St. Mark* (Peabody: Hendrickson and London:

이와는 대조적으로 에링, 고펠트, 볼프, 시걸(P. Sigal)은 이 축복의 잔을 세 번째 잔과 연결한다. 즉 이 잔은 네 번째 잔(ברכת השיר, 비르카트 하쉬르)보다는 "감사 기도"(ברכת המזון, 비르카트 함마존)의 확대다.[42] 알로, 에링, 콘첼만은 הברכה כוס(코스 하브라카, 축복의 잔)로서 명시적으로 **세 번째** 잔을 가리킨다. 이 축복의 잔은 모든 식사를 풍성하게 공급해주시는 하나님을 축복하는 역할을 한다.[43] 또한 이것은 슈라게의 논점—하나님을 찬양하는 것은 εὐχαριστεν῀ιν과 동의어다—이 지닌 가장 자연스러운 함의다(이 논점은 츠빙글리, 멜란히톤, 하인리치, 키스트메이커, NIV의 이해와 일치하지만, 칼뱅, 마이어 등 다른 몇몇 주석가의 이해와는 반대된다).[44] 로버트슨과 플러머는 우리가 이 절이 유월절 식사의 몇 번째 잔과 연결되는지 확실하게 알 수 없다고 결론짓는다.[45] 하지만 세 번째 또는 네 번째 잔과 관련된 세부 사항이 무엇이든지 간에 유월절의 언약의 피에 대한 암시는 τὸ ποτήριον τῆς εὐλογίας을 이해하는 데 가장 설득력 있고 건설적인 배경을 제공해준다. 이것은 언약에 대한 신실함과 언약의 배타성을 언급하는 현 문맥과 11:25(이 절에 대한 주해 참조)의 명백한 표현과도 전적으로 일치한다. 가드너는 다음과 같이 결론짓는다. "출애굽, 홍해, 시내 광야에서의 방황이 서로 밀접하게 연결되어 있다는 점을 고려하면 유월절이 '언약'에 기초하여 그의 백성을 다루시는 하나님을 회상하는 것은 결코 놀라운 일이 아니다."[46] 하지만 가드너는 이 절들이 오직 기독교의 유월절 식사로서 주의 만찬을 암시하는 것으로 이해하기보다는 언약에 기초한 더 광범위한 구조를 위해 해석의 여지를 남겨둔다. 이 축복의 잔에 참여하는 것은 유월절 식사보다는 오히려

Black, 1991), 340-341.

42) P. Sigal, "Another Note to 1 Cor 10:16," 134-139; 참조. Héring, *First Epistle,* 94; Goppelt, *TDNT,* 6:153-158; Wolff, *Der erste Brief,* 228.

43) Allo, *Première Épitre,* 238; Héring, *First Epistle,* 94; Conzelmann, *1 Cor,* 171, n. 13. 참조. Barrett, *First Epistle,* 231.

44) Schrage, *Der erste Brief,* 2:436; 참조. Heinrici, *Das erste Sendschreiben,* 273-275; Calvin, *First Epistle,* 215; Meyer, *First Epistle,* 1:295-296; Kistemaker, *1 Cor,* 342. 참조. Strack-Billerbeck, 4:72.

45) Robertson and Plummer, *First Epistle,* 211.

46) Gardner, *Gifts of God,* 158.

언약에 강조점이 찍힌다.[47]

(b) 그다음 구절 ὃ εὐλογοῦμεν은 "중복적인"(pleonastic) 어구가 아니다(리츠만).[48] (i) 대다수 주석가들은 (고펠트와 더불어) 흐로세이데가 훌륭하게 표현한 다음과 같은 관점에 동의하는 경향을 나타낸다. "하나님의 축복을 통해 이 잔은, 그리스도가 제정했듯이[그리고 바울 이전 전승을 통해 중재되었듯이], 특별한 잔이 되었다." 다시 말해 이것은 유대교 관습이나 심지어 유대교 유월절 세데르와 관련된 잔의 패턴을 따르는 "감사 기도" 이상의 의미를 지니게 되었다. 이 두 가지와 연결된 잔은 그리스도께 초점이 맞추어져 있는 주의 만찬의 잔과 구별된다(참조. 11:23-26).[49] (ii) 또한 이 절은 축복의 방향이 하나님을 향하고 있음을 강조한다. 따라서 마이어의 번역—**축복이 선포되는** 이 잔—은 우리가 제시한 번역(우리가 축복하는 이 축복의 잔)과 매우 가깝다.[50] 이 배경은 축복을 종종 사람들이나 심지어 사물들을 향해 발화되는 "힘이 실린" 말로 이해하는 전통적인 논의에서 이 절과 이 본문을 떼어놓는다.[51] (iii) 또한 슈라게와 흐로세이데는 이 절에서 사용된 1인칭 복수의 중요성을 강조한다. 즉 "신앙 공동체는 규례를 지킨다는 사실"을 강조한다.[52]

이 세 가지 강조점은 기원후 2세기에 유스티누스(기원후 110-165년)의 『호교론』에서 놀라울 정도로 자세하게 표현되어 있다. 유스티누스는 어떻

47) 같은 책, 159-172. P. D. Richardson은 유월절의 측면을 공통적인 전승의 무대에 국한하려고 시도한다. 하지만 그가 바울과 바울 이전의 이해를 분리하는 것은 설득력이 없어 지지를 받을 수 없다(Lietzmann, *Mass and Lord's Supper,* 327-329).

48) Lietzmann, *An die Korinther,* 48.

49) Grosheide, *First Epistle,* 231; Goppelt, *TDNT,* 6:153-158.

50) Meyer, *First Epistle,* 1:295.

51) A. C. Thiselton, "The Supposed Power of Words in the Biblical Writings," *JTS* 25 (1974): 283-299; 참조. essays in *Semeia* 24 (1982); C. Westermann, *Blessing in the Bible* (Eng. trans., Philadelphia: Fortress, 1978), 113-114.

52) Schrage, *Der erste Brief,* 2:436-437, 특히 n. 324; Grosheide, *First Epistle,* 230; Meyer, *First Epistle,* 1:295, n. 1.

게 세례받은 그리스도인들이 "모든 곳에 있는…모든 사람을 위해…함께" 기도하고(참조. 고전 1:2-3), 인사를 한 후 "떡과 물을 탄 포도주"를 성찬 집례자에게 가져다주는지를 소개한다.[53] 집례자는 이것을 받고 "성자와 성령의 이름으로 우주의 아버지를 찬양한다.…그러고 나서 그는 감사의 기도를 드린다.…기도와 감사를 마치면 모든 교인은 '아멘'으로 화답한다. 이 히브리어 단어는 '그렇게 될지어다'(γένοιτο)에 해당한다."[54] 그다음에 그곳에 모인 이들은 떡을 떼어 먹고 포도주를 마시는 것에 **공동으로 참여한다**. 만약 어떤 이들이 그곳에 없다면 그들에게 떡과 포도주를 전달하여 그것에 동참하게 하는 것이 허용되었다. 그리고 교인들의 **아멘**은 "집례자"의 입술을 통해 선포된 축복의 행위에 신앙 공동체 전체가 동참한다는 것을 의미한다. 이 **축복**은 하나님께 드려진다. 이 **잔**은 분명히 다른 사람들이 복 받게 하려고 자신을 내어준 그리스도의 구속 행위에 동참하는 것을 가리킨다.[55]

(c) 우리는 οὐχὶ κοινωνία τοῦ σώματος τοῦ Χριστοῦ를 어떻게 해석해야 할까? 우리는 앞에서 이 구절을 "그리스도의 피에 공동으로 참여하는 것이 아닙니까?"라고 번역했다. κοινωνία를 "공동 참여"로 번역하는 것은 이 절에 대한 어떤 특별한 변론을 제시하는 것이 결코 아니다. 우리는 1:9—ἐκλήθητε εἰς κοινωνίαν τοῦ υἱοῦ αὐτοῦ Ἰησοῦ Χριστοῦ τοῦ κυρίου ἡμῶν—에서 이 그리스어 단어를 바로 그렇게 번역했다. 우리는 앞에서 단순히 "교제"(fellowship)라는 번역이 바울이 의도한 "수직적인" 측면을 제대로 전달하지 못한다는 견해를 제시했다. 왜냐하면 이 번역은 마치 고대 그리스-로마의 어떤 친목 단체에서 통용되던, 비슷한 생각을 지닌 사람들이 모인 어떤 그룹의 "수평적인" 결속에 강조점이 있음을 암시하는 것처럼 여겨지기 때문이다.[56] 우리는 비록 이 그리스어 단어가 1:9에서 이러한 "사회적인" 의미 그 이상을 갖고 있을 수도 있지만—예를 들면 롬 15:27에서(또

---

53) Justin, *Apology*, 1:65.
54) 같은 책.
55) 같은 책.
56) 앞에서 1:9에 대한 주해 참조.

한 심지어 고전 10:16에서도)—이것이 그리스도인의 정체성과 생활 방식을 결정하는 예수 그리스도의 삶, 죽음, 부활, 임재에 능동적으로, 그리고 **공동으로 참여한다**는 것을 가리킨다는 샘플리의 견해를 언급했다. 또한 우리는 특별히 고데, 손턴, 파니쿨람, 제제만, 그리고 특히 하인츠와 마리옹의 연구를 언급했다.[57] 사실상 하인츠는 1:9과 10:16에서 이러한 참여적이며 그리스도 형상적인 측면을 명시적으로 확인해준다.

최근 연구에서 스미트는 특별히 "수평적" 참여와 "수직적" 참여의 두 가지 이미지 또는 은유를 구체적으로 비교했다. 그는 이 절에서 "수직적" 측면과 "신학적" 측면은 "수평적" 측면과 "사회적" 측면에 대해 우선적인 강조점을 지니고 있다고 주장한다.[58] 이것은 리츠만의 의제를 새로운 곡조(曲調)로 바꾸는 것이다. 이것은 바울이 식사에 대한 예루살렘 전승—이 식사에서는 부활하신 그리스도의 임재와 관련된 성찬이 거행됨—을 단순히 시간의 문제로서 십자가를 엄숙하게 기념하는 것으로 변경하는 것이 아니다. 오히려 이것은 고린도 교회가 **사회적** 측면으로 환원한 것을 바울이 그리스도의 정체성과 구속 사역이 의미하는 바를 공동 참여로 재수용하는 것으로 변경하는 것이다. 이 정체성과 구속 사역은 그리스도가 다른 사람들을 위해 고난을 받고 구속의 죽음을 맞이한 것에 가장 예리하고 명백하게 초점이 맞추어져 있다. 바레트는 이 점을 다음과 같이 분명하면서도 훌륭하게 지적한다. "그리스도의 피에 **공동으로** 참여하는 것(κοινωνία를 번역한 것임)"은 "단순히 그와 함께 있는 것"이 아니라 "그리스도의 죽음"에 관여하는 것을 의미한다.[59]

우리의 번역은 κοινωνία를 번역하는 데는 두 개의 영어 단어가 필요

---

57) Godet, *First Epistle,* 1:60; Sampley, *Pauline Partnership,* 96-97; Thornton, *The Common Life in the Body of Christ,* 71-79, 156-187; Panikulam, *Koinonia in the NT,* esp. 3-5 and 17-30, Seesemann, *Der Begriff κοινωνία in the NT,* esp. 34-56; Hainz, *Koinonia*; D. Marion, "Communion: L'essence du christianisme," 145-150 and 157-159.

58) Smit, "'Do Not Be Idolaters': Paul's Rhetoric in First Corinthians 10:1-22," 40-53. 또한 이 용어들은 이 점을 강조하기 위해 Gardner, *Gifts of God,* 161에서도 나타난다.

59) Barrett, *First Epistle,* 230-232.

하다는 바레트의 주장을 반영한다. 공동의 측면은 결코 축소될 수 없다. 윌리스가 지적하듯이 κοινωνία는 "상업상의 파트너 관계, 다양한 협회, 공동사업, 사회적 관계, 공동생활" 등이 포함된 광범위한 용법을 지니고 있다.[60] 따라서 여(Yeo)는 우상숭배를 피하는 것은 이른바 고린도의 많은 강한 자들(그는 이들을 '영지주의자들"이라고 부름)의 "개인적인 영성"에서 돌아서서 "그리스도의 몸(ἕν σῶμα) 안에서 공동의 유대관계"로 나아가는 것이라고 올바르게 주장한다.[61] 바이스, 로버트슨과 플러머, 알로는 신앙 공동체의 이 공동의 측면을 강조한다.[62] 그러나 제제만이 주장하듯이 코이노니아는 "공동성"(또는 "유대", community, Gemeinschaft), "공유"(sharing, Anteilhaben), "교제"(communion, Mitteilsamkeit)의 측면에 덧붙여 참여자들이 그것을 공유하는 것을 가리킨다.[63] 하인츠는 이 점을 한층 더 강조한다. 그는 이 절에서 κοινωνία는 "공동성"도 아니고 "교제"도 아니며 "그리스도 안에서의 참여" 또는 "그리스도에게 참여하는 것"이며 이 참여를 통해 "**그의 생명이 우리의 생명이 된다**"고 주장한다(강조는 덧붙여진 것임).[64] 이와 비슷하게 슈트로벨은 이 표현은 "'~와 교제를 나눔'(Gemeinschaft mit)이 **아니라**" "~에 참여하는 것(Anteil an)"이라고 주장한다.[65] 흐로세이데는 "바울은 그리스도인이 주의 만찬에 참여하기 때문에 그는 그리스도의 죽음과 연결되어 있다"고 결론짓는다.[66]

마이어와 흐로세이데는 다음과 같이 더 자세하게 주장한다. 만약 바울도 지지하는 바울 이전 전승(참조. 11:23; 10:16에서 οὐχὶ)이 마가복음 전승과 관련된 예루살렘 다락방까지 거슬러 올라간다면 신앙 공동체의 공동 참여

60) Willis, *Idol Meat,* 168. 168-212에 제시된 참고문헌과 자료에 대한 그의 논의를 참조하라.

61) Yeo, *Rhetorical Interaction,* 173.

62) Weiss, *Der erste Korintherbrief,* 258; Robertson and Plummer, *First Epistle,* 212; Allo, *Première Épitre,* 238-239.

63) Seesemann, *Der Begriff κοινωνία in NT,* 24, 99, and 193.

64) Heinrici, *Das erste Sendschreiben,* 274.

65) Strobel, *Der erste Brief,* 158.

66) Grosheide, *First Epistle,* 232.

와 그리스도의 피는 **역사적인** 의미에서 "신체적"(또는 물리적)으로 이해할 수 없다는 것이다. "왜냐하면 성찬을 제정할 당시에 그리스도의 몸은 아직 죽임을 당하지 않았기 때문이다. 또한 그의 피는 여전히 그의 혈관 안에서 흐르고 있었기 때문이다."[67] "흘린 피와 그리스도의 상한 몸은 더 이상 존재하지 않는다."[68] 하지만 우리는 정반대의 실수도 범해서는 안 된다. 여(Yeo)는 고린도의 그리스도인들은 "영적인" 구원은 신체적인 영역과 거의 또는 아무런 관계가 없다고 너무 성급하게 추론했기에 "몸은 쓸모가 없다"고 생각하는 경향이 있었다고 우리에게 상기시켜준다.[69] 따라서 그들의 견해에 의하면 "내가 좋아하는 것은 무엇이든지 할 수 있는 권리"는 성적 방종에서(6:12-19) 결혼의 친밀한 관계(7:1-7)를 평가절하하는 것으로 확대되었다(7:1-17). 노이엔차이트(Neuenzeit)가 주장하듯이 바울은 분명히 주의 만찬에 대해 널리 알려진 어떤 전승에 기초하여 호소한다(예. οὐχὶ κοινωνία ...).[70] 그러나 바울이 이 전승에 호소하는 이유는 다음과 같이 주장하기 위함이다. 주의 만찬은 그리스도 안에서 이 유대관계에 **"속하며" 그것에 "신실"할 것을 언약에 기초하여 서약한 것**에 공동으로 참여하는 것뿐만 아니라 **자신을 다른 사람을 위해 내어주는 그리스도의 피가 구체적으로 보여주는 생활 방식과 삶의 자세에 공동으로 참여하는 것**을 포함한다는 것이다. 이것은 이 장 전체에서 일관되게 나타나는 바울의 사고뿐만 아니라 11:23-24에서 언급되는 축복과 심판의 이중 주제를 밝혀주는 틀을 제공해준다.

일단 이 원리가 인정되고 확립되면 **떡 한 덩어리**가 나타내는 "연합"(하나 됨)의 근거는 더욱더 쉽게 인식될 수 있다. 트래츠(Traets)가 이 절을 아우구스티누스와 연관하여 주장하듯이 그리스도의 마음을 나누는 것은 성찬 안에서 연합이 지닌 의미의 핵심이다.[71] 하지만 이것은 하나님의 은혜와 종

67) Meyer, *First Epistle,* 1:297.
68) Grosheide, *First Epistle,* 231.
69) Yeo, *Rhetorical Interaction,* 173.
70) Neuenzeit, *Herrenmahl,* 59-60.
71) Traets, "The Eucharist and the Christian Community: Some Pauline and Augustnian Evidence," 151-152.

말론의 핵심적인 의미에서 벗어나면 안 된다. 하나님의 은혜는 심지어 그리스도인이 실수할 때도 그리스도와의 공동 유대관계를 공동 참여와 연합의 근거로 삼는다.[72] 그리고 μετέχειν(10:17)이 사용된 것은 그리스도의 피와 몸에 "참여"한다는 것을 의미한다.[73] 그러나 11:29의 경우처럼 그리스도의 몸과 피에 관여하는 것은 그리스도의 죽음의 목적을 자신의 것으로 만드는 것이다.[74] 따라서 마리옹과 하인츠는 고전 1:9, 빌 1:5-6, 고후 8-9장의 평행 본문만 아니라 특별히 (볼프와 더불어) 빌 3:10-11의 평행 본문에 호소한다. 빌 3:10-11에서 바울은 그리스도의 고난뿐만 아니라 그의 십자가와 부활의 영광에 동참하는 것에 대해 언급한다.[75] 심지어 에링은 "그리스도와 신자들의 형이상학적 연합"에 대해 말한다. 하지만 그는 그리스도의 피에 대한 언급을 (더 타당한) 구속의 관점이 아닌 "중생"의 관점에서 잘못 해석한다.[76] 바울이 6:20에서 말하듯이 그리스도의 피 흘림은 값을 치르고 산 구속의 행위와 관계가 있다. 또다시 이것은 11:23-34의 핵심 내용과도 일치한다(아래에서 해당 부분에 대한 주해 참조). 오르트켐퍼는 고난과 "연대하는 것"에 대해 말한다.[77] 가드너의 관점에 의하면 이것은 "그리스도의 희생적인 죽음의 결과들에 동참하는 것"을 의미한다.[78] 슈라게는 이것을 "그리스도의 죽음에 동참하는 것"과 "십자가에 달리신 분과 그의 죽음에 공동으로 참여하는 것"이라고 부른다.[79]

바울은 16절 하반절에서 떡과 그리스도의 몸에 대해 τὸν ἄρτον ὃν κλῶμεν, οὐχὶ κοινωνία τοῦ σώματος τοῦ Χριστοῦ ἐστιν;이라고 말한다.

---

72) 참조. Sebothoma, "κοινωνία in 1 Cor 10:16," 63-69.

73) Schrage, *Der erste Brief,* 2:437.

74) Prout는 이렇게 올바르게 주장한다. Prout, " 'One Loaf-One Body,' " 78-81.

75) Hainz, *Koinonia,* 20-25; 특히 Marion, "Communion: L'essence du christianisme en un seul mot," 145-150 and 157-159; 이와 비슷하게 Wolff, *Der erste Brief,* 229. 참조. Willis, *Idol Meat,* 168.

76) Héring, *First Epistle,* 94.

77) Ortkemper, *1 Korintherbrief,* 96.

78) Gardner, *Gifts of God,* 162.

79) Schrage, *Der erste Brief,* 2:438 and 439.

이와 관련하여 왜 잔이 피보다 먼저 언급되는지, 왜 반대의 순서로 언급되지 않는지에 대해 설명하려는 다양한 가설이 제시되었다. 하지만 우리는 이러한 가설에 대해 심사숙고할 필요는 없다. 눅 22:17과 디다케 9장에서도 **잔이 떡**보다 먼저 언급되며, 고전 10:21에서도 똑같이 반복된다. 하지만 바울은 11:23-26에서 일반적인 순서로 언급한다. 곧 떡 다음에 잔이 뒤따른다. 이것은 분명히 바울이 성찬 제정에 대한 예수의 말씀을 인용한 것이다. 이 순서와 관련하여 마이어는 다음과 같이 주해한다. "바울은 먼저 잔을 언급한다.…왜냐하면 그는 떡에 관해 더 자세하게 언급하려는 의도를 갖고 있기 때문이다."[80] 따라서 여기서 이 순서는 단순히 바울의 표현의 흐름에 상응한다.

엄밀하게 말하자면 τὸν ἄρτον은 목적격이 아닌 주격으로 표현되었어야 했다. 아마도 이것은 뒤따르는 관계 대명사 ὃν의 영향을 받아 그렇게 표기되었을 것이다. 많은 학자들은 문법상 불분명한 τὸ ποτήριον도 하반절의 유비를 따라 목적격을 암시할 것이라고 주장한다. 따라서 이 두 경우 모두 뒤의 단어(관계 대명사)가 앞의 단어(명사)를 끌어당기는(*attractio inversa*) 경우다. 비록 다른 측면에서 이 두 구절의 구성 요소(곧 잔과 떡)는 서로 평행을 이루지만, ὃν κλῶμεν, "우리가 떼는"에 해당하는 평행 본문은 없다.[81] 하지만 이것은 "우리가 떼는 떡"이라는 구절이 유대인 가정의 일상적인 식사를 나타나는 표현으로서 떡을 **나누는 것** 이상의 특별한 의미를 전혀 지니고 있지 않음을 암시한다고 해석되어서는 안 된다(앞의 주해 참조). 우리는 슈라게의 신중한 주해에 동의하지 않는 경우가 거의 없다. 하지만 우리는 과연 그의 다음과 같은 주장이 옳은지에 대해서는 의구심을 품고 있다. 곧 "떡을 떼는 것"은 단지 유대인들의 식사 정황에서 사용되는 용어다. 이 표현은 여

80) Meyer, *First Epistle*, 1:295; Robertson and Plummer, *First Epistle*, 213; 참조. Conzelmann, *1 Cor*, 171.

81) Robertson and Plummer, *First Epistle*, 213은 이 점을 더 자세하게 설명한다. 마시는 것은 **떼는** 것이 아니라 **먹는** 것과 평행을 이룬다. 한편 비록 눅 22:19-20에서 "주다"와 "흘리다"는 단지 더 긴 텍스트 안에서 발견되지만, 막 14:24은 "많은 사람을 위하여 흘리는 나의 피 곧 언약의 피"에 대해 말한다.

기서 단지 성찬의 구성 요소를 서로 공유하는 것에 적용되었다. 따라서 이것을 "예수의 몸을 상하게 한 행위를 해석하는 어떤 상징에 적용해서는 안 된다."[82]

슈라게는 전례 전문가들이 광범위하게 주장하는 어떤 견해를 반복해서 언급한다. 또한 피도 이 견해를 지지한다. 피는 "떡을 떼는 것은 "그리스도의 '상한 몸에 참여하는 것을…의미하지 않는다"고 주장한다. 하지만 그레고리 딕스는 이 떡은 "상징적인 목적에서가 아니라 단순히 나누기 위해 떼었다"고 주장한다.[83] 또한 11:24에서 κλώμενον을 지지하는 사본의 증거가 취약하다(ℵ^{c}, D^{3}, D^{b}, syr^{p})는 주장도 제기되었다. 이 독법은 앞에 나오는 ἔκλασεν에 의해 암시되었을 수 있다. 또한 τὸ ὑπὲρ ὑμῶν을 원문으로 지지하는 사본의 증거는 매우 강력하다(ℵ*, A, B, C*, 33). κλώμενον은 단지 여러분을 위해 **"주어진 또는 떼어진"**을 의미할 것이다.[84] 오르와 월터는 "떡을 떼는 것"을 식사가 이미 시작되었다는 것을 가리키는 표시로 이해한다.[85] 다른 한편으로 흐로세이데는 "떡을 떼는 것은 그리스도가 십자가 위에서 고난을 받은 것을 상징한다"고 주해한다.[86] 빈센트 테일러는 다음과 같이 주장한다. "예수가 떡을 뗀 것처럼 그의 몸도 머지않아 찢어질 것이다. 이 말은 그의 죽음에 대한 해석을 담고 있으며, 떼어낸 떡조각에 중대한 의미를 극적으로 부여한다."[87] 나아가 데이비드 브라운(David Brown)과 윈네트(A. R. Winnett)가 각자 저술한 두 논문도 이 견해를 지지한다.[88] 윈네트는 떡

---

82) Schrage, *Der erste Brief,* 2:439.

83) Gregory Dix, *The Shape of the Liturgy,* 80; Fee, *First Epistle,* 469. 피는 이 이미지를 교회 지향적인 교회론으로 전락시키는 경향이 있다. 따라서 이 부분에서 그의 주해는 그답지 않게 실망스럽다.

84) 참조. Metzger, *Textual Commentary* (2d ed.), 496.

85) Orr and Walther, *1 Cor,* 251.

86) Grosheide, *First Epistle,* 232(Schrage도 이 해석을 전적으로 인정한다. Schrage, *Der erste Brief,* n. 340).

87) Vincent Taylor, *Jesus and His Sacrifice* (London: MacMillan, 1939), 118.

88) D. Brown, "The Breaking of the Bread," *Theol* 75 (1972); A. R. Winnett, "The Breaking of Bread: Does it Symbolize the Passover?" *ExpTim* 88 (1977): 181–182.

을 떼는 것이 유대인 가정에서 매번 식사를 시작할 때마다 "가장이 하는 일상적인 행위"였음을 인정한다. 하지만 그는 이것이 "최후의 만찬의 특별한 상황에서 예수가 그 행위에 다른 것과 구별되는 중대한 의미를 부여했다는 견해"를 배제하지 않는다고 주장한다.[89] 설령 십자가 처형에 "뼈들을 꺾는 행위"가 문자 그대로 수반되지 않았다 하더라도(참조. 요 19:36), 윈네트는(루돌프 오토의 견해를 따라) 예수가 처음에는 돌에 맞아 죽을 것을 기대했다고 제안한다.[90]

루돌프 오토의 사변적인 가설은 필요치 않다. 예수는 떡을 "떼다"라는 이미지를 한 가지 의미 이상을 포함하는 어떤 독창적인 은유로 사용했을 수도 있다. 이미 일상에서 사용되는 평범한 의미에서도 "떡을 떼다"라는 표현은 한 가지 이상의 의미를 갖고 있다. 이것은 식사의 시작(오르와 월터)과 "식사의 공동성"을 모두 가리킨다(슈라게). 하지만 κοινωνία뿐만 아니라(바레트, 하인츠, 스미트) 이 은유의 "이중적 의미"(리쾨르)는 그 이상의 다양한 심오한 의미를 전달한다.[91] 이전에 에드워즈는 κλῶμεν에 대해 "떡을 떼는 행위는…그리스도의 희생적 죽음을 나타낸다"고 주해했다. 가장 최근의 진지하고 상세한 주석들은 그의 견해를 뒷받침해줄 뿐 아니라 이를 발전시켰다.[92] 크리스티안 볼프(1996년)는 알로, 하우크, 한, 파니쿨람, 하이츠, 클라우크 등 다른 많은 학자를 자세히 검토하고 나서 다음과 같은 결론에 이르렀다. 16절에서 그리스도의 피와 그리스도의 몸에 대한 상반절과 하반절의 평행 관계는 이 떡에 관한 표현의 기독론적 또는 그리스도 중심적 의미를 강

---

89) 같은 책, 181.

90) 같은 책, 180-182.

91) 은유에서 "이중적인 의미를 지닌 의미론적인 구조"에 대해서는 P. Ricoeur의 논문을 참조하라. "Metaphor and Symbol," in Ricoeur, *Interpretation of Theory: Discourse and Surplus of Meaning* (Fort Worth: Texas Christian University, 1976), 45-60. 은유는 "모호성의 생산적인 사용", "의미론적인 혁신", "의미의 확장"을 포함한다(47, 52, 55). 그밖의 논의는 다음을 보라. *The Rule of Metaphor* (Eng. trans., London: Routledge, 1978), and in *Time and Narrative* (3 vols.: Chicago University Press, 1984-88). 참조. Hainz, *Koinonia*, esp. 20-25; and Barrett, *First Epistle*, 231-233.

92) Edwards, *First Epistle*, 256.

화한다.[93] "**떼는 떡**"은 "그리스도가 십자가 위에서 버리신 그의 몸"을 의미한다.[94]

볼프는 우리가 그리스도의 몸과 피에 공동으로 참여하는 것에 대해 말한 모든 것을 강조하면서 롬 7:4의 의미와 비교할 것을 우리에게 요청한다. "이와 마찬가지로 형제자매 여러분, 여러분도 그리스도의 몸으로 말미암아…죽었습니다. 그래서 여러분은 죽은 사람들 가운데서 살아나신 그분께 속하였습니다"(롬 7:4. 참조. 골 1:22). 고전 11:24이나 공관복음 전승에 나타난 다른 독법의 가능성이 세부적으로 어떠하든지 간에 대속을 위한 희생과 구원론적인 의미와 더불어 "너희를 위한 몸"(Leib für euch)이란 측면은 여전히 남아 있다.[95] 대속의 희생 및 구원과 관련된 강조점은 막 14장에 대한 모나 후커의 정밀한 주해에도 어느 정도 반영되어 있다.[96] 우리는 유사-신체적인 "신비적" 견해 또는 지나치게 성례주의적인 해석과 그리스도의 몸과 떡을 대부분 교회를 가리키는 것으로 이해하는 "극단적-개신교"의 축소 지향적인 견해 중에서 어느 하나를 선택할 필요는 없다.

마이어, 흐로세이데, 콘첼만은 (볼프와 함께) 이 중도의 길로 나아가려고 시도한다. "피는 실체로서의 피를 의미하지 않고, 구원의 사건으로서의 그리스도의 죽음"을 가리킨다는 콘첼만의 이중적인 주장은 유사-신체적인 성찬주의와 16절을 단지 교회를 가리키는 진술로 축소하는 견해를 모두 부인한다.[97] 성찬 제정에서 예수의 신체적-역사적인 몸에 대한 마이어의 표현(앞에서 주해 참조)은 그에게 16절에서 **떼는** 떡이 지닌 참여적이며 기독론

93) Wolff, *Der erste Brief*, 228-230.

94) 같은 책, 230.

95) Meyer, *First Epistle*, 1:297. 또한 광범위하고 균형 잡힌 관점은 다음을 참조하라. Kistemaker, *1 Cor*, 341-342.

96) Morna Hooker, *The Gospel according to St. Mark*, 338-343. 예를 들면 마가복음의 마지막 부분과 관련된 더 짧은 텍스트들도 "예수의 '죽음'에 대해 대속적 제사와 연결된 해석"을 강조한다(338).

97) Conzelmann, *1 Cor*, 171, n. 14. Conzelmann은 다음 신학 사전을 인용한다. Goppelt, *TDNT*, 6:143, n. 70.

적인 의미를 강조하지 못한다.[98] 만약 **우리가 떼는 떡**의 주요 특징이 "유대인들의 식사에 대한 묘사를 지칭하는 것이라면…(참조. 행 2:46; 20:7, 11)" 그리고 "고유한" 것이 단지 "교회의 관점에서 이 떡"에 대한 바울의 해석이라면(피의 입장), 그 배경과 관련된 논점의 논리적·신학적 진지함과 κοινωνία의 "수직적인" 측면은 힘을 잃게 된다.[99] 우리는 다른 문맥에서 상당히 다른 의미에서 작동하는 "떡 떼기"의 의미에 부당하게 영향을 받아서는 안 된다. 다의적 의미의 문제를 파악하지 못하고, 리쾨르가 말한 것처럼 "상징은 사상을 불러일으킨다"는 원리를 적용하지 못한 것은 틀림없이 (이그나티오스와 디다케의 글에도 불구하고) 주님의 만찬(Lord's Supper)을 **가리키는 떡을 뗀다**는 표현이 꾸준히 사라지고 이를 **성찬**(Eucharist), **감사**(thanksgiving)라는 용어가 대체하게 된 부분적인 요인이었을 것이다.[100]

σῶμα에 대한 캐제만의 연구는 적절하지 못한 접근법이 의미를 모호하게 만든다는 데 주의를 환기시킨다. 캐제만의 견해에 의하면 몸은 공적인 영역에서 눈으로 볼 수 있고 의사소통을 할 수 있는 어떤 사람의 자세를 가리킨다. 몸은 "우리 자신과 마찬가지로 세상의 일부"이며, 우리의 생활 방식을 나타낸다.[101] 하지만 그리스도의 몸과 피에 공동으로 참여하는 것은 그가 자신의 피(곧 그의 죽음)와 몸(곧 자신을 내어주는 공적인 삶)으로 보여준 그대로 볼 수 있는 그리스도의 자기희생적인 삶의 방식을 공개적으로 드러내는 것을 포함한다. 따라서 캐제만은 다음과 같이 주장한다. "10:16-17은 이 몸이 **우리를 위해 자신을 죽음에 내어준 예수의 몸**이라는 것을 의미한다.…새 디아테케(언약)는 이 죽음에 기초하고 있다."[102] 따라서 **언약**은 10:16의 문

---

98) Meyer, *First Epistle*, 1:297. 균형 잡힌 광범위한 관점은 다음을 참조하라. Kistemaker, *1 Cor*, 341-342.

99) Fee, *First Epistle*, 468; 참조. 469.

100) P. Ricoeur, *Freud and Philosophy* (New Haven: Yale University Press, 1970), 543. 참조. Thiselton, *New Horizons in Hermeneutics*, 344-378; Smit, "Do Not Be Idolaters," 40-53.

101) E. Käsemann, *NT Questions of Today* (Eng. trans., London: SCM, 1969: " 이 세상에서 날마다 몸으로 순종함을 통해…하나님을 섬긴다는 것은 눈으로 볼 수 있게 표현된다."(135)

102) Käsemann, "The Pauline Doctrine of the Lord's Supper," in his *Essays on NT Themes*, 130.

맥을 활용한다. "나"는 그리스도가 죽을 때 함께 죽었다(참조. 유월절 세데르). "나는 우상숭배에 동참할 수 없다." 루터는 10:16은 "하나님의 약속으로 말미암아…나의 몸[그리스도의 몸]이 갖고 있고 행하고 고난받는 모든 것에 관여한다"는 것을 가리킨다고 주장한다.[103)]

17절 후대의 몇몇 서방 사본(D, F, G)은 καὶ τοῦ ἑνὸς ποτηρίου를 덧붙인다. 하지만 이것은 분명히 후대의 예전적 대칭을 반영한다.

로버트슨과 플러머는 이 절의 의미가 명백하지만 번역에 있어 세부적인 사항을 결정하는 데 어려움이 있다고 말한다.[104)] 그리스어 본문 첫 구절에 대한 우리의 번역은 굿스피드의 번역을 따른다. 이 번역은 그리스어 본문—ὅτι εἷς ἄρτος, ἓν σῶμα οἱ πολλοί ἐσμεν … —의 강조점을 적절하게 전달해주는 듯하다. "여러 사람"이라는 단어는 사실상 종속적이며 양보적인 의미를 갖고 있다. "비록 사실상 우리가 여러 사람이지만"(참조. REB: we, though many, 이 번역은 다소 어색해 보인다). 다소 흔한 번역인 "여러 사람인 우리"(NRSV, NIV) 또는 "여러 사람이지만"(AV/KJV)이라는 번역은 이 구절을 단순한 서술로 격하시켜 이 구절의 강조점을 제대로 살리지 못한다. 또한 "많은"이라는 용어는 바울 이전 전승에 포함된 막 14:24을 암시할 수도 있다.[105)] 비록 로버트슨과 플러머는 접속사 ὅτι에 대해 "왜냐하면"(because) 대신에 AV/KJV의 "이는"(for)을 선호하지만, 이 단어는 여기서 인과관계를 강력하게 나타내는 접속사다. 하지만 이 인과관계는 떡과 먹는 것의 역학에 적용되기보다는 16절에서 공동으로 참여하는 것의 함의를 설명하는 원리에 적용된다. 하나 됨의 근거는 마치 성찬 예식에서 한 덩어리보다 많은 떡이 분배되면 교회가 서로 갈라질 것을 의미하듯이 떡 한 덩어리(ἄρτος)에 있지 않고 바로 **그리스도**에게 있다.[106)] 또다시 우리는 은유, "이중

---

103) Luther, *LW*, 36 (American ed., Philadelphia: Fortress, 1959), 283.
104) Robertson and Plummer, *First Epistle*, 214.
105) Schrage, *Der erste Brief*, 2:440, n. 349.
106) 그런 의미에서 Schrage는 이렇게 주장한다. "교회는 처음부터 주의 만찬을 통해 구성된 것은 아니다"(*Der erste Brief*, 2:440).

적인 의미", "이중적인 지시"(split reference)에 대한 리쾨르의 논의를 염두에 둘 필요가 있다.

또한 17절 하반절은 마지막 동사에 강조점이 있다. οἱ γὰρ πάντες ἐκ τοῦ ἑνὸς ἄρτου μετέχομεν, "우리는 모두 동참한다."[107] 피는 여기서 ἐκ가 사용된 것은 셈어적 표현을 반영하므로 우리는 이것을 주목해야 한다고 주장한다. 그는 17절에서 강조점은 단순히 한 몸의 **연합**(unity)에 **있지 않고**, "그리스도 안에서 한 몸으로서 구속을 받은 신앙 공동체의 **결속**(solidarity)에 있으며, 이것은 다른 모든 연합을 금지한다"고 올바르게 지적한다.[108]

결속(solidarity)에 대한 피(Fee)의 언어는 이전에 로빈슨이 자신의 저서에서 강조한 것을 반영한다. 로빈슨은 바로 "결속"의 원리—곧 오직 하나의 몸에 대한 특권, 책임, 헌신, 신분을 공유하는 것—에 기초하여 "몸의 개념은 바울 신학의 초석을 형성한다"고 단언한다.[109] 그는 사회적·법적 배경에서 "멤버십"에 해당하는 오늘날의 언어가 바울 신학에서 "몸"에 대한 언어의 기본적인 특성을 제대로 파악하는 데 어려움을 준다고 믿는다.[110] 비록 이 관점이 타당하고 중요하며 현대 서구의 개인주의에 도전하지만(포스트모더니즘은 다소 모호한 특성이 있음), 로빈슨은 오류를 범할 수 있는 교회의 성찬 공동체와 부활하신 그리스도의 몸을 서로 너무 쉽게 동일시하며 알베르트 슈바이처와 손턴의 견해를 따름으로써 자신의 연구를 훼손시킨다. 우리는 롬 7:4에서 발견되는 이 단어의 윤리적 함의와 더불어 신학적·종말론적 의미에서 이 둘을 "동일시"하는 것을 말한다(참조. 16절에 대한 주해에서 볼프에 대한 설명 참조). 하지만 교회는 여전히 죄를 짓고 있고, 그리스도인들은 여전히 죽기 마련이므로 포괄적인 상응이란 의미의 동일시를 말하는 것은 아니다. 12:12에 대한 주해에서(참조. 12:12-26) 우리는 이 이슈들을 자세히

107) μετέχω에 대해서는 BAGD, 514 (*share, have a share, participation* [with genitive]). 또한 9:12을 참조하라.

108) Fee, *First Epistle,* 469.

109) Fee, *First Epistle,* 469.

110) Robertson, *The Body: A Study in Pauline Theology,* 9.

살펴볼 것이다. 거기서 우리는 슈바이처, 손턴, 로빈슨의 연구에서 언어를 통해 나타난 문제점들의 의미에 대해 언급할 것이다. 한편 화이틀리는 로빈슨의 연구는 한편으로 바울의 신학을 조명해주지만, 다른 한편으로 그것을 지나치게 복잡하게 만든다고 예리하게 지적한다.[111)]

"교회 없이는 그리스도도 없다"를 비롯하여 교회를 "성육신의 연장"으로 표현하는 성례론적 표현은 손턴의 입장을 분명하게 드러내지만, 어니스트 베스트는 "그러한 언어는 이 편지의 정황을 무시하는 것"이라고 비난했다. 또한 캐제만도 이러한 관점을 신랄하게 공격했다.[112)] 로빈슨이 바울이 회심하고 세례받고 음식을 먹은 것과 관련된 부활한 예수의 말씀—"사울아, 네가 어찌하여 나를 박해하느냐?"(참조. 행 9:4, 5; 22:7, 8)—을 회상하는 것에서 "몸"에 대한 바울 언어의 결정적인 형성 시점을 간파하는 것은 분명히 타당하다(행 9:4에서 "나"는 분명히 기독교 공동체도 가리킨다).[113)] 하지만 모든 증거는 건드리가 선언하듯이 "바울은 고전 10장에서 자신의 진술이 은유로 받아들여지기를 원했다"는 점을 확인해준다.[114)]

하지만 이러한 고려 사항은 이 절에서 한 몸은 고린도 교회의 특성을 드러내는 **분열**(참조. 1:10-12)과 대조를 이룬다는 기본적인 강조점을 흐리게 해서는 안 된다. 17절은 그리스도는 "나뉠"(μεμέρισται ὁ Χριστός, 1:13) 수 없다는 바울의 일관된 주장을 반영한다. 고린도 그리스도인들은 오직 한 분의 **이름으로** 세례를 받았다(1:13-17). 그리스도의 십자가라는 단일 사건이

---

111) Schweitzer, *The Mysticism of Paul the Apostle,* 101-140 and 227-292; Thornton, *The Common Life in the Body of Christ,* 310, 315 and 335-337; Robinson, *The Body,* 47-52, 78-79; Whitely, *The Theology of St. Paul,* 192-195.

112) Ernest Best, *One Body in Christ,* 96, esp. n.1. Käsemann은 Thornton의 이름을 명시적으로 언급하진 않는다. 하지만 그는 다음 논문에서 Schweitzer와 다른 학자들의 접근 방법에 대해서 고찰한다. Käsemann, "The Motif of the Body of Christ," in his *Perspectives on Paul,* 102-121, 특히 110-114(그의 연구 논문 *Leib und Leib Christi*에 대해서는 12:12의 주해를 참조하라).

113) Robinson, *The Body,* 58.

114) 더 신중하고 설득력 있는 주장은 다음을 참조하라. Gundry, *Soma in Biblical Theology,* 238(참조. 232-244).

모든 사람의 생명과 생활 방식의 "기초와 판단 기준"(슈라게)을 형성한다(참조. 1:18-25). 따라서 이 절의 한 몸(ἓν σῶμα)은 1:10-17에서 분열과 연합의 "정치적인" 용어들뿐만 아니라 단 하나의 유대를 나타내는 기독론적·구원론적·언약적 기초(1:18-25; 10:16)를 뒤돌아본다.[115] 마거릿 미첼의 견해에 의하면 "사회적인 연합을 권고하는 논점으로서" κοινωνία와 ἓν σῶμα를 사용한 것은 10:14-22에서 "우상숭배에 뒤따르는 교제를 배제"하는 것에 대한 광범위한 배경에서 이에 상응하는 경고를 보완하고 포함한다.[116] 바레트뿐만 아니라(위에서 인용함) 큄멜과 마셜도 그리스도의 죽음에 "관여하는" 것을 핵심 주제로 인식한다. 롬 3:25과 5:9에 의하면 그리스도의 죽음은 "하나님이 베푸시는 칭의와 대속"을 신자들에게 전달해준다.[117]

"이중적인 지시"와 "이중적 의미"에 대한 이슈(리쾨르)는 "처음 사용되는 이 은유"를 이해하는 과정에서 근본적인 중요성을 갖는다. 이 은유는 "나중에 12장에서 그[바울]가 신자들이 한 몸,… '그리스도의 몸'을 이룬다는 것에 대해 말할 때 더 발전한다."[118] 마셜은 이 절과 "그리스도께서 그들을 위해 죽으신"(8:11) 형제자매들에 대한 공동의 책임에 헌신해야 하는 것 사이의 연관성을 인식한다.[119] 대다수 주석가들은 리쾨르가 발전시킨 "이중적인 지시"의 중요성을 이해하지 못하는 것 같다. 16절에서 주님의 만찬은 그리스도의 몸에 공동으로 참여하는 것이다. 여기서 몸을 가리키는 대상은 그리스도다(τοῦ σώματος τοῦ Χριστοῦ). 하지만 17절의 ἓν σῶμα οἱ πολλοί ἐσμεν에서 몸을 가리키는 대상은 분명히 **교회**(우리)다. 폴 리쾨르는 로만 야콥슨(Roman Jakobson)에게서 "이중적인 지시" 이론을 빌린다.[120]

---

115) "몸"이라는 용어의 "정치적인" 특성에 대해서는 다음을 참조하라. M. M. Mitchell, *Paul and the Rhetoric of Reconciliation,* 68-80, 141-142, and 254-256.

116) 같은 책, 254.

117) W. G. Kümmel, "Anhang," in Lietzmann, *An der Korinther,* 182; Marshall, *Last Supper and Lord's Supper,* 120(참조. 118-123); 참조. Barrett, *First Epistle,* 232.

118) Marshall, *Last Supper and Lord's Supper,* 121. 한편 은유에 대한 Ricoeur의 관점과 관련하여 16절의 주해 및 각주 91, 그리고 17절의 주해를 참조하라.

119) 같은 책.

120) Ricoeur, *The Rule of Metaphor* (cited above), 6.

은유에 대한 원리를 적용하면서 리쾨르는 이에 대한 맥스 블랙(Max Black)의 견해를 지지한다. 즉 은유는 "다른 영역을 볼 수 있게 하는 렌즈로서 한 영역에 타당한 언어를 직접 사용하여 서로 다른 두 영역을 인식적·정서적 관계로 연결한다"는 것이다.[121] 하지만 여기서 "렌즈"는 더 명백한 지시의 측면을 재정의한다. 만약 몸이 공동체의 연합을 가리키는 정치적인 용어로 이미 확립되었다면 미첼이 주장하듯이(참조. Livy, 2.32.12-33; Dionysius of Halicarnassus, *Antiquitates Romanae* 6:85; Plutarch, *Coriolanus* 6:2-6; *Moralia* 426 A; Dio Chrysostom, *Orations* 1:32; 3:104-7; 17.19; 50.3; Plato, *Republic* 5. 470C, D) 그것은 "렌즈"(곧 "근거와 판단 기준")로서 그리스도와 십자가에서 내어준 그의 몸을 사용하여 다시 몸에 초점을 맞추어 그것을 교회에 확대 적용하는 바울의 사상을 훌륭하게 반영해준다. 바꾸어 말하자면 그리스도 안에서 많은 이들이 공동으로 참여하는 것의 친밀한 관계는 그리스도의 몸이라는 표현에 의해 발생하는 의미의 다양한 측면을 밝혀준다. 이러한 측면은 각각 그 배경이 종말론, 신분, 생활 방식 또는 주의 만찬인지에 달려 있다. 우리는 16절에서 언급하는 잔에도 막 10:38의 경우와 마찬가지로 이중적인 지시의 특성이 있다는 점을 간파해야 한다. 마가복음의 해당 절에서 잔은 그리스도의 세례를 가리키며, 제자들도 그 세례에 "동참해야" 한다는 것을 언급한다.[122] 만약 우리가 의미론적으로 이 절을 매우 정확하고 올바르게 파악하고자 한다면 몸에 대한 신학적·사회정치적 배경 및 16절에 대한 주해를 참조하면서 은유의 기능뿐만 아니라 문맥적인 다양한 기능을 주의 깊게 살펴보아야 한다.

한편으로 시적인 상징의 풍요로운 의미는 충분히 고려되어야 하지만,

---

121) Ricoeur, *Interpretation Theory* (cited above), 67; 참조. 45, 47, 55 and 60. Ricoeur와 Black은 "서로 영향을 미치는" 설명을 지지하면서 은유에 대한 "대체"(substitution) 및 "장식"(decorative) 이론을 단호하게 거부한다. 참조. Max Black, *Models and Metaphors* (Ithaca: Cornell University Press, 1962); J. Martin Soskice, *Metaphor and Religious Language* (Oxford: Clarendon Press, 1985).

122) 참조. Gardner, *Gifts of God,* 164; Cullmann, *Early Christian Worship,* 66; J. A, T. Robinson, *Twelve NT Studies* (London: SCM, 1962), 160.

다른 한편으로 언어적·의미론적 통제도 실행되어야 한다. 예를 들면 디다케 10:4-5은 다음과 같이 아름답게 함축적으로 묘사한다. "이 떡이 부서져 산 위에 흩어졌지만, 다시 모두 합쳐져 하나의 떡 덩어리가 된 것처럼 [ἐγένετο ἕν] 당신의 교회도 모두 함께 모이게 하소서.…그러나 오직 세례 받은 이들만 당신의 만찬에서 먹고 마시게 하소서." 하지만 마이어는 "수많은 낟알들이 서로 결합하여 하나 됨을 통해 떡이 되었다는 사고는 이 문맥에서 어울리지 않는다"고 주장한다.[123] 한편 고든 피는 이 절이 교차대구법적으로 균형을 이루고 있다고 말한다. 즉 A, B, B′, A′의 교차대구법에서 ἄρτος, "떡"은 A와 A′로 나타난다는 것이다.[124] 따라서 대다수 영역본은 17절 상반절과 하반절에서 모두 떡(NRSV, AV/KJV) 또는 **떡 덩어리**(REB, NIV, 바레트)로 서로 평행을 유지하도록 번역한다. 하지만 마이어는 "떡의 하나 됨은 **숫자적인 측면**이 아니라…**질적인 측면에서** 이해해야 한다"고 경고한다(강조는 원저자의 것임). 이것은 우리가 떡과 관련된 은유 또는 상징이 모두 주의 만찬에서 단지 **떡 한 덩어리**가 사용되고 분배된 것에만 의존하고 있다고 추측해서는 안 된다는 점에 유의하게 만든다.[125] 우리가 (젠프트와 더불어) 이 의미를 "우리는 단 한 덩어리의 떡을 이룬다"는 것으로 이해하거나 또는 바울 이전 전승이 유월절 "가족"을 직접 언급하는 것에 대한 기억을 의식적으로 보존하지 않았다면, 이 의미는 이 떡이 "한 종류의 사물"로서 포괄적인 의미의 떡에서 비롯되었을 가능성이 높다.[126] 설령 떡 덩어리가 17b절에서 더 적절한 의미를 갖고 있다 하더라도 우리는 "하나의 떡…떡 한 덩어리" 또는 "떡 한 덩어리"를 두 번 사용하여 번역함으로써 교차대구법적인 균형을 깨뜨리는 것이 더 나은지를 결정해야 한다. 하지만 이러한

123) *Didache,* 10:4-5; Meyer, *First Epistle,* 1:301. 하지만 크리소스토모스, 아우구스티누스, 에라스무스는 다음과 같은 연관성이 있다고 추측한다. "수많은 낟알로 이루어진 떡이 한 덩어리가 되어 더 이상 낟알이 보이지 않듯이 우리도 그리스도와 함께 서로 연합되어 있다"(Chrysostom, *1 Cor. Hom.,* 24:4).

124) Fee, *First Epistle,* 469.

125) Meyer, *First Epistle,* 1:301. 참조. Wolff, *Der erste Brief,* 231.

126) Senft, *La Première Épitre,* 134.

번역은 기독론적인 상징으로서 너무 진부하며, 다양한 상징적인 측면과 반향이 이미 수반되어 있는 의미 영역(곧 떡)에서 이 영어 표현을 배제하는 것이다.

마지막으로 우리는 쿨만이 "하나의 떡"과 예배를 서로 연결한 것은 10:14-22과 10:1-13의 우상숭배에 대한 광범위한 논증과도 잘 어울린다는 것을 지적할 수 있다. 쿨만은 "**예배는 바로…신앙 공동체가 예배를 통해 십자가 처형을 받고 부활하신 그리스도의 몸의 형태를 취하는 것**"이라고 주장한다(강조는 원저자의 것임).[127] 은유, 이중적인 지시, 다양한 의미에 대해 위에서 언급한 것을 전제한다면 쿨만의 주해는 예배를 이 장의 배경에서 두 가지 주된 주제를 연결하는 언약에 대해 이미 강조한 것과 구조적으로 연결한다. 두 가지 주제를 통해 강조된 주의 만찬에 공동으로 참여하는 것의 "수직적인" 측면은 자연스럽게 생활 방식의 "수평적인" 측면으로 흐른다.[128] 한편 콜린스가 주장하듯이 이것은 바울이 12:12-26에서 더 자세히 설명하는 한 몸과 많은 지체라는 주제가 시작된 것을 의미한다.[129]

18절 "바라보다"(녹스의 번역)를 의미하는 βλέπετε는 종종 은유적인 문맥에서 "숙고하다"(NRSV, NIV)를 뜻하기도 한다. Ἰσραὴλ κατὰ σάρκα는 (i) **물리적인** 측면에서의 이스라엘, 곧 공적인 영역에서 하나의 물리적인 실재로서 이스라엘 나라를 의미하거나, (ii) **외적인** 이스라엘, 곧 1:26에서 바울이 κατὰ σάρκα를 사용한 의미에서 사람들이 "현명하고 영향력 있고 인맥이 좋은"이라고 **자연스럽게 인식하는** 것을 가리킨다(흥미롭게도 그는 1:26에서도 βλέπετε를 κατὰ σάρκα와 연결하여 사용한다). 하지만 내가 다른 곳에서도 논의했듯이 σάρξ라는 단어가 전달하는 의미의 영역은 매우 광범위하다.[130] BAGD는 여덟 가지 주요 항목을 포함하고 있으며, 그중 두세 가

127) Cullmann, *Early Christian Worship,* 74.
128) Smit, "'Do Not Be Idolaters,'" 53; Gardner, *Gifts of God,* 165.
129) Collins, *First Cor,* 380.
130) A. C. Thiselton, "The Meaning of σάρξ in 1 Cor 5:5," *SJT* 26 (1971).

지는 여기서도 적용될 것이다.[131] 롬 4:1(Ἀβραὰμ τὸν προπάτορα ἡμῶν κατὰ σάρκα)의 유비에 근거하여 바울은 아마도 더 구체적으로 (iii) 이 땅의 가계(家系)를 따른 이스라엘을 의미할 것이다(BAGD의 항목에도 포함되어 있음). 이 용례는 롬 9:8("약속의 자녀"와 대조됨), 갈 4:23, 롬 11:14("내 골육[동족]")에서도 사용된다. 콘첼만은 "지상의 이스라엘"(참조. the people of Israel, NIV, NRSV)이라는 번역을 제안한다.[132] REB의 번역 "유대교의 관습을 숙고하라"가 지닌 문제점은 이것이 기원후 1세기의 유대교를 전제한다는 점이다. 하지만 "아마도 그[바울]는 여전히 구약성경의 금송아지 사건을 머릿속에 떠올렸을 것이다(7절)."[133] "이 절은 (바울 시대까지 이어지는) '역사적인 증거'를 제시해준다. 이것에 대한 성경적 근거는 레 7:6, 15, 신 18:1-4이다."[134]

역사적인 사례는 (바레트와 더불어) 가치 중립적인 의미에서, 또는 (가드너와 더불어) 전적으로 부정적인 의미에서 이해될 수 있을 것이다. 바레트는 희생제물의 일부를 먹을 수 있었던 제사장들의 특권과 의무(레 10:12-15), 그리고 그것을 통해 그들이 희생제물의 "파트너"(참여자)가 된 것을 언급한다.[135] 가드너는 바울이 (때때로 다른 문맥에서 다른 것을 그렇게 하듯이) "이스라엘의 **죄**를 강조하려고" κατὰ σάρκα를 사용하며, 10:1-13에서 그의 이전 논점을 끌어온다고 주장한다(강조는 원저자의 것임).[136] (우리가 19절의 부정적인 함의들을 연결 고리로, "우상들"은 구약성경 또는 유대교의 희생제물과 서로 다른 범주에 속한다는 원리로 받아들이지 않는 한) 가드너의 해석은 다음 절의 언어와 논리, 곧 우상들과 연결된 이슈들을 논평하는 것으로 바뀌는 데 더 잘 어울리는 의미를 제공해준다는 이점을 갖고 있다.[137]

---

131) BAGD, 743-744. 참조. R. Jewett, *Paul's Anthropological Terms,* 49-166.

132) Conzelmann, *1 Cor,* 170; 참조. 172.

133) Gardner, *Gifts of God,* 172.

134) Conzelmann, *1 Cor,* 172.

135) Barrett, *First Epistle,* 235.

136) Gardner, *Gifts of God,* 165.

137) 서로 관련된 또 한 가지 이슈는 20절에서 사본상의 다른 독법, τὰ ἔθνη, "이방 사람들" 또는

가드너의 견해는 10:14-22이 "오염"에 대한 주제로 주의를 돌린다는 데일 마틴의 이론과도 잘 어울린다. 다시 말해 "잔을 나누어 마신다는 것"이 "그의 피에 동참하는 것"을 의미하듯이 "우상에게 바친 고기를 먹는 것은 연약한 그리스도인의 몸 안으로 귀신을 삼키는 것을 의미했다"는 것이다.[138] 비록 마틴이 고대의 몸 생리학을 세밀하게 검토하긴 했지만, 그가 일관되게 설명하는 "신체적 오염"이라는 해석은 해석학적인 측면에서 바울이 몇몇 구절에서 제기하는 증거에서 벗어나는 것 같다. 가드너는 신 32장에서 언급하는 금송아지 주제가 이 절에서도 확고한 타당성을 지닌다고 주장한다. 헤이스도 이 주장을 뒷받침해준다.[139] 하지만 대다수 주석가들은 바레트의 주석서에 반영된 견해를 따른다. 예를 들어 에링(그의 뒤를 따라 슈라게도)은 κατὰ σάρκα가 여기서 "은유적인 의미와 상관 없이" 사용된다고 주장한다.[140] 여기서 가장 주된 차이점은 이러한 언급이 성경 시대의 **이스라엘 백성**과 관련이 있는지(NRSV), 아니면 바울 시대의 **유대교 관습**(REB)과 관련이 있는지에 있는 듯하다. 젠프트, 콘첼만, 슈라게, 벤트란트는 레위기의 희생제물(참조. 레 7:6, 11-15; זבח, 제바흐)의 관점에서 이 언급을 해석한다.[141] 다른 한편으로 바이스와 (부분적으로) 에링은 κατὰ σάρκα가 헬레니즘적 유대교(예. 필론, *De Specialibus Legibus* 1.131, 229)에서 제시하는 공동체의 희생제사 신학과 매우 밀접하게 연결되어 있다고 주장한다.[142] 그럼에도 바울의 신 32장 언급과 19-22절에서 바울이 언급한 τραπέζης δαιμονίων을 서로 비교하기 전까지 우리는 가드너의 견해와 관련하여 이 이슈에 대한 최종적인 결론을 내릴 수 없다. 최근에 헤이스와 키스트메이커가 제기한 주

이교도들과 연결되어 있다(20절에 대한 주해 참조).

138) Dale Martin, *The Corinthian Body,* 188; 참조. 179-197.

139) R. B. Hays, *Echoes of Scripture in the Letters of Paul* (New Haven: Yale University Press, 1989), 93.

140) Héring, *First Epistle,* 93.

141) Senft, *Première Épitre,* 134; Conzelmann, *1 Cor,* 172; Schrage, *Der erste Brief,* 2:442-443; Wendland, *Die Briefe,* 81.

142) Weiss, *Der erste Korintherbrief,* 260; Héring, *First Epistle,* 96.

장은 신 32장에 대한 언급이 자신이 제안한 18절에 대한 해석과 더 잘 어울린다는 가드너의 견해를 지지해준다.[143)]

κοινωνοὶ τοῦ θυσιαστηρίου는 목적격 소유격, 곧 희생 제단에(즉 제단과 "더불어"가 아니라) 공동으로 참여하는 자들을 나타낸다. 오늘날 제단이라는 단어는 몇몇 교단에서 기독교의 성찬 식탁을 가리키는 데 널리 사용되어왔기 때문에 희생 제단을 언급하는 이 문맥은 그대로 살려서 번역해야 한다. 특히 εἰδωλόθυτα, "우상들에게 바친 제물"에서 θύω의 구성 요소는 τὰς θυσίας, "희생제물"이라는 표현과도 잘 어울리기 때문이다. 참여자들과 참여 그룹 또는 공동체는 희생 제단이 표현하고 전달하는 실재(reality)와 영향(influence)을 자기의 것으로 취한다. 히 3:14에서도 이 표현과 광범위하게 평행을 이루는 표현이 등장하는데, 거기서 하나님의 언약에 신실하지 않은 자들은 그리스도와 함께 참여하는 자들(μέτοχοι)이 되지 못한다.[144)]

19-20절 (i) 슈라게가 결론적으로 주장하듯이 19절의 마지막 구절인 ἢ ὅτι εἴδωλόν τί ἐστιν은 (원문 여부와 관련하여) "명확하지 않다." p^{46}, $\aleph^*$, C^*와 33은 이 구절을 생략한다. 말리(Maly)는 이 구절을 8:4-6에서 온 표현으로서 이차적인 각주로 이해한다. 메츠거와 젠프트는 이 어구가 포함된 이유가 단어 어미의 반복(homoioteleuton) 때문으로 추측한다(콘첼만은 이 가능성을 의문점으로 남겨둔다). 슈라게는 만약 이 구절이 생략된다면 바울의 논리가 더 매끄러울 것으로 믿는 반면, 클라크는 서로 다른 독법에서 신학적인 견해가 달라 이러한 결과를 초래한 것으로 인식한다.[145)] 하지만 8:4-6 때문에 여기서는 중요한 문제가 제기되지 않는다. 왜냐하면 8:4-6에서 바울은 이미 이 이슈를 자세하게 언급했기 때문이다(하지만 아래에서 "사회적 구성주의"에 대한 논의를 보라). (ii) 20절에서 p^{46}, ℵ, C는 첫 번째로 등장하

---

143) 참조. Kistemaker, *1 Cor,* 345-350; Hays, *Echoes of Scripture,* 93-94; Gardner, *Gifts of God,* 165-172.

144) 참조. H. W. Attridge, *The Epistle to the Hebrews,* Hermeneia (Philadelphia: Fortress, 1989), 117.

145) Schrage, *Der erste Brief,* 2:444, n. 372; Conzelmann, *1 Cor,* 170, n. 4; Senft, *Première Épitre*, 135, n. 13; K. W. Clark, "Textual Criticism and Doctrine," in J. N. Sevenster (ed.), *Studia Paulina in Honorem J. de Zwaan* (Haarlem: Bohn, 1953), 59-60; 참조. 52-65.

는 θύουσιν 다음에 τὰ ἔθνη가 나타난다. 이 경우 "그들이 제물을 바친다"가 아니라 "이교도 제사 또는 이방인 제사"를 뜻한다. 하지만 최근의 대다수 주석가들은 이 독법을 이차적인 각주가 삽입된 것으로 간주한다(슈라게, 젠프트, 가드너, 헤이스, 그리고 그 이전에 바르취[Bartsch]). 하지만 일부 학자(예. 젠프트)는 이 각주가 바울의 의미를 표현해주는 것으로, 또 다른 학자들(예. 가드너, 키스트메이커)은 실수로 삽입된 것으로 여긴다.[146] 우리는 오직 신중한 주해를 통해 이 이슈에 대한 결론을 유도할 수 있을 것이다. 한편 가드너는 τὰ ἔθνη가 포함된 것은 결과적으로 동의어를 반복하여 진술한 것이며, 수사학적인 효과를 내는 데 거의 기여하지 못한다고 지적한다.[147]

φημι를 "내가 시인한다"로 번역한 것에 대해서는 위의 주해를 보라. Τί οὖν과 함께 이 관용적인 표현은 "그렇다면 내가 무엇을 시인한다고 의도하는 것입니까?"라고 가장 바람직하게 번역할 수 있을 것이다(에드워즈도 이렇게 번역한다).[148] (참조. REB, What do I imply by this? 하지만 이 번역은 **자신의 의견을 주장하는 행위**로서 φημι의 선언적인 강조점을 살리지 못한다. 15절의 주해에서 λέγω와 φημι의 대조를 보라.) 로버트슨과 플러머는 "그렇다면 나는 무엇을 선언합니까?"라고 번역한다.[149] 바울은 자신의 주장의 범위와 함의를 분명하게 표현하고자 할 뿐만 아니라 자신이 8:4-6에서 신앙을 고백하는 언어로 "선포한" 내용과 명백하게 모순된다는 인상을 결코 주려고 하지 않는다.[150] 따라서 두 가지 선언적 언어-행위의 관계는 더 자세한 설명을 필요로 한다.

오늘날 사용되는 개념으로 표현하자면 바울은 여기서 εἰδωλόθυτον뿐만 아니라 εἴδωλον도 **존재론적인 실존** 또는 **형이상학적인 실재**를 지니고 있지 않다는 의미를 전달하고자 한다. 현대와 포스트모던의 전문 용어

146) Schrage, *Der erste Brief*, 445, n. 378; Senft, *Première Épitre*, 135, n. 13; Gardner, *Gifts of God*, 166-167.

147) Gardner, *Gifts of God:* "아무도 **이방인들이** 하나님께 희생제물을 드린다고 제안하지 않았을 것이다. 이방인들은 분명히 그렇게 하지 않았다." 이 문맥에서 Gardner의 주장은 부인될 수 없을 것이다.

148) Edwards, *First Epistle*, 258.

149) Robertson and Plummer, *First Epistle*, 215.

150) 신앙고백적인 언어의 의미는 8:4-6의 주해를 참조하라.

로 표현하자면 이것들은 **사회적 구조물**에 해당한다. 하지만 포스트모던의 문헌—우리가 그 세계관에 동의하든 동의하지 않든 간에—은 적어도 "현실의 사회적 구조"를 노출한다. 다시 말해 이는 어떻게 다양한 그룹이 (종종 성별, 계층, 단체와 연결되어 있는) 다양한 범주와 전형의 관점에서 세상을 개념적으로 나누는지를 보여준다. 또한 이 사회적 구조는 사람들의 생활 방식과 그들이 "참되다"고 **여기는** 것을 형성한다.[151] 바울은 이것을 단순히 ὅτι εἰδωλόθυτόν τί ἐστιν이라고 표현한다. NRSV, NIV, AV/KJV는 단순히 "(우상들에게 바친 제물과 우상이) 어떤 가치가 있습니까?"라고 번역한다. REB는 "(제물은) 고기 그 이상입니까?"라고 번역하며 그 의미를 다소 설명하려고 한다. 하지만 사실상 그것은 단순히 눈으로 보고 먹는 고기보다 "그 이상"의 것이다. 즉 그것은 **하나님이 지으신 창조세계의 일부로서의 "세상"이 아니라 인간의 사회적 구성주의**라는 "세상"을 전달한다. 따라서 우리는 더 복합적인 해석을 추가하지 않고, 아마도 가장 좋은 번역에 해당하는 NJB의 "(그것이) 무엇이라도 됩니까?"라는 번역을 따른다. REB의 번역에 전제된 "εἴδωλον은 단지 금속이나 말이나 돌에 지나지 않는다"는 견해는 비-실재, 실재, 사회적 구성주의의 차이를 파악하지 못한다. 즉 **같은 사회문화적 "세계" 밖에 있는 자들이 아니라 바로 그 "세계"에 참여하는 자들에게 영향을 주는 어떤 고안된 유사-실존**을 파악하지 못하는 것이다.[152] (로버트슨과 플러머의 주석서에서 인용한 문장은 현대 [또는 포스트모던]의 지식사회학이 출현한 것보다 시기적으로 앞선다.) 따라서 바울은 교회가 인식론적인 "세계" 안으로 들어가는 것을 막고자 한다. **그 세계 안에서**(오직 그 안에서만) 이러한 것들—우상과 우상에게 바친 고기—은 **사실상 실질적인** 것이 되는 것이다. 따라서 이러한 개념을 표현하기 위해 바울이 사용한 표현 중 근대 이전의 어휘에 가장 가까

151) 포스트모던 시대의 사회 구조에 대해서는 본 주석서 저자의 다음 연구서를 참조하라. A. C. Thiselton, *Interpreting God and the Postmodern Self* (Edinburgh: T & T Clark and Grand Rapids: Eerdmans, 1995), 11-19, 33-41, and 121-145. 이 연구서의 165-172에는 주요 참고문헌이 언급되어 있다.

152) Robertson and Plummer, *First Epistle*, 215.

운 것은 아마도 8:4의 οὐδὲν εἴδωλον ἐν κόσμῳ("그 세상"—곧 하나님이 지으신 창조세계 질서—안에는 어떤 우상도 없다)일 것이다. 예레미아스는 8:1-13의 "모순"에 대해 논의하는데, 이것은 ἀλλ' 로 이어지는 주장들(여기서 19, 20절의 경우처럼) 또는 μέν … δέ …의 변증법을 불러온다.[153)]

20절의 도입부에서 의미가 생략된 채 ἀλλ' 로 바뀌는 구문은 번역자들에게 골칫거리를 제공한다. 예상대로 AV/KJV는 그리스어 원문을 무미건조하게 원문 그대로 "그렇다면 내가 무엇을 말합니까? 그 우상은…무엇입니까? 그러나 나는…말합니다"로 번역한다. 사실상 현대 모든 영역본은 "그러나" 앞에 "아닙니다"(NRSV, NIV, REB, 모팻)를 덧붙여 번역한다. NJB와 필립스는 한 걸음 더 나아가 "아닙니다. 결코 아닙니다"(NJB) 또한 "결코 아닙니다"(필립스)라고 번역한다. 그렇다면 여기서 바울은 **모든 의미에서** 이전의 주장을 거부하고 있는가? 그는 여전히 사람들의 삶에 영향력을 행사하는 "비실재들"의 **힘** 또는 **세력**에 대해 말하는데, 우리는 이 서로 모순되어 보이는 것을 **인간의 사회적인 구조**(앞의 해설 참조)와 **하나님이 지으신 창조세계의 질서**의 차이의 관점에서 설명한 바 있다. 따라서 이것이 **존재론**과 관련된 의미에서 "물론 그렇지 않습니다"보다 더 정확한 번역으로 보인다. 하지만 사회적인 구조의 실재는 우상숭배가 공동 참여자들(현재 문제가 되는 "투영된 세계"로 들어가는 자들)이 **실제로** κοινωνοὺς τῶν δαιμονίων이 되어가는 것을 의미한다.

바울은 신 32:15-18을 통해 알 수 있는 금송아지 숭배에 대한 구약의 전승을 인용한다(롬 1:23에 나오는 시 106:19-20의 해석처럼 그의 금송아지 전승 사용과 유사한 방식으로). 헤이스는 매우 탁월하고 건설적인 주해를 다음과 같이 제시한다. "18b-20a의 수사학적 질문과 답변은 현재 시제와 함께 그 은유의 적용을 일반화할 뿐만 아니라 **금송아지 숭배자들의 행위를 현재 경험하는 무대 위에 올려놓는다**.…맨 마지막 문장은 신 32:17—'그들은 하나님

153) Jeremias, "Zur Gedankenführung in den Paulinischen Briefen," in Sevenster (ed.), *Studia Paulina in Honorem Johannis de Zwaan*, esp. 151-152; 참조. 146-154.

께 제사하지 아니하고 귀신들에게 하였으니, 곧 그들이 알지 못하던 신들이로다'—의 모세의 노래를 연상시킨다(강조는 덧붙여진 것임).[154] 이처럼 바울은 우상숭배와 연관된 미혹들을 간파한다. 이른바 고린도의 "강한 자들"은 이러한 미혹에 직면하고 있다. 그들은 "광야에서 일어난 이스라엘의 우상숭배에 이중적으로 노출되어 있다." "하지만 **많은 그리스도인 독자들은 바울이 구약성경에 근거하여 비유적으로 표현하고 있음을 깨닫지 못했다**"(강조는 덧붙여진 것임).[155]

헤이스는 핵심 이슈를 탁월하게 파악한다. 바울은 우리가 창조세계의 진정한 실재와 사회적 구조 세계로 들어가게 하는 미혹—이것은 참여자들을 **귀신들** 또는 **귀신들의 세력**에 노출시킴—의 차이점이라고 부르는 것에 대한 예를 제시하기 위해 신 32장에서 발견되는 우상숭배에 대한 평가를 **재상정한다**(리쾨르와 헤이스의 표현을 빌려 말하자면). 한편 20절의 요점을 간과한 첫 세대 "그리스도인 독자들"은 바로 p^{46}(가장 초기의 사본), ℵ, A, C에서 τὰ ἔθνη를 θύουσιν의 주어로 삽입한 초기 기독교 필사자들이었다(위의 사본에 대한 주해 참조). 젠프트를 비롯하여 다른 많은 학자들의 입장에 반대하는 가드너, 헤이스, 키스트메이커는 신 32:15-18을 강조했다. 콘첼만과 볼프도 18절에서 Ἰσραὴλ κατὰ σάρκα에 대한 가드너의 해석을 암묵적으로 지지한다(17절에 대한 주해 참조). 콘첼만은 바울이 신 32:17에서 인용한 구절이 인용문임을 알리기 위해 큰따옴표를 사용한다. 이것은 옳다. 우리도 "그들은 하나님이 아니라 귀신들에게 제물을 바치는 것입니다"라는 부분을 큰따옴표 안에 넣어 처리했다.[156] 70인역은 이 구절을 ἔθυσαν δαιμονίοις καὶ οὐ θεῷ라고 번역하는데, 바울은 현재에 적용하면서도 지속적인 효력을 나타내는 원리를 나타내기 위해 단순히 θύω 동사의 시제를 변경한다. (심지어 몇몇 사본에서 두 번째로 나타나는 θύουσιν도 초기의 필사자들이 이 인용문을 제대로 인

154) Hays, *Echoes of Scripture in the Letters of Paul*, 93.
155) 같은 책.
156) Conzelmann, *1 Cor*, 170 and 173, including n. 34 and n. 35.

식하지 못했음을 암시한다.)

이방 신들이 "존재"하는지 안 하는지의 의미에 대한 바울의 매우 신중한 변증법은 τῶν δαιμονίων을 번역하는 데 주의해야 함을 시사한다. 바울은 마귀적인 것이 실질적이며 강력하다는 것을 결코 부인하지 않는다. 하지만 그는 마귀의 세력에 대한 묵시론적인 전승(유대교 랍비 문헌에 반영된)뿐만 아니라 헬레니즘적 유대교에 반영된 예언적인 전승—거짓된 신들은 "신들이 아니거나" 실재적이지 않은 "공허한" 대상에 지나지 않음—도 지지한다. 따라서 바울은 여기서 인간의 개별적인 지략에 비해 집단적인 세력 안에서 더 강력하게 나타나는 악의 세력보다는 인격화된 실재에 대해 생각할 개연성이 적다.[157] 그것들은 하나님에게 적대적이며 능동적으로 사악한 세력을 나타낸다. 하지만 그것들은 그 자체로 "아무것"도 아니다. 브루스는 "바울의 관점에 의하면 마귀들은 인격적인 존재가 아니라 거듭나지 않은 자에게 강력한 영향력을 행사하던 비인격적인 세력일 것이다"라고 주해한다.[158] 비록 귀신들을 쫓아내는 공관복음의 문맥에서 δαίμων이라는 용어는 인격적인 존재로 자주 나타나지만(예. 마 9:33; 막 7:26; 눅 11:14, 또는 복수, δαιμόνια로 마 7:22; 9:34; 10:8; 막 1:34, 39; 3:15, 22; 6:13; 9:38; 눅 9:49; 11:15, 18, 19), 바울은 그의 서신 전체에서 오직 고전 10:20, 21에서만(이 두 절에서 네 번) δαιμόνιον이라는 단어를 사용한다. 콜린스는 이 점을 다음과 같이 훌륭하게 강조한다. "오직 고전 10:21-22에서만 바울은 사실상 귀신에 대해 말한다.…모든 실재는…오직 한 분이신 하나님께 속해 있다. 그 하나님은 만물에 대한 주권을 오직 한 분이신 주님께 맡기셨다(8:6; 15:27)."[159] 하지만 공관복음에서 귀신들을 쫓아내는 사건은 장차 그리스도의 죽음과 부활을 통해 얻게 될 승리에 대한 표징이다. 바울은 이 승리의 빛에 비추어 귀신들

---

157) 참조. W. Foerster, "δαίμων," *TDNT*, 2:1-20; O. Böcher, *Das Neue Testament und die dämonische Mächte* (Stuttgart: Katholisches Bibelwerk, 1972). Böcher의 연구는 "마귀적인 세력에 대한 승리"와 오늘날 이 신학의 중요성에 대해 논의한다.

158) Bruce, *1 and 2 Cor*, 96.

159) Collins, *First Cor*, 380-381.

의 세력을 부분적으로 실질적이긴 하지만 산산조각이 난 것으로 소급하여 이해한다(2:6에 대한 주해 참조). 따라서 이 세력은 새로운 창조세계의 질서 안에서 존재론적인 근거를 유지하고 있다는 의미에서 더 이상 "실질적"이지 않다.[160] 이러한 이전의 마귀적 존재들은 인간의 사회적인 "세계들" 또는 가치 체계들이 지금도 여전히 이들에게 활동 무대를 제공해주는 곳에서 활약하고 있는 잔재 세력으로 남아 있게 되었다. 따라서 그리스도인들은 이 영역에 참여해서는 안 된다. 브루스는 다음과 같이 덧붙여 말한다. "그리스도는 그의 십자가의 승리로 인해 이 마귀적 세력을 무장 해체했으며, 그의 백성을 이들의 영향력으로부터 해방했다. 하지만 그의 백성은 어리석게도 미혹을 받아 이 영향력이 여전히 남아 있는 상황 안으로 들어갈 수 있다."[161] (또한 2:6; 8:5-6에 대한 주해와 참고문헌을 보라.)

21절 이 절의 상반절과 하반절은 각각 맨 앞에 οὐ δύνασθε, 한가운데 κυρίου, 맨 끝에 δαιμονίων이라는 같은 그리스어 단어가 등장하며 서로 평행을 이룬다(비록 우리는 앞에서 논의한 "이중적인 의미"를 전달하기 위해 마귀적인 세력들과 귀신들 사이에 미미한 변화를 줬지만 말이다.)[162] 여기서 δύνασθε가 사용된 것은 다음과 같은 의미를 전달해준다. (i) **논리적인** 불가능성(두 가지 가능성은 논리적으로 서로를 배제한다). (ii) **경험적인** 불가능성(만약 당신이 두 가지를 모두 시도한다면 무언가는 파괴될 것이다). (iii) **제도적인** 불가능성(그리스도인들은 그것을 할 수 없지만 여전히 "그리스도인"으로 간주될 수 있다).

ποτήριον κυρίου πίνειν과 τραπετέζης κυρίου μετέχειν의 평행 구조는 큰 의미가 있다. 우리는 앞에서 쿨만과 로빈슨이 "그리스도의 잔을 나누어 마시는 것"(막 10:38, 39)은 메시아로서 예수의 세례의 "잔"에 신앙 공동체가 동참하는 것이며, 그의 고난, 죽음, 부활에 동참하는 것이라고 강조한다

160) 어떤 저자들은 이 부분과 8:4-6에 나타난 바울의 사고 안에는 "이중적인 의미"가 있음을 인정하거나 설명하지도 않고, 무조건 바울의 논리가 "이상하게도 일관성이 없다"고 말한다 (Higgins, *The Lord's Supper in the NT*, 68).

161) Bruce, *1 and 2 Cor*, 96.

162) 평행 구조에 대해서는 다음을 참조하라. BDF, 259-260, sect. 490; Wolff, *Der erste Brief*, 234.

고 말했다.[163] 그리스도와 그의 고난과 죽음을 통해 자신을 내어주는 구속의 행위, 성령을 통한 그의 부활의 존재 방식(15:44; 참조. 롬 8:11), 타인에 대한 그의 사랑에 참여하면서 또한 동시에 하나님 자리를 우상들로 대체하여 우상숭배를 조장하는 유혹적이고 독단적인 사악한 세력에 참여하는 것은 (위의 세 가지 의미에서) **불가능**하다. "그리스도인의 '잔'을 언급하며 바울은 한 몸에 참여한 자의 언약적 하나 됨을 강조한다.…바울이 여기서 서로 대조하는 것은 각각의 잔치에 차려진 음식이 아니라 주님과 귀신들이다."[164] 20절의 κοινωνούς는 18절의 κοινωνοί와 연결된다. 이 용어는 모두 이 절의 μετέχειν에 반영되어 있다.[165]

11:23-31에서 바울은 이것을 그리스도의 죽음과 더 밀접하게 연결할 것이다. 그가 그렇게 하는 이유는 주의 만찬의 두 가지 유형에 관한 리츠만과 로마이어의 의심스러운 이론에 기초하기 때문이 아니라, 손턴이 주장하듯이 "그리스도에게 참여하는 자들"에 대한 바울과 신약성경의 표현이 모두 **그리스도의 고난에 이해관계가 걸려 있는** "주주"(株主)라는 주제를 전달하고 있기 때문이다. "예수의 메시아 됨은 고난에 그 뿌리를 두고 있으며" 따라서 "그리스도인들"은 그의 메시아 신분에…동참하는 자들이 되었기 때문이다"(참조. 갈 3:26-29["그리스도를 옷 입은" 사람]; 롬 6:2-7[그의 죽음에 합하여 세례를 받은]; 8:33, 34[도살 당할 양 같이]; 빌 3:7-8; 골 1:24; 참조. 벧전 4:12-14; 히 11:24-26; 12:22-24; 13:13]).[166] "메시아적 삶의 패턴은 고난과 영광의 삶이다."[167] τραπέζης δαιμονίων에 참여하는 자들은 정반대의 원리를 나타낸다. 즉 설령 오직 하나님께만 속한 곳에 다른 무언가가 끼어든다 하더라도(참조. 19절, εἴδωλον), 그들은 "약한 자들"의 유익을 위해 자신을 내어주지 않고(8:12, 13의 문제와 마찬가지로), 다른 사람을 희생시켜 자기 세움, 자아 성

---

163) Cullmann, *Baptism in the NT,* 23과 곳곳에; J. A. T. Robinson, "The One Baptism," *SJT* 6 (1953): 257-274, rpt. in his *Twelve NT Studies* (London: SCM, 1962), 158-175.

164) Gardner, *The Gifts of God,* 170.

165) Meyer, *First Epistle,* 303.

166) L. S. Thornton, *The Common Life in the Body of Christ,* 34-65 and 69-87.

167) 같은 책, 37.

취 또는 자기 향락을 추구한다(참조. 신 32장).

틸리히는 비록 상징적인 의미로 사용하긴 하지만, 오직 하나님께 속한 전적인 충성과 궁극적인 관심을 분열시키고 파괴하는 것에 "마귀적"이란 용어를 사용한다.[168] 그리스도의 죽음과 주님의 잔은 언약에 기초하여 하나님께 전적으로 충성하며 하나 됨을 이룬다는 것을 가리키며, 그리스도를 통해 하나님께 드려진 그분을 많은 사람으로 대체하는 우상숭배의 다양한 향락과 결코 양립할 수 없다.[169]

마지막으로 두 가지 강조점을 보충하여 제시하고자 한다. 첫째, 논리적인 배제 또는 자기모순이 지닌 함의를 강조하기 위해 바울이 사용한 논증은 사람들이 바울의 합리적인 논증을 과소평가하고자 할 때 기억할 필요가 있다. 둘째, 여기서 식탁이란 용어 사용은 주의 만찬에서의 성찬 식탁(Communion Table)이라는 용어에 대한 성경적 근거를 제공한다. 물론 바울이 염두에 두고 있었을 것으로 보이는 말라기 배경에서처럼(참조. 말 1:7, 12) 구약성경 문맥에서 τραπετέζα는 **제단**을 의미할 수도 있을 것이지만 말이다.[170]

22절 1인칭 복수 παραζηλοῦμεν은 현재 진행의 의미로 이해하는 것이 가장 자연스러울 것이다. 물론 하워드(W. F. Howard)는 이 동사를 숙고의 가정법으로 이해하는 것을 지지하지만 말이다. "우리가 불러일으켜야 합니까?"라는 번역은 매력적이긴 있지만, REB와 바레트의 지지에도 불구하고 신뢰할 만한 번역은 아니다.[171] 이러한 행위를 **도발적**이라고 말하는 바울의 준엄한 주장 다음에 나오는 표현을 "우리는 불러일으키고 있습니까?"(NIV)라고 번역하는 것은 너무 진부해 보인다. 모팻의 번역인 **"뭐라**

168) Paul Tillich, *Systematic Theology* (3 vols., Chicago: University of Chicago Press and London: Nisbet, 1951, 1957, 1963), 1:14, 15, 17, 42; 2:6-11; 3, pt. iv.

169) 이것과 밀접한 바울의 평행 본문은 롬 1:25이다. 거기서 바울은 창조주 하나님 대신에 "피조물"(일종의 사회적인 구조물?)을 숭배하는 것에 대해 말한다.

170) 참조. Schrage, *Der erste Brief*, 2:446-447; Goppelt, "τραπετέζα," *TDNT*, 8:148-158.

171) MHT, *Grammar,* 2:196; Barrett, *First Epistle,* 238. REB는 Howard의 제안을 따른다. Bultmann이 처음으로 이러한 제안을 했을 것이다(Edwards, *First Epistle,* 262).

고요! 우리가 주님의 질투를 불러일으키려는 것입니까?" 또는 NJB의 번역인 "우리가 진정으로 주님의 질투를 불러일으키기를 바라는 것입니까?"는 해당 문맥에서 그 의미를 더 정확하게 전달해준다. 그리스어의 수사법에서 맨 앞에 나오는 접속사 ἤ, "또는"은 해당 문맥에서 수사법적인 기능을 반영하는 방법으로 번역해야 한다. 따라서 모팻이 이 접속사를 돌발적인 감탄사—무엇이라고요!—로 번역한 것은 그 목적에 잘 부합한다.

παραζηλόω라는 단어는 바울 서신에서 매우 드물게 나타난다(참조. 롬 10:19). 롬 10:19과 이 절에서 이 단어는 분명히 신 32:21—αὐτοὶ παρεζήλωσάν με ἐπ᾿ οὐ θεῷ—을 암시할 것이다. 나의 대학 동료 리처드 벨(Richard Bell)은 그의 저서 『질투를 유발함』(*Provoked to Jealousy*)에서 신 32장, 특히 15-21절에서 유래한 "질투" 모티프 사용에 관해 명확하게 논의했다.[172] 비록 신 32장에서 κύριος가 야웨이긴 하지만, 고전 10:21-22에서 κύριος는 분명히 그리스도를 가리킨다.[173] 벨은 바울 서신에 나타난 신 32장을 기독론적으로 이해하는 것을 지지한다. 핸슨(A. T. Hanson)도 고전 10:14-22을 신 32:15-31에 대한 "일종의 미드라쉬"라고 부르면서 그러한 이해를 강조한다.[174] 신 32:13-16은 하나님이 이스라엘에게 "단단한 바위에서 흘러내리는 기름…잘 익은 밀"(표준새번역)을 먹게 하시고, 또한 "붉은 빛깔 포도주"를 을 마시게 하셨다고 말한다. 이것과 관련하여 핸슨은 이렇게 주장한다. "여기서 피[마소라와 70인역의 텍스트에서는 '피'라고 언급됨]에 대한 언급과 더불어 떡과 포도주라는 단어는 바울이 고전 10:14-21에서…성찬을 가리키는 것으로 이해하기에 충분했을 것이다."[175] 그다음 절(신 32:17, 고전 10:20에서 언급됨)은 "그들은 하나님께 제사하지 아니하고 귀신들에게 하였다"라고 언급한다. 이스라엘의 배교(우상숭배)는 하나님의

---

172) R. H. Bell, *Provoked to Jealousy: The Origin and Purpose Motive in Romans 9-11*, WUNT 2:63 (Tübingen: Mohr, 1994). 고전 10장에 대해서는 특히 251-253을 참조하라.

173) 같은 책, 254-255.

174) A. T. Hanson, *Studies in Paul's Technique and Theology* (London: SPCK, 1974), 113; 참조. 104-125.

175) 같은 책, 113.

진노(질투)를 불러일으켰다. 왜냐하면 그의 언약 백성은 "다른 백성"을 선호했기 때문이다.[176]

한스 폰 조덴은 "강한 자들"이 **주의 만찬**에 참여하는 것은 이방의 제사 의식과 관련된 악한 세력들의 영향력으로부터 면제시켜주는 능력을 그들에게 제공해주었다고 주장하면서 자유와 난공불락의 승리주의적인 자세를 더욱더 강화했다고 주장한다.[177] 따라서 "강한 자들"은 이미 실현된 종말론, 영지주의와 유사한 개인주의와 극단적인 성례 사효론(事效論, *opere operato*)을 결합한 것에 근거하여 자신들이 이교도의 제사 의식에 참여해도 해를 입지 않을 수 있다고 생각했다. 또한 이 입장은 몸의 언어에 대한 인간론적 모델들과 관련하여 네이레이의 접근 방법과도 일치한다. 영지주의와 유사한 "신령주의자들"의 견해를 반대하면서 바울은 다음과 같은 취지로 말한다. "자유는 어떤 절대적이거나 최종 결정권을 갖는 것이 아니다.…우상에게 바친 고기를 먹는 것과 그것을 평가절하는 이론에 대한 바울의 규정은 자기 주관대로 자유롭게 음식을 먹고자 하는 자들의 행위 및 자세와 현저하게 대조된다."[178] 바울은 결코 그렇게 할 수 없다고 주장한다. 그의 결론적인 논점은 다음과 같다. **구원에 이르게 하는 언약을 맺고 그 언약 규정에 동참하는 자들이** 의도적으로 신실하지 않고, 반역, 배신, 표리부동의 행위를 계속한다면 그것은 반드시 주님의 질투를 불러일으킬 것이다.

22절 하반절은 매우 엄숙하며 다음과 같은 역설적인 표현을 덧붙인다. 만약 "강한 자들"(οἱ ἰσχυρότεροι)이 자기 확신을 지나치게 고집한다면 그것은 마치 자신들이 하나님보다 더 강한(ἰσχυρότεροι)것처럼 여긴다는 것을 의미한다. μή가 이끄는 수사학적인 질문은 이 우스꽝스러운 개념을 전달한다. 이 질문은 "아니요"라는 대답을 필요로 한다. 곧 μὴ ἰσχυρότεροι

176) 같은 책. 참조. Bell, *Provoked to Jealousy,* 255.

177) Von Soden, "Sakrament und Ethik bei Paulus: Zur Frage der literarischen und theologischen Einheitlichkeit von 1 Kor 8-10," in H. Frick (ed.), *Rudolf Otto Festgruss: Aufsätze eines Kollegenkreises* (Gotha: Klotz, 1931), 1-40 and in his *Urchristentum und Geschichte* (Tübingen: Mohr, 1951), 1.239-275, 특히 261-268.

178) Neyrey, "Body Language in 1 Corinthians," in *Semeia* 35 (1986): 148; 참조. 129-164.

αὐτοῦ ἐσμεν;(정녕 우리가 그분보다 "더 강한 자들"일 수 없습니다. 그렇지 않습니까?)[179] 이것은 이러한 승리주의적이며 자기중심적인 신학의 불성실함과 모순을 드러낸다.

179) "이 질문은 부정(否定)을 요구하는 형식으로 제기된다"(Harrisville, *1 Cor,* 172).

5. 자유와 사랑: 나머지 이슈들과 다시 요약(10:23-11:1)

**[23] "모든 것을 할 수 있는 자유!" 하지만 모든 것이 유익한 것은 아닙니다. "무엇
이든지 할 수 있는 권리!" 하지만 모든 것이 [교회를] 세우지는 않습니다. [24] 누
구든지 자신의 유익이 아니라 다른 사람의 행복을 추구해야 합니다. [25, 26] 고기
시장에서 파는 것은 무엇이든 먹으십시오. 여러분의 자의식[또는 단순히 양심]
때문에 그것에 대해 판단하려고 묻지 마십시오. 왜냐하면 "온 땅과 그 안에 있는
모든 것이 주님의 것이기" 때문입니다. [27] 만약 불신자 중에서 어떤 이가 여러분
을 식사에 초대하여 여러분이 가기를 원한다면, 여러분 앞에 차려놓은 것은 무
엇이든 먹으십시오. 여러분의 자의식 때문에 어떤 판단을 하려고 그것에 관해
묻지 마십시오. [28, 29a] 하지만 만약 어떤 사람이 여러분에게 "이것은 희생제물로
바쳤던 것입니다"라고 말하면, 여러분에게 알려준 사람과 그 사람의 자의식을
고려하여 그것을 먹지 마십시오. 나는 여러분 자신의 자의식이 아니라 다른 사
람의 자의식을 말합니다. [29b, 30] [여러분은 묻습니다.] 왜 내 자유가 다른 사람의
자유에 종속되어야 합니까? 글쎄요. 만약 내가 감사함으로 식사에 참여한다면,
왜 적어도 내가 감사하는 것에 대해 내 인격이 손상되어야 합니까? [31, 32] 그러므
로 여러분이 먹든지 마시든지 또는 여러분이 다른 어떤 것을 하든지 모든 것을
하나님의 영광을 위해 하십시오. 유대인들과 이방인들 모두에게 하나님의 교회
에 피해를 입히지 않도록 하십시오. [33, 11:1] 마찬가지로 나 자신의 유익이 아니라
많은 사람의 유익을 추구하며, 나 자신도 그들이 구원을 받게 하려는 목적으로
모든 것에서 모든 사람의 유익을 고려하려고 애씁니다. 내가 그리스도를 나의
모범으로 삼는 것과 같이 여러분도 나를 여러분의 모범으로 삼으십시오.**

바울은 그가 8:1-11:1에서 말하고자 했던 것을 대부분 다루었다. 이 결론적인 단락은 시장에서 구매한 고기와 관련하여 빚어지는 이슈에 대해 말한다. 그 고기는 이전에 이방 신전에서 사용하고 나서 그 신전을 통해 유통되었을 개연성이 높다. 이 고기가 아마도 "일반적인" 고기와 함께 똑같이 일반 시장에서 팔렸을 때(무분별하게 팔렸는지의 여부를 떠나, 아래에서 이젠버그의 논문 참

조) 그 이전에 εἰδωλόθυτον이었을 개연성이 높은 이 고기는 어느 정도 그리스도인 신자들에게 다른 "등급"(status)으로 취급되었을까? 시장에서 파는 고기는 모두 그것이 이방의 제사 의식에서 유래된 것이거나 또는 심지어 그 출처를 알 수 없다면 그것을 먹지 말아야 하는가? 그 배경이 어떤 신자의 집이거나 그 신자가 어떤 이방인 친구나 동료의 집에 손님으로 초대를 받은 경우라면 고기를 먹는 것과 관련하여 서로 다른 태도를 보여야 할까? (8:1에서부터) 세 장에 걸쳐 바울이 제시한 일련의 규칙과 사례는 수신자들의 다양한 상황을 요약하고 또 적용할 수 있을까? 이 이슈에 대한 논의는 지금까지 상당히 많이 다루어졌다. 따라서 이미 언급된 참고문헌 외에도 약간의 자료가 추가로 아래에 제시되어 있다. 이 단락의 몇몇 구절은 이전의 평행 본문들에 대한 주해를 언급함으로써 그 의미를 밝힐 수 있을 것이다.

10:23-11:1에 대한 추가적인 참고문헌

(다른 자료는 8:1-13과 10:1-13의 참고문헌을 보라)

Barrett, C. K., "Things Sacrificed to Idols," NTS 11 (1965): 138-153; rpt. in his *Essays on Paul* (London: SPCK, 1982), 40-59.

Betz, H.-D., *Nachfolge und Nachahmung Jesu Christi im Neuen Testament,* BHT 37 (Tübingen: Mohr, 1967).

Cadbury, H. J., "The Macellum of Corinth," *JBL* 53 (1934): 134-141.

Castelli, E. A., *Imitating Paul: A Discourse of Power* (Louisville: Westminster/Knox, 1991), 89-131.

Crafton, J. A., *The Agency of the Apostle,* JSNTSS 51 (Sheffield: Sheffield Academic Press, 1991), 59-102.

de Boer, W. P., *The Imitation of Paul: An Exegetical Study* (Kampen: Kok, 1992), 154-169.

Eckstein, H.-J., *Der Begriff Syneidesis bei Paulus,* WUNT 2:10 (Tübingen: Mohr, 1983), 256-276.

Gardner, P. D., *The Gifts of God and the Authentication of the Christian* (Lanham: University Press of America, 1994), 172-185.

Gill, D. W. J., "In Search of the Social Elite in the Corinthian Church," *TynBul* 44 (1993): 323-337.

_______, "The Meat Market at Corinth (1 Cor 10:25)," *TynBul* 43 (1992): 389-393.

Hinz, C., "Bewahrung und Verkehrung der Freiheit in Christo," in K.-W. Tröger (ed.), *Gnosis und NT* (Gütersloher: Mohr, 1973), 405-422.

Horrell, D. G., *The Social Ethos of the Corinthian Correspondence* (Edinburgh: T. & T.

Clark, 1996), 145-150.
Isenberg, M., "The Sale of Sacrificial Meat," *Classical Philosophy* 70 (1975): 271-273.
Lohse, E., "Zu 1 Kor 10:26, 31," *ZNW* 47 (1956): 277-280.
Maly, K. *Mündige Gemeinde* (Stuttgart: Katholisches Bibelwerk 1967), 146-156.
MacMullen, R., *Paganism in the Roman Empire* (New Haven: Yale University Press, 1981), 34-42.
Murphy-O'Connor, J., "Freedom or the Ghetto (1 Cor VIII:1-13; X:23-XI)," *RB* 85 (1978): 543-574.
Probst, H., *Paulus und der Brief: Die Rhetorik der antiken Briefes als Form der paulinischen Korintherkorrespondenz (1 Kor 8-10),* WUNT 2:45 (Tübingen: Mohr, 1991), 278-294.
Stanley, D. M., "'Become Imitators of Me': The Pauline Conception of Apostolic Tradition," *Bib* 40 (1959): 859-877.
Watson, D. F., "1 Cor 10:23-11:1 in the Light of Graeco-Roman Rhetoric: The Role of Rhetorical Questions," *JBL* 108 (1989): 301-318.
Webster, J. B., "'The Imitation of Christ," *TynBul* 37 (1986): 95-120.
Willis, W. L., *Idol Meat in Corinth* (Chico: Scholars Press, 1985), 229-263.
Yeo, K.-K., *Rhetorical Instruction in Cor 8 and 10* (Leiden: Brill, 1995), 180-211.

23절 몇몇 후대 사본은 23절에서 6:12과 조화시키려고 πάντα 다음에 μοι를 덧붙인다. 그러나 p[46], ℵ*, A, B, C*, D, F, G에는 그것이 생략되어 있다. 이 점은 이 단어가 원문에 포함되어 있는지와 관련하여 결정적인 증거를 제공해준다.

이 절에서 바울은 고린도에서 통용되던 어떤 슬로건을 인용한다는 주장과 그것에 대한 주해와 논평에 대해서는 6:12의 주해를 보라. μοι 이외에 6:12a와 23a의 그리스어 표현은 동일하다. 또한 6:12b의 ἀλλ' οὐκ ἐγὼ ἐξουσιασθήσομαι ὑπό τινος는 23b에서 οὐ πάντα οἰκοδομεῖ로 바뀌었다. 6:12의 ἔξεστιν(ἐξουσία의 동족어)을 "권리"에 대한 이슈로 번역하는 것은 장점이 있다. 하지만 이 슬로건은 또한 자유에 대한 관심을 나타낸다. 이러한 관심은 분명히 방종, 자기 탐닉, "자율"을 위해 속이는 도구로 변질되어버린 복음의 필연적인 결과로 시작되었다. 6:12b에서 우리는 ἐξουσιάζω에 기초한 바울의 언어유희를 유지하기 위해 전반부를 "모든 것을 할 수 있는 자유"라고 번역했다. 그리고 후반부를 "그러나 나는 어떤 것도 나를 제멋대로 휘두르게 하지 않을 것입니다"라고 번역했다. 여기서 바울은 오히려 이러한 자유는 (자율로 이끌기는커녕) **탐심**(10:7-13의 ἐπιθυμία)을 **반영하는 자신의 욕망에 지배받도록** 신자를 유혹한다고 강조한다. 바울은 23절 마지막 부분에서 교회를 세우는 것에 대한 이전의 주제로 되돌아간다(3:9; 8:1, 10에 대한 주해 참조). 그는 이 주제를 14:3, 4, 5, 12, 17, 26에서 더 발전시킬 것이다(필하우어의 "오이코도메"에 대한 언급을 포함하여 해당 절들에 대한 주해를 참조하라).

우리가 6:12에서 살펴보았듯이 οὐ πάντα συμφέρει는 자유의 절대적인 보편성을 인정하지 않는다. 모든 것이 유익한 것은 아니다. 미첼이 주장하듯이 바울이 "유익에 호소한 것"은 이 편지를 쓰는 그의 전략의 일부일 수 있다.[1] 하지만 여기서 바울의 접근 방법은 부정적인 측면이 있다. 자유에 대한 무절제하고 무제한적인 긍정은 아무도 "유익"하게 하지 않는다는 것이다. 이 입장은 칸트 이후에 나타난 세속적인 윤리 자유주의의 기본 원리들을 공격한다. 이 자유주의는 "자율"을 일종의 권리와 절대적인 덕목으로 내세운다. 하지만 무제한적인 자율의 추구는 새로운 속박과 신앙 공동체에 해가 될 수 있다. 우리가 이미 언급했고 또 앞으로 더 자세히 살펴보겠지만(14:3-5, 12-17), 세우는 것은 **신앙 공동체**를 세워나가는 것에 대한 기본 원리를 전제한다. 따라서 우리는 이 절에 대한 번역에서 "교회"를 꺾쇠괄호 안에 넣었다.[2] 특별히 바울은 "약한 자들"을 생각하며, "세우는 것은…대체로 교회를 구체적으로 가리킨다"(콜린스).[3]

24절 어떤 후대 전승은 이 절 맨 뒤에 ἕκαστος, "각자"를 삽입한다(참조. AV/KJV). 그러나 이 독법은 초기 사본들의 지지를 받지 못한다. 따라서 UBS 4판에 그것이 포함되지 않은 것은 타당하다.

앞에서 세 장(8-10장)에 걸쳐 자세히 살펴본 다양한 상황과 사례는 이제 일종의 "일반 원칙" 또는 경구로 표현된다.[4] 본회퍼의 말에 의하면 타인

---

1) M. M. Mitchell, *Paul and the Rhetoric of Reconciliation,* 25-39, 256-258: "분파주의자들에 대한 표준적인 권면"(256).

2) 참조. Maly, *Mündige Gemeinde,* 146.

3) Collins, *First Cor,* 386.

4) 참조. Maly, *Mündige Gemeinde,* 147. 한편 Conzelmann은 그것을 "지혜 문헌 양식에서 나타나는 일종의 좌우명(maxim)"이라고 부른다(Conzelmann, *1 Cor,* 176).

에 대한 관심은 삶의 방식에서 그리스도를 닮아가는 것이며, "타인을 위한 사람"의 대속 사역이다(참조. 마 22:37-40). 그리고 바울도 이 단락 맨 마지막 절인 11:1b에서 이것을 호소할 것이다. 또한 바울이 33절과 11a에서 말하듯이 이것은 자신이 철저하게 실천하려는 일종의 생활 방식이며, 사도 직분의 원리다(1:1; 9:1에 대한 주해 참조). 이 원리는 13:5, 롬 14:7, 15:2, 갈 6:2, 빌 2:1-4, 5-7에서도 언급된다. 현대 영어에서 "다른 이들"이라고 말할 때 코이네 그리스어는 종종 단수를 사용한다. 하지만 가다머, 베티, 리쾨르의 해석학적인 이론의 출현과 함께 바울이 의도한 정확한 의미의 "타자의 타자성"에 대한 존중이 해석학적·철학적·윤리적 용어 안으로 편입되었다는 것이다. 따라서 이 단수는 이러한 강조점을 부각하는 하나의 방법으로 사용될 수 있을 것이다.[5] 이 점에 근거하여 바레트는 "다른 사람"(τοῦ ἑτέρου)이라는 표현이 어느 정도 공공성(예. 장소)을 암시하기 때문에 이 표현을 이웃으로 번역하는 것에 의문을 제기한다. 그의 문제 제기는 타당하다.[6] 바울은 이 원리가 고린도에서 어떻게 작용했는지를 8:7-13에서 제시한 설명을 통해 입증한다. 거기서 형제자매—그리스도는 그들을 위해서도 죽었다—에 대한 관심은 자기 긍정, 자기만족 또는 (진정한 것이든 또는 추측에 지나지 않든) 자아 성취에 대한 관심보다 우선한다. 한편 콜린스는 다음과 같이 주장하며 사회적인 현실에 대한 보충 사항을 강조한다. "고린도의 그리스도인들은 자신들만이 거주하는 지역에 살았던 것도 아니며 어떤 게토에 살았던 것도 아니다.…그들은 교회의 구성원이 아닌 사람들과도 다양하게 접촉했다."[7]

25-26절 이제 바울은 고기 시장 또는 정육점에서 사람들이 구매하는 물건에 관심을 돌린다. 다소 오래된 현대 저자들은 μάκελλον(신약에서는 이곳에서만 사용됨)이 라틴어 단어 *macellum*를 차용한 것이라고 주장

---

5) Paul Ricoeur, *Oneself as Another* (Eng. trans., Chicago: University of Chicago, 1992), 4-16 and throughout; Emilio Betti, *Die Hermeneutik als Allgemeine Methodik der Geisteswissenschaften* (Tübingen: Mohr, 2d ed. 1972), 7; *Allgemeine Auslegungslehre* (Tübingen: Mohr, 1967), 21, 158, 211-213.

6) Barrett, *First Epistle,* 240.

7) Collins, *First Cor,* 383.

한다.[8] 사실상 이 두 단어의 발음이 거의 같지만, 이 그리스어 단어는 기원전 400년경에 세워진 것으로 추정되는 에피다우루스에서 발견된 어떤 비문과 이오니아의 그리스어 문헌에서도 사용된 것으로 확인된다. BAGD는 "라틴어 단어가 그리스어 단어로 차용된 것이 아니"라고 주장한다.[9] 하지만 로버트슨과 몰턴-밀리건에 의하면 이 단어는 히브리어와 연관이 있으며, 디온 카시오스, 플루타르코스, 파피루스 문헌과 비문에서도 사용되었으며, 식료품 시장 또는 고기 시장을 의미했다.[10] 켄트는 로마 황제 하드리아누스 통치 이전 시대에 속한 비문 104개 중 101개는 라틴어로, 오직 3개만 그리스어로 기록되었음을 입증해준다.[11] 만약 (기원전 44년부터) 로마 식민지인 고린도에서 라틴어가 이른 시기부터 사용되었다면 바울 당시에 그리스어는 무역과 상업을 위한 언어였을 것이다. 또한 언어 간의 상호 작용은 피할 수 없었을 것이다. 하지만 이 시장은 아고라의 북쪽 지역에 줄지어 있던 상점들과 동일시할 수 없다. 이 상점들은 레카이온 도로를 따라 북쪽으로 70미터에서 100미터 사이에 있었을 것이다.[12] 최근에 길(D. W. J. Gill)은 고린도의 마켈룸(*macellum*) 유적지를 탐구했다. 그는 바울의 사역 시작 직전에 생겨난 라틴어 비문들은 그 도시의 유지들의 기부로 세워졌다는 증언을 확인해준다.[13]

캐드버리, 이젠버그 등 다른 학자들은 과연 마켈룸 안으로 들어온 고기 중에서 이방의 희생제물로 사용된 고기와 그렇지 않은 고기가 서로 분명

---

8) Findlay, *Expositor's Greek Testament,* 2:867.

9) BAGD, 487.

10) Robertson, *Word Pictures,* 4:157; MM, 386. 그는 히브리어 단어 מכלה (미클라), "둘러싸인 곳"과 비교한다. 참조. Deissmann, *Light from the Ancient East,* 276. 또한 Plautus의 저서에서도 이 라틴어는 동일한 의미를 지닌다.

11) Kent, *Corinth, VIII/3: The Inscriptions 1926-1950,* 19.

12) Murphy-O'Connor, *St. Paul's Corinth,* 24-25, 32, 37.

13) Gill, "The Meat Market at Corinth (1 Cor 10:25)," 389-393. Gill은 Oscar Broneer가 발굴한 유적에 의문을 품고 있다. 또한 참조. Gill, "In Search of the Social Elite in the Corinthian Church," 323-337. 이 논문에서 Gill은 양 떼의 소유권과 방목권에 대해 논의한다.

하게 구별될 수 있었는지, 아니면 서로 구별되지 않고 섞여 있었는지, 또 아니면 엄밀한 검사를 통해서만 구별될 수 있었는지를 놓고 논쟁을 벌였다.[14] 이젠버그는 기원후 1세기 텍스트 『아이소포스의 생애』(*Vita Aesopi*)에 기초하여 우상에게 바친 고기와 그렇지 않은 고기는 쉽게 구별할 수 있었다고 주장한다. 왜냐하면 제물로 드린 고기는 값이 더 비쌌기 때문이다. 또한 그는 플리니우스가 트라야누스에게 보낸 편지(10.96.10)도 이를 암시한다고 주장한다. 그는 이것이 고전 10:25과 긴장 관계에 있는 것처럼 보인다고 믿는다. 머피-오코너는 스미스(D. E. Smith)의 견해를 따라 시장에서 판매되던 고기는 대부분 희생제물에서 유래되었을 것이라고 결론짓는다.[15] 하지만 바울은 고기를 직접 구매한 사람들뿐만 아니라 다른 사람들이 손님을 위해 고기를 매입한 것도 언급할 것이다. 콘첼만은 대체로 일반화된 표현일 수 있는 증거를 바울의 수신자들에게 적용할 수 있는지를 놓고 매우 신중할 필요가 있다고 주장한다. 이러한 종류의 주장은 "일반적인 용어를 통해 전개될 수 없다."[16] 식량 부족에 대한 길(Gill)의 연구는 시장 상황이 매년 차이가 있었음을 암시한다.[17] 그럼에도 바이스는 "고린도와 같은 도시에서 신전에서 공급한 고기를 제외하면 판매를 위한 고기는 거의 제공되지 않았을 것"이라는 머피-오코너의 견해를 예견하고, 에크슈타인은 이를 지지한다.[18]

따라서 앞에서 언급한 논의의 상당 부분은 자유에 대한 **유보 조건**에 관심을 기울였다. 여기서 바울의 의도는 고린도의 "연약한" 그리스도인들을 속박과 내면의 갈등으로부터 벗어나게 함으로써 새로운 자유를 맛보게

14) Cadbury, "The Macellum of Corinth," 134-141; Isenberg, "The Sale of Sacrificial Meat," 271-273.

15) Murphy-O'Connor, *St. Paul's Corinth,* 33. 그는 Smith의 논문을 언급한다. D. E. Smith, "Social Obligation in the Context of Commercial Meals" (Harvard Th. D. diss. 1980), 12.

16) Conzelmann, *1 Cor,* 176.

17) Gill, "In Search of the Social Elite," 323-337.

18) Weiss, *Der erste Korintherbrief,* 263; Eckstein, *Der Begriff Syneidesis,* 257; Conzelmann, *1 Cor,* 176.

하려는 것이었다. 이 점을 간파한다면 자제의 필요성은 거의 뜻밖의 일로 나타난 것일 수 있다.[19] 우리가 앞에서 이미 언급했듯이 이러한 분위기 전환은 많은 학자들이 분리 이론을 지지하도록 만들었다. 이 이론에 의하면 8:1-13과 10:23-11:1은 10:1-22과는 다른 편지에 속한다는 것이다.[20] 하지만 무엇보다도 이 "자유"는 심지어 "약한 자들"에게도 신중하게 제한되어 있다(28절과 아마도 29절도). 둘째, 에크슈타인은 (1) "고기 시장에서 파는 것은 무엇이든 먹으십시오.…묻지 마십시오"를 다음 두 가지로 이해할 가능성을 진지하게 고려한다(이 구절에 대한 번역은 아래 참조).[21] (a) 피어스와 마우러가 지지하는 견해는 허용될 수 있는 자유다. 즉 "여러분은 질문할 필요가 없습니다. 여러분은 고기 시장에서 파는 것은 무엇이든 먹을 자유가 있습니다." 피어스의 견해에 의하면 바울은 "연약한 자들"이 지나치게 민감하고 지나치게 신중한 양심 때문에 받게 되는 **불필요한 고통**에서 벗어나기를 원한다. 따라서 διὰ τὴν συνείδησιν은 문자 그대로 "**양심**[그리고 그것으로 인한 불필요한 불편함 또는 고통] **때문에 질문을 제기하지 마십시오**"를 의미한다는 것이다(강조는 원저자의 것임).[22] (b) 주이트로 대표되는 두 번째 접근 방법은 첫 번째와 매우 다르다. 주이트는 이렇게 주장한다. 이 문장에서 "**그[바울]는 '연약한' 그리스도인들이 주저하는 태도를 극복하게 하려고 그들에게 근본적인 의무를 부여한다.**…곧 그들이 사는 고기의 출처를 자세히 조사하는 대신에 이 '연약한 자들'이 '온 땅과 그 안에 있는 모든 것은 주님에게 속해 있다'는 기본 원칙에 따라 행동해야 한다는 것이다"(강조는 덧붙여진 것임).[23] 그리고 연약한 양심을 지닌 자들은 "자신들이 먹는 것이 어디서 왔는지 캐묻는 대신에 πάντα μοι ἔξεστιν라는 자유에 대한 복음의 원

---

19) Fee, *First Epistle*, 480.

20) 8:1-11:1에 대한 머리말을 보라. 또한 Schmithals, Jewett, Yeo 및 다른 이들의 가설과 관련하여 해당 이슈에 대한 Fee, Mitchell의 답변과 본 주석서 저자의 유보적 입장을 참고하라.

21) Eckstein, *Der Begriff Syneidesis*, 257-261.

22) Pierce, *Conscience in the NT*, 75; 참조. 60-65 and 75-83; C. Maurer, *TDNT*, 7:915(참조. 898-919).

23) Jewett, *Paul's Anthropological Terms*, 428.

리를 실천하는 것 밖에는 다른 선택권이 없다. 그러나 만약 그들이 그 고기가 희생제물로 바친 것이라는 사실을 알게 된다면[참조. 28-29절] 그들은 자신들의 양심을 더럽히거나 상하게 하지 않기 위해 그것을 먹지 말아야 한다."[24]

이러한 해석과 관련된 어려움은 또 다른 두 가지 해석상의 이견으로 더욱더 심화된다. (2) 과연 διὰ τὴν συνείδησιν은 (a) **고기를 먹는 사람**의 자의식 또는 의식(또는 양심?)을 가리키는가? 아니면 (b) "**먹는 사람**의 양심이 **아니라** 그의 연약한 그리스도인 형제"를 가리키는가?(바레트, 강조는 덧붙여진 것임)[25] 하지만 피어스는 여기서 핵심 이슈는 먹는 사람의 양심에 주어진 잠정적인 고통, 피해 또는 상처라고 생각한다.[26] 이미 복잡한 이슈 (2)에서 언급된 이슈 외에도 세 번째 이견이 나타난다. (3) 과연 συνείδησις는 (a) 양심(피어스, 세븐스터, 스롤), 또는 (b) 자의식(가드너, 마우러, 구치, 호슬리), 또는 (c) 외식(호렐. 참조. 에크슈타인, 윌리스)을 의미하는가? 우리는 8:7에 관한 특별 주해 "양심 또는 자기 인식"에서 이러한 견해에 대해 광범위하게 논의했다.[27] 우리는 호슬리, 구치, 가드너가 제기한 주장의 유효성을 인정하며 해당 논의를 마무리했다.

1, 2, 3에 비추어보면 μηδὲν ἀνακρίνοντες διὰ τὴν συνείδησιν을 왜 단순히 "양심에 대한 질문들을 제기하지 않은 채"(NIV, REB, 실질적으로 NRSV), "양심을 위해 아무런 질문도 제기하지 말고"(AV/KJV), 또는 심지어 "여러분은 양심에 대한 질문들을 먼저 제기할 필요가 없습니다"(NJB) 등으로 번역하는 것이 모두 정도의 차이는 있지만 문제점을 지니고 있으며, 주

---

24) 같은 책.

25) Barrett, "Things Sacrificed to Idols," in his *Essays in Paul,* 46; 참조. 40-59 (rpt. from *NTS* 2 [1965]: 138-153).

26) Pierce, *Conscience in the NT,* 75-78, 80-82; 참조. Maurer, *TDNT,* 7:915.

27) 해당 부분에 관련 자료가 제시되어 있다. 하지만 특히 다음을 참조하라. Horsely, "Consciousness and Freedom ... 1 Cor 8-10," 574-589; Eckstein, *Der Begriff Syneidesis,* 257-261; Willis, *Idol Meat,* 89-96; Gooch, " 'Conscience' in 1 Cor 8 and 10," 244-254; Gardner, *Gifts of God,* 42-54 and 174-176; Horrell, *The Social Ethos of the Corinthian Correspondence,* 105-109 and 146-148.

된 해석학적·사전학적인 이슈를 성급하게 판단한 것인지가 분명해진다. 그런데 2:14-15, 4:3-4, 9:3, 14:24에서 ἀνακρίνω는 "증거를 가려내다, (무엇을) 질문하다, 또는 (질문을 던지지 않고) 판단하다"를 의미한다. 사전학적 증거는 명백하며, 유대인들의 의무 규정에 대한 고든 피의 논평과도 조화를 이룬다.[28] 만약 대부분의 고기가 신전에서 유래했다는 바이스, 콘첼만, 머피-오코너의 견해가 옳다면 이것은 유대인들과 까다로운 사람들이 "부정하지 않은" 물건 공급에 대해 질문을 던지는 것을 훨씬 더 중요한 것으로 만들었을 것이다. 나아가 "양심"이라고 번역한 것은 **판단**의 행위를 ἀνακρίνω에서 συνείδησις로 전환한다. 하지만 συνείδησις에 대한 이슈(앞의 해설 참조)는 이와 다르다. 이것은 아마도 (a) 지나치게 민감한 자의식—곧 "주님"보다 "나 자신"에 대해 지나치게 많이 염려한다는 의미에서—이 문제의 근본적인 원인(διά)인지, 아니면 (b) 이와 정반대로 바울은 이것이 여러분의 자의식과 **아무런 상관이 없기** 때문에 "먹는 것"을 금지한 것인지에 관한 것이다.[29] 실질적으로 (a)와 (b)는 단순히 διά를 설명하고 해설하는 서로 다른 방법이다. 이 두 가지는 모두 **자아에 대한 지나친 관심**은 그리스도께서 주님으로서 자신에 대한 책임을 지는 것에서 오는 자유와 타협해서는 안 된다는 것을 의미한다. **자아**에 대해 지나치게 고민하며 염려하는 것은 그리스도인의 **자유**를 훼손하며, 일종의 **도덕주의에 다시 종속시킬** 위험성이 있다.[30] "여러분의 자의식 때문에"라는 번역은 다음 두 가지 중 하나를 허용할 것이다. (a) 가드너는 "자의식이 더 이상 타당하지 않기 때문에"라는 번역을 선호한다. (b) 우리는"자아와 양심의 가책에 대해 지나치게 몰두하는 것 때문

28) Fee는 다음과 같이 주장한다. "몇몇 경우에 진정으로 유대인들에게는 과연 마켈룸에서 판매하는 고기가 이전에 우상들에게 바친 희생제물이었는지 검사하는 것이 요구되었을 가능성이 있다"(Fee, *First Epistle*, 481).

29) Gardner, *Gifts of God*, 175. 그는 διὰ τὴν συνείδησιν에 대한 이 해석을 선호한다.

30) 과연 자의식이 **다른 사람**과 상관이 있는지에 대해서는 28-29절에서 다루는 것이 더 좋을 것이다. 거기서 이 이슈가 명백하게 드러날 것이다. 25절에서 Barrett의 견해를 따르는 것은 불필요하게 복잡하다. 과연 이 편지의 수신자들은 Barrett가 추측하는 방법으로 이 절을 이해하는 것을 기대할 수 있었을까?

에"라는 의미의 번역을 제안한다.

시 24:1의 인용은 다음 세 가지 기능을 수행한다. (1) 이것은 자아와 지나치게 까다로움에서 오는 불안감을 떨쳐버리고 모든 것에 대한 절대 주권자가 바로 주님이심을 기억하게 만든다. (2) 이것은 염려하는 이들에게 다음과 같은 사실을 상기시킨다. 즉 이방 신전에서 나온 것이든 아니든 간에 이것은 여전히 **하나님의 창조세계**에 속한다. (고전 8:1-6에서 언급하듯이 신들이라고 불리는 대상이 아니라) 하나님이 절대 주권자로서 온 세상을 통치하신다.[31] 이 절은 막 7:19의 καθαρίζων πάντα τὰ βρώματα와 비교될 수 있을 것이다. (3) (바레트과 함께) 이것은 특별히 하나님이 은혜로 주시는 좋은 것은 모두 주님이 주시는 것이며 감사하며 받아들여야 한다는 것을 암시할 것이다. 주님이 허락하거나 주지 않은 것은 아무것도 없다. 바레트는 시 24:1이 유대교에서 감사 기도로 사용되었음을 입증하는 증거는 전혀 없지만, 이 절은 식탁에서는 감사 기도를 드려야 한다는 주장을 지지해줄 만한 함의를 내포하고 있다고 주장한다. τὸ πλήρωμα αὐτῆς, "그것의 충만함"(NRSV)은 가득한 것, 곧 그 안에 있는 모든 것(참조. REB)을 가리킨다. 때때로 학자들은 이 권면이 사도행전 15장의 결정과 모순된다는 주장을 제기한다. 위더링턴은 이에 대한 다양한 답변을 고려하지만, 고린도전서는 사도행전에 반영된 어떤 **공적인** 지침보다 시기적으로 앞선다고 결론짓는다.[32] 하지만 그는 여기에는 복잡한 문제들이 내포되어 있음을 보여주면서 지나치게 성급한 판단에 주의할 것을 권면한다.

27절 이 절의 후반부는 번역 및 해설과 관련하여(25-26절에 대한 주해 참조) 앞 절에서 논의된 이슈들을 재차 언급한다. 이 절의 상반절은 시장에서 고기를 사는 것이 아니라 식사에 초대를 받는 경우를 소개한다. "만약 어떤 불신자"(REB) 또는 "만약 어떤 불신자들"(NIV)이라는 번역은 εἴ τις

---

31) Collins, *First Cor*, 387.

32) Witherington, "Not So Idle Thoughts about *Eidolothuton*," *TynBul* 44 (1993): 237-254, esp. 252-254. 신약성경에서 행 15장만이 타당한 본문은 아니다. 참조. 막 7:19(앞에서 이미 인용했음); 행 10:15 등.

καλεῖ ὑμᾶς τῶν ἀπίστων이 의도하는 의미를 온전히 전달하지 못한다. 왜냐하면 복수 명사 ἀπίστων은 이 편지 수신자들에게 다음과 같은 내용을 상기시켜줄 수 있기 때문이다. 즉 여기서는 집주인의 신분만이 아니라 초대를 받는 그리스도인이 당시의 문화와 사회종교적 관습을 따르는 이방인의 집으로 들어가는 것이 중요한 문제로 제기된다. 그 집에서 제공하는 고기는 거의 틀림없이 이전에 어떤 신전에서 제물로 바쳐진 것일 개연성이 매우 높다. 왜냐하면 그 집주인은 좋은 품질의 음식을 제공할 것이기 때문이다. 또한 "당신을 초대한다면"(NIV, REB, NJB. NRSV)이라는 번역은 καλεῖ ὑμᾶς(복수, 여러분)의 의미를 제대로 드러내지 못한다. 로버트슨과 플러머는 ὑμᾶς를 "여러분 가운데 몇몇"이라고 번역할 것을 제안한다. 이 표현은 바울이 아마도 또 다른 신자가 그 자리에 있을 수 있는 장면을 염두에 두고 있음을 독자들에게 상기시켰을 것이다. 이 절에서 말하는 기본 원칙은 (i) 언약의 관점에서 하나님께 신실하지 못하거나 (ii) 어떤 행위를 통해 동료 신자에게 해를 끼치지 않는 한, 복음의 자유를 누리며 산다고 말할 수 있다. "여러분 앞에 차려놓은 것은 무엇이든지(πᾶν τὸ παρατιθέμενον ὑμῖν) 먹으십시오"(현재 명령형)는 25절의 πᾶν τὸ ἐν μακέλλῳ πωλούμενον ἐσθίετε와 평행을 이룬다. 또한 25절에서처럼 이 절에서도 μηδὲν ἀνακρίνοντες διὰ τὴν συνείδησιν이 문장의 맨 끝부분에 나타난다. 25b에서 논의한 해석학적·언어학적인 이슈들은 여기서도 똑같이 적용된다. 한 가지 차이점은 이 절에서는 이방인 집주인과 그리스도인 손님이라는 이중적인 배경이 소개된다는 점이다. 이 배경은 바울이 이어지는 두 절 또는 세 절에서 다루려는 문제를 복잡하게 만든다.

28-29a절 (1) 후대 사본들, 크리소스토모스, 공인 본문은 "왜냐하면 '온 땅과 그 안에 있는 모든 것이 주님의 것'이기 때문입니다"를 삽입한다. 이것은 초기 주요 사본(예. א, A, B, C, D, F, G, 33, 불가타)에서 발견되지 않는다. 따라서 이것은 분명히 26절에서 유래한 것이다. 또한 이 입장은 더 짧은 독법이 원문으로 선호된다는 원칙과도 일치한다. 만약 이 부분이 원문에 포함되어 있었다면 그것을 생략해야 할

만한 좋은 이유가 전혀 없다.[33] 오직 AV/KJV만 이 부분을 본문에 포함한다. (2) C, D, E, F, G는 원문 ἱερόθυτον 대신 εἰδωλόθυτον를 포함하지만, 이방인 집주인이 사용했을 것으로 추측되는 이 단어는 원문으로 잘 나타나 있다.

그리스어 가정법 ἐὰν δέ τις ὑμῖν εἴπῃ는 단지 가정적인 상황이나 기껏해야 흔치 않은 상황을 상정한다. 따라서 우리는 "하지만 만약 어떤 사람이…말하면"이라고 번역한다.[34] 또한 우리는 현재 시제 부정 명령형 μὴ ἐσθίετε도 주목할 필요가 있다. 왜냐하면 이 표현은 "계속해서 먹지 말라"가 아니라 "먹지 않는 것을 습관으로 만들다"를 뜻하기 때문이다.[35]

해석상의 주요 문제점은 τὸν μηνύσαντα, "여러분에게 알려준 사람"이 과연 누구인지 정확하게 알 수 없다는 것이다. 교부 시대의 많은 저자들은 이 사람이 불신자였을 것이라고 추측했다. 이방 종교에 속한 사람은 유대인들과 그리스도인들이 εἰδωλόθυτον이라고 부르는 것을 ἱερόθυτον이라고 묘사한다는 것에 근거하여, 오리게네스가 분명하게 주장하듯이, 어떤 이들은 아마도 그가 집주인일 것으로 생각했다(오리게네스가 사용한 어휘와 켈소스가 사용한 어휘를 비교해보라).[36] 크리소스토모스, 테오필락투스, 에라스무스는 여기서 τις는 이교에 속한 이방인이며, 그는 아마도 적대감을 품고 기독교 신자들을 난처하게 만들려고 이렇게 행동했을 것이라고 믿는다.[37] 바이스는 특히 τις가 27절과 관련이 없기 때문에 "τις의 정체성은 그렇게 확인되지

---

33) Metzger는 세 가지 논점을 제시한다. 참조. Metzger, *Textual Commentary,* 2d ed., 495. UBS 4판은 더 짧은 독법을 "A"로 분류한다. 이것은 원문이 "확실하다"는 것을 의미한다.

34) 참조. Meyer, *First Epistle*, 1:309, If *it* should *so happen that* someone …. 참조. Conzelmann, *1 Cor,* 177.

35) Robertson and Plummer는 이렇게 이해한다. 참조. Robertson and Plummer, *First Epistle,* 222. 한편 더 최근의 저자들은 헬레니즘 그리스어는 더 유동적으로 표현되었기 때문에 여기서 명령법 부정과거를 예상했을 것이라고 주장한다. (25절과 엄밀하게 평행을 이루는 것을 지지하는 입장은 조건절의 직설법[25절]과 가정법 사이의 차이점에 비추어볼 때 설득력이 없다.)

36) Origen, *Contra Celsum,* 8:21. 오리게네스는 켈소스가 거룩한 것이 무엇인지 알지 못하여서 ἱερόθυτον이라고 부르는 것을 εἰδωλόθυτα 또는 δαιμονίοθυτα라고 부른다.

37) Chrysostom, *1 Cor. Hom.* 25:2.

않았을 것이므로 그는 분명히 집주인이 아니다"라고 단언한다.[38] 더욱이 그는 어떤 그리스도인이 이 배경에서 다른 그리스도인에게 호의적으로 경고하기 위해 ἱερόθυτον을 사용했다는 것은 이해할 만하다고 주장한다. 하인리치는 τὴν συνείδησιν이 지닌 의미에 근거하여 이 단어가 분명히 동료 그리스도인에게 적용되었다는 같은 결론에 도달한다. 또한 로버트슨과 플러머도 같은 부분을 강조한다.[39]

두에인 왓슨(Duane F. Watson)은 수사학적인 접근 방법을 통해 이 절의 의미를 더 분명하게 밝힌다. 그는 이 방법을 통해 논리, 구조, 수사법이 27-29a에 대한 접근 방법을 25절에 대한 접근 방법과 얼마나 밀접하게 연결해주는지를 보여준다. 즉 "관심을 기울이지 않는 양심"이 공통적인 주안점을 표현한다는 것이다.[40] 따라서 29절에서 바울이 분명하게 말하듯이 καὶ τὴν συνείδησιν은 바울이 말하고 있는 사람의 입장에서 진정한 "양심"이 아니라 그 고기의 출처가 어디인지에 관심을 기울이는 사람의 자의식(또는 아마도 양심)을 의미한다. 따라서 여기에 내포된 윤리 원칙은 "내 양심"이 아니라 (8:7-13; 10:23-11:1의 경우와 마찬가지로) **다른 사람의 행복**이다.[41]

우리가 예상했듯이 이것은 정확하게 설명할 수 있다. 29a에 기록된 바울의 말은 이것을 확인해준다. 여기서 관심사는 **자기 자신이 아니라**(οὐχὶ τὴν ἑαυτοῦ) 다른 사람(ἀλλὰ τὴν τοῦ ἑτέρου)의 행복이다. 몇몇 저자들은 여기서 ἑαυτοῦ가 σεαυτοῦ를 대신하는 것으로 본다. 즉 "당신 자신의 것이 아니다"를 의미한다는 것이다.[42] 하지만 바레트는 "더 일반화된 의미로서…자기 자신이 더 좋은 번역이다"라고 주장한다.[43] 한편 "다른 사람의 양심"(NRSV)

---

38) Weiss, *Der erste Korintherbrief,* 264-265.

39) Heinrici, *Das erste Sendschreiben,* 287-288; Robertson and Plummer, *First Epistle,* 221.

40) Watson, "1 Cor 10:23-11:1 in the Light of Graeco-Roman Rhetoric: The Role of Rhetorical Questions," 305-306; 참조. 301-318.

41) 같은 책, 306. Watson은 이 사람이 이교도일 가능성에 대해 Heinrici와 Weiss보다 덜 부정적인 입장을 취한다. 이교도라면 신앙을 이렇게 진지하게 고려하지 않았을 것이다(이것은 크리소스토모스의 논증에 매우 가깝다).

42) 예를 들면, Edwards, *First Epistle,* 264.

43) Barrett, *First Epistle,* 242.

또는 "여러분의 양심이 아니라 그의 양심"(REB)이라는 번역은 우리를 이전에 진행한 긴 논쟁, 즉 συνείδησις의 의미에 대한 피어스, 세븐스터, 주이트의 입장이 옳은지, 아니면 구치, 호슬리, 에크슈타인, 가드너의 견해가 옳은지에 대한 질문으로 이끈다. 만약 후자가 옳다면 바울은 여기서 "연약한" 동료 그리스도인이 자의식 때문에 상처받을 수 있다고 말하고 있는 것이다. 이 경우에 그의 자의식은 갈등하게 되고 자기모순을 감지하거나 자아 정체성에 대한 위기를 느끼게 된다. 설령 자아에 대한 그의 의식이 사랑과 가르침을 통해 더 많은 확신을 가질 필요가 있다 하더라도, 그의 이러한 의식은 반드시 존중받아야만 한다. 이 모든 것은 이른바 "양심"의 자율성이 아니라 **다른 사람에 대한 관심과 배려**라는 윤리의 일부분을 형성한다.

29b-30절 바레트와 피는 29b-30절의 문제점을 "악명 높을 정도로 어렵고" "매우 중요한 핵심"이라고 묘사했다.[44] 주요한 저자들은 이 절들에 대해 적어도 여섯 가지 가능한 설명을 제시했다. 하지만 우리의 판단에 의하면 가장 주도면밀하고 설득력 있는 설명은 이 문제점들의 수사학적인 기능을 다룬 두에인 왓슨의 논문에서 찾을 수 있다.[45] 왓슨은 다른 모든 제안을 상세하게 검토하고 나서 다음과 같이 설득력 있게 결론짓는다. 이러한 수사학적인 질문은 요약, ("강한 자들"의 입장의 취약점에 초점을 맞춘) 논증 및 방책의 제안이라는 다층적인 기능을 수행한다. 일단 수사학적인 구조와 기능을 파악하고 평행 본문들에 주목하면 갑자기 2인칭에서 1인칭으로 바뀐 것과 모호한 것처럼 여겨지던 질문들은 이제 더 이상 문제가 되지 않는다.[46]

(1) 바이스는 이 절들이 후대 필사자가 삽입한 일종의 난외 주석이라고 주장한다.[47] 많은 저자들은 이 견해를 받아들이지 않았다. 왜냐하면 그것

44) Barrett, *First Epistle,* 242; Fee, *First Epistle,* 486.

45) Watson, "1 Cor 10:23-11:1 in the Light of Greco-Roman Rhetoric: The Role of Rhetorical Questions," 301-318, esp. 308-318.

46) "해결 방법의 다양성"과 "어떤 견해도 전적으로 만족스럽지 않다"는 Fee의 논평을 참조하라(Fee, *First Epistle,* 486).

47) Weiss, *Der erste Korintherbrief,* 265-266.

은 사고의 불연속성으로 추측되는 것을 단순히 다른 사람의 손이 개입한 것으로 돌리기 때문이다. 만약 우리가 이 필사자의 동기와 목적을 설명할 수 있다면 바울이 제기한 질문들에 대해 설명하는 것이 왜 더 어려운 과제로 남아 있을까?(우리가 그 질문들은 단순히 불필요한 마지막 수단의 가설인 오해의 모순을 드러낸다고 추측하지 않는 한)

(2) 널리 알려진 견해(리츠만, 말리, 메르크, 클라우크)는 바울이 "강한 자들"의 반론을 예상하고 그것을 디아트리베(diatribe) 문체로 표현한다는 것이다.[48] 여기서 한 가지 중요한 난제가 등장한다. 만약 바울이 디아트리베 문체를 사용한다면 우리는 일반적으로 수사법의 다음 단계로서 어떤 "답변"이 제시될 것을 예상해야 한다. 하지만 바레트가 지적하는 바와 같이 여기서 그러한 답변은 주어지지 않는 듯하다.[49] 나아가 바이스, 알로, 슈라게는 접속사 γάρ보다는 대조에 관한 것에서 또 다른 문제점을 발견한다.[50]

(3) 머피-오코너는 세밀한 논의를 통해 사실상 정반대의 견해를 제시한다. 다른 저자들 가운데 특별히 에링, 흐로세이데, 리처드슨도 이 견해를 지지한다. 바울은 약한 그리스도인들의 양심의 가책을 누그러뜨리는 것을 통해 "약한" 그리스도인들에게 말하고 있다는 것이다. "강한 자들의 양심은 부담을 느낄 필요가 없다. 왜냐하면 약한 자들의 양심만이 부담을 느끼고 있기 때문이다. 하지만 그러한 양심은 자유롭다."[51] 에링의 견해에 의하면 "사도 바울은 약한 자들을 존중하기 위해 **한계**를 설정하려고 한다"는 것이다(강조는 덧붙여진 것임).[52] 머피-오코너는 바울이 "강한 자들"의 "욕

---

48) Lietzmann, *An die Korinther,* 51-52; Wendland, *Die Briefe,* 83-84; Pierce, *Conscience,* 78; Maly, *Mündige Gemeinde,* 152-153; Merk, *Handeln aus Glauben,* 129-130; R. Bultmann, *Der Stil der paulinischen Predigt und die Kynisch-stoische Diatribe,* FRLANT 13 (Göttingen: Vandenhoeck & Ruprecht, 1910), 10-13, 67-68; Klauck, *1 Kor,* 76-77.

49) Barrett, *First Epistle,* 243; Watson, "1 Cor 10:23-11:1," 309; Willis, *Idol Meat,* 247; Fee, *First Epistle,* 486, n. 52.

50) Schrage, *Der erste Brief,* 2:471(Klauck는 Watson의 설명에 여지를 남겨둔다). 참조. Allo, *Première Épitre,* 250; Weiss, *Der erste Korintherbrief.*

51) Grosheide, *First Epistle,* 243.

52) Héring, *First Epistle,* 99. 참조. P. Richardson, *Paul's Ethic of Freedom* (Philadelphia:

망"(특히 8:7-13; 10:1-22)뿐만 아니라 자기만족적인 자기 의로 기울어지는 감정을 제공하는 "약한 자들"의 절제(29b-30절)에 대해서도 경고한다고 주장한다.[53] "약한 자들은 자신들이 느낀 것을 다른 사람에게 투영하기 때문에 그들도 똑같이 비난받아야 한다. '내 자유가 다른 사람의 양심에 의해 판단 받는 것에 종속되어 있다면 그것이 어떤 유익한 것을 빚어내겠는가?'(10:29) 다른 사람들[곧 '강한 자들']에게서 가장 나쁜 것을 전제하는 것은 그리스도인의 자세가 아니다."[54] 그럼에도 왓슨을 비롯하여 다른 학자들은 이러한 질문의 기능을 이해하는 것과 9:19-23에서 바울이 자유 제한을 승인한 것, 그리고 특히 8:11-13; 10:24에서 바울이 "약한 자들"을 강력하게 지지한 것을 서로 조화시키는 데 어려움을 느낀다.[55]

(4) 바울은 만약 어떤 사람이 다른 사람의 양심을 위해 먹는 것을 삼간다면 그것은 자유를 잃어버리는 것이 아니라고 설명하고 있다. "자유로운 그리스도인은 단지 고기를 먹는다는 사실 때문에 양심이 자신이 무언가 나쁜 행위를 하고 있다고 생각하도록 허용해서는 안 된다.…다른 사람의 양심에 해를 끼치지 않기 위해 그는 고기를 먹는 것을 삼갈 수 있다. 그러나 그는 마음속으로 자신이 이 음식을 먹을 권리가 있다는 사실을 알고 있다."[56] 마이어와 콘첼만도 이 접근 방법에 동의한다. "엄밀히 말하자면 나는 하나님께 감사하며 무엇이든 먹을 수 있고 즐길 수 있다.…양심은 주관적으로 이해된다."[57] 이 접근 방법은 일부 타당하지만, συνείδησις가 스토아학파 또는 현대적인 의미에서 **양심**을 가리키는 것으로 이해하고 해당 질문들의 수사학적인 기능이 명료하게 설명되지 않는 한, 그 타당성도 제한적일 수밖에 없다(아래 참조).

(5) 다섯 번째 접근 방법은 이것과 밀접하게 연결되어 있으며, 부분적

Westminster, 1979), 129.

53) Murphy-O'Connor, "Freedom or the Ghetto," 543-574, esp. 555-556, 570-571.

54) Murphy-O'Connor, *1 Cor,* 117.

55) Watson, "1 Cor 10:23-11:1," 310.

56) Orr and Walther, *1 Cor,* 256.

57) Conzelmann, *1 Cor,* 178; 참조. Meyer, *First Epistle,* 2:312.

으로 ἱνατί를 "어떤 좋은 목적에 도움을 줄 것인가?" 또는 "어떤 목적을 위해?"(핀들레이), "무엇을 위해?"(바레트), "여러분은 어떤 좋은 것을…얻을 것입니까?"(고데, 로버트슨과 플러머), "왜?"(NRSV, NIV, NJB) 또는 "무엇"(REB) 등 어떻게 번역하느냐에 달려 있다. 예를 들면 고든 피는 "사실상 그것은 핀들레이가 '어떤 좋은 목적에 도움을 줄 것인가?'라고 번역하는 것을 말하지 않는다"라고 단호하게 주장한다. 오히려 그것은 "무슨 이유로"를 의미한다는 것이다.[58] 하지만 나이젤 터너는 결과, 설명의 영역에서 목적의 영역에 이르기까지 ἵνα의 매우 광범위한 의미 영역에 대해 논의한다. 심지어 모울(C. F. D. Moule)은 이 접속사가 "왜"를 뜻한다고 간략하게 언급하며, 그것은 ἵνα τι γένηται를 나타낸다는 것을 인정한다. 바로 이에 근거하여 핀들레이, 로버트슨과 플러머 등 다른 학자들은 이 구문 안에서 "유익" 또는 "목적"의 뉘앙스를 포착한다.[59] BDF는 1인칭으로 바뀐 것은 대체로 보편적인 원리를 설명한다고 지적한다. 미첼(M. M. Mitchell)은 이것을 이 부분에서 일종의 수사법적인 유익으로 인식했다.[60] 우리의 견해에 의하면 (콜린스와 더불어) "왜" 또는 "무엇을 위해"는 같은 의미로 받아들일 수 있는 번역이다. 하지만 우리는 단지 γάρ의 의미를 보존하기 위해 "왜"라고 번역했다. 이에 기초한 바울의 의미는 "**만약** 내가 그것을 통해 내 인격이 손상된다면 내 자유에 대해 양해를 구하는 것은 어떤 유익이 있습니까?"일 것이다.[61] **"만약** 내가 먹든지 마시든지 **그것이 진정으로 문제가 되지 않는다면 왜 나는 불필요한 문제점을 초래하는 길을 선택하겠는가?** 만약 내가 문제를 **일으키지 않는 것을** 선택할 수 없다면 무엇이 "자유"의 핵심인가?

윌리스는 이 접근 방법을 그 누구보다도 아주 명확하게 잘 표현해주

58) Fee, *First Epistle,* 486, n. 52 and 487, n. 55; Findlay, *Expositor's Greek Testament,* 2:869.

59) N. Turner, in MHT, *Grammar,* 3:102-105; Moule, *Idiom Book,* 139. 참조. Godet, *First Epistle,* 2:98-99; Robertson and Plummer, *First Epistle,* 222-223.

60) BDF, sect. 281.

61) βλασφημοῦμαι가 "명예[인격]가 손상되다"를 의미한다는 것에 대해서는 BAGD, 142-143을 보라.

었다.[62] 핀들레이는 "자유를 주장하여 얻게 될 유익 대신에…명백한 해로움이 발생한다"고 논평한다.[63] 로버트슨과 플러머는 롬 14:16과 고전 8:8을 비교한다. 하지만 고든 피는 κρίνεται가 가정법이 아니라 직설법이라는 점을 올바르게 지적한다. 우리는 앞에서 BAGD가 "인격이 손상된다"는 번역을 지지한다고 말했다. 기원후 1세기 고린도에서 사회생활의 토대가 되는 명예-수치의 범주에 비추어보면 이 동사가 지닌 뉘앙스는 중요하다(31절의 주해에서 J. H. 네이레이와 다른 학자들의 견해를 언급하는 문맥을 참조하라). 인격의 손상은 소위 그리스도인의 신앙과 실천이 일치하지 않기 때문에 발생할 것이다.

이 다섯 번째 접근 방법은 해당 본문의 후기 해석 역사에서 계속 등장하므로 특별히 주목할 만하다. 칼뱅은 이 이슈들을 신중히 논의하고 나서 다음과 같이 결론짓는다. "바울은 만약 우리가 저마다 원하는 대로 자유를 활용한다면 그것은 우리의 이웃이 걸려 넘어지게 할 것이다. 또한 그 결과로…하나님이 주신 이 진귀한 선물은 비난을 받을 것이며, 그것을 잘못 사용함으로써 우리의 자유가 손상될 것이라고 진지하게 경고한다."[64] 항상 그렇진 않지만 종종 그러하듯이 칼뱅은 여기서 크리소스토모스의 견해를 따른다. 또한 이 견해는 암브로시아스터, 히에로니무스, 토마스 아퀴나스를 비롯하여 아래에서 언급할 다른 저자들의 저서에서도 찾아볼 수 있다. 또한 최근에 저술된 랑(Lang)의 주석서도 이 견해를 따르고 있다.[65]

(6) 왓슨은 설령 사법적·과시적 수사법이 9장에서 어떤 역할을 한다

62) Willis, *Idol Meat,* 249; Hurd, *Origin of 1 Corinthians,* 130-131. Hurd는 이것은 고린도에서 바울이 처신한 것을 암시할 가능성이 있다고 추측한다(이것은 1인칭이 사용된 것을 다른 방법으로 설명해줄 것이다). 또한 참조. Ruef, *First Epistle,* 102-3; Kistemaker, *1 Cor,* 356; Collins, *First Cor,* 388.

63) Findlay, *Expositor's Greek Testament,* 2:869.

64) Calvin, *First Epistle,* 224.

65) Chrysostom, *1 Cor. Hom.,* 25:2; Jerome, *Comm. ad 1 Co,* in Migne, *PL.,* 30:748 C-D; Thomas Aquinas, *Lect. 1 Cor,* 579-580; Estius, *In omnes D. Pauli epistolas,* 581; Bengel, *Gnomon,* 642(다른 한편으로 Bengel은 네 번째 접근 방법도 허용한다); Allo, *Première Épitre,* 250-251; 또한 더 느슨하게 Lang, *Die Briefe,* 131-132.

하더라도, 8:10부터 11:1까지의 주요 장르는 심의적 수사법이라고 설득력 있게 주장한다.[66] 10:1-22은 부정적인 경고를 제시하거나 유익을 제공하기 위해 착각을 불러일으키게 하는 방법으로 나타났을 가능성에 대한 논박(*refutatio*)을 제시한다. 하지만 바울이 수사학적인 질문을 활용한 것은 수신자들이 이 이슈에 대해 스스로 재고하도록 강권한다. 수수학적인 질문은 이미 말한 것을 다시 요약해주며, 10:31-11:1을 예비한다. (또한 미첼이 종종 주장하듯이) 대부분의 심의적 수사법에서 이러한 질문은 정책의 변화를 가져오기 위해 심사숙고하도록 유도한다. 그렇다면 고대 그리스-로마 본문(특히 키케로와 퀸틸리아누스)에서 나타나는 수사학적 질문과 바울의 문체(특히 고전 8-10장)에 대한 왓슨의 연구는 사실상 두 번째 접근 방법(리츠만, 말리, 벤트란트 등)에 어느 정도의 타당성을 제공한다(즉 바울은 "강한 자들"의 자세에 반대하는 말을 한다). 따라서 그것은 다섯 번째 견해와 연결할 수 있으며, γάρ를 (반의[反意] 접속사가 아니라) 전후 문맥을 연결하는 접속사로 이해하고, 디아트리베 질문에 왜 "답변"이 주어지지 않는지를 설명할 수 있게 한다. 그는 (스토워스와 더불어) 바울의 수사법 중에 실질적으로 디아트리베가 얼마나 많은지에 대해 질문한다. 왓슨은 시기적으로 미첼보다 먼저 논의하면서 이러한 수사학적인 질문이 오히려 심의적 수사법의 일부임을 확인한다. 즉 이 수사법은 여기서 다음과 같은 기능을 한다. (i) (비유적인 표현 양식을 취할 수 있는) 요약 설명, (ii) 논쟁, (iii) 정책 제안, (iv) 질의, 그리고 종종 (v) 아이러니 등이다.[67] 바로 이 점에 근거하여 바울은 γάρ를 사용하여 8:7-13, 9장, 10:11-11:1(특히 10:23-11:1)에서 주요 강조점을 요약한다. 그리고 이 질문들은 스스로 답변을 제시한다. 왜냐하면 (1)과 (5)의 견해가 가리키듯이 이 질문들은 세 장의 핵심 내용을 요약하기 때문이다. 한편으로 **신자들은 "자유롭지만"**, 다른 한편으로는 **다른 사람들의 행복에 대한** 관심과 배려가 다른 어떤 것보다 우선권을 지니고 있다. 특별히 이 절들은 "정책 제안에 뒤따르는

66) Watson, "1 Cor 10:23-11:1," 302-303.

67) 같은 책, 특히 311-318.

내용 요약"을 구체적으로 드러낸다.[68)]

이것은 (1) 견해—바울 이후에 이 구절이 주석으로 삽입되었다는 이론(바이스)—와 (3) 견해—"약한 자들"에 대한 권고(머피-오코너)—의 필요성을 배제한다. 왜냐하면 이것은 세 장의 주된 취지가 아니기 때문이다. 한편 구치, 가드너, 호슬리와 더불어 왓슨은 양심에 대한 그리스 또는 현대 개념을 바울에게 적용하기를 주저하는데, 그의 입장은 옳다. 이것을 제외하면 이론상 (4) 견해도 포함될 수 있다. 왜냐하면 자기 인식 또는 자아의식은 도덕적으로 중립적인 의미에서 바울의 특징적인 개념보다 더 적절하며, 이 절들에 대한 주해와도 잘 어울리기 때문이다. 따라서 젠프트와 더불어 이 절들에 대한 어떤 결론을 내리지 않고 단순히 다양한 견해를 나열하거나 이 절들의 난점과 관련하여 피의 비관주의에 동의하는 것은 필요치 않다.[69)]

하지만 우리는 남아 있는 몇 가지 이슈도 다루어야 한다. 크리소스토모스, 테오필락투스, 그로티우스를 비롯하여 다수의 초기 주석가들은 χάριτι μετέχω라는 표현이 하나님의 **은혜**를 받는 것을 가리키는 것으로 해석한다. 하지만 이 식탁의 정황은 "**온 땅**과 그 안에 있는 모든 것은 **주님의 것**"(26절; 참조. 시 24:1, 우리가 식사 때마다 주님께 감사해야 할 이유 중 하나다)이라는 인용문과 더불어 바울이 여기서 **음식에 대해 하나님께 감사하는 것**을 암시한다는 점을 분명히 한다. 이교도의 집에서 그리스도인은 큰 소리로 "감사 기도"를 하지 않을 수도 있지만, 그는 마음속으로 하나님께 감사하며 식사를 했을 것이다.[70)] 30절의 마지막 네 단어인 ὑπὲρ οὗ ἐγὼ εὐχαριστῶ는 다음과 같은 점을 반복한다. 만약 지나치게 양심의 가책을 느끼는 동료 신자가 좋은 것

68) Watson, "1 Cor 10:23-11:1," 318; Collins, *First Cor,* 388.

69) Senft, *Première Épitre,* 138; Fee, *First Epistle,* 485-497, esp. n. 52; Schrage, *Der erste Brief,* 2:471-473. Schrage는 Watson의 견해에 가깝지만, 수사학적인 이슈에 대해서는 특별한 언급을 하지 않는 것 같다.

70) 그러나 εὐλογέω와 같이 음식을 직접 목적어로 삼는 몇몇 그리스어 동사는 **하나님**을 첫 번째 목적어로 삼을 것이다. 곧 신자들은 (음식을 축복하지 않고) 하나님의 은혜로운 선물**에 대해 하나님**을 축복한다. 히브리어에 대한 그리스어 번역은 이중 목적격을 취할 것이다. 이 경우에 **하나님**은 종종 명시적이기보다는 암시적으로 언급된다.

(또는 적어도 도덕적으로 중립적인 것, 여기서는 귀신들이 아니라 주님으로부터 온 것이기 때문에)에 대해 감사할 수 없다면 적어도 나는(ἐγω) 그것에 대해 감사하며 먹을 자유가 있다. 왜냐하면 그것은 하나님이 지으신 선한 피조물의 일부이기 때문이다. "나는 적어도" 그것에 대해 하나님께 감사한다. 따라서 바울은 자신이 "권리"와 "자유"에 대해 말한 모든 것 가운데 어떤 것도 취소하지 않고 이를 재차 반복한다(참조. 왓슨). 그는 또한 동시에 "강한 자들"에게 다음과 같이 대답한다. 만약 여러분의 자유를 **활용**할지 말지 선택하는 것이 여러분에게 달려 있다면 여러분은 **상처를 최소화하는 것을 선택하여 다른 사람을 사랑하고 존중하는 것**을 보여주는 것이 더 좋다. 여러분은 다른 사람들의 양심에 스스로 갇힘으로써 여러분의 자유를 타협하는 것이 아니다. 오히려 정반대다. 여러분은 **여러분의 자유를 활용하여** 다른 사람들을 돕고 복음의 정신을 올바르게 따르는 것이다. 그렇게 하지 않는다면 여러분은 여러분의 개인적인 욕망과 편견에 사로잡히게 될 것이다.

이 절은 아우구스티누스와 펠라기우스, 루터와 에라스무스, 그리고 시대마다 사람들이 논쟁의 대상으로 삼는 자유의 본질과 관련하여 심원한 함의를 내포하고 있다. 하지만 동시에 이 절은 막대한 돈을 부동산이나 사치품을 사는 데 투자할 것인지 또는 어떤 특별한 상황에서 술을 마실 것인지 등과 같은 현실적인 문제에 대해 웅변적으로 말한다. 한편으로 그리스도인은 자유로운 자다. 따라서 이러한 것은 다른 사람이 판단할 대상이 아니다. 그리스도인은 스스로 판단하고 결정해야 한다. 그러나 다른 한편으로 이러한 사항이 **다른 사람들**의 자기 인식(자기 확신, 쉽게 상처받음, 견고하지 못함, 부정적인 반응)에 충격을 주거나 영향을 미칠 것인지에 대해서는 항상 스스로 자문해야 한다. 이것은 반드시 하나님이 허락하신 **자유**를 어떻게 **건설적으로 활용해야** 할지를 놓고 신자들이 결정을 내리는 데 부분적이지만 중요한 역할을 해야 한다. 수사학에 대한 왓슨의 논증은 바울이 다음 장에서 제기하는 이슈에 대해 심사숙고할 때 그가 이 모든 사고를 잊지 않고 있음을 알려준다. 이어지는 네 절은 이 문제를 더 자세하게 설명한다.

31-32절 D, F, G는 31절에서 ἀπρόσκοποι 직후에 γίνεσθε를 배치한다.

하지만 어떻게 이 난외 주석이 생겼는지는 이해할 만하며, UBS의 텍스트는 원문으로 간주할 만하다.

콜린스는 31-33절이 "심의적 수사학에 기초한 호소에서 결론의 특성"이 있다고 말한다.[71] 삼중적 논증은 8-10장의 내용을 요약해준다. BDF는 생략법(ellipsis)의 한 가지 사례로 31절의 εἴτε τι ποιεῖτε를 분명하게 제시한다. 여기서 "'다른…'의 개념이 생략된 것은 ποιεῖτε와 관련된 전형적인 그리스어 표현(ἄλλο, '다른 무엇이든지')이다."[72] 분명히 바울은 바로 앞에서 식탁에서 음식을 함께 먹거나 마시는 사람은 이 좋은 것에 대해 마음속으로 하나님을 축복하며 그분께 감사한다고 말했다. 아우구스티누스가 주장하듯이 하나님이 선하게 지으신 창조세계는 결코 하나님에 대한 열망을 대신하는 대체물이나 모조품이 되어서는 안 된다. 사람들은 하나님이 은혜로 주시는 선물 안에서 그것을 통해 그것에 대해 하나님께 영광을 돌리게 하는 어떤 동기를 발견하는 대신에 그것을 하나님을 대신하여 탐하거나(앞에서 ἐπιθυμία에 대한 설명 참조) 바라는 대체물 또는 모조품으로 삼는다. 동시에 바울은 바로 앞에서 깊이 생각해보아야 할 어떤 사례—곧 어떤 사람을 다른 사람과 구별하는 것으로서 무언가 다르게 행동하는 것이 과연 옳은지—를 설명했다. 여기서도 그는 만약 어떤 것이 순전히 "약한 자들"의 자기충족적인 관심사로서 그들의 지나친 양심의 가책에 근거하여 결정된다면 절대 그것을 해서는 안 된다고 설명했다. 그것은 오직 다른 사람들의 **행복을 위해서만 행해져야 하며**, 그렇게 해야 복음의 자유를 올바르게 **활용**하는 것이다(30절에 대한 주해 참조). 이것은 복음을 철저하게 실천하고자 하는 관심에서 나온 것이며 전혀 다른 것이다. 이러한 행위는 그리스도가 하나님의 영광을 나타내는 행위에 초점이 맞추어진다. 그리스도 안에서 하나님은 "다른 사람들"의 유익을 위해 행동하시며 "그리스도는 그들을 위해 죽었다"(1:30-31; 2:7-8; 8:13).

---

71) Collins, *First Cor*, 384.

72) BDF, 254; sect. 480, example (1).

이 편지에서 바울은 종종 히브리어의 의미에서 δόξα, "영광"(70인역은 대체로 히브리어 명사 כבוד[카보드]를 이 단어로 번역함)이라는 단어를 사용한다. 이 단어는 무언가를 인상적으로, 무게 있게 만들거나 빛을 내뿜게 하는 것을 뜻한다(고전 15:40, 41, 43). 뉴먼은 이 단어의 의미 영역을 탁월하게 설명한다.[73] 요한복음 저자뿐 아니라 바울이 하나님의 눈부신 광채를 가장 놀라운 방법으로 나타내는 것은 바로 영광의 주님이 십자가에 달려 자신을 내어주는 것이다(2:8).[74] 명예와 수치의 범주는 고린도의 문화와 고대 그리스-로마 세계의 특성을 두드러지게 나타낸다. 이것은 이러한 성경의 배경을 강화한다.[75] 그리스도인들은 예수와 그의 십자가를 위해 "불명예"(모욕당함; 행 5:41, ἀτιμασθῆναι)에 참여한다. 우리는 십자가는 수치(부끄러움; 히 12:2, αἰσχύνης)라는 의미의 한계를 올바르게 인식함으로써 바울이 "명예" 또는 영광으로 재평가하는 것을 온전히 파악할 수 있다. 고대 그리스-로마 세계에 속한 사람들은 "명예의 애호가"(φιλοτιμία)였다. "수치"는 면목이 없는 것, 실패, 조롱당함과 연결된다. 하지만 바울은 신자들에게 "사람의 눈으로 판단하기에 어리석음과 약함과 부끄러움으로 여겨지는 것은 하나님의 눈으로 판단할 때 바로 지혜와 강함과 영광(고전 1:20, 25)"이라고 강조했다.[76] "예수의 생애는 하나님께 영광을 돌리는 것을 생생하게 보여준다.…그는 자신에게 도취되어 있던 이 세상에서 하나님의 영광을 드러내 보여주었다."[77] 11:1에서 바울이 말하듯 십자가의 삶을 사는 것, 그리스도를 닮아가는 삶의 패턴을 따르는 것은 이 특수한 상황에서 하나님 자신이 보여주신 사랑을 나타냄으로써 자기 자신이 아니라 바로 하나님께 영광을 돌리는 것이다. 이 사랑은 "다른 사람들"의 유익을 위해 자신의 명예를 무시

---

73) C. Newman, *Paul's Glory Christology: Tradition and Rhetoric*, NovTSup 69(Leiden: Brill, 1992), esp. 157-163.

74) 참조. E. Stauffer, *NT Theology* (Eng. trans., London: SCM, 1955), 120-122.

75) 참조. V, H. Matthews et al. (eds), "Honor and Shame in the World of the Bible," *Semeia* 68 (1996 [1994]), esp. J. H. Neyrey, "Despising the Shame of the Cross," 113-138.

76) 같은 책, 119.

77) Stauffer, *NT Theology*, 120 and 122.

한다. 신자들에게 있어 "하나님을 영화롭게 하는 것은 그리스도를 높이는 것이다."[78] 요한복음은 하나님을 영화롭게 하는 것이 그리스도의 죽음 안에서 가장 명백하게 드러난다고 말한다(요 13:31-32; 17:4).[79] 이 편지에서 바울이 제시하는 "반전"은 영광에 대한 요한복음의 주제와 일치한다. 또한 이것은 8:1-10:33의 절정이 11:1 안에서 발견된다는 점을 설명하는 데에 도움을 준다.

이 일반 원리의 구체화는 하나님이 교회뿐만 아니라 유대인들과 이방인들에게 모두(καί ... καί ..., 32절) 차별 없이 선을 베푸신다는 것에도 반영되어 있다. 따라서 그리스도인은 모든 사람에게 피해를 입히지 말아야 한다(ἀπρόσκοποι ... γίνεσθε). **"불쾌하게 하는 것"**은 해당 이슈를 개인적인 반응이라는 주관적인 의식의 영역으로 너무 몰아가는 것 같다(참조. 28-30절). "걸려 넘어지게 한다"는 NIV의 번역은 바울이 의도하는 의미에 가까우며, 8:13을 상기시킨다. 하지만 바울은 여기서 σκανδαλίζω를 사용하지 않는다. ἀπρόσκοπος는 "불쾌감이 없는" 또는 "불쾌감을 일으키지 않는"을 의미할 수도 있다. 하지만 이 형용사는 더 객관적인 의미에서 "해를 입지 않는"(수동태) 또는 "아무런 피해도 입히지 않는"(능동태)을 가리킨다.[80] 그림-타이어는 BAGD보다 이 절에서 이 단어의 의미를 더 분명하고 구체적으로, "자기 삶의 방식을 통해 다른 사람을 죄악으로 이끌지 않는"이라고 설명한다.[81] 이것은 틀림없이 바울이 고린도 교인들이 이해하기를 원했던 의미다. 하지만 이 단어 하나만으로는 그러한 의미를 명백하게 나타내지 못한다. 알파 부정사가 없는 그리스어 명사 προσκοπή는 "걸려 넘어지는 계기" 또는 "넘어지게 하는 원인" 등을 의미한다(또한 이것은 10:6-13에서 묘사

78) Gardner, *Gifts of God,* 180.

79) 참조. H. Hegemann, "δόξα," *EDNT,* 1:344-348; H. Schlier, "*Doxa* bei Paulus als Heilsgeschichtlicher Begriff," in *Studiorum Paulinorum Congressus Internationalis Catholicus,* AnBib 17-18 (Rome: Pontifical Biblical Institute, 1963), 1:45-46.

80) BAGD, 102.

81) Grimm-Thayer, 70.

하는 내러티브 사례에서 이스라엘의 "넘어짐" 또는 본보기 모델을 반영할 수도 있다).[82) 이 단어는 πρόσκομμα(8:9)가 의미하는 것과 같은 것을 의미하지 않는다. 그러나 이 두 단어는 모두 은유적인 측면에서 비슷한 의미 영역—대체로 파괴적인 특성—이 있다. 예를 들면 복음이 전파되는 것이 방해를 받거나 사람들 앞에 장애물이 놓이는 것 등이다. (καί를 사용하여) 유대인들, 이방인들, 하나님의 교회를 모두 똑같이 분류하는 것은 9:19-23에서 바울의 개인적인 사례를 되돌아본다. 어떤 성경 주석가가 9:1-27이 "사도 직분에서 이탈하는 것"을 의미한다고 진지하게 제안한다면 이 해석은 이해하기 매우 어려울 것이다. 10:1-22에서 바울은 이스라엘과 교회의 연속성을 강조한다. 비록 배타적인 관점에서는 아닐지라도 하나님의 교회라는 표현이 "하나님의 백성"을 부분적으로 재정의하는 것을 암시하듯이 이 문맥에서 이 표현은 동시에 불연속성에 주목하게 한다. 왜냐하면 하나님의 약속과 언약에 근거한 그들의 뿌리와 기초는 이스라엘 역사의 연속성 안에 남아 있기 때문이다(롬 9-11장 참조).

10:33, 11:1 33절에서 καθὼς κἀγώ는 엄밀히 말하면 "심지어 내가…하는 것처럼"(NIV) 또는 "내가 ~하는 것과 같이"(NRSV)를 의미한다. 하지만 다수의 종속절과 함께 이 긴 그리스어 문장은 현대 영어로 번역하는 것이 쉽지 않다. 따라서 REB는 33절을 "나로서는"이라고 새로운 문장으로 시작한다. 이 번역은 ἐγώ에 실린 강조점을 살려준다. 따라서 우리는 καθώς의 효력과 ἐγώ의 강조점을 모두 살려 "나 자신도"라고 번역했다. 한편 ἀρέσκω를 번역하는 것은 어렵다(AV/KJV, "내가 모든 사람을 기쁘게 한다 하더라도"; NIV, NRSV, "내가 모든 사람을 기쁘게 하려고 노력하더라도"; 대조. REB, "나는 언제나 모든 것을 고려하려고 노력한다"; NJB, "내가 모든 사람에게 적응하려고 노력하듯이"). 그리스어 사전들은 ἀρέσκω가 "기쁘게 하려고 애쓰다, 적응하려고 노력하다" 또는 단순히 "기쁘게 하다" 또는 "즐겁게 하다"를 의미한다는

82) 참조. Grimm-Thayer, 70.

데 동의한다.[83] 그림-타이어는 BAGD가 제시하는 의미와 비슷한 정보를 제시한다. 하지만 그림-타이어는 더 구체적이며 자세하게 알려준다. 즉 해당 항목에서 고전 10:33을 언급하면서 "다른 사람들의 견해, 감정, 관심 등에 자신을 적응시키다"라고 밝힌다.[84] 우리는 9:20-23에 대한 주해에서 "적응"(accommodation)이라는 용어를 사용하는 것의 장단점을 지적했다. 이 단어는 한편으로 도움을 주지만, 또 다른 한편으로는 그렇지 않다. 이 단어의 용례와 전후 문맥과 관련된 요소들은 여기서 바울의 표현이 "나 자신도 모든 사람의 유익을 고려하고자 애씁니다"를 의미할 개연성이 매우 높다는 것을 알려준다. 이 번역은 **복음 전파 및 "다른 사람들"의 유익과 관련하여 각각의 요소를 동등하게 배치하는** 개념을 전달해주며, πᾶσιν(유익의 여격)과 함께 질적인 또는 죽을 수밖에 없는 πάντα를 "모든 사람의 모든 유익"으로 번역한다. 이 번역은 "고려하려고 노력한다"(REB)라는 단조롭고 무미건조한 번역과 "기쁘게 하려고 애쓰다"(NRSV, NIV)라는 경직되지 않고 지나치게 유연한 번역 중간을 겨냥한다. 바울은 당연히 후자의 번역처럼 말하려고 하지 않았을 것이다. 왜냐하면 "기쁘게 하려고 애쓰다"는 바울이 사람을 기쁘게 하는 것보다 진리를 덜 중요시하며 청중을 기쁘게 하는 것을 최우선 순위에 두는 저속한 수사법과 세속적 지혜를 비판하는 것과 명백하게 대치되기 때문이다. 위더링턴, 포골로프 및 다른 학자들도 이 이슈에 전적으로 동의했다.[85]

바울은 자기 자신의 유익이 아니라 많은 사람의 유익(τὸ τῶν πολλῶν)을 추구한다. 목적절, ἵνα σωθῶσιν(가정법 제1부정과거 수동태), "그래서 그들이 구원받게 하려고"는 "그들을 구원받게 하려는 목적으로"로 번역하여 더 광범위한 의미를 부여하는 것이 더 좋을 것이다. 이 번역은 더 협소하며 개인주의적인 원인과 결과의 뉘앙스를 피하면서도(바울은 여기서 이러한 뉘앙스를

83) 예. BAGD, 105.

84) Grimm-Thayer, 72.

85) Witherington, *Conflict and Community,* 39-48; Pogoloff, *Logos and Sophia,* 97-172.

의도하지 않을 것이다) 목적의 의미를 보존한다.

여기서 11:1에 대한 NJB의 번역과 다른 번역을 제안하는 것은 불필요해 보인다. BAGD는 4:16과 11:1에 대해 "나를 여러분의 모델로 사용하십시오"라는 해석을 제안한다. 그러나 μιμητής가 오로지 독창성이 없는 반복의 의미만을 전달하지는 않는다. 모범보다는 오히려 모델이 그와 같은 반복을 암시할 것이다. 모범은 "다른 사람들"의 행복을 자신의 행복보다 앞세운다. 그런 의미에서 바울은 그리스도를 모든 측면에서 생활 방식의 어떤 **모델**이 아니라 자신의 **모범**으로 삼는다. 윌리스 보어는 "그리스도와 다른 사람들의 구원을 위해 겸손, 자기 부인, 자신을 내어줌, 자기희생"을 바울이 염두에 두고 있는 미메시스(*mimesis*)의 특징으로 올바르게 제시한다.[86] 한스-디터 베츠는 미메시스와 전통의 패턴 따르기의 관계에 대해 설명한다. 그러나 엘리자베스 카스텔리는 베츠의 분석이 신약성경의 미메시스를 지나치게 균일하게 이해하는 것은 아닌지 질문을 제기한다.[87] 고전 4:16과 11:1의 미메시스는 모범을 포함한 일종의 "질서"와 관련이 있다는 카스텔리의 주장은 지지를 받을 수 있다. 물론 "권력"에 대한 카스텔리의 주장은 그녀가 제안하는 것과는 다른 해석을 가져올 가능성이 있지만 말이다(4:16에 대한 주해 참조).[88]

카스텔리는 고린도 교인들과 바울 간의 평형 구조가 "중재 행위"와 "바울의 주제넘은 행동"이라는 바울과 그리스도 간의 평행 구조와 상응한다고 주장하는데, 그녀의 주장은 이 구조를 지배하는 논리의 준거 틀을 무시한다.[89] 이 이슈는 사도 직분에 대한 논쟁을 재현하는 것이다. 과연 1:1과 9:1에서 사도로 부르심을 받았다는 주장은 권력을 요구하는 것에 해당하는가, 아니면 자신으로부터 벗어나 그리스도를 가리키는 것에 해당하는 것이

86) W. P. de Boer, *The Imitation of Paul: An Exegetical Study,* 207; 참조. 154–169.

87) H.-D. Betz, *Nachfolge und Nachahmung Jesu Christi im Neuen Testament,* esp. 3; Castelli, *Imitating Paul: A Discourse of Power,* 28–29.

88) Castelli, *Imitating Paul,* 98 and throughout.

89) 같은 책, 113.

아닌가?(크리소스토모스, 칼뱅, 베스트, 크래프턴 등 다른 학자들은 이 입장을 지지함). 만약 여기서 이 구조가 다른 사람을 자기보다 앞에 내세우는 언어 게임의 논리에 기초한다면, 설령 이것이 위장된 권력 요구로 인식되었다 하더라도, 이것은 자기모순에 의해 무너지고 말 것이다. 카스텔리는 여기서 푸코에 대해 논의한다. 하지만 이것은 바로 장 보드리야르(Jean Baudrillard)가 푸코를 비판하면서 강조한 일종의 논리적인 모순이다(물론 푸코의 경우에 이것은 일종의 전도된 모순이 되긴 하지만 말이다).[90] 사실상 크래프턴은 그의 연구서(카스텔리의 저서와 마찬가지로 1991년에 출간됨)에서 "사도로서 **대리자의 역할**을 한다는 것은 자아에 대한…모든 관심에서 전적으로 벗어나는" 것을 가리키며, 바울과 권력 체계 사이의 어떤 비교도 허용하지 않는다"고 주장한다(강조는 원저자의 것임).[91] 이것은 바울의 "투명성"을 그리스도를 속임수를 위한 근본적인 수단으로 설명하는 사도로 만들 것이다. 이러한 모습은 푸코의 "흰색 외투를 입고 미소짓는 얼굴"보다 훨씬 더 끔찍할 것이다. 하지만 카스텔리는 이러한 평행을 확고하게 또는 철저하게 주장하기를 주저한다.

콘첼만은 크래프턴의 견해와 비슷한 요점을 시기적으로 먼저 논의한다. 그리스도를 나의 본보기로 삼는 이해의 배경은 권력에 대한 요구가 아니라 그 정반대다. "그의 모범은—객관적으로 그의 부르심에 근거하여 자신 안에서—그가 아무것도 아니라는 사실에 있다. 바울을 본받기(*imitatio Pauli*)에 관한 모든 구절에서 이 모범의 역설이 나타난다.…**그리스도**를 본받는 것은…빌 2:6-11의 의미에서…그의 구원 사역의 자세를 취하는 것이다."[92] 하지만 그리스도의 사역은 자신을 굴욕과 죽음에 내어줌으로써 다른 사람에게 생명을 가져다주었다. 이것이 바로 바울이 호소하는 패턴(모범)이다.[93]

---

90) J. Baudrillard, *Forget Foucault* (New York: Columbia University, 1987).

91) Crafton, *The Agency of the Apostle: A Dramatistic Analysis of Paul's Responses to Conflict in 2 Corinthians,* 62 and 63.

92) Conzelmann, *1 Cor,* 179 and 180.

93) 스승들의 전통을 보존하는 문맥에서 "미메시스"라는 용어를 사용하는 것에 대해 비슷한 근거를 탐구하는 것은 불필요하다. 이것은 널리 알려져 있다. 따라서 이 점은 "모방하다"가 해당 단어를 번역하는 데 타당하지 않다는 것을 확인해준다.

V. 공적 예배의 질서와 "신령한 은사"를 대하는 태도에서 나타나는 자유, 신분, 상호성 및 타인에 대한 존중(11:2-14:40)

실질적으로 거의 모든 주석가들이 쉽사리 8:1-11:1의 논증과 주제 사이의 기본적인 연속성과 같은 주제를 11:2-14:40에서 다루는 공적 또는 집단 예배에 관한 문제에 적용하는 것을 간과하는 듯 보이는 것은 매우 놀라운 일이다. 몇몇 저자들이 8:1-11:1 본문 사이에 끼어든 9:1-27을 사도 직분에 관한 "여담"으로 이해하는 것처럼 어떤 저자들은 13:1-13을 11:2-14:40에서 기대하지 않았던 일종의 중단으로 이해한다. 하지만 사랑에 대해 시적인 운율로 강론하는 13장은 11:2-14:40의 모든 부분에서 나타나는 주요한 이슈를 요약해준다.

11:17-32에서 "강한 자들" 또는 부유한 자들은 주의 만찬을 일종의 잔치로 변질시킨다. 그 과정에서 사회적 소외계층이나 경제적 취약계층에 속한 나중에 온 자들은 식객으로 취급을 받는다. 그들은 신앙 공동체가 모이는 집의 다른 장소에서 별도의 음식을 먹어야 하는 사람으로 취급을 받는다. 이것은 주의 만찬이 선포하는(11:26) "다른 이들을 위한" 십자가의 기본 정신을 훼손하는 것이다. 12:1-14:40에서 이른바 "특별한 은사를 받은 자들"은 설령 "은사"를 별로 받지 못한 자들이 소외감을 느끼거나 스스로 이류 신자로 생각한다 하더라도 개의치 않는 것처럼 보인다(특히 12:20-22과 14:20-22에 대한 주해 참조). 또한 11:2-16에서 여성 해방의 "권리"와 남성 리더십에 대한 "권리"는 신앙 공동체의 상황에 기여하는 요소들로서 신중히 제한된다. 하지만 더 광범위하고 복합적인 문맥에서 이 이슈가 해당 단락 전체를 대표하는 것은 결코 아니다. 여기서도 "다른 사람들"(다른 성별과 바

깥세상에 속한 자들)에 대한 존중이 근본적인 관심사다. 사랑은 "자유"와 "권리"에 한계를 정한다. 만약 이를 통해 전체의 유익이 더 늘어나고, 또 특별히 복음이 더 효과적으로 선포되고 전파될 수 있다면 말이다(참조. 9:19-27).

A. 상호 관계와 존중: 공적 예배에서의 남자와 여자, 그리고 주의 만찬에서의 부자와 가난한 자(11:2-34)

1. 상호 관계와 상호성: 자기 존중, 타인 존중, 공적 예배에서의 성 정체성 (11:2-16)

[2] 나는 여러분이 나를 변함없이 기억하고 있고, 내가 여러분에게 전해준 전승을 굳게 간직하고 있는 것에 대해 여러분을 온전히 신뢰합니다. [3] 그러나 나는 여러분이 그리스도는 남자에 대해 우위(또는 머리? 원천?)**이며, 남자는 여자와의 관계에서 우선**(또는 머리? 원천?)**이며, 또 하나님은 그리스도와의 관계에서 우선**(또는 머리? 원천?)**이라는 것을 이해하기를 바랍니다. [4] 머리에 무엇을 쓰고**(아마도 긴 머리를 한 채) **기도하거나 예언의 말을 하는 모든 남자는 자기 머리를 부끄럽게 하는 것입니다. [5,6] 머리를 가리지 않은 채**(개연성이 낮지만 아마도 긴 머리를 풀고 묶지 않은 채) **기도하거나 예언의 말을 하는 모든 여자는 자기 머리를 부끄럽게 하는 것입니다. 왜냐하면 그것은 여자가 자기 머리를 민 것과 마찬가지이기 때문입니다. 그러므로 만약 어떤 여자가 자기 머리를 가리지 않으려거든 아예 머리를 매우 짧게 자르십시오. 그러나 만약 머리를 매우 짧게 자르거나 몽땅 밀어버리는 것이 여자에게 부끄러운 일이라면 머리를 가리십시오. [7,8,9] 한편으로 남자는 그의 머리를 가려서는 안 됩니다. 왜냐하면 남자는 하나님의 형상으로 구성되어 있으며, 하나님의 영광을 나타내기 때문입니다. 다른 한편으로 여자는 남자의 영광입니다. 왜냐하면 남자가 여자에게서 온 것이 아니라, 여자가 남자에게서 만들어졌기 때문입니다. 또한 남자가 여자로 말미암아 지음을 받지 않고, 여자가 남자로 말미암아 지음을 받았기 때문입니다. [10] 이로써 여자는 천사들로 인해 자기 머리를 통제해야 합니다. [11,12] 그럼에도 주님 안에 있는 자들로서, 비록 남**

자 없이는 여자가 아무것도 아니지만, 남자도 여자 없이는 아무것도 아닙니다. 왜냐하면 여자가 남자에게서 비롯된 것처럼, 남자도 여자를 통해 존재하기 때문입니다. 그러나 모든 것의 원천은 하나님이십니다. [13] **여러분 스스로 판단해보십시오. 여자가 머리를 가리지 않은 채 하나님께 기도하는 것이 합당합니까?(아마도 머리를 묶지 않은 채)** [14, 15] **심지어 만물의 질서도 만약 남자가 머리를 길게 하면 그에게 부끄러운 일이지만, 여자가 머리를 길게 하는 것은 그녀에게 영광이 된다는 것을 여러분에게 가르쳐주지 않습니까? 왜냐하면 [여자에게는] [머리] 덮개로 긴 머리가 주어졌기 때문입니다.** [16] **만약 어떤 사람이 논쟁하려는 의도가 있다면 우리 자신은 그러한 풍습을 갖고 있지 않습니다. 이는 하나님의 교회들도 마찬가지입니다.**

우리가 수집한 이 단락의 참고문헌만도 약 여든 가지에 달한다. 그밖에도 본 주석서에서 규칙적으로 언급되는 주석서와 표준 연구서를 참고해야 한다. 그런데 몇몇 주목할 만한 예외가 있긴 하지만(머피-오코너와 아래에서 인용되는 다른 저자들 참조), 대다수 저자들은 이 단락이 (11:4에서 분명하게 언급하듯이) **남자와 여자**의 옷차림(또는 헤어스타일)보다는 **여자**의 복장(또는 헤어스타일)에 관심을 기울인다고 주장한다. 누구보다도 롤랑 바르트(Roland Barthes)는 옷차림과 머리 또는 수염은 기호학적인 체계 안에서 어떤 역할을 한다고 지적한다. 그것은 성(性) 정체성에 대한 자기 인식, 계층에 대한 정체성, 기회에 대한 분별, 다른 사람들의 인식에 대한 존중이나 무관심 등에 대해 대단히 많은 것을 시사한다. 뿐만 아니라 거기에는 다층적인 은유적·문화적 뉘앙스가 들어 있다. 단지 언어사전에만 의존한다면 이 구절들의 뉘앙스를 이해할 수 없다. 그레고리 도스가 훌륭하게 논증하듯이, 만약 바울과 그의 독자들이 κεφαλή의 은유적인 외연이나 상호적 적용을 전제한다면, 이 단어(κεφαλή) 용례 가운데 얼마가 "우두머리라는 의미의 머리"를 가리키고, "원천"을 가리키며, 또 "몸과 대조를 이루는 머리"를 가리키는

지 낱낱이 헤아려보는 것은 부질없는 일이다.[1)]

또한 고린도의 상황에 대한 재구성이 다수 존재한다는 사실은 더 복잡한 문제점을 불러일으킨다. 이제까지 본 주석서 전체를 통해 우리는 기원전 44년 이전 시대와 바울이 살았던 시대 이후에 하드리아누스 황제 치하에서 계속 새로운 정점에 달한 고대 그리스 문화와 사회 규범보다 고대 로마 제국의 문화와 기원후 1세기 중엽의 고린도의 규범을 먼저 살펴보는 것이 중요하다는 점을 강조해왔다. 우리는 서론에서 바울 시대의 고린도에서 그리스어 묘비보다 라틴어 묘비가 훨씬 더 많이 발견되었다는 점을 언급했다. 심지어 상인, 무역업자, 숙련공 또는 노예 등 많은 사람이 로마의 식민지로 몰려왔지만, 고린도의 문화가 동경한 사회적 규범은 고대 그리스보다는 로마의 규범이었다.

그러나 고전학자들의 연구는 기원후 1세기 중엽의 로마 문화에서 여인들의 다양한 기대와 신분에는 다양한 요인에 근거한 불균형과 유동성이 있다는 것을 보여준다. 알린 루셀은 그녀의 논문 "고대 로마의 몸 정책"(1992)에서 머리쓰개, 너울 또는 "후드"에 대한 이슈를 상당히 중요하게 다룬다(참조. κατὰ κεφαλῆς ἔχων, 4절; ἀκατακαλύπτῳ, 5절; κατακαλύπτεται, 6절; 참조. 라틴어 표현[히에로니무스] *nudo capite*).[2)] 로마 황제 아우구스투스는 기원전 18년과 기원후 9년 사이에 여성의 지위에 영향을 미친 가족법을 세 차례에 걸쳐 개정했다(*lex Julia de adulteriis; lex Julia de fundo dotali* 등). 한편으로 호라티우스(기원후 8년 사망)는 어떤 남성 복장 또는 헤어스타일은 여성스러우며 지나치게 선정적으로 보인다고 말한다. 다른 한편으로 그는 로마의 귀부인들이 사용하던 머리쓰개는 "유혹의 대상으로 삼아서는" 안 되는 여인들의 품위와 신분을 보호하는 역할을 했다고 주장한다. 알린 루셀과 데일 마틴은 모두 존중받는 여인들과 존중받을 만한 여인들의 경우에 "사람들은 단

---

1) Gregory Dawes, *The Body in Question: Metaphor and Meaning in the Interpretation of Ephesians* 5:21-33, 특히 122-149.

2) Aline Rousselle, "Body Politics in Ancient Rome," in Duby and Perot (eds.) *A History of Women in the West, 1: From Ancient Goddesses to Christian Saints*, 296-337.

지 얼굴만을 본다"고 주장한다. "존중받을 만한 여인들은 자신들에게 관심을 끄는 행위를 전혀 하지 않는다.…너울 또는 후드는 일종의 경고에 해당했다. 즉 그것을 쓰고 있는 여인은 존중받아야 마땅한 여인이며, 어떤 남성도 접근하려고 시도해서는 안 된다. 그런 경우에는…법적인 책임과 형벌이 뒤따른다. 어떤 여인이…머리에 아무것도 쓰지 않은 채 외출한다면 그 여인은 [어떤 남자로부터] 추행을 당할 경우에 로마법의 보호를 받지 못한다. 그에게는 해당 행위에 대해 정상 참작을 호소하는 권리가 주어졌다."[3] 또한 루셀과 마틴은 바울의 가르침의 배후에 있는 강조점은 "다른 법들이 그 여인들의 지위를 어떻게 규정하든 간에 그리스도인 남성은 그 여인들을 건드려서는 안 된다는 것을 암시한다"고 주장한다.[4]

공적 예배에서 여인은 남성에게 "평가받는" 매력의 "대상"이 되어서는 안 되며, 여성도 남성에게 은밀한 "암시"를 주어서는 안 된다. 롤랑 바르트는 다음과 같이 설득력 있게 입증해주었다. 곧 **옷차림은 인간의 문화에서 대체로 강력한 기호 체계로 작동한다. 다시 말해 옷차림은 계층, 스타일, 품위, 자기 홍보, 태도 등 무엇이든 알려주는 표지 또는 표시다.**[5] 또한 움베르토 에코도 다음과 같이 주장한다. "**나는 내 옷차림으로 말하고 있다**. 만약 내가 모택동식의 인민복을 입고 있다면, 내가 관련되어 있지 않다 하더라도, 내 연설의 이데올로기적 함의는 바뀌게 될 것이다"(강조는 덧붙여진 것임).[6] 우리의 주해를 위한 배경으로서 여전히 더 중요한 것이 있다. 루셀은 여인들이 사용하던 베일은 "명예, 성적 절제, **자기 통제**를 나타내는 인식표"라고 결론짓는다(강조는 덧붙여진 것임).[7] 우리는 "권리"에 우선하는 자기 절제에 대한 주제가 특히 9:23-27을 포함하여 7장의 추가적인 반향과 더불어 8:1-11:1을

3) 같은 책, 315; Martin, *The Corinthian Body*, 229-249.
4) Aline Rousselle, "Body Politics in Ancient Rome"; Martin, *The Corinthian Body*, 229-249.
5) Roland, Barthes, *Element of Semiology* (Eng. trans., London: Cape, 1967), 13-28; 참조. *Mythologies* (Eng. trans., London: Cape, 1972).
6) Umberto Eco, "Social Life as a Sign System," in D. Robey (ed.), *Structuralism* (Oxford: Clarendon, 1973), 59; 참조. 57-72; Thiselton, *New Horizons in Hermeneutics*, 80-90.
7) Rousselle, "Body Politics," 315.

지배한다는 점을 강조하고 싶다. 우리는 위에서 아곤(*agon*) 모티프에 대한 피츠너의 견해를 논의했다.

그렇다면 이것은 머리(κεφαλή)에 대한 언어와 어떤 연관성이 있는가? (i) 우리가 위에서 언급한 아우구스투스 황제가 제정한 법은 로마 공화정 말기에 유래한 여인들에 대한 보호(*tutela*) 체계를 수정했다. 수호자는 어떤 여인의 행위에 권한(참조. ἐξουσιάζω)을 부여할 수 있었다. 하지만 수호자가 권한 부여를 거부하는 것이 합리적이지 않다고 여겨진다면 아우구스투스 황제가 승인한 법에 따라 해당 여인은 자기 보호자에 대해 법적 조치를 취할 권리(ἐξουσία)가 있었다. 자유인 신분으로 태어난 여인에 대한 보호 제도는 클라우디우스 황제 치하에서 폐지되었다. 그러나 노예 신분에서 해방된 여인에게 이것은 적용되지 않았다.[8] 이 배경은 상호 관계와 상호성에서 **우두머리**라는 의미의 **머리**에 대한 다양한 뉘앙스를 제시해준다. (ii) 유베날리스(기원후 58-138년)는 기원후 1세기 말과 2세기 초에 여인들은 공중목욕탕에 가거나(Juvenal, 6.419-421), 격투를 배우거나(1.23) 사냥을 배우는 것(1.247)을 통해 남성과 비슷한 신분을 추구하려고 했음을 알려준다. 하지만 이것은 바울 이후 시대이며, 칸타렐라는 유베날리스가 여성에 대한 편견을 갖고 있었다고 지적한다.[9] 다른 한편으로 성적인 특성에 대한 초기의 논쟁과 관습에 대한 증거가 있다. 이 배경에서 몸과 구별되는 **머리**에 대한 도스(Dawes)의 훌륭한 연구는 꼭 참조할 필요가 있다. (iii) 뿐만 아니라 새라 포메로이(Sarah Pomeroy)는 여성의 옷차림은 남성의 신분에 영향을 미친다는 것을 밝혀준다. 그녀는 로마 제국 초기에 여성의 옷차림이 가장 잘 반영된 대상은 여자들이 아니라 오히려 **남자들**이었다고 주장한다. "남자들이 자신과 관련이 있는 여인들의 옷차림을 수단으로 신분 추구에 참여할 때에는" 통제가 필요했다. "여인들—어머니, 아내 또는 자매—을 존중하는 목적은

8) Cantarella, *Pandora's Daughters: The Role and Status of Women in Greek and Roman Antiquity,* 139; 참조. 135-143.

9) 같은 책, 141.

대체로 남자들을 높이려는 것이었다."[10] 이 배경에서 **영광**, **원천** 및 **상호성**에 대한 언어는 중요하다.

이 모든 요소 및 상반되는 경향은 고전 11:2-16을 이해하는 데 반드시 참고해야 할 배경을 제공한다. 하지만 사회문화적 요소들은 여전히 더 광범위한 그림의 일부만을 보여준다. (iv) 만약 바울이 한 가지 이상의 의미로 머리(κεφαλή)를 사용한다면 (도스의 연구가 주로 에베소서에서 이 용어가 사용되는 데 관심을 기울이든 그렇지 않든 간에) **성별의 구별**에 중요한 초점을 맞추는 데 기여한 도스(Dawes, 1988년)가 은유적인 측면에서 머리와 (신체적인) 몸을 서로 대조하며 둘 사이의 상호 작용에 적용한 것은 타당하다. (v) 하지만 아마도 가장 독창적이며 영향력 있는 연구는 주디스 건드리-볼프(Judith Gundry-Volf, 1997년)의 연구일 것이다. 그녀는 단순히 "평등주의적인" 해석이나 단순히 "권위주의적인" 해석 모두 바울의 신학적 이슈가 지닌 복합성을 적절하게 다루지 못한다고 주장한다.[11] 바울은 성별 간의 관계에 대한 세 가지 "지도"를 서로 겹쳐놓는다는 것이다. 또한 창조 질서, 사회와 문화, 복음에 기초한 종말론이라는 세 가지 "틀" 안에서 이러한 관계는 상호성과 "질서" 또는 성적 구별 사이에서 **다 같이** 일종의 변증법을 제공한다. 우리는 머피 오코너가 확인해주는 또 다른 강조점도 다룰 것이다(아래에서 [vii] 항목 참조).

대다수 주석서가 범하는 가장 심각한 오류는 주석가들이 각각의 절과 각각의 용어를 독립적으로 해석해왔다는 것이다. 고전 12-14장에서 하나 됨과 다양성이 변증법적인 상호성 안에서 제시되는 것과 마찬가지로(아래 참조), 어떤 특별한 배경에서 **머리**가 무엇을 의미하는지는 상호성과 질서라는 변증법 전체에 **기여하는** 하나의 요소에 지나지 않는다. 변증법적 신학(dialectical theology)과 은유적인 측면에서 상호 작용하는 의미와 이 절들

10) Pomeroy, *Goddesses, Whores, Wives and Slaves: Women in Classical Antiquity*, 182-183.

11) Gundry-Volf, "Gender and Creation in 1 Cor 11:2-16: A Study in Paul's Theological Method," in Adna et al. (eds.), *Evangelium, Schriftauslegung, Kirche: Festschrift für P. Stuhlmacher* (Göttingen: Vandenhoeck & Ruprecht, 1997), 151-171.

에 대한 로마의 사회적 배경에 관한 1990년대의 연구에 비추어 고든 피는 주석가가 마주하는 다양한 가능성 중에서 어떤 해석을 선택해야 할지 망설인다.[12] 하지만 우리는 피의 입장에 전적으로 동의하지 않는다. 이 문제점을 해결하는 데 필요한 다음 네 가지는 획기적이며 진정한 진전을 제공해준다. (a) 건드리-볼프는 신학적인 지도들이 서로 겹치는 점에 비추어볼 때 바울의 변증법을 통합적으로 이해할 필요가 있다고 제안한다. (b) 옷차림이 빚어내는 관습을 시대적인 측면에서 주의 깊게 이해한다면 그것은 공적인 영역에서 성적인 대상이 아니라 인간으로서 그리스도인 여성을 존중해야 한다는 신호를 알린다. (c) κεφαλή는 다양한 의미를 지니고 있으며, 그 의미는 은유적인 측면에서 상호 작용하며 다양하게 적용된다. (d) 우리의 제안에 의하면 자기 절제, 자유에 대한 제한, "다른 사람에 대한" 존중은 8:1-11:1에서 이미 중요한 주제였으며, 11:2-14에서도 핵심 주제로 나타난다.

(vi) 여섯 번째 요소—하나님과 그리스도의 관계에 기초하여 바울이 제시하는 본보기(11:3)와 **영광**에 대한 바울의 묘사—를 자세히 살펴보면 이 점을 확인할 수 있다. 한편으로 이 편지에서 하나님과 그리스도의 관계는 "**질서**"**와 구별**을 포함한다(참조. 15:58). 다른 한편으로 우리는 후대의 삼위일체 교리를 바울에게 투영하여 이해할 수 없다. 그리고 단지 "순종"에만 근거하여 이 관계를 설명하려는 시도도 적절하지 않다.[13] 한 분이신 하나님, 한 분이신 주님, 한 분이신 성령(12:4-6과 이 절들에 대한 주해 참조)은 상호 교류, 하나 됨, 상호 구별을 드러낸다. 이것은 이 단락에서 바울이 하나님과 그리스도의 본질에 호소하며 성별에 대해 말하는 바울의 변증법과도 매우 흡사하다. 11:2-16을 평등주의나 과장된 "종속주의"로 변질시키는 지나치게 단순화된 해결책은 성별에 대한 바울의 관점뿐만 아니라 하나님과 그리스도에 대한 그의 신학을 적절하게 다루지 못한다. 이것은 마

---

12) Fee, *First Epistle*, 491-498; 참조. 502-512. 이 부분에서 몇몇 주해들은 다른 사회적인 배경을 제안한다.

13) M. Thrall, *1 and 2 Cor*, 78-80. 여기서 그는 이것에 초점을 맞춘다.

치 두 가지가 모두 상호 보완을 필요로 하지 않는 것처럼, 후대의 모든 삼위일체 신학을 단지 "사회적" 또는 "경륜적(구원사적)-단일신론적" 모델 안에서만 탐구하는 것과 비교할 만하다. 다른 한편으로 와이어는 이 특별한 편지 안에서 바울의 기독론과 성별에 대한 그의 관점을 특징짓는 것은 바로 종속(subordination)이라고 주장한다. 와이어는 고전 3:21-23에서 "종속"이 세 차례 등장하는 것에 호소한다. "그리스도는 하나님의 것"이며, 11:3에서 "그리스도의 머리는 하나님"이며, 15:24-28에서 "그가 나라를 아버지 하나님께 바칠 때…하나님이 만유의 주로서 만유 안에 계시려 하심이라."[14] 그녀의 견해에 의하면 바울은 기독론을 조작을 위한 논증으로 사용한다는 것이다. 그 논증은 언어철학자들의 용어로 표현하자면 "설득을 위한 정의" 또는 그녀의 표현을 빌리자면 11:3에서 **머리**로 여겨지는 것에 기초한 "정의(定義)에 의한 논증"으로 시작한다는 것이다.[15] 나아가 와이어는 이것을 명예와 수치에 대한 수사학과 연결한다.[16]

하지만 모팻은 이 편지에서 이른바 하나님과 그리스도의 종속적인 관계를 다른 관점에서 설명한다. 그는 신비 종교와 고대 그리스-로마 종교의 신들에 대한 숭배 의식에 둘러싸여 있던 고린도 교회는 "우주의 최고의 신에 대한 진지하고 충분한 경배심"이 결여된 채 "주 예수"에 대한 예배 의식의 사고방식을 쉽게 받아들일 수 있었다고 주장한다. 다른 사람들이 세라피스나 아스클레피오스에게 또는 그리스도인들이 주 예수에게 열정적으로 헌신한 것과는 대조적으로 고린도 교인들은 "하나님"을 그림자와 같은 대상으로 이해했다는 것이다.[17] 모팻은 해당 사례를 과장하여 주장한다. 하지만 그는 이 편지에서 이 세 가지 언급이 특이하게 중첩되는 것에 대해 더 설득력 있게 설명한다. 그리스 교부들이 사용한 페리코레시스(*perichoresis*)라

14) A. C. Wire, *The Corinthian Women Prophets,* 37 and 117; 참조. 116-134.

15) 같은 책, 23-34. 참조. Thiselton, "The Meaning of σάρξ in Co 5:5 …", *SJT* 26 (1973): 204-228. 설득을 위한 정의와 관련하여 서로 경쟁적인 사례에 대한 더 자세한 논의는 이 경우에 고린도에서 사용하던 "육적"과 "영적"이라는 용어에 대한 재정의를 참조하라.

16) Wire, *The Corinthian Women Prophets,* 19-21, 116-134.

17) Moffatt, *First Epistle,* 250.

는 용어는 바울이 사용하기 시작한 삼위 하나님에 대한 상호 구별, 상호 관련, 하나 됨의 변증법을 매우 훌륭하게 제시한다. 바울 이전에 형성된 자료이지만 바울 자신도 지지하는 빌 2:6-11은 그리스도가 자신의 "권리"(이 문맥에서는 진정한 권리다)를 자발적으로 포기했다고 묘사한다. 하나님과 그리스도의 관계는 **자기의 영광을 추구하는 것과 아무런 관계가 없다.** 또한 이 관계는 다른 대상을 희생시킨 채 자기를 긍정하는 것과도 아무런 상관이 없다(빌 2:6-11의 윤리적인 배경을 참조하라. 이것은 비자발적이거나 강요된 "복종"이 아니라 사랑을 서로 주고받는 것에 대한 한 가지 사례다). 서로 주고받는 이 사랑은 자유를 행사하는 것을 통제한다. 또한 이것을 통해 각자는 공동의 목적을 위해 서로 구별되는 역할을 받아들임으로써 다른 대상에게 "영광"을 돌린다. 이것이 "남자와 여자의 관계는 어떤 의미에서 하나님과 그리스도의 관계와 평행을 이룬다"는 널리 알려진 논평의 배경이다.[18]

(vii) 우리는 이 서론의 맨 마지막 부분까지 이 단락의 취지에 대한 머피-오코너의 탁월한 주장을 재정리하는 것을 미루어왔다. 우리가 **원천**으로서의 κεφαλή에 대한 그의 구체적인 주장을 지지하든 말든 간에 그는 다음과 같이 설득력 있게 주장한다. "이 단락에서는 남자들도 상당히 두드러지게 나타난다.…이 문제에는…남성과 여성이 모두 연루되어 있다."[19] 바울의 관심사는 종속이 아니라 남성과 여성의 차이다. 그는 유사-동성애적인 흔적을 넌지시 보여주면서 여성적인 차림새를 하는 남자들만큼이나 존중받을 만하고 존중받는 성별의 특성을 나타내는 기호의 사용을 거부하는 여인들에 대해서도 걱정스러운 감정을 표현한다(아마도 그 이상을 표현할 것이다). 여기서 우리는 머피-오코너의 논문을 다시 언급하고자 한다. 모든 세부적인 면에서 다 그런 것은 아니지만, 이 논문의 접근 방법은 전반적으로 탁월하고 중요하다. 이 논문은 성별에 대한 바울의 관심이 진정으로 상호성을

---

18) Hooker, "Authority on the Head: an Examination of 1 Cor 11:10"; rpt. in her *From Adam to Christ,* 113; 참조. 113-120; rpt. from *NTS* 10 (1964): 410-416.

19) Murphy-O'Connor, "Sex and Logic in 1 Cor 11:2-16," *CBQ* 92 (1980): 483; 참조. 482-500.

지니고 있으며 균형잡혀 있음을 보여준다. 11:2-16은 단순히 "여인들의 머리쓰개"에 대해서만이 아니라 **남성**과 여성, 자유와 **공적 예배에서 타자의 타자성에 대한 존중**에 대해 다루고 있다.

(viii) 롤랑 바르트와 움베르토 에코의 문화 기호학에서 일종의 기호체계로서 옷차림이 중대한 의미를 지니고 있다는 것이 명백하게 드러나듯이, 헤어스타일로 인해 생기는 성과 성별에 대한 기호들이 가능하고 타당한지를 탐구하기 위해 우리는 또한 홀파이크(C. R. Hallpike)와 에드먼드 리치(Edmund Leach)의 사회 인간학을 언급할 필요가 있다. 그들은 긴 머리와 무절제한 성생활, 민 머리와 독신 또는 "성적 욕망 없음", 그리고 짧은 머리 또는 머리를 덮는 것과 "절제된 성생활"의 연관성을 가리키는 문화적 정보를 제공해준다.[20] 지나치게 단순한 구조 체계는 수정되고 확장될 필요가 있다. 하지만 이 정보는 우리가 역사적으로 어떤 구체적인 시기나 지역보다 머리를 미는 것과 긴 머리에 대한 바울의 언급으로 인해 야기되는 광범위한 기호학적 이슈들에 더 주의를 기울이도록 만든다.

뿐만 아니라 우리는 이 주제에 대해 괄목할 만한 성과를 이룬 고고학적 탐구에도 주목할 필요가 있다. 고린도전서와 관련하여 고고학적 증거의 오용과 홀대에 대한 리처드 오스터(Richard E. Oster)의 논문(1992년)은 유익한 정보를 제공해준다. 우리가 아는 대로 고대 로마 관습들은 바울 시대에 로마 자치 도시였던 고린도를 이해하는 데 매우 중요하다. 고고학적인 증거는 "종교의식에서 착용하는 남성의 머리 덮개가 로마, 이탈리아, 로마 제국 동부에 있는 수많은 도시에서…지중해 연안 지역의 동전, 조각상, 건축물 등에서 광범위하게 사용되었다"는 점을 보여준다.[21] "기도와 예언의 배경에서 남자들이 머리를 가리는 것은 로마의 종교의식에서 흔히 볼 수 있던 것

---

20) Hallpike, "Social Hair," 256-264.

21) R. E. Oster, "Use, Misuse and Neglect of Archaeological Evidence in Some Modern Works on 1 Corinthians (1 Cor 7:1-5; 8:10; 11:2-16; 12:14-26)," *ZNW* 83 (1992): 68; 참조. 52-73.

이다."[22] 오스터는 다음 두 가지 사실에 놀랐다. 11:4을 설명하기 위해 많은 저자들은 저 멀리 떨어져 있는 필론, 테르툴리아누스, 영지주의 및 랍비 문헌의 자료를 탐구하지만, 바이스는 11:4을 "가설에 의한 것"이라고 부르고, 브루스는 그 배경을 현실에서 "일어날 개연성이 없는 것" 또는 "해당 논증을 완성하기 위해 필요한" "가설"로 간주한다.[23] 심지어 피(Fee)도 상정한 관습에 대해 "사변"이라는 단어를 사용한다.

(ix) 우리는 본 주석서 서론에서 이 편지의 통일성에 관한 이슈를 다루었다. 워커(W. O. Walker)는 11:2-16이 바울이 쓴 것이 아니라 삽입된 것이라고 주장한다. 또한 트롬프(Trompf)는 이 단락이 바울이 초기에 쓴 것으로서 신뢰할 만하지 않고 딤전 2:13-15의 자료와 매우 비슷하다고 생각한다.[24] 하지만 머피-오코너는 워커의 주장을 설득력 있게 비판했다. 또한 슈라게와 다수의 저자도 그의 비판을 지지한다.[25] 마거릿 미첼 역시 이 편지의 통일성을 지지하며, 11:2-16의 진정성에 대한 연구 문헌에 대한 개관을 제공해준다.[26] 콜린스도 머피-오코너와 다른 저자들이 "합리적인 설명"과 더불어 "이 단락의 일관된 특성"을 성공적으로 입증해주었다는 데 동의한다.[27]

11:2-16에 대한 참고문헌

Brown, C., "Head," *NIDNTT,* 2:157-163.
Cantarella, E., Pandora's Daughters: *The Role and Status of Women in Greek and Roman*

---

22) 같은 책.

23) 같은 책, 68; Weiss, *Der erste Korintherbrief,* 271; Bruce, *1 and 2 Cor,* 104; Fee, *First Epistle,* 506-508.

24) W. O. Walker, "The Non-Pauline Character of 1 Cor 11:2-16," *JBL* 95 (1976): 615-621; 참조. Trompf, "On Attitude toward Women in Paul and Paulinist Literature: 1 Cor 11:3-16 and Its Context," *CBQ* 42 (1980): 196-215.

25) Murphy-O'Connor, "The Non-Pauline Character of 1 Cor 11:2-16?" *JBL* 95 (1976): 615-621; 참조. "1 Cor 11:2-16 Once Again," *CBQ* 50 (1988): 265-274; Schrage, *Der erste Brief,* 2:496-497.

26) M. M. Mitchell, *Paul and the Rhetoric of Reconciliation,* 261-262, 특히 n. 417.

27) Collins, *First Cor,* 394.

Antiquities (Baltimore and London: John Hopkins University Press, 1987), 90-99 and 135-138.

Carlé, G., *Because of the Angels: Unveiling 1 Cor 11:2-16* (Paraparaumu Beach: New Zealand: Emmaus, 998).

Cervin, R. S., "Does κεφαλή Mean 'Source' or 'Authority Over' in Greek Literature? A Rebuttal," *TrinJ* 10 (1989): 85-112.

Cleary, F. X., "Women in the NT: St Paul and the Early Pauline Churches," *BTB* 10 (1980): 78-82.

Cope, L., "1 Cor 11:2-16: One Step Further," *JBL* 97 (1978): 435-436.

Corrington, G. P., "The 'Headless Woman': Paul and the Language of the Body in 1 Cor 11:2-16," *PRS* 18 (1991): 223-231.

Dawes, G. W., *The Body in Question. Metaphor and Meaning in the Interpretation of Eph. 5:21-33,* BibInt 30 (Leiden: Brill, 1998), 56-80 and 122-149.

Devor, R. C., "When We're 'Blindsided' by the Gospel," *Encounter* 35 (1974): 368-381.

Dunn, J. D. G., *The Theology of Paul* (Edinburgh: T. & T. Clark, 1998), 588-592.

Edwards, D. R., "Dress and Ornaments," in *ABD,* 2:232-238.

Engberg-Pedersen, T., "1 Cor 11:16 and the Character of pauline Exhortation," *JBL* 110 (1991): 679-689.

Feuillet, A., "La dignité et le rôle de la femme d'après quelques textes pauliniens: comparison avec l'ancient Testament," *NTS* 21 (1973): 157-191.

_______, "L'homme 'gloire de Dieu' et la femme 'gloire de l'homme' (1 Cor XI:7b)," *RB* 81 (1974): 161-182.

_______, "Le signe de puissance sur la tête de la femme (1 Cor 11:10)," *NRT* 95 (1973): 945-954.

Fiddes, P. S., " 'Woman's Head Is Man': A Doctrinal Reflection upon a Pauline Text," *Baptist Quarterly* 31 (1986): 370-383.

Fiorenza, E. Schüssler, I*n Memory of Her: A Feminist Reconstruction of Christian Origin* (London: SCM, 1983), 226-230.

Fitzmyer, J. A., "Another Look at κεφαλή in 1 Cor 11:3," *NTS* 35 (1989): 503-511.

_______, "A Feature of Qumran Angelology and the Angel of 1 Cor 11:10," *NTS* 4 (1957-58): 48-58.

_______, "Kephale in 1 Cor 11:3," *Int* 47 (1993): 32-59.

Gill, D. W. J., "The Importance of Roman Portraiture of Head Coverings in 1 Cor 11:2-16," *TynBul* 41 (1990): 245-260.

Grudem, W. A., "Does Kephale Mean 'Source' or 'Authority Over' in Greek Literature? A Survey of 2,336 Examples," *TrinJ* (1985): 38-59.

_______, "Prophecy-Yes, but Teaching-No: Paul's Consistent Advocacy of Women's Participation without Government Authority," *JETS* 30 (1987): 11-23.

Gundry-Volf, J. M., "Gender and Creation in 1 Cor 11:2-16: A Study in Paul's Theological Method," in J. Adna, S. J. Hafemann, and O. Hofius (eds.), *Evangelium,*

Schriftauslegung, Kirche. Festschrift für Peter Stuhlmacher (Göttingen: Vandenhoeck & Ruprecht, 1997), 151-171.

Hall, D. R., "A Problem of Authority," *ExpTim* 102 (1990): 39-42.

Hallpike, C. R., "Social Hair," *Man* n.s. 4 (1969): 256-264.

Harland, P. J., "Menswear and Womenswear: A Study of Deut 22:5," *ExpTim* 110 (1998): 76; 참조. 73-76.

Hasler, V., "Die Gleichstellung der Gattin. Situation-Kritische Reflexionen zu 1 Kor 11:2-16," *TZ* 50 (1994): 189-200.

Holmyard, H. R., "Does 1 Cor 11:2-6 Refer to Women Praying and Prophesying in Church?" *BSac* 154 (1997): 461-472.

Hooker, M. D., "Authority on Her Head: An Examination of 1 Cor 11:10," *NTS* 10 (1963-1964): 410-416; rpt. in her *From Adam to Christ: Essays on Paul* (Cambridge: Cambridge University Press, 1990), 113-120.

Horrell, D. G., *The Social Ethos of the Corinthian Correspondence* (Edinburgh: T. & T. Clark, 1996), 168-176.

Hurley, J. B., "Did Paul Require Veils or the Silence of Women? A Consideration of 1 Cor 11:2-16 and 1 Cor 14:33b-36," *WTJ* 35 (1973): 190-220.

Kroeger, C. C., "The Classical Concept of 'Head' as 'Source,' in G. Gaebelein Hull (ed.), *Equal to Serve* (London: Scripture Union, 1987) (American title: *Serving Together*).

_______, "Head," in *DPL* (1993), 357-377.

Jaubert, A., "Le voile des femmes (1 Cor XI:2-16)," *NTS* 18 (1970-71), 419-430.

Jervis, L. A., " 'But I Want You to Know ...': Paul's Midrashic Intertextual Response to the Corinthian Worshippers (1 Cor 11:2-16)," *JBL* 112 (1993): 231-246.

Keener, C. S., *Paul, Women, Wives* (Peabody, Mass.: Hendrickson, 1992), 19-69.

Kurzinger, J., "Frau und Mann nach 1 Kor 11:11-12," *BZ* 22 (1978): 270-273.

Lefkowitz, M. R., and M. B. Fant, *Women's Life in Greece and Rome: A Source Book in Translation* (Baltimore: John Hopkins University Press and London: Duckworth, 1982), 104-110, 157-171, 181-196, 235-253, 262-270.

Lattike, M. "κεφαλή," *EDNT*, 2:284-286.

Malina, B., *The NT World: Insights from Cultural Anthropology* (Louisville: Westminster/Knox, rev. ed. 1993), 28-62.

Martin. D. B., *The Corinthian Body* (New Haven: Yale University Press, 1995), 229-249.

Martin, W. J., "1 Cor 11:2-16: An Interpretation," in W. Ward Gasque and R. P. Martin (eds.), *Apostolic History and the Gospel: Presented to F. F. Bruce* (Exeter: Paternoster, 1970), 231-241.

Meier, J. P., "On the Veiling of Hermeneutics (1 Cor 11:2-16)," *CBQ* 40 (1978): 212-226.

Meeks, W. A., "The Image of the Androgyne: Some Uses of a Symbol in Earliest Christianity," *History of Religion* 13 (1974): 165-208.

Mercadante, L., "The Male-Female Debatte: Can We Read the Bible Objectively?" *Crux* 15

(1979): 20-25.

Merk, O., *Handeln aus Glauben* (Marburg: Elwert, 1968), 131-135.

Mitchell, M. M., *Paul and the Rhetoric of Reconciliation* (Louisville: Westminster/Knox, 1991), 260-263.

Moxnes, H., "Honor, Shame and the Outside World in Paul's Letter to the Romans," in J. Neusner et al. (ed.), *The Social World of Formative Christianity and Judaism* (Philadelphia: Fortress, 1988), 207-218.

Murphy-O'Connor, J., "1 Cor 11:2-16 Once Again," *CBQ* 50 (1988): 265-274.

_______, "The Non-Pauline Character of 1 Cor 11:2-16?" *JBL* 95 (1976): 615-621.

_______, "Sex and Logic in 1 Cor 11:2-16," *CBQ* 42 (1980): 482-500.

Oster, R. E., "When Men wore Veils to Worship: The Historical Context of 1 Cor 11:4," *NTS* 34 (1988), 207-218.

Padgett, A., "'Authority over Her Head': Toward a Feminist Reading of St. Paul," *Daughters of Sarah* 13 (1986): 69-86.

Pella, G., "Voile et soumission? Essai d'interprétation de deux textes pauliniens," *Hokhma* 30 (1985): 3-20.

Perriman, A. C., "The Head of a Woman: The Meaning of κεφαλή in 1 Cor 11:3," *JTS* 45 (1994): 602-622.

Pomeroy, S. B., *Goddesses, Whores, Wives and Slaves: Women in Classical Antiquity* (London: Hale, 1976), 120-189.

Radcliffe, T., "Paul and Sexual Identity: 1 Cor 11:2-16," in J. Martin Soskice (ed.), *After Eve: Women, Theology and the Christian Tradition* (London: Collins/Marshall, 1990), 62-72.

Rousselle, A., "Body Politics in Ancient Rome," in G. Duby and M. Perrot (eds.), *A History of Women in the West, 1: From Ancinent Goddesses to Christian Saints* (Cambridge, Mass.: Harvard, 1992), 296-337.

Schirrmacher, T., *Paulus im Kampf gegen den Schleier. Eine alternative Auslegung von 1 Kor 11:2-16,* Biblia et Symbolica 4 (Bonn: Verlag für Kultur und Wissenschaft, 1993).

Schlier, H., "κεφαλή", *TDNT,* 3:673-682.

Schottroff, L., *Let the Oppressed Go Free: Feminist Perspectives in the NT* (Eng. trans., Louisville: Westminster/Knox, 1993), 109-129.

Schüssler, Fiorenza, E., "Women in the Pre-Pauline and Pauline Churches," *USQR* 33 (1978): 153-166.

Stendahl, K., *The Bible and the Role of Women: A Case Study in Hermeneutics* (Philadelphia: Fortress, 1966).

Theissen, G., *The Social Setting of Pauline Christianity* (Eng. trans., Philadelphia: Fortress, 1966).

Thompson, C. L., "Hairstyles, Head-Coverings and St Paul: Portraits from Roman Corinth," *BA* 51 (1988): 99-115.

Trompf, G. W., "On Attitudes toward Women in Paul and Paulinist Literature: 1 Cor 11:3-

16 and Its Context," *CBQ* 42 (1980): 196-215.
Walker, W. O., "1 Cor 11:2-16 and Paul's Views Regarding Women," *JBL* 94 (1975): 94-110.
_______, "The Vocabulary of 1 Cor 11:3-16: Pauline or Non-Pauline?" *JSNT* 35 (1989): 75-88.
Waltke, B. K., "1 Cor 11:2-16: An Interpretation," *BSac* 135 (1978): 46-57.
Weeks, N., "Of Silence and Head Covering," *WTJ* 35 (1972): 21-27.
Wire, A. C., *The Corinthian Women Prophets: A Reconstruction through Paul's Rhetoric* (Minneapolis: Fortress, 1991), 116-134 and 226-228.
Witherington, B., *Conflict and Community in Corinth* (Grand Rapids: Eerdmans and Carlisle: Paternoster, 1995), 231-240.
_______, *Women in the Earliest Church,* SNTSMS 58 (Cambridge: Cambridge University Press, 1988), 78-90.

2절 서방 사본, D, F, G, K, 33은 ὑμᾶς 다음에 ἀδελφοί를 삽입한다. 이 독법은 AV/KJV에 반영되어 있다. 하지만 이 단어(ἀδελφοί)가 이 부분에 삽입된 것이 쉽게 설명될 수 있다는 데 사실상 의견이 일치한다. 그렇지 않다면 왜 이 단어가 초기의 주요 사본(예. p^{46}, ℵ, A, B, C)에 누락되어 있는지 설명할 수 없다.[28] UBS 4판은 올바른 판단에 기초하여 이 단어를 원문에 포함하지 않는다.

Ἐπαινῶ, "나는 칭찬합니다"는 또다시 화자가 1인칭 단수로 바뀐 것을 나타내준다. 이 동사의 의미는 "칭찬하다"(REB, NRSV) 또는 "축하하다"(NJB)보다 "찬양하다"(NIV, AV/KJV)에 더 가깝다. 왜냐하면 이 단어는 그리스어 성경에서 하나님을 "찬양하다" 또는 몇몇 문맥에서 어떤 사람을 "높이다"(칭송하다)와 관련이 있는 강력한 용어이기 때문이다. 명예/수치 문화의 배경에서 명예를 나타내는 용어가 필요하지만, REB, NJB, NRSV는 어른을 **찬양한다**는 말은 그리스어 동사가 전달하지 않는, 생색내는 듯하고 학교 교사 같은 온정주의의 뉘앙스를 풍긴다.[29] 찬양은 어떤 신분을 부여하는 것이기에 우리는 "나는 여러분을 온전히 신뢰합니다"라는 번역을 제안한다. 이와 비슷하게 μέμνησθε도 그리스어 성경에서 사용하

28) Zuntz, *Text,* 176; Metzger, *Textual Commentary* (2d ed.), 495; Fee, *First Epistle,* 498, n. 24.
29) BAGD, 281. 이 단어는 바울 서신에서 오직 이곳과 11:22에서만 두 번 나타난다.

는 μιμνῄσκομαι의 더 강력하고 완벽하고 광범위한 의미 영역에 주의를 기울일 것을 요구한다(영어의 remember보다 의미 영역이 더 넓음). 또한 이 동사가 현재완료로 사용된 것은 과거의 행위에 기초하여 현재의 상태에 관심을 둘 필요성을 시사한다. 따라서 "나를 변함없이 기억하고 있고"(REB도 이렇게 번역함)라는 번역은 이 두 가지 요소를 잘 표현해준다.[30] 슈라게와 다른 학자들이 주장하듯이 πάντα는 이 동사의 목적어를 나타내는 목적격이 아니라 연관성을 나타내는 부사적 또는 양태적 목적격이다. 이것은 22절의 ἐν τούτῳ와 비슷한 의미다.[31] 따라서 "변함없이"는 이 동사의 현재완료의 과정을 일반적인 방법으로 묘사한다.

교부 시대와 중세 시대의 주석에서 테오도레토스, 암브로시아스터, 페트루스 롬바르두스, 토마스 아퀴나스 같은 이들은 아낌없이 찬양(칭찬)하거나 온전히 신뢰하는 것을 반어법으로 이해했다.[32] 오히려 10:32-11:1, 특히 11:22("너희를 칭찬하랴, 이것으로 칭찬하지 않노라")를 암시하는 것으로 말이다. 현대 주석가 중에서는 모팻이 바울이 수신자들의 주장을 "반어법을 섞어" 다시 인용한 것으로 이해한다. 알로는 그러한 견해에 공감하고, 허드는 이를 지지한다.[33] 피와 슈라게는 독자들의 호응을 얻기 위한 수사법(*captatio benevolentiae*)으로 간주한다.[34] 하지만 헤이스는 더 설득력 있는 재구성을 제시한다. 고린도의 그리스도인들은 자신들이 보낸 편지에서 여인들이 예배에 참여하는 것에 대해 바울의 가르침을 따르겠다는 뜻을 표현했다는 것

---

30) 참조. BAGD, 522. 한편 현재완료 시제에 관해서는 다음을 참조하라. Schrage, *Der erste Brief,* 2:497.

31) Schrage, *Der erste Brief,* 2:499, 특히 n. 55. Barrett는 이 단어를 "언제나"라고 번역하지만, "또는 모든 사항에서"라고 주해한다(Barrett, *First Epistle,* 247).

32) Thomas Aquinas, *Super Ep. S. Pauli*, 344, sect 584. 그러나 고린도 교인들은 이 일들에 실패했다.…바울은 이렇게 말한다.…"여러분은 모든 일에서 나를 기억합니다. 우리는 우리가 기억하지 못하는 사람들의 모범을 본받을 수 없습니다." 참조. Peter Lombard, in Migne, *PL,* 91:1629; Ambrosiaster, CSEL, 81:252.

33) Moffatt, *First Epistle*, 149; Allo, *Première Épitre,* 255; Hurd, *Origin of 1 Corinthians,* 182-183.

34) Fee, *First Epistle,* 500; Schrage, *Der erste Brief,* 2:499.

이다. 하지만 그들은 옷차림에 대한 예기치 못한 문제점에 관해서도 그의 조언을 구했다(11:2-16에 대한 머리말 참조).[35] 바울은 언제나 따스한 마음으로 난처함을 표현하거나 조언을 구하는 자들 곁에 서 있었다. 바울의 자세가 매우 논쟁적으로 바뀌는 경우는 교인들이 조언이 필요 없다고 주장하거나 상의는커녕 스스로 만족해하며 일방적으로 행동하는 경우다.

바레트는 κατέχετε가 παρέδωκα ὑμῖν τὰς παραδόσεις와 연결되어 표현되는 것을 "여러분에게 전해준 전승을 굳게 간직하고 있다"로 유익하게 번역한다.[36] παράδοσις는 (παραδίδωμι 동사의 능동적인 의미에서) 배반 또는 (동일한 동사의 수동적인 의미에서) 전승, 전해준 것을 뜻한다. 거기에는 가르침, 신조, 내러티브, 세례 문답 교육 등이 포함된다(참조. 살후 2:15; 3:6, παραλαμβάνω와 함께 사용됨; 또한 클레멘스1서 7:2; 디오그네토스에게 보낸 편지 11:6). 동일한 맥락에서 παραδίδωμι 동사도 "넘겨주다" 또는 "전해주다"를 의미한다(참조. 핵심구절 고전 11:23a; 15:3).[37] 초기 기독교 문헌에서 이 단어들은 얼마 지나지 않아 **기독교의 가르침에 대한 권위 있는 전승**(폴리카르포스, *Epistles*, 7:2; 이레나이우스, *Against Heresies*, 3:3:4; 클레멘스, *Stromata*, 1:12; 오리게네스, *Contra Celsum*, 4:32)을 가리키게 되었다.[38] 전승과 전승에 대한 용어 연구에서 베게나스트는 이 편지가 전수받고 전한 교리와 관습의 개념이 나타나는 첫 번째 배경(특히 11:23; 15:3-5와 관련하여)을 제공해준다고 주장한다.[39] 고린도 교회가 자신들의 사고와 관습을 일방적인 사안으로 간주하는 경향을 보였다는 점에 비추어볼 때 이러한 주장은 납득할 만하다(참조. 고전 1:13; 14:36 및 다른 구절들). 슈라게는 11:2-16을 11:23과 15:3-5의 기초적인 의미에서 "전승"과 관련된 것으로 간주하는 것을 망설인다. 왜냐하면 이 단락은

---

35) Hays, *1 Cor*, 181-184.
36) Barrett, *First Epistle*, 247.
37) BAGD, 614-615. 이 사전은 이 의미와 다른 뉘앙스에 대한 많은 사례를 제시한다.
38) 그밖의 사례는 다음을 참조하라. Lampe, *Patristic Greek Lexicon*, 1013.
39) K. Wegenast, *Das Verhältnis der Tradition bei Paulus und in den Deuteropaulinen*, WMANT 8 (Neukirchen: Neukirchener, 1962), 111.

신앙과 삶에 대한 십자가 중심적인 핵심 조항이 아니기 때문이다.[40] 그럼에도 11:2-16에서 "다른 사람들"에 대한 존중 또는 관심은 십자가를 구현하는 사고와 행동 양식을 반영해준다. **많은 주석가들은 바울이 독자들에게 추천하는 이 전승은 종말론적으로 모든 남성과 여성을 기도와 예언의 말에 능동적으로 참여하는 자 가운데 포함시키는 것이라고 믿는다. 바울은 옷차림의 문제는 창조 질서에 근거하여 반드시 남성과 여성의 구별과 특징을 알려주어야 하며, 창조 질서는 심지어 복음 시대에도 여전히 중요하다고 믿는다.**

3절 내가 생각하기에 이것은 우리가 어쩔 수 없이 번역에 대한 어떤 대안이나 꺾쇠괄호 안에 번역을 제시하는 세 가지 사례 중 하나다(참조. 11:4). 이 절을 번역하는 것은 다른 어떤 절보다 개인적으로 더 어려웠고 무척 고뇌하게 만들었다. 그 이유는 적어도 이 절과 관련된 연구 문헌과 사전 자료가 매우 방대하여 κεφαλή에 대한 다양한 번역이 논쟁의 여지가 있기 때문이다. 탁월하고 박식한 학자들은 다음 세 가지 견해 가운데 저마다 한 가지 견해를 지지한다(남편[NRSV] 또는 남자[REB, NJB, NIV]로 번역해야 할지에 관한 결정은 또 다른 문제다). NRSV, REB, NJB, NIV, AV/KJV, 모팻, 바레트, 콜린스는 모두 κεφαλή를 "머리"로 번역한다(또한 히에로니무스, *caput*; 루터, 슈투트가르트 1984년도 역본, *Haupt*). 우리는 이 번역의 강력한 전통과 피츠마이어와 다른 이들의 주장을 존중하며 한 가지 명백하고 설득력 있는 대안으로서 **머리**를 꺾쇠괄호 안에 표기했다. 그러나 또한 "원천"으로 번역하는 것을 지지하는 중요한 논증도 등장한다. 비록 가까스로 이긴 하지만, 결국 세 번째 견해("원천") 지지자들은 우리를 설득했다. 우리는 세르뱅(Cervin, 1989년), 특히 페리만(Perriman, 1994년)과 도스(Dawes, 1998년)의 연구에 합당한 중요성을 부여해야 한다. 우리가 제시한 번역은 콜린스(1999년)가 인정한 것과도 일치한다. 즉 바울은 **다양한 의미를 지닌** 어떤 단어를 통해 의도적으로 **다양한 모습을 나타내는**(polymorphous) **개념**을 사용한다.

우리가 κεφαλή를 번역하는 데 어떤 선택을 하든지 간에 주디스. 건드

---

40) Schrage, *Der erste Brief*, 2:500, n. 61.

리-볼프는 다음과 같은 기본적인 원리를 제시한다. 바울은 성을 구별하는 창조 질서와 상호성 및 상호 관계를 나타내는 복음의 질서 사이에서 복합적이며 의도적인 변증법을 제시한다. 이러한 주장의 두 가지 측면 중 그 어떤 것도 독립적으로 선택되어서는 안 되며, 전체를 대표하는 특권을 부여해서도 안 된다. 바울은 "남자와 여자의 위계적인 관계를 수용하는 가르침을 지지하는 창조"에 호소하고, "남자와 여자의 차이점을 부인하지 않으면서도 그리스도 안에서 그들의 새로운 사회적 동등성을 강조할 수 있다."[41]

지금까지 κεφαλή의 의미에 대한 주장의 역사는 방대하다. 고든 피는 "바레트와 콘첼만까지의 모든 주석서"는 κεφαλή의 은유적인 의미를 "위계적이며 권위의 구조를 세우는 것"으로 인식한다고 주장하는데, 그의 주장이 전적으로 타당한지는 의구심이 든다. 나아가 그는 이제 다음과 같은 주장은 할 수 없을 것이다. "이 단락에서 어떤 것도 그러한 것[곧 이 견해]을 제안하지 않는다.…은유에 대한 바울의 이해와…고린도 교인들이 그 단어를 파악했을 단 한 가지는 '원천' 특히 '생명의 원천'으로서 '머리'였을 것이다."[42] 그러나 면밀하게 살펴보면 피의 주장은 옳지 않은 듯하다. 1970년대까지 κεφαλή의 의미에 대한 주도적인 견해는 사실상 언제나 "우두머리"(headship)였다. 그 시기 이후로 사실상 모든 주석가는 κεφαλή가 실질적으로 원천을 의미한다고 믿었다. 하지만 여기에는 의문의 여지가 있다. 그 이유는 다음과 같다. (i) 교부 시대에 한 사람 이상의 주석가들이 **신체적인 측면에서 머리-몸의 대조**에 기초한 **은유적인 측면에서** κεφαλή의 의미는 열려 있으며, **다양하고 동등한 가능성**을 암시한다고 말한다. (ii) κεφαλή가 **원천**을 의미한다는 견해는 최근에 심각한 비판을 받았다. 따라서 호렐(1996년)은 "최근의 연구는 κεφαλή를 '원천'으로 번역하는 것이 과연 타

41) Gundry-Volf, "Gender and Creation in 1 Cor 11:2-16: A Study in Paul's Theological Method," in Adna et al. (eds.), *Evangelium, Schriftauslegung, Kirche*, 152; 참조. 151-171. 또한 앞의 11:2-16에 대한 머리말 참조.

42) Fee, *First Epistle*, 502, 502, n. 41, and 503.

당한지에 대해 의문을 제기했다"고 주장한다.[43] 설령 우리가 이 단어가 권위적인 **우두머리의 직분**(authoritative headship)을 가리킨다는 웨인 그루뎀(Wayne Grudem, 1985년)과 피츠마이어(1989년, 1993년)의 사려 깊고 상세한 논증을 받아들이기를 망설인다 하더라도(아래 참조), 리처드 세르뱅(1989년)과 특히 페리만(1994년)의 논증—곧 κεφαλή는 우선 몸과 대조되는 머리를 가리키며(11:3의 내용을 포함하여) 더 광범위하게 "가장 뛰어나고, 최우선적이며, 최상이고, 가장 탁월한 것"을 가리킨다—은 중요하고 여전히 설득력이 있다.[44] 그레고리 도스(1998년)가 제기한 κεφαλή에 대한 일관된 주장도 다음과 같은 결론을 강화해준다. 그는 충분한 증거와 논증(비록 상당 부분은 엡 5:21-33과 관련이 있지만)을 바탕으로 (그리스도가) "우위에 있고"(preeminent), (남자가) "우선하고"(foremost), (하나님이) "더 높은"(uppermost)이란 세 영어 단어를 사용할 것을 권한다. 물론 우리는 여전히 논란의 여지가 있는 번역으로서 "머리"(head)를 꺾쇠괄호 안에 넣어야 한다고 생각하지만 말이다. 이어서 제시되는 특별 주해와 관련하여 매우 세부적인 논의를 건너뛰려는 자들을 위해 요약 및 결론은 맨 뒤에 제시한다.

κεφαλή와 그 다양한 의미

1. 권위, 우위성, 리더십

이것이 중세 시대 이후 이 단어에 대한 전통적인 번역이다. 로버트슨과 플러머는 다음과 같이 주해한다. "κεφαλή는 우위성을 의미한다.…그리스도는 남자의 머리다. 남자는 여자의 머리다.…고전 3:23; 엡 1:22; 4:15; 5:23…하나님은 최상의 존재이

---

43) Horrell, *Social Ethos*, 171. Horrell(1996년)의 입장과 달리 Dawes(1998년), Perriman(1994년), Hays(1997년)는 "원천"을 지지한다(그 이전에는 Bedale, Barrett, Bruce, Fee 등이 "원천"을 지지했다). Schrage(1995년), Murphy-O'Connor(1997년), Horsley(1998년)도 여전히 이 해석을 지지한다.

44) Perriman, "The Head of a Woman: The Meaning of κεφαλή in 1 Cor 11:3," 618; 참조. 602-622; Cervin, "Does κεφαλή Mean 'Source' or 'Authority Over' in Greek Literature? A Rebuttal," 85-112.

시다.…이것은 아리우스가 선호하던 텍스트였다. 이것은 얼핏 보기에 15:24-28과 조화를 이룬다."[45] κεφαλή가 원천을 의미한다는 입장을 지지하는 베달(S. Bedale, 1954년), 로빈 스크록스(Robin Scroggs, 1972년), 머피 오코너(1980년, 1988년)와는 대조적으로 피츠마이어는 이 견해가 다시 강조되어야 한다고 강력하게 주장했다(아래 참조).[46] 또한 피츠마이어는 70인역에서 κεφαλή는 약 281번에 걸쳐 히브리어 명사 ראשׁ(로쉬) "머리"를 번역했다고 지적한다. 그 가운데 지도자라는 하부 범주의 의미는 출애굽기에서 적어도 세 번, 사사기에서 적어도 열한 번(예. 삿 10:18; 11:8, 9, 11) 나타난다. 머피-오코너도 시인하듯이 삼하 22:44은 이 의미를 나타내는 핵심적인 본문이다.[47] 하지만 만일 우리가 영어의 top에 해당하는 의미로 κεφαλή-ראשׁ가 머리를 포함하는 것으로 이해한다면 그 숫자의 비율은 증가한다.[48] 피츠마이어는 머피-오코너가 언급한 구절들보다 더 광범위한 본문들이 특별히 "가장 뛰어난" 또는 "최상의"라는 의미와 함께 우두머리, 지도자, 리더십이란 의미를 지닌다는 것을 보여준다. 우리가 제안하는 번역을 다룰 때 우리는 브라운-드라이버-브릭스(BDB, 1989년)가 편집한 사전의 자료에 비추어 이것들을 더 자세하게 살펴볼 것이다. 피츠마이어는 이렇게 결론짓는다. "다소의 바울과 같은 헬레니즘적 유대 저자는 고전 11:3의 κεφαλή를 어떤 대상보다 뛰어난 권위 또는 우위성을 갖고 있다는 의미에서 '머리'로 이해하기를 바랐을 것이다."[49]

피츠마이어의 연구는 대체로 바이스, 로버트슨과 플러머, 벤트란트, 알로, 리츠만과 큄멜, 흐로세이데, 에링 등이 제기한 "전통적인" 해석을 지지해준다. 하지만 머피-오코너와 피는 그들의 논증을 평가절하하는 경향이 있다. 에링은 심지어 그리스도의 경우에도 "이 용어는 분명히 성자가 성부에게 종속되어 있다는 점을 가리킨다"고 주장한다.[50] 콘첼만도 "종속"의 역할을 언급하지만, 단지 더 광범위

45) Robertson and Plummer, *First Epistle*, 229.

46) Fitzmyer, "Another Look at κεφαλή in 1 Cor 11:3," 503-511.

47) 같은 책, 506; Murphy-O'Connor, "Sex and Logic in 1 Cor 11:2-16," 492; 참조. 482-500.

48) Fitzmyer, "Another Look at κεφαλή," 506-509.

49) 같은 책, 510; 참조. BDB(1980 ed.), 910-911. Fitzmyer는 신명기, 열왕기상, 사사기, 사무엘하와 다른 곳에서 이 단어가 사용된 구절을 언급한다. 또한 BDB도 이것을 지지해준다.

50) Héring, *First Epistle*, 103.

하고 복합적인 틀 안에서 그렇다고 (올바르게) 주장한다. "[구약성경에서] 머리는 어떤 사람이 다른 사람에 대해서가 아니라 공동체에 대해 주권을 행사하는 것을 가리킨다.…[기독론에서] 종속은 전적으로 다른 복합적인 개념의 관점에서 표현된다."[51] 하지만 볼프는 바울은 고린도 교인들이 "자유"를 외치는 것에 맞서 창조 "질서"를 강조한다고 힘주어 말한다.[52]

웨인 그루뎀(Wayne Grudem)은 (*Thesaurus Linguae Graece*에 기초하여 기원전 8세기부터 기원후 4세기까지) 서른여섯 명의 고대 그리스 저자가 κεφαλή를 사용한 2,336가지 사례를 개관한다.[53] 그중에서 2,000개가 넘는 사례는 "실질적으로 어떤 사람이나 동물의 머리"를 가리킨다고 한다. 나머지 302개의 은유적인 사례 중에서 49개는 "최고의 권위 또는 지위를 지닌 사람이나 '지도자' 또는 '지도자의 역할'에 적용된다. 이러한 사례 중에서 κεφαλή가 '원천' 또는 '기원'을 의미하는 경우는 전혀 발견되지 않았다."[54] 하지만 세르뱅(R. S. Cervin)은 다른 결론을 제시한다. 따라서 1990년에 그루뎀은 세르뱅과 최근 다른 연구에 대한 "답변"을 제시했다. 이 연구들은 "권위"에 대한 명백한 함의를 포함하지 않고 "원천", "탁월한" 또는 "최상의"라는 의미를 복구하려고 시도한다.[55] 여기서 그는 1985년에 제시한 결론을 반복하며, 세르뱅의 방법과 결론을 비판한다. 그루뎀의 "원천"이란 의미 제안을 비판하는 것은 설득력이 있어 보인다. 하지만 특별히 그가 2,336가지 사례 중 약 2,000개의 사례가 의미상 신체의 머리와 몸의 대조를 전제한다고 시인한 것을 고려하면 바울이 사용한 "머리"라는 용어가 우위성, 탁월함, 대표성 또는 최상을 뜻하기보다는 주권의 개념을 지니고 있다는 그의 주장은 덜 결정적이라 하겠다.

---

51) Conzelmann, *1 Cor*, 183, n. 21 and n. 26.

52) Wolff, *Der erste Brief*, 248-249.

53) Grudem, "Does κεφαλή ('Head') Mean 'Source' or 'Authority Over' in Greek Literature? A Survey of 2,336 Examples," 38-59.

54) 같은 책, 49 및 52.

55) Grudem, "The Meaning of κεφαλή ('Head'): A Response to Recent Studies," *TrinJ* 11 (1990): 3-72.

2. 원천, 기원, 시간적 우선성

베달은 이미 일찍이 1954년에 κεφαλή가 "원천"을 의미할 수 있다고 제안했다.[56] 하지만 머피-오코너가 나중에 그랬듯이 그는 이 그리스어 단어가 고전 11:3의 용례를 포함하여 "그 단어 자체에 '권위'의 의미가 있다"는 것을 부인하지 않는다.[57] 이와는 대조적으로 머피-오코너는 1987년에 이 단어는 "결코 권위 또는 우위성을 가리키지 않는다"고 주장했다. 하지만 그는 1997년에 "'머리'가 우위성을 암시하는 사례는 매우 드물다"고 말하며 자신의 주장을 약화시켰다.[58] 브루스는 동일한 스펙트럼 위에서 다음과 같이 베달과 머피-오코너 간의 중간 입장을 취한다. "아마도 우리는 [케팔레를] '우두머리'나 '통치자'가…아니라 '원천'이나 '기원'으로 이해해야 할 것이다. 그것이 그리스 단어 케팔레가 지닌 의미 중 하나라는 것은 잘 입증되어 있다."[59] 브루스의 논점은 대체로 "원천"이 이 단락에서 뒤에 나오는 절들의 논리와 인간 존재의 "원천"으로서 그리스도의 역할과 잘 어울린다는 전제에 기초한다. 그리스도의 "영원한 존재의 기원"은 하나님으로부터 비롯된다(3:23; 8:6).[60] 아마도 다음과 같은 바레트의 견해는 더 확실한 기초에 근거할 것이다. 즉 κεφαλή는 전체를 대표하는 한 부분을 가리키기 때문에(예. 양 떼의 머리, 아래 참조) 이것은 해당 질문과 관련된 사람 또는 대상의 원천이나 기원을 은유적으로 표현하는 것으로 확대될 수 있을 것이다. 또한 바레트는 브루스를 따라 이 의미가 "8절 이하 절들에서 강력하게 제시된다"고 말한다. 그는 "바울이 남자는 여자의 주인(κύριος)이 아니라 여자의 존재의 기원이라고 말한다"고 주장한다.[61] 나아가 브루스와 더불어 그는 그리스도와 하나님의 관계도 "이와 비슷한 방식으로 이해할 수 있다"고 말한다. "성부는 신성의 원천(*fons divinitatis*)이며, 성자는 성부와의 관계에 근거하여 성자로서 존재한다"는 것

---

56) S. Bedale, "The Meaning of κεφαλή in the Pauline Epistles," *JTS* n. s. 5 (1954): 211-215.
57) 같은 책, 215.
58) Murphy-O'Connor, 1 Cor, 121. 또한 다음에서 그의 주해를 참조하라. R. E. Brown, J. A. Fitzmyer and R. E. Murphy (eds.), *New Jerome Biblical Commentary* (London: Chapman 1980), sects, 49-53.
59) Bruce, *1 and 2 Cor,* 103.
60) 같은 책.
61) Barrett, *First Epistle,* 248.

이다.[62] 스크록스(1972년, 1974년)는 이 경우를 한층 더 강조한다. 갈 3:27-28은 이미 "세례가 사회적인 동등성"을 확립했다는 것을 입증해주며, 고전 11:3에서 κεφαλή가 사용된 것은 여성의 종속에 대해 아무런 암시도 주지 않는다는 것이다. 이 단락 전체에서 모든 것은 상호의존에 의해 결정된다.[63] "그리스어 단어 κεφαλή는 일반적으로 주인(됨)을 의미하지 않는다."[64]

존 마이어(John P. Meier) 또한 "우리는 여기서 형이상학적 뉘앙스를 지닌 케팔레의 후대 헬레니즘적 용법을 접한다"고 주장한다. "이 개념은 '원천' 또는 '기원' 특히 어떤 존재의 기원에 관한 것이다. 여기서는 일련의 원천 또는 소산(emanation)이 제시된다. 하나님은 메시아의 원천이시다.…성자는 창조에서 하나님의 도구이시다(고전 8:6). 그리스도는 남자의 원천이며, 아마도 남자에 대한 플라톤적인 원형일 것이다.…창 2장은 여자가 남자의 갈비뼈로부터 지음을 받았다고 말한다. 존재의 연속성, 창조 질서는 반드시 정해진 장소 및 역할과 더불어 종속을 포함한다."[65] 고든 피도 "원천"이라는 의미를 지지한다. 하지만 그의 입장은 종속의 측면을 부인한다는 점에서 스크록스와 머피-오코너의 견해에 더 가깝다. 그는 다음과 같이 주장한다. "따라서 은유에 대한 바울의 이해는 거의 분명히 고린도 교인들이 '머리'를 '원천'으로, 특히 '생명의 원천으로' 파악했을 가능성을 열어두는 유일한 해석이다. 8-9절은 이 해석을 뒷받침해주는 듯하다."[66] 위더링턴(1988년), 래드클리프(Radcliffe, 1990년), 더 신중한 입장을 취하는 슈라게(1995년)도 "원천"을 지지한다.[67] 슈라게는 (비록 히브리어 ראשׁ가 어떤 집단에 지배권을 가리킬 수도 있음을 기

---

62) 같은 책, 249.

63) R. Scroggs, "Paul and the Eschatological Woman," *JAAR* 40 (1972): 283-303; "Paul and the Eschatological Woman Revisited," *JAAR* 42 (1974): 532-537.

64) Scroggs, "Paul," (1972): 298.

65) Meier, "On the Veiling of Hermeneutics (1 Cor 11:2-16)," 217-218; 참조. 212-216.

66) Fee, *First Epistle,* 503. 또한 그는 다음 논문에 호소한다. P. B. Payne, "Response," in A. Mickelsen (ed.), *Women, Authority and the Bible* (Downers Grove: InterVarsity Press, 1986), 113-132; Kroeger, "The Classical Concept of 'Head' as 'Source,'" in Gaebelein Hull, *Equal to Serve* (American Title *Serving Together* [New York, 1987]).

67) Schrage, *Der erste Brief,* 2:501-504; Witherington, *Women in the Earliest Churches,* 84-85; and Radcliffe, "Paul and Sexual Identity: 1 Cor 11:2-16," in Soskice (ed.), *After Eve,* 66.

꺼이 시인하지만) κεφαλή가 일반적으로 어떤 개인에 대한 권위를 가리킬 수 있음을 거부하면서 슐리어(Schlier)와 콘첼만의 입장을 따른다. 그는 또한 이 단락에서 압도적으로 사용되는 예가 신체적인 측면의 몸과 대조를 이루는 **머리**를 가리킨다고 올바르게 주장한다(참조. 4a, 5a, 7, 10절). 그는 또한 던(J. D. G. Dunn)을 따라 11:10에서 예언을 하는 여자가 "권위"가 있다(ἐξουσίαν ἔχειν ...)고 말하고 있기 때문에 "도입 부분의 제안이 여자에 **대한** 남자의 권위를 세우는 역할을 할 개연성은 낮은 듯하다"고 지적한다.[68] 마지막으로 호슬리(1998년)는 필론이 아브라함에 대해 선조의 의미로서 κεφαλή를 사용한 것에 근거하여 "원천"이라는 의미를 지지한다(Philo, *De Congressu Quaerendae* 61).[69] 이 주장은 무엇보다도 다음 세 가지 문제점에 부딪힐 것이다. (a) 히브리어와 70인역에 대해 피츠마이어가 제시하고 고대 그리스어 문헌의 κεφαλή 용례에 대해 그루뎀이 제시한 증거의 중요성을 간과하는 것이 설득력이 있을까? 종종 이 논쟁은 이른바 이러한 의미가 "드물다"는 견해를 제시하며 서로 대립하는 것으로 변질되었다.[70] 분명히 70인역의 용례는 간과할 수 없다. 스크록스는 신중하지 않은 일방적인 견해를 제시한다. 한편 논란의 여지가 있지만 항상 신중한 머피-오코너도 자신의 견해를 과하게 주장하는 경향이 있다. (b) κεφαλή의 생리학적 용법(부인할 수 없음)이 우세함을 인정할 때 신체의 머리에 대한 은유적인 의미의 확대가 **원천**을 쉽게 의미할 수 있을까? 우리는 두 단계의 과정을 상정해야 하는데, 이 과정에서 첫 번째 단계의 은유(우위, 최상, 맨 꼭대기)는 두 번째 단계의 은유가 된다. 곧 우위(preeminence)로부터 다른 존재가 흘러나온다.

---

68) Schrage, *Der erste Brief,* 2:504; Dunn, *The Theology of Paul,* 589-590; Gundry-Volf, "Gender and Creation," 159-160. 또한 아래의 11:10에 대한 주해 참조.

69) Horsley, *1 Cor,* 153.

70) 당혹스럽게도 Witherington은 예컨대 "성경 밖의 문헌에서 잘 알려진" **원천**을 지지하기 위해 H. Schlier, *TDNT,* 3:674-676을 언급한다(*Women in the Earliest Churches,* 84 and 255, n. 37). 그러나 우리가 Schlier의 글을 직접 읽어보면 Witherington의 주장은 거의 성립될 수 없다. Schlier는 다음과 같이 확인해준다. (1) "첫째, 최상 또는 [그 목록의 맨 마지막에 있으며, 단지 두세 번의 사례가 나타나는] '점(point)', '출발점'…'강의 어귀'…또는 '강의 원천' 등"(Herodotus, 4.91). 아마도 필론의 저서에서도 나타날 것이다. (2) "'탁월한', '뛰어난', '결정적인' 등." (3) "사람 전체"를 나타내는 제유법. 헤로도토스가 이러한 의미로 말했다는 것은 명백하지만, 그것은 기원전 5세기로부터 유래한 것이다. 또한 필론의 언급은 다소 모호하다.

하지만 이것은 우위, 맨 윗돌의 측면이 전적으로 소멸하는 것을 의미하지 않는다. (c) 상당 부분은 바울의 다른 구절에서 기독론적 관계에 대한 사변의 결과에 달려 있다. 비록 사실상 존재의 근거를 매개하는 역할(δι' οὗ τὰ πάντα καὶ ἡμεῖς δι' αὐτοῦ, 8:6)과는 대조적으로 하나님은 만물의 원천(ἐκ τοῦ θεοῦ, 11:12)으로 여겨지지만, 바울의 관점에서 그리스도의 사역은 가장 우위에 계신 하나님을 "위한" 것이다(3:23; 15:24-28). "원천"을 지지하는 모든 주장 가운데 가장 타당한 점은 κεφαλή가 반드시 원천을 의미한다는 것이 아니며, (그루뎀에게는 죄송하지만) "종속" 또는 "지배권"과 관련이 있다는 것을 나타내는 것 같지도 않다는 것이다.

3. 제유법과 생리학적 머리에서 파생된 은유로서의 탁월함, 우위성, 최상

고대 그리스 문헌(70인역과 유대교 텍스트를 포함하여)에서 κεφαλή 또는 히브리어 명사 ראשׁ(로쉬)의 용례를 자세히 검토하든 않든 간에 우리는 다음과 같은 사실을 발견한다. (a) 몸과 대조되는 신체의 머리에 대한 압도적인 많은 언급과 (b) 상당히 많은 제유법이 나타난다. 이 경우에 머리는 사람 또는 동물을 가리킨다 ("가축의 머리" 또는 "머리를 계산함"과 같이 여기서 부분은 전체를 가리킨다). 신학적인 관점에서 이것은 일종의 대표적인 용례를 암시한다. 복음이 없는 인류의 "머리"가 아담인 것과 마찬가지로 그리스도는 새로운 질서 안에서 사람 또는 인류를 대표한다(고전 15:21-24; 참조. 롬 5:12-21). 뿐만 아니라 11:4, 특히 11:7(εἰκὼν καὶ δόξα)과 15:49(τὴν εἰκόνα τοῦ ἐπουρανίου)에서 공통으로 나타나는 이것은 수치, 형상, 영광에 대한 언어를 통해서도 뒷받침된다. 하지만 이것은 단지 이 그리스어 단어의 한 가지 뉘앙스만을 암시한다.

그레고리 도스는 그의 연구에서 무려 80쪽을 은유법 이론이라는 주제에 할애한다. 그중에는 비어드슬리(M. Beardslee), 데이비드슨(D. Davidson), 맥스 블랙(Max Black), 재닛 마틴 소스키스(Janet Martin Soskice)와 폴 리쾨르(Paul Ricoeur) 등의 이론이 포함되어 있다. 그는 다음과 같이 결론짓는다. "만약 이 단어가 살아 있는 은유라면 그것은 '머리'로 번역될 수 있다(그리고 그렇게 번역되어야 한다).…이 단어를 '원천'으로 번역하는 것은 어떤 중요한 이슈를 미리 판단하는 것이다. 즉 이것은 이 배경에서 이 단어가 일종의 죽은 은유로 기능하고 있음을 암시한다"(강조는 원저자의 것임).[71] 도스는 이것은 살아 있는 은유로서 "과적된" 의미를 지니고 있지도 않고(곧 [i]의 접근 방법은 전적으로 만족스럽지는 않음) "'원천'[iii]을 의미하지도 않는다."[72] 그는 그루뎀의 결론을 받아들일 수 없다고 말한다. 그 이유는 어떤 단어의 사용 횟수는 도스의 주장 중심에 있는 은유적인 의미로 확장되어 사용되는 이슈를 간과하기 때문이다.[73] 내 견해에 의하면 그는 내가 고뇌하던 사항에 대해 다음과 같이 올바르게 질문한다. 즉 바울과 그의 수신자들은 어떤 의미에서 이 은유를 사용하고 이해하는가? 그것은 다른 구절들뿐만 아니라 특히 고전 11:2-16과 엡 5:21-33에서 머리와 몸의 신체적인 구분에 기초하고 있지 않을까?

헬레니즘과 언어학적 배경에서 히포크라테스(기원전 460-380년) 시대에서 갈레노스(기원후 130-200년)에 이르기까지 κεφαλή에 대한 광범위한 의학적 이해를 재구성하는 것이 가능하다. 오늘날 다소 오래된 성경 연구에 종종 암시되는 것과는 대조적으로 고대 세계는 뇌(ὁ ἐγκέφαλος)가 "원천"에 해당한다는 것을 알고 있었다. "뇌로부터, 그러니까 오직 뇌로부터 우리의 즐거움, 기쁨, 웃음과 슬픔, 아픔, 고뇌 등이…일어난다." 하지만 또한 뇌는 "통제" 기능을 한다. 즉 "뇌는 우리를 미치게 하거나 정신 착란을 일으키게 하며, 우리에게 공포심을 불어넣는다.…뇌는 불면증을 일으키기도 하며…습관과 반대되는 행위를 초래하기도 한다.…모든 것은 뇌로부터 온다"(ἀπὸ τοῦ ἐγκεφαλάλου).[74] 도스는 피타고라스학파의 철학에서 뇌에 "지배적인" 기능을 귀속시키는 것처럼 보이는 자료들을 언급한다.

갈레노스는 마음이 뇌의 경험의 원천이라는 널리 알려진 주장에 반대했다. 즉 "모든 신경(τῶν νεύρων)의 원천이 뇌다"(ὑπάρχειν τὸν ἐγκέφαλον).[75] 갈레노스는 운동과 감각은 그 기능을 뇌로부터 전달받는다는 점을 인식한다. "원천"과 "통제 기

---

71) Dawes, *The Body in Question*, 126.

72) 같은 책, 127.

73) 같은 책, 128-133.

74) Hippocrates, *De morbo sacro* in *Hippocrates*, LCL (London: Heinemann, 1952), 2:174 and 175.

75) Galen, *On the Doctrines of Hippocrates and Plato*, in *Corpus Medicorum Graecorum* V:4:1, 2 (Berlin: Berlin Academy, 1981), 1.7.55.

능"에 대한 이러한 주제는 모두 의학 용어와 사고에서 부분적인 역할을 한다.[76] 고린도전서가 기록되고 나서 이삼 년 안에 세네카는 네로에게 머리는 건강 또는 행복의 원천(*a capite bona valetudo*)이라는 내용의 편지를 쓴다.[77] 하지만 세븐스터는 이 구절에서 머리(headship)와 통제의 은유를 강조한다. 반면 도스는 원천에 더 초점을 맞춘다. 세븐스터가 지적하듯이 세네카의 저서(*de clementia*)에서 해당 이슈는 네로 황제가 몸의 머리와 같은 존재로서 로마 제국을 강건하게 하는 데 영향을 미치도록 온정을 베풀 것을 간청하는 것이며, 그렇게 하면 백성도 그렇게 행동하게 된다는 것이다. 도스는 제국의 네로에 대한 『도덕 서한』(*Moral Epistles*)의 평행 본문을 "몸"에 번영을 가져오는 원천으로 인용한다.[78]

마틴(W. J. Martin)은 70인역과 히브리어의 배경에서 광범위한 의미 영역을 탁월하게 개관한다. 거기서 최상(topmost), 전체에 대한 제유법, 책임감 있는 탁월함, 머릿돌 등이 중요한 역할을 한다.[79] 이와 비슷하게 도스는 이 은유의 정확한 의미는 반드시 각각의 문맥에 따라서 결정되어야 한다고 결론짓는다. 엡 5:22-24에서 머리는 바로 어떤 대상에 대한 "권위"를 의미할 개연성이 높다. 그러나 이것은 사전에서 제공하는 정보보다 각각의 배경에 달려 있다. 고전 11:3의 κεφαλή를 "머리"로 번역하는 것의 문제점은 세르뱅이 지적하듯이 다음과 같다. 영어를 모국어로 말하는 배경에서 "머리"—예를 들면 교장(headmaster, Head of School), 어떤 부서의 책임자(Head of Department), 총지배인(head steward)처럼—는 거의 항상 리더십과 권위를 암시한다는 것이다.[80] 우리가 앞에서 언급했듯이 페리먼(Perriman)은 이를 설득력 있게 주장한다. 기원후 1세기 헬레니즘의 배경에서 머리의 은유적인 의미에 대해 사람들이 추측하는 것은 책임을 지는 권위 있는 지도자이기보다 "저명한, 최상의, 가장 높은, 가장 탁월한" 사람에 해당할 것이다.[81] 젠프트, 호렐, 하슬

---

76) Galen, *De Usu Partium*, 12.4.

77) Seneca, *De Clementia* 2.2.1; 참조. *Epistles* 95.52; *De Ira* 2.31.7.

78) Sevenster, *Paul and Seneca,* 171-172; Dawes, *The Body in Question,* 132-133.

79) Martin, "1 Cor 11:2-16: An Interpretation," in W. W. Gasque and R. P. Martin (eds.), *Apostolic History and the Gospel,* 232-233; 참조. 231-241.

80) Cervin, "Does κεφαλή Mean 'Source' or 'Authority Over'?" 87.

81) Perriman, "The Head of a Woman," 참조. 602-622.

러는 이 견해에 동의한다. 하지만 하슬러는 바울의 토론에 기초한 심의적 수사학의 배경에서 일종의 변증법이 창조세계의 배열 또는 "배정"과 여성의 존중과 동등성에 대한 새로운 예배 의식을 모두 포함한다고 주장한다. 이 예배 의식에서 여성은 하나님으로부터 받은 "영광"의 틀 안에서 예언의 말을 한다.[82] BDB(히브리어), LSJ(고전 그리스어), BAGD, 그림-타이어, MM 및 루-니다(코이네 그리스어) 등도 이 방향을 가리킨다(아래 참조).

피츠마이어가 (스크록스의 견해에 반대하며) 올바로 주장하듯이 70인역을 아는 유대인 개종자들에게 ראש(로쉬)라는 용어는 다중적 의미를 지닌다는 사실을 잊어서는 안 된다. κεφαλή로 번역된 다섯 개의 히브리어 단어 가운데 ראש가 가장 흔하다.[83] 브라운-드라이버-브릭스(1980년)는 이차적인 의미와 함께 이 단어를 다음 여덟 가지 범주로 분류한다. (1) 머리, (a) 사람의 (b) 동물의, (2) 꼭대기(예. 바위, 탑, 기둥, 사닥다리 등), (3) 으뜸, (a) 으뜸가는 지도자(앞에서 피츠마이어에 대한 설명 참조) (b) 수도(首都) (c) 으뜸가는 나라 (d) 대제사장 (e) 가장(家長), (4) 앞자리, 예를 들면 지도자가 차지하는 자리, 그리고 시간적인 측면에서 우선성, (5) 가장 뛰어남, (6) 군대의 지휘관, (7) 합계 또는 전체, (8) 그밖의 뉘앙스 등이다.[84] 리델-스코트-존스는 고전 그리스어 용례를 다음과 같이 개관한다. 이 정보는 BDB의 것과 매우 비슷하다. (1) 사람 또는 짐승의 머리, (2) 사람 전체를 가리키는 제유법, (3) 식물의 머리, (4) 수도 또는 주요 장소, (5) 왕관 또는 어떤 사물의 완성, (6) 우두머리(또한 관용어로서 κατὰ κεφαλῆς, 머리에, 예. 호메로스의 『일리아스』[18.24], 참조. 고전 11:4).[85]

신약 그리스어 시대에 관해서도 BAGD는 크게 다르지 않다. 여기서도 또다시 가장 빈번하고 두드러지게 나타나는 의미는 (1) 신체적인 의미에서 사람이나 동물의 머리. 예를 들면 머리카락(마 10:30; 눅 7:38; Philo, *De Legatione ad Gaium* 223). (2) 제유법(예. 롬 12:20, "숯불을 그[의] 머리에 쌓아 놓으리라"). (3) 교회를 몸에 비유하는 것

---

82) Horrell, *Social Ethos*, 171-172(참조. 168-176); Senft, *La Première Épitre*, 141, "le sommet"(정상); Hasler, "Die Gleichstellung der Gattin. Situationskritische Reflexionen zu 1 Kor 11:2-16," 189-200.

83) Hatch-Redpath, *Concordance to the Septuagint*, 2:760-762.

84) BDB (1980 ed.), 910-911.

85) LSJ, 801(번호를 매기는 것과 관련하여 사소한 변화가 있음).

과 대조되는 "은유적인 의미의" 머리(골 1:18; 참조. 2:19). (4) "비유적으로" 더 높은 신분이나 지위. (5) 가장 높은 부분, 끝, 강조점, 머릿돌(행 4:12; 벧전 2:7)과 으뜸가는 도시 또는 가장 앞에 있는 도시(행 16:12). 그루뎀과 마찬가지로 BAGD, *EDNT*의 라트케(Lattke), 그림-타이어는 모두 κεφαλή의 의미로 **원천**을 제안하지 않는다. 심지어 "은유"(BAGD, 16) 또는 "비유적 용법"에서도 이 의미를 제시하지 않는다 (BAGD's 2a, b).[86] 또한 루와 니다도 **원천**이 아니라 **신체의 머리**, **우위** 또는 **머릿돌**에 초점을 맞춘다.[87] 몰턴-밀리건은 파피루스 문헌에서 (1) 신체의 머리, (2) 제유법, (3) 극단, 또는 최상 등과 같은 의미가 나타난다고 강조하지만, **원천**은 분명하게 언급되지 않는다.[88] 우리가 앞에서 이미 언급했듯이 하인리히 슐리어는 κεφαλή의 의미로 "첫 번째"와 "최상", 그리고 헤로도토스(기원전 484-425!)의 저서의 제유법에 대한 단 두 가지 용례를 확인해준다. 그리고 어쩌면 필론의 저서에서도.[89] 그는 고전 11:3에는 이 의미를 제시하지 않는 것 같다.

람페의 『교부시대 그리스어 사전』에서 ἀρχή가 그리스도와의 관계에서 하나님께, 그리고 세상과의 관계에서 그리스도에게 적용된다는 점에 기초하여 고전 11:3과 관련하여 κεφαλή의 의미가 유일하게 "동등한 의미로서" ἀρχή와 비교된다는 것은 의미가 있다(하지만 ἀρχή도 시작이나 원천, 또는 첫 번째 원리, 또는 통치자, 권위와 같은 다양한 의미를 지닌다는 점에 유의해야 한다).[90] 교부 시대에는 강조점이 신체의 머리에서 교회의 위계질서에서 종교의 수장(首長) 또는 주교라는 은유적인 의미로(예. 아타나시오스, *Apology*, 89), 그리고 가장(家長)이나 창조세계의 머리 또는 교회의 머리이신 그리스도를 가리키는 은유적인 의미로(예. 오리게네스, 『요한복음 주석』 1:13) 전환한다. 그러나 표준적인 사전을 참고하든 (그루뎀과 더불어) *TLG*를 참고하든 간

---

86) BAGD, 430. 또한 참조. Grimm-Thayer, 345. M. Lattke, *EDNT*, 2:284-286은 한 걸음 더 나아간다. 그는 신약성경과 무(無)로부터의 창조(*creatio ex nihilo*, 285)라는 주제에 근거하여 유출이라는 의미를 배제한다.

87) Louw-Nida, 1:95-96, 739 and 2:141.

88) MM, 342. ἀνεγκέφαλος는 은유적으로 "뇌가 없는"을 가리키는 데 사용된다.

89) H. Schlier, *TDNT*, 3:674; 참조. 673-682(앞에서 지적한 Witherington의 이의 제기에도 불구하고).

90) Lampe, *Patristic Greek Lexicon*, 749. 또한 ἀρχή에 대해서는 BAGD, 111-112을 참조하라.

에 이러한 종류의 자료는 각각의 배경에 따라 우리에게 충분한 뉘앙스와 정확한 그림을 제시해주지 못한다.

우리가 앞에서 시대별로 일반화하여 그 결론을 제시한 피(Fee)의 연구를 다룰 때 염두에 두었던 크리소스토모스를 여기서 다시 언급하는 것은 중요하다. 크리소스토모스는 고전 11:3에서 κεφαλή의 다양한 의미에 매우 민감하게 반응한다. 그는 남자/여자와 하나님/그리스도 사이의 평행 관계가 "이단 사상가들"에게 종속 기독론에 대한 근거를 제공해서는 안 된다는 점을 잘 알고 있다. 어떤 의미에서 **머리**는 일종의 우위성을 가리키지만, 한편에 있는 하나님과 그리스도와 또 다른 편에 있는 남자와 여자는 같은 존재 양식에 속한다. "왜냐하면 바울이 통치와 종속에 대해 말했다면…그는 여자(또는 아내)의 경우를 제시하기보다는 주인과 노예의 경우를 제시했을 것이기 때문이다.…[바울이 말하는 대상은] 바로 자유인, 똑같이 존중받는 존재로서 아내(또는 여자)다. 또한 비록 성자가 성부에게 복종했지만, 그는 바로 하나님의 아들이며, 성부와 동등한 본성을 지닌 존재였다."[91] 우리는 삼위일체에 대한 교부들의 교리를 바울의 본문에 투영하여 해석하는 것을 반드시 피해야 한다. 크리소스토모스는 바울의 개념을 다음과 같이 숙고한다. (a) 하나님과 그리스도 사이의 사랑, 남자와 여자 사이의 사랑의 배경 안에서 고찰한다. (b) 한편으로는 차이점과 "질서"의 이원성(duality) 또는 전체에 대해, 다른 한편으로는 상호성과 상호 존중과 상호 교류에 대해 숙고한다.

크리소스토모스가 고전 11장에서의 바울의 논점으로부터 벗어나는 주요한 한 가지는 그가 창조 시의 여인과 타락 이후의 여인을 서로 구별할 때 일어난다. 그는 맨 처음에 지음을 받았을 때 여자는 "내[아담] 뼈 중의 뼈요 살 중의 살"(창 2:23)이라고 주해한다. 하지만 자유가 남용되고 나서, 이 지위는 변경되었다는 것이다(창 3:16). 여기서 크리소스토모스는 딤후 2:14에 의해서 영향을 받은 것 같다. 다른 한편으로 이 해석은 다음과 같은 그의 주요 강조점으로부터 벗어나는 것처럼 보인다. 곧 **머리**라는 단어를 각각 그리스도, 남자, 하나님에게 적용하는 것이 "**서로 차이점이 있다**는 것은 심지어 단순한 사람도 분명하게 알 수 있다"(강조는 덧붙여진 것

91) Chrysostom, *1 Cor. Hom.*, 26:2.

임). 하나님과 그리스도가 동일한 본성과 특성을 공유하는 것과 마찬가지로, 남자와 여자의 관계에서 신체적인 머리는 "열정과 같은 것을 몸과 공유한다." 이와는 대조적으로 첫 번째의 균형(proportion)은 보다 더 뚜렷한 차이점을 내포한다. 곧 남자의 머리로서 그리스도는 남자의 존재 질서를 공유한다.[92] 이처럼 크리소스토모스는 다양한 뉘앙스들이 전달하는 차이점을 세밀하게 인식한다.

이와 비슷하게 테르툴리아누스도 머리라는 은유가 지니고 있는 상호 작용적인 의미를 인정한다. "하나님이 그리스도의 머리일 때, 성부의 영광이 성자의 얼굴에 나타날 수 있다는 것은 분명히 놀라운 일이다(고후 4:6). 왜냐하면 '그리스도의 머리는 바로 하나님이기 때문이다.'"(고전 11:3).[93] 그는 모델들이 서로 충돌하거나 보완할 때 불필요한 의미가 떨어져 나가며 그것을 통해 모델들이 한정된다는 이언 램지(Ian Ramsey)의 원리를 예고한다.[94] 다른 한편으로 테르툴리아누스는 그 이상을 말한다. 머리에 쓴 베일의 의미를 자세하게 논의하면서 그는 여기서 머리는 여자 자신을 나타내는 제유법으로 사용된다고 주장한다. "머리 전체는 그 여인에 해당한다."[95] 분명히 아우구스티누스는 권위와 관련된 의미에서 머리 또는 "원천"의 개념으로서 *caput*를 생각하는 데 매우 신중한 입장을 보인다. 왜냐하면 그는 삼위일체론에 대한 저서에서 고전 11:3을 인용하며 그리스도의 영원한 아들 됨과 삼위일체의 자존성, 동등성, "불멸성"을 강조하기 때문이다. "어떤 것들은 성부에 의해 지음을 받았다. 또 어떤 것들은 성자에 의해 지음을 받았다.…성자는 성부와 동등하다. 또한 성부와 성자의 사역은 서로 분리될 수 없다.…그는 '하나님의 형상으로 존재한다'[빌 2:6]… '그리스도의 머리는 바로 하나님이다'[고전 11:3]."[96]

고든 피의 일반적인 진술은 오리게네스와 히에로니무스 같은 교부 시대 저자들에게 더 잘 적용될 것이다. 오리게네스는 고전 11:3과 관련하여 골 1:16-17의 의미를 제한하며, 종속 기독론과 유사한 견해에 더 익숙하다. 그리스도는 "머리로서

---

92) 같은 책, 26.3.

93) Tertullian, *Against Praxeas,* 14.

94) I. Ramsey, *Religious Language* (London: SCM, 1957).

95) Tertullianus, *On the Veiling of Women,* 17:2 (on 1 Cor 11:6).

96) Augustine, *On the Trinity,* 1:6:12. 다른 곳에서 아우구스티누스는 고전 11:3은 중재자의 개념을 "하나님의 본체"이신 그리스도의 존재와 결합한다고 주장한다(*On the Trinity,* 6:10).

오직 하나님 아버지만을 모시고 있다. 왜냐하면 '그리스도의 머리는 하나님'(고전 11:3)이라고 기록되어 있기 때문이다."[97] 한편 히에로니무스는 11:3에 대해 "남자는 오직 그리스도께 복종한다.…아내는 진정으로 그리스도와 남편에게 복종해야 한다"라고 말한다.[98] 하지만 이것은 테르툴리아누스, 크리소스토모스, 아우구스티누스 등 다른 몇몇 교부 시대 저자들의 세밀하고 심오한 관점에서 벗어나는 것이다. 교부 시대 저자들뿐만 아니라 현대 사전의 탐구도 콜린스의 다음과 같은 결론을 뒷받침해준다. "바울의 수사학적인 논증은 동음이의어의 언어유희에 기초하여 제시된다. 그는 '머리'의 다양한 의미를 활용하여 자신의 논리를 펼친다."[99]

4. 요약 및 결론

(a) 머리

이 번역과 해석의 가치는 이것이 피츠마이어와 *TLG*에 대한 그루뎀의 사전학적인 개관이 제기한 이슈들을 다룬다는 데 있다. 만약 오늘날 서구에 사는 우리 독자들의 기대치가 기원후 1세기의 고린도와 헬레니즘적 유대교 독자들의 기대치에 상응한다면 이것은 가장 넓게 열려 있는 번역을 제공할 것이다. 이 번역은 그 용어의 은유적인 확장 및 적용과 연관된 몇 가지 뉘앙스를 전달할 것이다. 또한 특히 신체의 머리를 가리키는 용법과 함께 사용된 언어유희는 이어지는 절들에서 나타난다. 하지만 머리라는 용어는 오늘날 일련의 문자적·은유적인 관련 언어가 제도적인 권위와 매우 밀접하게 연결되어 있으므로(20세기 후반에 빚어진 논쟁에서 "수장의 신분 및 지위"라는 용어 사용을 보여줌) 이 번역과 해석은 아마도 바울이 염두에 두고 있던 것보다 더 협소한 의미에 초점을 맞춘다. 머리라는 용어는 고린도 교인들의 논쟁에서 사용된 것에서 유래했을 가능성이 있다. 하지만 우리는 해당 절의 어떤 부분에 인용 부호를 붙여야 할지에 대해 충분히 확신할 수 없다(아래에서 패짓에 대한 슈라게의 비판 참조). 만약 우리가 "머리"라는 용어를 사용한다면 우리는 반드시 다양한 특성의 개념을 제공하는 이 단어가 문맥에 따라 다양한 의미를 전달한다는 사실을 염두에 두어

97) Origen, *De Principiis,* 2:6:1.

98) Jerome, *Comm. in Ep. 1 ad Cor.* in Migne, *PL,* 30-749.

99) Collins, *First Cor,* 396; 참조. 405-406.

야 한다.

(b) **원천**

이 번역은 바레트, 피, 슈라게 등 세 명의 뛰어난 주석가를 포함하여 훌륭한 지지자들을 지니고 있다. 하지만 반론이 존재함에도 불구하고 사전적인 증거가 불충분하다는 취약점을 안고 있다. 강의 어귀(머리)와 같은 문맥은 은유적인 의미가 자명하기 때문에 전후 문맥을 통해 이러한 분명한 신호가 나타나지 않는 문맥과 분리해야 한다. 그리스도와 하나님의 관계를 일종의 유사한 "통제"(control)로 이해하는 주장들은 세 가지(또는 네 가지) 번역과 해석을 모두 지지할 것이다. 비록 우리가 3절에서 **원천**이라는 번역을 채택하는 것을 주저했지만, 의아하게도 이 견해를 지지하는 자들은 11:12에서 ἐκ τοῦ ἀνδρός(창조의 원천)와 διὰ τῆς γυναικός(창조의 "매개")가 하나님과 그리스도에 대한 8:6의 용어를 정확하게 제시한다는 점을 강하게 지적함으로써 자신들의 입장을 강화했다. 이것은 이 용어에 대한 광범위한 논의보다 더 진지하게 숙고하며, 우리는 이 견해가 바울이 12절의 자신의 주장에 앞서 3절에서 독자들이 이런 의미로 이해하기를 **기대했다**는 것을 충분히 설득력 있게 제시하는지를 판단해야 한다.

(c) **우위, 최상, 그리고 대표적인 역할에 대한 제유법**

이 제안은 **신체적인 머리**(이것이 가장 자주 사용되는 "보편적인" 의미임)와 **우위성—곧 전체를 가리키는 제유법**으로서 이 용어가 의도하는 것을 가장 두드러지게 최상으로 나타낸다는 개념—**사이의 은유적인 결합에 상호 작용적인 측면에서 가장 명백하게 의존한다**는 장점을 갖고 있다. 공적인 얼굴은 공적인 영역에서의 책임 및 대표성과 연결되어 있다. 왜냐하면 머리는 어떤 사람의 가장 두드러진 부분이며, 사람은 머리를 통해 가장 잘 구별되고 인식되기 때문이다. 비록 우리가 피츠마이어와 그루뎀의 견해—곧 해치-레드패스의 개관은 ראש가 통치를 의미할 때 70인역은 거의 항상 다른 그리스어 단어로 번역한다는 주장을 뒷받침해주지 않음—에 동의하지만, 이 측면들은 기원후 1세기 그리스어 본문에서 통치자 또는 원천의 개념보다 더 빈번하고 두드러지게 나타난다.

고전 8:1-14:40의 관점을 살펴보면 바울은 한편으로 **"강한 자들" 또는 "우위에 있는 자들"이 그들의 "지식"과 "자유"를 행사하는 것에 대한 이론적인 권리를 뒷받침해준다.** 하지만 다른 한편으로 (고전 13:1-13에서처럼) **사랑의 우위성, 특히 자의식(또는 양심?)을 존중하는 사랑, 결코 실족시켜서는 안 되는 "약한 자들"에 대한 존중**을 주장함으로써 그는 **자유와 지식의 한계와 유보조건**을 극적으로 제시한다. 이렇게 바울이 전후 문맥의 배경에서 이러한 일반적인 관점을 주장하는 것은 **원천**과 창 2장을 사용하며 연결하는 것보다 더 주목할 만하다. 만약 바울이 창조 질서에 대한 "지식"에 진정으로 상응하는 어떤 이론적인 위계질서를 주장한다면 이 질서 안에서 **우위를 차지하는 자들**은 반드시 "약한 자들"의 신분과 자존감을 보호해야 할 것이다. 그들은 약한 자들에 대해 **반드시 책임을 져야 하기** 때문이다(제유법). "우위성"을 강조하면 할수록 그 사람은 더욱더 "다른 사람"이 12:15에 언급된 자기 비하를 경험하지 **않게** 해야 한다. "만약 발(πούς)이 말하기를 '나는 손이 아니므로 몸에 속한 것이 아니다'라고 말한다고 해서 과연 발이 몸에 속하지 않은 것입니까?" 그러므로 여인들도 남자들과 더불어 예언의 말을 하는 것이다. 하지만 고린도 교회에서 남자뿐만 아니라 여자도 기독교적인 의미의 사랑 앞에 "지식"과 "자유"를 배치하는 경향이 있었다. 바울은 복음을 통한 새로운 피조물의 일부로서 그들의 "자유"를 허용하지 않는다. 왜냐하면 그러한 "자유"는 "교제하는 상대가 없는" 여자처럼 치장하고 예배에 참여하는 것에 의해 그들에게 합당한 자존감과 다른 사람의 관점에서 볼 때에도 존중받아야 할 것을 파괴하기 때문이다. 그것은 사랑이 아니다. 왜냐하면 그것은 자신들과 그들의 남자들과 하나님께 "수치"를 가져다주기 때문이다.

어떤 저자는 이 점을 특히 더 강조하는 방향으로 나아간다. 하지만 그는 잘못된 이유로 성별(性別)을 무시한다. 데일 마틴은 존중받아야 하는 여인들이 공공장소에 등장할 때 합당한 머리 덮개를 하는 것은 자신은 "사적인 교제 대상이 아니다"라는 표시를 하는 것이라는 데 올바르게 동의한다. 특히 공동체 예배에서 하나님께 정신을 집중해야 하는 경우에는 더더욱 그렇게 해야 한다는 것이다. 이것은 "고대 문화에서 저항력이 약한 여인들을 유혹의 눈길로 뚫어지게 바라보거나 위험하게 접근하는 것으로부터 보호하는 것으로 이해되었다."[100] 또한 마틴은 바울이 이 편지 전체를 통해 "약한 자들을 강하게 만들고 강한 자들을 약하게 만들려는" 의도가 있었다고 올바르게 주장한다.[101] 비록 마틴은 여기서 어떤 원칙을 제시하지 않지만, 이것은 그리스도인의 삶과 사고방식의 "기초와 판단 기준"(슈라게)으로서 십자가의 역할에서 비롯되는 "반전"의 일부분이다. 하지만 마틴은 다음과 같이 주장한다. "남자와 여자 사이의 위계질서에 대해 말할 때 바울은 갑자기 지위에 대해 어떤 질문도 하지 않는다.…이것은…생리학과 관련되어 있다. 여성의 본질에 관한 것은 남성의 본질에 관한 것과 다르게 구성되어 있다."[102]

창조, 문화 또는 사회와 종말론 간의 변증법에 관한 건드리-볼프의 더 신중한 논증에 비추어볼 때 이러한 마틴의 주장은 설득력이 별로 없다. **바울은 성별의 특성을 강조한다.** 이것은 남자들(4, 7절)에게뿐만 아니라 여자들에게도(5, 6, 7b) 해당한다. 하지만 만약 새로운 질서 안에서 사랑이 자유보다 우선하면 "권위"에 대한 경쟁심은 쓸모없게 된다. 나아가 만약 남성과 여성이 상호 관계에 저마다 서로 다른 것을 기여하는 것이 허용될 때 바울의 변증법 전체에서 "권위"에 대한 이슈들보다 "다른 대상"에 대한 보호와 존중에 대한 함의들이 더욱더 두드러지게 나타날 것이다. 이 점과 관련하여 **전문사전들의 정보, 은유에 대한 이론, 주해 및 8:1-14:14의 연속성은 서로 잘 조화를 이룬다.** "리더십", "질서" 또는 "남녀평등"은 그 자체만으로는 바울 신학의 복합성과 전체를 대변해주지 못한다. 따라서 또다시 **다양한 의미가 열쇠를 지닌다.**

3절에서 남아 있는 몇 가지 이슈를 간략하게 언급하는 것이 필요할 것이다. NRSV는 중간 절에 들어 있는 ὁ ἀνήρ를 남편으로 번역하지만(비교. 남자: REB, NIV, NJB), 3절의 παντὸς ἀνδρός와 4절의 πᾶς ἀνήρ는 남자로 번역한다. 몇몇 주석가들은 남편이라는 번역을 지지한다. 하지만 압도적인 다수

100) Dale Martin, *The Corinthian Body,* 242; 참조. 233-241.
101) 같은 책, 248.
102) 같은 책, 248-249.

의 저자는 해당 이슈가 단순히 가정에 한정된 영역이 아니라 전반적으로 성별(性別)에 관심을 두고 있다고 설득력 있게 주장한다.[103] 한편 θέλω δέ는 반의적인 접속으로 번역해야 할 것이다(but: NRSV, NJB, REB, Fee; now: NIV). 또한 이 표현은 그 외의 문제점도 제공한다. 피와 슈라게는 θέλω δὲ ὑμᾶς εἰδέναι는 3절에 기록된 고린도 교인들의 말을 소개하고 있다는 패짓의 주장을 받아들이지 않는다.[104] 머피-오코너가 주장하듯이 바울은 독자들에게 여인들이 예언의 말을 하는 것에 능동적으로 참여하는 전통을 유지할 것을 추천하지만(δέ), 받아들일 수 없는 방식으로 각각 적절치 못한 머리 장식을 한 채로 등장하여 성별의 구분을 흐리는 신호를 보이는 남자들과 여자들을 똑같이 비판한다.[105]

4절 κατὰ κεφαλῆς ἔχων은 NJB와 NIV에서 "그의 머리에 쓰고"라고 번역되어 있다(참조. REB, *who keeps* his head covered; NRSV, *with something on his* head. 그러나 NIV의 난외주에 제시된 or ... with long hair는 잘 알려진 난제를 알려준다). 이 표현은 매우 중요하다. 왜냐하면 머피-오코너가 주장하듯이 교회의 전통에서 벗어나는 것에 대한 바울의 첫 번째 경고는 여자들이 아니라 **남자**들의 옷차림 또는 헤어스타일과 관련이 있기 때문이다.[106] 우리가 11:2-16의 머리말 끝부분에서 언급했듯이 리처드 오스터는 바이스, 브루스, 피의 제안—곧 남자들이 예언의 말을 준비하거나 전할 때 머리에 무언가를 쓴다는 개념은 "가설에 의한" 추론이다—을 강력하게 비판한다(마이어와 다른 학자들도 비판의 대상이 될 수 있을 것이다). 또한 오스터는 그 상황의 재구성은 "상상으로 빚어낸" 것에 지나지 않는다는 피의 결론을 신랄하게 공

---

103) Orr and Walther, *1 Cor,* 259. 이들은 아마도 **남편**이 더 적절하다고 주장한다. 참조. C. S. Keener, *Paul, Women and Wives* (Peabody, Mass.: Hendrickson, 1992), 32-36.

104) Padgett, "Paul on Women in the Corinth: The Contradictions of Coiffure in 1 Cor 11:2-16," 78-79; (참조. 69-86). Fee와 Schrage는 이 견해를 비판한다. Fee, *First Epistle,* 501, n. 37; Schrage, *Der erste Brief,* 2:500, n. 63.

105) Murphy-O'Connor, "Sex and Logic," 483.

106) Murphy-O'Connor, "Sex and Logic," 483.

격한다.[107] 나아가 오스터는 교회가 어떤 분파적인 게토의 방어적인 자세를 취해서는 안 된다(참조. 고전 5:10)는 바울의 생각은 로마 식민지였던 고린도 사회의 인식이 그에게도 중요했으며, 교회 자체도 기원후 1세기 로마 사회의 많은 문화적 규범을 기꺼이 받아들이게 했다고 주장한다. 동전, 비문, 건축물에서 얻은 고고학적인 증거는 여기서 무엇이 쟁점이 되는지를 이해하는 데 중요한 자료를 제공해준다.

κατὰ κεφαλῆς ἔχων의 번역: 머리를 덮은 혹은 긴 머리?(11:4)

오스터는 남자들이 기도하거나 예언의 말을 할 때 그들이 "예전적으로 머리를 가리는 것"에 대한 묘사에 있어 로마 도시에서부터 로마 제국 동쪽에 이르는 고고학적인 증거는 명확하다고 주장한다. "기도와 예언의 문맥에서 남자들이 자신의 머리를 가리는 관습은 로마의 종교의식에서 공통된 패턴이었으며, 로마 공화정 후기와 로마 제국 초기에 널리 성행했다." 그는 "고린도는 로마 식민지였기 때문에 주석가들은 이전의 주석가들이 받아들였던 것보다 로마 종교의 이러한 관습에 더 많이 주목할 필요가 있다는 데 의심의 여지가 거의 없다"고 말한다.[108]

호슬리(1998년)는 머리에 아무것도 쓰지 않은 채 기도하던 고대 그리스의 관습과 달리 고대 로마인들과 유대인들은 머리를 가리고 기도했다고 주장한 가장 최근 저자 중 하나다.[109] 그러나 오스터는 "후대 유대교의 관습을 [바울 시대의] 고

---

107) Oster, "Use, Misuse and Neglect of Archaeological Evidence in Some Modern Works on 1 Corinthians (1 Cor 7:1-5; 8:10; 11:2-16; 12:14-26)," 68; 참조. 52-73, 특히 67-69. 참조. Weiss, *Der erste Korintherbrief,* 271; Bruce, 1 and 2 Cor, 104; Fee, *First Epistle,* 506-508; Meier, "On the Veiling of Hermeneutics," 218.

108) 같은 책, 69. 고고학적인 증거에 대해서는 예컨대 다음을 참조하라. B. S. Ridgway, "Sculpture from Corinth," *Hesperia* 50 (1981): 432-433; F. P. Johnson, *Corinth, IX: Sculpture 1896-1923* (Cambridge Mass.: Harvard University Press, 1931), 70-72; E. Alfoldi-Rosenbaum, *Roman and Early Byzantine Portrait: Sculpture in Asia Minor* (London: Oxford University Press, 1966); Oster, "When Men Wore Veils to Worship: The Historical Context of 1 Cor 11:4," 481-505; James Wiseman, *Corinth and Rome* (1970), 1, Plate 8(율리우스 바실리카에 있는 아우구스투스의 동상).

109) Horsely, *1 Cor,* 154.

린도 상황에" 강요하는 것은 가장 표준적인 세 번째 "오류"라는 점을 강조한다.[110) 브루스, 바레트, 컴멜, 외프케 등은 모두 유대교 전통에 호소한다.[111) 우리는 고고학적인 증거를 통해 고린도에 유대교 회당이 있었다는 사실을 알고 있다.[112) 그럼에도 오스터는 구약성경, 70인역, 쿰란 문서, 복음서, 필론, 요세푸스뿐만 아니라 심지어 미쉬나도 이에 대해 아무런 증거를 제시해주지 않는다고 주장한다. 남자들이 전통적인 유대교의 탈리트(*tallith*)를 걸치거나 야르물케(*yarmulke*)를 썼다는 것은 "유대인 남자들이 기도할 때 숄을 사용했다는 것을 역사적으로 왜곡하는 것이다."[113) 설령 토세프타가 이러한 관습에 대해 언급한다 하더라도 "자신의 서약을 파기할 때" 겉옷으로 자신의 몸을 감싸던 전통은 "바울이 여기서 말하는 구체적인 행위가 아니다."[114)

κατὰ κεφαλῆς ἔχων(문자적으로 머리로부터 아래로)은 **머리를 덮은 어떤 재료의 형태를 가리키는 것이라는 최종적 결론을 내리기에 앞서 우리는 "이 표현은 긴 머리를 가리키는 것으로 이해하는 것이 더 자연스러운 것처럼 보인다"**는 머피-오코너의 주장을 반드시 언급해야 할 것이다(강조는 덧붙여진 것임).[115) 그는 1997년에 출간된 자신의 짧은 주석서에서 주장한 것을 반복한다. "이 텍스트들은…결코 머리에 쓰는 것에 대해 언급하지 않는다. 첫 번째 텍스트는 어떤 남자가 '그의 머리로부터 무언가를 길게 늘어뜨리고 있는 것'(11:4)을 비난하는 것이다. 이것이 '긴 머리'를 의미한다는 것이 자연스러운 번역이라는 점은 '남자가 머리를 길게 한다면 그에게 부끄러운 일이다'(11:14)라는 두 번째 언급을 통해 확인된다."[116) 마틴, 헐리, 앨런 패짓을 비롯하여 가장 최근에 리처드 호슬리도 해당 이슈는 긴 머리라는

110) Oster, "When Men Wore Veils to Worship," *NTS* 34 (1988): 487.

111) Barrett, *First Epistle,* 249-250; Bruce, *1 and 2 Cor*, 104: A. Oepke, "καλύπτω," *TDNT,* 3:563.

112) 회당과 관련하여 비문(碑文)에 대한 고고학적인 증거는 다음 연구서에 복원된 것을 참조하라. Wiseman, *Corinth and Rome,* Plate 5, no. 8.

113) Oster, "When Men Wore Veils to Worship," *NTS* 34 (1988): 487.

114) 같은 책, 488.

115) Murphy-O'Connor, "The Non-Pauline Character of 1 Cor 11:2-16?" 625.

116) Murphy-O'Connor, *1 Cor,* 122.

견해를 지지한다.[117] 호슬리는 다음과 같이 말한다. "4절에서 '머리 아래로'는 **긴 머리**를 가리키는 것으로 이해하는 것이 가장 좋을 것이다. 이것은 특별히 기도하거나 예언의 말을 할 때 남자에게 불명예스러운 것으로 여겨졌을 것이다."[118] 머피-오코너는 글로에의 사람들이 보고한 내용은 "바울에게 충격을 주었으며" 해당 표현은 그 내용 중 한 가지 핵심 요소로서 분명히 "예배의식을 이끄는 남성 동성애자들(고전 11:2-11)"을 가리키는 것으로 이해한다.[119] 그럼에도 헤이스(1997년)는 설령 바울이 나중에 남자든 여자든 머리를 풀어 길게 늘어뜨린 것의 기호학적인 의미를 고려하더라도 4절에서 남자에 관한 이슈는 "머리카락을 밀어버린 머리의 상태로 예배에 참여하는 것"에 관한 것이라고 여전히 믿고 있다.[120] 또한 볼프(1996년)는 바울 시대에 남자에 대한 유대교 관습에 대해 알려주는 명백한 자료들이 없다는 데 동의하지만, 고후 3:12-13을 언급하면서 남자들과 "머리 덮개"(Kopfbedeckung)에 대해 논의한다.[121] 따라서 우리는 대다수가 동의하는 견해에 어떤 새로운 변화가 있다고 말할 수 없다.

머피-오코너는 소유격과 함께 사용되는 κατά는 더 **정적인** 방법으로 머리를 덮는다는 것보다 더 자연스러운 것으로서 머리로부터 **"아래쪽으로" 길게 늘어진 머리카락**을 가리킨다고 주장한다. 하지만 BDF는 5절의 ἀκατακαλύπτῳ τῇ κεφαλῇ와 대조하면서 "머리로부터 길게 늘어진" 또는 "머리 위에 있는"을 동등하게 제안한다. 이 제안은 머피-오코너가 14절을 언급하면서 자신의 견해를 지지하는 것과 마찬가지다.[122] 우리는 오스터가 강력하게 주장한 고대 로마의 배경과 머피-오코너가 제안한 윤리-문화적인 배경을 서로 비교하고 평가하지 않을 수 없을 것이다. 오코너는 이 배경에서 동성애 관계에서 남성의 역할과 여성의 역할에 대한

117) Horsley, *1 Cor,* 154; 참조. J. B. Hurley, *Man and Woman in Biblical Perspective* (Downers Grove: InterVarsity Press, 1981); W. J. Martin, "1 Cor 11:2-16," 233; and Padgett, "Paul on Women in the Church," 69-86.

118) Horsely, *1 Cor,* 154.

119) J. Murphy-O'Connor, *Paul: A Critical Life* (Oxford: Oxford University Press, 1997), 279.

120) Hays, *First Cor,* 184.

121) Wolff, *Der erste Brief,* 249-250.

122) BDF, sect. 225, n. on 1 Cor 11:4, col. 2.

반향을 인식한다. 즉 머리를 길게 길러 풀거나 말꼬리 모양으로 머리를 땋은 남성의 헤어스타일은 자신이 동성애자임을 알려주는 표시라는 것이다. 머피-오코너는 이 그리스어 표현이 어떤 **머리 덮개**를 명백하게 언급하지는 않는다고 올바르게 간파한다. 그러나 오스터는 이 주장은 정반대 방향으로도 적용될 수 있다고 말한다. 즉 바울은 4절에서 **헤어스타일**에 대해 분명하게 말하지 않는다는 것이다.[123] 사실상 머피-오코너는 남자들과 긴 머리에 대한 동시대 자료들을 언급할 수 있었다. 기원전 30년과 기원후 40년 사이에 저술한 것으로 추정되며 위(僞)포킬리데스라고 불리는 어떤 헬레니즘적 유대인은 부모들에게 다음과 같이 조언한다. "그의 머리가 길게 자라게 하지 마십시오. 그의 머리를 한 가닥이나 두 가닥으로 땋지 마십시오.…긴 머리는 남자들이 아니라 요염한 여자들에게 어울립니다.…**왜냐하면 많은 남자들이 남자와 성관계를 갖고자 날뛰기 때문입니다**"(Pseudo-Phochylides, 210-214, 강조는 덧붙여진 것임).[124] 또한 필론도 "그들[남자들]이 다른 사람들을 자극하는 방법으로 머리를 곱슬곱슬하게 하거나 치장하는 것"(τὰς τῆς κεφαλῆς τρίξας ἀναπλεκόμενοι καὶ διακοσμοῦμενοι)에 대해 비난한다.[125]

고전 그리스 시대로부터 헬레니즘 시대에 이르기까지 κόμη는 종종 일종의 장식으로 **머리카락**을 가리킨 반면, θρίξ는 대체로 더 해부학적인 의미에서 **머리카락**을 가리켰다.[126] 그러나 위(僞)포킬리데스는 κόμη를 사용한 반면, 필론은 θρίξ를 사용한다. 머피-오코너는 "필론의 논평은 틀림없이 동성애자들이 관습보다 더 길게 머리를 기른다는 것을 의미한다"고 주장한다.[127] 그는 이 배경에서 필론(*De Specialibus Legibus* 7:36-38)과 고전 11:2-16 사이에 유사한 점이 세 가지가 있다고 이해한다. (i) 성별 정체성과 독특성을 흐릿하게 한다. (ii) "**자연의 특성**"을 변질시킨다(필론; 참조. φύσις, 11:14). (iii) **수치** 또는 불명예에 대한 주제 등이다. 증거는 필론과 헬레니즘적 유대교가 제시하는 것보다 훨씬 더 광범위하다. 또한 고대 로마

123) Murphy-O'Connor, "Sex and Logic," 484.

124) 다음 연구서에서 인용함. Murphy-O'Connor, "Sex and Logic," 485; P. W. van der Horst, *The Sentences of Pseudo-Phochylides* (Leiden: Brill, 1978), 81-83.

125) Philo, *De Specialibus Legibus,* 7.36.

126) 참조. Grimm-Thayer, 292 and 354.

127) Murphy-O'Connor, "Sex and Logic," 486.

풍자가 유베날리스와 호라티우스도 이러한 입장을 보여준다. 유베날리스는 남성들만 모이는 어떤 모임을 묘사하는데, 그들 중에 몇몇 남자들은 "금빛 머리 망사로 길고 무성한 머리카락을 감쌌다"고 한다.[128] 또한 호라티우스는 "긴 머리를 장식용 끈으로 묶은 잘생긴 젊은이"를 경멸하는 표현을 사용한다.[129]

비록 제롬 머피-오코너의 주장이 강력하긴 하지만, 우리는 이것을 결정적이라고 생각할 수 없다는 결론을 내릴 수밖에 없다. 그 누구보다도 오스터가 언급한 전문사전과 고대 로마의 배경은 결국 "그의 머리에 무엇을 쓰고"라는 번역이 결정적이진 않지만, 더 타당성이 있다고 알려준다. 각 진영이 열정과 확신을 가지고 자신의 주장을 강하게 개진하는 것은 가히 놀라운 일이다. 그리고 이것은 이 편지에서 또 다른 가능한 번역을 꺾쇠괄호 안에 제시한 단 두 가지 내지 세 가지 사례 가운데 하나다. 콜린스는 정교하고 단순한 헤어스타일에 대한 증거와 신분과 자세를 알려주는 요소로서 이러한 헤어스타일과 연결된 사안의 중요성을 광범위하게 언급한다(예를 들면 무소니우스, 에픽테토스, 등). 그는 이 배경 뒤에는 "남자들은 남자다워야 하며, 여자들은 여자다워야 한다"는 원칙이 있다고 결론짓는다.[130] 하지만 그는 "그의 머리 위에 무언가를 올려놓은 채"(4절)와 "자기의 머리를 덮지 않은 채"(5절)라고 번역한다. 왜냐하면 후자의 경우에는 자기 과시가 포함되어 있기 때문이다.

하지만 우리는 무엇보다 가장 중요한 사항—곧 **최근의 이 연구는 11:4이 단순히 가설에 의한 사례를 제시하는 것이 아님을 결정적으로 입증해준다**—을 너무나도 쉽게 간과할 수 있다. 과연 바울이 (더 타당성이 있는 번역으로서) "머리에 무엇을 쓰고 기도하거나 예언의 말을 하는 모든 남자"에게 말했든지 혹은 (또한 전적으로 가능한

128) Juvenal, *Satires*, 2.96.

129) Horace, *Epistles*, 11.28.

130) Collins, *First Cor*, 386-399; Musonius, *Fragments*, 21; Epictetus, *Dissertations*, 3.1.14, 24-36, 42-45; Strabo, *Geography*, 10.3.8. 또한 참조. Witherington, *Conflict and Community*, 232, 233. Witherington은 예컨대 Plutarch, *Regum* 200F, Livy와 더 최근의 연구로서 D. W. J. Gill 등의 저서에서 **머리 덮개**에 대한 중요한 증거를 제시한다. 하지만 Witherington은 Murphy-O'Connor의 주장이 "핵심에서 상당히 빗나갔다"며 이를 받아들이지 않고 해당 이슈를 과장한다(232).

번역으로서) **"긴 머리를 한 채…기도하거나 예언의 말을 하는 모든 남자"**에게 말했든 지 간에, **11:2-16에서 가장 큰 관심사는 여자들이 아니라 남자들이다.** 이 단락(11:2-16)에 "공적인 예배에서 여인들의 머리 덮개"(로버트슨과 플러머), "여인의 머리 덮개"(오르트켐퍼와 볼프) 또는 "하나님께 드리는 예배에서 여인들"(콘첼만)이라는 제목을 붙여서는 안 된다. 오히려 "공적인 예배에서 성 정체성과 머리 덮개에 대한 이슈 배후에 있는 이차적인 텍스트" 또는 (앞에서 제시한 것처럼) "상호 관계 및 상호성: 자기 존중, 타인 존중 및 공동체 예배에서 성별에 대한 정체성"이라는 제목을 붙여야 한다.[131] 또한 고든 피는 이 단락을 오직 한쪽 성(性)에만 초점을 맞추는 것으로부터 해방시키고 "문화와 수치에서 제기되는 하나의 주장"이라는 제목을 제안한다. 하지만 이 제목은 건드리-볼프가 문화 및 수치와 더불어 제시한 창조와 복음 신학의 이슈에서 빗나가는 것이다.[132] 바레트는 이 단락에 "남자들과 여자들"이라는 올바른 제목을 붙인다. 하지만 대다수 주석가들은 이 점을 제대로 파악하지 못한다.[133]

이 절에서 προφητεύων은 이른바 어떤 "돌발적으로 주어지는" 계시의 말을 발화하는 것에 국한되어서는 안 된다는 점을 간파하는 것이 중요하다. 우리는 (힐, 뮐러, 길레스피 등의 견해를 따라) 12-14장에서 이 단어가 목회적인 문맥에서 독자들에게 적용된 복음의 진리에 대한 공적인 선포를 가리킨다고 주장할 것이다. 이것은 고대 로마의 문화적 배경에서 머리 장식이 다루어지는 문맥과 대표성의 이슈들을 다루는 문맥에서도 어울린다(앞에서 제유법의 뉘앙스를 포함하여 κεφαλή에 대한 설명 참조). 하지만 이 단어의 의미는 대체로 아래에서 προφητεία(12:10; 14:6; 14:22에 대한 주해 참조), προφήτης(12:28, 29; 14:29, 32, 37), προφητεύω(14:1, 3-5, 24, 31, 39)에 대한 세부적인 논의에 의

131) Robertson and Plummer, *First Epistle,* 216; Wolff, *Der erste Brief,* 244; Conzelmann, *1 Cor,* 181; Ortkemper, *1 Korintherbrief,* 102.

132) Fee, *First Epistle,* 498.

133) Barrett, *First Epistle,* 246. 압도적인 다수의 주석가들은 한편으로 치우쳐 있다. 심지어 Schrage도 이 단락에 "공적 예배에서 여인들의 올바른 머리치장에 대해"라는 제목을 붙인다(Schrage, *Der erste Brief,* 2:487).

해 결정된다. 이 이유에 근거하여 우리는 "예언한다"라고 번역하지 않고(이 영어 단어는 종종 현대 문화와 교회가 전제하는 의미를 전달함), "예언의 말을 발화한다"라는 번역을 선호한다. 예언의 말은 단순히 "돌발적인" 짧은 메시지로서 인상적이며 특별한 징후나 전략적인 특성의 외침—만약 그런 것이 있다면—이 아니라 **목회 현장에 적용되는 신학적인 가르침, 권면, 그리고 교회를 세워나가는 데 필요한 권고** 등을 포함한다. 이 단어를 전자의 의미로 이해하면 이것은 더 진지하고 일관되며 의미심장한, 신구약 성경에서 사용되는 용어의 위대한 전통을 훼손시키고 진부하게 만든다(12:10, 28-29; 14:1, 5, 24-39에 대한 주해 참조).

여기서 다루어야 할 또 다른 난제는 καταισχύνει τὴν κεφαλὴν αὐτοῦ와 관련이 있다. 우리는 앞에서 이 구절을 "자기의 머리를 부끄럽게 한다"라고 번역했다. **명예와 수치**에 대한 기호론적인 대조는 단지 이 절에 국한된 것이 아니라 로마 식민지인 고린도의 문화와 고대 지중해 연안 지역의 문화에 널리 퍼져 있었다는 점은 특별히 1980년대와 1990년대에 이 편지에 대한 연구에서 기본적으로 다루어진 이슈였다. 건드리-볼프는 "일종의 수치/명예 사회로서 지중해 세계의 이러한 특성은 고전 11:2-16에서 부끄러움/영광을 대조하는 배경을 제공해준다"라고 말한다.[134] 바울의 세계와 관련하여 사회인류학 또는 문화인류학에 대한 브루스 말리나 및 많은 저자들의 연구도 이 점을 강조한다.[135] 목스네스는 다음과 같이 주장한다. "사람들 간의 만남은 자신의 신분과 명예를 인정하고 변호하려는 경쟁심으로 특징지어진다. 어떤 사람의 명예를 거부하는 것은 그 사람을 수치스럽게 만드는 것이었다.…수치와 명예는…자신의 관점에 기초한 자신의 가치를 나타낼 뿐만 아니라 그가 속해 있는 사회의 관점에 기초한 가치를 나타

134) Gundry-Wolff, "Gender and Creation in 1 Cor 11:2-16," 154.

135) Bruce Malina, *The NT World: Insights from Cultural Anthropology,* 28-62; Ramsay MacMullen, *Roman Social Relations 50 BC to AD 284* (New Heaven: Yale University Press, 1974), 62-109; H. Moxnes, "Honor, Shame and Outside World in Paul's Letter to the Romans," in J. Neusner et al. (ed.), *The Social World of Formative Christianity and Judaism,* 207-218.

낸다."[136]

이 배경은 여기서 τὴν κεφαλὴν αὐτοῦ가 이중적 대상을 가리킨다는 우리의 견해를 예비한다. (i) 해당 그리스어 표현은 먼저 해부학적인 실재와 사람 전체를 가리키는 제유법으로서 그 사람의 신체적인 머리를 가리킨다. 우선 이러한 남자는 **자신의 품위를 떨어트린다**. 즉 고대 로마인들이 공적인 종교의식에서 머리 덮개를 사용하는 것(또는 어떤 사람의 헤어스타일이 자신이 성적으로 느슨하거나 또는 자신의 성적인 특성을 스스로 알려준다는 것도 가능한 해석임)은 자존감(앞에서 이 단락의 제목 참조)을 **훼손하며 자신의 인격을 수치스럽게 만드는** 행위다.[137] 그러나 목스네스가 올바로 주장하듯이 자기 존중과 온전한 인격은 다른 사람들에게, 특히 그 사람을 책임지고 있는 대상(예. 고용자, 후견인, 노예 소유자 또는 하나님)에게 영향을 미친다. (ii) 이것은 **주님이자 머리이신 그리스도 또는 하나님께** 누가 된다는 의미에서 자신의 머리를 부끄럽게 하는 것이다.

바레트는 이 절에서 머리는 전적으로 앞 절에서 남자의 머리로 묘사된 예수 그리스도를 가리킨다고 주장한다.[138] 하지만 우리는 바레트가 거의 전적으로 유대교 또는 유대-기독교의 정황에서 이 절에 접근한다는 것을 이미 지적한 바 있다. 따라서 오스터와 다른 이들은 고대 로마 종교의 고고학적인 증거에 대한 방대한 연구에 기초하여 그의 견해를 비판했다. 알로는 해당 절에서 기독교 신자가 모세와 그가 너울을 사용하는 것과 대조를 이루는 고후 3:18에 대한 논의를 가리키면서 이중적인 의미에 대해 언급한다.[139] 그러나 고든 피는 고후 3:18의 배경은 이 절의 배경과 다르다고 주장한다. 그의 견해는 옳다. 하지만 그는 "어떤 문화권에서도(그리스, 로마, 유대) 남자들이 머리를 덮개로 가렸다는 것에 대한…증거는 거의 없으며"

---

136) Moxnes, "Honor, Shame and Outside World," 208.

137) 11:3의 논의에서 우리는 해당 그리스어 표현이 이 두 가지 의미를 지닐 수 있다는 점을 충분히 입증했다. 그 논의 과정에서 우리는 Dawes와 다른 많은 저자들과 텍스트 자료를 언급했다.

138) Barrett, *First Epistle,* 250.

139) Allo, *Première Épitre,* 256.

이것은 "분명히 오스터와 고대 로마에 대한 다른 전문가들의 견해와 반대된다"고 주장한다.[140] 목스네스, 말리나 및 다른 학자들의 문화인류학의 명예-수치에 대한 논의에 비추어볼 때, 우리는 남자들이 머리를 덮는 것은 한편으로 (더 직접적인 의미에서) "남자의 신분을 부인하는 것"이며 또 다른 한편으로는 "그리스도에게 불명예를 가져다주는 것이다"라는 알로와 브루스의 견해에 동의한다.[141] 머리의 신체적인 용법과 은유적인 용법 간의 지속적인 언어유희는 5-16절의 여인들의 사례에서도 계속된다.

머피-오코너와 다른 학자들의 해석은 (우리가 묶지 않고 길게 늘어뜨린 머리로 간주하든, 적합하지 않은 머리 덮개로 간주하든 간에) 4-7절에서 공통점으로 남아 있는 요소를 다음과 같이 확인해준다. 즉 눈에 거슬리며 기호론적인 특성을 드러내는 옷차림이나 헤어스타일은 **공적인 예배에서 하나님 또는 그리스도에 대한 관심에서 멀어지게 하여** 자신에게 관심을 돌리게 한다는 것이다. 따라서 그것은 **자신에 대한 존중, 공동체에 대한 존중, 공적인 예배에서 주된 사고와 관심의 대상이 되어야 할 주님의 영광** 대신에 사람의 머리를 수치의 근원으로 만든다는 것이다. 공식 만찬에 야구 모자를 쓰고 간다는 헤이스의 유비는 중요한 함의를 지닌다. 즉 4-7절에서 "교양이 없고 무례하고…예의범절에서 벗어나는 것으로 인식되는 것"은 자신에게 관심을 돌리려는 행위에 해당한다. 이러한 행위는 결국 하나님께 영광을 돌리지 못하고, 자신을 수치스럽게 만든다.[142]

5-6절 5절이 몇 가지 해석학적 이슈를 제기한다는 것은 이미 앞에서 언급했다. 또한 예언의 말에 대한 이슈도 14장의 특별 주해와 주석에서 자세하게 논의될 것이다. 후자는 오늘날 "예언하는 것"과 관련하여 교회의 삶에서 가져온 교회적 전제에 빠질 위험이 덜하며 우리가 "예언의 말을 하다"라고 번역하는 데 결정적인 역할을 한다. 굳게 간직하고 있는 **전승들**

140) Fee, *First Epistle*, 507.
141) Bruce, *1 and 2 Cor*, 104.
142) Hays, *First Cor*, 184.

(παραδόσεις, 11:2) 안에는 부분적으로 신앙 공동체를 이끌어가는 여인들의 기독교적인 관습들이 포함되어 있었을 것이다. 즉 이것은 하나님께 목회적 **기도**를 하는 것과 목회적으로 적용된 메시지나 **하나님께** 받은 가르침을 **선포하는 데** 주도적인 역할을 하는 것 등이다(참조. 14장에서 예언의 말에 대한 특별 주해). 다른 한편으로 안더스 에릭손(Anders Eriksson)은 설령 고린도 교인들이 부차적인 의미에서 전승의 준수를 호소했다 하더라도 전승에 대한 바울의 호소는 일차적으로 11:17-34을 내다보는 것으로 이해하는 것 같다.[143] 비록 에릭손의 견해가 기도와 설교에서 여인들의 역할이 결코 상황에 한정된 것이 아니라 근본적인 것이라고 주장하는 데 적용될 수 있겠지만, 그는 전승이라는 용어를 "핵심적인" 신학을 가리키는 데 사용한다.

머리에 쓰는 것(덮개), 성별에 대한 정체성, 그리고 수치 또는 존중(11:5-6)

우리는 앞에서 머리(κεφαλή, 5절)에 대해 철저하게 논의했다. 여기서 이 단어에 대한 첫 번째 언급은 분명히 여자의 해부학적 또는 생리학적 머리다. 하지만 (4절의 경우처럼) 이것은 그리스도 또는 하나님을 언급하는 것으로 확대되었다. 그리고 논란의 여지가 있긴 하지만, 이것은 (이 단어가 제유법으로 사용된다는 관점에서) 보호자, 남편, 또는 가정으로 확대되었다. **왜냐하면 옷차림에 대한 문화적인 이슈는 그 여인의 가정의 수치나 명예(곧 존중받는 신분)로 되돌아오기 때문이다.** 머리 덮개(헬. ἀκατακαλύπτῳ, 여성형 부정[否定] 형용사)의 필요성과 부끄럽게 하다(καταισχύνει)의 주된 연관성은 알린 루셀과 데일 마틴의 설명이 정확하게 표현해준다.[144] (후드와 같은) 적절한 머리 덮개를 쓰는 것은 **존중과 존중받을 만한 사람**을 가리켰다. 기원후 1세기 로마 사회의 기호론적인 옷차림의 틀 안에서(앞에서 롤랑 바르트에 대한 언급 참조) **"[여인이] 베일 또는 후드를 쓰는 것은 일종의 경고에 해당했다.** 즉 이것은 그것을 쓴 **여인이 존중받아 마땅한 여**

143) A. Eriksson, *Traditions as Rhetorical Proof: Pauline Argumentation in 1 Corinthians*, ConBNT 29 (Stockholm: Almqvist & Wiksell, 1998), 73-134, 174-196, 303-304.

144) 11:2-16의 머리말을 보라. Rousselle, "Body Politics in Ancient Rome," 296-337; Martin, *The Corinthian Body*, 229-249.

인이며 어떤 남자도 그녀에게 접근해서는 안 된다는 것을 의미했다"(강조는 덧붙여진 것임). 즉 어떤 남자도 잠재적으로나 실제로 그 여인을 성적으로 "이용할" 수 있다고 생각해서는 안 된다는 것이다.[145] 우리는 과연 ἀκατακαλύπτῳ가 등 뒤로 "풀어서" 늘어뜨린 긴 머리를 가리킬 가능성이 있는지에 대한 논의는 잠시 미루고자 한다. 왜냐하면 이 헤어스타일도 같은 신호를 보낼 것이기 때문이다. 만약 롤랑 바르트가 의복의 기호론이 결코 사소한 것이 아니라고 입증해주었다면 공적인 예배의 배경은 이에 대단한 의미를 부여할 것이다. 머피-오코너, 리처드 오스터와 더불어 우리는 공적인 예배에서 **남자들**이 제기한 기호론적인 표시의 문제가 이 원칙을 도입했다는 점을 재차 상기시킨다. 4절(남자들)과 5절(여자들)에서 이 원칙은 자기 홍보에 관한 것으로서 동일하다. 특히 만약 그것이 성적인 매력의 대상으로서 예배 인도자에 대한 인식과 관련되어 있다면 그것은 주의를 온전히 집중시켜야 할 대상인 하나님으로부터 관심을 다른 곳으로 돌리게 할 것이다. **예배를 인도하면서 자신이 성적으로 이용할 만한 대상임을 암시하는 옷차림을 한다는 것은 결코 생각할 수 없는 일이다.**

그러나 이것이 고린도 교회에서 예언의 말을 하거나 기도하는 여인들의 고의적인 의도였다는 의미는 아니다. 이 여인들에게 해당 이슈는 갈 3:28과 같은 구절에서 표현하는 복음의 원리에 기초한 자유와 평등에 관한 것이었을 개연성이 있다. 종교사회학은 "영적인" 또는 "카리스마적인" 생명력과 역동성이 넘치는 곳에서는 "질서"와 "전통"이 종종 압도된다는 점을 확인해준다. 따라서 건드리-볼프는 다음과 같이 말한다. "고린도의 신령주의자들은 비여성적이며 비남성적인 헤어스타일을 한 채…외부인들도 참석할 수 있던 예배 모임에서 기도하고 예언했다.…따라서 이것은 사회적으로 받아들일 수 없는 것이었다.…신령주의자들의 머리-덮개 관습은 남성과 여성 간의 사회적인 경계선을 무시했다. 따라서 이것은 그들 자신과 그들의 '머리'에 수치를 초래했다."[146] 다른 말로 표현하자면 그들은 **평등을 같음과 혼동하거나 성별의 차이를 올바르게 인식하지 못했다.** 콜린스는 이렇게 주장한다. "이 상황은 '모든 것이 허용된다'(참조. 6:12; 10:23)는 태도에서

---

145) Rousselle, "Body Politics in Ancient Rome," 315.
146) Gundry-Volf, "Gender and Creation in 1 Cor 11:2-16," 154.

빚어진 결과일 것이다.…[그러나] 하나님이 인간의 성별을 서로 다르게 창조하셨기 때문에 신앙 공동체가 예배를 위해 모일 때 남성과 여성의 구별이 유지되어야 한다."[147)]

이것은 왜 바울이 자기 홍보를 위한 옷차림과 성별을 무시하는 옷차림(머리를 완전히 밀어버리는)의 수치를 사실상 **같은 것**으로 인식하는지를 잘 설명해준다. 머리를 밀어버렸다는 바울의 표현에 대해 여러 가지 가설적인 설명이 있다. 각각의 상황에 달려 있긴 하지만, 이 표현은 매춘 행위로 유죄 판결을 받은 사람, 또는 종종 천한 일을 하는 노예의 수치를 겪고 있는 사람의 신분을 암시할 수 있지만, 대부분 어떤 여인에게 머리가 없다는 것은 그가 여성성(femininity)을 잃어버린 것으로 여겨진다. 이와는 대조적으로, **가리운** 머리는 **성적 욕구에 대한 자기절제**를 가리켰다.[148)] 머리를 민 것과 정반대되는 것으로서 사람들의 관심을 끌기 위해 머리를 묶지 않은 채 어깨너머로 길게 풀어 늘어뜨린 것과 머리카락을 모두 밀어버린 상태는 서로 같은 대조를 암시한다. 사회인류학의 배경에서 홀파이크는 전자를 "무절제한 성욕"으로, 후자를 "독신" 또는 "성적 욕구가 없음"과 연결한다.[149)] 사실상 바울은 (남성과 여성이 모두 공개적으로 기도하거나 설교할 수 있다는 것에 근거하여) 남녀평등을 혼동함으로써 실질적으로 남성과 여성의 역할과 성별 정체성—이것은 나중에 창조 질서에 대한 하나님의 섭리 및 의도와 연결됨—을 폐지한 사람들은 자신에게 수치를 불러온다고 말한다. 즉 머리를 미는 것과 길게 풀어서 늘어뜨리는 것은 모두 성별 정체성을 표현하는 것을 수치스럽게 만들며, 그것을 정하고 의도하신 하나님께 불명예를 초래하고, 해당 여인과 공적인 측면에서 더 밀접하게 연관되어 있다고 믿는 사람(남편, 보호자, 아버지 또는 그밖의 다른 대상)에게 수치를 가져다

147) Collins, *First Cor,* 400 and 402. 이와 비슷하게 Hays, 1 Cor, 183도 다음과 같이 주장한다. "이 단락은 여인들의 종속을 요구하는 것이 아니라…오히려 남성과 여성 간의 상징적 **구별**을 요구한다"(강조는 원저자의 것임). 한편 Collins는 머리 덮개뿐만 아니라 남성과 여성 쪽에서 화려하게 꾸민 헤어스타일에 대한 이슈도 논의한다(400-403; 406-409). 그는 여기서 이 두 가지가 모두 문제가 되고 있다고 주장한다.

148) 11:2-16에 대한 머리말 참조. 또한 특히 다음 논문 참조. R. Hallpike, "Social Hair," 256-264.

149) Hallpike, "Social Hair," 256-264.

준다. 와이어는 아마도 고린도의 몇몇 여자 예언자들은 가정의 사적인 영역이 자신들의 자율권을 제한했다고 주장했다. 그의 주장은 옳을 것이다.[150] 이에 바울은 이렇게 반응한다. 그렇다면 (8:1-11:1의 경우와 마찬가지로) "다른 사람들"(남편, 아버지 또는 다른 동료들)에게 미치는 결과는 더 이상 여러분의 관심사가 아닙니까? 부끄러움은 단지 한 개인에게만 해당하는 것이 아니다. 단순히 자신의 권리를 주장하기 위해 말씀을 선포하고 기도하여 다른 사람에게 부끄러움을 가져다준다면 과연 그것은 적절한 말씀 선포이며 기도이겠는가?

비록 이 단어(ἀκατακαλύπτῳ)가 헤이스가 주장하듯이 후드를 쓰지 않은 것이나 머리를 가리지 않은 것과 연결되어 머리를 풀어 길게 늘어뜨린 것을 이중적으로 암시할 수도 있긴 하지만, ἀκατακαλύπτῳ(신약성경에서 오직 이 절과 11:13에서만 사용됨)가 **긴 머리를 풀어 늘어뜨린 채**를 가리키는 것으로 이해하는 것은 결정적이지 않다. 헤이스는 바울에게 보고한 내용을 다음과 같이 풀어 재구성한다. "이른바 성령의 자유와 능력으로 활동한다는 몇몇 여인은 머리 덮개를 쓰고, 예언할 때 그리스도 안에서 자신들의 자유를 나타내는 표시로서 자신의 머리를 풀기 시작했다."[151] 다시 말해 이 여인들은 자신들의 자유와 동등성을 사회적·상징적으로 표현하기를 원했다. 그러자 바울은 복음의 자유란 이름으로 성별의 정체성에 대한 사회적·상징적 표현이 더 이상 적실하지 않은 것처럼 무시될 수 없다고 주장했다(참조. 갈 3:28). 왜냐하면 (바울이 곧 주장하듯이) 심지어 복음이 제시하는 종말론적인 자유도 창조 질서 안에서 확립된 하나님의 의도나 주변 문화 속에서 감지되는 인식의 민감함을 폐지할 수 없기 때문이다.

하지만 엘리자베트 쉬슬러 피오렌자는 정반대되는 견해를 취한다. 그는 다음과 같이 주장한다. "바울은 11:2-16에서 여성과 남성이 그리스도 안에서 동등함에도 불구하고 심지어 그들 간의 '창조적' 또는 '상징적' **구별**을 지지하지 않는다. 오히려 그는 여자 예언자들의 카리스마적인 능력을 상징하는 머리 묶는 관습을 지지

---

150) A. C. Wire, *The Corinthian Women Prophets*, 15-17, 116-134, 220-224.
151) Hays, *1 Cor*, 183.

한다"(강조는 원저자의 것임).[152] 쉬슬러 피오렌자는 다음과 같은 배경을 묘사한다. 고린도에서 예언자로서 말하던 그리스도인 여인들은 "묶지 않고 풀어 내린 머리를 성령-소피아로부터 주어진 자신들의 신비한 은사의 표지와 진정한 예언자적인 행위의 표시로 인식했다. 한편 바울은 예언자적인 열광을 억제하려고 했다.…여인들은 자신의 머리를 묶어야만 했다."[153] 하지만 이러한 분석은 고린도의 여인들이 소위 예언에 대한 개념을 "디오니소스…키벨레, 델포이의 피티아의 종교의식…이시스의 종교의식 등에서 황홀경에 빠진 여인들의 전형적인 모습으로서…머리를 헝클어 뒤로 늘어뜨린 것"에서 차용했다는 데 의존한다.[154] 우리는 14장의 예언에 대한 논의(14장의 특별 주해 및 주해 참조)에서 기원후 1세기 로마 식민지의 이러한 평행 사례에 호소하는 것은 시대착오적이며, 대체로 그릇된 것이라는 크리스토퍼 포브스의 설득력 있는 주장을 언급할 것이다.[155]

포브스는 피티아의 여사제, 델포이의 신탁, 디오니소스와 키벨레의 종교의식에 관한 고전적 자료와 시빌라에 대한 베르길리우스의 묘사 등을 주의 깊게 검토한다. 에우리피데스(기원전 485-407년)는 기원전 5세기에 그의 감동적인 비극 『바카이』(*Bacchae*)를 썼다. 그는 이 비극에서 거의 모두 여성으로 구성된 바쿠스의 숭배자 그룹의 광란 행위를 과감하게 묘사한다. 이 의식에서 자제(自制)로부터의 탈피는 "머리의 권세"와는 무관하며, 오직 자신을 온전히 포기하는 것과 관련이 있다. 테바이의 왕 펜테우스와 바쿠스 축제를 비난한 자들에 대한 바쿠스(디오니소스) 신의 냉혹한 복수는 고대 그리스 청중에게 큰 충격을 안겨주었을 것이다. 또한 이러한 복수는 그리스도의 진의(眞意)에서 완전히 벗어난 것이었으므로 그리스도인 여인들이 그러한 방식을 "모델"로 삼았다는 주장은 전혀 믿을 수 없다. 나아가 이러한 주장은 그 종교의식이 거행된 시대와 그것에 대한 로마 당국의 반감을 고려하지 않는 것이다(기원전 2세기에 이 종교의식은 이탈리아 지역에서 배제되었다). 포브스

152) E. Schüssler Fiorenza, *In Memory of Her: A Feminist Theological Reconstruction of Christian Origins* (New York: Crossroad and London: SCM, 1983), 230; 참조. 226-230.

153) 같은 책, 228.

154) 같은 책, 227.

155) C. Forbes, *Prophecy and Inspired Speech in Early Christianity and Its Hellenistic Environment*, WUNT 2:75 (Tübingen: Mohr, 1995), 103-217.

는 이러한 가설의 의문점뿐 아니라 고린도의 이슈들과 그 연관성이 타당한지를 매우 자세하게 논의한다.

이와 마찬가지로 레 13:45에서 פרוע ראשׁ(로쉬 파루아), "나병 환자의 풀어진 머리"의 70인역 번역 ἀκατακάλυπτος의 의미를 설명하려는 쉬슬러 피오렌자, 호슬리 및 다른 학자들의 시도에도 문제점이 있다.[156] 실질적으로 고전 그리스어 및 히브리어 사전학자들은 히브리어 마소라, 70인역 또는 신약성경의 텍스트—פרוע ראשׁ 또는 ἡ κεφαλὴ αὐτοῦ ἀκατακάλυπτος—가 (머리를) **풀다** 또는 (머리 덮개를) **벗다** 사이에서 어떤 것을 선택할지는 각각의 문맥에 달려 있고, 일반적으로는 후자 쪽으로 기운다고 주장한다.[157] 알린 루셀과 데일 마틴의 더 단순한 설명은 고대 로마 사회의 동시대 관습과 연관되어 있는 유사한 사례들을 언급한다. 이것을 통해 그들은 고대 그리스와 유대교의 동떨어진 역사에 관해 추측하는 것을 회피한다. 메리 레프코위츠와 모린 팬트는 헬레니즘과 로마 문화에서 여성에 관한 자료, 텍스트, 비문을 수집하여 편찬했다. 이것은 공적인 존경과 존중을 받던 여인들의 적합한 옷차림 및 개인적인 성취와 삶의 향유 간의 관계에 대한 증거를 풍부하게 제공해준다.[158] 비록 루셀은 이 표현을 "어떤 베일 또는 후드"로 올바르게 바꾸었지만,[159] 레프코위츠와 팬트의 책은 루셀과 마틴이 "덮개"를 언급한 것에 대해 의문점을 제기한다. 왜냐하면 위더링턴도 지적하듯이 κατὰ κεφαλῆς ἔχων은 "얼굴을 가리는 작거나 투명한 베일"을 암시하지 않기 때문이다. 만약 이 표현이 어떤 두꺼운 베일을 가리킨다면 화자가 그 베일을 착용하고 공적인 연설을 하는 것을 상상하기란 어려울 것이다. 따라서 "바울은 얼굴을 가리는 베일이 아니라 어떤 머

156) Horsley, *1 Cor,* 153-154, "어떤 사람의 머리 덮개 또는 머리를 푸는 것(예. 레 13:45; 민 5:18; Philo, *Spec. Leg.* 3:60, 묶지 않은 머리", 곧 고전 11:5. 참조. Schüssler Fiorenza, *In Memory of Her,* 230; Schrage, *Der erste Brief,* 2:507.

157) 히브리어 표현에 대해서는 BDB (1980 ed.), 828-829. 그리스어 표현에 대해서는 BAGD, 29, Grimm-Thayer, 21, Louis-Nida, 2:8. 한편 파피루스 문서에서 이 단어는 나타나지 않는 것 같다(MM에는 이 단어에 대한 정보가 없다). 참조. Polybius, 15.27.2.

158) Lefkowitz and Fant, *Women's Life in Greece and Rome,* 104 (sect. 107), 157-160 (sects. 158-169).

159) Rousselle, "Body Politics," 315. 참조. H. Frör, *You Wretched Corinthians!* 60. Frör는 단지 "베일"에 대해서만 언급한다.

리 덮개[곧 후드나 후드가 달린 겉옷]에 관심을 기울인다."[160]

우리는 쉬슬러 피오렌자의 견해에 반대하고, 건드리-볼프, 머피-오코너, 피데스 및 다른 학자들의 견해에 동의하면서 바울이 성별의 위계질서에 대한 언급 없이 성별의 **차이점**을 강조한다고 결론짓는다. 피데스는 하나님, 그리스도, 남자, 여자를 인용하는 순서와의 유사한 점을 위계질서에 근거한 신분의 관계로 보기보다는 언약과 관련된 기능과 구별의 관계로 이해한다.[161] 하지만 이것은 이 절들에 대한 보편적인 이해는 아니다. 비록 우리는 여기서 또다시 머리의 의미에 관한 논쟁의 복합성을 기억할 필요가 있겠지만(앞에서 '머리'에 대한 설명 참조), 마거릿 스롤은 이 이슈가 여전히 "종속"의 이슈로 남아 있다고 주장한다.[162] 프란스(R. T. France)는 "남자들에게 복종하라는 여자들에 대한 권고는 사회 구조에 적용되는 것이 아니라(예. 여왕, 재판관, 고용인 등) 결혼 관계에 적용된다"고 주장한다.[163] 프란스는 이것은 고전 14:34-35; 딤전 2:11-12; 엡 5:23에 결정적으로 적용되며, 고전 11:5-7에도 적용될 **수 있다**고 말한다(강조는 원저자의 것임).[164] 하지만 우리가 프란스의 논점을 세부적으로 지지하기는 어렵다. 한편 여기서 (유일한 강조점은 아니지만) 최우선적인 강조점이 결혼한 여인과 그 여인의 옷차림이 남편에게도 영향을 미친다는 데 있다는 크레이그 키너의 주장은 이어지는 절들에 비추어볼 때 진지하게 고려해볼 만하다.[165] 5절은 핵심 문맥이지만, 마치 강조점이 오직 아내에게만 있는 것처럼, γυνή를 여자(NRSV, NIV, REB, NJB)가 아니라 **아내**로 한정하여 번역하는 것은 옳지 않다.

5절의 마지막 구절인 ἓν γάρ ἐστιν καὶ τὸ αὐτὸ τῇ ἐξυρημένῃ에 대해 다양한 설명이 주어졌다. 비록 콜린스는 여기서 약간의 풍자적인 어조가 나타난다고 주장

160) Witherington, *Women in the Earliest Churches,* 83.
161) Fiddes, "'Woman's Head Is Man': A Doctrinal Reflection upon a Pauline Text," 370-383.
162) Margaret Thrall, *1 and 2 Cor,* 78-79. 참조. Ortkemper, *1 Korintherbrief,* 102-103.
163) R. T. France, *Women in the Churches Ministry: A Test-Case for Biblical Hermeneutics* (Carlisle: Paternoster, 1995), 36.
164) 같은 책, 47-48.
165) C. S. Keener, *Paul, Women, Wives: Marriage and Women's Ministry in the Letters of Paul* (Peabody, Mass.: Hendrickson, 1992), 32-36.

하지만, BDF는 이 여자가 삭발한 여자와 같은 의미라고 강조한다.166) 이 구절에 대한 가장 널리 알려진 두 가지 설명은 다음과 같다. (i) 만약 어떤 여자가 성별(性別)에 대한 사회적·상징적 표현을 폐기하기를 원한다면 이것은 삭발한 머리가 상징하는 중성적이며 성적 욕망이 없음을 표현하는 것에 해당한다(앞에서 특히 홀파이크의 견해에 대한 설명 참조). (ii) 만약 어떤 여인이 진정으로 성적인 측면에서 "만날 수 있는" 여인과 같은 옷차림을 하기로 결심한다면 그 여자는 성적인 비행의 현장에서 붙잡힌 여인에게 돌아가는 공개적인 치욕을 받게 될 것이다. 의심의 여지 없이 바울은 이 말을 충격을 위한 수사법으로 사용한다. 즉 당신은 진정으로 이러한 방법으로 당신 자신과 가족과 하나님을 수치스럽게 만들려고 합니까? 또 다른 말로 표현하자면 당신은 더 이상 진정으로 여인으로 존중받는 것을 바라지 않습니까? 아니면 당신은 정말로 "복음의 자유"를 성적인 특성 및 구별과 관련된 모든 것을 없애는 데 사용하기를 원합니까? 우리가 이 두 가지 해석 중에서 어떤 것을 받아들일지는 이 절 전체와 그 문맥에 대한 우리의 주해와 이해에 달려 있다. 피는 다음과 같이 주장한다. "그 여인의 부끄러움은 그 여인의 헤어스타일이 남자 같이 되는 것과 관련이 있다.…그것은 전반적으로 남자와 여자의 차이를 흐릿하게 하며, 특히 성적인 구별을 모호하게 한다."167) 고전 문헌은 머리를 "매우 짧게 자르거나" "밀어버리는" 문맥에서 여성 동성애 관계 속에서 성별의 상호 보완성을 흐릿하게 만드는 사례들을 언급하는데, 이는 머피-오코너가 4절의 남성 동성애자에 대한 언급을 포함하여 앞에서 제기한 주장과도 일치한다.168)

6절은 5절에 수사학적인 의미를 추가하지만, 대체로 그 점을 반복한다. 또한 6절은 심의적 수사법을 통해 미래의 행위와 관련하여 유익 또는 손해가 되는 선택을 해야 한다고 호소하는 논리를 전개한다. 그러나 이것은 칭찬 또는 비난(존중 또는 수치)의 수사법과 심지어 고소 또는 용인을 표명하는 법정적 수사법을 구체화

---

166) BDF, sect. 194 (1). Robertson and Plummer, *First Epistle,* 230도 이 해석을 지지한다. ξυράω는 "머리를 밀다"라는 의미를 가리키는 경향이 있지만, κείρω는 "머리를 매우 짧게 자르다"를 의미할 수 있다. 참조. Collins, *First Cor,* 409.

167) Fee, *First Epistle,* 511.

168) Fee, *First Epistle,* n. 81. 그는 다음 자료를 인용한다. Lucian, *Fugitive* 27, *Dialogoi Hetairikoi* 5.3.

한다(머리를 아주 짧게 자르거나 몽땅 밀어버리거나…머리를 가리십시오).[169] 6절에서 바울은 ξυράω의 부분적인 동의어로 κείρω를 사용한다. κείρω는 머리를 아주 짧게 자르는 행위를 가리키는 반면, ξυράω는 머리를 모두 밀어버리는 것을 가리킨다.[170] 디온 카시오스는 티베리우스 황제의 말로 추정되는 경구를 인용한다("나는 내 양 떼의 털을 모두 밀어버리기보다는[ἀποξύρασθαι] 짧게 깎는 것[κείρασθαι]을 원한다").[171] 어떤 저자들은 κείρω는 남성의 역할을 하는 여성 동성애자를 암시할 수 있으며, "소년 같은" 헤어스타일을 가리키는 반면, ξυράω는 성적으로 무관심하거나 절제되지 않은 행위로 인해 망신을 당한 어떤 사람이 머리를 완전히 밀어버린 상태를 가리킨다고 주장한다. 하지만 이 용어들은 종종 실질적으로 동의어로 기능한다(행 18:18, κειράμενος ... τὴν κεφαλήν, [Παῦλος]εἶχεν γὰρ εὐχήν). 이런 경우에는 표현의 다양성을 위해 그렇게 사용되었다는 점도 참작해야 한다. 한편 로버트슨과 플러머는 다음과 같이 의역한다. "만약 어떤 여인이 베일 쓰는 것을 거부한다면 그 여인은 항상 남성처럼 보이도록 머리를 아주 짧게 깎도록 하라."[172] 6절의 중간태는 그 여인이 그 행위의 동인임을 나타낸다. 크리소스토모스는 6절을 귀류법적(*reductio ad absurdum*) 수사법으로 여긴다. 이 수사법은 다음과 같은 경구의 강조점을 예리하게 제시한다. "만약 당신이 하나님의 법이 제시한 '덮개'를 벗어버린다면 당신은 자연이 준 '덮개'를 벗어버리는 것이다.…그것을 통해 그 여인은 자신의 명예를 훼손하는 것이다."[173]

여기서 수사법이 확장되어 반복적으로 사용되는 것은 앨런 패짓의 견해—4-7절은 고린도 교인들이 말한 것을 표현하며 바울은 그것을 거부한다—를 결정적으로 반박하는 것처럼 보인다.[174] 바울이 고린도 교인들의 슬로건을 언급할 때(예.

169) 참조. M. M. Mitchell, *Paul and Rhetoric of Reconciliation,* 8-13; 260-263; Eriksson, *Traditions as Rhetorical Proof,* 30-63. 이 부분에서 Eriksson은 고전 11:2-16에 대해 많이 언급하지 않는다.

170) BAGD, 427.

171) Dio Cassius, *History of Rome* 15.10.5.

172) Robertson and Plummer, *First Epistles,* 231.

173) Chrysostom, *1 Cor. Hom.,* 26:4.

174) Alan Padgett, "Paul on Women in the Church: The Contradiction of Coiffure of 1 Cor 11:2-16," 69-86.

6:12; 8:1[b]; 10:23) 그는 이를 매우 간결하게 인용한다. 어쨌든 "머리 손질"에 대한 패짓의 주장은 앞에서 언급한 이유를 고려할 때 여전히 논란의 여지가 있다. 우리는 사회적 인식에 대한 당대의 로마 문화가 제시하는 증거(루셀, 마틴, 레프코위츠, 플린트)가 앞에서 언급한 타당한 신학적·종말론적 변증법(특히 건드리-볼프)과 상호작용하도록 허용해야 한다.

7-9절 우리는 대체로 한 번에 한 절씩 주해해왔다. 하지만 각 절을 너무 지나치게 분해함으로써 오해를 일으키는 것을 막기 위해 우리는 7-9절을 하나의 주제로 살펴볼 것이다. 이 주제는 유대교 및 기독교 전통에서 창 1:26-28과 창 2:18, 22에서 가져온 것이다. 이 전통은 특별히 창 1:26, 27(70인역)의 εἰκών, 형상(צלם, 첼렘)과 δόξα, 영광(주로 כבוד, 카보드)의 구체적인 의미 영역과 연결되어 있다. 또한 이것은 창 1:26-27(70인역)에서 사용된 ὅμοιος, 모양(דמות, 데무트)을 가리킬 수도 있다. 만약 우리가 정경에 포함된 책 중 특별히 히브리어로 기록된 책에서 형상과 영광의 뉘앙스와 의미를 자세히 살펴본다면 이 절들의 강조점은 위계질서(비록 이것도 한 위치를 차지하고 있지만)보다는 관계성에 있음이 밝혀질 것이다.

하나님의 형상, 영광, 성(性)의 구별(11:7-9)

콘첼만은 그의 주석서에서 이 절들을 푸는 열쇠로 εἰκών에 대한 특별 해설을 포함한다.[175] 고전 그리스어에서 εἰκών은 "어떤 형상, 예술 작품…어떤 패턴이다. 그리고 어떤 그림자, 이미지가 투영된 것, 새겨진 형상이다."[176] 플라톤에 의하면 우주는 εἰκὼν τοῦ νοητοῦ θεὸς αἰσθητός(Timaeus 92C), 곧 다른 방법으로는 접근할 수 없는 신의 지적인 생각이 **눈으로 볼 수 있게 나타남** 또는 그것에 의존하고 있는 모습이다. 70인역에서 εἰκών의 의미는 다양하게 바뀌지만, **눈으로 볼 수 있는 모델**이라는 개념

175) Conzelmann, *1 Cor*, 187-188.
176) 같은 책, 187.

은 여전히 남아 있다. 특별히 지혜라는 존재는 다른 방법으로 접근할 수 없는 하나님의 초월적인 실재를 나타내고 빛내고 중재한다.[177] 히브리서에서 그리스도는 "하나님의 본질의 형상"으로 묘사된다(히 1:3). 히브리서 저자는 말씀, 지혜, 형상, 영광의 주제를 결합하여(참조. 요 1:1-3; 고전 8:6; 골 1:16-17; 히 1:1-3) 그리스도를 "타자이며 초월자이신 감추어진 신비스러운 하나님을 '실존하는 존재'로 드러내는 분으로 묘사한다."[178] 인간이 하나님의 형상을 만드는 것을 구약성경이 금한 것은 매우 중요하다. 왜냐하면 하나님의 심오한 본질은 인간의 사회적 구성을 통해서가 아니라 말씀과 행위를 통한 하나님의 자기 계시로 파악할 수 있기 때문이다. 하지만 이러한 금지는 사람이 살아계신 하나님을 정적인 형태로 형상화하지 못하게 하는 것이라는 전통적인 견해(게르하르트 폰 라트)로는 충분한 설명이 되지 못한다. 위르겐 몰트만은 이러한 금지는 "사람은 하나님의 임재를 드러내야 한다"는 하나님의 명령과 연관되어 있다고 올바르게 주장한다. 사람은 하나님의 형상을 **고안해서 만들어낼** 수 없다. 왜냐하면 하나님은 **사람**이 하나님의 형상으로서 이 실재를 능동적으로 반영하고 드러냄으로써 **하나님의 임재와 사랑을 나타내도록** 하셨기 때문이다.[179]

그러므로 창 1장과 2장의 문맥에서 남자로서 사람은 자신의 삶과 행위를 통해 하나님을 나타낼 형상으로서 최초로 우주적인 무대에 등장한다. 왜냐하면 진정성 있는 인격체는 자아 중심적이 아니라 타자를 "위해" 그리고 그와의 "관계 속에서" 살아가는 것을 포함하기 때문이다. 이 관계성은 창 2장에서 여자가 남자에게서(ἐκ) 창조됨으로써 다시 확대된다. 이제 남자는 이것을 통해 각각 "타자"(Other)로서 하나님과 여자라는 이중적 관계성을 맺는다. 여자는 남자-사람과 "다름"과 동시에 사람이 무엇인지 반영하거나 나타낸다. **왜냐하면 인격체로서 남자와 여자의**

---

177) Gerhard von Rad and G. Kittel, "δόξα," in *TDNT,* 2:233-255; G. Bertram, "ὕπσος," 8:602-614; H. Hegermann, "δόξα," in *EDNT,* 1:344-348; F.-W. Eltester, *Eikon im NT*, BZNW 23 (Berlin, 1958).

178) Thiselton, "Epistle to the Hebrews," in J. W. Rogerson and J. D. G. Dunn (eds.), *Commentary 2000* (to be retitled) (Grand Rapids: Eerdmans, forthcoming) on Heb. 1:1-3.

179) J. Moltmann, *Man: Christian Anthropology* (Eng. trans., London: SPCK, 1971), 108-109.

관계성은 "타자"와 절대적으로 다르지도 않고, 절대적으로 같지도 않기 때문이다.[180] 피가 주장하듯이 10절(또는 10-12절)과의 수미상관 구조는 상호성의 핵심 축을 강조한다.[181] 피는 바울이 형상과 2절의 상호성과 관련하여 영광이라는 용어를 사용한 것을 이해하는 데 필요한 근거를 제시한다. "바울은 아마도 어떤 사람의 존재가 다른 사람에게 존중과 칭찬을 가져다준다는 의미를 전달하려 했을 것이다. 하나님의 형상대로 인간을 지으심으로써 하나님은 인간 안에 자신의 영광을 심어놓으셨다.…[하지만] 남자는…자신과 비슷하면서도 자신과 다른 동반자가 없이는…불완전하다. 인간은 저마다 자신의 '영광'을 지니고 있다.…남자는…동반자인 여자 안에서 '영광을 드러낸다.'…바울은…창조 기사에서 이것이 다른 방법으로 일어나지 않았다고 강조한다."[182]

δόξα와 כבוד(카보드)의 성경적 의미의 범위는 이 이해를 실증하고 뒷받침한다. 푀이에(A. Feuillet)의 권위 있는 두 논문(1974년과 1975년)은 이 이슈를 타당한 관점 안에 배치한다.[183] 그는 7b절에서 δόξα를 "반영"(reflection)으로 이해하는 것을 올바르게 거부한다(참조. REB, *a woman reflects the glory of man*; 더 분명하게 NRSV, *woman is the reflection* [or glory] *of man*).[184] 그는 모팻이 δόξα를 "우위"(supremacy)로 이해하는 것도 거부한다.[185] 영광은 "명예에 대한 표시"다.[186] 객관적인 의미에서 하나님의 영광은 "하나님의 속성의…나타남이다." (하지만 우리는 이것이 하나님의

---

180) 오늘날의 신학적인 논쟁은 다음을 참조하라. Thiselton, *Interpreting God and the Postmodern Self* (Grand Rapids: Eerdmans: T. & T. Clark, 1995), 13, 22-26, 47-58, 73, 129-130; 특히 P. Ricoeur, *Oneself as Another* (Eng. trans., Chicago: University of Chicago Press, 1992); D. F. Ford, *Self and Salvation* (Cambridge: Cambridge University Press, 1999), 특히 30-72. 또한 특별히 철학적인 접근 방법으로서는 E. Levinas, *Totality and Infinity: An Essay on Exteriority* (Pittsburgh: Duquesne University Press, 1969).

181) Fee, *First Epistle,* 514.

182) 같은 책, 516-517.

183) A. Feuillet, "L'homme 'gloire de Dieu' et la femme 'gloire de l'homme' (1 Cor XI:7b)," 161-182; "La dignité et la rôle de la femme d'après quelques textes pauliniens: comparaison avec l'Ancien Testament," 157-191.

184) A. Feuillet, "La dignité," 159-160.

185) 같은 논문, 160.

186) 같은 논문.

자비, 사랑 또는 자신을 내어줌이라기보다 "그분의 권능"을 가리킨다는 푀이에의 견해와 입장을 달리한다.)[187] 말 1:6에서 야웨는 "내가 너희의 아버지라면 나에 대한 너희의 존중심은 어디 있느냐?"라고 물으신다. 창조 기사에서 남자가 자신의 삶과 역할을 통해 하나님의 속성을 나타내야(곧 하나님께 영광을 돌려야) 하는 것처럼 여인의 고귀함은 "유례없이 매우 풍요로운 실재"와 함께 남자를 보완하는 특성이 있다. 이 특성은 "대체될 수 없다."[188] 이런 의미에서 바울은 "열등"에 대해 아무런 암시도 하지 않는다. **"남자들로 말미암아 여자들이 더욱더 여자인 것과 같이, 여자들로 말미암아 남자들도 더욱더 남자다. 그리고 사람으로서 남자와 여자는 하나님이 창조하신 존재라는 것을 표현하는 신적 속성을 나타낸다"**(예. 권능과 사랑의 속성. 하지만 틀에 박힌 것처럼 나타내지는 않음). 그러나 푀이에는 **남자와 여자 사이에는 혼동도 없고 정확한 대칭도 없다**고 주장한다. 왜냐하면 "여자는 남자와 다르기 때문이다." 바울은 다음과 같이 강조하기 위해 창 2:18-25절을 사용한다. "여자에게 위대함과 존엄성을 제공해주는 바로 그것을 통해 여자는 남자와 서로 구별된다. 다시 말해 여자는 창조주가 특별히 여자에게 부여한 고유한 역할을 통해 남자와 구별된다."[189] 푀이에는 이것은 바울의 사상에서 이른바 어떤 반여성주의와 전혀 무관하다고 결론짓는다. 왜냐하면 남자와 여자 간의 이러한 구별은 열등함이 아니라 위대함과 영광의 관점에서 정의되기 때문이다.

칼 바르트는 『교회 교의학』에서 창조에 대해 다루는 3부의 네 권의 책(네 "부분")에서 이 점으로 계속 되돌아간다.[190] 그는 다음과 같이 주장한다. "남자를 남자로서 특징짓게 하는 모든 곳에서 남자는 여자와 연결될 것이다. 또 여자는 남자와 연결될 것이다.…남자와 남자 간의 어떤 차이점도 남자와 여자가 서로 다른 것보다 더 크지 않다.…한계는…남자와 여자의 만남을 특징짓는다.…남자와 여자

187) 같은 논문, 161.

188) 같은 논문과 "L'homme 'gloire de Dieu,'" 161-182.

189) A. Feuillet, "La dignité," 161. 이 주제는 "남자는 '하나님의 영광'이며 여자는 '남자의 영광'"이라는 항목(161-182)에서 더 자세하게 설명된다.

190) Karl Barth, CD 3/1, 203-204(고전 11:7), 288-311(창 2:18-25), 324-329; 3/2, 309-324(창 2장의 남자와 여자); 3/4, 116-240("남자와 여자").

의 영광, 신비, 중요성은 다양한 한계 안에 들어 있다."[191] 바르트는 남성성과 여성성 사이에 서로 겹치는 요소들이 있다는 복합적인 이슈들을 인식하고 있었다. 하지만 성(性)의 차이점은 사람의 구성 요소 중 일부분이다. 그것을 통해 사람은 자신의 성별을 인식하며 그것을 부인하지 않는다. "사람은 성별의 차이를 부끄러워하기보다는 그것을 기뻐해야 한다."[192] **"다른 사람"과의 만남을 통해 경험되는 상호 보완성은 남자뿐만 아니라 여자에게서도 정체성, 차이점, 지음 받은 특성 안에 나타나는 "영광"의 한가운데서 빚어진다. 심지어 이것은 그리스도와 하나님에 대한 언급도 설명해준다. 타자(the Other)와의 관계 안에서 하나님과 그리스도는 "그들 자신"보다 그 이상이다. 나아가 이것은 피조물인 인간과의 관계 속에서 더 선명하게 "볼 수 있다"**(참조. כבוד, 카보드). 창세기와 바울의 관점을 따라 바르트는 온전한 인간 됨은 "남자 또는 여자"가 아니라 "남자와 여자"라고 결론짓는다. "남자와 여자는 지금 한 짝이다.…오직 이와 같은 방법으로 남자는 인간으로서 진정으로 남자다."[193] 바르트가 해석학적인 근거로 창세기에 덧붙여 고전 11:2을 사용한다는 것은 그리 놀랍지 않다. 고전 15장에서처럼 바르트는 신학자로서 몇몇 주석가들이 간과하는 바울의 이해를 해설한다. 이 절에 대한 바르트의 해설은 푀이에의 해석학적 주장뿐만 아니라 δόξα의 의미론적인 범위 및 의미와도 일치한다. כבוד-δόξα가 지닌 의미의 핵심은 어떤 영광스러운 사람 또는 대상을 인상적으로 만들거나 의미심장하게 만든다. 그러므로 요 2장에서 그리스도는 어떤 소박한 농부의 결혼에 무한한 관심을 보이며 그의 영광을 나타낸다. 요한복음 저자의 판단에 의하면 이러한 그리스도의 동정심과 겸손은 그리스도가 어떤 존재인지를 눈으로 볼 수 있는 방법으로 명백하게 보여준다.

그렇다면 우리는 이 부분을 번역할 때 바울이 μέν과 δέ를 사용하여 남자와 여자를 대조하는 것을 명백하게 드러낼 필요가 있다. 따라서 우리는 "한편으로 남자는…다른 한편으로 여자는"이라고 번역한다. 그다음에 이어지는 말은 창 1:26-28에서 창 2:18-25로 연결되는 창조 기사다. 우리가 필론의 저서를 읽는다면 바울

191) *CD*, 3/4, 118, 129.
192) *CD*, 3/4, 149.
193) *CD*, 3/4, 149, 150.

시대에 이 말이 사회적·상징적 구별을 가리키지 않고, 오히려 엄밀한 보고로만 이해되지 않았다는 점을 쉽게 간파할 수 있다. 따라서 웨인 믹스는 성(性)의 동등성과 차이점에 대한 바울의 설명에는 모호한 점이 해결되지 않은 상태로 여전히 남아 있지만, 대체로 복음 안에서 성의 동등성을 강조한다고 주장한다(참조. 갈 3:28; 고전 7:2-4). 하지만 그는 바울이 "남자와 여자 예언자들의 복장에서 성적인 차이점이 **상징적인 표현으로** 무시되는 것에 반대한다"고 주장한다.[194] 만약 성적인 구별이 전적으로 무시되어 "타자"(the other)가 "같은 사람"(the same)이 된다면 어떤 남자(또는 어떤 여자)가 **타자의 다름의 특성 안에서** 영광이 되는 것은 불가능하다. 그리고 만약 남자와 여자가 복음 안에서 동등한 지위를 지닌 동료 인간으로서 서로 존엄성을 인정하고 존중하지 않는다면, 남자나 여자가 (기독교적인 의미에서) 다른 사람 안에서 **영광**이라는 것도 불가능하다.

주디스 건드리 볼프(1997년)와 하랜드(1998년)와 더불어 우리는 성(性)의 구별이 하나님이 창조 또는 창조 질서 안에서 의도하시고 정하시고 표현하신 것과 관련되어 있다고 결론짓는다. 우리는 이것이 종말론 안에서 표현된 "질서"와 구별의 지속적인 원리 안에서 확증된다고 믿는다(15:24-28에 대한 주해 참조). 하랜드는 이 강조점을 신 12:1-26:16의 규례들(그중에서도 특히 신 22:5)과 연결하여 다음과 같이 주장한다. 성의 구별과 의복과 관련된 기호론적 코드로 성별을 표현하는 것(신 22:5)은 **종교의식**(참조. 반-가나안인 규례에 대한 A. Phillips의 연구)이나 **전쟁과 관련된 이슈**들과 상관이 없고, "세상의 질서…다양성과 질서…창조의 특성…남자와 여자로 구별되어 창조됨…등으로 말미암아 사람의 본질이 두 가지 성(性) 으로 나뉜다. 인류는 남성과 여성으로 지음 받은 사실을 중심으로…공동체 안에서 존재한다."[195] 건드리-볼프는 다음과 같이 결론짓는다. "바울의 주요 강조점은 다

194) Wayne Meeks, *The First Urban Christians,* 161, 특히 "The Image of the Androgyne: Some Uses of a Symbol in Earliest Christians," 165-208. 두 번째 글에서 Meeks는 성적 구별이 강조되던 시대(특히 로마 제국 시대)에 바울은 원칙적으로 성(性)의 동등성과 상호성을 강조했다고 주장한다. 하지만 바울은 성적인 차이점을 나타내는 상징적인 표현의 지속적인 타당성도 강조했다. 이것은 11:2-16에서 명백하게 드러난다고 한다(그러나 Meeks는 14:33-36은 바울이 쓴 것이 아니며 성의 동등성과 상호성을 거부하는 것으로 이해한다).

195) Harland, "Menswear and Womenswear: A Study of Deut 22:5," 76; 참조. 73-76; 참조.

> 음과 같다. 남자와 여자가 모두 서로에 대해 영광이다. 그러므로 남자와 여자는 모두 자신의 '머리'에게 부끄러움을 초래하는 원인을 제공하지 말아야 하는 의무가 있다.…왜냐하면 그들은 **다른 대상**의 영광이기 때문이다. 곧 남자의 영광은 하나님이며, 여자의 영광은 남자다. 그들은 그들의 '머리'에게 부끄러움을 초래하지 않기 위해 반드시 서로 다른 수단을 사용해야 한다. 그러나 바울은 영광을 돌려야 할 그들의 의무를 밝히기 위해 창조에 호소한다. 창조를 통해 남자와 여자는 저마다 특별한 대상에게 영광이다. 남자와 여자는 서로 구별되는 헤어스타일[또는 머리 덮개]을 통해 서로 구별된다"(강조는 원저자의 것임).[196]

10절 교부 시대의 몇몇 저자와 사본(주요한 대문자 사본은 아님)의 어떤 이차적인 각주는 ἐξουσίαν의 의미를 설명하기 위해 κάλυμμα(후드, 덮개 또는 베일)를 덧붙인다(예. 이레나이우스, 테르툴리아누스, 히에로니무스, 콥트어, 보하이르어 사본).[197] 하지만 이것은 사본의 다른 독법이라기보다는 의구심이 드는 의미를 초기에 어떻게 인식했는지에 대한 증거다.[198]

고든 피는 이 절을 "이 서신에서 정말로 해석하기 어려운 본문 중 하나"로 간주한다.[199] 그러나 비록 테르툴리아누스 이래로(기원후 200년 무렵) "천사들 때문에"가 여러 가지 추론을 불러일으켰지만, 문제는 각 시대의 해석자들과 번역자들이 논쟁의 대상인 ἐξουσία를 권위로 번역함으로써 발생한다. 이 문제는 전통적인 견해와 모나 후커의 유명한 "해결책"(1964년)

A. Phillips, *Deuteronomy,* CBC (Cambridge: Cambridge University Press, 1973), 145; C. M. Carmichael, *The Laws of Deuteronomy* (Ithaca: Cornell University Press, 1974), 147-149; C. Houtman, "Another Look at Forbidden Mixtures" *VT* 34 (1984): 226-228; P. D. Miller, Deuteronomy (Philadelphia: John Knox, 1990), 161-163. 참조. Harland, "Menswear and Womenswear," 75, n. 28. Harland는 이 원칙을 동성애에서 성의 구별을 없애는 것과 빛과 어둠, 물과 땅의 창조와 관련하여 "차이점"에 대한 Houtman의 논평에 적용한다.

196) Gundry-Volf, "Gender and Creation in 1 Cor 11:2-16," 157.

197) Irenaeus, in Migne, *PG,* 7-524B; Jerome, in *PL,* 25:439A.

198) 참조. Metzger, *Textual Commentary,* 2d. ed., 495; Héring, *First Epistle,* 107-108.

199) Fee, *First Epistle,* 518.

간의 잘 알려진 양극화의 배후에 있다. 전통적인 해석에 의하면 여인의 머리는 **그녀에 대한 권위의 표시**를 두어야 한다(그리스어 본문에 없는 "표시"라는 단어가 덧붙여진다). 후커의 견해에 의하면, **그녀의 머리 위의 권위**는 능력을 부여받은 여인으로서 예언의 말을 할 수 있는 여자의 능동적인 권위를 가리킨다.[200] 모나 후커는 이렇게 말한다. "머리 덮개는…여인에게 주어진 ἐξουσία를 가리키는 표시로서도 기능한다.…즉 기도하고 예언하는 권위다."[201]

ἐξουσία: 권세? 권위? 통제? 무엇에 대한?(11:10)

주목할 만한 점은 NJB와 NIV가 ἐξουσία를 "권위의 표시"로, NAB는 "복종의 표시"로, NRSV는 "권위의 상징"으로 각각 번역한다는 것이다. 이 번역은 모두 "표시"를 생략한 AV/KJV의 "이런 이유에서 여인은 머리 위에 권세를 지녀야만 한다"와 대조를 이룬다(1881년도의 RV는 이탤릭체로 "표시"를 삽입했다).[202] 테일러의 『살아 있는 편지들』(*Living Letters*)은 이 그리스어를 "여자가 남자의 권위 아래 있다는 표시"라고 번역한 반면, 필립스는 "남자의 권위에 대한 외적인 표시"라고 의역한다. 한편 "~의 표시"를 덧붙이긴 하지만, REB는 분명히 후커의 번역—여자는 반드시 자기 머리 위에 여자의[그 여자의] 권위에 대한 표시를 지녀야 한다—을 따르고 있다. 이와는 대조적으로 NJB는 "여자에 대한 권위의 표시"라고 번역하는 반면, NIV의 번역은 중립적인 입장을 취하면서 어느 방향으로든지 이해될 수 있다.

우리는 말이 나온 김에 교부 시대의 대다수 주석가들이 ἐξουσία를 **어떤 대상에 대한 권세의 표시를 뜻하는 은유로서** 능동적인 의미로 이해하는 데 아무런 문제점도 인식하지 않았다는 점을 지적할 필요가 있다. 크리소스토모스는 "머리를 가린다는 것은 순종과 권위의 표시다"라고 주장한다. 테오필락투스는 **권세의 표시**

---

200) Hooker, "Authority on the Head: An Examination of 1 Cor 11:10," rpt. in Hooker, *From Adam to Christ: Essays on Paul*, 113-120, from *NTS* 10 (1964): 410-416.

201) 같은 논문, 119-120.

202) 하지만 NRSV는 각주에 *a symbol of*가 첨가된 것임을 알려준다.

를 분명히 은유적으로 이해한다.[203] 이레나이우스는 이 구절이 κάλυμμα를 가리키는 것으로 이해한다.[204] 하지만 에드워즈(1885년), 램지(1907년), 로버트슨과 플러머(1911년), 알로(1956년)는 모두 "자신의 권위와 다른 사람의 권위의 상징"을 언어적으로 대칭을 이루며 똑같이 가능한 것으로 보면서 모나 후커의 견해로 알려진 해석을 예고한다.[205] 키텔과 푀르스터의 해석을 따라 콘첼만은 히브리어 단어 שלט(샬라트)의 이중적 의미—**어떤 대상에 대한 권위와 감추다**를 가리킴—와 아람어 단어 שלטוניה(살리토니야)—'머리띠' 또는 '베일' 같은 것을 가리킴—가 텍스트 안에 반영되어 있다고 이해한다.[206] 비록 푀르스터는 이것이 단지 추측에 지나지 않는다는 것을 시인하지만, 텍스트 안에 이러한 반향이 내포되어 있음을 부인할 수 없다고 말한다.[207] 그러나 킴멜, 바레트, 슈라게는 이러한 반향은 전적으로 고린도의 독자들의 인식 능력 너머에 있었을 것이라는 점과 함께 더 예리하게 비판한다.[208] 우리는 이 가설에 대한 가장 상세한 논의를 이 난해한 절에 대한 알로의 특별 해설에서 발견할 수 있다.[209] 알로는 랍비 문헌의 복합적인 요소들을 파헤친다. 그러나 그는 과연 고린도의 독자들이 셈어적 배경을 인식했다고 기대할 수 있는지에 대해 질문한다.[210] 알로는 "천사들 때문에"라는 문맥 때문에 ἐξουσία는 악한 천사들의 공격에 맞서는 여인의 능력을 의미할 수 있다고 결론짓는다(테르툴리아누스의 해석을 따라 *Against Marcion,* 5:8; *On the Veiling of Virgins,* 7). 하지만 그는 결국 에드워즈와 램지가 지지하고, 또 나중에 후커가 발전시킨 논증을 따른다. 즉 머리 덮개나 후드를 쓴 여인은 그 여인이 쓰고 있는 것 때문에 공적으로 자신을 보호

---

203) Chrysostom, *1 Cor. Hom.* 26:5; Theophylact, "Epistulae Primae," in Migne 124:697.

204) Irenaeus, *Against Heresies,* 1:8:2.

205) Edwards, *First Epistle,* 277; W. M. Ramsay, *The Cities of St. Paul,* 202-205; Robertson and Plummer, *First Epistle,* 233-234; Allo, *Première Épitre,* 266-267.

206) Conzelmann, *1 Cor,* 189; 참조. W. Foerster, "ἐξουσία," *TDNT,* 2:573-574; G. Kittel, "Die 'Macht' auf dem Haupt (1 Kor 11:10)," in *Rabbinica* (Leipzig, Arbeiten zur Religionsgeschichte des Urchristentums 1/3, 1920), 20.

207) W. Foerster, "ἐξουσία," *TDNT,* 2:574.

208) Barrett, *First Epistle,* 254; Schrage, *Der erste Brief,* 2:513.

209) Allo, *Première Épitre,* 263-268, esp. 264. 그는 아람어와 그 어근 שלט(샬라트)를 설명하기 위해 예루살렘 탈무드의 *Shabbath* 6:8b(사 3:18-21에 대한)을 언급한다.

210) 같은 책, 264.

하는 능력이 있다는 것이다.[211)]

이 견해를 로마 사회의 역사적인 배경(앞에서 데일 마틴과 알린 루셀이 묘사한)에 배치한다면 이것은 "권위"에 대한 전통적인 논쟁이 얼마나 심각하게 잘못되었으며 그릇된 방향으로 나아가고 있는지를 잘 보여준다. 와이어와 다른 많은 학자들이 주장하듯이 많은 여자 예언자들은 동류 그룹으로부터 복음의 자유와 성적 평등의 이름으로 후드를 벗어버리라(또는 개연성이 더 적지만, 묶은 머리를 풀라)는 압박을 받았다.[212)] 하지만 바울은 이 여인들이 (사람들이 인식할 수 있도록) 머리를 통제할 것을 강권했다. 왜냐하면 (8:1-11:1 또는 심지어 8:1-14:40에서처럼) 여기서도 자기의 자유를 주장하는 것(ἔξεστιν, 6:12, 10:23; 참조. ἐξουσία, 나는 ~에 대한 권리가 있다)과 자기 절제 또는 도덕적인 절제와 억제(ἐξουσία…ἔξεστιν)가 서로 충돌하고 있기 때문이다.[213)] 비록 그리스어 동사 ἔχειν은 종종 "~을 지니다"를 의미하지만, 신약성경에서는 이 동사가 "지키다, 보존하다, 유지하다"를 의미하는 경우가 많다.[214)] 뿐만 아니라 소유격과 함께 사용된 ἐπί(여기서 ἐπὶ τῆς κεφαλῆς)는 항상 ~에 대한 권세를 의미하지 않는다. 종종 이 전치사는 어떤 대상에 "대한"(on, 후커의 주장)뿐만 아니라 어떤 대상"의"(of) 통제를 가리키기도 한다.[215)] 만약 어떤 여자가 고대 로마 사회에서 존중받을 만한 행위를 구체적으로 보여주는 것을 통제하고 공적인 장소에서 성의 구별에 대한 기호론적 코드를 유지한다면 "그 여인은 머리에 베일을 쓴 채 어느 곳에든 안전하게 갈 수 있고 사람들로부터 존경받을 수 있다."[216)] 이것은 공적인 예배에서 예언의 말을 하는 행위에도 확대 적용된다. 그러나 이것은 (M. D. 후커의 견해에 반대되는 것으로서) 특별히 이러한 예언을 말할 때 사용하는 "권위"를 표시하는 데 국한되지 않는다. 기호론적인 코드의 형태는 문화에 따라 다양할 수

---

211) 같은 책, 267.

212) Wire, *The Corinthian Women Prophets,* 13-14, 111-113, 131-134, 181-186.

213) 참조. BAGD, 234-236.

214) BAGD, 331-335; Grimm-Thayer, 265-267.

215) BAGD, 285-289. BDF(sect. 234)는 "~에 대해"에 특권을 부여하는 것 같다. 하지만 이것은 에둘러 표현하는 것이다. 왜냐하면 이 사전은 (6) 항목에서 "권위"에 대한 내용을 이미 묘사하기 때문이다.

216) Robertson and Plummer, *First Epistle,* 232; 참조. D. B. Martin and A. Rousselle, above.

있다. 하지만 성의 구별을 기호론적으로 표시해야 할 필요성은 창조 질서에 해당한다. 건드리-볼프가 주장하듯이 그 두 가지 원리는 여기서 서로 중첩된다.[217)]

διὰ τοὺς ἀγγέλους의 해석과 관련하여 많은 추론이 제기되었다. (1) 시리아의 에프라임과 암브로시아스터는 계 2:1, 8, 12, 18, 3:1, 7, 14의 "교회들의 사자들"에 기초하여 "천사들"을 각각 제사장들(*sacerdotes*) 또는 감독들(*episcopi*)로 해석했다(카예타노도 이 해석을 따른다).[218)] (2) 잘 알려진 바와 같이 테르툴리아누스는 천사들을 "지상의 여인들에 대한 탐심으로 말미암아(*ob concupiscentiam feminarum*) 하나님과 하늘로부터 쫓겨난" 천사들을 가리키는 것으로 이해한다.[219)] 후드 또는 베일은 이 타락한 천사들의 시선으로부터 예배드리는 여인들을 보호한다. 테르툴리아누스는 이 타락한 천사들을 창 6:1-2의 "파수꾼들"—"하나님의 아들들이 사람의 딸들의 아름다움을 보고"(창 6:2)—과 동일시한다. 또한 그는 머리를 가려야 한다는 것을 11:10 후반부에 언급된 타락한 천사들의 무례함으로 이해한다. 따라서 그는 자신을 보호할 뿐만 아니라 고상함을 나타내는 여인들의 옷차림의 필요성을 강조한다.[220)] (3) 아우구스티누스, 페트루스 롬바르두스, 토마스 아퀴나스, 그로티우스, 에스티우스 및 다른 이들은 이 천사들을 거룩한 천사들과 동일시한다. 이 천사들은 하늘의 군대에 속하며 지상에서 교회의 예배에 참여한다. 아우구스티누스는 여기서 머리를 가리는 것에 대한 바울의 암시는 하늘 영역의 순결함과 완전함으로 인해 "거룩한 천사들에게 기쁨이 된다"고 주장한다.[221)] 토마스 아퀴나스는 아우구스티누스의 해석을 언급하며 페트루스 롬바르두스도 같은 견해를 따른다는 점을 지적한다.[222)] (4) 테오도

217) Gundry-Volf, "Gender and Creation in 1 Cor 11:2-16," 160-171.

218) Ephrem, *Commentarii in ep. d. Pauli* (Venice, 1892), 70; Ambrosiaster, in Migne, *PL*, 17.240C, *Angelos episcopos dicit, sicut in Apocalypsi Iohannis*.

219) Tertullian, *On the Veiling of Virgins,* 7.

220) Tertullian, *Against Marcion,* 5:8.

221) Augustine, *On the Trinity,* 12:7:10.

222) Thomas Aquinas, *Super Epistolas s. Pauli Lectura,* sect. 614, cap. 11, lect. 3, 349.

레토스는 더 구체적으로 마 18:10의 수호천사들에 대해 말한다.[223] (5) 또 다른 견해는 사 6:2에서 하나님 앞에서 자신의 얼굴과 발을 가린 천사들을 언급하면서 10절은 이 천사들을 모방하는 것이라고 주장한다.

오늘날 많은 주석가들은 일반적으로 "온 우주"에 "보여준다"(피) 또는 "천군이 함께하는 자리에서 하나님을 영화롭게 한다"(와이어; 참조. 슈라게)라는 의미에서 (3)과 (4)를 결합한다.[224] 피츠마이어는 쿰란 공동체의 천사론과 연결하여 이 절의 의미를 제한적으로 밝혀준다.[225] 두 본문은 거룩한 모임에 등장하는 천사들을 언급한다. 1QM 7:4-6에서 "거룩한 천사들은 그들의 군대를 동반한다." 1QS 2:3-11에서 "거룩한 천사들은 그들의 공동체 안에 있다."[226] 천사들이 함께 있기 때문에 1QM(전쟁 두루마리)의 거룩한 전쟁에 자원한 자들과 1QS(공동체 규율서 또는 훈련 교본)의 공동체 구성원들은 "정신뿐만 아니라 신체도 완전해야 한다."[227] 피츠마이어는 이 본문들을 "흠" 있는 사람들을 배제하는 레 21:17-23과 비교한다. 또한 그는 "머리를 가리지 않은 여인"과 "신체적 흠"의 유비 사이의 평행 관계를 제안한다.[228] 그는 "고전 11:10에서 διὰ τοὺς ἀγγέλους는 쿰란 공동체의 천사론의 관점에서 설명되어야 한다"고 결론짓는다. 왜냐하면 적어도 이러한 연관성은 바울과 쿰란 공동체 사이에서 흔치 않기 때문이다.[229]

피츠마이어의 접근 방법은 캐드버리의 접근 방법과 유사하며, 키스트메이커도 이 접근 방법을 받아들인다. 그러나 헤르베르트 브라운은 악한 세력으로부터 보호한다는 개념으로 회귀하는 것을 선호하며 이 견해를 거부

223) Theodoret, in Migne, *PG*, 82:312D-313A.

224) Fee, *First Epistle*, 521; Wire, *Corinthian Women Prophets*, 128; Schrage, *Der erste Brief*, 2:515, n. 167.

225) Fitzmyer, "A Feature of Qumran Angelology and the Angels of 1 Cor 11:10," 48-58 (rpt. in J. Murphy-O'Connor [ed.], *Paul and Qumran* [London: Chapman, 1968], 31-48). Murphy-O'Connor는 이 견해를 거부한다.

226) 같은 책, 41-42.

227) 같은 책, 42.

228) 같은 책, 43-44.

229) 같은 책, 44-45.

한다. 한편 에링과 허드는 각각 피츠마이어가 제안한 평행 관계를 개연성이 없거나 거리가 먼 것으로 간주한다.[230] 앞에서 우리는 피츠마이어의 제안이 이에 대해 "제한적으로 밝혀준다"고 묘사했다. 왜냐하면 한편으로 우리는 그의 제안의 구체성에 의문을 품고 있으며, 또 다른 한편으로는 더 일반적인 점을 확인할 수 있기 때문이다. 즉 바울 서신에서 요한계시록에 이르기까지 신약성경 전승 안에서 기독교 신학은 유대교 전통을 공유하기 때문이다. 다시 말해 그리스도인들은 하늘의 천군과 더불어 하늘에 계신 초월적인 하나님을 예배한다.[231] 바울은 하나님에 대한 우주적인 예배의 공적인 배경에서 "하늘에서처럼 이 땅에서도"의 원리는 위에서 언급한 대로 상징적·기호론적으로 표현되는 존중, 예배, 질서를 인정하는 데에도 적용되어야 한다고 강조한다. 따라서 바울은 개인의 자율성("내 권리", "내 자유"에 관한 문제)이 타인의 다름(창조된 성별)과 자신들의 역할과 임무를 수행하는 천군 앞에서 무제한적이라는 개념을 공격한다.

마지막으로 한 가지를 더 언급할 수 있다. 신약성경에서 발견되는 유대 전승 가운데 천사들을 "질서를 지키는 파수꾼"이나 "하나님을 찬양하는 교회에 참여하는 자"로 인식하는 전승은 이 절에서 바울이 말하려는 바를 가장 잘 이해할 수 있는 단서를 제공해준다.[232] 또다시 피츠마이어는 쿰란 문헌에서 이 요소를 언급한다. 케어드는 다른 어떤 저자들보다도 천사들이 사회 구조와 나라의 "질서를 세우는" 역할을 한다는 점을 강조한다.[233] 갈 3:19에서 바울은 율법이 "천사들을 통해 [주어졌고] 한 중재자를 통해" 가동되었다고 말한다. 케어드의 주장은 바울의 말과 일치한다. 다른 한편으로 최근에 제시된 한 견해에 의하면 바울이 고전 11:10에서 "악한 영들"을 언급한다는 해석은 ἄγγελοι를 특히 정관사와 함께 사용하는 바울의 용법에

230) H. J. Cadbury, "A Qumran Parallel to Paul," *HTR* 51 (1958): 1-2; Kistemaker, *1 Cor*, 376-377; H. Braun, "Qumran und das NT," *TRu* 29 (1963): 213-214; Héring, *First Epistle*, 108; Hurd, *Origin of Corinthians*, 184, n. 4.

231) 참조. 시 138:1; *Benedicte*(세 명의 거룩한 어린이의 찬양), 37; 또한 초기 기독교의 예배의식.

232) Hays, *First Cor*, 188.

233) G. B. Caird, *Principalities and Powers*, 17-18.

대한 사전학적인 증거와 충돌한다.[234]

11-12절 AV/KJV는 D^2, K, L, 불가타를 따라 11절에서 전반절과 후반절의 순서를 바꾼다. 그러나 초기 주요 사본은 모두 UBS 4판과 여기서 우리가 번역한 순서를 채택했다.

만약 독자들이 11절을 훌륭한 영어로 읽기를 원한다면 어떤 현대 영역본도 어휘를 추가하거나 수정하지 않고 그리스어 표현을 있는 그대로 번역하지는 않을 것이다. REB는 이중 부정 οὔτε ... χωρίς(소유격과 함께)를 제거하고 "남자가 여자에게 꼭 필요한 것처럼 여자도 남자에게 그러하다"라고 번역한다. NRSV와 NIV는 "~로부터 독립적이지 않다"라고 번역한다. 그러나 이 번역은 그리스어 부사 χωρίς의 의미에서 벗어나는 뉘앙스를 덧붙이는 것이다. 이 전치사는 소유격과 함께 사용될 때 **~로부터 구별되는** 또는 **~이 없이**를 뜻한다. NJB의 번역은 "~이 없이"를 보존하며, οὔτε로 연결되는 구문을 "~이 없이는 아무것도 아니다"라고 올바르게 번역한다. 우리는 BAGD의 번역—남자를 제외하면 여자는 아무것도 아니며 여자를 제외하면 남자도 그러하다—을 따르고자 했다.[235] 그러나 BAGD의 정확한 번역 "~을 제외하고"와 NJB의 이중 부정을 숙어로 표현한 번역을 결합하는 것이 가장 좋은 번역처럼 보인다. 또한 οὔτε ... οὔτε가 대칭을 훼손하기는 하지만, 우리는 "비록"을 첨가했다. 그리고 반전(反轉)을 강조하는 접속사 πλήν, "그럼에도"는 이러한 암묵적인 강조를 정당화한다.[236]

또한 ἐν κυρίῳ를 번역하는 것도 어려운 과제다. NIV, NRSV, NJB는 원문 그대로 "주님 **안에서**"라고 번역하는 반면, REB는 그 의미를 살리기 위

234) 상당히 특이하지만 다소 인기가 있는 다음 연구서 참조. Graeme Carlé, *Because of the Angels: Unveiling 1 Cor 11:2-16* (Wellington, N.Z.,: Emmaus Road, 1998), 65. 언어사전의 증거는 다양한 자료를 결합한 것이다. 다른 한편으로 Robertson and Plummer, *First Epistle,* 233은 신약성경에서 ἄγγελοι가 정관사와 함께 사용되는 경우에 이 천사들은 "언제나 선한 천사들을 의미한다"고 주장한다. 한편 많은 저자들은 인간 사자(使者)라는 Padgett의 해석을 받아들이지 않는다.

235) BAGD, 890.

236) 참조. Gundry-Volf, "Gender and Creation," 163.

해 "주님과의 친교 안에서"라고 번역한다. 바레트와 피가 제시하는 정반대의 주장에도 불구하고 바울이 창조 질서와 사회 관습에 모두 호소했기 때문에 이제 그는 종말론의 렌즈 또는 복음의 질서의 렌즈인 자신의 세 번째 "렌즈" 또는 "평가 기준"을 사용하는 듯하다.[237] 바울은 거의 분명하게 성의 구별은 창조 사건에서 이미 정해져 있었으며, 관습 속에 표현되어 왔고, 복음의 질서 안에서—곧 "주님의 백성들 사이에서"라는 의미에서 "주님 안에서" 또는 더 엄밀하게 표현하자면 "주님 안에 있는 이들 안에서"—폐지되지 않았다고 말하려는 것 같다. 다른 한편으로 콜린스는 설령 창조에 근거하여 남자와 여자의 "차이점"이 모종의 역할을 한다 하더라도 해당 표현이 주님 안에서의 "유사성"을 강조한다고 이해한다.[238] 한편으로 창세기 기사와 관련하여 설령 창조 질서가 우위성에 대한 암시를 구체적으로 나타낼 수 있는 어떤 차이점을 내포하고 있다 하더라도, 바울은 복음 안에서 상호성과 상호 관계의 원리에 의해 그 차이점이 더욱더 명백하게 결정된다고 덧붙인다. **남자와 여자가 서로 다르지 않다면 상호성과 상호 관계는 전혀 성립될 수 없다.** 설령 그렇다 하더라도 자연 질서 또는 창조 질서 안에서 경험하는 인간의 출생은 상호 의존성의 원리가 **주님 안에서** 또는 **주님 안에 있는 이들** 사이에서 복음의 새로운 질서로부터 비롯되는 것이 아님을 입증해준다(마르키온은 이것과 다른 견해를 제시했다). 왜냐하면 만약 창세기 기사가 최초의 결정에 의해 남자가 여자보다 우위에 있다고 주장하는 것처럼 여겨진다면, 동시에 날마다 경험하는 인간의 출생은 세상 안에서의 존재와 관련하여 남자가 여자에게 의존하고 있음을 상기시켜주기 때문이다.

고든 피는 "바울이 남자와 여자가 서로 균형 잡힌 짝을 이루는 이 두 쌍

---

237) 같은 책, 169. 또한 Murphy-O'Connor도 이것을 새 창조 또는 복음과 연관시킨다("Sex and Logic," 497-498). 하지만 Barrett는 이 표현을 더 개인주의적인 관점—곧 "그리스도인의 삶의 영역 안에서 아마도 주님의 의도 안에서"—에서 이해한다. 하지만 그는 이 두 주제가 모두 "원래의 창조와 그 회복"에 관심을 갖는다고 올바르게 덧붙여 말한다(Barrett, *First Epistle,* 255). 또한 Fee는 바울이 여전히 "일반적인 관점에서" 논의한다고 생각한다(Fee, *First Epistle,* 524).

238) Collins, *First Cor,* 403.

의 문장으로 이전의 논점을 제한했다"고 올바르게 주장한다.[239] πλήν, "그럼에도 불구하고"의 강력한 의미도 이 주장을 뒷받침해준다. 뿐만 아니라 그는 "완전한 이중 교차 대구법"은 이 두 문장을 8-9절의 취지와 정반대로 상응하는 관계에 배치한다고 말한다. ἀνὴρ ἐκ γυναικὸς ἀλλὰ γυνὴ ἐξ ἀνδρός ... γυνὴ διὰ τὸν ἄνδρα(8-9절) ... οὔτε γυνὴ χωρὶς ἀνδρὸς οὔτε ἀνὴρ χωρὶς γυναικὸς ... ὁ ἀνὴρ διὰ τῆς γυναικός.[240] 여기서 우리는 수사법을 활용하는 바울의 묘미를 분명하게 볼 수 있다. 하지만 그의 신학은 생동감이 넘치고 감동적이다. 폴 리쾨르의 훌륭한 저서 『타자로서 자신』(*Oneself as Another*)의 미묘함을 미리 내다보듯이 바울은 진정한 인간관계는 **타자성**을 포함하며 진정한 상호성 및 상호 관계를 위한 필수적인 기초로서 **다른 사람들의 다름을 존중하는 것**이라고 주장한다. 바로 이것이 인간을 인간 되게 하는 것이다.[241] 하지만 바울은 이것은 세상을 지으시고 질서를 부여하시는(τὰ δὲ πάντα ἐκ τοῦ θεοῦ, 모든 것의 원천은 하나님이십니다) 하나님의 뜻과 교회의 주님이신 그리스도를 통한(ἐν κυρίῳ, 주님의 백성들 사이에서) 하나님의 구원 행위와 관련하여 이 역할이 어떻게 성취되는지에 달려 있다.

13절 명령법 부정과거 κρίνατε(13절)는 논쟁을 끝맺기 위한 단 한 번의 행위를 가리키거나 판단을 내리기 위한 행동을 시작하는 뉘앙스를 전달한다. 어떤 경우이든, 설령 κρίνω가 그리스어 사전의 두 가지 가능성을 모두 포함한다 하더라도, κρίνω는 어떤 문제를 계속해서 **고려한다**기보다 **결정하다**(NJB) 또는 **판단하다**(NRSV, NIV, REB)라는 의미가 있다.[242] 그리고 ἐν ὑμῖν αὐτοῖς라는 표현은 그들이 바울이 말을 마음속에 진지하게 받아들여 그들 스스로 문제를 해결할 것을 촉구한다. 이것은 앞에서 동류 집단에 속한 교인들이, 모든 대상은 아니라 하더라도, 일부에게 압력을 행사했다는

239) Fee, *First Epistle,* 522.

240) 같은 책, 523.

241) 참조. Ricoeur, *Oneself as Another;* and A. C. Thiselton, "Human Being as Relational in 1 Corinthians, Hebrews, and Western Tradition," in *Ex Auditu* 13 (1997): 76-95.

242) BAGD, 451-452.

우리의 주해를 뒷받침해주는 것처럼 보인다.

한편 πρέπον ἐστίν이라는 표현은 더 자주 사용되는 πρέπει를 대신한다. 하지만 또한 이 표현은 해당 이슈와 관련하여 무엇이 합당한 것인지 더 분명하고 진지한 관심을 기울일 것을 요구할 가능성이 있다. 보다 더 전통적인 번역인 "알맞은"(RV) 또는 "타당한"(NIV)은 "합당한"보다 의미가 더 좁다. 따라서 "합당한"이라고 번역하는 것이 더 바람직하다. 왜냐하면 슈라게가 주장하듯이 바울은 이 절에서, 고데가 말하는 것처럼, "그의 독자들 속에 내재하는 진리의 본능"이 아니라 이 상황에 적용해야 하는 다양한 논점과 논리에 호소하고 있기 때문이다.[243] 슈라게는 바울이 여기서 마음의 자세나 방향에 호소하며, 이것은 자연적인 본능보다 더 광범위한 것임을 시인한다. 빌 4:8에서처럼 바울은 무엇이든지 옳은 것, 참된 것, 건설적인 것, 칭찬할 만한 것, 훌륭한 것에 마음을 고정할 것을 호소한다. 여기서 προσεύχεσθαι(기도하다)는 공동체가 모여 예배를 드릴 때 공적 기도를 하는 것을 의미한다. 또한 이 기도는 예언의 말을 하는 것과 평행을 이룬다. "프로스유코메노스(기도하는 사람)는…기도를 하면서…일종의 언어 행위를 하는 것을 암시한다."[244]

14-15절 ℵ, A, B, 33, 81, 몇몇 고대 시리아어 역본, 대다수 사본은 15절에서 δέδοται 다음에 αὐτῇ(여자에게…주어졌다)를 첨부한다. 하지만 초기 사본 p^{46}은 이 단어를 생략하며, 서방 사본인 D, E, F, G는 이 입장을 따른다. NJB, NIV, NRSV는 이것을 포함한다(REB는 이것이 포함된 것을 조심스럽게 암시한다). 하지만 춘츠는 주로 이 인칭 대명사가 생략된 것이 의미를 더 잘 전달해준다는 이유에서 이것의 삽입을 반대한다.[245] 하지만 난점은 여전히 남는다. 만약 춘츠의 입장이 옳다면(우리는 그의 견해가 옳다고 판단한다) 이 주장은 긍정과 부정의 양면성을 모두 지닌다. 왜냐하면 ℵ, A, B에 이 인칭 대명사가 첨부되어 있는 것은 그것이 생략된 것보다 원문을

243) Godet, *First Epistle,* 2:127; Schrage, *Der erste Brief,* 2:520-521. 한편 πρέπω의 의미 영역은 BAGD, 699을 보라.

244) Collins, *First Cor,* 401.

245) Zuntz, *Text,* 127.

더 쉽게 설명해줄 수 있다는 주장이 제기되기 때문이다. 아마도 그런 이유에서 메츠거와 UBS 4판은 이 이슈에 대한 판단을 내리기가 어려웠을 것이다(따라서 UBS 4판은 이 인칭 대명사를 꺾쇠괄호 안에 넣고 "C" 등급으로 표시한다).[246] 이 독법은 의미상 거의 또는 전혀 차이가 없다는 콘첼만의 주장은 옳다. 하지만 이 인칭 대명사 삽입 여부에 대한 판단과 관련하여 우리는 춘츠의 견해를 따르고자 한다.[247]

틀림없이 어떤 이들은 우리가 οὐδὲ ἡ φύσις αὐτή를 "심지어 만물의 질서도"라고 번역하는 것을 비판할 것이다(이 번역은 주로 슈라게의 번역을 따른 것이다). 왜냐하면 순전히 사전학적인 측면에서 바울 서신과 신약성경 밖에서 φύσις는 단순히 "자연"을 의미하기 때문이다(바울 서신에서 οὐδέ는 매우 드물게 사용된다. 거의 모든 문맥에서 이 단어는 "심지어 ~아니라"는 의미가 있다). REB는 "자연 그 자체"라고 번역한다(참조. NRSV, NJB). 이 영역본들은 φύσις의 일반적인 의미뿐만 아니라 인칭 대명사 αὐτή의 강조적 의미를 고려한다. NIV는 이 단어의 의미 영역에서 바울이 사용하지 않는 의미를 피해 상상력을 동원하여 "만물의 본성 그 자체"라고 번역한다.

φύσις: 본성? 관습? 만물의 질서?(11:14)

슈라게는 이 절에서 ἡ φύσις의 의미와 관련하여 가장 탁월하고 특징적인 논의를 제공한다. 그는 이 절의 사례를 롬 1:26과 2:14의 용법과 비교한다. 그는 스토아학파와 달리 바울은 "자연에서 들려오는 하나님의 음성"을 성경과 대치하거나 대안적인 자료로 듣지 않는다고 주장한다.[248] 키케로와는 대조적으로 "자연"으로서 φύσις는 바울에게 있어 "모호성과 상대성"의 특성이 있다. 이것은 스토아학파에서 통용되던 개념과 다르다.[249] 바울의 이해에 의하면 "자연적인"은 반드시 창조세계에 내재하는 어떤 구조를 가리키지 않으며, "어떤 관습과 연관된 사항들의 상태" 또는 남성이나

246) Metzger, *Textual Commentary* (2d ed.), 495-496.
247) Conzelmann, *1 Cor*, 190, n. 95.
248) Schrage, *Der erste Brief*, 2:521.
249) 같은 책.

여성의 특성, 속성, 또는 본질과 있는 그대로의 만물의 질서, 배열 또는 체계를 포괄한다.[250] 우리가 자연의 "모호성"을 충분히 고려하지 않는 한 우리는 스파르타의 병사들이 머리카락을 어깨까지 길게 내려오도록 자라게 하는 관습과 같은 역사적으로 상반된 사례들을 해결할 수 없는 문제로 판단할 것이다.[251] 바울은 단순히 그 시대와 배경에서 자신이 편지를 쓰고 있는 "어떤 사항들의 실상이 무엇인지" 또는 "어떤 사항들에 어떤 질서가 부여되어 있는지"에 호소한다. 슈라게는 칼뱅의 말을 다음과 같이 분별력 있게 인용한다. "지금 그[바울]는 '자연'이라는 용어로 일반적인 동의와 그 당시의 사례에 의해 받아들여진 것을 의미한다.…왜냐하면 긴 머리가 남자에게 언제나 부끄러운 것으로 여겨졌던 것은 아니기 때문이다."[252]

우리는 해석의 역사에서 이 절의 ἡ φύσις에 대한 네 가지 견해를 확인할 수 있다. (1) 적합하거나 옳거나 어울리는 것에 대한 직관적이거나 타고난 분별력(벵엘과 마이어). (2) 인간이 지음을 받은 방법, 곧 인간이 남자와 여자로 구성됨(데 베테). (3) 세상에 부여된 질서의 물리적인 실재(오시안더, 호피우스). (4) 이미 존재하는 어떤 사회의 관습들(크리소스토모스, 칼뱅, 그로티우스, 슈라게). 벵엘은 ἡ φύσις에 대해 "자연과 잘 어울리는 것에 대한 그 빛"(*natura, eiusque de decoro lumen*)이라고 주해한다.[253] 쾨스터는 *TDNT* 1973년 판의 해당 항목에 대한 광범위한 개관에서 이러한 사례들을 상당수 확인한다.[254] 소크라테스 이전 철학자들 사이에서 윤리학은 각 사람이 κατὰ φύσιν 살아가는 것이라고 정의된다(Heraclitus, *Fragments* 1.8, 9). 에우리피데스는 신적인 것의 표현으로서 자연의 규범적인 특성에 대해 말한다.[255] 플라톤은 자연에 대해 단순히 물질주의적인 견해를 갖는 것을 거부한다. 하지만 그는 만물의 진정한 또는 본질적인 존재로서 ἡ φύσις를 이해한다.[256]

---

250) 같은 책.
251) 같은 책, 522.
252) Calvin, *First Epistle,* 235.
253) Bengel, *Gnomon,* 645. Meyer는 "잘 어울리고 아름다운 것에 대한 타고난 분별력이나 인식력"에 대해 말한다(Meyer, *First Epistle,* 1:329).
254) Helmut Köster, "φύσις," *TDNT,* 9: 251-277; 참조. H. Paulsen, *EDNT,* 3:444.
255) Euripides, *Troades* 886; *Bacchae* 896.
256) Plato, *Laws* 10.888E-889C; *Critias* 289B, C; *Phaedrus* 87E, 270C.

사물이 어떤 상태로 구성되어 있는지—곧 존재론적인 의미에서 어떤 것의 본질—를 나타내는 ἡ φύσις라는 개념은 아리스토텔레스의 저서에서도 찾아볼 수 있다.[257] "그 안에는 무질서가 없다."[258] 바울 시대의 견유학파-스토아학파 철학자인 에픽테토스는 만물을 지배하며 사실상 신격화된 φύσις에 호소할 수 있었다.[259] 그러나 심지어 에픽테토스의 저서에서도 ἡ φύσις는 만물의 질서 또는 만물의 질서가 어떠한지를 나타낸다. 예를 들면 그는 자기 몸에서 머리카락을 제거하는 남자는 자신이 남자라는 사실에 대해 자연에 불평하고 있는 것이라고 주장한다. "여자는 자연(φύσις)에 의해 부드럽고 우아하게 태어난다. 만약 어떤 여자에게 머리카락이 아주 많다면 그 여자는 절세의 미인이다(κὰν ἔχῃ τρίχας πολλούς, τέρας ἐστί ...). 하지만 어떤 남자가 머리카락이 많지 않다면…즉 만약 자연에 의해 그가 머리카락이 없다면 그는 비범한 남자다(κὰν μὲν φύσει μὴ ἔχῃ). 만약 그 남자가 자신의 머리카락을 제거한다면…그는 여자가 되기를 바라는 사람이다.…당신은 당신의 본성에 대해 불평하는 것이다(σουτῇ φύσις)."[260] 스토아 철학의 영향을 받은 고대 로마 저자의 글에서 이것이 자연법의 개념 안으로 들어온다. 키케로는 자연의 법(*lex naturae*) 또는 자연적인 법(*lex naturalis*)에 대해 말한다.[261] 에픽테토스는 더 유능하고 탁월한 대상이 더 낮고 열등한 대상에 대해 우월한 입장을 취하는 것이 "자연의 법"(νόμος ... φυσικός)이라고 주장한다.[262]

바울은 ἡ φύσις라는 용어에 대한 이러한 당대의 뉘앙스를 분명히 알고 있었을 것이며, 앞에서 언급한 내용은 긴 머리와 남성 동성애자에 대한 머피-오코너의 주장에 다소 힘을 실어줄 것이다.[263] 그러나 히브리어 구약성경은 스토아학파적인 의미에서 "자연"을 말하지 않고, 하나님의 명령에 따라 지음 받은 세상의 질서를 말한다. 해치-레드패스의 『70인역 용어 색인』은 70인역이 φύσις를 히브리어 정경

---

257) Aristotle, *Physics* 2.1.
258) Helmut Köster, "φύσις," *TDNT*, 9:259; Aristotle, *Physics* 8.1.
259) Epictetus, *Fragments* 469; *Dissertations* 1,146.
260) Epictetus, *Dissertations* 3.1.27-30.
261) Cicero, *De Natura Deorum* 1.14.36; *De Officiis* 3.6.27, 30, 31.
262) Epictetus, *Dissertations* 3.17.6.
263) Murphy-O'Connor, "Sex and Logic in 1 Cor 11:2-16," 482ff.

이외의 책, 곧 지혜서 7:20; 13:1; 19:20; 마카베오3서 3:29; 마카베오4서 1:20; 5:7, 8; 13:27에서만 사용한다는 점을 밝혀준다.[264] 롬 1:26에 대한 주해에서 피츠마이어와 제임스 던도 이 점을 지지하며 이를 올바르게 강조한다.[265] 종종 이 그리스어 명사는 "창조주가 의도한 질서"를 가리킨다.[266] 그러므로 피가 "있는 그대로의 사물"에 대한 NIV의 번역을 받아들이는 것은 전적으로 타당하다.[267] 바울은 사고(思考)의 문맥에 따라 때로는 창조 질서 전체의 "핵심"을 나타내는 데 φύσις를 사용하기도 하고, 다른 경우에는 (고전 11:14처럼) 더 상황적이며 사회적인 용어로 "사물이 어떠한 상황에 있는지"를 나타내는 데 사용하기도 한다. 벵엘과 마이어가 채택한 첫 번째 범주, 곧 (1)을 배제하면 나머지 세 가지 범주에 속한 경우는 다양한 구절에서 지지받을 수 있을 것이다. 하지만 칼뱅과 슈라게의 주해가 11:14에서 바울이 의도한 의미에 대한 가장 탁월한 이해를 제공한다.[268]

브루스는 "바울이 여기서 물리적인 사실을 설명하기 위해 스토아 철학의 어떤 자료를 제안하는 것은 필요 없다"고 간결하게 말한다.[269] 우리가 롬 11:21에서 κατὰ φύσιν, "본성에 따라"라는 표현이 "인간의 간섭 없이"(피츠마이어)를 의미한다는 점을 고려하면 우리는 바울이 얼마나 단호하게 "성의 구별은 인간이 만들어낸 것이 아니다"(위더링턴)라고 강조하는지를 이해할 수 있을 것이다.[270] 오늘날 많은 사람들은 (비록 결코 철저하게 정의하지는 않지만) 성의 구별을 주로 사회적인 해석으로 돌린다. 11:14의 바울의 말은 오늘날의 이러한 상황에도 여전히 울림이 있다.

주석가들은 머리에 쓰는 덮개(바울은 여기서 새로운 그리스어 단어 περιβόλαιον,

264) Hatch-Redpath, *Concordance,* 2:1446, col. 3.

265) J. A. Fitzmyer, *Romans,* AB (New York: Doubleday, 1993), 286; Dunn, *Romans 1-8,* 64.

266) Fitzmyer, *Romans,* 286.

267) Fee, *First Epistle,* 527.

268) Conzelmann, *1 Cor,* 190-191. 그는 이 부분에서 스토아학파의 견해와 비슷한 방향으로 지나치게 멀리 나간다.

269) Bruce, *1 and 2 Cor,* 207.

270) Witherington, *Conflict and Community,* 240; Fitzmyer, *Romans,* 286.

덮개, 외투, 겉옷을 사용함)와 후드 형태의 덮개 간의 상반된 대칭 안에 내재한 논리를 자세히 살피면서 절망적으로 혼란스러워진 것 같다.[271] 브루스도 처음에는 바울이 여자의 머리 덮개와 덮개가 없는 남자의 모습에서 "어떤 유비적 추론"을 제기하고 있다고 주장하지만, 곧이어 "바울의 약속으로부터 정반대의 결론, 곧 여자는 다른 머리 덮개가 필요 없다는 결론을 유추할 수 있다"고 시인한다.[272] 그는 논리에 의해서라기보다는 바울의 이전 논증이 이를 요구하기 때문에 후자를 배제한다. 하지만 우리가 오직 바울이 의도한 것 이상의 논리를 강요할 때만 이처럼 논리상 복잡한 문제점이 나타난다. 14절과 15절에서 바울의 주요 관심사는 단순히 **성의 구별**과 헤어스타일과 옷차림 같은 기호론적인 코드로 표현되는 문제를 부각하는 것이다. 기호론적인 코드는 모든 사람이 공유하는 관습에 기초하고, 사회적 규범은 대체로 성의 구별을 장려한다.

바울은 하나님의 뜻, 창조세계에 대한 하나님의 계획, 복음의 새로움과 어울리는 창조의 질서라는 관점에서 이미 자신의 견해를 밝혔다. 비록 콘첼만과 비슷하게 볼프도 "자연"이라는 개념에 대해 무리한 주장을 제기하지만, 그는 적어도 바울이 고린도의 어떤 특정 그룹에 이의를 제기한다는 점을 우리에게 상기시킨다. 그 그룹의 "요구 사항"은 시정될 필요가 있었다.[273] 여기서 그리스어 동사 δέδοται는 만물의 "본질"과 만물의 질서에 "어긋나는 행동을 하도록" 사람들을 부추기려는 것이 어리석은 일이라는 점을 강조한다(14-15절에 사용된 다른 용어와 표현에 대해서는 앞의 주해를 참조하라. 거기서 이 문제는 이미 논의되었다).

16절 이 절은 와이어가 "사고를 현실과 분리하여" 생각하고 우주적 교회의 관행에 근거하여 설득하기 위한 목적에서 고안된 수사법을 선

---

271) 해당 그리스어 단어에 대해서는 BAGD, 646을 참조하라.

272) Bruce, *1 and 2 Cor*, 108. 여기서 그리스어 전치사 ἀντί를 "~를 대신하여"를 의미한다고 이해할 필요는 없다. 이 전치사는 "덮개로서"의 의미를 전달하는 역할을 하기 때문이다. 교부들 가운데 바실레이오스와 오늘날 대다수 주석가들도 이렇게 이해한다. 참조. Edwards, *First Epistle*, 281.

273) Wolff, *Der erste Brief*, 255.

정한 고전적인 사례 중 하나에 해당한다.[274] 와이어에 의하면 바울은 여자 예언자들이 자신들의 입장을 "현실이 아닌 단순한 생각"에 의존하고 있다고 주장함으로써 그들을 "순식간에 제압하는" 전략을 전개한다.[275] 와이어가 주장하듯이 여기서 φιλόνεικος라는 흥미로운 단어는 승리를 **사랑한다**(φιλο-)는 개념에서 유래한다. 따라서 그는 이 표현을 "이것을 이슈로 만들기를 원한다"라고 번역한다. 하지만 대다수 저자들은 "논쟁적인"이라는 번역을 선호한다. 즉 일차적으로 진리를 발견하려고 한다기보다는 "승리자"가 되기 위해 논쟁하려고 애쓰거나 논쟁을 강요한다는 것이다.[276] 이 그리스어 단어는 신약성경에서 오직 이곳에서만 등장한다. 와이어는 다음과 같이 주장한다. 바울은 여자 예언자들이 자신들이 원하는 대로 하는 것에 대한 "권리"에 이의를 제기하고 나서 일종의 경쟁 관계에 있는 "권위"를 내세우면서 자기모순에 빠져 있는 자신을 발견한다는 것이다.[277] 하지만 와이어의 주장은 우리가 앞에서 설명한 주해와 다른 몇 가지 사항에 근거한다. 그는 11:10의 권위를 그릇된 방향으로 사용할 뿐만 아니라 **영광**(7, 8절)도 다르게 이해하며, **머리**(11:3)에 대해서도 독특한 견해를 지니고 있다.

더 좋은 출발점은 사도 직분에 대한 우리의 이전 논의를 다시 상기하는 것이다. 그 논의에서 우리는 진정한 사도 직분은 자신을 내세우려는 것으로부터 방해를 받지 않으면서도 다른 사람들의 유익을 위해 또는 (여기서처럼) 신앙 공동체를 세워나가기 위해 자신을 내어주는 그리스도의 모범에 초점을 맞추어 분명하게 증언하는 것이라고 주장했다(앞에서 1:1; 4:8-13; 또한 특히 9:1 이하에 대한 주해 참조). 이 점과 관련하여 우리는 롤로프, 베스트, 크래프턴의 연구를 언급했다. 크래프턴은 사도의 역할의 투명성을 힘주어 말했다. (크리소스토모스, 칼뱅과 더불어) 베스트는 사도 직분을 수행하는 자는 자

---

274) A. C. Wire, *The Corinthian Women Prophets,* 14-15, 31-33; 참조. 116-134.

275) 같은 책, 14.

276) 같은 책, 15. 참조. A. T. Robertson, *Epistles,* 4:162은 특별히 "논쟁을 좋아하는"으로 이해한다.

277) 같은 책, 132-133.

신으로부터 벗어나 그리스도를 가리켜야 함을 강조했다. 롤로프는 사도 직분과 전승의 연관성을 강조했다.[278] 바울이 "모든 교회"에 호소한 것은 이 점과 연결되어 있다.[279] 따라서 여기서 δοκεῖ는 "~처럼 보이다" 또는 심지어 "생각하다"를 의미하지 않고(참조. NJB, NIV), "의도가 있다면" 또는 "경향이 있다면"(NRSV)을 의미한다. 이 단어는 어떤 사람이 즐기는 성향 또는 의도와 관련하여 책망의 의미를 내포하고 있기 때문이다.[280]

바울이 여기서 말하는 풍습(συνήθειαν)은 분명히 공적 예배에서 성의 구별을 나타내는 것에 관심을 두며, 머피-오코너가 주장하듯이 남자와 여자에게 모두 해당한다. 이 풍습은 여자가 공적으로 기도하고 예언의 말을 할 수 있다는 점과 일치하는 것으로서 신분의 동등함을 받아들인다(아래에서 예언에 대한 논의 참조). 또한 이것은 성별의 차이점을 인정할 뿐 아니라 이를 무시해서도 안 되며, 하나님의 불변하는 의도에 반응하여 그것을 인식하고 그것에 가치를 부여하고 그것을 적절한 방법으로 표현해야 한다. 크리소스토모스와 칼뱅은 바울이 호소하는 우주적 교회의 관행은 "진리에 주목하지" 않고 "싸움을 일으키는 것을 기뻐하지" 않는 것이라고 주장한다.[281] 칼뱅에 의하면 이러한 사람들은 진리보다 오히려 분쟁에 더 많은 관심을 기울이기 때문이다. 이에 바울은 뻔뻔스럽게 자신들의 총을 꼭 붙잡고 있는 이들에게 아무런 "답"도 제시하지 않고, 오히려 경멸에 가까운 주장으로 결론짓는다.

우리는 선언으로 마무리하는 수사법이 바울이 인내심을 갖고 끈질기게 주장한 논점을 흐리게 해서는 안 된다. 주디스 건드리-볼프는 11:2-16에 대한 복잡한 논의에서 바울의 주장의 복잡함, 미묘함, 면밀함을 아

278) J. Roloff, *Apostolat-Verkündigung-Kirche* (Güthersloh: Mohn, 1965), 특히 83-103; 참조. 125-137; J. A. Crafton, *The Agency of the Apostle* (Sheffield: Sheffield Academic Press, 1991).

279) 참조. Merk, *Handeln aus Glauben*, 135.

280) Meyer, *First Epistle*, 1:330-331; Edwards, *First Epistle*, 281. 이들은 de Wette의 견해를 따른다.

281) Calvin, *First Epistle*, 255.

주 분명하게 드러낸다. 그는 바울이 대화를 이끌어가는 것에 비추어 세 가지 "평가 기준", 렌즈 또는 "지도", 곧 창조 질서, 관습과 특성, 종말론 또는 복음을 올바르게 구분한다. 이 세 가지 틀 안에서 바울은 명예와 수치의 대조를 활용하고, "머리에 대한 통제[또는 머리의 통제]", 상호 관계, 상호성, 성의 구별을 주장한다.[282)] 그는 와이어의 입장처럼 한 쪽으로 치우칠 위험이 있는 "긴장에 대한 환원주의적 설명"에 반대한다.[283)] 결국 이것은 마침내 어떤 지점에 이른다. 설령 다른 모든 것이 소용이 없다 하더라도 바울은 반드시 선언적인 언어 행위 또는 사도적인 말씀 선포의 발화수반행위(illocutionary act)에 호소할 것이다. 그것은 전승의 중요성 또는 바울이 세운 신앙 공동체 간의 "보편성"을 전제한다.[284)] 하지만 이것은 인내심을 갖고 포용하려는 바울의 논의를 대체하는 역할은 하지 않는다. 바울은 그들이 자신들을 신앙 공동체로부터 소외시켰기 때문에, 또는 그렇게 했을 경우에만 그들이 소외되었다고 선언한다.

282) Gundry-Volf, "Gender and Creation in 1 Cor 11:2-16," 160, 162, 169.

283) 같은 책, 165.

284) 그렇다 하더라도 이것은 내적 논리 원칙에 기초한 선언이다. 만약 사람들이 계속해서 듣기를 거부한다면 그들은 결국 신앙 공동체로부터 소외된 자신들을 발견하게 될 것이다.

2. 공동체로서 주의 죽음을 선포하는 주의 만찬의 특성과 모순되는 "가진 자들"과 "갖지 못한 자들"의 관행(11:17-34)

17 **이제 이 일을 지시하면서 나는 여러분을 계속해서 칭찬할 수 없습니다. 왜냐하면 여러분이 교회로 모이는 것이 유익을 주지 못하고 오히려 해를 끼치기 때문입니다.** 18 **먼저 여러분이 교회에 모일 때 나는 여러분 가운데 분열이 있다고 들었습니다. 그리고 나는 어느 정도 그 말을 믿습니다.** 19 **왜냐하면 시련을 받아 진실한 이들이 분명하게 밝혀지려면 "파당은 불가피하다"고 말하는 이들이 여러분 중에 있기 때문입니다.** 20, 21 **그러므로 여러분이 한 곳에 모일 때 여러분의 모임은 주의 만찬을 먹는 것이 아닙니다. 왜냐하면 먹을 때 각자가 자기 음식을 먹어치우기 때문입니다. 그래서 어떤 이는 실제로 배가 고프고, 어떤 이는 심지어 술에 취하기 때문입니다.** 22 **여러분은 정말로 먹고 마실 여러분의 집이 있지 않습니까? 아니면 여러분은 하나님의 교회를 멸시하고, 아무것도 갖지 못한 이들을 부끄럽게 하려는 것입니까? 내가 여러분에게 무슨 말을 하겠습니까? 내가 여러분을 칭찬하겠습니까? 이 일에 대해 나는 도무지 찬성할 수 없습니다.**
23, 24 **나 자신도 주님으로부터 온 한 가지 전승을 받았습니다. 그리고 나는 그것을 여러분에게 전해주었습니다. 곧 주 예수께서 넘겨지던 밤에 그는 떡을 들고 감사 기도를 드리셨습니다. 그리고 떡을 떼시며 말씀하셨습니다. "이것은 너희를 위한 내 몸이다. 너희는 이것을 행하여 나를 기억하라."** 25 **마찬가지로 식사 후에 그는 잔에 대해서도 이렇게 말씀하셨습니다. "이 잔은 내 피로 세운 새 언약이다. 너희가 마실 때마다 이것을 행하여 나를 기억하라."** 26 **그러므로 이 떡을 먹고 이 잔을 마실 때마다 여러분은 그가 오실 때까지 주의 죽음을 선포하는 것입니다.** 27 **따라서 누구든지 주님의 떡이나 잔을 합당하지 않게 먹고 마시는 자는 주님의 몸과 피를 그렇게 대한 것에 대해 책임을 져야 할 것입니다.** 28, 29 **하지만 누구든지 자신의 진정성을 살펴보십시오. 그리고 오직 이 방법으로만 이 떡을 먹고 이 잔을 마십시오. 왜냐하면 무엇이 이 몸에 다른 특성을 부여하는지를 분별하지 못하고 먹고 마시는 자들은 모두 자신에 대한 심판을 먹고 마시는 것이기 때문입니다.** 30 **바로 이런 이유에서 여러분 중에 약한 자들과 병든 자들이**

많고, 죽은 자들이 상당히 많은 것입니다. [31, 32] 그러나 만약 우리가 무엇이 우리를 그리스도인으로 특징짓는지 인식한다면 우리는 심판을 받지 않을 것입니다. 하지만 우리가 주님에 의해 심판을 받는다면 우리는 주님에 의해 징계를 받음으로써 세상과 함께 정죄를 받지 않게 됩니다. [33, 34] 그러므로 친애하는 동료 그리스도인 여러분, 여러분이 식사를 위해 모일 때 서로 기다리십시오. 만약 여러분 중에 누가 배가 고프면 그 사람은 집에서 먹도록 하십시오. 그렇게 해서 여러분이 함께 모일 때 그 모임이 심판을 받지 않도록 하십시오. 그밖의 일과 관련해서는 내가 그곳에 갈 때 그것을 바로잡겠습니다.

이 단락의 문체는, 바울이 주의 만찬에서 행해지는 것을 다시 묘사하는 것과 함께, 지금 그가 수신자들이 먼저 제기한 질문에 답하고 있는 것이 아니라 비판과 재교육을 필요로 하는 어떤 긴급한 사안을 제기하고 있음을 알려준다. 이것은 고린도 교회에서 일어난 일과 관행을 구두로 전달받은 것에서 유래했다. 1:10-4:21, 5:1-3과 더불어(6장도 참조) "고전 11:18에서 바울은 비공식적 정보를 구두로 전달받았다는 점을 세 번째 언급한다. '나는 여러분 가운데 분쟁(σχίσματα)이 있다고 들었습니다(11:18).…어떤 이는 자기 식사를 먼저 먹습니다. 그리고 어떤 이는 굶주린 채로 있습니다.…'(11:21)."[1)] 한편 바울은 2절(ἐπαινῶ δὲ ὑμᾶς ὅτι … τὰς παραδόσεις κατέχετε, 아마도 공적인 기도와 예언의 말을 하기 위해 복음 아래서 여인들의 합당한 역할을 인정하는 것을 가리킬 것임["예언"에 대한 특별 해설 참조)에서 수신자들이 모든 교회가 전승을 굳게 간직하고 있다는 것에 대해 칭찬했다. 이제 11:17(οὐκ ἐπαινῶ ὅτι οὐκ)에서 바울은 그와 같은 칭찬을 분명하게 거두어들인다.

비록 7:1-14:40 중 대부분(15:1-58은 아니더라도)이 고린도 교회에서 제기한 질문에 대답하는 것이지만, 이 단락의 주제는 이 중대한 상황에 잘 어

---

1) Hurd, *Origin of 1 Corinthians,* 78-79. 다음과 같은 저자도 이 입장을 따른다. Fee, *First Epistle,* 531, Hays, *First Cor,* 193. 다른 한편으로 이전에 Findlay는 이것을 고린도 교회가 예배에 대해 "자기만족적으로" 쓴 편지(11:2부터)에 대한 답변으로 인식했다(Findlay, *Expositor's Greek Testament,* 2:876).

울린다. 왜냐하면 한편으로 이 주제는 예배를 위해 모인 공동체의 이슈에 대해 언급하기 때문이다(11:2-14:40; 또한 συνέρχεσθαι가 11:17, 18, 20, 33, 34에서 다섯 번이나 나타난다는 점을 참조하라). 특히 **개인 또는 그룹의 "자유", "권리", "축하 모임"과 관련하여 자기를 긍정하는 주장을 펴 공동체를 혼란에 빠뜨리고 십자가의 본질을 훼손한다**는 주제는 8:1-11의 지배적인 **이슈를 이어가기 때문이다.**[2] 그리고 이것은 8:1-11:1에서 "자아-의식"(또는 양심)과 견고함/견고하지 못함의 관계에 대한 호슬리, 구치, 가드너의 연구와도 일치한다. 브루스 윈터는 주의 만찬을 거행할 때 고린도에서 이른바 "안정된" 지위를 갖고 있던 자들은—교회 안에서 다른 사람들을 접대하는 주인으로서든 또는 후견인 및 집주인의 고객으로서든—자신들이 속한 그룹의 보호를 위해서라면 기꺼이 만반의 준비를 한 반면, 후견인의 보호를 받지 못했던 자들은 이등 시민이라는 꼬리표를 붙여 방치했다고 주장한다.[3] 윈터는 재력이 있는 그리스도인들은 주의 만찬에서 자신들의 음식을 "갖지 못한 자들"과 나누어 먹음으로써 그들을 영접해야 한다(ἐκδέχεσθε, 33절)고 결론짓는다.[4] 여기서 집주인-후견인 역할의 도입은 이 단락의 분열(σχίσματα, 11:18)이 1:10의 분열(같은 그리스어 단어 사용)과 그 종류가 다르다는 고든 피의 주장에 이의를 제기할 수 있을 것이다.[5] 1:10-12에서 언급된 그룹들은 교회 전체의 "한" 몸보다 동류 그룹 또는 자기 그룹을 더 내세우는 관행을 통해 불화를 초래하게 되었다. 이와 마찬가지로 어떤 후견인의 집에 모여 주의 만찬을 거행하던 사례는 거의 틀림없이 오직 그리스도께만 초점을 맞추기

2) 특히 참조. Hofius, "Herrenmahl und Herrenmahlsparadosis. Erwägungen zu Kor. 11:23b-25," 371-408. 그는 사람들을 잘 접대하지 않고 음식을 나누지 않는 것은 다른 사람들을 위해 죽은 그리스도의 십자가를 선포하는 원리에 어긋난다고 주장한다. 또한 각주 7에서 Lampe 참조.

3) Bruce Winter, "The Lord's Supper at Corinth: An Alternative Reconstruction," 81; 참조. 73-82.

4) 같은 책, 73-82.

5) Fee, *First Epistle*, 537: "이전의 분열은…'불화'와 '질투'(1:11; 3:4)로 정의된다. 그것은 이 단락의 분열과 거리가 멀다.…1:12에서 바울은 불화가 일어난 것과 연결되어 있는 이름을 적어도 네 개나 언급한다."

보다는 후견인이나 집주인에게 관심을 기울이는 관행을 빚어냈을 것이다.

뿐만 아니라 이 모임은 "타자"에게 집주인의 트리클리니움(*triclinium*)에서 제공하는 최고의 안락함과 환대가 아니라 그저 아트리움(*atrium*)에서 이류의 접대를 제공함으로써 주님이 한 몸으로서 "우리를 위해" 그리고 "타자를 위해" 죽으셨다는 주님의 선포 자체를 무색하게 만들었다.[6] 이것은 분명히 주의 만찬의 목적 자체에 반하며 이를 훼손시켰다(οὐκ εἰς τὸ κρεῖσσον ἀλλ᾽ εἰς τὸ ἧσσον συνέρχεσθε, 17절). 왜냐하면 **그리스도의 죽음을 특징짓는, 다른 사람, 소외된 자, "약한 자"에 대한 사랑**이 옆으로 밀려났기 때문이다.[7] 그들의 이러한 식사가 과연 여전히 **주의** 만찬이라고 할 수 있었을까(20절)?

한스 프뢰르는 좀 더 대중적인 저서 『가여운 그리스도인들이여!』(*You Wretched Christians!*)에서 간혹 상상력이 동원된 사변적인 견해를 제시하긴 하지만, 가상 인물인 여자 바텐더 마라가 주도하는 대화에서 11:2-16과 11:17-34 간의 연관성을 잘 포착한다. 마라는 이렇게 소리친다. "마치 어떤 이가 천 조각 하나만 내던지면 모든 사람이 주의 만찬에서 동등하게 되기라도 하듯이 그들은 베일에 대해 신경을 쓴다.…말로만 '노예도 자유인도 가난한 사람도 부자도 없다!'는 거지. 정말 웃기네! 우리 같이 하찮은 사람이 들어올 때 분명히 지체 높으신 분들은 식당에서 오랜 시간 먹고 마시다가 친절한 배웅을 받고 떠나겠지. 그 신사들은 닥치는 대로 실컷 먹고 최고급 포도주를 마실 거야.…그들은 잘 차려진 집주인의 식탁과 주의 만찬을 혼동할 거야.…만약 우리에게 행운이 따른다면 우리가 서로 나누어 먹을 수 있을 음식이 떡 몇 조각과 포도주 한 모금 정도는 남을 거야.…우리는 그걸로 입가심하고 목을 축이지."[8]

따라서 주님의 죽음을 선포하는 것에 초점을 맞추는 것은 1:18-25의

---

6) 참조. Murphy-O'Connor, "House Churches and the Eucharist," 32-38; *St. Paul's Corinth,* 153-161. 또한 참조. Pliny, *Letters,* 2.6.

7) Lampe, "Das Korinthische Herrenmahl im Schnittpunkt hellenistisch-römischer Mahlpraxis und paulinischer Theologie (1 Kor 11:17-34)," 182-213.

8) Hans Frör, *You Wretched Corinthians!* (Eng. trans., London: SCM, 1995), 59.

강조점과 평행을 이룬다. 십자가는 (슈라게와 몰트만이 그 강조점을 올바르게 지적하듯이) 사도와 그리스도인 신자의 진정성에 볼 수 있는 "근거와 판단 기준"이다. 그렇다면 1-4장에서 언급된 "분열"은 복음의 핵심을 훼손하는 것이다. 바울에 의하면 주님의 만찬은 무엇보다도 주님의 죽음이 "다른 사람을 위한" 것임을 가리킨다. 하지만 고린도 교인들이 함께 식사하던 것과 관련된 관행들은 예배 공동체가 주의 만찬을 거행하는 근본적인 이유를 훼손하는 것이다. 사도 직분과 마찬가지로 주님의 죽음을 "기억하고" "실행하는" 것은 단순히 말과 교회의 예배의식이 아니라 행위 및 생활 방식과 관련된 문제다. 이스라엘 백성이 유월절 의식에 참여하는 것과 마찬가지로 그리스도인들은 십자가 "앞에" 모인다. 그리스도인들은 자신들의 사고방식과 생활 방식을 재정리하기 위해 또다시 십자가 앞으로 나와야 한다.[9)]

11:17-34에 대한 머리말에 두 가지 사항을 추가하고자 한다. 1920년대부터 1960년대까지 한스 리츠만의 저서 『예배와 주님의 만찬』(*Mass and Lord's Supper*; 독일어 초판은 1926년, 영역본은 1953년부터 1979년까지 출간됨)은 성만찬 또는 주의 만찬의 두 가지 "원시적인 유형"을 서로 대조시키는 개념을 널리 퍼뜨렸다. 첫 번째는 이른바 "바울의" 유형이다. 이것은 그리스도의 죽음에 초점을 맞추었으며, 히폴리투스의 로마 예배의식에 표현되어 있다. 두 번째는 소위 "예루살렘" 유형이다. 이 유형은 행 2:46에 반영되어 있는 것으로서 부활한 그리스도와 교제하는 친교의 식사를 기쁘게 거행하는 것을 가리킨다. 이것은 세라피온에 의해 대표되는 초기 이집트의 예배의식에 반영되어 있다.[10)] 그레고리 딕스는 리츠만의 견해를 영국 성공회 안에 널리

---

9) 유월절과 주의 만찬의 긴밀한 연관성은 대단히 중요한 요소다. 이 점에 대해서는 나중에 자세히 다룰 것이다. 유대교가 유월절을 지키는 것에 대해서는 Roth가 편집한 히브리어와 영어 텍스트를 포함하여 아래에 언급된 저서를 참고하라. Roth (ed.), *The Haggadah*, 특히 34-48. 참조. Garlatti, "La eucharistia commemoria y proclamación de la muerte del Señor," 321-341; D. Stanley, "'Do This in Memory of Me' (1 Cor 11:24-25)," *Studies in Formative Spirituality* 6 (1985): 103-115.

10) Lietzmann, *Mass and Lord's Supper: A Study in the History of the Liturgy*. With Introduction and Further Inquiry by R. D. Richardson, 특히 172-186 on Jesus and the *Haburah* meal: 193-203 in "The Primitive Form of the Lord's Supper," and 203-209 on

알린 반면, 히긴스는 두 가지 "유형"이 모두 더 이른 시기까지 거슬러 올라간다는 조건과 함께 수정된 해석을 받아들였다.[11] 비록 쿨만은 "이 두 개념을 서로 분리하는 [이른바] 큰 틈이 있다는 점"을 인식하고 있음을 시인하지만, 그도 리츠만의 견해가 부당하게 무시를 당한 것으로 간주했다.[12] 동시에 쿨만은 리츠만의 이론의 배후에 부활한 그리스도가 나타났다는 전승이 있으며, 이 전승은 알베르트 슈바이처, 고구엘, 루아지의 급진적인 견해에서 "부활한 그리스도와 그의 제자들의 식탁 교제의 신화"의 형태로 나타났음을 인정한다.[13] 그 후에 로마이어는 "갈릴리" 유형(리츠만의 "예루살렘" 유형에 상응하는)은 예루살렘 유형(리츠만의 "예루살렘" 유형에 가까운)과 구별되어야 한다고 주장한다.[14]

또한 리츠만(딕스도 그의 견해를 따름)은 성만찬 전승에 대한 "예루살렘" 유형과 "종교적 엄숙함이 배어 있는 유대교 식사"에 속한 하부라(Haburah) 식사 사이에 평행을 이루는 요소들이 있다는 주장을 제기했다. 하지만 더 최근의 연구는 이와 같은 이론을 "증거가 전혀 없는 단순한 억측에 지나지 않는 것"이라며 받아들이지 않는다.[15] 마셜(I. H. Marshall)과 다른 학자들은 예레미아스의 평가를 뒷받침해주었다(17절에 대한 주해에서 자세히 논의됨). 우리는 17-34절을 "아가페(애찬식)"와 "주의 만찬"과 관련하여 리츠만과 그의 사상의 유산에 기초하여 가설적으로 재구성한 시대착오적인 편견을 갖고 접근해서는 안 된다(아래 참조).

추가로 언급하고자 하는 두 번째 사항은 부유한 자들과 "갖지 못한 자들" 간의 차이가 배경, 출신, 후원, 직업에 근거한 사회경제적인 차이뿐만 아니라 이 편지가 기록될 시기에 일어난 기근(또는 적어도 극심한 식량 부족)

---

its development. 이 연구서의 앞 장들은 교부 시대의 예배의식을 자세히 다룬다.

11) G. Dix, *The Shape of the Liturgy* (London: SCM, 2d ed. 1945 [1943]), 50-70; A. J. B. Higgins, *The Lord's Supper in the NT* (London: SCM, 1952), 56-71.

12) Cullmann and Leenhardt, *Essays on the Lord's Supper*, 6(독일어 원본은 1936년에 출간됨).

13) 같은 책, 9.

14) E. Lohmeyer, "Das Abendmahl in der Urgemeinde," *JBL* 56 (1937): 217-252.

15) Jeremias, *The Eucharistic Words of Jesus*, 30; 참조. 29-31.

에 기초한 특수한 상황으로 인해 더 악화되었을 수 있다는 것이다.[16] 윈터, 블루, 클라크는 식량 부족으로 야기된 문제점을 해결하기 위해 티베리우스 클라우디우스 디니푸스가 감독관으로 임명된 점을 언급한다. 하지만 그 시기는 고린도전서가 기록된 연도보다 몇 년 지나서다.[17] 도널드 엥겔스는 심지어 보리의 높은 생산량(에이커당 18부셸, 또는 헥타르당 16헥토리터)과 로마 식민지 고린도의 농경지에 속한 207평방킬로미터의 경작지는 하루에 "대략 17,600명을 먹일 수 있는 분량을 제공할 것이다"라고 계산한다. 그것은 날마다 각 사람당 (2,600칼로리를 함유한 보리) 1.2킬로그램에 해당한다. 설령 우리가 과일, 채소와 다른 곡식을 포함한다 하더라도 이 수치는 "최대한도"를 나타낸다.[18] 고린도 도시가 식량을 자급자족할 수 없었다 하더라도 가격을 오르게 하는 식량 부족의 원인에는 불규칙한 기후 변화와 특히 강수량 부족이 작용했을 것이다. 그 결과 생필품 가격의 폭등을 감당할 수 있었던 유복한 자들과 이미 최저생계수준에 있던 자들 간의 간격이 더 크게 벌어졌을 것이다. 수에토니우스는 클라우디우스 황제 치하(기원후 41-54년)에서 일어났던 두세 번의 기근 또는 식량 부족 현상을 입증해준다. 또한 요세푸스는 이 시기에 물가가 폭등했다고 언급한다.[19] 블루의 재구성이 고린도전서의 정확한 시점을 사실적으로 반영하는지의 여부와 상관 없이 농경에 의존하지 않던 고린도의 경제, 높은 비율의 상업 인구, 사회경제적 상황은 가난한 자들이 식량 부족 현상에 취약했을 가능성을 암시한다. 이 점은 "주의 만찬"에 참여했던 이들이 일류와 이류로 구분되는 현실을 더 고통스럽게 느끼도록 만들었을 것이다.

---

16) 참조. Winter, "The Lord's Supper at Corinth," 73-82; "Secular and Christian Responses to Corinthian Famines," 86-106; Blue, "The House Church at Corinth and the Lord's Supper: Famine, Food Supply and the Present Distress," 221-239; Clarke, *Secular and Christian Leadership in Corinth*, 18-21.

17) Winter, "Secular and Christian Responses," 86-106; Clarke, *Secular and Christian Leadership in Corinth*, 18 and 140 (Appendix A, no. 38).

18) D. Engels, *Roman Corinth* (Chicago: University of Chicago Press, 1990), 27.

19) Suetonius, *Claudius* 18.2; 참조. Tacitus, *Annals* 12-43; Dio Cassius, *History* 40.11; Josephus, *Antiquities*, 3.320-21. 또한 참조. 행 11:29-30.

11:17-34에 대한 참고문헌. 10:14-22의 참고문헌도 참조.

Aitken, Ellen B., "Τὰ δρώμενα καὶ τὰ λεγόμενα: The Eucharistic Memory of Jesus' Words in First Corinthians," *HTR* 90 (1997): 359-370.

Blue, B. B., "The House Church at Corinth and the Lord's Supper: Famine, Food Supply and the Present Distress," *Criswell Theological Review* 5 (1991): 221-239.

Bornkamm, G., "Lord's Supper and Church in Paul," in Bornkamm, *Early Christian Experience* (Eng. trans., London: SCM, 1969), 123-160.

Campbell, R. A., "Does Paul Acquiesce in Divisions at the Lord's Supper?" *NTS* 33 (1991): 61-70.

Casey, P. M., "The Original Aramaic Form of Jesus' Interpretation of the Cup," *JTS* 41 (1990): 1-12.

Chenderlin, F., "Do This as My Memorial": The Semantic and Conceptual Background and Value of Anamnesis in 1 Cor 11:24-25, *AnBib* 99 (Rome: Biblical Pontifical Institute Press, 1982).

Clancy, R. A. D., "The OT Roots of Remembrance in the Lord's Supper," *Concordia Journal* 19 (1993): 35-50.

Coady, C. A. J., *Testimony: A Philosophical Study* (Oxford: Clarendon Press, 1992).

Cullmann, O., *Early Christian Worship* (Eng. trans., London: SCM, 1953), 26-33.

_______, *La Tradition Problème exégétique, historique, et théologique,* Cahiers théologique 33 (Paris: Delachaux & Niestlé, 1953), 29-40.

_______, and F. J. Leenhardt, *Essays on the Lord's Supper* (Eng. trans., London: Lutterworth, 1958).

Dunn, J. D. G., "The Lord's Supper," in Dunn, *The Theology of Paul the Apostle* (Edinburgh: T. & T. Clark and Grand Rapids: Eerdmans, 1998), 599-624.

Eriksson, A., *Traditions as Rhetorical Proof: Pauline Argumentation in 1 Corinthians,* ConBNT 29 (Stockholm: Almqvist & Wiksell, 1998), 64-86, 100-106, and 174-196.

Garlatti, G. J., "Las eucharistia como memoria y proclamación de la muerte del Señor," *RevistB* 46 (1984): 321-341.

Gloer, W. H., "Homologies and Hymns in the NT: Form, Content and Criteria for Identification," *Perspectives in Religious Studies* 11 (1984): 115-132.

Gregg, D. W. A., "Hebraic Antecedents to the Eucharistic Anamnesis Formula," *TynBul* 30 (1979): 165-168.

Gundry-Volf, J., *Paul and Perseverance,* WUNT 2:37 (Tübingen: Mohr, 1990), 99-113.

Higgins, A. J. B., *The Lord's Supper in the NT* (London: SCM, 1952), 13-23 and 64-73, 특히 70-73.

Hofius, G., "Herrenmahl und Herrenmahlsparadosis: Erwägungen zu 1 Kor 11:23b-25," *ZTK* 85 (1988): 371-408; Eng. trans., "The Lord's Supper and the Lord's Supper Tradition: Reflections on 1 Cor 11:23b-25," in B. Meyer (ed.) *One Lord, One Cup:*

Ecumenical studies of 1 Cor 11 and Other Eucharistic Texts (Macon, Ga.: Mercer University Press, 1993), 75-115.

_______, "Τὸ σῶμα τὸ ὑπὲρ , 1 Kor 11:24," *ZNW* 80 (1989): 80-88.

Horrell, D., "The Lord's Supper at Corinth and in the Church Today," *Theol* 98 (1995): 196-202.

Jeremias, J., *The Eucharistic Words of Jesus* (Eng. trans., London: SCM, 3d ed. 1966).

_______, "This is My Body," *ExpTim* 83 (1972): 196-203.

Karrer, J., "Der Kelch des neuen Bundes," *BZ* 34 (1990): 198-221.

Käsemann, E., "The Pauline Doctrine of the Lord's Supper," in Käsemann, *Essays on NT Themes* (Eng. trans., London: SCM, 1964). 108-135.

Klauck, H.-J., "Eucharist and Church Community in Paul," *Theology Digest* 35 (1988): 19-24.

Lampe, P., "The Eucharist Identifying with Christ on the Cross," *Int* 48 (1994), 36-49.

_______, "Das Korinthische Herrenmahl im Schnittpunkt hellenistisch-römischer Mahlpraxis und paulinischer Theologia Crucis (1 Kor 11:17-34)," *ZNW* 82 (1991): 183-213.

Lane, W., "Covenant: 'The Key to Paul's Conflict with Corinth," *TynBul* 33 (1982): 3-30.

Léon-Dufour, X., " 'Prenez': Ceci est mon corps," *NRT* 104 (1982): 223-240.

Lietzmann, H., *Mass and the Lord's Supper: A Study in the History of the Liturgy* (Eng. trans., Leiden: Brill, 1979), 20-54. 160-186, 193-208, 596-620.

Maccoby, H., "Paul and the Eucharist," *NTS* 37 (1991): 247-267.

Marshall, I. H., *Last Supper and Lord's Supper* (Grand Rapids: Eerdmans, 1980), 108-123 and throughout.

Martin, R., *Worship in the Early Church* (Grand Rapids: Eerdmans, 1974 [1964]).

Mazzo, Enrico, *The Origins of the Eucharistic Prayer* (Collegeville, Minn.: Liturgical Press, 1995), 30-90.

McGowan, A. B., " 'Is There a Liturgical Text in This Gospel?' The Institution Narratives and Their Early Interpretive Communities," *JBL* 118 (1999): 73-87.

Merk. O., *Handeln aus Glauben* (Marburg: Elwert, 1968), 135-141.

Meyer, B. F. (ed.), *One Loaf, One Cup: Eucharistic Studies of 1 Cor 11 and Other Eucharistic Texts* (Macon, Ga.: Mercer University Press, 1993).

Moule, C. F. D., "The Judgment Theme in the Sacraments," in W. D. Davies and (eds.), *The Background of the NT and Its Eschatology: Studies in Honour of C. H. Dodd* (Cambridge: Cambridge University Press, 1956), 464-481.

Murphy-O'Connor, J., "Eucharist and Community in First Corinthians," *Worship* 51 (1977): 56-69.

_______, "House Churches and the Eucharist," *BibTod* 22 (1984): 32-38.

_______, *St. Paul's Corinth* (Wilmington: Glazier, 1983).

Neuenzeit, P., *Das Herrenmahl. Studien zur paulinischen Eucharistie-auffassung* (Munich: Kösel, 1960).

Passakos, D. C., "Eucharist in First Cor. A Sociology Study," *RB* 104 (1997): 192-210.

Paulsen, "Schisma and Häresie. Untersuchungen zu 1 Kor 11:18, 19," *ZTK* 79 (1982), 180-211.

Pesce, M., "Mangiare e bere il proprio giudizio. Una concezione culturale commune in 1 Cor e a Sota?" *RevistB* 38 (1990): 495-513.

Pesch, R., *Das Abendmahl und Jesu Todesverständnis* (Freiburg: Herder, 1978).

Pritchard, N. M., "Progression of Faith and Admission to the Communion in the Light of 1 Cor 11 and Other Passages," *SJT* 33 (1980): 55-70.

Popkes, W., *Christus Traditus. Eine Untersuchung zum Begriff der Dahingabe im Neuen Testament* (Zürich: Zwingli Verlag, 1967).

Porter, C. L., "An Interpretation of the Lord's Supper Texts: 1 Cor 10:14-22 and 11:17-34," *Encounter* 50 (1989): 29-45.

Ridderbos, H. N., "The Earliest Confession of the Atonement in Paul," in R. Banks (ed.), *Reconciliation and Hope: NT Essays on Atonement and Eschatology Presented to L. L. Morris* (Exeter: Paternoster, 1974), 76-89.

Roth, Cecil, *The Haggadah: New Edition with Notes* (Heb. and Eng. trans., London: Soncino, 1934).

Schmitz, O., "παραγγέλλω," *TDNT*, 5 (1967), 761-765.

Schneider, S., "Glaubensmängel in Korinth. Eine neue Deutung der 'Schwachen, Kranken, Schlafenden' in 1 Kor 11:30," *Filologia Neutestamentaria* 9 (1996): 3-19.

Schrage, W., "Das Verständnis des Todes Jesu Christi im NT," in E. Bizer (ed.), *Das Kreuz Jesu Christi als Grund des Heils* (Gütersloh: Gütersloher, 1969), 49-90.

Schweitzer, E., *The Lord's Supper according to the NT* (Eng. trans., London: SCM, 1967).

Theissen, G., "Social Integration and Sacramental Activity: An Analysis of 1 Cor 11:17-34," in *The Social Setting of Pauline Christianity* (Eng. trans., Philadelphia: Fortress, 1982), 145-174.

Thurian, M., *The Eucharistic Memorial* (Eng. trans., London: Lutterworth Press, 1961).

Voegelin, E., "Remembrance of Things Past," in Voegelin, *Anamnesis* (Eng. trans., Notre Dame: University of Notre Dame Press, 1978), 3-13 (on the philosphy and epistemology of *anamnesis*).

von Campenhausen, Hans, "Das Bekenntnis im Urchristentums," *ZNW* 63 (1972): 21-253.

Wainwright, G., *Doxology: The Praise of God in Worship, Doctrine, and Life* (London: Epworth Press, 1980), 182-217.

Wegenast, K., *Das Verhältnis der Tradition bei Paulus und in den Deuteropaulinen* (Neukirchen: Neukirchen, 1962).

Wengst, K., "Der Apostel und die Tradition," *ZTK* 69 (1972): 145-162.

Winter, B. W., "The Lord's Supper at Corinth: An Alternative Reconstruction," *RTR* 37 (1978): 73-82.

_______, "Secular and Christian Responses to Corinthian Famines," *TynBul* 40 (1989): 86-106.

Witherington, B., *Conflict and Community in Corinth* (Grand Rapids: Eerdmans and Carlisle: Paternoster, 1995), 241-252.

Wolff, C., "Exkurs: Die neutestamentlichen Überlieferungen vom letzten Mahl Jesu," in Der erste Brief des Paulus an die Korinther (Leipzig: Evangelische Verlagsanstalt, 1996), 265-273.

17절 사본들은 παραγγέλλων과 οὐκ ἐπαινῶ의 독법과 관련하여 약간의 혼란스러움을 나타낸다. 과연 이 두 단어 모두 현재분사의 독법으로 받아들여야 할 것인가? 아니면 전자는 현재분사로, 후자는 직설법으로 읽어야 할 것인가?(א, G 및 대다수 사본들을 따라 UBS 4판은 이 독법을 원문으로 받아들임) 아니면 (A와 C*를 따라) 거꾸로 전자는 직설법으로, 후자는 분사로 읽어야 할 것인가? 또 아니면 (B를 따라) 두 단어 모두 현재분사로 받아들여야 할 것인가? 그러나 대다수는 UBS 4판이 원문으로 받아들인 א, G의 독법을 따른다.

우리가 11:17-34에 대한 머리말에서 언급했듯이 이 절에서 바울이 οὐκ ἐπαινῶ를 사용한 것은 그가 11:2에서 ἐπαινῶ δέ를 사용한 것을 의도적으로 철회했음을 드러낸다.[20] 여인들이 공개적으로 기도하거나 예언의 말을 하는 것을 허용하는 것과 관련하여 고린도 교회는 바울이 세운 교회에서 전해지고 지켜지던 전통을 따르고 있었다. 하지만 고린도 교회가 주의 만찬을 나누는 방식, 또는 더 엄밀히 말해 그것을 진정으로 나누지 못한 것은 "다른 사람을 위해" 자신을 내어준 것을 선포하는 **주의 만찬**을 집주인이 몇몇 동호회원을 위해 베푼 식사에 지나지 않는 것으로 변질시켰음을 의미한다(20-22절 참조). 그리스어 동사 συνέρχεσθε는 18, 20, 33, 34절에서도 반복해서 나타난다. 성찬과 관련된 이 구체적인 배경은 단순히 **사람들의 모임**이 아니라 **여러분이 교회로서 모이는** 것이다. 18절에서도 이 점이 다시 한 번 분명하게 언급된다. 그들이 모이는 것은 어떤 사적인 식사를 위한 친구들의 모임으로 만나는 것이 아니라 신앙 공동체로 모이는 것이다. 비록 그들이 그리스도의 십자가를 통해 하나님의 은혜를 받은 자들로서 유대 관계

20) 또한 Hays, *First Cor*, 194.

를 공유하지만(참조. 4:7), 어떤 부유한 후견인의 저택에서 식사하는 것에 해당하는 그들의 모임은 분열과 분파를 초래하는 특성이 있으며, 유익하기보다는 오히려 더 해롭다. 이 절의 마지막 구절 οὐκ εἰς τὸ κρεῖσσον ἀλλ᾽ εἰς τὸ ἧσσον은 그 의미가 서로 예리하게 대조를 이룬다(REB와 NIV 번역 참조). 한편 우리는 τοῦτο δὲ παραγγέλλων과 관련하여 NRSV의 번역—이제 이어지는 지시 사항에서—을 따를까 생각하기도 했다. 하지만 바레트와 같은 탁월한 해석자는 τοῦτο가 "앞에서 언급한 내용"을 기대하게 하는 의미를 지니고 있다고 강력하게 주장한다.[21] 그러나 그리스어 문장에서 τοῦτο가 앞으로 언급될 내용을 가리키는 사례도 있기 때문에(참조. NRSV, NIV. 또한 NJB도 그렇게 암시됨), 바레트의 견해는 타당하지 않다. 우리는 (REB의 경우처럼) 이 그리스어 지시대명사를 "이 지시 사항"이라고 번역함으로써 해당 이슈를 미결 상태로 남겨둔다.

"여러분이 모이는 모임"이라는 NJB의 번역은 이것이 과연 어떤 종류의 모임인가라는 질문을 위한 길을 열어준다. 이 모임은 단순히 비슷한 신분과 배경을 가진 자들의 연회를 위한 특별한 행사인가? 이 행사의 구조에 의하면 이 모임이 성찬을 기념하는 형태를 취하기 때문에 거기에 음식을 먹으려는 자들이 몰려드는 것인가? 아니면 이 모임은 그리스도께 초점을 맞추며, 그의 구속에 기초한 새로운 유월절을 기념하는 것인가? 그리스도의 사역을 통해 하나님의 은혜를 받고 그것에 감사하는 모든 그리스도인들은 그 모임에 동참하는 것인가? 헤이스가 주장하듯이 우리는 리츠만의 강조점을 따라 "아가페"(애찬식)와 "성만찬" 사이에 존재했던 특성을 시대에 맞지 않게 소급하여 이해하는 것을 피해야 한다.[22] 우리는 이 단락에 대한 머리말에서 리츠만의 가설을 이미 간략하게 언급했다. 거기서 우리는 이 가설이 알베르트 슈바이처, 고구엘, 루아지 등 논쟁의 여지가 있는 사상가들 사이에서 제기된 부활 이후의 그리스도의 현현(顯現)에 대한 신화와 연결되

---

21) Barrett, *First Epistle,* 260.

22) Hays, *First Cor,* 193; Lietzmann, *Mass and Lord's Supper,* 172–186, 193–203, and 203–209.

어 있다는 점을 지적했다. 딕스와 히긴스는 이 가설을 영어권 독자들에게 널리 퍼뜨렸다. 나중에 그 누구보다도 예레미아스와 마셜은 이 가설을 비판했다.[23] 사실상 고트프리드 호피우스의 연구는 "기억하는 것"에 대한 전승(εἰς τὴν ἐμὴν ἀνάμνησιν)—특히 히브리어 זכר(자카르)의 배경에서—이 하나님의 구원 행위를 기쁨으로 "회고하는 것" 또는 "선포하는 것"에 해당한다(참조. 시 105:1, 5)는 점을 입증해준다. 이것은 십자가를 통한 하나님의 은혜를 감사하며 찬양하고 기념하며 십자가 상에서 죽고 부활하신 주 그리스도와 함께 하나가 되는 것("친교" 및 "동참")에서 정절에 이른다.[24] 리츠만이 제기한 "두 가지 유형"은 더 설득력이 있는 호피우스의 연구에서 역사적·신학적 통일을 이룬다. 하지만 이것은 초기 전승에 대한 다양한 "독법"을 배제하지 않는다. 기독교 역사에서 첫 몇 세기에 이 독법은 교회의 예배의식에서 몇 가지 특별한 강조점과 더불어 다양하게 표현되었다.[25]

18절 우리는 1:10-12에서 σχίσματα를 "편"(便)이라고 번역했다. 이것은 그리스어의 은유적인 의미를 보존하며 이 분열이 교리적인 특징을 지녔다는 그릇된 개념을 피한다. "그룹으로 뚜렷하게 갈라졌다"라는 REB의 번역은 전체 문맥에 대한 주해에 근거한 것이라면 정당화될 수 있을 것이다. 그러나 이 번역은 이 절에서 그리스어의 의미에서 벗어난다. 그리고 1:10-12과 이 절의 강조점 사이에는 근본적인 차이점이 있다. 1:10-12에서 "편"(들)은 서로 다른 대상을 내세우던 그룹들의 서로 다른 에토스 사이에 존재했던 긴장을 반영한다. 비록 고린도 교회 전체에게 있어 이 분파들은 내적인 것이지만, 기존 그룹에 있어 이 분파들은 "외적인" 것이다. 하지만 여기서는 집에서 모이는 모임 자체가 사회적으로 우위에 있는 자들과 사회적으

---

23) Jeremias, *Eucharistic Words of Jesus,* 29-31; Marshall, *Last Supper and Lord's Supper,* 20 and 130-133.

24) Otfried Hofius, "The Lord's Supper and The Lord's Supper Tradition: Reflections on 1 Cor 11:23b-25," in Meyer (ed.), *One Loaf, One Cup,* 75-115, 특히 103-111; Germ. "Herrenmahl und Herrenmahlsparadosis," 371-408.

25) McGowan, "Is There a Liturgical Text in This Gospel? The Institution Narratives and Their Early Interpretative Communities," 73-87.

로 낮은 자들 간의 분열을 반영한다. 이 분열은 심지어 다 함께 모인 하나의 모임 안에서, 곧 ἐν ἐκκλησίᾳ에서 내적인 것이다. 그들은 한 장소에서 교회로 모였다. 하지만 ἐν ἐκκλησίᾳ라는 그리스어 표현은 장소를 가리키는 것으로 이해해서는 안 된다. 이것은 "교회 안에서"가 아니라 "교회로서"를 뜻한다("교회 안에서"는 이 시기에 이 표현의 일반적인 용례에 어긋날 뿐만 아니라 시대적인 측면에서도 타당하지 않을 것이다).[26] 만약 우리가 전치사 ἐν을 명백하게 설명하려 한다면 히브리어 קהל(카할)을 반영하는 로버트슨과 플러머의 "모임 안에서"를 따라야 할 것이다.[27] 그리스어 동사 ἀκούω가 현재 진행의 의미, 곧 "나는 계속해서 듣고 있습니다" 또는 "나는 거듭해서 듣습니다"로 이해할 수도 있지만, 그것은 확실하지 않다.[28] 하지만 대다수 영역본은 "나는 듣습니다"(NRSV, NIV, NJB) 또는 "나에게 말합니다"(*I am told*—REB)라고 번역한다. 이 단어에 대한 우리의 번역은 REB의 번역에 가깝다.

주석가들은 μέρος τι πιστεύω의 해석에 대해 난처해한다. 왜냐하면 적어도 이 그리스어 표현은 다양하게 이해될 수 있기 때문이다. 헤이스는 이 표현이 "나는 그것을 신뢰할 수 없습니다. 나는 그것을 믿을 수 없습니다"라는 일종의 격분을 나타내는 것으로 해석한다.[29] 로버트슨과 플러머는 헤이스와 반대되는 견해를 취한다. 즉 그리스도인의 희망과 사랑은 언제나 최악의 상황을 믿는 것을 주저한다는 것이다.[30] 고든 피는 "바울이 진정으로 그것을 믿을 뿐만 아니라 그에게 정보를 알려준 자들은 별 관심 없이 관찰하는 자들임을 인정한다"고 주장한다.[31] 볼프와 키스트메이커는 이 표현을 목회적으로 신중한 "처신"의 사례로 이해한다. 즉 바울은 불필요

---

26) 참조. Héring, *First Epistle*, 112; and Kistemaker, *1 Cor*, 386. 디다케 (4)에서도 이 의미가 나타난다.

27) Robertson and Plummer, *First Epistle*, 239. 유감스럽게도 AV/KJV는 정관사 τῇ를 포함하는 어떤 사본—곧 그 교회 안에서—을 따르고 있다.

28) Robertson and Plummer는 전자의 의미를 제안하는 반면(Robertson and Plummer, *First Epistle*, 239), Edwards는 후자의 번역을 지지한다(Edwards, *First Epistle*, 284).

29) Hays, *First Cor*. 195.

30) Robertson and Plummer, *First Epistle*, 239.

31) Fee, *First Epistle*, 537.

한 충돌과 특히 거칠고 지나치게 경솔한 언사를 피하고자 한다는 것이다.[32] 이 마지막 제안이 가장 합리적이다. 또한 "나는 거기에 어느 정도의 진실이 있다고 믿습니다"라는 REB의 번역도 이 점을 잘 전달해준다. "나는 어느 정도 그 말을 믿습니다"라는 우리의 번역은 그 번역을 받아들이며, 바울 자신이 다음과 같은 가능성을 남겨둔 것을 그대로 열어놓는다. 즉 식사를 할 때 첫 번째와 두 번째 부류에 속한 손님들이 서로 나뉘었지만, **몇몇** 집주인 또는 후견인은 다른 사람들보다 더 신중하고 조심스럽게 손님을 대우했을 가능성도 있다는 것이다. 따라서 이와 같은 분열이 전적으로 보편적인 현상은 아니었을 수도 있다. 앞에서 언급한 바와 같이 이 점은 성급하게 보편화하거나 누구나 할 것 없이 모두를 비난하는 것에 반대하며 목회자로서 책임감 있게 말할 필요성을 강조한다.

19절 D*, F, G, 키프리아누스는 상반절에 들어 있는 ἐν ὑμῖν을 생략하며, 몇몇 사본들은 후반절의 ἐν ὑμῖν을 생략한다. 하지만 UBS 4판은 이 표현이 두 번 나타나는 것을 원문으로 받아들인다. 그 입장은 타당하다.

만약 우리가 제안한 해석이 받아들여진다면 γάρ는 고린도 교인들의 그릇된 관행에 대한 설명을 계속 이어가는 역할을 한다. 이 관행은 20-21절에서 더 자세하게 묘사된다. αἱρέσεις, δόκιμοι, φανεροί에 대해서는 BAGD를 참조하라. 이 사전의 정보는 우리의 번역과 일치한다.[33] 하지만 우리는 파울젠의 다음과 같은 주장과 함께 시작하고자 한다. 즉 바울은 여기서 심판에 대한 종말론의 관점에서 "분파" 또는 "분열"의 피할 수 없는 과정에 대한 어떤 말에 관해 언급한다.[34] 유스티누스는 종말론적 심판과 같은 문맥에서 "분열과 분파가 있을 것이다"라고 분명하게 말한다. 또한 그는 "많은 사람이 겉으로는 양의 옷을 입고 내 이름으로 나오지만, 그들은 내면적으로 노략질하는 이리들이다"[참조. 마 7:15].…"적그리스도들과 거짓 사도들

32) Wolff, *Der erste Brief*, 257; Kistemaker, *1 Cor*, 387.
33) BAGD, 23-24, 203 and 852.
34) Paulsen, "Schisma und Häresie. Untersuchungen zu 1 Kor 11:18, 19," 180-211. 또한 다른 많은 저자도 이 점에 대해 다소 간략하게 논의한다.

이 많이 나타날 것이다"[참조. 마 24:11])라고 말한다.[35] 우리는 여기서 종말론과 관련된 어떤 말이 언급된다는 것을 받아들인다. 하지만 우리는 **바울** 자신이 성만찬의 배경에서 이 말에 호소한다는 견해를 받아들이지 않는다. **고상한 체하던 고린도의 교육받은 "강한 자들"**은 이미 "분열"에 대한 비판을 예기하고, 그것에 대해 "신자임을 주장하는 모든 사람이 시련을 받고 진실하다고 판명된 것은 아니다"라고 말했을 것이다. 따라서 성찬을 통해 무조건 "하나 됨"을 이룬다는 이 모든 말은 의문의 여지가 있다. 그러므로 그들은 "파당은 불가피하다"는 종말론적인 원리에 호소한다.

그 누구보다도 바레트, 콘첼만, 슈라게, 랑은 δόκιμος의 이러한 의미와 종말론적인 배경을 지지한다.[36] 큄멜과 콘첼만은 바울이 "아이러니한" 것도 아니고 "단념한" 것도 아니라고 주장한다. 하지만 바울은 그밖에 자신이 비난하는 분열을 어떻게 지지하는 것처럼 보일 수 있는가? 헤이스는 그것을 "추측건대 하나님의 계획 속에서 불가피한" 것으로 이해한다.[37] 하지만 고든 피는 이것을 "이 편지에서 진정한 수수께끼 중 하나"라고 부른다.[38] 그는 단지 "아이러니"나 대안으로서 나중에 바울이 11:28-32에서 심판에 대해 언급하는 것을 기대할 수 있다고 제안한다. 이것은 "불가피한 것에 직면한 단념에 해당할 것이다. 즉 바울은 종말에 수반하는 '파당'을 기대했다."[39] 하지만 고든 피는 자신의 설명의 시도에 전적으로 만족해하지 않는다. 한편 분열(18절)은 더욱더 심각한 파당 또는 분파(19절)로 이어졌을 것이라는 바이스와 로버트슨과 플러머의 주장은 상반절에는 타당할 수 있

---

35) Justin, *Dialogue with Trypho*, 34:3. 참조. *Pseudo-Clementine Homilies*, 16:21:4 and *Didascalia Apostolorum*, 23(Paulsen과 다른 이들도 인용함).

36) Schrage, *Der erste Brief*, 3:21-22; Kümmel, "Anhang," in Lietzmann, *An die Korinther*, 185("종말론적인 불가피성"; 참조. 고전 15:25, 53); Barrett, *First Epistle*, 261-262; Conzelmann, 1 Cor, 194 and 194 n. 14; Héring, *First Epistle*, 113: "그 시험을 이기며 통과하는 자들은 밝히 드러날 것이다(*δόκιμοι*; 참조. 고후 10:18; 13:7; 롬 14:18)"; Lang, *Die Briefe*, 148("불가피한 과정…마지막 심판").

37) Hays, *First Cor*, 195.

38) Fee, *First Epistle*, 538.

39) 같은 책, 28-32. 참조. Gundry-Volf, *Paul and Perseverance*, 99-113.

지만, 그다음에 이어지는 "시련을 받아 진실한 자들"이라는 표현은 안타까운 상황을 미덕으로 만드는 듯하다. 만약 그리스어 원문에서 후반절이 진정으로 바울의 말을 나타낸다면 이 문장은 사실상 "이 편지에서 진정한 수수께끼 중 하나"(고든 피)다. 하지만 파울젠과 다수의 학자들이 지적하는 것은 바울 이전 교회들 사이에서 이미 사용되던 것으로 보인다. 그리고 그 말은 십중팔구 예수의 말씀에서 유래했을 것이다. 이러한 말은 나중에 가짜 신앙이 나타나는 현상이나 그리스도인의 우쭐대는 행위를 설명하기 위해 언급되었을 것이다. 사실상 유스티누스는 이러한 배경에서 이 말을 언급한다.[40] 이것은 확실히 고린도의 몇몇 교인들이 잘 알고 있던 어떤 문제점을 해명하기 위해 괄호 안에 포함할 만한 언급에 해당할 것이다(18절에서 "나는 어느 정도 그 말을 믿습니다"에 대한 주해를 참조하라). 처음에 이렇게 충고하는 말로 시작하는 바울은 다음 사항을 강조하는 것으로 나아간다. 즉 만약 식사의 상황이 주의 만찬에 참여하는 자들을 트리클리니움에서 좋은 대접을 받는 "일류" 손님들과 아트리움에서 먹는 다른 평범한 손님들로 나눈다면(아래 주해 참조), 이것은 결코 주의 만찬이 아니라 단순히 한 개인의 집에서 식사하는 것에 불과하다는 것이다.

만약 우리의 해석이 거부된다면 한 가지 다른 대안이 제시될 수 있을 것이다. 설령 종말론과 심판의 배경은 받아들여지지 않는다 하더라도 우리는 이 절을 바울의 아이러니로 이해하는 호슬리의 입장을 따를 수 있을 것이다. 호슬리의 번역은 바울이 그 당시 널리 행해지던 **사회적인 범주화**를 아이러니하게 언급할 수 있다는 것을 명백하게 드러낸다. "여러분 사이에 당연히 '차별'이 있어야만 합니다. 그러면 여러분 중에서 어떤 이들이 '저명 인사들'인지 밝혀질 것입니다."[41] 이 해석을 두 번째 선택으로 구분하는 이유는 그것이 논리적으로 잘 연결되고 해당 문맥에 적합하기 때문이다. 또한

---

40) 트리폰은 어떤 그리스도인들은 우상에게 제물로 바친 음식을 먹으면서 자신들에게 아무런 해도 일어나지 않을 것이라고 확신한다는 이슈에 이의를 제기한다(Justin, *Dialogue,* 34:3).

41) Horsely, *1 Cor,* 159.

이것은 바울이 목회적인 측면에서 평상시와 달리 예리하고 풍자적으로 반응한다는 것을 잘 설명해준다. 분명히 바울은 고린도 교인들의 질문에 반응할 때보다는 구두 보고에 반응할 때 한층 더 예민하고 대립적이다.[42] 뿐만 아니라 4:8-13은 바울이 비난 조의 아이러니를 사용한다는 것을 증언한다. 또한 주의 만찬이 훼손됨으로써 그것이 해를 가져오고, 또 교회를 사회적으로 환영받는 계급과 이류 계급으로 나뉘게 하는 먹고 마시는 파티로 만든다는 개념은 잔인무도하다. 하지만 자기 정당화의 위선을 지적한다면 심지어 더 좋은 목적으로 이끌 수도 있을 것이다. 이 두 가지 설명 중 하나는 "수수께끼"로 여겨지는 것에 대한 설명을 제공한다.

20-21절 이 절들은 역사적·고고학적 탐구가 어떻게 어떤 성경 본문의 의미를 밝혀줄 수 있는지에 대한 널리 알려진 고전적인 사례를 제공한다. 처음에는 타이센, 그다음에는 제롬 머피-오코너가 제임스 와이즈먼의 고고학적 연구를 적용하는 시도를 함으로써 1980년대 초반부터 람페와 최근 주석가들이 성경 주해에 변혁을 가져오는 기초를 다지게 되었다.[43]

1980년대 초반부터 사실상 모든 주석가는 신자들이 그리스도의 죽음과 그의 부활한 현존을 새로운 유월절로 기념하는 공동 식사에 참여하기 위해 모인 자리에서 발생한 분열 또는 파당과 직접적인 관련이 있던 고대 로마의 식사 관습과 진행 절차를 올바르게 언급한다. 여기서 두 가지 주요한 요소가 관련되어 있다. 첫째는 고대 로마의 거대한 저택의 공간과 관련이

---

42) 앞에서 우리는 바울의 이와 같은 어조의 차이점에 대해 지적하는 Hurd의 견해를 언급했다.

43) Murphy-O'Connor, *St. Paul's Corinth,* 153-161. 또한 그의 주석서 *1 Cor,* 128-129에도 간략하게 요약되어 있다. 그의 논문 "House Churches and the Eucharist," 32-38도 참조. 더 최근의 연구는 다음과 같은 논문이나 주석서를 전제하고 그것에 기초하여 이를 더욱 발전시킨다. 예를 들면 Lampe, "Das korinthische Herrenmahl im Schnittpunkt hellenistisch-römischer Mahlpraxis und paulinischer Theologia Crucis (1 Kor 11:12-34)," 183-213; Blue, "The House Church at Corinth and the Lord's Supper: Famine, Food Supply and the Present Distress," 221-239; Hays, *1 Cor,* 195-197; Witherington, *Conflict and Community in Corinth,* 247-252; Schrage, *Der erste Brief,* 3:22-27; Collins, *First Cor,* 417-419. 또한 H.-J. Klauck가 고대 그리스-로마 세계에서 "친교의 식사" 또는 심포지아와 비교하는 논문을 참조하라.

있고, 둘째는 손님들의 신분과 이에 따라 식사 제공에 차별을 두던 문화적 관습과 관련이 있다.

1970년대 후반에 제임스 와이즈먼이 주도한 미국 탐사팀은 기원후 50년에서 75년 사이에 건축된 것으로 추정되는 아나플로가에 위치한 어떤 저택의 유적을 발굴했다.[44] 그 유적지는 에라스토스 묘비를 넘어 고대 고린도의 공식 경계선 밖에 있다. 고대 고린도의 공식 유적지에 있는 고린도 박물관 안에는 트리클리니움(식사 장소)의 멋있고 인상적인 모자이크 바닥이 있다. 그것은 그 저택의 유적지에서 옮겨온 것으로서 그 규모가 어떠한지 충분히 비교해볼 수 있다. 머피-오코너의 계산에 의하면 이 트리클리니움은 5.5×7.5 미터로서 41.25평방미터이다. 만약 우리가 식탁 주위에 기대어 앉을 수 있는 긴 의자를 놓는다면 (헤이스가 주장하는 바와 같이) 이 안락한 식사 공간에 일반적으로 최대한 아홉 명의 손님이 들어갈 수 있을 것이다.[45]

현관을 지나 복도로 들어서면 중앙에 있는 아트리움이나 정원이 딸린 복도로 연결된다. 또한 이 공간은 네다섯 개의 방으로 연결된다. 이 공간에는 트리클리니움도 포함되어 있다(아나플로가의 저택에서 트리클리니움은 오른쪽에 있는 첫 번째 공간이다). 그리고 그 공간 중앙에는 임플루비움(빗물 저장소)이 있다. 따라서 이 저장소의 넓이만큼 바닥의 공간이 줄어든다. 이런 장소에는 대략 스무 명에서 서른 명이 들어갈 수 있었을 것이다(바울 이후의 시대에 건설된 것으로 추정되는 대규모 저택들도 발굴되었는데, 그런 저택들은 아마도 오십 명까지도 수용할 수 있었을 것이다). 헤이스는 만약 그들이 앉거나 서 있었다면 서른 명에서 마흔 명까지도 수용할 수 있었을 것이라고 주장한다. 아홉 명이나 열 명보다 더 많은 사람이 식사하러 왔다면 가난한 자들이나 별로 존중받지 못하던 손님들에게는 이미 사람들로 가득 차 있던 트리클리니움이 아니라 음식이 풍성하게 공급되지 않던 아트리움이 식사 장소로 제공되었

---

44) J. Wiseman, "Corinth and Rome I:228 BC-AD 267," in *ANRW*, 528; 참조. 438-548; Murphy-O'Connor, *St. Paul's Corinth*, 155 (and plan of villa on 154).

45) Hays, *1 Cor*, 196. 한편 Collins는 식사 장소로 사용하던 다양한 공간과 음식의 차별적인 제공이 분열을 부추겼다는 데 동의한다(Collins, *First Cor*, 418-419).

을 것이다. 사실상 아트리움은 예상했던 것보다 사람들이 "더 많이 몰려왔을" 때 이와 같은 기능을 수행했다. 집주인의 판단으로는 그들이 거기에 들어갈 수 있는 것만도 행운이었다. 트리클리니움에서는 수준 높은 음식, 서비스, 안락함이 제공되었을 것이다. 특별히 주요 음식이 거의 다 제공된 이후에 도착한 사람들은 아트리움에서 남은 음식을 먹을 수 있었을 것이다.

두 번째 요소는 이와 같은 범주로 나누어 사람들을 차별하는 관행을 더욱 악화시킨다. 소(小) 플리니우스는 손님들의 등급에 호의를 나타내는 표시로서 음식과 음료의 품질을 구별하는 것을 세부적으로 묘사한다. "가장 좋은 음식이 담긴 접시들은 자신[집주인]과 엄선된 두세 명의 손님 앞에 놓였다. 그리고 값싼 음식 찌꺼기는 나머지 손님들에게 제공되었다. 집주인은 심지어 포도주도 매우 작은 세 개의 병에 담아 세 등급으로 나눈 사람들에게 제공했다.…가장 좋은 포도주는 자신과 우리에게, 두 번째 것은 그의 두 번째 부류의 친구들(그의 모든 친구도 등급이 매겨짐)에게, 세 번째 것은 그와 우리에게 속한 사람들로서 노예 신분에서 해방된 자들에게 제공되었다."[46) 『고전적인 배경에서의 식사』라는 논문집은 우리에게 더 상세한 정보를 알려준다.[47) 부스(Booth)의 견해에 의하면 오직 남성용 토가(*toga virilis*)를 걸쳐 입은 사람들(곧 높은 신분의 성인 남자들)만 트리클리니움에서 "기대어 앉을 수 있는 자유가 주어지는" 권위를 지녔다.[48) 총애를 받던 소년들은 높은 신분의 남성이 앉아 있는 의자의 곁에 앉을 수 있었다. 또한 이러한 방침은 (비록 유비에 의한 간접적인 해석이라고 하더라도) 트리클리니움에서 집주인 곁에 기대어 앉도록 초대받는 것은 집주인에게 호의를 얻고 있음을 알려주는 표시라는 개념을 굳혀주었다. 이것은 그러한 영예를 얻은 사람에게 추가적인 신분을 부여한다. 세네카는 흥청망청하는 연회, 매력적인 소년 노예들 또는 "불행한 노예 소년들"과 관련된 폐습과 소년들에게 콘비비우스

46) Pliny the Younger, *Letters,* 2.6.
47) W. J. Slater, *Dining in a Classical Context* (Ann Arbor: University of Michigan Press, 1991), 특히 A. Booth, "The Age for Reclining and Its Attendant Perils," 105-120.
48) 같은 책, 108.

(*convivius*)의 지위를 부여하던 권력의 남용 간의 연관성을 분명하게 보여준다.[49] 물론 우리는 어떤 지역의 사회 생활과 로마에서 일어난 모든 것을 서로 동일시해서는 안 될 것이다. 하지만 친한 친구, 이류 친구, 식객, 고객, 소년, 그리고 종이라는 등급에 따라 각각 음식, 음료, 식사 장소가 차별적으로 제공되는 것을 암시하는 다양한 신분을 집주인의 목적에 따라 사용하는 것 자체가 고대 그리스-로마 사회에 내재되어 있던 차별적인 관습에 대해 많은 것을 말해준다. 이것은 모두 명예와 수치 문화라는 상징적인 세계의 일부분이다.

이 단락을 이해하기 위해 이와 같은 자료에 의존하여 더 나은 탐구를 추구하는 시도는 대체로 게르트 타이센의 논문 "사회적 통합과 성찬과 관련된 활동: 고전 11:17-34에 대한 분석"(독일어 논문은 1974년에 처음 발표됨)과 더불어 나타났다.[50] 타이센은 21절과 22절을 주해하면서 "아무것도 갖지 못한 자들"(μὴ ἔχοντας)은 "자신의 음식, ἴδιον δεῖπνον을 먹는 자들"과 대조를 이룬다고 주장한다. 이것은 ἕκαστος와 τὸ ἴδιον δεῖπνον에 더 강조점을 둔다. 하지만 이것은 개인주의에 대한 비판을 배제하지는 않는다. 만약 기원후 51년에 발생한 기근이 도시에 거주하던 가난한 자들에게 영향을 미쳤다는 블루와 윈터의 평가가 옳다면 이 이슈는 더 큰 비중을 차지할 것이다.[51] 타이센은 "ἴδιος와 κυριακός는 소유권 문제를 가리킨다"고 올바르게 주장한다. 즉 그 식사는 "주님이 베푸는 만찬"인가? 아니면 **집주인과 그가 가장 편애하는 손님들의 잔치인가?**[52] 고든 피도 타이센의 입장에 동조한다. 과연 누가 관심의 대상인가? 누구의 유익을 위해 베풀어지는 만찬인

49) Seneca, *Epistles,* 95.24; 참조. Plutarch, *Quaestiones Romanae* 33; Suetonius, *Augustus* 64.3 and *Claudius* 43; Polybius, 36.25.4.

50) G. Theissen, "Soziale Integration ...", *NovT* 16 (1974): 179-206; 영어로는 Theissen, *The Social Setting of Pauline Christianity,* 145-174.

51) 참조. Blue, "The House Church at Corinth and the Lord's Supper: Famine, Food Supply and the Present Distress," 221-239; Winter, "Secular and Christian Response to Corinthian Famine," 86-106; Theissen, *Social Setting,* 148.

52) Theissen, *Social Setting,* 148. 참조. Fee, *First Epistle,* 539 and 539, n. 10: "주의 날"(계 1:10)도 동일한 의미와 효력을 지니고 있다.

가? 가장 예리한 질문을 던진다면 **사실 누가 그 식사를 "베풀고" 있는 것인가?**

그리스어 용어와 구문은 20-22절의 핵심 이슈에 대한 이러한 이해를 지지한다. ἐπὶ τὸ αὐτό와 함께 사용되는 소유격 분사 구문은 상황과 관련된 배경으로서 **동일한 장소에 다같이 모여 모임을 갖는** 행위를 가리킨다. 그리고 οὐκ ἔστιν과 부정과거 부정사 φαγεῖν 간의 구문 관계는 묘사된 상황에서 실질적으로 먹는 행위로 간주되는 것에 대한 논리적인 정의를 표현한다. 따라서 우리는 οὐκ ἔστιν을 "(먹는 것이) 아닙니다"라고 번역했다(또는 우리는 "[먹는 것에] 해당하지 않습니다"라는 번역을 제안한다). 적어도 크랜머 시대부터 많은 저자들은 이것을 일종의 "논리적인 가능성"의 문제로 표현해왔다. 따라서 크랜머 성경은 "주의 만찬을 먹을 수 없습니다"라고 번역했다. 마이어, 에드워즈, 에링, 콘첼만은 (1881년의 RV와 더불어) "여러분이 주의 만찬을 먹는 것은 가능하지 않습니다"라고 번역한다.[53] 여기서 문제점은 "가능하다" 또는 "할 수 있다"가 항상 논리적인 가능성(곧 그것은 ~에 해당한다; 그것은 ~에 상응한다)으로 이해되지 않고, 부수적인 또는 경험적인 능력으로 이해된다는 것이다. 따라서 NRSV의 번역인 "그것은 진정으로 주의 만찬을 먹는 것이 아닙니다"는 논리적인 지위에서 심리적인 의도로 강조점을 옮기는 경향을 보인다.[54] 더 단순한 번역인 "여러분이 먹는 것은 주의 만찬이 아닙니다"(REB, NIV, NJB)는 이러한 오해를 피할 수 있으며, 그리스어 원문의 의미에도 더 가깝다. 콘첼만은 다음과 같이 탁월하게 주해한다. "고린도 교인들은 자신들의 행위를 통해 그것[성만찬]의 특성을 파괴한다. 그럴 경우에는 주님이 성찬을 베푸시는 것이 아니라[곧 21절에서] 한 개인이 식사를 제공하는 것이다. 따라서 친교[공동의 나눔]는 무효가 된다."[55]

또 다른 논쟁의 여지가 있는 그리스어 단어는 προλαμβάνει(21절)다.

---

53) Meyer, *First Epistle,* 1:335; Edwards, *First Epistle,* 286. Meyer는 고전 시대로부터(예. Thucydides, 8.53; Sophocles, *Philoctetes* 69) 신약 시대(예. 히 9:5)에 이르기까지 부정사와 함께 ἔστιν이 이러한 의미로 사용되는 구문을 언급한다. 참조. Conzelmann, *1 Cor,* 192, 194; Héring, *First Epistle,* 113.

54) Héring은 "목적의 개념은…허용될 수 없다"고 주장한다(Héring, *First Epistle,* 113).

55) Conzelmann, *1 Cor,* 194.

이 단어는 전통적으로 "먼저 ~을 하다"(NRSV, NIV, NJB[이문], 바레트)를 의미한다고 이해되었다. 하지만 브루스 윈터는 여기서 이 그리스어 동사는 "먹어치우다" 또는 "게걸스럽게 먹다"를 의미한다고 주장한다. 호슬리도 이 해석을 강력하게 지지한다.[56] 이 번역의 중요성은 이것이 예절 또는 자세가 아니라 이기적인 탐욕에 강조점을 두며, 접두사 προ-가 시간을 가리키기보다는 의미를 강화하는 기능을 수행하는 것으로 이해한다는 점이다. 헤이스는 시간적인 의미로 이해하는 것도 가능하지만, 반드시 그것이 요구되는 것은 아니라고 올바르게 지적한다.[57] 이것은 어쩔 수 없이 늦게 도착한 자들의 문제를 가리킬 수 있지만, 우리는 그것을 전제할 수 없다.[58] 따라서 헤이스는 "자신의 음식을 다 먹어치운다"가 가장 좋은 번역이라고 제안하는데, 이 번역은 REB의 번역—"자신의 음식을 다 먹는다"—과 가깝지만(NRSV, NIV, NJB의 번역과 대조됨), 강조의 측면을 올바르게 전달한다. 만약 이 배경이 식량 결핍으로 인해 "가진 자들"과 "갖지 못한 자들"의 상황을 더욱 악화시키는 것이라면(윈터 등 다른 학자들), "먹어치우다" 또는 "게걸스럽게 먹다"가 이러한 배경에 더 적절할 것이다. 고든 피는 바울이 말하려는 바의 의미(비록 정확한 번역은 아니지만)를 "주의 만찬 대신에 각자 '자기 음식'을 즐긴다"라는 의미로 이해할 수 있다고 제안한다.[59] 콜린스는 "선호도에 따라 먼저 먹는다"라고 번역하는데, 이는 "다른 사람보다 먼저 먹기 시작한다"를 의미할 수 있다고 주장한다. 바울은 이 그리스어 동사를 다른 곳에서 한 번 더 사용하는데(갈 6:1), 거기서도 그는 시간적인 측면을 강조하지 않는다.[60]

나머지 한두 가지 그리스어 표현과 관련하여 윈터는 ἐν τῷ φαγεῖν은

56) Winter, "The Lord's Supper at Corinth," 73-82; Horsely, *1 Cor,* 159.

57) Hays, *First Cor,* 197. 따라서 BAGD, 708은 "시간적인 의미는…매우 약하게 느껴진다"라고 언급한다.

58) Kistemaker, *1 Cor,* 390; Barrett, *First Epistle,* 262.

59) Fee, *First Epistle,* 540.

60) Collins, *First Cor,* 422.

"식사 시간에"라는 시간의 의미를 지니고 있다고 주장한다.[61] 이 주장은 설득력이 있으며, 20절에서 다소 덜 구체적으로 정관사 없이 단지 부정과거 부정사만 사용되는 것과 대조를 이룬다. 성만찬의 전통이 2천 년이나 지난 시점에서 판단할 때 ὃς μὲν πεινᾷ ὃς δὲ μεθύει라는 표현은 참으로 믿기 어려울 것이다. 실질적으로 술에 취했다는 것은 높은 신분에 속한 자들 사이에서 만찬을 베푸는 자들이나 부유한 자들 중 일부가 사적인 만찬에서 문화적으로 예상되는 것을 얼마나 충실히 엄수했는지를 강조해준다. 그리스어에서 대조를 나타내는 표현 μέν ... δέ는 영어로 적절하게 번역하는 것이 항상 어려운 과제로 남아 있다. 여기서 바울은 두 가지 극단을 서로 대조한다. 우리는 이러한 대조에 대해 "사실상…심지어"라는 번역을 제시한다. 왜냐하면 이 부사들은 그러한 대조를 부각하는 역할을 하기 때문이다.

우리는 κυριακὸν δεῖπνον은 "주님에게 속한다"라는 의미에서 "주의 만찬"을 가리킨다고 이미 언급한 바 있다. 마지막으로 이에 대한 또 다른 주해를 추가하고자 한다. 고대 그리스-로마 세계에서 δεῖπνον은 하루 식사에서 가장 중요한 식사를 가리킨다. 영어에서 "디너"처럼 그것은 대체로 공식 모임에서 저녁 식사에 해당한다. 하지만 "크리스마스 디너"라는 표현처럼 그 강조점은 구체적인 시간보다 그 중요한 사건에 관심을 기울인다. 비록 δεῖπνον이 관습상 대체로 저녁 식사이긴 했지만, 그것이 항상 저녁 식사일 필요는 없었다. 그것은 "식사"(meal)로 번역될 수 있다. 그리고 κυριακός는 10:21에서 "주의 식탁" 또는 계 1:10에서 "주의 날"처럼 무엇이든지 "주님에게 속하는 것"을 가리킨다. 이것은 성찬 또는 성만찬에 대한 가장 이른 시기의 명칭이다. 그리고 이 배경에서 이 그리스어 단어는 동시에 "주를 기념하는"을 가리킬 수도 있다.[62] 여기서 바울은 신앙 공동체의 행사에서 주님에게로 강조점을 이동시키고자 한다. 따라서 이 용어는 감사, 구원, 친교에 초점을 맞춘다. 이와 같은 문맥에서 신앙 공동체의 감사 **행위**를 가리키는 성

61) Winter, "The Lord's Supper at Corinth," 73-82.

62) Fee, *First Epistle*, 539-540.

찬보다는 주의 만찬이라는 표현을 사용하는 것이 더 적절할 것이다. 하지만 이 두 명칭은 모두 오랫동안 존중받아 온 전승을 반영하는 반면, **만찬**은 고전 10장을 되돌아본다.[63)]

22절 대다수 사본에서는 두 개의 부정과거 동사 εἴπω와 ἐπαινέσω가 신중한 의도를 나타내는 가정법으로 표현된다. 즉 "내가…무슨 말을 하겠습니까? 내가…칭찬해야 하겠습니까?" 한편 가장 초기의 사본 p[46]과 B는 ἐπαινέσω 대신 직설법 현재 ἐπαινῶ라고 읽는다(ἐπαινέσω는 문법상 가정법 부정과거나 직설법 미래를 가리킬 수 있다). 하지만 고든 피가 주장하는 바와 같이 이 독법은 거의 틀림없이 이 절의 맨 뒤에 나오는 ἐπαινῶ에 의해 동화되었을 것이다.[64)]

우리는 이 절의 그리스어 문법과 구문에 세심한 관심을 기울일 필요가 있다. 맨 앞에 위치한 μή는 "아니요"라는 대답을 기대하는 질문을 제기한다. "분명히 그것은…없습니다. 그럴 수 있습니까?" 두 번째 부정사 οὐκ는 집을 소유하고 있는 것에 대한 진술을 한정한다. 곧 "여러분이…집이 없습니까? (분명히 그렇지 않을 것입니다)" 그리고 정관사 + 부정사가 전치사 εἰς와 함께 사용되는 것은 "어떤 의도와 더불어" 또는 "어떤 목적을 위해" 등의 의미를 전달한다. 따라서 바울은 만약 그들이 의도하는 바가 축하 파티나 사적인 식사라면 그들은 그와 같은 목적을 위해 자신들의 집을 이용해야 한다고 충고하는 것이다. 따라서 "여러분은 먹고 마시는 것을 위해 여러분의 집을 갖고 있지 않습니까?"라는 번역은 "여러분은 먹고 마실 집이 없습니까?"(NRSV, REB, NIV; 더 좋은 번역으로서는 NJB, 여러분의 먹고 마시는 일을

---

63) δεῖπνον은 크리소스토모스의 글에서 성찬을 가리킨다(Chrysostom, *1 Cor. Hom.*, 14:5; *Isa. Hom.*, 6:1). 참조. Cyril of Alexandra, Diverse Homilies, 10:5; Dionysius the Areopagite, *De Ecclesias Hierarchiis* 3; 3:1; Basil, *Regulae Brevius Tractatae,* 310 (바울뿐만 아니라 κυριακός를 언급하면서). 또한 εὐχαριστία는 디다케 9:1, 알렉산드리아의 클레멘스, *Stromata,* 4:25까지 추적할 수 있으며, 교부시대의 다른 많은 문헌에서도 나타난다. 참조. Lampe, *Patristic Greek Lexicon,* 580. 한편 κυριακός는 하나님 또는 더 구체적으로 그리스도에게 속한 모든 것을 가리키는 데 사용된다. 예를 들면 **주님의 집**(Clement, *Stromata,* 3:18), 예배를 위한 날로서 **주님의 날**(디다케 14:10, 또는 최후의 날로서 **주님의 그 날**(Origen, *John,* 10:35). 참조. Lampe, *Patristic Greek Lexicon,* 786.

64) Fee, *First Epistle,* 535, n. 20.

하기 위해?)라는 번역보다 εἰς τὸ ἐσθίειν 구문을 더 분명하게 설명해준다. 한편 1:2의 경우와 마찬가지로 여기서 소유격 τοῦ θεοῦ는 의심의 여지 없이 소유의 의미를 나타낸다(1:2; 3:16에 대한 주해 참조). 교회는 단순히 인간이 만든 조직이나 사회 이상의 의미를 지니고 있다. 즉 교회는 하나님께 속해 있다. 하나님의 것인 교회를 멸시하는 것은 바로 하나님이 그분의 소유로 삼은 대상과 그 대상에게 베푸는 그분의 사랑을 무시하는 것이다. 따라서 하나님의 판단에 의하면 이러한 지위와 영예가 교회에 주어진 것이다.

핀들레이 이래로 일부 학자들은 μὴ ἔχοντας를 "갖지 못한 자들"이라고 번역했다(윈터와 우리가 이 단락에 제시한 제목도 이를 받아들인다).[65] 바울은 이 이기적이며 경솔하고 무분별한 행위가 그리스도 안에서 명예와 수치 문화에서 상실감을 느꼈을 형제자매들에게 미치는 영향에 관심을 기울이므로 우리는 καταισχύνετε를 "부끄럽게 하다"(NJB)라고 번역한다(물론 의미를 강화하는 접두사가 정당한 대안으로서 "굴욕감을 갖게 하다"[NRSV, NIV]라는 번역을 정당화하지만 말이다), 신중한 태도를 나타내는 가정법의 뉘앙스, 곧 "내가 여러분에게 무슨 말을 하겠습니까? 여러분을 칭찬해야 하겠습니까?"(위에서 텍스트에 대한 설명을 보라)는 보존되어야 한다. NJB의 번역 "칭찬/축하하다"는 바울의 반어법에 힘을 더 실어준다. 하지만 두 번째로 나타나는 ἐπαινῶ(직설법 현재)는 바울이 그들의 행위를 인정하지 않는다는 것을 의미한다.

집에서 식사하는 것과 신자들이 교회에 모여 주의 만찬을 나누는 것의 차이점은 앞에서 제시된 주해를 참조하라. 고든 피와 호슬리가 주장하듯이 바울은 **저택의 소유자들**을 명시적으로 가리키며 "집을 가지고 있는"이란 표현을 언급했을 수도 있다. 또한 고든 피가 주장하는 바와 같이 이것은 우리가 οἰκίας를 "가정"(homes: 참조. NJB, NRSV, NIV, REB, 헤이스)이 아니라 반드시 "저택"(집, houses)으로 번역해야 한다는 것을 의미하는가?[66] 현대 영어

---

65) Findlay, *Expositor's Greek Testament,* 3:879. 그 근거로서 ἔχοντες는 종종 **사람들**이나 또는 재산을 의미한다고 한다. 참조. B. W. Winter, "The Lord's Supper at Corinth," 73-82.

66) Fee, *First Epistle,* 543. 그의 견해는 Hays의 입장과 반대된다. Hays, *First Cor,* 197. 참조. Horsely, *1 Cor,* 157-158.

에서 home의 의미 영역은 집 주인을 포함하는 데까지 확대되었다. 비록 그것은 엄밀히 말해 집(저택, house)과 가정(home)을 전통적으로 구분해오던 관습에 어긋나는 것이긴 하지만 말이다. 여기서 바울은 다음과 같이 이중적 대조를 하는 것 같다. (a) 만약 당신이 저택을 소유하고 있다면 당신은 당신의 저택/가정에서 동료 신자들과 **교회에** 모여 주의 만찬을 기념하는 것을 **당신이 손님들을 식사에 초대하여 식사하는 것**과 동질화해서는 안 된다. (b) 한 사람의 집을 예배를 위한 모임으로 사용하는 것에 암시되어 있는 "거룩한 장소"와 더 구체적으로 "거룩한 시간"은 그 공간을 일상적인 일로 사용하는 것과 혼동해서는 안 된다.[67] 스티븐 바턴이 주장하듯이 바울은 "가문의 권세가 개입하는 것을 제한함으로써 교회 안에서 사회적인 질서"를 재정비하려고 노력한다.[68] 이 이슈는 적어도 부분적으로 "교회와 가정 사이에 경계선이 어디에 있어야 하는지에 주목한다(고전 14:33b-36; 고전 11:17-34)."[69]

위더링턴은 바턴의 강조점을 건설적으로 받아들인다. 하지만 "**한 몸**"**과** "**교제**"**(κοινωνία)에 대한 바울의 관심을** "**더 민주주의적**"**으로 묘사하는 것은 시대착오적이며, 바울의 생각을 대변하지 못한다.**[70] 라이오넬 손턴의 견해는 바울의 생각을 신학적으로 더 깊이 있게 이해한다.[71] 즉 "**민주주의**"는 **단순히 평등주의의 가치 체계 안에서 오늘날의 개인주의적인 사고방식을 연장한다**는 것이다. 그것은 경쟁을 추구하는 개인주의 대신에 다른 사람과의 연대감과 배려를 회복시키지 못한다. "주님의 죽음에 동참하는 것"에 대한 바울의 강조점은 "민주주의"와 바울의 더 근본적이고 변혁적이며 공동체를

67) S. C. Barton, "Paul's Sense of Place: An Anthropological Approach to Community Formation in Corinth," *NTS* 32 (1986): 225-246. 참조. Witherington, *Conflict and Community in Corinth,* 242.

68) Barton, "Paul's Sense of Place," 225.

69) 같은 논문, 225.

70) Witherington, *Conflict and Community in Corinth,* 242.

71) Lionel Thornton, *The Common Life in the Body of Christ,* 5-95, 156-187, 322-355, 특히 327-344.

배려하고 경쟁을 추구하지 않는 십자가와 하나가 된 새 창조 신학 간의 거대한 해석학적 간격을 깊이 드러낸다. 위더링턴이 "사투르날리아" 축제와 비교하는 것도 마찬가지로 오해를 불러일으킨다. 왜냐하면 이것도 고린도에서 제기된 이슈의 본질에 다른 성질의 범주를 강요하는 것이기 때문이다. 바턴은 다른 문화와 전통에서 유래한 사회학적 모델을 주로 건설적으로 사용하지만, 그의 견해에도 지나친 측면이 있다.[72] 사회적으로 형성된 일련의 관습 및 관례와는 대조적으로 바울은 이제 사도로서 주님으로부터 물려받은 **한 가지 구체적인 전승**에 호소한다.

23-24절 (1) D 사본은 23절에서 τοῦ κυρίου 앞에 있는 ἀπό를 παρά로 대체한다. 두 전치사는 모두 소유격으로 "~로부터"를 의미하지만, 바울이 대체로 παραλαμβάνειν과 함께 παρά를 사용한다는 이유에서 D 사본의 독법은 설명이 가능하다(참조. 살전 2:13; 4:1; 갈 1:12 등). 해당 전치사의 차이점은 "직접적으로"(성령의 특별한 은사라는 의미에서)보다는 "원래" 주님으로부터 전승을 받아들였다는 것에 주목한다고 추측할 수 있다. 하지만 이것은 두 전치사의 어떤 의미상의 차이점에 기초한 것이 아니라 단지 여기서는 "~로부터 받았다"는 의미에서 다른 곳에서 사용된 용법과 약간 다를 수 있다는 것을 의미한다. 한편 ἀπὸ θεοῦ라는 독법(F, G)은 이차적이며 후대의 것이다. (2) 24절에서 KJV/AV, 성공회 기도서, 서방 전승의 공인 본문은 λάβετε φάγετε, "받아 먹어라"를 전제한다. 하지만 이 독법은 이차적이며, C^3, K, L, P, 오래된 라틴어 역본과 불가타(교황 클레멘스 8세 판본), 고대 시리아어 역본들 및 많은 소문자 사본에서 발견된다. 하지만 이 독법은 초기의 p^{46}, ℵ, A, B, C^*, D, F, G, 33, 콥트어 역본, 바실레이오스, 크리소스토모스 등에서는 발견되지 않는다. 이 표현은 마 26:26에서 나타난다. 따라서 이 독법은 이 표현과 일치시키려는 의도에서 삽입되었을 것이다. 이 점에 기초하여 메츠거와 다른 이들은 UBS 4판에서 이 표현이 생략된 것을 올바르게 "A" 등급으로, 곧 원문으로서 "확실한"으로 분류한다.[73] RV(1881년) 이후로 번역자들은 이 구절을 "너희를 위한 것"(RV, REB, NIV,

72) Barton, "Paul's Sense of Place," 226-228.

73) Metzger, *Textual Commentary* (2d ed.), 496.

NJB)이라고 번역한다(참조. NRSV).

(3) 23절에서 후대의 이문(異文)은 ὑπὲρ ὑμῶν 앞에 κλώνμενον, "너희를 위해 **떼어낸**"을 삽입한다. 이 이문은 ℵ[c], C[3], D[b], G, K, 고대 시리아어의 많은 역본 및 비잔틴 사본에서 발견된다. 하지만 이것은 p[46], ℵ[*], A, B, C[*], 33, 오리게네스, 키프리아누스의 글에서는 나타나지 않는다. 아마도 이것은 원문인 ἔκλασεν(24절)에 대한 설명으로 쉽게 설명될 수 있다. 따라서 이 이문과 관련하여 더 자세한 설명이라는 이슈 외에 다른 것은 제기되지 않는다. 또한 후대의 삽입으로서 또 다른 이문인 διδόμενον, "너희를 위해 주어진"(참조. 불가타, 콥트어 역본)은 눅 22:19에 기초하여 이와 일치시키려는 의도에서 비롯된 것이다. 하지만 이 표현은 "너희를 위한"이라는 바울의 표현에 이미 암시되어 있다. 간결한 표현은 바울의 문체가 지닌 특성이다.[74] 비록 마셜은 누가복음의 (너희를 위해) "주어진"이 삽입된 것은 예수의 말씀의 가장 초기 단계를 반영할 수 있다고 주장하지만, 현대 주요 영역본 중에서는 오직 모팻만 후대에 삽입된 다른 긴 독법 "너희를 위해 떼어낸"을 본문에 포함한다.[75]

바울은 고린도에서 주의 만찬에 동참하는 목적 자체를 훼손시켰던 구체적인 문화적 이슈에 대해(17b) 이미 주어진 바울 이전 전승의 보편성에 호소한다. 이것은 기독교 전승(*paradosis*)으로 전달된 것으로서 주님 자신으로부터 온 것이다. 이것은 교회의 삶에서 곧바로 전형적인 예전적 내러티브가 되었다. 안더스 에릭손은 그의 신중하고 매우 유익한 연구에서 바울이 자신의 논점을 뒷받침하기 위해 전승을 사용하는 것의 핵심과 세부 내용에 관해 가장 최근의 연구 결과를 제시한다(같은 주제에 대한 호피우스의 더 간략한 연구[구두 형태로 1988년, 출간 연도는 1998년]도 여전히 매우 중요한 논문으로 남아 있다).[76] 이 부분의 도입 구문 ἐγὼ παρέλαβον ὃ καὶ παρέδωκα ὑμῖν은 바울

74) 같은 책.

75) Marshall, *Last Supper and Lord's Supper*, 182.

76) Eriksson, *Traditions as Rhetorical Proof: Pauline Argumentation in 1 Corinthians*, 특히 100-134, on 11:23-25; Hofius, "The Lord's Supper and the Lord's Supper Tradition: Reflections on 1 Cor 11:23b-25," in Meyer (ed.), *One Loaf, One Cup*, 75-115. 참조. McGowan, "Is There a Liturgical Text in This Gospel? The Institution Narratives and Their Early Interpretative Communities," 73-87.

이 이 전승을 고린도 교인들에게 전해주었다는 것을 명백하게 밝혀준다.[77] 떡에 관한 말씀과 잔에 관한 말씀의 평행 구조와 주 예수의 구문론적인 역할(23절)은 23-25절에 내포된 "전달받은" 특성을 "문제점이 전혀 없는" 것으로 만든다.[78] 또한 예레미아스는 이 절들에서 예를 들면 식탁에서 감사기도를 하는 것을 가리키는 εὐχαριστεῖν이 수식어 없이 사용된 점, κλᾶν이 목적어 없이 사용된 점, ἀνάμνησις과 다른 여섯 가지 예를 포함하여 몇 가지 "**바울에게 생소한 관용적인 표현**"을 지적한다(강조는 원저자의 것임).[79] 설령 그 형태가 "완전히 고정된" 것은 아니라 하더라도, 이 절들은 바울 이전의 것이며 "바울이 유일하게 [예수의 말씀을] **적어도 길게 인용하는** 곳이라는 점에서 그가 나중에 공관복음이 된 예수의 전승에 대해 알고 있었다는 것을 보여준다"(강조는 덧붙여진 것임).[80]

REB는 23a을 "내가 여러분에게 전해준 그 전승"이라고 번역한다(NJB의 번역도 비슷함). 이 번역은 전적으로 정당하다. 호슬리와 슈라게는 다음과 같이 주장한다. "11:23에서 '받았다'와 '전해주었다'(참조. 15:1-3)는 유대교 문화에서 중요한 전승의 전달을 가리키는 것으로서 전문 용어였다(참조. m. Abot 1:1). 헬레니즘적 철학들도 자신들의 표준적인 가르침을 전달하는 것을 묘사하는 데 같은 용어를 사용했다. 이 핵심적인…전승의 권위를 강조하기 위해 바울은 예수의 죽음에 초점이 맞추어진…그 전승이 바로 '주님으로부터' 온 것임을 확인해준다."[81] 모울은 이 그리스어 용어를 "전승을 받아 전달하는 데 자연스럽게 적용되는 것"으로 간주하는 반면, 마셜은 여기서 "일종의 전례적인 양식"이 반영되어 있는 것으로 이해한다. "교회가 세워지고 나서 그[바울]는 그것을 교회에 전달해주었다.…[예수의] 말씀의 형태로 그것은 교회에서 보편적으로 권위 있는 것으로 여겨졌다.…그것은 바울

---

77) Eriksson, *Traditions as Rhetorical Proof*, 100,
78) 같은 책.
79) Jeremias, *The Eucharistic Words of Jesus*, 104.
80) Eriksson, *Traditions*, 100; 참조. Jeremias, *Eucharistic Words*, 103-105.
81) Horsely, *1 Cor*, 160; Schrage, *Der erste Brief*, 29-31.

이 스스로 지어낸 말이 아니었다.…이처럼 [이 전승이] 주 예수의 명령을 통해 주의 만찬으로부터 유래했다는 점이 강조되었다."[82] 노이엔차이트는 바울이 이 전승을 자신의 목적을 위해 수정하기보다는 그것을 받아들이고 기꺼이 그 권위 아래 있기를 원한다는 점을 강조한다. 그리고 최근에 맥고원이 주장하듯이 이 점은 "권위 있는 사도"가 이 주님의 유산을 받아들였다는 사실을 감추어지지 못하게 한다.[83] 이것은 주의 만찬 제정에 관한 내러티브가 예수 자신으로부터 유래한 것이 아니라고 주장하는 학자들을 무시하는 것이 아니다. 하지만 이러한 견해를 주장하는 학자들은 소수이며 설득력이 없다.[84]

우리는 고린도 교인들이 이 전승을 무시했으며 그들이 그것이 주님에게서 온 것임을 의심했다고 추측해서도 안 된다. 맥고원은 전승의 전달을 독자 반응 이론가들의 통찰과 매우 건설적으로 연결한다(동시에 그는 그러한 통찰의 한계와 과장된 진술의 잠재성을 올바르게 파악하고 있다). 고린도 교회는 주 그리스도의 승리를 감사하며 기념하고 실행하라는 명령으로서 이 전승을 잘 인식하고 해석했을 것이다. "'이것은 너희를 위한 내 몸이다'라는 말씀을 낭송하는 것보다… '나를 기념하여 이것을 행하라'는 더 쉽게 '감사'(또는 '축복', 이 두 단어는 종종 동의어로 사용됨)로 이끌었을 것이다."[85] 바울은 이 말씀이 맨 처음 유래한 배경에 더 적합하다고 인식하는 것에 기초하여 이 전승을 재해석한다. 유스티누스, 히폴리투스, 그리고 아마도 디다케를 통해

---

82) C. F. D. Moule, *Worship in the NT* (London: Lutterworth, 1961), 24(참조. 18-46); Marshall, *Last Supper and Lord's Supper,* 111 and 112; Wolff, *Der erste Brief,* 263.

83) Neuenzeit, *Das Herrenmahl: Studien zur paulinischen Eucharistie-auffassung,* 특히 1,033-1035; McGowan, "'Is There a Liturgical Text in This Gospel?'" 78; 참조. 73-87(작은 인용부호 안에 있는 질문은 다음 논문 제목과 연관성이 있다는 것을 암시한다. Stanley Fish, *Is There a Text in This Class?*).

84) 최근에 이러한 의문을 제기하는 저서는 다음을 참고하라. 예를 들면 J. Meier, "The Eucharist at the Last Supper: Did It Happen?" *Theology Digest* 42 (1995): 335-351; J. D. Crossan, *The Historical Jesus: The Life of a Mediterranean Jewish Peasant* (San Francisco: Harper, 1991), 360-367. 이와 같은 견해에 반대하는 Hofius, Eriksson과 다른 학자들의 저서를 보라.

85) McGowan, "'Is There a Liturgical Text in This Gospel?'" 80.

추론할 수 있듯이 이것은 성찬 제정의 말씀이 반드시 초기부터 전례 의식에서 낭송의 말씀에 해당하는 것은 아니었다는 맥고원의 주장을 무효로 만들지는 않는다.[86] 마셜은 말씀에 대해 더 "열려 있는" 이 견해를 예고하면서 바울이 성찬 제정에 대한 말씀에서 "교회가 무엇을 해야 하는지"에 대한 법적 설명보다는 "예수가 식탁에서 무엇을 행했는지를 묘사한다"고 주장한다.[87] 신학의 틀과 이 말씀의 배경에 대한 바울의 암시가 바울의 강조점을 아주 명확하게 드러낸다.

에릭슨은 1998년에 출간된 그의 건설적인 연구에서 바울이 고린도전서에서 한 가지 독특한 "수사법" 또는 논의 방식을 펼치기 위해 바울 이전의 여덟 가지 공동 전승을 사용하는 것에 대해 다룬다. 그는 무엇이 그의 연구에 동기를 부여했는지를 다음과 같이 확인해준다. "현대 주석서에서 성찬 제정과 관련된 예수의 말씀(고전 11:23-25)과 복음의 요약(고전 15:3-5)은 그것들이 발견되는 배경과 거의 연결되지 않는다. 바로 이 당혹스러운 사실이 내가 그 주제를 연구하도록 자극했다."[88] 에릭슨은 바울이 해당 전승을 사용한 것에 대한 제베르크(A. Seeberg, 1903년), 로마이어(E. Lohmeyer, 1927년), 쿨만(O. Cullmann, 1943년과 1954년), 클라우스 베게나스트(Klaus Wegenast, 1962년), 한스 폰 캄펜하우젠(Hans von Campenhausen, 1972년), 벵스트(K. Wengst, 1972년), 헤르만 폰 립스(Hermann von Lips, 1991년) 등의 연구 성과를 인정함과 동시에 이에 대한 불만을 나타낸다. 한편 그는 "연구서

---

86) 같은 논문, 75-76, 80-85. 여기서 McGowan은 다음과 같은 저자들과 문헌을 인용한다. Justin, *Apology,* 1:66:2, 3, *Dialogue,* 41:1 and 70:3-4; Hippolytus, *Apostolic Tradition,* 4; 참조. Metzger, "Nouvelles perspectives pour la prétendue *Tradition Apostoloque,*" *Ecclesia Orans* 5 (1988): 241-259; E. Yarnold, "Anaphoras without Institution Narratives?" *Studia Patristica* 30 (1997): 395-410. 또한 Barrett의 경고와 Fee의 경계를 참조하라. Barrett, *First Epistle,* 264; Fee, *First Epistle,* 549, n. 22. 다른 한편으로 그것이 예배 전례에서 신속하게 고정되었다는 견해에 대해서는 다음 논문을 보라. Hofius, "The Lord's Supper and the Lord's Supper Tradition: Reflections on 1 Cor 11:23b-25," in Meyer (ed.), *One Lord One Cup,* 75-88.

87) Marshall, *Last Supper and Lord's Supper,* 111.

88) Eriksson, *Traditions as Rhetorical Proof,* 4. 고린도전서에서 다른 구절은 8:1-6; 10:16; 12:3(참조. 12:13); 15:3-5; 16:22 등이다.

중에서 가장 완벽한 연구서"로서 노이펠트(V. H. Neufeld)의 『초기 기독교의 신앙고백』(*The Earliest Christian Confessions*, 1963년)을 꼽는다.[89] 그의 이러한 평가는 옳다.

이것은 이제 ἐν τῇ νυκτὶ ᾗ παρεδίδετο로 묘사되면서 성찬 제정 말씀의 배경에 대한 바울의 구체적인 언급의 중요성을 뚜렷하게 드러낸다. 그 식사가 밤에 진행되었다고 말하는 것은 그것이 유월절 식사였다는 견해를 지지해준다(아래의 특별 주해 참조). 하지만 (코이네 그리스어에서) 이 동사는 "그는 배신당했다"(AV/KJV, 성공회 기도서[1662년], NRSV, NIV, NJB, 바레트, 콘첼만), "그는 체포되었다"(REB) 또는 "그는 건네졌다"(Rotherham, The Emphasized NT) 또는 "그는 넘겨졌다"(콜린스)라고 번역해야 하는가? BAGD는 παραδίδωμι의 능동태 의미에 대한 설명에서 첫 번째 항목으로 "넘겨주다, 건네주다"를 제시한다. 이 사전은 바울뿐만 아니라(고전 13:3, "내 몸을 넘겨줄지라도") 복음서(마 25:20, 22), 요세푸스(*Antiquities* 4.83), 사도 교부 시대(클레멘스1서 12:5)에서 발견된 사례를 제시한다. 하지만 이 사전은 이 동사가 "목적격 및 여격(마 26:15; 참조. 막 14:10; 눅 22:4, 6; 요 19:11)과 더불어 수동태(마 20:18; 막 10:33a)로 특히 가룟 유다가 예수를 배반한 사건"을 묘사하는 데 사용된다고 말한다. 하지만 이 사전은 "바울이 언제 '넘겨주다', '건네주다'와 '체포하다' 등의 의미로 이 동사를 사용하는지 확실하지 않다.… 하지만 그는 유다의 배신을 염두에 두고 있다"라고 결론짓는다.[90] 또한 몰턴-밀리건은 "이 단어의 통상적인 의미로" "넘겨주다"를 제시하며, "건네주다"도 추가적인 의미 영역에 해당함을 인정한다.[91] 이 의미 영역 안에서 "배신하다"는 구체적으로 하부 의미 영역을 가리킬 수도 있고 그렇지 않을 수도 있다. 고든 피는 "'배신하다'라는 동사는 그 의미가 상당히 모호하기

89) 같은 책, 78; 참조. 77-134. 이 연구서들의 제목에 대해서는 11:17-34에 대한 참고문헌을 보라.

90) BAGD, 614-615, 특히 614, col. 2. 한편 UBS 4판의 텍스트는 이 동사의 코이네 형태를 올바르게 제시한다.

91) 참조. MM, 482-483.

때문에 ('~을 죽음에 넘겨주다'와 같이) '넘겨주다'를 의미할 수도 있다"고 주장한다.[92] 그는 이 단어가 "십중팔구" 맨 먼저 유다의 배반을 가리켰다고 주장하지만, 그의 주된 이유는 단순히 그의 배반에 대한 암시가 최후의 만찬 때 배반을 예고한 예수의 전승 안에 나타난다는 것이다.[93]

하지만 다른 요소들도 숙고해 볼 필요가 있다. 첫째, 헤이스는 어떤 주석가도 바울이 παρέδωκα(나는 전해주었습니다, 23a)와 παρεδίδετο([예수께서] 넘겨지셨다, 23b)에 대한 언어유희를 사용한다는 점을 언급하지 않는다고 지적한다.[94] 둘째, 복음서와 바울 서신에서 이 전승의 **내용**과 **배경**의 신학적 강조점(앞에서 에릭슨의 견해 참조)은 예수가 " '우리의 허물로 말미암아' 하나님에 의해 죽음에 '넘겨졌으며'(파라도테)…하나님은 우리 모두를 위해 '[예수를] 내어주셨다'(파레도켄; 롬 8:32)라는 표현이 이사야 5:36 — '그리고 주께서 우리의 죄들을 위해 **그를 내어주셨다**(파레도켄) — 에 대한 70인역의 번역을 반영한다"(강조는 원저자의 것임)는 것이다.[95] 헤이스는 이 주제가 유다의 배반에 대한 암시를 모호하게 만들며 "고전 11:23을 이해하는 데 필요한 배경"을 제공한다고 주장한다. 셋째, 우리는 바울이 전승을 그의 독자들과 공유하는 전제로 사용하며 그것에 근거하여 구체적인 주장을 펼친다는 에릭슨의 핵심 주장을 기억할 필요가 있다. 여기서 11:17-34의 핵심은 연약한 자들, 다른 사람들, 멸시받는 자들에 대한 관심이다. 그것은 바로 하나님의 사랑에 근거한 화목과 구속 사역을 위해 자신을 내어주는 그리스도의 죽음에 동참하는 것을 포함한다. 주의 만찬은 최후의 만찬을 되돌아보게 한다. 예수가 배신당할 때 **자신의 목표와 자율권을 자발적으로 포기하고 곧 일어날 일에 대해 아무런 "권한"도 없이 하나님과 사람들의 손에 자신과 운명을 내어놓았던 것처럼** 바울은 말씀, 성례, 자세, 삶으로 **그의 죽음을 선포한다**고 주장한다.

---

92) Fee, *First Epistle*, 549.
93) 같은 책, 549, 549, n. 26.
94) Hays, *First Cor*, 198.
95) 같은 책. 또한 참조. Schrage, *Der erste Brief*, 3:29-35.

에릭손의 신중한 주장은 여기서 재현하기엔 너무나 세부적이다. 하지만 그의 주장은 이 요점들과 정확하게 일치한다. 그는 다음과 같이 주장한다. "성찬 제정의 말씀이 규정하는 행위는 무엇인가? 이 질문에 대한 대답은…11:26에서 바울이 이 전승을 사용하는 방식에 있다.…주의 만찬을 거행하는 그들의 행위는 주님의 죽음을 선포하는 것이며, 최소한 그래야만 한다. 바울에게 있어 이것은 이 전승의 논리적인 귀결이다."[96] 이것은 왜 11:17-34의 강조점이 (또다시) "해석자 대다수가 간과해온" 한 가지 핵심 요소—곧 그 전승을 **지키고 있기** 때문에 "자신들은 칭찬을 받아 마땅하다는 고린도 사람들의 주장"—인지를 설명해준다.[97] "이 전승은 전반적인 주장을…한층 더 높은 차원으로 끌어올린다." 이 주장은 "바로 교회의 주인이신 주님"의 삶과 죽음에 동참하는 것이 무엇인지에 관심을 기울인다.[98] 이처럼 (아스트와 슐라이어마허의 해석에서 부분과 전체의 관계에 대한 초기적인 의미에서) παρεδίδετο에 대한 번역은 해석학적 순환 논법의 실재를 잘 보여준다. 이 세부 사항은 이어지는 절들에 대한 우리의 광범위하고 전반적인 이해에 영향을 미치며 또 이를 반영한다.[99]

예레미아스가 주장하듯이 그리스어 부정과거 분사 εὐχαριστήσας는 (식탁에서) "기도했다" 또는 "감사 기도를 드렸다"를 의미할 것이다.[100] 만약 고든 피와 더불어 우리가 유대교 관습—가장이 "떡에 대해 전통적인 축복 기도를 하고 나서 그것을 떼어 식탁에 앉아 있는 이들에게 나누어 줌"—에 대해 말한다면 우리는 그 축복의 대상이 떡이라고 암시하는 것을 반드시 피해야 할 것이다. 그렇지 않다면 이것은 마치 시대착오적인 성찬 전례에서

96) Eriksson, *Tradition,* 186; 참조. 179-196.
97) 같은 책, 177.
98) 같은 책.
99) 앞에서 언급한 **전승에 대한** 세부 논의는 다음과 같은 견해와 다를 것이다. "주님은 바울에게 해당 진리를 어떤 환상을 통해…직접 전달하셨다." 또한 그 논의는 다음과 같은 "한 가지 가능한 타협"을 불필요하게 만든다. 곧 "바울은 그 실질적인 전승을 사람(들)을 통해 받았지만, 그것에 대한 해석은 주님으로부터 직접 받았다"(Barrett, *First Epistle,* 265).
100) Jeremias, *Eucharistic Words,* 104 and 111.

"떡과 포도주를 성별"하는 것과 평행을 이루는 것으로 이해하는 것이다. 유대교의 식사 기도는 하나님의 좋은 선물에 대해 **하나님을 송축하는 것**을 표현하는 것이었다. REB의 "**하나님께** 감사 기도를 드렸다"라는 각주는 유익한 설명이며, 바로 앞의 언급에 기초하면 전적으로 정당화될 수 있다. 하지만 이 번역은 의심의 여지 없이 그리스어 원문에는 없고 단지 암시되어 있는 것을 설명하는 것이다. 왜냐하면 독자들은 분명히 **하나님께** 감사 기도를 드렸다고 이해했을 것이기 때문이다. 만약 우리가 미쉬나 베라코트 8:1-5를 미쉬나 페사힘 10:2-7과 비교한다면 이 배경이 식사에 앞서 감사 기도를 드리는 것이든, 유월절 식사에서 세 차례의 포도주 잔에 대해 하나님을 송축한다고 말하며 감사하는 것이든, "축복 기도를 하는 것"은 한결같이 "선물"을 축복하는 것이 아니라 **하나님의 선물에 대해 하나님을 송축하는 것이다.**[101] 따라서 예수가 설령 유대교의 관습적인 감사 기도 양식을 따라 **하나님을 송축했다** 하더라도 이는 그리스어를 말하는 배경에서 "감사 기도를 드리셨습니다"는 εὐχαριστεῖν을 적절하게 번역한 것이다. 현대 영역본에서 "감사 기도"를 "이 음식을 축복하소서"로 번역한 것은, 그 배경이 예루살렘, 예수 또는 바울 중 어떤 것이든지 간에, 하나님께 감사 기도를 드렸다는 의미와 거리가 멀 뿐만 아니라 가장 초기 단계에서 성찬의 "성별"(consecration)의 어조를 지나치게 강조하는 위험을 초래한다.

유대교의 유월절 하가다가 후대에 기록된 것이긴 하지만, 그것은 여기서 문제시되는 전승을 반영한다. 즉 바울은 과연 최후의 만찬을 일상적인 식사로 묘사하고 있는 것인가? 아니면 (요한복음과 반대되는 공관복음이 암시하듯이) 예수는 유월절 식사를 주관한 것인가? 하지만 이 두 가지는 모두 다음과 같은 기본 형태를 지니고 있다. "야웨, 우리 하나님이시여, 당신은 복되십니다. 주께서는 우주의 왕이시며 [예컨대] 온 세상을 주관하십니다(**ברוךְ אתה יי אלהינו מלךְ העולם אשר**, 바루크 아타 야웨 엘로헤누 멜레크 하올람 아쉐

---

101) 참조. Danby, *The Mishnah*, 8-9 and 150-151; Strack-Billerbeck, 4:41-76.

르).[102] 그러므로 εὐχαριστήσας의 의미와 번역은 과연 최후의 만찬이 예수에게 있어 유월절 식사였는지 아니면 단순히 유월절 전야의 친교 식사였는지라는 널리 알려진 까다로운 논쟁의 영향을 전혀 받지 않는다.

또 다른 한편으로 ἄρτον, "떡"(REB, NIV, AV/KJV, 성공회 기도서[1662년]) 또는 "떡 조각"(NRSV)과 특별히 핵심적인 말씀인 τοῦτό μού ἐστιν τὸ σῶμα τὸ ὑπὲρ ὑμῶν의 배경적 의미는 이 말씀이 유월절 식사의 배경에서 언급된 것인지에 따라 어느 정도 좌우된다. 따라서 이 질문에 대한 특별 해설이 필요하다.

최후의 만찬은 유월절 식사였는가?

주해에 미치는 의미

이 질문은 종종 공관복음과 요한복음 기사가 서로 명백하게 모순된다는 지적에 대한 한 가지 예로 제기되었다. 세 공관복음에서 이 식사를 위한 준비는 분명히 유월절 식사를 준비하는 것으로 묘사된다(막 14:12-16; 눅 22:7-13). 하지만 요한복음은 예수가 십자가에 못 박힌 날이 유월절을 준비하는 날이었다고 말한다(요 19:24). 예수를 적대하던 유대 지도자들은 유월절 음식을 먹기 위해 자신들의 몸이 더럽혀지지 않도록 빌라도의 공관에 들어가지 않았다(요 18:28). 또한 요 13:1은 이 저녁 식사를 "유월절 이전"에 먹은 것으로 언급한다.[103] 몇몇 저자들은 성찬 제정에 대한 이야기는 매우 이른 시기에 이미 고정된 하나의 구성단위이며, 우리는 더 이상 공관복음이나 요한복음에서 제시하는 배경에 의존할 수 없다고 주장한다. 하지만 이러한 견해는 강력한 도전을 받아왔다.[104] 빌러베크(그의 뒤를 이어 마셜도)는 그 당시에 서로 다른

102) Hebrew in Roth (ed.), *The Haggadah: A New Edition* (London: Soncino, 1934 [5694]), 46-67, with notes. 46-67면은 "감사 기도"라는 제목이 붙여진 반면, 39-43면은 정결 의식, 떡, 마차(무교병), 쓴 나물에 대해 감사 기도를 드리는 평행 사례를 제공한다.

103) 다른 어떤 자료들보다도 특히 다음 연구서를 참조하라. Marshall, *Last Supper,* 57-75 그리고 그의 도표, 184-185.

104) Meier와 Crossan에 대한 각주 84를 보라. 또한 Hofius와 Eriksson의 반박 참조. 참조. Schweizer, *The Lord's Supper according to the NT,* 20; R. Bultmann, *History of the Synoptic*

두 개의 달력이 사용되고 있었다고 주장한다. 이 두 달력은 서로 하루가 차이가 났으며, 하나는 바리새파가, 다른 하나는 사두개파가 사용했다고 한다.[105] 조베르는 예루살렘의 제사장들이 사용하던 공식 음력 달력과 쿰란 공동체와 아마도 갈릴리 지역에서 사용하던 달력을 서로 구분한다. 이 두 달력은 서로 하루 차이가 났다. 요한복음은 첫 번째 달력을 전제한 반면, 공관복음은 두 번째 달력을 따랐다는 것이다.[106] 나아가 다양한 요소가 유대교 전승이 시작되고 마치는 시점을 설명하는 가설의 논제가 되어왔다. 이른바 "순수한" 유대인들과 유대교 제사장들은 분명히 유대인의 하루가 대략 오후 6시(또는 일몰)에 시작되는 것으로 계산한 반면, 더 많은 이방인이 살던 갈릴리 지역 사람들과 바리새인들(회너의 견해에 의하면)은 로마 달력에 따라 계산했을 것이다. 한편 다른 이들은 δεῖπνον이 정오, 이른 오후, 늦은 오후 또는 저녁에 먹을 수도 있는 24시간 동안의 주요 식사를 가리킨다는 사실에 호소한다. 유월절 어린양을 잡는 시점도 신중하게 고려해볼 필요가 있다.

여기서 세부 사항을 자세하게 탐구하는 것은 본 주석서의 목표에서 벗어나는 것이다. 따라서 세 가지 가설만을 간략하게 언급하고자 한다(우리는 이에 네 번째 가설을 추가로 제시할 것이다). (1) 많은 이들은 공관복음 전승을 받아들여 최후의 만찬을 유월절 식사로 이해한다. 그들은 요한복음의 구조나 논평이 유월절 어린양이신 예수에 대한 복음서 저자의 관점을 강조한다고 설명한다(요 1:29, 36; 19:14). 달만, 히긴스, 렌하르트, 예레미아스 등이 이 견해를 주장했다. 10:16의 주해 부분에서 제시한 "축복의 잔"에 대한 특별 해설, 특히 항목 (iii)을 참조하라.[107] (2) 몇몇

Tradition (Eng. trans., Oxford Blackwell, 1963), 265-267 (with John Meier and J. D. Crossan, 앞에서 언급함). 이 입장에 대한 반론으로서는 다음 저서들을 보라. Marshall, *Last Supper,* 35; Dunn, *Theology of Paul the Apostle,* 607-608; Pesch, *Das Abendmahl und Jesu Todesverständnis,* 70-71.

105) Strack-Billerbeck, 2:812-853; 참조. Marshall, *Last Supper,* 71-72.

106) A. Jaubert, *La date de la Cène. Calendrier biblique et liturgique chrétienne* (Paris: Études biblique, 1957), 105-136. Jaubert의 이론은 그다지 널리 받아들여지지 않는다.

107) G. Dalman, *Jesus-Jeschua* (Eng. trans., London: SPCK, 1929); Higgins, *The Lord's Supper in the NT,* 13-23 and 75-78; F. Leenhardt (with O. Cullmann), *Essays on the Lord's Supper* (Eng. trans., London: Lutterworth, 1958), 39-43; Jeremias, *Eucharistic Words,* 15-88; 참조. O. Hofius, "The Lord's Supper and the Lord's Supper Tradition," in Meyer (ed.), *One Loaf, One Cup,* 75-88.

저자들은 요한복음이 그 날짜를 사용한 외적인 이유에 더 가깝게 상응한다고 주장한다. 그들은 공관복음 전승은 혼동을 일으키거나 가장이 키두쉬 기도를 드리는 식사를 포함하여 다른 친교 식사를 언급하는 것이라고 설명한다. 버나드(J. H. Bernard), 오그(G. Ogg), 슈트로벨(A. Strobel)과 브라운(R. E. Brown) 등이 이 견해를 지지한다. 그러나 히긴스와 킬패트릭(Kilpatrick)은 (리츠만의 견해에 반대하면서) 예수와 열두 제자는 하부라 형태의 종교적인 친교를 나누지 않았다고 주장한다. 리츠만의 견해에 대해서는 10:16과 연결된 특별 해설 "축복의 잔", 특히 항목 (ii)을 보라.[108] (3) 만약 한 가지 이상의 달력이 사용되고 있었다면 그 전승들이 서로 충돌한다고 이해할 필요는 없을 것이다. 그리고 유월절 식사에 대한 판단은 반드시 그 내용 그리고/또는 공관복음 전승의 명료성에 근거하여 내려져야 할 것이다(P. Billerbeck, J. Klausner, A, Jaubert, I. H. Marshall, D. Chwolson).[109]

설령 요한복음의 연대기가 확정적이라 하더라도 이것은 네 번째 설명을 배제하지 않는다. 다시 말해 공관복음이 말하듯이 예수는 그의 제자들에게 그들의 유월절 식사를 준비하도록 지시했다. 그 식사는 이 친교 식사를 새 유월절로서 예수의 임박한 죽음을 내다보며 구속과 구원에 참여하는 종교적인 식사와 통합한다. 그런 의미에서 렌하르트와 호피우스는 하나의 중요한 강조점을 확인해준다. 렌하르트는 다음과 같이 서술한다. "예수는 제자에게서 강압적으로 분리되기 몇 시간 전에 제자들과 함께 전통적인 유월절 식사를 함께 한다. 왜? 우리는 그 식사가 니산월 제14일에 베풀어졌기 때문이라고 말해야 하는가? 하지만 아마도 그 이유는 타당하지 않을 것이다.…예수는 그 전통의식에 가장 놀라운 혁신을 도입하기를 원했을 것이다.…오직 그만이[?] 이 놀라운 변화를 도입하기 위해 유월절을 기념했

108) G. Ogg, "The Chronology of the Last Supper," in SPCK Theological Collections 6, *Historicity and Chronology in the NT* (London: SPCK, 1965), 75-96; A. Strobel, *Ursprung und Geschichte des frühchristlichen Oster-kalenders* (Berlin: Texte und Untersuchungen 1977); R. B. Brown, *The Gospel according to John* (2vols.; New York: Doubleday, 1966), 2:556, 더 자세한 내용은 *The Death of the Messiah* (2 vols., London: Chapman, 1994), 2:1356-1374.

109) H. W. Hoehner, *Chronological Aspects of the Life of Christ* (Grand Rapids: Zondervan, 1977), 84; Marshall, *Last Supper*, 57-75, 184-185. 또한 앞에서 언급한 Jaubert와 다른 저자 참조.

을 것이다. 예수는 그 전통을…이집트로부터의 구원이라는…틀로 사용한다. 미쉬나는 다음과 같이 기록한다. '각 세대마다 [이스라엘] 사람은 반드시 자신을 **마치 이집트에서 빠져나온** 사람인 것처럼 여겨야 한다[*m. Pesahim* 10:5, 강조는 덧붙여진 것임]. 각 사람은 그 위대한 구속에 동참해야 한다.…과거는 현재에 이르고 현재와 연결된다."[110] 예수가 이 틀에 도입한 "그 놀라운 혁신"은 "전적으로 새로운 요소다.…그는 떡을 들고 이렇게 말했다. '이것은 내 몸이다.'"[111]

이 식사가 최후의 만찬인지 유월절 식사인지 확인하는 데 다소 유보적임에도 불구하고 호피우스는 바울이 전달해준 예수의 말씀은 "특별히 유월절에 대한 진술에 적합한" 일종의 "예배와 연결되는 '기억'"으로 더 광범위하게 이해해야 한다고 주장한다. 이 식사는 "이스라엘 백성이 이집트의 노예 상태에서 구속받은 것을 '기억하면서' 행해졌다."[112] "이것은 내 몸이다"와 잔에 대한 말씀은 "모두 예수 그리스도의 **대속의 죽음**에 대해 말하며"(강조는 원저자의 것임), 유월절과 마찬가지로 언약에 기초한 약속에 대해 말한다.[113] 그럼에도 호피우스는 이와 같은 "기억"과 "동참"은 단지 유월절에 국한된 것은 아니라고 덧붙인다. 안식일뿐만 아니라 날마다 드리는 기도에서도 "기초를 형성하는 구원 사건에 대한 기억은…견고하게 자리 잡고 있다."[114] 호피우스는 11장 24, 25절 이후에 나오는 몇몇 핵심 구절을 올바르게 이해하면서 이 유월절 구조가 중요한 역할을 한다고 설명한다. 예를 들면 τὴν ἐμὴν ἀνάμνησιν은 "자신에게 속한 사람들을 위해 자신의 몸을 내어주고 십자가에 달린 자를 '기억하는 것'을 의미하는 것일 수밖에 없다. 또한 그의 대속의 죽음(피)을 통해 종말론적인 구원의 계획이 실현되었다.…따라서 '기억하라'(지크루, 시 105:5a)는 '선포하라'(호디우, 시 105:1b)를 통해 실현된다."[115] 이것은 "죽은 사람

110) F. J. Leenhardt, "This Is My Body," in O Cullmann and F. J. Leenhardt, *Essays on the Lord's Supper*, 39-40.

111) 같은 논문, 40.

112) Hofius, "The Lord's Supper and the Lord's Supper Tradition," in Meyer (ed.), *One Loaf, One Cup*, 104; 참조. 출 12:14; 13:3, 9; 신 16:3; 희년서 49:7-23; Josephus, *Antiquities*, 2:317; *m. Pesahim* 10:37d; 34:17.

113) 같은 논문, 99.

114) 같은 논문, 105.

115) 같은 논문, 103 및 106.

을 기념하는 고대의 식사"와 전혀 상관이 없다.[116]

렌하르트는 "이것은 내 몸이다"의 의미를 이해하는 데 오직 유월절의 틀만 적절한 문맥을 제공해준다고 올바르게 주장한다(우리는 존 설이 사용하는 전문적인 의미에서 "배경"을 말할 것이다. 이것은 이해를 위한 의사소통을 용이하게 해준다).[117] 그런데 "이것은 내 몸이다"를 하가다의 배경에 명확하게 배치하는 학자는 바로 (슈라게와 함께) 루크슈툴이다.[118] 하가다에서 유월절 식사를 주관하는 자는 하나님의 백성의 역사에서 구속을 성취하는 다양한 요소, 대상, 사건을 설명한다. 이 설명은 "내 조상은 떠돌이 생활을 하던 아람 사람이다"로 시작한다(신 26:5-11; 참조. 출 12:4-39). 미쉬나는 유월절, 무교병과 쓴 나물을 통해 실현된 구속에 대한 "기억"을 포함한다며 그 대상을 확인해준다. "마치 각 세대마다 자신이 이집트에서 빠져나온 것처럼…그[하나님]는 우리를 노예 상태로부터 자유를 주셨다(*m. Pesahim* 10:5)." 떡을 떼어 먹는 것과 동시에 하로세트(*haroseth*: 밀가루에 견과류와 과일을 함께 넣고 식초를 섞어서 구움, *m. Pesahim* 10:4)를 먹었다. 이와 같은 배경에서 "이것은 ~이다"라는 말은 구속 역사의 과정에서 사용된 어떤 도구를 기대하게 한다. 이 식사를 주관하는 자는 그것을 곧 가리킬 것이다. 이제 "놀람" 또는 "새로움"으로서(렌하르트) 예수는 "내 몸"과 "내 피"를 구속의 결정적인 도구로 명명한다.

그러므로 유월절의 틀이 최후의 만찬과 주의 만찬(그리고 그 전승)에 대한 해석의 틀을 전제하는지 여부에 관한 문제는 11:23b-25을 해석하는 데 결정적인 영향을 미친다. 우리의 판단에 의하면 유월절의 틀을 확정하기 위해 관습적으로 언

---

116) 같은 논문, 104.

117) Leenhardt, "This Is My Body," in O. Cullmann and F. J. Leenhardt, *Essays on the Lord's Supper* 39-40; 참조. J. R. Searle, *Intentionality: An Essay in the Philosophy of Mind* (Cambridge: Cambridge University Press, 1983), 19-20, 144-159. 다음 저서에서도 설명됨. A. Thiselton, *New Horizons in Hermeneutics,* 45-46 and 362-363.

118) E. Ruckstuhl, "Zur Chronologie der Leidensgeschichte Jesu," in A. Fuchs (ed.), *Studien zum Neuen Testament und seiner Umwelt* (Linz, 1985), 41-44; 참조. 27-61. 참조. E. Ruckstuhl, *Die Chronologie der letzten Mahles und des Leiden Jesu* (Einsiedeln: Benzinger, 1963), *Jesus im Horizont der Evangelien* (Stuttgart: SBA, 1988), 69-99. 참조. Schrage, *Der erste Brief*, 3:35-45. 여기서 그는 언약에 대해 타당한 강조점을 부여한다.

급된 다양한 요소는 전적으로 설득력이 있다.[119] 유일한 진지한 반론, 곧 요한복음의 증거는 다음 두 가지 중 하나로 설명될 수 있다. (1) 공관복음과 요한복음은 서로 다른 달력을 사용한다. (2) 요한복음 저자의 우선적인 관심사는 그리스도의 죽음이다(주의 만찬은 그의 죽음을 가리키며 그것을 선포한다). 이것은 구속에 대한 일종의 통합된 유월절 신학의 주된 특징을 지니고 있거나 아니면 예수는 공식 달력보다 앞서 열두 제자를 위해 자신의 유월절을 지켰다는 것에 기초할 것이다. 세부 사항은 특별한 문제점이 없는 것으로 밝혀진다. 즉 예수는 유월절 식사를 주도했다. 이 식사는 기독교 신자를 위한 새 유월절로서 예수의 몸이 부서진 것과 피를 흘린 것을 선포했다. "바울에게 있어 최후의 만찬은 유대교의 유월절에 해당한다. 그것은 새로운 유월절이다. εἰς ἀνάμνησιν은 하가다의 레제케르(לזכר)에 해당한다. 단지 '그날에 너는 이집트에서 빠져나왔다'라는 말이 그리스도로 대체된 것뿐이다."[120] 이 모든 것은 에릭손의 결론과 일치한다. "그러므로 우리를 깜짝 놀라게 하는 바울의 주장은 바로 다음 진술이다. '여러분이 주의 만찬을 거행하는 것은 바로 그리스도의 죽음을 선포하는 것입니다.'"[121] 이제 우리는 우리의 주해를 다시 시작할 수 있다.

이차적인 독법 κλώμενον [ὑπὲρ ὑμῶν]이 암시하듯이(앞의 텍스트에 대한 주해에서 3항 참조) ἔκλασεν은 뒤에 나오는 말에 비추어볼 때 특별한 의미가

119) 이 요소들에는 다음과 같은 사항이 포함된다. 예를 들면 (i) 비록 유월절 식사와는 별도로 하루의 주된 식사(δεῖπνον)는 일반적으로 오후에 먹었지만, 최후의 만찬은 저녁에 시작되었으며 밤까지 계속되었다(고전 11:23; 참조. 막 14:17; 요 13:30). (ii) 유월절 식사에서 사람들은 (앉아 있지 않고) 오히려 자유에 대한 상징으로서 비스듬히 누운 자세를 취했다(참조. 요 13:23). (iii) 떡을 떼어 먹기에 앞서 그릇이 제공되었다(막 14:20; 막 26:23; 요 13:26). (iv) 유월절에는 가난한 자들에게 자선을 베풀었다(요 13:29). (v) 유월절에는 포도주를 마셨다. (vi) 유월절 식사와 최후의 만찬은 찬양으로 마무리되었다. 대체로 시 114편 또는 115-118편에 들어 있는 찬송을 불렀다. (vii) 예수의 말씀은 하나님의 백성의 구속 역사와 관련된 사건들을 설명하는 내러티브와 전적으로 일치한다(참조. Jeremias and Hofius, "This Is My Body," 39-40). 뿐만 아니라 Marshall은 "최후의 만찬에서 나타나는 유월절의 특징"을 언급하면서 이 입장에 대한 "반대 견해"에 답한다. 참조. Marshall, *Last Supper*, 58-66.

120) W. D. Davies, *Paul and Rabbinic Judaism* (London: SPCK, 2d ed. 1955 [1948]), 252.

121) Eriksson, *Traditions*, 187.

있다. 하지만 뒤따르는 예수의 말씀과 분리된다면 **떡을 떼는 것**은 더 광범위한 배경과 연결되어 있으며, 사회적인 측면에서 종교·사회적인 측면에 이르기까지 다양한 의미를 지닐 수 있다. 모울(Moule)은 이렇게 주장한다. "경건한 유대인들에게 거룩하지 않은 식사는 전혀 없었다. 과연 [떡을] '떼는 것'(클라시스)은 단순히 '세속적인' 행위를 의미하는가, 아니면 '떡 조각을 종교의식적으로 떼어내는' 것인가라는 질문은 정말로 의미 없는 질문이다."[122] 몇몇 문맥에서 떡을 떼는 것은 단지 "식사의 시작"을 가리킨다.[123] 다른 한편으로 최후의 만찬과 주의 만찬에서 네 가지 설명은 모두 한 쌍의 그리스어 단어, 곧 ἄρτον ... ἔκλασεν을 포함한다(마 26:26; 막 14:22; 눅 22:19; 고전 11:23b, 24a).

떡을 떼는 것은 객관적인 친교(κοινωνία, 주관적인 감정이 아니라 친교에 참여하는 자들 또는 이해관계자들이 서로 나누는)의 유대 관계 속에서 서로 나눈다는 의미가 있다. 이 측면은 고전 10:16(τὸν ἄρτον ὃν κλῶμεν, 해당 절에 대한 주해 참조)과 행 2:42에 표현되어 있다(하지만 행 2장에서 **떡을 떼는** 것이 정확하게 무엇을 의미하는지 자세히 탐구하지 않은 채 어떤 전제를 제시해서는 안 될 것이다).[124] 하지만 디다케에서는 주일에 떡을 떼는 것이 해당 용어의 완전한 의미에서 성찬이라고 분명하게 언급된다. 즉 κατὰ κυριακὴν δὲ κυρίου(주께 속한 주의 날에, 곧 절기 및 종말론과 관련된 이중적인 칭호) οσυναχθέντες(참조. 고전 11:17, 18) κλάσετε ἄρτον καὶ εὐχαριστήσατε ... καθαρὰ ἡ θυσία ὑμῶν ᾖ.[125] 디다케의 그 이전의 언급은 더 명시적이다. 즉 잔과 "떡 조각"에 대해 우리의 아버지 [하나님께] 감사하라(εὐχαριστοῦμεν σοι, πάτερ ἡμῶν ... περὶ δὲ τοῦ

---

122) Moule, *Worship in the NT,* 19.

123) Conzelmann, 1 Cor, 197, n. 49; 참조. 렘 16:7.

124) 참조. Marshall, *Last Supper,* 126-133. 10:16에 대한 추가적인 참고문헌은 다음을 보라. Thornton, *The Common Life in the Body of Christ,* 5-95; J. Hainz, *Koinonia*(앞에서 언급됨); J. Wanke, *Beobachtungen zum Eucharistieverständnis des Lukas auf Grund der lukanischen Mahlberichte* (Leipzig: Erfurter Theologische Schriften, 1973), 19-30. Marshall은 몇 가지 정당한 경고를 한다. Marshall, *Last Supper,* 129-130.

125) *Didache,* 14:1; 참조. 14:2. "희생제물"(곧 그리스도에 동참하는 예배에 속하는)은 반드시 "정결해야" 한다. 따라서 떡을 떼어 나누기에 앞서 죄에 대한 고백이 이루어져야 한다.

κλάσματος ..., *Didache*, 9:2, 3). 그다음에 유명한 기도가 뒤따른다. "이 떡 조각(τούτο τὸ κλάσμα)이 산 위에 흩어졌지만, 한곳에 모였고(συναχθέν) 다시 하나가 된(ἐγένετο ἕν) 것처럼 여러분의 교회도…여러분의 왕국 안으로…함께 모이게 하소서."(*Didache*, 9:4). 이 부분은 세례받은 신자들만 성찬에 참여할 수 있다는 말로 마무리된다(9:5). 그리고 찬송으로 이 의식을 마치라는 지시가 뒤따른다(10:1-6).

그러므로 "그가 떡을 떼셨다"는 말씀은 마 26:26-28, 막 14:22-24, 눅 22:19-20과 (문서로 가장 초기에 기록된) 고전 11:23-25의 공동 전승에 들어 있는 다섯 내지 여섯 가지 공통적인 요소 중 세 번째 요소에 해당한다. 이 요소들은 다음과 같다. (1) 떡을 들고, (2) 하나님께 감사 기도를 드리고, (3) 떡 떼고, (4) "이것은 내 몸이다"라고 말하고, (5) 잔을 [들고](마태와 마가: "취하고"; 누가와 고린도전서: "이와 같이", (6) 이 피와 이 언약(이것은 누가복음의 더 긴 독법을 원문으로 받아들일지 여부에 달려 있다. 예레미아스는 이것을 원문으로 인정한다). 따라서 떡을 떼는 것은 이미 떡에서 시선을 돌려 예수가 목숨을 내어놓는 것을 가리킨다. 그는 자신의 목숨을 그의 몸이라는 새 공동체를 하나로 회복하기 위한 구속의 제물로 내어놓는다.[126] 호피우스가 주장하듯이 성찬의 떡은 "죽음에 내어준 예수의 σῶμα에 동참한다"는 의미를 갖고 있다. "고전 11:24b에서 떡 조각을 떼어주는 것을 가리키는 단어는 예수의 σῶμα에 동참하는 것을 말한다. 롬 7:4의 경우와 마찬가지로 여기서도(또한 11:27, 29에서도) σῶμα는 십자가 위에서 죽음에 내어준 예수 그리스도의 몸을 의미한다."[127]

우리는 εἶπεν, τοῦτό μού ἐστιν τὸ σῶμα τὸ ὑπὲρ ὑμῶν을 여러 페이지에 걸쳐 설명한 준거의 틀 안에서 이해해야 한다. 왜냐하면 이 구절에 대한 격렬한 논쟁은 수 세기에 걸쳐 교회를 분열시켰기 때문이다. 우리가 이 구

---

126) 참조. C. Wolff, *Der erste Brief*, 265-266.

127) Hofius, "The Lord's Supper and the Lord's Supper Tradition," in Meyer (ed.), *One Loaf, One Cup*, 97 and 98.

절을 오직 해당 문맥에 한정하여 해석한다면 어떤 특별한 주장에 기초한 사전(事前) 이해를 강조하려는 것을 피할 수 있을 것이다. 일단 우리가 유월절 배경을 제대로 파악했다면 우리는 바울은 (고든 피의 말에 의하면) "'이것은 내 몸을 의미한다/표현한다'라고 말한다"라고 주장하면서 후대의 화체설(transubstantiation)을 허용하는 것에 반대하는 해석을 "옹호할" 필요가 없다.[128] "떡 자체에 어떤 실질적인 변화가 일어나거나 그렇게 되기를 의도했다"고 상상하는 것은 예수가 의도한 것과 그와 제자들의 삶의 기준에서 벗어나는 것이다. 고든 피는 이러한 견해를 "그리스적 사고방식"에 속한 것으로 이해한다.[129] 개신교 전통을 따르는 저자들은 종종 이 구절의 해석과 관련하여 의미론과 논리학에 호소했다. 고데는 "~이다"(ἐστιν)라는 단어가 실체와의 동질성을 가리키므로 떡의 재료가 그 순간에 예수의 몸을 구성하는 재료로 대체된다는 것이냐?"라고 반문한다. 그는 다음과 같이 주장한다. "그 떡이 그것을 제공한 사람의 실체가 될 수 있다고 상상하는 것은 곤란하다. 그렇지 않다면 그것은 영화롭게 된 그의 몸인가? 그러나 이 몸은 아직 존재하지 않았다."[130]

이러한 주장의 결과가 진리에 부합되든지 않든지 간에 이 방법은 불필요하며 극단적인 호소처럼 들릴 수 있다. 우리가 이미 살펴본 대로 유월절 하가다는 다음과 같이 말한다. "각 세대마다 [이스라엘] 사람은 반드시 마치 자신이 이집트에서 빠져나온 것처럼 자신을 간주해야 한다.…'내가 이

---

128) Fee, *First Epistle*, 550. 더 긴 논의는 다음을 참조하라. Schrage, *Der erste Brief*, 3:35-37.

129) Fee, *First Epistle*, 550.

130) Godet, *First Epistle*, 2:151. Charles Hodge는 "아마도 세계사는 [예수의] 이 단순한 말씀에 의해 야기된 논쟁과 평행을 이루는 것을 제공해주지 않을 것이다"라고 말한다. 우리가 어떤 동상에 대해 그것은 바로 그 사람"**이다**"라고 말할 때 "~이다"는 "상징"을 뜻한다는 것이다. 즉 "그것은 상징이 나타내는 대상을 가리키는 표시"라는 것이다. Hodge는 이에 대한 해석을 교리를 비교하는 것과 연결하여 신앙에 대한 로마 가톨릭, 루터, 칼뱅, "개혁파"의 강조점을 서로 비교한다(Charles Hodge, *First Epistle*, 224-226). 심지어 Kistemaker도 일종의 선언처럼 들리는 주장을 한다. "그 떡은 떡으로 존재했다. 그것은 하나의 상징으로 그의 몸의 실재를 나타낸다. 그것은 비둘기가…성령을 나타내는 것과 상당히 비슷하다"(Kistemaker, *1 Cor.* 394). 이와 비슷한 결론에 이르는 더 확실하고 효과적인 한 가지 **역사적·해석학적 방법**이 있다.

집트에서 빠져나왔을 때 주께서 나를 위해 무엇을 하셨는지…'"(*m. Pesahim* 10:5). "나"는 바로 "거기에" 있었다/있다. 유대교의 하가다 의식(세데르의 진행 절차)은 다음과 같은 찬송으로 시작한다. "오 주님, 우리 하나님, 우주의 왕, 포도 열매의 창조자이시여, 당신은 복된 분이십니다. 오 주님, 우리 하나님, 우주의 왕이시여, 당신은 복된 분이십니다. 당신은 모든 사람 중에서 우리를 선택하셨습니다." 이 축복 기도에 이어 카르파스(*karpas*; 특별히 유월절에 먹는 전채[前菜] 요리)를 소금물이나 식초에 담가서 나누어주었다. 이것은 첫 번째 유월절 때 희생제물의 피에 우슬초 다발을 적셨던 것과 관련이 있다. 그리고 다시 한번 축복 기도를 드렸다. "오 주님, 우리 하나님, 우주의 왕, 땅의 열매의 창조자이시여, 당신은 복된 분이십니다."[131] 이어서 하가다는 이렇게 시작한다. "이것은 우리 조상들이 이집트 땅에서 먹었던 고난의 떡입니다"(**הא לחמא עניא די־אכלו אבהתנא בארצא דמערים**. 하 라흐마 아느야 디-아칼루 아바흐타나 베아르으아 데미츠라임).[132] 여기서 "놀라운 것"은 (렌하르트의 상상력이 뛰어난 표현을 사용하자면) **"내 몸"이 이제 참여적이며 현재화적인 사건으로 만든 이집트로부터의 구속 사건 또는 구속의 대상을 대체한다**는 것이다.

갈보리 사건, 곧 공적인 영역에서 일어난 예수의 대속의 죽음이 이제 "이것은 너희를 위한 내 몸이다"라는 말과 함께 현실이 된다. "너희를 위한 내 몸"(τὸ σῶμα τὸ ὑπὲρ ὑμῶν)은 하가다에서 반복적으로 표현되는 다음의 문구에 해당한다. "**우리는** 이집트에서 바로의 노예들이었다. 주 우리 하나님께서 그분의 강한 손으로 **우리를** 그곳으로부터 끌어내셨다"(신 6:21).[133] "그리고 주께서 **우리의** 음성을 들으셨다. 이렇게 기록되어 있다. '하나님은 그들의 **신음소리**를 들으셨다.'…그분은 **우리의** 온갖 고통과…노고를 목격하셨다."[134] "그들이 나의 주님을 십자가에 못 박을 때 당신은 거기에 있었는

131) Roth (ed.), *The Haggadah*, 8 (with note). 참조. Jeremias, *Eucharistic Words*, 41-62.
132) Roth (ed.), *The Haggadah*, 9.
133) 같은 책, 11.
134) 같은 책, 23.

가?"라는 흑인 영가는 "~이다"와 "기억하다"(자카르)의 의미를 정확하게 묘사해준다. (또한 10:16에 대한 주해 참조.)

τὸ ὑπὲρ ὑμῶν, "너희를 위한"이라는 표현은 초기의 바울과 누가의 전승의 특징을 드러낸다. 이 표현은 사 53:12에서 "너희를 위한"을 잘 반영해 준다.[135] 여기서 σῶμα가 그런 것처럼 사 53장의 고난받는 종의 사역은 **동일시**와 **대체** 사이를 오간다. 볼프에 이어 호피우스는 구약성경의 나머지 평행 본문을 언급한다. 특별히 그는 레 5:8(참조. 9:8)의 속죄제물과 신 28:23의 "저주"의 반전을 언급한다(참조. 26:11). 이에 근거하여 호피우스는 셈어적 표현의 배경을 강조하며 τὸ σῶμα τὸ ὑπὲρ ὑμῶν이 전적으로 그리스어 배경에서 유래했다는 이론을 거부한다.[136] 그는 바울 서신 본문이 마가복음 본문에 더 가깝다고 주장한 반면, 보른캄은 누가복음의 더 긴 평행 본문이 초기 본문이며 원문일 것이라는 예레미아스의 견해에 동의한다. "이제… 충분한 이유에 근거하여 대다수는…더 긴 본문이 더 오래된 본문이라는 확신을 갖고 있다." 이것은 반드시 바울 서신에 의존한다는 의미가 아니며, 바울 서신과 함께 가장 초기의 전승을 반영한다.[137] 예레미아스는 누가복음의 더 짧은 본문은 더 긴 본문으로부터 유래한 것이라는 점을 상세하게 논의한다.[138] 바울은 통상적으로 그리스도의 죽음이 **우리를 위한** 것이며 **우리의 죄를 위한** 것이라는 언급과 함께 전치사 ὑπέρ를 사용한다(고전 15:3; 롬 5:6, 8). 그는 심지어 그리스도의 희생적 죽음이 명백하게 대속적 죽음인 경우에도 이 전치사를 사용한다(갈 3:13, γενόμενος ὑπὲρ ἡμῶν κατάρα). 따라서 호피우스가 주장하는 바와 같이 σῶμα, **"내 몸"**은 원래 **나눔**, **참여** 또는 **동일시**(참

135) Fee, *First Epistle*, 551; Hays, *First Cor*, 198.

136) Hofius, "Τὸ σῶμα τὸ ὑπὲρ ὑμῶν, 1 Kor 11:24," 80-88; 참조. Wolff, *Der erste Brief*, 266.

137) Bornkamm, "Lord's Supper and Church in Paul," in Bornkamm, *Early Christian Experience*, 137; 참조. 123-160.

138) Jeremias, *Eucharistic Words*, 138-160; 참조. 160-203. 참조. H. Merklein, "Erwägungen zur Überlieferungsgeschichte der neutestamentlichen Abendmahlstraditionen," *BZ* 21 (1977): 88-101 and 235-244; Ruckstuhl, "Zur Christologie der Leidensgeschichte Jesu," 41-44; Marshall, *Last Supper*, 46-51.

조. "당신은 거기에…있었습니까?"—앞에서 논의됨)의 주제를 장려하는 역할을 하지만, τὸ ὑπὲρ ὑμῶν, "너희를 위한"은 "예수 그리스도의 대속적 죽음"에 대해 이야기한다(강조는 원저자의 것임). 이 죽음은 우리를 위해 "죄 사함"과 "하나님과의 교제"를 가능케 한다.[139] 잔과 관련된 문맥에서 바울은 언약에 기초한 약속의 틀에 관한 전승을 반복할 것이며, 거기서 이 부분이 더 분명하게 이해될 것이다.

"이것은 내 몸이다"라는 말이 일차적으로 교회를 암시하거나 떡과 하나님의 백성을 가리킨다는 이론은 개연성이 없을뿐더러, 이것이 진정으로 최후의 만찬의 제정을 반영한다면 이 두 가지 측면 중 후자를 위한 여지를 거의 남겨놓지 않는다.[140] 하지만 이것은 떼어낸 떡 조각이 동일시와 참여의 과정을 통해 (이차적으로) 종말론적인 약속의 증표를 가리킨다는 점을 부인하는 것은 아니다. 다시 말해 하나님의 흩어진 백성은 종말이 완성되는 시점에 이르러 마침내 한자리에 모이게 될 것이다(참조. *Didache* 9:4; 10:5). 그러나 유대교의 유월절 하가다, 공관복음 전승, 바울의 공동 전승 사용은 모두 종말론적인 의미를 강력하게 전달한다(고전 11:26b; 참조. 눅 22:16; 마 26:29; 막 14:25).

"나를 기억하라"

오직 누가와 바울만(누가복음 본문에 대해서는 앞의 주해 참조) 떡과 관련된 문맥에서 "너희는 이것을 행하여 나를 기억하라"(τοῦτο ποιεῖτε εἰς τὴν ἐμὴν ἀνάμνησιν, 24b)라는 의식을 반복하는 주님의 명령을 포함한다. 바울은 잔과 관련된 문맥에서도 이 명령을 포함한다. 따라서 몇몇 저자들은 이 명령이 마가복음에 들어 있지 않고, 바울

139) Hofius, "The Lord's Supper and the Lord's Supper Tradition," in Meyer (ed.), *One Lord, One Cup*, 98 and 99.

140) 따라서 이에 대한 Dunn의 논평(Dunn, *Theology of Paul*, 617)은 지지를 받지 못할 것이다. 하지만 동시에 그는 해당 이슈들을 요약하면서 우리가 곧바로 언급하고자 하는 것을 강조한다.

이 두 번째로 언급한 명령이 누가복음에 등장하지 않는다는 이유에서 공동 전승의 일부로서 이 명령의 진정성에 의문을 제기해왔다. 하지만 이 명령은 "그와 같이 하여"(ὡσαύτως, 눅 22:20)라는 표현에 이미 암시되어 있다.[141] 호슬리도 "마가복음 저자가 이 명령이 자신의 역사 내러티브에 적절하지 않기 때문에 그것을 생략했을 가능성이 있다"고 주장한다.[142] 한편 ἀνάμνησις의 의미에 대한 논의는 또다시 유월절 배경과 구약성경 내러티브, 기도, 약속이 확정하는 다양한 요소에 의해 전개되어야 한다. 기억은 데카르트 또는 오늘날의 사고의 특성을 드러내는 전적으로 주관적인 정신적 또는 심리학적 회상 과정을 가리키지 않고, 벤첸, 후크, 모빙켈로 대표되는 이른바 신화 및 의식 학파와 관련된 "재연"(reenactment)에 대한 과장되고 지나치게 객관화된 주장을 가리키지도 않는다.[143] 벤첸은 구약성경을 종교사학적 방법으로 접근하면서 "고대 사회에서 어떤 종교의 구원에 대한 사실을 '기억한다'는 것은 이런 사실이 분명하게 감지된다는 것을 의미한다"고 주장한다.[144] 만약 이것이 순환적인 특성이 있는 신화 및 종교의식의 "재연"의 의미로 이해된다면 이 개념은 시간과 역사에 대한 더 복잡한(매우 광범위한 관점에서 다소 직선적인) 견해와 함께 성경의 전승에 적용되어서는 안 될 것이다. 하지만 벤첸의 접근 방법은 개연성이 있다. 왜냐하면 그는 유월절 하가다와 주의 만찬을 내러티브를 통해 기억하는 것과 진정으로 겹치는 어떤 영역을 묘사하기 때문이다. 그는 "공동체의 구성원들은…구원의 근본적인 행위와 '동시성을 지니게 된다'"고 올바르게 주장한다. 물론 벤첸은 이 점을 강조하기 위해 "로마 가톨릭교회의 미사와 성찬에 대한 루터교의 해석"에 호소하지만 말이다.[145]

만약 우리가 이 유비를 하가다에서 말하는 유월절에 대한 "기억"과 강압적으로 연결한다면 "현재화"는 일차적으로 유월절의 "세계"라는 실재를 투영하여 후대의 참여자들을 그 안으로 끌어들이고, 이어서 어떤 재연의 과정을 통해 유월절

---

141) 참조. Marshall, *Last Supper,* 51-53; Jeremias, *Eucharistic Words,* 138-203.

142) Horsely, *1 Cor,* 161.

143) A. Bentzen, *King and Messiah* (Eng. trans., London, 1995); S. Mowinckel, *Psalmstudien* (6 vols., Oslo: Kristiania, 1921-24).

144) A. Bentzen, *King and Messiah*, 12.

145) 같은 책, 12, 18; 참조. 72-79.

을 현재로 이동시킴으로써 완성될 것이다. 물론 서로 교차하는 이 두 "세계"는 시간의 경계를 불가피하게 넘어서지만 말이다. 하지만 몇몇 "대관식 시편"은 사실상 우주적인 권세들에 대한 하나님의 신화적인 승리를 "재연하는" 역할을 했다고 모빙켈이 초기 저서에서 제시하는 개념은 주의 만찬에 적용될 수 없다. 어떤 이름을 "기억한다"는 것은 "그것이 가리키는 영혼을 불러내는 것"이라는 페데르센의 개념을 "히브리적인 정신"에 "객관적으로" 잘못 적용하는 견해는 제임스 바와 다른 학자들의 연구에 의해 이미 오래 전에 신빙성을 상실했다.[146)]

다른 한편으로 "하나님의 능력의 행위를 기억하거나" "가난한 자들을 기억하는" 것은 단순히 그것을 머릿속에 떠올리는 것이 아니라 그 사람의 "세계" 안에서 능동적인 역할을 그것에 부여하는 것이다. 하나님을 "기억한다"(참조. 신 8:18; 삿 8:34; 시 22:7)는 것은 그분을 예배하고, 신뢰하고 그분께 순종하는 것이다. 하지만 하나님을 "잊어버린다"는 것은 그분께 등을 돌린다는 것을 의미한다. 기억하지 않는 것은 마음속에 없다는 것이 아니라 언약에 신실하지 못하고 불순종하는 것이다. 복음 전승을 "기억하는 것"(롬 15:15; 고전 15:3)이나 교회 지도자들을 "기억하는 것"(행 20:31; 히 13:7)은 자세와 행위에 변화를 가져다준다. 가난한 자들을 "기억하는 것"은 그들에게 꼭 필요한 것을 제공해주는 것이다.

에리히 푀겔린으로부터 폴 리쾨르에 이르기까지 "기억"의 철학에 대한 오늘날의 탐구는 그 현상이 얼마나 정체성의 확립 및 통합과 밀접하게 연결되어 있는지를 밝혀준다.[147)] 푀겔린은 "아남네시스"는 "[어떤 사람의] 현재의 의식 구조 안에 살아 있는 힘"을 재포착하는 것이며, "더 넓은 지평선" 안에서 정체성의 갱신을 제공하는 것이라고 주장한다.[148)] 의식은 현재에 관심을 갖는 것을 수반한다. 하지만 리쾨르가 자세하게 주장하듯이 이것은 개인의 정체성의 관점에서 과거, 현재,

---

146) J. Barr, *The Semantics of Biblical Language* (Oxford: Oxford University Press, 1961), 10–20, 25–88.

147) 특히 참조. E. Voegelin, *Anamnesis* (Eng. trans., Notre Dame and London: University of Notre Dame Press, 1978), 특히 3–35; P. Ricoeur, *Time and Narrative* (3 vols., Eng. trans., Chicago: University of Chicago Press, 1984–88), 특히 vol. 1, essays 1 and 2, and vol. 3, 235–240; *Oneself as Another* (Eng. trans., Chicago: University of Chicago Press, 1992).

148) Voegelin, *Anamnesis,* 5 and 13.

미래를 연결함으로써 파악된다. 또한 이것은 기억과 희망의 관점에서, 또는 더 사회적이며 상호주체적인 관점에서, 책임, 약속, 의무의 관점에서, 그리고 무엇보다 내러티브 역사의 의미심장한 "플롯"의 관점에서 파악된다. 정체성은 변화의 "가능성"이 과거를 회상하며 새로운 미래를 내다보는 시간 속의 플롯의 일부로서 기본적으로 "주어진 것"과 상호 작용을 할 때 통합적이며 변혁적인 것이 된다.[149] 자아를 위한 한 가지 핵심 범주는 일시적으로 한정된 "내러티브 정체성"이 된다.[150] 타당하거나 건설적인 기억 행위는 자아를 재구성하고 재정리할 수 있다. 이 가운데 그 어떤 것도 어휘적인 탐구로 추론할 수 있는 것으로부터 벗어나지 않으며, 더더욱 그것과 모순을 일으키지 않는다.[151]

우리가 기억하는 것에 대한 성경의 전승과 함께 이러한 종류의 사색을 한다면, "이것을 행하여 나를 기억하라"는 과거의 시대에 뒤떨어진 "주관성" 대(對) "객관성" 논쟁을 괴롭힌 부적절한 개념보다 더 온전하고 정확한 의미를 갖게 될 것이다. 그리스도와 그의 죽음을 기억하는 것은 (i) **감사, 예배, 신뢰, 인정, 순종을 통해 자신을 관여시키는 기억의** 성경적 측면을 유지한다(앞에서 성경의 사례 참조). (ii) 이것은 또한 기억을 통해 **십자가에 달리신 그리스도와 하나가 됨으로써 자신이 "거기에"** 있는 것을 경험하며, **그리스도는 부활하신 존재로서 "여기에" 계신다.** (iii) 하지만 더 나아가 이것은 (신자로서) **신자의 개인적인 정체성과** (하나님의 교회로서) **교회의 공동체적인 정체성을 형성하는 사건을 자아 변혁적인 방법으로 재연하고** (iv) 종말의 완성을 통해 가능해진 완전히 변화된 정체성에 대한 새로운 "가능성"을 내다보는 것(25절)을 포함한다. 이 모든 것은 바울의 다음과 같은 강조점 안에 모두

---

149) Ricoeur, *Time and Narrative,* 1:52-90, 100-152; 3:60-156, 207-274.

150) Ricoeur, *Oneself as Another,* 17.

151) BAGD, 57-58에서 ἀναμιμνῄσκω, ἀνάμνησις를 보라. 예를 들면 "그 말씀을 기억했다"(막 14:72). 거기서 기억하는 것은 자세와 행동을 변화시키고 자아의 정체성을 다시 형성하도록 이끌었다. 이와 비슷하게 "이전의 날들을…**기억하라**"(히 10:32)는 단순히 지적인 측면에서 기억하라는 것이 아니라 자아 정체성을 재형성하라는 권고다. 그것은 **죄에 대한 기억**(히 10:3)을 포함한다. 그것은 죄의식이 **다시 작용하여** 그리스도인의 새로운 정체성을 파괴하는 데 원인을 제공할 수도 있음을 가리킨다. 참조. Louw-Nida, 1:347-348(기억과 회상의 의미론적인 영역). 참조. D. Stanley, "Do This in Memory of Me (1 Cor 11:24-25)," *Studies in Formative Spirituality* 6 (1985): 103-115, 상상과 기대의 타당성에 대해.

포함되어 있다. 즉 이러한 기억은 **그리스도의 죽음을 선포하는** 데 자신을 관여시키는 것이며, 그리스도인으로서 우리의 정체성은 "타인"을 위한 그리스도의 정체성을 공유한다는 이해에 기초한 삶과 삶의 방식을 통해 이루어진다.

이 절에 대한 주해를 마치기에 앞서 한 가지 요점을 더 지적할 필요가 있다. 잘 알려진 바와 같이 예레미아스는 "나를 기억하라"라는 표현은 그리스도인들 또는 제자들이 예수를 기억하는 것이 아니라 "하나님의 기억"을 가리킨다고 이해한다. "하나님 앞에 무언가 전달되어…**하나님이** [그것을] **기억하신다**"는 것이다(강조는 원저자의 것임).[152] 예레미아스의 주장은 대체로 언어학적인 요소에 기초하고 있다. 예를 들면 εἰς ἀνάμνησιν은 죽은 사람을 추모하는 의식이나 기념 식사의 배경에서는 나타나지 않는 표현 양식이라는 것이다.[153] 하지만 예레미아스도 인정하듯이 이것은 오직 "세속적인" 추모 의식과 관련이 있다. 따라서 호피우스와 렌하르트가 주장하듯이 이러한 의식은 주의 만찬에서의 강조점과 무관하다. 예레미아스는 70인역에서 하나님을 기억하는 것 또는 εἰς ἀνάμνησιν이 하나님의 계명으로 사용되는 더 긍정적인 증거를 찾고자 한다(예. 레 24:7; 시 69:1, 2; 지혜서 16:6).[154] 그는 또한 기억에 대한 신약성경의 다른 구절들은 "하나님 앞에서 기억되는 것"(행 10:4. 그리고 아마도 막 14:9)을 가리킨다고 주장한다.[155]

예레미아스의 제안은 기껏해야 논쟁의 여지가 있다. 류맨은 후속 논쟁을 이끌었다.[156] 헤이스는 예레미아스의 주장에 동조하지만, 다음과 같이 결론짓는다. "우리는 예수가 원래 무엇을 말하려고 했는지 추론해볼 수는 있지만, 바울이 이 상징적인 행위를 **교회에** 예수의 죽음을 상기시켜주는 것으로 생각했다는 것은 분명하다. 이것은 예수의 죽음을 선포하는 것이다"(강조는 원저자의 것임).[157] 이것은 부분적으로 그 방향이 하나님을 향하는지 아니면 인간을 향하는지 다소 모호하지만,

152) Jeremias, *Eucharistic Words*, 248; 참조. 237-255.
153) 같은 책, 241-242.
154) 같은 책, 246-247.
155) 같은 책, 251.
156) J. Reumann, *The Supper of the Lord: The NT; Ecumenical Dialogues and Faith and Order on Eucharist* (Philadelphia: Fortress, 1985), 27-34.
157) Hays, *First Cor*, 198-199.

전적으로 그렇지는 않다는 첸덜린의 견해에 대해 부분적으로 논하는 것이다.[158] 첸덜린은 오직 "**나의 기억으로**"라는 "개방형" 번역(기억이 누구를 대상으로 하는지 또는 누가 기억의 주요 동인인지 구체적으로 명시하지 않은)만이 이 본문을 올바르게 이해할 수 있다고 믿는다. 하지만 심지어 대체로 예수 또는 바울에 대한 "현대적" 개념의 적용을 부정적인 측면에서 방해하는 역할을 하는 첸덜린의 의미론적·개념적 탐구도 예레미아스의 "하나님을 향하는" 접근 방법을 설득력 있는 것으로 만들지 못한다.[159] 23-34절 전체에서 바울의 사고의 전개는 자신-관여 논리에 의존하고 있다. 그리스도를 "기억하는 것"은 십자가가 서 있는 "거기에" 서서 감사하는 마음으로 그리스도의 죽음을 자신의 것으로 만드는 것뿐만 아니라 종말론적인 목표를 갖고 이 구속 사건을 개인과 공동체의 자기 정체성에 적용하고, 나아가 개인과 그리스도의 "몸"(고전 12장)인 공동체를 변화시키는 것이다(앞에서 이 네 가지 특징에 대한 설명 참조). 이것은 또한 심판의 엄중함 앞에서 약속의 영광을 내다보며 자신의 죄를 인정하고 그리스도의 몸과 피에 호소하는 의미에서 "기억한다"는 것이다. 오직 "그리스도의 피(몸)에 호소한다"는 이러한 파생적인 의미에서 이것은 하나님을 향한 기억이다.

모울(C. F. D. Moule)은 탁월하지만 종종 소홀히 여겨져 왔던 그의 논문 "성례에서 발견되는 심판에 관한 주제"에서 다음과 같이 주장한다. "고전 11:28-32에서 δοκιμάζειν, κρίμα, διαδρίνειν, κρίνειν, κατακρίνειν은 매우 특이한 방법으로 연속해서 사용된다."[160] 주님의 죽음을 "기억한다는 것"은 "주의 만찬에 동참하는 것"

158) F. Chenderlin, *"Do This as My Memorial": The Semantic and Conceptual Background and Value of* ἀνάμνησις *on 1 Cor 11:24, 25.*

159) 나는 1980년에 오늘날 해당 사항을 더 명백하게 표현할 수 있지만, 이전 시대의 개념에 대한 체계적인 자료가 부족했던 것은 증거로 제시되어서는 안 된다고 주장했다. 그것은 서로 다른 시대와 문화 속에서 덜 직접적이거나 목적과 연관된 언어로 표현되거나 이해될 수 없다. 프로이트 이후로 스스로 마음을 속이는 것과 그것의 "비밀"과 무의식의 개념에 대한 성경과 바울의 자료의 관계는 많은 사례 중 한 가지를 제공해준다. 참조. Thiselton, *The Two Horizons,* 115-142; G. Theissen, *Psychological Aspects of Pauline Theology* (Eng. trans., Edinburgh: T & T Clark, 1987), 40-114, 271-393, 그리고 곳곳에(그리고 그 이전에는 J. Barr, *Semantics of Biblical Language*).

160) Moule, "The Judgment Theme in the Sacraments," in Davies and Daube (eds.), *The Background of the NT and Its Eschatology: In Honour of C. H. Dodd* (Cambridge:

을 의미한다. 그 안에서 "우리는 자발적으로 주님의 심판을 기대해야 한다.…만약 우리가 그렇게 하지 않는다면 주님이 우리를 심판하실 것이다. 하지만 그는 우리를 구원하기 위해 심판하실 것이다."[161] "기억한다는 것"은 "이 성례의 판결"을 자신의 것으로 만드는 것이다. 그리스도의 대속적 죽음과 연합함으로써 신자들은 "유죄" 판결을 받는다. 하지만 그것은 단지 "의롭게 되었다"고 선언하시는 하나님의 판결에 그리스도와 함께 참여하기 위함이다. 호피우스가 단언하듯이 "이 두 가지[곧 떡과 잔]는 모두 예수 그리스도의 **대속적 죽음**을 이야기한다"(강조는 원저자의 것임)[162] 콘첼만은 유대 문헌에서 인용한 자료를 포함하여 예레미아스의 주장을 면밀하게 고찰한 후 "이 해석은…'나를 기억하라'…는 단순한 표현과 모순된다"고 올바르게 결론을 내린다.[163] 이 접근 방법은 고린도에서 이루어진 주의 만찬에 대한 사회학적·고고학적 탐구에 한 가지 신학적 **대안**을 제공하기보다는 그것을 보완하고 상호 교환적인 이해를 가능케 한다. 우리가 앞에서 언급한 람페의 연구 논문은 이 두 가지 측면을 탁월하게 결합한다. 명예, 신분 또는 동류 그룹의 친목을 위한 자기중심적인 관심 때문에, 그리고 "약한 자들", 멸시받던 자들 또는 "타인"을 무시했기 때문에 주의 만찬은 본래 목표했던 역할을 완수하지 못했다(11:17). 왜냐하면 그리스도와 "타인을 위한" 그리스도의 죽음을 기억하는 것은 타인을 위해 자신을 부인하신 그리스도와 그의 정체성과 **하나가 되는 것**을 내포하기 때문이다(참조. 너희를 위한, 24절).[164] 이 기억은 단순한 지적인 회상이 아니라 개인과 공동체가 그리스도를 본받는 삶을 사는 것이기에 그리스도인의 정체성이 붕괴하면 그리스도를 기억하고 그의 몸에 참여하는 것의 진정한 의미가 훼손되고 만다.

25절 ὡσαύτως, "마찬가지로" 또는 "이와 같이"는 25절의 간결

Cambridge University Press, 1956), 470; 참조. 464-481.

161) 같은 책, 470.

162) Hofius, "The Lord's Supper and the Lord's Supper Tradition," in Meyer (ed.), *One Loaf, One Cup*, 99.

163) Conzelmann, *1 Cor*, 199; 참조. 198.

164) Lampe, "Das Korinthische Herrenmahl im Schnittpunkt hellenistisch-römischer Mahlpraxis und paulinischer Theologia Crucis (1 Kor 11:17-34)," 183-213.

하고 압축된 나머지 구문을 설명한다. 왜냐하면 "마찬가지로"는 떡과 연결된 의미와 행위의 평행 구조를 강조하기 때문이다. 그러므로 "그는 [잔을] **들었다**"(REB, NIV, NRSV, AV/KJV, 바레트, 콜린스)라는 번역에는 "들었다"에 해당하는 그리스어 단어가 원문에 없다(비록 그런 의미이긴 하지만).[165] 그러나 NJB는 그리스어 구문을 그대로 유지하면서 "저녁 식사 다음에 잔과 관련하여"라고 번역한다. Τὸ ποτήριον은 암묵적으로 표현된 어떤 동사(곧 "그는 ~을 들었다")의 직접 목적어일 수 있다. 그러나 대안으로서 이 표현은 ὡσαύτως에 의해 지배되는 **부사적** 목적격 또는 **관계를 나타내는** 목적격일 가능성도 있다.[166] 이것은 왜 에링과 다른 저자들이 이 떡과 잔에 대한 언급과 행위 사이에는 "정확하게 들어맞는 평행 구조가 없다"라고 지적하는지를 설명해준다. 따라서 "마찬가지로 잔에 대해서도"라는 번역은 단순히 "그가 [잔을] 들었다"는 번역보다 예수의 행위를 더 포괄적인 평행 구조 안에서 이해한다. 이 번역은 또한 이러한 평행 구조의 결여가 "이 표현 양식이 오래된 것임을 말해준다"는 에링의 주장에 여지를 남긴다.[167]

전치사 μετά와 τὸ δειπνῆσαι(정관사가 달린 부정과거 부정사)가 함께 사용된 것은 "주된 식사를 하고 나서" 또는 "(저녁) 식사 후에"를 의미한다. 페쉬와 슈툴마허는 이 표현을 형용사적 또는 전치사적 수식어구로 간주한다. 이 표현은 "식사 이후에 그 잔"이라는 의미에서 "그 잔"을 수식한다는 것이다.[168] 호피우스는 식사를 시작할 때 떡을 떼고 감사 기도를 드리는 것이라는 점에는 동의하지만, 페쉬와 슈툴마허가 이 구문을 이해하는 의미에는 이의를 제기한다. 그는 11:25a의 "'식사 후에 그 잔'은 적극적으로 제외

---

165) Fee, *First Epistle,* 554. 예를 들면 Barrett, *First Epistle,* 268과 Findlay, *Expositor's Greek Testament,* 2:881을 따라 Fee는 그것이 "올바르게 덧붙여졌다"고 주장한다.

166) 사실상 기원후 1세기 코이네 그리스어에서 관계를 나타내는 목적격은 종종 여격에 의해 실행되는 기능을 한다. 하지만 신약성경에서 해당 표현이 어떤 관련성을 나타내는 사례들은 결코 드물지 않다. 참조. BDF, 87-88, sect. 160; N. Turner, *Grammar,* III: Syntax, 247. Findlay는 "그는 주었다"는 말을 덧붙인다. Findlay, *Expositor's Greek Testament,* 2:881.

167) Héring, *First Epistle,* 115.

168) Pesch, *Das Abendmahl und Jesu Todesverständnis,* 64; P. Stuhlmacher, "Das neutestamentliche Zeugnis vom Herrenmahl," *ZTK* 84 (1987): 1-35, 9-10.

되었다"고 주장하는데, 이는 한편으로는 언어학적인 근거 때문이며, 또 다른 한편으로는 호피우스가 이 잔이 유월절 식사의 세 번째 잔을 가리키는지 의심하기 때문이다.[169] 하지만 결국 그는 "저녁 식사 후에…그 잔"을 "부사적인 표현으로" 이해하는 것을 받아들인다. 따라서 그는 11:23-25에서 묘사하는 사건의 순서에 이의를 제기하지 않고, 오히려 이것이 **유월절 식사의 세 번째 잔을 재현하는 어떤 확정된 의식 절차**(*ordo*)인지에 의문을 품는다. 고든 피와 맥고원이 주장하듯이 설령 성찬 제정에 관한 내러티브가 어떤 특정 순서를 묘사하지 않는다 하더라도 이것은 어떤 의식 절차나 고린도에서 실질적으로 행해진 구체적인 순서를 반드시 명시하는 것은 아니다.[170]

"그 잔"이 구체적으로 무엇을 가리키는지에 대해 여기서 세부적으로 논의하는 것은 불필요하다. 우리는 10:16의 주해에 이은 특별 해설 "축복의 잔"에서 이 이슈를 이미 자세하게 다루었다(앞의 "축복의 잔"과 특히 iii항을 참조하라). 우리는 비록 리츠만이 최후의 만찬의 잔을 하부라 친교 식사와 연결하면서 예루살렘 전승과 바울 전승 사이에 극단적인 차이점이 있다는 것을 입증하려고 했지만, 이러한 주장은 과장된 것이며 정당하다고 인정할 수 없음을 지적했다. 우리는 비록 콘-셔복이 이 잔을 유월절 식사의 네 번째 잔과 동일시하지만, 10:16과 11:25에서 "그 잔"은 **유월절 의식 절차의 세 번째 잔**을 가리킨다는 점을 의심할 이유가 전혀 없다고 결론짓는다(이 입장을 지지하는 다른 많은 저자 중에서는 특히 알로, 바레트, 콘첼만, 볼프 등을 언급할 수 있다). 마셜이 주장하듯이 10:16의 이 축복의 잔은 11:24-25에서 제시하는 순서와 서로 다르게 나타난다는 사실을 고려하면 그 순서에 큰 의미를 부여해서는 안 될 것이다. 왜냐하면 10:16에서 바울은 "잔보다 오히려 떡을 더 강조하고 싶었기 때문이다."[171]

마가복음의 "그 잔"에 대한 말씀—종종 바울의 "배후에" 이 전승이

169) Hofius, "Lord's Supper and the Lord's Supper Tradition," 82-83; further 80-83.
170) Fee, *First Epistle,* 554; McGowan, " 'Is There a Liturgical Text in This Gospel'?" 73-87.
171) Marshall, *Last Supper,* 119.

있다고 주장함—은 예수에게로 거슬러 올라갈 수 없다는 주장이 제기되었다. 왜냐하면 해당 그리스어 표현 양식은 아람어로 되돌릴 수 없기 때문이다. 마셜이 주장한 바와 같이 비교적 최근에 케이시는 이것은 종종 아람어로 그것을 어떻게 표현했는지 불확실하다는 점을 표명한 것에 지나지 않는다는 것을 입증해주었다. 그는 예레미아스의 재구성은 과녁에서 상당히 빗나갔으며, 이른바 에머튼의 "해결 방법"도 만족스럽지 못하다는 점을 밝혀주었다.[172] 바울의 표현은 아람어의 관점에서 마가복음에 기록된 가장 어려운 그리스어 표현, 곧 τὸ αἷμά μου τῆς διαθήκης를 재생하는 것이 아니다. "**דמי דקימא**와 같은" 표현에서 접미사를 사용하는 것은 "만족할 만한 아람어 표현이 아니다. 왜냐하면 어떤 명사의 연계형에 접미사를 덧붙일 수 없기 때문이다. 또한 어떤 명사가 "~의"에 대한 기본형일 때 접미사가 붙은 명사는 일반적으로 **ד** 또는 **די** 앞에 올 수 없기 때문이다."[173] 케이시는 이와 같은 문장 구조가 불가능하다고 주장하면서 에머튼이 제시하는 사례들을 받아들이기 어렵다고 말한다.

만약 우리가 그리스어 번역자가 수용 언어를 **재구성했다**(예를 들어 ἐστίν을 제공 언어에서 그것에 해당 곳에서 이동함으로써)는 점을 인정한다면 **유월절 식사의 세 번째 잔의 삶의 정황**은 완벽하게 이해될 수 있을 것이다. 예수는 그 잔과 관련하여 "포도주는 그의 피, 곧 자신의 임박한 죽음을 상징한다고 강조한다. 유월절을 지키는 집단의 지도자로서 예수는 그 식사의 주된 요소를 해석해주어야 했다.…포도주를 마신 **다음에** 이 해석을 제시한 것은 그 상징을 불쾌한 것으로 만들기보다는 감동적이며 인상적으로 만드는 데 도움을 줄 것이다(막 14:23-24; 마 26:26-27에서는 다르게 표현됨)."[174] 케이시는 다음과 같이 결론짓는다. "잔에 관한 예수의 말씀의 자연스러운 아람어 기원은 복구될 수 있다.…예수는 틀림없이 **קימא** 다음에 **הוא**라고 말했을 것인데, 이는

172) Casey, "The Original Aramaic Form of Jesus' Interpretation of the Cup," 1-12; 참조. Marshall, *Last Supper*, 91.

173) Casey, "The Original Aramaic Form," 1.

174) 같은 책, 9-10(재구성에 대해), 7-8(해석에 대해).

하나님과 이스라엘의 언약의 구조 안에서 예수의 해석을 더욱더 명료하게 전달한다."[175] 아람어 קים(킴)은 히브리어의 ברית(베리트)에 해당하는 "일상적인 아람어다."[176]

이것은 우리를 두 번째 중요한 요점으로 이끈다. 10:16에 관한 특별 해설에서 우리는 언약이 "바울과 고린도 교회 간의 갈등을 푸는 열쇠"에 해당한다는 레인의 중요한 주장을 언급했다. 물론 레인은 자신의 주해 증거의 대부분을 고후 3:1-7과 11:1-2에서 가져오지만 말이다.[177] 또한 우리는 보른캄과 캐제만이 고전 10:16을 이해하는 데는 언약이 중심이 된다는 점을 시인했다는 사실을 지적했다. 슈라게는 여기서도 언약의 중요성을 강조한다.[178] 이 점은 곧바로 이어지는 구절—τοῦτο τὸ ποτήριον ἡ καινὴ διαθήκη ἐστὶν ἐν τῷ ἐμῷ αἵματι—에서도 명백하게 나타난다. 이것은 막 14:24과 마 26:28에서 "나의 피 곧 언약의 피"라고 표현하는 공동 전승을 반영한다. 바울과 누가는 "내 피로 세운 새 언약"이라고 표현한다(누가복음과 바울 서신을 비교해보면 누가복음에 ἐστίν이 생략된 것 외에는 나머지 표현이 모두 같다).[179] "새"라는 표현은 막 14:25(참조. 마 26:29)에서 예수가 하나님 나라가 종말론적으로 완성되고 나서 마실 "새 것"에 대해 말하는 부분에서 나타난다. 언약은 하나님이 과거에 약속하신 것을 신실하게 지키신다는 것과 종말론적인 새로움과 축복을 보증하신다는 것을 연결해준다. 루터가 10:16에 대한 해설에서 주장하듯이 그리스도의 몸과 피에 동참한다는 것은 "하나님의 약속으로 말미암아…'내 몸'이 소유하고 행하고 고통당하는 모든 것에

---

175) 같은 책, 10.

176) 같은 책, 7. 타르굼에서 해당 히브리어는 아람어로 번역된다. Casey는 이 단어는 "일상 언어로 여겨질 만큼 널리 사용되지는 않았다"는 예레미아스의 견해를 반박한다(Jeremias, *Eucharistic Words,* 197, n. 3); Casey, "Original Aramaic Form," 6.

177) Lane, "Covenant: The Key to Paul's Conflict with Corinth," 3-30.

178) 참조. Bornkamm, "The Lord's Supper," in *Early Christian Experience,* 140-143; Käsemann, "The Pauline Doctrine of the Lord's Supper," in *Essays on NT Theme,* 120 and 130-132; Schrage, *Der erste Brief,* 3:37-434.

179) 또한 공관복음 전승은 "이것은 많은 사람을 위하여 흘리는"이라는 구절을 포함한다. 바울이 사용한 ὡσαύτως는 τὸ ὑπὲρ ὑμῶν(너희를 위한) 그 몸을 반영할 것이다.

동참한다"는 것을 의미한다.[180] 하지만 그리스도의 죽음은 하나님의 약속을 인정하며 정당성을 입증해주는 것에 해당한다는 것은 참으로 사실이다. 캐제만의 표현에 의하면 이 주제는 "우리를 위해 예수가 죽음에 넘겨졌고 이 죽음에 기초하여 새 디아테케(언약)가 세워졌다"는 것이다.[181]

공관복음에서 διαθήκη는 네 번 나타나는데, 세 번은 최후의 만찬에 대한 이야기에서 나오고 한 번은 하나님이 그의 거룩한 **언약**을 "기억하셨다"(눅 1:72)라고 말씀하실 때 사용된다. 바울의 주요 서신에서 언약은 이스라엘에 주어진 하나님의 신실한 약속이 **연속성**을 지니고 있으며(롬 9:4; 11:27 [사 49:21로부터]), 그리스도 안에서 그를 통해 은혜로 값없이 주어진 선물을 통해 **하나님의 약속이 실증되고**(갈 3:15, 17; 4:24) **그리스도의 피**를 통해 실증된 새 언약의 영광(고후 3:6, 14)과 주의 만찬에서 가시적으로 볼 수 있도록 표현되었다(고전 11:25)는 것을 가리킨다. 바울 서신 밖에서 새 언약은 "일종의 쐐기"에 해당한다. 만약 히브리서에서 언약이 없다면 이 편지는 "산산조각이 날" 것이다.[182] 히브리서에서 언약은 구약성경과의 연속성뿐만 아니라 옛 언약과 대조될 "더 좋은" 또는 온전한 하나님의 약속이 결코 취소될 수 없다는 것을 의미한다(히 8:7-13; 참조. 렘 31:31-34). 이러한 신학적인 배경을 고려하면 그 잔을 그리스도의 죽음보다는 친교와 부활한 그리스도의 임재를 강조하면서 기뻐하며 축하하는 것으로 보는 리츠만의 견해를 따르는 것은 전혀 필요치 않다. 바로 그리스도의 죽음, 곧 내 피로 세운 새 언약이 구속을 확증해주고, 신자들이 하나님과의 관계에서 어디에 서 있는지를 알게 해준다. 즉 신자들은 갈보리 사건을 통해 온전히 재가된 하나님의 약속에 근거하여 옳다고 인정받은 메시아이자 승귀하신 주님이신 그리스도와 하나가 된 것이다. 여기에는 "타인을 위해"(곧 너희를 위해) 자기 몸을 내어주고 자기 피를 흘린 이가 부활하신 분과 하나라는 사실을 기념하는

180) Luther, *Luther's Works,* 36 (American ed., Philadelphia: Fortress, 1959), 283.
181) Käsemann, "The Pauline Doctrine of the Lord's Supper," 130.
182) S. Lehne, *The New Covenant in Hebrews,* JSNTSS 44 (Sheffield: JSOT, 1990), 11.

일과 그리스도의 죽음을 대비시키려는 의도가 전혀 없다. 이러한 하나 됨을 무시하는 기념은 피상적이며 자기 모순적이다.

또한 언약은 8:1부터 14:40까지 관통하는 주요 주제, 곧 억제 또는 자기 권리를 포기하는 자유를 반영한다. 왜냐하면 은혜로 주신 약속과 일관되게 행동하기로 결의하실 때는 하나님 자신도 절대 주권에 기초한 자유 선택을 통해 자신의 행동 범위를 제한하시기 때문이다.[183] 그리스도인들은 이것에 근거하여 자신들이 구속받고 영접받았다는 사실을 확신할 수 있다. 그러므로 고린도의 "강한 자들" 중에서 다수가 연약한 자들을 위해 자신들의 "권리"를 제한하기를 원치 않았다는 것(참조. 8:7-13; 9:1-12)은 타인을 위해 자기 피를 흘리신 그리스도와의 하나 됨뿐만 아니라 하나님의 언약의 기본 원리에도 어긋나는 것이다. 그 언약에 신실하신 하나님은 자신의 신실함을 보증하시고 순전한 은혜로 자발적 결정을 통해 자신의 "권리"를 제한하신다.

ὁσάκις ἐὰν πίνητε와 함께 "이것을 행하여 나를 기억하라"를 반복한 것은 우리가 떡과 관련하여 앞에서 언급한 네 가지 자기 관여 측면을 강조한다. (1) 신뢰와 감사를 통한 인정, (2) "거기에" 있던 자들로서 그리스도와 그의 죽음과의 연합, (3) 기독교의 이야기를 규정하는 근본적인 사건에 따라 내러티브 정체성을 새롭게 형성하도록 하는 것, (4) 하나님이 이미 계획하고 계시하신 종말론적인 세계를 고대하는 것 등이다. 이 세계는 현재의 정체성과 현재의 수고에 의미를 부여한다(24절에 대한 주해 참조). "너희가 그것을 마실 때마다"가 과연 바울이 편집한 것인지는 "결정적으로 입증할 수 없다."[184]

26절 몇몇 사본은 주로 "이 떡"에 "이 잔"을 일치시키려는 의도에서 "때마다"가 오직 주의 만찬의 떡과 포도주에만 더 분명하게 적용되도록 τὸ ποτήριον에 τοῦτον을 덧붙인다. 이른바 이러한 "개선"은 초기의 사본인 p[46], ℵ[2], D[1] 등에서

---

183) 특별히 신명기와 호세아에서 하나님의 선택을 강조하는 것과 하나님의 초월성 간의 관계에 대해서는 참조. E. W. Nicholson, *God and His People: Covenant and Theology in the OT* (Oxford: Clarendon Press, 1986).

184) Fee, *First Epistle*, 556.

발견된다. 하지만 이것은 ℵ*, A, B, C*, D*, F, G, 33 등에서는 발견되지 않는다. 이 사본들에서 이것이 생략된 것은 설명하기 어려울 것이다. 하지만 초기에 이 독법이 추가되었다는 것은 예배에서 사용하기 위해 이 둘을 평행 구조로 만들려고 했음을 고려하면 그리 놀라운 일이 아니다.

ἐάν(불특정 불변화사)과 함께 사용된 관계 부사 ὁσάκις는 "몇 번이든지"(AV/KJV, NRSV 및 BAGD), "~할 때마다"(NJB, NIV) 또는 "매번"(REB)으로 다양하게 번역된다.[185] 그림-타이어는 ἐάν과 함께 부사가 사용된 것의 불특정한 의미를 "그렇게 자주 ~할 때마다"로 설명하려고 한다. 이 설명은 전적으로 타당하지만 구식이다.[186] "~할 때마다"는 의도치 않게 자주 또는 규칙적이란 뉘앙스를 전달한다는 단점이 있는 반면, "매번"은 단조롭고 불특정한 의미를 살리지 못한다. "~할 때마다"라는 핀들레이의 제안이 가장 좋은 표현이며 현대적일 뿐만 아니라 정확한 번역인 것 같다. 이 표현은 비(非)바울적이다(그리고 대체로 후대의 표현이다). 하지만 설령 바울이 지지하는 바울 이전의 예수 어록에서 그것을 가져왔다 하더라도 단지 그것만으로는 그것이 "전승"의 일부분인지 여부를 결정할 수 없다. 그럼에도 다른 요소들은 고전 11:23-25에서 바울 이전 전승을 분리하는 것이 까다롭지 않음을 암시한다.[187] 우리는 23-25절에서 에릭손이 평행 구조와 다른 특징을 확인해주는 것에 대해 이미 언급한 바 있다(앞의 주해 참조). 바울이 고린도전서에서 독특한 주장의 기초로 전승을 사용한다는 에릭손의 주장과 같이 바울은 γάρ를 통해 공통된 전제를 적용하는 데 사용하며, 이는 전승을 재차 언급하는 것을 설명하는 역할을 한다. 즉 "그러므로 ~할 때마다."[188]

26절 하반절의 문법, 구문, 어순은 "주님의 죽음"("여러분은 바로 주님의 죽음을…")에 강조점을 두며, καταγγέλλετε를 현재에 계속되는 행위로 분명하게 제시한다. "여러분은 선포하고 있는 것입니다." 이것은 "타인"을 위한

185) BAGD, 585.
186) Grimm-Thayer, 456.
187) Eriksson, *Traditions as Rhetorical Proof,* 100.
188) Edwards, *First Epistle,* 295.

자로서 그리스도 안에서 우리의 정체성을 확인해야 하는 것과 이 정체성을 반영해야 하는 생활 방식 간의 관계에 관해 앞에서 우리가 언급한 모든 것을 취할 뿐만 아니라 그 이상의 것을 제시한다. 그리스어 동사 καταγγέλλω는 대체로 신약성경에서 복음을 전하다 또는 선포하다(고전 9:14), 하나님의 말씀을 전파하다(행 13:5), 또는 그리스도를 전파하다(행 4:2; 빌 1:17, 18)를 의미한다.[189] 또한 이 동사는 공적으로 진술하다, 전파하다, 공표하다, 또는 [법률 등을] 공포하다 또는 공개적으로 선포하는 행위를 하다라는 측면을 강조한다.[190] 따라서 바울은 이제 함께 모인 신앙 공동체가 떡을 먹고 포도주를 마시는 행위—이 행위는 신자들을 십자가와 하나가 되게 함—를 통해 유월절 하가다를 낭송하는 것과 연결한다. 하지만 이것은 십자가라는 객관적인 사건을 단순히 선포하는 것이 아니다. 이것은 십자가 사건을 포함한다(떡을 떼고…잔도 마찬가지로). 유월절 하가다를 낭송하는 자들이 **"모든 세대마다 이스라엘 사람은 반드시 자신을 이집트로부터 빠져나온 사람으로 간주해야 한다"**(*m. Pesahim* 10:5)라는 전제하에 그렇게 하듯이 떡을 떼고 잔을 마시는 것은 **그리스도가 보여준 삶에 동참하고 그리스도의 죽음에 동참하는 자들로서 그들이 자신의 구속과 생활 방식을 위해 십자가를 자기의 것으로 만드는 일에 자신을 관여시킨다**는 것을 의미한다.

καταγγέλλετε가 "여러분은 선포하는 것입니다" 또는 "여러분은 전파하는 것입니다"를 의미한다는 것은 결코 우연이 아니다. 이 떡을 먹고 이 잔을 마심으로써 함께 모인 신앙 공동체는 자신들의 "참여"(참조. κοινωνία, 10:16, 위험을 무릅쓰며 객관적으로 동참함; μετέχειν, 10:17, 참여자로서 관여함; 공동 참여에 대해서는 10:16-17, 특히 위의 [c]항을 참조)를 선포하기 위해 증언대와 설교단에 선다.[191]

---

189) BAGD, 400.

190) Grimm-Thayer, 330; 참조. Wolff, *Der erste Brief*, 274-275.

191) **"그리스도의 피에 공동으로 참여한다"**는 주제 아래 앞에서 이 측면에 대해 논의(특히 10:16-17 주해 참조)했던 내용은 광범위하며, 또한 필연적 결과로서 11:26에 대한 주해를 보완해준다. 교부 시대 자료에 대해서는 Thornton, Smit, Strobel, Neuenzeit, Schrage, Hainz, Ortkemper, Wolff와 같은 현대 저자들도 이 논의에 결정적인 역할을 한다.

종말론적인 측면—이 측면은 공통 전승에서 견고하게 한 부분을 차지하지만 서로 다르게 표현됨(앞의 주해 참조)—은 여기서 ἄχρι οὗ ἔλθῃ로 표현된다. 널리 알려진 바와 같이 예레미아스는 고전 16:22에서 언급된 **마라나타** 전승을 예고하면서 ἄχρι οὗ가 목적 관련 의미와 시간 관련 의미를 모두 지니고 있다고 주장했다.[192] 하지만 과연 16:22이 이 아람어를 직설법 또는 명령법으로 표현하는지에 대한 답변은 우리가 Μαρὰν ἀθά("우리 주님이 오신다" 또는 "우리 주님이 오셨다") 또는 Μαράνα θά("우리 주여, 오시옵소서!) 가운데 어떤 독법을 선택할지에 달려 있다(보다 자세한 내용은 16:22에 대한 주해 참조).[193] 예레미아스의 입장에서 언어학적인 의미가 무엇이든지 간에(그것은 우리를 설득시키지 못함) 그의 주장에 담긴 신학은 주의 만찬이 일차적으로 "하나님을 향하고" 있다는 점, 곧 하나님은 그리스도가 자신을 희생제물로 바치며 드리는 간구를 "기억하신다"는 점과 연결되어 있다. 그러나 우리는 이 견해도 설득력이 없다고 판단한다. 예레미아스가 다른 어떤 주장을 제기하든지 간에 재림의 시점이 종말의 완성을 바라고 주의 만찬을 준행하는 것에 내포되어 있다는 개념은 신약성경 밖에서는 찾아볼 수 없다. 예레미아스는 하나님이 메시아를 "기억하시고" 이로써 "재림과 함께 하나님 나라가 도래한다"는 유대교 기도문에 주로 의존한다.[194] 예레미아스의 주장 가운데 가장 긍정적이며 수용할 만한 요소는 주의 만찬에 기초한 다음과 같은 타당한 주장이다. 즉 주의 만찬은 참여자들에게 열망을 갖게 함으로써 그들이 "그것[하나님 나라]의 **완성을 위해 기도하게**" 하는 것이다(강조는 원저자의 것임).[195]

우리는 종말론적인 어조에 놀랄 필요가 없다. 왜냐하면 종말론이 공동 전승에서 모종의 역할을 하는 것 외에도 그것은 이 편지에서 고린도 공동체 안에 있던 유복한 자들에게 그들의 오류 및 취약성과 최종 목표를 향해 여

---

192) Jeremias, *Eucharistic Words,* 252-255; 참조. Barrett, *First Epistle,* 270-271.
193) 16:22의 주해 참조. 또한 Eriksson, *Traditions,* 115.
194) Jeremias, *Eucharistic Words,* 252.
195) 같은 책, 255; 참조. Wolff, *Der erste Brief,* 275-276.

전히 나아가는 순례자 또는 여행자라는 사실을 상기시켜주었을 것이기 때문이다(고전 1:7b-9, 18; 3:13-15, 17, 18; 4:5, 8-13; 6:9-14; 8:1-2, 7-13; 9:24-27; 10:1-5, 12; 11:26; 13:8-13). 언약의 약속에 대한 확신이 모든 오류의 가능성과 무지가 폐지되기에 앞서 오직 중간 시대에만 필요하다는 주장은 후대 기독교 신학의 언어에 매우 가까울 것이다. 하지만 최후의 심판을 기다린다는 것은 바울의 생각을 반영한다(4:1-5; 13:8-13). 칼뱅의 말로 표현하자면 "이 세상에 사는 동안 우리에게는 언제나 이러한 도움이 필요하다."[196)]

또한 동시에 바울은 그 이상의 것을 의미한다. 한낮의 태양이 일상생활에서 다른 모든 조명 기구의 빛보다 훨씬 더 밝게 빛나는 것과 마찬가지로 그(주님)가 오면 이 실재는 무색해질 것이며 이제까지 그것을 가리켜온 보증과 약속보다 훨씬 더 뛰어날 것이다. 그런 의미에서 주님의 식탁 주위에 모여 함께 교제를 나누는 것(10:21)은 종말에 모든 것이 성취되는 날에 "어린양의 잔치"—주의 만찬은 이 잔치에 참여한다는 것을 약속하며 그것을 가리킨다—에 참여하는 것을 보증하는 것이며, 미리 그것을 어느 정도 처음으로 불완전하게 맛보는 것에 해당한다. 따라서 우리는 내러티브 정체성에 대한 리쾨르의 개념을 다시 한번 언급할 필요가 있다. 십자가 사건은 기초를 제공하는 사건이며, 기독교 신앙 공동체와 개인으로서 그리스도인의 정체성이 무엇인지 확인해준다. 십자가의 이야기에 자신을 관여시키는 것은 자아와 교회에 대한 이야기를 만들어나가는 것이다. 하지만 이 이야기는 아직 완성되지 않았다. 그가 다시 오실 때까지는 이 이야기가 정점에 도달하지 않는다. 오직 그가 다시 오실 때 비로소 현재의 모든 순간의 의미가 온전히 드러날 것이며, 그것은 부분적인 의미를 전적으로 초월할 것이다.[197)]

27절 몇몇 후대 사본은 "이 떡"으로 읽으려고 τοῦτον을 삽입한다. 또한 몇몇 사본은 그 잔에 τοῦτον을 추가한다. 하지만 p^{46}, ℵ, B, C, D, 초기의 다른 사본들은 UBS 4판의 본문에 전혀 이의를 제기하지 않는다.

---

196) Calvin, *First Epistle*, 250.
197) Ricoeur에 대해서는 위 1520-21을 참고하라.

Ὥστε는 논리적인 결과, 곧 "그러므로"(NRSV, NJB) 또는 "~와 같은 결과가 뒤따른다"(REB) 또는 "따라서"(결과적으로)를 가리킨다. "따라서"는 결과의 의미를 온전히 포괄한다. ὃς ἂν ἐσθίῃ의 주체는 명확하지 않다(누구든지…). 이 절에서 첫 번째 주된 문제점은 ἀναξίως가 정확하게 무엇을 의미하느냐는 것이다. BAGD와 그림-타이어는 이 구절에 대한 번역으로 "부적절한/신중하지 않은 방법으로"를 제시한다.[198] 하지만 고전 6:2에서 ἀναξίως의 형용사 형태는 "적절하지 않음" 또는 어떤 일을 하는 데 "충분하지 않음" 등을 의미한다. 이것은 에픽테토스와 필론의 글에서 이 형용사가 사용되는 의미와 일치한다(그러나 클레멘스1서 47:6에서 이 형용사는 "무가치한"을 의미하는 것 같다). 이 그리스어 부사는 분명히 ἀξιόω, ἄξιος, ἀξίως 그룹과 정반대의 의미다.[199] 예전과 찬송은 계 4:11 — "우리 주 하나님이여, 영광과 존귀와 권능을 받으시는 것이 합당하오니" — 을 우리에게 친숙하게 만들었다. 하지만 BAGD가 지적하듯이 더 평범한 말로 이른바 탕자는 "나는 더 이상 아버지의 아들이라고 불리기에 **적합하지 않습니다**, οὐκέτι εἰμὶ ἄξιος"(눅 15:19)라고 말한다. 한편 ἄξιος는 "매를 맞을 만하다"(눅 12:48)처럼 부정적인 뜻으로, 즉 벌을 받기에 **합당하다**는 의미로도 사용될 수 있다. 요한계시록에서 하나님과 그리스도는 존귀를 받기에 **합당하신** 분이다. 왜냐하면 이 그리스어 형용사는 가장 광범위하게 "**적합한** 상응"(BAGD) 또는 "적절한 무게"(그림-타이어)를 가리키기 때문이다. 따라서 바울의 첫 번째 강조점은 주의 만찬에 참여하는 자들의 자세와 행위가 메시지와 선포되는 내용의 장엄함에

---

198) BAGD, 58; Grimm-Thayer, 40. Fee는 이 번역을 "유감스러운" 번역이라고 비판한다. 그 이유는 주로 unworthy가 어떤 **행위**보다 사람에게 적용되는 것이 더 타당하기 때문이다. 왜냐하면 바울은 사람에게 관심을 갖기 때문이다. 이와 같은 번역은 특별히 경건주의자들의 모임에서 어떤 도덕적인 특성을 가진 "무시무시한 징조"의 의미로 이해되며, 그것에 의해 "비극"이 야기되었다(Fee, *First Epistle,* 560 and 560, n. 10). 또한 Hays도 Fee의 목회적인 관심사를 공유한다(Hays, *First Cor,* 200). 이 그리스어 부사는 신약성경에서 단 한 번 나타난다. 한편 Weiss는 부적합함(unworthiness)을 재앙(sacrilege)과 연결한다(Weiss, *Der erste Korintherbrief,* 290). 그러나 Barrett는 unworthily를 "분파와 탐심"과 연결하여 설명한다(Barrett, *First Epistle,* 272).

199) BAGD, 78–79; Grimm-Thayer, 52–53.

부합해야 한다는 것이다. 고린도에서 어떤 교인들의 자세와 행동은 너무나도 자주 합당하지 않았다. 또는 마이어의 정확한 표현을 빌리자면 그들은 "**그 본질**(10:16)**과 그 규정의 의도**(11:24-25)**에 도덕적으로 일치하지 않는 방법으로**" 성찬에 참여했다(강조는 원저자의 것임).[200] 볼프도 이것을 "타당하지 않은" 또는 "적합하지 않은" 태도(in unangemessener Haltung)라고 묘사한다.[201]

두 번째 난제는 어떻게 ἔνοχος ἔσται τοῦ σώματος καὶ τοῦ αἵματος τοῦ κυρίου를 가장 적절하게 번역하느냐에서 비롯된다. 바레트는 AV/KJV와 RV의 전통적인 번역—"주님의 몸과 피에 죄를 범할 것이다"—을 따른다.[202] REB와 NIV도 ἔνοχος에 대한 번역에서 "죄가 있는"을 남겨둔다(REB는 바레트의 주해에서처럼 "~을 거스르는 죄가 있는"이라고 확대 번역한다). NIV는 "죄를 지은 책임이 있는"이라고 번역하는 반면, NEB는 "~을 더럽히는 죄가 있는", 굿스피드는 "~을 모독하는 죄가 있는"이라고 번역한다. 하지만 NRSV, NJB, 콜린스, 헤이스는 "~에 대한 책임을 지게 될 것이다"라고 번역한다. 이 번역은 몽고메리(Centenary Translation)의 번역인 "~에 대해 반드시 책임을 져야 한다"와 패리의 번역인 "~에 대해 책임을 져야 한다"를 반영한다.[203] 고든 피는 "~에 대해 죄가 있는"을 받아들이지만, "책임을 져야 할"이라는 의미를 강조하는 것을 선호하며, NIV의 각주—"~에 대한 죄를 지은 책임이 있는"—를 거부한다.[204] 비록 우리가 대체로 의미보다 후대의 역사에 대해 더 많은 것을 말하는 어원학을 극도로 경계해야 하지만, 에드워즈는 ἐν-ἐχόμενος, 곧 "~에 대한 책임을 져야 한다"의 지속적인 의미와 관련하여 "책임을 져야 하는"이라는 언어사전의 증거를 확인해준다.[205] 하지만 에드워즈도 지적하듯이 법과 관련된 문맥에서 (예를 들어 법에 대한) 책임을 져야 한다는 것은 대체로 여격으로 표현되지만, 어떤 사람

---

200) Meyer, *First Epistle,* 1:346.
201) Wolff, *Der erste Brief,* 277; 참조. Klauck, *Herrenmahl,* 324.
202) Barrett, *First Epistle,* 272.
203) Hays, *First Cor,* 200-201; Parry, *First Epistle,* 171.
204) Fee, *First Epistle,* 297-298.
205) Edwards, *First Epistle,* 297-298.

이 (예를 들어 범죄에 대한) 책임을 져야 할 경우에는 주로 소유격(여기서처럼)이 사용되며, 코이네 그리스어에서는 **범죄로 피해를 당한 사람**을 가리키게 되었다.

따라서 이 구문은 주의 만찬의 떡과 포도주에 대한 모독이 아니라 그리스도에게 죄짓는 것에 대한 책임을 암시한다. 다시 말하면 "강한 자들" 가운데 일부는 **주의 만찬에 담긴 의미에 동참하지 않고 주의 만찬을 단순히 사회적 향락이나 신분 상승의 기회로** 이용하면서도 그리스도와 하나가 되었다고 주장하는 죄를 범했다는 것이다.[206] BAGD, 그림-타이어, 루-니다, MM, LSJ 등 언어사전의 증거는 이 점을 확인해준다. BAGD는 ἐνεχόμενος, "사로잡혀 있는"(에드워즈는 "붙잡혀 있는")을 언급하지만, 또한 이 그리스어 형용사가 어떤 죄 또는 형벌과 관련하여 또는 "그 죄를 범한 어떤 대상(사람 또는 사물)…고전 11:27"과 관련하여 "해당하는"(소유격과 함께) 또는 "책임을 져야 하는"(여격과 함께, 그러나 가끔 소유격과 함께) 또는 "죄가 있는"을 가리키는 사례들을 제시한다.[207] 그림-타이어는 다양한 용례와 배경을 설명하는데 거의 한 단(段)을 할애한다. 이 사전의 설명은 에드워즈의 해설과 거의 유사하지만, 11:27의 말씀을 "주님의 몸과 피에 대해 범한 죄에 책임이 있는"이라고 묘사한다. 하지만 이 설명은 해당 문맥을 벗어나는 것이며 에드워즈의 요점을 훼손시킬 위험이 있다.[208] 다이스만은 27절의 구문은 길리기아 출신인 바울의 언어적 특성을 드러낸다고 주장한다. 하지만 LSJ와 MM에서는 법적·정치적 문맥에서 이러한 구문을 폭넓게 발견할 수 있다.[209] 하지만 무엇보다도 콜린스는 27-32절이 "법적인 표현—곧 '부적절한…책임져야 하는…자세히 살펴보다…심판…징계하다…정죄하다' 등—으로 가득

206) 주목할 만한 Edwards의 신중한 해설은 Theissen과 Murphy-O'Connor의 사회학적·고고학적인 탐구에 의해 확립된 고린도 상황에 대한 재구성을 놀랍게 예고한다(Edwards, *First Epistle*, 298).

207) BAGD, 267-268.

208) Grimm-Thayer, 217.

209) Deissmann, *Light from the Ancient East*, 116; MM, 217.

하며, 이 모든 용어는 법률과 법정 영역에 속한 개념"이라고 주장한다.[210]

비록 고든 피는 이러한 시도를 거부하지만, REB, NIV, NEB는 우리가 앞에서 언급했듯이 관용적인 표현을 사용하기 위해 각주를 달거나 어떤 단어나 어구를 삽입하는 것이 필요하다고 판단한다. 만약 우리가 이 영역본들이 제안하는 해석의 입장을 받아들인다면 우리는 "그렇게 취급한 것에 대해"와 같은 표현을 삽입하여 그리스어를 설명할 필요가 있을 것이다. 해당 문맥은 분명히 그것을 암시한다. 그렇게 하지 않으면 고든 피와 헤이스가 확인해준 해석상의 문제점이 다시 나타날 것이다. 하지만 바레트는 여기서 다음과 같은 점을 올바르게 강조한다. "여기서 몸을 **교회**에 해당하는 것으로 해석해서는 안 된다는 사실은 **피**가 추가되었다는 점을 통해 밝혀진다."[211] 이 절의 핵심은 성찬의 떡과 포도주에 대한 모독도 아니고, 신앙 공동체의 분열에 대한 책임도 아니다. 이 절의 초점은 떡과 포도주를 나누며 거기에 자신을 관여시킴으로써 선포되는 **그리스도와 십자가에 달리신 그리스도**에게 맞추어져 있다. 만약 주의 만찬에 참여한 신자의 태도와 삶의 방식이 그 내용과 진정성을 공허하게 만든다면 그는 주님의 몸과 피를 그렇게 취급한 것에 대한 책임을 져야 한다.

28-29절 UBS 4판은 29절의 텍스트에 원문으로 확실한 것("A")이라고 올바른 등급을 부여한다. p^{46}, $\aleph^{*}$, A, B, C^{*}, 33, 콥트어 역본(Boh, Sah) 등 최초기 사본은 이를 확인해준다. 하지만 $\aleph^{0}$, C^{3}, D, G, K, 대다수 소문자 사본과 라틴어, 고대 시리아어 역본들은 27절에 영향을 받아 πίνων 다음에 ἀναξίως를 삽입하고, σῶμα 다음에 τοῦ κυρίου를 덧붙인다. AV/KJV는 후대의 서방 사본들을 따라 "부당하게 마시며 주님의 몸을 분별하지 못한다"를 포함하는 반면, NIV는 이상하게도 두 번째 경우에 "주님의"라고 읽는다. 분명히 더 긴 텍스트는 이전의 절들에 근거하여 그 의미를 설명하고 명확하게 제시한다. 그러나 메츠거가 주장하듯이 (그러한 지지와 함께)

---

210) Collins, *First Cor,* 436. Collins는 여기서 파로노마시아(paronomasia) 방식의 언어유희의 수사 기교가 반영되어 있다고 말한다.

211) Barrett, *First Epistle,* 271.

더 짧은 텍스트가, 그 진정성을 제외하면, 원문이 아닐 이유가 전혀 없다.[212]

여기서 반의(反意) 접속사 δέ는 앞 절에서 합당하지 않게 먹고 마시는 것과 대조를 이루는, 자신을 살펴보라는 주제를 도입한다. 바울은 여기서 그리스어 동사 δοκιμάζω를 사용하는데, 이는 단순히 내면을 살펴보라는 것 이상의 의미를 전달한다. 11:19에서 동족 형용사 δόκιμοι는 (본문에 대한 우리의 번역에서) "시련을 받아 진실한 자들"을 뜻한다. 다시 말해 "엄밀한 조사를 받고 나서 자신들을 진실한 이들로 입증한 자들"을 가리킨다. 이것은 27절의 부정적인 측면을 28절의 긍정적인 측면과 연결하는 해당 주제를 명확하게 밝혀준다. 즉 **누구든지**(ἄνθρωπος, 어떤 사람) **자신의 진정성을 살펴보아야 한다.** 주의 만찬에 참여하는 **자신의 동기와 이해가** 얼마나 **진실한지** 테스트해보아야 한다.[213]

우리는 οὕτως를 "오직 이 방법으로만"이라고 번역한다. AV/KJV는 "그래서 어떤 사람은…하십시오"라고 모호하게 번역한다. REB는 "먹기에 앞서"(또한 NIV)라며 시점을 알려주는 구문으로 바꾼 반면, NJB와 NRSV는 시간적인 요소와 논리적인 요소가 결합된 "오직 그다음에 드십시오"라고 번역한다. 분명히 οὕτως를 전통적으로 "그래서"로 번역하는 것은 그 의미가 모호하다는 것을 인정하는 것이다. 부사 형태의 οὕτως는 οὗτος, "이것"에 해당하며, 이 부사에 선행하는 것과 관련하여 가장 전형적으로 "이와 같이" 또는 "이 방법으로"를 의미한다. 또한 이 단어는 종종 바로 앞에서 표현한 사고를 요약해준다(하지만 곧바로 뒤따르는 내용을 가리킬 수도 있다). 여기서 바울은 분명히 주의 만찬에 참여하는 자들은 "오직 지시한 방법대로 그 떡을(ἐκ τοῦ ἄρτου) 먹고 그 잔을(ἐκ τοῦ ποτηρίου) 마십시오"라는 것을 의미한다. 이 방법은 자신을 살펴보고 나서 자신의 이해, 자세, 행동이 구속적·

212) Metzger, *Textual Commentary* (2d ed.), 496.

213) δοκιμάζω에 대해서는 BAGD, 202 "테스트하다, 검사하다" 참조. 특히 검사의 **결과**와 관련하여 테스트를 통해 금이 순금인지를 판명하다. 따라서 "입증된 것으로 받아들이다, 시인하다. 각 사람은 자기 자신을 살펴보십시오"(NJB), 또는 "여러분 자신을 살펴보십시오"(NRSV)라는 번역은 이러한 측면을 온전히 전달해주지 못한다. 한편 REB의 번역—각 사람은 반드시 자신을 테스트해야 합니다—도 긍정적인 결과를 언급하지 않는다.

사회적 관점에서 그리스도의 몸과 피가 선포하는 모든 것에(참조. ἐκ) 진정으로 동참하는 것인지를 확인하라는 것이다.

μὴ διακρίνων τὸ σῶμα와 "진정성에 대해 살펴봄"(11:29)

이 특별 해설은 29절에서 상당한 논쟁을 불러일으키는 κρίμα ἑαυτῷ ἐσθίει καὶ πίνει μὴ διακρίνων τὸ σῶμα라는 표현을 올바르게 이해하기 위한 길을 마련해주려는 의도를 갖고 있다. 모울(C. F. D. Moule)의 고전적인 논문 "성례에 담긴 심판에 대한 주제"와 관련하여 우리는 성례에 담긴 종말론의 주제가 심판에 대한 기대와 얼마나 견고하게 연관되어 있는지를 이미 언급했다(11:24에 대한 주해 참조). 이 논의를 더 자세하게 다루기에 앞서 우리는 반드시 바울이 διακρίνω를 어떤 의미로 사용하는지 살펴보아야 한다. BAGD, 그림-타이어, 람페 등 다른 저자들에 의하면 이 그리스어 동사는 "분리하다, 구별하다, 구분하다"의 의미가 있다. 오직 분별(곧 y로부터 x를 분리하는 것)에 기초하면 이 단어는 "판단하다" 또는 "올바르게 판단하다"(BAGD는 고전 11:31을 이 의미 범주에 포함함)를 의미하며, 최종적으로 "인식한다"(BAGD는 29절을 이 의미 범주에 포함함)를 의미한다.[214] 그러므로 분명히 분리의 핵심 모티프는 무엇이 서로 다른지를 인식하는 것으로 이끈다. 하지만 만약 우리가 단순히 "그 몸에 대해 무엇이 다른지 인식한다"고 번역한다면 이것은 그 사고의 배경이 정당화하는 것보다 더 협소한 "성례론적인" 해석을 바울에게 부여할 위험이 있다. 바레트가 주장하듯이 성찬의 떡과 일반적인 떡의 본질적인 차이점을 인식하지 못하는 것으로부터 비롯되는 정죄의 근거는 "그 배경에서 나타나지 않는 어떤 차별을 도입하는 것이다."[215] 이것과는 다른 측면에서 호슬리는 그 배경에서 이슈가 되는 것은 "어떤 고린도 교인들이 자신들의 중요성을 내세우는 것과 관련이 있다"고 우리에게 상기시켜준다.[216] 하

---

214) BAGD, 185; 참조. Grimm-Thayer, 138-139: **분리하다**…종종 **선택** 또는 **다양성**과 관련하여 **분별하다**. 참조. Lampe, *Patristic Greek Lexicon,* 354.

215) Barrett, *First Epistle,* 274. 한편 "본질"의 견해를 거부하는 입장은 Robertson and Plummer, *First Epistle,* 252을 참조하라.

216) Horsely, *1 Cor,* 162.

지만 이것은 단순히 일종의 "사회적인" 문제다. 27절에 대한 주해에서 콘첼만이 주장하듯이 그것은 루터가 이 점을 훌륭하게 해설해준다는 의미에서 **"영광의 신학에 반대되는 십자가 신학"**과 관련이 있는 문제다.[217]

광범위한 세 가지 해석의 전통은 이 구절을 서로 다르게 이해한다. (1) 유스티누스와 아우구스티누스로부터 토마스 아퀴나스, 페트루스 롬바르두스와 베자를 거쳐 하인리치, 바이스, 심지어 (수정된 개신교의 형태로) 고데 등을 포함한 몇몇 근대 (주로 19세기) 저자들은 바울의 말을 **주님의 몸의 신성한 성례의 떡과 일상적인 떡을 서로 분별하는 것**을 의미한다고 이해한다.[218] 고데는 심지어 개혁파 신학도 바울이 단순히 그리스도인들의 사회적인 모임과 대조되는 주님의 식탁에서 타당하게 존중받는 것에 관심을 둔다는 견해에 여지를 남겨놓을 수 있다고 믿는다. 슈라게는 지나치게 협소한 것이라고 판단하며 이러한 견해를 거부한다. 그는 이 견해를 지지하는 많은 저자들을 언급한다.[219]

(2) 보른캄, 캐제만, 퀴멜, 슈바이처, 초기의 로버트슨과 플러머는 (1)의 견해에 이의를 제기한다. 사실상 이들은 **그 몸을 분별하는 것**을 주로 **주님의 몸인 신자들의 공동체를 존중하는 것**을 말하는 것으로 이해한다.[220] 보른캄은 바울이 "신앙 공동체의 [연합된] '몸'… 신자들의 공동체의 그리스도의 신비로운 몸"을 언급한다고 믿는다.[221] 흥미롭게도 퀴멜은 자신의 『고린도전후서 주석』 4판에서 같은 주석

217) Conzelmann, *1 Cor,* 202. 참조. Luther, *The Heidelberg Disputation,* sects. 20-25 (conveniently in A. Atkinson, *Early Theological Works,* LCC 16 (London: SCM, 1962), 290-294. 예를 들면 "하나님은 고통과 십자가 밖에서…찾아서는 안 된다." [*WA,* 1:360-364]. "영광의 신학자는 나쁜 것을 좋다고 말하고 좋은 것을 나쁘다고 말하지만, 십자가의 신학자는 좋은 것과 나쁜 것을 그 고유한 이름으로 부른다"(*Heidelberg Disputation,* 21; Atkinson, *Luther,* 291).

218) Justin, *Apology,* 166; Augustine, *On John,* sect. 62. 그리고 예를 들면 Heinrici, *Das erste Sendschreiben,* 338-339; Weiss, *Der erste Kor,* 291. 더 자세한 목록은 다음을 보라. Allo, *Première Épitre,* 283; Meier, Estius 등.

219) Schrage, *Der erste Brief,* 3:51 and n. 587.

220) Robertson and Plummer, *First Epistle,* 252; Bornkamm, "Lord's Supper and Church in Paul," 148-149; Käsemann, "The Pauline Doctrine of the Lord's Supper," 130-132; E. Schweizer, "σῶμα," *TDNT,* 7:1,067-1069.

221) Bornkamm, "Lord's Supper and Church," 148-149.

서 시리즈 3판(1942년)의 리츠만의 견해와 다른 견해를 제시한다. 리츠만은 그리스도의 몸을 "세속적인 음식"으로 취급하는 것에 대해 언급한다. 큄멜은 여기서 "일상적인 떡"과 성찬의 거룩한 떡이 서로 대조된다는 개념을 거부한다. 오히려 이것은 그리스도의 몸의 "회중"을 언급한다는 것이다. 그는 "그들은 자신들의 미천한 동료 그리스도인들에게 지나치게 이기적으로 행동하여 그 몸이 의미하는 바를 잊어버렸다"는 의미에서 모팻이 각주에 제시한 "몸에 대해 합당하게 분별하지 않은 채"를 시인한다.[222] 오늘날의 많은 저자들은 이 접근 방법을 따른다(항상 그런 것은 아니지만, 종종 복음주의 개신교 신학자들이 그렇다). 그들은 때때로 (i) 10:16-17과 평행을 이룬다는 점과 (ii) 여기서 주님의 피가 다시 언급되지 않은 채 그 몸이 사용된다는 것을 언급한다. 이 주장들은 위더링턴, 블롬버그, 젠프트, 호렐, 스탠리, 헤이스 등에 의해 또다시 언급되었다. 한편 콜린스는 이 견해를 주로 따르지만, 다른 뉘앙스도 인정한다.[223] 고든 피는 이 견해를 지지하는 가장 상세한 논의 중 하나를 제시한다. 그는 이 절은 "10:17의 흔치 않은 짧은 여담처럼 보이는 것을 이해하게 해준다"고 주장한다. 거기서 "떡 한 덩어리"는 신자 공동체가 모두 연대하여 하나가 되는 것을 의미한다. 29절에서 바울은 이 떡과 관련하여 "더 진전된 의미에서 그 몸인 교회"에 대해 말한다.[224]

(3) 이러한 성격의 주장(이러한 주장은 규칙적으로 반복되기 때문에)은 바레트, 마셜, 호피우스, 볼프, 슈라게를 비롯하여 본 주석서 저자를 설득하지 못했다. 바레트는 두 번째 견해는 "διακρίνειν의 의미를 왜곡하며"(호피우스도 참조하라), τὸ σῶμα가 소유격과 함께 기능하는 것을 요구한다고 주장한다. 그리고 (특히 마셜과 더불어) 바울이 그의 독자들이 그것을 자신이 의도하는 의미에 대한 결정적인 틀로 이해하

---

222) Libertyman-Kümmel, *An die Korinther,* 1/2:59 (Lietzmann) and 186 (Kümmel); 참조. Moffatt, *First Epistle,* 171.

223) Witherington, *Conflict and Community,* 252; Blomberg, *1 Cor,* 231; Senft, La *Première Épitre,* 153; Horrell, *Social Ethos,* 153; and "The Lord's Supper at Corinth and in the Church Today," 196-202; Stanley, "'Do This in Memory of Me'…," *Studies in Formative Spirituality* 6 (1985): 103-115; Hays, *First Cor,* 200; Collins, *First Cor,* 436 and 439.

224) Fee, *First Epistle,* 564.

기를 기대하기에는 29절이 10:16-17로부터 너무 멀리 떨어져 있다는 것이다.[225] 호피우스는 이 절에서 "τὸ σῶμα는 그 몸과 그 피 전체를 나타내는 일부분이다"라고 주장한다.[226] 볼프는 다음과 같이 결정적인 주안점을 제시한다. 사회적인 요소는 구원과 관련된 요소에 기초하고 있으며, 해당 이슈는 "'너희를 위한' 예수의 죽음에 참여자로서 동참한다"는 것을 의미한다는 것이다.[227] 볼프가 올바르게 주장하듯이 24절과 27절의 배경은 모든 것 중에서 가장 결정적이다. 왜냐하면 바로 이것이 다른 사람에 대한 신자들의 태도와 행위를 변화시키는 데 영향을 미치기 때문이다. 슈라게는 31절은 29절의 의미를 밝혀주는 중요한 지침으로 본다. "올바른 판단"은 최후의 심판을 바라보며 그리스도의 십자가와 하나가 되고 그것에 관여하는 것이 무엇을 의미하는지로 이어진다.[228] 그런 의미에서 29절은 고린도 교인들이 반드시 그 몸을 다른 것으로 특징짓게 하는 것이 무엇인지 인식해야 한다고 주장한다. 즉 그리스도의 유일무이성을 마음에 새겨야 한다. 그는 순전한 은혜로 타인을 위해 자신을 내어주었다는 의미에서 다른 사람들과 **구별된다**. 주의 만찬은 그리스도의 십자가에 동참하고 그것 안에서 신자의 정체성을 확인해준다는 것을 강조한다. 그것을 통해 주의 만찬은 사회적인 측면에서 변화를 일으킨다. 하지만 이 변화는 바울의 **두 번째** 관심사다. 그럼에도 그는 신자의 정체성 변화의 토대로서 **십자가를 선포하는 것**(1:18-25)을 결코 잊어버리지 않는다. 이것을 하나님의 은혜에 고정하고 십자가에 초점을 맞추는 것이 주의 만찬(그리고 세례)의 본질이다.

이것은 또한 이 절에서 심판(κρίμα)에 대한 언급을 통해서도 뒷받침된다. 우리는 대속에 대한 호피우스의 관점과 심판과 종말론에 대한 모울의 관점을 서로 결합할 필요가 있다(앞의 주해 참조). 십자가는 하나님의 결정적이며 최종적인 심판을 예고한다. 이 심판은 "죄가 있다"와 "의롭게 되었다"(고전 1:30-31)라는 이중적인 판결의 형태를 취한다. 따라서 신자가 자신의 진정성을 살피고(28절), 주의 만찬에 참여하지 않으면 그 몸에 특징을 부여하는 것(29절)이 사라지고, 먹고 마시는

225) Barrett, *First Epistle,* 275; and Marshall, *Last Supper,* 114.

226) Hofius, "The Lord's Supper and the Lord's Supper Tradition," 114 and 114, n. 224.

227) Wolff, *Der erste Brief,* 279.

228) Schrage, *Der erste Brief,* 3:51-52.

것 자체(그리스도와 하나 됨과 십자가에 동참하는 것)가 그에게 "죄가 있다"는 판결을 내릴 것이다. 모울의 표현에 의하면 스스로 자신에 대한 심판을 초래하는 이유는 "근본적으로 눈이 멀었기" 때문이다.[229] 그 대안은 자신의 "유죄를 인정하고" 심판을 받을 뿐만 아니라 그것을 통과하는 것이다.[230] 그러므로 사전에 주의 만찬에 "참여함으로써" 종말론적인 심판의 정황을 통과하는 이 과정은 자기를 기만하거나 "근본적으로 눈이 멀어" 완악해진 자들에게는 구속을 가져다주거나 진정으로 위협이 될 수도 있다. 바레트가 지적하듯이 우리는 κρίμα, διακρίνειν, ἔνοχος, κρίνειν(31, 32절), κατακρνειν(32절)의 언어학적·법률적 연관성을 영어 번역이 허용하는 것보다 그리스어 표현에서 더 쉽게 파악할 수 있다.[231] (또한 목회적 측면에서 어린이들의 성찬 참여 허용 여부에 대한 함의에 대해서는 30절과 각주 246을 보라. 그리고 성찬 참여와 관련하여 "자신의 내면을 제대로 살펴보지" 못하는 것의 문제점에 관해서는 31-32절의 주해를 참조하라.)

30절 거의 슈나이더만 세 핵심 단어 ἀσθενεῖς, ἄρρωστοι, κοιμῶνται가 물리적인 의미가 아니라 은유적인 의미로 사용되었다고 주장한다. 즉 이 단어들은 **죽어가는 신앙**을 소유하고 있다는 것에 대한 총체적인 의미를 전달하며, 각각 **연약한 믿음, 영적으로 병든 상태, 잠 들거나 무기력한 상태**를 가리킨다는 것이다.[232] 그는 필론과 교부 문헌에서 평행 사례들을 인용한다. 하지만 대다수 주석가들은 29절과 30절 사이에 어떤 인과관계를 인식한다. 그것은 알로가 육체적인 질병과 죽음을 "무서운 현실"로 묘사한 표현에 반영되어 있다.[233] 고든 피는 바울이 어떤 예언자적인 통찰을 활

229) Moule, "The Judgment Theme in the Sacraments," in Davies and Daube (eds.), *The Background of the NT and Its Eschatology,* 473.

230) 같은 책, 472; 참조. 464-481.

231) Barrett, *First Epistle,* 274. 더 자세한 내용은 아래 30절의 주해에서 M. Pesce에 대한 설명을 참조하라.

232) S. Schneider, "Galubensmängel in Korinth. Eine neue Deutung der 'Schwächen, Kranken, Schlafenden' in 1 Kor 11:30," *Fililogia Neotestamentaria* 9 (1996): 3-19.

233) Allo, *Première Épitre,* 283.

용하고 있다고 믿는다. 즉 질병의 실질적인 사례(그중 일부는 말기 증상)는 유복한 자들이 "갖지 못한 자들"을 멸시하면서 주의 만찬을 자기 탐닉과 타인을 조종하기 위한 기회로 삼은 것과 연관되어 있다고 본다.[234] 사실상 앞에서 바울은 술 취하는 행위를 언급했다(11:21). 따라서 어떤 부유한 집주인이 "주의 일을 한다"는 핑계 아래 종종 "주의 만찬을 베풀어" 전적으로 폭식과 폭음의 기회로 삼았다면 그로 인해 건강이 심각하게 쇠약해졌을 것이며 그것은 스스로 심판을 불러왔을 것이라고 상상할 수 있다.

이와 같은 **진정성**의 결핍(28절의 주해 참조)은 다음과 같은 페스체의 주장에 힘을 실어준다. 즉 이것은 언약 파기 또는 고의범죄에 해당하며(참조. 모울의 "근본적으로 눈이 먼 상태"), "배상을 위한 희생제물"이 요구되며(민 5:18; 참조. 5:11-31), 미쉬나 소타(*m. Sotah* 1:1-4:3)에서는 "저주를 초래할 쓴 물"이란 표현으로 확대된다. 언약 파기는 언약에 대한 의무를 훼손한 간음 행위와 비교된다.[235] 여인이 "쓴 물을 다 마시면" "그 물을 마심으로써" "테스트를 받거나" "판단을 받는" "간음 의혹을 받는 여인"은 곧바로 심각한 병의 증상(예. 피부가 누렇게 됨, 눈이 튀어나옴, 혈관이 부풀어 오름)을 보이거나 "만약 해당 여인에게 그러한 증상이 나타나지 않으면 그는 의심을 벗고 처벌을 면하게 된다"(*m. Sotah,* 3:4). 페스체는 이것을 주님께 심판받기를 거부하거나 스스로 심판받기를 거부하는 언약 파기자 및 사실상 31-32절에 따라 유죄를 인정하는 자에게 미치는 질병 및 죽음과 연결한다.

이 제안은 어떤 신학적인 원리를 깨닫게 해줄 수도 있지만, 우리는 이 구체적인 본문들이 바울이 염두에 두고 있었던 것인지는 확신할 수 없다. 또한 바울이 재림 이전에 죽음을 맞이할지 예상하지 않았다고 상상하는 것은 단지 사변에 지나지 않는다. 이것은 어떤 개별적인 구절에 근거하여 바

---

234) Fee, *First Epistle,* 565. 그의 이러한 견해는 Edwards의 주석서에서 먼저 논의되었다(Edwards, *First Epistle,* 301).

235) M. Pesce, "Mangiare e bere il proprio gludizio. Una concezione culturale commune a 1 Cor e a Sota?" *RevistB* 38 (1990): 495-513. 참조. Danby (ed.), *Mishnah,* 293-298과 그 텍스트에 대한 Danby의 해설.

울이 순진하게 임박한 종말론을 갖고 있었다는 신뢰할 수 없는 견해에 해당한다. 또한 이것은 쿨만과 다른 학자들이 역설한 강조점을 무시하는 것이다. 즉 바울이 잘 알고 있었던 것처럼 그리스도인들은 종말론적인 의미에서 죄와 죽음으로부터 구원받았지만, 여전히 죄를 지을 가능성이 있으며 언젠가는 죽는다는 것이다.[236] 바이스는 어떤 초자연적인 "현실주의"를 매우 강력하게 주장한다. 그는 이 현실주의 안에서 성찬의 떡과 포도주를 "진정으로 신성하고 마술적이며 신비스러운" 것으로 간주하기 때문에 그에게는 그것들이 물리적으로 손해를 입히거나 유익을 가져다줄 가능성이 전혀 문제가 되지 않는다.[237] 동시에 그는 성찬에 대한 이그나티오스의 개념—"불사(不死)의 약"(Ignatius, 엡 20:2, φάρμακον ἀθανασίας)—을 바울의 사상과 일치하지 않는 후대의 헬레니즘적 발전으로 인식하며 거부한다.

데일 마틴은 일종의 사회역사적인 접근 방법을 신학적인 주해에 결합한다. 한편으로 그는 "성찬, 곧 그리스도의 몸을 섭취하는 것이 어떤 특정 상황에서는 그리스도인에게 유독한 결과를 가져다주며, 이 고린도 교인들은 자신들을 치유해주어야 할 것에 의해 오히려 치명적인 손상을 입었다"는 "충격적인" 주장에 주목한다.[238] 하지만 고대 그리스-로마의 의학 및 약학은 φάρμακον, "의학적 치료, 질병 치료제"(Philo; Josephus, *Wars* 4:573; *Testament of Joseph* 2:7; Ignatius, *Ephesians,* 20:2 등)가 "독약"(Josephus, *Antiquities* 16.253; 17.62; *Testament of Joseph* 5:1; LXX, Philo)을 가리키기도 했다는 사실을 잘 알고 있었다.[239] 그리스어 동사 φαρμακεύω는 "어떤 독약을 섞다, 독약을 준비하다" 또는 "마술을 행하다"를 의미하는 반면, 70인역과 유대교-기

---

236) A. Schweitzer는 다음과 같이 주장했다. "예수를 믿었지만 죽음을 맞이해야 했던 이들의 사례는 전통적인 종말론에서 예견치 못한 사례였다.…그것은 그리스도의 재림이 지연된 것이 빚어낸 문제점 중 첫 번째 문제점이었다"(A. Schweitzer, *Mysticism of Paul the Apostle,* 92). 하지만 그는 바울도 종말의 "지연"과 타협할 필요가 있다고 이해한 사람 중 한 명이었다고 이해한다.

237) J. Weiss, *Earliest Christianity,* 2:647; J. Weiss, *Der erste Korintherbrief,* 290-291.

238) J. Weiss, *Earliest Christianity,* 2:648.

239) Dale Martin, *The Corinthian Body,* 191; BAGD, 854.

독교 문헌에서 그리스어 명사 φαρμακεία는 대체로 마술을 가리켰다.[240] 이와 같은 "의약"의 이중적인 효과는 사도의 메시지를 일종의 "향기"로 보는 바울의 해석—어떤 사람들에게 그것은 "죽음에 이르게 하는 죽음의 냄새"이지만, 다른 사람들에게는 "생명에 이르게 하는 생명의 향기"다(고후 2:14-16)—과 일맥상통한다.

많은(대다수?) 치료제는 실제로 신체에 유익할 만큼 "독"을 투입하여 약효를 일으킨다. 마틴은 몸에 대한 고대 그리스-로마 의학의 전제들을 증거 자료로 제시하며 신중히 설명한다.[241] 그는 바울이 "성찬에 참여하는 것을 통해 분명히 그리스도인의 몸에 '실질적으로' 무언가가 일어난다고 믿었다"고 주장한다.[242] 또한 그는 단순히 "은유적인" 효과에 대한 현대 개념은 시대착오적이라고 주장한다. 데일 마틴의 이와 같은 논의는 설령 모든 세부적인 내용에서 우리를 설득하지는 못한다 해도 시사하는 바가 크다. 그 요지는 다음과 같은데, 고린도 독자들에게 다음과 같은 주장은 전적으로 이해할 만하고 신뢰할 만하다는 것이다. 즉 **만약 그릇된 방법으로 또는 올바른 이해, 돌봄, 관심 또는 주의 없이 그릇된 상황에서 어떤 치명적인 독약을 섭취한다면** "자신이 멸망에 이를 수 있다는 것을 인식하는" 상태에서 "그리스도의 거대한 몸의 한 구성원으로 존재하는 자신의 신분"이 일종의 치명적인 독약으로 작용할 수도 있다는 것은 **긍정적인 유익으로서 어떤 도움을 주겠는가?**[243]

30절에서 언급된 명백한 사실(슈나이더의 입장과 대조적인)에 대해서는 몇 가지 설명이 가능하다. 여기서 어떤 마술 이론이나 이그나티오스의 "고"(高) 성찬론을 도입할 필요는 없다. 바울은 단순히 거기서 일어난 일에 대해 말하고 있다. 대다수 주석가들은 그 결과를 (콘첼만과 함께) "심판"의

240) BAGD, 854.

241) Martin, *Corinthian Body*, 3-37; 136-162, 특히 146-153; 191-194.

242) 같은 책, 190.

243) 참조. 같은 책, 194-197. 한편 Barrett는 "주님의 식탁을 남용하는 자들은 육체의 질병을 일으키게 하는 데 사용되던 귀신들의 권세에 자신들을 내어주는 것"이라고 믿는다(Barrett, *First Epistle*, 275).

행위로서가 아니라 "원인을 제공하는 것"으로 이해한다.[244] 27절에서 "합당하지 않게"와 "책임을 져야 하는(죄가 있는)" 등과 같은 거친 용어에 대한 고든 피, 헤이스 등 다른 학자들이 표현하는 목회적인 관심은 **합당하지 않은 방법으로** 주의 만찬에 참여하는 것의 결과에 대한 더 엄중한 경고에 의해 무색해질 것이다. 에링은 이 절에 묘사된 원인과 결과의 과정은 일종의 "무서운 현실주의"를 지니고 있다는 알로의 주해를 반복하며 그것을 지지한다.[245] 오늘날 목회와 예배에 대한 함의와 관련된 이슈들은 광범위한 논쟁을 불러일으키고 있다.[246] 모울은 "심판"에 관한 이 절들을 구속 과정의 일환인 성령의 사역에 의한 유죄 판결 또는 심판(ἔλεγχος)이라는 더 광범위한 배경에 배치한다. 또한 그는 그리스도를 사랑하지 않는 자들(16:22)에 대한 ἀνάθεμα와 그리스도를 주님으로 인정하지 않는 자들(12:22)에 대한 ἀνάθεμα를 대조한다.[247]

31-32절 p[46], ℵ, A, B, D, F, G, 33은 반의(反意) 접속사 δέ를 지니고 있다. 후대의 몇몇 사본(ℵ[0], C, 시리아어 번역본)은 그것을 γάρ로 바꾼다.

διεκρίνομεν을 번역하기 위해서는 반드시 두 절 앞(29절)에 나오는

---

244) Conzelmann, *1 Cor.* 203.

245) Héring, *First Epistle,* 120.

246) 이 논쟁은 그리스도인 가정이 견신례(Confirmation)를 받기 이전에 자녀들이 성찬에 참여하는 것을 허용할 것인지에 대한 매우 민감한 이슈로 이어지기까지 했다. 어떤 이들은 견신례의 역할을 평가절하하려고 이 논쟁을 주도했다. 하지만 이 절들과 관련하여 한편으로 그것은 **어떤 적합한 방법** 및 몸에 대한 **분별** 또는 **인식**이 세례와 신앙의 가정에 기초하여 자신들의 자녀들을 **그 몸**의 일부로 인식하는 그리스도인 가정을 열린 마음으로 환영하는 것을 내포한다는 것을 암시한다(33절). 다른 한편으로 이것은 모든 면에서 온전히 만족스럽지 못한 **그 몸을 분별하는 것**에 대한 해석을 전제한다(위의 주해 참조). 그리고 그리스도의 죽음 안에서 선포된 모든 것에 연관되어 있다는 것에 대한 언약에 엄숙하게 서약하도록 자녀들을 초대하는 것은 **적절한** 상황이 조성될 경우에 자녀들에게 선함의 가능성뿐만 아니라 해로움의 가능성도 지니고 있다. 따라서 적어도 이 절들은 매우 진지하게 숙고해 볼 것을 요구한다. 일부 교단에서는 "우리" 자녀들을 성찬에 참여하도록 허용하는 것이 마치 트리클리니움에서 식사하는 것이 가져다주는 사회적 신분처럼 되어버렸다. 그러므로 목회와 예배의 관습은 27-30절을 올바르게 이해하고 적용하는 것을 필요로 한다.

247) C. F. D. Moule, "The Judgment Theme in the Sacraments," in Davies and Daube (eds.), *Background,* 481.

διακρίνων의 의미를 고려해야 한다. 우리는 29절에서 해당 이슈가 주의 만찬에 참여하는 자들이 과연 그 몸이 지닌 특성 중에 다른 것은 무엇인지 인식하는지에 대한 것이라고 주장했다.[248] 우리가 여기서 전문사전의 정보 및 문맥과 관련된 상세한 논의와 증거를 또다시 언급할 필요는 없을 것이다(29절에 대한 주해 참조). 바로 앞에서 제시한 번역은 목적격 τὸ σῶμα(29절)를 31절에 나오는 목적격 ἑαυτούς로 대치하는 것을 허용하며, 현재의 문맥에도 정확하게 일치한다. 그것은 단순히 "우리 자신을 비판하는 것"(NJB)도 아니며, 심지어 "우리가 우리 자신을 심판했는지"(NRSV, NIV; AV/KJV도 대략 비슷함) 또는 "우리 자신을 살펴보았는지"(REB)에 대한 문제도 아니다. 바울이 29절에서 이 사례를 인식하는 것을 **구별**과 관련하여 어떤 **구분**(separation) 또는 **차이점**을 **가려내는 것** 또는 **확인하는 것**과 연결하는 것처럼 여기서도 그는 단지 "우리 자신을 판단하라"고만 말하는 것은 아니다(그 판단은 그릇되거나 불충분할 수도 있다. 바울이 이것을 거부하는 4:1-5을 참조하라). 고린도 교인들에게 요구되는 것은 그들이 **"우리를[그들을] 위한" 그리스도의 십자가에 동참한다는 것**을 **인식하는** 것이다. 즉 그리스도인으로서 자신들의 신분과 의무를 인식하는 것, 또는 29절을 반복한다면 그리스도인으로서 그들을 특징짓는 것이 무엇인지를 인식하는 것이다. 이것은 개인으로서만이 아니라 **그리스도와 함께 죽고 다시 살아난 그리스도의 한** 몸으로서 우리의 특성을 **분별하는** 것이다.

이것은 성례에서 암시하는 심판에 대한 주제에 관한 모울의 해석과도 전적으로 일치한다. 그는 다음과 같이 결론짓는다. "그것은 과연 교정 가능한 것으로 판명되어 결국 구원을 위해 그를 준비시키는 어떤 심판이 될 것인가, 아니면 치명적인 자기 몰두의 상황으로 더 몰아갈 것인가라는 상황에 각자가 어떻게 반응할지에 달려 있다."[249] "성례에 근거한 판결"을 통해 표

248) Barrett는 29절과 이 절에서 동일한 그리스어 동사를 똑같은 의미로 번역하는 것은 "불가능한" 것으로 간주한다(Barrett, *First Epistle*, 276). 하지만 이것은 Barrett가 29절에서 이 동사를 "구별하다"로, 31절에서는 "살피다"로 번역하는 것을 선택했기 때문이다.

249) Moule, "The Judgment Theme in the Sacraments," in Davies and Daube (eds.),

현된 하나님의 은혜를 올바르게 받으면 그것은 "심판을 넘어 내세의 생명"으로 초대하며 인도한다.[250]

우리가 제시하는 번역은 31-32절에서 사용된 κρίμα, διακρίνειν, κρίνειν, κατακρνειν의 동의어들을 영어로 온전히 재현하지 못한다. 바레트도 우리가 각각의 동사를 뉘앙스가 다소 결여된 형태로서 "심판하다"(판단하다) 등으로 단조롭게 번역하지 않는 경우 외에 그것을 완벽하게 표현해낼 수 없다는 것을 인정한다.[251] 고든 피와 헤이스는 심판에 대해 언어유희를 드러내는 표현으로서 서로 연관성이 있거나 비슷한 영어 단어를 사용하려는 언어학적인 장점에 대해 언급한다.[252] 하지만 "자신을 살펴보는 것"(28절 및 31절)에 집중하는 것에 대한 피의 견해는 특별한 효과와 과정을 포용하는 δοκιμάζω와 διακρίνω의 본유적인 의미를 훼손시킬 뿐만 아니라 십자가에 못 박히신 그리스도와 하나가 되는 것을 통해 하나님의 은혜를 진정으로 받아들이는 더 건실한 신학적 개념을 일종의 경건주의적인 심리주의로 대치하는 것이다. 그러나 바울의 관심사는 "값싼 은혜"에 대한 본회퍼의 선언을 예고한다. 값싼 은혜는 "회개가 없는 죄 사함…죄에 대한 고백이 없는 성만찬, 제자의 삶이 없는 은혜…그리스도가 없는 기독교에 대한 설교다."[253] 이와는 대조적으로 은혜를 값비싸고 진정성 있게 받아들이는 것은 "십자가를 지고 따라가며…그리스도의 십자가 사건과…고난의 잔을 마시는 것에 동참하는 것"을 수반한다.[254] 고전 1:18-25, 30-31이 고린도 그리스도인들에게 그것을 인식할 수 있는 길을 제공해주듯이 이것이 왜 주의 만찬에서 그리스도 및 그의 십자가와 하나가 되는 것이 "죄가 있는 자"와 "영접받은 자" 또는 "의롭게 된 자"로서 심판을 변증법적으로 통과하는 것인지 알려준다.

Background, 481.

250) 같은 논문.

251) Barrett, *First Epistle,* 274.

252) Fee, *First Epistle,* 566; Hays, *First Cor,* 201-202.

253) Bonhoeffer, *The Cost of Discipleship,* 38 and 39.

254) 같은 책, 71.

만약 "예수 그리스도에게 속한다는 것이…이와 같은 방법으로 같은 주님과 관련된 모든 자와 교제를 나누면서…자신을 하나님과 그의 나라를 위해 내어주는 데 동참한다는 것을 의미한다면 [주의 만찬에서 떡과 잔을] 합당하게 받아들임으로써(11:27) 우리는 우리 자신을 **올바르게** 심판하여"(강조는 덧붙여진 것임) "(최후의 심판에서) 심판을 받지 않을 것이다(31절)."[255] 왜냐하면 우리는 "하나님의 판결에 우리 자신을 내맡기기 때문이다."[256] 바울이 παιδευόμεθα를 사용하는 것은 심오한 의미가 있다. 히브리서의 경우와 마찬가지로 징계를 받는 것(NRSV, NIV, REB; 참조. chastened, AV/KJV; corrected, NJB)은 교육적인 역할을 하는 것이다(참조. 히 12:7).[257] 이것은 구원을 의심하거나 단순히 포기하고 참는 것으로 이어져서는 안 된다.[258] 이것은 영광을 받는 것뿐만 아니라 고난을 겪는 것을 통해 그리스도의 형상을 닮아가는 과정에서 긍정적인 역할을 한다.

33-34절 몇몇 후대 사본은 표현을 매끄럽게 하려고 34절의 시작 부분에 δέ를 덧붙인다. 그러나 p[46], ℵ*, A, B, C, D, F, G, 33 등이 지지하는 UBS 4판의 독법은 원문이 확실하다.

ἀδελφοί μου(REB, 나의 친구; NRSV, 나의 형제[나의 형제자매, 1989년 개정판]; NIV, 나의 형제자매)를 번역하는 데 따르는 난점에 대해서는 1:10과 그 표현이 나타나는 다른 절에 대한 주해를 참조하라. 여기서 번역하기 가장 어려운 단어는 주동사 명령형 ἐκδέχεσθε다. 11:21-22(슈라게는 이 절들이 33절과 함께 수미상관 구조를 형성한다고 여김), 언어사전, 타이센, 머피-오코너 등 다른 학자들의 설득력 있는 재구성에 비추어볼 때 주요 영역본이 "(서로) 기다리십시오"(NRSV, REB, NIV, NJB, 콜린스, AV/KJV)라고 번역하는 것은 전적으로 타당하다.[259] 하지만 롬 15:7에서 바울은 교회 안에서 "강한 자들"과 "약

---

255) Pannenberg, *Systematic Theology,* 2:326.
256) 같은 책.
257) 참조. Conzelmann, *1 Cor,* 203 and 203, n. 117.
258) Wolff는 이 점을 올바르게 지적한다. 참조. Wolff, *Der erste Brief,* 280.
259) 참조. BAGD, 238; Schrage, *Der erste Brief,* 3:56.

한 자들", 서로 다른 문화 또는 종교 절기 및 관습에 대해 말하는 문맥에서 다른 그리스어 동사, 곧 προσλαμβάνεσθε ἀλλήλους(서로 받아들이십시오)에 비슷한 의미를 부여한다. 로버트 주이트는 그의 독특한 연구서에서 이것을 로마서에서 전개되는 바울의 주장의 실질적인 정점으로 본다. 그는 유대인들과 이방인들이 오직 하나님의 은혜로 그리스도인이 되고 그리스도인으로서 존재한다고 주장한다.[260] 호슬리, 헤이스, 피는 여기서 "환영하다, 영접하다 또는 받아들이다"는 어떤 함축적인 의미보다 그 이상을 뜻한다고 주장한다.[261] 하지만 언어사전의 증거는 강력하지 않다.[262] 에드워즈는 그리스어는 이 동사를 오직 "어떤 특정한 부류로부터 온 사람들을 영접한다"는 의미에서만 "영접한다"라는 뜻으로 사용한다고 말한다.[263] 교회는 낮은 계층에 속한 자들 또는 "멸시받는 자들"을 간과하거나 그들이 자신들을 이류 시민으로 느끼지 않도록 해야 한다. 이것은 사실이다. 그러나 이 상황은 대체로 특권층의 손님들이 일찍 도착하여 트리클리니움에서 이미 식사하고 있던 것 때문에 벌어졌다(11:21-22에 대한 주해 참조). 바울은 이것이 **"여러분을 위해"** 십자가에 못 박히신 그리스도와 하나가 되는 것과 하나의 떡을 나누는 데 참여하는 원리를 파기하는 것이라고 설명했다(11:24-25; 10:16-17).[264]

만약 부유한 자들이 자기 집에서(ἐν οἴκῳ; 가정에서, NJB, NRSV) 더 나은 식사를 한다면 가난한 자들과 혜택을 받지 못한 자들은 그러한 관행으

---

260) R. Jewett, *Christian Tolerance: Paul's Message in the Modern Church* (Philadelphia: Westminster, 1982), 23-30, 특히 29.

261) Fee, *First Epistle,* 567-568; Hays, *First Cor,* 202; Horsely, *1 Cor,* 163. 이들은 논점 자체보다 언어사전의 정보를 더 많이 의존하는 것처럼 보인다.

262) Meyer는 이 단어를 "영접하다"로 번역하는 전통을 추적한다. 하지만 그는 언어사전들은 그 번역을 충분할 정도로 지지해주지 않는다고 올바르게 주장한다. 그는 이렇게 번역하는 이들로 Olhausen, Hofman, Michaelis, Schulz 등을 언급한다. 참조. Meyer, *First Epistle,* 1:351.

263) Edwards, *First Epistle,* 303; Findlay, *Expositor's Greek Testament,* 2:884; Conzelmann, *1 Cor,* 103; Senft, *Première Épitre,* 154.

264) 참조. Wolff, *Der erste Brief,* 280.

로 인해 수치를 당하지 않을 것이다.[265] 한편 εἰς는 목적절 중간에서 결과를 표현한다. ἵνα μὴ εἰς κρίμα συνέρχησθε. "만약 그들이 자기 집에서 허기를 채우고 온다면 그들은 주의 만찬에 함께 참여할 수 있을 것이다."[266] 그렇게 한다면 그들은 주의 만찬을 거행하는 목적에 온전히 몰두할 수 있을 것이다. 즉 **주님의 죽음과 한 몸, 곧 그리스도의 몸으로서 그 구원과 관계적 결과에 개인적·공동체적으로 관여하는 것을 선포할** 수 있을 것이다. τὰ δὲ λοιπά는 관계를 나타내는 목적격이다. 이것은 바울이 나중에 그들을 방문할 때 다른 문제점을 바로잡을(διατάξομαι) 것이라는 언급과 연결된다.[267]

---

265) Theissen, *Social Setting*, 164. 그는 바울이 가정 안에서 "계층과 관련된 특수한 차이점"을 유지하는 것에 대한 일종의 "절충"을 허용한다고 주장한다. 그러나 그는 예배를 위해 신앙 공동체가 공적으로 "함께 모인" 배경에서 그와 같은 것은 결코 관용할 수 없는 것으로서 엄격하게 금지한다고 말한다(συνέρχησθε, 34절; συνερχόμενοι, 33절).

266) Conzelmann, *1 Cor*, 203.

267) "바로잡다"는 해당 그리스어 동사가 지닌 일차적인 의미다(참조. NJB, arrange; REB, settle). 이 동사는 "교훈을 주다"(NRSV)또는 "지시하다"(NIV) 등의 의미도 있다. "바로잡다"라는 번역에 대해서는 다음을 참조하라. A. T. Robertson, *Word Pictures in the NT, 4: Epistles*, 166.

B. 사랑으로 섬기기 위한 성령의 은사(12:1-14:40)

너무 많은 저자들이 12:1-14:40을 마치 성령의 은사(또는 신령한 사람)에 관한 질문에 대한 임시 답변처럼 다룬다. 따라서 그들은 12:1-14:40이 8:1-11:1, 그리고 궁극적으로는 1:1-4:21과 의도적으로 연결되어 있는 11:2-14:40의 광범위한 신학적 틀 안에서 해당 주제를 다루려 하지 않는다. 고린도 교회에서 어떤 이들은 자신들이 스스로 "영성"을 지녔다고 생각하거나 성령의 은사를 받았다고 여겼기 때문에 신분 상승을 꾀했으며 이로써 "나는 당신들이 전혀 필요치 않습니다"(12:21-26)라는 생각을 하게 만들었다. 이와 같은 자세는 주의 만찬에 늦게 도착한 자들에 비해 더 안락한 장소를 차지하고 더 좋은 음식을 즐기던 자들이 자신들의 높은 신분을 과시하는 행위와 매우 비슷하다(11:21-22; 앞의 주해 참조). 우리는 11:2-14:40에 대한 간략한 머리말에서 이와 같은 사고와 신학의 통일성을 언급했다(해당 머리말 참조). 이 전체 단락(11:2-14:40)은 "타인에 대한 존중"의 주제를 다루며, 이 주제는 8:1-11:1에서 바울이 "강한 자들"에게 "약한 자들"을 이해하고 존중하는 태도를 보일 것을 요구하고 간청하는 것을 특징적으로 드러낸다. 바울도 어떤 사람이나 사람들로부터 재정적 지원을 받을 수 있는 "권리"를 사용하지 않음으로써 그러한 관심을 드러내는 본보기를 보여주었다. 만약 바울이 그러한 지원을 받았다면 그는 결과적으로 호의를 베푼 사람(들) 또는 후견인(들)에게 어떤 특권을 인정해야 했을 것이다. 만약 하나님의 교회가 모든 교인을 포함하는 상호성과 상호 관계로 특징지어지지 않는다면 그 교회는 더 이상 하나님께 속한 교회가 아니다.

하지만 부자와 가난한 자, 유력한 자와 풍족하지 못한 자의 문제는 "영성"에 대한 이슈보다 신분 상승과 자기기만을 위한 미묘한 계기를 덜 제공해준다. 여기서 "우리 가운데 한 사람"(곧 "신령한" 사람 중 한 사람)이 된 것을 과시하려는 유혹은 더 교활하고 결과적으로 더 파괴적인 손해를 가져오는 형태를 취한다. 왜냐하면 그것은 하나님의 은혜의 실재와 옛사람을 변화시키는 십자가의 선포와 일치하지 않는 자기 과시를 초래하기 때문이다(1:18-

2:5, 특히 1:10, 31). "신분을 나타내는" 글로솔랄리아(glossolalia)에 대한 데일 마틴의 연구서가 출간되기 70여 년 전에 칼 바르트는 고린도전서 전체의 통일성을 인식했다. 즉 고린도전서는 "하나님을" 자랑하는 것과 "하나님에 대한 자신들의 믿음과 특정한 지도자들 및 신앙의 영웅들"을 자랑하는 것을 서로 대조하는 데 관심을 기울인다는 것이다. "사실상 그들은 신앙을 인간의 특별한 경험 및 신념과 혼동했다.…바울은 이에 반대하면서 '누구든지 자랑하는 자는 주 안에서 자랑하라'(1:31)고 분명하게 외친다."[1] 바르트는 "고전 12-14장이 영적 생활과 신앙생활에 대해 놀라울 정도로 풍부한 것"을 보여준다는 것을 인정한다. 그러나 그는 "우리가 진정으로 관심을 갖는 것은 현상 그 자체가 아니라 그것이 '어디서 왔는가?' '진정으로 [성령으로부터] 온 것인가?' 그것이 무엇을 가리키는가? 그것이 무엇을 증언하는가?"에 있다고 주장한다.[2] 그것의 특성이 진정으로 성령의 은사로 드러난다면 그 용어에 담긴 모든 함의와 더불어 고린도 교인들은 단지 이 점에 비추어 "가장 좋은 은사들을 갈망할 수 있다"(τὰ χαρίσματα τὰ μείζονα, 31절).[3] 하지만 사랑에 대해 말하는 13장은 이 은사들이 자신이나 교회 안에서의 어떤 배타적인 "영적 그룹"을 위해서가 아니라 교회 전체를 세우기 위해 주어졌다는 사실을 강조한다. "바울이 이 현상들을…비교하는 기준은 서로를 성장시키고 공동체를 세워나가느냐에 있다."[4] 하지만 마거릿 미첼이 입증해주듯이 공동체 전체의 유익을 위해 서로를 **세워나가는** 것은 8-10장과 11장은 물론, 나아가 진정으로 고린도전서 전체의 주제로도 나타난다.[5]

미첼과 에릭손은 12:1-3에서 바울의 출발점의 분위기를 잘 파악한다. 미첼은 다음과 같이 말한다. "바울은 **모든 그리스도인은 저마다 진정으로 영적인 사람**이라고 말함으로써 황홀한 은사 때문에 영적으로 더 높거나 낮

1) Karl Barth, *The Resurrection of the Dead,* 17; 참조. Martin, *The Corinthian Body,* 87-103; and "Tongues of Angels and Other Status Indicators," 547-589.

2) Barth, *Resurrection,* 73 and 80.

3) 같은 책, 80-87.

4) 같은 책, 94.

5) Margaret Mitchell, *Paul and the Rhetoric of Reconciliation,* 241, 248, 256, 258-283.

은 경지에 오른다는 모든 주장을 상대화한다. 왜냐하면 κύριος Ἰησοῦς(참조. 8:6)라고 고백하는 모든 그리스도인은 저마다 자신이 성령의 지배를 받고 있다는 것을 입증하기 때문이다"(강조는 덧붙여진 것임).[6] 에릭손은 자신의 독특한 방법을 따라 먼저 바울이 이전의 공동 전승(예. 12:3, "'예수는 주님이시다'라는 퀴리오스-고백")에 기초하여 자신의 주장의 출발점으로 삼는 전제들을 확인하고, 바울의 수사학적인 전략에 대한 설득력 있는 설명을 제시한다. 즉 "바울은 먼저 세례받은 모든 그리스도인을 영적인 자들로 재정의함으로써 신령한 자들의 영적 신분에 대한 한정된 질문을 다룬다. 이어서 그는 모든 그리스도인이 성령의 은사를 받았다는 점을 설명하면서 영적 은사에 관한 두 번째 한정된 질문을 다룬다."[7]

이 장들은 일련의 구체적인 주해적·해석학적 문제를 제공한다. 첫 번째 이슈는 과연 그리스어 τῶν πνευματικῶν(12:1)이 남성 소유격 복수(성령의 사람들, 영적인 사람들)로, 아니면 중성 소유격 복수(영적인 은사들, 영적인 문제들, 영적인 실재들, 성령으로부터 오는 것)로 이해해야 하느냐에 관한 것이다. 바울이 선호하는 표현으로서 διαιρέσεις χαρισμάτων, 하나님이 값없이 베푸시는 은혜로부터 오는 은사들(12:4)이 과연 단순히 하나님이 각 사람에게 주시는 은사의 다양성(참조. 7:7, ἕκαστος ἴδιον ἔχει χάρισμα ἐκ θεοῦ)을 의미하는지 아니면 "자발성"을 의미하는지에 대해서는, 설령 많은 이들이 이를 논증하기보다는 전제한다 하더라도, 상당한 논쟁의 여지가 남아 있다. "예언"에 대한 몇몇 전문가들은 이 문제에 대해 상당히 많은 지면을 할애하여 논의한 후 다음과 같은 결론을 제시한다. (a) 우리는 예언의 범위를 분명하게 확정할 수 없다. (b) 우리는 현대인들이 이 용어를 광범위하게 이해하고 있는 방식을 고린도 사람들과 바울의 용법에 **투영할** 만큼 해석학적인 권한을 갖고 있지 않다. 나아가 창의성과 "질서"(κατὰ τάξιν, 14:40) 간의 변증법은

---

6) 같은 책, 267-268.

7) Eriksson, *Tradition as Rhetorical Proof*, 217. 바울 이전 전승을 확인하는 작업은 110-114, 12:1-11의 주장은 217-222, 12:12-31은 223-231, 전체 단락은 197-231을 보라.

해당 주제 맨 마지막에 그저 삽입했다고 추측하는 것보다 더 큰 의미를 지니고 있다. 이 모든 이슈는 머리말보다는 세부적인 주해를 통해 더 적절히 다루어져야 할 것이다. 우리는 주해를 통해 성령의 은사를 받은 것이 다른 사람들, 곧 모든 사람과 하나님을 **섬기는 것**과 얼마나 밀접하게 연결되어 있는지를 밝혀줄 것이다. 장-자크 쉬르몬트(Jean-Jacques Suurmond)는 이 이슈를 다음과 같이 적절하게 요약한다. "이것은 어떤 은사를 **갖느냐**(having)에 관한 문제라기보다는 어떤 은사가 **되느냐**(being)에 관한 문제다"(강조는 원저자의 것임).[8)]

그러나 12장과 14장에 관한 진술 중에 논쟁의 대상이 되지 않는 것은 거의 없으며, διακονέω에 대한 이러한 이해는 존 콜린스(J. D. Collins)의 저서 『디아코니아』를 비롯하여 그의 일련의 저서에서 다소 수정 과정을 거쳤었다(아래에서 논의할 것임). 우리는 이 논쟁에 대해 주석 및 주해 부분에서 자세하게 살펴보는 것이 더 타당하겠지만, 여기서 미리 간략하게 언급하고자 한다.

또한 오늘날 이 장들에 대한 수사학적인 구조와 전략에 관해 설명하는 것도 관행처럼 되었다. 비록 이것이 종종 더 전통적인 주석가들이 자신들의 "주장"이라고 말하는 것보다 더 정교할지라도 말이다. 그중 어떤 것들은 사변에 지나지 않지만, 마거릿 미첼의 건설적인 분석 외에도 우리는 두 가지 설명에 특별한 관심을 기울일 필요가 있다. 첫째는 에릭손의 주장이다. 우리는 이에 대해 이미 언급한 바 있다. 그의 논의는 바울의 전략을 적어도 부분적으로 이전의 공동 전승에 호소하는 것과 연결한다. 12-14장에 대한 그의 설명은 건설적이며 대체로 설득력이 있다.[9)] 뿐만 아니라 12-14장의 핵심 주장과 장르에 대한 줍 스미트(Joop Smit)의 연구도 주목할 만하다.[10)] 미

---

8) J.-J. Suurmond, "A Fresh Look at Spirit-Baptism and the Charisms," *ExpTim* 109 (1998), 1,105; 참조. 103-106.

9) Eriksson, *Tradition as Rhetorical Proof*, 197-231.

10) Joop Smit, "Argument and Genre of 1 Cor 12-14," in Porter and Olbricht (eds.), *Rhetoric and the NT*, 211-230.

첼과 마찬가지로 그는 12-14장에서 바울의 주장이 일관성이 있다는 점을 명백하게 보여준다. 비록 우리가 8:1-11:1과 1:10-4:21의 사고의 흐름이 연속성을 지니고 있음을 강조했지만, 스미트는 γλῶσσα가 12-14장에서 스물한 번이나 나타남에도 불구하고 이 편지의 다른 곳에서는 전혀 나타나지 않는다는 점을 지적한다. 또한 προφητεία, προφήτης, προφητεύω의 단어 그룹은 스무 번이나 나타나지만, 이 편지의 다른 곳에서는 단 두 번(11:4, 5) 나타난다. 스미트는 12:1-3을 서론(*exordium*)으로 간주한다. 이 부분에서 그는 암시(*insinuatio*, 곧 명백한 *principium*과 대조되는 간접적인 접근 방법)라는 수사학적 방법이 사용된다고 보는 관점을 선호한다.[11] 그는 두 가지 논의, 곧 12:4-30과 14:1-33a에 대해 설명한다. 첫 번째 논의에서 12:4-6은 12:7-30의 확증(*confirmatio*)을 명백하게 제시하기 위한 서언(*partitio*) 또는 서론을 형성한다. 또한 14:1-5은 14:6-33a의 확정을 위한 서론을 제공한다.[12] 스미트는 특별히 14:1-33a의 주요한 전략 또는 장르가 심의적(또는 정치적) 수사학의 전략, 곧 공동체의 유용성과 유익이라는 미첼의 견해에 동의한다.[13] 스미트는 이 논문에서 해당 단락을 세부적으로 분석한다. 우리는 그의 분석이 어느 정도 확실하며 어느 정도 성과를 낼 수 있을지에 대해서는 유보적이지만, 대체로 그의 분석에 폭넓게 동의한다.[14]

12:1-11; 14:1-32에 대한 주요 참고문헌(12:1-3; 12:12-31; 13장에 대한 참고문헌도 보라)

Augustine, *On the Trinity*, 12 (14):22; (15)25, 15 (19):34.

Aune, D. E., *Prophecy in Early Christianity and the Ancient Mediterranean World* (Grand Rapids: Eerdmans, 1983).

Athanasius, *Epistles to Serapion*, 1:30-31 (*PG*, 26 [ed. Migne], 600BC-601A).

Basil, *Against Eunomius*, 3:4 (Migne, *PG*, 29:661B).

_______, *On the Holy Spirit*, 16:30, 38-39.

Best, E., "The Interpretation of Tongues," *SJT* 28 (1975): 45-62.

11) 같은 논문, 212-214.
12) 같은 논문, 217-221.
13) 같은 논문, 222-226.
14) 같은 논문, 227-230.

Betz, O., "Der biblische Hintergrund der paulinischen Gnadengaben," in Betz, *Jesus Herr der Kirche. Aufsätze zur biblischen Theologie,* WUNT 52 (Tübingen: Mohr, 1990), 2:252–274.

_______, and A. C. Thiselton, "Word λόγος," in C. Brown (ed.), *NIDNTT,* 3:1,078–1,146.

Bittlinger, A., *Gifts and Graces: A Commentary on 1 Cor 12-14* (London: Hodder & Stoughton, 1967).

_______, *Gifts and Ministries* (Grand Rapids: Eerdmans, 1973).

Boring, M. E., *The Continuing Voice of Jesus: Christian Prophecy and the Gospel Tradition* (Louisville: Knox, 1991).

_______, "Prophecy (Early Christian)," in *ABD* 5 (New York: Doubleday, 1992), 495–502.

_______, *Sayings of the Risen Jesus: Christian Prophecy in the Synoptic Tradition,* SNTSMS 46 (Cambridge: Cambridge University Press, 1982).

_______, "What Are We Looking For?" Toward a Definition of the Term 'Christian Prophet,'" *SBL Seminar Papers* (Missoula: Society of Biblical Literature, 1973), 142–154.

Brockhaus, U., *Charisma und Amt. Die paulinische Charismenlehre auf dem Hintergrund der frühchristlichen Gemeindefunktionen* (Wuppertal: Brockhaus, 1972).

Bruner, F. D., *A Theology of the Holy Spirit: The Pentecostal Experience and the NT Witness* (Grand Rapids: Eerdmans, 1970), 130–151 and esp. 285–302.

Callan, T., "Prophecy and Ecstasy in Greco-Roman Religion and in 1 Cor," *NovT* 27 (1985): 125–140.

Carson, D., *Showing the Spirit* (Carlisle: Paternoster, 1995 [Grand Rapids: Baker, 1987]).

Collins, J. N., *Diakonia: Reinterpreting the Ancient Sources* (New York and Oxford: Oxford University Press, 1990).

_______, "God's Gifts to Congregations," *Worship* 68 (1994): 242–249.

_______, "Ministry as a Distinct Category among Charismata (1 Cor 12:4–7)," *Neot* 27 (1993): 79–91.

Conzelmann, H., *An Outline of the Theology of the NT* (Eng. trans., London: SCM, 1969), 62–84, 87–89, and 257–265.

Cothenet, E., "Les prophètes chrétiens comme exégètes charismatiques de l'Écriture," in J. Panagopoulos (ed.), Prophetic Vocation in the NT and Today, NovTSup 45 (Leiden: Brill, 1977), 77–107.

Crone, T. M., *Early Christian Prophecy: A Study of Its Origin and Function* (Baltimore: St. Mary's University, 1973).

Currie, S. D., "'Speaking in Tongues': Early Evidence Outside the NT," *Int* 19 (1965): 274–294.

Dautzenberg, G., "Glossolalie," *RAC,* 11 (1981), 221–246.

_______, *Urchristliche Prophetie* (Stuttgart: Kohlhammer, 1975).

_______, "Zum religionsgeschichtlichen Hintergrund der διακρίσεις πνευμάτων (1 Kor 12:10)," *BZ* 15 (1971): 93–104.

Davies, J. D., "Pentecost and Glossolalia," *JTS* 3 (1952) 228-231.

Doohan, H., *Paul's Vision of Church* (Wilmington: Glazier, 1989).

Duquos, C., and C. Floristan (eds.), *Charisma in the Church* (New York: Seabury, 1978).

Dunn, J. D. G., *Jesus and the Spirit* (London: SCM, 1975), 201-258.

_______, "The Responsible Congregation (1 Cor 14:26-40)," in L. de Lorenzi (ed.), *Charisma and Agape* (1 Kor 12-14) (Rome: Abbey of St. Paul, 1983), 201-236.

_______, *The Theology of Paul the Apostle* (Edinburgh: T. & T. Clark, 1998), 418-441 and 533-571.

du Toit, A. B. "Die Charisma," *NGTT* 20 (1979): 189-200.

Ellis, E. E., *Prophecy and Hermeneutic in Early Christianity* (Grand Rapids: Eerdmans, 1978), 23-62 and 129-145.

Eriksson, A., *Traditions as Rhetorical Proof: Pauline Argumentation in 1 Corinthians,* ConBNT 29 (Stockholm: Almqvist & Wiksell, 1998), 110-114 and 199-231.

Farnell, F. D., "The Current Debate about NT Prophecy," *BSac* 149 (1992): 277-303.

Fascher, E., *Prophetes: Eine sprach- und religionsgeschichtliche Untersuchung* (Geissen: Töpelmann, 1927).

Fee, G., *God's Empowering Presence: The Holy Spirit in the Letters of Paul* (Carlisle: Paternoster and Peabody: Hendrickson, 1994).

Feine, P., "Zungenrede," in Pauly-Wissowa, 21 (1908), 758-759.

Forbes, C., *Prophecy and Inspired Speech in Early Christianity and Its Hellenistic Environment,* WUNT 2:75 (Tübingen: Mohr, 1995).

Friedrich, G., "προφήτης," *TDNT*, 6:781-861.

Fuchs, E., *Christus der Geist bei Paulus* (Leipzig: Hinrichs, 1932), 36-48.

Fung, R. Y. K., "Ministry, Community and Spiritual Gifts," *EvQ* 56 (1984): 2-20.

Gee, D., *Spiritual Gifts in the Work of the Ministry Today* (Springfield, Mo.: Gospel, 1963).

_______, *Trophimus I Left Sick: Our Problems of Divine Healing* (London: Elim, 1952).

Gillespie, T. W., *The First Theologians: A Study in Early Christian Prophecy* (Grand Rapids: Eerdmans, 1994), esp. 97-164.

Greenspahn, F. E., "Why Prophecy Ceased," *JBL* 108 (1989): 37-49.

Grudem, W. A., *The Gift of Prophecy in 1 Corinthians* (Lenham, Md.: University Press of America, 1982).

_______, "A Response to Gerhard Dautzenberg on 1 Cor 12:10," *BZ* 22 (1978): 253-270; rpt. in The Gift of Prophecy in 1 Corinthians (cited above), 263-288.

Grundmann, W., *Der Begriff der Kraft in neutestamentlichen Gedankenwelt,* BWANT 4:8 (Stuttgart, 1932).

Gundry, R. H., " 'Ecstatic Utterance' (NEB?)," *JTS* 17 (1966): 299-307.

Guy, H. A., *NT Prophecy: Its Origin and Significance* (London: Epworth Press, 1947).

Hahn, F., "Charisma und Amt," *ZTK* 76 (1979): 4, 119-149.

Harrington, D. J., "Charisma and Ministry: The Case of the Apostle Paul," *Chicago Studies* 24 (1985): 245-257.

Harris, J. R., "Athena, Sophia and the Logos," *BJRL* 7 (1922): 56-72.

Harrisville, R. A., "Speaking in Tongues: A Lexicographical Study," *CBQ* 38 (1976): 35-48.

Hasenhüttl, G., "Charisma: Ordnungsprinzip der Kirche," in H. Küng and J. Ratzinger (eds.), *Oekumenische Forschung,* 5 (Freiburg: Herder, 1969).

Haykin, M. A. G., *The Spirit of God: The Exegesis of 1 and 2 Cor in the Pneumatomachian Controversy of the Fourth Century* (Leiden: Brill, 1994).

Heckel, U., "Paulus und die Charismatiker. Zur theologischen Einordnung der Geistesgaben in I Kor 12-14" *TBei* 23 (1992): 117-138.

Hill, D., *NT Prophecy* (London: Marshall, 1979).

Hollenweger, W. J., *Conflict in Corinth and Memoirs of an Old Man* (New York: Paulist Press, 1982), 28-31.

______, *The Pentecostals* (Peabody, Mass.: Hendrickson and London: SCM, 1972), 208-213.

Horton, H., *The Gifts of the Spirit* (London: Lamb, 1934; 7th ed. Assemblies of God, 1962).

Hoyle, R. B., *The Holy Spirit in St. Paul* (London: Hodder & Stoughton, 1927).

Johnson, L. T., "Norms for True and False Prophecy in First Cor," *ABenR* 22 (1971): 29-45.

______, "Tongues, Gift of," in *ABD,* 6:596-600.

Käsemann, E., "The Cry for Liberty in the Church's Worship," in his *Perspectives on Paul* (Eng. trans., London: SCM, 1971), 122-137.

Käsemann, E., "The Theological Problem Presented by the Motif of the Body of Christ," in Käsemann, *Perspectives on Paul* (Eng. trans., London: SCM, 1971), 102-121.

Kildahl, J. P., *The Psychology of Speaking in Tongues* (New York: Harper & Row, 1972).

Knoch, O., *Der Geist Gottes und der neue Mensch. Der Heilige Geist als Grundkraft und Norm des christlichen Lebens in Kirche und Welt nach dem Zeugnis des Apostels Paulus* (Stuttgart: Katholisches Bibelwerk, 1975).

Kraus, W., *Das Volk Gottes: Zur Grundlegung der Ekklesiologie bei Paulus,* WUNT 85 (Tübingen: Mohr, 1996).

Land, S., *Pentecostal Spirituality,* Journal of Pentecostal Theology Supplementary Series 1 (Sheffield: Sheffield Academic Press, 1993).

Lategan, B. C., "··· Met die oog op wat nuttig is (1 Kor 12:7)," *NGTT* 16 (1975): 314-322.

Macchia, F. D., "Groans Too Deep for Words: Toward a Theology of Tongues as Initial Evidence," *Asian Journal of Pentecostal Studies* 1 (1998): 149-173.

______, "Tongues and Prophecy. A Pentecostal Perspective," *Conc* 3 (1996): 63-69.

______, "Zungenrede und Prophetie. Eine pfingstkirchliche Perspektiv," *Conc* 32 (1996): 251-255.

Mack, B. L., *Logos und Sophia. Untersuchungen zur Weisheitstheologie in hellenistischen Judentum* (Göttingen: Vandenhoeck & Ruprecht, 1973).

Martin, D. B., *The Corinthian Body* (New Haven and London: Yale University Press, 1995), 87-103.

______, "Tongues of Angels and Other Status Indicators," *JAAR* 59 (1991): 547-589.

______, and P. Mullen (eds.), *Strange Gifts? A Guide to Charismatic Renewal* (Oxford: Blackwell, 1984).

Martin, R. P., *The Spirit and the Congregation: Studies in 1 Corinthians 12-15* (Grand Rapids: Eerdmans, 1984).

McDonnell, K. (ed.), *Presence, Power, Praise: Documents on the Charismatic Renewal* (3 vols., Collegeville, Minn.: The Liturgical Press, 1980) (documents of major churches and denominational traditions).

Mills, W. E., *A Bibliography of the Nature and Role of the Holy Spirit in Twentieth-Century Writings* (Lewiston and Lampeter: Mellen, 1993).

______, *Charismatic Religion in Modern Research: A Bibliography* (Macon, Ga.: Mercer University Press, 1985).

Mitchell, M. M., *Paul and The Rhetoric of Reconciliation* (Tübingen: Mohr and Louisville: Knox, 1992), 266-283.

Müller, U. B., *Prophetie und Predigt im NT* (Gühtersloh: Mohn, 1975.

Nardon, E., "The Concept of Charism in Paul," *CBQ* 55 (1993): 68-80.

Painter, J., "Paul and the πνευματικοι at Corinth," in M. D. Hooker and J. G. Wilson (eds.), *Paul and Paulism: Essays in Honour of C. K. Barrett* (London: SPCK, 237-250.

Panagopoulos, J. (ed.), *Prophetic Vocation in the NT and Today,* NovTSup 45 (Leiden: Brill, 1977).

______, "Die urchristliche Prophetie: Ihr Charakter und ihre Funktion," in *Prophetic Vocation* (cited above), 1-32.

Petts, D., "Healing and Atonement" (University of Nottingham Ph. D. diss., 1993).

Pogoloff, S. M., *Logos and Sophia* (Atlanta: Scholars Press, 1992), 99-172.

Powell, C. H., *The Biblical Concept of Power* (London: Epworth Press, 1963), 101-160 and 180-193.

Prümm, K., *Diakonia Pneumatos* (3 vols., Freiburg: Herder, 1960, 1962, 1966).

Roloff, J., *Die Kirche im NT* (Göttingen: Vandenhoeck & Ruprecht, 1993).

Runia, K., "The Gifts of the Spirit," *RTR* 29 (1970), 82-94.

Ruthven, J., *On the Cessation of the Charismata: The Protestant Polemic on Post-biblical Miracles,* Journal of Pentecostal Theology Supplementary Series 3 (Sheffield: Sheffield Academic Press, 1993).

Samarin, W. J., *Tongues of Men and Angels: The Religious Languages of Pentecostalism* (New York: Macmillan, 1972), 74-128.

Sanders, K. O., *Paul-One of the Prophets?* WUNT 2:43 (Tübingen: Mohr, 1991),

Schandorff, E. D., *The Doctrine of the Holy Spirit: A Bibliography* ... (2 vols., Lanham: Scarecrow Press, 1995).

Schatzmann, S., *A Pauline Theology of Charisma* (Peabody, Mass.: Hendrickson, 1987).

Schürmann, H., "Die Geistlichen Gnadengaben in den paulinischen Gemeinden," in *Ursprung und Gestalt* (Düsseldorf: Patmos, 1970).

Schweizer, E., *The Holy Spirit* (Philadelphia: Fortress, 1980).

Smit, J., "Argument and Genre of 1 Cor 12-14," in S. E. Porter and T. H. Olbricht (eds.), *Rhetoric and the NT,* JSNTSS 90 (Sheffield: Sheffield Academic Press, 1993), 211-229.

Stendahl, K., "Glossolalia-The NT Evidence," in Stendahl, *Paul among Jews and Gentiles* (London: SCM, 1977), 109-124; also rpt. from M. P. Hamilton (ed.) *The Charismatic Movement* (Grand Rapids: Eerdmans, 1975), 49-60.

Suurmond, J.-J., "A Fresh Look at Spirit-Baptism and the Charisms," *ExpTim* 109 (1998): 103-106.

Talbert, C. H., "Paul's Understanding of the Holy Spirit: The Evidence of 1 Cor 12-14," *Perspectives in Religious Studies* 11 (1984): 95-108.

Tertullian, *Against Marcion,* 5:8.

Theissen, G., *Psychological Aspects of Pauline Theology* (Eng. trans., Edinburgh: T. & T. Clark, 1987), 74-114 and 292-341.

Thiselton, A. C., "The 'Interpretation' of Tongues? A New Suggestion in the Light of Greek Usage in Philo and Josephus," *JTS* 30 (1979): 15-36.

Tugwell, S., *Did You Receive the Spirit?* (London: Darton, Longman & Todd, 1972).

Turner, M., *The Holy Spirit and Spiritual Gifts Then and Now* (Carlisle: Paternoster, 1996), 103-135, 185-302.

Vielhauer, P., *Oikonome. Das Bild vom Bau in der Christlichen Literatur* (Karlsruhe: Harrassowitz, 1940).

Wedderburn, A. J. M., "The Body of Christ and Related Concepts in 1 Cor," *SJT* 24 (1971): 74-96.

Weinel, H., *Die Wirkungen des Geistes und der Geister im nachapostolischen Zeitalter bis auf Irenaeus* (Freiburg: Mohr, 1899).

William, C. G., *Tongues of the Spirit* (Cardiff: University of Wales Press, 1981).

Wire, A. C., *Corinthian Women Prophets* (Philadelphia: Fortress, 1990), 135-158 and 266-268.

Witherington, B., *Conflict and Community in Corinth* (Grand Rapids: Eerdmans, 1995), 253-290.

Wright, G., "Diversity in the Church," *Theological Education* 14 (1983): 64-68.

Zodhiates, S., 1 Cor 12 (2 vols., Chattanooga, Tenn.: AMG Publishers, 1983).

1. 모든 그리스도인은 "영적이다": 기독론적 기준(12:1-3)

[1] 이제 "성령으로부터 오는" 것에 대해 말하고자 합니다. 나의 사랑하는 그리스
도인 가족이여, 나는 여러분이 그것에 대해 무지한 상태로 머물러 있기를 바라
지 않습니다. [2] 여러분은 여러분이 이방인이었을 때 말 못하는 우상들에게로 끌

려가곤 했다는 것을 알고 있습니다.[3] 그러므로 나는 여러분에게 이 "지식"을 알려주려고 합니다. 곧 하나님의 영을 통해 말하는 사람은 아무도 "예수는 저주받았다"라고 말하지 않습니다. 또한 성령의 매개를 통하지 않고서는 아무도 "예수는 주님이시다"라고 선언할 수 없습니다.

12:1-3에 대한 추가 참고문헌(12-14장을 배경으로)

Albright, W. F. and C. S. Mann, "Two Texts in 1 Cor," *NTS* 16 (1970): 271-276.

Aune, D. E., *The Cultic Setting of Realized Eschatology in Early Christianity,* NovTSup 28 (Leiden: Brill, 1972).

_______, *Prophecy in Early Christianity and the Ancient Mediterranean World* (Grand Rapids: Eerdmans, 1983), 195-201, 219-222, 256-258.

Bassler, J. M., "1 Cor. 12:3 —Curse and Confession in Context," *JBL* 101 (1982), 415-421.

Baumert, N., "Zur 'Untersuchung der Geister,'" *ZTK* 111 (1989): 183-195.

Berggren, E., *The Psychology of Confession* (Leiden: Brill, 1975), 20-35.

Bittlinger, A., *Gifts and Graces: A Commentary on 1 Cor 12-14* (London: Hodder, 1967), 13-22.

Bousset, W., *Kyrios Christos* (Eng. trans., Nashville: Abingdon, 1970).

Brox, N., "'Ἀνάθεμα Ἰησοῦς' (1 Cor 12:3)," *BZ* 12 (1968): 103-111.

Bultmann, R., *Theology of the NT* (Eng. trans., London: SCM, 1952), 1:330-333.

Callan, T., "Prophecy and Ecstasy in Greco-Roman Religion and in 1 Cor," *NovT* 27 (1985): 125-140.

Campenhausen, H. von, "Das Bekenntnis in Urchristentum," *ZNW* 63 (1972): 210-253.

Cerfaux, L., *Christ in the Theology of St. Paul* (Eng. trans., New York: Herder, 1959).

Charles, G. W., "1 Cor. 12:1-13," *Int* 44 (1990): 65-68.

Cullmann, O., *The Christology of the NT* (London: SCM, 2d ed. 1963), 195-237.

_______, *The Earliest Christian Confessions* (London: Lutterworth, 1949).

Dautzenberg, G., *Urchristliche Prophetie* (Stuttgart: Kohlhammer, 1975).

Derrett, J. D. M., "Cursing Jesus (1 Cor 12:3): The Jews as Religious 'Persecutors,'" *NTS* 21 (1975): 544-554.

Ellis, E. E., "'Spiritual' Gifts in the Pauline Community" and "Christ and Spirit in 1 Corinthians," in Ellis, *Prophecy and Hermeneutic in Early Christianity* (Grand Rapids: Eerdmans, 1978), 25-44 and 63-71.

Eriksson, A., *Tradition as Rhetorical Proof: Pauline Argumentation in 1 Corinthians,* ConBNT 29 (Stockholm: Almqvist & Wiksell, 1998), 110-114 and 217-231.

Fitzmyer, J. A., "The Semitic Background of the NT Kyrios Title," in his *A Wandering Aramaean* (Missoula: Scholars Press, 1979), 115-142.

Foester, W. and G. Quell, "κύριος," *TDNT,* 3:1,039-98.

Forbes, C., *Prophecy and Inspired Speech in Early Christianity and Its Hellenistic Environment,* WUNT 75 (Tübingen: Mohr, 1995), esp. 20-50.

Führer, W., " 'Herr ist Jesus': Die Rezeption der urchristlichen Kyrios-Acclamation durch Paulus Römer 10:9," *KD* 33 (1987): 137-149.

Grudem, W., *The Gift of Prophecy in 1 Corinthians* (Washington, D. C.: University Press of America, 1982).

Gundry, R. H., " 'Ecstatic Utterance' (NEB)," *JTS* 17 (1966): 299-307.

Hahn, F., *The Titles of Jesus in Christology* (Eng. trans., London: Lutterworth, 1969).

Holtz, T. "Das Kennzeichen des Geistes (1 Kor 12:1-3)," *NTS* 18 (1971-72): 365-376.

Hurd, J. C., *The Origins of 1 Cor* (London: SPCK, 1965), 186-195.

Kramer, W., *Christ, Lord, Son of God* (Eng. trans., London: SCM, 1966), 65-107, 151-182.

Ladrière, J., "The Performativity of Liturgical Language," *Conc* n.s. 2, no. 9 (1973): 50-62.

Maly, K., "1 Kor 12:1-3. Eine Regel zur Unterscheidung der Geister?" *BZ* 10 (1966): 82-95.

Martin, D. B., *The Corinthian Body* (New Haven: Yale University Press, 1995), 87-103.

_______, "Tongues of Angels and Other Status Indicators," *JAAR* 59 (1991): 347-389.

Mehat, A. A., "L'enseignement sur 'les choses de l'Ésprit' (1 Cor 12:1-3)," *RHPhR* 63 (1983): 395-415.

Neufeld, V. H., *The Earliest Christian Confessions,* NTTS 5 (Leiden: Brill, 1963).

Newman, C. C., *Paul's Glory Christology: Tradition and Rhetoric,* NovTSup 69 (Leiden: Brill, 1992).

Neyrey, J., "Body Language in 1 Cor," *Semeia* 35 (1986): 129-170.

Paige, T., "1 Cor. 12:2: A Pagan Pompe?" *JSNT* 44 (1991): 57-65.

Painter, J., "Paul and the πνευματικοι at Corinth," in M. D. Hooker and J. G. Wilson (eds.), *Paul and Paulism: Essays in Honour of C. K. Barrett* (London: SPCK, 1982).

Patte, D., *Paul's Faith and the Power of the Gospel* (Philadelphia: Fortress, 1983), 306-310.

Pearson, B. A., "Did the Gnostic Curse Jesus?" *JBL* 86 (1967): 301-315.

_______, *The Pneumatikos-Psychikos Terminology in 1 Cor* (Missoula: Scholars Press, 1973).

Sanders, J. T., *The NT Christological Hymns,* SNTSMS (Cambridge: CambridgeUniversity Press, 1971), esp. 24-25.

Schmit, J., "Argument and Genre of 1 Cor 12-14," in S. E. Porter and T. H. Olbricht (eds.), *Rhetoric and the NT,* JSNTSS 90 (Sheffield: Sheffield Academic Press, 1993), 21-30.

Scroggs, R., "The Exaltation of the Spirit by Some Early Christians," *JBL* 84 (1965): 359-373.

Searle, J. R., *Speech Acts: An Essay in the Philosophy of Language* (Cambridge: Cambridge University Press, 1970).

Standaert, B., "Analyse rhetorique des chap. 12 à 14 de 1 Cor," in L. de Lorenzi (ed.), *Charisma und Agape* (Rome: Abbey S. Paul, 1983), 23-34.

Sweet, J. P. M., "A Sign for Unbelievers: Paul's Attitude to Glossolalia," *NTS* 13 (1966-67),

240-257.
Van Unnik, W. C., "Jesus: Anathema or Kyrios(1 Cor. 12:3)," in B. Lindars and S. S. Smalley (eds.), *Christ and Spirit in the NT: Studies in Honour of C. F. D. Moule* (Cambridge: Cambridge University Press, 1973), 113-126.
Vawter, B., "The Development of the Expression of Faith in the Worshipping Community," *Conc* n. s. 2, no. 9 (1973): 22-29.
Vos, J. S., "Das Rätsel von 1 Kor 12:1-3," *NovT* 35 (1995): 251-269.
Weiss, J., *Earliest Christianity* (2 vols., Eng. trans., rpt. New York: Harper, 1937), 2:458-463.
Williamson, H., *Jesus Is Lord: A Personal Rediscovery* (Nottingham: Crossway, 1993).
Wolff, C., "Exkurs: Deutungsvorschläge zur Verfluchung Jesu in 1 Kor 12:3," in *Der erste Brief des Paulus an die Kor,* 285-287.

1절　Περὶ δέ에 대해서는 7:1과 7:25에 대한 주해를 보라(이 그리스어 표현은 8:1에 이어 이 편지에서 네 번째 나타난다. 또한 참조. 16:1, 12). 우리는 περὶ δέ가 새로운 주제의 시작을 알리는 역할을 한다는 견해를 이미 지지했다. 우리는 또한 이 표현이 고린도 교인들의 질문에 대한 대답을 가리킨다는 허드의 주장이 개연성이 있다고 결론지었다. 물론 우리가 미첼의 주장—이 점은 각각의 경우마다 확실하게 입증될 수 없다—을 받아들이긴 했지만 말이다.[15]

한편 τῶν πνευματικῶν을 어떻게 번역해야 하며 그 의미가 무엇인지에 대해 광범위한 논쟁이 진행되어왔다. 왜냐하면 소유격 복수 πνευματικῶν은 남성과 중성의 형태가 서로 똑같기 때문이다. 어떤 이들은 이 그리스어가 **영적인 사람들**을 의미하는 것으로 이해한다(현대 저자 중 하인리치와 바이스를 비롯하여 블롬버그와 와이어에 이르기까지, 그리고 이전 주석가 중에는 그로티우스로부터 로크에 이르기까지 이 해석을 지지한다).[16] 하지만 대다수 주석가들은

15) Hurd, *Origin of 1 Corinthians*, 61-71 and (on 12:1) 186-195; Mitchell, "Concerning περὶ δέ in 1 Cor," NovT 31 (1989): 229-256. 한편 "이제 ~에 대해"라는 번역에 관해서는 다음을 참조하라. Moule, *An Idiom Book of New Testament Greek* (2d ed. 1960), 63.

16) Weiss, *Der erste Korintherbrief,* 294; Blomberg, *1 Cor,* 243: "아마도 고린도 지도자들은 스스로 자랑스러워할 때 이 용어를 사용했을 것이다"; Locke, *Paraphrase and Notes,* 446: "사람들은 성령의 도움을 받고 행동했다." 이 해석은 그로티우스의 입장과 일치하지만, AV/KJV와는 대조된다. Wire, *Corinthian Women Prophets,* 135: 바울은 "영적인 사람들"을 "예

이 용어가 **영적인 은사들**을 가리킨다고 믿는다(테르툴리아누스, 노바티아누스, 예루살렘의 키릴로스로부터 콘첼만, 젠프트, 랑에 이르기까지 이 해석을 지지한다).[17] 영역본 중에서 AV/KJV, RSV, NRSV, JB, NIV(참조. NJB, REB, gifts of the Spirit)는 이 해석을 채택한다. 후자의 견해를 지지하는 주요 요점은 "14:1과 χαρίσματα가 해당 단어와 상호 교환적으로 사용된다는 점을 고려할 때…[이 단어는] 분명히 남성이 아니라 중성의 의미로 이해해야 한다"는 것이다.[18] 더욱이 콘첼만은 은사들을 "무아지경의 현상들"과 동일시한다. 건드리는 이 해석에 의문을 제기했다. 최근에 포브스는 이 해석을 세부적으로 비판했다.[19]

상당히 많은 학자들은 다음과 같은 결론에 동의한다. "이 두 가지 가능성 중 어떤 결정을 내리기 위한 객관적인 근거는 없다. 이 두 가지 중 의미상의 차이점은 거의 없다. 영적인 사람들은 영적인 은사들을 갖고 있기 때문이다."[20] 이 표현은 두 가지 중 **어느 것 하나**를 가리킨다. 하지만 만약 이 편지를 쓴 사람과 수신자들이 이 그리스어 어미가 남성과 중성을 모두 포함한다는 사실을 잘 알고 있다면(곧 두 가지 중 어떤 것도 배제하지 않는다면) 왜 그 의미를 남성 또는 중성 중 한 가지로만 이해해야 할까? 따라서 슈라게는 남

언자들과 연결한다." Hurd, *Origins of 1 Corinthians,* 194, n. 1; Bruce, *1 and 2 Cor,* 116-117: "'영적인 사람들'을 가리킬 개연성이 매우 높다." 또한 다음을 참조하라. Pearson, *Pneumatikos-Psychikos Terminology;* Gillespie, *The First Theologians,* 97-164.

17) Tertullian, *Against Marcion,* 5:8, "이제 영적인 은사에 대해…창조주는 그리스도를 통해 이 은사들을 주시기로 약속하셨다.…영적인 은사는 그것을 약속하신 분에게서 온다." Novatian, *On the Trinity,* 29; Cyril of Jerusalem, *Lectures,* 16:1; Robertson and Plummer, *First Epistle,* 259; Héring, *First Epistle,* 122-123; Conzelmann, *1 Cor,* 204; Orr and Walther, *1 Cor,* 278; Lang, *Die Briefe,* 162; Kistemaker, *1 Cor,* 412-413; Grosheide, *First Epistle,* 298; Senft, *La Première Épitre,* 155; Collins, *First Cor,* 446-447. Collins는 이 중성 명사를 더 광범위한 의미로 해석한다(아래의 주해 참조).

18) Conzelmann, *1 Cor,* 204.

19) Forbes, *Prophecy and Inspired Speech in Early Christianity and Its Hellenistic Environment,* 33-43, 53-57; 참조. 124-126. 참조. Gundry, "'Ecstatic Utterance'(NEB)?" 299-307.

20) Barrett, *First Epistle,* 278; Harrisville, *1 Cor,* 205. 참조. Harrisville, "Speaking in Tongues: A Lexicographical Study," 35-48.

성 명사가 고린도 교인들이 의도한 의미를 포함할 수 있는 반면, 중성 명사는 χαρίσματα로 대체하기를 원하는 바울의 입장을 반영한다고 주해한다.[21] 마이어는 이 그리스어가 **성령에서 비롯되며 성령의 매개를 명백하게 드러내는 행위 양식에 대해**를 의미한다고 해석하는 크리소스토모스와 루터의 견해를 적절하게 언급한다.[22] 여기서 제기되는 핵심 이슈(적어도 바울이 그것을 말하고자 하는 양식)는 **우리는 진정으로 "성령으로부터" 온 것으로 간주하기 위해 특별한 사람들에게 또는 특별한 은사들에 어떤 기준을 적용해야 하느냐**에 있다. 2절과 3절은 **그리스도에 기초한 기준**의 관점에서 이 점을 설명한다.[23] 한편 이 그리스어를 "성령의 사람들 또는 성령의 은사들로 간주되는 것에 관해"라고 번역하는 것은 지나친 번역일 것이다. 따라서 우리는 큰따옴표를 사용하여 해당 표현을 번역한다. 고린도 교회는 신분 획득과 연결된 열광적인 슬로건, 곧 **이제 "성령으로부터 오는"** 것들에 대해 명백한 설명을 필요로 했다. 어떤 사람들은 자신들이 그러하다고 **말한다**. 하지만 과연 그들이 성령의 인도를 받는 사람들인가? **우리는 어떻게 그것을 알 수 있는가?** 바울은 이 질문에 다음과 같이 대답한다. **나는 여러분이 [그것에 대해]** "알지 못하는 것"(ἀγνοεῖν), 곧 **모른 상태로 머물러 있기를 바라지 않습니다.**

알로는 현재 부정사(ἀγνοεῖν)가 지속적인 상태를 전달하는 것, 곧 계속해서 모르는 상태로 있는 것으로 이해한다. 그는 이것이 3절의 γνωρίζω를 설명해준다고 덧붙인다.[24] 따라서 우리는 "나는 여러분이 무지한 상태로 머물러 있기를 바라지 않습니다"라고 번역했다. 특히 2절이 이 번역을 확인해 주는 것처럼 보이기 때문이다. 하지만 블롬버그는 여기서 아이러니와 유사한 뉘앙스를 인식하는데, 그것은 진실일 수 있다. "영적인 사람들"인 여러분

---

21) Schrage, *Der erste Brief,* 3:118-119.

22) Meyer, *First Epistle,* 1:355.

23) 예를 들면 Lang은 1절을 2절의 부정적인 판단 기준 및 3절의 긍정적인 판단 기준과 연결한다. Lang, *Die Briefe,* 162. 이와 비슷하게 Senft는 이 "영적" 현상 중에서 어떤 것이 그리스도의 영에 의한 것인지 다른 각도에서 질문을 던진다(Senft, *La Première Épitre,* 155). 또한 참조. Conzelmann, *1 Cor,* 204.

24) Allo, *Première Épitre,* 320.

은 분명히 "무지"(ἀ + γνῶσις)의 상태에서 벗어날 필요가 없습니다.[25)]

ἀδελφοί 번역의 난점에 대해서는 1:10, 11, 26에 대한 주해를 보라(참조. 2:1; 3:1; 4:6; 7:29; 10:1. 10:1은 부정사 ἀγνοεῖν와 함께 해당 표현을 사용한다). 여기서 우리는 특별히 도시의 기독교 공동체에서 "가족"이라는 말의 의미를 고려하여 "나의 사랑하는 그리스도인 가족이여"라고 번역했다.[26)] 바울은 그리스도가 모든 그리스도인들의 주님이라는 사실을 반영하는 이러한 가족 같음이 창조적으로 표현될 수 있기를 원한다. 우리는 가족 같다는 것이 어떻게 그 유사함을 나타낼지(얼굴에서? 걸음걸이에서? 유머 감각에서? 등) 항상 예측할 수는 없지만, 한 가정의 구성원들은 서로 닮았거나, 아니면 이 가정의 일원이 결코 아닐 것이다. **바울은 유대 관계와 차이점 간의 변증법을 보여줄 준비를 한다.** 이제 그는 이에 대해 우리가 삼위일체의 관점에서 묘사할 수밖에 없는 다양성 안에서의 통일성과 통일성 안에서의 다양성을 소개한다.

2절 이 절은 서로 다른 두 가지 문제점이 있다. 첫 번째 문제점은 이 절의 그리스어 구문이 불완전하고 모호하게 표현되어 있다는 데 있다. 두 번째 문제점은 고린도 교인들이 회심하기 이전에 말하지 못하는 우상들에게로 끌려가곤 했다는 경험과 밀접하게 연결된 함의의 특성 및 정도와 관련이 있다. 이것은 12:3-14:40에서 의사소통과 관련된 이슈들과 연결된다.

(i) 구문. 만약 우리가 ἤγεσθε를 ὅτε와 연결되는 종속절 안에서 정동사로 이해한다면 주절에서는 정동사가 없고, 해당 텍스트는 단지 현재 분사 ἀπαγόμενοι만 있다. 정동사를 보충하여 잘 이해할 수 있는 구문으로 만드는 가장 단순한 방법은 독자들이 두 번째 ἦτε를 추가하여 현재 분사와 연결하고 미완료 과거 수동태, 곧 "여러분이 끌려가곤 하였다"란 의미를 나타내도록 하는 것이다.[27)] 생략 구문의 일반적인 사례는 연결사를 생략한다.

---

25) Blomberg, *1 Cor*, 243.

26) Meeks, *First Urban Christians*, 86-88.

27) Robertson and Plummer, *First Epistle*, 259. 특히 그들은 이 방법을 지지한다. 참조. Schrage, *Der erste Brief*, 3:120, n. 36, and 122; Weiss, *Der erste Kor*, 294.

이 절에서는 종속절에서 ἦτε가 이미 한 번 나왔기 때문에 십중팔구 그 동사가 해당 부분에서 생략되었을 것이다. 이 문제점에 대한 다른 가설은 필요치 않을 듯하다. 그러나 이것은 더 복잡한 다른 방법이 제시되는 것을 막지는 못했다. (a) 웨스트코트-호트는 ὅτε 대신에 원래는 ποτέ로 표기되어 있었다고 추측한다. 그렇다면 이것은 "이전에 여러분이 이방인들이었을 때, 여러분은…끄는 대로 이리저리 끌려 다녔습니다"를 의미할 것이다. (b) 바이스는 불변화사 ἄν을 전치사로서 ἄγω에 덧붙여 복합동사 ἀνἥγεσθε로 만든다.[28] 더욱이 에링은 이 복합동사가 적대적인 세력에 의해 종교적인 측면에서 "보이지 않는 세상으로 끌려갔다"는 전문적인 의미를 나타낼 수 있다고 주장한다.[29] (c) 테렌스 페이지(Terence Paige)는 상상력이 풍부한 제안을 하면서 ἀπάγω와 (ἀν)άγω가 이중적으로 사용되었다고 설명한다. 그는 "끌려가곤 하였다"가 정신적, 은유적 또는 "영적" 개념으로 사용되었을 가능성을 거부한다. 오히려 그것은 어떤 축제의 행진이나 폼페(*pompē*)에서 사로잡혀 이리저리 끌려다니는 행위를 가리킨다는 것이다.[30] 콜린스는 이 견해에 동의한다. 페이지는 엑스터시가 아니라 우상들을 이리저리 찾아다녔다는 것이 이 표현의 강조점이라는 웨인 그루뎀의 제안을 받아들인다.[31] 이 그리스어 동사가 이중적으로 사용된 것은 행렬을 따라가 신전의 말 못하는 우상에게로 인도함을 받았다는 것을 의미한다는 것이다. 또한 신전에서 제물을 드린 후 참가자들에게 제물을 분배하는 것은 그 행사의 절정에 해당한다. 따라서 πρὸς τὰ εἴδωλα는 "문자적으로 '형상에'를 의미한다.…그리고 폼페는 고린도 사람들의 회심 이전의 삶의 무지와 노예 상태를 상징한다."[32] 그렇다면 ἀπαγόμενοι는 "**상황을 묘사하는 현재 분사다**(강조는 덧붙여진 것임). 즉 '여러분이 [축제 행렬에서] 끌려다닐 때마다 여러분은 [진정

---

28) Weiss, *Der erste Kor,* 294.
29) Héring, *First Epistle,* 123. 참조. 눅 4:5; 마 4:1.
30) Paige, "1 Cor 12:2: A Pagan *Pompe?*" 8-59; 참조. 57-65.
31) Wayne Grudem, *The Gift of Prophecy in 1 Corinthians,* 162-164; Collins, *First Cor,* 447
32) Paige, "1 Cor. 12:2: A Pagan *Pompe?*" 63.

으로] 사로잡힌 채 끌려다녔던 것입니다.' 이렇게 이해한다면 우리는 이 현재 분사를 ἦτε와 더불어 필요 이상으로 장황하게 표현한 구문으로 이해할 필요가 없을 것이다. 그리고 어떻게 ἦτε를 두 가지 추측과 연결해야 하는지의 문제도 사라질 것이다."[33]

그루뎀이 제시한 단서를 따르는 이 기발한 주장은 문법과 의미를 어느 정도 조명해줄 수 있을 것이다. 하지만 페이지가 자료를 통해 축제의 진행 과정과 행진에 대해 탁월하고 상세하게 증언해줌에도 불구하고 그것은 명백하게 입증되지 않는다(바울의 고린도와 페이지의 벨파스트는 모두 서로 다른 축제 행렬과 행진에 매우 친숙하다). 뿐만 아니라 ἄν이 직설법과 함께 반복 행위를 나타내는 용법으로 사용된 것—이전 시대에서 신약 시대로 흘러들어옴(참조. 행 2:45; 4:35)—은 (비록 "습관적으로 끌려가곤 했다"라는 말이 이치에 맞긴 하지만) "축제 행렬에 계속해서 끌려간다"보다는 "계속해서 끌려가곤 했다"는 의미에 한정시키는 것이 더 타당하다.[34] 번역을 위해 구문을 매끄럽게 다듬어 개연성 있게 재구성하는 것이 과연 어느 정도 허용될지는 세밀한 판단의 문제다. 생략법이 종종 사용되고 분사와 함께 에둘러 표현하는 구문이 자주 나타난다는 점을 고려할 때, 로버트슨과 플러머, 슈라게가 지지하는 노선을 따른다면 오컴(Occam)의 면도날 원리에 기초하여 우리는 구문과 관련된 난제들을 극복할 수 있을 것이다. 따라서 우리는 "여러분은 말하지 못하는 우상들에게로 끌려가곤 했다"라고 번역했다. 특히 이 번역은 이 구문의 배후에 무엇이 있는지에 대한 각주로서 페이지의 설명을 분명히 배제하진 않을 것이다.

(ii) 이제 논쟁은 바울이 독자들이 회심하기 이전의 경험과 비교하고 반추하기를 원하는 구체적인 의미에 초점이 맞추어진다. 일반적으로 모든 해석자는 지식이 회심 이전 시절의 기대와 전제에 의해 결정적으로 형성된

33) 같은 논문, 64.
34) 반복적인 행위를 나타내는 ἄν의 용례에 대해서는 다음을 참조하라. BDF, 367 및 MHT, *Grammar*, 1"167.

것이라면 바울은 "영적인 것"에 대한 "지식"이 모두 불완전하다는 점을 강조할 것이라는 데 전적으로 동의한다. 하지만 우리는 이보다 더 구체적일 수 있을까?

(a) 고전 12-14장의 수사법에 대한 죱 스미트의 최근 연구는 이것을 더 자세히 탐구하려고 시도한다. 그는 이 세 장은 수사법적 측면에서 한 단위를 형성한다고 주장한다. 곧 서론(*exordium*)은 말할 기회를 얻으려는 의도를 갖고 있다. 여기서 바울은 자신이 **간접적으로 접근하는 방법**을 사용해야 한다는 것을 알고 있다. 이것은 (더 공개적이며 직접적인 프린키피움[*principium*]과는 대조적으로) 수사학에서 넌지시 말함(*insinuatio*)으로 알려져 있다.[35] 또한 스미트는 여기서 이슈화되는 진정한 주제는 방언과 예언에 관한 것이라고 말한다. 왜냐하면 고전 12-14장에서 γλῶσσα는 스물한 번이나 나타나지만, 이 편지의 다른 곳에서는 전혀 사용되지 않기 때문이다. 그리고 προφητεία는 12-14장에서 스무 번이나 나타나지만, 다른 곳에서는 단지 11:4, 5에서만 나타난다.[36] 따라서 바울은 넌지시 말함(*insinuatio*)의 방법을 사용하여 1절에서 덜 민감한 용어인 τῶν πνευματικῶν 아래에 방언과 예언을 감추는 반면, 바울의 비판은 "당분간 과거를 단순히 외관상으로 기억나게 해주는 말에 숨겨져 있다"는 것이다.[37] 3절은 주님으로서 예수의 중추적인 위치를 소개한다.

스미트의 접근 방법은 바울이 회심 이전의 경험을 언급하는 것은 다음 두 가지 목표를 성취한다는 오늘날의 대표적인 견해에 수사학적 무대-배경을 제공한다. 첫째, 이것은 이전의 어떤 경험이나 그리스도인이 되기 이전의 배경에 기초하여 "영적인 것"에 대한 γνῶσις를 주장하는 사람의 허세를 일깨워준다. 둘째, 특히 이것은 헬레니즘적 종교에서 사람들 사이에 널리 알려진 다음과 같은 전제에 이의를 제기한다. 즉 어떤 신이 영감을 불어넣

---

35) Smit, "Argument and Genre of 1 Cor 12-14." in Porter-Olbricht, *Rhetoric*, 211-230, 특히 212-214. Smit는 키케로의 다음 저서와 비교한다. Cicero, *De Inventione* 1.15.20-15.21.

36) 같은 논문, 211, n. 1.

37) 같은 논문, 214.

거나 어떤 신이 내주한다는 것에 대한 중요한 기준은 무아지경의 경험이나 무아지경의 말 속에서 이성 또는 일상적인 것이 정지되는 것을 의미한다는 것이다. 하지만 최근에 크리스토퍼 포브스는 이 견해를 매우 강력하게 비판했다. 그는 이 견해가 전적으로 그릇된 방향을 향하고 있다고 믿는다.[38)]

(b) 그리스어 형용사 ἄφωνος는 거의 결정적인 도움을 주지 못한다. 사 53:7(70인역)에서 털 깎는 자 앞에서 잠잠한 양을 묘사할 때 사용된 אלם(알람)은 ἄφωνος라는 형용사로 번역되었다. 이 형용사는 지혜서 4:19, 마카베오2서 3:29, 요세푸스의 『유대 고대사』 6.337에서도 사용된다. 이 단어는 "잠잠한 동물"(행 8:32; 사 53:7을 반영; 참조. 클레멘스1서 16:7; 벧후 2:16)과 발람에 관한 이야기에서 "말 못하는 짐승"을 가리킬 때 사용된다.[39)] 만약 우리가 NJB의 번역 "알아들을 수 없는"을 따른다면 그것은 아마도 14:13에 암시된 διερμηνεύειν처럼 무아지경의 상태와 "어떤 사항을 분명히 알 수 있는 언어로 표현하는 것"의 대조일 것이다.[40)] 그러나 건드리와 포브스는 이 장들에서 이렇게 대조하는 것을 비판하며, 이것은 단순히 12:2의 배경으로 볼 수 없다고 주장한다.[41)] 이방 신들의 형상에 적용된 ἄφωνος는 **스스로 미혹된** "영적" 경험을 암묵적으로 논박한다. 말하지 못하는 우상들은 바로 자신들의 침묵을 통해 그들을 숭배하는 자들이 그들을 대신하여 "영감을 받은 말"을 하도록 부추긴다. 그러나 건드리와 포브스의 주장에 덧붙여 이러한 제안은 본문이 실질적으로 말하는 것보다 더 많은 내용을 본문에 추가하여 재구성한 것에 기초한다. 말을 못하거나 잠잠한 우상들과 "오실 때 잠잠하지 않으시는 하나님"(시 50:3, 볼프와 더불어)을 대조하는 구약성경의 말씀을 찾

38) Forbes, *Prophecy and Inspired Speech in Early Christianity,* 20-43. 신약성경에 관해서는 44-74, 헬레니즘 자료에 기초한 증거에 관해서는 103-181을 보라.

39) Hatch-Redpath and BAGD, 128.

40) Thiselton, "The 'Interpretation' of Tongues? A New Suggestion in the Light of Greek Usage in Philo and Josephus," 15-36.

41) Gundry, "'Ecstatic Utterances'(NEB)?" 299-307; Forbes, *Prophecy,* 20-43; 44-74, and 103-181.

는 것은 그리 어렵지 않다.[42] 설령 우리가 건드리와 포브스의 경고를 받아들인다 하더라도 바울의 강조점은 **인간이 빚어낸 모든 종교적인 "영성"을 거부하는** 것과 진정으로 "영적인" 것은 **성령의 활동에 의존하는** 것이라는 데 찍힌다. 그리스도를 닮아가는 신앙, 삶, 영적 경험은 그것에 대한 **반응**이다. 인간이 "만들어낸"것은 그 어떤 것도 이것을 대체할 수 없고, 단지 모조품에 불과하다.

(c) 회심 이전의 경험에 관한 바울의 언급을 "최소한의" 평가라고 부르는 고든 피의 견해를 받아들이는 차원에서 정반대의 해석들을 소개하기에 앞서 우리는 포브스가 언급하지 않은 듯 보이는 몇 가지 가능성을 지적할 필요가 있다.[43] 크레이그는 진정으로 "종교적으로 열광하는 행위는 광란"이며, 그것은 그리스도인이 되기 이전에 경험한 것의 일부라고 믿는데, 포브스는 이해할 만한 이유에서 이 해석을 거부한다(아래 참조). 하지만 크레이그는 이것이 "영적인 것"에 대한 회심 이전의 전제에 기초하여 고린도 교인들을 그릇된 길로 가게 했을 수 있는 **유일한** 요소는 **아니었다**고 올바르게 지적한다. 마찬가지로 중요한 것은 어떤 이교(異敎)에 속해 있던 특정한 사람들이 다른 사람들과 대조를 이루는 "영적인" 사람으로 간주될 수 있었다는 점이다.[44] 이것은 데일 마틴의 중요한 주장과 매우 밀접하게 연결되어 있다. 그중에서 우리는 더 특이한 영적인 은사들, 특히 방언이 **지위 부여**와 관련된 중요성을 지닌다는 점에 대해 간략하게 언급하고자 한다. 많은 저자들은 유대교(하나님의 영으로 무장된 사람들이 특별한 임무를 수행함. 참조. 삿 3:20; 6:34; 11:29; 14:6; 삼상 11:6; 왕상 18:12; 겔 2:2; 3:12; 미 3:8. 또한 열두 족장의 유언집 부록 [1], 10:9; 베냐민의 유언집 8:2)와 헬레니즘적 종교 안에서 "영적인 존재"를 더 개인주의적으로 강조하는 것을 서로 대조한다.

---

42) Wolff, *Der erste Brief*, 283. 그는 시 50편과 구약성경의 다른 많은 자료를 인용한다. 하지만 구체적인 인용은 사변적이다. 그리고 우리는 Forbes가 제기한 헬레니즘 자료에 대한 이슈들에 의존할 필요는 없다. 그리고 특히 유대교에서 "말 못하는 우상들"에 대한 표현을 배경으로 한 왕상 18:26-29의 갈멜산의 바알 숭배자들에 관한 기사를 참조하라.

43) Fee, *First Epistle*, 577.

44) Craig, "1 Cor," *IB*, 10:146-147.

(d) 포브스는 방언을 무아지경의 언어 또는 전반적으로 "영감을 받은 발언"으로 이해하는 그의 주장을 지지하기 위해 12:2의 배후에 있는 그리스도인이 되기 이전의 언급에 "최소한"의 평가를 제안하는 데 필요 이상으로 열심을 낸다. ἀπαγόμενοι를 "사악한 영들에 의해 질질 끌려다녔다"라는 번역을 지지해주는 명백한 증거는 없다는 포브스와 오니(David Aune)의 주장은 옳다. 오니는 "오히려 그[바울]는 고전 12:2에서 (무아지경에서 행하는 그들의 행위는 언급하지 않은 채) 독자들이 그리스도인이 되기 이전의 종노릇 하는 상태와 하나님의 영으로 충만한 자들의 현재 상태를 서로 대조하고 있다"고 말한다.[45] 그러나 포브스는 2절에서 그리스도인이 되기 이전의 경험에 기초한 역할에 대해 최소한으로 이해하는 것을 요구하는 한 가지 사항보다 더 구체적인 몇몇 사항을 보여주고자 한다. 첫째, 그는 많은 자료를 인용하면서 상당히 강력한 주장을 펼친다. 즉 "무아지경의 경험"(그는 이 용어에 정당한 의혹을 품고 있음)을 예컨대 델포이의 아폴론, 디오니소스, 키벨레 축제와 마술에 관한 파피루스 문헌과 연결하는 공통적인 전제는 모두 집필 연대와 유사성의 성격과 관련된 문제점을 내포하고 있다는 것이다.[46] 둘째, 그는 통역할 수 있는 발언으로서 방언의 "언어학적" 특성에 관해 논쟁의 여지가 있는 주장을 더 구체적으로 제시한다. 이것은 만약 입증될 수만 있다면 12:2의 그리스도인이 되기 이전의 상태와 대조하는 것을 방해하기는커녕, 12:3-14:40의 진정성 없는 경험에 대해 진정성 있는 경험을 변호하는 것과 연결될 수 있다는 것이다. 건드리와 포브스의 견해에 의하면 해당 이슈는 부분적으로 "무아지경의 것", 합리적인 것, 합리적인 것을 초월하는 영적인 차원 또는 마음과 관련된 차원을 서로 대조하는 것에 관심을 기울인다. 이 이슈에 대해서는 아래에서 제시하는 예언의 말과 방언에 대한 특별 해설을 참조하라.

(e) 포브스의 비판은 12:2에 대한 스위트와 에링의 구체적인 해

45) Aune, *Prophecy in Early Christianity*, 221.

46) Forbes, *Prophecy*, 20-43, 44-74, and 103-181.

석, 그리고 더 광범위하게는 다우첸베르크와 피어슨의 해석에 가장 예리하게 적용된다. 스위트는 말하지 못하는 우상들을 이방 신전의 "울리는 꽹과리"(13:1), 14:23에서 μαίνεσθε가 사용된 것, 사악한 세력 또는 "귀신"(10:21)의 미혹하는 힘(ἀπαγόμενοι)과 연결하는 반면, 슈라게는 "'영감'을 불어넣는 마귀"의 역할에 대해 논의한다.[47] 다우첸베르크는 πνευματικῶν(12:1)을 천사들과 연결하고, 방언을 천사들의 말과 연결한다. 이것은 12:2-3에서 선한 천사들의 대리자들과 악한 천사들의 대리자들이 대조된다는 것을 암시할 수 있다.[48] 그러나 힐, 포브스 등 다른 학자들이 주장하듯이 이러한 견해는 그 자체의 문제점을 수반한다.[49] 또한 포브스는 스위트와 다우첸베르크가 주장하는 견해와 비슷한 견해를 옹호하며 엥겔슨이 선택한 증거를 비판한다.[50] 또다시 포브스는 12:1-2에 대한 협소하고 지나치게 구체적인 이해를 설득력 있게 제거하면서도 엘리스와 다른 학자들이 12:1-2과 영감의 말에 대한 다른 이해 간의 연관성과 "영적인"(엘리스에 의하면, 천사의) 영향력의 진정한 출처와 사악한 출처를 구별하는 기준에 대해 광범위하게 제기한 주장들을 전적으로 과소평가하지 않는다.[51] **또다시 우리의 관점에 의하면 그리스도인이 되기 이전과 그리스도인이 되고 난 이후의 구조는 비교를 위한 준거 기준을 형성한다. 우리는 그 기준에 따라 πνευματικός라는 존재가 과연 무엇을 의미하는지를 판단하게 된다.** 이 견해들은 저마다 서로 상반된 뉘앙스를 제공할 것이다. 그러나 포브스는 모든

47) Sweet, "A Sign for Unbelievers: Paul's Attitude to Glossolalia," 240-257; Schrage, *Der erste Brief,* 3:121. 그럼에도 Schrage는 어떤 해석도 의문의 여지가 없을 수 없음을 인정한다.

48) Dautzenberg, "Glossolalie," in *RAC,* 11 (1981), 221-246, 특히 227-229. 더 광범위한 논의는 다음을 참조하라. Dautzenberg, *Urchristliche Prophetie.* 참조. Pearson, *Pneumatikos-Psychikos Terminology,* 44-45; Héring, *First Epistle,* 123.

49) 참조. Hill, *NT Prophecy,* 133-134; Forbes, *Prophecy,* 19-21, 54-77, 그리고 여러 곳에.

50) Engelsen의 연구 논문은 미간행된 어떤 논문집 안에 나타난다(Yale, 1970). Forbes는 이 논문에 대해 논평한다(*Prophecy*, 19-21, 54-57 등). 그는 Engelsen이 그의 논증에서 자료들을 선별적으로 사용한다는 점을 잘 보여준다.

51) E. E. Ellis, "Spiritual Gifts" and "Christ and Spirit in 1 Cor," in *Prophecy and Hermeneutic,* 특히 25 and 70-71; 참조. 25-44 and 63-71.

중요한 의미가 과연 오늘날의 일치된 견해에 반영될 수 있을지에 대해 타당한 질문을 제기한다.

(f) 우리의 견해에 의하면 데일 마틴은 이 주제에 대한 존 페인터의 논문과 더불어 가장 중요한 관점을 제공해준다. 12:3-14:40에서 "방언"에 특별히 초점이 맞추어져 있는지의 여부와 상관없이 마틴은 **방언이 고린도의 많은 사람에게 "일종의 높은 지위를 가리키는 지표"로 이해된다**는 확고한 신념을 갖고 있다.[52] 12:1-2의 "은사들"의 **내용**에 대한 우리의 견해가 수정될 필요가 있다는 포브스의 입장이 옳든지 그렇지 않든지 간에(아래 참조), 중요한 것은 기독교인이 되기 이전에 우상들을 숭배할 때 **신분을 부여하는** "경험"(예. "지혜"가 있다는 주장)의 개념이 고린도의 문화, 사회, 수사학, 종교적 분위기와 일치하며, 교회 안에서도 발견된다는 점이다. 따라서 존 페인터는 지식, 지혜, 높은 신분에 대한 자의식을 강조한 πνευματικοί의 "영성"과 "구원 사건으로서의 십자가 선포"를 서로 대조한다.[53] 페인터는 12:2을 고전 1:1-4:21과 연결하지만, 마틴은 2절을 12:1-14:40에서 다양성 안에서의 통일성을 강조하는 것과 연결한다.[54] 두 저자는 모두 15:1-58의 공동체적 사건에서 이른바 "신분을 부여하는" 하나님의 행위를 가리킨다. 이러한 우상숭배에서 유래한 태도와의 대조는 "최소한"의 것이 아니라 근본적인 것이 된다.[55]

요약하자면 2절은 바울이 초기의 신앙고백에 호소하면서 3절에서 소개하는 "영성"에 대해 기독론적인 기준을 제시하는 길을 마련한다. 모든 신자는 그리스도인의 새로운 삶의 기초인 이 신앙고백을 공유하고 있었다. 그

---

52) Martin, "Tongues of Angels and Other Status Indicators," 547-589; *The Corinthian Body*, 87-92.

53) Painter, "Paul and πνευματικοί at Corinth," in Hooker and Wilson (eds.), *Paul and Paulinism*, 245; 참조. 237-250.

54) Martin, *The Corinthian Body*, 92-96; 참조. 97-103.

55) 그러므로 Klauck의 주해는 2절에 상당히 주안점을 둔다. 즉 바울은 "성령에 속한" 것이 무엇인지 분별하는 데 관심을 기울인다는 것이다. 따라서 바울은 이것을 그리스도인이 되기 이전에 나타난 이상한 "현상들"에 관심을 갖던 것과 구별한다. 또한 그는 "그리스도인의 믿음의 삶에서 나타나는 모든 진정한 현상"을 통해 성령을 이해한다(Klauck, *1 Korinther*, 85).

들은 마치 하나님이 이방인들의 우상들처럼 말씀하지 못하시는 분이라도 되는 것처럼 자신들의 주님이신 그리스도와 더불어 다른 어떤 "영성"을 빚어낼 필요가 없었다. 하나님은 다양한 은사를 나누어주신다. 따라서 그리스도인들은 저마다 다양한 은사를 경험한다(12:4-11). 또한 하나님은 그리스도인들이 저마다 선택하고 원하는 것보다는 하나님의 선택과 계획에 따라 은사를 베푸신다. 페이지가 어떤 행렬 장면을 제안한 것은 매력적이긴 하지만, 그는 그것을 입증하지 못한다.

3절　그리스어 타동사 γνωρίζω는 대부분의 문맥에서 "알려주다, 계시하다, 지식을 전하다"를 의미한다(참조. 롬 9:22-23; 눅 2:15; 행 2:28; 고후 8:1).[56] 때때로 이 동사는 자동사로 사용될 수도 있는데, 이 경우에는 "알다"를 의미한다(Dio Chrysostom 4:33). 그러나 이 절에서는 타동사로 사용되었다. 12장에서는 지식이 벌써 세 번째(ἀγνοεῖν, 1절; οἴδατε, 2절) 언급되기 때문에 바울은 자신들이 πνευματικοί로서 γνῶσις를 지녔다며 우쭐대는 사람들의 주장을 다루고 있는 것처럼 보인다. 따라서 우리는 세 번째로 언급되는 이 지식을 큰따옴표 안에 넣었다.

ἐν πνεύματι라는 표현에서 여격과 함께 사용되는 전치사 ἐν은 하나님의 영의 영역을 가리킬 수 있다. 사실상 이것은 장소를 나타내는 표현으로 이해될 수 있다. 따라서 "성령 안에서"(NJB) 또는 "성령의 영향력 아래"(REB, JB)로 번역될 수도 있다. 그러나 신앙고백을 선포하는 배경과 신학은 **도구**를 나타내는 여격 또는 "하나님의 영을 통해"를 가리킨다. 슈라게와 콜린스도 이 해석을 지지한다. NRSV, RSV, NIV도 "하나님의 영에 의해"라고 올바르게 번역한다. 우리의 번역은 바울이 같은 구문을 두 번이나 사용한 점을 반영하기 위해 이를 더 명확하게 표현한다.[57] 여기서 우리는 인간의 말하는 행위(λαλῶν)에 대한 월터스토프의 철학적 분석에 대한 고전적인 모델을 발견한다. 이 행위는 하나님의 대리인이 말하는 것을 나타낸다

---

56) 참조. BAGD, 163; Grimm-Thayer, 119.

57) Schrage, *Der erste Brief,* 3:124-125; Collins, *First Cor,* 448.

(λέγει). 월터스토프는 (만약 어떤 비서가 자기 고용주의 생각을 알고, 그 고용주를 대신하여 말하는 권위가 그에게 부여되어 있다면) 그 비서가 말하는 것을 자기 고용주가 말하는 것으로 간주할 수 있는 것과 마찬가지로, 인간의 말도 타당한 상황에서 "하나님이 말씀하시는 것"으로 간주할 수 있다고 주장한다. 그는 이것을 "이중적 대리 발언"(double agency discourse)이라고 부른다.[58] 이 원리에 기초하여 바울은 인간이 말하는 것 중에서 어떤 내용이 성령에 의해 또는 하나님의 영의 매개를 통해 말해진 것으로 간주될 수 있는지 질문한다. 월터스토프는 국가의 원수(元首)를 대신하여 말하는 대사의 경우에 "이중적 발언"과 "이중적 대리"가 전적으로 이해 가능하다는 점을 잘 밝혀준다.[59] 따라서 바울은 어떤 조건에서 어떤 πνευματικός의 말이 τὸ ἅγιον πνεῦμα의 말로 간주되는지를 질문하고 있는 것이다. 더 폭넓게 표현하자면 어떤 말, 경험, 행위가 자신이 스스로 유도하거나 심지어 다른 대리자에 의해 유도된 것이 아니라 성령에 의해 나타난 것으로 여겨져야 할까?

우리를 곤혹스럽게 만드는 ἀνάθεμα Ἰησοῦς라는 표현을 이해하는 데는 다음 몇 가지가 도움이 된다. 첫째, 보스(J. S. Vos)는 12:4-14:40의 논증과 어조과 관련하여 12:1, 2, 3을 각각 서언(*praefatio*), 서술(*narratio*), 명제(*propositio*)로 볼 수 있는 이유를 제시한다.[60] 둘째, 홀츠(T. Holtz)는 그의 신중한 연구에서 바울은 롬 10:9과 같은 신앙고백과 조화를 이루면서 말과 행위를 서로 연결하여 ἀνάθεμα와 κύριος를 대조하는 것은 단순히 서로 말을 대조하는 것이 아니라 실질적인 자세와 행위를 대조하는 것이라고 주장한다.[61] 또한 홀츠는 표면에 나타난 것 외에 다른 어떤 것이 이슈가 되지 않는 한, 우리는 "예수는 저주를 받을지어다"라는 말이 성령의 감동에 의한 것이 아니라는 단순한 정보가 고린도 교인들에게 획기적이거나 심지어 유

58) N. Wolterstorff, *Divine Discourse: Philosophical Reflections on the Claim that God speaks* (Cambridge: Cambridge University Press, 1995), 특히 1-129. 참조. 38-42(예. 비서 유비), 42-51("대리자를 통한 의사 전달", 예. 대사와 예언자).

59) 같은 책, 45-57, 75-94.

60) Vos, "Das Rätsel von 1 Kor 12:1-3," 251-269.

61) Holtz, "Das Kennzeichen des Geistes (1 Kor xii:1-3)," 365-376.

익한 뉴스였다는 상황을 상정할 수 없다고 지적한다. 셋째, 보스와 홀츠는 모두 우리가 "예수는 주님이시다"라는 긍정적인 신앙고백을 동시에 검토하지 않는다면 ἀνάθεμα Ἰησοῦς가 의미하는 핵심도 파악할 수 없다고 설득력 있게 주장한다.

놀랍게도 ἀνάθεμα Ἰησοῦς라는 표현을 설명하는 데 적어도 열두 개의 설명이 제시되었다. 우리가 이 목록을 제시하기 전에 먼저 ἀνάθεμα와 관련된 의미론적인 범주와 사전의 정보를 언급하는 것이 도움이 될 것이다. 고전 그리스어 문헌에서 이 단어는 대체로 어떤 신에게 자원하여 바친 제물을 의미한다. 이 단어의 역사에서 능동태 ἀνατίθημι, "(신전에서) 올려놓다" 또는 "(다른 것을) 놓다"는 중간태 ἀνεθέμην, "앞에 놓다"를 취한다. 장모음과 더불어 ἀνάθημα는 소포클레스의 안티고네 286, 마카베오3서 3:17, 유딧서 16:19, 아리스테아스의 편지 40, 요세푸스의 유대 전쟁사 6.335 및 유대 고대사 17.156 등에서도 나타난다. 한편 단모음과 함께 표기되는 ἀνάθεμα는 다음을 사실로 간주한다. (i) ἀνάθεμα가 **자원 제물**을 의미한다는 것은 헬레니즘적 배경에서 유래되었다(Plutarch, *Pelopidas* 25.7; Philo, *De Vita Mosis* 1.253). (ii) 70인역은 히브리어 חרם(헤렘)을 ἀνάθεμα로 번역했다. "하나님께 거룩한 것으로서 철저하게 파괴되어야 할 것", "타부(taboo)이며, 사람이 사용하거나 만져서는 안 되는 것"(참조. 레 27:28; 수 6:17; 7:12; 삿 1:17). (iii) 제의적 배경이 아닌 곳에서 이 단어는 일상 대화에서 **저주받은 것, 끊어진 것,** 특히 **하나님으로부터 끊어진 것**이라는 의미로 사용되었다(참조. 갈 1:8-9; 롬 9:3; 10:1). 슈라게와 데이비스는 특히 (ii)와 (iii)에 대해 논의한다.[62] 한편 ἀνάθεμα Ἰησοῦς라는 표현에는 동사가 생략되어 있다. 이것은 명령법 또는 가정법으로서 "예수는 저주를 받을지어다" 아니면 직설법으로서 "예수는 저주를 받았다"라고 해석할 수 있다. 우리는 κύριος에 대한 말은 일종의 **신앙고백**이라고 주장할 것이다. 이것은 말하는 사람의 입장에서 예수 그

62) 참조. W. H. Davis, "Anathema-Rom. 9:3," *RevExp* 31 (1934): 205-207; Schrage, *Der erste Brief*, 3:123.

리스도에 대한 어떤 주장에 자신을 연루시키는 것과 연결된다. 이것과 평행을 이루는 표현을 다른 방식으로 이해하기 위해서는 설득력 있는 근거를 제시할 필요가 있고, 이 점은 다양한 가능성을 설명하는 과정에서 드러날 것이다. 이 과정에서 우리의 목적과 평가에 도움을 주는 더 포괄적인 견해에 대해서는 더 자세히 언급할 것이다. 하지만 이에 대한 최종적인 평가는 κύριος 신앙고백을 검토한 이후에 이루어질 것이다.

(i) 예수와 관련된 이 두 가지 말이 모두 전형적으로 **박해**의 배경에서 **신앙고백**의 역할을 한다는 쿨만의 견해에 대해서는 살펴볼 것이 많다. 쿨만은 여기서 저주는 무슨 말인지 이해할 수 없는 방언과 관련이 없다고 주장한다. 이 두 말은 모두 충분히 "이해할 수 있는 주장이다.…이 절에서 주된 주제는 방언이 아니라 황제 숭배와 박해다. 왜냐하면 바로 그리스도가 주님이라고 고백하기 때문이다." 또한 이것은 아마도 제자들이 박해를 받을 때 성령이 무슨 말을 할지 일러줄 것이라는 예수의 약속을 암시할 것이다. 따라서 제자들이 "공회에 넘겨지고…회당에서 매질을 당하고…총독 앞에 끌려갈 때" 그들은 성령의 매개를 통해 말하게 될 것이다(참조. 마 10:17-19). 이것은 "예수는 저주를 받았다" 또는 "로마 황제가 주님이다"라고 고백하기보다는 "예수는 [나의/우리의] 주님이시다"라는 신앙을 고백하는 것을 가리킬 수 있다는 것이다. "'예수는 주님이시다'라는 고백은 성령이 역사한다는 것을 보여주는 반면, '예수는 저주를 받았다'라는 고백은 거기에 성령의 역사가 없다는 것을 보여준다."[63] 다른 곳에서 쿨만은 이와 같은 특성의 신앙고백은 **세례**(행 8:37; 벧전 3:18-22), **예배**(빌 2:6-11; 고전 15:3-7, 치유 행위 또는 (사도 교부 시대의) **축사** 행위(행 3:13)의 배경, 박해의 배경(딤전 6:12, 13, 16; 롬 10:9; 고전 12:3; 참조. 마 10:17-20), 이단에 관한 **논쟁**(요일 4:2; 고전 8:6; 15:3-8) 등에서도 초기의 신앙고백 형태로 나타난다는 것을 설득력 있게 보여준다.[64] 구지(Goudge)도 박해의 배경을 강조한다. 나아가 쿨만은

---

63) O. Cullmann, *The Christology of the NT,* 219; 참조. 218-220.

64) O. Cullmann, *Les Premières Confessions de foi Chrétiennes* (Paris: Presses Universitaires

ἀνάθεμα Ἰησοῦς와 박해를 받는 상황에서 "나는 그리스도를 결코 모욕한(βλασφημῆσαι) 적이 없다"는 폴리카르포스의 말 사이에 평행 관계가 있다고 말한다. 우리는 비슷한 배경에서 플리니우스(Pliny, *Epistles*, 97)가 한 말과도 비교할 수 있을 것이다.[65]

(ii) 현대 학자 중에서 어떤 이들은 이 두 가지 외침이 모두 예배의 정황 가운데 통제되지 않은 무아지경 상태에서 터져 나온 것일 수 있다고 강력하게 주장한다(예. 스롤, 슈미트할스, 바이스, 리츠만). 던도 다음과 같이 주장한다. "비록 많은 학자들이 동의하진 않지만, 고린도 공동체에 속한 어떤 신자(들)가 예배를 드릴 때 성령의 감동하에 '예수가 [우리의 죄를 대신하여] 저주를 받았다!'라고 외쳤을 개연성이 상당히 높다."[66] 던은 이것을 지상의 예수를 영지주의와 유사한 방식으로 평가절하하는 것과 연결한다(아래의 주해 참조). 한편 부세는 '퀴리오스 크리스토스' 신앙고백은 처음에 "짤막한 기도로 외친 것, 예배드릴 때 예수를 향해 마음속으로부터 우러나온 탄식"이라고 생각한다. 또한 그는 "이 범주에는 마라나타도 속하며…고전 12:1-3은 고린도 공동체에서 κύριος Ἰησοῦς라고 외친 것은 황홀한 상태에서 예언자들이 무아지경에서 말한 것을 알려주는 표지이자 이를 확인해주는 표시였다는 점을 전제한다"고 주장한다.[67] 하지만 과연 이러한 해석이 가능할

---

de France, 2d. ed. 1948), 13. 또한 14-27에서 신약 시대부터 첫 3세기까지의 전개 과정을 추적하는 항목 참조. Cullmann은 박해 배경을 다루는 부분에서 ὁμολογέω를 μαρτυρέω(19-20), '퀴리오스 카이사르'의 평행 텍스트(21-22), 박해의 상황에서 말할 것을 알려주는 성령의 도우심(22-24)과 연결한다. ἀνάθημα Ἰησοῦς에 대해서는 23-24에서 처음으로 논의한다(영역본 제목: *The Earliest Christian Confessions*). 참조. 계 13:18; Ignatius, *To the Trallians*, 9; Tertullian, *On the Crown*, 11.

65) Polycarp, 9:3; Cullmann, *Les Premières Confessions*, 22; Goudge, *First Epistle*, 109.

66) Dunn, *Jesus and Spirit*, 234. 참조. Moffatt, *First Epistle*, 179; Lietzmann, *An die Korinther*, 186-197; Thrall, *1 and 2 Corinthians*, 86; Weiss, *Der erste Korintherbrief*, 295-297; Scroggs, "The Exaltation of the Spirit by Some Early Christians," 359-373; Simon, *First Epistle*, 123; Evans, *Epistles to the Corinthians*, 129; Morris, *First Epistle*, 168: "가능성의 범위를 벗어나지 않는 것으로서"; Schmithals, *Gnosticism in Corinth*, 124-132(아래에서 항목 viii에서 논의할 것임). 참조. Wilckens, *Weisheit und Torheit*, 121, n. 1.

67) Bousset, *Kyrios Christos: A History of the Belief in Christ from the Beginnings of Christianity to Irenaeus*, 132-133.

까? 핀들레이는 영적 은사에 치중한 "감수성이 예민한" 그리스도인들이 근처에 있는 유대교 회당 예배에서 들었거나 회심을 경험하기 전부터 잘 알고 있던 외침을 사용했을 수도 있다고 생각한다.[68] 이러한 외침은 황홀한 경험 속에서 의식을 통제할 수 없는 상황에서 터져 나왔다는 것이다. 나아가 알로는 예컨대 시빌라의 신탁과 관련이 있는 황홀경의 상태에 호소한다.[69] 터그웰은 "열광케 하는 새로움과 찬양"의 의미에 대해 말하는데, 이것은 의식을 매우 고양되게 했을 수 있다는 것이다. 만약 믿을 만한 예언의 말이었다면 이것은 엄밀한 심사를 받았을 것이다(3b).[70] 분명히 3절 상반절은 바울에게 엄밀한 심사의 대상이 아님을 말한다. 그러나 이것은 원칙적으로 새로운 신앙을 표현하는 것을 반영하는 것일 수 있다. 즉 이 신앙은 이제 나사렛 예수를 **단순히** 역사 속에 존재했던 교사가 아니라 살아 계신 그리스도로 인식한다. (a) 메아(A. Mehat)와 특히 포브스는 3절의 내용이 헬레니즘적 종교에서 시빌라 숭배와 같은 현상과 평행을 이룬다는 견해에 맞서 설득력 있는 이의를 제기한다(아래의 주해 참조).[71] (b) 그 누구보다도 특히 홀츠(T. Holtz)는 만약 κύριος Ἰησοῦς가 알아들을 수 있는 말을 가리킨다면 ἀνάθεμα Ἰησοῦς도 마찬가지일 것이라고 주장한다. 이 두 가지는 모두 황홀경과 비슷한 상태에서 알아듣지 못하는 말을 한 것이 아니라 오히려 알아들을 수 있는 말을 선포했다는 것이다.[72]

(iii) 알로와 바레트는 위에서 언급한 것과 다소 다른 견해를 제시한다. 알로는 신자들이 예배를 드리기 위해 모인 상황에서 황홀경이나 의식이 고양된 상태를 거부하고 싶거나 거부하려고 시도했음에도 이러한 상태를 계

68) Findlay, *Expositor's Greek Testament,* 2:886-887. 참조. Theissen, *Psychological Aspects,* 305-311.

69) Allo, *Première Épitre,* 321-322. 참조. Wolff, "Exkurs," in *Der erste Brief,* 285-287.

70) S. Tugwell, "The Gift of Tongues in the NT," *ExpTim* 84 (1973): 137-140.

71) Mehat, "L'Enseignement sur 'les choses de l'Esprit' (1 Cor. 12:1-3)," 395-415; C. Forbes, "Early Christian Inspired Speech and Hellenistic Popular Religion," *NovT* 28 (1986): 257-270; *Prophecy and Inspired Speech in Early Christianity and Its Hellenistic Environment.*

72) Holtz, "Das Kennzeichen des Geistes (1 Kor xii:1-3)," 365-376.

속해서 느낀 사례를 상정한다. 그는 이것이 ἀνάθεμα라는 말을 하도록 자극했다고 말한다.[73] 비록 알로가 종교의식의 정황에서 황홀한 상태를 거부하려는 평행 사례를 언급하고, 바레트와 같은 저명한 학자도 "아마도 알로의 견해가 타당할 것"이라고 주장하지만, 이 가설은 전적으로 추측에 지나지 않는다.[74] 알로는 카산드라가 아폴론을 "저주하는 것"과 시빌라가 필사적으로 날뛰며 영감 받는 것을 거부하는 것을 언급한다. 그러나 포브스가 더 전반적인 관점에서 지적하듯이 이것은 3절의 내용과 평행을 이루지 못한다.

(iv) 많은 저자들은 ἀνάθεμα Ἰησοῦς가 "유대인들에게 적절한 표현으로서 사도적인 설교에 대한 반응으로 회당에서 울려 퍼진 외침"과 같은 것으로 이해한다.[75] 그러나 만약 바울이 여기서 고린도에 있던 기독교 공동체를 향해 말하고 있다면 어떻게 이 말을 유대인들에게 적용할 수 있겠는가? 나사렛 예수를 반대하는 논쟁이 그리스도의 영에 의해 촉발될 수 없다는 것은 자명하지 않은가? 이 점은 처음부터 다양하게 변형된 견해를 유발했다.

(v) 바슬러(Bassler)는 바울이 회심하기 이전에 랍비 교육을 받던 시절에 이렇게 외쳤을 가능성이 있다고 주장한다. "자신의 이력에 근거하여… 바울이 그의 논점을 지지한다는 것은 전적으로 가능하다."[76] 바울은 토라에 근거하여 십자가에 달린 자는 "저주를 받은" 사람(갈 3:13)이라는 것을 잘 알고 있었다. 사실상 로버트슨과 플러머는 1911년(1914년, 2판)에 바울이 유대교에서 출발했다는 관점을 재구성하면서 이 견해를 예고했다. 위더링턴도 이것이 가능하다고 생각한다.[77]

(vi) 이것은 ἀνάθεμα Ἰησοῦς가 가설에 의한 문학 장치라는 것을 의미한다. 다시 말해 이것은 그리스도인들이 예배드릴 때 실질적으로 들을 수 있었던 κύριος Ἰησοῦς와 대조되는 것으로서 가설에 의한 주장이라는 것

---

73) Allo, *Première Épitre,* 320–322.

74) Barrett, *First Epistle,* 280.

75) Findlay, *Expositor's Greek Testament,* 2:886; Robertson and Plummer, *First Epistle,* 261.

76) J. M. Bassler, "1 Cor. 12:3—Curse and Confession in Context," 418; 참조. 415–418.

77) Robertson and Plummer, *First Epistle,* 261. 참조. Witherington, *Conflict and Community,* 256.

이다. 바슬러는 이것을 이 의미처럼 "영적인" 사람이라면 아무도 이렇게 말하지 않는, 무언가에 대한 "일종의 아이러니한 절제된 표현"으로 이해한다.[78] 따라서 허드에게 있어 이것은 "예수는 주님이시다"라고 외치는 것에 대한 정반대의 가정적인 외침이다.[79] 흐로세이데는 종종 (ii)의 입장을 지지한다고 알려져 있다. 그러나 사실상 그는 바울이 어떤 사람들이 그 표현을 "실질적으로 말했다고 언급하지 않고" 그리스도를 주님으로 고백하는 "실질적인 신앙고백"과 대조되는 이 표현 양식을 사용한다고 결론짓는다.[80] 또한 오니, 브루스, 키스트메이커는 어떤 특정 그룹도 이 표현을 사용하지 않았고, 어떤 교인도 실질적으로 이렇게 말하지 않았다는 견해를 지지한다. 고든 피도 이것을 두 가지 설명 중 하나로 이해한다.[81] 하지만 에링은 "우리는 이것이 실질적으로 말해지지 않았다면 그 사도 역시 이 사례를 언급하지 않았을 것이다"라고 생각한다. 오르와 월터도 이것은 "가정에 의한" 것이 아니라고 주장한다.[82] 그들은 유대교나 이방인들로부터 박해를 받던 상황에서 "일종의 예수에 대한 신앙고백의 취소 선서"에 관한 구체적인 사례로서 행 26:11, 요일 4:1-6과 계 2:13, 3:8, 12:17, 17:14 등을 언급한다. 벤트란트는 이 이슈를 더 광범위하게 논의한다.[83]

(vii) 따라서 데럿은 유대교 배경 및 박해의 배경에 대한 수정된 추론을 제시한다. 그가 제시하는 추론은 언제나 독창적이다.[84] 데럿은 신 18:17-22에 근거한 구약 및 유대 배경에 대해 논의하면서 유대교 회당에서 곧 출교 당할 처지에 있던 어떤 그리스도인을 상상한다. 회당 지도자는 이 그리

---

78) Bassler, "1 Cor. 12:3," 418.

79) Hurd, *Origin of 1 Corinthians,* 193.

80) Grosheide, *First Epistle,* 281(280에서 ii의 견해를 논의한 후).

81) Kistemaker, *1 Cor,* 415-416; Bruce, *1 and 2 Cor,* 118; Fee, *First Epistle,* 581; Aune, *Prophecy in Early Christianity,* 221.

82) Héring, *First Epistle,* 125; Orr and Walther, *1 Cor,* 277-278; Leon Morris, *First Epistle,* 168.

83) Wendland, *Die Briefe,* 105-107. 그는 Cullmann의 견해도 언급한다.

84) J. D. M. Derrett, "Cursing Jesus (1 Cor xii:3): The Jews as Religious Persecutors," 544-554.

스도인에게 그가 만약 ἀνάθεμα Ἰησοῦς라고 말한다면 그는 출교의 최종 단계를 피할 수 있다고 말하면서 그를 "지도하여" 유대교로 되돌리려고 시도한다는 것이다. 이와 같은 배경에서 바울은 과연 성령이 역사하고 있는지를 테스트하는 것이 중요하다고 주장한다. 그러나 이 이론이 독창적이긴 하지만, 이것도 무아지경의 의식을 억누르는 것에 관한 알로의 제안 못지않게 추측에 불과하다. 하지만 박해와 관련된 더 광범위한 배경과 유대교와의 연관성은 개연성 있는 재구성의 요소를 제공한다.

(viii) 이 외침이 기독교 예배에서 의식이 고양된 상태에서 일어났을 수 있다는 가설 중에는 던이 지지하는 해석이 가장 개연성이 높다. 즉 이 "영적인" 견해는 역사적 예수의 지위를 훼손시킨다.[85] 이 점을 강조하는 한 가지 구체적인 해석은 영지주의의 영향에 대한 슈미트할스, 빌켄스, 브록스의 이론이다. 슈미트할스는 "고린도의 어떤 사람들은 예수를 Χριστός라고 고백하는 것과 ἀνάθεμα Ἰησοῦς라고 외치는 것 사이에는 어떤 모순도 없다고 생각했다"고 주장한다.[86] 이런 사람들은 요일 2:22에서도 나타나는데, 여기서 그들은 Ἰησοῦς οὐκ ἔστιν ὁ Χριστός라고 말한다. 그는 메시아 곧 그리스도가 "육체로"(육신을 입고, 요일 4:2) 왔다는 사실을 부인했다. "따라서 그들은 영지주의자였다. 그들은 하늘의 영-그리스도와 인간 예수 사이에 밀접한 관계가 있음을 인정하지 않았다."[87] 바울이 Χριστὸς κατὰ σάρκα와 Χριστὸς κατὰ πνεῦμα를 서로 구별했다는 사실은 이미 잘 알려져 있다(참조. 롬 1:3; 9:5). 바울은 Χριστὸς κατὰ σάρκα를 통해 믿음을 갖게 된 것이 아니다. 오리게네스는 영지주의자들이 "먼저 예수를 저주하지 않은" 자들을 자신들의 친교 대상으로 받아들이지 않았다고 우리에게 알려준다.[88] 슈미트할스는 "고전 12:3에서 ἀνάθεμα Ἰησοῦς로 표현된 고린도 '그리스도인

85) Dunn, *Jesus and the Spirit,* 234.

86) Schmithals, *Gnosticism in Corinth,* 127; 참조. 124-132; U. Wilckens, *Weisheit und Torheit,* 121; Brox, "Ἀνάθεμα Ἰησοῦς (1 Kor 12:3)," BZ 12 (1968): 103-111.

87) 같은 책.

88) Origen, *Against Celsus,* 6:28; 참조. Schmithals, *Gnosticism in Corinth,* 128. 다소 덜 구체적으로 언급하긴 하지만 다음을 참조하라. Irenaeus, 1:31:1 and 3:16:1, 8.

들'의 기독론은 진정으로 영지주의적 기독론이었다"라고 결론짓는다.[89)]

슈미트할스와 빌켄스의 연구는 상당히 많은 비판을 받았다. 특히 그들이 후대의 영지주의를 상당히 이른 시기의 바울에게 앞당겨 적용했다는 점이 그러하다. 예를 들면 윌슨은 증거를 상세히 검토하고 나서 "그렇다면 우리가 고린도에서 마주하는 것은 아직 영지주의가 아니라 일종의 그노시스"라고 결론을 내린다.[90)] 그럼에도 슈미트할스는 여기서 "영성"과 기독론의 관계를 올바르게 밝혀준다. **우리는 바울이 "그리스도를 닮아가는 것"을 일관되게 하나님의 영의 역사와 경험을 판단하는 기준으로 보았다고 주장할 것이며, 역사적 예수의 사역은 이것이 어떤 것인지를 결정하는 데 중요한 역할을 한다고 주장할 것이다.**

(ix) 우리는 12:3을 더 기독론적으로 해석하는 데 관심을 기울이기에 앞서 다음 두 가지 관점을 살펴볼 필요가 있다. 첫째, 어떤 이들은 ἀνάθεμα Ἰησοῦς라고 외친 것을 사람들이 자신을 "통제"하지 못하는 상황에 이르렀을 때 부당하게도 **악한 세력** 또는 악한 영의 영향에 노출된 것으로 이해한다. 이것은 중요한 의미가 있다. 왜냐하면 **진정한 예언**은 "통제"와 조사를 받고, 면밀하게 검증받고, 테스트를 거치려는 의지를 내포하기 때문이다.[91)] 에링은 ἀνάθεμα라는 말은 "오직 악한 영에 사로잡힌" 은사주의자에게서 나온다고 단호하게 주장한다.[92)] 고든 피는 이 해석을 하나의 매력적인 선택으로 이해한다. 위더링턴도 이 해석이 가능하다고 생각한다.[93)] 하지만 이 견해는 해당 본문이 명백하게 말하는 것이라기보다는 일종의 해석학적 추론이다. 이것은 2절에 대한 한 가지 해석과 연결되어 있다는 것을 전제한다.

---

89) Schmithals, *Gnosticism in Corinth*, 129.

90) S. G. Wilson, "Gnosis at Corinth," in M. D. Hooker and S. G. Wilson (eds.), *Paul and Paulinism: Essays in Honours of C. K. Barrett*, 112; 참조. 102-104. 참조. Pearson, "Did the Gnostics Curse Jesus?" 301-305.

91) 참조. Tugwell, "The Gift of Tongues in the NT," 137-140. 참조. Grudem, *The Gift of Prophecy in 1 Cor*, 164-173.

92) Héring, *First Epistle*, 125.

93) Ellis, "Christ and Spirit in 1 Cor," in his *Prophecy and Hermeneutic*, 71; 참조. 63-71; Witherington, *Conflict*, 256; Fee, *First Epistle*, 579.

메아와 포브스는 이와 같은 해석을 맹렬하게 비판한다.

(x) 기독교 예배에 참석한 **이방인**들을 가리킨다는 주장은 타당성이 없어 보인다. 고데가 주장하듯이 호기심이 있는 자들이나 불신자들이 예배에 참석할 수도 있겠지만(고전 14:23), 그 어떤 독자가 이것을 "성령의" 영감을 받아 이렇게 말했다고 간주할 수 있겠는가?[94] 바울은 분명한 사실을 평범하게 말한다.

(xi) **기독론적인** 설명이 가장 지지받을 만하다. 여기서 판 우니크(W. C. van Unnik)는 기발한 가능성 하나를 제안한다. 우리는 이것을 진지하게 고려하고 존중할 필요가 있다. 판 우니크는 지상의 예수에 대한 "영지주의적인 거부"에 관한 슈미트할스와 빌켄스의 설명을 받아들이지 않는다. 그는 어떤 의미에서 이 가설을 반전시킨다. ἀνάθεμα Ἰησοῦς라고 외친 사람은 바울이 갈 3:13에서 신 21:23, 27:26과 더불어 속죄 또는 대속을 설명한 신학을 시인한다. 즉 예수는 "하나님의 진노를 통해 사람들에게, 그리고 사람들 안에 임한 저주를 제거하고, 전체적인 상황을 회복하기 위해" 하나님의 율법 아래에서 저주를 받아 헤렘과 κατάρα가 되었다.[95] ἀνάθεμα Ἰησοῦς라고 고백한 자들은 일종의 십자가의 신학을 고백한 것이다. "하지만 이것이 다가 아니었다.…예수는 죽었을 뿐만 아니라 죽은 자들 가운데서 다시 살아났다(참조. 고전 15:3, 4)."[96] 하지만 ἀνάθεμα와 κύριος는 단순히 예수가 무엇을 했는지를 표현해주지 않고, 명령형 ἔστω, "그가 그렇게 되게 하라"를 나타내지도 않는다. 이 단어들은 ἐστίν을 필요로 한다. 즉 예수는 저주를 받았다.…예수는 주님이시다.[97] 이 단어들은 "예수의 신분"을 시인한다. 또한 성령은 살아계시며 옳다고 인정받은 주님으로서 그의 신분에 대해 증언한다. 예수는 영원한 희생제물로서 더 이상 하나님의 저주 아래

---

94) Godet, *First Epistle*, 2:185.

95) W. C. van Unnik, "Jesus: Anathema or Kyrios (1 Cor. 12:3)," in B. Lindars and S. S. Smalley (eds.), *Christ and Spirit in the NT: Studies in Honour of C. F. D. Moule*, 120; 참조. 113-126.

96) 같은 책, 121.

97) 같은 책, 115.

있지 않다.[98] 성령에 의한 이 신앙고백은 그리스도가 적대적인 세상을 이기고 높임을 받았다는 승리의 외침이다. 판 우니크는 롬 10:6-10의 배경에 호소한다. 지금 주님으로서 통치하는 예수는 구원을 가져다준다. 성령은 사람들이 구원을 받도록 "주의 이름을 부르게" 한다(욜 3:5; 행 2:14-40). 이 외침의 배경은 오순절이다. 사람들은 오직 성령이 그들의 눈을 열어주어야 예수를 살아 있는 구원의 중재자로 깨달을 수 있다.[99] "이 세상의 관점에서" 예수를 단지 십자가에 못 박힌 존재로만 이해하는 것은—심지어 그것이 신 21:23과 27:26을 성취했다 하더라도—성령의 감동으로 외치는 것에 대한 완전한 표시가 아니다. 왜냐하면 성령의 사역은 그리스도를 영화롭게 하는 것이기 때문이다.

많은 이들이 인정하는 것보다 이 견해에 대해 할 말이 더 많이 있다. 왜냐하면 이 표현이 사람들에 의한 "종교적인" 찬양 가운데 하나일 수 있다는 주장은 매우 그럴듯하게 들리기 때문이다. 이 사람들은 복음의 온전한 내용과 성령의 임재에 진정으로 마음을 열지 않고 단순히 구원에 대한 지적 신학을 개진했다. 또한 이 견해는 기독론을 "영성" 테스트나 성령의 매개를 통한 경험이 무엇인지에 대한 테스트로 올바르게 인식한다. 하지만 고린도 교회의 주된 문제점은 승리주의였던 것처럼 보인다. 이것은 여기서 언급되는 자들이 핵심 그룹에 속한 자들이 아니었다고 암시해준다. 하지만 바울은 고전 15:12에서 어떤 사람들(τινες)은 부활을 부인한다고 말한다. 따라서 이 ἀνάθεμα는 이와 같은 그룹에 속한 자들이 예배를 드릴 때 외친 것일 수도 있다. 더욱이 이것은 부활을 부인하던 자들이 여전히 기독교 공동체에 속해 있었다는 것을 설명하는 데 도움을 준다. 다른 경우라면 설명하기가 매우 난처할 것이다.[100] 패트(O. Patte)는 이와 다소 다른 견해를 제시한다. 그는 이 "저주"가 하나님의 진노를 가라앉힌다는 개념을 지나치게 억누르는 대

98) 같은 책, 121.
99) 같은 책, 123.
100) Witherington도 "어떤 사람들"을 강조한다. Witherington, *Conflict*, 295 and 299.

속 신학을 가리킨다고 생각한다.[101] 하지만 고린도 신학의 특수한 배경에서 이 문제를 이처럼 독특하게 이해하는 것을 지지해주는 것은 별로 없다.

(xii) 두 신앙고백의 **대조**는 성령의 매개를 통해 경험하는 것이 무엇인지를 판단하는 **기독론적 기준**을 설명해준다. 힐이 주장하듯이 이것은 "일종의 테스트다.…하지만 이것은 참 예언과 거짓 예언을 판단하는 테스트가 아니다."[102] 사실상 우리는 더 앞으로 나아갈 것이다. 고데, 홀츠, (부분적으로) 비트링어, 들뤼의 견해를 따른다면 이것은 "영감을 받은 **말**에 대한 어떤 테스트" 그 이상을 가리킨다(강조는 덧붙여진 것임).[103] 비트링어는 **이 절의 논리**는 이 절의 말을 들은 이들이 "'예수는 저주를 받을지어다'와 '그리스도는 주님이시다'라는 표현은 서로 모순되지 않는다"는 것을 전제한다고 주장한다. 즉 이 표현들은 "역사적 예수를 영적인(*pneumatic*) 그리스도"와 분리했다는 것이다.[104] 하지만 이것은 한편으로 슈미트할스와, 다른 한편으로 판 우니크가 올바른 출발점 그 이상을 제시한다는 것을 암시하지 않는다. 홀츠는 (판 우니크, 볼프, 슈라게와 더불어) 우리가 고전 12:3c과 롬 10:9에서 예수를 "퀴리오스"라고 고백하는 것을 신중하게 다루어야 함을 올바르게 주장한다. 이 신앙고백은 다음과 같은 사항을 내포한다. (a) 예수는 이 고백에서 문제 삼는 신분과 정체성을 지니고 있다는 **믿음**과 (b) 그 신앙고백을 하는 자의 **자세와 의지는 그 마음과 일치한다**. 이것은 **입술과 마음에서 우러나오는 신앙고백의 수행적이며, 자신을 연루시키고, 발화 수반의 특성**에 해당한다.[105]

사실상 고전 12:1-14:40이 그러하듯이 마음의 자세를 알려주는 말로 하는 신앙고백(참조. 롬 10:9)은 "**삶 속에서** 하나님을 섬기는 것"과 관련이 있다(강조는 덧붙여진 것임).[106] 롬 10:9은 신 30:14을 정확하게 반영한다. 신

---

101) D. Patte, *Paul's Faith and the Power of the Gospel* (Philadelphia: Fortress, 1983), 306-310.

102) Hill, *NT Prophecy,* 135.

103) 같은 책.

104) Bittlinger, *Gifts and Graces: A Commentary on 1 Cor 12-14,* 17.

105) Holtz, "Das Kennzeichen des Geistes (1 Kor xii:1-3)," 365-376, 특히 374; Schrage, *der erste Brief,* 3:123-124; Wolff, *Der erste Brief,* 286-287.

106) Holtz, "Das Kennzeichen des Geistes," 375.

명기의 해당 절은 다음과 같이 말한다. "그 말씀은…네 입에 있고 네 마음에 있다. 그래서 너는 그것을 행할 수 있다." 우리는 대조를 나타내는 ἀνάθεμα Ἰησοῦς를 반드시 "양식(form)과 내용의…대조"로 해석해야 한다. "그것은 유비를 통해 서로 대조되는 하나의 그림이다." 즉 이것은 어떤 사람이 지상의 예수가 표현하는 모든 것으로부터 등을 돌리는 것과 같다.

다른 학자들과 마찬가지로 비트링어도 예수를 "그리스도"라고 고백하되 그리스도가 "육신을 입고 온" 것(요일 4:2, 3)을 부인하는 사람을 비교하고, 이런 신앙고백은 "어떤 공식 그 이상이었다"라고 올바르게 덧붙인다.[107] 한편 디트마르 노이펠트는 불트만과 다른 학자들의 개념—곧 이것은 우선 지적인 신앙, 다시 말해 가현설에 관심을 기울인다—을 신랄하게 비판한다. 그러나 이것은 "자신을 연루시키는 발화-행위다.…신앙을 고백하는 사람은 그 대상에게 자신을 내어 맡긴다."[108] 이 대조는 "두 가지 유형의 사람이 서로 대조되는 두 영역을 묘사한다. 그들은 스스로 고백하고 부인하고 믿는 것을 통해 자신들이 어떤 영역에 속해 있는지 명백하게 드러낸다."[109] 이 발언들은 각 사람의 성향, 자세, 생활 방식을 "드러내고 표현한다."[110]

우리는 이제까지 3a에 대한 열두 가지 이해를 자세하게 살펴보았다. 이것은 **우리가 κύριος Ἰησοῦς라는 신앙고백에 더 구체적으로 초점을 맞추게 한다.** 다른 어떤 견해보다도 (i), (xi), (xii)에서 언급한 모든 것은 특별히 삶의 정황에 대한 쿨만의 주장, 행위, 자세, 생활 방식에 대한 홀츠와 노이펠트의 주장, 기독론에 대한 몇몇 저자의 주장에 적용된다. 바이스는 예수를 주님이라고 고백하는 것이 무엇을 의미하는지는 "실천적 의미에서 그리스도의 종/노예의 상관 개념을 통해 가장 명백하게 밝혀질 것"이라고 주장

---

107) Bittlinger, *Gifts and Graces,* 18; Wolff, *Der erste Brief,* "Exkurs," 286-287. Wolff는 기독론적인 측면을 탁월하게 강조한다.

108) D. Neufeld, *Reconceiving Texts as Speech-Acts: An Analysis of 1 John,* BibIntMon 7 (Leiden: Brill, 1994), 117 and 131.

109) 같은 책, 132.

110) 같은 책, 134.

한다.[111] 케네디는 바울에게 있어 예수를 주님이라고 부르는 것은 "복종, 경외, 신뢰, 감사, 사랑"을 포함한다고 주장한다.[112] "오직 침묵하며 헌신하는 단순하고 신실한 신앙인들만이 '퀴리오스'라는 신앙고백이 무엇을 의미하는지 이해할 수 있다."[113] 만약 그리스도를 "퀴리오스"라고 외치며 고백하는 것이 어떤 이의 마음속에서 성령이 역사하는지를 테스트하는 것이라면(참조. 롬 10:9) 그것은 반드시 "올바른 신념"을 갖는 것보다 더 많은 의미를 내포해야 한다. 왜냐하면 구원은 "올바른 사고"에 의해 좌우되지 않는 것처럼 "올바른 행위"에 의해서도 좌우되지 않기 때문이다. 슈라게와 에릭손보다 앞서 스코트는 다음과 같이 올바르게 지적한다. "신앙고백이 성령의 역사에 의한 것으로 이해될 때(고전 12:3; 참조. 마 16:17) **'예수는 주님이시다'라고 시인하는 것은 바울이 그리스도인이 되려는 사람에게 요구한 소리 내어 믿음을 고백하는 것, 즉 구원에 참여하는 데 필요한 유일하고도 충분한 조건이다**(롬 10:9; 참조. 10:8, τὸ ῥῆμα τῆς πίστεως ... '믿음을 표현하는 형식')"(강조는 덧붙여진 것임).[114]

"퀴리오스"에 대한 신앙고백을 추상적인 진술보다 삶과 예배와 연결하는 주장들은 추가적인 이유에서 더 설득력이 있다. 크래머는 이것을 "그의 장엄함을 선포하는 것"이라고 부르며, 이것은 말씀 선포보다는 "큰 소리로 선포하는 것"이라고 말한다.[115] 한편 예배, 특히 성찬 예배의 특정 측면에 관한 일부 구체적인 이론(특히 리츠만이 지지하는 형태, 11:17-34의 주해에서 논의됨)이 유지될 수 있을지는 덜 확실하다.[116]

부세의 주장도 같은 난관에 직면해 있다. 부세의 종교사적인 접근 방법

---

111) J. Weiss, *Earliest Christianity,* 2:458.
112) H. A. A. Kennedy, *The Theology of the Epistles* (London: Duckworth, 1919), 84.
113) Deissmann, *Paul,* 194.
114) C. A. A. Scott, *Christianity according to St. Paul* (Cambridge: Cambridge University Press, 1927), 250 and 250, n. 1; Schrage, *Der erste Brief,* 3:125; Eriksson, *Traditions as Rhetorical Proof,* 110-114.
115) Kramer, *Christ, Lord, Son of God,* 66-67.
116) H. Lietzmann, *Mass and Lord's Supper: A Study in the History of the Liturgy* (Eng. trans., Leiden: Brill, 1979), 205-211.

에 의하면 가장 초기의 유대-기독교 공동체는 대체로 종말론적 인자이신 그리스도께 초점을 맞춘 반면, 헬레니즘적 공동체의 교인들은 회심 이전의 경험—θεοὶ πολλοὶ καὶ κύριοι πολλοί—을 가져와 그리스도께 적용했다. 바울은 고전 8:5에서 이것을 언급한다.[117] 부세의 저서 5판 서문에서 불트만(1964년)은 그리스도가 "원시 공동체보다는 헬레니즘적 공동체에서 처음으로 주님으로 불리게 되었다"는 부세의 주장에 대한 강력한 비판이 제기되었음을 인정한다.[118] 그럼에도 그는 "부세의 전반적인 견해와 헬레니즘적 기독교 공동체 안에서의 퀴리오스 예배에 대한 그의 묘사는 옳다"고 주장한다.[119] 고전 12:3과 관련하여 부세는 "예배의 과정에서 기도 가운데 부르짖음, 억압을 받던 자들의 탄식, 마음속에서의 솟구침이 예수에게 전달되었다"고 생각한다.[120] 마라나타(고전 16:22)도 이 범주에 속한다. "원시 공동체의 종말론적인 전망, 곧 다시 오실 주님에 대한 기대는 이러한 무아지경의 외침에서 시작되었다."[121]

따라서 부세는 바울이 기독론적·윤리적 측면에 일부 제한을 요구하면서 수정한 유사-혼합주의적 과정을 제안한다. 그러나 실천적 예배와 헌신에 대한 강조의 일반적인 타당성 외에도 부세의 이론은 여러 부분에서 결함이 드러난다. 특히 시대에 맞지 않게 "팔레스타인적인" 문화와 "헬레니즘적인" 문화를 구분한다는 점, 신비 종교들의 특성, 범위, 시기에 대한 사변, 기독론적인 "발전"에 한 번도 문제를 제기한 적이 없어 보이는 예루살렘 교회와의 신학적 연속성의 문제 등을 꼽을 수 있다.[122] 부세의 연구 중에서 가장 탁월

117) Bousset, *Kyrios Christos,* 147.
118) 같은 책, 8.
119) 같은 책, 9.
120) 같은 책, 133.
121) 같은 책.
122) 특히 다음을 참조하라. Martin Hengel, *Judaism and Hellenism: Studies in Their Encounter in Palestine during the Early Hellenistic Period* (Eng. trans., London: SCM, 1974); Hengel, *The Son of God: The Origins of Christology and the History of Jewish-Hellenistic Religion* (Eng. trans., London: SCM, 1975). 참조. I. H. Marshall, *The Origins of NT Christology* (Leicester: Inter-Varsity Press, 1976). J. D. G. Dunn, *Christology in the Making* (London:

한 것은 "예수는 주님이시다"가 단순히 어떤 묘사를 위한 진술이나 추상적인 명제 중에 "떠돌아다니는" 조각이 아니라 **그리스도 중심적인 예배와 생활 방식의 핵심이라고 할 수 있는 개인의 신앙과 헌신을 말로 표현하는 행위라는** 점을 제대로 인식한 것이다. 이 점은 양식비평과 발화-행위 이론에 의해서도 지지를 받는다. 나아가 바울 이전 공동체에 대한 부세의 강조점은 쿨만으로부터 에릭손에 이르기까지 여러 저자들이 타당하게 강조한 요점—여기서 바울은 **그의 주장을 공동 전승에 담긴 전제에 기초한다**—을 예고한다.[123)]

또한 "퀴리오스"라는 용어는 화자가 그리스도가 피 값으로 산 노예로서 **그리스도에게 속한** 자이며(6:20; 7:23), 따라서 **그리스도가 그 신자를 돌보신다**는 것을 표현한다. 바울은 "그가 예수에게 즐겨 사용하는 칭호"인 κύριος를 예수 그리스도에게 대략 220번 적용한다. "우리는 예수 그리스도를 주님으로 선포합니다"(고후 4:5).[124)] 한편으로 그리스도는 신자의 "퀴리오스"로서 신자들을 책임지고 있다. 다른 한편으로 주님은 신자들이 순종해야 할 주권자이며, 신자들은 그분에게서 생활 방식과 윤리적인 표준을 배운다.[125)] 우리는 이러한 "소속"이 과연 "높은 신분"이나 "낮은 신분"이란 정체성에 해당하는지에 대한 데일 마틴의 논의를 이미 언급했다(6:20, 특히 7:27에 대한 주해 참조).[126)] 에릭손은 (우리가 지적한 바와 같이) "**특별히 세례받은 모든 그리스도인을 영적인 사람으로 재정의함으로써**"(강조는 덧붙여진 것임) 12:3에서 이 외침의 기능을 12:4-11에서 이어지는 주장과 "완전히 일치하는" 것으로 이해한다.[127)]

여기서 한 가지 결론적인 논평을 덧붙일 필요가 있다. "예수는 주님이시다"라는 신앙고백은 바울 서신 여러 곳에서 나타난다. 곧 롬 10:9, 고전

SCM, 1980); and G. Wagner, *Pauline Baptism and Pagan Mysteries* (Eng. trans., Edinburgh: Oliver & Boyd, 1967), 268-276, 그리고 곳곳에.

123) Eriksson, *Traditions as Rhetorical Proof,* 111-114 and 217-222.

124) A. M. Hunter, *Paul and His Predecessors* (London: SCM, 2d ed. 1961), 142.

125) Kramer, *Christ, Lord, Son of God,* 181.

126) Dale Martin, Slavery as Salvation; 참조. Weiss, *Earliest Christianity,* 2:460.

127) Eriksson, *Traditions as Rhetorical Proof,* 217.

12:3, 빌 2:11, 고전 8:5-6, 엡 4:5, 참조. 딤전 2:5 등이다. 베르논 노이펠트는 롬 8:34, 고후 13:4, 살전 4:14, 롬 4:24, 25, 14:9, 고전 15:3-5에서 이와 관련된 다른 신앙고백도 확인한다.[128] 하지만 노이펠트는 "예수는 주님이시다"에 대한 실질적인 **삶의 정황**뿐만 아니라 일정한 패턴 속에서 문맥적으로 그리스도의 죽음과 부활(롬 14:9), 주님의 재림(살전 4:15) 또는 그의 비하와 승귀(빌 2:5-11)와 연결된 **믿음의 정황**에 대해서도 논의한다.[129] 특정 사건들이 일어났으며 특정 상황들은 참되다는 **믿음**의 배후에는 "신앙고백의 삶의 정황이 있다."[130] 예배의 **삶의 행위**는 진정으로 κύριος Ἰησοῦς에 대한 정황을 제공한다. 왜냐하면 그리스도의 말씀, 행위, 정체성이 드러났고, 무엇보다도 그리스도의 부활 사건 안에서 그것들이 하나님을 가리키며 그가 그것들과 더불어 일했다는 것이 밝혀졌기 때문이다. 그리스도의 주 되심은 교회의 실질적인 신뢰와 순종을 통해 **구현된다**. 하지만 이것은 "그에게 왕좌를 만들어주는" 인간의 실존적인 자세에 의해 **확립되지 않는다**. 바울은 이것이 하나님의 사역이라고 말할 것이다. 하지만 이 말씀은 이에 상응하는 삶의 방식을 위한 경구적인 표어로서 이해될 만하다. 원시 케리그마에 의하면 "하나님은 그를 주와 그리스도가 되게 하셨다"(참조. 행 2:34-36).

바울의 "호몰로기아"(신앙고백) 사용에 대한 "삶의 정황"을 다루는 부분에서 노이펠트는 쿨만이 언급한 모든 범주, 곧 세례, 예배에서의 외침, 박해 상황에서의 충성 맹세, 논쟁, 변증 등을 논의한다.[131] 하지만 결론 부분에서 그는 이것이 또한 예수에 대한 다음과 같은 인식적 믿음(the cognitive belief)을 구현한다고 주장한다. 즉 이 땅에서 살았고 십자가에 못 박혀 죽은 예수는 "죽은 자들 가운데서 부활하심으로써 그리스도인들과 교회"의 주님이 되셨다.[132] 댕커도 『성경에 있는 신조들』이란 작은 책에서 같은 강조점

128) Vernon Neufeld, *The Earliest Christian Confessions,* 43-49. 참조. Schrage, *Der erste Brief,* 3:125; Eriksson, *Traditions,* 111-114 and 217-222.

129) Neufeld, *Confessions,* 51-60.

130) "삶의 정황"에 대해서는 Neufeld, *Confessions,* 60-67에서 논의된다.

131) 같은 책, 60-67.

132) 같은 책, 67.

을 강하게 주장한다.[133] 따라서 신앙고백에서 필수적인 것은 (a) 믿음과 (b) 적절한 생활 방식의 관점에서 그 믿음을 시인하는 것이다. 철학적인 관점에서 **자신의 색깔**을 규정하는 것은 **명제의 내용**에 해당하고, **그것을 기둥에 고정하는 것은 발화 수반의 힘, 곧 개인적인 기호**에 해당한다. 이것은 "믿음에 대한 인격적 · 개인적 선언"이다.[134] 따라서 세르포는 설령 신앙고백이 신자의 삶 속에서 나타나는 결과에 의해 가장 명백하게 인식된다 하더라도 그리스도의 주님 되심은 궁극적으로 **하나님에 의해** 그가 보좌에 앉은 것에 달려 있다고 주장한다.[135]

---

133) F. W. Danker, *Creeds in the Bible* (St. Louis: Concordia, 1966), 41-46(고전 12:3; 빌 2:6-11에 대해. 참조. 행 7:59). 또한 그는 "인식"에 대해 말하며, 신 26:5-10; 27:9; 롬 1:3, 4; 고전 15:3-5에 대해 숙고한다.

134) Neufeld, "The Function of the *Homologia*," in *Confessions*, 144.

135) Cerfaux, *Christ in the Theology of St. Paul*, 465. 신앙고백에 대해서는 von Campenhausen, "Das Bekenntnis in Urchristentum," 210-253을 참조하라. 이 부분에서 그는 가장 초기의 신앙고백은 마 10:32-33에서 예수를 시인하고 부인하는 것에 대한 예수의 말씀에서 유래했다고 주장한다. 그는 "예수는 주님이시다"는 헬레니즘적 교회들과 바울이 세운 교회들의 예배 정황에서 온 것이라고 주장하는 반면, "예수는 그리스도시다"는 증언에 대한 전승과 더 밀접한 관계가 있다고 본다. 요한1서에서 나타나는 신앙고백은 논쟁의 세 번째 단계의 기능이 있다고 본다. 하지만 우리는 Neufeld의 저서로부터 요한1서는 이와 같은 방법으로 분리되어 단순히 지적으로 분석될 수 없다는 것을 살펴보았다. von Campenhausen은 요한1서뿐만 아니라 이그나티오스의 편지(*To the Ephesians,* 7:2; 18:2; *To the Smyrnaens,* 1,2)에 가현설을 반대하는 입장이 나타나 있다고 본다. 따라서 모든 사례에 믿음의 내용, 발화 수반의 힘과 자신을 연루시키는 효력이 똑같이 결합되어 있음을 인정하지 않고, 각각의 단계를 하나의 "새로운 넷"(모두 네 단계)으로 지칭하는 것은 유감스럽다. 한편 **언어학적인 측면에서** 증언의 선언 또는 신조라는 의미의 "신앙고백"과 죄에 대한 자백이라는 의미의 "신앙고백"을 서로 대조할 수 있을 것이다. Berggren의 종교적인 고백의 심리학(Berggren, *The Psychology of Confession*)에 대한 표준적인 연구에서 명백하게 밝혀진 것처럼 이와 같은 고백은 자신의 **의사를 표현하며** 어떤 권위적인 대상에게 그것을 "듣도록" 간청한다. Berggren은 Pusey가 Keble에게 이것에 동참하도록 요청한 사례를 언급한다(20-24). 참조. 25-35.

2. 하나 됨에 기초한 다양성: 하나의 원천에서 오는 다양한 은사(12:4-7)

4, 5 은사들은 다양하게 분배됩니다. 그러나 같은 성령입니다. 섬기는 방법은 다양합니다. 그러나 같은 주님입니다. 6 결과를 빚어내는 일은 다양합니다. 그러나 같은 하나님이 각 사람 안에서 모든 것을 이루십니다. 7 공동의 유익을 위해 각 사람에게 성령의 공적인 나타남이 주어집니다.

해석자들은 12장에서 통일성 또는 다양성 중 어디에 강조점을 둘지에 따라 의견이 갈린다. 하지만 데일 마틴, 해링턴, 라트한(Lategan)은 이 절들에서 적어도 바울은 현상의 다양성 배후에 있는 원천의 하나 됨을 강조한다고 설득력 있게 주장한다. 바울이 여기서 하나님을 다양성의 하나님으로 묘사한다는 라이트(G. Wright)의 주장에도 불구하고 마틴은 다음과 같이 말한다. "따라서 12:4-11에서 바울은 다양한 은사에 대해 서로 다르게 평가하는 것에 의해 야기된 분열을 극복하기 위해 계속해서 다양성 안에서의 하나 됨을 강조한다. 어떤 이들은 방언의 은사에 더 높은 지위를 부여한 것 같다."[1] 라트한은 여기서 하나 됨과 다양성의 신중한 균형을 묘사하는 데 사용된 몸의 이미지는 다양성이 하나 됨에 뒤따르는 이차적인 개념임을 강조하기 위해 같은 성령…같은 주님…같은 하나님(4-6절)의 관점에서 수정되고 한정된다고 주장한다.[2] 화합을 위해 주어지는 은사는 은사의 근본적인 하나 됨을 보장한다. 따라서 문맥적·신학적 측면에서 하나 됨은 4-11절에서 주된 강조점이다. 왜냐하면 "서로를 세우는 일"은 은사가 제아무리 다

---

1) Martin, *The Corinthian Body,* 87. 비교. Wright, "Diversity in the Church," 64-68. Wright는 다양성이 하나님의 일을 특징짓는다고 주장한다. 사실상 15:38-41에서는 다양성이 강조되었다. 아마도 12:12-30에서도 그러할 것이다. 하지만 이 부분에서 그것은 주된 강조점이 아니다.

2) Lategan, "... Met die oog on war nuttig is (1 Kor 12:7)," *NGTT* 16 (1975): 314-322. 12:7과 논문 제목에서 언급된 "어떤 유익한 목적을 위해"라는 원칙은 결속력이 있는 조직의 원리를 표현해준다. 이 원리는 은사의 다양성에 통일성을 부여한다. 서로 부합하는 목적과 패턴에 따라 모든 은사는 신앙 공동체를 "세우는" 역할을 한다.

양하다 하더라도 은사에 화합의 목표와 목적을 제공해주기 때문이다. 해링턴은 하나의 원천을 강조하지만, 라트한은 목표의 하나 됨을 강조하고, 마틴은 공동체의 하나 됨을 강조한다. "오직 하나의 원천"은 같은 성령일 뿐만 아니라(12:4) 그리스도와 성령을 통해 은혜를 베푸시는 하나님이기도 하다.[3] 따라서 이른바 고린도의 엘리트들이 πνευματικῶν(12:1)에 대해 말하는 것을 바울은 하나가 되게 하는 χαρισμάτων(12:4)에 대해 말하는 것으로 전환한다. 콜린스도 "같은 성령"이 하나 됨을 굳게 유지하며, 이 원리는 롬 12:6-8과 하나님의 은혜를 끊임없이 언급하는 바울의 사례에서도 비슷하게 표현된다고 주장한다.[4]

또한 우리는 줍 스미트가 4-6절을 해당 이슈에 대한 서언(*partitio*) 또는 간결한 서론으로 확인해주며, 그것을 12:7-30의 확증(*confirmatio*)을 준비하는 과정으로 제시하는 것을 기억할 수 있을 것이다(앞의 12:1-14:40의 머리말 참조).

4-5절 그리스어 명사 διαιρέσεις는 신약성경에서 오직 여기서만 나타난다. 이 단어는 "차이점, 특징 또는 분배"를 의미한다. 11절에서는 동사 형태로 διαιροῦν이 사용된다. 하지만 거기서 이 동사는 성령의 뜻대로 각 사람에게 은사를 나누어주는 하나님의 영이 지니고 있는 절대 주권을 암시한다.[5] 비록 "다양한 분배"가 과장되거나 서투른 번역인 것처럼 보이기는 하지만, "다양함"(NRSV, RSV, REB), "서로 다른"(NJB) 또는 "심지어 서로 다른 종류"(NIV)라는 번역은 하나님이 나누어 주시는 것이라는 개념을 제대로 드러내주지 못하는 것 같다. 신자는 하나님이 성령을 통해 은혜로 주시는 것에 대해 의문을 품지 말아야 할 것이다.[6]

고든 피는 여기서 BAGD가 이 단어를 "분배"(콜린스)로, 바레트가 "배

---

3) Harrington, "Charism and Ministry: The Case of the Apostle Paul," 245-257.
4) Collins, *First Cor,* 449; Harrington, "Charism and Ministry," 245-257.
5) 참조. Robertson and Plummer, *First Epistle,* 262-263.
6) 더욱이 이 단어는 70인역에서 종종 나타난다. 또한 이 단어는 일흔 명의 장로에게 주어지기에 앞서 처음으로 오직 모세에게만 성령이 "주어졌다"는 전승을 반영한다.

분"으로, 패리가 "나누어진 은사들의 다양성"으로 번역하는 것을 인정한다. 그는 이 그리스어 명사가 11절의 διαιροῦν, "나누어주다"와 연결된다는 것도 인정한다. 하지만 놀랍게도 고든 피는 아무런 논증 없이 서로 다름 또는 다양함도 "잘 입증된다"고 주장한다. 나아가 그는 "문맥은 여기서 후자를 지지한다"고 말한다.[7] 하지만 이것은 데일 마틴, 미첼, 해링턴, 베스트, 라트한, 콜린스의 견해와 반대된다. 고든 피가 12:4-31 전체에 "다양성의 필요성"이라는 제목을 붙이는 것으로도 알 수 있듯이 그는 하나 됨보다 다양성에 더 강조점을 두기 때문에 이러한 주장을 하는 것 같다.[8] 비록 라이트와 랑도 이 접근 방법을 따르지만, 콘첼만과 알로는 해당 사례의 다른 측면을 더 세부적으로 제시한다.[9] 알로는 분열을 초래하는 인간이 만들어낸 차이점(1:10-4:2)과 "분배"로서 하나님이 서로 구별되게 나누어주신 것을 서로 대조한다.[10] 콘첼만도 롬 12:6의 평행 본문이 구별을 지지하는 것처럼 보일 수 있지만, 고전 12:11은 명백하게 분배를 가리킨다고 주장한다. 하지만 그는 이것이 바울의 은혜 신학에 기초한다고 올바르게 인식한다. 바울은 고린도 교인들이 사용하던 용어 πνευματικά, "영적인 것들"을 χαρίσματα, "영적인 은사들" 또는 "은혜의 선물들"로 바꾸어 표현한다. 이것은 하나님이 다양한 은사를 다양한 사람에게 값없이 후하게 분배해주신다는 것에 관심을 기울인다.[11] 십자가를 통한 하나님의 은혜가 교회론과 목회를 주도한다. 에링이 주장하듯이 이상적으로 이 두 가지 측면을 모두 강조하는 번역이 가장 훌륭한 번역일 것이다. 하지만 분배된 은사(χάρις, χάρισμα)와의 연관성이 중심에 있다.[12]

χάρισμα에 대해서는 앞에서 1:7과 7:7에 대한 주해를 보라. 이 단어는

---

7) Fee, *First Epistle*, 586, n. 13, and 583: "단일성이 아니라 다양성이 본질적이다."
8) 같은 책, 582.
9) Wright, "Diversity in the Church," 64-68; Lang, *Die Briefe*, 168.
10) Allo, *Première Épitre*, 322.
11) Conzelmann, *1 Cor*, 207.
12) Héring, *First Epistle*, 125. 한편 Robertson and Plummer는 더 강력한 주장을 포함하고 있다. Robertson and Plummer, *First Epistle*, 262-263.

신약성경에서 바울 서신, 특히 고전 12:4, 9, 28, 30, 31, 롬 12:6에서 가장 자주 나타난다. 엘리스는 χάρισμα가 πνευματικόν의 동의어일뿐더러, 특별히 롬 1:11에서 바울은 πνευματικόν으로 χάρισμα를 한정시킨다고 올바르게 주장한다.[13] 또한 그는 πνευματικόν을 "영감을 받은 인식의 은사, 말씀의 선포 그리고/또는 해석"으로 한정시키려고 한다. 하지만 이 시도는 근거가 불확실하다.[14] 내 생각에는 사실상 의미의 범위에 기초하여 판단한다면 이 상황은 엘리스의 제안과 정반대된다. 고린도 교인들은 πνευματικόν이라는 단어를 "종교적인" 정서 상태와 눈으로 볼 수 있는 현상에 매우 광범위하게 사용했다. 바울은 **설득력 있는 정의** 또는 **코드 전환**을 적용함으로써 **영적인 것으로 여겨지는 것**이 무엇인지 재정의한다. 곧 바울은 하나님이 먼저 그분의 주도 아래 그분의 절대 주권에 의한 선택에 따라 성령의 역사를 통해 하나님과 타인을 섬기는 일(διακονιῶν, 5절)을 하게 하는 결과를 가져다주는(ἐνεργημάτων, 6절), 은혜로 주시는 것에 대해 말한다(12:11).[15] 롬 11:29에서 χαρίσματα는 이스라엘에 은혜로 주어진 특권을 가리킨다. 이 절의 초점은 섬김을 위해 하나님이 그분의 절대 주권으로 선택하시고 은사를 베푸신다는 것이다. 롬 6:23은 그리스도 안에 있는 영생이 τὸ δὲ χάρισμα τοῦ θεου라고 말한다. 고후 1:11은 위험한 상황에서 구원을 받는 것이 은사(χάρισμα)라고 말한다. 바울에게 있어 이 단어는 χάρις와 매우 밀접하게 연결되어 있다. 바울 서신 밖에서 이 단어는 드물게 나타난다(참조. 벧전 4:10; 클레멘스1서 38:1). 목회 서신에서 이 단어는 섬김을 위한 은사를 가리킨다.

---

13) Ellis, "'Spiritual Gifts' in the Pauline Community," in his *Prophecy and Hermeneutic,* 24; 참조. 23-44.

14) 같은 책.

15) Schrage는 고전 7:7을 포함하여 더 광범위한 사례를 올바르게 비교한다. Schrage, *Der erste Brief,* 3:137-141. 또한 설득력 있는 정의에 대해서는 다음을 참조하라. Thiselton, "The Meaning of σάρξ in Cor. 5:5 ...", *SJT* 26 (1973): 204-228. 또한 코드 전환에 대해서는 다음을 보라. Moores, *Wrestling with Rationality in Paul,* 5-32. 한편 Collins는 단순히 은사(Collins, *First Cor,* 448)라고 번역한다. 또한 Schrage는 Max Weber와 그의 현대 사회학적 이론의 관점에서 시대에 맞지 않게 [바울 시대로] 회귀하는 해석에 대해 경고한다(Schrage, *Der erste Brief,* 3:140).

이것은 안수를 통해 주어지며 눈으로 볼 수 있는 특별한 직무 또는 역할로 확인된다(딤전 4:14; 딤후 1:6). 언어사전은 종종 관습적으로 "일반" 은사와 "특별" 은사를 구분한다. 이것은 이 단어의 의미를 왜곡시키는 선입견을 바울의 미묘한 수사학적 전략에 삽입하는 것이다. 바울의 이 전략은 πνεῦμα에 대한 인간의 지위 주장에서 하나님의 다양한 은사 분배에 대한 더 겸허한 실재로 관심을 돌리려는 의도를 갖고 있다(참조. 콜린스, "은사들의 배분").

조디아테스는 이 측면과 τὸ δὲ αὐτὸ πνεῦμα 간의 연관성을 신중하게 드러낸다. 그는 다음과 같이 주장한다. "이 진술들[곧 4-6절] 중에서 가장 주목할 만한 요소는 '같은'이 세 번씩이나 반복되어 나타난다는 것이다.… 그 누구도 많은 은사를 갖고 있다는 이유로 자신이 성령을 더 많이 소유하고 있다고 주장할 수 없다. 같은 성령이 작은 은사와 큰 은사를 모두 베푸신다. 그것은 성령이 어떤 그리스도인을 다른 그리스도인보다 조금 더 또는 더 많이 좋아해서가 결코 아니다. 오히려 성령은 절대 주권에 의한 그의 목적에 따라 은사를 베푼다.…은사 그 자체가 아니라 은사를 베푸시는 분이 자신이 이루고자 하는 것을 성취하는 것이다."[16] 그러므로 6절은 "각 사람 안에서 모든 일을 이루는 이"를 구체적으로 나타낸다. 대조를 나타내는 δέ는 "차이"와 하나 됨뿐만 아니라 특별히 현상과 원천의 강조점의 차이를 알려준다. 이것은 앞에서 언급한 강조점을 반영한다. "우리가 관심을 가져야 하는 것은 현상 자체가 아니라 그 현상이 어디서 와서 어디로 가느냐에 있다. 그 현상은 무엇을 가리키는가?"[17]

우리는 4-6절에 나타난 바울 언어의 삼위일체적 특성에 대해서는 그의 주장이 절정에 이르는 6절에서 주해할 것이다. 화이틀리는 여기서 "삼위일체적 기본 계획의 흔적"을 발견한다. 하지만 콜린스는 이 점에 대해 신중함을 표현한다.[18] 한편 διαιρέσεις χαρισμάτων이 성령의 역사와 관계가

---

16) S. Zodhiates, *1 Cor 12*, 1:68-69.

17) Karl Barth, *The Resurrection of the Dead*, 80.

18) Whitely, *The Theology of St. Paul*, 129; Collins, *First Cor*, 449.

있는 것처럼(4절), διαιρέσεις διακονιῶν은 같은 주님을 섬기는 것과 관계가 있다. ὁ αὐτὸς κύριος에 대해서는 특히 12:3에 대한 주해를 보라. 우리가 이미 논의했듯이 우리는 **주님 되심**의 의미를 파악하기 위해 **노예**로서 복종하고 신뢰하고 섬기는 것이 무엇을 의미하는지를 탐구하는 것으로 시작해야 한다. 그러므로 바레트는 διακονιῶν을 "전문적인 의미에서 '목회 사역'"과 분리한다. "**은사**는 자랑의 대상이 아니라 섬김을 위해 주어진 것이다.… 그리스도인들은 그[그리스도]의 노예다"(강조는 원저자의 것임).[19] 노예의 복종이 공적인 영역에서 입증되는 것과 같이 그리스도를 주님으로 고백하는 것도 삶 속에서 구체적인 실천을 통해 입증되어야 한다. 따라서 비트링어는 다양하게 분배된 **섬김**(διαιρέσεις διακονιῶν)은 모두 "은사들이 현실에서 실질적으로 실행된다는 것"을 보여주는 것이라고 주장한다.[20] 쉬르몬트의 인상 깊은 표현에 의하면(이 단락의 머리말에서 언급함) 이것은 "자기 비하"와 관련된 사항이 아니다. 이것은 "무언가 '나에게 일어나기'까지 기다리는 것이 아니라…자발적으로 행동하는 것이다." "이것은 은사를 **소유하는 것**(having)의 문제라기보다는 은사로 **존재하는 것**(being)이다"(강조는 원저자의 것임).[21]

아볼로와 자신의 특별한 사역에 대한 바울의 첫 번째 정의는 그들이 종이라는 것이다. 곧 Τί οὖν ἐστιν Ἀπολλῶς; τί δέ ἐστιν Παῦλος; διάκονοι δι' ὧν ἐπιστεύσατε(3:5). 심지어 바울은 여기서 καὶ ἑκάστῳ ὡς ὁ κύριος ἔδωκεν이라고 설명하는 더 깊은 사고(思考)를 덧붙인다. 비록 모든 그리스도인이 섬김을 위해 부르심을 받았지만, 다양한 섬김의 방법 중에서 사

---

19) Barrett, *First Epistle,* 284.

20) Bittlinger, *Gifts and Graces,* 20.

21) 같은 책, 21. 또한 Suurmond, "A Fresh Look at Spirit-Baptism and the Charisms," 105. 한편 대속에 대한 암시에 관한 Suurmond의 주장은 우리를 설득시키지 못한다. 왜냐하면 이것은 바울의 강조점이 허용하는 것보다 세례와 씻음 또는 정결 사이의 더 긴밀한 연관성에 의존하고 있기 때문이다(이 주제에 대해서는 특히 앞에서 언급한 R. Schnackenburg의 견해를 참조하라). 하지만 "사랑의 표현으로서 카리스마"(같은 책, 105-106)에 대한 그의 주장은 건설적이다.

도적, "공적" 또는 [삼위 하나님을] 대리하는 사역은 매우 타당하게 **목회**(ministry) 또는 **종으로서의 섬김**(servanthood)이라고 불린다. 따라서 비록 여기서 이 용어가 포괄적인 의미로 사용되지만, 나중에 이 용어가 더 좁은 의미로 사용되는 것도 가능하다. 하지만 어떤 χάρισμα도 성령에 대한 독점권을 암시하지 않는다. 왜냐하면 같은 성령이 하나님의 목적에 따라 다양한 은사를 적절하게 나누어주기 때문이다. 따라서 주님을 섬기는 방법 중에서 어떤 유형도 그리스도의 주님 되심을 드러내는 특별한 권리를 표명할 수 없다. 왜냐하면 같은 주님이 섬기는 방법을 다양하게 위임하기 때문이다. "은사들, 복음 사역과 일들은 끝이 없을 정도로 다양하다."[22] 사람을 먼저 부르시고 그에게 은사를 나누어주시는 하나님에 대한 이 신뢰와 순종의 실천적인 차원은 바울의 사상이 하나님 나라 또는 하나님의 능동적인 통치에 대한 예수의 가르침과 얼마나 밀접하게 연관되어 있는지를 강조해준다. 사람들은 주님이신 예수 그리스도 안에서, 그리고 그를 통해 하나님의 통치의 영역 안으로 들어간다.

콜린스의 연구는 1990년 이래 섬김의 다양한 방법에 대한 연구에 새로운 이슈들을 불러일으켰다. 콜린스는 그의 저서 『디아코니아』(1990년)에서 행 6:1-7에서 일곱 집사의 입장에서 "섬김"은 주로 음식을 나누어주기만 하는 사회 복지나 재정 관리가 아니라 사도들과 교회를 위해 사도적 복음 사역을 촉진하는 것을 가리켰다. 하지만 그들의 섬김은 사도적 권위와 구분되었다. 왜냐하면 그것은 파생된 권위에 기초했기 때문이다. 하지만 사도들의 섬김과 마찬가지로 그들의 섬김은 단지 일상생활의 실질적인 것만을 돌보기보다는 선교에 관심을 기울였다.[23] 콜린스는 주로 고린도후서에 대한 1992년 논문들에서 하나님의 계시를 전달하는 디아코노스(*diakonos*)로서의 바울의 사역을 인식했다. 바울의 사역은 하나님의 권위에서 파생된

22) Deluz, *Companion to 1 Corinthians*, 172.
23) J. N. Collins, *Diakonia: Reinterpreting the Ancient Sources.*

것이긴 하지만, 그것은 하나님의 권위를 대리하며 중재하는 것이었다.[24] 그는 1993년에 고전 12:4-7에서의 섬김은 주님으로부터 위임받은 일을 가리킨다고 주장했다. 또한 그의 저서 『디아코니아』에서 주장했던 것과 같이 그는 이 섬김을 공적으로 설교자, 사도 또는 사도적 대리자의 일에 적용했다. 이렇게 그들은 영적인 은사의 더 광범위한 유개념(類概念) 안에서 일종의 아종(亞種, subspecies)을 형성한다.[25] 다른 은사들과 마찬가지로 그들은 공동의 유익을 위해 섬기는 것이다. 이 견해도 비판을 피해갈 수는 없었다. 예를 들면 레이몬드 콜린스는 4절과 5절을 연결하는 구문을 종(種)과 속(屬)의 관점에서 해부하는 것은 "일반적으로 인정된 견해(*opinio communis*)로부터 벗어나는 것"이라고 지적한다.[26] 대다수 주석가들은 온갖 다양한 은사는 모두 "섬김"으로 간주된다고 주장한다. 슈라게는 모든 그리스도인은 διακονία를 실천한다고 주장한다.[27] 따라서 1999년에 출간된 가장 신뢰할 만한 두 권의 주석서(R. F. 콜린스; 슈라게, 제3권)는 콜린스(J. N. Collins)의 이러한 해석과 입장을 달리한다. 또다시 데일 마틴의 견해를 인용하자면 "12:4-11에서 바울은 다양한 은사에 대해 서로 다르게 평가하는 것에서 야기된 분열을 극복하기 위해 계속해서 다양성 안에서의 하나 됨을 강조한다."[28] 그러나 해당 이슈는 "영적인 은사"에 대한 지위-서열의 이슈보다 더 광범위한 것이다. 이것은 섬김의 방법에 대해 이른바 서열로 여겨지는 것을 포괄한다. 당연히 마거릿 미첼은 이 측면을 다음과 같이 중요하게 여긴다. "12:4-6은 같은 영, 같은 주님, 같은 하나님 안에서 고린도 교회의 하나 됨을 강조하는 8:6을 반향한다."[29] 하나 됨(통일성)은 같이 "그리스도에

---

24) J. N. Collins, "The Mediatorial Aspect of Paul's Role as Diakonos," *AusBR* 40 (1992): 34-44.

25) J. N. Collins, "Ministry as a Distinct Category among Charismata," 79-91.

26) R. F. Collins, *First Cor,* 452.

27) Schrage, *Der erste Brief,* 3:144.

28) Martin, *The Corinthian Body,* 87.

29) Mitchell, *Rhetoric of Reconciliation,* 268; 참조. 267-270.

게 속해 있는" 것을 나타낸다.[30)]

6절 이 절에서 διαιρέσεις를 "다양한 분배"로 번역하는 것에 대해서는 4절의 주해를 참조하라. 우리는 의도적으로 5절에서 같은 그리스어 단어를 다양성을 나타내는 의미로 번역하는 길을 선택했다. 그 목적은 이 문맥에서 이 용어가 지닌 일차적인 의미뿐만 아니라 이차적인 의미에도 관심을 기울이게 하려는 것이다. 고든 피와 더불어 다음과 같이 말하는 것은 타당하다. "은사", "섬김", "일"은 모두 해당 그리스어를 나타내며, "십중팔구 그것은 7절에서 바울이 성령의 '나타남'이라고 부르는 것을 단순히 서로 다른 세 가지 방법으로 바라보는 것이다."[31)] 분명히 브루스는 이것들이 "명백한 범주"는 아니라고 주장한다.[32)] 이것들은 서로 다른 실재도 아니고, 서로 다른 경험도 아니다. 하지만 이 대상 또는 수신자들의 관찰에 의하면 이것들은 어떤 양상의 차이점 그 이상의 특성이 있다. 우리는 앞에서 어떤 특별한 의미에서 χάρισμα가 πνευματικόν과 다른지에 대해 언급했다(이것은 예를 들면 엘리스의 입장과 반대됨). 우리는 διαιρέσεις διακονιῶν과 공적인 영역에서 그리스도의 주님 되심에 내맡기는 삶이 어떤 차이가 있는지를 살펴보았다. 이제는 결과를 가져오는 다양한 분배인 διαιρέσεις ἐνεργημάτων에 강조점이 주어진다. 다시 말해 **하나님은 섬김을 위해 은사를 활용하는** 신앙 공동체와 각 신자 안에서 **일하신다.** 바울은 서로 **다른 은사**는 더 높거나 낮은 정도로 "성령을 소유하는 것"에 대한 서열을 절대 암시하지 않는다고 말하면서 자신의 논의를 마무리한다. 왜냐하면 하나님의 목적에 따라 같은 성령이 모든 신자 안에서 역사하기 때문이다. 하나님의 목적에 따라 은사의 분배가 결정된다. 이와 비슷하게 만약 이 방법이 참된 것이라면 다양한 섬김의 방법은 모두 같은 주님을 영화롭게 한다. 마지막으로 어떤 "활동"의 결과를 가져오든지 간에—BAGD에 의하면 ἐνέργημα의 일반적인 의미는

30) E. Best, *One Body in Christ* (London: SPCK, 1955), 96-97.
31) Fee, *First Epistle*, 587.
32) Bruce, *1 and 2 Cor*, 118(또한 Fee도 이 점을 언급함. Fee, *First Epistle*, 587, n. 18).

결과를 가져오는 활동이다. 참조. 콜린스, activities—이것은 영적인 특성이 있다. 이것은 각 사람 안에서 모든 것을 이루어내시는 같은 하나님의 사역이다. 콜린스는 이 단어의 강조점이 "능력의 구체화"라는 데 동의한다.[33] 이것은 타당하다. 그러나 바울의 문맥에서 이러한 종류의 "능력"은 대체로 단순히 말만 하는 것과 대조되는 **유효한 결과**를 가리킨다.

ἐνεργέω에서 파생된 현재분사 ἐνεργῶν은 자동사의 의미—일하다 또는 활동하다—를 지닐 수 있다. 하지만 이 동사는 타동사의 역할을 하기도 한다. 이 경우에는 "영향을 미치다, 결과를 빚어내다"를 뜻한다. 여기서 이 현재분사는 목적격 복수 τὰ πάντα를 지배한다. 이 의미는 모든 것을 이루시는 하나님이다. 정관사 τά는 모든 것을 포괄하는 모습을 상상하게 한다. 하지만 이것에 근거하여 첫 번째 구절에서 나타나는 그리스어 명사 ἐνεργημάτων은 하나님의 **사역**을 암시한다. 따라서 우리는 이 명사를 **하나님의 사역**으로 번역하든지, 이 절 하반절에 암시된 논리를 적용하여 "결과를 가져오는 사역은 다양합니다"라고 번역해야 한다. 왜냐하면 바로 이것이 바울이 여기서 의미하는 "행위"(활동)이기 때문이다. 이것은 스스로 의도적으로 일으킨 행위가 아니라 하나님의 **활동으로 일어나는** 일이다. 칼뱅은 또다시 이것을 하나님의 은혜로 돌리며 다음과 같이 말한다. "사람들은 오직 하나님으로부터 오는 것 외에 좋은 것이나 칭찬할 만한 것을 아무것도 갖고 있지 않다."[34] 이러한 주해는 타당하다. 하나님의 은혜는 하나님의 능력을 다양한 방법으로 경험하는 것과 관련하여 이른바 지위에 차이가 있다고 주장하거나 염려하는 모든 것을 상대화한다. 젠프트가 주장하듯이 이 그리스어 명사는 여기서 "이적을 일으키는" 능력을 가리키지 않는다. 오히려 이 단어는 슈라게가 지적하듯이 11절을 가리킨다. 11절에 의하면 하나님은

33) BAGD, 265. Collins, *First Cor,* 452-53. 다음도 보라. Schrage, *Der erste Brief,* 3:145(하나님의 전능하심에서 흘러나오는 능력의 방식). Wolff, *Der erste Brief,* 289은 이와 비슷한 강조점을 나타낸다. 명사 ἐνέργημα는 신약성경에서 오직 12:6과 12:10에만 등장하지만, 동사 ἐνεργέω는 롬 7:5; 고전 12:6, 11; 고후 1:6; 4:12; 갈 2:8; 3:5; 5:6; 빌 2:13; 골 1:29; 살전 2:13; 살후 2:7에서, 에베소서에서 4번, 마 14:2; 막 6:14; 약 5:16에서 나타난다.

34) Calvin, *First Epistle,* 261.

그가 베푸시는 은사를 통해 신자들을 **일하게** 하신다.[35)]

"삼위일체에 기초한 기본 계획"(화이틀리가 부르듯이)은 12:4-6의 탁월한 주안점이다. 하나님과 그리스도에 대한 바울의 언어에 관한 최근 연구에서 닐 리처드슨은 다음과 같이 주장한다. "12:4-6에서…우리는 πνεῦμα, Χριστός, θεός가 바울 서신에서 유일하게 연속적으로 서로 나란히 언급되는 곳을 만난다.…비록 그 이후에 성령이 반복적으로 언급되지만, 11절에서 성령에 대한 묘사를 통해 알 수 있듯이 이제는 성령의 **하나님** 중심적인 특성이 뒤따른다. 곧 6절에서 ὁ θεός가 주어 역할을 하며 같은 그리스어 동사가 사용되는 것처럼, 11절에서도 성령이 주어로 언급되며 πάντα δὲ ταῦτα ἐνεργεῖ τὸ ἓν καὶ τὸ αὐτὸ πνεῦμα라고 묘사된다."[36)] 또한 리처드슨은 바울 서신에서 바울의 언어 패턴은 전반적으로 다양하게 나타나지만, 고린도전서에서 바울의 논점은 매우 빈번하게 하나님께 호소하는 것과 함께 시작되거나 마무리된다고 주장한다. 그는 "의미심장한 신학적 진술"에 대한 사례들을 언급한다. 예를 들어 6:14-15은 6:12-20의 내용에, 8:6은 8-10장의 내용에, 11:3은 11:2-16의 내용에, 12:4-6은 12-14장의 내용에 호소한다는 것이다.[37)] 이것은 바울의 언어에서 "경고의 기능"을 한다. "하나님은 그리스도인의 존재에서 **알파**와 **오메가**다." 리처드슨은 유일한 원천으로서 하나님에 대한 유일신론적인 강조점을 받아들인다. "모든 그리스도인은 [이 원천으로부터] 은사를 받는다." 한편 우리는 여기서 삼위일체적 요소들을 인식할 수 있지만, 콜린스는 이렇게 범위를 넓히는 것에 대해 다소 회의적이다.[38)]

삼위 하나님은 하나 됨을 이루시지만, 하나님은 주님이신 그리스도를 통해 성령에 의해 은사를 다양하게 나누어주신다. 이것은 하나님을 "창조자, 절대적인 권위자, 운명과 심판을 주관하시는 분…(롬 12:1-2; 13:1-4; 살

---

35) Senft, *La Première Épitre,* 158; Schrage, *Der erste Brief,* 3:141-142.
36) Richardson, *Paul's Language about God,* 217 and 218.
37) 같은 책, 218-219.
38) 같은 책, 219; Collins, *First Epistle,* 453.

전 4:3; 고전 6:13-14; 8:6; 12:4-6)으로 주목하게 한다. 특히 고전 7장은 '모든 것을 하나님께로 방향을 돌려 추적하는' 바울의 경향을 보여준다."[39] 바레트의 견해에 의하면 "삼위일체적 표현 양식은 꾸밈없고 무의식적인 것처럼 보이기 때문에 그것은 더욱더 인상적이다."[40] 리처드슨의 연구는 과연 이 표현 양식이 "무의식적인가?"에 의문을 제기할 수도 있을 것이다. 하지만 바레트는 이것이 인위적으로 **고안한 것**이라는 표시를 전혀 드러내지 않는다는 점을 지적할 것이다. 고후 13:13과 엡 4:4-6에서도 삼위일체에 대한 언급이 암시되어 있다. 하지만 우리는 여기서 삼위일체 하나님을 **명백하게** 언급하는 가장 초기의 언어를 발견할 수 있다.[41]

아타나시오스는 이 절들을 대단히 중요하게 인식했다. 그는 바울이 성령을 성부와 성자의 사역과 밀접하게 연결하는 것은 "세 위격 간의 본질적인 하나 됨이 존재한다는 것을 의미한다"고 믿었다.[42] 이 단락(12:4-6)에 기초하여 아타나시오스는 다음과 같은 심오한 진리를 끌어낸다. 거룩한 삼위일체의 세 위격은 모두 어떤 일에 연합하여 참여하시며, 그것은 삼위일체 하나님이 모두 함께 일하시는 행위로 간주될 수 있다. 아타나시오스는 12:4-6을 다음과 같이 주해한다. "성령이 각 사람에게 나누어 주는 은사는 하나님 아버지로부터(παρὰ τοῦ πατρός) 말씀을 통해(διὰ τοῦ λόγου) 주어진다. 왜냐하면 성부께 속한 만물은 성자께도 속하기 때문이다. 따라서 성령 안에서 성자로부터 주어지는 모든 것은 하나님의 은사다. 성령이 우리 안에 거하실 때 성령을 주는 그 말씀도 우리 안에 거하신다. 나아가 그 말씀 안에 성부도 계신다."[43] 아타나시오스의 주해에 의하면 바울은 성부를 영적인 은사의 원천으로(하나님으로부터), 성자 그리스도는 그 은사의 매개자

---

39) Richardson, *Paul's Language about God*, 237.

40) Barrett, *First Epistle*, 284.

41) Fee, *First Epistle*, 588.

42) Haykin, *The Spirit of God: The Exegesis of 1 and 2 Cor in the Pneumatomachian Controversy Of the Fourth Century*, 94.

43) Athanasius, *Epistles to Serapion*, 1:30; *PG*, 26 (ed. Migne), 600B; 참조. *Epistles to Serapion*, 1:31; *PG*, 26:600C-601A.

(주님으로서 그리스도를 통해)로 이해하며, 성령의 매개 역할에 의해(성령에 의해) 그 은사가 "실행된다"고 이해한다. 같은 문단에서 아타나시오스는 고전 12:4-6을 고후 13:13과 비교한다(*Letter to Serapion*, 1:30-31). 오직 신자만이 성령을 "공유하며"(μετέχοντες), 그들은 성령을 통해 성부의 사랑과 성자의 은혜를 경험한다. **이처럼 신자의 경험 안에서도** 삼위일체 하나님은 서로 분리될 수 없다. 비록 이러한 경험과는 별개로 삼위일체 하나님의 위격과 그 특성이 서로 구별될 수 있다 하더라도 말이다.

설령 아타나시오스의 이 주해가 바울이 설명하는 것 그 이상을 말한다 하더라도 우리는 그것이 12:3과 전적으로 일치한다는 것을 부인할 수 없다. 해당 절에서 성령의 매개를 통해 말한다는 주장에 대한 판단 기준은 성령이 그리스도의 주님 되심을 증언한다는 관점에서 설명된다. 나아가 이것은 하나님이 예수를 주님으로서 죽은 자들 가운데서 다시 일으키셨다는 것에 근거한다(참조. 롬 10:9). 그런 의미에서 아타나시오스는 다음과 같이 결론짓는다. "성령은 그 말씀 밖에 있지 않다.…따라서 영적인 은사는 삼위일체 하나님…곧 같은 성령과 같은 주님과 같은 하나님 안에서 주어진다. '그 하나님은 모든 사람 안에서 모든 것을 행하신다'(고전 12:6)"(Athanasius, *Letter to Serapion*, 3:50).[44] 우리가 예견할 수 있듯이 바실레이오스도 고전 12:4-6에 대해 "같은 하나님이 바로…분배하는 분…보내시는 분…원천이시다"라고 비슷하게 말한다.[45] 바실레이오스는 삼위일체의 세 위격은 어떤 공동의 존재 또는 하나 됨을 공유한다고 주장한다.[46] 비록 "하나님의 세 위격의 공동 사역"도 강조되긴 했지만, 교황 레오 1세 시대에는 삼위일체의 세 위격의 사역에서 서로 구별되는 역할이 더 많이 강조되었다.[47] 하지만 이와 관련하여 레오는 바울보다 한 걸음 더 나아갔다. 그는 마치 성령만이 "사람에

---

44) Athanasius, *Epistles to Serapion*, 3:6. 나아가 이 편지에서 그는 고후 13:13에 대해서도 숙고한다. 참조. Migne, *PG*, 26:633A-B.

45) Basil, *On the Holy Spirit*, 16:37.

46) Basil, *Against Eunomius*, 3:4 (Migne, *PG*, 29:661B; 참조. 664A-B).

47) Leo, *Sermons*, 77; 참조. 75 and 76.

게 사랑의 불을 붙게 하는" 것처럼 주장했다.[48] 하지만 우리는 해석학적 관점에서 던의 다음과 같은 논평이 더 굳건한 기초 위에 있다고 볼 수 있다. "4-6절은 **신적인 능력**에 대해 말한다. 그것은 주 **예수의 특성**을 소유하고 있다"(강조는 원저자의 것임).[49] 이 논평은 12:3의 판단 기준과도 일치한다. 던은 "카리스마적인 영"은 "은혜에 대한 자각"을 제공한다고 결론짓는다.[50]

7절 스미트의 수사학적인 분석에 의하면(12:4-11에 대한 머리말 참조) 바울은 여기서 서론(*exordium*)에서 확증(*confirmatio*)으로 이동한다. 직설법 현재 수동태, δίδοται, "주어진다"는 하나님의 대리 역할을 전제한다. 그리스어 명사 φανέρωσις는 주로 후대의 용어다. 예를 들면 파피루스 문헌, 신약성경(이곳과 고후 4:2), 헤르메스 문헌(11:1) 등이다. 고후 4:2에서 이 명사는 **공개적인 선포** 또는 **공적인 선포**를 의미한다. 이 단어에서 파생된 부사 φανερῶς는 ἐν κρυπτῷ 또는 κρυπτῶς와 반대되는 "공적으로" 또는 "공개적으로"를 뜻한다(마카베오2서 3:28; 막 1:45). 따라서 우리는 여기서 단순히 "나타남"(NRSV, NIV, Collins; 참조. NJB, particular manifestation; REB, is seen at work)이 아니라 상대적으로 잘 사용되지 않는 "공적인 나타남"이라고 번역한다. 그리스어 소유격 πνεύματος는 πνεῦμα가 주어일 수도 있다(이 경우에는 성령이 나타내는 것을 의미한다). 그러나 πνεῦμα가 목적어일 가능성이 훨씬 더 높다(이 경우에는 성령을 공개적으로 나타내는 효력[일]을 뜻한다).[51] 따라서 비록 현상들은 공적인 영역에서 다양한 형태로 나타나지만, 활력을 불어넣는 능력과 목적은 **하나다**. 마거릿 미첼은 바울이 사회정치적 수사법과 수사학적 용어를 사용한다는 것에 대한 자신의 일관된 주장과 일치하는 πρὸς τὸ συμφέρον을 그리 명료하지 않은 "공동의 선"(NRSV, NIV, Collins) 또는 "보편적인 선"(NJB; 참조. useful purpose, REB)보다는 "공동의 유익을 위해"로 이

---

48) 같은 설교.

49) J. D. G. Dunn, *Jesus and the Spirit,* 324.

50) Dunn의 해당 장의 제목으로서 주로 고전 12-14장을 다룬다(*Jesus and the Spirit,* 199-258; 참조. 259-300: "그리스도의 몸").

51) Robertson and Plummer, *First Epistle,* 264.

해한다.[52] 이것은 10:33의 "자신의 유익을 추구하지 않다"와 10:23의 "세운다"는 공동의 유익에 해당한다는 것과 평행을 이룬다(또한 참조. 6:12; 7:35).

성령에 의해 진정성 있게 실행되는 하나의 표시로서 "그리스도는 주님이시다"라고 고백하거나 그리스도를 닮아가는 것(12:3)을 드러내는 일차적인 판단 기준에 덧붙여 바울은 이제 두 번째 판단 기준을 제시한다. 성령은 단지 자기 긍정, 자기 성취 또는 개인적 신분을 추구하기보다는 타인의 공동 유익을 위해 일하신다. 성령은 어떤 신자 개인의 영광을 추구하는 것이 아니라 모든 사람의 유익을 위해 눈에 보이는 결과를 가져다준다. 만약 개인의 영광 추구가 두드러지게 나타난다면 거기에 성령이 역사하는지 의심해 볼 필요가 있다. 현재 수동태 δίδοται는 성령의 나타남의 효력이 계속해서 나타나고, 하나님은 자신의 절대 주권을 따라 스스로 선택하시고 은사를 베푸신다는 것을 반영한다.[53]

52) Margaret Mitchell, *Rhetoric of Reconciliation,* 146.

53) 고전 15:38에서처럼 "하나님은 그것에 σῶμα를 주신다"(특히 Barth, Kennedy, Deluz의 논평에서처럼, 아래를 보라).

3. 성령의 은사(12:8-11)

[8] 어떤 사람에게는 하나님께서 성령을 통해 "지혜"와 관련된 명료한 표현력을 베풀어주시고, 다른 사람에게는 같은 성령을 따라 "지식"과 관련된 말을 하는 것을 베풀어주십니다. [9] 다른 사람에게는 같은 성령으로 믿음을, 또 다른 사람에게는 같은 성령으로 다양한 치료의 은사를 베풀어주십니다. [10] 다른 사람에게는 역동적이며 효력 있는 능력의 행위를, 다른 사람에게는 예언을, 다른 사람에게는 "성령에 관한 것"이 무엇인지 분별하는 것을, 다른 사람에게는 다양한 종류의 방언을, 또 다른 사람에게는 방언으로 말하는 것을 이해할 수 있도록 표현하는 능력을 베풀어주십니다. [11] 이 모든 일은 같은 성령 한 분이 행하십니다. 또한 그는 그가 원하는 대로 각 사람에게 개별적으로 나누어주십니다.

그동안 바울이 지금 열거하는 은사의 아홉 가지 예를 "분류하기" 위한 수많은 시도가 있었다. 바이스와 알로는 이 목록을 세 가지씩 세 개의 조(組)로 구분하는 자들 중에 속하는 반면, 콜린스는 2 + 5 + 2의 수미상관 구조를 지지한다.[1] 벵엘과 마이어는 이 목록을 다음 세 개의 조로 분류한다. (a) "지적인 능력"과 관련이 있는 은사, λόγος σοφίας, λόγος γνώσεως(8절). (b) "믿음의 특별한 **능력**"과 관련된 은사, πίστις, ἰάματα, δυναμεῖς, προφητεία, διακρίσεις πνευμάτων(9-10c). (c) "γλῶσσαι와 관련이 있는 은사, γένη γλωσσῶν, ἑρμηνεία γλωσσῶν(10b)"(강조는 원저자의 것임).[2] 테르툴리아누스도 이와 비슷하게 다음과 같이 구분한다. (a) 첫 두 은사는 지식과 지혜의 말이다. 그다음 (b) 경건과 경외의 은사는 πίστις다. 이것과 세분되는 (c) 권능의 은사는 ἰάματα와 δυναμεῖς다. 마지막으로는 (d) προφητεία, διακρίσεις πνευμάτων, γένη γλωσσῶν, ἑρμηνεία γλωσσῶν이다.[3]

---

1) Weiss, *Der erste Korintherbrief,* 299. 그는 고전 12:8-10을 고전 12:18; 롬 12:6-8과 비교하며 논의한다. 참조. Allo, *Première Épitre,* 324-325; Collins, *First Cor,* 451.

2) Meyer, *First Epistle,* 1:361; Bengel, *Gnomon,* 651.

3) Tertullian, *Against Marcion,* V:8.

바울 서신에 나타나는 성령의 은사에 대한 서로 다른 "목록"은 다양한 형태와 규모를 취한다. 롬 12:6-8, 고전 12:8-11, 12:27-28, 엡 4:11에서 네 가지 목록이 나타난다. 이 목록에 기초하여 던은 은사를 주제별로 구분하는 것을 선호한다. 즉 이 주제들은 각각 기적, 계시, 영감으로 된 말과 섬김이다. 또한 그는 이 은사가 모두 하나님의 은혜로부터 비롯된 것으로 인식한다.[4] 무엇보다도 "**카리스마**는 언제나 하나의 사건이며, 사람을 통해 일어나는 하나님의 은혜로운 행위(ἐνέργημα)다."[5] 하지만 "사건"이라는 단어에 대해서는 논란의 여지가 있을 것이다. 마음의 흐트러짐이 없이 독신의 삶을 살았던 바울이 받은 **카리스마**는 의심의 여지 없이 하나님의 지속적인 지지를 받았다. 던이 이전 저서에서 "사건"이라는 단어를 사용했던 것은 너무 쉽게 "즉흥성"에 관한 전제로 빨려들어 가지만, 바울 신학(1988년)에 관한 책에서 그는 이 은사들은 "더 눈을 사로잡는, 더 단조로운 임무와 조직적인 역할"을 포함한다는 점을 인정한다. "우리는 하나님의 은혜가 어떤 형태로 나타나는가에 달려 있지 않고, 베푸는 것 자체에 있다고 말할 수 있다."[6] 그는 다음과 같이 덧붙인다. "사건"의 성격이 "지나치게 강조되어서는 안 된다.…고전 14:26-32은 **준비된** 섬김과 즉각적인 발화가 혼합되어 있음을 알려준다"(강조는 덧붙여진 것임).[7] **가르치는 것과 분별하여 평가하는 것** 같은 은사는 "즉각적으로" 일어날 수 없고, 오히려 **훈련받은 판단에 기초한 습관**이다. 이것들은 성령이 **오랜 시간에 걸쳐 계속** 베푼다는 특성이 있다(참조. 롬 12:7-8; 고전 12:27; 엡 4:11). 만약 이 은사들을 사전에 계획하고 심사숙고하여 사용한다면 "구제하는 자"와 "베푸는 자"(롬 12:8)는 "더 훌륭하게" 섬길 수 있을 것이다. 이 은사들은 깊이 생각해보지 않고 즉각적으로 어떤 행동을 취하는 것이 아니라 해야 할 일을 분명하게 인식한 상태에서 행동하고 섬기는 것이다. 우리는 타이센의 주장의 중요성을 언급할 필요가 있다(결과

---

4) Dunn, *Jesus and the Spirit*, 201-258.
5) 같은 책, 254. 하지만 Dunn의 최근 견해를 참조하라. Dunn, *The Theology of Paul*, 552-564.
6) Dunn, *The Theology of Paul*, 556.
7) 같은 책, 558.

적으로 그의 주장은 던의 견해와 상반된다). 예를 들어 "방언"은 단순히 즉각적으로 일어나는 것이 아니라 "사회적인 측면에서 학습된 행위"를 반영할 수도 있다.[8)]

a. "지혜" 또는 "지식"과 관련된 명백하게 표현되는 말(12:8)

8절 ᾧ μέν … ἄλλῳ δέ는 성령이 은사를 나누어주는 것 또는 분배하는 것을 한정하고 대조한다(우리는 남녀를 포괄하는 의미를 전달하기 위해 on his on her part를 추가하여 번역했다). 여기서 λόγος를 "말"로 번역하는 것은 그리 만족스럽지 못하다. 물론 그리스도인들 사이에서 "말(씀)"이 어떤 메시지를 가리키는 비공식적인 표현이 되었지만 말이다. 일부 문맥—주로 언어학적인 문맥—에서 λόγος는 단어 또는 말을 의미한다. 하지만 이것은 더 자주 어떤 합리적인 진술, 제안 또는 서술을 가리킨다. 하지만 이 단어의 의미는 단지 인지적 명제에만 국한되지 않는다. 따라서 이 단어에 대한 가장 좋은 번역은 인지력(intelligibility) 또는 합리성의 뉘앙스를 지닌 표현력(utterance)일 것이다. 우리가 "명료한"을 덧붙여 "명료한 표현력"으로 번역한다면 이 그리스어 단어의 의미를 가장 잘 전달할 수 있을 것이다. 요 1:1에서 언어로

---

8) Theissen, *Psychological Aspects of Pauline Theology,* 292; 참조. 292-341 and 74-114. Theissen과 Martin, *The Corinthian Body,* 87-103은 분열을 야기하는 신분에 대한 이슈가 12:4-14:40에서 "은사"와 "방언"에 대한 전반적인 논의 배후에 있다고 설득력 있게 주장한다. 이것은 Hollenweger의 입장과 상반된다. Hollenweger는 "방언"과 더 "기적적인" 은사를 고린도에서 별로 교육을 받지 못한 교인들과 연결한다(Hollenweger, *Conflict in Corinth,* New York: Paulist Press, 1982, 28-31). 반면에 Martin은 그들을 "강한 자들"과 동일시한다. 즉 그들은 사회적으로 영향력이 있었으며, 비의적인(esoteric) "지혜"와 "지식"을 갈망했다(참조. 고전 8:1). 참조. Martin, "Tongues of Angels and Other Status Indicators," 547-589. 나아가 Dunn과 "기적적인" 은사에 대해 말하는 많은 이들의 입장에 반대하면서 Martin은 우리에게 다음과 같이 설득력 있게 말한다. 오늘날 미리 포장되어 있는 "자연적/초자연적, 물리적/영적 같은 이분법은…고대 세계에서 이분법으로 존재하지 않았다"(강조는 덧붙여진 것임; Martin, *The Corinthian Body,* 3). Martin은 이와 같은 출발점과 전제 사이에 존재하는 차이점이 고대 세계와 오늘날에도 고린도전서의 이 장들과 다른 장들과 관련하여(예를 들면 몸, 개인, 신분 등에 대해) 해석학에 얼마나 막대한 파급 효과가 있는지를 보여준다. 우리는 이 주장에 대해서는 12:8-10에 대한 주해(아래 참조)를 포함하여 다른 곳에서도 살펴볼 것이다.

다 묘사할 수 없고 초월적이며 거룩한 하나님은 인간의 몸을 입고 이 땅에 오셨다. 곧 하나님의 존재와 사역에 대한 **명료한 표현**으로서 예수 그리스도는 그의 구체적인 삶과 행위를 통해 그것을 명백하게 알려주었다. BAGD는 λόγος의 의미를 약 열다섯 가지 항목으로 설명한다. 이 항목들은 이 단어의 의미가 발화 또는 명료한 연설과 빈번하게 연결되어 있음을 확인해준다. 또한 이 단어는 **질문**(Diogenes Laertius, 2.116; Josephus, *Antiquities* 12:99; 마 21:24), **기도**(마 26:44; 막 14:39) 또는 **이야기나 설명**(Josephus, *Antiquities* 19:132; 막 1:45; 눅 5:15)을 의미할 수 있다.[9] 골 2:23에서 λόγον ἔχειν σοφίας는 [단지] 지혜의 **겉모습만 지니고 있는 인간의 교훈**을 가리킨다. 나는 다른 곳에서 λόγος의 의미 범위에 대해 더 상세하게 논의했다.[10]

우리가 제안하는 번역 "'지혜'와 관련된"은 다음 두 가지를 강조한다. 첫째, 소유격 σοφίας는 주어를 나타내는 소유격이거나 목적어를 나타내는 소유격일 수 있다. 전자의 경우에는 "(하나님의) 지혜에서 유래한 명료한 표현력"을 뜻한다. 후자의 경우에는 "(하나님의) 지혜에 대한 명료한 표현력"을 의미한다. 둘째, σοφία는 고린도 교회에서 분명히 하나의 표어/슬로건이었다(참조. 1:17, 19, 20, 21, 22, 24, 30; 2:1, 4, 5, 6, 7, 13; 3:19. 고린도전서에서 σοφίας는 열여섯 번 나타난다. 바울의 다른 네 주요 서신에서 이 단어는 롬 11:33, 고후 1:12에서 단 두 번 사용된다. 그밖에 골로새서에서 여섯 번[1:9, 28; 2:3, 23; 3:16; 4:5], 에베소서에서 세 번 나타난다). 따라서 우리는 여기서 이 단어를 큰따옴표 안에 표기했다. 그러므로 이 단어에 대한 주해를 주도하는 배경은 다음 두 가지, 곧 우쭐대며 경쟁심에서 높은 신분을 추구하려는 인간의 지혜(1:17-22; 2:1-5; 3:19)와 은사로 주어지는 하나님의 지혜(1:24-31; 2:6-13)가 서로 대조되는 것에서 비롯된다. 왜냐하면 12:8에서 전적으로 하나님의 은사가 강조되고 있기 때문이다. 여기서는 성령의 은사로서 **하나님의 지혜**가 명백하게 강

9) BAGD, 477-479. 참조. H. Ritt, "λόγος," *EDNT,* 2:356-359; Mack, *Logos and Sophias*; Pogoloff, *Logos and Sophias*, 99-172; Harris, "Athena, Sophia and the Logos," 56-72.
10) O. Betz and Thiselton, "Word: λόγος," in C. Brown (ed.), *NIDNTT,* 3:1078-1146.

조된다. 키스트메이커는 이 요소들과 일치하는 주해를 제시한다. "이 은사는 하나님의 지혜를 말하는 능력이다. 신자들은 성령을 통해 이 지혜를 받는다(참조. 2:6-7). 여기서 하나님의 지혜가 인간의 지혜와 대조된다(1:17, 20, 25)."[11] 이와 비슷하게 조디아테스는 이 은사를 "잘 알아들을 수 있도록 하나님의 지혜에 대해 말하는 능력"이라고 정의한다. 또한 볼프, 콜린스, 슈라게는 이 구절을 해석하려는 시도는 모두 "말씀과 지혜에 대한 바울의 긴 논의(1:18-4:21)"(콜린스)를 반드시 언급해야 한다고 설득력 있게 주장한다.[12]

이 문맥에서 지혜는 하나님의 은혜와 그리스도의 십자가에 비추어 현실의 실재를 평가하는 것이다. 이것은 하나님의 은혜에 대한 반응의 일부에 해당한다.[13] 던은 이 문맥에서 고후 1:12의 "인간의 지혜가 아니라 하나님의 은혜로"라는 표현과 비교한다.[14] 그러나 이것은 이 지혜를 명료하게 표현하는 능력이다. 따라서 이것은 "하나님의 구원 계획"과 관련이 있으며, 이것을 명료하게 표현하거나 전달하는 것이다. 샤츠만과 슈라게도 이 점을 확인해준다. 첫째, 바울은 "지혜를 사실적으로 표현하는 것을 강조한다. 그러면 신자들은 그것을 공동으로 경험할 것이다. 왜냐하면 그것은 그리스도의 몸인 교회를 세워나가는 결과를 가져오기 때문이다." 둘째, "고전 1-3장을 상세히 살펴보면 바울은 분명히 하나님으로부터 오는 지혜를 십자가에 못 박힌 그리스도를 통한 하나님의 구원 행위, 특히 그 구원 사건에 대한 선포를 통한 하나님의 구원 행위와 동일시한다."[15] 이 지혜는 우선 "십자가를 통

---

11) Kistemaker, *1 Cor,* 421.

12) Zodhiates, *1 Cor 12,* 1:121; Collins, *First Cor,* 453; Wolff, *Der erste Brief,* 290; Schrage, *Der erste Brief,* 3:148-150.

13) J. A. Davis, *Wisdom and Spirit* (Lanham, Md.: University Press of America, 1984), 특히 71-149(바울이 지혜 전승에서 제시하는 "성취"와 거리를 두는 것을 다룸). Harrington, "Charism and Ministry: The Case of the Apostle Paul," 245-257. 참조. Runia, "The 'Gifts of the Spirit,'" 82-94; Zodhiates, *1 Cor 12,* 113-124; Dunn, *Jesus and Spirit,* 217-221; du Toit, "Die Charismata," 189-200. 여기서 du Toit는 카리스마타가 몇몇 특별한 은사가 아니라 하나님의 은혜의 광범위한 배경에 속한다고 주장한다.

14) Dunn, *Jesus and the Spirit,* 220.

15) Schatzmann, *A Pauline Theology of Charismata,* 36.

한 하나님의 계시"와 관련이 있다.[16)]

그러므로 이 구절에 대한 몇몇 널리 알려진 해석은 앞에서 언급한 주해보다 훨씬 더 개인주의적이며 실용적인 것에 초점이 맞추어져 있다. 하지만 키스트메이커, 던, 샤츠만, 슈라게는 이 구절을 하나님의 목적을 잘 이해할 수 있게 하는 "지혜"를 명백하게 표현하는 것으로 광범위하게 이해한다. 이 지혜는 세상뿐만 아니라 모든 신자의 **공동 유익**을 위해 십자가를 통해 이루어지는 "반전"에 초점이 맞추어져 있다(1:26-31). 우리는 과연 이것이 특정한 개인을 위한 "영감의 메시지"를 포함할 수 있을지에 대해서는 단지 추측할 수밖에 없다. 이러한 이해를 지지해주는 명백한 증거는 전혀 없다. 만약 우리가 이 표현을 이 서신에서 바울이 σοφία를 사용하는 다른 용법을 반영한다고 이해한다면 이러한 말은 그리스도 중심적인 복음의 지혜를 언급하는 것 이상일 가능성이 높다. 다른 문맥에서 이것은 기독론적인 연관성을 전혀 암시하지 않은 채 단지 편리하게 의사소통하는 것을 가리키지는 않을 것이다. 또한 12:1-3과 12:4-7에서 머리말 역할을 하는 표현 양식도 우리로 하여금 이러한 기능과 내용을 기대하도록 만든다. 지혜는 그리스도의 능력과 생활 방식을 자신의 것으로 만듦으로써 **모든 신자가 공동의 유익을 위해** 신앙 공동체를 세워나가는 것과 관련이 있다. 심지어 크레이그는 고전 1-4장은 아홉 가지 "은사" 중 첫 두 가지 은사는(심지어 다른 일곱 은사도) "교회의 다양한 가르침의 사역"을 가리킨다고 결론짓게 한다고 주장한다.[17)]

크리소스토모스가 제시하는 힌트는 이 은사들을 다르게 해석하는 것을 암시하는 것처럼 보인다. 크리소스토모스는 12:1-11에서 언급하는 "영적인 은사"를 "이전에는 종종 일어났지만 지금은 더 이상 일어나지 않는 것으로 간주한다."[18)] 나아가 그는 12:1-7을 자세하게 주해하지만, 8-10절에 대해서는 단순히 반복해서 말하기만 한다. 마치 그는 해당 은사들이 중

16) Schrage, *Der erste Brief,* 3:149.

17) Craig, "1 Cor," *IB,* 10:151.

18) Chrysostom, *1 Cor. Hom.* 29.1.

단되었기 때문에 이 은사들이 무엇을 의미하는지 우리는 전혀 알 수 없다는 것을 암시하는 듯하다.[19] 하지만 테르툴리아누스는 기독론적인 관점으로 되돌아간다. 지혜와 관련된 발언은 이사야가 언급한 "지혜의 영"이다. 사 11:1-3의 메시아적 기름 부음은 고전 12:8-10에서 언급하는 기독론적인 인물을 예고한다.[20] 테르툴리아누스에 의하면 지혜와 지식은 복음의 지혜이며 복음의 지식이다.[21] 알렉산드리아의 클레멘스는 은사들의 내용보다 그것들의 통일성과 다양성을 강조한다. 하지만 그는 예외적으로 이 내용을 다음과 같이 주장한다. 이 은사들은 "사도적"이다. 다시 말해 이것들은 특별히 "그리스도에 대한 믿음과 복음의 지식"과 관련하여 사도들의 "지식, 삶, 설교, 의로움, 순결, 예언" 등을 반영한다.[22] 한편 오리게네스는 다음과 같이 분명하게 주장한다. "하나님이 베풀어주시는 카리스마타의 목록에서 바울은 맨 앞에 λόγος σοφίας를 배치한다.…왜냐하면 그는 이적을 일으키는 능력보다 복음 선포(λόγος)를 더 숭고한 것으로 여겼기 때문이다."[23]

현대 저자 중에서 고데와 하인리치 같은 이들도 같은 점을 강조한다. 고데는 복음의 핵심 원리를 지적으로 올바르게 파악하는 것을 강조한다. 하인리치는 λόγος σοφίας를 다른 사람에게 전달해야 하는 구원에 대한 지식으로 해석한다.[24] 알로는 성령의 대리 역할과 신자의 지적인 통찰의 양립 가능성을 강조하면서 이 절에 대한 토마스 아퀴나스의 해석을 언급한다.[25] 알로의 이와 같은 이해는 개인주의적인 견해를 어느 정도 허용하는 경계선에 있다. 즉 이 견해는 하나님의 은밀한 목적을 아는 것을 포함하지만, 여전히 그것을 지적으로 파악하는 것에 강조점을 둔다. 다른 한편으로 에링은 70인역의 전통에서 지혜는 특별히 삶에 대한 **도덕적인** 지침을 포함한다고

---

19) 같은 책, 29:5.
20) Tertullian, *Against Marcion,* 5:8.
21) Tertullian, *Writings against Heretics,* 14.
22) Clement of Alexandria, *Stromata,* 4:21.
23) Origen, *Against Celsus,* 3:46.
24) Godet, *First Epistle,* 1:195.
25) Allo, *Première Épitre,* 325.

말한다.[26] 하지만 유대교의 지혜 전승에 대한 제임스 데이비스의 연구에 기초하여 살펴보면 이것은 우리를 "성취"의 영역이 아니라 하나님의 은혜의 영역으로 이끌어준다고 이해하게 만든다.[27] 우리는 볼프, 콜린스, 슈라게가 강조한 케리그마의 측면에 대해 이미 앞에서 언급한 바 있다.

과연 (1) λόγος σοφίας와 (2) λόγος γνώσεως 간의 명확한 차이점에 대해 아직 의견의 일치가 이루어지지 않았다. "지혜"뿐만 아니라 "지식"(γνῶσις)도 고린도 교인들이 사용하던 표어였다(참조. 1:5; 8:1, 7, 10, 11. 또한 13:2, 8; 14:6에 대한 주해 참조). 바울 서신에서 (에베소서와 목회 서신을 제외하면) 그리스어 명사 γνῶσις는 스무 번 나타나는데, 그중에서 고린도전후서에서 무려 열일곱 번이나 나타난다. 고린도전서에서 이 단어는 아홉 번 사용되는 반면, 에베소서, 목회 서신, 신약의 다른 본문에서는 단지 아홉 번 내지 열 번 사용된다(베드로후서에서는 1:5, 6; 3:18에서 세 번 사용된다). 고린도전서 앞부분에서 언급되는 감사의 말(1:4-9)에서 바울은 고린도 교인들이 ἐν παντὶ λόγῳ καὶ πάσῃ γνώσει에서 풍요로워진 것에 대해 하나님께 감사하지만, 8:1에서는 ἀγάπη와 γνῶσις를 극명하게 대조한다. 사랑은 세워주는 반면, 지식은 우쭐대게 한다는 것이다. 따라서 지혜가 이 편지에서 경멸적인 의미에서 인간의 신분 상승과 성취 추구를 가리키기도 하지만, 긍정적인 의미에서 그리스도의 십자가와 관련된 하나님의 지혜를 언급하는 것처럼, 지식도 "초기-영지주의적"이거나 "자신의 권리를 고집하는" 구조 안에서 "영지주의자들의 정적이며 인지적인 인식론"을 의미하면서도 긍정적·상호 관계적·기독론적 구조 안에서 "하나님에 대한 지식과 하나님에 의해 알려지는 것으로부터 오는 역동적이며 따뜻한 관계"를 뜻하기도 한다(Yeo).[28] 더욱이 "1QS 4:3-4에서 빛의 자녀들의 영의 구성 요소 가운데 지혜와 지식이 함께 나타난다. 이 쿰란 텍스트는 그것들을 목록의 맨 끝에 배치한다"(콜

---

26) Héring, *First Epistle*, 126.

27) James Davis, *Wisdom and Spirit*, 113-137; 참조. 16-27.

28) Khiok-khing, Yeo, *Rhetorical Interaction in 1 Cor 8 and 10*, BibInt 9 (Leiden: Brill, 1995), 186-187.

린스).[29)]

벵엘은 "지혜"와 관련된 명료한 표현력에 더 이론적인 역할을 부여하고, "지식"과 관련된 말을 하는 것에 더 실용적인 역할을 부여한다(*sapientiae ... cognitionis*). 왜냐하면 "지식은 실천해야 하는 것과 관련이 있으며, 지혜는 영원한 것과 관련이 있기 때문이다. 그러므로 지혜는 사라진다고 언급되지 않으며(참조. 13:8), 지식은 매우 자주 나타난다."[30)] 또한 바울은 이 은사들이 고린도 교인들에게 마치 날마다 일어나는 은사인 것처럼 말하지만(*quae Corinthiis sint quotidianae*), 오늘날 우리는 이 단어들의 효능과 차이점을 명백히 알지 못한다(*hodie de ipsarum vocum vi et differentia ambigimus*). 하지만 마이어는 반대되는 견해를 제시하며, 심지어 벵엘이 지혜와 지식의 은사에 대해 말하는 것을 거꾸로 설명하는 견해를 취한다. 그는 γνῶσις의 **관계적인** 의미에 대해 여(Yeo)보다 시기적으로 먼저 논의한다.[31)] 아우구스티누스는 "그리스도 예수 안에 지혜와 지식의 모든 보화가 감추어져 있느니라"(골 2:3)는 바울의 말을 인용한다. 따라서 그는 12:8에서 비록 지혜는 "신적인 것"과 관련되어 있고, "지식은 인간적인 것"과 관련되어 있지만, "두 가지 측면은 모두 성령을 통해 이루어지는 신자들과 그리스도의 관계에 관심을 갖는다"고 주장한다.[32)]

다른 곳에서 아우구스티누스는 다음과 같이 주해한다. 바울은 "분명히 이 두 가지 은사를 서로 구별한다. 하지만 그는 그 차이점을 설명하지 않으며, 지혜의 은사가 지식의 은사와 어떻게 구별되는지에 대해 상술하지 않는다."[33)] 나아가 아우구스티누스는 지혜를 **영원한** 실재에 대한 지적인 이해와 연결하는 반면, 지식을 "**일시적인** 것에 대한 합리적인 인식"과 연결한다. 또한 이것들은 성령이 베풀어주는 은사로 주어지며, 성령은 지상의 것을 초

29) Collins, *First Cor*, 453.
30) Bengel, *Gnomon*, 651.
31) Meyer, *First Epistle*, 1:363-364.
32) Augustine, *On the Trinity*, 13:(19)24.
33) 같은 책, 12:(14)22. 이와 비슷하게 5:4에 대한 주해에서 아우구스티누스는 은사에 대해 설명하지 않고, 단지 성령의 능동적이며 절대 주권적인 역할만을 강조한다.

월하는 존재다.[34] 아우구스티누스는 『삼위일체론』 5:4에서 성령의 하나 됨과 절대 주권을 강조했다면, 요 21장에서는 하나님이 그의 절대 주권과 선택에 기초하여 은사를 나누어주신다는 특성에 주목한다. 즉 하나님은 어떤 사람에게는 어떤 은사(예. λόγος σοφίας)를, 다른 사람에게는 다른 은사(예. λόγος γνώσεως)를 주신다는 것이다. 이것은 베드로가 "주님, 이 사람은 어떻게 되겠사옵나이까?"(요 21:21)라고 질문했을 때 예수가 "네게 무슨 상관이냐? 너는 나를 따르라"고 대답한 것과 마찬가지다(요 21:22).[35]

이 모든 견해는 던의 결론과 흡사하다. "그노시스와 소피아는…우리에게 특별한 난제를 제시한다.…왜냐하면 특별히 고린도전후서에서 이 용어는 바울이 스스로 선택하여 사용한 용어가 아니기 때문이다. 그는 대체로 고린도 교회의 상황에 대해 말할 때 이 용어를 사용했다.…이것은 그노시스가 다른 서신에서는 드물게 사용되는 반면, 고린도전후서에서는 왜 계속해서 나타나는지를 설명해줄 것이다."[36] 하지만 던은 이러한 서두를 꺼낸 후 다음과 같이 과감하게 주장한다. 8:1, 4에서 지식은 우상들과 한 분 하나님과 관련하여 언급되지만, "여기서 지식은 우주의 진정한 본질에 대한 통찰"을 의미한다. 그러므로 "우주의 실재와 관계에 대한 통찰을 제공하는 '지식과 관련된 말을 하는 것'은 마땅히 성령의 감동에 의해 말해진 것으로 이해될 수 있다."[37] 다른 한편으로 던은 지혜와 "계시와 은혜" 사이의 광범위한 평행 관계를 인식하며, 나중에 출간된 그의 저서 『바울 신학』에서 특별히 행위와 관련된 은사들과 대조되는 "예언, 가르치는 일, 섬기는 일"과 관련된 일반 은사의 관점에서 이 두 가지 은사를 롬 12:6-8과 건설적으로 연결한다.[38]

비록 지식에 대한 던의 설명이 12:8의 해석과 관련하여 추론의 요소를

---

34) 같은 책, 12(15)25.
35) Augustine, *Harmony of the Gospels,* 4:20.
36) Dunn, *Jesus and the Spirit,* 217; 참조. 217-222.
37) 같은 책, 218.
38) 같은 책, 221. 참조. Dunn, *Theology of Paul,* 555.

포함하고 있긴 하지만, 그는 바울이 지혜와 지식에 관한 명료한 표현력 또는 말에 초점을 맞추는 것은 성령의 역사를 통해 나타나는 은사의 특성이 지혜와 지식이 사용되는 시점과 방법을 포함한다는 점을 암시한다는 타당한 견해를 제시한다. 그러므로 "하나님의 카리스마타는 인간이 자기 의지대로 사용할 수 있는 인간의 소유물이 아니다."[39] 하지만 던은 이전에 출간된 그의 저서에서 "오직 그것을 말하는 행위와 그 순간에"라고 말한다.[40] 나는 명료한 표현(말)은 시간 속에서의 언어-행위이며, 그것의 **일시적인** 측면은 은사가 은사로서 지닌 그 특성의 기본이라는 데 전적으로 동의한다. 그러나 던은 이 초기 저서에서도 이것을 "자발성"(spontaneity)이라는 현대 개념으로 번역한다. 내 견해에 의하면 이 은사들은 일차적으로 그것이 사용되는 순간에 주어지는 것이 **아니라** 오히려 그러한 순간을 **위해** 주어지는 것이다. 하나님은 그의 절대 주권에 따라 성령을 통해 그의 은사들을 공동의 유익을 위해 나누어주신다. 이 은사들은 **목회 현장에서 적절한 순간에** 분명하게 표현된다. 하지만 이 주장은 이 은사들이 **하나님이 선택하시는 순간에 사용되도록 성령에 의해 훈련되고 익숙해지며 형성되고 양육되는 특성이 있다**는 개념을 결코 부인하지 않는다. 이것은 "순간적으로 번쩍이는 통찰력"으로 이 특별한 상황이나 저 특별한 상황을 파악한다는 통속적인 추측과 다르다. 비록 해당 텍스트가 이 해석을 배제하진 않지만, 이 텍스트는 이와 같은 해석에 아무런 증거도 제시해주지 않는다.[41]

---

39) Dunn, *Jesus and the Holy Spirit*, 221.

40) 같은 책.

41) 해당 텍스트가 반드시 이 특성을 암시하는 것은 아니지만, 오늘날의 몇몇 저자들은 이른바 예언의 "즉흥성"의 구조 안에서 교부 시대 자료를 인용하고자 한다. 한 가지 표준적인 예는 유스티누스(Justin, *Dialogue*, 39)다. 분명히 유스티누스는 트리폰과 더불어 "자기 밖에 있거나 자기 옆에 있는"(참조. ec[바깥에]-stasy[서 있음]) 예언자적인 경험에 대해 탐구한다. 하지만 이것이 과연 모든 은사—이해, 조언, 능력, 치유, 예언, 가르침, 하나님 경외—가 이런 이슈의 대상인지 미리 결정하지는 않는다. 사실상 **가르침**과 **하나님을 경외하는** 것은 이 단어들의 정의에 기초할 때 배워 **습관화된** 특성이 있다. 이것들은 훈련을 수반한다. 오직 일종의 이원론적인 데우스 엑스 마키나(*Deus ex machina*, 기계장치의 하나님)의 세계관만이 이것이 "즉각적인" 나타남보다는 **신적 동인**을 반영한다고 주장할 것이다. **단지 스스로 일으킨 것이 아니라**는 의미에서 **즉각적인** 것과 **기대하지 않았거나 순간적으로 일어났다**는 의

비트링거는 고린도의 상황에서 지혜와 지식과 관련한 특별한 이슈를 간과하는 경향이 있다. 그럼에도 그는 이 구절을 박해와 같은 위급한 상황에서 성령이 무슨 말을 할지 제자들에게 알려줄 것이라는 예수의 약속과 연결한다. 이것은 예수의 말씀에 대한 바울 이전 전승과의 연관성을 설득력 있게 제시한다.[42] 우리는 앞에서 이것이 특별히 복음을 분명하게 전달하는 것에 적용된다고 주해했다. 하지만 이것을 "지식의 말씀"과 구별하려는 비트링거의 시도는 배경을 고려하기보다는 다소 사변적이다.[43] 말하는 것의 상황적인 측면에 대한 그의 논평은 은사의 사용과 관련하여 하나님이 때를 선택하신다는 우리의 견해를 뒷받침해준다. 이것은 각각의 상황에 신자들이 적절한 방법으로 반응하도록 그들의 내적 성향에 영향력을 행사했다. 또한 이것은 말하는 것과 관련된 은사를 거룩함과 그리스도를 닮아가는 것과 연결한다. 만약 이 지혜와 지식이 성령에 의해 주어진 것이라면 우리는 이와 같은 것을 기대해야 할 것이다.

젠프트는 지혜와 지식을 모두 "신학적인 숙고의 은사"로 이해한다.[44] 이 견해는 즉각적으로 주어지는 통찰이라는 개념에 반대하는 일종의 유익한 균형추다. 하지만 이것은 여기서 살펴본 더 광범위한 구조 안에서 단지 한 가지 구성 요소를 제공해줄 뿐이다. 우리는 성령으로부터 온 마음의 관습 또는 성령에 의해 부여된 기술로서 은사가 지닌 사색적이며 변증법적인 특성을 강조하는 학자들의 견해의 중요성을 간과해서는 안 된다. 뱅크스는 λόγος γνώσεως를 "구약성경과 기독교 전승을 이해하고 그것을 올바

미에서 **즉각적**이라는 것 사이에는 상당한 혼동이 빚어진다. 전자의 경우는 **카리스마타**에 적용된다. 후자에 대한 제안은 어떤 경우에는 사변적이고 다른 경우에는 은사의 특성에 의해 배제된다(예. 가르침, 평생 독신 등). 그리고 κατὰ τὸ αὐτὸ πνεῦμα, "같은 성령을 따라"라는 바울의 표현은 **하나님의 때**를 포함하는 하나님의 목적에 대한 이슈를 넌지시 알려준다. Edwards는 성령의 뜻에 따르는 것으로 또는 성령이 역사하는 정도에 따르는 것으로 이해하는 것에 대해 논의한다. 그러면서 그는 후자의 가능성을 지지한다(Edwards, *First Epistle,* 27-30).

42) Bittlinger, *Gifts and Grace,* 27-30.

43) 같은 책, 30-32.

44) Senft, *La Première Épitre,* 158.

로 해석할 수 있는 능력"의 은사로 해석한다.[45] 하지만 쉬르만은 신자의 마음속 깊은 곳에서 일하시는 "성령의 은사"를 나타내는 이 표현은 "영적인 이해"를 가리킨다고 주장한다. 이 이해는 인간의 영 깊은 곳에서 이루어지며, 더 실천적인 것을 지향한다.[46] 그럼에도 1960년대 이후로 가다머(H.-G. Gadamer), 로너간(B. Lonergan), 매킨타이어(A. MacIntyre), 폴 리쾨르(Paul Ricoeur) 같은 저자의 글에서 나타난 역사적·실천적인 삶에 깊은 뿌리를 두고 있는 지혜 관련 합리성의 재발견은 여기서 우리에게 도움을 줄 수 있을 것이다.[47] 이 저자들은 우리의 주해가 계몽철학의 모델에 기초하여 추상적인 합리주의적 사색을 추구하거나 경건주의와 낭만주의의 모델에 기초하여 서로 영향을 미치는 창조적인 자발성을 추구하는 것에 의해 형성된 어떤 가공의 대안을 해당 텍스트에 강요하는 것으로부터 우리를 구해줄 것이다. 이 단락은 결코 이러한 그릇된 대안을 강요하지 않는다. 바울은 소피스트들의 지혜를 추구하지도 않으며, 그렇다고 실제적인 사고와 사려 깊은 판단을 평가절하하지도 않는다.[48] 말을 명료하게 전달하는 은사는 하나님으로부터 오는 지혜와 지식에 기초한다. 특히 해당 은사들이 모든 사람의 "공동의 유익"을 위해 십자가의 복음을 선포하는 데 사용될 때 더더욱 그러하다. (이것은 개인의 행복에 초점을 맞추어 메시지를 선포하는 데 관심을 기울이는 오늘날의 일부 개념과는 전혀 다른 것이다.)

9절 가장 신뢰할 만한 사본들은 "한 성령에 의해"에서 ἑνί, "한"을 지지한다(A, B, 33, 18, 초기 라틴어 역본, 불가타, 암브로시우스, 힐라리우스). 당연히 몇몇 사본은 필사자가 9절의 첫 번째 구절에 나타나는 ἐν τῷ αὐῷ πνεύματι를 반복하여 표

---

45) Banks, *Paul's Idea of Community,* 96.

46) H. Schürmann, "Die Geistlichen Gnadengaben in den paulinischen Gemeinden," in *Ursprung und Gestalt,* 256.

47) 예를 들면 A. MacIntyre, *After Virtue* (London: Duckworth, 2d. ed. 1983). 또한 특히 H.-G, Gadamer, *Truth and Method* (Eng. trans., New York: Crossroad, 2d. ed. 1989).

48) 참조. Winter, *Philo and Paul among the Sophists*; K. Stowers, "Paul on the Use and Abuse of Reason," in D. L. Balch et at. (eds.), *Greeks, Romans and Christians: Essays in Honor of A. J. Malherbe* (Minneapolis: Fortress, 1990), 253-286.

현하려고 그것과 똑같이 필사했음을 증언한다(ℵ*, C³, Dᵍʳ, F, K, 몇몇 고대 시리아어, 사히드어, 보하이르 콥트어 사본들). 아마도 필사자가 간과하는 바람에 p⁴⁶은 단순히 ἐν τῷ πνεύματι, "성령에 의해"라고 필사되었을 것이다.[49] 하지만 UBS 4판이 자신들이 제안한 독법을 "A"로 평가하는 것은 타당하다. NRSV, RSV, REB(the one Spirit), NJB(this one Spirit)과 NIV(that one Spirit), RV(in the one Spirit) 등은 이 독법을 수용하고 전제하는 반면, AV/KJV는 "같은 성령에 의해"라고 번역한다.

b. 특별한 은사로서의 믿음과 다양한 종류의 치유 은사들(12:9)

ἕτερος는 (항상 그런 것은 아니지만) 엄밀히 말해 **두 사람 중에 다른 한 사람**을 의미한다. 그러므로 사람을 가리키는 이 형용사는 여기서 8절에서 대조를 위한 표현인 μέν ... δέ를 대신하여 사용된다. 따라서 이 단어는 **또 다른 사람이나 다른 어떤 사람**으로 번역될 수 있다.[50] 다른 어떤 사람은 서로 대조하는 바울의 관심사를 전달한다. 한편 이 절에서 πίστις, "믿음"이 구원하는 믿음 또는 믿음으로 하나님의 은혜에 의해 구원받는 것을 자신의 것으로 만드는 것을 가리킬 수 없다는 데는 사실상 의견의 일치가 이루어져 있다. 왜냐하면 바울은 명백하게 성령이 이 은사를 그리스도인이나 심지어 대다수 신자들과 다른 어떤 사람에게(ἑτέρῳ) 베푼다고 말하기 때문이다. 이 믿음은 **어떤 특정한 사람에게** 주어지는 특별한 은사다. 그러므로 이 믿음의 정의에 근거하면 이것은 신자들이 모두 믿음을 통해(참조. 7:13에서 바울은 의미상 신자에 반대되는 표현으로 ἄπιστος를 사용함) 진정으로 "신자들" 또는 그리스도인들이 된다는 것을 가리킬 수 없다. 따라서 브루스는 다음과 같이 주장한다. 여기서 언급되는 믿음은 "모든 그리스도인의 삶의 기본이 되는 구원하는 믿음이 아니라 어떤 특별한 섬김을 위해 특별히 주어지는 믿음이다(참조. 13:2b)." 하지만 콜린스는 이 믿음을 "모든 신자들을 특징짓는 믿음과 다

---

49) Metzger, *Textual Commentary* (2d ed.), 497.
50) BAGD, 315.

른 어떤 것"이라고 부른다.[51)]

이것은 이 점을 훌륭하게 요약해준다. 그러나 몇몇 학자들은 이보다 더 구체적으로 설명하기를 원한다. 콘첼만은 이것이 아홉 가지 은사 중 첫 두 은사와 연결되어야 한다고 생각한다. "따라서 이것은 단순한 믿음이 아니라 분명히 이적을 행하는 능력이다(참조. 13:2). 이처럼 이것은 χαρίσματα ἰαμάτων, '치유의 은사'와 매우 가깝다."[52)] 피는 "아마도 이것은 하나님이 자신의 능력 또는 자비를 특별한 경우에 특별한 방법으로 계시한다는 데 대한 초자연적인 확신을 가리킬 것"이라는 중재안을 제시한다.[53)] 비트링거는 이 은사가 "구원에 이르게 하는 믿음"이 아님을 인정하면서도 대체로 믿음의 모범으로 제시된 사례(예. 히 11장)에 호소한다.[54)] 히브리서 저자에 의하면 모든 믿음은 앞으로 그것이 궁극적으로 나타나면 온전히 보이게 될 어떤 실재에 기초하여 현재에 기꺼이 행동하거나 위험을 무릅쓰는 것을 포함한다. 따라서 루터는 구원으로 이끄는 믿음을 다음과 같이 정의한다. "[이 믿음은] 하나님의 은혜 안에서 생명력 있는 담대한 확신으로서 너무나도 분명하고 확실하기 때문에 어떤 사람은 그것에 자기 목숨을 천 번이라도 내맡길 것이다. 하나님의 은혜 안에 있는 이 확신은…사람을 기쁘게 하고 담대하게 한다."[55)] 하지만 이것은 어떤 사람이 하나님의 약속에 근거하여 자기 목숨을 건다는 개념과 전혀 차이가 없다. 이것이 롬 4:13-25에서 아브라함의 모델에 기초한 것이든지, 히 11:6-29에서 노아, 아브라함, 모세의 모델에 기초한 것이든지 말이다. 한편 우리는 "구원하는 믿음"을 지나치게 수동적인 은사로 만들어 무언가 담대하거나 신뢰할 만한 것은 모두 [12:9에서

---

51) Bruce, *1 and 2 Cor,* 119; Collins, *First Cor,* 454. 반면에 Gillespie는 하나의 드문 예외를 제시한다. Gillespie, *The First Theologians: A Study in Early Christian Prophecy,* 113. 당연히 바울은 오직 "신자 한 사람"에게 "한 가지 은사"가 주어진다고 암시하지 않지만, 이것은 이 문제를 충분히 다루지 않는다. 참조. Turner, *The Holy Spirit and Spiritual Gifts Then and Now,* 275-277.

52) Conzelmann, *1 Cor,* 209.

53) Fee, *First Epistle,* 593.

54) Bittlinger, *Gifts and Graces,* 32-34.

55) Luther, "Preface to the Epistle to the Romans," *Works,* 35:370.

언급하는] 이 특별한 은사와 연결하려는 유혹을 물리쳐야 한다. 구원에 이르는 믿음과 9절에서 말하는 믿음 사이에는 여전히 중요한 차이가 있다.[56] 따라서 샤츠만은 (하젠휘틀의 입장을 따라) "카리스마적인 믿음"에 대해 말한다. 하지만 그는 다음과 같이 덧붙인다. "하지만 이 표현은 칭의에 이르는 믿음을 더 낮은 등급의 영성으로 만드는 것이 아니다."[57] 9절의 믿음은 아마도 "확신이 신비로운 방법으로 나타나는 것"을 포함할 것이다.[58]

이 절에 대한 많은 해석은 사변적이다. 왜냐하면 이러한 해석은 이 절을 현대 서구의 개인주의적 관점으로 이해하기 때문이다. 예를 들면 어떤 신앙 공동체의 상황에서 종종 몇몇 특별한 사람이 "은사를 받은 사람"으로서 무대에 등장한다. 그들은 신앙 공동체 전체를 지원해줄 것이라는 큰 확신을 갖고 있다. 이것은 어떤 특별한 위기 상황을 전제할 수도 있고 그렇지 않을 수도 있다. 문제점을 야기하는 두 번째 요소는 이원론적인 세계관이다. 이 세계관은 신중히 고려하지 않은 채 각각의 은사를 너무 쉽게 절박한 상황에서 등장하는 "**초자연적인**" 범주 안에 배치하거나 그것을 단지 매우 탁월한 **자연적인 능력**으로서 지나치게 자연주의적이며 환원주의적으로 이해한다. 바울에게 "자연적"과 "초자연적"이라는 이중 모델을 부여하는 것은 지혜롭지 못하며 필요하지도 않다. 이 이중 모델은 17세기 말과 18세기 초 영국의 이신론과 기계론적 세계관이 부상한 이후에 나타났다. 우리는 반드시 "산을 옮길 만한 믿음"과 같이 설명할 수 없는 놀라운 믿음을 포함할 가능성을 열어두어야 한다. 이러한 비유적인 표현이 실질적으로 무엇을 의미하든지 간에 말이다(참조. 마 17:20; 고전 13:2). 한편 단지 기적의 범주에만 초점을 맞추는 것보다는 9절의 믿음이 전능하시고 창조세계에 대한 절대 주권을 지니신 하나님에 대한 믿음을 내포한다는 점을 받아들이는 것이

---

56) O. Merk, *Handeln aus Glauben* (Marburg: Elwert, 1968), 142.

57) Schatzmann, *A Pauline Theology of Charismata*, 37; Hasenhüttl, *Charisma. Ordnungsprinzip der Kirche*, in Küng und Ratzinger (eds.), *Oekumenische Forschungen*, 144.

58) Schatzmann, *Charismata*, 37. 참조. Dunn, *Jesus and the Spirit*, 211; Barrett, *First Epistle*, 285.

더 유익할 것이다. 이것은 여기서 언급되는 믿음을 λόγος γνώσεως(8절)와 연결한다.[59] 이제 우리는 치유에 대한 이슈를 살펴보고자 한다. 이것은 우리를 믿음에 대한 세부적인 질문으로 안내할 것이다(아래 참조).

복수형 χαρίσματα ἰαμάτων은 다양한 종류의 치유의 은사를 가리킨다. 영어에서 이러한 복수 형태 사용은 사람들이 예를 들어 과일이나 치즈에 대해 말할 때다. 이럴 때 단수는 이미 한 가지 이상을 가리키므로, 복수가 해당 단어가 전달하려는 대상에서 **한 가지 종류보다 더 많은** 개념을 전달하는 수단이 된다.[60] 기원후 2세기에 집필한 유스티누스는 그리스도인의 사역에 대해 다음과 같이 말한다. 그리스도인은 "예수 그리스도의 이름으로 귀신을 쫓아낸다.…그들은 마술이나 약물로…치료받을 수 없는 자들을 낫게 해주었고 또 낫게 해준다."[61] 다양한 종류의 치유의 은사는 롬 12:3-8과 엡 4:11에서 언급하는 은사 목록에는 나타나지 않는다. 사실상 그리스어 명사 ἴαμα는 신약성경에서 오직 이곳과 12:28, 30에서만 나타난다. 하지만 이 단어의 동족 동사 ἰάομαι는 복음서에서 열여덟 번(그중에서 누가복음에서 열두 번) 나타나며, 사도행전에서 네 번, 히브리서, 야고보서, 베드로전서에서 각각 한 번씩 사용된다. 이 동사는 바울 서신에서 나타나지 않는다. "낫게 하다"의 의미를 지닌 또 다른 그리스어 동사인 θεραπεύω는 복음서와 사도행전에서 마흔 번씩이나 나타나지만, 바울 서신에서는 등장하지 않는다. 또한 이 동사는 신약의 다른 본문에서 단 두 번 나타난다(계 13:3, 12). 루와 니다는 치료와 관련된 의미 영역을 다루는 항목에서 ἰάομαι, "치유하다, 이전 상태로부터 변화를 일으키다", ἴαμα(단지 고전 12:9, 28, 30), ἴασις(단지 눅

59) 이 주제에 대한 Pannenberg의 많은 글 가운데 특히 다음을 참조하라. Pannenberg, *Systematic Theology*, 1 (Eng. trans. T. & T. Clark, 1991), 63-118, 특히 327-448. 참조. G. Van der Brink, *Almighty God: A Study in the Doctrine of Divine Omnipotence* (Kampen: Kok-Pharos, 1993). 상당히 많은 주석가들은 여기서 "초자연적"이라는 단어를 사용한다(예. Allo와 Weiss 등).

60) Edwards, *First Epistle*, 316. Edwards는 이 견해를 받아들인다. Zodhiates도 이 개념을 강조한다. Zodhiates, *1 Cor. 12*, 1:152.

61) Justin, *Apology*, 2:6.

13:32; 행 4:22, 30), θεραπεύω(앞에서 논의함), ἐγείρω(회복의 은유적인 확대로서 예. 약5:15) 등을 목록으로 제시한다.[62]

바울은 고전 12:9, 28, 30 외에 그의 다른 서신에서도 치유에 대해 언급하지 않는다. 한 가지 예외는 고후 12:7-8이다. 그는 여기서 치유의 χάρισμα보다 하나님이 자신의 육체 안에 있는 가시 또는 극심한 신체적 고통(σκόλοψ τῇ σαρκί ... ἵνα με κολαφίζῃ)을 제거해주실 것을 세 번 간구했다고 말한다. 하지만 하나님은 바울에게 족하다(ἀρκεῖ σοι)는 의미로 그에게 ἡ χάρις μου를 주셨고, 그를 특별한 방법으로 치유해주시지 않은 채 그를 계속 연약한 상태(ἀσθένεια)로 내버려 두셨다. 우리는 이미 앞에서 디벨리우스, 다이스만, 슈바이처의 가설을 언급하면서(참조. 2:3, 나는 연약함 가운데…여러분에게 나아갔습니다) 바울의 질병에 관한 이슈에 대해 논의했다. 콜린스는 바울이 "자신을 위해 치유의 은사를 구하지 않는다"고 주장한다.[63] 다른 한편으로 터너는 바울이 "'표적과 이적의 능력으로'(롬 15:18, 19; 참조. 살전 1:5) 복음을 전했다는 것에 "치유"를 포함한다.…고전 2:2-5."[64] (또한 아래에서 이 단원 끝 부분을 참조하라.)

그럼에도 신약성경의 다른 부분은 치유를 하나님의 주권적인 선택이나 때때로 특별한 종류의 믿음과 연결한다. 9a은 이와 같은 믿음을 언급한다. 약 5:15은 "믿음의 기도(ἡ εὐχὴ τῆς πίστεως)는 병자를 낫게 할(σώσει) 것이며, 주께서 그에게 건강을 회복시켜주실(ἐγερεῖ αὐτὸν) 것이다"라고 선언한다. 따라서 알로, 젠프트, 키스트메이커, 랑은 9a의 특별한 믿음을 다양한 치료(9b)와 연결한다.[65] 브루스, 에링, 바레트는 치유에 대해 사실상 아

62) Louw and Nida, *Greek-English Lexicon of the NT Based on Semantic Domains* (2 vols., New York: United Bible Societies, 2d ed. 1988), 1:157 (13.66), 269(23.136-141), and 2:295. 중요한 결함은 Louw and Nida가 여기서 제시한 의미 영역에서 σῴζω를 누락시킨 것이다.

63) Collins, *First Cor*, 454.

64) Turner, *The Holy Spirit and Spiritual Gifts*, 252.

65) Lang, *Die Briefe*, 169; Kistemaker, *1 Cor*, 422; Allo, *Première Épitre*, 325-326; Senft, *La Première Épitre*, 158.

무런 주해도 제시하지 않는다. 아마도 그들은 이 용어의 의미가 자명하다고 믿는 것 같다. 슈라게는 복수 형태가 사용된 것은 예수가 행한 치유의 전승을 언급하는 것이라고 주장한다.[66] 그러나 만약 대다수 저자들이 치유를 9a에서 언급한 믿음과 연결한다면, 그리고 만약 이 믿음이 모든 신자에게 주어진 것이 아니라 하나님이 그의 주권적 선택에 따라 특정한 사람에게 주신 은사라면 **바울은 다양한 종류의 치료를 필요로 하는 모든 신자들이 치유와 연관된 그 믿음의 은사를 나타낼 것이라고 기대하지 않을 것이다.** 이 믿음은 ἑτέρῳ, "다른 사람" 또는 "어떤 사람"에게 주어진다. 피는 이 은사가 치유를 받은 사람이 아니라 치유를 베푸는 사람에게 나타난다고 주해한다. 그의 주해는 이 원칙을 훼손하지 않는다.[67] 더욱이 만약 믿음이 치유의 조건이라고 말한다면 이것은 이 특별한 믿음이 ἑτέρῳ에게 주어지고, χαρίσματα ἰαμάτων이 ἄλλῳ에게 주어진다는 것을 난처하게 만든다. 그러므로 특별한 믿음의 은사를 받은 사람이 반드시 치유를 베푸는 사람은 아니다.

이것은 이 은사의 개별적인 측면이 아니라 **공동체적인** 측면과 성령이 교회에 주어졌다는 바울의 이해를 강조한다. 신앙 공동체 안에는 효력을 나타내는 **공동체적 믿음**이 있다. 이 믿음은 공동체 전체에 효력을 발생할 것이다. 믿음의 은사에 대한 모팻의 이해를 인용하자면 "하나님은 어떤 어려움도 극복하실 수 있고, 어떤 난관도 해결하실 수 있다는 불요불굴의 확신"이 어떤 특별한 개인에게 주어질 수 있다. 하나님의 은혜와 주권에 대한 이와 같은 훌륭한 확신은 치료의 과정이 잘 진행되도록 다른 사람을 이끌어주고, 또 다른 사람에게는 그의 건강이 회복되도록 도와줄 것이다.[68] 그렇다 하더라도 바울의 "몸에 있는 가시"와 건강과 관련된 문제(고전 2:3-5; 고후 12:8; 갈 4:5)와 같은 정반대 사례들은 궁극적으로 하나님의 주권적 선택에 달려 있다는 것을 보여준다. 우리는 이 사실을 결코 잊어서는 안 된다. 고전

---

66) Schrage, *Der erste Brief,* 3:151. 예. 막 9:23; 10:52. 같은 책, n. 211 참조.
67) Fee, *First Epistle,* 594.
68) Moffatt, *First Epistle,* 181.

4:8-13에서 언급하는 바울의 종말론에 비추어볼 때 그는 과연 "하나님의 종말론적인 구원의 전인적인 특성"을 기쁘게 고대하는 것으로 치유를 "기대하는" 막스 터너의 원리를 전적으로 보증해주는가?[69]

다양한 종류의 치료를 암시하는 복수는 그 범위를 충분히 제시해주어야 한다. "다양한 종류"는 즉각적 또는 점진적, 신체적, 정신 신체적 또는 정신적 치료, 의약품 사용이나 더 "직접적인" 신적 관여, 그리고 일부 정형화된 기대 패턴에 미리 포함되지 말아야 하는 변형 등을 포함하는 것으로 보인다.[70] 비록 오순절 교회 전통 안에 있는 존스는 8-10절의 아홉 가지 은사를 오순절 교회의 가르침을 입증하는 표시로 인식하지만, 도널드 지는 다양한 치유는 그가 "의술과 의약품을 사용하는 자비롭고 다양한 일"이라고 부르는 것을 "배제해서는 안 된다"고 분명하게 말한다.[71] 또한 벵엘은 9-10절에서 언급하는 이 은사들이 **기적적인 것**을 포함하지만, **그렇다고 그것들이 "자연적인 치료"**(per naturalia remedia)**를 배제하지는 않는다**고 주장한다.[72] 콘첼만은 단순히 델링의 『고대의 기적 텍스트들』에서 제시하는 기적적인 치유 목록 중에서 헬레니즘적 평행 사례들을 언급한다. 그의 언급이 과연 이 절을 이해하는 데 도움이 되는지는 의심스럽다.[73] 고데, 마이어, 로버트슨과 플러머, 구지, 카슨, 샤츠만 등은 에드워즈가 처음에 제시한 다음과 같은 점을 뒷받침해준다. 즉 이 복수 형태는 다양한 상황을 대상으로 하여 다양한 방법으로 실현된 다양한 종류의 치료를 가리키며, 이것은 지속적인 치유 능

69) Max Turner, *The Holy Spirit and Spiritual Gifts,* 254-260.

70) 이러한 태도는 Reitzenstein과 Weiss가 제안한 이른바 신비 종교들의 비슷한 유형들에 더 가까울 것이다.

71) W. R. Jones in P. S. Brewster (ed.), *Pentecostal Doctrine* (Cheltenham: Brewster, 1976), 47-62; D. Gee, *Spiritual Gifts in the Work of the Ministry Today* (Springfield, Mo.: Gospel, 1963). 이것은 다음 저서를 다시 작업하여 개정한 것이다. D. Gee, *Concerning Spiritual Gifts* (Stockport: Assemblies of God in Great Britain and Ireland, 1928 and 3d ed. 1937).

72) Bengel, *Gnomon,* 652.

73) Conzelmann, *1 Cor,* 209, n. 28; G. Delling, *Antike Wundertexte* (Berlin: de Gruyter, 2d ed. 1960). 참조. A. Oepke, "ἰάομαι," *TDNT,* 3:205-213.

력을 부여받은 어떤 "치유자"를 통해 실행되는 균일하고 정형화된 듯한 사역이 아니라는 것이다.[74)]

치유자들에게는 다양한 임무를 수행하기 위해 다양한 시기에 다양한 은사가 주어진다. 우리는 하나님이 일반적인 물리적 수단들을 사용하기도 하고 때로는 사용하지 않기로 선택한 방법에 대해 18세기 이후의 "자연적"과 "초자연적"이라는 이원론을 강제로 적용하려 해서는 안 된다.[75)] 오순절파에 속한 저자 도널드 지가 목회 서신과 관련하여 지적하듯이 딤전 5:23에서 바울(또는 바울의 영향을 받은 어떤 저자)은 위장병 치료를 위해 디모데에게 물만 마시지 말고 포도주를 사용하라고 권면하지만, 딤후 4:10에서는 병에 걸린 드로비모를 밀레도에 남겨 둔다.[76)] 빌 2:27도 에바브로디도의 병에 대해 언급한다.

패리는 "이 절은 사도 바울이 '치유의 은사'에 대해 말하는 유일한 구절"이라고 우리에게 상기시켜준다.[77)] 따라서 많은 저자들이 종종 이 절에 대해 사실상 아무런 주해도 하지 않는다는 사실은 더욱더 놀라운 일이다. 피는 그의 주석서에서 이 절에 대해 간략하게 주해한다. 그는 심지어 그 이후에 출간된 무려 천 페이지에 가까운 바울의 성령론에 관한 저서에서도 별

---

74) Godet, *First Epistle,* 2:197; Meyer, *First Epistle,* 1:364; Robertson and Plummer, *First Epistle,* 266; Goudge, *First Epistle,* 110; Carson, *Showing the Spirit,* 39; Schatzmann, *Charismata,* 37.

75) 이렇게 경고하는 이들 중 가장 널리 알려진 저자는 Hans Frei다. 참조. Hans Frei, *The Eclipse of Biblical Narrative* (New Haven and London: Yale University Press, 1974). 하지만 지시 대상의 의미에 대한 Frei의 견해는 타당하지 않다. 그리고 허구적인 의미에 대한 그의 개념은 Wolterstorff의 관점에 비추어 명백하게 조명할 필요가 있다. 참조. N. Wolterstorff, *Divine Discourse* (Cambridge: Cambridge University Press, 1995). 그럼에도 세계관의 변천에 대한 기본 이슈는 여전히 타당하다. 참조. H. Thielicke, *The Evangelical Faith* (3 vols., Grand Rapids: Eerdmans, 1974-82), 특히 vol. 1.

76) Donald, Gee, *Trophimus I Left Sick: Our Problems of Divine Healing.* Donald, Gee의 신학에 대해서는 Hollenweger, *Pentecostals,* 208-213을 참조하라. Gee는 그의 동료 오순절파 신학자인 Harold Horton, *The Gifts of the Spirit*과 다른 접근 방법을 채택한다. Horton의 입장을 반대하면서 대다수 교부들과 마찬가지로 Gee는 예를 들면 "지식의 말씀" 또는 "지혜의 말씀"의 내용 안에 합리적인 가르침이 포함되어 있음을 인정한다.

77) Parry, *First Epistle,* 181.

로 추가 설명을 하지 않는다. 그는 "치유의 은사들에 관해서는 따로 설명할 필요가 없다"고 기록한다.[78] 이어서 그는 예수와 바울과 초기 교회에 있어 육체적 치유는 대체로 또는 적어도 "부분적으로는" "메시아 시대에는 하나님이 그의 백성을 '고쳐주실' 것이라는 구약의 약속"에 근거한 "일반적인 기대"였다고 덧붙인다.[79] 비록 그는 "치유"가 구원을 가리키기도 한다는 점을 인정하지만, 마 8:17에서 마태가 사 53:4을 "육체적 치유에 대한 약속"으로 인용한 점에 무게를 둔다. 이것은 고전 12:9의 의미도 밝혀줄 것이다. 하지만 오늘날 고린도를 방문하는 이들은 놀랍게도 고대 그리스의 치유의 신인 아스클레피오스의 신전에서 복구한 신체의 다양한 부위가 전시되어 있는 모습을 보게 되는데, 이들은 비로소 고대 고린도의 일상생활에서 "초자연적으로" 치유를 받기 위해 어떤 신에게 드리는 기도가 얼마나 중요했는지를 새삼 깨닫게 될 것이다.[80]

하지만 이 이슈는 적어도 피와 다른 몇몇 저자들이 시인하는 것보다도 훨씬 더 복잡하다. 데이비드 페츠는 그의 박사학위 논문(1993년)에서 마태가 예수의 치유 이적을 사 53:4—"그는 우리의 연약함을 친히 담당하시고"—의 성취로 인식했음을 인정한다. 하지만 페츠는 오순절 전통 안에서 논문을 쓰면서도 다음과 같은 사항을 입증하고자 한다. 즉 신자들이 십자가의 대속에 포함되거나 참여한다는 보편적인 "주장"은 병에서 낫기를 구하는 것과 전혀 다른 수준의 것이라는 것이다. (피의 표현을 빌리자면) 신자들은 그것을 "기대할" 수 있지만, 분명히 그것이 그들에게 언제나 허용되는 것은 아니다.[81] 성령의 은사들이 이 신자 저 신자에게 각기 다르게 주어지고, 하나님의 주권적 선택에 따라 이루어지는 은사의 분배와 사용이 일시적인 조

---

78) Fee, *God's Empowering Presence: The Holy Spirit in the Letters of Paul*(『성령: 하나님의 능력 주시는 임재』, 새물결플러스 역간), 168.

79) 같은 책. 각주 320 참조.

80) (아래에서 몸과 관련하여) 고고학에 대한 저서 외에 이 절의 중요성에 대해서는 다음도 참조하라. Collins, *First Cor,* 454-455.

81) Petts, "Healing and Atonement" Petts는 이 핵심 주제에 대해 해석학적으로 매우 상세하게 논의한다.

건 아래 있다는 사실 자체는 어떤 정확한 평행 관계를 제시하는 것을 불가능하게 만든다.

뿐만 아니라 우리는 하나님이 **약속하신** 것이 아니라면 어떤 "은사"도 받을 수 없다. 하나님과 화목하고 은혜로 의롭게 되는 것은 바울 서신에서 하나님의 자녀로 받아들여짐을 통해 또는 "믿음을 통해" 그것을 자기 것으로 만드는 모든 이들에게 허락된 **보편적인 약속**이다. 그러나 다양한 종류의 치료는 이와 같은 **보편적인 약속**과 상관이 없다. 이러한 것을 기대한다는 것은 하나님의 "약속"에 대한 **인간의 그릇된 판단**에서 비롯되는 것이다. 우리는 종교의식이나 개인적인 경험에 근거하여 이러한 것을 머릿속에 떠올릴 수 있을 것이다. 우리는 일부 교회나 신자들이 종종 이 은사들을 (올바로 또는 그릇되게) 하나님의 약속으로 **인식한다**는 것을 부인할 필요가 없다. 하지만 과연 이러한 전제가 옳은 것인지는 부분적으로 교회 안에서 다른 은사들—예를 들면 말씀에 대한 가르침, 지혜와 영에 대한 분별 등—이 공동체 전체에 공동으로 주어진다는 점에 근거하여 판별될 것이다.[82]

해석학적으로 자세히 검토해보면 다양한 치유의 은사에 대한 문제는 여전히 미결상태로 남아 있다. 예를 들면 많은 특별한 은사(χαρίσματα ἰαμάτων) 중 하나로서 이 종류에 속하는 은사는 어떤 방식으로 베풀어지는가? 어떤 도구를 통해 또는 어떤 사람을 통해 이러한 치유가 실현되는가? 하나님은 어떤 시점을 선택하시는가? 이 목록의 다른 은사들과 관련하여 대체로 생략되는 χαρίσματα가 여기서 명확하게 나타나는 것은 우연이 아닐 것이다. 테르툴리아누스와 알렉산드리아의 키릴로스는 이 은사들(치유를 포함하여)과 사 11:1-3에서 일곱 가지로 베풀어지는 성령으로 예수 그리스도가 기름 부음을 받는 것의 연관성을 특별히 강조한다.[83] 또한 이 관점도 치유에 대해 상당히 단순한 견해를 제시하는 것을 바로잡아주는 데 도움

82) 예컨대 다음을 보라. Basil, *Letters,* 204.3.

83) Tertullian, *Against Marcion,* 5:8; Cyrill of Alexandria, *Fragmenta: In Ep. 1 ad Cor,* 288. 참조. Theodoret, *Interp. Ep. 1 ad Cor.* (Migne, *PG*, 82:323-324), 244D.

이 된다. 테르툴리아누스와 키릴로스가 강조하듯이 그리스도는 성부에 의해 주님으로 다시 살아났으며 "통치권"을 부여받았다. 이 타락한 세상은 그 모든 그릇된 요소와 더불어 주님의 주권적인 승리 아래 있다. 이러한 요소는 주님의 승리의 능력 안에서 완전히 산산조각이 나 있다. 하지만 다른 한편으로 그리스도의 승리는 창조세계의 질서 안에서 온갖 육신의 한계와 연약함을 수용하는 것을 의미한다. 따라서 종말론적 시점이 중요한 요소가 된다. 즉 언제 이 승리가 완성되는가? 또한 참여(그리스도의 구속 안에서 그리스도와 하나가 되어 그의 고난에 동참함)와 대체(그리스도가 자기 백성을 대신하여 승리함)의 상호 관계도 중요한 요소다. 따라서 바울은 주권자로서 성령의 역할을 강조한다. 성령은 인간이 스스로 상상할 수 없는 하나님의 계획을 실행해 나가는데, 우리는 마지막 날에 그 계획이 완전히 이루어지기까지 그것을 온전히 파악할 수 없다(고전 2:10-16; 4:5).

이 기독론적·종말론적 관점은 아우구스티누스와 바실레이오스의 글에서도 발견된다. 그들은 세상을 향한 구원의 과정의 관점에서 성령의 은사들을 일차적으로 그리스도 안에서 이루어지는 하나님의 목적과 연결한다.[84] 성령의 능력을 통해 복음이 점점 더 폭넓게 전파되는 것은 온갖 사악한 것을 선한 것으로 끊임없이 바꾸어놓는다. 그리고 지식, 지혜, 치유, 예언의 은사는 전인적이며 우주적인 배경에서 복음을 통한 변화 과정에 도움을 준다. 이 은사들은 자급자족하는 현실이라는 개인주의적인 세계가 아니다.[85] 이원론적인 "초자연의 법"이 주해로 잘못 적용될 때 계몽주의 이후의 현대 세계관에서 대중적인 종교 문학이 얼마나 많은 부분을 차지하는지는 과장하기 어렵다. 피터 뮬렌이 간파하듯이 프랜시스 맥넛의 다음과 같

---

84) Augustine, *On the Trinity,* 12 (14):22; 15(19):34. 참조. *Confessiones,* 13:18-23; *Palms,* 84:11; *Harmony of the Gospels,* 4:10:20; Basil, *On the Holy Spirit,* 16:39; 참조. 16:38. T. F. Torrance, *Divine Meaning: Studies in Patristic Hermeneutics* (Edinburgh: T. & T. Clark, 1995), 384-386. 참조. Basil, *Letters,* 204-5.

85) 노바티아누스에게는 아우구스티누스와 바실레이오스의 신학적 사고 안에서 발견되는 역사적·우주적 연속성의 비전이 없다. 그럼에도 그는 성령의 은사에 대해 기독론적으로 합당한 기초를 제시한다. 참조. Novatian, *Treatise concerning the Trinity,* 29.

은 주장은 바울의 세계와는 아주 거리가 멀다. "왜 하나님은 언제나 병을 낫게 해주시지 않는가에 대한 열한 가지 이유"와 함께 "하나님은 언제나 병을 치유하고자 하신다. 이것이 바로 그의 일반적인 뜻이다."[86] 하나님의 "일반적인 뜻"이라는 개념은 바울이 말하는 측량할 수 없는 심오함—Ὦ βάθος πλούτου καὶ σοφίας καὶ γνώσεως θεοῦ· ὡς ἀνεξεραύνητα τὰ κρίματα αὐτοῦ καὶ ἀνεξιχνίαστοι αἱ ὁδοὶ αὐτοῦ(롬 11:33)—보다는 규칙성이라는 과학 개념에 더 많은 빚을 지고 있다.

기독론, 종말론, 공동체 "세우기"에 대한 바울의 문맥은 영국 성공회의 공동 선언문 "복음과 성령"에 잘 표현되어 있다. 이 선언문은 맥도넬이 편집한 『임재, 능력, 찬양』에 수록되어 있다.[87] 이 선언문은 다양한 치유의 은사에 대해 다음과 같이 선포한다. "모든 참된 온전함, 건강, 치유는 하나님으로부터 온다. 그러므로 우리는 '신적 치유'를 언제나 기적적인 것으로 여긴다. 우리는 부활을 고대한다. 우리는 궁극적으로 비로소 그때에 모든 질병, 연약함, 고통, 죽음으로부터 완전히 자유롭게 된다는 것을 알고 있다[고전 15:44, 그리고 이 견해에 대해서는 아래의 논평 참조]. 동시에 우리는 치유에 대한 교회의 관심을 통해 실현되는 회복을 환영할 뿐만 아니라…다음과 같은 그릇된 전제들을 통해 잘못된 인상을 심어주고 불필요한 심리적인 압박감을 불러일으키는 것에 대한 경계를 표현하고자 한다. (i) 어떤 그리스도인이 병에 걸리는 것이 마치 죄를 범한 것처럼 보이게 하고, (ii) 병에서 낫기를 원하는 사람의 믿음과 책임을 지나치게 강조하는 것 등이다."[88]

---

86) P. Mullen in Martin and Mullen (eds.), *Strange Gifts? A Guide to Charismatic Renewal,* 100; 참조. 97-106; F. McNutt, *Healing* (Notre Dame: Ave Marie and New York: Bantam, 1972); *The Power to Heal* (Notre Dame: Ave Marie, 1977; New York: Bantam, 1979). 참조. J. S. McEwen, "The Ministry of Healing," *SJT* 7 (1954): 133-152.

87) "Anglican Church, Great Britain, 1977: *Gospel and Spirit: A Joint Statement,*" in McDonnell (ed.), *Presence, Power, Praise: Documents on the Charismatic Renewal,* 2:291-306.

88) 같은 선언문, 305. 감리교의 입장은 다음을 참조하라. *Presence, Power, Praise,* 2:22-36, 182-220 and 270-290(각각 호주, 유럽, 영국, 미국의 감리교). 교황 바오로 6세의 입장은 3:11-13, 70-76. 또한 다양한 지역의 로마 가톨릭 전통의 사례는 2:82-83, 98-113, 358-

c. 역동적이며 효력 있는 능력의 행위들(12:10a)

10a절 안타깝게도 10절에서 각 어구는 여섯 가지에 이르는 용어 또는 구절에 대한 특별한 해석을 전제하는 용어로 번역되어야 한다. 각 용어는 다양한 해석학적인 논쟁 가능성 및 판단과 얽혀 있다. 우리가 앞에서 제시한 번역과 관련하여 다양한 선택 가능성을 명시하지 않는다면, 우리가 할 수 있는 것은 오직 다양한 대안을 지지하는 주장을 나열한 후 우리가 왜 앞에서 제시된 번역에 도달하게 되었는지를 설명하는 것이다.

슈라게는 ἐνεργήματα δυνάμεων과 관련하여 다음 두 가지를 지적한다. 앞으로는 12:28과 연결하며, 뒤로는 이 서신의 다른 곳에서 구원과 관련된 단어인 δύναμις가 사용된 것을 가리킨다.[89] 이 구절은 대체로 "기적 행함"(NRSV, NJB, AV/KJV, 바레트, 실질적으로 콜린스도) 또는 "기적적인 능력"(REB, NIV, 모팻)이라고 번역된다. RV는 "능력 행함"이라고 번역하면서 각주에서 해당 그리스어 표현이 "기적적인"을 암시하는지가 분명하지 않다는 점을 인정한다. 우리는 이 그리스어 표현을 "능력의 행위"라고 번역했다(이 번역은 δύναμις가 여기서 복수 형태로 사용되며, 이 은사가 **말하는** 것["지혜"와 관련된 명료한 표현력과 "지식"과 관련된 말을 하는 것]과 대조되는 **행위의 결과**와 관련된 은사에 속한다는 것을 강조한다). 두말할 필요 없이 능력의 행위는 **기적적인 것을 배제하진 않지만, 그것을** 능력의 행위의 내용과 범위 전체로 **좁게 명시하지도 않는다.** 단지 복수 형태로만 사용된 것 자체는 이 단어가 **오직** 기적적인 것만 가리킨다는 것을 보증하지 않는다. 다른 한편으로 칼 바르트가

376, 490-515. 영국과 아일랜드 침례교 연합의 입장은 2:379-390. 미국 남침례교의 입장은 2:114-115. 네덜란드, 남아프리카공화국의 개혁교회에 대해서는 391-428. 미국 개혁교회에 대해서는 68-81. 또한 루터파 전통에 대해서는 2:15-21, 307-324(미주리 총회), 268-269(독일), 429-452(미국 루터파 교회). 2권에 제시된 모든 정보는 1975-79년의 것이다. 한편 오순절 교파로부터 유래한 자료는 다음 참고문헌을 보라. 이 자료들은 대체로 광범위하지만 철저하진 않다. Schandorff, *The Doctrine of the Holy Spirit: A Bibliography,* 특히 2:1054-1055 (on healing); Mills, *A Bibliography of the Nature and Role of the Holy Spirit in Twentieth-Century Writings* and *Charismatic Religion in Modern Research: A Bibliography* (Macon. Ga.: Mercer University Press, 1985).

89) Schrage, *Der erste Brief,* 3:152.

그의 저서 『죽은 자들의 부활』에서 일관되게 주장하듯이 이 편지에서 능력은 (단수이든 복수이든) 특별히 어떤 장애 요인이나 제한 요인에 맞서 무언가 효력을 나타내는 것을 가리킨다. 왜냐하면 인간의 다양한 열망과 달리 그것은 하나님에 의해 타당성을 부여받기 때문이다.[90)]

우리는 이미 ἐνεργήματα의 의미에 대해 논의했다(6절에 대한 주해 참조). 하지만 소유격 δυνάμεων과의 연관성은 여전히 논쟁의 대상으로 남아 있다. 많은 저자들은 이 소유격이 주어로서 **능력의 사역**을 가리킨다고 추정하는데, 6-10절에서 논의한 내용을 간과한다면 "기적을 행함"만이 같은 단어의 반복 사용을 온전히 피할 수 있음을 암시해준다. 하지만 종교개혁자 중에서는 칼뱅과 종교개혁 이후의 저자 중에서는 하지(Hodge)와 현대 신학자 중에서는 틸리케가 δυνάμεων을 목적격 소유격으로 간주하는 매우 널리 알려진 교부들의 해석 전통을 따른다. 칼뱅은 과연 이것이 **기적을 일으키는 능력**인지 의심하면서 다음과 같이 주장한다. "그러나 나는 이것이 귀신들과 위선자들을 대적하는 능력(*virtutem*)이라고 생각한다."[91)] 한편 그는 ἐνεργήματα를 **효력을 일으키는 사역**으로 이해한다. 나아가 그는 다소 사변적으로 바울이 마술사 엘루마에게 갑자기 눈이 멀게 하는 심판이 임하게 한 사건(행 13:11)과 베드로가 아나니아와 삽비라에게 곧바로 죽음에 이르도록 한 사건(행 5:1-11)을 서로 비교한다. 하지도 이 주제에 관해 다룬다. 틸리케는 이 성령의 은사를 "[악한] 권세들에 대해 주권을 행사하는 것"으로 이해한다. 그는 상대적으로 매우 드물게 δύναμις가 **악한 세력들**을 의미한다고 말한다. 하지만 그는 여기서 사용된 복수 형태(신약성경에서 이것은 일반적이지 않음)는 "불경건한 세력들…[악한] 세력들에 **넘겨진** 능력을 가리키는 데 사용된다"고 주장한다(강조는 원저자의 것임). 그는 이것을 고전 5:5에서 "사탄에게 내주었으니"와 비교한다.[92)]

---

90) Karl Barth, *Resurrection of the Dead*, 18; 참조. 24, 26, 49, 52, 75, 79-82, 190. 한편 곧이어 언급되는 δυνάμεις에 대한 논의를 참조하라.

91) Calvin, *First Epistle*, 262.

92) H. Thielicke, *The Evangelical Faith* (3 vols., Grand Rapids: Eerdmans, 1974-82), 3,

과연 δυνάμεων이 주어를 나타내는 소유격인지 아니면 목적어를 가리키는 소유격인지는 여전히 논란의 여지가 있다. 콜린스는 이 은사를 "기적을 행하는 활동"이라고 번역하면서 "활동"이란 용어에 여지를 남기지만, 해당 텍스트는 과연 이 능력 또는 능력의 행위가 "기적적인 것"에 **한정되어** 있는지, 아니면 단순히 효과적이지 않을 수도 있는 기적적인 것을 **포함**하는지에 대해서는 여지를 남겨둔다.[93] 따라서 우리가 제안한 번역은 다음 사항을 제외하고 이 모든 가능성을 허용한다. 즉 공식 문법상 능력의 행위는 전문적으로 주어를 나타내는 소유격의 역할을 하는 반면, 내용상 이것은 칼뱅, 틸리케, 초기의 많은 교부들이 옹호한 해석에 여지를 남긴다. 따라서 우리의 번역은 결코 그 의미의 범위를 축소하거나 우리가 "기적"이라고 생각하는 것의 가능성에 대해 비판적이지 않으며, 오히려 이 표현의 의미 범위를 선입견을 품고 판단하거나 지나치게 좁게 설정하는 것을 회피한다. 이 표현은 모든 현대 주요 영역본이 암시하는 것보다 더 넓은 의미 영역을 전달한다.

우리는 이 문제와 관련하여 교부들의 증거와 논증을 진지하게 살펴볼 필요가 있다. 크리소스토모스는 치유가 서로 겹치고 대조되는 것을 간파하며 다음과 같이 말한다. "치유의 은사를 지닌 사람은 오직 치유만 했다. 그러나 ἐνεργήματα δυνάμεων을 소유한 사람은 심지어 바울이 눈이 멀게 하고 베드로가 죽음에 이르게 한 것처럼 처벌을 하기도 했다"(행 13:11; 5:1-11).[94] 암브로시우스(기원후 397년)는 귀신들을 쫓아내는 능력 또는 "표적"을 행하는 능력(*potestatem dari significat in ejiciendis, aut signis faciendis*)을

"Theology of the Spirit," 79; 참조. Hodge, *First Epistle,* 247.

93) Collins, *First Cor,* 455. δύναμις가 복수로 사용되는 사례들과 그 다양한 의미는 다음을 참조하라. BAGD, 207-208; MM, 171-172; G. Friedrich, "δύναμις," *EDNT,* 1:355-358; O. Betz, *NIDNTT,* 2:601-606; W. Grundmann, *TDNT,* 2:284-317; Grundmann, *Der Begriff der Kraft in neutestamentlichen Gedankenwelt*; Karl Prümm, *Diakonia Pneumatos,* 2.2, 243-327; V. K. Robbins, "*Dynameis* and *Semeia* in Mark," *BR* 18 (1973): 5-20; Powell, *The Biblical Concept of Power,* 특히 "*Dynamis* and Miracle," 107-116, 그리고 또한 101-160, 180-193.

94) Chrysostom, *1 Cor. Hom.,* 29:5.

이 은사에 포함한다.95) 이와 비슷하게 알렉산드리아의 키릴로스는 이 은사를 ἐξουσίαν κατὰ πνευμάτων ἀκαθάρτων ὥστε ἐκβάλλειν αὐτά(더러운 영을 내어 쫓는 권능)라고 이해한다.96) 하지만 이 은사에 "더러운 영을 쫓아내는"이란 의미를 부여하는 것과 함께 키릴로스는 이 목록을 확대하기 위해 "병든 자를 고치며 죽은 자를 살리며 나병 환자를 깨끗하게 하며 귀신을 쫓아내되 너희가 거저 받았으니 거저 주라"(마 10:8)라는 복음서의 말씀을 인용한다.97) 테오도레토스는 이 χάρισμα가 종종 요청되었으며, 이것은 "엘루마의 시력을 빼앗고 아나니아와 삽비라를 죽음에 이르게 하는 데" 사용되었다고 간략하게 말한다.98) 토마스 아퀴나스는 치유(*possit sanare infirmitatem*)를 **능력**(*virtutem*)의 광범위한 **역사**(*operatio*)와 구별한다. 후자는 바다를 가르는 구원 행위(출 14:21) 또는 심지어 태양을 멈추게 하는 것(수 10:13)에서부터 하나님이 성령을 통해 교회에서 기적을 일으키시는 것(갈 3:5)까지 모두 포함한다.99) 그로티우스도 여기서 **심판하는 권세**(*potestas puniendi*)를 언급한다.100)

교부 시대와 중세 시대의 주요한 텍스트들을 자세히 살펴보면 대체로 **결과를 낳는 행위**의 은사를 치료를 일으키는 치유 은사와 세분하기 위해 **악한 세력에 대한 권능**을 강조하는 것처럼 보인다. 이 권능은 **놀라운 일**(개역개정. "모든 권능")이라는 광범위한 의미에서 복수 형태 δυνάμεις와 연결되며, 이것들은 복음서와 사도행전에서 표적의 역할을 한다(예. 마 11:21, 23; 13:58; 막 6:2; 눅 10:13; 행 8:13). 하지만 복음서는 **하늘의 권능**을 나타내는 데 복수 형태 δυνάμεις를 사용하기도 한다(마 24:29; 평행 본문 막 13:25; 눅 21:26). 대체로 단수 형태는 바울 서신에서 **결과를 빚어내는 하나님의 능력**을 가리킨다

---

95) Ambrose, *Opera: In Ep. 1 ad Cor*, 151D (Migne, *PL*, 17:211-259).

96) Cyril of Alexandria, *Fragmenta: In Ep. 1 ad Cor*, 288 (1965 Pusey ed.).

97) 같은 책.

98) Theodoret, *Opera Omnia: Int. Ep. 1 ad Cor,* 245A (Migne, *PG,* 82:324-325 [Greek text] and 323 and 326 [Latin text]).

99) Thomas Aquinas, *1 ad Corinthos,* 728 (371-372).

100) Grotius, *Opera Omnia Theologica,* 2:2 ad loc.

(롬 1:4-16; 고전 1:18, 24; 2:4, 5; 4:20; 6:14). 그러나 복음서와 바울 서신에서 단수 형태는 하나님의 능력뿐만 아니라 **권능** 또는 **힘**을 가리킬 수도 있다(막 9:1; 12:24; 눅 5:17; 9:1; 고전 15:24; 고후 1:8; 6:3). 또는 심지어 하나님 자신을 에둘러 표현하는 데 사용되기도 한다(마 26:64; 평행 본문 막 14:62; 눅 22:69; 행 1:8; 6:8). **놀라운 일**은 (i) 그것이 지닌 강력한 특성에 비추어 볼 때 이례적이며 가시적이다. (ii) 그것들은 결과를 온전히 나타내며 그 목적을 성취한다. 또한 (iii) 그것들은 더 위대한 구원의 실재를 가리키는 것 또는 표지다. 이와는 대조적으로 **기적**은 세계관 및 자연적인 수단과의 관계에 문제를 제기한다. 이 수단과 관련하여 δυνάμεις는 해석의 여지를 더 남긴다. 이 해석은 전능하신 하나님의 절대 주권이 그의 창조세계 **위에, 그 안에, 그리고 그것을 통해** 영향력을 행사한다는 전제와 연결되어 있다.[101] 12:10의 능력의 행위가 앞에서 언급한 것 중에 어디에 속하는지는 "다양한 상황의 필요"와 일치한다. 이것은 "아나니아 같은 신실하지 못한 그리스도인이나 엘루마 같은 적대자에게 심판이 임하게 하는 것"을 포함할 수도 있고 그렇지 않을 수도 있다.[102]

오늘날 "권능"에 대한 특별한 연구 가운데 파월의 연구서는 각 장에서 "권위의 행위", "뒤나미스와 이적", "십자가와 부활의 능력"에 대해 다룬다. 그는 δύναμις와 δυνάμεις 안에서 서로 겹치는 주제들을 발전시킨다.[103] 하나님의 약속은 십자가 사건에 앞서 믿음을 지키며 기다려야 하는 것에 대한 정당성을 가시적으로 보여주는 징조라는 의미에서 "하나님의 권능의 날"

---

101) Kistemaker는 "성경 전체를 통해 기적은 자연법칙을 거슬러 일어나는 초자연적인 행위다"라고 깜짝 놀랄 만한 주해를 제시한다(Kistemaker, *1 Cor*, 423). 그의 주해는 아우구스티누스와 토마스 아퀴나스가 제시하는 원리—예기치 못한 하나님의 행위는 자연을 거슬러(*contra naturam*) 일어나는 것이 아니라 자연을 통해(*per naturam*) 여전히 일어난다—와 반대될 뿐만 아니라 역사적으로 시대착오적인 구조를 텍스트에 불필요하게 강요하는 것이다. 여기서 핵심적인 강조점은 창조세계가 하나님의 절대 주권적인 의지에 유연하게 반응한다는 것이다. Isaac Newton 시대 이후로 그와 같은 강조점은 새로운 색채를 취하게 되었다.

102) Godet, *First Epistle*, 2:197-199.

103) Powell, *The Biblical Concept of Power*, 101-129.

을 가리킨다.[104] 하지만 십자가 안에서, 그리고 그것을 통해 권능과 심지어 그 권능의 행위는 그리스도가 자신의 능력을 제한하고 단념함으로써 온전히 드러났으며, 메시아로서 그가 받은 유혹을 통해 드러난 하나님의 내적 사랑과 구원의 목적을 효과적으로 나타나게 한다. 밀알 하나가 열매를 맺으려면 땅에 떨어져 죽어야 한다는 비유(요 12:24)를 주해하면서 파월은 "구약과 신약에 나타난 권능의 개념 간의 차이점은 그 어느 곳에서도 이처럼 강력하게 드러나지 않는다"라고 단언한다.[105] 따라서 우리는 한편으로는 고전 1-4장을 비롯하여 이 편지 거의 모든 곳에서 언급되는, 효과적이면서도 십자가를 구현하는 권능과, 다른 한편으로는 δυνάμεις가 매번 그런 것은 아니지만 종종 암시하는 가시적인 "표적"과 어떤 연속성을 지닌 권능 간의 변증법을 고전 12:10에서 발견한다. 하지만 우리는 이미 앞에서(특히 고전 1:18-2:5에 대한 주해에서) 진정성 있는 "표적"은 진정으로 십자가를 반영하고 기독론적인 기초에서 비롯된다고 지적한 바 있다.

전통과 공관복음의 용법을 다소 수정하여 우리는 "역동적이며 효력 있는 능력의 행위들"이라고 번역한다. 하지만 이 번역은 이미 엄청난 기적을 기대하는 것에 너무 많은 것을 허용한다.[106] 던은 특별히 고전 12장에서 바

---

104) 같은 책, 77-100, 특히 92-98.

105) 같은 책, 117.

106) 참조. Fee, *God's Empowering Presence*, 169. 비록 그는 "'기적'으로 번역된 단어가 일반적으로 '권능'(능력)을 가리키는 말"임을 인정하지만, "모든 종류의 초자연적 행위"라는 이원법적 용어를 계속 사용하는 것을 고집한다. 만약 Fee가 하나님의 절대 주권적인 뜻에 창조세계가 전적으로 유연하게 반응한다는 것을 부인하고, "틈새의 하나님"의 불필요한 문제점을 인정하기를 원하지 않고, 또 바울을 오늘날의 반(反)계몽주의 논쟁으로부터 자유롭게 하지 않는다면—바울은 이 용어에서 이 특별한 의제를 언급하지 않음—이 견해는 본 주석서 저자와 같은 해석자를 곤란한 처지에 놓이게 할 것이다. 한편 Dunn은 바울의 δυνάμεις는 오늘날 우리가 "**실질적인 기적이나 어떤 특별한 경우에 효과적으로 실행되는 기적을 일으키는 능력**"으로 여기는 것이라고 분명하게 말하면서 중도적인 태도를 보인다(강조는 원저자의 것임; Dunn, *Jesus and the Spirit*, 210). 그리고 McDonnell, ed. *Presence, Power, Praise*(앞 절 주해 참조)가 수집한 주요한 교회들의 전통에 기초한 문서는 더욱더 신중한 자세를 취한다. 예를 들면 *Gospel and Spirit: A Joint Statement*라는 문서는 "우리는 모두 오늘날에도 기적이 일어날 수 있다는 데 동의한다"고 언급하며 시작한다. 하지만 동시에 이 문서는 사람들이 흔히 "기적"에 대해 말하는 것은 문제가 있음을 시인한다. 또한 이 문서는 12:10a에서 논

울의 텍스트들을 주해하기 위해 공관복음에서 δύναμις가 복수 형태로 사용된 것에 어느 정도의 중요성을 부여해야 할지를 평가하는 것은 어렵다고 인정한다.[107] 볼프보다 앞서 그는 바울이 여기서 아마도 귀신을 쫓아내는 것을 생각했을 것이라는 점을 시인한다. "하지만 귀신들린 것과 같은 사례는 바울의 사고 안에서 두드러지게 나타나진 않는다(참조. 고전 10:20, 21; 엡 2:2). 오히려 그는 죄, 율법, 죽음과 이방인들의 제의와 관원들의 배후에 있는 (의인화된) 세력을 통해 활동하는 하늘에 있는 영적인 세력을 생각한다.…그들의 지배로부터의 해방은 오직 성령의 권능을 통해서만 가능하다."[108] 그러나 이러한 세력의 지배로부터 자유롭게 되는 것은 단지 몇 사람을 위한 은사가 아니다. 따라서 "이 은사들의 **집단적·공동체적인** 틀이 어떤 사람,…다른 사람"에게 다시 주어지는 것이 필수적이다. (모든 사람이 아닌) **어떤 특정한 사람은 모든 사람의 유익을 위해 억압하는 세력들에 대항하여 복음을 전파하기 위한 목적으로 성령의 특별한 은사를 받을 수 있다.**

던은 이러한 은사들을 활동 또는 효력과 관련하여 "가시적"이라고 올

의하는 은사는 "하나님이 가까이 계신다는 것을 깨우쳐주는 것으로서…일상적으로 일어나는 일이 아니다"라고 인식한다. "하지만 우리는 하나님께 어떤 기적을 일으켜줄 것을 요구하는 입장에 있지 않다. 왜냐하면 우리는 절대 주권을 지니신 우리 주님께 그가 우리의 기도에 응답하여 어떻게 일해야 하는지를 결코 명령할 수 없기 때문이다. 우리가 해야 할 일은 그의 약속을 의지하고 그것에 근거하여 호소하는 것이다.…하지만 우리는 하나님이 어떤 방법으로 응답하실지는 그의 지혜에 맡겨야 한다"(*Presence, Power, Praise*, 2:304). 영국 성공회의 "공동선언문"의 작성에 참여한 그룹에는 "카리스마적인" 전통에 속한 이들뿐만 아니라 "다른" 전통에 속한 이들도 포함되어 있다. 그들은 모두 다음과 같이 결론짓는다. "만약 어떤 사람이 기적적인 것에만 집중한다면 그것은 그들로 하여금 하나님이 세상에서 날마다 다양하고 놀라운 방법으로 일하시는 것을 보지 못하게 만들 것이다.…[그러나] 오늘날 기적을 어느 정도로 기대하는 것이 타당한지에 대해 우리는 전적으로 의견의 일치를 보지 못했다"(같은 책, 305) 이 선언은 전적으로 이해할 만하다. 왜냐하면 바울도 신약성경의 다른 저자들과 마찬가지로 이 이슈에 대해 명확하게 말하지 않으며, 해당 텍스트에 대해서도 해석학적으로 어떤 명료한 답변을 제시해주지 않을 것이기 때문이다.

107) Dunn, *Jesus and the Spirit*, 209-210.

108) Wolff, *Der erste Brief*, 291; Dunn, *Jesus and the Spirit*, 210. Dunn은 그의 이후의 저서 *The Theology of Paul*에서 9-10절에 대해 말하면서 "치유와 기적적인 행위"(556)를 포함하는 것 외에는 이 절에 대해 특별한 관심을 기울이지 않는 것 같다. 한편 그는 12:28의 은사 중에서 "도움을 베푸는 행위"와 "지도하는 것"이라는 표현으로 알기 쉽게 설명한다(556).

바르게 지칭한다. 하지만 나는 이 은사들이 "어떤 비합리적인 세력"이라는 던의 추론을 지지해줄 만한 근거를 전혀 발견하지 못한다.[109] 이러한 추론은 각주에서 논의된 것을 포함하여 12:6-10에 대한 해석과 관련하여 이제까지 살펴본 것을 상당 부분 무효화시킬 것이다. 어쩌면 "초이성적"이라는 말을 더 쉽게 수용할 수 있을 것이다. 우리는 λόγος σοφίας와 λόγος γνώσεως 같은 은사들이 아우구스티누스와 많은 초기 교부에게는 인간과 하나님과 관련된 지식에 해당하며, 그 지식은 전수받은 가르침에 대한 이성적인 사색과 밀접하게 연결되어 있다는 점을 반드시 기억해야 한다. 이와 비슷하게 ἐνεργήματα δυνάμεων은 능력과 함께 역동적으로 작동하는 효과적인 행위와 관련되어 있다. 이 행위들이 이성적이든 초이성적이든, 영적인 반대 세력을 물리치든 지상의 반대 세력들을 물리치든, 자기희생을 통해서든 훌륭한 삶에 기초한 증거를 통해서든, 어떤 더 괄목할 만하고 (현대적인 의미에서) "기적적인" 일을 통해 일어나든 간에 말이다. 십자가에 못 박혔다가 다시 살아나신 승리자 그리스도는 성령을 통해 승리의 은사를 부어주시는데, 이 은사는 **십자가의 패턴과 실재**(십자가의 모든 한계와 "연약함"과 함께), 그리고 부활의 패턴과 실재에서 그 능력을 얻는다.

"예언": 12장의 배경에서 첫 번째 특별 해설(12:10)

"다른 사람에게는 예언"의 그리스어 표현은 ἄλλῳ προφητεία다. 신약성경에서 예언은 과연 무엇을 의미하는가? 비트링거는 널리 알려진 캐치프레이즈를 사용한다. "예언은 첫째 [앞날을] 예언하는 것(foretelling)이 아니라 전하는 것(forth-telling)—현재를 밝히는 빛—이다."[110] 현재 상황을 전하는 것은 **예언자** 및 구약의 예언과의 예기된 연속성을 유지하며, 비트링거가 덧붙여 말하듯이 구약성경과 신약성경에서 예언자들은 종종 과거와 미래의 사건을 언급할 수 있었다(이 사건들이 현재 상황에 빛을 비

109) Dunn, *Jesus and the Spirit*, 556.
110) Bittlinger, *Gifts and Grace*, 42.

추어주거나 현재의 행동이나 이해를 위한 근거로서 약속을 내포한다면 말이다). 계 1:3은 요한의 묵시적 담화를 "이 예언"이라고 부른다(참조. 계 19:10; 22:10, 19; 딤전 1:18; 4:14; 벧후 1:19; 고전 13:2). 한편 신약에서 말하는 예언에 대한 주장은 종종 사변적이다. 어떤 주장에 대해 아무런 증거도 제시하지 않는 것은 바레트에게서 흔히 볼 수 없는 일이지만, 그는 신약의 예언은 특히 고전 12:10에서 "일상적인 말이긴 하지만 대체로 흥분한 상태에서, 어쩌면 무아지경의 상태에서 말한 것이었다"고 주장한다.[111] 비록 그는 고전 14:1-5을 언급하긴 하지만, 이 절들(또는 11:4, 5)에 대한 그의 주해는 여기서 우리가 예언을 이해하는 데 거의 또는 전혀 도움을 주지 못한다.

그리스어 동사 προφητεύειν, "예언하다"는 복음서와 사도행전에서 열세 번 나타난다. 하지만 이 동사는 주로 구약성경의 예언과 관련하여 사용된다. 이 동사는 바울 서신에서 열 번 등장하는데, 오직 이 서신에서만 사용된다(11:4, 5; 13:9; 14:1, 3, 4, 5, 24, 31, 35, 39). 또한 이 동사는 계 10:11; 11:3에서 두 번, 베드로전서와 유다서에서 각각 한 번씩 나타난다(벧전 1:10; 유 14). 그리스어 명사 προφήτης, "예언자"는 신약성경에서 해당 단어 그룹 중 가장 자주(144번) 나타난다. 이 명사는 마태복음에서 서른일곱 번(마태복음 저자가 이 단어를 선호한다는 점을 반영함), 마가복음에서 여섯 번, 누가복음과 사도행전에서 서른 번, 요한복음에서 열네 번 나타난다. 바울 서신에서는 (에베소서에서 세 번, 목회 서신에서 한 번을 포함하여) 열네 번 사용된다. 이 가운데 다섯 번은 고린도전서(고전 12:28, 29; 14:29, 32, 37)에서, 세 번은 로마서(롬 1:2; 8:21; 11:3)에서, 그 외에는 살전 2:15; 에베소서(엡 4:11의 목록을 포함하여); 디도서에서 네 번 나타난다. 여성 명사 προφῆτις는 신약성경에서 두 번 나타나는데, 각각 여자 예언자 안나(눅 2:36)와 이세벨(계 2:20)을 가리킨다. 하지만 여러 곳에서 여자들을 통해 예언이 이루어졌다는 것이 암시된다(참조. 행 2:17; 21:9; 고전 11:5). 한편 12:10에서 사용된 προφητεία, "예언"은 고린도전서에서 다섯 번(고전 12:10; 13:2, 8; 14:6, 22), 요한계시록에서 일곱 번(계 1:3; 11:6; 19:10; 22:7, 10, 18, 19) 나타난다. 또한 바울 서신에서는 롬 12:6과 살전 5:20에서 등장한다(참조. 딤전 1:18; 4:14). 또한 벧후

111) Barrett, *First Epistle*, 286.

1:20과 마 18:14에서는 구약의 예언을 가리킨다.[112]

이처럼 광범위한 자료를 살펴보면 우리는 신약의 예언의 내용과 특성에 대한 비트링거의 일반적인 논평 너머에 어떤 안정된 특징이 드러날 수 있다는 추측을 할 수 있다. 예언에 대한 신약의 많은 언급은 사실상 구약이나 특정한 문맥을 언급한다. 신약의 예언에 대한 현대 문헌은 방대하다. 이 문헌은 신약성경의 범위를 넘어 사전이 제시하는 정보를 당혹스러우리만큼 풍부하게 전해준다. 하지만 이 정보들은 예언의 의미에 대한 확실한 증거를 찾아낼 때 수반되는 문제점을 줄여주기는 커녕 오히려 이를 증가시킨다. 따라서 몇몇 핵심적·표준적 연구의 결과를 서로 비교하고 평가하는 것이 필수적이다. 모든 연구서를 망라할 수는 없지만, 다수의 표준적인 연구서가 아래 각주에 제시되어 있다.[113]

a. 헬레니즘의 배경?

파셔와 크론은 헬레니즘의 배경 연구의 관점에서 신약성경의 예언을 조명하려는 저자들의 예로 인식될 수 있다. 파셔는 **προφήτης, προφητεύειν, προφητεία**가 고대 그리스어의 세속적·종교적 텍스트에서 사용된 방대하고 광범위한 사례를 탐구한다. 여기서 **예언자**는 "어떤 신을 대신하여 말하는 사람", **선포자** 또는 **대변인**일 뿐만 아니라 헬레니즘 종교에서 **신탁 보존자**의 역할을 하는 인물이다. 비록 라이첸슈타인은

112) 이 통계는 Moulton-Geden, 870-872에서 찾아볼 수 있다. 또한 이 통계는 다음에서 확장되어 있다. G. Friedrich, "προφήτης," *TDNT*, 6:781-861.

113) Aune, *Prophecy in Early Christianity and the Ancient Mediterranean World;* Boring, *Sayings of the Risen Jesus: Christian Prophecy in the Synoptic Tradition;* Dautzenberg, *Urchristliche Prophetie;* Fascher, *Prophetes: Eine sprach-und religionsgeschichtliche Untersuchung;* Hill, *New Testament Prophecy;* Müller, *Prophetie und Predigt im NT;* Forbes, *Prophecy and Inspired Speech in Early Christianity and Its Hellenistic Environment;* Wire, *The Corinthians Women Prophets;* Grudem, *The Gift of Prophecy in 1 Corinthians;* Crone, *Early Christian Prophecy: A Study of Its Origin and Function;* G, Friedrich, *TDNT,* 6:781-861; Gillespie, *The First Theologians: A Study in Early Christian Prophecy,* 특히 97-164; Turner, *The Holy Spirit and Spiritual Gifts,* 185-220; Panagopoulos (ed.), *Prophetic Vocation in the NT and Today,* including Panagopoulos, "Die urchristliche Prophetie," 1-32; Ellis, "Prophecy in the NT Church and Today," in *Prophecy and Hermeneutic in Early Christianity,* 46-57; Cothenet, "Les prophètes chrétiens comme exégètes charismatiques de l'Écriture," in *Prophetic Vocation in the NT and Today,* 77-107.

기독교 예언자들을 파피루스 문헌의 후대 헬레니즘적 종교의식에서 발견되는 황홀경 및 기적과 연결하지만, 포브스, 보링 등 다른 학자들은 라이첸슈타인이 헬레니즘의 매우 다양한 현상 중 매우 선별된 자료에만 호소한다는 사실을 지적하는 데 큰 어려움을 느끼지 않는다. 포브스는 헬레니즘의 일차 문헌에 근거하여 "황홀경에 빠진" 의식과 언어에 대한 널리 알려진 전제를 날카롭게 비판한다.[114] 파셔의 연구는 이처럼 다양한 가능성을 발견하여 사실상 목적을 달성하지 못한다. 하지만 그의 연구는 결과적으로 이른바 헬레니즘의 평행 사례에 기초하여 신약성경의 예언을 조명하려는 시도가 얼마나 무의미한지를 밝혀주는 역할을 한다. 파셔의 연구에 기초한 크론의 시도는 단지 그의 견해에 사전의 정보에 기초한 의미를 더해줄 뿐이다. 힐이 지적하듯이 이 단어들의 단순한 등장이 이 현상을 이해하는 열쇠가 된다.[115]

b. 묵시 문학적 배경?

이와는 대조적으로 다우첸베르크와 (여러 가지를 크게 수정하고 큰 차이점을 보이는) 오니는 초기 기독교의 예언의 뿌리를 이해하기 위해 유대 묵시 문학적 담론의 계시 전승에 관심을 기울인다. 다우첸베르크는 유대교 묵시 문학(참조. 단 2:18, 19, 27-30; 4:9, 아람어 רנ, 복수 רננ, 란, 라닌; 70인역, μυστήριον; 에녹1서 9:6, 10; 7:4; 스 14:5)과 필론의 저서(*Quaestiones in Genesin* 4:8; *Legum Allegoriae* 3.100)에 나타난 비밀 또는 수수께끼의 개념을 조사한다. 그는 이 문맥에서 사용된 "예언"을 계시의 비밀을 받을 자들에게 그것을 설명하는 내용으로 이해한다.[116] 이와 관련하여 다우첸베르크의 연구서는 διακρίσεις πνευμάτων이 고전 12:10과 14:29의 예언과 연결되어 있다는 그의 이전 논문을 확대한다. 여기서 먼저 그는 아홉 가지 "은사" 목록을 네 그룹으로 나눈다. (i) λόγος σοφίας, λόγος γνώσεως, (ii) πίστις, χαρίσματα ἰαμάτων, ἐνεργήματα δυνάμεων, (iii) προφητεία, διακρίσεις πνευμάτων, (iv) γένη γλωσσῶν, ἑρμηνεία

114) Forbes, *Prophecy*, 53-57, 281-288, 그리고 곳곳에. 참조. Reitzenstein, *Hellenistic Mystery Religions*, 297-301.

115) Hill, *NT Prophecy*, 232.

116) 참조. Dautzenberg, "Zum religionsgeschichtlichen Hintergrund der διακρίσεις πνευμάτων (1 Kor 12:10)," 93-104.

γλωσσῶν. 이어서 다우첸베르크는 διακρίσνω와 διάκρισις는 "해석하다"와 "해석"을 의미한다고 주장한다. 또한 이 그리스어 동사는 "수수께끼를 풀다"(예. Josephus, *Antiquities* 8.148)와 "꿈을 해석하다"(예. Philo, *On Joseph* 90, 104 and 143)를 의미할 수도 있다.[117] 이에 기초하여 그는 이 단어가 히브리어의 פשר(파솨르, 동사; 페쉐르, 명사)에 해당한다고 결론짓는다. 따라서 세 번째로 다우첸베르크는 전통적으로 "영 분별"(NRSV) 또는 "참된 영을 거짓 영과 구별하는 능력"(REB)으로 번역된 이 표현은 예언을 설명하는 내용을 의미하는 반면, 예언은 **감추어진 영적 비밀이 이제 밝혀지거나 설명되는** 것을 의미한다고 본다.

그러나 웨인 그루뎀은 다우첸베르크의 논의의 각 단계마다 날카로운 비판을 제기했다.[118] 우선 그는 다우첸베르크가 12:8-10의 은사 목록을 네 그룹으로 나누는 것에 대해 비판한다. 그루뎀은 특히 언어학적으로 그가 필론과 요세푸스의 증거를 선별하여 조금만 제시한다고 지적하며 다음과 같이 결론짓는다. "διάκρισις와 διακρίνω는 유대교 문헌이나 기독교 문헌에서 해석 또는 예언을 설명하는 데 절대 사용되지 않았다." 그는 다우첸베르크가 고전 12-14장을 그 배경과 연관 지어 주해하기보다는 종교사적인 주장에 의존하고 있다는 이유에서 그의 제안을 거부한다.[119] 그루뎀은 다우첸베르크의 이론은 "역사적 확인이 부족하다"고 올바르게 결론짓는다.[120]

그러나 이것은 여러 방법 가운데 하나로서 묵시 문학의 배경에 대한 탐구 자체를 거부하는 것은 아니다. 데이비드 오니는 우리에게 다음과 같은 점을 상기시킨다. "초기 유대교는 예언과 관련하여 다양한 유형을 갖고 있었다. 예를 들면 (이른바 환상을 본 자들이 지어낸) 묵시 문헌, (천년왕국 운동과 관련된 개인이 기록한) 종말론적인 예언, (제사장 직분과 밀접하게 연관되어 있던 자들이 기록한) 제사장들의 예언, (현자, 성인 또는 참된 철학자 등과 관련이 있는) 지혜 예언 등이다. 초기 기독교는 팔레스타

117) 같은 책, 99-102.

118) Wayne Grudem, "A Response to Gerhard Dautzenberg on 1 Cor 12:1," 253-270; and *The Gift of Prophecy in 1 Corinthians.* 이 저서에서 Grudem은 Dautzenberg가 1978년에 *Biblische Zeitschrift*에 기고한 논문을 부록으로서 게재한다(263-288).

119) Grudem, *The Gift of Prophecy,* 277에서 인용함.

120) 같은 책, 286.

인 지역의 유대교 내에서 하나의 분파로 시작되었다. 이 유대교는…몇 세기에 걸쳐 이방 문화의 영향에 노출되어 있었다."[121] 따라서 이스라엘-유대교 배경과 그리스-로마 이교에서 유래한 내용은 서로 구분할 필요가 있다. 오니는 바흐트가 고대 그리스-로마 배경을 스스로 야기한 광란이나 마술과 유사한 구경거리로 묘사한 포브스의 자세한 비판을 부분적으로 앞서 논의한다. 이것은 "다양한 측면에서…공시적인 풍자"다.[122] 하지만 이것은 **기독교의** 예언으로 간주하는 것을 오직 내용상으로만 평가하도록 우리를 강요한다. 오니는 현상으로 나타나는 배경은 저마다 불완전함을 드러낸다고 주장하며, 다음과 같이 결론짓는다. "나는 이것들을 대신하여 제안할 것이 전혀 없다.…**기독교의 예언은 예언의 말로 쉽게 확인할 수 있던 독특한 표현 양식을 만들어내지 않았다**"(강조는 원저자의 것임).[123] 하지만 오니의 연구는 단순히 부정적인 것만은 아니다. 그의 연구는 **말의 내용이 타당하기만 하다면** 앞에서 확인된 초기 유대교의 네 가지 하위 범주 중 하나 또는 그 이상은 **기독교의** 예언이라는 표제어 아래에 위치할 가능성을 열어두었다.

c. 성경 및 묵시 문학적 배경

얼 엘리스는 이 서신에 나타난 기독교 예언을 문맥적으로, 그리고 묵시 문학적 배경과 관련하여 탐구한다.[124] 다우첸베르크와 마찬가지로 그는 이 배경의 중요성을 지지하면서 다니엘(단 1:4, 17; 2:21, 22), 쿰란 문서(1QpHab 7:4, 5; 1QH 12:11-13; 2:13-14; 1QS 4:20, 22), 요한계시록에 있는 어떤 배경에 호소한다. 다우첸베르크의 견해에 대한 그루뎀의 비판은 엘리스의 주장 중 일부에 의문을 제기하는 데 사용될 수 있을 것이다. 그러나 그의 기본적인 입장은 오니의 저서에 들어 있는 긍정적인 요소들과 세부적으로 일치한다. 하지만 엘리스는 성경을 해석하는 역할과 예언을 창의적으로 적용하는 측면을 강조한다. 뿐만 아니라 울리히 뮐러의 연구는 바울 서신과 묵시 문

121) David Aune, *Prophecy,* 230.
122) 같은 책.
123) 같은 책, 231.
124) Earle Ellis, *Prophecy and Hermeneutic in Early Christianity*, 특히 57-62; 참조. 23-62 and 129-145.

학을 서로 연결하는 색다른 모습을 보여준다. 엘리스는 감추어진 지혜의 **계시**에 대해 말하지만, 뮐러는 **심판에 대한 선포**라는 묵시 문학적인 주제를 수용한다.[125] 이와 같은 **선포**는 하나님의 심판과 은혜에 대한 예언자적인 말씀을 선포하는 것뿐만 아니라 "가르침"을 구체적으로 나타낸다. 하지만 이제 여기서 주된 판단 기준은 신학적인 내용을 전통적으로 강조하는 것이 아니라(오니) 오히려 회개를 통해 신앙 공동체를 **세워 구원에 이르게 하도록 도전하는 예언자적인 언어-행위의 목표**에 관심을 갖는다. 잔트네스의 저서에서 공동체를 "세우는 것"은 중요한 위치를 차지한다(아래의 주해 참조). 하지만 더 주목할 만한 것은 "카리스마적 주해"의 관점에서 성경의 배경을 강조하는 코테네의 견해다. 코테네는 기독교 예언자들의 성경 사용을 강조하면서도 "카리스마적"이란 용어를 통해 오늘날 우리가 더 심오한 의미(*sensus plenior*)에 호소한다고 말하는 것을 의미할 것이다. 예를 들면 구약성경에서 언급하는 주님을 그리스도와 동일시하거나 기독론적인 준거 기준 안에 구약성경을 배치하는 것 등이다.[126]

d. "목회적인 설교"로서의 기능?

그렇다면 이것이 어떤 측면에서 흔히 현대 청중을 회개와 변화로 이끌고 그들을 위로하거나 온전한 구원을 얻게 하기 위해 복음의 진리를 **선포한다**고 생각하는 것과 다른가? 이것은 (에링, 길레스피와 더불어) 데이비드 힐이 바울 서신의 예언을 어떻게 이해하는지와 정확하게 일치한다. "나는 어쩔 수 없이 복음을 전해야만 합니다. 만약 내가 복음을 전하지 않으면 나에게 화가 미칠 것입니다"(고전 9:16)는 바로 이 예언자에게 부여된 제약을 반영하며, 이것은 이 예언자의 선택이나 의지와 거의 상반된다(참조. 사 49:1-6; 렘 1:4-5).[127] 그런 의미에서 사도들의 소명, 기능, 임무에 근거하여 "우리는 사도들을 이 [구약성경의] 예언자들의 진정한 계승자라고 말할 수 있

125) Ulrich Müller, *Prophetie und Predigt im NT*, 특히 47-108.

126) Cothenet, "Les prophètes chrétiens comme exégètes charismatiques de l'Écriture," in Panagopoulos (ed.), *Prophetic Vocation in the NT and Today*, 77-107.

127) Hill, *NT Prophecy*, 115; 참조. 112.

을 것이다."[128] 다른 한편으로 **예언자들은 사도들보다 더 폭넓은 용어가 된다**.[129] 예언자들이 전해주는 말은 존중받아야 하지만, 그것은 항상 검증되어야 한다(참조. 살전 5:19-21). "만약 누구든지 자신이 예언자라고 **생각한다**면"이란 말이 "무의미하게" 되지 않으려면 예언자는 구체적으로 그런 임무를 맡은 사람이어야만 한다.[130] 예언자는 "가끔" 예언할 수 있다. 하지만 고린도에서는 예언이 황홀경에 빠진 의식 상태를 내포한다고 추측했고, 이러한 생각은 바울의 관점과 "갈등을 일으켰을" 것이다. 힐은 비정상적인 상태에 대한 다우첸베르크의 이론을 받아들이지 않는다. 고전 12-14장의 이슈는 **책임 있는 말**과 **무책임한 말**의 관계에 관심을 기울인다. 힐은 프리드리히가 신중한 논의를 거친 후 내린 다음과 같은 결론을 받아들인다. 즉 예언자는 성령의 은사를 받은 자이며, "그가 선포하는 메시지는 경고와 위로, 회개 촉구와 약속, 책망과 칭찬"을 포함하며, 목회자로서 상담을 진행한다. "우리는 이것을 마땅히 목회적인 교육과 훈계의 사역이라고 부를 수 있을 것이다.…기독교 예언자들은 교회 안에서 목회적 말씀 선포를 포함하여 가르치는 사역을 수행한다."[131]

오직 힐만 이 접근 방법을 수용하는 것은 아니다. 에링도 우리는 "예언의 목적이 세우고 권면하고 위로하는 것"임을 잘 알고 있기 때문에 "예언은 우리가 오늘날 설교라고 부르는 것과 광범위하게 일치한다"고 말한다.[132] 하지만 오늘날 목회자의 설교 방식을 바울에게 그대로 적용하고자 한다면 그것은 심각한 오류일 것이다. 목회자가 강단에서 설교하는 것을 "검증하는" 교회는 거의 없을 것이다. 또한 그 어디서도 초기 기독교의 예언이 어떤 "훈련받은" 사람에 의해 약 20분 동안 쉬지 않고 혼자 계속 말하는 것임을 암시하지 않는다. 뿐만 아니라 예언자의 선포는 가르침과 다르다. 사실상 이 주제에 대한 모든 연구는 예언자의 선포가 가르침과 복음 진리를 현재와 연관 지어 당면한 문제를 다룬다는 데 동의한다. 한편 길레스피는 신약의 예언과 관련하여 다음 네 가지를 서로 연결한다. (1) 어떤 **전승**에 대

128) 같은 책, 116.
129) 같은 책, 118.
130) 같은 책, 120-121.
131) 같은 책, 131; 참조. 110-140.
132) Héring, *First Epistle*, 127. 이와 비슷하게 G. Friedrich, *TDNT*, 6:855.

한 재해석, (2) 구약성경의 예언자적 **선포 및 주장**(특히 심판과 은혜에 관한 선포)과의 연속성, (3) 방언과 대조되는 예언의 명료성, (4) 예언의 **세움**, **권면**, **권고**의 기능. 이 네 가지는 "예언자적 선포는 **목회적인 설교다**"라는 힐의 견해를 뒷받침해준다.[133] 바울의 예언자적인 역할을 강조하는 잔트네스의 연구와 건전한 예언자적인 메시지를 통해 견고하게 "세워나가는" 활동을 강조하는 필하우어의 연구는 힐과 뮐러의 저서에서 강조되는 예언과 말씀 선포의 관계를 뒷받침해준다.[134] **예언자들은 하나님의 은혜와 심판을 선포한다.** 그들의 사역은 교회를 세울 뿐만 아니라 불신자들을 얻을 수 있다(14:24)

의아하게도 막스 터너는 이 사려 깊은 연구를 "의심스러운 논의"로 보고 받아들이지 않으면서 단지 "유대교에서 예언은 천편일률적으로 신탁의 **말씀**이었다"라고 증언한다(강조는 원저자의 것임).[135] 첫째, 그는 선언적인 언어 행위와 "신탁의" 말씀 간의 차이점에 대해 전혀 설명하지 않는다. 둘째, 그는 "직접적인" 말이라는 용어를 우리가 앞에서 "초자연적인" 개념과 이원론적인 세계관과 관련된 문제에 대해 논의한 것을 고려하지 않고 특별한 의미가 담긴 표현으로 사용한다(앞에서 "치유들"에 대한 해설 참조). 슈트로벨은 더 현실적으로 구약 시대의 예언자들이 말씀을 선포하는 것과 더불어 겪어야 했던 "싸움"(Kämpfer des Wortes)을 그들의 "비판적 통제"와 주관성의 결여라고 말한다.[136] "신탁의 말씀" 모델은 단지 예언과 관련하여 **한 가지** 모델에 지나지 않으며, 예를 들면 예레미야가 곰곰이 생각하며 자신이 선포해야 할 메시지와 씨름한 것보다 더 이전의 예언에 더 적합하다(14:3에서 두 번째 특별 해설 참조. "신탁의 말씀"은 선포, 심판 또는 지시 사항의 언어 행위를 가리킬 수 있다. 하지만 그것은 "즉각적"인 것일 필요는 없다).

---

133) Gillespie, *The First Theologians*, 130-150(그는 141면에서 Hill의 결론을 지지한다).

134) Sandnes, *Paul-One of the Prophets?*; Vielhauer, Oikonome. *Das Bild vom Bau in der Christlichen Literature.*

135) Max Turner, *The Holy Spirit and Spiritual Gifts*, 207; 참조. 206-212.

136) Strobel, *Der erste Brief*, 190.

e. 예언자적 리더십, 자유, 여자 예언자들

우리는 고린도의 여자 예언자들에 대한 와이어의 연구에 관한 논의는 해당 이슈와 더 직접적인 연관성이 있는 14장에서 자세하게 논의할 것이다.[137] 하지만 우리는 이 주제에 관한 주된 접근 방법을 검토하기를 원하므로 여기서도 와이어의 연구를 간략하게 언급할 필요가 있다. 와이어는 예언자들의 **리더십 역할**을 논의하면서 한 가지 꼭 필요한 측면을 다룬다. 와이어에 의하면 바울은 사도들과 더불어 그리스도인 예언자들을 언급하며, 이들도 그와 같은 리더십 역할을 공유한다고 생각한다. 다른 한편으로 와이어는 **카리스마적인 자유**의 대변인으로서 여자 예언자들이 **질서와 권위에 대한 바울의 강조점에 반발했다**고 주장하지만, 이러한 주장은 논쟁의 여지가 많다.

와이어는 예언을 위한 부르심을 고린도의 그리스도인 여자들이 다른 방법으로 얻을 수 없는 자유와 리더십 역할을 성취할 수 있는 수단으로 인식한다. 이 여자들은 "예언, 기도, 지식, 계시, 방언을 통해 하나님의 비밀"을 말하고, 이를 통해 자신들의 포괄적인 "영적" 지위를 주장할 수 있었다.[138] 와이어는 이것이 집과 가정이란 사적인 영역에서 여자들에게 부여된 더 종속적이며 가사와 관련된 역할로부터 벗어날 수 있는 계기를 마련해주었다는 데 주목한다(7장에 대한 주해 참조). 이와는 대조적으로 와이어는 바울이 "더 높은" 사도적 권위의 위계질서를 강조하며 "질서"로의 복귀를 요구했다고 인식한다. 이것은 특별히 예언의 범위를 좁히고 방언에 비해 예언에 특권을 부여함으로써(14장) 새롭게 발견한 자유를 억제하고 타협하게 했다는 것이다.[139]

와이어는 분명히 고린도의 일부 여자 예언자들의 감정을 잘 파악하지만, 우리가 바울 신학과 기독론을 전반적으로 고려한다면 와이어가 바울의 동기에 대해 설명하고 그 이슈를 일종의 권력 투쟁에 해당하는 것으로 전환하는 것은 설득력이 떨어진다. 우리는 14장에 대한 더 면밀한 주해에서 이 점을 더 자세하게 논의할 것이다.

---

137) A. C. Wire, *The Corinthian Women Prophets*, 135–158 and 226–228.
138) 같은 책, 136.
139) 같은 책, 137–148.

f. 예언자적 의식, 오류 가능성, 검증

던이 주장하듯이 예언은 "[공동체를] 세우는" 역할을 하며 "예언은 계시의 말씀이다."[140] 하지만 던은 또한 어떤 근거에서 "예언은 이전에 미리 준비된 설교를 전하는 것을 가리키지 않는다"라고 주장하는가?[141] "계시"는 왜 지속적인 기도와 끊임없는 묵상, 사색, 합리적인 성찰의 결과가 아니라 반드시 "즉각적으로" 일어나거나 주어지는 것이어야만 하는가? 14:28-32에서 예언과 계시는 사실상 서로 밀접하게 연결되어 있다. 던은 "물론 계시로서의 예언은 권면과 위로로서의 계시와 서로 겹칠 수 있다"는 점을 인정한다. 그렇다면 던의 이러한 주장은 가장 효과적인 권면과 위로가 즉각적이라는 의미에서 사전 준비 없이 "즉흥적으로" 일어난다는 개념을 심각하게 훼손한다. 나중에 출간된 그의 저서 『바울 신학』에서 던은 **자각적인 통제**의 역할(14:32)과 예언의 말을 전하고 그것을 검증하는 **습관화된** "**경험**"을 인정한다.[142] 또한 제임스 블랙은 그의 저서 『설교의 신비』에서 어떤 담임 목사가 설교를 미리 준비하는 것보다 "영감"을 선호한다는 젊은 동역자에게 신랄하게 반응한 것을 기록하고 있다. 이 담임 목사는 "그것은 영감이 아니라 절망이다"라고 대답했다. 우리가 9b에서 치유에 대해 주해하면서 세계관과 "틈새의 하나님"에 대해 말한 모든 것은 여기서도 적용된다. 이것은 **또한** 미리 "준비하지 않은" 발언도 **포함한다**는 것은 의심의 여지가 없다. 사실 예수는 성령이 꼭 필요한 경우에 제자들에게 해야 할 말을 알려줄 것이라고 약속했다(참조. 막 13:11, "그때 너희에게 주어지는 말은 무엇이든지 말하라. 왜냐하면 말하는 이는 너희가 아니라 바로 성령이시기 때문이다"(NIV).

데이비드 힐처럼 웨인 그루뎀도 바울 서신에서 예언의 권위와 영감에 대해 더 근본적인 판단 기준을 탐구한다. 그루뎀은 자신의 권위에 대한 예언자의 주관적인 평가는 자기기만의 가능성에 대한 교회 전체 또는 다른 이들의 평가와 명백하게 구별되어야만 한다고 주장한다. 이 이슈는 신약뿐만 아니라 구약에도 나타

---

140) Dunn, *Jesus and the Spirit*, 228; 참조. 227-233.

141) 같은 책, 228-229.

142) Dunn, *The Theology of Paul*, 580-582; 참조. *Jesus and the Spirit*, 229-230. 또한 9b에 대한 우리의 주해에서 치유를 다루는 부분의 도입 부분에서 "즉흥적으로"의 다양한 의미에 대한 논의를 참조하라.

난다(참조. 왕상 22:1-28). 예언자는 단순히 자신의 말을 하는 것이 아니라 그 임무를 수행하기 위해 "부르심" 또는 "보냄"을 받았다(참고. 신 18:18-20; 렘 14:14)는 그루뎀의 견해는 던, 힐, 보링 등 다른 학자들의 입장과도 일치한다. 그는 구약에 관해서는 린드블롬의 저서를 광범위하게 인용한다.[143] 하지만 오니와 다른 학자들(캐제만의 견해와는 다소 다름)은 신약의 예언의 경우에는 그 어떤 구체적인 예언 **양식**(예. 하나님을 대신하여 "내가" 선포한다 같은)도 적용되지 않는다는 점을 보여주었다. 힐과 마찬가지로 그루뎀도 신약의 사도들을 예언자적 권위로 말하는 자들에 대한 가장 두드러진 사례로 이해한다. 왜냐하면 그들은 "그리스도의 사자"이기 때문이다.[144] 고전 14:6에서 바울은 예언자들 가운데 속한다. 따라서 여기서는 두 역할이 서로 겹친다.

그루뎀의 가장 독특한 논지는 다우첸베르크에 대한 그의 비판과는 별도로 그가 **예언자적인 권위의 여러 수준**을 구분한다는 것이다. 따라서 적어도 바울의 관점에 의하면 11:5의 여자 예언자들과 14:37-38의 엘리트 예언자들은 바울의 권위에 복종하는 것처럼 보인다. 고린도의 예언자들에게는 "타인에 의해 절대적인 신적 권위가 주어지지 않았다." 따라서 "예언자의 말은 도전을 받을 수도 있고 이에 의문을 제기할 수도 있으며, 예언자는 때때로 실수할 수도 있다."[145] 하지만 **가끔 스스로 속거나 어떤 "실수"를 하는 것이 해당 예언자를 "거짓" 예언자로 만들지는 않는다**. 그루뎀의 견해에 의하면 "일차적인" 예언자적 권위는 마 10:19-20; 고전 14:6; 계 1:3 등과 같은 경우에 속하지만, "이차적인" 수준은 고전 14:37-38; 행 2:9; 19:6; 21:4; 살전 5:19-21에 속한 것 같다.[146]

"예언자의 심리적 상태"에 대한 그루뎀의 탐구는 별로 독특하진 않지만, 상당한 가치가 있다.[147] 비록 계시된 메시지의 인식이 "즉흥적인" 것일 **수도** 있다는 취지에서 그루뎀의 견해는 던의 입장과 일치하지만, 그는 자연적이며 인간적인 진

---

143) Grudem, *The Gift of Prophecy in 1 Corinthians*; 참조. J. Lindblom, *Prophecy in Ancient Israel* (Oxford: Blackwell, 1962).
144) Grudem, *Prophecy*, 43-54.
145) 같은 책, 72-73.
146) 같은 책, 110-111.
147) 같은 책, 115-180.

행 과정을 배제하기 위해 "기적"의 범주를 매우 신중히 사용한다. 그의 이러한 자세는 타당하다. 성령은 다양한 방법으로 역사하며, 우리는 "성경 밖에서 사용되는 '기적'의 개념을 성경의 텍스트"에 적용하려 해서는 안 된다는 것이다.[148] 예언자는 "자제력을 잃지 않았다.…자기가 이해할 수 없는 것을 말하지 않았다.… '무아지경의' 상태에 있다고 표현해서는 안 된다.…무엇을 말할지 결정하는 데 화자의 개인적인 의지가 작용하는 것을 배제한 채 성령이 지시하는 것을 말해야 한다."[149] 이것은 "즉흥성"에 대한 던의 주장에 효과적으로 대처하며, 던의 입장에 대한 더 명확한 고든 피의 설명에도 잘 대처하는 것 같다. 고든 피는 다음과 같이 주장한다. "이것[예언]은 모두 모인 신앙 공동체 안에서 성령의 영감으로 주어진, 이해할 수 있는 메시지를 즉흥적으로 입을 통해 전달한다."[150] 그러나 설령 피가 주장하는 대로 이런 일이 일어난다 하더라도 고전 14장에서 언급하는 예언의 현상은 과연 모두 이러한 유형을 반영할까?

g. 확실성의 한계와 14:3의 특별 해설 이전에 제시하는 중간 결론

예언은 신앙 공동체를 세우고 권면하기 위해 주어지며, **반드시 교육과 핵심 가르침을 제시하는 것을 배제하지 않는다**(14:3, 31). 예언은 계시에 의존하며, 종종 기도와 밀접하게 연결되어 있다(11:4-5). 13:10에서 예언이 그친다는 말은 단지 그리스도가 다시 오실 때 그렇게 된다는 것을 말한다.[151] 만약 우리가 신약의 예언에 대한 데이비드 힐, 길레스피, 오니, 뮐러 또는 프리드리히의 정의가 너무 광범위하다고 불평하고 싶어진다면 그루뎀은 심지어 더 광범위한 논평과 함께 다음과 같이 결론짓는다. "바울은 예언의 기능을 고전 14:3에서 매우 광범위하게 정의한다. 이 기능은 청중에게 유익을 주는 것이라면 모든 종류의 말하는 행위를 포함할 것이다."[152] "신약성경은 우

148) 같은 책, 179, 136-137.
149) 같은 책, 180.
150) Fee, *God's Empowering Presence*, 170.
151) Grudem, *Prophecy*, 219(또한 H. A. Guy의 저서의 강조점을 참조하라. 우리는 각주 210에서 그를 언급한다).
152) 같은 책, 229.

리가 어떤 독특한 발화 형태의 예언을 발견하길 기대하도록 만들지 않는다."[153)]

크리스토퍼 포브스의 최근 연구는 예언이 반드시 무아지경에서 하는 말이 아니라는 그루뎀의 주장을 뒷받침해주며, 이른바 헬레니즘적 평행 본문에 지나치게 의존하는 것에 대한 오니의 비판을 확증해준다. 포브스의 연구가 지닌 장점은 텍스트를 직접 면밀하게 검토한다는 것이다. 이를 통해 그는 에우리피데스의 저서(Euripides, *Bacchae* 142, 446, 725, 748-768, 1051-1136)에서 묘사하는 바쿠스 축제의 광란이나 베르길리우스의 저서(Virgil, *Aeneid* 6.46-100)에서 시빌라의 신탁의 황홀경에 관한 널리 알려진 언급은 예언에 대한 헬레니즘의 다양한 이해를 거의 표현해주지 못한다는 점을 입증해준다.[154)] 사실 [예언과 관련하여] 헬레니즘을 통한 종교사적 접근 방법을 옹호했던 라이첸슈타인, 라이제강, 콘첼만, 바이스, 바흐트 및 다른 학자들이 인용한 모든 구절에 대한 상반된 사례들이 제시되었다.

유진 보링은 예언자적인 언어의 다양한 양식과 기능에 대한 탐구는 단지 가장 모호한 결과로 이끌 뿐이라는 전제하에 예언자의 직무에 대해 탐구한다. 고전 12:10을 주해하기 위해 제기된 그의 가장 중요한 주장은 예언자에 대한 바울의 견해가 고린도에서 기대하던 개념들과 일치하지 않는다는 것이다.[155)] 바울은 고린도의 사람들이 지닌 전제들에 영향을 미친 유동적인 개념보다는 성경의 근간과 유대교 전승에 더 많은 빚을 지고 있을 것이다. 아쉽게도 보링은 방언의 은사로 참된 예언을 무색하게 만들 위험성에 맞서는 바울의 논쟁이 이 서신에서 말하는 예언을 정확하게 이해하지 못하게 만들 정도로 이 서신을 지배한다고 결론짓는다. 그럼에도 고전 12:8-11, 28-30; 13:1, 2(참조. 롬 12:6-8)에서 예언은 성령의 은사의 다양한 사례 중 유일하게 "일관되게 언급되는 은사"로 남아 있다.[156)]

---

153) 같은 책, 230.

154) Forbes, *Prophecy,* 126-143(바쿠스, 시빌라, 델포이의 신탁에 대해), 142-148(필론에 대해), 210(대중적인 헬레니즘적 종교와 고린도에 대해).

155) 이것은 Wire의 입장을 평가하는 데 중요하다. Wire는 예언의 특성에 대한 바울의 진정한 관점과는 대조적으로 고린도의 여자 예언자 중에서 일부가 어떻게 예언을 간주하기를 원했는지를 잘 파악한다.

156) Boring, *The Continuing Voice of Jesus: Christian Prophecy and the Gospel Tradition*; "What are We Looking For? Toward a Definition of the Term 'Christian Prophet,'" *SBL Seminar Papers,* 142-154; "Prophecy (Early Christian)," in *ABD* 5:495-502.

우리는 12:10의 προφητεία의 의미를 이해하는 노력을 포기해서는 안 된다. 우리는 힐, 뮐러, 길레스피, 프리드리히의 다음과 같은 결론에 의문을 제기할 이유가 전혀 없다. 즉 성령의 은사로서 예언은 사람들, 신앙 공동체, 다양한 상황에 필요한 것에 대한 목회적인 통찰을 하나님이 주신 말씀이나 더 긴 담화(즉흥적인 것이든 판단, 결정, 합리적 사색에 근거하여 준비한 것이든)를 통해 이러한 필요를 충족시킬 수 있는 능력과 결합하여 그들에게 도전, 위로, 권면, 심판을 제시하고 궁극적으로 그들을 세우는 일을 한다.[157] 우리는 12:10(14:1-25과 별개로, 14:3에 대한 주해 참조)만 가지고는 보다 더 많은 것을 분명하게 말할 수 없다. 예언을 전달하는 이는 이와 같은 말 또는 설교가 성령으로부터 온다고 믿겠지만, 실수를 할 가능성도 있다. 신자들은 복음 사역자들 또는 예언자들을 포함하여 인간적인 실수를 범할 수 있기에 예언한다는 주장은 반드시 철저한 검증을 거쳐야 한다. 한편 믿음이나 다양한 치유의 은사들처럼 예언의 은사도 더 이상 어떤 "직위"로서 일부 특정한 사람에게만 영속적으로 속한 것이 아니라고 전제하는 것은 본 주석서의 한계를 벗어날 것이다. 고린도전서는 이 주제에 대해 침묵하고 있다. 마찬가지로 종말에 그리스도가 다시 오시기 전에 예언이 그칠 것이라는 것에 대해서도 이 서신은 아무런 증거를 제시하지 않는다(13:10에 대한 주해 참조). 마지막으로 파나고풀로스가 주장하듯이 예언은 전승, 그 구약의 배경, 예수 그리스도에 관한 복음을 전하고 선포하는 기능과 분리되어서는 안 된다.[158] 예언은 개인에게 주어지는 "사소한" 메시지와 무관하다.

d. "성령에 관한 것"이 무엇인지 분별하기(12:10b)

10b절 NRSV의 번역 "영의 분별"은 논쟁의 여지가 많다. 하지만 우리는 이미 이 은사에 대한 다우첸베르크의 다른 설명을 언급했다. 또한 우리는 다우첸베르크의 제안에 대한 그루뎀의 날카로운 비판도 소개했다.

---

157) Guy, *NT Prophecy: Its Origin and Significance.* Guy의 저서는 해당 주제를 상세하게 다루지는 않지만, 기독교의 예언의 핵심적인 특징으로서 신앙 공동체를 세우는 이 기능을 일관되게 강조한다.

158) Panagopoulos, "Die urchristliche Prophetie. Ihr Charakter and ihre Funktion," in Panagopoulos, *Prophetic Vocation in the NT Today,* 1-32, 특히 17-21. 참조. Schrage, *Der erste Brief,* 3:155-156.

(다시) 요약하자면 다우첸베르크는 다음과 같이 주장한다. (i) διακρίσεις πνευμάτων은 예언과 밀접하게 짝을 이룬다. (ii) διάκρισις와 διακρίνω는 각각 "해석"과 "해석하다"를 의미한다(참조. Josephus, *Antiquities* 8.48; Philo, *On Joseph*, 90, 104, 143). (iii) 이것은 묵시 문학 전통과도 일치하며, 이에 대한 예로서는 쿰란 문헌에서 예언에 대한 해석으로 פשר!(페쉐르)가 사용된 것을 들 수 있다. 또한 (앞에서는 언급하지 않았지만) (iv) 요 4:1-6에서 "영의 분별(또는 우리가 해당 그리스어 표현을 어떻게 번역하든지 간에) 또는 살전 5:19-21, 디다케 11:7에서 "예언과 예언자들을 검증하는 것"은 고전 12:3에 전제된 것과 다른 상황을 반영한다. 왜냐하면 12:3이 이미 이러한 "검증"을 제시했기 때문이다.[159] 최근에 헬무트 메르클라인은 다우첸베르크의 논의를 다시 주의 깊게 살펴보고 그가 제시한 결론을 광범위하게 받아들였다.[160] 그럼에도 우리는 설령 콘첼만이 다우첸베르크의 견해와 비슷한 견해를 갖고 있다 하더라도 그루뎀의 비판을 중시하며 많은 측면에서 설득력이 있다고 생각한다.[161]

그루뎀은 복수 형태 πνευμάτων이 선한 능력과 악마적인 능력을 가리킨다고 해석하며, 이 두 능력은 분별하거나 구별할 필요가 있다고 본다.[162] 예를 들면 "어떤 악한 영이 어떤 사람으로 하여금 복음이나 가르침 또는 예배를 해석하도록 만들었을지(참조. 행 16:16-18)" 분별해야 한다.[163] 그는 12:10의 διακρίσεις πνευμάτων을 **구별하는** 것으로 이해하는 반면, 14:29의 이 단어는 예언을 **평가하거나 판단하는** 것을 가리킨다고 이해하는 것으로 만족한다. "바울은 διακρίνω를 여러 가지 의미로 사용한다. 11:31에서 그는

---

159) Dautzenberg, "Zum religionsgeschichtlichen Hintergrund der διακρίσεις πνευμάτων (1 Kor 12:10)," 93-104.

160) H. Merklein, "Der Theologe als Prophet. Zur Funktion prophetischen Redens im theologischen Diskurs des Paulus," *NTS* 38 (1992): 402-429; Grudem, *Prophecy*, 263-288, reprinted from *BZ* 22 (1978): 253-270.

161) 참조. Conzelmann, 1 Cor, 209. 이 표현은 "방언을 말하는 것(또한 통역하는 것)과 대조를 이루며, 14:24-25에 의해 설명된다.

162) Grudem, *Prophecy*, 58-60.

163) 같은 책, 60.

이 단어를 '평가하다'를 의미하는 데 사용한다. 11:29에서 이 단어는 '구별하다'(또는 '평가하다')를 뜻한다. 6:5에서 이 단어는 '법적인 판결을 내리다'를 의미한다. 또한 4:7에서는 '구별하다'를 뜻한다. 그리고 롬 14:1에서 이 단어는 분명히 '논쟁'의 대상이나 '시빗거리'로 삼는 것을 의미한다."[164] 따라서 그루뎀은 12:10에서 예언자들이나 영들을 **검증하는 것**은 부적절하다고 주장한다. 그는 로버트슨과 플러머의 입장—"과연 특이한 영적인 현상이 위로부터 온 것인지 아닌지에 대해 다양한 사례(복수 형태) 안에서 분별하는 은사"—에 더 공감한다.[165]

그러나 πνευμάτων의 복수 형태에 대한 로버트슨과 플러머의 설명은 그루뎀이 추측하는 것처럼 선한 영들과 악한 영들을 대조하거나 엘리스가 주장하듯이 천사들과 귀신들을 대조하는 것보다 πνεῦμα에 대한 바울의 일반적인 용법에 더 잘 어울린다. "바울은…천사 같은(그리고 악마적인) 영들을 예언자들 그리고/또는 '영적인' 은사들과 연결한다."[166] 사실 **악한 영들을 가리키기 위해 πνεῦμα 또는 πνεύματα를 사용하는 용법은 바울 서신에서 찾아볼 수 없거나 거의 찾아볼 수 없어 보인다.**[167] 물론 에녹1서 15:4, 15:6-10, 106:13, 14, 17에서 πνεύματα는 타락한 천사들을 가리킬 수 있으며, 사**악한 영들**은 희년서 10:7-11에서 나타난다.[168] 특히 쿰란 문서(1QS 3:18, 19; 4:23-25)에서는 **서로 대적하는 두 영들**, 곧 "진리의 영"과 "사악한 영"이 등장한다. 또한 어둠의 천사나 영은 "빛의 영"을 대적한다(1QM 13:10, 11). 사**악한 영들**은 그 수(數)가 많다(1QH 3:18; 1QS 3:14). 이러한 발전은 유대교 위경에서도 계속된다(유다의 유언 20:1; 레위의 유언 5:6; 단의 유언 1:6, 7). 신약성경에서 **마가복음**은 분명히 πνεῦμα ἀκάθαρτον이라는 표현을 형용사와 함께 열네 번 사용한다. 마태복음은 δαιμόνια를 선호한다. 그러나 단 한 번의

164) 같은 책, 59.

165) Robertson and Plummer, *First Epistle,* 267.

166) Ellis, "Christ and Spirit in 1 Cor," in his *Prophecy and Hermeneutic,* 71; 참조. 특히 70, 63-71.

167) 참조. Moulton-Geden, BAGD; E. Schweizer, "πνεῦμα," *TDNT,* 6:332-435.

168) 참조. *TDNT,* 6:375-376, nn. 214-222.

예외로 마 8:16에서는 πνεύματα가 이 의미로 사용된다. 바울은 매우 특징적으로 하나님의 영을 가리키는 데 πνεῦμα를 사용한다. 하지만 이 용어는 또한 그의 서신에서 인간적인 태도나 인간적인 영향력을 가리키기도 한다. 슈바이처는 그의 철저하고 세부적인 연구에서 바울 서신에 나타난 **사악한 영들**(πνεύματα) 범주를 포함하지 않는다.[169] 슈바이처는 다음과 같은 논평을 통해 한 가지 허점을 남겨놓았다. "성령은 인간 전체에 영향을 미치기 때문에 단순히 심리학적으로 설명할 수 없다. 이것은 바울이 대중적인 개념을 매우 자유롭게 받아들이는 것을 가능케 한다.…따라서 이것(πνεῦμα)은 ψυχή에 해당하는 것일 수 있다."[170] 하지만 고전 12:10에 대한 슈바이처의 언급은 은사들의 초월적인 원천에 관심을 갖는다. 그의 입장은 옳다. 또한 그는 12:10이 아니라 12:3에 "어떤 판단 기준"을 제시하는 역할을 부여한다. "그 기준에 의해 그들(고린도 교인들)은 성령으로부터 비롯되는 말, 곧 예수를 주님으로 고백하는 것을 다른 대상으로부터 오는 말과 구별할 수 있다(고전 12:2, 3)"고 지적한다.[171]

우리는 여기서 두 가지 가능한 해결책을 제시할 수 있다. 바울의 표현에서 해당 이슈와 관련된 광범위하고 세부적인 연구에서 로버트 주이트는 영들이라는 복수 형태는 바울이 "다양한 영을 분별하지 않았던 고린도의 영지주의자들"에게 그들 가운데 "다양한 영을 판단하여 분별하라"는 점을 강조하는 데서 나타난다고 주장한다.[172] 이것은 바울을 그들의 견해에 연루시키는 것이 아니라 "그들이 하나님의 영과 인간의 영을 올바로 분별하게 하려고 바울이 논쟁을 벌이며 개입함으로써 이 전반적인 구조가 흔들리게 되었다"는 것을 의미한다. τὸ πνεῦμα τὸ ἐκ τοῦ θεοῦ(2:12)라는 표현이 가

169) 바울에 대해서는 각주 167 참조. *TDNT,* 6:415-437.

170) 같은 사전, 434-435.

171) 같은 사전, 423. 나는 Schweizer, *Spirit of God*(London: Black, 1960)의 텍스트와 색인에서 차이점을 비교하며 검토해보았다. 이것은 G. W. Bromiley가 번역한 *TDNT,* VI에 수록된 해당 기고문을 A. E. Harvey가 먼저 번역한 것이다. *Spirit of God*에서 이에 상응하는 페이지는 84-85, 65, 65, n. 5(그리고 바울에 대해서는 54-87)이다.

172) Jewett, *Paul's Anthropological Terms,* 188.

리키듯이(우리는 2:11-16에 대한 주해에서 강력히 주장함) "인간의 영"은 하나님의 초월적인 영과 구별된다. 추가적인 것이든 대안으로서든 간에 주이트는 바울 서신에서 πνεῦμα는 "하나님에 의해 신자의 존재가 결정되는 것과 더불어…그리스도인들에게 어떤 특별한 행동 유형의 가능성을 열어주는 것으로 묘사된다"고 지적한다.[173] 에른스트 푹스는 이 점을 동일하게 지적하며 하나님의 영과 인간의 영의 대조와 하나님의 사역의 다양한 방법을 강조하는 한편, 호일의 사전학적인 탐구도 푹스의 연구를 뒷받침해준다.[174] 만약 우리가 이 두 가지 제안을 결합한다면 분별 또는 구별의 은사들은 다음과 같은 사항을 포함할 것이다. (a) **성령의 초월적인 역사**와 단지 그것을 복제하려는 인간적인 시도를 **서로 분별하는 판단 능력**. (b) **하나님의 영이 역사하는 다양한 방법을 목회적인 측면에서 분별하여** 다양한 결과와 유형을 구별. 성령과 악한 세력들의 차이점을 평가하는 기본적인 판단 기준은 공적인 영역에서 더 광범위하게 작용하는 것처럼 보인다. 이것은 문제시되는 현상들이 과연 예수 그리스도의 주님 되심을 지지하고 증언하는지와 관계가 있다(12:3).

악한 천사들의 세력의 "특별한" 은사에 관한 논쟁은 그 자체의 논리를 지니고 있다. 따라서 아우구스티누스는 "하나님으로부터 오는 분별의 은사에 의존하지 않는다면 사람은 천사들이 하는 일이 무엇이고 하지 않는 일이 무엇인지에 대해 말하는 것은 어렵다"라고 주장한다.[175] 하지만 바울의 주요 또는 초기 서신에서 나타나듯이 아우구스티누스의 이러한 주해는 과연 바울의 세계 및 πνεῦμα에 대한 그의 개념과 부합하는가? 노이펠트가 결론적으로 밝혀주듯이 요한1서에서 참된 주장과 거짓된 주장에 대한 판단 기준은 그리스도를 닮은 삶의 방식과 관련하여 공공의 영역에서 입증되어야

---

173) 같은 책, 170; 참조. 167-197.

174) E. Fuchs, *Christus und der Geist bei Paulus,* 36-48, 특히 41, 46. 참조. Hoyle, *The Holy Spirit in St. Paul*. 그는 바울과 그 당시 그리스 세계의 차이점을 세부적으로 밝혀준다.

175) Augustine, *On the Trinity,* 3:9:18.

한다(참조. 특히 요일 4:1-2).[176] 이것은 정신에 의해 알려지지 않는 인간의 태도와 대조되는 건전하고 합리적인 사색이라는 이슈에서 벗어나지 않는 진정성 있는 말을 "뒷받침해주는" 행위에 관심을 갖는다.[177] 던이 주장하듯이 이 은사는 "일종의 통제"를 제공한다.[178]

크리소스토모스는 이 절에 대한 그의 주해의 출발점으로서 "영들에 대한 분별"을 다음과 같이 건설적으로 정의한다. "바울이 데살로니가 교인들에게 '예언을 멸시하지 말고, 모든 것을 분별하여 좋은 것을 굳게 잡으십시오'라고 말했던 것처럼" 그것은 "누가 영적이고 누가 영적이지 않은지, 누가 예언자이고 누가 기만하는 자인지를 아는 것이다."[179] 하지만 12:3을 훨씬 더 명백하게 넘어서는 것으로서 우리가 앞에서 (a) 및 (b)에서 제시한 상세한 제안은 숙고해볼 만하다. 던은 "πνεῦμα가 복수 형태로 사용되는 것…이와 관련이 있는 14:12, 32의 복수 형태는…약간의 당혹감을 불러일으켰으며" "바울이 각각의 표현을 통해 정확하게 무엇을 의미하는지가 완전히 분명한 것은 아니다"라고 시인하면서도 크리소스토모스의 해석과 매우 비슷한 해석을 제시한다.[180] 나는 바울이 πνευμάτων(영들)을 "πνευματικῶν(영적인 은사들 또는 성령에 속한 것들)의 의미로 사용하고 있을 가능성이 있다"는 던의 주장에 강력하게 동조한다.[181] 마침내 던은 바울이 χάρις와 χάρισμα를 동의어처럼 사용할 수도 있다고 주장하지만, 결국 이 은사는 "(신앙 공동체 또는 예언자들 가운데) 나머지가 **예언자의 말을 평가하고…검증하고, 비교하고, 검토하는 것**"에 관심을 갖는다고 결론짓는다(강조는 원저자의 것임).[182] 샤츠만은 이 해석을 "협소한 개념"으로 이해하며 이에 동의

---

176) D. Neufeld, *Reconceiving Texts as Speech-Acts: An Analysis of 1 John,* BibInt 7 (Leiden: Brill, 1994), 113-135, 그리고 곳곳에.
177) Jewett, *Paul's Anthropological Terms,* 367-373.
178) Dunn, *The Theology of Paul,* 556, n. 134.
179) Chrysostom, *1 Cor. Hom.* 29:5.
180) Dunn, *Jesus and the Spirit*, 233; 참조. 233-236.
181) 같은 책, 233.
182) 같은 책, 234.

하지 않는다. 왜냐하면 (다우첸베르크와 그루뎀의 입장과는 대조적으로) 이 평가나 분별은 다양한 은사, 생활 방식, 행위 또는 사고에서 "성령에게 속한" 것이라고 주장하는 모든 것보다는 단지 예언의 말에만 적용된다는 것을 입증해주는 증거가 없기 때문이다.[183] 아마도 샤츠만은 바울에 대한 언어사전의 정보에 근거하여 언어학적으로 정당성을 확인하지 않고 "어떤 악마적인 영"의 개념으로 되돌아가 자신의 견해를 훼손할 것이다. 하지만 그는 세 가지 판단 기준에 더 광범위하게 적용할 수 있다고 올바르게 주장한다. 던은 다른 곳에서 이 판단 기준을 주로 예언에 대한 주장에 한정한다. "과연 이것은 예수를 높이 평가하는가?(고전 12:3)…이것은 사랑을 나타내는가?(고전 13:4-7)…이것은 [신앙 공동체 또는 신자들을] 세우는가?(고전 14장)"[184]

성령에 대한 바울의 신학과 복음 및 신앙 공동체에 대한 그의 개념과 관련하여 이 세 가지 판단 기준은 근본적으로 중요하다. 하지만 이 기준들은 공적인 영역에서 합리적이며 투명하다. 앞에서 우리가 제시한 제안은 판단 능력 및 목회적 통찰에 대한 특별한 은사와 관련하여 이러한 광범위한 원칙을 받아들인다. 이 능력과 통찰은 모든 사람이 아니라 어떤 사람 또는 다른 사람을 통해 신앙 공동체에 전달될 수 있다. 주해, 오순절 계통, 현대의 은사주의적 문헌은 종종 이 은사에 대한 다양하고 구체적인 사례를 언급한다(예. 베드로가 아나니아와 삽비라의 의도적인 속임수를 간파한 것, 행 5:1-11). 이 사례들은 대체로 성령의 은사 안에 포함될 수 있다. 하지만 여기에는 **성령의 사역을 분별하는 것에 대한 바울의 보다 공동체적이고 전략적인 관심사**를 개인화하거나 심지어 경시할 위험이 있다. 만약 우리가 사도행전의 자료를 살펴본다면 아마도 "성령이 아시아에서 말씀을 전하지 못하게 하시거늘"(행 16:6)과 같이 어떤 어려움이나 장애 요인을 인식하는 사례는 참으로

183) Schatzmann, *Theology of Charismata*, 41.

184) 같은 책, 42. 또한 Dunn, "Prophetic 'I' Sayings and the Jesus Tradition: The Importance of Testing Prophetic Utterances in Early Christianity," *NTS* 24 (1978): 175-198. Carson도 이 절과 관련하여 "악마적인 세력"에 대해 말한다(D. A. Carson, *Showing the Spirit*, 40). 하지만 앞에서 논의한 Schweizer, Hoyle, Jewett의 언어학적인 연구도 참조하라.

이와 같은 제목(개인화 또는 경시)하에 배치해야 할 것이다. 이 은사는 분명히 상대적으로 사소하고 개인적인 경험보다는 구원, 교회, 세상에 관심을 갖는다. 따라서 틸리케는 이 은사를 받아 사용하는 것을 복음에 충성하며 증언하는 공동체로서 연약한 신자들이 결합하여 단호하게 성령의 사역을 증언하는 것과 연결한다.[185] 이것은 전적으로 바울이 이 절들에서 오직 한 영에 의해 **하나 됨**(피가 주장하듯이 **다양성**이 아니라)을 이루는 것에 관심을 갖는 것을 반영한다.[186] 이 표현에 대한 방대한 문헌에 비추어볼 때 주해와 연관된 전후 문맥적인 요소들은 상당히 중요한 의미를 지니고 있다. 하지만 이 중에서 단지 몇몇 연구만 전문사전의 정보, 주해, 해석학에 타당한 관심을 보인다.[187] 틸리케는 지혜의 은사와 올바른 판단력을 적절하게 비교한다. 이는 특히 메시아로서 시험을 받기 전에 예수 그리스도에게 기름을 부은 메시아적 성령을 통해 예시된다. **이 유혹을 받을 때 악은 선으로 위장한다.** 곧 [마귀는] **구약성경을 그릇되게 인용하고,** [예수가] **손쉬운 방법과 놀랄 만한 구경거리를 보여주어 대단히 많은 사람이 믿음을 갖게 하라고 부추긴다.** 하지만 이것은 메시아의 사명과 어긋나는 것이었다. 다시 말해 "성경을 그릇되게 인용하면서 사람들을 미혹하는 재능을 보여주라는 것이다. 이것은 **복음의 본질**과 하나님의 선교 전략을 **왜곡하고 위협에 빠뜨린다.**[188]

이 모든 것은 이 은사를 지역 공동체 안에서 개인 간의 사소한 논쟁이나 해석 전통 사이에서 별로 중요치 않은 이견을 중재하는 데 사용하려는

---

185) Thielicke, *The Evangelical Faith,* 3:79.

186) Fee는 그의 고린도전서 주석서와 바울의 성령론(*God's Empowering Presence,* 159)에서 "다양성"을 핵심적인 주제로 강조한다. 통일성과 다양성에 대한 서로 다른 평가는 각각 사회학적인 특성과 신학적인 특성을 강조하는 결과를 빚어낸다. Wire는 그의 저서 전체에서 이 특성에 대해 언급한다(Wire, *Corinthian Women Prophets*).

187) 그 가운데 몇 가지 예를 들면 다음과 같다. J. Guillet et al., *Discernment of Spirit*(Eng. trans. Collegeville, Minn.: Liturgical Press, 1970); W. Dantine, *Der Heilige und der unheilige Geist* (Stuttgart: Radius, 1973); M. T. Kelsey, *Discernment: A Study in Ecstasy and Evil* (New York: Paulist Press, 1978); C. Floristan (ed.), *Discernment on the Spirit and the Spirits* (New York: Seabury, 1978); L. Boros, "Discernment on the Spirit," in C. Duquoc and C. Floristan (eds.), *Charisma in the Church* (New York: Seabury, 1978), 78-86.

188) Thielicke, *The Evangelical Faith,* 3:80.

대중적인 호소와는 전혀 다른 세계에 속한다. 볼프는 과연 이 은사가 분별과 검증, 또는 (다우첸베르크와 메르클라인과 더불어) 당면한 이슈에 대한 설명과 분류에 관심을 두고 있는지는 성령의 능력이 진정으로 나타나는지와 관련되어 있다고 결론짓는다. 예를 들면 이 은사는 살후 2:1-2(주의 날이 벌써 왔다는 "어떤 예언"에 마음이 흔들리지 않는 것)과 요일 4:1("어느 영이든지 다 믿지 말고, 그 영들이 하나님으로부터 왔는지를 시험해보십시오")이 서로 연관되어 있다는 것이다.[189] 다른 말로 표현하자면 "영적인" 주장은 진정 성령으로부터 오는 것인가?

e. 다양한 종류의 방언과 그것을 이해할 수 있는 말로 통역(12:10c)

10c절 γένη γλωσσῶν, "다양한 종류의 방언"과 ἑρμηνεία γλωσσῶν, "방언을 이해할 수 있는 말로 표현하는 것." 성령의 이 두 가지 은사는 반드시 함께 살펴보아야 한다. 왜냐하면 한 가지 은사에 대한 우리의 주해와 이해는 다른 은사에 대한 우리의 이해와 연결되어 있기 때문이다. 우리는 반드시 매우 진지한 태도로 γένη, "부류", "종류"를 해석하는 것에서부터 출발해야 한다. 이 주제에 대한 최근의 문헌은 이것을 상당히 분명하게 밝혀준다. 예를 들면 포브스는 방언이 무엇을 가리키는지 또는 바울이 세운 교회나 바울 자신에게 방언이 무엇을 가리키는지에 대한 "주요한 견해"의 다양한 목록을 제시한다.[190] "한 가지 주요한 견해는 이것을 영감을 받은 기도와 찬양의 형식으로 묘사하며, (적어도 고린도전서에서) 성령 안에서 기도하고 찬양하는 것(14:15)과 동일시할 수 있다."[191] 의심의 여지 없이 예언은 우선 교인들이 모이는 교회 안에서 하나님으로부터 공동체에 또는 개인에게 전달되는 언어 행위를 가리킨다. 예언은 "사람들에게"(14:3)

189) Wolff, *Der erste Brief,* 292-293; 참조. Schrage, *Der erste Brief,* 3:155-157; Collins, *First Cor,* 435(Collins가 이 이슈를 자세한 논의 없이 너무 협소하게 예언에만 한정시키는 것은 별개로); Lang, *Die Briefe,* 169-170(Dautzenberg에 대한 간략한 논평과 더불어); Strobel, *Der erste Brief,* 190-191("시험").

190) Forbes, *Prophecy and Inspired Speech,* 특히 92-102.

191) 같은 책, 92.

말하는 반면, 방언은 신자들이 하나님께(14:2, 사람들에게 말하는 것이 아니라 하나님께) 말하는 것이다. 그렇다면 포브스는 왜 방언의 역할을 다양한 종류의 방언 중에서 다른 어떤 종류가 나타나는 것으로가 아니라 다른 것으로서 "하나의 표적" 또는 같은 현상의 "두 번째 견해"의 범주로 분류하는가?[192] 바울이 "글로솔랄리아"(*glossolalia*)를 특히 다양한 종류라고 애써 언급하려고 하지만 상당히 많은 논문과 연구서는 이것을 "한 가지"(one thing)로 보려고 한다.

그러나 다양한 종류의 방언 사이에는 "가족 유사성"(family resemblances)이 있다. 이 유사성은 방언을 예언과 성령의 다른 은사와 구별해준다. 바울과 거의 동시대의 파피루스 문헌에서 γένος는 대체로 식물의 종(種)의 경우처럼 종류를 의미한다(*BGU* 1119:27[기원전 1세기], 1120-34, 1122:23; 참조. 파피루스 옥시린쿠스 8:1134:13; 4:727:20[기원후 154]). 또한 이 그리스 명사는 기원전 1세기와 기원후 2세기 사이의 파피루스 문헌에서 가문(혈통)을 의미할 수 있다(예. *BGU* 1:140:26; 파피루스 옥시린쿠스 9:1202:20). 행 17:28에서는 자녀(자손)를 뜻한다.[193] 이 단어의 의미 영역은 유형, 강(綱)과 종목보다는 종족, 가족, 친족, 부족, 후손과 종류 등에 더 가깝다. 하지만 이 단어는 전자(前者)의 의미도 포함할 수 있다. 그렇다면 그 차이점은 무엇인가? 철학자 루트비히 비트겐슈타인에 의하면 그 구별은 근본적인 것이다. 강(綱, classes)은 논리적인 측면에서 포함하거나 배제한다. 하지만 항상 그런 것은 아니지만 다양한 방법으로 "서로 겹치고 교차하는 유사성의 네트워크"는 "'가족 유사성'이라는 용어보다 그 유사성의 특성을 더 낫게 표현할 수 없다."[194] 우리는 어떻게, 그리고 왜 가족 유사성이 고정된 과학적 또는 논리적인 범주들과 다르며 그것들을 초월한다는 것을 알 수 있을까?

우리는 다음과 같은 사실을 강조하지 않을 수 없다. 몇몇 속성상의 특

192) 같은 책, 93.

193) MM, 124; BAGD, 156; Grimm-Thayer, 113-114.

194) L. Wittgenstein, *Philosophical Investigation* (Eng. and Germ., Oxford Blackwell, 2d. ed. 1967), sects, 66-67.

징은 방언을 예언과 구별시켜준다. **어떤 문맥에서** 예언은 알아들을 수 있는 말로 분명하게 전달되지만, 방언은 이해할 수 없는 소리다(14:2b, 5, 7-9, 11, 19). **다른 문맥에서** 방언은 신자들이 **하나님께** 말하지만, 예언은 그 은사를 받은 사람(들)이 **다른 사람들에게** 말한다(14:2a; 14:15). **또 다른 문맥에서** 예언은 **통상적으로 공적인 영역에서** 전달되는 말이지만, 어떤 교인들은 **천사의 말**과 연결할 정도로 방언을 매우 높이 평가한다(13:1). **또 다른 문맥에서** 방언은 신앙 공동체 안에서 몇몇 신자들을 "**편안하게 하지 않고**" 마치 망명자들이나 이방인들처럼 느끼게 하며(14:23a), 불신자들이 혐오감을 느끼게 한다(14:23b). 나아가 다른 문맥에서 방언은 방언을 **말하는 사람에게 유익을 가져다주며**, 그는 그것에 대해 하나님께 감사한다(14:4a, 5a, 18). 그러므로 서로 반대되는 사례에 해당하는 의미상의 다양한 대조에 기초하여 방언의 은사를 보편화하려 한다면 그 어떤 정의도 실패하고 말 것이다. 다른 한편으로 앞에서 언급한 특성 또는 특징 중에서 **한 가지 또는 그 이상**은 만약 스스로 유도한 것이 아니라 성령에 의해 "주어졌다면" 방언을 사용하는 것이 타당하다는 근거를 제시해준다.

이것은 왜 방언에 대한 **현상학**이 예언을 정의하는 것처럼 명확하게 표현된 언어 형태를 정의하는 것보다 결코 더 쉽지 않은지를 설명해주는 한 가지 근거를 제공해줄 것이다(앞에서 힐, 오니, 에링, 보링에 대한 언급 참조). 고대 그리스-로마의 텍스트 안에 묘사된 "영감을 받은 말"에 대한 언급을 극도로 일부만을 선택함으로써 그것을 온전히 대표하지 못하는 사례에 기초하여 방언은 **황홀한 상태에서 말하는 것**을 가리킨다고 가정하는 견해에 대한 크리스토퍼 포브스의 경고의 주요 취지는 분명히 주의 깊게 살펴 수용해야 할 것이다. 에우리피데스가 『바쿠스 축제』에서 디오니소스 제의(祭儀)에 관해 묘사한 이성을 잃은 광란과 베르길리우스의 서사시 『아이네아스』에서 시빌라의 신탁과 관련하여 황홀경에서 보여주는 기괴한 행동에 대한 비슷한 현상은 종종 학교 수업을 통해 우리에게 친숙하다. 하지만 그것들은 고전 12-14장을 이해하기 위한 모델로 여겨져서는 안 될 것이다(12:2에 대한 주해 참조).[195] 포브스는 라이첸슈타인이 제시한 독특한 관점 이후로 종교사학파 저자들의 접근 방법에 의혹을 제기한다. 또한 고대 그리스-로마 문헌의 일차 자료에 대한 그의 광범위한 검토는 그의 회의적인 입장을 전적으로 뒷받침해준다.[196]

해리스빌은 그의 사전학적인 탐구에서 70인역, 신구약 중간기의 기타 문헌, 마가복음, 사도행전, 바울 서신 등에서 단수 γλῶσσα와 복수 γλώσσαι의 용법, λαλεῖν의 사용 여부 등을 세부적으로 비교한다. 그의 연구에 의하면 준(俊)언어(일종의 언어이지만, 일반적인 의미의 언어는 아님)로서 "방언의 한 종류"에 대한 위더링턴의 설명은 γένη을 제대로 설명해주지 못한다.[197] 어쨌든 위더링턴은 단수로 "종류"라는 단어를 사용한다. 반면에 바울은 복수 형태 γένη, "종류들"을 사용한다.[198] "다양한 종류의 방언"이라는 번역을 받아들이는 저자들은 오직 한 가지 범주 안에 모든 것을 포함하려는 저자들보다 더 견고한 기초에 근거하여 방언의 여섯 가지 "가족 유사성" 중 한 가지 이상을 언급할 것이다. 터너는 바울과 고린도 교인들은 방언을 서로 다르게 이해했을 것이라는 점을 인정한다. 하지만 그 개념도 바울이 종류를 인식하는 것과 연관성이 있는 것 같지 않다.[199]

더욱이 해리스빌은 신약성경, 70인역, 고대 그리스어 문헌, 쿰란 문서, 신약 이후 시대의 사전학적 배경은 결정적인 답변을 제시해주지 못한다는 점을 밝혀준다. 해당 그리스어 단어(γλῶσσα)는 신약성경에서 모두 35번 등장한다. 그중 28번은 고린도전서에서 등장하는데, 23번은 고전 14장에서, 나머지는 고전 12장과 13장에서 언급된다(12:10, 31; 13:1; 14:2, 4, 5, 13, 18, 19, 21, 23, 27, 39).[200] 따라서 바울 서신, 사도행전, (이른바) 마가복음의 "더 긴 결

195) Forbes, *Prophecy,* 126-139; 참조. Euripides, *The Bacchae,* 1051-75, 1005-1136; Virgil, *Aeneid* 6.42-155.

196) Forbes, *Prophecy,* 103-162; 참조. 279-315.

197) Harrisville, "Speaking in Tongues: A Lexicographical Study," 35-48.

198) Witherington, *Conflict and Community,* 258.

199) Turner, *The Holy Spirit,* 227; 참조. 221-239.

200) Harrisville, "Speaking in Tongues: A Lexicographical Study," 33.

말"을 서로 비교할 때 이 단어가 사용된 비율은 4:1이다.[201] 홀츠만은 고전 12-14장을 해당 용어에 대한 표본적인 자료로 간주한다. 바이스는 바울이 이 용어를 고린도에서 차용했다고 믿는다. 파울 파이네(Paul Feine)는 바울이 이 용어를 기독교적으로 사용한 데 대한 책임이 있다고 주장하며, 유대교의 영향으로는 단지 마술적인 세력만을 인정한다.[202] 해리스빌은 70인역에서 γλῶσσα가 λαλεῖν과 함께 일곱 번 사용된 용례를 검토한 후 "우리는 더 이상의 논쟁이 필요 없을 정도로 70인역의 용례가 신약성경에 어떠한 방법으로든 영향을 미쳤을 것이라는 결론을 내릴 수 없다."[203] 우리는 세속 그리스어에서 γλῶσσα가 λαλεῖν과 함께 사용되는 용례를 겨우 단 한 곳, 곧 파피루스 옥시린쿠스 11:229:199-200에서만 발견할 수 있다. 반면에 복수 형태는 갈레노스, 피론, 루키아노스 등이 사용했다고 하는데, 포브스는 이에 다소 의혹을 제기했다.[204] 비록 엘리스와 다우첸베르크(아래 참조)는 쿰란 문헌과 『욥의 유언』에서 이 용어가 사용된 것을 언급하지만, 그것도 문제점이 있다. 한편 신약성경 시대 이후 이 용어에 대한 언급은 대부분 주석서, 설교집 또는 고전 12-14장에 대한 주해(예. 오리게네스, 크리소스토모스, 테오도레토스, 키릴로스, 포티오스)에서 나타난다. 이것은 결코 우연일 수 없다. "무아지경"을 주장하는 저자는 테르툴리아누스 한 명뿐이다. 몬타누스주의자로 있던 기간에 그는 이에 대해 언급했다.[205] 해석학적인 근거에서, 그리고 대체로 문맥적인 근거와 관련하여 아래에서 언급하는 접근 방법은 서로 구별될 수 있으며, 매번 상호 배타적이진 않다(비록 어떤 경우에는 그렇지만).

---

201) 같은 책, 36.

202) Feine, "Zungenreden," in Pauly-Wissowa, 21 (1908), 758-759; Weiss, *Der erste Korintherbrief,* 335; Harrisville, "Speaking in Tongues," 36-37.

203) Harrisville, "Speaking in Tongues," 39.

204) 같은 책, 39-40; Forbes, *Prophecy,* 108-123, 137-143, 208-217.

205) 참조. Harrisville, "Speaking in Tongues," 47-48; BAGD, 162; MM, 128. 파피루스 문헌에서 대다수는 음식의 일부로서 혀를 먹는 것을 가리키며, 그것보다 덜 자주 나타나는 것은 지역 방언을 가리킨다. 혀는 "말하는 기관"이다(BAGD).

i. 천사의 말로서 방언

엘리스와 다우첸베르크는 이 견해를 지지한다. 또한 위더링턴과 바레트도 이 견해에 동의한다. 이 입장을 지지하는 주요 논점은 과연 바울이 (또는 고린도 교회가) 묵시 문헌 또는 쿰란 문서, 특히 욥의 유언(기원전 1세기)에서 언급하는 천사들의 역할에 영향을 받았는지와 우리가 고후 12:1-5에서 셋째 하늘로 "이끌려 올라갔다"는 수수께끼와 같은 말과 고전 13:1, 고전 14:2, 28에 어떤 의미를 부여하는지에 달려 있다.[206] 욥의 유언 48:1-50:3에서 기쁨에 휩싸인 욥의 딸들은 "더 이상 지상의 일에 대해 생각하지 않고 천사의 언어로…천사의 찬송으로 하나님을 찬양하며…높은 곳에서 사용하는 언어로 말한다.…그의 딸들은 그룹들(*cherubim*)의 언어로 말한다"(참조. 희년서 25:14; 유다의 유언 25:3; 에녹1서 40장, 71:11; 마카베오4서 10:21). 엘리스와 다우첸베르크뿐 아니라 바레트도 고전 13:1에 대해 비슷하게 말하며, "이해할 수 없는" 말을 천상의 말로 이해한다.[207] 욥의 유언 48:1-50:3과 고전 13:1을 인용하는 것은 새로운 것이 아니다. 하인리히 바이넬은 1899년에 이 이론을 설명했다(여기서 부분적으로 라이첸슈타인의 설명과 상반됨). 즉 자신들의 아버지가 죽었을 때 첫째 딸은 "천사들의 찬송으로" 하나님을 찬양했으며, 둘째 딸은 "아르콘테스"의 언어로, 셋째 딸은 그룹들의 언어로 하나님을 찬양했다.[208]

알로는 이 견해가 바울과 교부들의 전통보다 몬타누스파의 전통에 더 가깝다고 주장하면서 이 견해를 비판했다.[209] 터너는 "천사들의 방언"이라는 견해에 대한 몇 가지 반대 의견을 제시한다. 가장 주목할 만한 것으로 그

206) Dautzenberg, ""Zum religionsgeschichtlichen Hintergrund," 93-104; Ellis, "Christ and Spirit in 1 Cor," in *Prophecy and Hermeneutic*, 63-71. Ellis는 예언자들이 천군에 의해 보호를 받는다고 이해하며, 쿰란 문서에서 언급하는 "영들에 대한" 자료를 언급한다(예. 1QS 4:21-22; 1QH 12"11-12. 또한 그는 고전 13:1을 고전 11:4, 10과 연결함).

207) Barrett, *First Epistle*, 286.

208) Weinel, *Die Wirkungen des Geistes und der Geister im nachapostolischen Zeitalter bis auf Irenaeus*.

209) Allo, *Première Épitre*, 377; 참조. 355-356; Excursus XV, "Glossolalie," 374-384.

는 바울이 "이 방언들이 단지 부활 이전의 우리 유아기에 속한다는 점을 암시하지 않았을 것"이라고 말한다.[210] 그루뎀도 고전 13:1에서 **천사들의 방언**은 같은 구절 안에서 **사람들의 방언**과 동시에 서로 연결되어 있다고 지적한다. 우리가 앞에서 이미 논의한 바와 같이 매우 타당한 것으로 그루뎀은 엘리스가 복수 형태 πνεύματα를 **천사들의 세력**으로 이해하는 것을 거부한다. 또한 그는 예를 들면 14:32에서 πνεύματα가 "예언하는 자들의 영들"이 아니라 "예언하는 자들 안에서 역사하시는 성령의 다양한 나타남"을 의미한다고 올바르게 이해한다.[211] 또한 만약 πνεύματα를 **천사들의 말**로 해석한다면 **천사들의 말**이 그리스도가 다시 오실 때 사라지는 것 가운데 들어 있다(13:8)는 개념은 매우 이상한 견해라는 점을 덧붙여 지적한다. 이것은 개연성이 매우 낮은 제안 중 하나다. 방언이 알아들을 수 없고, 초월적이며, 하나님을 향하는 특성이 있다는 점을 지지하는 다른 근거도 방언이 천사들의 말을 암시하지 않는다는 것을 시사할 것이다. 이는 특별히 "말로 표현할 수 없는 깊은 탄식으로"(롬 8:26)라는 유비에 근거할 때 더욱 그러할 것이다.

ii. 다른 언어들을 말하는 기적적인 능력으로서 방언

전근대 교부들, 중세 저자들, 종교개혁자들 사이에서 가장 널리 알려진 견해는 방언을 **배우지 않은 외국어를 말하는 기적적인 능력**으로 인식한다. 일반적으로 교부들 가운데는 오리게네스, 크리소스토모스, 테오도로스, 키릴로스, 테오도레토스가, 중세 저자들과 종교개혁자들 가운데는 토마스 아퀴나스, 포티오스, 에스티우스, 칼뱅이, 현대 저자들 가운데는 특히 데이비스, 로버트 건드리, 크리스토퍼 포브스 등이 이 견해를 지지했다고 알려져 있다. 히에로니무스의 라틴어 텍스트는 *alii genera linguarum alii interpretatio sermonum*(다른 사람들에게는 다양한 언어를, 또 다른 사람들에

210) Turner, *The Holy Spirit*, 228.
211) Grudem, *Gift of Prophecy*, 120-129(128에서 인용함). 이 해석은 Elliott, Barrett, Hodge, Wendland, Goudge, Schlatter, Chrysostom의 관점을 따르는 것이다.

게는 말에 대한 해석을)으로 번역되어 있다. 하지만 이 번역도 그리 도움이 되지 않는다.[212] 우리가 해당 자료를 면밀히 살펴보면, 방언은 종종 이런 의미가 **빠져 있다**. 오리게네스의 고린도전서 주해(일부만 존재함)는 다양한 종류의 방언에 대해 어떤 명백한 논평을 제시하지 않는다. 알로와 다른 학자들이 언급하는 그의 변증서 『켈소스 논박』 7:9에서 오리게네스는 스스로 "영감을 받은 사람들"이라고 주장하는 이들에 관해 언급한다. 켈소스의 보고에 의하면 그들은 1인칭 대명사를 사용하며 "나는 하나님이다.…나는 성령이다"라고 말했다. 하지만 오리게네스는 켈소스의 보고를 단호하게 거부한다.[213] 크리소스토모스는 행 2장에 대한 그의 주해에서 언어학적인 의미에서 방언보다는 오순절에 제자들을 통해 말해진 "놀라운 일들"을 의도적으로 강조한다. 또한 그는 고전 12:10이나 14:2, 5에 대한 주해에서 사실상 이 주제를 무시한다.[214] 슈탑이 편집한 『고대 그리스 교회에서 유래한 바울 주석들』에 수록된 몹수에스티아의 테오도로스의 단편(Fragments)에서 그는 12:10이나 14:2-3b을 주해하는 가운데 이 주제를 거의 다루지 않는다.[215] 알렉산드리아의 키릴로스는 방언이 지닌 표적의 특성에 관심을 갖는다. 그는 방언을 말하는 이들조차도 방언을 그 의미를 이해하지 못하는 말로 묘사한다.[216] 그리고 테오도레토스는 고전 12:10에서 방언의 목적이 ἵνα τὸ κήρυγμα πιστευθῇ(곧 복음을 전파하여 사람들이 그것을 믿게 하려고)라고 설명한다.[217]

그렇다면 현대 저자들은 어떻게 **배우지 않은 언어를 말하는 기적적인 능력**을 교부 시대에 널리 알려진 또는 "주요한" 주해라고 말할 수 있는가? 이 질문에 대한 대답은 오직 ἑρμηνεία γλωσσῶν, "방언으로 말하는 것을 이

---

212) Jerome, *S. Pauli Ep. 1 and Cor,* Opera Omnia (Migne, *PL*, 29:794B).
213) Origen, *Against Celsus,* 7:11, "켈소스는 거짓되게 말한다."
214) Chrysostom, *Acts:* Hom. 4; *1 Cor:* Hom.19.
215) Theodore, in K. Staab (ed.), *Pauluskommentare,* 190 and 192-193.
216) Cyril, *Fragments in Ep. 1 ad Cor* (ed. Pusey), 289.
217) Theodoret, *Interp. Ep. 1 ad Cor*, 245A (Migne, *PG*, 82-325 [Greek]; 326 [Latin], *ut praedicationi fides haberetur*).

해할 수 있도록 표현하는 능력"에 대한 교부들의 주해를 그들이 다양한 종류의 방언과 함께 결합하는 것에 기초하여 얻을 수 있을 것이다. 따라서 테오도레토스는 이 두 가지 은사는 **케뤼그마** 또는 **복음**을 섬기는 역할을 한다고 설명한다. 왜냐하면 어떤 사람은 오직 그리스의 언어(γλῶσσαν)만을 알 수 있지만, 다른 사람이 스키타이어나 트라케 방언으로 말한 후에는 "모든 곳에서(πανταχοῦ) 같은 영을 따라" 그 내용을 설명할 수 있기 때문이다.[218] "모든 곳"(πανταχοῦ)은 선교의 지리적인 배경을 밝혀준다. 이 아홉 번째 은사와 관련하여 알렉산드리아의 키릴로스는 이제 14:21을 예고한다. "내가 외국어로 말할 것이다."[219] 키릴로스가 아홉 번째 은사를 복음 선포를 돕는 역할을 하는 은사로 높이기 때문에 어떤 면에서 크리소스토모스는 사도 직분과 예언자적 선포를 더 주요한 은사로 평가한다.[220] 비록 페트루스 롬바르두스는 "영감"의 광범위한 현상을 언급하길 망설이지만, 이것은 주요한 중세 시대의 견해다.[221] 그러므로 토마스 아퀴나스의 견해에 의하면 "이 은사들의 탁월함은 그것들이 언급된 순서와 일치한다." 따라서 사 11:2, 3, 고전 12:8-10에서는 지혜와 지식이 맨 먼저 언급된다. 왜냐하면 하나님을 아는 데는 이성과 깊은 사색이 근본적인 요소이기 때문이다. 그것들은 심지어 행동과 정서보다 앞선다.[222] 에라스무스는 이제 이 은사에 대해 **다양한 언어로 같은 것을 말하게 하려고 은사가 주어진다고** 말한다.[223] 이와 비슷하게 칼뱅은 (방언이 아니라 ἑρμηνεία γλωσσῶν에 대해) "해석자들은 외국어를 모국어로 번역한다"고 주해한다.[224] 단지 다양한 종류의 방언의 은사만 받은 자들은 "종종 그들이 교제를 나누어야 했던 사람들의 언어를 알지 못했다."[225]

---

218) 같은 책.
219) Cyril, *Fragments in Ep. ad Cor,* 89.
220) Chrysostom, *1 Cor. Hom,* 29:5.
221) Peter Lombard, *Glossa,* in Migne, *PL,* 192-199.
222) Thomas Aquinas, *Summa Theologiae,* Ia and IIae, Q. 68(Blackfriars ed., vol. 24), art. 7.
223) Erasmus, *Opera Omnia: In Epist. Pauli ad 1 Cor,* 898.
224) Calvin, *First Epistle,* 263.
225) 같은 책.

하지(Hodge)의 시대에 이 언어 능력은 방언으로 여겨졌다. 하지는 이 은사를 다음과 같이 묘사한다. "원래 [이 은사는] 말하는 사람에게 알려지지 않은 언어로 말하는 것이다. 이 은사의 특성은 행 2:4-11의 설명에 의해 결정된다."[226] 더 최근의 학자 중 이 견해를 지지하는 학자는 데이비스(J. G. Davies), 터그웰(S. Tugwell), 건드리(R. H. Gundry), 포브스다. 포브스, 터너와 마찬가지로 건드리도 다양한 종류의 방언이 '무아지경의 말'(NEB)을 포함할 수 있다는 견해를 비판한다.[227] 하지만 그의 "언어적인 견해"는 주로 ἑρμηνεύω와 διερμηνεύω를 "해석하다"를 의미하는 것으로 이해하며, "방언을 이해할 수 없다는 바울의 말을 강조하는 다른 전제는 고린도 교회의 통상적인 모임에서 그것을 이해할 수 없었던 것"에 의존한다. 그리스어나 라틴어를 이해하지 못하던 어떤 사람이 그 모임에 참석했을 것이며, 그들은 통역을 필요로 했다는 것이다.[228] 우리가 충분히 기대할 수 있듯이 건드리는 혹시 "술에 취했다"라는 비난이 어떤 무아지경의 상태에 대한 징후를 가리키는 것은 아니냐라는 의구심과 더불어 행 2:4-13에서 묘사하는 "언어들"의 중요성에 대해 논의한다.[229]

포브스도 행 10:46에서 고넬료와 관련된 에피소드와 행 19:6에서 에베소에서 만난 세례 요한의 제자들에 관한 이야기와 더불어 이와 비슷하게 논의한다. 하지만 해당 주제에 대한 그의 저서에서 그는 이 두 가지 본문은 상당한 논쟁의 대상이며, 누가의 신학적 역사에서 선교의 확장 과정의 새로운 단계들과 관련되어 있다고 주장한다.[230] 우리가 이미 언급했듯이 포브스는 "신약학자들이 가장 잘못 사용하는 용어 중 하나"로 "무아지경"(황홀경)을 꼽는 것을 거부한다. 터너는 무아지경에 대한 사회학과 심리학을 연구하지

226) Hodge, *First Epistle*, 248.
227) Gundry, "'Ecstatic Utterances'(NEB)?" 299-307; 참조. Davies, "Pentecost and Glossolalia," 228-231; Tugwell, *Did You Receive the Spirit?* With Gundry, 참조. Turner, *Holy Spirit*, 237-238; Forbes, *Prophecy*, 51-65.
228) Gundry, "'Ecstatic Utterances'(NEB)?" 300-303.
229) 같은 책, 304.
230) Forbes, *Prophecy*, 51.

않은 신약 전문가들을 비판하는 반면,[231] 포브스는 엘리스와 다우첸베르크의 "천사들의 말"과 방언은 특이하고 원시적인 언어를 구체화하는 시적인 도구를 가리킨다는 개념을 거부한다.[232] 그는 고전 12:10-14:40의 문맥에서 ἑρμηνεία γλωσσῶν과 특히 14:13의 ἵνα διερμηνεύῃ가 "해석하다" 또는 "번역하다"가 아니라 "무언가를 이해할 수 있는 분명한 말로 표현하는 능력"이라는 나의 이전 주장들을 세부적으로 고찰한다.[233] 나는 필론과 요세푸스의 저서에서 이 표현들이 사용된 용례에 근거하여 이 표현들은 어떤 사람을 일시적으로 말을 잃게 하거나 단지 경외감이나 기쁨으로 감정적으로만 반응하게 만드는 경이로운 것을 언어나 분명한 말로 표현하는 능력을 의미한다고 주장했다. 나는 "[필론의 저서에서 διερμηνεύω와 διερμήνευσις의] 사례에서 사 분의 삼이 생각이나 감정을 이해할 수 있는 말로 명백하게 표현하는 것을 가리킨다"고 지적했다.[234] 이와는 대조적으로 어떤 문맥이 명백하게 번역(통역)과 관련되어 있을 때 그 그리스어 동사는 "번역(통역)하다"를 의미한다.

포브스가 제시하는 한 가지 효과적인 응답은 ἑρμηνεύω가 그것의 복합 형태와 나란히 고려하면 이 두 가지 가능한 의미의 비율이 바뀐다는 것이다.[235] 하지만 나는 단지 이 동사들은 적절한 문맥에서 명확한 말을 하는 것을 의미할 수도 있으며, 고전 12-14장은 그러한 문맥을 제공한다고 주장할 뿐이다. 나의 주해에 대한 네 페이지에 달하는 포브스의 논의는 여전히 특별히 내가 언급하지 않았던 일련의 난제와 더불어 여러 가지 의문점에 답을 주지 않는다. 우리는 이제 이 난제들에 대해 다룰 것이다. 터너는 "설득력이 없고" "오해를 불러일으키는"과 같은 가치 판단을 나의 주장에 적용한다. 그러나 결국 모든 것은 다음과 같은 그의 관점에 기초한다. (a) 그

231) 같은 책, 53; 참조. Turner, *Holy Spirit*, 237-238.

232) Forbes, *Prophecy*, 57-65.

233) Thiselton, "The Interpretation of 'Tongues'? A New Suggestion in the Light of Greek Usage in Philo and Josephus," 15-36.

234) 같은 논문, 18; 참조. 20. 이 이슈는 Forbes, *Prophecy*, 65-72에서 논의됨.

235) Forbes, *Prophecy*, 66-68.

는 바울이 단지 **해석되지 않은** 방언(사실상 이 방언은 **공개적으로** 말해짐)을 비난한다고 주장한다. (b) 그는 다음과 같은 이유에서 비롯된 서로 매우 다른 전제에 근거한다. (i) 그는 선포를 의미하는 그리스어에 대한 보편적인 이해가 지닌 다양한 함의를 제대로 파악하지 못한다. (ii) 터너는 우리가 γλῶσσα의 "통상적인" 용례를 전혀 논의하지 않는 경우에도 이 용어의 "통상적인" 용례는 **언어**를 의미한다(예. *TDNT*에서 Behm의 기고문)는 것에 호소한다.[236)]

에드워즈(Edwards), 마이어(H. A. W. Meyer)와 존슨(L. T. Johnson)은 "언어로 통역함"이라는 견해에 대한 가장 강력한 반대 의견을 제시한다. 포브스는 마이어를 간과하며, 단지 또 다른 배경에서 에드워즈의 견해를 언급하고, 1992년에 발표한 존슨의 논문에 대해 논의하지 않는다. 터너는 이 세 가지를 언급하지 않는 것 같다. 더욱이 이 문제의 핵심은 교부 시대, 중세 시대, 종교개혁 시대의 해석에 대한 우리의 논평에 암시되어 있다. 에드워즈는 이렇게 단언한다. "**고린도 교인들은 그들이 받은 방언의 은사를 이교 세계에 복음을 전파하기 위해 사용하지 않는다는 것은 명백하다.** 그들은 자신들의 신앙 공동체 안에서 방언을 말했다. 사도[바울]는 그들에게 단 한 번도 매우 탁월한 도움을 줄 수 있는 목적에 이 능력을 사용할 것을 권하지 않는다"(강조는 덧붙여진 것임).[237)] 만약 방언을 이렇게 사용했다고 암시하는 것이 있었다면 바울은 "방언으로 말하는 사람은 자기에게만 덕을 세우는"(ἑαυτόν, 14:4) 것은 물론, "방언으로 말하는 사람은 사람에게 말하는 것이 아니라 하나님께 말씀드리는 것입니다"(고전 14:2)라고 말할 수 없었을 것이다. 하지만 우리가 살펴본 바에 의하면 크리소스토모스, 키릴로스, 토마스 아퀴나스와 특히 테오도레토스, 칼뱅의 관점에서 **외국어**를 사용하는 것의 요점은 엄밀히 말해 그것이 **세계 선교의 일부로서 복음 선포에 기여하**

236) Turner, *The Holy Spirit*, 227("정상적인" 의미); 229("**끊임없는 방언**"[강조는 원저자의 것임] 그리고 전도를 가리키는 그리스어에 대한 언급이 없는 것에 대해).

237) Edwards, *First Epistle*, 319.

는 것이다. 그런데 만약 (바울이 고전 14장에서 분명하게 밝히듯이) 우리가 이 은사를 선교의 배경에서 분리한다면 20세기의 몇몇 해석자를 제외하면 선교 목적을 위해 이 은사를 사용한다는 명분은 사라질 것이다. 더욱이 콜린스는 바울이 "방언으로 말하는 것을 악기들이 불분명한 소리를 내는 것(14:8)과 비교한다"고 덧붙여 말한다.[238] 이것은 "통역"을 기대하는 어떤 언어 체계를 묘사하는 것이 결코 아닐 것이다.

포브스에게 실례가 되긴 하겠지만, 만약 이것이 이 은사의 목적이 아니라면 어떤 사람은 **어떤 종류의 하나님**이 이런 은사를 주실지 의아해할 것이다. 바울은 예를 들어 부활(15:34), "지혜"와 수사학의 역할(1:20, 21, 24-25), "영적인" 것의 특성, 윤리(6:19), 질서(11:3) 등과 관련하여 고린도 교인들의 **하나님에 대한** 이해에 호소한다. 따라서 과연 통역의 은사가 단순히 자기 유익을 위한 것인지 질문한다는 것은 언뜻 판단하기에도 매우 이상할 것이다(또한 해석학적으로 해당 본문과 시기적으로 어울리는 것은 아니지만, 이러한 통역[번역]의 은사는 해외로 나가는 선교사나 그리스어와 히브리어를 배우는 신학생에게 틀림없이 주어지지 않았을 것이다). 사실 에드워즈는 방언이 결정적인 배경으로서 "일상적인 언어"와 관련이 있는 것보다 "불의 방언"과 더 관련이 있을 것이라고 주장한다.[239] 또한 콜린스는 "고전 12-14장의 내용은 오순절에 제자들이 경험한 것(행 2:5-13)과 다르다"고 주장한다.[240]

마이어는 이 점을 더 발전시킨다.[241] 그는 이 견해가 가져다주는 결과는 다음과 같다고 말한다. (1) 14:2은 그릇된 주장일 것이다. (2) 우리는 왜 γένη φωνῶν(14:10, 11)을 γένη γλωσσῶν과 구별해야 하는지를 설명할 수 없을 것이다. (3) 그것은 일상 언어와 이해할 수 없거나 분명하게 표현되지 않는 또 다른 형태의 표현 수단(참조. 14:15)이 아니라 한 언어를 다른 언어와 대조하는 것이다. (4) 우리는 14:28을 설명할 수 없을 것이다. 왜냐하면 만

---

238) Collins, *First Cor*, 455-456.
239) 같은 책.
240) Collins, *First Cor*, 456.
241) Meyer, *First Epistle*, 1:366-367.

약 이 절의 내용이 진정으로 어떤 언어의 통역과 관련된 것이라면 일반상식을 지닌 모든 사람은 통역의 이슈에 대한 일상적인 현상을 명백하게 인식할 것이기 때문이다. (5) 14:18-19에서 바울은 비록 자신이 방언의 은사를 받았지만, 그는 교회 안에서 그것을 사용하지 않기로 했다고 말한다. 만약 그리스어를 알지 못하는 이들이 교회 모임에 참석했을 수도 있다는 건드리의 주장이 옳다면[그 은사가 통역의 은사를 가리킨다면] 바울은 왜 그의 은사를 사용하는 것을 원치 않았겠는가? (6) 만약 이 은사가 건드리, 터너, 포브스의 주장대로 다른 역할에 활용되었다면 바울은 이 은사를 사용하는 것에 대해 상당히 다른 방법으로 논의했을 것이다. 또한 마이어는 두 가지 반대 의견을 덧붙여 제시한다. 하지만 여기서 이 두 가지 반대 의견을 자세하게 언급할 필요는 없을 것이다.[242)]

존슨은 또 다른 문제점을 제시한다. 다음과 같은 요인은 방언에 대한 그 이론의 신빙성을 떨어트릴 것이다. (1) 행 2:4-13의 이적 사건이 고전 12:10-14:40에도 타당하다면 그 **기적은 말하는 기적이 아니라 듣는 기적일 것이다**(행 2:8). 이 "은사"는 열두 가지 언어로 동시에 통역하는 것이 아니라 자신이 사용하는 언어로 **듣는 것**이다. 이 은사는 그곳에 있던 모든 사람에게 주어지지 않았다(행 2:13). (2) 더욱이 바울은 "방언이 본질적으로 의사소통이 불가능한 형태의 말이라는 자신의 확신을 그 이상 명백하게 표현할 수 없었을 것이다(고전 13:1; 14:2, 4, 7-9, 16-17, 23)."[243)] (3) "명확하게 표현하다" 또는 "말로 표현하다"를 의미하는 ἑρμηνεύω와 그 동족어는 이 문맥에 더 잘 어울릴 것이며, 언어사전도 그것을 입증해준다. (4) 만약 우리가 서로 다른 시대의 현상이 아니라 오늘날의 현상을 비교한다면 사마린(W. J. Samarin)의 언어학 연구는 **현대** "글로솔랄리아"의 기록이 "언어와 같이" 들리긴 하지만, 구조상으로는 **"언어학적"**이지 않다는 것을 입증해준다.[244)] 터

242) 같은 책, 367.

243) L. T. Johnson, "Tongues, Gift of," in *ABD*, 6:597; 참조. 596-600.

244) Samarin, *Tongues of Men and Angels: The Religious Language of Pentecostalism*, 74-128.

너가 사마린에게 답변할 수 있는 모든 것은 "아마도 이 판단은 지나치게 단순화하고" 바울이 고린도 교회의 이슈와 관련하여 논의하는 것과 관계가 있을 수도 있고 그렇지 않을 수도 있는 20세기 후반의 일화에 기초한 증거를 제시한다는 것이다.[245]

iii. 전례적이거나 고풍스럽거나 운율적인 표현으로서의 방언들

세 번째 제안은 방언이 대체로 음악, 시, 운율과 연결된 고풍스럽거나 신기한 말로 된 관용적인 표현이라는 데 관심을 기울인다(블레크와 하인리치). 이 제안은 접근 방법에 있어 "언어"와 "영감을 받은 말"의 중간에 위치한다. 블렉은 고대 그리스 문법학자들은 종종 **고풍스러운 말**이나 지역 언어, 지방의 관용적인 표현 또는 현재 문맥에서처럼 아마도 옛 셈어와 유사한 **전례적인 말 또는 표현**을 가리키는 데 γλῶσσα, "방언"을 사용했으며, 이것은 시나 고상한 운율로 표현되었을 것이라고 주장했다.[246] 포브스의 최근 연구에도 불구하고 블레크는 헬레니즘적 종교에서 나타나는 예언의 말의 선례에 호소한다. 그는 해당 사례를 이미 헤르더(J. G. Herder)와 에르네스티(J. A. Ernesti)가 언급한 출발점으로 삼아 세부적으로 논의한다.

하인리치(C. F. G. Heinrici)는 이 견해를 세부적으로 옹호한다.[247] 블레크의 견해를 따라 그는 고대 그리스 문헌에 나타난 이 단어의 역사적인 용례와 할리카르나소스의 디오니소스, 섹스투스 엠피리쿠스, 플루타르코스의 저서에서 언급된 기쁨과 찬양을 나타내는 황홀한 표현과 연결하여 이와 같이 호소한다.[248] 하지만 이 용어는 "잘 모르는" 또는 **평상시에 사용하지 않는** 단어와 표현을 가리키는 데 사용되었다. 이 용례들은 (반드시 그런 것은 아니지만) 종종 어떤 구절이나 운율의 **시적인** 전환을 포함하여 이러한 문맥에

---

245) Turner, *The Holy Spirit*, 307-310, 312-314. 한편 Macchia(312, n. 42)에 대한 Turner의 언급은 방언을 이해하는 데 전적으로 실제적인 도움을 준다.

246) F. Bleek, "Über die Gabe des γλώσσαις λαλεῖν in der ersten christlichen Kirche," in *Studien und Kritiken* (1829): 3-79.

247) Heinrici, *Der erste Sendschreiben*, 376-394.

248) 같은 책, 381.

서 나타난다.[249] 때로는 어떤 지역의 사투리나 화려한 은유가 여기서 사용될 수도 있다.[250] 이러한 특이한 표현들은 언어적인 스펙트럼의 또 다른 끝자락에서 **새로운 단어**를 만들어내는 과정에서 생겨날 수도 있는데, 이번에는 마가복음의 더 긴 결말에서 등장하는 "새 방언으로 말하는"(막 16:17) 것에 대한 수수께끼와 같은 언급을 가리킨다.[251]

하인리치에 의하면 시와 전례뿐만 아니라 음악과 운율이 있는 찬양과도 밀접하게 연관되어 있는 이 관용적인 표현들은 "다양한 종류의 방언"에 속한다. 이 방언들은 전통적인 언어나 일상언어로 이해할 수 있도록 분명하게 표현된 산문의 양식과 다르다.[252] 고대 그리스 문헌에서 운율이 있는 음악과 신들에 대한 제의 언어 사이의 연관성은 매우 이른 시기부터 나타난다.[253] 하인리치는 플라톤과 베르길리우스가 그들의 저서에서 언급한 시빌라와 피티오스에 대한 자료를 인용한다. 앞에서 언급한 바와 같이 최근에 포브스는 이 점을 비판했다.[254] 하지만 그는 종교사적 배경에 의존하지 않는다. 이와는 정반대로 그의 기본적인 접근 방법은 언어학적이다. 그는 자신의 견해를 지지하기 위해 언어와 문법에 대한 아리스토텔레스의 관점을 인용하는 데 전혀 관심이 없다.[255] 알로는 라이첸슈타인과 바이스의 저서에서 발견되는 종교사적 전제들을 회피하는 하인리치를 칭찬한다.[256]

바울과 고린도 교회의 해석을 주해의 측면에서 검토하는 데 있어 현대 오순절 운동과 카리스마적인 현상을 활용할 수 없다는 것은 학자들 사이에

---

249) 같은 책, 382, 383.

250) 참조. Dionysius of Halicarnassus, 2.82; Plutarch, *Isis* 375B; Bleek, "Über die Gabe des γλώσσαις λαλεῖν,"42; Heinrici, *Der erste Sendschreiben,* 382-385. 참조. Quintilian, *Institutio Oratoria* 1:14.

251) Heinrici, *Der erste Sendschreiben,* 384-386.

252) 같은 책, 386-387.

253) Homer, *Iliad* 1.403; 14.291.

254) Plato, *Cratylus* 391D; *Politica* 290E; *Phaedrus* 244A; Plutarch, *Moralia* (De Musica) 1142D, 음악, 시가, 운율에 대해. 참조. Heinrici, *Der erste Sendschreiben*, 388-390 and 380 n. 4.

255) Aristotle, *Poetica* 1457B, 3; *Rhetorica* 1404B, 8.

256) Allo, *Première Épitre,* "Glossolalia," 380.

서 거의 보편화된 의견이다. 만약 이것을 증거로 받아들인다면 그것은 순환 논법으로 어떤 특수한 해석 전통의 타당성을 전제하는 것이다. 하지만 오늘날의 현상도 언뜻 판단하기에 잠정적인 제안의 개연성과 관련하여 적어도 최소한의 적실성을 지니고 있다. 이러한 배경에서 오순절 운동의 현상에 대한 윌리엄스(C. G. Williams)의 논의는 매우 흥미롭다. 그는 오순절파 안에서 "이해할 수 있는 말과 노래로부터 시작하여 신비로운 말과 노래로 발전하는" 현상에 대한 호턴(H. Horton)의 묘사를 인용한다. "이것은 하나님을 경배하는 예배의 영광스러운 환희 가운데 신비로운 의미와 신비로운 가락을 서로 결합하는 것이다.…말과 음악은 단순한 이해의 범위를 무한대로 초월하여 하늘을 향해 올라간다."[257)]

하지만 다른 한편으로 고데는 고린도의 많은 사람들이 무역상, 숙련공, 선원 또는 노예였다는 점을 상기시켜준다. 그는 "왜 [이들이] 구원받은 영혼이 옛날에 사용하던 특이한 어휘나 전혀 새로운 용어로 자신들의 매우 심오한 감정을 표현했다고 상상하는 것이 불가능한가"라고 말한다.[258)] 또한 그는 이러한 "이해"가 부차적인 것이 되었다면 과연 그것이 이러한 결과를 가져왔을지에 대해 질문한다. 우리는 그 질문에 답변할 수 있을 것이다. 만약 블레크와 하인리치의 견해 옆에 고데의 견해를 나란히 놓는다면 이것은 최근에 제기된 데일 마틴의 주장에 힘을 실어줄 것이다. 즉 방언을 사용한다는 것은 "지위를 가리키는 요소" 또는 **사회적 엘리트임을 알려주는 일종의 표지**일 수 있다.[259)] 오직 좋은 교육을 받은 사람만 고양되고 즐거운 상태에서 훌륭한 시구와 비유를 멋지게 지어내어 표현할 수 있을 것이다. 이를 통해 그들은 칭찬을 받고 자신들의 사회적·영적 지위를 입증받을 것이다. 하지만 이러한 일이 일어난다면 설령 처음부터 분열을 의도하지 않았다 하

---

257) C. G. Williams, *Tongues of the Spirit,* 78. 다음 저서에서 인용된다. H. Horton, *What is the Good of Speaking with Tongues?* (London: Assemblies of God, n.d., rpt. 1960), 21-22. 아마도 Turner가 이 부분을 읽었다면 그는 이러한 Williams의 견해를 비판했을 것이다. 참조. Turner, *Holy Spirit,* 238, n. 65.

258) Godet, *First Epistle,* 2:202-203.

259) Dale Martin, *The Corinthian Body,* 102.

더라도 그것은 신앙 공동체를 **분열**로 이끌 수 있다.

그러므로 우리는 블레크와 하인리치의 견해를 방언과 확실하게 동일시할 수는 없지만, 고린도에서 **다양한** 종류의 방언 중에서 이런 종류에 속한 무언가가 **다른 것들과 함께** 중요한 역할을 했을 가능성도 있다고 결론짓는다. 만약 오늘날의 카리스마적인 현상과 비교하는 것이 해석학적인 측면에서 허용된다면 어떤 상태와 경험을 리듬 있는 음악, 드럼 치기, 유사 댄스 같은 특이한 표현 양식과 연결하는 것은 일부 유사점을 제공할 수 있고, "할렐루야!"와 같은 외침은 고대 언어(히브리어!)의 전례적인 사용의 실례를 보여줄 수 있다. 은유적인 표현과 시적인 미사여구에 대한 하인리치의 이해에 의하면 심지어 가장 단순한 내용을 끊임없이 반복적으로 되풀이하며 노래하는 합창도 상당히 유사한 것을 제공해준다고 상상할 수 있을 것이다. 이것은 분명히 한편으로 바울이 이 현상을 확인하는 것처럼 보이지만, 다른 한편으로는 이에 대해 유보하는 태도를 보이는 모호성을 설명해줄 것이다. 마치 진정한 찬양이 마음의 생각을 한편으로 밀어두고 감사와 기쁨과 찬양의 깊은 감정을 표출하는 경향이 있는 것처럼 말이다(14:2, 5, 14, 15, 20). **그러나 이 현상은 14:8-13, 21-25을 설명해줄 수 없었다.** 그러므로 고린도에서는 반드시 **다른** 종류의 방언이 작동했어야만 했다.

iv. "무아지경의" 말로서의 방언들

우리는 앞에서 방언을 이렇게 이해하는 것에 대한 건드리, 터너, 포브스의 반대 의견을 자세히 논의했다.[260] 하지만 포브스는 그 접근 방법이 어떤 것이든 간에 다양한 종류의 방언의 하나로서 타당성이 전혀 없기보다는 다음과 같은 사항을 확실하게 입증했다. (a) 만약 이 이론이 이른바 고대 그리스-로마 세계의 유사한 현상에 호소하면서 종교사적 주장에 기초한다면 그것은 틀림없이 그릇된 것이다. (b) 이 접근 방법은 고전 12:10-14:40에서

260) Forbes, *Prophecy*, 103-181, 그리고 곳곳에. Gundry, "'Ecstatic Utterance'(NEB)?"; Turner, *Holy Spirit*, 221-239.

언급하는 방언에 대한 모든 유형의 사례를 설명해줄 수 없다. (c) 황홀경 또는 무아지경(ecstasy)이라는 용어가 신약성경에서 주해적·정황적 정당성을 인정받을 수 있는 정확한 관점에서 설명되지 않는다면 이 용어는 공허하고 오해를 불러일으킬 것이다. 하지만 설령 이것이 이 용어를 이렇게 이해하는 것의 대부분을 차지한다 하더라도 우리는 과연 NEB의 번역인 "환상적인 말"이 앞에서 언급한 (a)의 입장에 전적으로 의존하고 있는지 의구심이 든다. 더욱이 건드리나 터너도 고전 12-14장에 나타난 바울의 수사학적 목표에 대한 데일 마틴, 안더스 에릭손 등 다른 학자들의 주장과 앞에서 제시한 논의의 범위와 세부 내용을 충분히 다루지 않은 것 같다.

이 견해를 지지하는 학자들은 종종 테르툴리아누스에 대한 언급으로 시작한다. 테르툴리아누스는 『마르키온 논박』 5에서 독자들에게 고린도전서 전체를 간략하게 소개한다. 그는 지혜와 십자가로부터 시작하여(5:5), 성령과 목회적인 측면에서 교회를 "세우는 것"(5:6), 결혼과 우상에 바쳤던 음식(5:7)에 대한 이슈를 거쳐 여자들과 예언, 주님의 만찬과 성령의 은사(5:8)에 대해 다룬다. 또한 그는 부활에 대해 고찰하며(5:9, 10), 이어서 고린도후서에 대해 설명한다(5:11-12). 무아지경의 말에 대한 테르툴리아누스의 주해가 그가 몬타누스파에 속해 있던 기간과 연결되어 있다는 지적은 사실상 타당한 비판이다. 하지만 또 다른 한편으로 테르툴리아누스는 일종의 문맥에 대한 해설과 (마르키온을 논박하면서) 이 이슈들이 근원적으로 구약성경과 연결되어 있음을 입증하기 위해 이 주제를 다룬다. 따라서 그는 모든 영적인 은사의 뿌리는 사 11:1-3에 예언된 메시아의 기름 부음에 있고, 이 은사들은 그리스도에 의해 분배되었다고 본다(그의 견해에 의하면 엡 4:8은 고전 12:4-11과 밀접하게 연결되어 있다). 테르툴리아누스는 성령의 은사들을 설명하거나 열거하고 나서 마르키온과 하나님의 영으로부터 온 참된 영감을 서로 대조하며 다음과 같이 결론짓는다. "'방언에 대한 해석'이 마르키온에게 주어질 때마다 그는 시를 지어라. 환상을 제시하라. 하지만 오직 성령에 의해 무아지경, 곧 황홀경 안에서 그리하라(*dumtaxat spiritualem, in ecstasi, id est amentia, si qua linguae interpretatio accessit*)."[261)]

그러므로 "무아지경 안에서"(*in ecstasi*)는 단순히 "우리 시대의 신약학계의 용어"가 아니라 이 용어를 도입하고 심지어 "황홀경 안에서"(*id est amentia*)라는 설명을 덧붙인 테르툴리아누스의 표현이다. 라틴어 명사 *amentia*는 대체로 (키케로, 오비디우스와 다른 저자들의 글에서) **미친 상태**를 의미하며, (호라티우스의 글에서는) **어리석음**을 의미할 수 있다. 왜냐하면 이 단어는 "**제 정신이 아닌 상태**"를 뜻하기 때문이다.[262)] 의심의 여지 없이 『마르키온 논박』의 대부분은 기원후 207년경에 저술되었을 것이다. 이 연도는 테르툴리아누스가 몬타누스주의의 매력에 사로잡힌 시점을 가리킨다. 하지만 그는 그로부터 6년이 지나서야 비로소 공식적으로 몬타누스파에 가담한다. 포브스는 이 시기를 여전히 "그가 몬타누스주의자가 되기 이전의 시기"라고 부른다.[263)] 하지만 포브스는 테르툴리아누스가 **무아지경 안에서** 또는 **황홀경**이라는 용어를 사용한 것보다는 "글로솔랄리아"의 지속적인 존재에 대한 그의 증언에 주목한다. 또한 포브스는 테르툴리아누스의 『기독교 변증서』 18을 언급한다. 이 변증서의 문맥은 70인역의 "번역"에 관한 것이다.[264)] 몬타누스파에 속해 있던 시기에 그는 『엑스터시에 대하여』라는 책을 저술했지만, 그것은 보존되지 않았다.[265)]

현대 저자 중 방언의 특성을 **무아지경에서 말하는 것**이라고 진지하게 받아들이는 이들 가운데는 벰(J. Behm), 클라인크네히트(H. Kleinknecht), 커리(S. D. Currie), 엥겔센(N. I. J. Engelsen), 하우스(H. W. House), 약간 수정된 형태의 보링(M. E. Boring), 존슨(L. T. Johnson) 등 몇몇 다른 이들이 포함되

---

261) Tertullian, *Against Marcion*, 5:8(맺음말 근처).

262) W. Smith and J. F. Lockwood, *Latin-English Dictionary* (London: Murray, ed. 3d. 1993), 41.

263) Forbes, *Prophecy*, 79.

264) 같은 책, 224.

265) 테르툴리아누스의 성령론은 다음을 참조하라. G. M. Fagin, *The Holy Spirit: Message of the Fathers of the Church* (Wilmington: Glazier, 1984), 45–60; H. B. Swete, *The Holy Spirit in the Ancient Church* (London: Macmillan, 1912), 110–115.

어 있다. 벰은 헬레니즘의 현상과 기독교의 현상 사이에서 나타나는 공통적인 유형들에 대해 논의한다. 그는 "이 신비적이며 무아지경의 현상과 관련하여 바울은 헬레니즘과 기독교 사이에 어떤 유사성이 있다는 점을 알고 있다"라고 주장한다.[266] 그러나 그는 자신의 논의를 헬레니즘 내에만 국한시키지 않는다. 그는 또한 삼상 10:5-7, 19:20-22, 왕상 18:29, 30, 왕하 9:11 등에서 이스라엘의 예언자들의 "무아지경의 열정"에 대해서도 언급한다.[267] 또 다른 한편으로 그는 행 2:4-13에서 언급하는 다른 전승을 확인하는데, 그는 이 전승을 더 "언어적인" 것으로 간주한다. 벰과 클라인크네히트는 모두 플라톤이 그의 대화록 『티마이오스』 71e-72a에서 "만티스"(*mantis*)의 예언에 대해 말하는 것을 언급한다. 또한 클라인크네히트는 델포이의 신탁과 평행을 이루는 텍스트를 언급한다.[268] 커리는 델포이의 신탁과 관련된 이슈를 다루는 반면, 엥겔센은 성령의 영감을 받은 무아지경의 말과 성령의 영감을 받은 이해할 수 있는 말을 처음으로 구분한 인물이 바로 바울이었다고 주장한다. 포브스는 이 모든 저자의 주장이 고대 그리스-로마의 자료를 사용하는 데 있어 정확성과 선별 능력이 부족하다는 점을 큰 어려움 없이 입증한다.[269]

그럼에도 몇몇 저자들은 고대 그리스의 평행 본문에 호소하지 않고 적어도 어떤 방언의 종류와 관련하여 "무아지경의"라는 단어를 이해하는 것을 지지한다. 존슨은 몇몇 헬레니즘적 자료 안에 "만티스와 관련된" 몇몇 현상이 존재한다고 지적한다(Plato, *Ion* 534 A-D, *Timaeus* 71E-72B; Plutarch, *De Defectu Oraculorum* 417C; 참조. 412A). 하지만 그는 고전 14:23에서 바울의 언어 선택(οὐκ ἐροῦσιν ὅτι μαίνεσθε;)에 더 강조점을 둔다.[270] 존슨은 바울이 다

266) J. Behm, "γλῶσσα," *TDNT*, 1:724; 참조. 722-724; H. Kleinknecht, "πνεῦμα," *TDNT*, 6: 345-348; Currie, "'Speaking in Tongues': Early Evidence outside the NT," *Int* 19 (1965): 274-294.

267) J. Behm, "γλῶσσα," *TDNT*, 1:724.

268) H. Kleinknecht, "πνεῦμα," *TDNT*, 6: 345-346 and 348.

269) Forbes, *Prophecy*, 17-25 and throughout.

270) Johnson, "Tongues," *ABD*, 6:597-598.

음과 같은 가설을 제시했다고 주장한다. 만약 모든 교인이 방언으로 말한다면 그것을 지켜보는 어떤 사람은 이 공동체가 "미쳐 날뛰고" 있다고 결론지을 것이다. 다시 말해 "전후 상황에 비추어볼 때 이것은 '여러분은 다른 모든 종교의식에서처럼 어떤 미친 상태에서 예언하고 있다'를 의미할 수밖에 없다."[271]

이 절에 대한 더 깊은 고찰은 14:23에 대한 주해에서 더 구체적으로 다룰 것이다(해당 주해 참조). 이 절은 다양한 방법으로 이해되어 왔다. 비교적 최근의 몇몇 저자들, 곧 던, 웨인 그루뎀, 윌리엄스와 암묵적으로 타이센은 "황홀한"과 "황홀하지 않은" 또는 "언어적" 사이에서 단순히 하나를 선택하는 것은 바울에게 정당하지도 않고 정당할 수도 없다고 결론짓는다. 그루뎀은 신약성경에서 ἔκστασις 또는 ἀποκάλυψις라는 표제어 아래 별 도움도 되지 않고 그리 정확하지도 않다고 생각되는 것을 가리키는 데 매우 다양하고 광범위하며 특별한 용어들이 사용된다고 지적한다. ἔκστασις는 무아지경(참조. 행 10:10; 11:5; 22:17)에서부터 기적적인 사건으로 인해 놀라는 것(참조. 막 5:42; 16:8; 눅 5:26; 행 3:10)에 이르기까지 다양한 의미를 나타낼 수 있지만, ἀποκάλυψις는 신약성경에서 무아지경과 유사한 현상과는 드물게 연결되어 있다고 주장한다(그는 고후 12:1과 계 1:1을 무아지경과 비슷한 상태로 인정한다).[272] 그리고 이 단어의 동사 형태 ἐξίστημι는 대체로 "놀라다" 또는 "두려워하다"를 의미한다.[273] 하지만 심지어 여기서도 우리는 **바울과 고린도 교회** 사이의 차이점에 주목해야만 한다. 앤드류 링컨은 고후 12:1-10에 대한 중요한 연구를 제공한다. 그의 연구는 "몸 밖에 있었던" 환상적인 경험에 대한 바울 자신의 말이 **그의 사도 직분이나 또는 그가 그리스도에게 속해 있다는 것에 대한 근거가 아님**을 입증해준다.[274] 바울에게는 하나의 순전한

---

271) 같은 사전, 598.

272) Grudem, *The Gift of Prophets,* 132-134.

273) 같은 책, 133, n. 30.

274) A, T. Lincoln, "'Paul the Visionary': The Setting and Significance of the Rapture to Paradise in II Cor xii:1-10," *NTS* 25 (1979): 204-220.

은사로서 앞으로 나타날 낙원을 엿볼 수 있는 기회가 주어진 것이다. 이것은 알렉산드리아의 키릴로스와 테오필락투스가 방언에 대해 기대했지만, 바울이 부인한 것과 아무런 상관이 없다. 이것은 바울 자신에게 주어진 은사이며 공동의 유익을 제공하거나 복음을 확증하는 역할을 하지 않는다.

그러므로 시릴 윌리엄스는 두 가지 측면을 결합하려고 시도한다. 한편으로 그는 이렇게 주장한다. "나는 고린도의 현상이 이해할 수 없는 글로솔랄리아였다고 광범위하게 주장하는 견해를 포기할 만한 설득력 있는 이유를 발견하지 못한다. 이 경우에 이 현상은 극단적이며 억제되지 않은 행위가 수반되었다."[275] 이것은 "무아지경의" 상태와 매우 가깝다. 그럼에도 그는 다음과 같이 올바르게 덧붙인다. "고전 14장에 대한 해석은 방언을 무아지경에서 일관성 없게 말하는 것과 실질적인 언어로 말하는 것 간의 단순한 선택이 아니다. 무아지경이라는 용어는 너무나 모호한 용어다.…가벼운 의식의 분리에서 극도로 통제할 수 없는 황홀경에 이르기까지 다양한 정도의 차이가 있다.[276] 방언의 **몇 가지** 종류가 **어떤** 지점에서 그 스펙트럼 안에 속하지 않는다는 것은 거의 상상할 수 없지만, 이 스펙트럼의 범위는 아무런 어려움 없이 방언의 범위와 동일시될 수는 없다. 우리는 "많은 경우에 그 말을 하는 사람에게조차 그 말은 그 뜻인지 이해할 수 없는 사건이었다 (xiv:11-15)"는 사실을 반드시 유의해야 한다.[277]

마지막으로 던은 그의 저서 『예수와 성령』에서 "무아지경의 말"이라는 의미를 확인한다. 왜냐하면 이 말은 "공동체에 속한 상당히 많은 사람들이 영적인 무아지경의 상태로 들어가 영감을 받은 말을 하는 수단이 되고자 애쓰면서 발화하는…생각 없는 말(14:15, 19)…혼란과 무질서"를 포함할 수 있기 때문이다.[278] 던은 (포브스에게는 죄송하지만) 고린도의 경우를 "몸

---

275) Cyril Williams, *Tongues of the Spirit,* 30.

276) 같은 책. Williams는 25-45면에서 신약성경의 자료를 검토한다. 이어서 그는 오순절 운동과 카리스마적인 현상에 관심을 돌린다.

277) Goudge, *First Epistle,* 134; 참조. his "Note," 134-137.

278) Dunn, *Jesus and the Spirit,* 242. 그 후에 간행된 Dunn, *The Theology of Paul*에서 그는 이 이슈에 대해 상대적으로 조금밖에 논평하지 않는다.

시 연상시키는" 델포이의 피티아 종교의식을 언급한다. "이성을 잃은 무아지경은…그리스도인의 예배를 묘사하는 용어가 되어서는 안 된다(12:2). 글로솔랄리아는 공동체 안에서 엄격하게 금지되었다(14:5-12, 19). 그럼에도 그[바울]는 공동체 안에서 글로솔랄리아가 어떤 역할을 한다는 점을 인정한다(14:27-28, 39)."[279] 바울은 이것을 "성인보다 어린이에게 더 친숙한 은사"로 평가한다(14:20; 참조. 13:11). 그럼에도 바울은 이것을 하나의 카리스마로 간주하며…고린도인들이 이 카리스마를 경험하기를 무척 바라고 있다(14:5)."[280] 이것은 "어떤 사람의 의식과 생각이 아무런 역할도 하지 않는 상황에서 단지 저절로 말이 튀어나온다는 의미에서 무아지경인 것이지, '감정, 황홀경, 극도의 열광으로 인해 흥분된 상태에서 빚어지거나 수반되는' 널리 알려진 의미의 무아지경이 아니다."[281] 바울이 받은 은사의 종류(14:18), 곧 통제되어 보이는 글로솔랄리아(14:28)와 혼란, 혐오감, 신분의 분리를 초래하는 글로솔랄리아를 구분하는 경계는 방언의 종류라는 표현 안에 감추어져 있다. 그 안에서 한 가지 양상은 다른 양상으로 점차적으로 바뀔 수 있고, 여전히 죄를 지으면서도 구원의 완성을 향해 나아가는 **과정**에 있는(1:4-9) 교회의 삶의 다른 모든 현상과 마찬가지로 그 안에서는 긍정적인 요소와 부정적인 요소, 은혜와 죄가 서로 혼합될 수 있다.

v. 타이센이 제안한 수정: 의식, 무의식, 속박으로부터의 자유(참조. 롬 8:26)

게르트 타이센은 그의 주요 저서 『바울 신학의 심리학적 측면들』에서 방언에 대한 가장 예리하고 참신한 논의 가운데 하나를 제시했다. 그는 방언은 "무의식에 속한 언어이며, 그것은 해석을 통해 인식될 수 있다"고 주장한다.[282] 하지만 고전 12-14장과 관련하여 "전통에 대한 분석"을 다루는 장에서 그는 무아지경의 상태와 관련된 방언의 몇몇 특수한 방법을 지지하

279) 같은 책, 243.

280) 같은 책.

281) 같은 책. 또한 참조. 242-248.

282) Gerd Theissen, *Psychological Aspects of Pauline Theology*, 79; 참조. 59-114, 특히 276-341.

지 않는다. 포브스와 터너가 이토록 중요한 연구를 진지하게 다룰 필요가 없다고 생각하는 것은 대단히 실망스럽다. 왜냐하면 타이센도 에우리피데스, 베르길리우스, 플라톤, 필론뿐만 아니라 묵시 문헌, 바울 서신을 비롯하여 사회 심리학을 적극적으로 연구의 대상으로 삼기 때문이다. 터너도 이러한 학문적 역량을 요구했다.[283] 에우리피데스의 저서 『바쿠스 축제』에서 예를 들면 "무의식적이며 공격적인 충동은 황홀경의 상태로 발전하며, [의식 속에] 깊이 뿌리박힌 도덕적인 억제를 극복한다." 그 결과 테베의 왕 펜테우스는 그의 어머니에 의해 죽임을 당한다.[284] 타이센은 이 주제에 대한 도즈(E. R. Dodds)의 고전적인 저서를 다룬다. 이와 비슷하게 그는 플라톤의 『파이드로스』(*Phaedrus*) 265A에서 황홀경은 "신에 의해 습관으로부터 놓임을 받은 것"이며, 『이온』(*Ion*) 533D-535A에서 영감은 "자신의 의식으로부터 놓임을 받는 것"이라는 언급을 다룬다.[285] 신에 의해 충만해지는 것은 신을 위해 자기 생각을 비우는 것이다(Plato, *Ion* 534E). 필론도 플라톤으로부터 이 "무아지경의 충만함"을 받아들인다. "인간의 빛이 사라지면 신의 빛이 빛난다." 그러면 "인간은 신의 소유가 되고, 열광이 우리에게 임한다"(Philo, *Quis Rerum Divinarum Heres* 263-265).

비록 타이센은 이 견해가 "기독교의" 것이 아니라는 오리게네스의 주장을 언급하지만, **천사들의 방언**(욥의 유언 48:1-3; 49:2; 50:2)과 **무아지경의 말**의 요소를 **다양한** 종류의 방언에 포함된 **여러 양상**으로 볼 수 있게 한 고전 12-14장의 주제를 추적한다.[286] 그러나 그는 이것을 또 다른 탐구를 위한 출발점에 지나지 않는 것으로 보는 자들에게 동조한다. **이 탐구 안에서는 바**

283) 이것이 바로 신약 학자들이 사회 심리학을 포함하여 이러한 다양한 배경을 연구 대상으로 삼아야 한다는 Turner의 주장이었다(Turner, *Holy Spirit*, 237-238). Turner는 Theissen을 단 한 번만 인용하고, 복음서의 기적에 관한 다른 책에서도 언급한다(246). 하지만 Theissen의 독일어 저서는 이미 이십 년 전에 출간되었으며, 그 책의 영역본은 칠 년 전에 출간되었다.

284) Theissen, *Psychological Aspects*, 277-278.

285) 같은 책, 282, 283.

286) 같은 책, 276-341.

울, 고린도 교회, 헬레니즘 세계 등 세 가지 입장 사이에서 근본적인 차이점이 명백하게 드러난다.

vi. "말로 이루 다 표현할 수 없는 깊은 탄식"과 관련된 (마음속 깊은 곳으로부터 우러나오는) 무의식의 언어로서의 방언들

우리는 (앞에서) 4:3-5에 대한 자세한 논의에서 "마음속의 비밀"(4:5)과 "마음" 또는 "우리의 가장 깊은 내면"(롬 8:26; 헬. 마음; REB, *inmost being*)의 갈망과 연결된 **말로서 이루 표현할 수 없는 탄식**은 불트만의 다음과 같은 의견과 관련되어 있다는 점을 시인했다. 즉 바울은 "의식의 분야로 파고 들어갈 필요가 전혀 없으며, 자아의 은밀한 성향을 가리키는" 것을 나타내기 위해 종종 마음을 사용한다는 것이다.[287] 롬 8:26-27에 의하면 성령의 특별한 사역은 말로 이루 다 표현할 수 없는 갈망을 신자들의 마음속 깊은 곳에서 하나님께 구체적으로 전달한다. 성령의 이 사역은 고전 12:10-14:40의 많은 절들을 차지하는 이 현상을 바울의 관점에서 되돌아보게 하는 한 가지 요약적 설명이다. 하지만 신약성경의 다른 곳에서는 이러한 현상에 대한 언급이 매우 적다. **마음** 또는 인식하며 의식하는 것을 초월하는 것에 대한 바울의 표현을 **전의식**(preconscious), **잠재의식**(subconscious) 또는 **무의식**(unconscious)에 대한 현대 개념과 연결하는 것은 결코 시대착오적인 것이 아니다. 바울은 단순히 **인간의 자아의 깊은 곳**을 묘사하는 데 유효한 용어를 사용했다. 이제 그것은 현대 심리학의 더 발전된 언어로 묘사될 수 있을 것이다. 불트만, 주이트, 스텐달, 타이센 및 다른 학자들이 제시한 결론은 의심의 여지 없이 이 주장을 확증해준다. 또다시 한 가지 조건이 있다. 이것은 다양한 종류의 방언의 여러 현상 중 원칙적으로 몇몇 현상은 이 범주 밖에 속한 것일 수 있다는 우리의 경고에 유의하는 것이다.

또한 스텐달은 신약성경에 나타난 "글로솔랄리아"에 관한 그의 논문을 "오순절파" 저자인 마키아(F. D. Macchia)가 강조된 부분에서 똑같이 시

287) Bultmann, *Theology of the New Testament*, 1:223.

작한다. 두 저자는 모두 롬 8:26-27에서 "말로 이루 다 표현할 수 없는 탄식" 또는 "말로 표현하기에 너무 깊은 탄식"과 "사람의 마음을 꿰뚫어 보시는 하나님이 성령의 생각을 아신다"는 개념에 초점을 맞춘다.[288] 이 "탄식"은 앞으로 일어날 구속의 종말론적 완성에 대한 갈망이다. 그리스도인의 모든 참된 기도와 마찬가지로 이 탄식은 성령에 **의해** 그리스도를 **통해** 하나님**께** 전달된다. 이것은 신자들이 자신의 연약함을 경험하는 것과도 일치한다. 한편 캐제만의 "반(反)열정주의적인" 논쟁은 이미 널리 알려져 있다. 그러나 그는 롬 8:26-27에 대한 그의 논문—"교회의 예배에서 자유를 위한 부르짖음"—에서 다음과 같이 결론짓는다. 비록 바울에게 있어 기도는 "이루 다 형언할 수 없는" 것이긴 하지만, 그것은 결코 "말로 표현할 수 없어" 침묵해야 하는 것은 아니었다. 또한 캐제만은 이렇게 주장한다. "사도 바울은 명백히 바울다운 역설을 설명하면서 교회가 하늘의 방언의 나타남으로 간주하며 찬양하는 것을 탄식으로 묘사한다. 따라서 그는 이것을 창조세계의 신음과 모든 그리스인에게 잘 알려진 육신의 유혹(*Anfechtung*)으로부터의 구속과 비교한다. 이 역설을 제거하는 것은 이 텍스트의 주제를 제대로 파악하지 못하는 것이다."[289] 그러나 캐제만은 롬 8:26-27과 고전 14:21-22(그리고 13:1)은 모두 종말에 천상의 축복의 언어와 성취가 온전히 드러날 것이지만, 그 시간은 박해와 유혹을 받고 순례의 길을 걸어가는 현 상황으로서는 "아직 아니다"라는 점을 언급한다는 것을 온전히 인정한다. 약속된 미래를 바라보는 것은 유혹받고 고난받으며 인내하고 기다리며 세워져 가는 시대를 사는 교회를 지탱해 준다. 고전 1:18-25에서처럼 바울은 고린도 교회의 열광주의자들이 주창한 **영광의 신학**(*theologia gloriae*)을 **십자가의 신학**(*theologia crucis*)의 틀 안에서 이해한다.[290] 또한 캐제만은 이 상황을 고린도

288) Stendahl, "Glossolalia-The NT Evidence," in his *Paul among Jews and Gentiles,* 111; 참조. 1-09-124; rpt. from Hamilton (ed.), The Charismatic Movement, 49-60. 참조. Macchia, "Groans Too Deep for Words: Toward a Theology of Tongues," 47-73.

289) Käsemann, "The Cry for Liberty in the Worship of the Church," in his *Perspectives on Paul,* 132; 참조. 122-137.

290) 같은 논문집, 135-136. 참조. Käsemann, *Commentary on Romans* (Eng. trans., London:

의 "종교심"과 기독교의 송영적 예배를 "창조세계와의 연합으로" 보는 바울의 이해가 서로 대조되는 것으로 진단한다.[291]

바울 신학의 일부 기본적인 이슈에서 서로 근본적으로 다른 스텐달과 캐제만이 "글로솔랄리아의 은사는 영적인 성취를 가리키는 표시가 아니며" "복음 전파 또는 공적인 선포에 적합하지 않으며, [신자들을] 갈라놓을 수도 있다"는 데 서로 의견을 같이한다는 점은 놀라운 일이다.[292] "글로솔랄리아가 터져 나오도록 하는 것은 지혜로운 일이다.…그래서 말로 표현하는 데 익숙하지 못한 자들은 자신들의 마음속에서 솟구치는 찬양을 자유롭게 하나님께 표현할 수 있을 것이다."[293] 또 다른 한편으로 "오직 소수의 사람만 매우 열정적인 종교적 경험과 더불어 오랜 기간 건전하게 살아갈 수 있을 것이다."[294] 스텐달은 명확한 표현과 불명확한 표현을 대조하며 그 특성을 밝힐 뿐만 아니라 이것이 어떻게 고전 12:12-31에서 몸과 신체 기관에 대한 주세와 일치하는지를 보여주고자 한다. 그는 다음과 같이 주장한다. "따라서 **우리**는 그들을 필요로 하고[스텐달은 명석하고 생각이 명확한 자들은 열정적이며 카리스마적인 열정주의자들이 필요하다고 말한다] 그들은 **우리**를 필요로 한다[열정주의자들은 성장과 발전을 위해 명석하고 생각이 명확한 자들을 필요로 한다]"(강조는 원저자의 것임). "눈은 손에게 '너는 나에게 쓸 데가 없다'고 말할 수 없다"(12:21; 참조. 12:29-31). 우리는 이것이 12:21을 정확하게 적용하는 것인지 확신할 수 없지만, 광범위한 의미에서 이 원리는 해당 이슈를 설명하는 스텐달의 전반적인 논지와 일치한다.

하지만 의심의 여지 없이 타이센의 논의는 가장 상세하고 예리하며 참신할 뿐 아니라 해당 이슈에 많은 빛을 비추어준다. 그는 분명히 **바울**, 고린

SCM, 1973), 242.

291) Käsemann의 견해를 비판적으로 인식하는 것에 대해서는 다음을 참조하라. D. V. Way, *The Lordship of Christ: Ernst Käsemann's Interpretation of Paul's Theology* (Oxford: Clarendon Press, 1991), 269-276.

292) Stendahl, "Glossolalia," 111 and 113.

293) 같은 책, 122.

294) 같은 책, 123.

도의 글로솔랄리아, 그리스-로마 세계의 영감을 받은 말은 모두 서로 다르게 보고 이해해야 하면서도 또한 동시에 서로 겹치는 부분도 있다는 점을 보여 준다.

(a) 바울과 고린도 교인들은 방언이 "개인을 위한 어떤 개별적인 가치가 있으며, 방언을 말하는 자는 자신을 세운다"는 데 동의한다(고전 14:4).[295] "그렇다면 행복한 감정"이나 해방감, 하나님과의 친밀감 또는 다른 "긍정적인 내면적 결과는 [그것을 경험하게 하는] 행위를 반복하도록 동기를 부여할 것이다."[296] 하지만 고린도의 많은 이들과 달리 바울은 여기서 불편함을 느낀다. 왜냐하면 가장 필요한 것은 공동선이며, 방언은 적어도 공적인 영역에서는 분열을 일으킬 수 있기 때문이다.

(b) 방언들은 적어도 다음 세 가지 이유에서 분열을 일으킬 수 있다. 첫째, 방언은 교회 안에서 어떤 기존의 그룹에만 특별한 것이 될 수 있다(예를 들면 모든 교인이 방언을 말하겠는가? 12:30). 이것은 "어떤 감정적인 결속"을 조장할 수 있다. "글로솔랄리아가 그 그룹에 속한다는 것을 결정하는 판단 기준이 되는 경향과 더불어" 방언은 교회 안에 있는 어떤 소그룹의 회원임을 인식하는 표지가 될 수 있다.[297] 그러므로 하나의 은사로서 방언이 외적으로 두드러지게 나타난다는 점은 이와 같은 결과를 가져오는 데 오용될 수 있으며, 왜 14:22과 14:23-25 사이에서 명백한 반대 현상이 일어나는지를 설명해준다. 둘째, 타이센은 이 현상을 킬달(J. P. Kildahl)이 확인한 "의존 신드롬"과 연결한다. 즉 "나는 바울 편이다", "나는 아볼로 편이다"라고 주장한다는 것이다(우리는 이 이슈에 대해 앞에서 1:12에 대한 주해에서 대체로 차우, 위더링턴, 포골로프가 제안한 사회정치적인 측면에서 논의했다).[298] 허드는 바울이 지금 자신이 원하는 것보다 그의 초기 사역에서 이 은사를 더 많이 받았다고

295) Theissen, *Psychological Aspects,* 304.
296) 같은 책.
297) 같은 책, 294.
298) 같은 책, 299; 참조. 297-300. 참조. Kildahl, *The Psychology of Speaking in Tongues,* 44-50.

주장한다.[299] 우리는 오늘날의 오순절파나 카리스마적 운동에서 확인되는 어떤 특징을 바울 본문에 "소급해서 이해하는 시도"에 유의해야 할 것이다. 그러나 베스트는 신중한 주의를 유지한다는 전제하에, 이해에 도움을 주는 유사점을 무시하는 것은 해석자에게 필요한 도구를 빼앗는 것이라고 주장한다.[300] 셋째 그리고 가장 중요한 이유로, 홀렌베거(W. J. Hollenweger)는 방언이 고린도에서 한 가지 주된 요소로서 사회적인 신분의 중요성을 지지해준다고 주장한다. 타이센과 데일 마틴도 그의 견해를 따른다.[301] 우리가 앞에서 언급했듯이 교회는 사회적으로 매우 다양한 계층으로 구성되어 있다. 홀렌베거는 교육받은 지식인 재산가들이나 심지어 서기 일을 하던 노예는 쉽게 성경과 논증을 활용한 반면, 배우지 못한 노예들과 비천한 자유민들은 방언 안에서 고조된 의식의 판단에 호소하는 것을 선호했다고 주장한다.

설령 우리가 말씀과 성령에 대한 경쟁적인 호소를 사변적인 것으로 받아들이지 않는다 하더라도 기질, 성별, 사회적 신분의 요소가 교회 안에서 소그룹을 결속시키는 데 어느 정도 역할을 했다는 점은 의심의 여지가 없을 것이다. 타이센은 이렇게 주장한다. "고대의 금기 음식에 대해 자유로웠던 이른바 '강한 자들'은…식사 관습에서 세상에 대해 열려 있는 자세를 보여주었다. 또한 이들은 신비 종교 그룹의 언어에 거부감을 느낀 반면, 교육을 제대로 받지 못한 이른바 '약한 자들'은 글로솔랄리아에 대해 강력한 매력을 느꼈을 것이다."[302] 타이센은 부분적으로 14:3b-36에서 추론한 것처럼 "글로솔랄리아는 여인들 사이에서 더 많이 나타났다"고 주장한 와이어보다 먼저 이와 비슷한 이슈를 논의한다.[303]

그렇다면 방언은 "무의식의 언어"라고 이해할 수 있을 것이다. 왜냐하

---

299) Hurd, *Origin of 1 Corinthians,* 243-244. 그는 13:11과 반대되는 2:4에 부분적으로 근거하여 이렇게 주장한다.

300) E. Best, "The Interpretation of Tongues," 45-62.

301) Hollenweger, *Conflict in Corinth and Memoirs of an Old Man,* 28-31; Dale, Martin, *The Corinthian Body,* 87-103.

302) Theissen, *Psychological Aspects,* 301; 참조. 300-304.

303) 같은 책, 302.

면 (“통역을 하지” 않으면) 다른 사람뿐만 아니라 방언을 말하는 사람조차도 그것이 무엇을 의미하는지 알 수 없기 때문이다.[304] 14:11은 “어떤 외국어”는 그 말을 듣는 사람이 그 의미를 이해할 수 없지만, 말하는 사람은 당연히 그것을 이해한다고 말한다. 하지만 이것은 “일종의 논리적인 점프”다. 바울은 방언을 “듣는 사람이 아니라 **말하는 사람**에게”(강조는 덧붙여진 것임) 그것을 “해석할 수 있는 능력을 받기 위해 기도하라”고 강권한다. 즉 이것은 그것을 알아들을 수 있는 말로 명확하게 표현하여 무의식의 깊은 차원[방언]으로부터 끄집어내어 인식할 수 있는 의식의 차원[통역을 통한 이해]으로 표현하는 것이다.[305] 14:13은 바로 이것을 의미한다. 나는 1979년에 필론과 요세푸스의 저서에서 διερμηνεύειν의 용례에 대한 주해 및 사전적 탐구에 근거하여 이와 같이 제안했다.[306] 바울은 방언을 말하는 사람이 자신이 말하는 것을 이해한다고 말하지 않는다. 오히려 그는 그들이 방언을 통역할 수 있는 은사를 받기 위해 기도할 것을 권면하며, 또한 그들이 그렇게 할 수 있기를 **바란다**.[307] 주로 방언을 말하는 은사는 “어떤 사람에게” 주어지고, 방언을 이해할 수 있도록 명확하게 표현하여 전달하는 은사는 “다른 사람에게” 주어진다(12:10). 그러나 14:27-28이 전제하듯이 바람직한 것은 “같은 사람이 두 은사를 모두 받는 것”이다. 나는 1979년에 발표한 논문에서 이것에 대해 논의했다.[308] 타이센은 “글로솔랄리아는 무의식의 언어, 그러면서도 의식의 영역에서 전달할 수 있는 언어”라고 설득력 있게 결론짓는다.[309]

그러므로 글로솔랄리아는 “삶의 무의식의 심오한 차원에 접근하게”

---

304) 같은 책, 304; 참조. 79.

305) 같은 책, 305.

306) Thiselton, “The ‘interpretation’ of Tongues? A New Suggestion in the Light of Greek Usage in Philo and Josephus,” 15-36.

307) Theissen, *Psychological Aspects,* 305.

308) 같은 책. 참조. Thiselton, “The ‘interpretation’ of Tongues?”, 33-36. 한편 많은 사본은 14:13에 τις를 삽입했다. 그러나 이것은 원문에 속하지 않는다.

309) Theissen, *Psychological Aspects,* 306.

해준다. 이것은 "말하기보다 더 원시적인 차원의 재발견"이 수반될 수 있으며 많은 경우 "언어의 자아 중심적 사용으로 되돌아가면서" 후퇴한다. 또한 어떤 이들은 이것을 "사회적으로 학습된 행동"에 해당한다고 추정한다.[310) 타이센은 14:4, 20에 호소하면서 이와 같이 주장한다(참조. 13:11; 14:21). 우리는 앞으로 14:2-38을 주해할 때 이 이슈를 더 자세하게 다룰 것이다. 하지만 여기서 우리는 바울의 다음과 같은 삼중 전략이 타당성이 있다는 점을 간략하게 언급하고자 한다. 이 전략은 사회적인 측면에서 공적인 관습이 되는 공개적으로 강화되고 학습된 행위와 상반된다. 첫째, 바울은 그리스도를 닮아가며 타인을 섬기는 것과 타인을 사랑하는 것에 기초하여 은사에 대한 일종의 분류 체계를 확립한다. 둘째, 이 전략은 (타이센과 와이어가 강조하듯이) 각자의 집에서 글로솔랄리아를 "개인적으로" 사용할 것을 권유한다. 셋째, 이 전략은 마음속 깊은 곳에 있는 갈망, 열망, 감정을 이해할 수 있는 언어로 명확하게 표현하는 은사를 받기 위해 기도할 것을 권면한다. 바울은 오늘날 일부 교회에서 발견할 수 있는 어떤 견해—곧 많은 교인이 한 곳에서 공개적으로 방언을 말하는 것은 매력적이며 가락이 있는 음악처럼 아름답다—를 지지해주지 않는다. 또한 과거의 현상과 오늘날의 현상이 서로 잘 조화를 이룬다는 가설은 사변에 기초한 것이다. 한편 바울은 방언을 성령의 진정한 은사로 이해한다. 이 은사는 개인을 도와줄 수 있지만, 앞에서 언급한 세 가지 요소에 종속되어 있다. 또한 롬 8:26-27도 기억해야 한다.

11절 이 절에서 사용하는 모든 그리스어 단어와 표현은 실질적으로 12:4-7의 어휘를 그대로 받아들이며, 4-7절에서 표현된 원리를 반복하여 말하고, 12:4-10의 배후에 있는 삼위일체 신학을 요약해준다. 또한 καθὼς βούλεται라는 중요한 표현은 성령이 은사를 나누어주는 특성을 상기시키며, 인간이 어떤 은사를 선호하거나 열망하는 것보다 하나님이 은혜에 따라 결정하신다는 것이 더 중요하다는 것을 상기시켜준다. "성령은 각각의 그리스도인에게 어떤 은사를 줄지 스스로 결정한다. 그래서 아무도 자

---

310) 같은 책, 306, 312, 313, 292.

신이 받은 은사(들)에 대해 자랑하거나 열등감을 가질 필요가 없다."[311] 이 원리는 롬 15:38에서 부활을 언급하는 배경에서 논의되는 다양한 존재 방식—ὁ δὲ θεὸς δίδωσιν αὐτῷ σῶμα καθὼς ἠθέλησεν, καὶ ἑκάστῳ … ἴδιον σῶμα—을 기대하게 한다. 한편 피, 라이트, 말리 등은 성령의 은사의 다양성을 강조한다. 그러나 라트한, 타이센, 마틴 등은 은사의 통일성을 더 중시하며 강조한다.[312] 하지만 이 변증법은 사실상 삼위일체적인 패턴을 지닌 하나님의 피조물의 일부로서(캐제만) 그리스도인들의 삶의 역동적인 전개 과정을 반영한다. 또한 이 패턴은 4-6절에서 πνεῦμα … κύριος … θεός를 통해 설명된다. "질서를 규정하신 존재"로서 하나님은 본질적으로 한 분이시다. 하지만 하나님은 성령의 행위, 주님의 행위, 하나님의 행위 안에서 자신을 나타내신다. 이러한 방법은 서로 차이가 있지만, 이 행위들은 서로 밀접하게 연결되어 있다. 그리스도를 주님으로 시인하고(12:3) 삼위일체 하나님(12:4-6)이 드러나기보다는 단순히 성령 중심적인 "영적 은사"는 결코 바울의 가르침과 일치할 수 없다. 그럼에도 성령은 특별히 아홉 가지 은사와 밀접하게 연관되어 있다(12:7-10).

바울은 4-6절에서 이미 이 절에 나오는 어휘들을 사용했다. 따라서 몇몇 특별한 단어만 약간의 추가적인 설명을 필요로 한다. 바울이 제시한 어순에서 πάντα δὲ ταῦτα가 의미를 강조하는 위치에 있다는 점을 살려서 번역하는 것이 중요하다. "행하다"(NRSV, are activated)라는 번역에 대해서는 6절의 주해를 참조하라. 6절에서 ἐνεργεῖ는 문법상 다른 형태(현재분사)로 나타난다. 현재분사 중성 단수 διαιροῦν, "나누어주는"은 4절에서 복수 명사 διαιρέσεις로 나타난다. 4절에서 이 단어는 다양하게 분배됨을 의미한다(4절에 대한 주해 참조). τὸ ἓν καὶ τὸ αὐτὸ πνεῦμα, "같은 성령"은 4절에서 τὸ δὲ αὐτὸ πνεῦμα라고 표현되어 있다(앞에서 어떤 사본들은 ἓν을 삽입하는 문제를 참조하라. 아마도 이 절과 일치시키려는 의도에서 필사자가 단순히 기억을 통해 그렇

---

311) Barrett, *First Epistle*, 386.

312) 12:10에 대한 주해 참조. 참조. Maly, *Mündige Gemeinde*, 240-241; 참조. 240-247.

게 했을 것이다). ἑκάστῳ, "각 사람에게"는 7절에서도 나타난다(참조. 15:38). "그가 원하는 대로" 외에도 여기서 새롭게 나타나는 한 가지 단어는 ἰδίᾳ다. 이 단어는 여기서 부사로 사용되며, "사적으로" 또는 "개별적으로"를 의미한다. 이처럼 어떤 사람도 성령의 은사를 하나도 빠짐없이 다 받지 못한다. 각 사람은 다른 사람을 필요로 한다. 따라서 12:12-31은 이 원리를 설명한다.

4. 그리스도의 몸의 이미지와 그 이중적인 수사학적 기능(12:12-30)

12 몸은 하나지만, 많은 지체와 기관을 갖고 있고, 비록 몸의 모든 지체와 기관이
많지만, 오직 한 몸을 이루는 것처럼 심지어 그리스도의 경우도 이와 같습니다.
13 유대 사람이든 이방인이든, 종이든 자유인이든 우리는 모두 한 성령에 의해
세례를 받고 한 몸이 되었습니다. 한 성령으로부터 우리는 모두 실컷 마셨습
니다. 14, 15 왜냐하면 이 몸은 한 지체가 아니라 많은 지체이기 때문입니다. 만약
발이 "나는 손이 아니니까 몸에 속하지 않는다"라고 말한다면 바로 이것 때문에
발이 몸에 속하지 않는 것이 아니지 않습니까? 16, 17 그리고 만약 귀가 "나는 눈
이 아니니까 몸에 속한 것이 아니다"라고 말한다면, 바로 이것 때문에 귀가 몸에
속하지 않는 것이 아니지 않습니까? 만약 온 몸이 눈이라면, 귀는 어디에 있습
니까? 만약 온 몸이 귀라면, 코는 어디에 있습니까? 18 그러나 사실상 하나님은
그가 원하시는 대로 그 지체들을 하나하나 따로 몸 안에 두셨습니다. 19 그러나
만약 모든 것이 오직 하나의 기관이라면, 그 몸이 무엇으로 이루어지겠습니까?
20 사실상 이와 반대로, 많은 지체와 기관은 오직 한 몸을 이룹니다. 21 눈이 손
에게 "나는 네가 필요 없다"고 말할 수 없으며, 머리가 발에게 "나는 네가 필요
없다"고 말할 수 없습니다. 22 그 반대로 오히려 몸의 지체와 기관 중에서 능력이
나 지위가 다른 것보다 더 못한 것처럼 보이는 것이 더 요긴합니다. 23 그리고 우
리는 몸 가운데서 덜 귀해 보이는 부분을 더 귀한 것으로 입히고, 우리가 보여줄
수 없는 은밀한 부분이 더 멋진 꾸밈새를 지닙니다. 24 그런데 볼품 있는 부분은
이것을 필요로 하지 않습니다. 그러나 하나님은 몸을 골고루 짜 맞추셔서 부족
해 보이는 것에게 더 큰 존귀함을 주셨습니다. 25 하나님은 그 몸 안에 분열이 없
고, 몸의 지체와 기관이 서로를 위해 같은 관심을 공유하도록 의도하셨습니다.
26 그래서 만약 한 지체나 기관이 고통을 받으면, 그 몸의 모든 부분이 함께 고통
을 받습니다. 또 만약 한 지체나 기관이 영광을 받으면, 그 몸의 모든 지체가 영
광에 동참합니다.

27 이제 여러분 자신은 그리스도의 몸입니다. 그리고 여러분은 저마다 그
몸의 일부분, 지체 또는 기관입니다. 28 그리고 하나님은 교회 안에 첫째 사도들

을, 둘째 예언자들을, 셋째 교사들을 세우셨습니다. 하나님은 그다음에 효력 있는 능력의 행위들, 그다음에 병을 고치는 은사들, 그다음에 다양한 종류의 행정적인 지원, 전략들을 세우는 능력, 다양한 종류의 방언을 [행하는 이들을] 세우셨습니다. [29-30] 모두가 다 사도들은 아니지 않습니까? 분명히 모두가 예언자는 아니지 않습니까? 모두가 다 교사일 수 있습니까? 모두가 효력 있는 능력의 행위를 행하겠습니까? 각 사람이 다 다양한 치유의 은사를 지니고 있을까요? 분명히 모두가 다 방언을 말하는 것은 아니지 않습니까? 모두가 다 가장 심오하고 은밀한 것을 명확한 말로 통역하겠습니까?

바울 연구의 역사에서 몸과 그리스도의 몸이라는 표현보다 이토록 많은 우여곡절을 겪은 단어도 드물 것이다. 얼핏 보기에 여기서 바울의 주장은 분명히 12:4-11에서 이미 확증된 다양성과 함께 통일성(Lategan) 또는 통일성 안에서의 다양성(Fee)이라는 주제를 전개한다. 설령 이른바 "연약한 자들"이 어떤 은사를 받지 못했다 하더라도 그들은 자신들이 그 몸, 곧 공동체의 진정한 구성원이 아니라고 생각해서는 안 되었다. "발이 '나는 손이 아니니까 몸에 속하지 않는다'라고 말한다고 해서 발이 그 몸에 속하지 않는 것은 아니다"(12:15). 바울은 이른바 더 많은 "은사를 받은 자들"과 자신들을 비교하며 염려하는 자들을 안심시켜주며, 그들의 역할과 신분을 지지하며 그들을 기꺼이 받아들인다. 또 다른 한편으로 그는 단지 사회적으로 비슷한 신분을 지니고 영적인 은사를 비슷하게 받은 사람들만 "진정한" 그리스도인이라고 생각한 듯 보이는 "강한 자들"을 책망한다. "눈이 손에게 '나는 네가 필요 없다'고 말할 수 없다"(12:20-21). 들뤼(Deluz)는 "이제 바울은 열등감이 있는 자들에게 말한 후 자신들이 모든 것을 잘 알고 있다고 확신하고 모든 것을 자신들의 손안에 넣기를 원하는 자들을 향해 말한다"고 주장한다.[1] 미첼과 더불어 스미트는 상호성과 상호 관계에 대한 이 주장을 몸 전체의 유익에 대해 호소하는(참조. 12:7, πρὸς τὸ συμφέρον) "토론에 기초한

---

1) Deluz, *Companion to 1 Cor*, 180-181.

수사학의 장르"라고 확인한다.[2]

하지만 슈바이처로부터 로빈슨에게 이르기까지 바울 연구의 이전 세대에 속한 학자들은 바울이 어떤 은유나 유비 그 이상의 것을 사용한다고 주장했다. 그들의 관점에 의하면 μέλη πολλά와 ἕν σῶμα는 ὁ Χριστός라는 것이다(12:12). 슈바이처는 다음과 같이 주장한다. "신비주의의 모든 문헌에서 이것을 그리스도의 신비로운 몸과 비교하는 것은 전혀 문제가 없다. 어떤 사상가가 어떤 인격적인 존재의 몸을 확장한다는 개념을 지어낼 수 있었겠는가?"[3] 또한 그는 이렇게 덧붙여 말한다. "해당 구절에서 그리스도의 인격적(역사적)인 몸과 신비로운 몸을 서로 구분하려는 모든 시도는 처음부터 반드시 실패할 수밖에 없다. 이 모호한 난해함은 바울에 의해 의도되었다."[4] 이 점에 기초하여 몇몇 저자들, 특히 1920년대와 1950년대 사이의 영국 가톨릭교회에 속한 학자들은 교회에 대해 종종 "성육신의 확장" 또는 "교회…그의 신비로운 몸이 없으면 그리스도도 없다"는 것에 대해 말했다.[5] 로빈슨은 바울이 기독교 공동체를 그리스도의 부활의 몸과 동일시하는 것의 기원을 바울의 회심 경험—"사울아 네가 어찌하여 나를 박해하느냐?"(행 9:4-5; 22:7-8)—안에서 이해한다. 그리스도의 부활의 몸은 "**한 개인으로서가 아니라 기독교 공동체**"로 계시되었다(강조는 원저자의 것임).[6] 분명히 로빈슨에게 있어 "지체"라는 용어는 오늘날 **어떤 사회적 그룹의 회원**이라는 의미와 상관이 없다.

이처럼 들뤼를 비롯하여 이전의 대다수 주석가들의 종말론적·목회적 강조점은 몸이 아니라 특히 **기독론**과 관련된 이러한 유비 또는 은유에 의존하는 수사학으로 이동했다. 아무도 그리스도의 지체로부터 상속권을 빼앗거나 그들을 그리스도에게서 떼어낼 수 없다. 교회 안에 있는 어떤 소그룹

---

2) Mitchell, *Paul and Rhetoric of Reconciliation,* 268-270; J. Smit, "Argument and Genre of 1 Cor 12-14," in Porter and Orbright (eds.), *Rhetoric and the NT,* 224-225; 참조. 211-230.

3) Schweitzer, *Mysticism of Paul the Apostle,* 116; 참조. 101-140.

4) 같은 책, 118.

5) Thornton, *The Common Life in the Body of Christ,* 310; 참조. 315.

6) Robinson, *The Body,* 58; 참조. 78-79.

도 자신들이 "그리스도의 몸의 전체"라고 주장할 수 없다. 하지만 1955년 이래로 베스트의 연구와 더불어—1964년과 1971년에는 화이틀리와 다른 학자들의 연구가 뒤따름—슈바이처와 로빈슨의 이러한 접근 방법은 설득력을 상실했으며, 고린도전서의 주장의 배경을 충분히 다루지 못했다는 비판을 받았다(베스트). 또한 이 방법들은 바울의 주장을 "밝히는" 만큼 적어도 이를 더 "복잡하게 만든다"고 여겨졌다(화이틀리).[7] 특히 로빈슨은 "히브리적인" 사고 구조에 상당히 많이 호소하지만, 고대 그리스-로마의 배경에는 거의 관심을 기울이지 않는다. 비록 캐제만의 이전 연구가 영지주의에 지나치게 주목한다는 취약점을 갖고 있긴 했지만, 나중에 출간된 그의 연구는 로빈슨과 슈바이처의 접근 방법과 그와 유사한 접근 방법을 비판한다.[8] 또한 베스트는 바울이 그의 주장을 펼치기 위해 기독론적인 기초를 제시한다는 점을 인정하지만, 다양성(교회 안에서의 은사들)과 하나 됨(그리스도) 사이의 변증법으로 되돌아온다.[9] 한편 더 최근의 저자들은 하나 됨을 "수사학"과 연결하지만, 베스트는 구약성경 안에 나타난 "집단적 인격체"(corporate personality)에 근거하여 자신의 주장을 제기한다. 또 다른 한편으로 최근 저자들은 캐제만의 접근 방법과 함께 로빈슨의 접근 방법과 지속적인 관계를 이어나간다. 예를 들면 슈라게는 그들의 교회론을 다루는 데 지면을 할애한다.[10]

우리는 베스트와 화이틀리 이후의 모든 우여곡절을 추적할 필요는 없다. 최근에 미첼과 마틴은 가장 건설적이며 독특한 점을 강조했다. 그들은 이것을 단순히 소속, 조화, 다양성 안에서의 하나 됨의 수사학이 아니라

---

7) Best, *One Body in Christ,* 96, 특히 n. 1; Whitely, *Theology of St. Paul,* 190-198, 특히 192-195.

8) Käsemann, "The Motif of the Body of Christ," in *Perspectives on Paul,* 102-121, 특히 110-114. 또한 참조. *Leib und Leib Christi.* 이 연구서에서 Käsemann은 영지주의 자료에 지나치게 많이 의존한다.

9) Best, *One Body in Christ,* 96-104.

10) Schrage, *Der erste Brief,* 3:210-216. Schrage는 (아담에 대한 사변적 사고를 포함하여) 더 세부적으로 논의한다.

어떤 정치 역사와 더불어 왜곡된 용어 또는 표현으로 받아들인다.[11] 비록 바울은 이 용어를 신학적인 목적을 위해 이용하길 원했지만, 이 용어를 듣는 자들은 전통적으로 위계 질서적인 정치 구조에 기초한 통일성을 지지하기 위해 사용한 언어로 이해했을 것이다. 하지만 더 이전의 주석가들은 고대 그리스-로마의 배경도 언급했다. 따라서 하인리치(1880년)는 예를 들면 "평행 본문 중에서" 리비우스의 저서(Livy, *Ab Urbe Condita* 2:32)에서 메네니우스 아그리파가 반란을 일으킨 노동자들을 향해 연설할 때 인용한 우화 또는 알레고리와 키케로(Cicero, *De Oficiis* 1.35), 마르쿠스 아우렐리우스(Marcus Aurelius 4.40; 7:13), 세네카(Seneca, *Epistles,* 95) 등을 인용한다.[12] 또한 베스트도 영지주의적인 영향에 대한 캐제만의 가설과 함께 이와 같은 자료를 검토했다. 하지만 그는 "고대 그리스 문화 안에 있던 이러한 은유가 바울이 교회를 '그리스도의 몸'으로 묘사하는 계기를 마련해준 것은 아니다"라고 결론지었다.[13] 하지만 미첼과 마틴에게 있어 사회정치적인 수사학으로서 이 용어의 역사는 이 배경이 미친 영향을 그들이 새롭게 해석하도록 만들었다.

마거릿 미첼은 콜린스, 볼프와 더불어 기원전 5세기와 4세기부터(플라톤의 『국가』를 포함하여) 기원후 1세기와 2세기까지(디온 크리소스토모스의 『연설집』을 포함하여) 정치적인 삶에서 조화와 상호의존에 수사학적으로 호소하는 이 몸이라는 용어 사용을 거꾸로 추적한다.[14] 바울 서신에 나오는 비유적인 표현과 기원후 1세기 후반 저자인 플루타르코스와 에픽테토스의 저서에서 나타나는 표현이 일정 부분 서로 세밀하게 평행을 이루는 것은 특별히 주목할 만하다. 플루타르코스는 몸에 속한 눈, 귀, 손과 발이 서로 의존하며 서

---

11) M. M Mitchell, *Paul and the Rhetoric of Reconciliation,* 68-83 and 157-164; D. B. Martin, *The Corinthian Body,* 38-68 and 87-103.

12) Heinrici, *Das erste Sendschreiben,* 396-397, 특히 n. 1.

13) Best, *One Body,* 85.

14) 참조. Mitchell, *Rhetoric of Reconciliation,* 158-160, 특히 nn. 556-576; Dio Chrysostom, *Orations,* 1.32; 3.104-107; 17.19; 34-23; 50:3; Plato, *Republic,* 5.470C-D and 2.370A-B; 참조. 1.352E:54. 참조. Collins, *First Cor,* 458-460; Wolff, "Exkurs: Die Gemeinde als 'Leib,'" in *Der erste Brief,* 301-305, 특히 303.

로 돕는다는 것을 언급한다(참조. 고전 12:15, 손과 발; 12:16-17, 눈과 귀).[15] 에픽테토스는 몸 전체의 조화로운 기능이 가져다주는 상호 유익(τὸ συμφέρον, 고전 12:7)에 대해 말한다.[16] 미첼은 심지어 할리카르나소스의 디오니소스(기원후 30년경)의 저서에서도 고전 12:15-16에서처럼 몸의 다양한 부분의 인격화가 나타난다고 지적한다. 예를 들면 디오니소스도 "만약 발이 '나는 손이 아니라서 몸에 속하지 않는다'고 말한다면"이라고 묘사한다.[17] 미첼은 "바울이 이 은유를 사용하며 적용하는 것은 정치 상황에 대한 고대 저자들의 표현과 매우 세부적으로 일치한다"고 결론짓는다.[18] 또한 미첼은 고전 12장에서 묘사하는 이미지는 그가 1:10에서 **분파주의에 반대하는 논쟁**으로 인식하는 이 서신의 주요 전제 또는 수사학적인 주제와 직접 연결된다고 주장한다. σχίσματα(1:10)에 대한 주제는 몸의 이미지를 적용하는 절정으로서 12:25에서 명백하게 다루어진다. 몸의 이미지를 사용하는 것은 이러한 목적을 위한 일종의 수사학적인 공통 논제(topos) 또는 하나의 고정된 사례라는 것이다. 여기서 강조점은 하나 됨에 있다(마틴과 라트한과 일치하지만, 피의 입장과는 반대됨).

데일 마틴은 미첼의 주장을 지지할 뿐만 아니라 그것을 더욱더 강조한다. 인간의 몸과 정치적인 몸은 모두 "자연에 의해 분배된 다양한 지체(구성원…계층)로 이루어진 위계 체제다. 이 지체(구성원)는 몸 안에서 각각의 위치가 있고 저마다 특별한 역할을 한다."[19] "**조화**에 대한 연설은 언어가 언제나 그 몸이 위계 체제로 구성되어 있음을 전제한다. 또한 이 위계질서가 무너져 내릴 때 질병이나 사회적인 혼란이 일어난다."[20] 리비우스는 몸의 주

15) Plutarch, *Moralia*, 478D; 참조. 812C-E; 819C; Dio Chrysostom, *Orations*, 1.32; 39.5.

16) Epictetus, *Dissertations* 2.10.4-10.5: 시민은 마치 자신이 "분리된 한 단위"인 것처럼 이 문제를 오직 "사적인 이익"만을 위해 다루어서는 안 된다. 오히려 그는 "전체와 관련하여…손과 발처럼 행동해야 한다."

17) Dionysus of Halicarnassus, *Roman Antiquities* 6.86.2; 참조. Mitchell, *Rhetoric of Reconciliation*, 159.

18) Mitchell, *Rhetoric*, 159.

19) Dale B. Martin, *The Corinthian Body*, 39.

20) 같은 책, 40.

제를 활용하는 것에 대해 고전적인 준거(*locus classicus*)를 제시한다. 그는 자신의 저서에서 원로원 의원인 메네니우스가 파업을 벌이는 평민들을 설득하여 일터로 돌아가게 했다는 사례를 소개한다.[21] 능동적인 **구성원들** 또는 **지체들**(노동자들 또는 평민들)은 **배**(파트레스 또는 지배 계층)를 채워주는 데 실패했다. 만약 배가 계속 고프면 몸 전체가 죽고 만다. 따라서 마틴은 이 논제가 보수적인 체제 안에서는 저마다 타당한 위치가 있어야 한다고 말하는 "높은 지위"에 속한 자들의 전형적인 주장이라고 결론짓는다. 이와 비슷하게 폴리배누스(기원후 162년경)는 이 주제를 "이데올로기적인" 목적을 위해 사용한다.[22] 마틴은 아직 어떻게 바울이 이 이데올로기적인 수사학을 적용하는지에 대한 자신의 결론을 제시하지 않았다. 1:18-25에서 신분 제도를 뒤집었던 것처럼 바울은 어떤 의미에서 이것을 뒤집는 데 이용한다.[23] 하지만 이것은 바로 이 단락을 주해하기 위한 적절한 출발점을 제공해준다.

고대 고린도 박물관에 전시되어 있는 고고학적인 유물 가운데는 아스클레피오스의 유적지에서 발굴된, 신체에서 떨어져 나가 분리된 부분의 테라코타의 인상적인 모델들이 광범위하게 포함되어 있다. 가너는 이 배경에서 고린도 교회가 몸의 지체에 관심을 기울인다는 우리의 인식에 동의하면서 이 수집품의 중요성에 주목한 학자 중 한 사람이다. 하지만 고대 문헌에서 이 은유가 광범위하게 사용된다는 점에 비추어보면 아스클레피오스의 신전이 몸에서 "분리된" 지체에 대한 은유를 바울에게 암시해주었을 개연성에 대한 가너의 사변적인 제안은 타당성이 없다.[24] 콜린스는 더 신중하게 고린도에서 거론된 "몸의 지체들"의 자의식(아스클레피오스의 제의가 기여

21) Livy, *Ab Urbe Condita* 2:32.7-11; Martin, *The Corinthian Body*, 23.

22) Polybaenus, *Stratagems of the War* 3.9.22; Martin, *The Corinthian Body*, 93-94.

23) Martin, *The Corinthian Body*, 94-103; 참조. 38-63. 참조. Wire, *The Corinthian Women Prophets*, 135-149.

24) Garner, "The Temple of Asklepius at Corinth and Paul's Teaching," *Buried History* 18 (1982): 52-58. 참조. Hill, "The Temple of Asklepius: An Alternative Source for Paul's Body Theology," *JBL* 99 (1980): 437-439.

한)을 강조하기 위해 이 수집품에 관심을 기울인다.[25)]

12:12-30에 대한 추가적인 참고문헌(12:1-14:40에 대한 참고문헌도 보라)

Amiot, F., *The Key Concepts of St. Paul* (Eng. trans., Freiburg: Herder, 1962), 204-230.

Archer, K. L., "Pentecostal Hermeneutics: Retrospect and Prospect," *Journal of Pentecostal Theology* 8 (1996): 63-81.

Barth, M., "A Chapter on the Church-The Body of Christ: Interpretation of 1 Corinthians 12," *Int* 24 (1958): 131-156.

Best, E., *One Body in Christ* (London: SPCK, 1955), 특히 74-114 (95-114 explicitly on 1 Cor 12:12-27)

Bonnard , P.-E., "Église corps du Christ dans le paulinisme," *RThPh* 8 (1958): 268-282.

Bruner, F. D., *A Theology of the Holy Spirit: The Pentecostal Experience and the NT Witness* (Grand Rapids: Eerdmans, 1970), 56-129, 286-301.

Cerfaux, L., *The Church in the Theology of St. Paul* (Freiburg: Herder, 1959), 262-287.

Dawes, G. W., *The Body in Question: Metaphor and Meaning in the Interpretation of Eph 5:21-33,* BibInt 30 (Leiden: Brill, 1998), 1-78.

Dunn, J. D. G., Baptism in the Holy Spirit (London: SCM, 1970), 107-117 and 127-131.

_______, "The Body of Christ in Paul," in M. J. Wilkins and T. Paige (eds.), *Worship, Theology and Ministry in the Early Church,* JSNTSS 37 (Sheffield: JSOT Press, 1992), 146-162.

_______, *The Theology of Paul the Apostle* (Edinburgh: T. & T. Clark, 1998), 548-552, 582-584.

Eriksson, A., *Traditions as Rhetorical Proof: Pauline Argumentation in 1 Corinthians,* ConBNT 29 (Stockholm: Almqvist & Wiksell, 1998), 127-134 and 233-230.

Fee, G., *Paul, the Spirit, and the People of God* (Peabody, Mass.: Hendrickson, 1996).

Flemington, W. F., *The NT Doctrine of Baptism* (London: SPCK, 1957), 55-59.

Fung, R. Y. K., "Ministry, Community and Spiritual Gifts," *EvQ* 56 (1984): 3-20.

Garner, G. G., "The Temple of Asklepius at Corinth and Paul's Teaching," *Buried History* 18 (1982): 52-58.

Gundry, R. H., *Soma in Biblical Theology,* SNTSMS 29 (Cambridge: Cambridge University Press, 1976).

Hill, A. E., "The Temple of Asklepius: An Alternative Source for Paul's Body Theology," *JBL* 99 (1980): 437-439.

Irvin, D. T., "Drawing All Together in One Bond of Love," *Journal of Pentecostal Theology* 6 (1995): 27-32.

Jewett, R., *Paul: Anthropological Terms* (Leiden: Brill, 1971), 201-304.

25) Collins, *First Cor,* 462.

Käsemann, E., *Leib und Leib Christi* (Tübingen: Mohr, 1933).

_______, "The Theological Problem Presented by the Motif of the Body of Christ," in *Perspectives on Paul* (London: SCM and Philadelphia: Fortress, 1971), 102-121.

Macchia, F. D., "Tongues and Prophecy: A Pentecostal Perspective," *Conc* 3 (1996): 63-69.

Martin, D. B., *The Corinthian Body* (New Haven and London: Yale University Press, 1995), 특히 3-61 and 94-103.

Merk, O., *Handeln aus Glauben* (Marburg: Elwert, 1968), 141-145.

Mitchell, M. M., *Paul and the Rhetoric of Reconciliation* (Tübingen: Mohr, 1991).

Moltmann, J., "The Knowing of the Other and the Community of the Different," in Moltmann, *God for a Secular Society* (Eng. trans., London: SCM, 1999), 135-152.

Moule, C. F. D., *The Origins of Christology* (Cambridge: Cambridge University Press, 1978), 47-96.

Neyrey, J. H., "Body Language in 1 Cor: The Use of Anthropological Models," *Semeia* 35 (1986): 129-170.

Perlewitz, M. F., "The Unity of the Body of Christ," *BibTod* 18 (1980): 384-392.

Perriman, "His Body: Which is the Church…Coming to Terms with the Metaphor," *EvQ* 62 (1990): 123-142.

Robinson, J. A. T., *The Body: A Study in Pauline Theology* (London: SCM, 1952).

Schnackenburg, R., *Baptism in the Thought of Paul* (Oxford: Blackwell, 1964), 83-91.

Schweitzer, A., *The Mysticism of Paul the Apostle* (London: Black, 1931).

Schweizer, E., "The Church as the Missionary Body of Christ," *NTS* 8 (1961-62): 1-11.

_______, "Die Kirche als Leib Christi in den paulinischen Homologoumena," *TLZ* 86 (1961): 161-174.

_______, "σῶμα," *TDNT*, 7:1,024-94.

Smit, J. F. M., "Two Puzzles: 1 Cor 12:31 and 13:3: Rhetorical Solution," *NTS* 39 (1993): 246-264.

Wedderburn, A. J. M., "The Body of Christ and Related Concepts in 1 Cor," *SJT* 24 (1971): 74-96.

Wolff, C., "Exkurs: Die Gemeinde als Leib," in *Der erste Brief des Paulus an die Korinther*, 301-305.

12절　우리는 정치적인 수사학에서 하나의 공론 또는 일반적인 논제(*topos*)로 몸(τὸ σῶμα)이 사용된다는 것을 이미 언급했다(앞에서 12:12-30의 머리말 참조). 또한 우리는 플라톤뿐만 아니라 리비우스, 플루타르코스, 키케로, 할리카르나소스의 디오니소스, 에픽테토스 등 다른 저자들의 저서에서도 평행을 이루는 표현이 나타난다고 지적했다. 바울 시대 사람들이 몸에 대해 이해한 것을 고려하면 분명히 고린도 교인들은 질서와 위계 체제를 나타내는 이미지로서 이 이미지의 이데올로기적인 뉘앙스를 잘 알고 있었을 것이다. 만약 다소 이른 시기의 현대 주석가들이 바울의 σῶμα 용법이 고대 세계에서 인격을 개념적으로 부적절하게 표현한 것에서 비롯되었다고 해석한다면 그들은 이 요점을 간과하는 것이다.[26] 한편 접속사 καθάπερ는 대체로 어떤 유비에 의한 비교를 나타내며, "~와 같이" 또는 "~처럼"을 의미한다.

우리는 이 유비에 의한 비교를 적용하는 주절이 더 자연스럽게 "**그리스도의** 몸의 경우도 이와 같습니다"(οὕτως, 이처럼, 따라서)라고 말하기를 기대했을 것이다. 하지만 바울은 주절에서 "그리스도의 경우도 이와 같습니다"(οὕτως καὶ ὁ Χριστός)라고 말한다. 이 차이점이 바로 우리가 여기서 어떤 유비나 은유 그 이상의 것, 즉 그리스도와 교회의 존재론적 하나 됨과 직면하고 있다는 슈바이처와 로빈슨의 주장의 배후에 있다(앞에서 이 단락에 대한 머리말 참조). 하지만 그 누구보다도 베스트와 화이틀리가 탁월하게 입증했듯이 12:12-30의 전반적인 논의는 이 접근 방법을 지지해주지 않는다.[27] 캐제만은 다음과 같이 이 점을 신중하게 다룬다. "교회론적인 형이상학은 심지어 바울의 말까지도 매우 위험한 방법으로 이해한다.…이 문제를 다소 지나치게 경구적으로 표현하기 위해 사도 바울은 교회 자체에 관심을 두지 않는다.…그는 단지 그리스도가 이 땅에서 자신을 계시하고 그의 영을 통해 이 세상에서 성육신하는 수단이라는 점에서 이에 관심을 기울인다."[28] 이

---

26) Martin의 견해와 달리 Edwards는 다음과 같이 주장하면서 독자들을 그릇된 방향으로 이끄는 경향을 드러낸다. 그는 "고대 시대 사상가들은 인격의 개념을 표현하는 데 어려움이 있었다"고 주장한다(Edwards, *First Epistle,* 325).

27) 참조. Best, *One Body in Christ,* 96-104. 또한 12:12-30의 머리말 참조. 한편 Cerfaux는 Schweitzer와 Robinson과 함께 이 방향으로 지나치게 멀리 나아간다(Cerfaux, *The Church in the Theology of St. Paul,* 262-287). Barrett는 바울에게는 어떤 "동일성"이 "생각할 수 없는" 것이었다고 주장한다. 그는 바로 전에 그리스도가 교회의 주님이라고 강조했다는 것이다(12:3). 이 강조점을 통해 바울은 그리스도가 교회와 구별된다는 것을 암시했다는 것이다(Barrett, *First Epistle,* 288). 한편 Schrage, *Der erste Brief,* 3:213은 이 기능을 하나의 유비로서 강조한다. 그러나 그는 바울 서신에서 그리스도의 몸으로서 몸을 다르게 사용하는 것도 이 점을 강조한다고 주장한다.

28) Käsemann, "The Motif of the Body of Christ," in his *Perspectives on Paul,* 110 and 117;

강조점은 왜 바울이 οὕτως καὶ ὁ Χριστός라는 구문을 선택했는지를 설명해준다. 한편으로 로빈슨과 슈바이처는 기독론적인 형이상학을 과장하여 말하지만, 또 다른 한편으로 미첼과 마틴(그리고 이 장들에 대한 대부분의 "수사학적" 접근 방법)은 기독론적인 초점을 매우 소극적으로 표현한다. 하지만 마틴은 12:12-30에서 수사학적인 "신분 반전"을 1:18-2:5의 논의와 연결함으로써 가까스로 기독론을 되살리고(아래 참조), 슈라게는 기독론과 유비를 결합하고자 시도한다(각주 27 참조).

우리가 6:15에서 μέλη Χριστοῦ를 "**그리스도의** 지체와 기관"으로 번역한 것처럼 여기서 "지체"는 로빈슨이 주장하듯이 어떤 사회단체의 구성원이라는 오늘날의 개념과 쉽게 분리될 수 없다(물론 이것은 바울의 생각이 아니다). 다른 한편으로 "그리스도는 **오직 한 몸과 같다**"라는 REB의 번역은 이 구절에 대한 어떤 특정한 해석을 미리 채택한 것 같다. 비록 우리의 번역이 οὕτως καί를 약간 에둘러 표현하는 것을 포함하지만, "심지어 그리스도의 경우도 이와 같습니다"라는 번역은 "왜냐하면…~와 마찬가지로"를 통해 비교한 바울의 강조점을 가장 잘 전달해줄 것이다. 여기서는 **정치적인 몸-수사학**을 사용하는 것이 바로 비교의 대상이다. 그리스도는 나중에 한정되지 않은 위계 체제처럼 보이는 "코드 전환"을 통해 예상치 못한 반전이 이루어질 유비로서 주된 주체(subject)로 남아 있다(코드 전환에 대해서는 앞에서 에코와 무어스에 관한 설명을 보라). 그리스도는 그리스어 본문의 이 긴 절에서 맨 뒤에 위치하고 그 의미는 강조된다. 이어서 강조되는 의미는 한 몸의 **하나 됨**(τὸ σῶμα ἕν ἐστιν)이다. 세 번째 강조점은 그 지체와 기관(τὰ μέλη)의 다양성 또는 다수다. 라트한, 미첼, 마틴(앞에서 이들에 대한 논의 참조)의 논평에 비추어보면 이 점이 바로 하나 됨이 우선권을 갖는 것에 대해 우리가 기대해야 할 점이다. 비록 현재분사 ὄντα, "많이 있다"는 중립적 또는 대조적인 측면에서 "한편 그것들은 많지만"이라는 의미라고 생각할 수 있지만, 아마도

참조. 102-121. 분명히 바울이 그리스도를 중심에 두는 것은 그가 몸의 유비를 사용하는 것과 스토아학파가 오직 "자연" 질서에 호소하는 것을 구별해준다(Héring, *First Epistle,* 130).

여기서는 양보절—"비록 그것들이 많지만"—의 역할을 할 것이다.

13절 번역자들과 해석자들에게는 널리 알려진 이슈로 ἐν ἑνὶ πνεύματι(13절)를 어떻게 번역할지 결정하는 것이 요구된다. 즉 ἐν을 영역을 가리키는 **장소**의 의미로 번역할지 아니면 대리자를 가리키는 **도구**의 의미로 이해할지를 결정해야 하는 것이다. 전자의 경우에는 "그 한 성령 안에서"(NRSV, JB, Collins), "한 성령 안에서"(RV, REB, 바레트) 또는 "오직 한 성령 안에서"(NJB) 등으로 번역된다. 후자의 경우에는 "한 성령에 의해"(AV/KJV, RSV, NASB, NIV[각주에서 with 또는 in을 추가함], 모팻) 등으로 번역된다. 한편 오늘날의 주요 영역본은 모두 εἰς ἓν σῶμα를 "한 몸 안으로"(NRSV, REB, NIV, NJB)라고 번역한다. 하지만 바울 신학의 세례에 대한 연구와 관련하여 가장 신중하고 세심한 저자 중 하나인 루돌프 슈나켄부르크는 (비록 자신은 도구적인 의미를 선택하지만) 여기서 ἐν은 "함께, 의해, 안에 또는 심지어 위해"를 의미할 수 있고, εἰς는 "~안으로"라고 번역할 수 있지만, 종종 이 전치사는 "움직임"보다는 "믿음의 방향"을 의미한다는 점을 인정한다.[29] 콘첼만과 다른 학자들은 "한 성령 안에서"가 일종의 세례의 매개로서 13b에 나오는 부정과거 수동태 ἐποτίσθημεν, 성령을 "흠뻑 마신", 성령 안에 "푹 담근, 푹 잠긴, 푹 스며든" 또는 "깊숙이 가라앉은"이라는 개념을 더 탁월하게 밝혀준다고 생각하는 것 같다.[30] 바이스, 리츠만, 패리, 알로도 이 해석을 지지한다.[31] 하지만 설령 이 번역을 채택한다 하더라도 여격과 함께 사용된 ἐν이 매개자(agency)를 가리킬 개연성 역시 이와 못지않다. 뿐만 아니라 ἐποτίσθημεν의 의미는 이것과 더불어 이 단어가 지닌 난제들을 불러온다. 고대 교회에서는 알렉산드리아의 키릴로스, 중세에는 토마스 아퀴나스와 에스티우스, 종교개혁자 가운데는 루터, 오늘날에는 세르포, 벤트란트, 하

29) R. Schnackenburg, *Baptism in the Thought of St. Paul,* 22-24 and 83-86.

30) Conzelmann, *1 Cor,* 212, 특히 n. 17.

31) Robertson and Plummer, *First Epistle,* 272; Weiss, *Der erste Korintherbrief,* 303-304; Lietzmann, *An die Korinther,* 63; Allo, *Première Épitre,* 329-330, and "Excursus," 91-112; Parry, *First Epistle,* 184; Kling, *First Epistle,* 254.

인리치, 캐제만 등이 앞에서 설명한 견해를 지지한다.[32] 칼뱅과 콘첼만은 이 견해가 가능하긴 하지만, 확실하다고 보지 않는다.[33] 우리는 나중에 다시 이 단어에 대해 다룰 것이다. 한편 외프케, 모팻, 쿨만, 세르포, 플레밍턴 등 다른 학자들은 ἐν이 도구적인 의미—한 성령에 의해—로 사용되었다는 견해를 지지한다.[34]

이 절의 근본적인 의미는 명백하다. 12절은 하나 됨에 초점이 맞추어져 ὁ Χριστός와 함께 마무리되었다. 바울은 공동의 대리인과 한 성령과 한 몸에 대한 경험을 말함으로써 이 하나 됨을 더 자세히 설명한다. 곧 이 하나 됨은 고린도에 있는 신자들이 그리스도에게로 돌아왔으며 성령의 사람으로서 자신들의 새로운 정체성을 선포하고 나타내는 그 세례에 초점이 맞추어져 있다. 하지만 설령 유대인 또는 이방인, 종 또는 자유인으로서 그리스도인이 되기 이전의 신분(또는 "출생" 신분)이 아무리 다양하고 서로 다르다고 하더라도 모든 신자들은 이에 동참한다. 13a에서 **언급하는 이 하나의 세례는 신자들이 한 성령에 의해[또는 한 성령 안에서] 세례를 받는 것을 가리키며, 이것은 단지 일부 그리스도인만이 회심 이후에 경험하거나 누리는 상태를 나타낸다고 주장하는 신학은 바울의 전반적인 논의와 강조점을 비판하며 평가절하한다.** 바울이 한결같이 ἕν, "하나"와 πάντες, "모두"(모든 자들)를 사용하는 사례는 **교회 안에서 나타나는 차별화(categorization)와 엘리트주의를 정면으로 강력하게 공격한다.** 미첼과 마틴이 (그 누구보다도) 결정적으로 밝혀주었듯이 이 주장은 바울이 1:10-12에서 비판하는 차별화를 다룬다. "모두"라는 말과 바울 시대에 구별되던 유대인과 이방인, 남성과 여성, 종과 자유인의

32) 참조. 예컨대 Cyril of Alexandria, *Frag. in Ep. 1 ad Cor.* (Lib. 5), 290-291. 참조. Migne (ed.), *PG,* 74:889A-B(비록 이것은 고전 12:13을 부분적으로 요한복음과 일치시키긴 하지만); Thomas Aquinas, *I ad Cor. Lect.,* 374, sects 734-735; Cerfaux, *Church,* 171-172; Heinrici, *Das erste Sendschreiben,* 400-402; Wendland, *Die Briefe,* 111-112.

33) Calvin, *First Epistle,* 265. 그는 "여기서 그[바울]가 세례에 대해 말하는지, 아니면 주의 만찬에 대해 말하는지 확실하지 않다"고 주장한다. Conzelmann, *1 Cor,* 212, n. 17.

34) Oepke, "βαπτίζειν," *TDNT,* 1:539; Moffatt, *First Epistle,* 186; Cullmann, *Baptism in the NT,* 30; Cerfaux, *The Church in the Theology of St. Paul,* 302; Flemington, *The NT Doctrine of Baptism,* 56-57. (장소의 의미를 지지하는 이들에 대해서 위에서 주해 참조.)

구별을 초월하는 이 언급은 갈 3:27-28에서 세례와 관련하여 언급된 내용을 반영한다. 던은 이 세 가지 주요 본문 사이에 연관성이 있다는 것을 보여 준다.[35]

오순절 전통의 12:13과 관련된 "성령 세례"

이 절은 오순절 전통의 사고 안에서 특별히 중요한 의미를 갖고 있다. 왜냐하면 신약성경에서 이 절은 [한] **성령에 의해**(또는 성령 안에서) **세례를 받았다**는 표현을 분명하게 사용하는 유일한 절이기 때문이다. 도널드 데이턴과 오순절 운동의 다른 역사가들은 "이 운동 안에서 거의 보편적으로 인정되는" 다음 "네 가지 주제"를 언급한다. 즉 (i) 구원, (ii) 성령 세례, (iii) 치유, (iv) 그리스도의 마지막 강림("재림")에 대한 소망이다.[36] 특히 찰스 파햄이 오순절주의 창시자이며 윌리엄 시모어가 그 뒤를 이었다고 여겨진다면 "성령 세례"는 이미 1899년에 하나의 독특하고 분명한 교리로 중심을 잡았다.[37] 하지만 비교하기 위해 인용된 성경의 주요 자료는 요 20:22(사도들의 복음 선포를 위한 기름 부음으로서의 성령)과 행 2:4이다. 방언으로 말하는 것은 사실상 성령 안에서 세례 또는 성령 세례를 체험한 것에 대한 증거로 여겨졌다. 파햄의 제자였던 윌리엄 시모어는 인종, 국가, 교육을 초월하는 방언을 강조하게 되었다.[38] 시모어는 글로솔랄리아가 사랑 및 성령의 다른 열매와 더불어(갈 5:22-23) 성령 세례를 입증하는 표지 중 하나에 해당한다고 주장했다.[39] 이제 거룩함은 사실상 성령 세례

35) Dunn, *Baptism in the Holy Spirit*, 109-113, 117-120, and 127-131.

36) D. W. Dayton, *Theological Roots of Pentecostalism* (Metuchen, N. J.: Scarecrow Press, 1987), 22. Bruner, *A Theology of the Holy Spirit: The Pentecostal Experience and NT Witness*, 346-376에 수록된 주요 자료 외에 나는 나의 지도하에 박사 논문을 쓰고 있는 Sarah Ahn에게도 도움을 얻었다.

37) Sarah Parham, *The Life of Charles Parham* (Joplin, Mo.: Hunter, 1930), 39; J. R. Goff, *Full White unto Harvest: Charles F. Parham and the Missionary Origins of Pentecostalism* (Fayetteville: University of Arkansas, 1988), 51-55.

38) Irvin, "Drawing All Together in One Bond of Love," 27-32; C. M. Robeck, "William J. Seymour and 'the Biblical Evidence,'" in G. B. McGee (ed.), *Initial Evidence* (Peabody, Mass.: Hendrickson, 1991), 81.

39) Robeck, "William J. Seymour," 81.

를 위한 하나의 전제 또는 조건이다. 이제 가장 중요한 것은 행 2:1-2에 묘사된 오순절 사건의 경험을 반복하여 체험하는 것이다. 따라서 오순절파 저자인 바라트는 다음과 같이 주장한다. "우리를 구별하여 주는 것은…(성령 세례와 더불어) 오순절 날에 120명이 받은 것과 똑같은 방법으로 우리가 성령 세례를 받았다는 우리의 명백한 주장이다. 우리는 방언을 말하는 것이 수반되는 성령 세례를 받았다"(참조. 행 2:1-12; 10:44-48; 11:15-18; 19:1-7).[40)]

더 최근의 오순절파 저자들 중에는 사도행전의 내러티브(콘첼만에 의하면 유일하게 이상화된 내러티브)로서의 지위와 바울 서신에 의해 야기된 해석학적인 문제들이 스트론드스타드가 "실용적인" 해석학이라고 명명한 정교한 해석학을 요구한다는 견해가 점점 늘고 있다.[41)] 시모어와 관련이 있는 아주사에서의 전개 과정은 고전 12:12-30에서의 하나 됨의 강조점과 매우 잘 조화를 이루지만(이것이 미첼, 데일 마틴, 에릭슨과 같은 저자들 사이에서 12:13의 배경과 관련된 수사학의 관점에서 설명되어왔듯이), "우리는 모두 한 성령에 의해 한 몸으로 세례를 받았습니다"(13절)라는 개념은 실질적인 거룩함의 이전 단계에 이르는 것과 거의 조화를 이루지 못하며, 다른 신자들은 경험하지 못하지만 일부 그리스도인만 인식하고 경험하는 어떤 "온전한" 복음의 두 번째 또는 세 번째 단계에 이른다는 주장과는 더더욱 그러하다. 사실상 이 주장은 고린도에서 자신들을 "성령의 사람"(πνευματικοί)이라고 불렀던 자들이 주장한 다른 신자들과의 차이점을 강화하면서 바울이 수사학적인 표현을 통해 의도한 의미와 방향을 뒤집는 것처럼 보인다. 이것은 "성령 세례" 또는 "방언으로 말

---

40) N. Bloch-Hoell, *The Pentecostal Movement: Its Origin, Development and Distinctive Character* (Oslo: Universitetsforlaget, 1964), 1-2.

41) R. Strondstad, "Trends in Pentecostal Hermeneutics," *Paraclete* 22 (1988): 1-3; 참조. Fee, *Gospel and the Spirit* (Peabody, Mass.,: Hendrickson, 1991), 85-86; Archer, "Pentecostal Hermeneutics: Retrospect and Prospect," 63-81. 한편 Patte는 더 광범위한 이슈에 기초하여 포스트모던의 다원론적인 윤리적 실용주의를 옹호한다. 참조. D. Patte, *Ethics of Biblical Interpretation: A Re-evaluation* (Louisville: Westminster-Knox, 1995). 반면에 Malina는 이 입장을 비판한다. 참조. B. J. Malina, "Bible: Witness or Warrant: Reflections on Daniel Patte's *Ethics of Biblical Interpretation*," *BTB* 26 (1996): 82-87. 참조. H. Räisänen, "Liberating Exegesis," *BJRL* 78 (1996): 193-204. Räisänen은 요한계시록에 대한 E. Schüssler Fiorenza의 이해와 관련하여 "유용성"에 대한 실용적인 해석학을 비판한다.

함"으로 불리는 경험의 진정성에 의문을 제기하는 것이 아니다. 이것은 이 전통이 과연 신약성경에서 이 용어를 유일하게 사용하는 본문의 지지를 받을 수 있는지에 대해 의문을 제기하는 것이다. 한편 누가-행전에 대한 연구가 바울이 말한 다른 상황과 어떻게 관련되어 있는지, 그리고 그로 인한 문제점이 어떻게 해석학적인 이슈로 대두되었는지는 해당 연구에 익숙한 오순절파 저자들 사이에서 점점 더 널리 인정받고 있다.

바울이 과연 구원, 성령 세례, 치유, 종말론적인 긴박성에 대한 인식이라는 이 "네 가지 표지"를 추려낼 수 있었을지는 고전 12-14장을 보면 의구심이 생긴다. 하지만 신자들이 인종, 계급, 문화, 신분을 초월하는 성령의 역동적인 경험을 했다는 개념을 그가 지지했다는 점은 의심의 여지가 없다.

마키아는 이 측면을 강조하는 오순절 계통의 가장 건설적인 신학자 중 한 명이다. 또한 그는 바울에 대한 제임스 던의 주해와 논쟁을 벌인다. 그는 "방언으로 말하는 것"에 대해 더 범교회적이며 심리학적으로 신뢰할 만한 이해를 위해 롬 8:26의 중요성을 인정한다.[42] 마키아는 누가-행전의 증거에 근거하여 호소하는 것과 바울 서신에서 "개인적인 신앙"에 근거하여 호소하는 것 간의 어떤 괴리의 한계를 인정한다. 그는 바울 서신이 누가-행전을 무효화하거나 무가치하게 만들진 않지만, 바울 서신에 대한 주해는 누가-행전을 어떻게 해석해야 하는지에 한계를 제시한다는 점을 인정한다.[43] 하지만 이 "네 가지 표지"에 대한 이전 개념에 관해서는 특별히 12:16-18의 논리에 대한 아래 설명을 보라.

던은 "성령 세례에 대해 명백하게 말하는 단 한 구절인 고전 12:13은 오순절파에 매우 중요하다"고 말한다.[44] 그는 뒤 플레시스(D. J. du Plessis), 버턴(W. F. P. Burton), 사우스워스(K. Southworth), 하퍼(M. C. Harper) 등에 의해 제시된 "특별한" 경험을 지지하는 반대 주장을 검토한 후 다음과 같이 결론짓는다. "요약하자면, 일단 이 은유의 기초적·포괄적 의미를 파악하면 오순절파의 주장은 실패로 돌

---

42) Macchia, "Tongues and Prophecy: A Pentecostal Perspective on the Promise and Challenge of Catholic Dialogue," *JES* 35 (1998): 1-18, 127. 또한 앞의 각주 35 참조.

43) Macchia, "Tongues and Prophecy: A Pentecostal Perspective," *Conc* 3 (1996): 63-69.

44) 같은 책, 127.

아간다."[45] 던은 오순절 전통 가운데 몇몇 그룹, 특히 신-오순절 신학 또는 카리스마적 신학은 이 견해를 포기했다는 사실을 잘 알고 있다. 나아가 그는 "다른 측면에서" 회심의 경험인 이른바 물-세례와 믿음의 시작은 언제나 시간적인 측면에서 동의어라는 무비판적인 전제를 거부한다. "βαπτίζειν 자체는 물-세례를 구체적으로 가리키지 않는다"(강조는 원저자의 것임).[46] 던은 성령을 **언제나 변함없이** 물-세례와 연결하는 것처럼 보이는 신약학계의 전제와 물-세례는 **언제나 변함없이** 바울의 사상에서 그리스도인의 삶의 시작을 가리킨다는 전제를 분리하는 데 중요한 역할을 했다. 또한 피도 이 절에 대한 주해에서 이 점을 강조한다.[47] 그럼에도 **고린도의 역사적 배경에서** 바울은 이러한 연관성을 **일반적인** 규범으로 간주한다. 이 규범은 12:12-13에서 그의 주장의 네 가지 요소—**그리스도, 한 성령, 한 몸,** 모든 신자가 동참하는 단 하나의 새로운 신분—를 하나로 통합한다.

하지만 고전 12:13에 대한 소위 오순절파의 이해를 바울의 다른 주요 서신들과 분리하여 논의하는 것은 적절치 않다. 왜냐하면 어떤 이들은 성령에 대한 결정적인 "두 번째" 경험을 지지하기 위해 13b에 나오는 동사 ἐποτίσθημεν에 호소하기 때문이다. 이 경험은 이른바 성령 세례와 연결되어 있다. 던은 모든 관련 구절을 철저하게 검토하고 갈 3:1-5, 14에 대한 자신의 소견을 밝힌다. 우리는 여기서 그것을 소개할 필요가 있다. 그는 이렇게 주장한다. "이 절들은 성령을 받았다는 오순절파의 견해에 대한 맹렬한 반론이다. 성령을 받는 것은 그리스도인의 삶의 시작이다(3:3-5).…성령이 주어진 것과 칭의는 동전의 양면이다.…성령이 주어진 것은 바로 우리를…하나님의 자녀로 만든다."[48] 이와 비슷하게 갈 3:26-27은 "신자들이 그리스도인의 경험으로 들어가는 것을 묘사하는 것이며, 세례 의식에서 가져온 한 가지 은유"와 관련이 있다.[49] 세례의 문맥이나 그리스도인의 경험의 문맥에서(어떤 특별한 사역 또는 임무를 위해 어떤 특별한 성령의 은사가 주어지는 것과 별개로) "나

45) 같은 책, 129. 세례에 대한 바울의 관점은 6:9-11, 14에 대한 주해 참조.
46) 같은 책.
47) Fee, *First Epistle,* 604-605.
48) Dunn, *Baptism,* 107-108.
49) 같은 책, 109.

중에 성령이 강림한다는 것에 대한 언급이 전혀 없다."[50]

이것과 별개로 부정과거 수동태 ἐποτίσθημεν은 한 사람도 예외 없이 모든 (πάντες) 신자가 경험한다는 것을 가리킨다. 우리의 견해에 의하면 이 부정과거 수동태는 분명히 상반절의 부정과거 수동태 ἐβαπτίσθημεν을 보충하여 해설하거나 설명한다. 그리스어 동사 ποτίζω는 대체로 "어떤 사람에게 마실 것을 주다"(마 25:35, 37; 막 15:36; 롬 12:20)를 의미하며, 고전 3:2에서는 "고린도 사람들에게 젖을 마시도록 주었다"는 것을 묘사하는 데 사용된다. 그러나 고전 3:6-8에서는 (다른 곳에서처럼) 그 의미가 확장되어 밭에 물을 주는 것 또는 물을 대는 것을 가리킨다. 또한 3:6-8에서는 하나의 은유로서 가르침과 전도를 통해 교회를 양육하는 것을 의미한다.[51] 그러므로 엄밀하게 언어학적인 관점에서 이것은 마시도록 성령이 주어진 것을 가리키거나 "성령 안에서 물을 흠뻑 마셨다" 또는 "푹 잠겼다"를 의미한다. 여기서 바울은 구원받고 거룩해진 모든 자의 신분의 완전함과 동등함을 강조하며, 그들은 한 성령에 의해 그리스도의 몸의 지체가 되었다(12b)는 것을 강조한다(곧 "여러분은 모두 생명을 주는 하나님의 구원 행위에 똑같이 참여하게 되었습니다"). 따라서 우리는 (바울과 전혀 무관한 물질주의자의 성례 이론을 피하여) "흠뻑 적시다"라는 부차적인 뉘앙스를 살려 "우리는 한 성령으로부터 모두 실컷 마셨습니다"라고 번역한다. 이 번역은 이 구절을 바울의 의도에 어긋나게 이해하는 것을 배제한 채 바울의 생각을 그대로 전달하려는 것이다. 한편 슈라게는 그리스도의 몸이라는 새로운 세계에 분열을 초래하는 적대감이 들어오는 것을 방치해서는 안 된다고 결론

---

50) 같은 책, 115. 바울 서신과 신약성경은 주로 성령이 영속적으로 주어진다는 관점에서 성령의 경험을 설명한다. 성령은 신자들을 그리스도와 연합시키며 종말론적인 첫 열매와 약속으로서 미래의 부활을 보증해준다. 구약성경은 종종 공동체 전체를 가리킨다는 의미보다는 성령이 어떤 개인에게 특별한 임무를 부여하기 위해 일시적으로 임한다는 것에 대해 말한다. 비록 신약성경에서 전자의 측면이 두드러지게 나타나긴 하지만, 복음 사역과 다양한 임무를 수행하는 데 있어 성령[또는 성령의 은사들]이 특별히 주어진다는 관점에서 그리스도와 연합을 이루는 것과 나란히 후자의 사례들도 나타난다. 그러나 이것은 "성령 세례"에 대한 고전적인 오순절파의 개념—곧 신자가 되고 나서 그리스도인 중에서 일부 그룹에만 "성령 세례"가 주어짐—과 상당히 다른 것이다.

51) 참조. BAGD, 695.

짓는다.[52]

하인리치와 벤트란트는 13절 상반절은 물-세례를 가리키는 반면, 13절 하반절은 주의 만찬을 가리킨다고 주장한다. 하지만 그들의 주장은 전혀 설득력이 없다. ποτίζω는 성찬 또는 주의 만찬에서 잔을 "마시게 하는 것"을 가리킨다는 것이다. 설령 이 부정과거가 과거의 단일 사건을 가리키는 것이 아니라 격언적인(gnomic) 의미로 이해해야 한다 하더라도 "시간을 초월하는" 부정과거는 주의 만찬을 반복하여 기념하는 것에 전혀 타당하지 않을 것이다. 주의 만찬은 "시간을 초월하는" 것이 아니라 어떤 일시적인 사건을 일시적으로 반복하며 재현하는 것이다. 크리소스토모스, 벵엘, 데 베테, 마이어, 고데의 입장은 알렉산드리아의 키릴로스의 모호한 언급, 확고한 신념은 아니지만 그러한 칼뱅의 성향, 하인리치와 벤트란트의 주장과 대치된다. 하인리치와 벤트란트는 여기서 타당한 근거를 제시하지 않고 주님이 제정하신 두 가지 성례의 신학을 전제하는 것 같다.[53] 다른 많은 저자 중에서 특히 고데는 "성찬에서 성령을 마신다는 표현은 성경의 표현 방식에서 전적으로 생소한 것이다"라고 주장한다.[54] 모든 신자들은 새로운 신분(거듭남 이후의 경험은 불필요함)을 지니고 있으며, 인간의 주도적인 의도에 의해서가 아니라 성령에 의해 그리스도를 통해 유래한 [모든 신자가 참여하는] 이 몸은 그리스도 중심적이며 그리스도를 닮아가는 특성이 있다는 점과 관련하여 베스트와 (더 최근에는) 랑은 이 절 전체와 갈 3:27-28의 세례 신학이 서로 연관되어 있음을 확인해준다.[55]

---

52) Schrage, *Der erste Brief,* 3:217.

53) Heinrici, *Der erste Sendschreiben,* 400-401; Wendland, *Die Briefe an die Korinther,* 112. 의아하게도 Schrage는 물-세례 또는 주의 만찬을 암시한다는 개념에 공감하며, 이 질문에 대답하는 것이 어렵다고 생각한다(Schrage, *Der erste Brief,* 3:216). 한편 Collins는 "한 몸으로 연합되는 행위로서 성령의 영감을 받은 세례의식"에 대해 말한다(Collins, *First Cor,* 463). 반면에 Wolff는 더 일반적으로 기독교 공동체 안으로 들어가는 순간에 대해 말한다(Wolff, *Der erste Brief,* 298).

54) Godet, *First Epistle,* 2:210.

55) Lang, *Die Briefe,* 171-172; Best, *One Body,* 96-98.

14-15절 과연 15절이 의문문 형태로 되어 있는지는 의심스럽다. (이 이슈에 대해서는 이와 관련된 주해의 마지막 단락에서 논의할 것이다.)

비록 몇몇 주석가들과 다른 저자들(피와 라이트)은 이 장 전반에 걸쳐 다양성의 주제가 두드러지게 나타난다고 강조하지만, 다른 이들은 바울이 하나 됨에 초점을 맞추고 있다고 역설한다(라트한, 미첼, 마틴). 그런데 세 번째 그룹은 12:1-13이 하나 됨의 주제를 설명하지만, 12:14-30은 다양성의 주제로 되돌아간다고 생각한다(콘첼만, 에링).[56] 하지만 "모든 생명체는 다양성을 나타낸다"(비틀링어)는 원리는 참되며, 이것은 14절에 암시되어 있다. 또한 미첼과 마틴이 확인한 몸에 대한 수사학적 역사는 바울이 14-30절에서 강조하는 점에 지속적으로 영향을 미친다.[57] 플루타르코스가 몸이 손과 발을 지니고 있다는 것을 언급하는 것과 할리카르나소스의 디오니소스가 몸의 지체들을 인격화하여 서로 대화하는 것처럼 묘사하는 것을 보며 우리는 각각의 경우 그 분맥이 "분파에 빈대하는 논쟁"(미첼) 또는 "위계 체제"에 대한 "이데올로기적인 수사학"(마틴)임을 이미 언급한 바 있다.[58] 14-15절의 말은 각 사람이 어떤 경계선 안에서 저마다 "자기의 일을 하는 것이다"라는 20세기 후반 또는 21세기 초반의 "포스트모던적인" 확신을 갖는 것은 아니다. 손, 발(15절), 귀, 눈(16절)이 지닌 각각의 기능은 유기체인 **한 몸**을 서로 조화시킨다. 만약 각각의 지체가 자기에게 **분배된 역할**을 제대로 수행하지 않는다면 그 **한** 몸은 무질서하고 보잘것없는 대상으로 전락해 버릴 것이다. 따라서 15절은 열등감을 느끼는 이들에게 그들도 진정으로 그 **몸**에 속해 있다는 확신을 줄 뿐만 아니라 열등감을 느끼는 이들과 다른 이들을 무시하는 이들이 모두 그 몸의 **조화를 이루는** 하나 됨을 위해 **꼭 필요하다**고 강조한다.

그러므로 14절의 논리는 이론상으로는 근본적으로 서로 다른 두 가지

---

56) Conzelmann, *1 Cor*, 212; Héring, *First Epistle*, 130.

57) Bittlinger, *Gifts and Graces*, 58,

58) Mitchell, *Rhetoric of Reconciliation*, 68-83 and 157-164; Martin, *The Corinthian Body*, 38-63 and 94-103. 앞에서 12:12-30 단원의 머리말을 보라.

방법 가운데 하나로 이해할 수 있다. 가장 "자연스러워" 보이는 계몽주의 이후 및 포스트모던 시대의 해석은 이 절을 다양성은 극히 정상이라는 안심의 말로 이해한다. 하지만 바울이 살았던 기원후 1세기에 몸을 하나의 논제(*topos*)나 모범 사례로 사용하는 것은 바울의 의미를 다음과 같이 암시해 준다. 즉 몸에 속한 **많은** 지체들이 각자에게 할당된 기능을 제대로 수행하지 않는다면 설령 그 지체들이 제아무리 다양하다 하더라도 그 **한** 몸은 하나의 유일한 실체로서 존재하지 않고, 오히려 초점이나 일관성 없이 서로 치고받는 세력들의 무질서한 모습으로 존재할 수밖에 없음을 보여준다.

그러므로 조건문의 전제절은 성취되지 않는 가설을 표현하기 위해 가정법 부정과거를 사용한다. ἀν εἴπῃ ὁ πούς는 "만약 발이 말을 한다면"(NIV) 또는 "만약 발이 말을 했다면"(NJB) 또는 (다른 문장 구조로) "발이 말했다고 가정한다면"(REB)을 의미한다. 귀결절, οὐκ εἰμὶ ἐκ τοῦ σώματος는 더 관용적인 영어—"나는 몸에 속하지 않는다"(NRSV, REB, NIV, NJB)—로 번역할 수 있을 것이다. 우리는 그리스어 표현 παρὰ τοῦτο에 특히 주목할 필요가 있다. 엄밀히 말해 이 표현은 "이것 곁에"(참조. 마카베오4서 10:19)라는 의미다. 하지만 이것은 이 표현을 통해 종종 이 구절의 의미인 "바로 이것 때문에"를 전달한다. 모울(C. F. D. Moule)은 "그것 때문에" 또는 "그로 말미암아"라는 의미를 제안한다.[59] 따라서 바울의 요점은 "나는 속하지 않는다"라는 단순한 **주관적인 감정**은 **객관적인** 사실과 **나란히** 놓고 보면 타당성이 없다는 것이다. 이것은 단지 발이 스스로 의심을 표현한다고 해서 그것이 몸에 속하지 않는 것이 결코 아니다.

대다수 사본과 영역본은 15절이 마침표가 찍힌 하나의 진술이라는 것을 전제한다(NRSV, REB, NIV, NJB, RV, RSV, TEV, 모팻, 바레트). 하지만 UBS 그리스어 신약성경 4판과 콜린스는 수사 의문문으로 간주한다. 이것은 AV/KJV와 19세기의 많은 주석가들의 입장으로 되돌아가는 것이다(예. 드 베테,

---

59) Moule, *Idiom Book*, 51; 참조. BDF, sect. 236, subsect. 5: "There is no reason why ..."

하지, 알포드. 에스티우스).[60] 에드워즈와 핀들레이는 우리가 οὐ가 아니라 망설임을 나타내는 질문이나 부정적인 배제를 예고하는 질문을 표현하기 위한 μή를 기대해야 한다고 주장한다.[61] UBS 3판(1975년)과 네슬레 2판(1958년도)은 모두 15절과 16절을 진술로 이해하기 때문에 UBS 4판의 독법을 지지하기 위해 메츠거의 『그리스어 사본 논평』(*Textual Commentary*) 2판(1994년)에서 이에 대해 아무런 논평을 내놓지 않는 것은 놀랍다. 하지만 15절의 의미는 사실상 동일하며, 이슈는 초기 사본들의 구두점에 관한 것이 아니라 주해에 관한 것이다.

16-17절 16절은 구문, 해석학적인 이슈, 번역이 15절에서 논의한 것과 같기 때문에 추가적인 주해가 더 이상 필요하지 않다. 이 절을 번역할 때 우리는 다양한 표현을 위해 모울의 "그것 때문에"로 대체했다(15절 주해 참조). 또한 문체에 변화를 주기 위해 우리는 REB의 "*none* the less"를 빌려왔는데, 만약 우리가 UBS 4판의 의문 부호를 따른다면 REB의 이 표현은 "any the less"가 된다. 하지만 이 절을 의문문으로 이해해야 할지에 대해 우리는 여전히 확신이 없다.

의미론적으로 17절의 의미도 명백하며 논평이 필요 없다. 하지만 우리가 멋지고 필수적인 몸의 여러 기능 간의 차이점을 적용하고 그러한 방식으로 기능하는 몸 전체를 상상하는 것의 불합리성을 간파하면 그 의미는 독자들에게 더욱더 분명해진다. 가장 소중하고 놀라운 은사인 눈을 통해 주어지는 시력(이것을 적용하자면 복음 선포, 예언, 지혜 또는 방언)을 귀히 여기는 것에서 이것이 그 몸을 실제로 몸으로 만든다고 전제하는 것으로 논리를 전개하는 것은 교묘하리만큼 매혹적인 움직임이다. 바울은 우선 다른 사람들이 "열등하다"고 생각하는 은사를 받은 자들에게 말한다. 하지만 그의 논리는 동시에 스스로 만족해하며 ("지식"을 뽐내는) "유사-영지주의자들"이나 (더

---

60) Collins는 서로 평행을 이루는 "두 개의 수사 의문문"에 대해 말하며, 이렇게 번역한다(Collins, *First Cor*, 463).

61) Edwards, *First Epistle*, 327; Findlay, *Expositor's Greek Testament: 1 Cor*, 2:891.

가시적이며 특이한 성령의 현상을 자랑하는) "신령한 자들"이나 (위신을 높여주고 실질적인 도움을 주는) 사회적 후견인들에 대한 책망도 예고한다. 이러한 자들은 "나는 네가 필요 없다"(21절)라고 생각하거나 또는 심지어 은밀하게 말할 수 있다.

대다수 영역본은 ὄσφρησις를 후각(NRSV, NIV), 냄새(REB, JB), 또는 냄새 맡기(AV/KJV, RV)라고 번역한다. 이 단어는 일반적으로 고전 및 헬레니즘 그리스어에서 자주 나타나지만, 신약성경에서는 오직 이곳에서만 단 한 번 나타난다. 이것은 종종 후각(플라톤, *Phaedo* 3B; 필론)을 의미하지만, 단순히 코를 가리키기도 한다(마르쿠스 아우렐리우스, 10:35; 디오게네스 라에르티오스, 6:39).[62] 또한 ἀκοή도 "듣는 행위" 또는 "청각 기관"을 가리키고, 바울이 여기서 몸을 기관들과 구별하고 있기 때문에 "코"라고 번역하는 것이 좀 더 타당해 보인다.

18절 νυνὶ δέ라는 표현은 δέ가 알려주는 바와 같이 대조적인 방식 안에서 일종의 논리적인 "이제 그렇다면"을 나타낸다. 이 가설과 유비는 이제 제 역할을 다했다. 즉 하나님이 지체와 기관을 그렇게 만드시고 배치하셨다. 따라서 우리는 "그러나 사실상…"이라고 번역한다. ὁ θεὸς ἔθετο와 καθὼς ἠθέλησεν은 이 절의 강조점을 드러낸다(참조. καθὼς βούλεται, 11절; καθὼς ἠθέλησεν, 15:38). 케네디(H. A. A. Kennedy)는 이것을 하나님의 결정과 뜻을 반영하는 하나님의 주권을 나타내는 부정과거라고 부른다.[63] ἔθετο는 τίθημι의 직설법 제2부정과거 중간태다. 이것은 "두다, 위치하게 하다, 놓다, 만들다"라는 능동적인 의미를 지니고 있다.[64] ὁ θεὸς ἔθετο를 "하나님이 배치하셨다"(NRSV; 참조. NIV), "하나님이 지정하셨다"(REB) 또는 심지어 "정하셨다"(AV/KJV, RV)라고 번역하는 것은 교회 안에서(ἐν, 여격과 함

62) BAGD, 587; MM, ad. hoc.

63) Kennedy에 대해서는 15:38의 주해 참조. 또한 K. Barth, *The Resurrection of the Dead* 참조. Barth는 이것을 이 편지의 주요 주제라고 생각한다. 그는 이것을 설득력 있게 논증한다(아래 참조).

64) 참조. BAGD, 815-16; BDF, sect. 316, (i); Robertson, *Grammar*, 804-5.

께) 개개인을 향한 하나님의 목적과 밀접하게 연결되어 있는 하나님의 선택 또는 그리스도인으로의 부르심이란 의미를 약화하는 것이다. 따라서 이 표현은 "하나님이 그 지체들을 두셨다"(로버트슨과 플러머) 또는 "하나님이 모든 구별되는 부분을 두셨다"(NJB, JB)를 의미한다.[65)]

어떤 은사를 모든 사람이 추구해야 하는 승격된 신분의 필수적인 표시로 간주하는 것은 물론이고 다른 은사보다 "더 필수적인" 것으로 등급을 매기려는 것은 하나님이 자기 백성을 위해 공동체적·개인적 측면에서 자신의 선하신 뜻에 따라 무엇이든 선택할 수 있는 자유를 소유하신다는 사실에 모욕적으로 도전하는 것이다. 다른 문맥에서는 불필요한 것일 수도 있는 ἓν ἕκαστον αὐτῶν이라는 표현은 여기서 "각 지체를 하나하나"라는 의미를 크게 강조한다. 어느 누가 감히 마치 은사가 신분을 나타내는 상징인 양 자기가 받은 은사를 자랑한다거나 또는 마치 하나님이 다른 사람을 위해 어떤 사람을 선택하지 않은 양 다른 사람들이 받은 은사를 평가절하할 수 있겠는가?

들뤼는 충실한 주해에 기초한 해석학을 탁월하게 적용하며 다음과 같이 주장한다. "그리스도인들은 반드시 근심에 싸인 채 자신을 다른 사람과 비교하는 것을 포기해야 한다.…그것은 질투[참조. 1:10-12; 3:1-4]와 낙심으로 이끌 뿐이다.…그들은 자신들이 아무개와 같지 않다고 불평을 늘어놓는다.…그들은 스스로 열등감에 빠져 구원의 즐거움을 모두 잃어버린다. 발은 몸의 무게를 전부 짊어지고 먼지 속을 걷는다고 불평한다.…다른 이들은 감독하는 눈이 되고 싶어 하거나 [특별히!] 말하는 입이 되고 싶어 한다.…하지만 하나님은 왜 우리 각 사람을 이 모습 이대로 만드셨는지 알고 계신다. 또한 하나님은 우리 각 사람이 어떤 유익을 줄 수 있는지도 알고 계신다."[66)]

---

65) Robertson and Plummer는 이렇게 주해한다. "그것은 처음부터 한 가지 계획의 일부로 그렇게 정해졌다. 따라서 '두었다'보다는 '배치했다'다"(Robertson and Plummer, *First Epistle*, 274).

66) Deluz, *Companion to 1 Cor*, 179-180. 그의 주해는 스스로 "쓸모없다" 또는 [엘리트 계층

19-20절 주석가들이 동의하듯이 이 두 절은 지금까지의 논의에 새로운 사고를 더해주지 않고, 12:12-20의 논리를 요약하며 마무리한다. 바울이 수사학적인 질문("몸이 어디에 있습니까?")을 던지기 위해 ποῦ를 사용한 것은 조건문의 전제절이 충족될 경우 그 질문이 논리적으로 불가상성(inconceivability)을 내포한다는 것을 나타낸다. 이 절에 대한 우리의 번역은 고대 그리스 철학의 대화에서 종종 "어디"로 번역되는 용어를 사용하면서 해당 질문의 **논리적인 입장**에 주의를 기울인다. 현대 영어에서 이에 상응하는 철학적인 표현은 "몸이 무엇으로 구성되어 있습니까?"일 것이다.[67] 18절에서 평행을 이루는 표현과 마찬가지로 νῦν δέ는 현실에서 이미 존재하는 어떤 실질적인 상태를 인정하고 비교하는 것을 논리적으로 표현한다. 즉 이는 "사실상 이와 반대로"를 의미한다.

우리는 이미 μέλη가 너무 자주 현대의 사회적 의미로 해석된다는 로빈슨의 지적을 언급한 바 있다. 따라서 우리는 (NRSV의 "많은 지체"보다) REB의 "서로 다른 많은 기관"을 따라 REB의 이전 번역인 "많은 지체와 기관"을 받아들인다. 왜냐하면 μέλη는 "기관"보다 더 광범위한 의미를 지니고 있기 때문이다. 비록 μέν과 δέ는 단지 학교 수업에서만 무미건조하게 문자적으로 "한편으로…다른 한편으로"로 번역되지만, 여기서는 일종의 대조를 설명하는 번역이 요구된다. 왜냐하면 20절의 원리는 일종의 격언이나 경구와 같은 의미—(한편으로) 많은 지체와 기관, (다른 한편으로) 오직 한 몸—를

에] "속하지 않았다"고 생각하는 이들의 견해를 올바르게 파악한다. 하지만 우리는 이미 바울이 이른바 "열등한" 은사를 지닌 자들을 무시하며 높은 신분을 추구하는 자들을 비판하는 길을 마련해놓고 있다고 지적했다. 바울은 곧 자신들의 높은 신분을 주장하는 자들의 논리를 완전히 뒤집을 것이다.

67) Edwards, *First Epistle*, 327-328: "몸이 존재하는 데 필수적인…." 또한 아리스토텔레스가 *Politica* 8.3.6에서 δεῖ를 사용한 것을 참조하라. 한편 Collins는 "매우 드문 비현실적인 마침표"라고 이해한다. 하지만 그것은 바울의 강조점의 논리성을 밝혀주기보다는 그것으로부터 벗어나게 만든다(Collins, *First Epistle*, 464). Hays는 "다양성의 필요성"에 대해 올바르게 지적한다. 하지만 그는 **부수적인**(contingent) **필요성**(14-17절)과 **논리적인**(logical) **필요성**(18절)을 구분하지 않는다(Hays, *First Cor*, 215). Wolff의 "Excursus"에도 불구하고 Wolff와 Schrage는 이 두 절을 자세하게 다루지 않는다.

지니고 있기 때문이다. 그리스어 본문에서 동사가 생략된 것처럼 만약 "이룬다"라는 동사가 생략된 채 번역된다면 이 격언은 더 의미심장하게 들릴 것이다. 하지만 단지 의미만 고려하여 번역한다면 그 강조점이 명료하게 전달되지 못할 것이다. 바레트는 분명히 20절을 "그러나 사실상 많은 지체와 한 몸이 있습니다"라고 번역한다.[68] 이처럼 그는 이 절을 어떤 논리적인 경구라기보다는 일종의 부차적인 사실로 이해한다. 하지만 그것은 "일종의 간단한 풍자"로 기능한다.[69]

21절 이제 바울은 앞에서 전개한 자신의 수사학적 진술에 암시되어 있던 내용을 밝히 드러낸다. 몸에 대한 바울의 수사학은 이른바 "열등한" 또는 "없어도 되는" 은사를 받은 이들에게 그들도 진정으로 필수적인 지체와 기관으로서 몸에 온전히 속해 있다는 확신을 갖게 한다. 또한 **이 수사학은 이제 자신들과 자신들이 받은 "최상의" 은사들은 몸 전체를 위해 충분하다고 생각하거나 다른 사람들은 자기들처럼 그 몸의 "진정한" 부분인지 의심스럽다고 생각하는 이들을 분명하게 책망한다.** 자신들이 지식과 지혜에 대한 "최상의" 은사 또는 치유의 능력과 방언을 말하는 은사를 받았다고 생각하는 이들은 교회의 정체성과 기능이 사실상 자기들에게 달려 있기 때문에 자신들이 교회의 유일한 내부 모임이라고 생각하는 유혹을 받았으리라고 상상하는 것은 단지 추측에 불과하지만은 않을 것이다. 오늘날에도 12:8-10에서 언급하는 은사 중에서 한 가지 또는 그 이상을 선호하거나 12:13의 성령(에 의한 또는 성령으로) 세례를 "고상한" 신분을 나타내는 표시로 해석하는 경향이 있다. 이것은 바울이 분명하게 비판한 고린도 교회의 그릇된 가르침에 위험하리만큼 가까이 근접하는 것이다.

오늘날 많은 주석가들은 이 절들을 단순히 다양성에 대한 정당화로 해석한다. 하지만 그 입장을 따라가는 것만으로는 충분하지 않다. 분명히 이

---

68) Barrett, *First Epistle,* 290. 참조. Godet, *First Epistle,* 2:214, "actual fact."

69) Findlay, *Expositor's Greek Testament: 1 Cor,* 2:892; 참조. Meyer, *First Epistle,* 1:376; Robertson and Plummer, *First Epistle,* 274.

단락은 어떤 은사나 경험도 다른 신자를 평가하는 기준으로 사용해서는 안 된다는 추론을 제시한다. 그러나 미첼, 마틴과 다른 학자들이 밝혀낸 정치적인 수사학(앞 참조)은 여기에 훨씬 더 많은 것이 연결되어 있음을 보여준다. 목회 직분 중 그 어떤 형태도 교회의 존재 또는 본질 자체를 대표하지 않는 것처럼 은사나 경험 중 그 어떤 것도 교회의 본질 자체에 해당하지 않는다. 교회의 본질과 참된 존재는 그리스도의 주되심(12:3)을 확대하고 공동체 전체의 유익을 위해 교회를 세워나가는(12:7) 하나님의 선택을 서로 존중하고 받아들이는 데 있다(12:11). 그리스도인의 신분은 모두 동등하며, 그들은 자신의 존재를 그리스도 안에서 모든 그리스도인을 위한 은사로 주어진 대리자로서 성령의 은혜로운 사역(12:13)에 빚지고 있다. "자율", 자기만족 또는 "내가 좋아하는 것을 하는 권리"(6:12)라는 죄는 바로 교회 안에서 "육에 속한" 태도다(3:1-4). 바울은 이것이 "다른 사람을 위해" 그리스도를 닮아가는 실존에 어울리지 않는다고 판단한다. 이것은 오히려 (교회 안에서든 밖에서든) 21세기 초의 세속 문화를 상당 부분 반영한다. 여기서 바울은 자기만족을 다른 사람을 전혀 필요로 하지 않는 것으로 정의한다.

22절 맨 앞에 위치한 접속사 ἀλλά는 반대의 의미를 온전히 나타내며, "아니오, 정반대로"를 뜻한다. 이와 비슷하게 (몇몇 영역본은 무시하지만) πολλῷ μᾶλλον은 "훨씬 더 많이"라는 의미로 그 주장을 한층 더 강조하는 것을 표현한다. 또는 (더 관용적으로 표현하자면) "오히려 그 경우는 분명히 ~입니다"를 뜻한다. 하지만 이 표현은 바울이 배제하는 것으로서 **필요성의 정도**에 적용되지 **않는다**. 따라서 우리는 "심지어 게다가 ~이라고 해도 좋을 만큼"이라고 번역할 필요가 있다.[70] 한편 번역과 주해와 관련하여 가장 중요한 단어는 ἀσθενής의 비교급인 ἀσθενέστερα다. 우리는 이미 1:25에서 τὸ ἀσθενὲς τοῦ θεοῦ와 1:27에서 τὰ ἀσθενῆ τοῦ κόσμου의 의미에 대해 논의했다(해당 절에 대한 주해 참조). 해당 절들에서 "약한 자들"은 하나님이

70) Collins는 이 절의 마지막 부분에 "더더욱"을 덧붙인다. "더더욱 필요합니다"(Collins, *First Cor*, 457-464).

선택하여 구원하시는 대상이었다. 그리고 4:10에서 우리는 십자가를 구현하는 목회 사역과 승리주의적인 목회 사역의 대립과 관련하여 ἀσθενεῖς와 ἰσχυροί를 대조했다. 나아가 우리는 8:7, 9, 10에서 "약한 자들"과 "강한 자들"과 관련하여 이 두 단어를 대조했다. 해당 절에 대한 주해에서 우리는 타이센과 다른 학자들이 ἀσθενής를 사회적인 신분이 낮은 자들을 가리킨다고 보는 견해를 언급했다. 반면에 글래드는 이 용어가 어떤 구체적인 사회적 또는 정치적 신분이나 "신학적인 입장"을 가리키기보다는 "다양한 기질과 성향…다양한 소질을 나타내는 심리학적인 경향이나 성격…성숙함"을 가리킨다고 본다.[71] 글래드는 특히 8:1-13과 10:24-11:1뿐만 아니라 9:19-23과 12:22에서도 이 단어가 그런 의미로 사용된다고 인식한다.[72](또한 앞에서 8:1-13, 9:19-23에 대한 주해 참조)

타이센과 다른 학자들이 제시한 ἀσθενής, "연약한"에 대한 사회적 분석, 성향의 관점에서 전개한 글래드의 수정과 중요한 재평가, 이 절의 특별한 뉘앙스를 밝혀주는 마틴의 연구에 비추어볼 때 우리는 ἀσθενέστερα를 단순히 "더 약한" 또는 "제일 약한"으로 번역한 NRSV, NIV, NJB, JB의 입장을 따를 수 없다. 이 번역은 바울의 강조점을 심각하게 오해할 위험이 있다.[73] RV와 AV/KJV의 번역인 "더 연약한"도 이 단어의 의미를 이해하는 데 별로 도움을 주지 못한다. 또한 REB의 번역 "더 약한"은 이 문제를 오직 부분적으로만 다룰 뿐이다. 현대 영어의 관용어구와 어휘집은 의미상 반대되는 것을 부정하는 것으로 그 강조점을 표현할 것을 우리에게 요구한다. 바울은 교회 안에서 자신의 역할이나 (어쩌면 더 개연성 있는) 기질, 또는 이

71) Clarence, E. Glad, *Paul and Philodemus: Adaptability in Epicurean and Early Christian Psychology,* NovTSup 81 (Leiden: Brill, 1995), 333.

72) 같은 책, 277-297 (on 8:1-13); 43-45, 240-277 (on 9:19-23); 297-315 (on 1:25-31 and 4:10); 210-213 (on 12:22).

73) Martin은 중요한 요점을 훌륭하게 지적한다. 참조. Martin, *The Corinthian Body,* 92-96. 한편 Theissen은 고전적인 사회적 분석을 제시했다. 그의 연구는 뒤따르는 모든 논의의 출발점이 되었다. 참조. "The Strong and the Weak in Corinth: A Sociological Analysis of a Theological Quarrel," in Theissen, *The Social Setting of Pauline Christianity*(Philadelphia Fortress, 1982), 121-144, first published in German in *EvT* 35 (1975): 155-172.

두 가지가 모두 다른 사람에 비해 능력이나 지위 면에서 더 낮다고 생각하는 사람들을 언급한다. "강한 자들" 또는 "은사를 받은 자들"은 이들이 교회의 사역에서 기대되는 **무게감**이나 **능력**을 나타내지 못하고, **지위**에서 오는 **자신감**을 주지 못한다고 인식했다. 그들은 교회 안에서 사회적으로나 영적으로, 또는 사역을 위해 그들이 보여줄 수 있는 어떤 "관계"나 능력, 또는 교회 밖에 있는 이들에게 지혜와 지식과 언변에 있어 대단한 존재로 여겨지기에 충분한 깊은 인상을 심어주지 못했다. 아마도 그들은 기적을 통해 놀라운 일이나 치유 사역을 하지 않았을 것이다. 그들은 예언을 드물게 했거나 전혀 하지 않았을 것이다. 또한 그들은 방언으로 말한 적도 없었을 것이다. 23절은 그들이 **덜 매력적이며 "볼품이 없다"**고 말한다.[74)]

마틴은 예리한 통찰력으로 이 이슈를 다룬다. 그는 22-23절의 용어 목록이 이 서신의 주제들을 되돌아보게 한다고 지적한다. 즉 "존중받는 것"(τὰ δοκοῦντα; 참조. 1-26-31; 4:9-13; 6:4-5), "연약한"(ἀσθενέστερα; 참조. 1:25-27; 4:10; 8:7-10; 9:19-23), "덜 존중받는"(ἀτιμότερα, 23절; 참조. 4:10; 11:14), "부족한"(ὑστερουμένῳ, 24절; 참조. 1:7; 8:8) 등이다. 마틴은 이렇게 주장한다. "바울의 비유적 표현 중에서 가장 주목할 만한 것은 그가 신분에 대한 용어를 사용한다는 것이 아니라…그가 **일반적으로 생각하는 몸의 위계 체제는 사실상 겉으로 드러나 보이는 위계 체제에 지나지 않는다고 주장하는 것이다**"(강조는 덧붙여진 것임).[75)] **이것은 바울이 1:26-29과 1:30-31, 2:1-5과 2:6-11, 그리고 무엇보다도 1:18-22과 1:23-25 사이에서 "신분을 반전시키는 것"과 정확하게 일치한다.** 마틴은 이러한 연관성을 지나치게 중시하지는 않는다. 왜냐하면 바울의 암묵적인 전략은 단지 몸에 대한 수사학뿐만 아니라 **그리스도와 십자가의 판단 기준을 교회에 적용하는 것**이기 때문이다. 미첼, 위더링턴, 마틴의 "수사학적" 접근 방법은 이 신학에 타당한 강조점을 부여하지 않는다. 우리는 이를 위해 칼 바르트의 저서 『죽은 자들의 부활』이나 더 해

---

74) Martin, *Corinthian Body*, 94-95.

75) 같은 책, 94.

석학적인 관점에서 슈라게의 주석서(이 시점까지 주해는 11:16까지만 진행됨)로 되돌아갈 필요가 있다. 하지만 이것은 위풍당당한 변증법적 신학을 바울에게 강요하는 것이 아니다. "반전"의 정점은 ὁ δὲ θεὸς δίδωσιν αὐτῷ σῶμα καθὼς ἠθέλησεν(15:38)에서 시작하며, 15:43-44에서 언급하는 부활에 의한 반전에서 나타난다(해당 절들에 대한 주해 참조).

한편 몸의 "보잘것없는" 부분(23절)에 주어진 **관심과 우선권**에 대해 말하기에 앞서 바울은 여기서 먼저 **"오히려 몸의 지체와 기관 중에서 능력이나 지위가…더 못한 것처럼 보이는 것이 더 요긴합니다**(ἀναγκαῖα)"라고 말한다. 일반적으로 우리는 이 그리스어 형용사 ἀναγκαῖα를 "필요한"으로 번역한다. 왜냐하면 그리스어 명사 ἀνάγκη는 대체로 **필요성** 또는 **강압** 등을 뜻하기 때문이다. 하지만 "우월한" 또는 "강한" 그룹에 속한 자들은 자신들을 교회의 본질로 이해하기 때문에 이 형용사를 "요긴한"(필수적인)으로 번역하는 것이 22절과 23절 사이에 암시된 언어유희를 더 잘 드러낼 것이다. 교부들은 이 절들을 대단히 중요시했다. 크리소스토모스는 대조를 통해 다음과 같이 설명한다. "발보다 더 천한 것이 무엇인가? 머리보다 더 귀중히 여길 만한 것이 무엇인가? 왜냐하면 머리는 다른 어떤 것보다도 소중하며, 그 사람 자체이기 때문이다. 그러나…머리는 스스로 모든 것을 할 수 없다.… 더 소중한 것은 덜 귀한 것을 필요로 한다. [몸의 지체 중에서] 무시될 것은 아무것도 없다. 왜냐하면 하나님이 바로 그것을 그렇게 만드셨기 때문이다."[76] 교부들의 사상에서 다음 주제는 반복적으로 자주 나타난다. 즉 신자들은 그들이 적극적으로 돌보고, 보호하고, 지원하고, 사랑할 자들을 필요로 한다. 그렇지 않다면 그들은 그리스도가 "다른 사람을 위해" 섬긴 것처럼 섬길 수 없다. 본회퍼는 현대 신학에서 기독론, 교회, 윤리학을 통합함으로써 이 점을 밝혀준다.[77] 종교개혁자들, 특히 루터와 칼뱅은 바울의 주제

---

76) Chrysostom, *1 Cor. Hom.*, 31:1-2.

77) Bonhoeffer, *Christology* (Eng. trans., London: SCM, rpt. 1978); 참조. *The Community of Saints: A Dogmatic Inquiry into the Sociology of the Church* (Eng. trans., New York: Harper & Row, 1963), and *Ethics* (New York: Macmillan, 1965).

를 더 발전시켜 설명한다. 즉 오직 인간의 연약함을 통해 하나님의 백성은 오직 하나님 안에서 온전히 "자랑할" 수 있다.[78] 이와 비슷하게 테르툴리아누스는 여기서 바울의 사상을 "인자가 온 것은 잃어버린 자를 찾아 구원하려 함이니라"(눅 19:10), "내 능력이 약한 데서 온전하여짐이라"(고후 12:9), "건강한 자에게는 의사가 쓸데없고"(눅 5:31)와 연결한다.[79] 또한 교회는 성인들의 박물관이 아니라 죄인들의 학교라는 완드(J. C. Wand)의 명언은 "은사로 무장한" 엘리트들로만 구성된 교회는 그리스도의 교회가 아니라는 점을 크게 강조한다.

23절 본 절에서는 거의 모든 그리스어 단어가 바울의 설득력 있는 수사법을 강화해주고 거기에 초점을 맞추는 언어유희를 허용한다. 우리는 용어가 허용하는 범위 안에서 이 언어유희를 있는 그대로 보여주고자 했다. 그리고 다른 경우에서는 서로 다르지만 연관성 있는 두 단어에 의해 제시되는 두 가지 측면을 명확하게 제시하고자 했다. (a) 우리는 περιτίθεμεν을 "입힌다"라고 번역한다. 왜냐하면 περιτίθημι는 다음 두 가지 의미에서 "둘러싸다"를 뜻하기 때문이다. 이 단어는 "부여하다" 또는 "수여하다"(잠 12:9, 70인역)뿐만 아니라 "화환을 씌우다, 옷 조각을 대다 또는 옷감으로 둘러싸다"(예. 마 27:28; 막 15:17)를 뜻한다.[80] 영어 단어 invest("입힌다")는 다음 두 가지 의미를 잘 전달해준다. (i) 존귀함을 부여하다 또는 씌워주다. (ii) 어떤 대상에 옷을 입히다 또는 옷감을 둘러싸다. (b) τὰ ἀσχήμονα(σχῆμα, 형태, 알파 부정사와 함께)와 εὐσχημοσύνην(σχῆμα, εὖ와 함께) 간의 의미상의 대조는 서로 상반되는 다음 두가지 의미를 구체적으로 표현한다. (i) "보기 흉한"과

---

78) Calvin, *First Epistle*, 268; Luther, *The Heidelberg Disputation* (1518), 특히 sects, 20-25 (conveniently Luther, *Early Theological Works*, trans. J. Atkinson [London: SCM, 1962], 290-294).

79) Tertullian, *On the Resurrection*, 9.

80) BAGD, 652; Robertson, *Epistles*, 4:172; 특히 Martin, *The Corinthian Body*, 94-95. 참조. Weiss, *Der erste Korintherbrief*, 305-306. 상당히 의심스럽지만, Allo는 이 언어유희를 "알레고리적"이라고 말한다(Allo, *Première Épitre*, 330). 하지만 참조. Edwards, *First Epistle*, 329.

"아름다운 또는 곱게 꾸민"을 서로 대조한다. (ii) 몸의 "은밀한 부분"과 "공개적으로 '보여줄 수 있는'" 지체와 기관을 서로 대조시킨다. 영어 번역에서 이 언어유희를 있는 그대로 제시할 수 있는 유일한 방법은 이 두 가지 측면을 설명하는 것이다. 즉 "우리의 보여줄 수 없는 은밀한 부분은 더 멋진 꾸밈새를 지닙니다." 22절에서 "필요한 부분 또는 요긴한 부분"은 종종 남성의 은밀한 기관을 묘사하는 데 사용되었지만, 로버트슨은 이것이 어머니의 젖가슴과 여성의 다른 기관을 가리키며, 23절은 그중 일부를 암시한다고 주장한다.[81] 문화적인 환경은 생식이나 양육에 가장 필수적인 부분을 보이지 않게 하지만, 우리는 그러한 관점에서 덜 필수적인 기능을 수행하는 몸의 지체들은 다른 사람의 눈에 보여도 괜찮다고 생각한다.

하지만 역설적으로 이른바 "더 보여주기 난처한" 부분은 우리가 어떻게 그것을 가리고 더 잘 꾸미고 보살필지에 관심을 두게 한다. 심지어 몰트만은 지체장애인들은 자신들의 연약함을 통해 교회에 주어진 일종의 "성령의 은사"라고 주장한다.[82] 역설처럼 여겨지는 이 말은 그리스도의 지체와 기관으로서 교회에 대한 바울의 강조점을 구체적으로 잘 보여준다. 교회가 우리 가운데 "가장 훌륭한" 사람으로 "보여주고" 싶어 하는 자들—이른바 그들의 지혜와 지식, 또는 방언이나 "권능의 역사" 같이 눈에 더 잘 띄는 성령의 은사로 말미암아—은 결코 교회의 본질이 아니다. 교회 안에는 궁핍한 자들과 그들의 궁핍함을 아는 자들이 있다(참조. 마 5:3-10, οἱ πτωχοί, 가난한 자들; οἱ πενθοῦντες, 애통하는 자들; οἱ πραεῖς, 온유한 자들; οἱ δεδιωγμένοι, 박해를 받은 자들). 바울은 산상수훈에 대한 본회퍼의 강조점을 예고한다. 고린도 교회에서 높은 신분을 추구하던 자들은 세속적인 고린도의 경쟁 의식을 전적으로 받아들인 자들이었다. 하지만 본회퍼는 예수가 "세상과 동조하거나 세상의 기준에 자신을 맞추는 것"을 거부하는 자를 "복 있는 사람"이라

81) Robertson, *Epistles,* 4:172.

82) Moltmann, *The Spirit of Life* (section on *charismata*). 참조. Moltmann, "The Knowing of the Other and the Community of the Different," in *God for a Secular Society* (Eng. trans., London: SCM, 1999), 135-152.

고 부른다고 말한다. "이런 사람들은 세상과 그 죄악, 운명, 미래를 놓고 애통해한다. 세상은 축제일을 즐겁게 맞이하고 보내지만…그들은 슬퍼하며 운다.…세상은 권력을 차지할 꿈을 꾸지만…온유한 자들은 자신들의 모든 권리를 포기하고 예수 그리스도를 위해 살아간다. 그들은 심지어 부당하게 비난을 받더라도 마음의 평화를 유지한다.…그들은 자신들의 권리를 변호하기 위해 세상 법정을 찾지 않는다.…그들은 자신들의 권리를 오직 하나님께 맡기기로 결심한 자들이다."[83] 마 5:3-10에 대한 본회퍼의 모든 표현은 바울이 이 서신에서 말한 것과 일맥상통한다. 즉 1:26-29, 1:30-31에서 "신분의 반전", 1:18-25, 4:7-13에서 십자가의 길과 승리주의의 대조, 심지어 6:1-8, 12, 11:20-22에서 세상 법정과 관련된 이슈와 "내가 원하는 것을 행하는 권리" 등이다. 영지주의와 유사한 승리주의(8:1-13)는 값싼 은혜에 대한 본회퍼의 다음과 같은 말을 상기시켜준다. "값싼 은혜는 회개 없이 용서하는 것, 교회의 규율이나 훈육 없이 세례를 베푸는 것…십자가 없는 은혜, 예수 그리스도 없는 은혜를 선포하는 것이다."[84]

이 모든 것은 "거룩함의 아름다움"에 해당한다. 이 아름다움은 "다른 사람을 위해" 자신을 드러내지 않는다는 점에서 그리스도를 닮은 것이다. 그러나 고린도 교회 안에서 높은 신분을 추구하던 자들은 이러한 겸손을 "보잘것없는 것"이며 심지어 부끄러운 것으로 인식한 반면, 뛰어난 재능(사회적, 영적으로, 또는 자신만만한 태도도)을 가진 자들은 스스로 교회에 "꼭 필요한" 존재로 인식했다. 바울의 반응("이와는 정반대로")은 몸에 대한 표준적인 정치적 수사학을 통해 전혀 예상치 못한 논리를 전개하며 설명한다. 즉 "강한 자들"이 이류 계층이라는 이유에서 보이지 않기를 원하는 자들은 생명을 유지하는 데 꼭 필요한 기능을 수행한다는 것이다. 이것은 자만심에 부풀어 있거나 부유하거나 "신령한" 자들이 결코 대신할 수 없는 기능이다. 따라서 모든 지체가 필요하다.

---

83) D. Bonhoeffer, *The Cost of Discipleship* (London: SCM, 6th ed. 1959), 98-99.

84) 같은 책, 36.

24절 p[46], D, F, G는 현재분사 능동태 ὑστεροῦντι로 읽는 반면, ℵ*, A, B, C, 33은 중간태 또는 수동태 ὑστερουμένῳ로 읽는다. p[46]이 초기 사본이 아니라면 중간태가 분명히 원문일 것이다. 왜냐하면 바울은 열등한 자들이 아니라 열등감을 느끼는 자들 또는 부족한 자들에 대해 언급하기 때문이다. 열등한 자들은 바울의 주장과 모순될 것이다. 하지만 p[46]에 나타난 초기의 실수가 단순히 D, F, G에 반영되었을 수 있다. 우리는 중간태가 원문이라는 견해를 지지한다. 이것은 춘츠의 입장과 반대되며 로버트슨과 플러머, 피, UBS 그리스어 성경 4판을 따른다.[85] 한편 능동태 독법을 원문으로 지지하는 유일한 논거는 이 형태가 때때로 "부족하다" 또는 "열등하다"보다는 "부족한 상태에 있다"를 의미하기 때문이다. 그러나 바울은 이미 1:7에서 이러한 인식은 근거가 없고 주관적이라고 말했다. 따라서 이 주장에는 능동태보다는 중간태가 더 잘 어울린다.

우리는 이미 23절에서 자세히 논의했기에 여기서는 "보잘것없는 부분"에 대한 자세한 주해가 필요 없다. 이것은 단순히 이 점에 대한 다른 측면을 추가로 설명하는 것이다. 자신들이 이미 "뛰어난 은사를 갖고 있고", "매력적이며", "꼭 필요하거나" "내세울 만하다"고 스스로 생각하는 자들은 여전히 더 많은 관심과 박수갈채를 추구해야 할 자들이 아니다. 이와는 대조적으로 하나님(이 절에서는 의미를 강조하는 주격으로 사용됨)은 어떻게 교회가 구성되어야 하는지를 결정하셨다. 그리스어 동사 συνεκέρασεν은 συγκεράννυμι의 직설법 제1부정과거다. 이 동사는 화가가 어떤 조화를 이루는 작품이나 구성을 창작하기 위해 색깔을 **섞어 만드는** 것을 묘사하는 데 사용된다. 또한 이 단어는 **다양한 요소가 결합하여** 인간의 몸을 형성하는 것을 묘사하는 데 사용된다(Plato, *Timaeus* 35A, *Triton* ἐξ ἀμφοῖν ἐν μέσῳ ξυνεκεράσατο οὐσίας εἶδος. 또한 히 4:2은 복합적인 언어-행위의 구성 요소로서 듣는 이들이 말씀을 자기 것으로 만드는 것에 대해 말한다).[86] 이 그림은 어떤 복합체

85) Robertson and Plummer, *First Epistle,* 276; Fee, *First Epistle,* 608, n. 2. 비교. Zuntz, *The Text of the Epistle,* 128. 한편 Collins는 바울이 "*syn*과 결합된 복합동사를 선호한다"고 말한다(Collins, *First Cor,* 465).

86) BAGD, 773; Edwards, *First Epistle,* 330; Heinrici, *Das erste Sendschreiben,* 405–406, n. 5,

를 만들기 위해 다양한 요소를 결합함으로써 어떤 장인이 합성하는 것, 어떤 음악가가 노래를 작곡하는 것, 또는 신적 대리인이 몸을 창조하는 것 등을 암시한다. 어떤 건축물의 경우 건축자가 어떤 첨탑을 만들어야 할지, 또는 화가가 그림의 어떤 부분을 밝게 하고 어떤 부분을 어둡게 할지를 결정하듯이, 어쨌든 무엇이 땅 아래에 보이지 않는 어떤 기초의 일부를 형성하는지를 결정하시는 분은 바로 하나님이시다. 그리고 몸에서 어떤 부분을 눈에 보이게 하고 또 어떤 부분이 몸 전체의 존속을 위해 온전히 필수적인 기능을 수행하게 할지를 결정하시는 분도 바로 하나님이시다.

몸의 역할이나 결합 방법 중에서 하나님의 주권적 선택 밖에 있는 것은 아무것도 없다. 몸 안에서 각 지체에 올바른 기능과 위치를 부여하시는(δούς, δίδωμι의 부정과거 분사) 분은 바로 하나님이시다.

25절 가정법 동사와 함께 등장하는 ἵνα절은 분명히 목적절이다. 따라서 24절에서 하나님이 짜 맞추신 목적이 25절에서 매우 긴 논리로 표현되는 것은 다음과 같이 서로 구별된 문장으로 번역할 수 있다. "하나님은 몸 안에 분열이 없도록 의도하셨습니다." 우리는 1:10의 주해에서 찢어짐, 균열, 불화 또는 분열이라는 σχίσμα의 의미에 대해 자세하게 논의했다(앞에서 주해 참조). 1:10에서 이 단어와 연관된 동사는 καταρτίζω, "고치다, 수선하다, 굳게 결합하다"였다. 따라서 우리는 분열의 정치적인 수사학을 몸의 지체를 제각각 떼어내는 것을 묘사하는 생생한 은유적 표현과 결합하는 것이 필요하다. 1:10의 경우처럼 여기서도 분열은 분파적인 갈등과 고통이라는 두 가지 함의를 전달한다(또한 참조. 콜린스, "신체적 파열"). 여기서도 우리는 로빈슨의 경고를 계속 받아들인다. 즉 몸에 대한 오늘날의 사회적 의미로 인해 현대 영어권 독자에게 있어 몸의 지체를 의미하는 member(μέλη)는 그 원래 의미를 상실해버렸다. 그래서 우리는 특히 σχίσμα와 관련하여 이에 상응하는 **지체와 기관**을 계속 사용한다. 일부 교인들이 그룹과 신분에 집착하는 자세는 그리스도의 몸에서 **각 지체**와 **각 기관**을 서로 떼어내어 분열시

---

on the verb in Plato and Plutarch. 또한 참조. Plato, *Timaeus* 69B, 80B; Plutarch, *Numa* 3.

킨다. 오직 하나님만이 은사를 나누어 주시는 것을 결정하고 선택하신다는 사실을 인식할 때 우리는 하나님이 의도하신 하나 됨을 구현해야 하는 그리스도의 몸이 더 이상 분열되는 것을 막을 수 있다.

사실상 어떤 개인이나 그룹에 대한 돌봄이나 관심(μεριμνῶσιν, μεριμνάω의 가정법 현재)은 자신의 신분이나 역할뿐만 아니라 몸 전체의 존립과 역할에 초점이 맞추어져야 한다.[87] 마 6:25, 27, 28, 31에서 μεριμνάω는 염려하고 걱정하는 것을 가리키는 반면, 고전 7:32, 33, 34에서는 주의력을 집중하여 관심을 갖는 것을 의미한다(7:32-34에 대한 주해 참조). 현대 심리학의 관점에서 우리는 "공동체 안에서 당신의 은사와 신분을 다른 모든 사람에게 똑같이 나누어줌으로써 당신의 은사와 신분에 대한 관심을 승화시키십시오"라고 말할 수 있다. 한편 τὸ αὐτό, "같은"은 여기서 강조를 나타내는 위치에 있다. 베스트는 하나님이 "보잘것없는" 자들에게 존귀함을 부여하거나 덧입히신다(24절)는 것은 "우리를 통해", 곧 더 자신감 있는 자들(글래드)이 "열등감을 느끼는" 자들에게(로버트슨과 플러머) 표현하는 관심과 동정을 통해 한 몸을 이루게 하신다는 것을 의미한다고 지적한다.[88]

26절 12:12부터 12:17까지 미첼과 마틴이 확인한 몸의 정치에 관한 수사학의 역사와 하인리치, 바이스 등 다른 학자들이 지적한 광범위한 평행 사례를 올바르게 인식하는 것은 매우 중요한 것이었다. 하지만 본 주장의 현 단계에서 예컨대 플라톤의 언어를 지적하는 것은 곁길로 나가는 것이다. 플라톤은 손가락의 아픔은 자아 전체가 느끼는 아픔이라고 말한다.[89] 분명히 플라톤은 몸에 속한 지체 또는 부분의 상호 관계를 강조하고자 이

---

87) Wolff, *Der erste Brief,* 300-301.

88) E. Best, *One Body,* 103. 참조. Glad, *Paul and Philodemus,* 210-213 and 333; Martin, *The Corinthian Body,* 94-96; Robertson and Plummer, *First Epistle,* 276.

89) Plato, *Republic,* 5:462. 참조. 스토아학파에 속한 Sextus Empiricus, *Adversus Mathematicos* 9.78-79; Josephus, *Wars* 4.406-7; Best, *One Body,* 104, n. 1. 또한 Best는 Strack-Billerbeck, 3:448-449을 인용한다. 그리고 Weiss는 Philo, *De Migratione Abrrahami* 180을 포함하여 많은 자료를 언급한다(Weiss, *Der erste Korintherbrief,* 307, n. 1). 한편 몸의 **정치적인 수사학**에 대한 Mitchell과 Martin의 관점은 특히 12:12-30의 머리말을 참조하라.

이미지를 사용한다. 그러나 이제 바울은 정치적-수사학적 주제에 결정적이며 새로운 관점 또는 예상치 못한 적용을 제시했다. 이것은 이 주제를 **효과적으로 완전히 뒤집는다.** 이제 바울은 상호성과 공감을 더 깊게 이해하는 길을 마련해주었다. 이것은 모든 신자들의 공통된 신분과 공통된 연대감을 나타낸다.

여기서 네 개의 핵심 동사는 πάσχει와 συμπάσχει(26a), δοξάζεται와 συγχαίρει(26b)다. 첫 두 동사는 번역하는 데 전혀 문제가 없다. 비록 συμπάσχειν이 신약성경에서 오직 이곳과 롬 8:17(여기서는 그리스도와 함께 고난받는 것을 가리킴)에서만 나타나지만, 이 두 동사는 대체로 히포크라테스와 갈레노스의 저서에서 의학적인 문맥에서 고통을 겪는 것을 의미한다. 몸에 속한 어떤 특정한 지체나 기관(μέλος)이 제 기능을 하지 못할 때 나타나는 결과는 고대 저자들의 저서에서 광범위하게 나타난다. 예를 들면 크리소스토모스는 어떤 신체 기관이 느끼는 고통을 발바닥에 날카로운 가시가 박힌 것과 비교한다.

δοξάζεται와 συγχαίρει를 번역하는 데는 더 큰 문제가 있다. 그리스어 명사 δόξα는 광채 또는 영광뿐 아니라 명성, 명예 또는 존귀를 의미할 수도 있다. 동사형 δοξάζω는 "찬양하다"를 의미할 수 있다. 그러나 만약 구약성경이 이 그리스어 단어에 어떤 의미상의 색깔을 입힌다면 "영화롭게 하다"(to glorify)는 "중요하게 여기다" 또는 "인상적이라고 생각하다"를 의미할 수 있다.[90] NRSV, NIV, NJB, RV, AV/KJV는 모두 "존귀함을 받다"로 번역하면서 이 마지막 의미를 따르는 반면, REB는 "왕성하다"라고 번역하면서 의미상 "고통을 받다"에 더 상반된 번역을 시도한다. 하지만 종종 "함께 기뻐하다"(눅 15:6, 9의 잃어버린 양과 드라크마를 되찾은 비유처럼)의 의미를 지닌 συγχαίρει는 "축하에 동참하다"라는 명백한 의미도 갖고 있다. 만약 어떤 특정 기관이나 지체가 건강하다는 사실에 몸의 다른 부분이 모두 함께 기뻐한다면 REB는 이 이미지를 일종의 알레고리로 지나치게 확대하는 것

90) BAGD, 203-204.

같다. 다른 한편으로 만약 어떤 음악가의 귀나 손이 칭찬을 받거나 어떤 운동선수의 손과 발이 박수갈채를 받는다면 그 사람은 자신의 조정력에 대해 칭찬을 받는 것이다. 그 사람 전체가 훌륭한 음악가나 훌륭한 운동선수로 묘사되고, 몸의 어떤 부분이 제대로 협력하지 않고 방해하면 그 연주나 경기를 완전히 망칠 수 있다.

라이오넬 손턴은 다음과 같이 지적하면서 바울의 주장을 과장하지 않는다. "엄밀히 말해 그리스도의 몸 안에는 개별적으로 고통을 받는 것이 전혀 없다. 전체가 한 생명이기 때문에 모두 고통에 동참한다. 따라서 교회의 어떤 구성원에게 그릇되게 행동하는 것은 교회 전체와 그리스도 자신에게 그릇되게 행동하는 것이다."[91] 고린도 교회의 어떤 교인들은 단지 자신의 신분을 높이기 위해 다른 사람이 열등감을 느낄 정도로 말하고 행동했다. 이것은 궁극적으로 자신뿐만 아니라 그리스도의 품위를 훼손하는 것이었다. 또한 베스트의 말을 빌리자면 "한 구성원에게 영향을 미치는 것은 모두에게 영향을 미치는 것이다.…교회의 각 구성원은 하나님이 각자에게 의도하신 대로 자기에게 주신 영적 은사를 활용하여 교회 전체가 기뻐할 수 있게 해야 한다. 만약 어떤 교인이 자기 은사를 잘못 사용한다면 그것은 교회 전체를 슬프게 할 것이다."[92] 야망, 시기심, 높은 신분 추구는 몸이 지닌 공통성과 상호의존성과 관련하여 있을 자리가 없다.[93] 이와는 대조적으로 몸 전체에 꼭 필요한 일부분으로서 "고통당하고 방황하는 구성원"에게 관심을 기울이는 것은 폴리카르포스의 글에 잘 나타나 있다.[94]

27절 사본 D는 ἐκ μέρους 대신 ἐκ μέλους라고 읽는다. 이것은 지체와 지체가 서로 연결되어 있다는 것을 의미한다. 70인역은 이 독법을 따른다. 하지만 א, A, B, C의 독법과 반대되는 이 독법은 "분명히 받아 쓰거나 필사하는 과정에서 생

---

91) Lionel Thornton, *The Common Life in the Body of Christ*, 36; 참조. 34-36, 156-187.
92) Best, *One Body*, 104.
93) 참조. Deluz, *Companion to 1 Cor*, 182; Lang, *Die Briefe*, 173.
94) Polycarp, *Epistle to the Philippians*, 11.

겨난 오류다."[95)]

27-31a에서 2인칭 복수가 사용된 것에 근거하여 콜린스는 27-31절을 이 서신에서 구별되는 한 단위로 이해한다.[96)] 이 절의 구문은 단수와 복수를 적절하게 결합한다. 그리스어 본문에는 (비록 "여러분"이 의미상 강조되어 있지만) 엄밀히 말해 "자신들"이 생략되어 있다. 그러나 우리가 제시하는 번역에는 "(여러분) 자신들"이 추가된다. 왜냐하면 여기서 강조되는 2인칭 복수 ὑμεῖς를 달리 표현하기 어렵기 때문이다. NJB의 "그리스도의 몸은 바로 여러분입니다"라는 번역은 주어와 술어가 뒤바뀐 번역이다. 우리는 ἐκ μέρους가 "저마다 몸의 일부분"이라고 이해하는 루터, 마이어, 바이스, 콘첼만의 입장을 따른다.[97)] 이 표현은 "제각각" 또는 "한 부분씩"을 의미하며, "개별적으로"(NRSV; 참조. AV/KJV, in particular; RV, severally)라는 일반적인 번역은 틀린 것이 아니다. 그렇다면 이 주장에는 몸 안에서 나의 부분/그들의 부분은 무엇인가라는 질문이 내포되어 있다. 따라서 바이스의 "저마다"(for his own part)는 REB의 "여러분 각자"(each of you)가 포착하지 못하는 뉘앙스를 전달해주는 반면, NJB는 그리스어 텍스트를 상당히 벗어난다("이제 그리스도의 몸은 바로 여러분 자신입니다. 여러분 각자는 전체 안에서 담당해야 할 한 가지 역할이 있습니다"). 이 점에서 이 절은 "앞에서 언급한 모든 것을 결합한다."[98)]

28절 이 절은 해석학적·언어학적인 난제로 가득하다. 다음과 같은 핵심 질문이 우리 앞에 놓여 있다. (1) 과연 πρῶτον ... δεύτερον ... τρίτον ... ἔπειτα ... ἔπειτα ...는 지위, 중요성 또는 필수 불가결에 대한 등

---

95) Héring, *First Epistle,* 132, n. 20.

96) Collins, *First Cor,* 467.

97) Meyer, *First Epistle,* 1:380; Weiss, *Der erste Korintherbrief,* 307; Luther's Bible, *nach seinem Teil;* Conzelmann, 1 Cor, 214, n. 39. 한편 크리소스토모스, 테오도레토스, 벵엘, 에라스무스는 이 표현이 고린도 교회가 단지 그리스도의 몸의 일부분이라는 사실을 암시한다고 해석한다. 하지만 Meyer가 논평하듯이 "이것은 바울의 문맥적 관심사와 어울리지 않는다."

98) Fee, *First Epistle,* 617.

급을 가리키는가, 아니면 단순히 긴 목록을 점검하여 표시하는가? (2) 우리는 앞에서 ἀποστόλους ... προφήτας ... δυνάμεις ... ἰαμάτων ... γένη γλωσσῶν의 의미에 대해 이미 자세하게 논의했다. 하지만 여기서 우리는 διδασκάλους ... ἀντιλήμψεις와 κυβερνήσεις의 의미에 대해 더 자세하게 논의해야 한다. (3) 바울은 왜 어떤 경우에는 다양한 행위를 가리키는 데 추상 명사를 사용하는 반면, 다른 경우에는 특별한 기능이나 (어떤 이들이 주장하듯이) 직무를 행하는 자들에 대해 그리스어 형용사를 사용하며 그 칭호를 나타내는가? (4) 마지막으로 우리는 οὓς μέν과 관련된 구문을 어떻게 이해해야 하는가? 왜냐하면 이 구문에서 δέ는 전혀 나타나지 않으며, 문장 구조는 다르게 진행되는 것처럼 보이기 때문이다.

(1) **과연 여기서 열거된 순서는 일종의 "등급"을 암시하는가?** 브루스는 첫째…둘째…셋째…로 열거하는 것은 "바울의 평가에 의하면 이것들을 가장 중요한 세 가지 임무를 수행하는 것으로 분명하게 표시하는 것"이라고 주장한다. "엡 4:11에서도 이것들과 함께 복음 전하는 자가 (a) 사도들, (b) 예언자들, (c) 복음 전하는 자들, (d) 목회자들과 교사들 순으로 언급된다. 이것은 '그리스도의 몸을 세우기 위해 성도들을 준비시켜 봉사의 일을 하게 하려고 승천하신 주님에 의해 주어진 것이다."[99] 같은 맥락에서 흐로세이데는 예언자들은 사도들에 이어 두 번째라고 주장한다. 비록 사도들과 예언자들이 모두 복음을 선포하지만, "예언자들의 직분은…사도들의 직분만큼 보편적이지 않다." 따라서 "예언자들은 사도들만큼 중요하지 않다."[100] 로버트슨과 플러머는 사도들이 "교회 안에서 첫 번째 서열"에 위치하는 것으로 인식한다. 왜냐하면 바울 서신의 다른 곳과 사도행전에서 부활하신 주님을 본 것은 사도 직분에 대한 한 가지 필수적인 자격 조건으로 언급되기 때문이다(고전 9:1, 2; 15:7. 참조. 행 1:8, 21-23).[101] 던은 바울 서신에서 사도들

99) Bruce, *1 and 2 Cor*, 122-123.
100) Grosheide, *First Epistle*, 298.
101) Robertson and Plummer, *First Epistle*, 279.

은 열두 제자보다 더 광범위한 그룹을 나타내지만, 여전히 "기초를 놓은 구성원"으로서 하나의 특별한 그룹을 형성한다고 생각한다. 롬 1:5, 11:13, 고전 3:5-10, 9:1, 2, 15:7-11, 갈 1:1, 1:11, 15-17과 같은 구절에 따르면 그들은 사도로서 개별적으로 임무를 부여받았다.[102] 사도들은 교회가 스스로 사도들을 "세우지" 않고, 사도의 증언에 반응한다는 의미에서 첫 번째다. 비록 바울은 그리스도만이 교회의 기초라고 단호하게 주장하지만, 거기에는 "교회 설립자들"이라는 용어가 암시되어 있을 수 있다. 가장 최근의 주석가 가운데 랑은 다음과 같이 브루스와 비슷한 평가를 제시한다. "바울은 복음 선포와 관련된 가장 중요한 세 가지 기능으로 시작한다. 가장 먼저 사도들, 두 번째 예언자들, 세 번째 교사들이다."[103]

다른 주석가들은 다소 불명료하지만 일종의 서열을 암시하는 경향이 있다. 바레트는 브루스, 랑과 함께 다음과 같은 견해를 공유한다. "바울에 의하면 말씀과 관련된 이 세 가지 사역은 기독교의 가장 우선적인 사역이다. 이것에 의해 교회는 기초가 놓이고 세워져 간다. 다른 활동은…단지 부차적인 위치를 차지할 뿐이다.…서열을 나타내는 숫자는 더 이상 제시되지 않는다."[104] 하지만 젠프트는 다음과 같이 강조한다. 곧 12:8-10에 제시된 목록과 12:28에 제시된 목록의 구조 사이에서 나타나는 차이점은 "대단히 중요하다. 12:8-10에서 언급되는 '신령한 특성'에 대한 고린도 교회의 정의와 대조되는 12:28의 목록은 특별히 성령의 은사에 대한 바울의 개념을 설명한다(참조. 4-5절)."[105] 바울은 자신이 고린도에서 경험한 것을 되돌아보면서 롬 12:6-8에서 언급한 것처럼 여기서 그는 교회 전체를 "세우는 것"에 대한 일종의 진행 과정을 강조한다. (그가 곧 고전 13장에서 설명하겠지만) 거기서 **섬김**은 목회의 특성을 나타내는 가장 중요한 시금석이다. 콘첼만과 마찬가지로 젠프트는 "섬김의 가장 중요한 형태"가 의도적으로 목록

---

102) Dunn, *Jesus and the Spirit,* 273-274.
103) Lang, *Die Briefe,* 174.
104) Barrett, *First Epistle,* 295.
105) Senft, *La Première Épitre,* 164.

의 맨 앞에 제시되어 있다고 주장한다.[106] 마지막으로 알로는 "여기서 사용하는 부사—'첫째,' '둘째,' '셋째'—는 그것을 최대한으로 강조하는 것으로서 그중에서 첫 번째는 바로 ~라고 이해해야 한다"고 주장한다.[107]

리처드 후커는 이 절을 "중간" 입장의 관점에서 해석한다. "사려 깊은 리처드 후커"의 저서를 직접 읽어 잘 알고 있는 이들에게는 이 해석이 결코 놀라운 것은 아니다. 그는 "그리스도가 모든 진리를 사도들에게 직접 계시해주었기 때문에 사도들이 첫 번째"라고 주장한다.[108] 그는 예언자들은 같은 종류의 "일부 지식"을 지녔으며, 교사들은 교회를 세우고 신자들을 가르치는 데 필수적인 임무라고 주장한다. 하지만 이것은 "그리스도가 베푼 다양한 은혜, 은사, 재능 이외에 다른 아무것도 의미하지 않으며" 바울은 "교회를 위한 소명과 관련하여 등급과 직분에 관한 질문"을 전반적으로 염두에 두고 있지 않다.[109]

마틴의 예리한 논의는 우선권 또는 필요성의 "순서"에 대한 유일한 반론을 제시한다. 그는 바울이 여기서 정치적인 위계질서의 수사학을 사용하여 그 논리를 완전히 뒤집으려 했다고 주장한다. 따라서 고데와 피의 더 "평등주의적인" 해석은 비록 상대적이긴 하지만 제한된 가치를 지니고 있다. 고데는 "그들 모두는 그들이 해야 할 역할이 있다"고 주장한다. 이 은사들은 모두 고귀함과 가치가 있다.[110] 피는 이 은사 또는 역할에 어떤 "서열"이 있다는 것을 인정하지 않는다. 하지만 그의 견해가 이 경우에 엄밀하게 부합되는 것은 아니다.[111] 브루스, 던, 젠프트, 후커, 슈라게의 논평은 여전히

---

106) 같은 책, 164-165; Conzelmann, *1 Cor,* 215.

107) Allo, *Première Épitre,* 333.

108) Richard Hooker, *Works 13* (3 vols., ed. J. Keble [7th ed. R. W. Church and F. Paget], Oxford Clarendon Press, 1878), 5:78:8 (*Of the Laws of Ecclesiastical Polity,* 5 [2:477]).

109) 같은 책, 5:78:8 (2:478).

110) Godet, *First Epistle,* 2:221.

111) Fee, *First Epistle,* 619. 또한 그는 *God's Empowering Presence*(『성령: 하나님의 능력 주시는 임재』, 새물결플러스 역간), 190에서 더 강력하게 이렇게 주장한다. Collins는 바울이 오직 여기서만 **첫째…둘째…셋째**라는 표현을 사용한다고 지적한다(Collins, *First Cor,* 470). 한편 Schrage는 이 절의 문맥과 연결되어 있는 "가장 큰 은사들"(31a)은 등급 또는 가치의

타당하다. 흥미롭게도 형제교회, 감리교, 프랑스어권의 개신교, 영국 성공회, 독일 개신교 저자들도 이러한 입장을 지지한다. 하지만 여전히 언급할 것이 남아 있다. 만약 "반전"에 대한 마틴의 견해가 옳다면(그의 견해는 사실상 옳다) 우리는 다음과 같은 크리소스토모스의 주장을 중시해야 할 것이다. "일부 고린도 교인들이 방언과 관련하여 자신들을 매우 높이 평가했기 때문에 바울은 모든 목록에서 이 은사를 맨 마지막에 놓았을 것이다. 또한 그는 '첫째'와 '둘째'라는 표현을 함부로 사용하지 않는다. 그는 더 존귀한 것과 더 낮은 것을 가리키기 위해 순서대로 나열하며 언급한다."[112]

만약 이러한 순서가 단지 후대 교부들의 이해를 반영하는 것으로 생각해야 한다면 우리는 이레나이우스(기원후 185년경)가 교회 안에서 장로들의 역할에 대해 논의하면서 그들의 사역을 바울의 목록에 있는 예언자들과 교사들의 사역 사이에 위치시킨다는 사실을 지적할 수 있을 것이다. 그는 이렇게 주장한다. "하나님은 교회 안에서 첫 번째로 사도들을, 두 번째로 예언자들을, 세 번째로 교사들을 세우셨다." 왜냐하면 장로들의 진정성 있는 사역은 반드시 사도적이어야 하기 때문이다. 다시 말해 그것은 사도들의 가르침에 기초하고 그들로부터 유래한 것이어야만 한다.[113] 교부시대 저자들에 의하면 예컨대 우리가 오리게네스, 아우구스티누스나 다른 교부들의 관점을 살펴볼 때 그 목록에 제시된 순서는 결코 임의적이지 않았다. 사실상 아우구스티누스는 펠라기우스에게 사도들을 제외하고—왜냐하면 우리는 사도로서 바울의 사역 안에서 각각의 은사가 나타나는 사례들을 모두 발견하기 때문이다—어떤 개인도 성령의 은사 가운데 하나도 빠지지 않고 모두 소유할 수 없다고 재치 있게 설명한다(만약 어떤 개인이 은사들을 모두 지니고 있다면 몸에 대한 수사법은 완전히 실패로 돌아갈 것이다).[114]

측면을 뒷받침해준다고 주장한다. 또한 그는 3:10에서 바울은 건축가와 같이 터를 닦아 놓았다고 말한다고 지적한다(Schrage, *Der erste Brief*, 3:231-235).

112) Chrysostom, *1 Cor. Hom.*, 32:2.

113) Irenaeus, *Against Heresies*, 4:26:3.

114) Augustine, *On the Proceedings against Pelagius*, 32. 참조. Origen, *1 Cor. Frag.*, x/viii, in *JTS* 10 (1909): 31-32.

(2) **성령의 여덟 가지 은사 중에서 아직 논의하지 않은 나머지 세 은사의 의미.** (a) **사도들**에 대해서는 1:1에서 제시한 자세한 주해를 보라. 이 배경에서 던은 다음과 같이 유익한 주장을 펼친다. 여기서 바울은 "('열둘'보다 더 광범위한) 구성원으로 이루어진 제한된 그룹을 언급한다." 또한 "그들은 어떤 교회가 대표로 파송한 자들이기보다…부활한 그리스도에 의해 직접 임명된…그리스도의 사도들이다.…그들의 역할은 고유하며 결정적으로 종말론적인 역할이었다(롬 11:13 이하; 15:15-16; 고전 4:9; 15:8; 엡 3:5)."[115] "**종말론적인** 사도"(강조는 원저자의 것임)는 후계자가 없으며, 바울은 12:28에서 이런 의미에서 이 용어를 사용한다.[116]

(b) **예언자들**에 대해서는 12:10(προφητεία, προφήτης) 주해를 참조하라. 거기서 우리는 바울이 이 단어를 오직 이 서신에서만 사용한다고 지적했다(11:4-5; 13:9; 14:1-5, 31, 35, 39). 또한 우리는 오니, 보링, 다우첸베르크, 뮐러, 힐, 그루뎀, 포브스 등 다른 학자들의 견해를 비교했다. 우리는 힐과 오니가 예언을 **어떤 목회적인 상황과 관련하여 계시된 진리를 선포하는 것**으로 인정하는 것보다 더 구체적으로 말하는 것이 어렵다고 결론지었다(12:10과 14:3에서 각각 "예언": 12장의 배경에서 첫 번째 특별 해설과 "예언": 14장의 배경에서 두 번째 특별 해설을 참조하라). 우리는 이른바 예언의 "즉흥성"(spontaneity)에 대한 증거에 관해 던과 그루뎀의 입장과 논쟁을 벌였다. 우리가 "사회적으로 학습된 행위"로서 방언에 대한 타이센의 사려 깊은 연구를 세밀하게 검토한 바에 의하면 그의 연구는 이 주장들을 확실하게 뒷받침해준다.[117] 예언자들이 두 번째 위치에 있다는 것은 그들의 역할이 장로의 기능과 평행을

---

115) Dunn, *Jesus and the Spirit,* 273.

116) 같은 책, 273-274.

117) 참조. Theissen, *Psychological Aspects,* 292-294. Theissen이 무의식 또는 "마음의 비밀"에 대한 심리학적인 표현과 더불어 학습 이론에 관심을 갖는 것은 단순히 "세속적인" 또는 "현대의" 이론이라고 거부하기에 앞서 그것을 주의 깊게 검토해야 한다. 그것들은 고전 14장의 문맥이 즉흥성을 전제한다는 의심스러운 추측보다는 **적어도 그 이상의 중요성**을 나타낸다. 더빙 편집자라면 잘 알고 있듯이 이른바 "통제된" 인지 대화가 녹음된 테이프는 화자가 얼마나 자주 "방해를 받는지" 또는 "동시에" 말하는지를 잘 드러낸다.

이룰 수 있다는 점을 넌지시 알려준다. 하지만 이 용어에 대해서는 (c) 교사들과 관련하여 더 많은 내용을 제공할 수 있다.

(c) **교사들**(ἔθετο ὁ θεὸς ... τρίτον διδασκάλους). 던은 **"특별한** 교훈"을 가르치는 "카리스마적"이며 "즉흥성을 지닌" 교사들(강조는 원저자의 것임, 고전 14:6, 26; 롬 12:7)과 "카리스마적이지 않은 의미에서" "전해 받은 일련의 교훈"(롬 6:17; 16:17)을 서로 분명하게 구분한다.[118] 하지만 어떤 근거에서 그가 그렇게 구분하는지는 분명하지 않다. 그리스어 동사 διδάσκω, "가르치다"는 바울의 주요한 네 서신에서 오직 다섯 번 나타난다(롬 2:21; 12:7; 고전 4:17; 11:14; 갈 1:12). 명사형 διδαχή, "가르침"은 단지 네 번 나타난다(롬 6:17; 16:17; 고전 14:6, 26; 이 단어와 관련된 명사형 διδασκαλία는 롬 12:7과 15:4에서 오직 두 번 사용됨). 마지막으로 διδάσκαλος, "교사"는 롬 2:20, 고전 12:28-29에서 나타난다(참조. 엡 4:11; 딤전 2:7; 딤후 1:11; 4:3).[119] 던의 이러한 대조는 로마서, 고린도전서, 갈라디아서의 좁은 범위의 사례에 비추어볼 때 지지받기 어렵다. 그리고 이것은 헬레니즘적 자료에 대한 언어사전의 더 광범위한 개관에 기초할 때 더더욱 지지받기 어렵다.[120] 그리고 바레트는 다음과 같이 주장한다. "아마도 그들[교사들]은 성숙한 그리스도인이었을 것이다. 그들은 다른 사람들에게 기독교 신앙의 의미와 도덕적인 함의를 가르쳤을 것이다(참조. 갈 6:6). 또한 그들은 (어떤 이들이 생각하듯이) 구약성경을 기독교적인 의미에서 해설했을 수 있다."[121] 한편 피는 "바울의 관점에서 이 사역을

---

118) Dunn, *Jesus and the Spirit*, 237; 참조. 236-238.

119) διδάσκαλος, "교사"는 또한 행 13:1; 히 5:12; 약 5:1 등에서도 나타난다. 이 그리스어 명사는 복음서에서 약 50번 정도 사용된다. 형용사형 διδακτός, "가르침을 받은"은 요 6:45과 고전 2:13에서 나타난다. 그리고 διδάσκω, "가르치다"는 엡 4:21; 골 1:28; 2:7; 3:16; 살후 2:15; 딤전 2:12; 4:11; 6:2; 딤후 2:2; 딛 1:11 등에서 사용된다.

120) 참조. Josephus, *Antiquities*, 13:115; Philo, *Embassy to Gaius* 53; *Didache*, 15:1, 2: "온유하고…신실하며 이미 검증된(δεδοκισμένος)…주교들과 집사들을 임명하라. 또한 그들이 예언자들과 교사들의 임무(τὴν λειτουργίαν τῶν προφητῶν καὶ διδασκάλων)를 수행하게 하라." 또한 복음서에서 존경을 나타내는 칭호로서 "선생"이 사용된 것은 이 용어가 기독교 내에서 일반적인 의미로 사용되었다는 점을 뒷받침해준다.

121) Barrett, *First Epistle*, 295.

정의하려는 모든 시도는 설득력이 약하다. 왜냐하면 그것을 뒷받침해주는 증거가 매우 불충분하기 때문이다"라고 논평한다.[122]

피는 가르침의 직무 중 하나로 "전승을 전달하는 것"을 포함하는 던의 견해를 받아들이지 않는다.[123] 하지만 여기에 **예언자들**과 **교사들**을 구분하는 명백하고 근본적인 차이점이 있다. 그 차이점은 예언자들의 메시지는 "즉흥적"인 반면, 교사들의 가르침은 사색의 결과라는 것이 아니다(교사들의 가르침도 종종 "즉흥성"이 있다는 것은 더더욱 아니다). 오히려 **예언자들은 선언, 선포, 심판, 도전, 위로, 권면 또는 권고의 언어-행위를 수행하는 반면, 교사들은 전달, 설명, 텍스트에 대한 해석, 신조의 제정, 의미와 합의에 대한 해설, 더 인식적이며 덜 일시적으로 적용되는 메시지 전달의 언어-행위를 수행한다.** 최근에 던은 "신앙 공동체의 기본 전승을 보존하고 전달하며 해석하는 것"에 대한 자신의 강조점을 다시 한번 올바르게 확인해준다.[124] 이것은 왜 바울이 이 세 가지 은사, 역할 또는 기능에 첫째…둘째…셋째라는 용어를 사용했는지를 설명하는 데 도움을 준다.

(설령 예언자들과 교사들이 계시를 다룬다는 것이 사실이라 하더라도) "계시"라는 용어의 개념적인 난제와 함의를 올바르게 평가하지 못함으로써 신약 전문가들의 논의는 왜곡되었다. 또한 그들은 언어-행위가 아니라 주로 정보를 전달하는 관점에서 의사소통을 파악한다. 니콜라스 월터스토프는 이 두 가지 사항에 세밀한 관심을 기울인다. 그는 다음과 같이 주장한다. "하나님의 의사소통은 하나님의 계시와 다르다. 만약 우리가 주장, 명령, 약속, 질문과 같은 발화수반행위(illocutionary action)가 일종의 계시라고 받아들인다면 우리는 그것을 올바로 파악하지 못하는 것이다. 사실상 어떤 사람은 약속을 통해…다양한 사항을 드러낸다. 하지만 그 약속 자체는 무언가를 드러내는 것으로 이루어져 있지 않다."[125] 오스틴으로부터 시작하여 존 설을 거

122) Fee, *First Epistle*, 621.
123) 같은 책, n. 21.
124) Dunn, *The Theology of Paul*, 582.
125) Wolterstorff, *Divine Discourse*, 19; 참조. 19-36 and 75-129.

쳐 월터스토프에 이르기까지 언어-행위 이론은 효력을 수반하는 **행위**, 예를 들면 심판, 약속, 이름 짓기, 평가(예언자들의 특성을 드러내는 다양한 발화수반행위)는 **단지 해당 사례의 실제적인 사정에 근거해서만** 작동할 수 있다는 것을 분명하게 입증해주었다. 그러므로 교사들이 하는 일은 바로 **하나님이 그리스도를 통해 성령에 의해 세상을 다루시는 사례를 설명하고 해설하는 것**이다. **목회적** 그리고 각각의 **상황에 적합한** 예언자들의 언어-행위는 그 사례에 근거하여 그 효력을 나타낼 수 있다.

나는 다른 곳에서 이 원리를 변화적 언어-행위 및 기독론과 관련하여 설명했다.[126] "당신은 이것에 의해 그리스도를 통해 죄 사함을 받았습니다"라는 예언자들의 **자유로 이끄는** 언어-행위는 예수 그리스도가 진정으로 그의 인격과 사역을 통해 그의 약속을 믿고 그것을 자기의 것으로 받아들이는 자들에게 죄 사함을 중재하는 존재이며 그의 말씀이 사실상 하나님의 말씀이라는 사실을 전제한다. 그러나 이것은 **과연 전제된 것이 교회를 세우는 교사들의 임무에 포함되는지**, 그리고 기독교 **예언자들**은 그 전제에 근거하여 **자유, 해방, 위로 또는 믿고 신뢰하라는 권면의 언어-행위를 지시할 수 있는지**의 이슈와 관련되어 있다. 이것은 오늘날의 이론을 바울의 텍스트에 강요하는 것이 아니다. 고전 14:3에서 예언자들의 말은 사람들을 **세우기 위한 것**으로 언급되며 14:5에서도 이 점이 강조된다. 그리고 14:31에서 예언의 내용은 **가르침**과 **권면**으로 나뉘어 있다. 여기서 예언자들의 "영감"에 대한 바울의 묘사는 단지 일종의 데우스 엑스 마키나(*Deus ex machina*)와 같은 사건을 암시할 필요는 없다. 오히려 이것은 교사들이 설명한 가르침에 의해

126) Thiselton, "Christology in Luke, Speech-Act Theory and the Problem of Dualism in Christology after Kant," in Joel B. Green and Max Turner (eds.), *Jesus of Nazareth, Lord and Christ: Essays on the Historical Jesus and NT Christology in Honor of I. H. Marshall* (Grand Rapids: Eerdmans and Carlisle: Paternoster, 1994), 453-472; 또한 "Authorship and Hermeneutics: Some Proposals for a More Creative Agenda," in P. E. Sattenweite and D. F. Wright (eds.), *A Pathway into Holy Scripture* (Grand Rapids: Eerdmans, 1994), 107-142; *New Horizons in Hermeneutics*, 283-312; (with R. Lundin and C. Wallhout) *The Promise of Hermeneutics* (Grand Rapids: Eerdmans, 1999), 200-240.

영감을 받은 목회적인 통찰을 암시한다. 14:6a에서 **계시**와 **가르침**에 근거하여 통찰을 얻는 것은 14:6b에서 언급하는 **예언**과 **가르침**에 해당한다. 우리는 이 두 가지를 모두 강조한다.

조셉 피츠마이어는 롬 12:6-7에 대한 그의 주해에서 이 역할을 잘 설명한다. 롬 12:6에서 예언자들은 "고전 12:10, 28의 경우처럼…영감을 받은 말씀"을 선포하는 자들이다. 또한 그들은 "복음의 기본 진리(고전 14:19; 갈 6:6)"를 가르치거나 "성경을 해석하여" 가르치는 자들이다.[127] 피가 이 두 가지 측면에 회의를 나타내는 것에 반대하는 피츠마이어는 이것이 바로 바울이 교사들에 대해 일관되게 말하는 것이라고 주장한다. 이 가르침에 대한 두 가지 주요 자료는 구약성경과 초기 교회의 신앙고백이다. 쿨만, 헌터 등 다른 많은 학자들이 밝혀주듯이 이 신앙고백은 "바울 이전에 형성된 신앙고백 양식"으로 시작하여 더 공통된 **가르침**으로 발전했다.[128]

이레나이우스 시대에 이르러 이러한 종류의 **가르침**은 기독교의 신약정경의 시초로 인정받기 시작한다. 따라서 이레나이우스는 교회의 가르침의 가장 중요하고 신뢰할 만한 자료로서 **네 정경 복음서**의 필수 불가결한 역할을 강조한는 반면, 가장 초기의 주석가들은 **신조**와 **교리문답**을 통해 그들이 가르쳐야 할 내용을 체계적으로 말하기 시작한다.[129] 만약 가르침이 발전한다고 말할 수 있다면 그것은 다음 세 가지 과정을 통해 이루어진다고 할 수 있다. 교사들은 가르침을 분별하고 통합하며, 예언자들은 그것을 목회에 참신하게 적용한다. 또한 그 가르침은 사도들이 세워놓은 표준적인 기준에 근거하여 계속해서 검토되어야 한다. 바뀐 것이 있다면 그것은 예언

127) Joseph Fitzmyer, *Romans* 647 and 648.

128) 참조. Cullmann, *Les Premières confessions de foi chrétienne* (Paris: Universitaires de France, 1948); V. H. Neufeld, *The Earliest Christian Confessions* (Grand Rapids: Eerdmans, 1963); A. M. Hunter, *Paul and His Predecessors* (London: SCM, 2d. ed., 1961), 15-78, 108-115, 1167-150.

129) Irenaeus, *Against Heresies,* 2:32:1-4 and 3:11:1-9. 그는 사중적 복음에 대해 "복음서가 네 권보다 더 많거나 더 적은 것"은 불가능하다고 말한다(3:11:8; 기원후 185년경). 이 "가르침"은 "거짓-예언자들"에 맞서기 위한 보호 수단이다(11:9).

자들로부터 **목회적인 은사를 받은 설교자들**로 이동했었다는 것이다. 이 설교자들은 하나님과 그의 백성 및 개인들의 관계를 그들에게 선포했다. 이와 더불어 사람들은 설교를 **분별하는 것**보다 예언을 **분별하는 것**에 대해 더 기꺼이 말한다.

우리는 (d) **효력 있는 능력의 행위**와 (e) **병을 고치는 은사**에 대해서는 12:10의 주해에서 이미 자세하게 논의했다. 따라서 이제 우리에게는 (f) **다양한 종류의 행정적인 지원**과 (g) **전략을 세우는 능력**에 대해 논의하는 것만 남았다. 우리는 적어도 건드리, 포브스, 다우첸베르크와 특히 타이센의 견해를 언급하면서 **다양한 종류의 방언**에 대해 이미 자세히 설명했다(12장에서 제시한 특별 해설과 14장의 주해와 그곳에서 제시한 특별 해설을 참조하라).

(f) ἀντιλήμψεις는 엄밀히 말해 **도움**(복수)을 의미한다. 하지만 우리는 이 복수형이 **도움의 여러 종류**를 가리키는 것으로 이해한다. 이 용어의 배경과 파피루스 문헌의 용례에 비추어볼 때 이것은 아마도 **다양한 종류의 행정적인 지원**을 의미할 것이다. 성서 그리스어에서 이 명사는 종종 단수로 사용되며 **도움**을 의미한다(시 21:20 [70인역]). 마카베오2서 8:19에서 복수형 ἀντιλήμψεις는 유다 백성이 산헤립, 바벨론, 마게도냐와 전쟁을 할 때 하나님이 그들을 번번이 **도와주신 행위**를 가리킨다. 따라서 던은 이 그리스어 명사를 **도움을 주는 행위**를 의미하는 것으로 이해한다.[130] 동사형 ἀντιλαμβάνομαι는 70인역에서 신약의 경우와 마찬가지로(눅 1:54) 하나님이 **도움을 주시는** 것(사 41:9)을 묘사하는 데 사용된다. 롬 8:26에서 이 동사는 신자들을 기도로 도우시는 성령의 사역을 묘사하는 데 사용된다. 델링은 다음과 같이 주장한다. "고전 12:28에서 ἀντιλήμψεις는 (파피루스 옥시린쿠스 900:13의 경우처럼) 어떤 직책을 가리키는 것으로 이해해서는 안 된다. 왜냐하면 우리는 여기서 특별한 일에 대한 목록을 대하기 때문이다. 여기서 이 명사는 '도움'을 의미한다." 이 단어가 앞에서 언급된 은사와 다른 점은 "그것이 기적적인 특성이 없다는 사실 때문이다. 이 점은 그다음에 나오는 그

---

130) Dunn, *The Theology of Paul*, 556.

리스어 명사에까지 이어진다."[131] 하지만 델링은 κυβερνήσεις 다음에 방언이 나온다는 사실을 간과하며, 자신의 단순한 주장에 대한 근거를 제시하지 않는다.

BAGD, 리델-스코트-존스, 그림-타이어, 물턴-밀리건 등 유사한 자료들이 보여주는 다양한 의미를 비교해보면 그리스어 명사 ἀντιλήμψεις(ἀντιλήμψιος)는 분명히 복수 형태로 사용될 때 다양한 의미를 지닐 수 있다. 그중 대다수는 일반적인 의미로 사용되거나 문맥에 따라 다소 차이를 보인다.[132] 따라서 **원예학과 관련된** 문맥에서 이 명사는 (식물이) **뿌리를 깊게 내린다**는 의미에서 "정착하다"를 뜻한다(참조. Theophrastus, *De Clausis Plantarum* 3.6.6; 참조. 2.18.2[포도나무에 대해]). **의학적인** 문맥에서 이 단어는 **붕대로 감다**라는 의미에서 "보호하다"를 뜻한다(참조. Hippocrates, *De Officiis* 743). (특별히 파피루스 문헌에서) **왕실의 간청**, **임무 및 제도**와 관련된 문맥에서 이 단어는 (주로 단수로 사용되며) "원조하다"를 의미한다(참조. *Paris Papyri* 26:40[기원전 163-162]; *Amherst Papyri* 2:35:87[기원전 132년]; BGU 4:1187:27[기원전 1세기보다 이르지 않음]; *Fayyum Papyri* 296[기원후 113년]). 한편 동사 형태 ἀντιλαμβάνομαι는 종종 무언가를 "꼭 붙잡다"를 의미했는데, **상업이나 제도화**의 문맥에서 "시도하다"를 뜻하게 되었다(예. *London Papyri* 301:6-8). 파피루스 옥시린쿠스 9:1196:12-14에서 이 동사는 책임 있는 직책을 "차지하다 또는 떠맡다"를 의미한다. 그리고 파피루스 옥시린쿠스 8:1123:9(기원후 158년)에서 그것은 등록된 토지를 **관리하는 것**을 뜻한다.

12:28에서 이 단어의 어떤 의미를 취해 어떻게 번역해야 할지에 대해서는 세 가지 선택이 가능하다. (i) **도움을 주는 행위**(BAGD, 던)는 가장 모호하고 일반적인 의미다. (ii) **가난한 이들에게 도움을 주거나 지원하는 것**을 의미한다. 이것은 전통적으로 후대 교회사에서 집사들의 일과 연결되어 있다

131) Delling, "ἀντιλαμβάνομαι, ἀντίλημψις," *TDNT*, 1:375; 참조. 375-376.

132) Grimm-Thayer, 50; MM, 47 and 48; LSJ, 144; BAGD, 74 and 75. BAGD는 고전 12:28에서 이 용어를 "도움을 주는 행위"라고 번역한다. 한편 이 명사는 ἀντίληψις 또는 ἀντίλημψις 등 두 가지 형태로 나타난다. 헬레니즘 그리스어에서는 후자가 더 많이 사용된다.

(그림-타이어, 크리소스토모스, 칼뱅, 마이어, 하인리치, 랑. 하지만 J. N. 콜린스는 이 해석에 반대한다). (iii) 몸의 수사학적인 기능과 관련된 문맥에서 이 단어는 오늘날의 문화적 배경에서 우리가 "지원 요원"(support staff)이라고 말하는 의미에서 지원을 의미한다. 즉 복수 형태로 **다양한 종류의 행정적 지원**을 가리킨다(예. 사실상 로버트슨과 플러머). 실질적으로 이것은 대체로 (콜린스의 견해와 상반되긴 하지만) 행 6:2-6에서 일곱 일꾼을 임명하여 그들에게 부여한 일(διακονεῖν)에 해당한다. 열두 사도는 자신들이 말씀 사역과 기도하는 일에 전념하길 원한다고 말한다. 반면에 예루살렘 교회는 그리스 이름을 가진 일곱 명을 구별하여 사도들을 지원하거나 돕게 했다. 그들은 복음전파 사역(콜린스의 견해와 일치됨)뿐만 아니라 아람어를 말하는 과부들과 그리스어를 말하는 과부들을 **돕기 위해** 마련된 **기금을 관리하는 일**(콜린스의 견해와 다름)을 했다. 사도행전에 따르면 이와 같은 일은 가장 이른 시기부터 체계화되고 발전했다(콜린스의 입장에 대해서는 12:5, 5-11에 대한 주해 참조). 우리의 판단에 의하면 이 은사는 κυβερνήσεις와 짝을 이룬다. 왜냐하면 이 두 가지는 사회정치적·신학적 실재로서 그 몸의 개념과 관련하여 필수적인 것으로서 **실질적이며 행정적인 일**에 관심을 갖기 때문이다. 마거릿 미첼은 κυβερνήσεις가 이러한 의미가 있다는 것을 상당히 강조한다.

던은 BAGD이 ἀντιλήμψεις를 위해 제시하는 **도움을 주는 행위**라는 의미를 따른다. 하지만 그는 이 단어가 **행정**을 가리킨다는 점을 부인한다. 왜냐하면 이것은 교회들이 매우 이른 시기에 "행정적인 구조"를 지녔다는 것을 전제하기 때문이다.[133] 그러나 행 6:1-6에서 묘사하는 교회의 모습은 과연 기금이 **공정하게 집행되는지**에 대한 문제가 처음부터 얼마나 쉽게 제기되었는지를 보여준다. 또한 사도들은 자신들이 "실제로 해야 할 일"로 인해 너무 바쁜 나머지 행정을 같이 수행할 수 없다는 점을 시인한다(!). 설령 (콘첼만과 행헨처럼) 이것이 단순히 나중에 "소급해서 읽은 것"이라 하더라도 가

133) Dunn, *Jesus and the Spirit*, 252; 참조. *Theology of Paul*, 556; Fee, *First Epistle*, 621; *God's Empowering Presence*, 193.

장 작고 가장 비공식적이며 가장 "카리스마적인" 집단의 기금과 경영에 익숙한 사람이라면 누구나 "무엇이 결의되었다든지" 아니면 어떻게 "이미 결정된 것을 개선할지"에 대해 질문을 제기할 것이다. 고린도 교회가 교회로서 존재하기 시작한 지 수 주가 지난 후에도 아무런 조직이 필요치 않았다는 것은 상상하기 어려울 것이다. 또한 교회와 지도자들은 이러한 일을 하고 또 그것을 공정하고 유능하게 경영할 수 있는 사람이 필요했을 것이며, 이를 위해 분명히 성령의 **특별한 은사**나 카리스마타가 필요했을 것이다. 이러한 일을 위해 준비된 자들은 필수적이며 **다양한 종류의 도움**을 주었을 것이다. 따라서 로버트슨과 플러머는 "일반 행정"을 수행하는 이 은사는 다음 은사와도 조화를 이룬다고 올바르게 주장한다. 콘첼만은 이 은사를 "행정"이라고 번역한다.[134]

마지막으로 그림-타이어, 크리소스토모스, 마이어 등이 지지하는 두 번째 의미—가난한 자들에게 도움을 주거나 지원하는 것—는 분명히 세 번째 의미 **안에 포함되어야** 한다. 크리소스토모스는 미처 예상치 못한 최근의 사회학적인 관점과의 연결고리를 제공해준다. 그는 "연약한 자들을 돕는 것"은 분명히 하나님의 은사라고 말하면서 **어떤 후원자의 지원**(ροστατικόν εἶναι)을 구체적인 사례로 든다.[135] 그리스어 명사 προστάτης와 προστάτις는 "도움을 주는 자, 보호자, 후원자" 등의 의미가 있다. 몰턴-밀리건이 입증해주듯이 이러한 사람은 파피루스 문헌에서 종종 직책으로 언급되며, 이것에는 분명히 도움과 후원이 결합되어 있다.[136] 이 은사가 (예언자들과 방언들을 포함하여 다른 은사와 마찬가지로) 다른 사람보다는 자신을 위해 남용되지 않는 한, 바울은 아마도 여기서 훌륭한 관리 능력은 성령이 주시는 은사 중 하나이며, 후원자로서 사람을 돕거나 사역을 후원하는 자들은

134) Robertson and Plummer, *First Epistle*, 280(Robertson은 엑세터 주교였으며, Plummer는 더럼 대학교 학장이었다). 이와 비슷하게 Balz와 Schneider도 "교회 안에서 조직하는 일"에 대해 말한다(H. Balz and G. Schneider, *EDNT*, 1:110).

135) Chrysostom, *1 Cor. Hom.*, 32:3.

136) MM, 551; 참조. BAGD, 718.

하나님이 주신 임무를 수행한다고 말할 것이다.[137] 하인리치는 이와 관련하여 하나님의 은사는 필요한 사람에게 도움을 주는 지혜, 재능, 능력을 제공한다고 요약한다.[138] 이런 점에서 모든 은사는 반드시 "즉흥적"이어야 한다는 개념이 얼마나 터무니없는지가 명백해진다.

(g) 마지막으로 우리는 κυβερνήσεις를 "전략을 세우는 능력"이라고 번역한다. 분명히 κυβερνήσεις는 단수로 사용될 때 종종 "리더십"을 의미한다. 콜린스는 이 용어가 "어떤 지도력을 지닌" **지도자**를 가리키는 것으로 이해한다.[139] 따라서 이 명사의 복수 형태를 "리더십의 형태"로 번역하는 것은 대체로 그리스어 전문사전에 기초하여 받아들일 수 있다. 또한 이 번역은 AV/KJV와 RV의 "관리"를 반영한다. 하지만 다양한 텍스트에서 나타나는 이 단어의 뉘앙스를 고려할 때 이 번역은 과연 구체적인 문맥에 적절한 것인가? (f)에서 논의한 한 가지 측면은 NIV에서 "행정 능력"으로 표현되었다. 이것은 전적으로 타당하진 않지만, NIV가 강조하는 이 요소를 찾아내는 데 유익할 것이다. 피의 다음과 같은 논평은 전혀 근거가 없다. "'뛰어난 행정 능력'은…아마도 바울이 생각한 것과 아주 동떨어진 개념일 것이다."[140] 설령 이 구조가 아무리 초보적이며 신앙 공동체가 아무리 작다 하더라도 복음을 전파하거나 가르치기를 간절히 바라는 사람은 다른 사람이 자신을 구조적으로 뒷받침해주는 것을 더욱더 필요로 할 것이다(예를 들면 누가 어떤 일이 어떻게 진행되고 언제 완성되었는지를 확인할지).

---

137) 다음 주석가들은 크리소스토모스의 견해를 지지한다. Calvin, *First Epistle,* 272; Meyer, *First Epistle,* 1:382; Lang, *Die Briefe,* 174-175. 아마도 Bruce도 이 견해를 지지할 가능성이 있다(Bruce, *1 and 2 Cor,* 123). 또한 앞에서 Moltmann이 카리스마타와 지체장애인에 대해 강조하는 것을 참조하라. 반면에 만약 복음 전파와 **특히 선교**에 도움을 준다면 J. N. Collins와 더불어 우리는 이것이 이 은사를 **배제하는** 것으로 여겨서는 안 된다. **선교와 복음전도는 계획과 집행**을 필요로 한다.

138) Heinrici, *Das erste Sendschreiben,* 409.

139) Collins, *First Epistle,* 469.

140) Fee, *God's Empowering Presence,* 193. (이 책은 1994년에 출간되었는데, 이 문구는 그가 7년 전에 출간했던 *First Epistle*[1989], 622과 문자적으로 일치한다. 한편 Mitchell[1991]과 Martin[1995]도 이 기간에 그들의 연구서를 출간했다.)

하지만 피가 "지도하다"라는 개념을 강조하면서(잠 1:5; 11:14; 24:6, 70인역) **배를 조종하는 사람 또는 키잡이**의 뉘앙스를 추가로 지적하는 것은 전적으로 타당하다(행 27:11; 계 18:17).[141] 콜린스는 이것을 "일종의 항해와 관련된 은유"라고 부른다.[142] 그러나 마거릿 미첼은 피가 간과한 다른 한 가지 측면에 주목한다. 그는 이 용어가 "고대 사회에서 흔히 통치자의 지위를 묘사하는 데 사용된 은유"였다고 주장한다. 하지만 그는 화합에 대한 수사학의 문맥에서는 "파벌 싸움"이라는 바위와 협곡 사이로 "계속 배가 항해하게 해야 하는 선장과 그의 임무"가 두드러지게 강조된다고 말한다.[143] 여기서 미첼은 특히 힐거르트의 연구에 관심을 기울인다.[144] 한편 플라톤은 그의 『국가론』에서 도시-국가의 조화에 대해 논의하면서 몸에 대한 수사학과 더불어 배를 조종하는 사람이나 키잡이의 역할을 언급하며 자신의 관점을 제시한다.[145] 디온 크리소스토모스는 기원후 1세기 후반에 κυβερνήτης 또는 "키잡이"의 이미지는 수사학에서 일치와 화합을 호소하는 것과 관련하여 하나의 일반적인 논제나 표준 사례가 되었다고 지적한다.[146] 크리소스토모스는 어떤 서투른 키잡이(κυβερνήτης)의 업무와 비교하여 어떤 지도자가 사회정치적인 화합을 이루어내는 데 실패한 것을 유비로 사용한다.[147] 미첼은 고전 12:28의 κυβερνήσεις를 "정부 조직"이 해체되거나 그 기초가 무너져 내리지 않도록 "국가의 배"를 인도하는 것에 적용하는 것과 비교한다.[148]

이것은 우리가 앞에서 언급한 "행정"의 가치를 과소평가하는 것보다 더 견고한 연구에 근거하며, "개인 지도를 추구하는" 오늘날의 개인주의적

---

141) 같은 책(이 내용은 Fee의 두 책에서 동일하게 표현되어 있음).

142) Collins, *First Cor,* 469.

143) Margaret Mitchell, *Paul and the Rhetoric of Reconciliation,* 163.

144) E. Hilgert, *The Ship and Related Symbols in the NT* (Assen: van Gorcum, 1962), 특히 25.

145) Plato, Republic 6:488A. 또한 참조. LSJ, 854; MM, 363.

146) Dio Chrysostom, *Orations* 34.16: "설령 이것이 반복적으로 비교되었다 하더라도 그런 이유로 그것을 무시하지 않는 것은 여전히 당신의 의무다"(다음 저서에 인용됨. Mitchell, *Rhetoric of Reconciliation,* n. 596).

147) Dio Chrysostom, *Orations* 48.14.

148) Margaret Mitchell, *Paul and the Rhetoric of Reconciliation,* 164.

인 개념과 전혀 상관이 없다. 또한 이것은 "리더십"보다 더 구체적인 것이며, "전략을 세우는 능력"을 가리킨다. 이것은 내부적으로는 분파와 신분 추구, 외부적으로는 온갖 위험과 박해의 거친 파도를 헤치고 공동체를 올바른 방향으로 나아가게 할 것이다. 이것은 더 큰 그림(키잡이의 해양 지도)을 볼 수 있게 하며, 때때로 공동체의 배를 좌초시키는 온갖 죄악과 어리석음을 "해결하는" 목회적 분별력을 활용하여 **효과적인 정치적 수완**을 가동하는 은사다. 이것은 콘첼만의 "행정"을 이 단어에 대한 바이어의 다음과 같은 해석과 결합한다. "이 은사는 어떤 그리스도인에게 그가 속한 공동체의 지도자 자격을 부여한다. 즉 그는 그 공동체의 질서를 세우고 신앙생활을 이끌어주는 참된 인도자다.…어떤 사회도 질서와 지침 없이는 존속할 수 없다."[149] 바이스는 "질서"에 대해 말하지만, "전략"이라는 용어가 **올바른 길로 이끄는 것**과 **리더십**을 더 잘 결합해준다고 말한다.[150] 또다시 여기서도 "즉흥적인" 인도의 개념은 없다. 랑이 간파하듯이 "바울의 관점에 따르면 성령의 은사의 진정한 특성은 그것이 어떤 환상적인 형태로 오는 것이 아니라 하나님의 영과 은혜로부터 오며, 그 기능은 섬기는 데 있다는 점에 기초한다."[151] 성령은 특히 "공동체의 내면적인 삶"을 위해 "실질적인 통찰력"을 가져다준다(하인리치).[152]

29-30절 이 절들의 수사 의문문은 μή를 사용하여 부정적인 답을 요구하며 망설이는 듯한 뉘앙스를 표현하는 것이 중요하다. "모두가 사도입니까? 모두가 예언자입니까? 모두가 교사입니까?"(NRSV, NIV, AV/KJV, RV)는 이 그리스어 표현이 마치 열려 있는 질문인 것처럼 번역하는 것이다.

---

149) Conzelmann, *1 Cor,* 215; H. W. Beyer, "κυβερνήσις," *TDNT,* 3:1,036; 참조. 1,035-37.

150) Weiss, *Der erste Korintherbrief,* 308.

151) Lang, *Die Briefe,* 175.

152) Heinrici, *Das erste Sendschreiben,* 409. Dunn은 "혼란스러워하는 개개인에게 지혜로운 조언"을 하는 것을 가리킨다고 이해한다. 그의 견해도 이 단어의 의미에 포함할 수 있을 것이다. 하지만 Mitchell과 다른 학자들이 확인한 바에 의하면 해당 문맥은 지역 교회 또는 지역을 초월하는 교회의 공동체적인 삶에 **가장 먼저** 적용된다는 점을 확인해준다(참조. Dunn, *Jesus and the Spirit,* 252). 우리가 앞에서 지적했듯이 H. Balz와 G. Schneider는 "교회 안에서의 체계적인 사역"을 가리키는 것으로 (f)와 (g)를 언급한다(*EDNT,* 1:110).

따라서 이 번역은 타당하지 않다. REB와 NJB는 첫 번째 질문 다음에 이어지는 질문에 동사를 생략한다. 즉 "모두가 사도? 모두가 예언자, 모두가 교사?" 이것은 우아한 번역이긴 하지만 뉘앙스를 충분히 명백하게 전달해주지 못할 것이다. 또한 영어의 관용어법에 맞게 번역하자면 같은 문장 구조가 반복되어 나타나는 질문의 진의를 약화하지 않도록 지루한 문체로 표현하지 말아야 할 것이다. 설령 이러한 반복적인 표현이 헬레니즘 그리스어에서는 허용된다 하더라도 말이다. (영어의 경우에는 그렇지 않지만) 그리스어 표현에서 평행 구조는 반복의 지루함을 느끼게 하지 않는다. 따라서 우리는 (a) 다양한 문체로 번역하려고 시도했다. (b) μή가 지닌 의미에 타당하게 번역했다. 이것은 어떤 질문에서 강력한 부정의 대답을 전제한다. (c) 앞에서 우리가 해석학적인 측면에서 세부적으로 논의한 것에 맞게 각각의 표현과 용어를 번역했다. 예를 들면 δυνάμεις를 "효력 있는 능력의 행위"로, διερμηνεύουσιν을 "가장 심오하고 은밀한 것을 명확한 말로 통역하다"로 번역했다.

하지만 바울의 "관심사는 일관되게 다양성의 필요성에 관한 것이었다"라는 피의 반복되는 논평은 또다시 우리의 주장과 세부적인 연구 및 해석과 상당한 갈등을 빚는다.[153] 바울은 "여러분의 은사가 얼마나 다양한지 보십시오"라고 말하지 않는다. 결단코 아니다. 반면에 그는 이렇게 주장한다. "여러분 가운데 아무도 이 광범위하고 꼭 필요한 은사를 모두 받지 않습니다. 따라서 **여러분은 다른 사람을 필요로 하며, 다른 사람들은 여러분을 필요로 합니다.**" 모든 신자들은 오직 한 몸 안에서 저마다의 위치를 차지한다. 그리고 각각의 신자는 **그리스도 안에서 같은 신분을 갖는다**. 하지만 만약 어떤 사람이 그 몸을 구성하는 부분 중에서 "가장 내세우고자 할 만한 것"(그리고 그것을 "신령한" 신분이라고 입증해주는)에 대해 계속 말하고자 한다면 그것은 **방언**이나 **다양한 종류의 치유**는 아니다. 오히려 그것은 무엇보다 먼저 과연 그것이 사도들을 통해 선포된 그리스도와 일치하는가다. 그다음

153) Fee, *First Epistles*, 622. 그는 *God's Empowering Presence*, 194에서도 반복하여 주장한다.

에는 과연 그것이 **예언자들의 목회적인 선포**와 같이 신자를 한 사람씩 세워 주는가다. 세 번째로 과연 그것이 구약성경과 사도의 전승에 근거한 교사들의 설명과 일치하는가다. 그러나 설령 모두 다 사도…예언자…교사가 아니라면 다른 은사도 참으로 하나님으로부터 온 진정한 은사다. 모든 은사는 그리스도의 몸 안에서 저마다 존경받고 존중받는 고유한 위치에 있다.

위더링턴은 데일 마틴의 유익한 연구에 기초하여 이 장에 대한 설득력 있는 결론을 끌어낸다. 그는 다음과 같이 주장한다. "한 몸을 완전하게 구성하기 위해서는 모든 부분이 필요하다. 이와 다르게 생각하는 것은 하나님을 비판하는 것이다. 왜냐하면 18절이 지적하듯이 바로 하나님이 그 몸 안에 다양한 지체를 두셨기 때문이다.…몸의 어떤 특정한 지체도 다른 지체를 평가절하하거나 그것이 아무런 가치가 없다고 선언할 수 없다.…데일 마틴은 바울이 몸에 대한 비유를 일반적인 용법과 다르게 사용한다고 올바르게 결론 내린다.…바울은 더 높은 위치에 있는 자들의 우월감을 상대화하기 위해 이 비유를 사용한다. 그는 더 연약하고 더 낮은 위치에 있는 고린도 그리스도인들…'덜 귀해 보이는' 지체들이 중요하며 꼭 필요한 존재라는 사실을 그들이 이해하도록 이끈다."[154] 그러나 우리는 이 점을 온전히 이해하기 위해 반드시 다음과 같은 사실을 기억해야 한다. 4:1-13에서 고린도 교인들이 추구하던 "높은 지위"의 은사는 눈으로 볼 수 있고 현실에서 입증되는 환호 및 "성공"과 관련된 승리주의적인 은사였다. 사도들은 "쓰레기" 같은 존재로서 경기장에서 혈투를 벌이고 있었던 반면, 고린도 교인들은 높은 자리에 앉아 그들이 피 흘리며 비참하게 죽어가는 모습을 지켜보고 있었다.[155] 그것은 과연 성령 안에서 크게 기뻐하는 것인가 아니면 그리스도

154) Witherington, *Conflict and Community*, 258-259.

155) 이 강조점은 루터, 칼뱅, 바르트에게서도 분명하게 나타난다. 참조. Thiselton, "Luther and Barth on 1 Cor 15: Six Theses for Theology in Relation to Recent Interpretation," in W. P. Stephen (ed.). *The Bible, The Reformation and the Church: Essays in Honour of James Atkinson*, JSNTSS 105 (Sheffield: Sheffield Academic Press, 1995), 258-89; 추가로 예컨대 Luther, *Works*, 28:94-95 and 192 (*WA*, 36:665); Calvin, *First Epistle*, 14 and 312; Barth, *Resurrection*, vol. 2 그리고 곳곳에.

의 몸을 확인하는 그리스도와 함께 굴욕을 당하는 것인가? 그것은 자신을 세우는 것인가 아니면 다른 사람을 세워주는 것인가? 바울은 오직 다른 사람에 대한 사랑의 의미를 고찰하고(12:31-13:13), 그것을 공동체에 적용하고 나서(14:1-40) 참된 "영성"과 성령 안에서의 진정한 승리의 시점과 특성을 설명해줄 것이다(15:1-58). 심지어 15:58도 "주님 안에서 결코 헛되지 않는"(οὐκ ἔστιν κενὸς ἐν κυρίῳ) "여러분의 수고"(ὁ κόπος ὑμῶν)로 되돌아온다.

전환을 위한 절(12:31)

31 "가장 좋은" 은사에 대해 열심을 품고 계속 관심을 가지십시오. 그렇습니다. 나는 여러분에게 심지어 더 좋은 길을 보여주려고 합니다.

우리는 앞에서 12:27-31a를 하나의 수사학적 단락으로 이해하고, 31b이 13장의 논증을 시작하는 것으로 보는 콜린스의 주장을 언급했다. 하지만 이 중요한 전환의 절에 대한 가장 의미심장한 연구는 1993년에 게재된 스미트의 *NTS* 논문이다.[156] 전통적으로 주석가들은 31절 전체 또는 31b을 12장보다는 13장과 연결하지만, 나는 이러한 연결은 이 절에서 필수 불가결한 수사학적·논리적 효력을 빼앗는 것이라고 확신하게 되었다. 왜냐하면 바울은 12:12-18에서 준비한 주장을 12:19-30에서 꾸준히 발전시켜 왔기 때문이다. 우리는 일부 고린도 교인들에게 성령의 어떤 은사에 대한 **열정적인** 또는 심지어 **경쟁적인** 관심이 있었다는 것을 이미 살펴보았다. 그들은 이 은사들을 가장 위대한 은사로 생각했다. 또한 이것들은 이른바 **높은 사회적 그리고/또는 영적 지위**를 나타낸다고 여겨졌다. 또다시 여기서도 바울은 재정의하기 또는 "코드 전환"이라는 수사학적 방법을 사용한다(앞에서 무어스와 에코에 대한 설명을 보라). 바울은 "높은 지위"를 나타내는 은사라는 그들의

---

156) J. F. M. Smit, "Two Puzzles: 1 Cor 12:31 and 13:3: Rhetorical Solution," *NTS* 39 (1993): 246-264; 참조. Collins, *First Cor*, 467-468.

견해를 전적으로 거부한다. 하지만 그는 조롱하는 듯한 어조로(스미트의 표현에 의하면 "날카로운 아이러니"와 더불어) 만약 여러분이 무엇을 "가장 위대한 것"으로 간주하는가에 대한 여러분의 이해를 완전히 바꾸고 나를 따른다면 "'가장 위대한' 은사에 대해 계속 열심을 품고 관심을 갖는 것을 **멈추지 마십시오**"라고 말한다.[157] "가장 위대한 것"은 신분이나 스스로 추구하는 것이 아니라 다른 사람의 유익을 위해 **섬기며**, 공동체를 **세워나가는** 것이다. "나는 이제 여러분에게 더 좋은 길을 보여주려고 합니다. 그 길은 바로 **사랑**의 길입니다."

스미트가 지적하듯이 ζηλοῦτε는 문법상 직설법일 수도 있고 명령법일 수도 있다. 하지만 14:1과 14:39에서 이 동사는 다른 명령법 사이에서 명령법으로 사용된다. 여기서도 이 동사는 "틀림없이 명령법"일 것이다.[158] 이버와 비트링거는 이것을 직설법으로 이해한다. 하지만 이들은 바울이 "은사" 또는 가장 좋은 은사를 **얻고자 애쓰라**고 고린도 교인들을 강권하는 것(왜냐하면 모든 것은 하나님의 절대 주권적인 선택에 달려 있기 때문에)을 올바로 이해하지 못하기 때문에 그렇게 생각한다.[159] 그러나 ζηλόω는 "얻고자 애쓰다"를 의미하지 않는다. 바울은 지위를 추구하는 엘리트주의자들의 견해와 전혀 다르게 "가장 위대한"을 재정의한다. 그러므로 바울이 더 강력한 직설법을 사용한다거나 그가 엘리트주의자들의 신학을 인용한 것이라고 추측할 필요가 전혀 없다. 많은 주석가들은 이 논의에서 그릇된 결론을 끌어내는 것 같다. 콘첼만은 이 주장에 만족해하지 않는 듯하다. 그리고 "그것은 사랑 대(對) 은사가 아니다"라는 피의 주장은 이 절에 대한 스미트의 해석에 근거하여 무언가 부인해야 할 만한 것으로 부상하지도 않았을 것이다.[160] 하인

157) Smit, "Two Puzzles," 255.

158) 같은 책, 247.

159) G. Iber, "Zum Verständnis von 1 Kor. 12:31," *ZNW* 54 (1963): 43-53; Bittlinger, *Gifts and Graces*, 73-75(Iber의 견해를 따름). 한편 Bittlinger는 "아이러니의 표현법"이라고 인정한다(74).

160) Conzelmann, *1 Cor*, 215-216; Fee, *First Epistle*, 625. 이 부분에서 세 가지 가능한 이해에 대한 Fee의 논의(624-625)에는 그가 일반적으로 보여주는 명료성과 통찰력이 결핍되어

리치, 오르와 월터, 바레트, 콘첼만, 피, 젠프트, 슈라게와 콜린스는 ζηλοῦτε를 명령형으로 이해한다.[161] 로버트슨과 플러머는 현재 명령형이 지닌 지속성을 강조한다. "열심을 품고 계속 관심을 가지십시오." 이것은 스미트의 주해에 추가로 힘을 실어준다.[162]

또한 ζηλοῦτε의 의미는 논란의 대상이 되고 있다. 다양한 그리스어 전문사전의 자료는 다양한 용례를 제시해준다. 긍정적인 측면에서 이 동사는 "추구하다, 간절히 바라다, 애쓰다" 등을 뜻한다. 또는 부정적인 측면에서 "시기하다 또는 탐내다"를 의미한다.[163] 따라서 영역본은 "애쓰다"(NRSV), "간절히 바라다"(NIV), "진지하게 갈망하다"(RV)와 "탐내다"(AV/KJV) 등으로 번역한다. REB는 "소중히 여기다"라고 번역하여 시샘이나 탐냄의 경멸적인 의미를 없애려고 교묘하게 시도한다. 반면에 NJB는 "여러분의 마음을 ~에 두다"라고 번역한다. 하지만 BAGD와 특히 그림-타이어 사전은 목적격 또는 관심의 대상이 **인격체와 관련될** 경우에 대체로 "~에 대해 깊은 관심을 갖다 또는 열정적으로 관심을 갖다"가 이 그리스어 단어의 의미를 더 잘 전달해줄 수 있다고 주장한다. 여기서 성령의 은사들은 하나님의 영의 존재 및 인격적인 사역 자체와 불가분의 관계에 있다. 사실상 바울은 "영성"에 대한 갈망은 종교적인 기교가 아니라 바로 **성령에 대한 경험**이라고 강조한다. 따라서 바울은 그들에게 "'가장 좋은' 은사에 대해 열심을 품고 계속 관심을 가지십시오"라고 명령하는 것이다. 만약 그들이 "가장 좋은 것"이 실질적으로 무엇인지에 대해 바울이 재정의하는 것을 기꺼이 받아들인다면 말이다. 여기서 이 그리스어 동사는 가장 좋은 은사에 **깊은 관심을**

있다.

161) 예를 들면 Orr and Walther, *1 Cor,* 288; Barrett, *First Epistle,* 296; Findlay, *Expositor's Greek Testament,* 2:896; Edwards, *First Epistle,* 336; Senft, *La Première Épitre,* 165; Heinrici, *Das erste Sendschreiben,* 411, n. 3; Collins, *First Cor,* 466 and 471; Schrage, *Der erste Brief,* 3:240.

162) Robertson and Plummer, *First Epistle,* 282.

163) BAGD, 338; Grimm-Thayer, 271.

갖고 그것에 몰두하는 것을 의미한다.[164)]

엄밀히 말하자면 μείζονα는 형용사 μέγας, "큰 또는 위대한"의 비교급이다(벧후 1:4에서는 최상급 μέγιστος가 사용된다). 사실상 이 본문에서처럼 이 형태는 매우 자주 최상급을 나타낸다.[165)] 따라서 이 형용사는 "가장 좋은"으로 번역해야 한다. 하지만 우리는 스미트의 설득력 있는 해설을 분명하게 주해하고자 이 형용사를 인용부호 안에 넣었다. καθ' ὑπερβολήν이라는 표현은 신약성경에서 다섯 번 사용되는데, 오직 바울 서신에서만 나타난다.[166)] 여기서 바울이 "뛰어난, 훌륭한"을 의미하려고 이 표현을 사용한다는 것은 논란의 대상이 되지 않는다. 비록 ἔτι는 이론적으로 시간적인 의미에서 "이제"를 가리키는 데 사용될 수도 있지만, 이 문맥에서는 "비교급을 더 강화해줄" 것이며, 스미트가 "그렇습니다, 심지어…"라고 번역하듯이 καί와 함께 그 의미를 한층 더 강화한다.[167)] 그러나 스미트는 "그렇습니다, 심지어 여전히 하나의 **더 훌륭한 길**"이라는 번역을 선호한다. 하지만 "훌륭한"(excellent)이라는 단어는 오늘날의 영어에서 일상대화뿐만 아니라 준(準)전문적인 의미에 속하는 매우 다양한 범위를 지니고 있기 때문에 바로 앞 구절의 비교(μείζονα)를 언급하면서 "그렇습니다. 심지어 더 좋은…"이라고 번역하는 것이 가장 좋을 것이다. 한편 우리는 바레트가 δείκνυμι의 현재 시제를 번역하는 것을 따라 "나는 여러분에게 보여주려고 합니다"라는 번역을 제시한다.[168)] 스미트는 그의 주장을 그것과 연관되어 있는 수사학적인 기교에 대한 신중하고도 세부적인 개요와 연결한다. 바울은 13:3에

164) Grimm-Thayer는 다음과 같이 지적한다. 70인역에서 ζηλόω는 קנא(키네), "열정으로 불타오르다"를 번역한 것이다. "불타오름 또는 끓어오름"의 은유는 "갈망 또는 관심의 강도"를 가리킨다. 개인적인 관심과 관련하여 이것은 반드시 "애써서 추구하는 것"을 가리키는 것이 아니라 "관심의 대상에 열심을 품고 몰두하는 것"을 의미하거나(Grimm-Thayer, entry 2a), 무엇에 대해 **깊은 관심**을 갖는 것을 가리킨다(BAGD, 338).

165) 이 점은 대체로 논쟁의 대상이 되지 않는다. Smit는 이 견해를 취하는 학자 중 하나다(Smit, "Two Puzzles," 247).

166) 롬 7:13; 고전 12:31; 고후 1:8; 4:7; 갈 1:13.

167) Smit, "Two Puzzles," 247-248.

168) Barrett, *First Epistle,* 296.

서 이것을 καυχήσωμαι, "내가 자랑하기 위해"와 연결한다.[169]

169) Smit, "Two Puzzles," 특히 250-264. Smit는 13:3에서 텍스트와 관련된 문제점을 인정한다(아래 참조). 그의 견해에 의하면 "고전 12:31-13:13은 *genus demonstrativum*의 수사학적인 규칙과 전적으로 일치하도록 작성된 일종의 경시하는 연설이다"(251). "아이러니는 수사학적인 기교에서 규칙적으로 나타난다"(예. Quintilian, *Institutio Oratoria* 8.6.54-58; 9.2.44-53). "또 다른 징표는 문맥적 모순이다"(251). 우리는 12:31에 대한 Smit의 견해를 전적으로 지지한다. 하지만 이른바 해당 아이러니가 13장까지 이어진다는 견해를 받아들이기에는 몹시 망설여진다.

5. 사랑: 본질적이며 영속적인 기준(13:1-13)

[1] 만약 내가 사람과 천사의 언어로 말한다 할지라도 나에게 사랑이 없다면, 나는
단지 소리 나는 항아리나 울려 퍼지는 심벌즈가 될 뿐입니다. [2] 그리고 만약 내
가 예언의 은사를 가지고 있고, 내가 사람이 단순히 깨닫기에는 너무 심오한 모
든 신비를 꿰뚫고, 모든 "지식"을 지니고 있고, 내가 산을 옮기기에 충분한 온갖
종류의 믿음의 은사를 갖고 있다 하더라도, 결국 나에게 사랑이 없다면, 나는 아
무것도 아닙니다. [3] 설령 내가 나의 모든 재산을 나누어주어 가난한 사람들을 먹
여주고, 내가 내 몸을 내어주어 자랑할 수 있다 하더라도, 나에게 사랑이 없으
면, 그것은 아무런 쓸모가 없습니다.

[4] 사랑은 오래 참으며 기다립니다. 사랑은 친절을 베풉니다. 사랑은 시기심
으로 불타오르지 않습니다. 사랑은 우쭐대지 않습니다. 사랑은 자신의 중요성
을 부풀리지 않습니다. [5] 사랑은 무례하게 행동하지 않습니다. 사랑은 자신의 이
익에만 몰두하지 않습니다. 사랑은 격분하여 [다른 사람의] 감정을 상하게 하지
않습니다. 사랑은 악한 것을 두고두고 생각하지 않습니다. [6] 사랑은 그릇된 행위
를 즐거워하지 않고, 오히려 기뻐하며 진실을 환영합니다. [7] 사랑은 지치지 않고
계속해서 지지해줍니다. 사랑은 결코 신뢰를 거두지 않고, 소망하다가 지치지
않고, 결코 포기하지 않습니다.

[8] 사랑은 결코 산산조각이 나서 사라지지 않습니다. 만약 예언이 있다면,
그것은 끝에 이르게 될 것입니다. 만약 방언이 있다면, 그것은 그치게 될 것입
니다. 만약 "지식"이 있다면, 그것은 쓸모 없어질 것입니다. [9] 왜냐하면 우리는
단편적으로 알고, 우리는 한 부분씩 한 부분씩 예언하기 때문입니다. [10] 그러나
완전한 전체가 오면 부분적인 것은 없어질 것입니다. [11] 내가 어린아이였을 때
나는 어린아이처럼 말하곤 했습니다. 나는 어린아이처럼 생각했습니다. 나는 어
린아이처럼 가치를 판단했습니다. 내가 어른이 되었을 때 나는 어린아이에게 속
한 것을 버렸습니다. [12] 우리는 현재를 거울로 간접적으로 보고 있습니다. 그러
나 그때는 얼굴과 얼굴을 마주 대할 것입니다. 지금은 내가 한 부분씩 한 부분씩
알게 됩니다. 그러나 그때는 내가 [하나님께] 온전히 알려진 것처럼 온전히 알

게 될 것입니다. 13 그러므로 이제 믿음, 소망, 사랑 이 세 가지가 남아 있습니다. 그러나 이것 중에서 가장 큰 것은 사랑입니다.

스피크는 이 장에서 "**아가페**라는 단어가 열 번 나오며" "의심할 여지 없이 사랑(charity)에 관하여 신약성경 전체에서 가장 중요한 장이다"라고 말한다.[1] 스피크는 분명히 바울이 이 장의 저자라고 생각하지만, 많은 저자들은 그렇지 않다고 주장한다. 그 근거는 부분적으로 이 장이 편지의 양식보다는 어떤 문학적 양식에 해당하며, 이른바 교회 안에서의 은사에 대한 12-14장의 논리적 흐름을 방해한다는 것이다. 그러나 스피크는 이 장이 이 문맥에 정확하게 들어맞는다고 올바르게 강조한다. 또한 그는 설교를 해 본 사람이라면 누구나 때때로 어떤 부분에서 더 서정적인 표현을 사용하다가 나중에 다시 더 산문적이며 개념적이거나 인지적인 전달 방법으로 되돌아온다는 점을 잘 알 것이라고 날카롭게 지적한다.[2] "그[바울]는 자신의 문체를 끊임없이 바꾼다.…그의 문체는 교리적, 신앙고백적, 도덕적, 지혜 문학적, 법적이다.…13장은…그의 논의에서 사랑을 적절한 곳에 배치하는 필수적인 연결고리다."[3] 또한 예배와 관련된 여러 주제—우상에게 바친 음식을 먹는 문제(8-10장)로부터 예배 때의 올바른 옷차림(11:2-16), 주의 만찬(11:17-34), 예배 시간에 은사의 올바른 사용(12:1-14:40)에 이르기까지—사이에서 적절한 위치에 배치되어 있다. "그의 논의 전체는 **아가페**를 언급하는 것으로 시작한다(8:1)."[4] 우리는 곧 스피크의 이러한 견해가 전적으로 타당하다는 것에 대해 논의할 것이다.

바이스는 이 장이 전후 문맥과 통일성이 있다는 것과 관련하여 가장 일관된 비판을 제기하는 학자 중 하나다. 바이스는 이 장의 논거는 영지주의자들과 영지주의에 반대하는 일종의 논쟁의 성격을 띠고 있으며, 12:1-

1) Spicq, *Agape in the NT,* 2:139.
2) 같은 책, 140-141.
3) 같은 책, 140.
4) 같은 책.

14:40보다는 8:1-13에 더 잘 어울린다고 주장한다. 그리고 사랑은 "교만하지 않으며"(οὐ φυσιοῦται, 13:4)라는 말은 8:1—지식은 우쭐하게 하지만(ἡ γνῶσις φυσιοῖ), 사랑은 세워줍니다(ἡ δὲ ἀγάπη οἰκοδομεῖ)—에 잘 어울린다고 주장한다.[5] 또한 바이스는 12:1-30과 14:1-40에서는 ἀγάπη가 나타나지 않으며, 이것은 13장이 잘못된 위치에 있다는 것을 나타내는 또 하나의 표시라고 주장한다. 에링, 센프트, 슈미트할스, 타이터스, 콘첼만은 모두 이 주장을 받아들여 발전시킨다.[6] 그러나 이 저자들 가운데 오직 타이터스만 고전 13장을 바울이 썼을 가능성을 배제한다. 반면에 심지어 바울이 고린도에 서신을 아홉 번이나 보냈다고 주장하는—그 서신 중 현재의 고린도전서는 열세 개 또는 열네 개의 단편으로 이루어졌다는—슈미트할스도 어떤 필사자가 단순히 실수로 빠뜨린 자료를 제자리가 아닌 곳에 삽입했다는 견해를 선호한다.[7]

이 입장에 반대하는 마거릿 미첼은 다음과 같이 설득력 있게 주장한다. "ἀγάπη라는 단어가 고전 14장에서 등장하지 않기 때문에 이 장이 13장과 어울리지 않는다는 견해는 쉽게 논박될 수 있다. 왜냐하면 8:1의 논법에서 바울은 이미 ἀγάπη를 οἰκοδομή와 분명하게 동일시했기 때문이다. 그것은 14장의 논의에서 두드러지게 나타난다."[8] 나아가 허드는 이 서신의 구성에 대한 문제에 주목하면서 "더욱이 고전 13장은 14장과 마찬가지로 같은 관심사를 드러낸다"고 주장한다.[9] 사실상 13장은 γνῶσις, "지식"(13:2, 8, 9; 참조. 13:12), γλῶσσαι, "방언"(13:1, 8), προφητεῖαι, "예언"(13:2, 8, 9)의 주제를

---

5) J. Weiss, *Der erste Korintherbrief,* 309-316; *Earliest Christianity,* 2:569-571; and "Beiträge zur paulinischen Rhetorik," in *Theologische Studien* (Göttingen: Vandenhoeck & Ruprecht, 1897), 196-200; 참조. 165-247.

6) Héring, *First Epistle,* 134; Senft, *Première Épitre,* 165-166; Schmithals, *Gnosticism in Corinth,* 90-96, 특히 95-96, n. 23; E. L. Titus, "Did Paul Write 1 Cor 13?" *JBR* 27 (1959): 299-302; Conzelmann, *1 Cor,* 217.

7) Schmithals, *Gnosticism in Corinth,* 95-96, n. 63. 또한 참조. Schmithals, "Die Korintherbriefe als Briefsammlung," *ZNW* 64 (1973): 263-288.

8) Mitchell, *Rhetoric of Reconciliation,* 270.

9) J. C. Hurd, *Origin of 1 Cor,* 189.

다루고 있다. 이 주제들은 12장과 14장에서 핵심적이다. 또한 알로, 브루스, 흐로세이데, 피, 모팻, 헤이스 등도 이 점을 분명하게 강조한다. 이 강조점은 이전 단락에 대한 반론에 확정적으로 답해줄 것이다.[10] 흐로세이데는 이렇게 논평한다. "13장은 카리스마타에 대한 논의를 방해하는 것으로 간주해서는 안 된다. 이와는 대조적으로 13장은 글로솔랄리아에 올바른 위치를 부여하려는 목적을 지닌 논의와 연결하는 필수적인 연결고리다."[11] 또한 슈라게도 13장을 12:31과 12:1-14:40의 주장을 설명하는 하나의 "판단 기준"으로 이해한다(이 장에 대한 우리의 표제어 참조).[12]

바울의 비판 대상이 **특별히 [높은] 지위를 인정하는 것을 가리키는** 글로솔랄리아를 공개적으로 사용하는 것을 **포함하여** 모든 종류의 자기중심적인 "영성"에 관심을 갖는 것이라는 점을 제외하면 흐로세이데의 주장은 옳다. 스피크의 연구서 『신약성경에 나타난 아가페』가 그의 주해를 긍정적으로 알려주듯이 모팻의 저서 『신약성경에 나타난 사랑』도 고전 13장에 대한 통찰을 제공해준다. 또한 (해석학적인 순환논법과 일치하는) 그 반대의 경우도 성립된다. 모팻은 고린도전서 주석서(1938년)를 출간했으며 신약성경에 나타난 사랑에 대해서도 상세한 연구서(1929년)를 펴냈다. 두 연구서에는 탁월한 내용으로 가득하다. 모팻은 설령 바울이 구술(口述)을 통해 "그 사랑의 서정시"를 짓지 않았다 하더라도 "이 '사랑의 찬가'는 그의 친숙하고 고통스러운 경험에서 비롯되었을 것이다"라고 주장한다. "**만약 그것이 일종의 서사시가 아니라면 그것은 실망감을 갖게 하는 교회들과의 관계에서 무사히 빠져나온…평범한 그리스도인들, 특히 고린도 그리스도인들과의** 오랜 교제로부터 고통을 겪은 **어떤 현실주의자의 서사시일 것이다**"(강조는 덧붙여진

---

10) Allo, *Première Épitre,* 340-342; Bruce, *1 and 2 Cor,* 124-126; Grosheide, *First Epistle,* 303; Mitchell, *Rhetoric,* 270-271; Fee, *First Epistle,* 626-628, 특히 626, nn. 5-8; Hays, *First Cor,* 221-222; Collins, *First Cor,* 471. Collins는 이것을 "여담"이라고 부르지만, 그 진정성에 대해서는 의문을 제기하지 않는다.

11) Grosheide, *First Epistle,* 303.

12) Schrage, *Der erste Brief,* 3:276-277.

것임).[13]

모팻은 여기서 표적의 정중앙을 맞힌다. 하지만 사실 크레이그의 다음과 같은 논평이 가장 탁월하다. "자세히 검토해보면 **이 장에 나오는 거의 모든 단어는 고린도의 특수한 상황을 염두에 두고 선택한 것이다.**…그 분위기는 서정적일 뿐만 아니라 상당히 교훈적이다"(강조는 덧붙여진 것임).[14] 이 장의 내용을 구술했다고 상상하는 것을 반박할 유일한 근거는 이 표현, 어휘, 리듬이 우아한 운율적인 특성이 있다는 것이다. 그 누구보다도 히치콕은 이것을 사려 깊은 창작의 열매로 이해한다.[15] 그러나 브루스와 크레이그는 이것을 정확하게 이해한다. 바울은 이 서신의 이 부분을 기록하기 전에 고린도 교회의 여러 가지 태도가 머릿속에 떠올라 요동칠 때 이 부분을 작성하지 않았겠는가? 즉 "자신에 대해 우쭐댐"(참조. 8:1), 천사들의 보좌에 앉아 그들의 방언을 말한다고 주장함(4:7-13; 6:3), 연약한 자들에게 관심을 갖기는커녕 지식을 찬양함(8:1-13; 12:8), 높은 지위를 탐냄(3:1-3; 13:4-7), 십자가의 신학(*theologia crucis*)이 결여된 **승리주의자의 이미 실현된 종말론**을 주장함(1:18-25; 4:8-13; 13:8-13) 등이다. 만약 스피크가 다양한 문체로 설교하는 경험으로 바이스에게 답할 수 있다면 밤새도록 잠을 이루지 못한 다음 날 엉망으로 설교한 경험에 대해 그는 무엇이라고 말하겠는가? 어쨌든 만약 이 장이 구술하기 전에 이미 작성되었다면 그것은 틀림없이 바울의 마음속에 떠올랐던 고린도 교회의 다양한 상황을 고려하며 작성되었을 것이다.

콘첼만, 시군토스 및 다른 학자들은 이 장과 "비교될 만한 본문"과 "평행 본문"을 상당히 많이 수집했다. 그러나 그것이 우리의 시선을 바로 앞 단락에서 언급한 요소로부터 벗어나게 해서는 안 된다. 만약 이 장을 어떤 양식을 갖춘 수사학적인 형식 또는 구조의 수사학적 찬사(*encomium*)로 이해해야 한다면 바울은 이것을 고린도 교회와 자신을 위해 사용하고 있을 것

---

13) Moffatt, *Love in the NT,* 182; 참조. *First Epistle,* 191.
14) C. T. Craig, "1 Cor," *IB,* 10:165.
15) Hitchcock, "St. Paul's Hymn of Love," *Theol* 26 (1933): 65-75. 참조. Hitchcock, "Structure of St. Paul's Hymn of Love," *ExpTim* 34 (1922-23): 488-492.

이다. 만약 플라톤의 『향연』(*Symposium*)이나 에스드라1서 3장의 일부의 널리 알려진 반복적인 표현으로부터 유래한 수사학적인 이미지와 기교가 바울의 의식 또는 잠재의식에 영향을 미쳤다면 그것은 이 장의 취지에서 벗어나게 하지 않았을 것이다.[16] 카슨과 피는 이러한 종류의 평행 관계에 지나치게 많은 의미를 부여하는 것을 경계하는 학자들 가운데 속한다.[17] 그러나 해당 이슈는 어떤 의미에서 가치 중립적이다. 스피크가 주장하듯이 다음과 같은 사실에서 지나치게 적거나 지나치게 많은 것을 추론해서는 안 된다. 만약 바울이 "영감을 받아" "기분 좋게 들리는 단어의 음악적인 효과, 이미지의 선택, 주제의 조화와 평행, 대조법, 수미상관 구조, 과장법, 첫머리 어구의 반복, 그리고 무엇보다도 서정적인 어조 사용…고상한 사상"을 빚어냈다면 그것은 그가 (의식적이든 무의식적이든 간에) 유대교의 지혜 문헌이나 고대 그리스-로마 철학자나 시인의 이미지나 수사법을 사용한 것에 비해 덜 "바울의 것"이라는 말인가?[18] 설령 직접 빌려왔을 수 있다 하더라도 직접 빌려왔다는 것을 입증해줄 증거는 전혀 없다."[19] 따라서 우리는 과연 이 장이 일종의 찬송시, "의식(儀式)과 관련된" 수사학, 찬사 또는 "지혜의 말"이라고 불릴 수 있는지에 대해 사변적인 논쟁을 벌일 필요는 없다.[20] 우리는 이것이 가능한 한 많은 사람을 설득하기 위한 "심의적 수사학"(deliberative rhetoric)이라는 미첼의 결론을 받아들일 수 있다. 하지만 단지 한 가지 언어 기능에만 의존하여 그것이 지닌 다층적인 특성을 모호하게 해서는 안 될 것이다.[21] 대다수 저자는 이 장의 구조가 수미상관 형태를 띠

16) Sigountos, "The Genre of 1 Cor 13," 246-260. Sigountos는 고전 13장이 특히 플라톤의 『향연』 197 C-E 및 에스드라1서 3:34-30과 밀접한 관계를 나타낸다고 주장한다. 비록 우리가 그 가능성을 완전히 배제할 수는 없지만, 이것은 반드시 바울이 『향연』의 내용에 대해 직접적인 지식을 갖고 있다는 것을 암시하는 것은 아니다.

17) Fee, *First Epistle,* 626; Carson, *Showing the Spirit* (Grand Rapids: Baker, 1987), 52.

18) Spicq, *Agape,* 2:141-142.

19) 같은 책, 142.

20) 놀랍게도 신약연구에서는 이와 같은 수사학적인 이론이 널리 퍼져 있다. 몇몇 학자들은 이 범주를 옹호하거나 비판하는 데 지나치게 몰입한다.

21) Mitchell, *Rhetoric of Reconciliation,* 273.

고 있다고 본다. 이 구조는 명백하게 세 단위, 즉 (a) 1-3절, (b) 4-7절, (c) 8-13절로 나뉜다. 몇몇 저자들은 주요한 부분 안에서 각각 세 방향으로 움직인다는 견해를 지지하기도 한다.[22)]

13:1-13에 대한 참고문헌

Barr, J., "Words for Love in Biblical Greek," in N. T. Wright and L. D. Hurst (eds.), *The Glory of Christ in the NT,* Festschrift for G. B. Caird (Oxford: Oxford University Press, 1990), 3-18.

Blair, H. J., "First Corinthians 13 and the Disunity at Corinth," *Theological Education* 14 (1983): 69-77.

Bockmuehl, M., *Revelation and Mystery in Ancient Judaism and Pauline Christianity,* WUNT 2:36 (Tübingen: Mohr, 1990).

Bornkamm, G., "The More Excellent Way (1 Cor 13)," in his *Early Christian Experience* (Eng. trans., London: SCM, 1969), 180-193 (largely from German of 1933, with revisions on 13:13 rpt. in his *Gesammelte Aufsätze* 1 [1937], 93-112).

Caragounis, C. C., " 'To Boast' or 'To Be Burned'? The Crux of 1 Cor 13:3," *SEA* 60 (1995): 115-127.

Dautzenberg, G., *Urchristliche Prophetie,* BWANT 104 (Stuttgart: Kohlhammer, 1975), 149-225.

Dunn, J. D. G., *The Theology of Paul the Apostle* (Edinburgh: T. & T. Clark, 1998), 634-642 and 658-661.

Elliott, J. K., "In favour of καυχήσωμαι at 1 Cor. 13:3," *ZNW* 62 (1971), 297-298.

Fishbane, M., "Through the Looking Glass: Reflections on Ezek. 43:3, Num. 12:8 and 1 Cor. 13," *Hebrew Annual Review* 10 (1986): 63-75.

Ford, D. F., "Facing," in *Self and Salvation: Being Transformed* (Cambridge: Cambridge University Press, 1999), 17-29.

Furnish, V. P., *The Love Command in the NT* (London: SCM, 1973), 91-131.

Gerhardsson, B., "1 Kor 13. Om Paulus och hans rabbinska Bakgrund," *SEA* 39 (1974): 121-144; also in German *Donum Gentillicium* (1978): 185-209.

Holladay, C. R., "1 Cor 13: Paul as Apostolic Paradigm," in D. L. Balch, E. Ferguson, and W. A. Meeks (eds.), *Greeks, Romans and Christian—in Honor of A. J. Malherbe* (Minneapolis: Fortress, 1990), 80-98.

Harris, W. V., " 'Sounding Brass' and Hellenistic Technology," *BAR* 8 (1982): 38-41.

Hitchcock, F. R. M., "St. Paul's Hymn of Love (1 Cor. xiii)," *Theol* 26 (1933): 65-75.

---

22) Collins, *First Cor,* 472; 참조. Mitchell, *Rhetoric of Reconciliation,* 165-167, 274; Wischmeyer, *Der höchste Weg, Das 13 Kapitel des 1 Kor,* 205-208.

_______, "The Structure of St. Paul's Hymn of Love," *ExpTim* 34 (1922-23): 488-492.

Horsky, R., *Jesus and the Spiral of Violence* (San Francisco: Harper, 1987).

Houghton, M. J., "A Re-examination of 1 Cor 13:8-13," *BSac* 153 (1996): 344-356.

Joly, R., *Le Vocabulaire chrétien de l'amour, est-il original?* (Brussels: University of 1968).

Kieffer, R. *Le primat de l'amour. Commentaire épistémologique de 1 Cor 13*, LD 85 (Paris: Cerf, 1975).

Klein, W. W., "Noisy Gong or Acoustic Vase? A Note on 1 Cor, 13:1," *NTS* 32 (1986): 286-289.

Maly, K., *Mündige Gemeinde* (Stuttgart: Katholische Bibelwerk, 1967), 193-198.

Martin, R. P., "A Suggested Exegesis of 1 Cor. 13:13," *NTS* 32 (1986): 286-289.

Miguens, E., "1 Cor. 13:8-13 Reconsidered," *CBQ* 37 (1975): 76-97.

Mitchell, M. M., *Paul and the Rhetoric of Reconciliation* (Tübingen: Mohr, 1992), 165-171 and 270-279.

Moffatt, J., *Love in the NT* (London, 1929 and New York: Richard Smith, 1930), 특히 168-193.

Mortley, R., "The Mirror and 1 Cor 13:12 in the Epistemology Clement of Alexandria," *VC* 30 (1976): 109-120.

Nygren, A., *Agape and Eros* (Eng. trans., London: SPCK, 1957), 61-145, 특히 133-145.

O'Brien, J., "Sophocles'Ode on Man and Paul's Hymn on Love," *Classical Journal* 71 (1975-76): 138-151.

Petzer, J. H., "Contextual Evidence in Favor of καυθήσωμαι in 1 Cor. 13:3," *NTS* 35 (1989): 229-253.

Sanders, J. T., "1 Cor. 13: Its Interpretation Since the First World War," *Int* 20 (1966): 159-187.

Sanders, T. K., "A New Approach to 1 Cor. 13:1," NTS 36 (1990): 614-618.

Schmidt, K. L., "κύμβαλον," *TDNT*, 3:1,037-39.

Schmithals, W., *Gnosticism in Corinth*, 90-96.

_______, "Die Korintherbriefe als Briefsammlung," *ZNW* 64 (1973): 263-288.

Schutz, K., "Stückwerk bleibt unser Tun: Von der 'Relativität der Charismen," *Geist und Leben* 45 (1972): 241-245.

Seaford, R., "1 Cor. 13:12," *JTS* 35 (1984): 117-120.

Sigountos, J. G., "The Genre of 1 Cor 13," *NTS* 40 (1994): 246-260.

Smit, J. F. M., "The Genre of 1 Cor 13 in the Light of Classical Rhetoric," *NovT* 33 (1991): 193-216.

_______, "Two Puzzles: 1 Cor 12:31 and 13:3: A Rhetorical Solution," *NTS* 39 (1993): 246-264.

Söding, T., "Das Wortfeld der Liebe im paganen und biblischen Griechisch. Philologische Beobachtungen an der Wurzel ἀγάπη," *ETL* 68 (1992): 284-330.

Spicq, C., *Agape in the NT* (3 vols. Eng. trans., London and St. Louis: Herder, 1963), 2:139-181.

Standaert, B., "1 Cor 13," in L. de Lorenzi (ed.) *Charisma und Agape* (1 Kor 12-14) (Rome: St. Paul's Abbey, 1983), 127-147.
Stauffer, E., "ἀγάπη," *TDNT*, 1:35-55.
Strobel, A., "Exkurs: Der Begriff der Agape im NT," in *Der erste Brief an die Korintherbrief* (Zürich: Theologische Verlag, 1989), 206-208.
Stuart, E., "Love Is ... Paul," *ExpTim* 102 (1991): 264-266.
Walters, C. J., " 'Love Is ... Paul' — A Response," *ExpTim* 103 (1991): 75.
White, R. E., "Richard Gaffin and Wayne Grudem on 1 Cor 13:10 ..." *JETS* 35 (1992): 173-181.
Wischmeyer, O., *Der höchste Weg: Das 13 Kapitel des 1 Kor* (Güttersloh: Mohn, 1981).
_______, "Traditionsgeschichtliche Untersuchung der Paulinischen Aussagen über die Liebe (Agape)," *ZNW* 74 (1983): 222-236.
Yeung, M., "A Comparison of Faith in Jesus and Paul" (Unpub. Ph. D. diss., University of Aberdeen, 1999).

우리는 이 장을 세 부분, 곧 13:1-3, 4-7절, 8-13절(또는 8-12절과 정점으로서 13절)로 구분하는 널리 알려진 입장을 받아들인다.[23] 우리가 이 장의 세 단락에 부여한 소제목은 보른캄이 제시한 소제목과 대략 일치한다. 또한 크레이그도 대체로 보른캄의 소제목을 따르고 있다.[24] 칼 바르트는 다음과 같이 설명하며 구분한다. (a) "오직 사랑만…인간의 삶을 궁극적으로 결정한다.…중요한 것은 오직 사랑이다." (b) "오직 사랑만…승리한다." (c) "영원한 내용을 지닌 약속"에 근거할 때 "오직 사랑만 영원히 지속한다."[25]

23) O. Wischmeyer, *Der höchste Weg*, 205-208. 사실상 Wischmeyer는 13:1-3, 8-13의 공통적인 양식과 4-7절의 다른 표현 양식을 서로 구별한다. 바울은 전자에서 사랑의 가치와 유용함을 칭찬하지만, 후자에서는 사랑의 일반적인 윤리적 특성에 대한 일련의 고백을 제시한다. 이와 비슷하게 Mitchell은 1-3절과 8-13절을 "심의적 수사학"으로, 4-7절을 긍정적인 어구와 부정적인 어구가 동시에 나타나는 "사랑에 대한 매우 간결한 찬사로 이해한다(Mitchell, *Rhetoric*, 274; 참조. 165-167).

24) Bornkamm은 소제목을 다음과 같이 제시한다. "사랑이 결여된 모든 가치의 허무함…사랑의 특성과 영역…사랑의 불멸성"(Bornkamm, "The More Excellent Way," in his *Early Christian Experience*, 180-193). Craig는 다음과 같이 제시한다. "사랑의 탁월성…사랑의 특성…사랑의 영속성"(Craig, "1 Cor," in *IB*, 10:167, 172, and 185). 하지만 1-3절의 은사, 4-7절의 사랑이라는 단어가 지닌 역동성, 8-13절의 종말론적인 영속성도 강조할 필요가 있다.

25) Karl Barth, *Church Dogmatics*, 4/2, sect. 68:825; 참조. 727-840.

a. 사랑 없이는 모든 "은사"가 무익함(13:1-3)

1절 λαλῶ와 ἔχω는 직설법일 수 있다("만약 내가 말하면…만약 내가 지니고 있다면"). 하지만 부정사 οὐ가 아닌 μή가 사용되고 εἰ가 아닌 ἐάν과 짝을 이룬다면 이는 바울이 여기서 가정법을 사용한다는 점을 확증해준다. 이 가정은 조건적이기보다는 불명확성을 지니고 있다. 또한 (특히 다우첸베르크와 다른 학자들이 ἀγγέλων으로부터 결론을 끌어내기 때문에) 이 가정은 다음과 같이 번역하는 것이 가장 좋을 것이다. "만약 내가 사람과 천사의 언어로 말한다 할지라도, 만약 나에게 사랑이 없다면, 나는 단지 ~가 될 뿐입니다." REB는 이 문장 구조를 재구성하여 같은 결과를 끌어낸다. "내가 방언으로 말할 수 있지만…만약 나에게 사랑이 없다면"(이 번역은 NRSV, RV, NIV의 번역["만약 내가 말한다면"]과 AV/KJV, NJB의 번역["비록 내가…"]과 대조된다). 콘첼만의 다음과 같은 관점은 옳다. "바울이 고린도 공동체가 중요하게 여겼던 가치, 곧 방언으로 말하는 것, 예언 등으로 이 장을 시작한다는 사실은 매우 중요하다."[26] 이것은 불명확한 이 구문을 목회적인 측면에서 더욱더 중요하게 만든다. 이것은 "만약 내가 방언으로 말하더라도 나에게 사랑이 없다면…"이라는 공개적인 비판이 아니다. 오히려 이것은 "이 점에서 미첼이 지지하는 "심의에 기초한 수사학적인 표현"을 더욱더 강화한다. 즉 "이 상황이 일어난다고 가정해보십시오.…그렇다면 그것은 무엇에 해당하겠습니까?(즉 여러분이 나에게 말해주세요!) 이것은 해석학적인 언어를 통해 독자들이 반응하도록 이끈다.

여기서 여격은 직접적인 도구를 가리키는 데 사용된다. 곧 "사람과 천사의 언어로 말한다"를 나타낸다. 한편 사람과 천사를 구별하는 것과 관련하여 다음과 같은 견해들이 있다. (i) 고린도 교회의 서로 다른 견해를 반영한다. 즉 과연 **방언**을 통해 또는 그것으로 말하는 것은 성령의 감동으로 된 인간의 말인가 아니면 일종의 "천국의 언어"인가? (ii) 인간적인 재능, ἐν παντὶ λόγῳ(1:5, 말)과 (둘째) **방언**을 통해 또는 **방언**으로(12:10) 말하는 것

---

26) Conzelmann, *1 Cor,* 221.

을 가리킬 수 있다. (iii) (시군토스의 견해를 따라) 이것은 약간의 과장법으로 **방언**을 가리킨다. 곧 "그렇습니다. 설령 이 방언이 천사들의 언어라 하더라도"(어떤 사람들이 생각하는 것처럼!)를 뜻한다.[27] 한편 방언과 **방언으로 말하는 것**에 대해서는 앞의 주해를 참조하라. 우리의 견해에 의하면 여기서 바울은 인간의 마음속에 있는 심원한 갈망과 찬양을 표현하는 것으로서 방언의 개념을 말하기 시작하며, 이것은 **방언**이 **천사**의 언어라고 여기는 고린도 교인들의 가설로 발전한다. 하지만 바울이 반드시 이 가설을 사실로 인정한 것은 아니다. 이 견해는 타이센의 연구와 다우첸베르크의 연구와 관련이 있다(12:10에 대한 주해 참조). 이 현상에 대한 자세한 논의는 12:10에 대한 주해를 보라.

모든 번역은 (δέ 및 μή와 함께) 강조점이 반드시 사랑에 찍히도록 해야 한다. 우리는 "만약 나에게 사랑이 없다면"이라고 번역한다. 스피크는 그의 저서 『신약성경에 나타난 아가페』의 2권 색인—거의 전부 바울 서신(히브리서와 베드로전서와 더불어)에 관한 것임—에서 ἀγάπη의 "행위", 특성 또는 효력에 대해 백 가지가 넘는 목록을 제시한다.[28] 대다수 저자들은 그리스어 명사 ἀγάπη, "사랑"이 신약성경과 초기 기독교 저서를 제외한 그리스어 문헌에서는 상대적으로 드물게 나타난다는 데 동의한다. 하지만 동사형 ἀγαπᾶν은 더 자주 등장한다. 그리고 70인역에서 이 그리스어 동사는 매우 빈번하게 나타난다. 언어사전의 자료(예. LSJ, Hatch-Redaph, BAGD)뿐만 아니라 비쉬마이어와 슈타우퍼로부터 니그렌, 모팻, 스피크에 이르기까지 전문연구서들도 이 사전학적인 결과를 확인해준다.[29] 특별히 졸리는 신약성

27) Sigountos, "The Genre of 1 Cor 13," 252; 참조. 246-260. 또한 참조. Senft, *La Première Épitre*, 167.

28) Spicq, *Agapé in the NT*, 2:445-447.

29) Hatch-Redaph, 1:5-7; LSJ, 6; BAGD, 4-6; Wischmeyer, *Der höchste Weg*, 23-26; Wischmeyer, "Vorkommen und Bedeutung von Agapé in der ausserchristlichen Antike," *ZNW* 69 (1978): 212-238; E. Stauffer, "ἀγαπάω," *TDNT*, 1:21-55; A. Nygren, *Agape and Eros*, 53-67; Moffatt, *Love in the NT*, 4-63; Spicq, *L'agape de 1 Cor XIII. Un example de contribution de la semantique á l'exégèse NT* (Paris: Gabalda, 1953); 참조. further, W. Harrelson, "The Idea of Agape," *JR* 31 (1951): 169-182; Louw-Nida, 1:293-296; W.

경 밖에서 그리스어 동사 ἀγαπᾶν이 자주 등장한다는 점을 강조한다.[30] 니그렌과 모팻은 바울이 자신의 신학에서 **나타나는 사랑**을 주로 정서적, 성적 또는 황홀한 사랑에 대한 고대 그리스 및 다른 이교적인 개념으로부터 분리하는 데 관심을 두고 있다고 주장한다. 이 두 저자는 "하나님의 사랑이 지닌 의미를 말한다는 것은 그 자체로 일종의 신앙고백"이며(모팻) "아가페는 기독교의 상당히 새로운 창작으로 우리에게 다가온다.…사랑이 없다면 기독교적인 것 중 아무것도 기독교적이지 않을 것이다"(니그렌)라고 주장한다.[31] 그럼에도 우리는 이 단어의 용례를 결코 바울의 신학적인 강조점과 혼동해서는 안 된다. 또한 니그렌은 일어날 수 있는 것 중에 가장 나쁜 경우는 기독교의 ἀγάπη 사용을 비기독교적인 사랑의 개념과 혼동하는 것이라고 주장한다. 이것을 통해 "새로운 개념은…다른 개념에 의해…안에서부터 서서히 사라질 수 있다.…그러면 아가페는 이미 에로스의 영향을 받아들인 세상으로 들어간 것이다."[32]

니그렌이 아가페를 뚜렷하게 구별되는 하나의 "모티프"로 확인하는 것의 한 가지 문제점은 **단어와 개념**을 서로 혼동할 수 있다는 것이다. 바(Barr)가 우리에게 상기시켜주듯이 바울 서신과 신약성경에서 아가페라는 단어의 개념적인 용례가 독특하다는 주장과 ἀγάπη라는 **단어** 자체가 독특하다는 제안은 서로 상당히 다른 것이다.[33] 이것은 "성경 신학"에서 이와 비슷한 주장을 꽤 많이 훼손시켰기 때문에 학자들 사이에서는 몇몇 문맥에서 바울이 이 단어를 사용하는 신학적인 용례에 대한 니그렌의 중요한 설명으로부터 거리를 두려는 유혹이 넘쳐난다. 니그렌의 다음과 같은 주장은 **특정한 문맥에 근거한 신학적인 개념**으로서 전적으로 사실이다. 즉 바울이 하

Günther, "Love," *NIDNTT,* 2:542-550.

30) R. Joly, *Le vocabulaire chrétien de l'amour, est-il original?*

31) Moffatt, *Love in the NT,* 5; Nygren, *Agape and Eros,* 48.

32) Nygren, *Agape and Eros,* 53.

33) Barr, *The Semantics of Biblical Language* (Oxford: Oxford University Press, 1961), 215-243; 참조. 206-214. 특히 Barr의 다음 논문 참조. "Words for Love in Biblical Greek," in Wright and Hurst (eds.), *The Glory of Christ in the NT,* 3-18.

나님을 향해 ἀγάπη를 사용할 때 그것은 "어떤 동기에 기초한 것이 아니다(unmotivated)." 그것은 하나님의 사랑을 받는 대상이 빚어낸 "[이전의] 가치와 무관하며" 가치를 "창조하고" 하나님의 선택에 의한 이 세상과의 관계를 반영하는 교제 또는 상호성으로 묘사된다. 우리는 이 사랑이 삼위일체적인 하나님의 본성이라고 덧붙여 말할 수 있다.[34] 하지만 바울 서신의 모든 ἀγάπη 용례에 이러한 특성을 적용하여 이해한다는 것은 바(Barr)가 말하는 "불합리한 전체 전이(轉移)"라는 실수를 범하는 것이다. 이것은 다양한 본문으로부터 축적한 의미들을 이 단어의 구체적인 용례에 강요하는 것이다.[35]

하지만 우리는 왜 바울이 ἀγάπη를 세속적인 또는 비기독교적인 그리스어 텍스트에서 관능적, 감정적, 에로틱한 또는 심지어 황홀경의 뉘앙스를 나타낼 수 있는 명사 ἔρως, "열정적인 사랑"과 동사 ἀγαπᾶν으로부터 분리하고 싶었는지를 올바르게 인식하는 길을 마련해두었다. 70인역은 히브리어 단어 אהב(아하브), "사랑하다"를 ἀγαπᾶν으로 번역한다. 이 단어는 70인역을 통해 바울의 사고 안으로 들어왔을 것이다. 해치-레드패스는 70인역에서 이 단어가 약 130번 정도 등장한다고 말한다. 그리고 그리스어 명사 ἀγάπη는 אהבה(아하바), "사랑"을 번역한 것이다. 이 그리스어 명사는 70인역에서 열세 번 등장한다.[36] 예르하르손은 그의 흥미로운 연구 논문에서 고전 13장, 특히 13:8-13을 힐렐과 연관된 랍비 전통을 통해 전달된 אהב(아하브) 관련 지혜 전승을 활용한 수사학적 교훈시(찬송이 아니라)로 이해한다.[37] 피쉬베인은 이보다 더 독창적으로 13:12에 겔 43:3과 민 12:8을 반영하는 미드라쉬적 언어유희가 반영되어 있다고 주장한다. 우리는 해당 절을 주해하는 부분에서 이 주장을 면밀하게 검토할 것이다.[38] 하지만 미첼은 구약

---

34) Nygren, *Agape and Eros*, 75-81.

35) Barr, *Semantics*, 218; 참조. 70-71 and 216-219.

36) Hatch-Redpath, 1:6-7.

37) Gerhardsson, "1 Kor 13. Om Paulus och hans rabbinska Bakgrund," 121-144(또한 독일어판에서 *Domun Gentilicium* [1978], 185-209).

38) Fishbane, "Through the Looking Glass: Reflections on Ezek 43:3, Num 12:8, and 1 Cor

전승과 더불어 바울이 그리스어 단어 ἔρως와 거리를 두었을 수도 있지만, ἀγάπη나 ἀγαπᾶν의 용례 중 한 가지는 고전 13:1-13에 아주 적실하다고 강력하게 주장한다. 미첼은 φιλία와 사랑의 다른 단어들이 분열과 분쟁 이후에 친선관계의 회복에 뒤따르는 상호 존중이나 화해를 가리키는 예들을 제시한다.[39] 이것은 바울의 이 단어 사용이 고전 13장이 12:1-14:40에 확실하게 속한다는 것을 입증하는 데 훌륭하게 기여할 것이다.

니그렌의 연구는 탁월하지만, ἀγάπη라는 단어가 등장할 때마다 우리의 해석이 그 단어에 지나치게 많이 투영될 위험성을 안고 있다. 우리의 견해에 의하면 고전 13장에 나타난 사랑의 의미를 문맥에 따라 해석하려는 미첼의 올바른 시도도 똑같이 그 의미를 지나치게 협소하게 해석할 위험이 있다. 바울에게 있어 이것은 화합에 관한 그 어떤 **수사학적인** 문맥보다 **신학적으로 훨씬 더 심오하고 근본적**이다. 적어도 두 가지 주제가 13:1-13에서 이 단어가 전달하려는 어떤 독특한 신학적인 강조점을 결정한다. 첫째, 사랑은 현재 속으로 뚫고 들어온 "새로운 시대의 능력" 곧 "미래가 있는 유일한 역동적인 힘"을 나타낸다.[40] 사랑은 천상의 삶의 특징을 드러내는 속성을 갖고 있다. 하늘에서는 다른 대상에 대한 배려와 존중이 성도들과 천군 천사의 친밀한 교제로서 하나님과 함께 하는 삶의 특성을 좌우한다. 신학자는 해고 통지를 받을 수 있다. 예언자는 지금 다른 사람이 이미 알고 있지 못한 것에 대해 말할 것이 전혀 없을 수 있다. 그러나 사랑은 하늘의 종말론적인 존재의 특성으로 남는다.

둘째, 우리가 이미 언급했듯이 사랑(ἀγάπη)은 무엇보다도 다른 사람의 행복을 위한 배려, 존중, 관심으로서 의지의 행위로 보여주는 자세나 태도를 가리킨다. 그러므로 이것은 철두철미하게 **기독론적**이다. 왜냐하면 **십자가는 의지**와 **자세**를 행위로 나타내는 모범적인 사례이기 때문이다. 이것은

13," 63-75.

39) Mitchell, *Reconciliation,* 165-171; 참조. Aristotle, *Nicomachean Ethics* 8.1.4. (of φιλέω), 4 Macc 13:23-26 (φιλανθρωπία); 참조. *1 Clement* 49, 특히 *1 Clem.* 49:5.

40) E Stauffer, "ἀγαπᾶν," *TDNT,* 1:51.

다른 사람의 행복을 자신의 이해관계보다 더 우선순위에 둔다. 몰트만과 윙엘은 이것을 **십자가를 지고 그리스도의 모습으로 오신 하나님이 자신을 내어 주시는 은혜**와 올바르게 연결한다. 우리는 "하나님은 사랑이시다"라는 요한의 말을 바울에게 그대로 적용할 수 없다. 하지만 이 개념은 바울의 사상 안에 이미 들어 있으며, 성경 해석자는 성경 자료나 전승이 지닌 고유한 증언을 양보할 필요가 없다. 그것은 바울의 은혜 신학의 중심에 자리하고 있으며, 따라서 이러한 고찰을 통해 니그렌의 강조점은 고전 13:1-13에 **간접적으로** 영향을 미치고 있다. 니그렌의 연구는 5절의 강조점을 이해하는 데 특별한 가치가 있다(아래의 주해 참조).

13:1-3의 내용을 서로 명확하게 대조하면 다음과 같은 사실을 알 수 있다. **방언**(1절)은 (특정한 정황에서) 주로 자신에게 도움이 된다(14:4, ἑαυτὸν οἰκοδομεῖ). 지식(γνῶσις)은 다른 사람을 세워주기보다는 자신을 우쭐하게 만들 수 있다(8:1b). 심지어 사랑 없는 선행은 **자기 자랑**에 해당할 수 있다(13:3). **사랑은 자신의 이익에만 몰두하지 않고**(13:5), 타인의 행복을 추구한다.[41]

조건문의 귀결절을 이루는 1a ―γέγονα χαλκὸς ἠχῶν ἢ κύμβαλον ἀλαλάζον― 에 사용된 각각의 단어는 우리에게 상당한 흥미를 제공한다. 1b의 전반적인 의미는 명료하다. "내가 받은 방언의 은사가 아무리 뛰어나다 하더라도, 사랑이 없으면 나는 울리는 징이나 울려 퍼지는 심벌즈에 지나지 않는다. 이 가치 판단은 충격을 주려는 의도를 지니고 있다.…시끄럽게 울리는 징은 방언의 은사가 아니라…오히려 나 자신이다"(카슨).[42] 하지만 각 단어 또는 표현은 세부적인 주해를 필요로 한다.

χαλκὸς ἠχῶν은 해리스의 논문("'Sounding Brass' and Hellenistic Technology")의 주제다.[43] 해리스는 비트루비우스가 그의 저서 『건축서에 관

41) 참조. Vielhauer, *Oikodome* (Karlsruhe: Harrassowitz, 1940), 특히 85-88. 또한 (아래에서) 14:4에 대한 그의 주해 참조.

42) Carson, *Showing the Spirit*, 59.

43) W. Harris, in *BAR* 8 (1892): 38-41.

하여』(*On Architecture*, 기원전 30년경)에서 언급한 음향 시스템의 현상에 대해 논의한다. 청동(χαλκός) 소재는 일종의 악기나 징으로서가 아니라 일종의 **공명기** 또는 **소리 나는 금속 병**으로서의 기능을 통해 소리를 증폭시키도록 만들어졌다. 따라서 ἠχῶν은 어떤 "음(音)을 내다"가 아니라 단순히 "소리를 만들어내다"라는 의미에서 "울리는"을 의미한다. 이것은 "음을 조율하다"가 아니라 "소리를 전달하고 울려 퍼지게 한다"—예. 바다의 울부짖는 소리 또는 천둥소리—를 의미하는 ἠχέω의 용례와도 일치한다. 바울은 여기서 지속하는 것을 나타내기 위해 현재 분사를 사용한다(Himerius, *Orations* 40; 시 45:4, 70인역; 참조. 지혜서 17:18에서 명사형 ἠχῶ, 소리).[44] 따라서 ἠχῶν은 ἀλαλάζον을 쓸데없이 반복하여 사용하는 것으로 만들지 않고, **음조(音調)가 전혀 없는 시끄러운 소리가 끊이지 않고 계속된다**는 개념을 전달한다.

해리스는 비트루비우스가 관람석 주위에 설치한 벽감(niche)에 놓아둔 **소리 나는 항아리**나 **청동으로 만든 병**을 언급하고 있음을 보여준다. 비록 로마 총독 루키우스 뭄미우스가 그것을 갖다 팔아 공공 기금을 마련하는 데 사용하긴 했지만, 이와 같은 시스템은 기원전 2세기 고린도에서도 작동했을 것이다. 해리스는 고린도 사람들이 "소리 증폭 시스템"을 재현했든지 여부와 상관없이 바울의 독자들은 **소리를 내는 청동 항아리들**이 무대 위에 있는 배우들의 목소리와 음악을 증폭시켜 전달하는 데 사용되었다는 것을 알고 있었을 것이다.[45]

윌리엄 클라인은 사실상 모든 표준 번역과 주석서의 입장과 반대되는 해리스의 견해를 지지하며 발전시킨다.[46] "시끄러운 징"이라는 번역은 NRSV, NASB, 굿스피드, 모팻 등에서 나타난다. 반면에 "징"은 다른 형용사와 함께 NIV(resounding gong), NJB(gong booming) 등에서 발견된다. "울

44) 참조. BAGD, 349.

45) 추가로 *BAR* 8을 보라. 참조. *Journal of the Acoustical Society of America* 70 (October, 1981): 1,184-85.

46) Klein, "Noisy Gong or Acoustic Vase? A Note on 1 Cor 13:1," 286-289.

려 퍼지는 청동판"(바레트) 또는 "울려 퍼지는 놋쇠판"(필립스)도 소리를 크게 울려 퍼지게 한다는 일차적인 개념을 전달해주지 못한다. 하지만 녹스의 번역인 "반향하는 청동판"은 원래의 의미에 가깝다. 그리고 AV/KJV(콜린스도 이를 따름)의 "소리 나는 놋쇠판"도 잘못된 번역은 아니다. 클라인은 렌스키와 흐로세이데가 이것을 악기로 이해한다고 말한다. 또한 모팻은 이것이 이방 신전, 특히 디오니소스와 키벨레의 종교의식에서 사용되던 **일종의 징**이라고 제안한다. 그의 제안은 광범위한 지지를 받았다.[47] 하지만 포브스는 부분적으로 클라인의 연구와 관련하여 모팻의 제안을 강력하고 맹렬하게 거부했다.[48] 클라인은 결론적으로 다음과 같이 주장한다. (a) 우리는 이른바 이방 신전에서 볼 수 있는 종교적 황홀경 배경을 철회해야 한다. (b) **사랑 없는 방언**은 단순히 "생명이 없는 천박한 용기에서 나오는 울림, 공허한 소리"에 지나지 않는다.[49]

클라인은 모든 사전학자 및 주석가와 더불어 κύμβαλον ἀλαλάζον은 "일종의 악기"를 가리킨다는 데 동의한다.[50] 하지만 로린은 이것이 (오늘날의 캐스터네츠와 비슷한) "금속으로 만든 캐스터네츠를 가리킨다"고 주장한다. 그러나 나는 이 주장을 입증해주는 증거를 발견할 수 없다. 슈미트는 이 항목에 대해 *TDNT*에 기고했으며, 거기서 그는 이것이 **심벌즈**를 가리킨다는 견해를 지지한다. 하지만 이 단어는 신약성경 전체에서 오직 이곳에서 단 한 번 등장한다.[51] 이 단어는 κύμβη, "움푹 들어간 그릇 또는 움푹 들어간 접시"에서 유래했으며, 금속으로 만든 얇게 파인 둥근 접시를 가리킨다. 이것은 양쪽을 서로 부딪쳐 소리를 낸다. 70인역에서 이 단어는 히브리어 명사 **מצלתים**(메칠타임)을 번역한 것인데, 이 명사는 히브리어 동사

47) Moffatt, *First Epistle,* 192. Sweet도 이 입장을 따른다. J. P. M. Sweet, "A Sign for Unbelievers: Paul's Attitude to Glossolalia," *NTS* 13 (1966-67): 240-257.

48) C. Forbes, *Prophecy and Inspired* Speech (Tübingen: Mohr, 1995), 38-39, 135-136; 참조. also 20.

49) Klein, "Noisy Gong or Acoustic Vase?" 288.

50) 같은 책, 287.

51) R. L. Laurin, *First Cor,* 228; K. L. Schmidt, "κύμβαλον," *TDNT,* 3:1,037-39.

צלל(찰랄), "맞부딪히다, 부딪히다, (의성어에 가까운) 땡그랑 소리를 내다"로부터 유래했다(주로 역대상하, 에스라, 느헤미야에서 나타난다. 예. 대상 13:8). 비록 "짤랑대는 심벌즈"라는 AV/KJV의 이미지는 떠들썩하고 시끄러운 것이 주제이지만, 왕상 18:6에서 이 단어가 이례적으로 **트라이앵글**과 같은 삼각 모양의 어떤 악기를 가리키며, 슥 14:20에서는 "종"을 가리킨다는 견해는 논쟁의 여지가 있다.[52] 마구(馬具)에 딸린 종에는 돌기가 포함될 수 있고, 심벌즈에도 돌기가 포함될 수 있다. 현대 음악학자들은 **크로탈**—수천 년 전부터 사용된 두꺼운 금속판으로 만든 일종의 종—과 옛 튀르키예 지역에서 유래한 오늘날의 **오케스트라에서 사용하는 심벌즈**를 서로 구별한다. **크로탈**은 "명확한 음조"를 지닐 수 있으며, 오늘날의 심벌즈와 달리 짤막한 방망이 또는 망치로 정면을 치거나 때릴 수 있다.[53] 이 후자의 방식은 여기서 심벌즈가 왜 단수로 사용되었는지를 설명해줄 수 있을 것이다(그렇다면 NJB의 "부딪히는"은 의문의 여지가 있다).

바울은 κύμβαλον에 형용사 ἀλαλάζον을 덧붙인다. 이것은 애도의 의미로 크게 울던 전통에서 비롯된 의성적 표현이다. ἠχῶν과 마찬가지로 ἀλαλάζον은 엄밀히 말하자면 현재 분사다. 이것은 형용사이기보다는 지속적인 행위를 나타낸다. 그리스어 동사 ἀλαλάζω는 신약의 다른 본문에서 단 한 번 등장하는데, "크게 울다"를 뜻한다(막 5:38). 언어사전은 상황(그리고 행위자?)에 따라 **커다란 소리**와 계속 **울려 퍼지게** 하는 행위는 τύμπανον, "케틀드럼"과 κύμβαλον, "크로탈"이 합쳐져 나는 **웅장하고 화려한** 소리

52) Schmidt, "κύμβαλον," *TDNT*, 3:1,037.

53) S. Kruckenberg, *The Symphony Orchestra and Its Instruments* (New York: Crescent and Gutenberg: AB Nordbook, 1993), 193-195. 오늘날 오케스트라에서 사용하는 심벌즈는 기압의 저항 때문에 반드시 수평으로 쳐야 한다. 오늘날 심벌즈의 지름은 대체로 35~60센티미터다. 한편 설령 χαλκός를 gong으로 (잘못) 번역했다 하더라도 이것은 오늘날 오케스트라에서 사용하는 탐-탐(tam-tam)과 같다고 추측하는 것은 시대적으로 맞지 않을 것이다. 탬-탬은 직경이 약 150센티미터에 이른다. 설령 할리우드의 감독들이 이 악기를 고대 그리스나 고대 이집트 시대로 소급하여 사용한다 하더라도 이러한 압도적인 '포르티시모'는 단지 지난 125년의 낭만주의 음악 시대(예. 레스피기 또는 바그너)에서나 나타났을 것이다. 비록 이 악기들이 진정으로 청동을 사용한다 하더라도 말이다.

를 내거나(시 145:4-5, 70인역) (광범위하게) 심벌즈와 ἀλαλαγμοῦ, "크고 묵직하게 또는 파고 들어오는 듯한" 소리가 합쳐진 소리를 낸다고 말한다(BAGD는 동사 형태 τυμπανίζω가 "τύμπανον으로 고통스럽게 하다"를 의미한다고 해석한다).[54)]

이 이슈는 향후 샌더스의 연구에서 논쟁의 대상이 된다. 그의 연구는 ἀλαλάζον의 의미와 클라인의 연구에 기초하여 이 절에 대한 이전의 모든 해석을 재평가하려고 시도한다. 샌더스는 (위에서와 다른 곳에서 "또는"으로 번역된) 그리스어 불변화사 ἤ는 "~보다는 오히려"를 의미한다고 주장한다. 샌더스는 1b은 "나는 심벌즈의 우렁찬 울림보다는 오히려 단지 울려 퍼지는 음향 항아리가 되었습니다"라는 의미라고 제안한다.[55)] 그러나 그는 ἀλαλάζω가 대다수의 경우 "큰 울음"을 가리킨다는 견해를 거부한다. "일치하지 않는 불협화음으로 κύμβαλον ἀλαλάζον을 해석하는 것은 고대의 분별력과 일치하지 않는다"는 것이다.[56)] 따라서 그는 두 쌍의 형용사와 명사에 주목하기보다는 ἤ를 "비교를 나타내는 불변화사"로 보는 것으로 관심을 돌린다. 이것은 영어의 "'than'에 해당한다."[57)] 그는 "또는"이나 "~보다는"도 이론상 가능한 해석임을 시인한다. 그러나 그는 κύμβαλον ἀλαλάζον이 "바울의 독자들에게 더 유쾌한 소리였기 때문에" "~보다는"이 χαλκός와 ἀλαλάζον에 대한 다양한 추측에 대한 가장 명확한 "해결책"이라고 결론짓는다.[58)] 그는 ἀλαλαί, "큰 소리로 외침"은 70인역에서 기쁨과 열정의 외침으로 나타난다고 주장한다(예를 들면 수 6:20에서 여리고 성이 함락될 때, 삼상 17:52에서 다윗이 승리할 때. 참조. 시 42:2; 65:1; 80:2; 97:4, 6). 이것은 콜린스가 왜 다음과 같은 번역을 제안하는지를 설명해준다. "나는 울려 퍼지는 심벌즈보다는 오히려 소리 나는 놋쇠가 되었습니다." 콜린스는 심벌즈를 "조화를

---

54) 언어사전들의 항목 배열은 그 자체로 해당 단어에 대해 말해준다. 참조. 특히 BAGD, 34 and 829.

55) Sanders, "A New Approach to 1 Cor. 13:1," 614-618.

56) 같은 논문 616.

57) 같은 논문.

58) 같은 논문, 617.

이루는 소리"에 대한 은유로 이해한다.[59]

토드 샌더스의 주장은 혁신적이고 독창적이며 존중받을 만하다. 그는 해치-레드패스, 요세푸스, 기타 자료 및 고대 세계의 음악 관련 저서를 활용한다.[60] 그러나 그의 이론은 다음 세 가지 요소와 네 번째 고려 사항에 대해 타당한 설명을 제시하지 못한다. 첫째, 비록 많은 사람이 방언으로 말하고 모든 사람이 교회의 성경으로서 구약성경을 접할 수 있었겠지만, "지혜", "언변", "수사학", 사회적 지위 등을 높이 평가한 그리스-로마의 개종자들은 **심벌즈가 울려 퍼지는 것**을 자신들의 야망의 정점으로 간주하지 않았을 것이다. 분명히 그들은 승리주의자였지만(4:8), 소리 나는 청동 항아리와 울려 퍼지는 심벌즈를 서로 대조하는 도입 부분에 기초하여 잘 만들어진 교훈적인 시에 수사학적으로 초점을 맞추는 것은 다른 모든 이미지와 대조에 수사학적·서정적 무게를 싣는 것과 사실상 일치하지 않는다. 둘째, 특정 문맥에서 장임하고 인상적인 것(특히 우리가 앞에서 언급했듯이 매우 크게 울려 퍼지는 심벌즈와 케틀드럼의 소리와 같은)은 전문적인 언어학자들이 올바르게 지적하듯이 다른 문맥에서는 "고문"일 수도 있다. 영국 여왕이 웨스트민스터 성당에서 영국 성공회 총회의 개회를 선언할 때 울려 퍼지는 커다란 오르간 소리는 우리 마음속에 큰 감동을 일으킬 수 있다. 반면에 어떤 지역의 아마추어 록그룹이 연주할 때 측정되는 비슷한 수준의 데시벨은 어떤 사람에게는 순전히 고문일 것이다. "좋은 정황"을 확인한다는 것은 소음이 언제나 좋다는 것을 의미하지 않는다. 셋째, 리듬이 있는 이 연(聯)의 한 줄에 어떤 사색적인 성격의 논리적인 괴리를 삽입한다는 것은 논리의 흐름을 잠시 멈추게 하는 것에 지나치게 많은 인지적인 무게를 부여하는 것이다.

해리스와 클라인이 제시하는 대안은 난제를 제공하지 않는다. 네 번째

59) Collins, *First Cor,* 471 and 475.

60) Sanders가 다음 연구서를 이용하는 것을 참조하라. I. H. Jones, "Musical Instruments in the Bible, I," *BT* 37 (1986): 108, 109. A. Sendrey, *Music in the Social and Religious Life of Antiquity* (Rutherford-Madison: Fairleigh Dickinson University, 1974); K. Rengstorf, *Complete Concordance to Josephus.*

요소는 카슨이 우리를 주목하게 한 것이다(앞에서 언급함).[61] 바울은 단순히 만약 사랑이 없다면 방언은 단지 공허한 것이며 시끄러운 소리에 지나지 않는다고 말하는 것이 아니다. 오히려 그는 만약 방언으로 말하는 자들이 그들의 삶에 사랑이 없다면 그들 자신이 단지 소리 나는 항아리나 울려 퍼지는 심벌즈가 된다는 것이다.[62] 한편 여기서는 일반적으로 기대할 수 있는 미래 시제 대신 현재완료 γέγονα가 사용되었다. 이것은 "이러한 사람이 과연 어떻게 될지 주의 깊게 보라"는 의미를 암시한다. 무가치하고 시끄러운 소리가 끊임없이 이어진다. 영국 북부 지역에 위치한 요크셔 속담에 의하면 그들은 "이제 단지 바람과 딸랑이에 지나지 않는다."

2절 바울은 **방언**의 은사에 대해 인간의 마음속 가장 깊은 곳에 있는 갈망의 표현이나 하늘의 찬양의 일부라는 최상의 평가를 내렸다. 하지만 그는 심지어 이러한 은사를 받은 사람조차도 사랑이 없으면 단순히 시끄러운 소리에 지나지 않는다는 결론을 내렸다. 이제 그는 **예언** 및 **지식**과 관련한 의사소통과 "지혜"의 은사와 극적인 결과를 빚어내는 특별한 종류의 믿음의 은사와 그 실천에 관심을 기울인다. 우리는 구문론적으로 하인리치와 스피크가 제안한 **예언**, **지식**, **믿음**에 대한 부차적인 구분을 따른다. 비록 하인리치는 하나의 예외로서 "비밀"에 대한 지식이나 사람이 깨닫기엔 너무나 심오한 모든 신비를 예언과 연결하지만, 우리는 고린도 사람들의 열망과 관련하여 이것이 γνῶσις(지식)와 더 잘 어울린다고 주장한다.[63] 뿐만 아니라 "그리스어 동사 εἰδῶ는 '모든 비밀'과 '모든 지식'을 뜻하는 두 가지 명사를 모두 지배한다."[64]

우리가 제안한 번역은 조건의 불명확성, 점층적으로 논리가 고조되는 조건절, 서로 대조되는 내용으로 구성된 귀결절을 명료하게 제시하고

61) Carson, *Showing the Spirit*, 59.

62) 우리는 12:13의 주해에서 성령-세례에 대한 오순절파 저자들에 대해 언급하면서 그들도 이 점을 강조한다는 것을 지적했다.

63) Heinrici, *Das erste Sendschreiben*, 416-417; Spicq, *Agape*, 2:144-145.

64) Fee, *First Epistle*, 612, n. 34.

자 시도한다. 바울은 귀결절을 ἀγάπην δέ로 시작하며, “나는 어떤 사람도 아닙니다”가 아니라 오히려 중성 단수 οὐθέν과 함께 “나는 아무것도 아닙니다”라고 결론짓는다. 또한 우리는 점층법적으로 진행되는 조건절 다음에 곧바로 점강법적으로 내려가는 것을 전달하기 위해 귀결절에 “결국”이라는 말을 덧붙였다. 이 표현은 그리스어 텍스트에 분명하게 나타나지 않지만, 그 의미가 암시되어 있다. 한편 이 절의 가정법은 “그리고 만약 내가 ~라고 하더라도”라는 시작점을 표시해주지만, 이에 대한 추가적인 설명을 하기는 매우 어려울 것이다. 우리는 (NJB의 번역과 같이) εἰδῶ를 “꿰뚫다”라고 번역한다. 이 단어는 οἶδα의 가정법 현재완료이지만, 여기서는 현재의 의미로 사용된다. [ἐὰν] εἰδῶ를 “만약 내가 안다면”이라고 번역한다면 이것은 문체상 반복적인 표현일 뿐만 아니라 가정법 현재완료인 “알게 되었다”(NRSV, understand; NIV, fathom; REB, have knowledge of)라는 의미를 제대로 전달해주지 못할 것이다.

우리는 μυστήριον이라는 매우 민감하고 중요한 단어를 앞에서 “사람이 단순히 깨닫기에는 너무 심오한 모든 신비”라고 번역했다. 앞에서 2:1, 특히 2:7에 대한 주해를 보라(이 그리스어 명사는 4:1; 14:2; 15:51; 롬 11:25; 16:25; 살후 2:7; 에베소서에서 여섯 번, 골로새서에서 네 번, 디모데전서에서 두 번 사용된다). 2:7에 대한 주해에서 우리는 이 용어가 사실상 인간의 단순한 깨달음과 인간의 능력과 계획 너머에 있는 것 간의 대조를 가리킨다는 마커스 보크뮬의 신중한 주장을 살펴보았다.[65] μυστήριον이 무엇인지에 대해서는 바울, 고린도의 일부 신자들, 신비 종교를 포함한 고린도 및 주변의 비기독교적인 종교 환경 사이에서 논쟁의 대상이었을 수 있다는 점을 머릿속에 떠올리면 우리가 제시한 번역과 다른 번역은 대부분 모호함이나 무미건조함을 드러내는 경향을 보인다.[66] 우리의 번역은 적어도 고린도 교인들의 인식과 바울

---

65) Marcus Bockmuehl, *Revelation and Mistery in Ancient Judaism and Pauline Christianity*; 또한 Wolff, *Der erste Brief*, 315. 그리고 고린도와 묵시론적인 “비밀”에 대해서는 Hays, *First Cor*, 224 참조.

66) 다음 저서에 나타난 서로 다른 접근 방법을 참조하라. R. Reitzenstein, *Hellenistic Mystery-*

의 신학을 모두 반영한다. 논리적으로 πάντα의 어떤 용법은 다른 용법과 관련이 있다. 바울은 지혜, 계시, 지식이라는 은사를 최절정에 이르기까지 단계적으로 상승시킨다. τὰ μυστήρια πάντα(모든 심오한 신비)를 꿰뚫는 것은 모든 "지식"(γνῶσις)으로 들어가는 문을 열어준다.

우리는 고린도 사람들의 표어를 나타내기 위해 지식을 따옴표 안에 표기했다. 앞에서 1:5과 8:1에 대한 주해를 보라(또한 이 단어는 8:7, 10, 11; 12:8; 13:8; 14:6에서도 사용되었다). 우리가 앞에서 언급했듯이 이 단어는 신약성경 전체에서 스물여섯 번 등장하는데, 그중 스물두 번은 바울 서신에서 나타난다. 이 가운데 열다섯 번은 고린도전후서에서 등장한다. 즉 신약성경에서 γνῶσις가 사용된 용례 중에서 절반 이상이 고린도 사람들을 대상으로 언급된다. 뿐만 아니라 심지어 고린도에서, 그리고 바울의 사고에서 "지식"은 다양한 방식으로 사용된다. 어떤 의미에서 우리는 다 지식이 있다(πάντες γνῶσιν ἔχομεν, 8:1). 하지만 또 다른 의미에서 "이 지식은 모든 사람에게 있는 것이 아니다"(ἀλλ᾽ οὐκ ἐν πᾶσιν, 8:7).[67] 우리가 의미상 사랑의 주된 경쟁 상대로 지식을 명백한 표시로 제시하지 못한다면 그것은 적절하지 못할 것이다. 니그렌은 다음과 같이 주장한다. "고전 13장에서는 서로 다른 두 가지 '길', 하나님과의 서로 다른 두 사귐 사이에 하나의 명백한 대립, 하나의 대조가 존재한다. 한편으로 헬레니즘의 전형적인 영지주의적-신비주의적 '하나님의 비전'과 다른 한편으로 초기 기독교적이며 바울적인 아가페의 길이다.… '그노시스는 우쭐대게 하지만, 아가페는 세워준다.'"[68] 그렇다면 어떤 의미에서 하나는 그리스도와 그의 십자가와 관련되어 있고, 다른 하나는 그렇지 않은가? 니그렌은 "**그노시스는 자기중심적이며, 아가페는 하나님 중심적이다**"라고 단언한다(강조는 원저자의 것임).[69]

Religions (Eng. trans., Pittsburgh: Pickwick Press, 1978); H. A. A. Kennedy, *St. Paul and the Mystery-Religions* (London and New York: Hodder and Stoughton, 1913); G. Wagner, *Pauline Baptism and the Pagan Mysteries* (Edinburgh: Oliver & Boyd, 1967).

67) 참조. Glad, *Paul and Philodemus,* 283-285.

68) Nygren, *Agape and Eros,* 134; 참조. 134-135.

69) 같은 책, 143.

이제 한 가지 패턴이 드러나기 시작한다. 바울은 고린도 교인들이 **공개적인** 은사로 방언을 사용하는 **방법**에 대해 비판한다. 방언은 (단지) **자신을 세울 뿐이다**(14:4). 이와 비슷하게 γνῶσις, "지식"도 사랑에 의해 통제되지 않으면 **자신을** 섬길 뿐이다(참조. 니그렌의 "자기중심적"). 이와는 대조적으로 그리스도가 "다른 사람"을 위해 살았고 십자가에서 고귀하게 죽은 것처럼 **십자가의 길**과 **사랑의 길**은 똑같이 다른 사람들을 섬긴다. 바울이 13:4-7에서 이 방법에 대해 설명하듯이 이것들은 "다른 사람을 위한" 길이다.[70)]

믿음(πίστις)에 대해서는 12:9에 대한 주해를 참조하라. 우리는 모든 시대의 주석가들과 신학자들이 사실상 12:9에서 언급하는 믿음의 은사를 **구원에 이르게 하는 믿음**과 구별해야 한다는 데 만장일치로 동의한다고 언급했다. 모든 그리스도인은 구원에 이르게 하는 믿음을 통해 "그들을 위한" 또는 "우리를 위한" 그리스도의 구속 사역을 자신의 것으로 받아들인다. 우리는 "기적적인 신앙"이 성경적 전통보다는 칸트와 계몽사상에 속한 지나치게 이원론적인 세계관을 드러낼 뿐만 아니라 산을 옮기는 것을 너무 무미건조하게 이해한다는 점에 대해 이미 논의했다. **특별히 강건하고 좋은 영향을 미치며 담대하고 신뢰할 만한 믿음은 겉으로 보기에 스스로 극복할 수 없는 난제에 직면한 신앙 공동체 안에서 어떤 특별한 임무를 수행하는 하나의 특별한 은사일 것이다.**

"산을 옮긴다"는 표현은 예수의 말씀 중 하나로서 막 11:23-24과 마 17:20(참조. 마 21:21)에 기록된 어떤 전승을 반영한다.[71)] 모나 후커는 자신의

---

70) 이 대조에 대해서는 Vielhauer, *Oikodome*에서 "방언"이 자신을 세운다는 것과 "다른 사람"을 위한 사랑에 대해서는 Strobel, *Der erste Brief*, 199-200을 참조하라.

71) 마 17:20과 막 11:23-24의 그리스어 어휘와 구문은 서로 차이가 있지만 그 이미지는 동일하다. 바울이 예수의 어록을 사용한 것에 대해서는 다음 논문을 참조하라. F. Neirynck, "Paul and the Sayings of Jesus," in A. Vanhoye (ed.), *Apôtre Paul: Personalité, style et conception du ministère* (Louvain: Leuven University, 1986), 265-321. Neirynck는 "고전 7:10-11과 9:14에서 명백하게 주님의 명령을 가리키는" 사례를 단 두 가지만 찾아낸다. "하지만 그는 그대로 '인용'하는 것은 전혀 없다"고 주장하지만(320), 몇몇 "암시"가 있다는 것은 기꺼이 받아들인다. 또한 참조. D. Wenham, "Paul's Use of the Jesus Tradition: Three Samples," in D. Wenham (ed.), *Gospel Perspectives, 5: The Jesus Tradition outside*

마가복음 주석에서 “산을 옮기는 믿음은 어려운 작업을 행하는 것에 대한 일종의 잠언적인 말씀이었던 것으로 보인다”고 논평한다.[72] 이와 비슷하게 프란스는 마태복음에서 예수의 이 말씀은 “일어날 개연성이 가장 낮은 것에 대한 일종의 잠언적인 표현”이라고 말한다.[73] 바울은 이 절을 다음과 같은 의도로 사용한다. 즉 지식(γνῶσις)이 단순한 인간의 깨달음을 초월하는 것처럼 여기서 인간의 능력과 기대를 뛰어넘는 믿음도 하나의 은사로서 이와 같다는 것이다. 그러나 여기서 “기적”과 관련된 세계관을 옹호하거나 비판할 필요는 없다. 그리스어 동사 μεθιστάνειν은 어떤 대상을 한 장소에서 다른 장소로 옮기는 것을 의미한다. 여기서 이 동사는 잠언적인 이미지의 일환으로 사용된다. 마지막으로 πᾶσαν τὴν πίστιν은 “모든”, 곧 모든 종류의 믿음을 가리키는 일반적인 용례일 수 있다. 하지만 이 표현은 일종의 **이상적인 믿음**(고데), 곧 **모든 가능한 믿음** 또는 궁극적인 믿음, 곧 **절대적인 믿음**(모팻, 에링)을 가리킬 수도 있다.[74]

점강법으로 사용되는 οὐθέν은 독자들을 영광(자랑)에 대한 온갖 승리주의적인 환상으로부터 다음과 같이 현실로 데려다준다. 만약 내가 사람이 단순히 깨닫기에는 너무 심오한 모든 신비를 꿰뚫을 수 있고…모든 “지식”을 가질 수 있고…내가 모든 것을 능가하고 모든 난제를 극복할 수 있는 종류의 믿음을 지니고 있다는 것을 공동체 전체가 잘 알고 있다 하더라도 나에게 사랑이 없다면 결국 나 자신은 한 인격체로서 아무것도 아니다. 이것은 스스로 상상하며 우쭐대는 이 모든 것을 “일종의 큰 식칼로 내려

---

the Gospels (Sheffield: JSOT, 1985), 7-35; S. Kim, “Jesus, Sayings of,” in Hawthorne and Martin (eds.), *DPL*, 474-492; D. L. Dungan은 *The Sayings of Jesus in the Churches of Paul* (Oxford: Blackwell, 1971)에서 이 절에 대해 언급하지 않는 것 같다. 참조. Barrett, *First Epistle*, 301. Barrett는 2절이 예수의 전승을 암시하는지 의구심을 품고 있다. 하지만 이 이슈는 명백하게 입증될 수 없다. 참조. Yeung, “A Comparison of Faith in Jesus and Paul.”

72) Morna, D. Hooker, *The Gospel according to St. Mark* (Peabody: Hendrickson and London: Black, 1991), 269.

73) R. T. France, *Matthew* (Grand Rapids: Eerdmans and Leicester: Inter-Varsity Press, 1985), 266.

74) Godet, *First Epistle*, 2:239; Moffatt, *First Epistle*, 192; Héring, *First Epistle*, 135.

친다"(젠프트)[75] "만약 이 은사를 받은 사람이 조금도 사랑을 실천하지 않는다면 그는 영적으로 제로다"(스피크)[76]

3절 이 절은 신약성경에서 텍스트 비평의 난제로서 가장 널리 알려진 것 중 하나에 해당한다. UBS 그리스어 신약성경 4판(1993년)은 ἵνα καυχήσωμαι, "내가 자랑할 수 있도록"을 원문으로 읽지만, 이 독법을 "C"등급으로 분류한다. 곧 "이 위원회는 어떤 독법을 원문으로 선택해야 할지 결정하는 데 어려움이 있다"는 것이다. UBS 3판(1975년)도 καυχήσωμαι를 원문으로 선택하고, 그것에 "C"등급을 부여했다. 그러나 1975년의 "C"등급은 "과연 이 텍스트가…더 우월한 독법을 소유하고 있는지에 대한 의심의 정도가 상당하다"는 점을 나타냈다(이것은 3판에서 "의심의 정도가 대단히 높다"를 가리키는 "D"등급과 대조를 이룬다).[77] 일반적으로 대다수 비평적 판본과 텍스트 비평가는 다음 네 가지 독법을 고려 대상으로 간주한다. (i) p^{46}, א, A, B, 6, 048, 33, 사히드 및 보하이르 콥트어 역본, 클레멘스, 오리게네스, 히에로니무스(라틴어, 그리스어 판본)는 ἵνα καυχήσωμαι, "내가 자랑할 수 있도록"으로 읽는다. (ii) ἵνα καυθήσομαι, "내가 불에 타도록"은 C, D, F, G, L, 클레멘스(*Stromata* 4:8), 바실레이오스, 크리소스토모스, 키릴로스, 테오도레토스 등에서 발견된다. (iii) 세 번째 독법 καυθήσωμαι(기원후 1세기에는 드물게 사용된 후대의 가정법)는 καυθήσομαι와 문법적으로 매우 밀접하게 관련되어 있으며, 사실상 동일한 의미를 갖고 있다. 이 독법은 K, Ψ, 고대 시리아어 역본, 4세기 고트어 역본, 5세기 아르메니아어 역본들, 에티오피아어 역본(Praetorius), 테르툴리아누스, 키프리아누스 등에서 발견된다. (iv) καυθήσεται, καίω, "불에 타다"의 직설법 미래 수동태 3인칭 단수는 사실상 거의 지지를 받지 못하며(기본적으로 14세기 사본인 1877과 13세기 사본 2492 등), "아무도 이 독법을 진지하게 생각하지 않는 듯하다."[78] 비록 에링은 "내가 자랑할 수 있도록"을 원문으로 지지하지만, 나머지 세 가지 독법 중에서 "[내 몸이] 불에 타도록"

---

75) Senft, *Première Épitre*, 167. 여기서 그의 프랑스어 표현—*tombe comme un couperet*—은 이것을 웅변적으로 잘 묘사해준다!

76) Spicq, *Agapē*, 2:147.

77) USB 3th ed., xiii, 4th ed., "Introduction 3*."

78) Petzer, "Contextual Evidence in Favour of καυχήσωμαι in 1 Cor 13:3," 230; 참조. 229-253.

이라는 독법이 (ii) 또는 (iii)보다 더 개연성이 높다고 주장한다.[79)]

메츠거는 "몇 가지 매우 골고루 균형이 잡힌 고려 사항"의 목록을 제시한다.[80)] "내가 자랑할 수 있도록"에 대한 외적 증거는 "매우 이른 시기의 것이며 중요성을 지니고 있다." (a) p[46]은 대체로 기원후 200년 무렵의 것으로 추정되며, 설령 D, F, C와 독법이 다르다 하더라도, א, A, B와의 결합은 대단히 강력한 증거 능력을 제시한다. (b) 또한 불에 타 죽는 순교가 어떻게 심지어 사랑이 우선하는 가장 높은 차원의 희생으로 읽을 수 있는지 이해하는 것은 쉽다. UBS 위원회는 다음 사실에 근거하여 이 두 가지 주장을 중시했다. (c) παραδῶ τὸ σῶμά μου 다음에 ἵνα καυθήσωμαι가 온다는 것은 서투른 표현은 아니더라도 어색한 표현이며, 이 표현은 이미 기본적으로 그 점을 강조한다. 다른 한편으로 καυθήσομαι, "내가 불에 타도록"은 교부 시대 전승의 강한 지지를 받고 있다. "만약 자기의 목숨을 내어주는 동기가 자만과 자기-영광이라면" 사랑에 대한 언급은 "불필요할" 것이다.[81)]

이러한 마지막 이유에 근거하여 바흐만, 바이스, 리츠만, 브루스, 바레트, 콘첼만, 콜린스, 특히 카라구니스와 엘리엇의 연구 논문은 "불에 타도록"을 지지한다.[82)] 엘리엇과 다른 학자들은 καυθήσομαι(직설법 수동태 1인칭)와 καυθήσωμαι(가정법 수동태) 간의 사소한 차이는 단지 필사적인 측면에서만 의미가 있으며, 따라서 하나로 합쳐진 사본의 증거 그룹을 나타낸다고 본다. 콜린스는 이 두 가지 주요 독법은 외관과 발음의 측면에서 서로 매우 비슷하므로 다른 독법이 생겨난 필사 과정의 오류를 쉽게 설명할 수 있으며, 특히 카라구니스의 연구에 비추어보면 불타는 것에 대한

---

79) Héring, *First Epistle*, 137.

80) Metzger, *Textual Commentary* (2d ed. 1994), 497; 참조. 497-498.

81) 같은 책, 498.

82) Elliott, "In Favour of καυθήσομαι at 1 Cor, 13:3," *ZNW* 62 (1971): 297-298; Caragounis, "'To Boast' or 'To Be Burned'? The Crux of 1 Cor 13:3," 115-127; Grosheide, *First Epistle*, 305; Godet, *First Epistle*, 2;241-243; Morris, *First Epistle*, 180-183; Bachmann, *Der erste Brief*, 388-396; Weiss, *Der erste Kor*, 314-315; Robertson and Plummer, *First Epistle*, 290-291; Bruce, *1 and 2 Cor*, 124; Lietzmann, *An die Korinther*, 65; Conzelmann, *1 Cor*, 217, n. 1; Barrett, *First Epistle*, 302-303; Collins, *First Cor*, 476. 참조. A. Souter, *Novum Testamentum Graece*, 2d. ed., 1956; Zuntz, *Text*, 35-37.

언급도 "해명될 수 있다"고 주장한다.[83)]

하지만 우리는 καυχήσωμαι를 지지하는 논증이 더 강력하다고 판단한다. 에링이 지적하듯이 불에 타서 순교하는 것에 대한 이러한 초기의 언급은 "개연성이 없다.…[이 시기에] 이 형벌은 그리스-로마 세계에 알려지지 않았다. 그렇다면 바울이 단지 자신이 제시하는 이 한 가지 사례만[곧 단 3:28 또는 마카베오2서 7:37의 전승] 선택한다는 것은 상당히 어울리지 않는 것처럼 여겨질 것이다."[84)] "불에 타다"라는 개념에 대해 가장 쉽게 생각할 수 있는 것은 가난한 자들을 위한 기금을 마련하기 위해 자신을 노예로 파는 행위일 것이다. 따라서 불에 달군 뜨거운 인두로 자기 몸에 낙인이 찍히게 하는 것이다. 하지만 바울이 이 목적을 위해 그러한 특수 사례를 인용했겠는가?

J. H. 페처는 이보다 더 결정적인 연구를 제공한다.[85)] 그는 논의의 상태를 상세히 검토하고 나서 (a) 1-3절의 평행 구조와 점층법적인 구조와 (b) 탈친숙화(defamiliarization)의 문학적·기호론적 현상에 기초하여 자신의 주장을 펼친다. 우리는 이미 평행 구조와 클라이맥스에 대한 문제를 입증했다. 우리에게 친숙한 조건절의 각 부분은 방언(1절), 예언, 지식, 믿음(2절)의 은사에 초점을 맞추고 있다. 이제 바울은 탈친숙화의 "충격 효과"를 활용하여 "ἀγάπη를 한층 더 강조하려고 한다."[86)] 탈친숙화는 어떤 문맥에서 이미 나타나 **친숙하거나 일반적인** 것을 다시 읽어 그것을 **더 이상 친숙하지 않고 일반적이지 않은** 것으로 바꾸어 충격을 통해 재평가하려는 것이다.[87)] "탈친숙화"는 독특한 문학적 본문의 한 기능으로 여겨진다. 이

83) Collins, *First Cor*, 476-477.

84) Héring, *First Epistle*, 137. 또한 Schrage도 이 전승에 대해 논의하며, 그의 논의에도 노예에게 낙인을 찍는 개념이 포함되어 있다. Schrage, *Der erste Brief*, 3:291.

85) Petzer, "Contextual Evidence in Favour of καυχήσωμαι," 229-253.

86) 같은 책, 238.

87) 이 개념 또는 장치는 러시아의 형식주의에서 처음 탐구했다. 이제 이것은 텍스트가 지니고 있는 의미의 다양한 역동성을 분석하는 문학 이론에서 광범위하게 사용된다. 나는 다른 곳에서 V. Shklovsky에 의해 시작된 그 기원으로부터 그것이 예수의 비유에 대한 해석과 관련하여 J. D. Crossan과 다른 학자들에 의해 사용된 과정에 대해 논의했다. Thiselton, *New Horizons in Hermeneutics*, 117-120. 이 개념이 다소 무리하게 사용되고 포스트모더니즘의 입장과 결합하자 해체(deconstruction)에 이르게 되었다(같은 책, 120-132).

기능은 묘사적인 표현의 "규칙"을 깨뜨려 친숙한 것을 새로운 빛 안에서 다른 방법으로 제시하는 것이다. 따라서 독자들은 친숙한 것을 **다시 생각하거나 다시 읽도록** 요구(또는 유혹)받는다. 페처는 13:1-3이 이러한 방식으로 작동한다고 주장한다. "특히 불합리하게 다루어지는 이슈를 과장을 통해 표현하는 것이다."[88] 여기서 그는 이 "불합리성"은 "내가 자랑할 수 있도록"이라는 동기를 불순한 것으로 묘사하는 것이라고 제안한다. 그는 이 절들에서 어떤 신자에게 주어지는 "영광(또는 자랑)"은 하나님이 하시는 일로 암시되는 반면, 자기의 몸을 불사르도록 내어주는 것은 순전히 인간적인 행위에 지나지 않는다고 주장한다. 하지만 "내가 자랑할 수 있도록"을 이렇게 해석하는 것은 불필요하며 그릇된 방향으로 이끌 수 있다. 이미 언급한 바와 같이 καυθήσωμαι를 지지하는 증거가 상당한 비중을 차지한다 하더라도 우리는 καυχήσωμαι가 내적·외적 근거에 비추어볼 때 원문일 개연성이 더 높은 독법이라고 믿는다.[89] 랑은 페처와 함께 "자랑할 수 있도록"은 긍정적인 의미로 사용된다는 견해를 공유한다(참조. 빌 2:16). 슈라게는 바울이 여기서 스스로 자랑하는 것이 전혀 유익을 주지 못하는 "아무것도 아닌 것"이라는 주제를 다룬다는 비쉬마이어의 견해에 동의한다.[90]

첫 번째 단어 κἄν, "설령"은 καί ἄν의 축약형이다. 이것은 우리가 앞에서 이미 주목한 수사학적 점층법의 시작을 알려준다. 그리스어 동사 ψωμίσω(ψωμίζω의 가정법 제1부정과거 능동태)는 또다시 일종의 불명확한 조건절로 기능한다. 우리는 ψωμίζω의 의미를 이해하기 위해 언어사전의 논평을 필요로 한다. 이 동사의 명사형 ψωμίον은 "떡 한 조각 또는 음식 한 입"을 의미한다. 만약 이 동사의 강조점이 떡 조각을 **떼어내** 적은 분량으로 만드는 것에 있다면 ψωμίζω는 "작은 조각으로 나누다(특히 나누어주다)" 또는 심지어 "조금씩 낭비하다"를 뜻한다. 만약 강조점이 **떡**에 있다면 ψωμίζω

88) Petzer, "Contextual Evidence," 233; 참조. 237-252, 특히 244-245.

89) Fee, *First Epistle,* 629, n. 18, and 634-635. Fee는 이집트 전승의 탁월한 특성을 올바르게 강조한다. K. W. Clark, "Textual Criticism and Doctrine," in J. N. Sevenster (ed.), *Studia Paulina: In Honorem J. de Zwaan* (Haarlem: Bohn, 1953), 61-62; 참조. 52-65; Orr and Walther, *1 Cor,* 291; Lang, *Die Briefe,* 183.

90) Schrage, *Der erste Brief,* 3:290, 특히 n. 72; Wischmeyer, *Der höchste Weg,* 84.

는 일차적으로 (롬 12:20처럼) "어떤 사람에게 음식을 주다, 어떤 사람을 먹이다"를 의미한다. BAGD와 빈센트는 이중적인 의미를 언급한다.[91] 우리는 "설령 내가 가난한 자들을 먹이기 위해 나의 모든 재산을 나누어준다 하더라도"라는 번역을 통해 의도적인 언어유희일 수 있는 두 가지 측면을 모두 제시하고자 한다.

παραδῶ(παραδίδωμι의 가정법 제2부정과거 능동태)는 "내어주다"를 의미한다. 우리가 바로 앞에서 이 점을 언급했던 것처럼 어떤 사람의 몸을 내어준다는 것은 이론상 가난한 자들을 위한 기금을 마련하기 위해 자신을 노예로 파는 것을 가리킬 수도 있다. 그러나 특히 7:17-24의 관점에 비추어보면 이것은 심지어 하나의 시나리오일지라도 너무 구체적인 듯하다. 바울은 어떤 사람이 신체적인 몸을 포함한 자기 전부를 다른 사람이 마음대로 처분하도록 내어놓는 것을 의미한다. 아마도 바울은 이것이 다른 사람의 행복보다는 단지 외무간에서 그렇게 한다고 상상할 것이다. 랑, 페처, 오르와 월터는 이것이 이기적인 동기를 암시할 필요는 없다고 주장한다. 오르와 월터는 "9:15-16에서…바울은 분명히 '자랑하는 것'에 대해 긍정적인 자세와 부정적인 자세를 모두 지니고 있다(참조. 고후 11:16-30)"고 주장하는 반면, 랑은 빌 2:16을 언급한다.[92] 바울의 논리와 의미를 온전히 인식하기 위해 우리는 1절과 2절의 취지를 간략하게 되짚어볼 필요가 있다. 특히 평행 구조, 점층법적인 구조, 탈친숙화에 대한 페처의 논평에 비추어볼 때 이것은 필요하다(앞에서 텍스트에 대한 논평 부분 참조).

13:1-3과 12-14장의 영적인 은사에 대한 언급 사이에 연관성이 있다는 페처의 제안을 모두 받아들일 필요는 없다. 우리는 1절과 2절 간의 평행 관계는 다음과 같은 순서로 "성령의 은사"를 다루고 있다고 이미 주장했다. (i) 예배와 영적인 큰 기쁨의 은사인 방언, (ii) 언변, 지혜, 소통의 은사인 예

---

91) BAGD, 894; M. R. Vincent, *Word Studies in the NT* (London: Scribner, 1887; Grand Rapids: Eerdmans, 1946), 3:263; Meyer, *First epistle*, 1:390-391.

92) Orr and Walther, *1 Cor*, 291-292; Lang, *Die Briefe*, 183; Elliott, "In Favour of καυθήσομαι," 297-298.

언, 지식, (iii) 눈으로 볼 수 있는 놀라운 결과를 가져다주는 이례적인 은사인 믿음. 하지만 각각의 은사에 대한 언급은 점층법적으로 전개된다. 먼저 순서에 따라 은사들이 언급되고, 그다음 그 **은사들이 가져다줄 수 있는 최절정의 시나리오 또는 상상할 수 있는 예측**으로 이어진다. 곧 (i) 방언은 (a) "인간의 마음속에 잠재하는 비밀"을 구성하는 심오한 갈망과 찬양의 표현(타이센)일 뿐만 아니라 (b) 하늘의 언어로 천사들의 예배에 동참하는 것으로 상상된다(다우첸베르크). 바울은 고린도에서 논의하던 개념에서 방언에 대한 견해를 가져오지만, 그것을 받아들이거나 지지하는 것은 아니다. (ii) 예언은 (a) 심판과 은혜의 선포를 포함한 지혜롭고 사색적이며 성령의 영감을 받은 목회적인 설교일 뿐만 아니라 (b) 다음의 은사, 곧 지식으로 이끈다. (iii) 지식은 (a) 오직 한 분이신 하나님의 자기 계시(8:1-13)와 다른 복음의 진리에 대한 지식일 뿐만 아니라 (b) 고린도에서 가장 높은 곳에 오르기를 갈망하던 자들의 견해에 의하면 사람이 단순히 깨닫기에는 너무 심오한 모든 신비를 꿰뚫는 능력이다. 이것을 통해 (상상할 수 있는) 모든 지식을 얻는다. (iv) 믿음은 (a) 어떤 특별하고 굳건하고 좋은 영향을 미치는 하나님에 대한 신뢰이며, 가장 큰 난제도 극복할 수 있고, 공동체가 그렇게 할 수 있도록 돕는다. 이 믿음은 (b) **"불가능한 것"도 성취한다.**

이제 바울은 (iv) 상대적으로 친숙한(페처) 현상에 대해 말하기 시작한다. (a) 가난한 자들을 먹이기 위해 나의 모든 재산을 나누어준다. 이것은 (b) 상상에 기초한 시나리오로서 아마도 더 많은 기금을 확보하기 위해 자신을 노예로 팔아 자기 몸을 내어주는 더 높은 단계로 이어진다. 만약 이와 같은 사람이 자신이 소유한 어떤 재산이나 심지어 자기 몸까지도 자기 뜻대로 할 수 없다면 그것은 (c) 정말로 자랑할 만한 것이 아닌가? 이것은 천사의 방언, 모든 지식, 사람들 사이에서 불가능하다고 여겨지던 산을 옮기는 것과 서로 어깨를 나란히 하는 것으로 평가받을 것이다. 페처는 네 번째 그룹은 12:8-10, 28에서 설명하는 개별적인 "은사"를 능가하는 듯한 어떤 값비싼 행위를 제시함으로써 충격을 주는 것으로 시작한다고 주장한다. 하지만 거의 모든 은사를 소유한다는 것은, 심지어 이 은사들이 승리주의적인 환상으로 전락할 때도(페처는 귀류법[*reductio ad absurdum*]이라는 용어를 사용하지만, 그것은 [아직] 그렇게 "전락"[reduction]하지 않음), 사랑이 동기와 배경과 목표를 제공하지 않는다면, 결국 (i) 울려 퍼지는 청동 항아리의 시끄러움(1절)이나 (ii) 단순히 아무것도 아닌(2절) "영적으로 제로"(스피크)이듯이 아무런 쓸모가 없는 것(3절)으로 끝나고 말 것이다.[93]

οὐδὲν ὠφελοῦμαι라는 구절은 난해하다. ὀφείλω, "내가 빚지다, 내가 ~해야 한다"의 수동태가 목적격 οὐδέν과 함께 사용되었다. 전통적인 번역인 "그것은 나에게 아무런 유익도 주지 않는다"(AV/KJV)는 대다수 역본에 반영되어 있다(NRSV, REB, NIV; 참조. 콜린스). 하지만 사실상 이 번역은 "내가 자랑할 수 있도록"[NRSV]이 부정적인 자기 자랑임을 전제한다(NJB와 더불어 REB, NIV는 "불에 타도록"을 전제함). 의심의 여지 없이 ὀφείλω의 용례의 중심에는 "재정적인 부채 또는 도덕적인 빚"의 개념이 있다. 그러나 이 단어는 확대된 의미로 사용되기도 한다.[94] 녹스의 번역인 "그것은 무익하다"를 지지하기 위해서는 해야 할 말이 많다. 하지만 "아무런 쓸모가 없습니다"라는 일종의 타협적인 번역을 통해 재정적인 또는 도덕적인 빚 또는 평가라는 개념이 암시될 수도 있을 것이다. 여기서 1인칭 주어가 구체적으로 누구인지에 대해서는 단지 암시만 되어 있지만, 그 대상이 누구인지는 문맥을 통해 분명히 알 수 있다. (문법적인 주어와 대조되는) **논리적인** 주어는 친숙한 것에서 어떤 예상된 클라이맥스—이 모든 것은 아무런 쓸모가 없습니다—로 발전하는 일련의 행위다. 여기서 페처가 제안한 탈친숙화의 분석이 적용된다. **일반적이며** 당연한 것처럼 보이던 것이 이제 새롭고 **친숙하지 않은** 모습으로 나타나 **충격**을 일으킨다.[95] 사랑이 그리스도를 닮은 관심과 "타인"을 존중하는 마음과 함께 그 은사들을 이끌지 않는다면 이 경이로운 은사들과 승리주의적인 승리는 아무것도 아니다.

93) Petzer, "In Favour of καυχήσωμαι," 240; 참조. 특히 237-245.

94) BAGD, 598-599; 참조. Findlay, *Expositor's Greek Testament,* 2:898.

95) Petzer, "In Favour of καυχήσωμαι," 233-234.

b. 사랑의 본질과 행동(13:4-7)

문법적으로 중요한 한 가지 사항이 이 네 절에 대한 우리의 이해에 영향을 미친다. 대다수 영역본은 여기서 사용된 그리스어 동사들이 마치 **형용사**인 양 사랑의 **본질**을 "시간을 초월한 개념"으로 묘사한다(예. *love is patient; love is kind; love is not envious or boastful or arrogant or rude,* NRSV). 하지만 "바울은 사랑의 본질을 **일련의 동사로 표현한다.** 만약 [이 동사들을] 형용사로 번역한다면…**이 동사들의 능동적인 성격이 온전히 전달될 수 없을 것이다**"(크레이그, 강조는 덧붙여진 것임).[96]

4절 이 절에서 세 번째로 나타나는 ἀγάπη는 "C"등급으로 분류된다. UBS 4판은 원문에 해당한다고 확실하게 결정할 수 없으므로 이 단어를 꺾쇠괄호 안에 넣는다. 이 단어는 p[46], B, 33에서는 생략되어 있다. 하지만 "이 위원회의 절대다수는 이 단어들이 포함된 사본들의 무게를 높이 샀다"(메츠거).[97]

많은 영역본이 형용사를 사용하여 번역하는 것과 달리 우리의 번역은 동사로 표현된 그리스어 구문을 보존하고자 한다. 그리스어 동사 μακροθυμέω는 "인내하다 또는 인내심을 갖다"를 의미할 것이다. 고어체 표현인 "오래 참다"(suffereth long; AV/KJV, RV)는 μακρός, "오래된 또는 큰"(시간적으로나 공간적으로)과 θύμος, "열정적인 갈망 또는 진노"가 결합된 복합동사의 의미를 더 정확하게 전달할 것이다. 따라서 이것은 문자적으로 ("성급한"[short-tempered]과 반대되는 의미로서 영어 단어에는 없는) long-tempered로 번역할 수 있을 것이다. 만약 θύμος가 **진노**를 의미하는 것으로 받아들인다면 구어체로 "성미가 매우 느긋한"이라고 말할 수 있을 것이다. 반면에 만약 θύμος가 **열정적인 갈망**을 뜻하는 것으로 받아들인다면 "오래 참으

---

96) Craig, "1 Cor," *IB,* 10:172.

97) Metzger, *Textual Commentary* (2d ed. 1994), 498-499. 아마도 Metzger의 입장은 타당할 것이다. ℵ, A, C, D, F, G, Ψ, 048, 오리게네스와 그밖에 다른 증거는 ἀγάπη를 원문으로 지지한다. 하지만 이 이슈에는 표현상의 리듬 외에 문제가 될 것이 전혀 없다. 그리고 이 독법에는 어떤 등급도 명백하게 부여할 수 없다. 참조. Zuntz, *Text,* 68. 그는 "love is patient, is kind; love does not envy…"라는 독법을 지지한다.

며 기다리다"라는 의미가 된다.[98] 70인역에서 μακροθυμεῖν은 히브리어 אפ
האריך(헤에리크 아포, 잠 19:11), "노하기를 더디 하다"를 번역한 것이다. 또한 이 단어는 오래 참는 것을 가리킨다(잠 25:15; 전 8:12, ארך, 아라크).[99] 더 주목할 만한 것은 전 7:8에서 "참는 성품의 사람 또는 느긋하게 행동하는 성향의 사람"(70인역, μακρόθυμος ... πνεύματι, ארך, 아레크)이 교만한 마음을 지닌 사람(70인역, ὑψηλόν)보다 더 낫다고 말한다는 것이다. 따라서 성급하게 화를 내지 말라(전 7:9)는 말은 이것과 부정적으로 평행을 이룬다. 이와 비슷하게 바울은 신자들이 "약한 자들"을 도와주고 모든 사람에게 오래 참으라(μακροθυμεῖν)고 권면한다(살전 5:14). 그 외에 신약성경의 다른 본문에서 이 단어는 다음과 같은 의미로 사용된다. 약 5:7-8(그러므로 형제자매 여러분, ἕως τῆς παρουσίας τοῦ κυρίου 오래 참으면서 기다리십시오), 마 18:26, 29(나에 대해 인내하시면서 기다리십시오. 그러면 내가 주인님께 모든 것을 갚겠습니다). 또한 이 단어는 눅 18:7, 히 6:15, 벧후 3:9에서도 나타난다. 벧후 3:9에서는 주님의 **오래 참으심**은 그가 약속하신 것을 성취하기를 미루시는 것이 아니라 독자들을 위해 **정해진 시점까지 참으신다**고 언급된다. 이와 비슷하게 히 6:15에서 저자는 모든 것을 하나님께 맡기고 그분이 **정하신 때**를 오래 참으면서 기다리는 자의 모델로 아브라함을 추천한다. "종말론적인 긴박성"을 강조하는 전승들은 이러한 특성이 훼손되지 않도록 유의할 필요가 있다.

바울은 사랑은 오래 참으면서 기다리는 것이라는 점을 강조한다. 사랑은 인내하면서 사랑하는 사람과 사귐을 갖는 것이며, 다른 사람이 행복을 얻는 데 **올바른 시점**이 커다란 역할을 한다는 것을 인정한다. 사랑은 머뭇거리지 않는다. 이와는 대조적으로 고린도 교인들은 바울과 다른 사역자들에 대한 자신들의 억측(고전 4:5)과 승리에 대한 자신들의 기대(고전 4:8)와 관련하여 너무 성급하게 행동했다. 조지 허버트(1593-1633년)는 사랑하는 자

98) BAGD, 488; 참조. also 365.

99) Hatch-Redpath, 2:893. 한편 Strobel은 구약의 배경과 전사 메시아라는 묵시론적인 개념과 대조되는 그리스도와 같은 본성에 주목한다(Strobel, *Der erste Brief*, 203).

를 이해하기 위해 오래 참으면서 기다리는 사랑에 대한 개념을 다음과 같이 묘사한다.

> 사랑은 나보고 영접하라고 말하지만,
> 더러운 허물과 죄로 가득한 내 영혼은 망설이네.
> 하지만 눈치 빠른 사랑은 내가 맨 처음에 들어올 때부터
> 점점 더 꾸물거리는 것을 보고 있네.
> 사랑은 나에게 다가와서 부드러운 음성으로 묻네.
> 혹시 나에게 부족한 것은 없는지.
> 나는 대답했지. "가치 있는 손님만 여기 있을 수 있는가 봅니다."
> 그러자 사랑은 말했네. "바로 네가 그와 같은 사람이다."
> "친절하지도 않고 감사할 줄도 모르는 내가요? 오 나의 사랑하는 이여,
> 나는 당신을 쳐다볼 수도 없는데요."
> 사랑은 내 손을 잡고 웃으면서 대답하네.
> "나 말고 누가 눈을 만들었지?"(허버트, 사랑, 1연과 2연)

그리스어 동사 χρηστεύεται, "친절을 베풀다"는 신약성경에서 이곳에서만 단 한 번 나타나고, 단지 로마의 클레멘스(96년경)와 에우세비오스의 기독교 문헌에서만 등장한다. 클레멘스1서 14:3의 ὡς χρηστεύεσθε, οὕτως χρηστευθήσεται ὑμῖν, "여러분이 친절을 베푸는 것처럼 여러분에게도 그와 같이 친절이 베풀어질 것입니다"는 "[사랑은] 친절합니다"라는 더 정적인 형용사에 비해 "친절을 베풀다"라는 역동적인 행위를 강조한다.[100] 이 동사의 형용사형인 χρηστός, "친절한, 상냥한, 자애로운"은 기원후 1세기에 광범위하게 사용되었다(예. Philo, *Embassy to Gaius* 67; Josephus, *Antiquities* 6.92; 9.133; 참조. Papyrus Oxyrhynchus 642; Dio Cassius 66:18). 그러나 동사의 경우는 그렇지 않다. 따라서 핀들레이는 바울이 자신의 목적을 위해 이 그리스어

---

100) Schrage, *Der erste Brief*, 3:295-296. 그는 이 동사의 역동적인 특성도 강조한다.

동사를 새로 고안해냈을 수 있다고 생각한다.[101)]

하지만 이 동사의 동족 명사 χρηστότης, "친절, 관대, 정직"은 형용사와 마찬가지로 헬레니즘 문헌에서 자주 나타난다. 따라서 (a) 이 동사의 의미에 대해 의심할 요인이 전혀 없다. (b) 설령 이 그리스어 동사가 일련의 능동적인 시간적 과정에서 어떤 역할을 한다 하더라도 이 동사를 번역하기 위해 역동적인 동사 형태를 선택한 것은 사려 깊은 시도다. 스피크는 다음과 같이 주장한다. 이 단어는 "그리스도인이 자신의 형제자매를 언제나 따스하고 관대하게 영접하는 것을 암시한다.…그는 사려 깊으며 도움을 베풀고 친절하며 언제나 상냥하게 최선을 다해 행동한다.…또한 그는 아가페 안에 있는 관대함의 본질이 무엇인지 확인해준다."[102)] 오리게네스는 이 절에 대한 주해에서 이 동사를 "모든 사람에게 상냥함"(γλυκὸς πρὸς πάντας τοὺς ἀνθρώπους)을 보여주는 것으로 설명한다.[103)] 크리소스토모스는 여기서 사랑을 친절함을 베풀어 격정, 진노, 성냄의 악순환을 깨뜨리는 것으로 인식한다. "고상하게 인내할 뿐만 아니라 진정시키고 위로함으로써 그들은 상처를 치료해주고 마음의 상처를 싸매준다."[104)]

ζηλόω의 의미에 대해서는 12:431에 대한 주해를 보라. 거기서 우리는 ζηλοῦτε δὲ τὰ χαρίσματα τὰ μείζονα에 대해 주해했다. 우리는 각주 164에서 ζηλόω는 70인역에서 히브리어(קנא, 키네), "열정으로 불타오르다"를 번역한 것이라는 점을 지적했다. 또한 우리는 "불타오름 또는 끓어오름"의 개념을 은유적으로 불타오르는 또는 끓어오르는 감정, 자세, 또는 의지를 진지한 추구, 강렬한 열정 또는 불타오르는 시기심 등에 적용했다. 이것이 과연 **건설적인 열정**인지 아니면 **파괴적인 시기심**인지는 각 문맥에 달려 있다. 또다시 여기서 바울은 "시기심으로 불타오르지 않습니다"라는 표현을 선택한다. BAGD는 이 단어를 "질투 또는 시기심으로 가득한 것"으로 번역

101) Findlay, *Expositor's Greek Testament,* 2:899; 참조. BAGD, 886.
102) Spicq, *Agape,* 2:151.
103) Origen, *1 Cor. Frag.,* 51:6-7 (text in *JTS* 10 [1909]: 34, ed. Jenkins).
104) Chrysostom, *1 Cor. Hom.,* 33:1.

한다. 하지만 "불타오름"은 **가득함**의 유체역학적인(hydrodynamic) 은유보다 그 강도를 더 정확하게 전달한다.[105] 찰스 윌리엄스의 번역인 "사랑은 결코 질투심으로 끓어오르지 않습니다"가 이 뉘앙스를 분명하게 보존하고 있는 것 같다. 분명히 이 단어는 3:3의 ὅπου γὰρ ἐν ὑμῖν ζῆλος καὶ ἔρις를 암시한다. 높은 신분을 추구하는 비기독교적인 고린도 문화로부터 기독교 교회 안으로 들여온 시기심은 "성령에 속하지" 않으며(고전 3:1-3), 사랑과 양립할 수 없다. 왜냐하면 사랑은 **다른 사람의 신분과 명예를 시기하지 않고, 다른 사람 때문에 사랑 안에서 즐거워하기** 때문이다. 또다시 이 "교훈적인 시"가 고린도 교회를 얼마나 정확하게 진단하고 있는지는 포골로프, 위더링턴, 클라크 및 다른 학자들의 고린도 문화에 대한 사회-수사학적 연구에서 드러난다(앞에서 수사학 및 신분과 관련된 본문에 대한 주해를 참조하라).

대다수 영역본은 οὐ περπερεύεται를 "교만하지 않는다"(NRSV, REB, NJB)라고 번역한다(참조. AV/KJV, RV, vaunteth not itself; NIV, does not boast; 콜린스, is not conceited). 모팻은 "과시하지 않는다"라고 번역한다. 하지만 언어사전의 연구 결과와 스토아학파의 텍스트를 포함한 기원후 1세기 헬레니즘 문헌을 자세히 검토하면 바레트의 번역(그리고 스피크의 번역)—"우쭐대지 않는다"—이 이 그리스어 동사의 일차적인 의미를 가장 정확하게 표현할 것이다.[106] 또다시 (콜린스의 번역과 달리) 모팻, 바레트, NIV는 형용사가 아니라 동사를 사용하여 이 동사의 역동적인 의미를 잘 전달한다. 이것은 동사 περπερεύεται의 가장 이른 용례에 해당한다. 하지만 이것은 동족어 형용사 πέρπερος(참조. *perperus*), "자랑을 일삼는"의 형태로 에픽테토스(*Dissertations* 2.1.34 and 3.2.14), 폴리비오스(Polybius, 32.2.5 and 39.1.2), 그리고 나중에 마르쿠스 안토니누스(Marcus Antoninus 5.5)의 저서에서 분명히 동사적인 행위를 표현하는 데 사용된다.[107] 몰턴-밀리건, 로버트슨과 플

105) BAGD, 338. 참조. Schrage, *Der erste Brief,* 3:296.

106) Barrett, *First Epistle,* 303; Spicq, *Agape in the NT,* 2:153.

107) MM. 510 (다른 학자들이 언급한 에픽테토스의 자료 외에도 이 사전은 바실레이오스 *Regulae,* 49-423A를 언급함; LSJ, 1204; Robertson, *Word Pictures,* 4:178; BAGD, 653;

러머의 번역이 아마도 더 좋은 번역일 것이다. "[사랑은] 허풍을 떨지 않습니다." 그러나 이 번역은 문장의 리듬과 매우 간결하게 나열된 일련의 동사에 비추어볼 때 다소 우아하지 못하고 복잡해 보인다. 또다시 이 동사는 고린도에서 나타난 신분 추구와 승리주의의 이슈를 부각한다. 심지어 신자들조차도 허풍선이와 같이 행동하는 것처럼 보였으며, 이것은 십자가와 그리스도를 닮은 사랑과 조화를 이루지 못했다.

꾸준히 점진적으로 고조되어온 문맥에서 οὐ φυσιοῦται는 "부풀린다"(참조. AV/KJV, is not puffed up)라는 은유적인 표현과 자신의 중요성을 암암리에 강조하는 것을 결합하는 것이 가장 좋은 번역일 것이다(참조. 모팻과 굿스피드, gives itself no airs; NRSV, arrogant; REB, NJB, conceited; 콜린스, inflated). 한편 NIV의 "자만하는"은 너무 무미건조하며, 이 은유의 묘미를 살리지 못한다. 우리가 제안하는 번역은 필립스가 의미를 확대하여 번역한 것에 가깝다. 즉 "사랑은 자신의 중요성을 부풀려서 생각하지 않습니다." 그리스어 동사 φυσιόω에 대한 세부적인 주해는 4:6, 18, 19, 5:2, 8:1을 보라. 크레이그는 "φυσιόω라는 단어가 이 편지의 핵심 단어 중 하나다"라고 주장한다.[108] 이 동사는 신약성경 전체에서 일곱 번 사용된다. 그중 여섯 번은 고린도전서에서 나타난다(나머지 한 번은 골 2:18이다). 바울은 다른 사람의 행복을 위한 존중과 관심을 나타내는 사랑과 높은 신분과 자아에 집착하는 강박관념은 서로 양립할 수 없다는 사실을 강력하게 각인시킨다. 신자들과 심지어 목회자들의 행동 중에서 얼마나 많은 부분이 실질적으로 다른 사람에게 자신의 중요성을 각인시키기 위한 "관심 끌기"인가? 이른바 어떤 "복음성가"는 다른 사람보다 자신에게 집착하지 못하게 하기보다는 오히려 그것을 조장하는 것처럼 보인다. 여기서 루터가 **십자가의 신학**과 **영광의 신학**을 서로 대립시킨 사실에 다시 주목할 필요가 있다. 그리고 부분적인 이유이긴 하지만 왜 바울이 15장을 이 서신의 거의 마지막 부분에 남겨두었는지 숙

Robertson and Plummer, *First Epistle*, 293.

108) Craig, "1 Cor," *IB*, 10:175.

고해야 한다. “과시와 허식은 (바울이 거부하는) 핵심 개념이다.”[109] 바울은 사랑과 “모든 것이 허용된다”라는 “경솔한 생각”을 서로 대립시킨다.[110]

5절 οὐκ ἀσχημονεῖ, “무례하게 행동하지 않습니다”에 대해서는 7:36에 대한 주해를 참조하라. 신약성경에서 이 그리스어 동사는 오직 7:36과 이곳에서만 두 번 나타난다. 거기서 우리는 이 동사를 “만약 누가 자기 약혼녀에게 합당하게 행동하지 않는다고 생각한다면”이라고 번역했다. 형용사 ἀσχήμων은 신약성경에서 12:23에서만 단 한 번 나타난다. 해당 절에서 바울은 “보여줄 수 없는 은밀한 부분”을 언급한다. 곧 건전한 분별력과 예절을 따른다면 이 부분은 옷을 입어 보이지 않게 해야 한다. 이 세 가지 문맥은 모두 정중함, 건전한 분별력, 훌륭한 공적인 태도, 예의범절과 자신의 욕구를 관습과 대인 관계의 예절을 고려하지 않고 무분별하게 추구하는 것을 서로 대립시킨다. 따라서 “아가페는 매너 없이 행동하지 않는다”(스피크).[111] 사랑은 “공동체 안에서 그릇된 매너를 가진 몇몇 회원이 행했던 것처럼 예의 바름과 올바른 질서에 어긋나는” 방식으로 행동하지 않는다.[112]

이것은 이 의미와 대조되는 εὐσχημόνως(14:40)에 길을 열어준다. 바울은 “품위” 있는 자세로 예배를 드려야 한다고 권면한다. 즉 질서, 분별력, 정중함을 갖추어야 한다는 것이다. 또한 공동체 전체에 대한 예의범절을 희생시킨 채 다른 사람이 자신의 은사와 수사법에 주목하도록 자기중심적인 관심을 가져서는 안 된다.[113] **사랑**은 분열을 일으키거나 무례하거나 사람들의 관심을 끌려는 방식으로 대화, 예배 또는 공적인 제도에 무리하게 개입하지 않는다. 예의 바름(대 무례함)과 정중함(대 버릇없음)이 공적으로 유쾌하거나 불쾌한 것으로 판단되는 것과 상관이 있다면 사랑은 버릇없는 태도가 불쾌하게 느껴지는 사람에게 그 특성을 강요하지 않는다. 14:40은 이것을

109) Robertson and Plummer, *First Epistle*, 293.

110) Spicq, *Agape*, 2:153.

111) 같은 책, 2:154.

112) Héring, *First Epistle*, 139.

113) Spicq, *Agape*, 2:154; Hays, *First Cor*, 226. Hays는 rude(NRSV, NIV)는 그 의미가 약한 번역이라고 주장한다. 그것은 “부끄러운 행위를 가리키는 더 강력한 용어다.”

실생활뿐만 아니라 **예배**에도 적용한다. "예수는…스스로 따르지 않는 것에서 어떤 칭찬거리를 만들어내지 않았다."[114)]

여기서 이 문맥은 타당하지 않은 순간에 방언이나 예언이 끼어드는 것을 암시할 것이다(14장 참조). 그러나 오늘날 이것은 자신의 사역을 돕기 위해 다양한 방법으로 공동체의 시간과 관심을 독점하는 것을 포함할 수 있다. 즉 광고나 설교에서 채택한 어조, 스타일, 어휘 등을 꼽을 수 있고, 가장 나쁜 사례는 목회자가 지나치게 친한 대담 프로 사회자나 좋지 않은 매너로 꾸짖는 "예언자"처럼 처신하는 것이다. 바울은 묻는다. **다른 사람들에 대한 존중과 사랑**이 실질적으로 무엇을 초래하는가? 본회퍼가 주장하듯이 교회 및 은혜에 대한 신학적인 가르침은 공동체로서 교회의 사회학을 암시한다.

AV/KJV의 전통적인 번역인 "자신의 것을 추구하지 않는다"는 그리스어 구문, οὐ ζητεῖ τὰ ἑαυτῆς의 의미를 정확하게 전달한다. 하지만 오늘날 대다수 영역본은 **자아**를 더 분명하게 언급하는 것을 선호한다. 따라서 "결코 이기적이지 않다"(REB, 모팻), "결코 자기를 추구하지 않는다"(TCNT), "이기적인 목적을 추구하지 않는다"(O. M. Norlie), "자기 추구가 아니다"(NIV), "자신의 방법을 고집하지 않는다"(NRSV) 등이다. 하지만 자기 일을 추구하는 것(재귀대명사)은 "자신의 유익을 추구한다"(NJB)라는 개념을 전달할 수도 있다. 프랑크푸르트학파, 비판 이론, J. 하버마스가 등장한 이래로 "관심"이라는 용어가 오늘날 20세기와 21세기 전환기의 포스트모던 문화의 정황에서 모든 것을 지배한다. 따라서 자신의 이익에만 몰두하지 않는다는 것은 오늘날 우리의 문화에 이 그리스어 표현이 기원후 1세기 독자들에게 전달했던 것—곧 **자기중심적인 성향과 자신의 다양한 이해관계**(중성 복수 τά)의 결합—을 전달한다. 콜린스는 "자신의 이익을 추구하지 않

114) Deluz, *Companion to 1 Corinthians*, 190. 그는 "그들 자신의 세계 안에서의 예의범절과 사회 관습, 정중한 행동"을 핑계를 대면서 지키지 않는 그리스도인을 비난한다. 이른바 "자유" 또는 "지식"에 근거하여 이렇게 행동하는 것은 바로 여기서 바울이 씨름하고 있는 고린도 교인들의 실수를 그대로 범하는 것이다.

는다"라고 번역한다. 이 번역은 이 구절의 주된 개념을 표현해준다.

하지만 언어사전은 니그렌과 다른 학자들이 바울의 **신학**에 대해 강조한 심오한 관점으로 우리를 인도한다. 에로스의 사랑은 사실상 자기만족을 추구한다. 에로스는 사랑의 대상을 "소유"하고자 한다. 신화에서 에로스는 구혼자이며, 심지어 자신의 욕망을 충족시키고자 한다. 니그렌의 주장에 의하면 이와는 정반대로 아가페는 바울의 사상에서 "'**자기애라고 불리는 모든 것과 상반된다**"(강조는 원저자의 것임).[115] "따라서 아가페는 소유하려는 사랑과 정면으로 상반된다.…'아가페는 자기 유익을 추구하지 않는다(고전 13:5).' 반면에 이것은 사랑에 대한 그[바울]의 개념에서 하나님 중심적인 특성이 빚어내는 자명한 결과다. **아가페**는 자기중심적인 삶과 자신의 이해관계를 추구하는 삶에 유죄를 선언한다(강조는 덧붙여진 것임).…왜냐하면 하나님의 아가페가 성령을 통해 인간의 마음속에 흘러넘칠 때(롬 5:5) 그의 삶은 이로써 새로운 중심을 얻게 된다. 강조점은 자신의 에고에서 그리스도에게로 이동한다."[116] 에로스는 "자신의 이익을 추구하기" 때문에 그리스-로마 신화에서 에로스-쿠피도는 구혼자로서뿐만 아니라 "교활함을 지니고 애교를 드러내며 미혹하는 존재로 묘사된다. 따라서 그리스-로마 신화에서 사랑의 신은 활과 화살로 무장한 모습으로 등장한다. 그는 능숙한 사냥꾼이다."[117] 니그렌과 들뤼는 심지어 에로스의 경건함은 자기 욕망의 대상을 붙잡으려고 한다고 결론짓는다.[118]

스피크는 같은 요점을 다른 방법으로 강조한다. 만약 사랑이 "무관심하다면"(곧 이익에 대한 개인적인 관심이 없다면) "그것보다 순전한 사랑을 더 잘 보여주는 표시는 없다."[119] 그는 마 5:38-42을 언급한다. 이 본문에서 "권리"를 포기하는 것은 바울이 무언가를 할 수 있는 "권리"를 포기하는 것

---

115) Nygren, *Agape and Eros,* 130.
116) 같은 책, 130-131.
117) Deluz, *Companion to 1 Corinthians,* 190-191.
118) Nygren, *Agape,* 30-34, 41-58, 75-81, 115-133; Deluz, *Companion,* 130-132.
119) Spicq, *Agape,* 2:155.

이다(참조. 고전 6:12). 스피크는 "그노시스"도 다른 차원에서 작용한다고 지적한다. "지식"과 에로스는 어떤 대상을 지배하는 것과 관련이 있지만, "아가페는 자신의 유익을 추구하지 않고 다른 사람의 유익을 추구한다.… '그리스도는 자신을 기쁘게 하지 않았다'(롬 15:3).… '누구든지 자기 유익을 구하지 말고 남의 유익을 구하라'(고전 10:24)."[120] 스피크는 빌 2:4, 2:21에서 "다른 사람의 일"을 서로 비교한다. 가브리엘 마르셀과 마르틴 부버가 말하는 실존주의 철학은 에로스의 사랑이 어떤 사람, 어떤 "너"를 어떤 대상, 어떤 "것"으로 바꾸는 방법에 초점을 맞춘다. 거기서 사랑은 소유, 지배, 정욕이 된다. 따라서 바울은 조만간 "아는 것과 알려지는 것"의 인격적인 상호성에 대해 말할 것이다. "무례하게 행동하지 않습니다"와 "자신의 이익에만 집착하지 않습니다"가 서로 짝을 이루는 것은 고린도 교인들의 다음과 같은 행위를 암시한다. (i) 우상에게 바친 음식을 먹는 것과 관련하여 자기 입장을 고집함(10:24, 33). (ii) 주의 만찬을 먹으려고 "더 좋은" 공간(트리클리니움)으로 달려가고, 늦게 온 교인들은 아트리움으로 밀려남(11:21-22). (iii) 예배드리는 도중에 이른바 "갑자기 받은 계시"를 전하기 위해 말하던 사람의 말을 끊거나 다른 사람이 중요한 메시지를 전할 것이 있음에도 불구하고 너무 오랫동안 메시지를 전함(14:29-33). 그리고 예배를 드리는 중에 통역이 없어 이해할 수 없는 방언으로 말하며 무리하게 개입함. 이러한 말은 순전히 개인적인 예지적 표현에 지나지 않는다(14:27-28). 따라서 아가페에 기초한 예배와 사회적 관계는 에로스의 경건함에 의해 오염되고 왜곡된다. 이 과정에서 자기 긍정은 일종의 종교로 위장된다. 니체는 이러한 태도를 예리하게 분석한다. 예컨대 "'영혼의 구원'—평범한 영어로는 '이 세상은 나를 중심으로 돌고 있다."[121] 니그렌, 스피크 및 다른 학자들이 주장하듯이 이 절들은 바울로부터 이러한 개념을 배제한다.[122]

---

120) 같은 책, 2:155-156.

121) Friedrich Nietzsche, *Collected Works* (18 vols., London: Allen & Unwin, 1909-13), 16, The Antichrist, 186, aphorism 43.

122) 나는 니체의 신랄한 비판에 대해 세부적인 논평을 제시했다. A. C. Thiselton, *Interpreting*

παροξύνεται의 의미는 간략한 번역을 제안하는 것보다 일련의 묘사를 통해 표현하는 것이 더 쉽다. 이 단어의 핵심은 "날카롭게 하다, 뾰족하게 하다, 신맛이 나게 하다"라는 은유적인 표현을 확대하여 "격노하게 하다, 자극하다"라는 의미다.[123] 몰턴-밀리건은 파피루스 문헌에서 전통적인 번역인 "쉽게 성내지 않는다"(AV/KJV)를 지지하는 사례들을 언급한다. 한 가지 용례에 의하면 어떤 여인은 자신의 여동생 때문에 남편이 자기에게 화를 냈다고 불평한다.[124] 어떤 저자들은 특히 여기서 이 이슈는 화가 나서 "격분하는 것보다는 짜증을 내는 것"이라고 주장한다.[125] 이와 같은 구분은 문맥에 따라 좌우된다. 왜냐하면 언어사전은 두 가지 의미를 모두 제시하기 때문이다. 이 동사는 70인역에서 "화가 나도록 자극하다"(잠 6:3)를 의미할 수 있다. 이 동사는 신약성경에서 (고전 13:5 외에) 오직 한 번 더 나타난다. 이 용례에 의하면 바울은 "이 도시에 우상들이 가득한 것을 보고 **분노가 치밀어 올랐다**(REB, outraged)"고 한다(행 17:16). 하지만 "행 15:39에서 동족 명사 παροξυσμός는 바울과 바나바 사이에 의견의 불일치로 인한 **말다툼**을 묘사한다"(강조는 원저자의 것임).[126] 바레트의 간결한 번역인 "예민하지 않다"는 쉽게 과잉반응을 보인다는 의미를 잘 전달해준다. 하지만 이 번역은 어떤 자극에 의해(수동태) 격노하거나 화를 내는 행위의 과정을 제대로 전달해주지 못한다. 오래 참으며 기다리는 사랑(13:4)이 있는 곳에서는 사람이 **어떤 자극을 받아 예민하게 반격할 수 없다.**

사실 모든 언어사전과 일차자료는 격분의 수준에 이른다는 개념을 가리킨다. 그러나 어떻게 이것을 표현하는가? 영어 단어 pique는 이 그리스어

God and the Postmodern Self: On Meaning, Manipulation and Promise (Edinburgh: T. &. T. Clark and Grand Rapids: Eerdmans, 1995), 3-45 and 121-164.

123) Spicq도 이 점을 올바르게 지적한다. Spicq, *Agape,* 2:156; 참조. BAGD, 629; LSJ, 1158; MM, 496; Edwards, *First Epistle,* 345; Meyer, *First Epistle,* 1:392; Fee, *First Epistle,* 638-639; Bittlinger, *Gifts and Graces,* 86.

124) MM, 496; 참조. *BGU* 2:588:7.

125) Craig, "1 Cor," *IB,* 10:178.

126) Vincent, *Word Studies in the NT,* 3:265.

단어와 마찬가지로 같은 범위의 뉘앙스를 결합한다. 곧 무언가 예리한 것에 의해 자기 자존심이 상하고 상처를 받은 것으로 인한 화냄과 분노 사이의 무언가를 묘사한다. 하지만 바울은 사랑은 격분하여 화를 내는 데 이르지 않는다고 주장한다. 왜냐하면 한편으로 오래 참음은 격분에 이르지 않게 하며, 다른 한편으로 자기 이익을 추구하지 않는 것은 자기를 중요하게 생각하는 것으로부터 벗어나게 함으로써 자존심이 상처를 받지 않게 하기 때문이다. "사랑은 실질적이든 가정에 의한 것이든 상처로 인해 격분하지 않는다."[127)]

고린도의 어떤 그룹은 그릇된 자세로 무례하게 자신들의 은사와 신분을 자랑했다. 왜냐하면 그들은 경솔하게 다른 사람의 행복과 감정을 무시했기 때문이다. 이른바 더 낮은 은사를 받거나 더 낮은 신분에 속한 그룹은 다른 사람의 지나친 승리주의와 자기 과시에 격분하여 화를 내기에 이르렀다. 왜냐하면 그들은 다른 사람의 기쁨과 해방감에 동참하기보다는 자신들의 감정이 상처를 입었기 때문이다. 많은 지역 교회와 신학교 안에는 자신들의 "은사"를 자랑하는 자들이 있는가 하면, 자신들의 "상처"를 오랫동안 품는 자들도 있다. 이러한 상황에 직면한 바울은 이렇게 질문한다. 과연 이들은 진정으로 자기보다 다른 사람을 먼저 생각하는가?

동사 λογίζομαι는 신학적인 의미에서 "~로 간주하다"(롬 2:26; 3:28; 4:3-11, 믿음으로 말미암아 은혜로 의롭다고 간주함)와 평가적인 의미 또는 (월터스토프의) "카운트-제너레이션"의 의미에서 역할, 신분 또는 책임을 부여하는(롬 6:11; 8:36; 고전 4:1; 고후 3:5) "~로 여기다"와 회계의 문맥에서 "계산에 넣다"(여기서처럼)를 의미한다. BAGD는 이 동사를 이 의미로 해석하여 "사랑은 악한 것을 고려하지 않는다"는 의미를 제시한다.[128)] 이 사전은 70인역

---

127) Robertson and Plummer, *First Epistle,* 294; 참조. Schrage, *Der erste Brief,* 3:298-299. Schrage는 이 부분에서 70인역과 히브리어 본문의 문맥을 자세하게 비교한다.

128) BAGD, 475-476. 이와 비슷하게 Collins, *First Cor,* 481은 "그것은 악을 계산하지 않는다"(참조. 잠 25:21-22)는 "정치적인 토론에서 종종 사용하는 상업 용어를 사용한다"고 주장한다.

에서 λογίζομαι가 "누군가를 대상으로 무언가를 도모하다"(예. 슥 8:17)를 의미할 수 있다는 점에 기초하여 이러한 결론에 도달한다. 하지만 스피크는 70인역에 기초하여 이 동사가 "사랑은 악을 생각하지 않는다"를 의미할 수 있다고 제안한다. 이것은 또한 사랑은 "이웃을 악으로 여기지 않거나 악 자체를 범할 생각을 하지 않는다"를 의미할 수도 있다.[129] 나아가 스피크는 슥 8:17을 "악한 계획을 세우다"라는 의미로 이해한다. 이와는 대조적으로 사랑은 "어떤 술책이나 음모로부터 결백"하다. 비록 스피크는 "사랑은 상처받은 것을 두고두고 기억하지 않는다"를 선호하지만, "다시 한번 이 동사가 정확하게 무엇을 의미하는지 판단하는 것은 어렵다"라고 말한다.[130]

하지만 스피크의 해석과 "계산에 넣다"의 개념 사이에는 어떤 연관성이 있다. 그는 다음과 같이 주장한다. "어떤 상처를 계속 기억하는 대신… 사랑은 어떤 나쁜 일이 일어났다는 것에 주목하지 않는다"(참조. 고후 3:5; 빌 4:8).[131] 콘첼만은 "잘못한 행위를 전혀 기록에 남기지 않는다"라고 번역하며 "계산에 넣다"의 의미를 지지한다(또한 REB; 참조. NIV, keeps no records of wrongs; NJB, does not ... store up grievances). 아마도 NRSV의 "분개하는"은 "악을 전혀 생각하지 않는다"(AV/KJV) 또는 "악을 전혀 고려하지 않는다"(RV)와 "전혀 기록에 남기지 않는다"를 서로 타협하려고 하는 것 같다. 그러나 NRSV의 이 번역에는 역동적이며 그림과 같은 비유적인 표현이 없다. 이러한 표현은 대체로 어떤 은유나 그림과 같은 이미지를 통해 동사의 어떤 행위나 자세를 묘사한다. 따라서 우리는 예를 들어 **끓어오름** 또는 **불타오름**(ζηλόω), **부풀어 오름** 또는 **공기로 가득함**(φυσιόω), **꼴사납게** 또는 **매너가 좋지 않게** 행동함(ἀσχημονέω), **마치 날카로운 대못과 같은 말을 사용하여** 어떤 사람을 격분시킴(παροξύνομαι), 어떤 회계사가 모든 명세서를 **합산함**(λογίζομαι) 등의 표현을 만나게 된다. 대다수 영역본, 특히 NRSV와

129) Spicq, *Agape*, 2:156.
130) 같은 책.
131) 같은 책, 157.

때때로 NIV는 단순히 이러한 은유적인 표현의 강력한 정서적 이미지를 간과한 채 개념적인 내용만을 끌어온다. 브루스는 "계산에 넣다"가 "가해자에게 되돌려주다"라는 의미에서 어떤 역할을 한다는 데 동의한다.[132] 한편 콘첼만은 "λογίζεσθαι가 חשב(하샤브), '누군가의 장부에 기입하다'에 해당한다"는 점에 근거하여 "기록을 남기지 않는다"라는 번역을 지지한다.[133] 콘첼만만 이 견해를 지지하는 것이 아니다.[134] 사랑은 "심지어 그리스도인 사이에서도 여전히 널리 행해지는 관습, 곧 다른 사람의 잘못을 두고두고 생각하는 일을 하지" 않는다.[135] 볼프는 "기록을 남기지 않는 것"은 자세나 행동을 악하게 **여기는 것**과 잘 조화를 이루며, 이러한 **이중적인** 의미를 지지한다고 말한다.[136]

6절 오늘날의 영어 문체가 점점 더 짧은 문장을 요구하기 때문에 우리는 사랑이란 주어를 추가했다. 이 주어는 그리스어 원문에는 명시적으로 나타나 있지 않지만, 여기서 사랑은 암묵적으로 이 동사의 주어 역할을 한다. 여격 τῇ ἀδικίᾳ와 함께 사용된 전치사 ἐπί는 "그릇된 행위를"로 번역하는 것이 가장 좋을 것이다. ἐπί의 의미와는 별개로 "그릇된 행위 안에서"(in wrongdoing)는 요점을 제대로 살리지 못하고 동어 반복에 빠진다. 즉 여기서는 다른 사람의 그릇된 행위가 문제가 아니다. 몇몇 저자들은 ἀδικία가 바울 서신에서 도덕적 부당함보다는 전적으로 신학적인 의미에서 불의의 의미를 지니고 있다고 주장한다(참조. 롬 1:32).[137] 사실 이 절들에서 언급되는 다른 모든 선언과 더불어 바울은 아마도 고린도에서 서로 대조되는

---

132) Bruce, *1 and 2 Cor,* 127.

133) Conzelmann, *1 Cor,* 224. (앞에서) Collins의 견해 참조.

134) 참조. H. W. Heidland, "λογίζομαι," *TDNT,* 4:284-292; 부분적으로 Robertson and Plummer, *First Epistle,* "아무런 분노도 쌓지 않는다." 특히 참조. Allo, *Première Épitre,* 346, "사랑은 악한 것을 계산에 넣지 않는다."

135) Héring, *First Epistle,* 139.

136) Wolff, *Der erste Brief,* 139.

137) 특히 Robertson and Plummer, *Epistle,* 4:178. 참조. BAGD, 17-18에서 제시하는 의미 범위와 크리소스토모스, 테오도레토스, 중세 및 종교개혁 시대 주석가들에 대한 Meyer의 비판(Meyer, *First Epistle,* 1:392-393).

어떤 상황을 암시할 것이다. 이것은 다음 세 가지 중 어떤 것을 가리킬 수 있다. (i) 자신의 중요성을 부풀려 인식함과 자만(πεφυσιωμένοι). 고린도 교인들은 이러한 인식을 가지고 5:1-5에서 근친상간을 범한 사람들의 그릇된 행위를 이해했고, 특히 후견인, 재산 또는 사회적 신분이 연루되어 있었다면 더더욱 그랬다(앞에서 5:1-5 참조). (ii) 재산에 대한 권리를 획득하기 위해 지역의 이방인 법정의 조작 수단을 이용하는 과정에서 나타나는 부정에 대한 암묵적 또는 공공연한 시인(앞에서 6:1-11 참조). (iii) 더 광범위하게 고린도에서 경쟁을 일삼으며 높은 신분을 추구하는 문화. 이러한 문화는 어떤 그릇된 행위에서 어떤 사람의 공모 또는 연루가 폭로되어 그들이 명예를 잃는 사례가 발생한다면 그것을 기뻐하도록 조장했을 것이다(12-17절에 대한 머리말과 1:12-2:5에 대한 주해 참조).

문맥과 관련된 요소들은 그릇된 행위가 신학적인 **불의**나 도덕적인 **부당함**보다 더 광범위한 가능성을 내포한다는 점을 암시한다. 뿐만 아니라 이 요소들은 (모팻과 더불어) **다른 사람의 불행을 기뻐하는 마음, 곧 사람들의 실패에 대한 악의적인 기쁨** 또는 **고소해함**의 관점에서 이해하는 브루스의 해석을 연상시킨다. 브루스는 이것이 이 요소들의 상당 부분에 해당하지만, 그것의 전부는 아닐 것이라고 주장한다.[138] 바레트는 "우월감"의 이슈에 덧붙여 이 문제가 부분적으로 "지나치게 비판적인" 자세와 관련이 있다고 믿는다.[139] 만약 우리가 어떤 사람을 진정으로 사랑한다면 우리는 그 사람의 그릇된 행동을 즐거워해서는 안 된다. 오히려 우리는 그의 그릇된 행위를 바로잡아주거나 그를 꾸짖으며 권면할 기회로 삼아야 한다. 여기에는 공동체 안에서 일어나는 실수를 **예언자처럼 책망하거나 심판을 선언하는 것**을 너무 쉽게 즐거워한다는 암시가 들어 있을 수 있다. 이와 같은 예언자 또는 설교자가 그들의 행복을 소중하게 여긴다고 주장하면서 그들의 그릇된

138) Bruce, *1 and 2 Cor,* 127. 참조. Moffatt, *Love in the NT,* 180-181: "그것은 고소해하면서 어떤 스캔들에 대해 논의하는 것이 아니다."

139) Barrett, *First Epistle,* 304.

행위가 그에게 즐거움을 준다면 그는 과연 그들을 진정으로 사랑하는 것인가?

많은 주석가들은 진리에 관한 바울의 요점을 제대로 파악하지 못하는 것 같다. 피는 "복음과 이에 반대되는 모든 것…복음을 반영하는 행위"의 의미에서 이 용어가 악과 반대된다고 주장한다.[140] 그러나 진리를 이렇게 사용하는 것은 주로 신약성경의 후기 작품에서 나타나며 예고 없이 새로운 개념을 도입한다.[141] 모팻은 진리를 **선함**과 단순히 동일시한다.[142] 과연 이 서신의 수신자들은 이 절을 이런 방법 가운데 하나로 해석했겠는가? 또한 바울은 그들이 이렇게 이해할 것을 기대했겠는가? 볼프는 에스라3서 4:33-39에서 ἀδικία와 ἀλήθεια가 함께 사용되는 용례를 언급하며, 그것이 이 관계를 밝혀줄 수 있다고 주장한다.[143] 하지만 스피크는 이 문제의 핵심에 더 가깝게 근접한다. 우리는 앞에서 복합동사 συγχαίρει를 "기뻐하며 환영합니다"라고 번역했는데, 스피크는 그 이유에 대해 탐구한다. 바레트, 피와 마찬가지로 스피크도 접두사 συν-(συγ-)을 주로 강조의 의미로 이해한다. 즉 "이것은 진리를 기뻐하는 강도와 표현력을 보여준다."[144] 하지만 그는 바레트와 피보다 더 나아가 συν-이 지닌 "함께"의 측면이 "축하하다…경축하다…박수갈채를 보내다"의 고전적인 의미와 더불어 "능동적인 참여"를 가리킨다고 올바르게 이해한다. 또한 "여기서 아가페는 분명히 '환호하며 맞이하다'라는 의미와 연결되어 있다."[145]

그렇다면 사랑은 무엇을 기뻐하며 환영한다는 것인가? 한편으로 크리소스토모스는 어떤 사람의 행복을 기뻐하는 것과 다른 사람의 고난을 즐거

140) Fee, *First Epistle*, 639.

141) 신약성경과 현대 사상에서 **진리**를 다룬 다음 기고문을 참고하라. A. C. Thiselton, "Truth, ἀλήθεια," in C. Brown (ed.), *NIDNTT*, 3:874-902. 참조. J. Murphy O'Connor, "Truth: Paul and Qumran," in *Paul and Qumran*, 179-230.

142) Moffatt, *Love in the NT*, 181.

143) Wolff, *Der erste Brief*, 320. 참조. Schrage, *Der erste Brief*, 3:300, n. 128. 그는 70인역과 신구약 중간시대 문헌의 많은 본문을 언급한다.

144) Spicq, *Agape*, 2:158.

145) 같은 책.

워하지 않는 것을 설득력 있게 대조한다. 또한 사랑은 어떤 사람의 명성이 훼손된 것을 즐거워하는 대신 "칭찬을 받는 사람과 함께 즐거워한다."[146] 그러나 아마도 ἀγάπη의 편견 없는 특성이 여기서 더 분명하게 문제가 된다. 니체와 데리다 이후의 포스트모더니즘과 고대 고린도에서 박수갈채를 받던 수사학적 태도는 서로 매우 가까운데, 이 점은 중세부터 1980년대까지의 주석가들보다 바울이 의도한 의미를 더 잘 인식할 수 있게 해준다. 포스트모던 철학자들과 비판적 이론가들은 사실상 모든 행위와 자세가 자아 또는 자신이 속한 동류 집단의 권력에 대한 이해관계와 어떤 관계가 있다는 것을 바울처럼 아주 분명하게 인식한다. 내가 나의 논문 『하나님과 포스트모던 자아에 대한 해석』에서 주장했듯이 진정한 사랑은 자아와 자신이 속한 동류 집단의 권력에 대한 "이해관계"의 중심에서 벗어나 타자(the Other, 주로 하나님 및 다른 사람) 안에서 그 중심을 되찾는다. 진정한 사랑은 이를 통해 자신의 유익으로부터 벗어날 수 있다.[147] 진리는 이제야 비로소 권력의 행동강령으로부터 자유로워진다. 공평무사한 참된 진정성은 한 개인의 계획에 도움이 되거나 방해가 될지 염려하지 않고 자유롭게 진리를 추구한다. 바울은 사랑이 이른바 완전한 진정성을 발견했다고 말한다. 니그렌이 일관되게 주장하듯이 사랑은 가치에 대해 편견이 없고 창의적이므로 진리 안에서 기뻐한다.[148] 정관사가 붙은 이 추상명사(τῇ ἀληθείᾳ)는 비록 "그 진리"라는 번역을 배제할 수는 없지만, 그런 번역을 우리에게 반드시 요구하지는 않는다. 만약 이 정관사를 번역에 포함한다면 아마도 그것은 복음의 진리 자체보다는 이런저런 상황에서의 그 **진리**를 가리킬 것이다.

그렇다면 "진리를 기뻐하며 환영합니다"의 실질적인 의미는 사랑은 진리 또는 그 진리로부터 자신을 보호하기 위해 계책과 숨은 뜻을 간교하게 사용하지 않는다는 것이다. 사랑은 자기방어보다는 항상 정직하게 열려

146) Chrysostom, *1 Cor. Hom.* 32:4.
147) Thiselton, *Interpreting God and the Postmodern Self*, 3-45 and 121-164.
148) Nygren, *Agape and Eros*, 77-78.

있다. 왜냐하면 사랑은 자신의 유익보다 타인의 유익을 먼저 고려하기 때문이다. 신학은 대다수 주석가들이 생각하는 것보다 사랑에 대한 그림을 다르게 보여준다. 칼 라너가 주장하듯이 모든 것을 하나님의 손에 맡긴 사람은 진실(진리)을 두려워하거나 그것으로부터 숨을 필요가 전혀 없다. 왜냐하면 하나님은 그것을 이미 알고 계시고, 각 신자를 그 모습 그대로 받아들이시기 때문이다.[149] 이제 6a과 6b 사이의 대칭이 분명하게 드러난다. 진정한 사랑이 있는 곳에서는 그 어떤 악의 오점도 사랑을 증진하거나 사랑에 즐거움을 줄 수 없다. 사랑은 어떤 사람의 실수를 즐거워하지 않으며, 진정성과 현실을 기뻐한다. 상황이 좋지 않다면 사랑은 도와주기를 원하고, 상황이 좋다면 사랑은 함께 축하해주기를 원한다. 사랑은 무언가 그렇지 않은 것처럼 진실을 위장하여 이해관계를 숨기려 하지 않는다. 들뤼는 이 절을 7절의 내용과 연결한다. 사랑은 "과장하여 생각하지 않고…이해하고자 애쓰며…오래 참으면서 기다린다."[150]

7절 우리의 번역은 그리스어 구문을 다음 두 가지에 근거하여 재구성한다. 그것은 바울이 πάντα, "모든 것"을 네 번이나 사용하며 그 강조점 전달에 기초하여 포함 및 배제의 논리를 구별하는 데 관심을 둔다. 첫째, 네 번이나 사용되는 πάντα는 "한계가 전혀 없다"는 점을 전달한다(에링).[151] 따라서 이것은 **모든 것을 포괄하는 내용**을 정의하기보다는 ἀγάπη에서 **모든 한계를 배제한다**. REB는 일련의 부정을 부정함으로써 현대 영어로 이 점을 가장 훌륭하게 번역하는 유일한 주요 영역본이다. "사랑이 맞서지 못할 것은 아무것도 없습니다. 사랑의 신뢰, 소망, 인내에는 한계가 전혀 없습니다." 심지어 콜린스도 과도하게 포괄적인 번역을 제시한다. "사랑은 모든 것을 참고, 모든 것을 믿고, 모든 것을 소망하고, 모든 것을 참습니다."[152]

---

149) Karl Rahner, "On Truthfulness," in *Theological Investigations,* 7 (Eng. trans., London: Darton, Longman & Todd, 1971), 229-259. 참조. W. Pannenberg, "What is Truth?" in *Basic Questions in Theology,* 2 (London: SCM, 1971), 1-27.

150) Deluz, *Companion,* 193.

151) Héring, *First Epistle,* 141.

152) Collins, *1 Cor,* 478.

둘째, 전통적인 번역은 바울과 기독교를 오해하게 하는 번역을 제시한다. 이러한 번역은 포이어바흐, 마르크스, 니체, 프로이트 등에게 맹렬한 비판의 실마리를 제공해주었다. 널리 알려진 AV/KJV, RV의 번역인 "모든 것을 참으며, 모든 것을 믿으며, 모든 것을 바라며, 모든 것을 견디느니라"는 민중의 아편이라는 기독교에 대한 마르크스의 견해와 "노예적인 저급한 도덕"이라는 기독교에 대한 니체의 개념을 지지하는 것처럼 보인다. 니체는 이렇게 주장한다. 십자가와 사랑에 대한 바울의 개념은 "모든 연약하고 천박하며 망가진 것의 편을 든다. 그의 개념은 강한 삶에 대한 적대감으로부터 하나의 이상(ideal)…아무것도 아닌 것에 대한 의지를 만들어냈다."[153] 니체의 견해에 의하면 바울은 "미신과 교활함으로 가득 차" 있었다. 왜냐하면 그는 율법에 관한 언어를 재해석함으로써 "율법의 파괴자"가 되었고, 이를 통해 스스로 해석한 견해와 다른 기준의 파괴자가 되었기 때문이다. "도덕 자체는 사라지고 폐지되었다.…바울은 '나는 율법 위에 있다'고 생각한다."[154] 만약 바울이 독자들에게 모든 것을 참고 믿고 바라고 인내하라고 지시한다면 니체는 "진리가 완전히 뒤집혔으며…모든 가치가 전복되었다!"라고 말할 수 있을 것이다. 반면에 미셸 푸코는 이것을 체제 순응자의 "온순함"으로, 마르크스는 "아편"으로, 프로이트는 "모든 것을 견디기" 위해 "모든 것을 믿는" 막연한 희망을 통해 해결된 내면의 갈등에서 비롯된 일종의 투사로 인식할 수 있을 것이다.[155]

하지만 이 중에 그 어떤 것도 바울의 사상과 일치하지 않는다. "모든 것이 허용된다"와 "우리는 왕처럼 통치한다"는 슬로건은 바로 고린도 교인들이 고안해낸 것이다. 특히 예언과 예배에서 구별과 판별을 강조한 사람은 바울이다. 더욱이 ἀγάπη는 "온순하거나" 체제 순응적이지 않다. 사랑은

---

153) F. Nietzsche, *Works, XVI: The Antichrist,* 130 (aphorisms 5 and 6), 131 (aphorism 7), and 146 (aphorism 18); 참조. 142-150 (aphorisms 16-21).

154) F. Nietzsche, *Works, IX: The Dawn of Day,* 67-70 (aphorism 68; cf, 66-71).

155) F. Nietzsche, *Works, XVI: The Antichrist,* 138 (aphorisms 12) and 231 (aphorisms 62); 참조. M. Foucault, *Discipline and Punish* (Eng. trans., New York: Pantheon, 1977). 예를 들면 의학, 종교 또는 형법 체계 안에서(190 이하).

"비굴하고 저급함"을 통해 조용한 삶을 추구하지 않는다. 바울 신학에 대한 니그렌의 해설은 그 정반대를 보여준다. 사랑은 창의적이고 혁신적이며 변혁적이고 "보답"에 무관심하다. 거기에는 포이어바흐, 마르크스, 니체와 프로이트의 분석이 기초하는 "이해관계"가 전혀 없다. 따라서 우리는 부분적인 것을 배제하기 위해 가장 덜 모호한 방법으로 부정의 논리를 사용함으로써 바울의 의미를 방어하는 의미론적 전략을 사용해야만 한다. 또한 우리는 15:43, 44에서 이와 유사한 논리적·의미론적 문제를 탐구하게 될 것이다. 바울은 다음과 같이 선언한다. "사랑은 지치지 않고 계속 도와줍니다. 사랑은 신뢰를 거두지 않고, 소망하다가 지치지 않고, 결코 포기하지 않습니다." 네 가지 부정적인 행위와 더불어 등장하는 네 번의 "결코 ~가 아니다"는 바울의 네 번의 "모든 것"(πάντα)에 수사학적인 의미를 제공해주는데, 이는 분명히 프로이트와 니체 이후의 세계를 사는 독자들에게 오해를 불러일으킬 소지가 있다. REB의 번역은 이 기본 전략을 위한 하나의 좋은 선례를 제공한다.

그러나 이 동사들 가운데 적어도 한 동사의 정확한 의미론적 범위는 여전히 의문으로 남아 있다. 동사 στέγει의 의미는 논쟁의 대상이다. 어휘학자들과 해석자들은 이 동사의 동족 명사 στέγη, "지붕"(참조. 막 2:4)이 출발점을 제공한다는 데 일반적으로 동의한다. 하지만 이것은 동사 στέγω와 다양한 방법 가운데 하나로 연결될 수 있다. 이 동사는 지붕이 집을 덮는 것처럼 "덮다"를 의미한다. 그리스어 성경에서 이 동사는 (이곳 외에) 오직 전 8:17(70인역), 고전 9:4, 살전 3:1, 5에서만 나타난다. λόγον στέξαι는 집회서 8:17에서 "그 일을 감추다"(비밀을 지키다)를 의미한다. 이것은 다음과 같은 경구와도 일치한다. "사랑은 허다한 죄를 덮어줍니다(καλύπτει)"(벧전 4:8; AV/KJV). 콘첼만도 그의 번역에 "덮다"를 사용하며, στέγει는 "(a) '침묵의 베일을 덮다' 또는 (b) '참다'"를 의미한다고 주장한다.[156] 바울이 고전 9:12에서 이 동사를 사용한 것은 후자의 의미("참다")를 지지해준다. 해당

156) Conzelmann, *1 Cor,* 224; also 224, n. 64 and 225, n. 65.

절에서 이 동사는 "억제하다"의 의미로 "참다"를 뜻한다. 그러나 언어사전들과 주석가들은 이것이 이 동사의 의미로 자주 사용되지 않는다는 데 일반적으로 동의한다. BAGD는 "아마도" 13:7에서 στέγει는 "사랑은 다른 사람에게 불쾌한 것 위에 침묵의 덮개를 씌우는 것"을 의미할 것(하르나크)이라고 결론짓는다.[157] 페트루스 롬바르두스와 중세의 많은 해석자들은 바울이 하나님의 사랑에 대한 본보기를 제공해준다며 이 의미를 채택한다.

몇몇 번역본은 στέγει를 "덮다"보다 "보호하다"라는 의미에서, 즉 "참다"보다 "지지하다"라는 의미에서 지붕과 연결한다. NIV는 "언제나 보호해줍니다"라고 번역한다. NRSV는 "모든 것을 참습니다"라고 번역한다. 이 번역은 사전적 의미로는 안전하지만, 신학적으로는 위험한 게임을 한다. NJB는 "덮는다"는 주제를 확대하여 "사랑은 언제나 관대하게 보아줄 준비가 되어 있습니다"라고 번역한다. 이 번역은 "지지한다"는 개념을 구체화한다. 위태커는 "사랑은 전혀 새지 않는다"라는 번역을 제안하면서 지붕의 이미지를 보존하려고 시도했다.[158] 고데는 벵엘을 따라 "견디다"라는 의미에서 "참다"를 가리키는 ὑπομένει와 관련하여 같은 의미를 반복하며, 따라서 "용서하다"라는 의미에서 "덮어주다"(감싸주다)를 뜻한다고 주장한다.[159] 스피크와 최근에 랑은 이 동사가 "덮다"를 의미한다는 결론을 내리기 위해 바로 이 논점을 제시했다.[160] 우리의 이해는 마이어, 바레트, 슈라게의 이해와 가장 가깝다. 마이어는 불가타역의 "참다"(*suffert*)를 인용하면서 στέγει와 ὑπομένει를 서로 구별한다. 후자는 제한 없는 **기간 동안** 모든 것을 견뎌내며 사랑을 지속해서 지지해준다. 전자는 한계가 없는 짐을 떠받치는 것을 가리킨다. 즉 "끊임없이 사랑하며 때때로 다른 사람에 의해 주어지는 모든 것—곧 부담, 궁핍, 고통, 고난, 수고 등—을 버텨내는(*suffert*)" 것이다.

---

157) BAGD, 765-766.
158) Whitaker, "Love Springs NO Leak," *Exp.* 21, 8th ser. (1921): 126.
159) Godet, *First Epistle,* 2:247.
160) Lang, *Die Briefe,* 185; Spicq, *Agape,* 2:159. 참조. Senft, *Première Épitre,* 167

슈라게는 *suffert*를 *sustinet*와 연결한다.[161] 지붕을 "견딘다"기보다는 "떠받치는" 구조를 더 잘 암시하는 "지지해주다"(떠받치다)는 이 의미를 잘 전달한다. 바레트는 의인 시므온(기원전 3세기)으로부터 유래한 유대교 미쉬나 전승—**예배**는 세상을 지지해준다(떠받쳐준다)—에 호소하면서 "지지해주다"에 한층 더 힘을 실어준다.[162] 슈라게는 자신이 낳은 어린아이를 끊임없이 돌보는 어떤 어머니의 사랑에 대한 키르케고르의 유비가 이 단어를 이해하는 데 도움을 줄 것이라고 말한다(각주 162 참조).

우리가 나머지 동사에 대한 해석을 마무리하기에 앞서 우리는 마이어의 주해와 우리의 번역이 엘리자베스 스튜어트와 C. J. 월터스 간의 논쟁 배후에 있는 전제, 곧 여기서 "사랑은 바울이다"에 무게를 실어줄 것이라고 믿는다. 다시 말해 바울은 자신의 사랑과 관심을 타자(the Other)에게 하듯이 고린도 교인들에게 보여준다고 자신을 인식하고 있기 때문에 이 사랑은 지치지 않고 계속 지원해주며, 신뢰를 거두지 않고, 소망을 버리지 않으며, 결코 포기하지 않는다.[163] 이 두 저자는 여기서 이 장을 자세히 다루지 않는다. 기본적으로 스튜어트는 바울에게서 어떤 교묘한 전략을 발견한다. 즉 바울은 고린도 교회에서 "은사"에 부여한 가치보다 자신의 가치관을 더 깊이 나타내는 관점에서 "사랑"을 정의함으로써 결과적으로 자기 자신이 그 모범(paradigm)이며, 자신을 통해 하나님의 사랑이 경험된다고 주장한다. 월터스는 바울이 개인적인 관점보다는 **원칙적으로** 사랑을 진리 및 공평무사한 관심과 연결한다는 점에 근거하여 교묘한 속임수에 대한 스튜어트의 주장을 비판하며 거부한다. 그러나 두 저자는 바울이 고전 13장에서 사랑에 대해 묘사한 것을 자신의 삶 속에서 철저하게 구현하려 했다는 점에 대해서는 전혀 이의를 제기하지 않는다.

---

161) Meyer, *First Epistle*, 1:393; Schrage, *Der erste Brief*, 3:341. 또한 Schrage는 칼뱅과 키르케고르의 이해를 서로 비교한다. 거기서 키르케고르는 어떤 어머니가 어떻게 무제한으로 그녀의 자녀를 실질적으로 지원하는지와 비교한다.

162) Barrett, *First Epistle*, 304; *m. Aboth* 1:2.

163) Elizabeth Stuart, "Love is … Paul," *ExpTim* 102 (1991): 264-266; C. J. Walters, "Love is … Paul," *ExpTim* 103 (1991): 75.

스튜어트의 접근 방법이 우리를 와이어, 카스텔리, 푸코가 서로 공감하는 권력에 대한 이슈로 이끈다는 사실은 의심의 여지가 전혀 없다. 와이어는 이렇게 주장한다. "바울이 이 사랑을 모든 영적 은사의 활용과 예리하게 대비한다는 점은 고린도의 예언자들이 이 동사들의 의미를 뒤집어놓는 데 가장 높은 가치를 두었음을 암시한다. 그들은 더 이상 고난을 겪지 않고 새로운 삶을 열정적으로 추구한다. 그들은 다른 사람들의 필요에 깊은 관심을 기울이기보다는 성령이 그들에게 행하는 것으로 즐거워한다."[164] 이처럼 와이어는 포이어바흐나 니체가 바울을 이해한 것으로 되돌아간다. 즉 바울은 "비굴하고 저급함"을 우둔하게 옹호한 자인 반면, 고린도의 여자 예언자들은 "성령의 창의성을 과감하게 보여준다"는 것이다.[165] "고린도의 여자 예언자들은 사회적으로 바울이 추구하는 것과 전혀 다른 길을 걸어가며, 그리스도를 다르게 경험하고…사회적으로 다른 관습과 신학적으로 다른 규범을 제시한다."[166] 카스텔리는 고전 13장을 직접 언급하지는 않지만, (우리가 동의하는 바와 같이) 와이어, 스튜어트 및 다른 학자들이 13:7에서 거의 베일에 가려 있는 듯한 바울의 목표를 올바르게 분별한다면 바울의 미메시스(*mimesis*)와 권력과 푸코의 순응에 관한 개념 간의 연관성을 바라보는 카스텔리의 모든 관찰은 제 역할을 하게 된다.[167] 하지만 13:7에 대한 전통적인 번역, 특별히 AV/KJV, RV, RSV, NRSV 등이 제시하는 번역은 논쟁에 기름을 부었고, 필요 이상으로 더 많은 논쟁거리를 제공해주었다. 무슨 일이 있더라도 우리는 니그렌과 스피크의 연구에서 입증한 것, 즉 ἀγάπη가 교묘하게 속임수를 사용하여 자신의 이익을 추구한다는 것은 말로 다 형언할 수 없는 논리적인 모순이라는 사실을 반드시 명심해야 한다.

이 절과 바울의 개인적인 관계에 대한 더 자세한 고찰은 비쉬마이어,

---

164) Wire, *Corinthian Women Prophets,* 119.

165) 같은 책.

166) 같은 책.

167) Castelli, *Imitating Paul,* 97-115 그리고 곳곳에. 그는 35-58면과 119-124면에서 Foucault에 대해 논의한다.

블레어 등 다른 학자들의 논의를 참조하라.168) πάντα πιστεύει를 "결코 믿음을 잃지 않습니다"라고 번역하는 것은 칼뱅의 다음과 같은 요점과 일치한다(랑도 이것을 반복해서 말함). "그것은 어떤 그리스도인에게서…지혜와 분별력을 제거한다는 것이 아니다.…그것은 그가 검은색과 흰색을 구별하지도 못한다는 것이 아니다."169) 하지만 우리가 보편적인 포함보다는 부정된 배제의 논리를 제대로 설명하지 못하는 상황에서 심지어 칼뱅은 이 표현이 "근거 없는 의혹"을 제거하는 것에 대해 말하고, 스피크는 "모든 것에 대한 회의적인 해석을 제시하는 것"에 대해 말한다.170) 아우구스티누스도 이 표현을 모든 사람에 대해 "가장 좋은 것을 믿는 것"으로 해석한다.171) 그러나 바레트는 "사람에 대해 언제나 가장 좋은 것을 믿지는 않지만, 결코 [그들에 대한] 믿음을 잃지 않는 것"이라고 쓴다.172) 한편 하인리치는 "선이 지니고 있는 난공불락의 힘"을 믿는 것이라고 해석한다. 우리가 그의 해석을 수용해야 할지는 이것이 인간의 선(그렇다면 그것은 에로스일 것임)을 암시하는지 아니면 하나님의 ἀγάπη가 지닌 변화시키는 능력을 암시하는지에 달려 있다. 아가페는 사실상 바울의 사상에서 "결코 믿음을 잃지 않는 것"에 대한 근거를 제공해준다.173) 이 표현과 서로 밀접하게 평행을 이루는 "결코 소망을 버리지 않는다"에 대해서는 더 이상의 설명이 필요 없다. **믿음**과 **소망**은 8-13절에서 **사랑**과 서로 밀접하게 연결되어 있다(이 절들에 대한 주해 참조). 마지막으로 ὑπομένει는 온갖 방해와 거절을 **인내하는 것**을 가리킨다. 이러한 자세는 사람들이 무엇을 하든지 그들을 결코 포기하지 않는다. 또다시 이것은 바울이 고린도 교인들에게 지속적인 관심을 두고 있다는 점을 보

---

168) Wischmeyer, *Der höchste Weg*; Blair, "First Corinthians 13 and the Disunity at Corinth," 69-77.

169) Calvin, *First Epistle*, 278; 참조. Lang, *Die Briefe*, 185.

170) Calvin, *First Epistle*, 278; Spicq, *Agape*, 2:159.

171) Augustine, *Confessions*, 10:3. 하지만 *Freedom and Letter* 32에서 그는 그것을 하나님의 말씀을 믿는 것이라고 설명한다.

172) Barrett, *First Epistle*, 305.

173) Heinrici, *Der erste Sendschreiben*, 421.

여준다. 이것이 바로 ἀγάπη다. 들뤼는 이렇게 말한다. "십자가 위의 그리스도처럼 사랑은 조롱과 실수와 배은망덕함을 견뎌낸다.…마침내 부활절의 빛이 환하게 비칠 것이다. 왜냐하면 **사랑은 결코 끝이 없기 때문이다**."[174)]

c. 사랑의 종말론적인 영속성(13:8-13)

7절의 마지막은 이 단락의 핵심 부분으로 인도한다. 만약 사랑이 "언제나 모든 것을 견딘다면" 또는 결코 포기하지 않는다면(앞에서 ὑπομένει에 대한 설명 참조) 대인 관계에 적용되던 것이 이제는 "더 깊은"(카슨) 차원, 즉 바울과 기독교 종말론의 **우주적** 차원에 적용된다.[175)] Ἡ ἀγάπη οὐδέποτε πίπτει. "신령한 은사들"과의 명시적인 비교는 이제 종말론적이며 일시적인 것이 된다.

8절 (1) 다른 많은 서방 텍스트와 더불어 D 사본은 ἐκπίπτει라고 읽지만, ℵ*, A, B, C, 048(기원후 5세기), 33 등 압도적인 증거와 더불어 초기 사본인 p^{46}은 πίπτει, "떨어지다"(사라지다)라고 읽는다. (이 두 가지 독법의 차이점에 대해서는 아래 주해 참조.) (2) 사본상의 다른 증거들은 γνῶσις, "지식"이라고 읽지만, 사본 A는 복수 형태 γνώσεις라고 읽는다. 아마도 이 독법은 복수 형태로 제시된 **예언** 및 **방언**과 표현상 조화시키려는 의도에서 생겨났을 것이다. 하지만 지식과 관련된 인간의 **행위**에 대한 난외주를 반영할 수도 있다.

이제까지 바울은 사랑에 대해 불타오르다, 끓어오르다, 부풀어 오르다, 좋지 않은 태도, 어떤 사람에게 뾰족한 것을 찔러 넣는 것, 모든 것을 합산하는 것 등에 대한 이미지와 비유적인 표현을 사용했다. 그렇기 때문에 πίπτω, "무너져 내리다, 땅 위에 떨어지다, 붕괴하다, 산산조각이 나다"를 추상적인 의미의 "실패하다"(NIV; faileth, AV/KJV, RV), 심지어 "마지막에 이르다"(REB, NJB), "끝나다"(NRSV) 등으로 번역하는 것은 아쉽다. 한편 서방의 독법 ἐκπίπτει는 나뭇잎처럼 "떨어지다"를 생생하게 묘사해준다. 나뭇잎

---

174) Deluz, *Companion to 1 Corinthians*, 193.

175) Robertson and Plummer, *First Epistle*, 296; Carson, *Showing the Spirit*, 66.

은 결국 썩어 없어질 것이다(참조. 욥 13:25, 70인역; 약 1:2; 벧전 1:24). 원문으로 확정된 πίπτει는 문자적·은유적인 의미에서 "땅에 떨어지다"를 의미한다. 또한 종종 "무너져 내리다 또는 산산조각이 나다"라는 의미가 추가된다.[176] 우리는 대체로 이 용어를 지금까지 어떤 강한 사물이나 사람이 분해되거나 죽어 자취를 감춘다는 의미에서 "산산조각이 나서 사라진다"라는 의미로 사용한다. 이 단어는 바울이 묘사하는 바를 가장 잘 전달해준다. 이것은 해당 그리스어의 인식적인 의미와 정서적인 함의를 정확하게 표현해준다. 볼프는 "결코"와 함께 현재 시제로 번역하는 것은 사랑의 영속성에 대한 바울의 강조점을 제시하며 그것을 강화한다고 주장한다.[177]

BDF는 우발적이며 거의 경멸적인 의미의 εἴτε, "~이든"을 강조한다.[178] 로버트슨과 플러머는 다음과 같이 단언한다. "반복적인 εἴτε는 감가적인 의미가 있다. 이것은 기껏해야 일시적으로 사용될 이 은사들에 대한 무관심을 암시한다. 따라서 '그러나 예언에 관해서는…'."[179] 하지만 조건절에 지나치게 많은 의미를 부여해서는 안 된다. 우발성에 대한 BDF의 강조점은 이 점을 충분히 잘 드러낸다. 우주가 우발적인 것처럼 은사도 우발적이다. 하지만 사랑은 이러한 우발성을 초월하는 방식으로 종말론적인 실재에 참여한다.

καταργηθήσεται, "끝이 날 것이다"에 대해서는 1:28의 주해를 보라(거기서 우리는 이 단어를 "아무것도 아닌 것으로 만드셨습니다"라고 번역했다). 또한 2:6에서 καταργουμένων에 대한 설명을 참조하라(거기서 우리는 이 현재분사를 "멸망하게 되어 있는"으로 번역했다). κατά 와 ἀργός, "게으른, 쓸모없는, 효력이 없는"이 합쳐진 복합어는 매우 강력한 의미를 지니고 있다. 여기서 이 동사의 미래 수동태는 단순히 장차 예언이 성취되면 그것이 저절로 사라진다는 것이 아니라 우주적이며 종말론적이고 공개적인 하나님의 심판 행위가

---

176) BAGD, 659-660.

177) Wolff, *Der erste Brief,* 321-322.

178) BDF, 237, sect, 456, col. 2, entry 3; 참조. BAGD, 220, entry 6:13.

179) Robertson and Plummer, *First Epistle,* 296.

그것을 끝낸다는 것을 암시한다. 최후의 심판이 모든 것을 밝히 드러낼 뿐만 아니라 모든 것을 정확하게 판단하여 판결을 내린다면 설교자들과 예언자들은 무슨 더 할 말이 있겠는가? 예언자들의 설교와 신학자들의 "지식"은 **쓸모없게 되지만,** 사랑의 특성과 열매는 **사라지지 않을 것이다.** 예언을 한다는 것은 햇빛이 눈부시게 비치는 대낮에 촛불을 켜는 것과 같을 것이다.

방언도 같은 운명을 맞이할 것이다. 하지만 여기서 우리는 미래 중간태 παύσονται, "그치다, 멈추다"를 발견한다. **이것은 반드시 방언에 대한 다음과 같은 개념에 의문을 제기할 것이다.** 바울의 관점에 의하면 방언은 **하늘의 언어** 또는 **하나님과의 매우 친밀한 교제를 표현하는 전형적인 방법**이다. 만약 이것이 사실이라면 왜 방언은 **마지막 때**에 중단되어야 할까? 이것은 타이센의 다음과 같은 견해를 지지해준다(12:10에 대한 주해 참조). **방언**은 (비록 전적으로는 아닐지라도) 우선 말로 이루 다 표현할 수 없는 무의식적인 갈망을 표현해주며, 성령의 사역에 따라 마음속 깊은 곳에서 솟구치는 찬양을 하나님께 올리게 한다(롬 8:26). 하지만 방언은 아직 "가공되지 않은 날것"이며, 이해할 수 있는 말로 의식이 분명한 상태에서 전달될 필요가 있다.[180] 부활의 σῶμα를 갖게 되면 신자들이 지상의 σῶμα와 더불어 이 세상의 삶의 방식에서 경험했던 모든 한계와 감추어진 갈등은 모두 곧바로 없어질 것이다. 또한 부활의 σῶμα를 지닌 신자들이 하나님을 얼굴과 얼굴을 맞대고 보게 될 때 **방언**은 눈물처럼 곧장 사라질 것이다. 따라서 방언은 끝날 필요가 전혀 없다. 방언의 존재 이유가 사라질 것이기 때문이다. "언어들"(복수) 또는 "글로솔랄리아"에 비해 "언어"(단수)라는 용어로 표현되는 사람 간의 의사소통은 **종말**에 사라지지 **않는다.**[181]

종교개혁, 종교개혁 이후 및 현대 신학은 바울이 채택하지 않은 의제에 두 가지 질문을 제기함으로써 그의 관심사의 주된 취지를 모호하게 만드는

---

180) 이것은 12:10의 주해에서 방언에 대한 길고 자세한 논의를 요약적으로 발췌한 것이다. 참조. Theissen, *Psychological Aspects of Pauline Theology,* 특히 292-341.

181) Schrage, *Der erste Brief,* 3:343, including n. 420.

경향을 보였다. 칼뱅은 중세 서방 전통의 몇몇 저자들이 초래한 난제—그들은 이 세상을 떠난 성도들이 현재 이 세상에 사는 자들을 위해 기도하는 개념을 합리화하고자 이 절에 호소함—를 논의한다.[182] 그들의 주장은 사랑이 영원하고 종말론적이라면 이미 죽은 자들이 장차 뒤따라올 자들에게 관심을 갖는 것은 유효하다는 것이다. 칼뱅이 암시하듯이 만약 이러한 추론이 유효하려면 부활과 최후의 심판 이전의 시간과 죽음 이후의 의식에 대한 논리를 뒷받침해주는 커다란 전제가 필요하다. 나는 다른 곳에서 특별히 길버트 라일이 참여자의 논리(1인칭의 논리)와 관찰자의 논리(3인칭의 논리)를 서로 구분한 방법론을 발전시켜 이 이슈에 적용하고자 했다.[183] 바울은 다른 곳에서 1인칭의 관점에서 보면 신자들은 죽음 이후에 그리스도와 함께 있는 경험을 하게 될 것이지만(빌 1:23), 3인칭 "관찰자"의 관점, 곧 실존적인 묘사의 관점에서는 죽은 자들이 마지막 나팔이 울릴 때 잠든 군대가 의식을 되찾는 것처럼 다시 살아날 것이라고 말한다(고전 15:52). 잠든 군대는 곧바로 일어나 자신의 힘으로 다시 설 것이다. 이처럼 사랑의 영속성은 죽은 사람에 의한 또는 죽은 사람을 위한 기도의 문제를 전혀 다루지 않는다.

이와 비슷하게 "방언이 있다면 그것은 그칠 것입니다"는 개혁파 교회와 신-오순절파 저자들 사이에서 정경이 완성된 이후 또는 개인적인 또는 역사적인 성숙이 이루어진 단계에서 "방언이 중단될 것"이라는 논쟁을 전혀 다루지 않는다. 여기서 바울은 예언자적인 설교와 "지식"처럼 방언도 마지막 날에 쓸모가 없게 될 것이라고 말한다. 카슨이 주장하듯이 이 이슈에 대한 지나친 논의는 우리가 바울의 주요 강조점에서 벗어나게 만든다.[184]

---

182) Calvin, *First Epistle,* 278–279.

183) Gilbert Ryle, *Dilemmas* (Cambridge: Cambridge University Press, 1966 [1954]), 36–53; Thiselton, "The Logical Role of the Liar Paradox in Titus 1:12, 13," *BibInt* 2 (1994): 214–219 (참조. 207–223); "The Parousia in Modern Theology: Some Questions and Comments," *TynBul* 27 (1976): 27–54. 한편 "죽은 자들과의 유대관계"에 대한 더 광범위한 논의는 다음을 참조하라. J. Moltmann, *The Coming of God* (London: SCM, 1996), 96–128.

184) Carson, *Showing the Spirit,* 66.

이 문제는 이 절에 대한 해석보다는 다른 근거에 의해 결정되어야 한다.

보다 더 광범위한 관점에서 이 이슈에 대한 가장 주요한 논의 중 하나는 존 러스벤의 『은사 중지론에 대하여』(*On the Cessation of the Charismata*, 1993)다.[185] 러스벤은 신-오순절파 및 이와 관련된 견해에 반대하는 "은사 중지론적 주장"—그는 이렇게 부름—을 지지하는 약 스무 가지 연구서와 논문의 목록을 제시한다. 은사 중지론자들은 "기적 또는 '특별한' 은사는 사도 시대가 끝나는 시점 또는 그 무렵에 중단되었다"고 주장한다.[186] 그는 역사적인 배경에서 "은사 중지론자들"은 16세기와 17세기에 로마 가톨릭교회가 기적에 관해 주장한 것에 대한 종교개혁자들(특히 칼뱅)의 의혹과 흄, 칸트 및 계몽주의 시대의 기적 논쟁과 연관되어 있다는 점을 지적한다. 그는 개혁교회 전통에서 최근의 대표적인 은사 중지론자로 R. B. 개핀, N. L. 가이슬러, J. F. 맥아더, R. L. 토마스, J. F. 월부어드 등을 언급한다.[187] 이것은 특히 A. A. 하지, 찰스 하지, A. H. 스트롱의 조직신학과 B. B. 워필드의 연구에서 볼 수 있는 옛 칼뱅주의 전통을 반영한다.[188] 러스벤은 오리게

185) J. Ruthven, *On the Cessation of the Charismata: The Protestant Polemic on Postbiblical Miracles*, Journal of Pentecostal Theology Supplementary Series (Sheffield: Sheffield Academic Press, 1991). 참조. 예를 들면 R. L. Thomas, "'Tongues ... Will Cease,'" *JETS* 17 (1974), 81-89; S. Schatzmann, *A Pauline Theology of Charismata* (Peabody, Mass.: Hendrickson, 1987), 77-80; W. J. Samarin, "Glossolalia as Regressive Speech," *Language and Speech* 16 (1973): 77-89; G. W. Workman, *Has That Which Is Perfect Come? An Exposition of 1 Cor 13:8-13* (Abilene, Tex.: Quality, 1971); K. Stendahl, "Glossolalia: NT Evidence," in M. P. Hamilton (ed.), *The Charismatic Movement*, 49-60 (rpt. from Paul among Jews and Gentiles). 이 절은 아마도 13:9-11보다 개연성이 더 적을 것이다.

186) Ruthven, *On the Cessation of the Charismata*, 15, n. 2.

187) 참조. Thomas, "'Tongues ... Will Cease,'" 81-89; N. L. Geisler, *Signs and Wonders* (Wheaton: Tyndale Press, 1988); J. F. MacArthur, Jr., *Charismatic Chaos* (Grand Rapids: Zondervan, 1992), 106-127, 194-245, 291-296; J. F. Walvoord, *The Holy Spirit* (Grand Rapids: Zondervan, 3d ed. 1977). 한편 MacArthur는 그의 다른 견해는 어떠하든지 간에 일종의 왜곡된 "권능-성공" 복음에 반대하는 타당하고 통찰력 있는 논쟁을 제공한다.

188) A. A. Hodge, *Outlines of Theology* (3 vols., New York: Scribner, 1879), 278-279; Charles Hodge, *Systematic Theology* (Philadelphia: Judson Press, 1907), 128. 하지만 특히, B. B. Warfield, *Counterfeit Miracles* (New York: Scribner, 1918). Ruthven의 책은 대체로 Warfield의 주장을 비판하는 데 초점이 맞추어져 있다.

네스, 크리소스토모스, 암브로시아스터도 "은사 중지론자"의 견해를 반영한다고 시인한다. 하지만 그는 몬타누스파의 극단적인 주장에 대한 그들의 접근 방법에서 이 이론이 비롯되었다고 주장한다. 우리는 몬타누스파가 건전한 사고를 지닌 신자들 사이에서 성령에 대한 가르침뿐만 아니라 중요한 내용 가운데 일부분을 훼손시켰다고 말한다. 그런데 아우구스티누스는 "은사 중지론자"의 견해에서 기적의 경험을 인정하는 방향으로 나아간다(『하나님의 도성』 22:8). 러스벤은 "은사 중지론자의 가르침의 모범을 규정한" 사람이 바로 토마스 아퀴나스라고 결론 내린다. "이 가르침은 20세기에 이르기까지 교회를 주도했다."[189]

여기서 강조해야 할 점은 신중한 "은사 중지론적" 주장에서 고전 13:8-11에 대한 구체적인 주해에 의존하는 주장은 거의 없거나 전혀 없다는 사실이다. 예를 들면 찰스 하지는 그의 『조직 신학』에서 "은사 중지론자"의 견해로 기운다.[190] 하지만 하지는 그의 『고린도전서 주석』 12:10에 대한 주해에서 "방언"에 대해 다소 불명확한 입장을 보인다. 그는 그의 주석서에서 "은사" 또는 "기적"에 대한 견해를 지지하기 위해 13:8-11을 활용하지 않는다. 반면에 그는 다른 근거에 기초하여 자신의 견해를 주장한다.[191] 이 점은 칼뱅의 경우도 마찬가지다. 칼뱅은 자신의 견해를 뒷받침하는 데 13:8-11을 전혀 사용하지 않는다.[192] 이와 비슷하게 토마스 아퀴나스도 다음 두 가지에 근거하여 13:8을 방언의 중지로 이해한다. 즉 종말에 신체적인 몸(*usum linguae corporeae*, 신체적인 혀의 사용)이 해체되며 지식의 완전함에 이르게 되기 때문에 **다양한 언어(방언)로 말하는 것이 불필요하게 된다**는 것이다.[193] **그러나 이 절들은 이 논쟁에서 그 어느 입장도 지지하는 데 동원되어서는 안 된다.** 아무도 부인할 수 없는 분명한 사실은 마지막 날에 은사는 그

189) J. Ruthven, *On the Cessation of the Charismata*, 13(v).
190) C. Hodge, *Systematic Theology*, 1:635-636.
191) C. Hodge, *First Epistle*, 271-273; on 12:10, 247-252.
192) Calvin, *First Epistle*, 280-281.
193) Thomas Aquinas, *Super Epistolas S. Pauli: 1 ad Cor.*, 385, sect. 789.

친다는 것이다. 이 은사들은 종말에 이르기까지 계속된다고 추측하는 것이 이치에 맞다. 왜냐하면 "예언"과 "지식"은 모두 "방언"과 함께 한 세트로 되어 있기 때문이다. 하지만 이 추론은 방언에 대한 한 가지 가능한 언급이지, 그것에 대한 명백한 진술은 아니다.

칼 바르트는 "사랑은 결코 중단되지 않는다"(Liebe höret nimmer auf)라는 루터의 번역을 언급하면서 바울의 취지를 새롭게 파악한다. 사랑은 "그리스도인의 행위의 한 가지 형태다. 이것은 변화를 필요로 하지 않으며, 그것에 종속되지 않는다. 그것은 다른 어떤 더 높은 미래의 형태 안에 흡수되는 것을 필요로 하거나 그것에 종속되지 않는다."[194] 그러나 다른 모든 것은 "그것의 영광스러운 미래의 빛 안에서 상대화된다.…하지만 이 상대화는 사랑을 앞지르지 못할 것이다.…심지어 가장 훌륭한 경우에도…예언, 방언, 신학이 그 자체로 그렇다고 말할 수 없다."[195]

9절 바울이 ἐκ μέρους를 사용한 것에 대해서는 12:27에 대한 주해를 보라. 12:27에서 우리는 이 표현을 "저마다 그 몸의 일부분"(그리스도의 몸의 지체와 기관)이라고 번역했다. 이 관용구는 이 절을 포함하여 많은 문맥에서 "한 조각 한 조각, 한 조각씩, 또는 한 부분 한 부분"이라는 의미를 지니고 있다. 정적인 명사 "지식"과 함께 사용된 정적인 형용사 "부분적인"(REB), 정적인 부사구 "부분적으로"(NRSV, NIV, 콜린스), 또는 심지어 "불완전하게"(NJB)는 여기서 묘사하는 과정을 적절하게 묘사하지 못한다. 한편 γινώσκω는 "알다"뿐만 아니라 "알게 되다"를 의미하며, 바울은 한 번에 한 조각씩 조각을 서로 끼워 맞추는 모습을 통해 지식을 "발전시키는" 이미지를 전달한다. 루터는 "조각 끼워 맞추기"(Stückwerk)라는 단어를 사용한다. "한 부분씩"이란 번역은 ἀνά μέρος의 의미를 잘 표현할 수도 있지만, 자료를 검토해 보면 ἐκ μέρους가 더 강력한 강조의 의미를 잘 전달해

194) Barth, *CD*, 4/2 (sect 68), 837.
195) 같은 책, 837-838.

준다.[196)]

우리는 이 반(反)형이상학적 시대에 오직 **전체**만 실재한다는 헤겔의 개념이 파르메니데스 이후로 소크라테스 이전 시대로부터 비롯되었다는 것을 상기할 필요가 있다. 이 개념은 전체가 시간이 흐르는 과정에서 조금씩 부분적으로 인식될 때 그것이 역설이나 심지어 명백한 모순으로 전락하지 않고 **존재**(Being) 그 자체가 어떻게 파악될 수 있는지에 대해 관심을 갖는다. 사실상 오직 판넨베르크에 의해서만 "전체에 대한 지식"의 중요성이 종말에 대한 계시를 통해 기독교 신학 안으로 다시 들어오게 되었다는 사실은 상당히 놀라운 일이다. 바울은 헤겔의 전통 안에서 탐구된 다음과 같은 견해를 공유한다. 즉 조금씩 알아가는 지식은 그릇되고 편파적인 판단으로 이끌 수 있으며, 이러한 판단은 끊임없는 수정과 재수정의 과정으로 전개된다.

바울의 견해에 의하면 "절대적인" 계시는 구약의 계시와 최후의 심판 때 전체의 모습이 완전히 드러날 때 종말의 징조로서 나타날 추가 계시의 틀 안에서 십자가와 부활에 그 뿌리를 두고 있다. "지식"은 그때 가서야 비로소 더 이상 수정이 필요 없는 결정적인 것이 된다. 우리는 문체상의 이유로 첫 번째 ἐκ μέρους는 "단편적으로"라고, 두 번째 ἐκ μέρους는 "한 부분씩"이라고 번역한다. 판넨베르크는 다음과 같이 바울을 충실하게 반영한다. 즉 그는 우리가 "아직 목표 지점에 도달하지 않은 상태에서 모든 사고의 잠정성과 역사적 상대성을 양보하지 않으면서도" "예수의 역사 안에서 '전체의 실재와 그 의미'가 어떻게 인식될 수 있는지에 대한 답을 발견할 때" 일종의 변증법을 발견한다고 주장한다.[197)] 하지만 이 점은 10절에서 더

---

196) BAGD, 506, entry c; Grimm-Thayer, 400-401.

197) Pannenberg, *Basic Questions in Theology* (London: SCM, 1969), 1:181. 참조. Thiselton, "Authority and Hermeneutics," in P. E. Satterthwaite and D. F. Wright (eds.), *A Pathway into the Holy Scripture* (Grand Rapids: Eerdmans, 1994), 117-141; R. Kieffer, *Le primat de l'amour: Commentaire épistémologique de 1 Cor 13,* LD 85. 우리는 Kieffer에게서도 이러한 질문에 대한 대답을 기대할 수 있을 것이다. 하지만 도움과는 거의 무관하며 특이한 사고에 더 가깝다.

명확하게 설명될 것이다.

10절 점층법적 표현인 τὸ τέλειον은 "완전한 것"(NRSV)과 "온전함"(REB)이라는 이중적 의미를 포함한다. 이 단어는 문맥이 요구하는 구체적인 의미에 따라 또한 "완전함"(NIV, NJB) 또는 "완전한"(AV/KJV, RV)을 의미할 수 있다. 이 단어에 대한 사전학적 의미는 2:6의 주해를 참조하라. 2:6에서 이 단어는 분명히 이 절에서 의미하는 것과 다른 "성숙한"(대체로 사람에 대해)을 의미한다. 이 단어는 이 편지의 다른 곳에서도 같은 의미—ταῖς δὲ φρεσὶν τέλειοι γίνεσθε(14:20)—로 사용된다. 하지만 여기서 어떤 **목표**를 가리키는 τέλειος에 대한 또 다른 힌트가 주어진다. 2:6에서 **성숙한 자들**에게 있어 지혜가 어린아이와 같이 자기중심적이며 성급한 모습을 나타내는 자들을 위한 것이 아닌 것처럼, 여기서도 바울은 11a의 **유치한, 어린아이와 같은** 모습과 성숙한 성인의 **목표**를 대조할 것이다. 따라서 이것은 성취 또는 **목표**와 **완전한 전체**라는 서로 연관된 두 개념을 결합한다. 영어의 한 단어만으로는 이 문맥의 이 의미를 충분히 전달할 수 없다. 단지 "마지막"(콜린스)으로만 번역하는 것은 적절하지 않다.[198]

바울은 그의 독자들이 ἔλθῃ, "~이 오면"이 암시할 수 있는 이른바 내재적인 과정에 속지 않기를 바란다. 영지주의자들이 주장하듯이 인간은 단순히 **완전** 또는 **완성**으로 "진보하지" 않는다. 왜냐하면 모든 것을 전체의 빛 안에서 평가하는 하나님의 심판이라는 종말론적인 행위는 **하나님의 우주적인 사역 안에서** 한 조각씩 얻은 지식을 쓸모없는 것으로 만들 것이기 때문이다. 따라서 이 문맥에서 καταργηθήσεται(강력한 복합동사 καταργέω의 미래 수동태)는 그 의미를 충분히 발휘한다. 몰트만은 바울의 종말론을 정확하게 반영하는 방식으로 이 이슈를 분명하게 표현한다. "새로운 것은 옛것을 심판하는 과정에서 자신을 나타낸다. 이것은 옛것으로부터 **드러나지** 않는다. 이것은 옛것을 쓸모없게 만든다. 이것은 단순히 새로운 형태의 옛것이 아

198) Collins, *First Cor*, 483.

니다. 이것은 새로운 창조물이다."[199] 역사와 그리스도 안에서 드러나는 계시는 "하나님이 창조하기로 약속하신 새로운 미래를 고대하며 나아간다.… 새로움(*novum*)의 범주는 신약성경 전체의 종말론적인 언어를 지배한다." 그리스도와 신자의 부활처럼 이 새로운 온전함은 "발전하지 않는다"(비록 연속성은 대조와 공존하지만).[200] 해리스빌은 이 원리를 잘 설명했고, 바울은 15장 전반에 걸쳐 이를 설명할 것이다.[201]

11절 p[46]에서는 어순이 다르다. ὡς νήπιος가 동사 ἐλάλουν 앞에 있다.

이 절의 어휘와 문법은 특별한 논평을 요구한다. 바울이 바로 앞 10a에서 사용한 τέλειος와 대조를 이루는 ἤπιος는 3:1에서도 나타난다(3:1에 대한 주해 참조). 하지만 3:1에서 이 단어는 분명히 다소 경멸적인 의미로 사용된다. 거기서 우리는 이 단어를 "어린아이와 같은"이라고 번역했다. 여기서 이 단어는 성숙과 대조를 이루지만, 어린아이라는 더 가치 중립적인 의미로 사용된다. 한편 미완료 시제—예를 들면 ἐλάλουν—는 과거의 지속적인 과정을 나타낸다. 즉 "나는 어린아이처럼 말하곤 했습니다." φρονέω는 종종 "생각하다"를 뜻한다. 하지만 여기서 과연 바울이 정신적인 성장 과정의 특성을 염두에 두고 있었는지는 의심스럽다. 또한 이 동사는 흔히 "어떤 견해를 갖다, 어떤 견해를 지니고 있다 또는 열망하다"를 의미한다. 그리스어 언어사전에 따르면 이 세 가지 의미는 모두 가능하다. 따라서 우리는 해당 문맥을 고찰하고 나서 어떤 의미를 선택해야 할지 결정해야 한다. 여기서 주요 대조 대상은 어린아이 대 성인이다. 또한 바로 뒤에 나오는 동사 λογίζομαι는 "가치를 판단하다"를 가리키는 데 사용된다. 따라서 가장 개연성 있는 번역은 "나는 습관적으로 어린아이처럼 의견을 형성했습니다"일 것이다. 또한 이 번역은 고린도 교인들이 설득을 통해 의견을 형성하기

199) J. Moltmann, *The Coming of God* (Eng. trans., London: SCM, 1996), 27(강조는 원저자의 것임).

200) 같은 책, 28.

201) Harrisville, *The Concept of Newness in the NT* (Minneapolis: Augsburg, 1960), 특히 1-28, 93-105.

위해 수사학에 많은 관심을 갖는 것과도 일치한다. 하지만 바울은 계속해서 다음과 같은 취지로 말한다. 즉 만약 어떤 사람이 습관적으로 어린아이처럼 생각하고 평가하거나 가치를 판단한다면(ἐλογιζόμην, 미완료 과거 중간태) 이것은 마치 어린아이와 같이 말하고 생각하는 것에 해당한다는 것이다.[202] "말했다…생각했다…추론했다"라는 NRSV, REB의 번역(NIV도 비슷함)은 미완료 시제의 의미를 제대로 전달하지 못하며, φρονέ와 λογίζομαι의 의미를 제대로 대조하지 못한다. 반면에 NJB의 번역은 훨씬 더 낫다. "나는 어린아이처럼 말하곤 했습니다. 나는 어린아이처럼 사물을 보곤 했습니다. 나는 어린아이처럼 생각하곤 했습니다."

그다음에 이어지는 문법과 어휘도 똑같이 중요하다. 직설법 현재완료 능동태 γέγονα ἀνήρ와 κατήργηκα τὰ τοῦ νηπίου는 과정을 나타내는 미완료 과거, 즉 과거의 진행 과정을 나타내는 시제와 대조된다. γέγονα는 과거로 되돌아가는 일이 없이 이제 "어른이 되었다"를 의미한다. 또한 καταργέω—무효로 만들다, 작동하지 않게 하다, 폐기하다, 완전히 없애버리다(κατ- + "활동하지 않는"에 대해서는 앞의 주해 참조)—의 강력한 의미는 영어로 번역하면 이에 상응하는 강하고 힘이 있는 용어로 번역할 필요가 있다. AV/KJV의 "버리다"는 너무 무미건조한 번역이다. NRSV의 "그만두었다"와 REB의 "나는 끝냈다"는 의미와 표현에 있어 다소 개선된 번역이다. 하지만 최종적인 완료 상태와 καταργέω의 "작동하지 않게 하다"는 "문을 닫다" 또는 (존 패리의 견해를 따르자면) "완전히 버렸다 또는 유아기에 속한 것에 등을 돌렸다"를 암시한다. 이 번역은 이 동사의 의미와 완료 상태를 보존한다.[203] 모팻의 번역인 "나는 어린아이와 같은 삶의 방식과 관계를 끊었다" 또는 콜린스의 번역인 "나는 어린아이와 같은 삶의 방식을 버렸다"는 좋은 대안이라고 할 수 있다.

---

202) Barrett, *First Epistle*, 306. "추측과 평가는 그것[곧 λογίζομαι]과 분리할 수 없어 보인다."

203) St. John Parry, *First Epistle*, 195. 앞에서 1:28; 2:6; 6:13; 13:8, 10에 대한 주해를 참조하라. 한편 Edwards는 "그 시기의 삶을 마무리했다"는 번역을 제안한다(Edwards, *First Epistle*, 350).

많은 이들은 14:20에 근거하여 "유년기"는 방언을 사용하는 것을 가리킨다고 주장한다. 왜냐하면 해당 절에서 방언의 은사가 어린아이의 생각과 어른의 생각을 대조하는 것과 관련하여 언급되기 때문이다. 모팻과 바레트는 이 해석이 가능하다고 생각한다.[204] 벵엘도 이것이 개연성이 있다고 생각한다. 하인리치와 볼프는 λαλεῖν을 방언, φρονεῖν을 예언, λογίζεσθαι를 지식과 연결한다.[205] 피는 바울이 이 은사들이 더 이상 필요치 않을 종말론적인 완성에 대해 말하고 있기 때문에 "성장하여 어른이 되는 것"과 영적인 은사의 사용을 연결하는 해석을 거부한다.[206] 하지만 중간 입장을 취하는 견해가 상당히 추천받을 만하다. 콘첼만, 랑 등 다른 학자들이 주장하듯이 **성숙**에 관한 은유는 바울이 살던 세계에 널리 알려져 있었다.[207] 더욱이 3:1에서 사용된 νήπιος는 어린아이 같음 대 어른다움(성숙)의 이슈와 정확하게 관련이 있다(알로).[208] 바울은 단순히 영적인 은사에 대한 **경험**이 아니라 그것이 어떻게 **표현되는지**(λαλεῖν), 그것에 대해 어떤 **관점**을 지니고 있는지(φρονεῖν), 그리고 그것이 어떤 **가치**를 지니고 있거나 어떻게 평가되어야(λογίζεσθαι) 하는지에 관해 말한다.

아우구스티누스가 주장하듯이 어린아이는 틀림없이 자기중심적인 "관심사"를 갖고 삶을 이해한다. 이것은 성장하면서 점차 **다른 사람에 대한 관심**으로 발전해간다. 어린아이의 경우에는 혼란스러운 충동이 **현재 당면한 것**을 만족시키도록 요구하지만, 성인(어른)은 **자제**하면서 장기적인 목표에 도움을 주는 **계획을 일관성 있게 진행해나간다**. 보른캄은 여기서 "꿈과 소원에 따라 행동하는 어린아이"에 대해 말한다.[209] 비록 와이어는 바울이 "질서"를 강조하는 것을 비판하지만, 이 이슈를 다음과 같이 잘 표현해

---

204) Moffatt, *First Epistle*, 200; Barrett, *First Epistle*, 306.

205) Heinrici, *Der erste Sendschreiben*, 423; Wolff, *Der erste Brief*, 323. Wolff는 Heinrici의 제안이 그 상황에 "정확하게" 들어맞는다고 믿는다.

206) Fee, *First Epistle*, 646. 하지만 참조. Spicq, *Agape*, 2:161-162.

207) Conzelmann, *1 Cor*, 226; Lang, *Die Briefe*, 187.

208) Allo, *Première Épitre*, 348.

209) Bornkamm, *Early Christian Experience*, 185.

준다. 한편으로 "질서"에 대한 바울의 관심은 고린도의 [여자?] 예언자들의 자유와 "즐거움"을 훼손시켰다는 것이다. 바울의 관점에 의하면 그들은 "다른 사람이 필요로 하는 것이 아니라 성령이 그들에게 행하신 것을 즐거워하는 데 몰두했다."[210] 다른 한편으로 이제는 개인적인 열정주의자의 "권리"보다 공동체 전체의 행복을 우선순위에 두는 더 성숙한 질서를 위한 때다(참조. 6:12). 헤이스는 다음과 같이 주장한다. "바울의 주장은 종말론적으로 결정된 복음의 상징적인 세계 안에서 흠잡을 데가 전혀 없다. 하지만 고린도의 어떤 교인들은 바울의 가르침의 미래 지향성을 놓치고 만 것 같다. 그들은 단지 '위'와 '아래'의 공간적인 범주로만 생각하는 준거 기준으로 넘어갔다."[211]

12절 ἄρτι, "지금"과 τότε, "그때"는 이 절에서 주된 대조를 이룬다. 이 두 용어는 이 절에서 대조를 나타내는 δέ, "그러나"와 함께 반복되어 언급된다. 이 절을 이끄는 γάρ, "왜냐하면"은 바울이 바로 앞에서(9-11절) 말한 것을 설명하기 위해 이 이미지를 사용하고 있음을 알려준다. 그리고 δι' ἐσόπτρου와 ἐν αἰνίγματι를 주해하기 위해서는 다음 두 가지 결정을 내려야 한다. (i) 소유격과 함께 사용된 διά는 "어떤 거울을 통해"(마치 이 이미지가 그 "뒤에" 있는 것처럼)를 의미하는가? 아니면 "어떤 거울을 수단으로"(인식을 위한 매개나 수단을 묘사하는)를 의미하는가? (ii) ἐν αἰνίγματι는 고대 사회의 거울이 지닌 한계 때문에 발생하는 **모호함, 뒤틀림** 또는 **혼란함**을 의미하는가?(참조. AV/KJV, 흐릿하게) 아니면 간접적인 생각 및 해석과 직접 서로 얼굴을 맞대고 보는 완벽한 지식 간의 차이를 가리키는 간접성을 의미하는가?

고린도는 그 당시 좋은 품질의 청동 거울 생산지로 널리 알려져 있었다. 비록 로버트슨과 플러머는 종종 오목 거울이나 볼록 거울을 생산하던 당시의 관행이 "약간 일그러진 모습을 반영"하기도 했지만, 이 이미지

---

210) A. C. Wire, *Corinthian Women Prophets,* 139.
211) Hays, *First Cor,* 229.

를 "혼란스럽거나 모호하거나 정체를 알 수 없는"이라고 묘사하는 것은 오늘날의 표준에 의하면 그 상대적인 부족함을 과장하는 것이라고 올바르게 지적한다.[212] AV/KJV의 번역인 "어둡게"가 암시하듯이 설령 선명도가 다소 약했다 하더라도 반짝반짝하게 윤을 낸 청동은 아주 잘 분별할 수 있는 이미지를 제공할 수 있었다. 하지만 에링, 젠프트, 피가 주장하듯이 이것은 바울의 요점을 제대로 표현해주지 못한다.[213] 기껏해야 이것은 "불분명하게"라는 번역을 허용할 것이다. BAGD는 이러한 번역이 가능하다고 여긴다.[214]

테르툴리아누스는 ἔσοπτρον이 뿔(*corneum*)의 반(半) 정도 투명하고 흐릿하고 편편한 면을 가리킬 수 있다고 믿는다. 이것을 통해 다른 쪽에 있는 희미한 형상을 인식할 수 있었다는 것이다.[215] 그러나 ἔσοπτρον은 일반적으로 헬레니즘 그리스어에서 거울을 의미한다. 이 재료는 평평하게 다듬어 광을 낸 금속—이상적으로는 청동—이었다. 만약 이 거울이 겨우 혼란스러운 모습을 반영한다면 왜 "거울에서 자기 얼굴을 들여다보는"(약 1:23) 목적으로 활발한 상거래가 이루어졌는지 이해하기 어려울 것이다(참조. Josephus, *Antiquities* 12.81; Philo, *De Migratione Abrahami* 98).[216] 다른 한편으로 BAGD는 "희미한"을 포함하는데, 이것은 이른바 "소프트 포커스"를 의미한다. 하지만 바레트, 콘첼만 및 다른 학자들은 이것이 고린도의 청동 거울의 특성보다는 민 12:8을 암시할 수 있다는 점에서 "불명료한 또는 모호한" 지식이라는 개념을 지지한다. 해당 절에서 하나님은 모세에게 "명백하게"(70인역, ἐν εἴδει) 말씀하시지만, 다른 사람에게는 "모호한 또는 수수께끼와 같은 말로"(δι' αἰνιγμάτων) 말씀하신다.[217] 콘첼만, 스피크, 피쉬베인은

212) Robertson and Plummer, *First Epistle,* 298.

213) Héring, *First Epistle,* 142; Senft, *Première Épitre,* 171; Fee, *First Epistle,* 647-649.

214) BAGD, 23.

215) Tertullian, *On the Soul,* 51. "빛은 마치 뿔의 창을 통해 들어오는 것처럼 영혼에 비치는 것을 다소 혼란스러운 방식으로 비추어준다." 참조. *Against Praxeas,* 14.

216) BAGD, 313.

217) Barrett, *First Epistle,* 307; Conzelmann, *1 Cor,* 226-228.

더 나아가 그리스어 배후에는 히브리어 언어유희가 있다고 본다. 민 12:8에서 מראה(마르에)는 "명백한" 또는 "거울"을 의미하는 것으로 이해할 수 있다. 설령 이 견해가 문맥에 대한 증거를 제공해주지 못한다 하더라도 콘첼만은 "모호함"이라는 개념이 얼굴을 서로 마주 보는 것처럼 분명한 지식과 대조를 이룬다고 결론짓는다.

또한 마이클 피쉬베인은 "바라보는 거울을 통해: 겔 43:3, 민 12:8, 고전 13:12에 대한 고찰"(1986년)이라는 재치 있는 제목하에 이러한 히브리어에 대한 언급을 겔 43장과도 연결한다.[218] 그는 מראה의 삼중 언어유희를 발견한다. 즉 겔 43:3에서는 **마르에**와 **마르오트**가 사용되지만, 민 12장에서는 **마르에**, "환상"과 마르아, "거울" 사이에 언어유희가 나타난다. 그렇다면 고전 13:12은 민 12:8에 대한 미드라쉬가 된다. 이것은 과연 διά가 "~을 통해, ~을 수단으로 하여"를 의미하는지, 아니면 (그리스어 구문의 경우처럼) 두 가지 모두를 의미하는지에 대한 의문점을 일으킨다! 하지만 이 제안과 더불어 다른 배경도 제시되었다. 사람은 대체로 거울에서 단지 자신의 모습만 보지만, 바울은 현실 또는 현실에 대한 이미지를 보는 것을 말한다는 것이다. 에링은 바울이 마술사들이 사용하던 "마술" 거울을 가리킨다고 믿는다. 그들은 "주문을 통해 거울에 시공간적으로 멀리 떨어져 있는 사람이나 장면을 불러냈다"는 것이다.[219] 스피크는 **예언**과의 연관성과 일종의 "영매(靈媒)"로서 **어린아이**들이 동참하는 것이 이 해석을 가능케 한다고 믿는다. 하지만 이러한 배경은 자세한 설명 없이 소개되거나 전제할 수 있을 만큼 중요해 보이지 않는다. 기원후 1세기 그리스-로마의 사고방식에서 간접적인 지식에 대한 일종의 은유로 거울이 사용되는 경우가 훨씬 더 많았다.

비록 오직 철학적 사상가만이 엄격한 의미에서 "플라톤주의자"라고

---

218) Fishbane, "Through the Looking Glass: Reflections on Ezek 43:3, Num 12:8 and 1 Cor 13:12," 63-75.

219) Héring, *First Epistle*, 142.

불려야 했고, 또 심지어 에피쿠로스 철학과 스토아 철학이 플라톤주의만큼이나 철학자들 사이에서 널리 알려져 있었지만, 플라톤이 어떤 **이미지**에 대한 간접적인 인식과 이데아에 대한 **직접적인** 통찰을 대조한 것은 고대 그리스-로마 철학 배후에서 대부분 발견된다. 플라톤은 "인상을 받아들이고 눈에 보이는 이미지를 제공하는 거울"에 대해 말한다(Plato, *Timaeus* 71B; 참조. Philo, *De Decalogo* 105). 피는 바울이 **간접적인** 지식을 가리키기 위해 거울 은유를 사용했다고 올바르게 인식한다.[220] 여기서 관찰과 추론의 한계, 오류의 가능성, "이해관계"는 그릇된 판단과 견해를 초래할 수 있다. 젠프트는 이 견해에 대해 세 가지 결론적인 논점을 간단하게 요약해준다. (i) 거울에 대한 은유는 고대 문헌에서 종종 모호함보다 명료함을 가리킨다(예. Cicero, *De Finibus* 5/22/61). (ii) 거울은 대체로 자아에 대한 지식의 수단으로 파악되었다(예. Philo, *De Josepho* 16). (iii) 플라톤의 전통에서 "거울은 간접적으로 보는 것을 상징한다. 그것은 오직 파생된 실재(즉 이미지)만을 인식한다."[221] 따라서 특히 필론은 우리는 단지 "나타나 있는 것만 비교하고 평가할 수 있으며, 이와 관련하여 우리는 오류를 범할 수 있다"고 주장한다(Philo, *De Specialibus Legibus* 1.2). 젠프트는 "바울의 텍스트는 분명히 바로 이 전통을 언급한다"고 결론짓는다.[222] 하지만 그는 바울이 지식에 대한 어떤 이론을 제시하는 것이 아니라고 덧붙인다. 바울은 단순히 이러한 대화의 세계로부터 이러한 비유적인 표현을 차용한다. 이를 통해 그는 현재의 오류 가능한 이해와 미래에 얼굴을 서로 마주하고 알게 될 것과 알려질 것 간의 차이를 강조한다. 모든 은유와 마찬가지로 이 은유도 한계가 있다. 이 은유도 어떤 특정한 요점을 강조하며, 따라서 그것을 지나치게 강조해서는 안 된다.

ἐκ μέρους, "한 부분씩"의 번역과 의미에 대해서는 9절에 대한 주해를 보라. 바울은 여기서 9a를 반복한다. 다양한 원천과 경험으로부터 간접

---

220) Fee, *First Epistle,* 646.

221) Senft, *Première Épitre,* 142.

222) 같은 책.

적으로 유래한 지식의 **단편** 또는 **부분**을 거의 기계적으로 결합하려는 시도는 장차 아무런 방해도 없이 하나님과 개인적으로 직접 대면하게 될 완벽함(수동태에 의해 암시됨)과 전적으로 대조를 이룬다. 이것은 지속적인 행위를 나타내는 βλέπομεν, "우리는 보고 있습니다"에 뒤따르는 πρόσωπον πρὸς πρόσωπον, "얼굴과 얼굴을 마주 대하다"로 묘사된다. 이 구문은 히브리어 פנים אל־פנים(파님 엘-파님, 예. 창 32:31)을 반영한다. 이 그리스어 단어와 이에 상응하는 히브리어 단어는 모두 얼굴과 현존을 의미한다. 하나님의 얼굴이 그의 백성 "위에 비칠" 때 하나님은 임재하시며 자신의 영광을 나타내고 도움과 구원으로 인도하신다. 데이비드 포드는 고후 3장에서 **얼굴**의 중요한 신학적 의미를 깨우쳐주는 매우 가치 있는 논의를 제공한다.[223] "얼굴이 지닌 유일무이성"은 모든 것의 일부분이다.[224] 다른 본문에서처럼 여기서도 이 관용어는 친밀한 교제와 쉽게 다가갈 수 있는 관계를 가리킨다. 어떤 대상을 "향한다"라는 의미에서 πρός는 요한복음의 장엄한 서론에서 중요한 역할을 한다. ὁ λόγος ἦν πρὸς τὸν θεόν, "말씀이 하나님과 (친밀하게) 함께 계셨다." 이 친밀함은 신자를 위해 마련된 종말론적인 목적을 묘사한다. "그러나 그때는 내가 [하나님께] 온전히 알려진 것처럼(καθώς, ~처럼, ~와 같이 정확하게; NJB) 온전히 알게 될(ἐπιγνώσομαι, ἐπιγινώσκω의 미래) 것입니다"(여기서 καθώς는 부정과거 수동태 ἐπεγνώσθην과 함께 이 배경에서 알고 알려진 것의 특성과 정도의 완전함을 가리킨다). 바울은 하나님의 결정과 지식을 가리키는 것으로서 케네디가 "절대 주권의 부정과거"라고 부르는 부정과거 형태를 종종 사용한다.[225] 이것은 이 지식의 분량과 성질이 완전하다는 것을 나타낸다.[226] "만물의 완성은 신자들이 아는 것과 하나님이 [그들에 대해] 알

---

223) Ford, *Self and Salvation: Being Transformed*, 17-29.

224) 같은 책, 20. 참조. "서로 차이가 있는 다양한 능력, 다양한 측면에서 이루어지는 의사소통"(21면). 그리고 15:44-51에서 부활의 다양한 존재 방식에 대한 논의를 참조하라.

225) 15:38에 대한 주해 참조.

226) Robertson and Plummer는 이렇게 주해한다. "여기서 그 복합동사[곧 ἐπιγινώσκω]는 단순동사가 가리키는 것보다 더 완전한 지식을 가리키는 것을 의미한다고 믿지 않을 수 없다.… 미래에 신자들이 알게 될 지식의 완전함을 대담한 방식으로 표현한다."(*First Epistle*, 299).

고 계시는 것 사이의 간격이 폐지된다는 사실에 기초한다"(보른캄).[227] 보른캄은 이것이 영지주의와 유사한 신비 종교에서 그노시스에 의해 성취된 개인주의적인 "신과의 합일"이 아니라고 말한다. 사실상 그렇게 "아는 것"은 전적으로 인격적인 의미에서 오직 에스카톤이 이를 때 하나님이 그의 백성을 알고 계신다는 문맥에서 일어난다. 이 사실은 가장 이른 시기의 영지주의 본문에서 발견되는 그노시스의 역할을 배제한다.

바르트는 "내가 [하나님께] 온전히 알려진 것처럼 온전히 알게 될 것"과 대조를 이루는 "거울을 수단으로 하는 간접적인 인식"을 **하나님을 아는 것에 대한** 일종의 **심오한 변증법**과 연결한다. 한편으로 "부분적으로 알고 있는 것도 이미 아는 것"이다. 우리가 한 조각씩 단편적으로 이해하는 것과 대낮의 밝은 빛을 통해 온전히 아는 것 사이에는 연속성의 요소가 존재한다. 이 두 가지 방법을 통해 하나님은 "자신을 나타내신다." 하지만 다른 한편으로 거울은 "대상 그 자체[하나님]에게는 친숙하지 않은 요소와 수단"에 해당한다. 따라서 "이것은 인간의 인식과 개념의 형태로 보이는 것이다. 이 땅의 역사에서 이 땅의 관점으로 보이는 것이다.…심지어 인간 예수의 생애조차도 [이러한 측면이 있다]."[228] 그럼에도 "예수 그리스도 안에서 하나님의 계시는 우리가 '그때 그를 참모습 그대로 보게 된다'(요일 3:2)라는 것을 의미한다. 즉 역설적으로나 변증법적으로가 아니라 직접 보게 될 것이다."[229] 많은 주석가와 마찬가지로 바르트는 바울의 언어의 배후에 민 12:8의 사고—"그[모세]와는 내가 얼굴을 마주 바라보고 말한다"—가 있을 가능성이 있다고 믿는다. 사랑을 노래하는 어떤 변증법적인 시의 절정에서 친숙함과 자신을 내어주는 것에 대한 표시로서 입맞춤을 한다고 생각하는 것이 과연 비현실적인가?

13절 이 절은 해석하기가 심히 어렵다. 바울은 13장 전체를 통해

227) Bornkamm, "The More Excellent Way," in *Early Christian Experience,* 185.
228) Barth, *CD,* 4/2 (sect. 68), 839.
229) 같은 책.

오직 사랑만이 종말론적인 영속성을 지니고 있다고 설명했다. 그런데 이제 바울은 얼핏 보기에 믿음과 소망도 영원히 존속한다고 결론 내린다. 이러한 주장에 **신학**을 정당화하는 것은 쉽다. 사랑이 쓸모없는 것이 되지 않으리라는 것과 같이 하나님이 살아 계신 하나님으로 거하시는 곳에서 그의 현존은 언제나 신뢰와 확신으로 인도할 것이다. 그의 현존은 영존하시는 살아 계신 하나님을 바라보며 계속 소망할 것을 요구할 것이다. 왜냐하면 심지어 모든 것이 완전하고 완벽한 천상에서도 하나님은 언제나 새로운 일을 행하실 것이기 때문이다. 하지만 **설령 이러한 사고가 바울의 신학과 일치한다 하더라도**(사실상 그렇다) **그것은 이 문맥에도 일치하는가?**(이것은 다소 의구심이 든다).

이 절에 대한 표준적인 설명의 목록을 제시하기에 앞서 우리는 번역과 관련된 이슈를 먼저 언급하고자 한다. NRSV는 νυνὶ δὲ μένει πίστις, ἐλπίς, ἀγάπη를 "이제 믿음, 소망, 사랑은 지속합니다"라고 번역한다. REB는 심지어 더 분명하게 번역한다. "영원히 존속하는 것은 세 가지입니다. 곧 믿음, 소망과 사랑입니다. (AV/KJV와 RV의 번역은 NRSV의 번역과 비슷하다.) 하지만 NJB, NIV는 다른 해석을 허용한다. "사실상 이것들이 남아 있습니다. 곧 믿음, 소망, 사랑입니다"(*As it is, these* remain: faith, hope, *and* love, NJB; *And* now로 시작하는 NIV도 실질적으로 같다). 우리는 (콜린스와 더불어) **"남아 있습니다"**라는 번역을 제안한다. 왜냐하면 바울의 구문은 다음 두 가지 의미를 허용하기 때문이다. (i) 한 가지 의미는 바울이 여기서 종말론적인 주장을 한다고 이해하는 것이다. 즉 이 세 가지는 존속하거나 남아 있다. (ii) 다른 한 가지는 (패리가 주장하듯이) 13b을 위한 무대를 제공하는 **논리적인** 요약으로 이해하는 것이다. 즉 이제까지 모든 은사와 경험과 비교하고 고찰하고 나서 "그래서 이제 (논리적인 측면에서) 세 가지가 남아 있다. 곧 **믿음, 소망, 사랑**이다. 이것들은 여전히 중요하다. 그러나 (다양한 이유 중에서 그 종말론적인 영속성에 비추어볼 때) 이 가운데 가장 큰 것은 사랑이다.[230] 바울이 이 두 가지 의미 중에서 어떤 것을 전달하고자 했는지를 판단하여 사전에 배제하지 않는 것이 꼭

230) Parry는 논리적인 의미를 강력하게 지지한다(Parry, *First Epistle,* 197).

필요하다. 따라서 "남아 있다"(remain)가 "존속한다"(abide)보다 더 선호할 만하다. 왜냐하면 그리스어 동사 μένει가 이 두 가지 의미 중 하나 또는 둘을 모두 허용하듯이 이 구절은 한 가지나 두 가지를 모두 의미할 수 있기 때문이다. 그리고 단수 μένει는 이 목록이 집합적인 의제임을 암시할 수 있다.[231)]

(i) 얼핏 보기에는 이 세 가지 성향 또는 특성이 종말론적인 관점에서 계속 **존속한다**라는 교부 시대의 강력한 전승이 있지만 이것은 사실이 아니다. 이레나이우스는 신학적인 측면에서 인간이 통제할 수 있는 것과 "하나님의 손에 맡겨야 할" 것을 올바르게 구별한다. 그는 결국 바울에 의하면 하나님은 이 세 가지를 제외한 모든 것을 없애버리실 것이라고 결론짓는다. 그러나 "이 세 가지 곧 믿음, 소망, 사랑은 계속될 것이다."[232)] 테르툴리아누스도 처음에는 이 점을 강조하는 듯하다. 하지만 나중에 제시된 그의 논평은 오직 사랑만이 에스카톤 이후에도 존속하는 것임을 말해준다. 테르툴리아누스는 13:13을 인용하며 다음과 같이 논평한다. "[사랑이 가장 위대하다는 것은] 맞다. 왜냐하면 우리가 하나님을 보고 확신을 갖게 되면 믿음은 떠나기 때문이다. 또한 우리가 바라던 것이 모두 이루어지면 소망은 사라지기 때문이다. 하지만 사랑은 완전한 것이 주어져도 계속 완전해지고 더욱 더 자라기 때문이다."[233)] 크리소스토모스도 테르툴리아누스의 견해에 공감한다. "믿고 바라던 선한 것이 성취되면 믿음과 소망은 그친다.…'왜냐하면 눈에 보이는 소망은 소망이 아니기 때문이다'(롬 8:24).…따라서 믿었던 것과 바랐던 것이 나타나면 믿음과 소망은 그친다. 그러나 그때 사랑은 가장

---

231) 흥미롭게도 Robertson and Plummer는 그 동사가 단수로 사용된 것에 대해서 다른 설명을 제시한다(1914년). 하지만 Robertson는 자신의 저서에서(1931년) 그것과 다른 이유를 제시한다. Robertson and Plummer는 이 단수가 "문법에서 이탈한 것이 아니라 이 세 가지 미덕은 셋으로 이루어진 한 조(組)"라고 주장한다(Robertson and Plummer, *First Epistle,* 300). 이 세 가지가 그것의 지속성 안에 존재하는 그것의 공통성을 계속 확인해준다는 점을 제외하면 이 견해는 우리의 강조점을 지지해줄 것이다. 즉 "셋으로 구성된 이 조(組)는 그리스도의 재림 이후에도 존속할 것이다." 나중에 Robertson은 이 단수를 맨 처음 이 동사를 지배하는 단수 명사 πίστις와 연결한다(Robertson, *Word Pictures,* 4:180).

232) Irenaeus, *Against Heresies,* 2:28:3.

233) Tertullian, *Who is the Rich Man?* 38.

숭고한 것이 된다.…'이 중에서 가장 큰 것은 사랑이다'(고전 13:13)."[234] 칼뱅도 이 견해를 따라 "믿음은 죽음 이후는 계속되지 않는다"라고 말한다.[235]

(ii) 마이어는 교회가 성숙해지면 사라질 영적인 은사들과 이 세 가지를 구별하려는 차원에서 "파루시아가 이를 때까지 남아 있다"라는 의미로 μένει를 바울이 사용할 수 없었을 것이라고 올바르게 주장한다. 만약 그렇다면 바울은 예언자적인 설교, 가르침, 지식도 생략했을 것이다. 왜냐하면 교회는 역사 전반에 걸쳐 이것들이 필요했기 때문이다.[236] 한편 고린도의 상황에서 이것들이 "계속된다"는 스피크의 해석은 광범위한 지지를 받지 못한다.[237]

(iii) 그렇다면 어떤 의미에서 믿음, 소망, 사랑이 논리적 또는 수사학적인 의미에서 "의제로 남아 있다"는 것인가? 라이첸슈타인은 바울이 믿음, 지식, 사랑, 소망 등 넷으로 이루어진 "영지주의적인" 개념과 대조하기 위해 이 세 가지를 사용했다는 이론을 제기했다. 그는 "이처럼 네 부분으로 구성된 표현 양식은 후대의 이교 저자, 포르피리오스(Porphyry, *ad Marcellam*, 24)의 글에서도 실질적으로 나타난다는 사실에 기초하여 이러한 견해를 제기하게 되었다"고 주장한다.[238] 하지만 여기서 "후대의"라는 단어가 중요하다. 네 가지로 구성된 표현 양식이 기원후 55년경에 사용되었음을 입증해주는 자료는 전혀 없다. 다른 한편으로 바이스와 크레이그는 바울이 이미 살전 1:3, 5:8에서 믿음, 소망, 사랑을 한 그룹으로 만들어 사용했다고 주장한다. "이 세 가지로 구성된 한 조는 바울이 선호하던 표현 양식이다. [바로 앞에서 인용한 것처럼] 이것은 그가 쓴 편지 중에서 지금까지 보존된 가장 초기의 편지와 가장 후기의 편지 중 하나에서도 발견된다(골 1:4, 5)."[239] 또

---

234) Chrysostom, *1 Cor. Hom.*, 34:5.

235) Calvin, *First Epistle*, 283.

236) Meyer, *First Epistle*, 1:398.

237) Spicq, *Agape*, 2:169-170.

238) Reitzenstein, *Hellenistic Mystery Religions*, 488; 참조. 487-489.

239) Craig, "1 Cor," in *IB*, 10:195; 참조. Weiss, *Der erste Brief*, 320. 참조. Conzelmann, *1 Cor*, 229. Conzelmann은 Reitzenstein의 이론에 매우 유보적인 입장을 취한다. 사실상 그는 바

한 볼프는 이 논쟁은 여전히 진행 중이며 믿음, 소망, 사랑이 고려 대상이며 **예언, 방언으로 말하기**, 지식은 더 이상 의제가 아니라고 주장한다.[240)]

(iv) 앞에서 우리가 이미 언급했듯이 사실상 테르툴리아누스와 크리소스토모스의 견해는 신학적인 관점에서 상대적이면서도 설득력이 있다. 하나님을 굳게 신뢰하는 것과 그의 은혜를 자기 것으로 만드는 것은 믿음의 한 측면이다. 이 믿음은 보이는 것과 대조를 이루는 믿음과 일종의 특별한 카리스마적인 은사로서 강력한 능력을 행사하는 믿음과도 구별되어야 한다. 이와 비슷하게 부활 이후에 참신한 창조적인 목적과 관련된 새로운 소망은 배제될 필요가 있다. 내가 다른 곳에서 강력하게 주장했듯이 믿음과 소망은 "다양한 형태의 개념"이다. 따라서 이것들의 정확한 개념은 한 가지 이상을 의미하며 각각의 문맥에 의해 좌우된다. 이것들은 "그치기도" 하고 "계속되기도" 한다.[241)] 우리의 질문은 오히려 **현재의 문맥에서** 바울이 의미하는 바가 무엇이냐에 관한 것이다. 비레트는 여기서 우리에게 도움을 준다. 그는 다음과 같이 주장한다. 만약 이 문맥이 13:2에서 그가 "기적을 일으키는 믿음"이라고 부르는 믿음이라면 그와 같은 믿음은 그친다는 것이다. 그러나 만약 바울이 "믿음을 따라 하지 아니하는 것은 다 죄니라"(롬 14:23)라고 말할 때의 믿음을 가리킨다면 "지금 그리스도의 삶이 그러한 것처럼 장차 올 시대의 삶도 전적으로 믿음에 의존한다."[242)] 이와 비슷하게 우리가 천상을 "닫혀 있거나" 정적인 상태로 인식하지 않는 한, 미래를 향한 열려 있는 천상의 삶은 소망의 적실성을 유지한다. 하인리치도 이와 비슷하게 이 두 가지 측면을 하나로 묶는다.[243)]

울 이전 유대교 문헌(마카베오4서 17:2, 4)에서 세 가지가 한 조(組)로 비슷하게 나타나는 것을 언급한다. 해당 문헌에서는 πίστις ... ἐλπίς ... ἀγάπη 대신에 ὑπομονή가 나타난다. 참조. 갈 5:6, "사랑으로 역사하는 믿음"; 5:22, "사랑과 신실[믿음]"; 엡 1:3-5, 15-18; 딤전 6:11; 딤후 3:10.

240) Wolff, *Der erste Brief*, 325.

241) Thiselton, *The Two Horizons*, 407-412(믿음에 관해), *Interpreting God and the Postmodern Self*, 145-152(소망에 관해).

242) Barrett, *First Epistle*, 308-309.

243) Heinrici, *Das erste Sendschreiben*, 425-430.

(v) 이 모든 것을 받아들인다면 νυνὶ δὲ μένει는 논리적인 지위가 아니라 일시적 또는 종말론적인 지위로 되돌아가는가? 콘첼만은 잠정적으로, 랑은 유보적으로, 패리와 슈트로벨은 확신과 심지어 열정적으로 논리적인 지위를 주장한다. 랑에 의하면 "그리스도 안에 거하는 것"(being-in-Christ)과 다름없는 의미에서 이 세 가지는 남아 있을 것이다. 그러나 믿음과 소망이 그 완전함에 이르렀다 하더라도 사랑은 여전히 계속된다.[244] 패리는 먼저 왜 νυνὶ δέ가를 일시적인 측면이 아닌 논리적인 측면에서 이해해야 하는지를 밝혀준다.[245] 나아가 패리는 계속해서 고전 13장은 사랑을 다른 모든 태도 및 은사와 대조한다고 주장한다. "이렇게 대조하고 나서 현재 상황에서 믿음, 소망, 사랑은 계속된다는 말을 클라이맥스로 제시하는 데는 무언가 실망스럽고 심지어 진부한 것"이 있다는 것이다.[246] 슈트로벨은 13절에서 언급하는 "이제"는 "논리적인 결론"을 가리킨다고 주장한다.[247] 하지만 만약 νυνὶ δὲ μένει가 "모든 것을 고려하고 나서"를 의미한다면 바울은 계시된 하나님에 대한 믿음과 "점점 더 확대될 계시에 대한 소망"의 중요성을 아직 포기하지 않은 것이다. τὰ τρία ταῦτα, "이 세 가지"는 "일시적으로 생각을 지배할 것이다." 비록 이 문맥에서는 "지속적인 특성"은 아니고, "기본적인 구성 요소"라 할지라도 말이다(랑).[248] 한편 대체로 최상급의 의미로 사용되는 비교급 μείζων은—최상급은 후대 헬레니즘 그리스어에서 실질적으로 폐지됨—앞에서 다루었던 모든 것에 의해 그 한계가 정해진다.[249] 사랑은 다른 사람들과 절대 타자(the Other)에 대한 관심을 반영한다. 그리스도는 그것에 대한 모범 사례다(참조. 1:18-25). 또한 그것은 절대 쓸모없는

244) Lang, *Die Briefe*, 188.

245) Parry, *First Epistle*, 196-197. 또한 Robertson and Plummer도 이 해석에 전적으로 동의한다(Robertson and Plummer, *First Epistle*, 300).

246) Parry, *First Epistle*, 196-197.

247) Strobel, *Der erste Brief*, 210.

248) 같은 책, 198.

249) Spicq는 "모든 주석가들이 '더 큰'(μείζων)이 '가장 큰'을 의미한다는 데 동의한다"고 주장한다(Spicq, *Agape*, 2:170).

것이 되지 않을 것이다. 왜냐하면 그것은 바로 천국의 삶의 본질이며, 천국의 완전한 성숙이 보여주는 선이기 때문이다.

바르트는 다음과 같이 매우 밀접하게 관련되어 있는 한 가지 주제를 언급하면서 이 절들에 대한 그의 연구를 마무리한다. 곧 사랑은 "미래의 영원한 빛이 현재에 비치는 것이다. 따라서 그것은 형태의 변화를 전혀 필요로 하지 않는다."[250] 어떤 의미에서 믿음과 소망은 영원히 지속되지만, 믿음이 눈에 보이는 것으로 동화되고, 소망이 완전함에 흡수되는 양식 안에서 그러하다(비록 능동적인 완전함이긴 하지만 말이다). 따라서 일종의 신비스러운 의미에서 오직 사랑만 그리스도와 그의 십자가가 그것을 계시한 양식 안에서 영원히 지속된다. "바로 이러한 사랑이 [영원히] 지속된다."[251] 그러므로 만약 교회의 지상의 삶에서 나타나는 특성과 성향에 상응하는 어떤 것이 하늘에 있다면 교회의 예배, 이해, 믿음, 소망은 모두 새로운 조건 안에서 수정될 것이다. 그들의 수고가 모두 실현되었다는 의미에서 교사, 신학자, 목회자, 복음 전도자는 더 이상 필요치 않을 것이다. 하지만 사랑을 배우는 것, 자기보다 절대 타자를 경외하고 그에게 관심을 기울이는 것은 그리스도 안에서 계시된 하나님의 본질 안에 기초한다. 따라서 이것은 결코 불필요하거나 쓸모없거나 적절하지 못한 것이 되지 않을 것이다. 그러므로 미래는 고린도와 광범위한 교회에서 가장 중요한 것이 실현되어 가는 현재를 위한 모델을 제시한다. 아가페는 어떤 "도덕적인 미덕"보다 훨씬 더 뛰어나다.[252]

---

250) Barth, *CD*, 4/2 (sect. 68), 840.
251) Barth, *CD*, 4/2 (sect. 68), 840.
252) Nygren, *Agape and Eros*, 137.

6. 다른 사람들에 대한 사랑과 "예언" 및 "방언들"의 평가와 관련된 올바른 분별(14:1-40)

14장에서 바울의 주장과 진술을 정확하게 이해하는 데 있어 가장 핵심적인 것은 우선 두 가지 요소를 충분히 인식하는 데 있다. (a) 1-25절은 13:1-13에서 바울이 **사랑**에 대해 말한 것과 밀접하게 연결되어 있다. (b) 26-40절은 바울이 12:4-31에서 설명한 **분별과 질서**에 대한 관심사를 반영한다. 첫 번째 단락은 **다른 사람들**이 필요로 하는 것을 존중하는 데 관심을 갖는다. 두 번째 단락은 분별과 질서에 대해 설명한다. 이것은 바로 한 분 하나님, 한 분 주님, 한 분 성령님(12:4-6)으로서 하나님의 행위를 특징짓는다.

(a) 14:1-25에서 바울의 논의의 각 단계는 다른 사람을 세우는 데 초점을 맞춘다. 이것은 13:1-13을 재차 반영할 뿐만 아니라 가드너가 올바르게 지적하듯이 8:7-13에서 "그리스도가 대신 죽은 형제나 자매"에 대한 관심을 반영하는 것이다. 이러한 종류의 사랑은 가드너가 "하나님의 은사와 어떤 그리스도인의 진정성"이라고 표현하는 것을 시험한다.[1] 그러므로 바울의 주장은 다음과 같은 단계로 전개된다. (i) 1-5절은 "영적인 은사" 또는 아마도 예배의 문맥에서 "성령의 영감을 받은 신뢰할 만한 말을 하는 은사"(τὰ πνευματικά, 14:1)를 사용하는 것을 다룬다. 이것은 자기 확인을 위해서가 아니라 **다른 사람을 섬기기 위해** 주어진다(ἑαυτὸν οἰκοδομεῖ ... ἐκκλησίαν οἰκοδομεῖ, 14:4a, 4b). (ii) 6-12절은 동료 그리스도인("다른 사람")에게 방언은 이해할 수 없는 소음이며 무익하다는 것에 대해 논의한다. 이것은 공동체를 하나로 결합하여 세워주기는커녕 오히려 서로를 갈라놓는 어떤 장벽을 세운다. 그래서 이것은 어떤 사람이 자신을 외부인 또는 외국인(βάρβαρος, 11절)처럼 인식하게 하며, 서로 어울리지 않는 음정이 시끄럽게 울리게 하는 것과 같다(7-8절). (iii) 13-19절은 다 같이 예배드리는 공동

1) Gardner, *The Gifts of God and the Authentification of a Christian: An Exegetical Study of 1 Cor 8-11:1*(앞에서 언급함).

체의 문맥에서 이해할 수 있도록 메시지를 전달하는 것이 필수적이라고 말한다. 이것은 반드시 지성(τῷ πνεύματι … καὶ τῷ νοΐ, 15절)을 사용하는 것을 수반한다. 어떤 사람은 말하고, 다른 사람은 그것을 "아멘"이라고 동의하며 동참할 수 없는 결과를 가져온다면 그것은 사랑을 나타내는 표시가 아니다(16절). 물론 바울도 개인적으로 하나님을 예배하며 기도할 때 "방언으로" 자신의 내적 갈망을 표출하는 것이 무엇인지 잘 알고 있지만 말이다(18절).

(iv) 바울의 논의에서 네 번째 단계인 20-25절은 종종 이 장에서 (b) 26-40절과 함께 배치되지만, 대다수 해석자들은 이것을 1-19절에 대한 확인과 강조로 올바르게 이해한다. 바울은 사랑 안에서 다른 사람에 대한 관심뿐만 아니라(참조. 8:7-13; 13:1-13) 인격적인 성숙을 나타내는 표시로서 지성을 사용해야 한다는 점을 강조한다. 이것은 고린도의 몇몇 교인들을 진퇴양난에 빠트릴 것이다. 만약 고린도에서 적어도 부분적으로 "방언"을 이른바 "신분을 가리키는 표시"로서 인식했다는 마틴의 견해가 옳다면 어떻게 다음과 같은 관점이 동시에 그들의 주장과 조화를 이룰 수 있는가? 즉 어떻게 세련된 언어(λόγος, 또는 καθ' ὑπεροχὴν λόγου의 말, 2:1)를 구사하는 수사법이 성숙하고 교묘하고 "전문적인" 지도자들을 나타내는 한 가지 표시가 될 수 있는가(또는 그렇게 되어야만 하는가)? 바울은 그들의 유치하고 수동적인 생각(μὴ παιδία γίνεσθε, 20a)이 다른 사람을 위해 유효한 사고방식으로 바뀌어야 한다고 권면한다. 분명히 이것은 경쟁적인 특성의 "교활함"이나 "다른 사람보다 우월한" 사고방식(τῇ κακίᾳ νηπιάζετε, 20a)보다는 성숙한 어른의 사고방식(τέλειοι γίνεσθε, 20c)을 가리킨다. 이것은 이해할 수 없는 소음을 자신만의 유익을 위해 사용하는 것이 (그 자리에 있던 불신자들뿐만 아니라) 심지어 신자들까지도 마치 자신들이 그 자리에 어울리지 않거나 심판 아래 있다고 느끼게 하는지를 올바로 판단하게 해준다. 왜냐하면 구약성경에서 "이해할 수 없는 말"이나 "이상한 방언"은 불신앙으로 인해 포로 생활을 하는 이스라엘에게 주어진 심판을 가리키는 하나의 표징이기 때문이다(참조. 21절[사 28:11-12, 70인역을 인용함], 22절). 신자들은 자신들이 그들 가운데 속해 있다고 느껴야 할 때 그곳에서 "외국인"이라는 그릇된 생각을 하는 경험

을 할 것이다. 반면에 불신자들은 어떤 복음을 명백하게 선포하는 것이 아니라 복음이 해괴망측한 종교적인 현상으로 보이는 것을 목격할 것이다. 그들은 이러한 방법으로는 결코 "회심에 이르지" 못할 것이다(25절)!

(b) 바울은 공동체가 단순히 모든 것을 이른바 "영감" 또는 "즉흥성"에만 의존할 수 없다고 강조하면서 예배에 대한 자세를 요약한다. 이것은 단지 무질서와 혼란으로 이끌 뿐이다. 하지만 하나님과 성령의 속성은 혼돈과 "무질서"로부터 "질서"나 "평화"를 가져온다(ἀκαταστασίας, 33절; κατὰ τάξιν, 40절; 참조. 창 1:2, 3, 7, 14, 18, 26; 또한 고전 12:4-6; 14장에 대한 주해 참조). **만약 예배가 "질서"가 있다면 예배는 다른 사람에 대해 더 많은 관심을 기울일 수 있다. 8:7-11:1의 경우처럼 연약한 사람에 대한 사랑에 당연히 자제력이 뒤따라야 하는 것이라면 말이다.** 더욱이 만약 이 예배에 "영적인" 예배, 즉 하나님의 성령의 임재, 대리, 역사가 나타난다면 **하나님 자신이 합리적인 또는 일관된 예배의 시간과 특성을 통해 자신의 주도권을 행사하실 것이다.**

일반적으로 14장에는 성령의 영감을 받는 것과 "즉흥성"이 매우 밀접하게 연결되어 있다는 추측이 널리 퍼져 있지만, 이와는 대조적으로 14장 전체는 주로 다른 사람에 대한 관심과 의사소통에 관한 문제를 핵심으로 다룬다. 14장은 (특히 칼 바르트가 사용하는 용어로서) 하나님의 영을 "할애된 시간"을 할당하고 예배의 구성 요소를 "구별하는" 대상으로 인식한다. 이것은 하나님이 다른 사람에 대한 언약적 관심에 의해 규정되는 그의 절대 자유 안에서 자신을 내어주는 방식을 반영한다.[2] 따라서 오늘날의 거의 모든 또는 많은 저자들이 주장하듯이 "질서"는 권위주의의 증상이 아니다(33b-38과 같은 단락이 바울이 아닌 다른 사람이 삽입한 것이든 아니든 간에). 만약 성령이 진정으로 예배에 영감을 불어넣고 있다면 예배의 패턴도 하나님의 본성에 의해 특징지어질 것이다. 하나님은 무질서나 대체로 자존감을 높이

---

2) Barth, CD, 2/1, sects. 25 and 28-31, 특히 298-299, 450-457, 665-673. 여기서 Barth는 구분이 목적 있는 행위의 한 가지 조건이라고 말한다. 또한 헤겔의 사상과 관련하여 해당 주제를 고찰하는 것도 이 부분에서 나타난다.

는 행위에 의해서가 아니라 시간적인 목적에 지배를 받는 방법으로 다른 사람에게 자신을 내어주신다.

이것은 힐, 뮐러, 길레스피 등 다른 학자들의 합리적인 의견일치(하지만 아직 결정적이지 않은)와도 조화를 이룬다. 힐의 표현을 빌리자면 "예언자의 선포는 **목회적인 설교**이며, 그 특성상 공동체에 지도(指導)와 가르침을 제공해준다"(강조는 원저자의 것임).[3] 길레스피는 이 장에서 예언에 대한 바울의 명백한 주장을 다음과 같이 추적한다. 예언을 한다는 것은 (i) **세우는 것**이다(οἰκοδομέω, 14:4, 5, 17; 또한 참조. 8:1, 10; 10:23, 다른 사람에 대한 사랑으로부터). (ii) 권면하거나 간청하거나 위로하는 것이다(παρακαλέω, 14:31; 명사 παράκλησις, 14:3; 참조. 4:13, 16; 16:12, 15); (iii) 격려하거나 위로하는 것이다(παραμυθέομαι, 여기서는 παράκλησις와 연결된 명사 παραμυθία로, 14:3; 참조. 살전 2:11).[4] 대다수 저자들은 "세우는 것"이 핵심 주제이며, 기독교의 예언과 연결되어 있다는 데 동의한다. 여기서 필하우어는 이 주제에 대한 그의 정밀한 연구에서 통찰력 있는 중요한 논평을 제시한다. 그는 바울의 사고에서 "세우는 것"은 부정적이면서도 긍정적인 함의 또는 뉘앙스를 지니고 있다고 주장한다. 한편으로 이것은 자기만족적이며 방종한 종교적 개인주의와 이기주의를 배제하며, 공동체를 무너뜨리는 결과를 초래할 수 있다. 다른 한편으로 이것은 다른 사람을 도와주는 것을 포함하며, 이를 통해 공동체 전체가 서로 단결하여 합일체로 세워져 나간다.[5] 그러므로 이 동사는 불신자에게든 신자에게든 복음을 선포하는 것과 매우 밀접하게 연결되어 있다. 복음의 메시지는 사람들이 하나님의 심판, 은혜, 약속, 십자가의 새로운 지

---

3) Hill, "Christian Prophets as Teachers or Instructors in the Church," in Papagopoulos (ed.), *Prophetic Vocation in the NT and Today,* 111, n. 11; 참조. Hill, *NT Prophecy,* 131; 참조. 110-140 and 193-213; Müller, *Prophetie und Predigt im NT*; Gillespie, *The First Theologians: A Study in Early Christian Prophecy,* 129-164.

4) Gillespie, *The First Theologians: A Study in Early Christian Prophecy,* 142-150. 또한 12:8과 14:3의 주해 다음에 제시된 예언에 대한 특별 해설도 참조하라.

5) Vielhauer, *Oikodome. Das Bild vom Bau in der christlichen Literatur vom Neuen Testament bis Clemens Alexandrinus,* 91-98.

침 아래 놓이게 한다.[6]

이 기초하에 이 장에서는 예언과 방언의 핵심적인 대조가 명백해진다. 바울은 방언을 **사적으로** 사용하는 것을 비난하지 않는다(14:5a). 사실상 그는 자신을 위해 개인적으로 사용하는 은사를 가치 있게 여긴다(14:18). 하지만 그는 **공개적으로** 특히 공동체 전체가 예배를 드릴 때 방언을 무제한으로 사용하는 것보다 다른 사람을 돕기 위해 이해할 수 있는 다섯 마디의 말을 하는 것이 더 가치 있다고 본다(14:19). 바울이 지적인 사색과 통제를 매우 강하게 강조하므로 대다수 저자들이 예언은 반드시 또는 한결같이 "즉흥적"이라고 생각하는 것은 (우리의 관점에서) 이해할 수 없다. 사실 예언은 즉흥적으로 일어날 수 있다. 그러나 예언은 언제나 또는 반드시 즉흥적으로 일어난다고 주장하는 것은 우리 앞에 있는 텍스트를 정당하게 평가하는 것이 아니다. 심지어 던도 14:30에 근거하여 잘 알려진 전제를 다음과 같이 반복한다. "이것[예언]은 주어진 그대로 전달하는…즉흥적인 말이다."[7] 하지만 예언이 **때때로** 즉흥적으로 주어지기 때문에 이것이 예언의 **필수적** 또는 **통상적** 특성이라고 전제하는 것은 올바른 논리와 해석에서 벗어나는 것이다. 우리는 이 점에 대해 앞으로 더 자세하게 논의할 것이다(우리는 12:8-10에 대한 주해에서 이미 이 점에 대해 어느 정도 다루었다).

"방언"의 특성을 매우 명확하게 정의하는 것은 결코 쉬운 일이 아니다(12:10, 28, 30에 대한 주해에서 방언에 대한 자세하고 광범위한 논의를 참조하라). 고든 피는 (자신이 오순절 신학 전통 출신임을 공개적으로 밝히기 때문에) 최근 저서에서 솔직하고 대담한 논평을 통해 방언이 지상의 언어에 해당한다는 견해가 타당성이 없을 뿐만 아니라 특히 오늘날의 "카리스마적인 현상"이 이 장들에서 묘사되는 것을 재현한다는 주장이 "매우 부적절하며, 이것에 대해 알 수 있는 방법이 전혀 없다"고 시인한다.[8] 하지만 14장이 "상반된 평

---

6) 같은 책, 86-87.

7) Dunn, *Jesus and the Spirit*, 228. 우리는 12:8-9에 대한 주해에서 그의 이러한 견해가 그의 더 최근 저서인 *Theology of Paul*에서 다소 약화되었다는 점을 언급했다.

8) Fee, *Paul, the Spirit and the People of God* (Peabody, Mass.: Hendrickson, 1996), 1970; 참

행 구조"를 통해 예언과 방언을 서로 대조시킨다는 데는 광범위한 의견일치가 존재한다. 예를 들면 " 방언으로 말하는 사람은…하나님께 말하는 것입니다(2절). 그러나 예언하는 사람은 사람에게 말하는 것입니다(3절). 방언으로 말하는 사람은 자신을 세우지만, 예언하는 사람은 교회를 세웁니다(4절)."[9] 하지만 우리는 14:1-40의 머리말 도입 부분에서 소개한 전반적인 구조를 망각해서는 안 된다. (a) 항목과 (b) 항목은 각각 다른 사람에 대한 사랑에 대한 이슈들(8:7-13; 13:1-13)과 성령을 주시는 사랑의 하나님이 구분, 시간성, 질서를 통해 활동하시는 방법을 다룬다(참조. 12:4-31).

14:1-40에 대한 추가 참고문헌(12:1~14:1-32에 대한 참고문헌은 12:1을 보라)

Alison, R. W., " 'Let Women Be Silent in the Churches' (1 Cor 14:33b-36): What Did Paul Really Say, and What Did It Mean?" *JSNT* 32 (1988): 27-60.

Arichea, D. C., "The Silence of Women in the Church: Theology and Translation of 1 Cor 14:33b-36," *BT* 46 (1995): 101-112.

Aune, D. E., *Prophecy in Early Christianity and the Ancient Mediterranean World* (Grand Rapids: Eerdmans, 1983), 특히 189-223, 247-346.

Beare, F. W., "Speaking with Tongues," *JBL* 83 (1964): 229-246.

Best, E., "The Interpretation of Tongues," *SJT* 28 (1975): 45-62.

_______, "Prophets and Preachers," *SJT* 12 (1959): 129-150.

Bjerkelund, C. J., Parakalo: Form, Funktion und Sinn der Parakalo-Sätze in den paulinischen Briefen (Oslo: Universitetsforlaget, 1967).

Boring, M. E., *The Continuing Voice of Jesus: Christian Prophecy and the Gospel Tradition* (Louisville: Knot/Westminster, 1991).

Boyer, J. L., "The Office of Prophet in NT Times," *Grace Journal* 1 (1960): 13-20.

Brockhaus, U., *Charisma und Amt* (Wuppertal: Theologischer Verlag Brockhaus, 1972).

Bruner, F. D., *A Theology of the Holy Spirit: The Pentecostal Experience and the NT Witness* (Grand Rapids: Eerdmans, 1970).

Callan, T., "Prophecy and Ecstasy in Greco-Roman Religion and 1 Corinthians," *NovT* 27 (1985): 125-140.

Carson, D. A., *Showing the Spirit: A Theological Exposition of 1 Cor 12-14* (Grand Rapids: Baker, 1987).

조. 169.

9) Gillespie, *The First Theologians*, 130; 참조. 129-132; 참조. Maly, *Mündige Gemeinde*, 199-201; 더 광범위하게는 202-217.

Cothenet, E., "Les prophètes chrétiens comme exégètes charismatiques de L'Écriture," in J. Panagopoulos, *Prophetic Vocation* (cited below), 77-107.

Crone, T. M., *Early Christian Prophecy: A Study of Its Origin and Function* (Baltimore: St. Mary's University, 1973).

Currie, J. D., " 'Speaking in Tongues': Early Evidence outside the NT," *Int* 19 (1965): 274-294.

Dautzenberg, G., *Urchristliche Prophetie,* BWANT 104 (Stuttgart: Kohlhammer, 1975), 특히 226-300.

Davies, J. G., "Pentecost and Glossolalia," *JTS* 3 (1952): 228-231.

Dayton, D. W., *Theological Roots of Pentecostalism* (Grand Rapids: Francis Asbury Press, 1987).

Dunn, J. D. G., *Jesus and the Spirit* (London: SCM, 1975), 205-300.

_______, "Prophetic 'I' Saying and Jesus Tradition: The Importance of Testing Prophetic Utterances within Early Christianity," *NTS* 24 (1977-78): 175-198.

_______, *The Theology of Paul the Apostle* (Edinburgh: T. & T. Clark and Grand Rapids: Eerdmans, 1998), 552-564 and 580-598.

Ellis, E. E., Prophecy and Hermeneutic in Early Christianity (Grand Rapids: Eerdmans, 1978), 23-62 and 129-145.

Engelbrecht, E. A., " 'To Speak in Tongues': The OT and Early Rabbinic Background of a Pauline Expression," *Concordia Journal* 22 (1996): 295-302.

Erikson, A., " 'Women Tongue Speakers Be Silent': A Reconstruction through Paul's Rhetoric," *BibInt* 6 (1998): 80-104.

Fascher, E., *Prophetes. Eine sprach- und religionsgeschichtliche Untersuchung* (Giessen: Töpelmann, 1927).

Fee, G., *God's Empowering Presence: The Holy Spirit in the Letters of Paul* (Peabody, Mass.: Hendrickson, 1994).

_______, *Paul, the Spirit and the People of God* (Peabody, Mass.: Hendrickson, 1996).

Flanagan, N. M., and E. H. Snyder, "Did Paul Put Down Women in 1 Cor 14:34-36?" *BTB* 11 (1981): 10-12.

Forbes, C., "Early Christian Inspired Speech and Hellenistic Popular Religion," *NovT* 28 (1986): 257-270.

_______, *Prophecy and Inspired Speech in Early Christianity and Its Hellenistic Environment,* WUNT 2:75 (Tübingen: Mohr, 1995).

Friedrich, G., et. al., "προφητεύω," *TDNT,* 6:781-861.

Gale, H. M., *The Use of Analogy in the Letters of Paul* (Philadelphia: Westminster, 129-134.

Gillespie, T. W., *The First Theologians: A Study in Early Christian Prophecy* (Grand Rapids: Eerdmans, 1994).

_______, "A Pattern of Prophetic Speech in First Corinthians," *JBL* 97 (1978): 74-95.

Graham, S. R., "Thus Saith the Lord: Biblical Hermeneutics in the Early Pentecostal Movement," Ex Auditu 12 (1996): 121-135.

Greeven, H., "Propheten, Lehrer, Vorsteher bei Paulus," *ZNW* 44 (1852-53): 1-43.

Grudem, W. A., "1 Cor. 14:20-25; Prophecy and Tongues as Signs of God's Attitude," *WTJ* 41 (1979): 381-396.

_______, *The Gift of Prophecy in 1 Corinthians* (Lanham, Md.: University Press of America, 1982).

_______, *The Gift of Prophecy in the NT and Today* (Westminster, III.: Crossway, 1988).

Gundry, R. H., " 'Ecstatic Utterance' (NEB)?" *JTS* 17 (1966): 299-307.

Gunkel, H., *The Influence of the Holy Spirit* (Eng. trans., Philadelphia: Fortress, 1979).

Guy, H. A., *Prophecy: Its Origin and Significance* (London: Epworth, 1947).

Hafemann, Scott J., *Suffering and the Ministry of the Spirit: Paul's Defence of His Ministry in 2 Cor 2:14-3:3* (Grand Rapids: Eerdmans, 1990).

Harrisville, R. A., "Speaking in Tongues: A Lexicographical Study," *CBQ* 38 (1976): 35-48.

Heschel, A. J., *The Prophets* (2 vols., New York: Harper & Row, 1962).

Hill, D., "Christian Prophets as Teachers or Instructors in the Church," in J. Papagopoulos (cited below), 108-130.

_______, *NT Prophecy* (London: Marshall, 1979), 특히 110-140 and 193-213.

Jervis, L. A., "1 Cor 14:34-35: A Reconsideration of Paul's Limitation of the Free Speech of Some Corinthian Women," *JSNT* 58 (1995): 51-74.

Johnson, B. C., "Tongues, A Sign for Unbelievers? A Structural and Exegetical Study of 1 Cor XIV: 20-25," *NTS* 25 (1979): 180-203.

Johnson, L. T., "Norms of True and False Prophecy in First Corinthians," *ABenR* 22 (1971): 29-45.

_______, "Tongues, Gift of," in *ABD*, 6:596-600.

Käsemann, E., "Sentences of Holy Law in the NT," in *NT Questions of Today* (Eng. trans., London: SCM, 1969), 66-81.

Keilbach, W., "Zungenreden," *RGG* (3d ed.), 6, cols. 1940-41.

Kildahl, J. P. *The Psychology of Speaking in Tongues* (New York: Harper & Row, 1972).

Kock, W. J. de, "Empowerment through Engagement-Pentecostal Power for a Pentecostal Task," *Ex Auditu* 12 (1996): 136-146.

Lanier, D. E., "With Stammering Lips and Another Tongue: 1 Cor 14:20-22 and Isa 28:11-12," *Criswell Theological Review* 5 (1991): 259-285.

Macchia, F. D., "Groans Too Deep for Words: Towards a Theology of Tongues as Initial Experience," *Asian Journal of Pentecostal Studies* (1998): 149-173.

_______, "Sighs Too Deep for Words: Towards a Theology of Glossolalia," *Journal of Pentecostal Theology* 1 (1992): 47-73.

MacGorman, J. W., "Golssolalic Error and Its Correction: 1 Cor 12-14," *RevExp* 80 (1983): 389-400.

Maier, W. A., "An Exegetical Study of 1 Cor 14:33b-38," *CTQ* 55 (1991): 81-104.

Maly, K., *Mündige Gemeinde* (Stuttgart: Katholisches Bibelwerk, 1967), 198-229.

Martin, D. B., *The Corinthian Body* (New Haven: Yale University Press, 1995), 88-103.

———, "Tongues of Angels and Other Status Indicators," *JAAR* 59 (1991): 547-589.

Martin, R. P., *The Spirit and Congregation* (Grand Rapids: Eerdmans, 1984).

Merk, O., *Handeln aus Glauben* (Marburg: Elwert, 1968), 145-148.

Merklein, H., "Der Theologe als Prophet: Zur Funktion prophetischen Redens im theologischen Discuss des Paulus," *NTS* 38 (1992): 402-429.

Michel, O., "οἰκοδομή," *TDNT*, 5:119-159.

Mills, Watson E., *A Theological/Exegetical Approach to Glossolalia* (Lanham, Md.: University Press of America, 1985).

Montague, G. T., *The Spirit and His Gifts: The Biblical Background of Spirit-Baptism, Tongue-Speaking and Prophecy* (New York: Paulist Press, 1974).

Müller, U. B., *Prophetie und Predigt im NT* (Güttersloh: Mohn, 1975).

Munro, W., "Women, Text and the Canon: The Strange Case of 1 Cor 14:33-35," *BTB* 18 (1988): 26-31.

Naccum, C., "The Voice of Manuscripts on the Silence of Women: The External Evidence for 1 Cor 14:34-35," *NTS* 43 (1997): 242-255.

Nadeau, D. J., "Le problème des femmes en 1 Cor 14:33b-35," *ÉTR* 69 (1994): 63-65.

Odell-Scott, D. W., "Let the Women Speak in Church: An Egalitarian Interpretation of 1 Cor 14:33b-36," *BTB* 13 (1983): 90-93.

Papagopoulos, J., ἡ ἐκκλησία τῶν προφητῶν (Athens: Historical Publications, 1979).

——— (ed.), *Prophetic Vocation in the NT and Today,* NovTSup 45 (Leiden: Brill, 1977), 특히 Papagopoulos, "Die urchristliche Prophetie. Ihr Charakter und ihre Funktion," 1-32.

Percy, M. Words, Wonders and Power (London: SPCK, 1976).

Petzer, J. H., "Reconsidering the Silent Women in Corinth—A Note on 1 Cor 14:34-35," *ThEv* 26 (1993): 132-138.

Pinnock, Clark, H., Flame of Love: A Theology of Holy Spirit (Downners Grove, III.: InterVarsity, 1996).

Poytress, V. S., "The Nature of Corinthian Glossolalia," *WTJ* 40 (1977-78): 130-135.

Rebell, W., "Gemeinde als Missionsfaktor im Urchristentum. 1 Kor 14:24f als Schüsselsituation," *TZ* 44 (1988): 117-134.

Richardson, W., "Liturgical Order and Glossolalia in 1 Cor 14:26c-33a," *NTS* 32 (1986): 144-153.

Robeck, C. M. Jr., "The Gift of Prophesying in Acts and Paul," *Studia Biblica et Theologica* 5 (1975): 15-54.

———, "Prophecy, Prophesying," *DPL* (1993): 755-762.

Roberts, P., "A Sign—Christian or Pagan?" *ExpTim* 90 (1978-79): 199-203.

Robertson, O. P., "Tongues: Sign of Covenantal Curse and Blessing," *WTJ* 38 (1975): 43-53.

Samarin, W. J., *Tongues of Men and Angels: The Religious Language of Pentecostalism* (New York: Macmillan, 1972), 74-128.

Sandnes, K. O., *Paul-One of the Prophets? A Contribution to the Apostle's Self-Understanding,* WUNT 2:43 (Tübingen: Mohr, 1991).

_______, "Prophecy-A Sign for Believers (1 Cor 14:20-25)," *Bib* 77 (1996): 1-15.

Schatzmann, S., *A Pauline Theology of Charismata* (Peabody, Mass.: Hendrickson, 1987).

Sigountos, J. G., and M. Shank, "Public Roles for Women in the Pauline Church: A Reappraisal of the Evidence," *JETS* 26 (1983): 283-295.

Smit, J. F. M., "Tongues and Prophecy: Deciphering 1 Cor 14:22," *Bib* 75 (1994): 175-190.

Stendahl, K., "Glossolalia: The NT Evidence," in *Paul among Jews and Gentiles* (London: SCM, 1977), 109-124.

Sweet, J. P. M., "A Sign for Unbelievers: Paul's Attitude to Glossolalia," *NTS* 13 (1967): 240-257.

Theissen, G., *Psychological Aspects of Pauline Theology* (Eng. trans., Edinburgh: T. & T. Clark, 1987), 59-114 and 292-341.

Thiselton, A. C., "The 'Interpretation' of Tongues? A New Suggestion in the Light of Greek Usage in Philo and Josephus," *JTS* 30 (1979): 15-36.

Van Unnik, W. C., "A Formula Describing Prophecy," *NTS* 9 (1962-63): 86-94.

Vielhauer, P. *Oikodome: Das Bild vom Bau in der christlichen Literature vom Testament bis Clemens Alexandrinus* (Karlsruhe: Harrassowitz, 1940).

Williams, C. G., *Tongues of the Spirit* (Cardiff: University of Wales Press, 1981).

Wire, A. C., *The Corinthian Women Prophets* (Minneapolis: Fortress, 1990), 135-158.

a. 공동체 전체를 세우기 위한 이해할 수 있는 말(14:1-25)

**1 사랑을 추구하십시오. 그러나 [방언을 위해] 성령의 은사, 특히 여러분이 예언
을 할 수 있기를 간절히 사모하십시오. 2 왜냐하면 방언으로 말하는 사람은 사람
에게 [어떤 메시지를] 전하는 것이 아니라 하나님께 말하는 것이기 때문입니다.
아무도 [그가 말하는 것을] 이해할 수 없고, 오히려 그는 성령 안에서 비밀을 말
하기 때문입니다. 3 하지만 어떤 사람이 다른 사람에게 예언할 때, 이를 통해 말
하는 이는 그들을 세워주고 격려하고 위로하는 것입니다. 4 방언으로 말하는 사
람은 자신을 "세우고" 반면에 예언하는 사람은 교회 공동체를 세웁니다. 5 나는
여러분 모두가 방언을 말하는 것을 기뻐합니다. 그러나 나는 여러분이 예언을
하는 것을 더 바랍니다. 만약 방언으로 말하는 사람이 교회 공동체가 "세움"을
받기 위해 [방언으로] 말하는 것을 이해할 수 있도록 명료하게 말하지 않는다
면, 예언을 말하는 사람이 방언으로 말하는 사람보다 더 중요합니다.**

[6] 자 이제 사랑하는 동료 신자 여러분, 내가 여러분에게 갈 때 방언으로 말한다는 것을 상상해 보십시오. 만약 내가 어떤 드러내는 말 또는 지식 또는 예언의 말 또는 가르침 중에 어떤 것으로 말하지 않는다면, 내가 여러분에게 무슨 도움을 주겠습니까? [7] 생명이 없는 악기와 관련해서도 마찬가지입니다. 가령 피리나 수금의 경우 이것이 음조의 차이를 분명하게 나타내지 않는다면, 바람이나 현이 만들어내는 것을 어떻게 인식할 수 있겠습니까? [8] 더욱이 만약 나팔이 신호로 인식하기에 모호한 소리를 낸다면, 누가 전투 준비를 하겠습니까? [9] 그렇다면 만약 여러분 자신도 방언으로 말하는 것을 통해 쉽게 이해할 수 있는 메시지를 전하지 않는다면, 어떻게 [사람들이 여러분이] 말하는 것을 이해할 수 있겠습니까? 왜냐하면 여러분은 허공에다 말하고 있는 것이기 때문입니다. [10, 11] 이 세상에는 매우 많고 다양한 언어가 있습니다. 그리고 소리를 사용하지 않는 언어는 없습니다. 하지만 만약 내가 그 소리의 의미를 알지 못한다면, 나는 말하는 사람에게 외국인이 될 것입니다. 또한 말하는 사람도 나에게 외국인이 될 것입니다. [12] 여러분 자신도 이러한 상황에 있습니다. 여러분은 성령의 능력에 대해 열정적인 관심이 있습니다. 이 열정을 교회 공동체를 세우는 방향으로 돌리십시오. 그래서 이 일에 뛰어나십시오.

[13, 14] 그러므로 방언으로 기도하는 사람은 자기가 말한 것을 이해할 수 있는 말로 표현할 수 있도록 기도하십시오. 왜냐하면 내가 방언으로 기도할 때, 나의 가장 깊은 영적인 존재가 기도합니다. 그러나 내 지성은 그것으로부터 열매를 거두지 못합니다. [15] 그렇다면 어떻게 해야 하겠습니까? 나는 나의 가장 심오한 영적인 존재로 기도하겠습니다. 그러나 또한 나는 나의 지성으로도 기도하겠습니다. 나는 나의 가장 깊은 곳으로부터 찬양하겠습니다. 그러나 또한 나는 나의 지성으로도 찬양하겠습니다. [16] 그렇지 않다면, 만약 여러분이 단지 여러분의 존재의 가장 깊은 곳으로부터[또는 "성령 안에서"] 하나님을 찬양한다면, 어떻게 기초교육을 받지 않은 사람이 여러분의 감사에 "아멘"이라고 말할 수 있겠습니까? 왜냐하면 그는 당신이 말하는 것을 알아듣지 못하기 때문입니다. [17] 왜냐하면 당신 자신은 훌륭하게 감사를 드리지만, 다른 사람은 세움을 받지 못하기 때문입니다. [18, 19] 나는 하나님께 감사합니다. 이는 내가 여러분 중에 누구보다도

방언의 은사를 더 많이 받았기 때문입니다. 그러나 성도가 모두 한자리에 모인 곳에서 나는 다른 사람에게 가르침을 전달하기 위해 방언으로 수 만 마디의 말을 하는 것보다 오히려 이해할 수 있는 다섯 마디의 말을 하기를 원합니다.

[20] 나의 동료 그리스도인들이여, 어떻게 여러분이 생각해야 하는지와 관련하여 여러분은 어제 태어난 갓난아기처럼 머물러 있지 마십시오. 그와 반대로 악한 일에서는 어린아이가 되십시오. 그러나 지성에 관한 문제에서는 성숙한 어른이 되십시오. [21] 율법에 이렇게 기록되어 있습니다. "나는 다른 언어를 사용하는 사람들과 다른 입술로 이 백성에게 말할 것이다. 그리고 심지어 그때에도 그들은 내 말을 듣지 않을 것이다. 주께서 말씀하신다." [22] 그렇다면 방언은 신자들을 위한 표징의 역할이 아니라, 불신자들의 심판을 위한 표징의 역할을 합니다. [23] 따라서 만약 온 교회 공동체가 모여 저마다 방언으로 말한다면, 외부인이나 불신자가 들어올 때 그들은 여러분이 미쳤다고 말하지 않겠습니까? [24, 25] 이와는 대조적으로 저마다 예언의 말을 하고 또 어떤 불신자나 외부인이 들어와 말해지는 모든 것에 의해 자신의 죄를 자각하고 판단을 받는다고 상상해보십시오. 그들의 존재의 은밀한 것들이 드러나게 되고, 이로써 그들은 무릎을 꿇고 하나님께 경배하며 "하나님께서는 진정으로 여러분 가운데 계십니다"라고 고백할 것입니다.

i. 자기 긍정인가, 다른 사람을 위한 은사인가?(14:1-5)

1절 　살전 5:15과 마찬가지로 여기서도 동사 διώκετε는 사냥꾼이 사냥감을 쫓는 경우처럼 "쫓아가다"(NRSV)를 의미한다. 알로가 주장하듯이 현재 시제는 "이미 시작된 어떤 행위가 계속되는 것을 가리킨다."[10] REB와 NJB의 번역인 "사랑을 여러분의 목표로 삼으십시오!"는 다소 덜 강력하고 역동적이다. 반면에 KJV/AV, NIV의 번역, "따르십시오"는 절박함을 약하게 전달한다. 이와 비슷하게 ζηλοῦτε는 열정적인 태도를 연마하는 것을 가리킨다. "간절히 사모하다"는 공동체의 건실한 성장을 위해 공동의 관

10) Allo, *Première Épitre*, 355; 참조. BAGD, 201.

심을 갖는 것을 의미한다. 즉 이 은사들은 바울이 관심을 갖는 영역인 교회에서 활용될 수 있다. 이와는 대조적으로 NIV의 번역인 "간절히 바라다"는 개인주의적인 관심을 더 암시한다. 바울은 이와 같은 관심을 권장하지 않는다. 한편 NRSV의 번역인 "얻으려고 애쓰다"는 바울의 다음과 같은 강조점과 명확하게 대조된다. 즉 이것은 하나님이 "은혜로 주시는 선물"(참조. 12:31, χαρίσματα)이다. 하나님은 그가 원하시는 대로 교회에 "질서"를 부여하기 위해(참조. 12:18) 그의 주권적인 자유 안에서 그의 은사를 주기도 하시고 거두기도 하신다. 또한 "얻으려고 애쓰다"라는 번역은 목회적으로 그릇된 길로 이끌 수 있으며 신학적으로 의문점을 불러일으킬 수 있다. 콜린스는 1a에서 διώκετε를 "얻으려고 애쓰다"라고 번역하고(그는 이 구절을 이전 단락의 마지막 구절로 이해한다; 참조. 13:13), ζηλοῦτε를 "열심히 바라십시오"라고 번역한다.[11] 그러나 "사랑을 얻기 위해 애쓰라"는 모순어법(oxymoron)으로서 13:4-7의 어조와 전적으로 일치하지 않는다. 스미트의 수사학적 분석은 1a를 14장의 논의에 속한 것으로 본다. 그의 견해에 의하면 14장에서 1-5절은 은사와 관련하여 "사랑을 열정적으로 추구하기"라는 소제목과 더불어 들어가기(*partitio*)에 해당한다.[12]

불변화사 δέ에 관해서는 여러 가지 경쟁적인 번역이 제시된다. 이 점은 커다란 난제를 제공한다. 여기서 δέ가 과연 "그리고" 또는 "그러나"를 의미하는지를 결정하는 데는 문맥이 중요한 역할을 한다. 이와 비슷하게 τὰ πνευματικά는 일반적으로 "영적인 은사들"(곧 성령으로부터 주어지는 또는 성령에 의해 특징지어지는 은사들)을 의미한다. 하지만 이 구체적인 문맥에서 이것은 더 구체적으로 예배의 문맥에서 영적인 발언 또는 발언을 위한 성령의 은사를 의미한다. 따라서 길레스피는 "'더 큰 은사들'은 이제 '영적인 발언'(타 프뉴마티카), 특히 예언하는 것을 구체적으로 명시한다"고 설득력 있

11) Collins, *First Cor,* 488, 491-492.

12) Smit, "Argument and Genre of 1 Cor 12-14," in Porter and Olbricht (eds.), *Rhetoric and the NT,* 229 (211-230).

게 주장한다.[13] 해당 문맥은 이 의미를 요구하는 것 같다. 하지만 우리의 번역에서 "발언을 위해"를 꺾쇠괄호 안에 표기한 것은 이 번역이 그리스어를 문자 그대로 제시하는 것보다 해석적 판단을 더 많이 반영한다는 것을 전제한다. 하지만 콘첼만은 이 의미를 다음과 같이 확인해준다. "이제 그 취지는 다르다. 더 이상 '영적인 은사'에 대한 전반적인 평가가 아니다.…이제는 단지 방언으로 말하는 것과 예언하는 것만이 영적인 은사로 논의된다."[14]

몇몇 주석가들은 δέ를 재개의 의미로 본다. 헤이스는 "그리고 ~에 대해 열심을 품고 바라십시오"는 "12:31a에서 사용한 같은 동사(젤루테)를 취하고, 이제 이 동사는 그러한 바람이 지닌 타당한 목적을 더 자세하게 명시한다"고 주장한다.[15] 하지만 크리소스토모스, 테오도레토스, 테오필락투스를 비롯하여 하인리치 이후의 현대 저자들은 재개의 의미인 "그리고"에 반대하며 대조의 의미인 "그러나"를 지지한다. 오늘날 많은 주석가들은 이 견해를 따른다.[16] 이에 대한 해석은 과연 우리가 독자들뿐만 아니라 바울도 일부 교인들이 말하는 은사, 특히 방언의 은사를 과시하고 싶은 경쟁적이며 개인주의적인 속성에 대해 알고 있었다고 전제하는지에 달려 있다. 만약 그렇다면 바울은 다음과 같이 설명할 필요성을 느꼈을 것이다. 즉 "사랑을 추구하십시오. 그러나 성령의 은사를 간절히 사모하십시오." 왜냐하면 바울은 발언과 관련된 이 은사가 **사랑으로 다른 사람을 섬길 수 있으며, 더 이상** 자기 자랑과 자기 파멸의 원인을 가져다주는 수단이 되어서는 **안 된다**는 것을 곧 밝혀줄 것이기 때문이다.

1절의 마지막 구절은 이러한 논증 또는 주장을 시작한다. 만약 독자들이 (2절의 방언으로 말하는 것과 대조되는) 예언에 특별한 관심을 기울인다면 (μᾶλλον) 이것은 다른 사람을 유익하게 할 것이다. 왜냐하면 바울은 진정한

---

13) Gillespie, *The First Theologians*, 129–130.

14) Conzelmann, *1 Cor*, 233.

15) Hays, *First Cor*, 235. Fee도 요약의 역할을 한다는 것을 지지하는 것 같다(Fee, *First Epistle*, 654). 참조. Allo, *Première Épitre*, 355; Kistemaker, *1 Cor*, 476.

16) Chrysostom, *1 Cor. Hom.*, 35:1; Meyer, *Epistle to the Corinthians*, 2:3; Heinrici, *Das erste Sendschreiben*, 430; Edwards, *First Epistle*, 357; Barrett, *First Epistle*, 312.

예언의 목적과 영향력에 대해 곧 다음과 같이 입증할 것이기 때문이다. (i) 예언은 공동체 전체를 세워준다(4, 5, 17절; 참조. 8:1, 10; 10:23). (ii) 예언은 신자들을 권면하거나 위로해준다(3절, 31절; 참조. 4:13, 16; 16:12, 15). 또한 (iii) 예언은 신자들을 위로하거나 격려해준다(3절; 참조. 살전 2:11. 또한 14:1-40에 대한 머리말 참조). 우리는 앞에서 필하우어가 공동체를 단결력 있고 역동성 있는 전체로 **세우는 것**과 주로 개인주의적인 만족을 제공하는 자기만족적이며 방종한 종교심으로 이끄는 것을 대조하는 것에 대해 언급했다.[17] 이 절들에서 바울은 예언하는 것은 이해할 수 있는 말로 분명하게 의사소통하는 언어 행위를 수행하는 것이라고 강조한다. 이것은 다른 사람들과 공동체 전체에 긍정적인 영향을 미친다.

우리는 (힐, 뮐러, 길레스피와 더불어) 예언은 여기서 다른 사람을 돕기 위해 각자의 배경과 상황에서 복음의 진리와 복음의 약속을 받아들이기 위해 목회적으로 적용되는 건전한 설교, 선포 또는 가르침에 해당한다는 데 동의할 것이다.[18] 잔트네스는 바울이 자신의 사명을 예언자적인 견지에서 이방인들에게 사도적 복음을 전파하는 것으로 이해한다고 지적한다. 예를 들면 갈 1:15-16은 예언자로서 증언하기 위해 "출생 이전에" 이미 부르심을 받은 예레미야의 사례(참조. 렘 1:5)를 반영하는 것으로 광범위하게 인정되며, 이 절들은 바울의 사도적 사명—서로 잘 이해할 수 있는 의사소통 행위를 통해 그리스도의 복음을 선포하는 것—의 예언자적 특성을 가리킨다는 점에서 고전 2:1-16, 고후 4:6, 롬 1:1-5, 롬 10:14-18과 연속 선상에 있다.[19] 잔트네스는 구약 정경 시대 이후의 유대교에서 **예언자**라는 용어는 지도자의 광범위한 활동 영역을 가리켰다고 지적한다. "이제 명성 높은 자들과 우

---

17) Vielhauer, *Oikodome*, 86-98. 앞에서 Vielhauer에 대한 언급 참조.

18) 우리는 바울의 논의 전체를 종합적으로 해석하고 검토한 후에야 비로소 최종적으로 그 증거를 가장 잘 평가할 수 있을 것이다. 이 견해는 바울이 예언에 대한 강조점을 찍기를 원하는 지점과도 일치하며, 고대 그리스-로마 세계나 초기 이스라엘의 종교 안에서 예언에 대한 이론들과 대조되는 구약 정경에 포함된 예언서에서 이해하는 예언과도 연속성을 지닌다. 우리는 14:3의 주해 다음에 별도로 예언에 대한 특별 해석을 제시할 것이다.

19) Sandnes, *Paul-One of the Prophets? A Contribution to the Apostle's Self-Understanding.*

리의 역대 선조들을 칭송하자"(집회서 44:1)로 시작하는 지도자들을 칭송하는 유명한 찬송에는 모세, 나단, 엘리야, 스룹바벨 등 다른 이들이 포함되어 있다. 이 지도자들은 서로 잘 이해할 수 있는 의사소통 행위를 통해 이스라엘 백성을 인도하여 그들이 하나님의 구원 행위를 경험하게 하고 하나님을 찬양하도록 이끌었다(집회서 44-50장). 잔트네스는 바울 자신도 예언자적 전통에 서 있다고 주장한다. 따라서 μιμηταί μου γίνεσθε라는 권면은 4:16에서 언급된 바울의 사도적 생활 방식을 상기시켜주며, 11:1에서 이 표현은 우상들에게 바친 음식을 먹는 이슈와 관련하여 타인에게 관심을 기울이는 것에서(8:1-11:1)부터 예배의 정황에서 다른 사람의 처지에 관심을 기울여야 하는 것(11:1-14:40)으로 옮겨간다. 무엇보다도 예언자들은 공동체를 세우는 일을 한다(8:1, 10; 10:23; 14:4, 17).[20]

2절 비록 λαλέω와 ἀκούω는 일반적으로 각각 "말하다"와 "듣다"로 번역되지만, 여기서 이슈는 분명히 말하는 자와 듣는 자 사이에서 이해할 수 있는 의사소통 또는 메시지의 효과적 전달 행위에 초점이 맞추어져 있다. 따라서 NRSV, REB, NIV, NJB, KJV/AV는 (BAGD와 같이) "아무도 이해할 수 없습니다"라고 올바르게 번역한다.[21] BAGD의 세 번째 항목을 따라 "아무도 깨닫지 못합니다"라고 번역하는 것도 타당할 것이다. 비록 해당 그리스어 표현을 너무 구체적으로 전달하긴 하지만, 이 번역이 더 강력하고 타당하다.[22] 칼뱅은 "그는 자신과 벽을 향해 설교하는 것이다"라고 말하면서 허공을 향해 설교하는 유비를 사용한다.[23] 바울은 교회는 십자가와 부활, 그리고 그 많은 함의, 약속, 가르침의 복음을 말로 전달하는 것을 통해 세워지고 존속될 것이라는 주제를 설명할 것이다. 이와는 대조적으로 방언을 말하는 자(ὁ λαλῶν γλώσσῃ)는 사람들에게 말하는 것이 아니라(οὐκ

20) Vielhauer, *Oikodome,* 86-90; Gillespie, *The First Theologians,* 142-144.

21) 사실상 모든 주요한 주석가들은 이렇게 번역한다. 예를 들면 Senft, *La Première Épitre,* 174; Conzelmann, *1 Cor,* 232-234; Calvin, *First Epistle,* 286.

22) BAGD, 32, cols. 1 and 2. 예. 마 14:13, "예수께서 그것[세례 요한의 죽음]을 아시고", 즉 그것에 관한 정보를 듣고.

23) Calvin, *First Epistle,* 286.

ἀνθρώποις λαλεῖ(곧 세움을 받고 격려를 받을 필요가 있는 연약하고 상처받기 쉬운 인간) 하나님께(ἀλλὰ θεῷ) 말하는 것이다. 이 장에서 방언으로 말한다는 것은 거의 언제나 하나님께 대한 찬송이나 기도가 터져 나오는 것 또는 하나님을 찬송하거나 하나님께 대한 기쁨이 넘쳐 나오는 것을 가리킨다(더 자세한 논의는 12:10에 대한 주해를 보라. 또한 참조. 14:14-16, 28). 우리는 타이센이 롬 8:15의 "아바"(Abba)라는 외침과 비교하는 것을 연상할 수 있을 것이다(참조. 롬 8:26-27). 설령 공동체 안에서 환경적인 요인을 통해 어느 정도의 "사회적 학습"이 이루어졌음을 배제할 수 없다 하더라도 이것은 "무의식적인 내용이 황홀경 속에서 터져 나오는 것에 대해 추측하는 것을 허용한다."[24]

이해할 수 없음과 그 관련 용어 μυστήρια—여기서는 "비밀"(NRSV, REB, NIV, KJV/AV; 참조. NJB, 감추어진 의미)로 번역됨—는 여전히 논쟁의 대상이다. 다른 곳에서 바울은 종종 이 단어를 무언가 이전에는 감추어져 있었지만 이제 종말론적인 성취의 시대에는 밝히 드러난 것을 가리키는 데 사용한다(참조. 2:1, 7; 4:1; 15:51). 하지만 저자마다 이 용어를 문맥에 따라 다소 다른 뉘앙스로 사용한다. 이것은 더 일반적인 의미를 수정할 수도 있다. 여기서 이 단어를 바울의 일반적인 용법으로 이해하려 한다면 우리는 바울이 의도하는 의미를 파악할 수 없고, 그의 논점을 훼손할 것이다. 다우첸베르크는 이 이슈를 쓸데없이 복잡하게 만든다. 그는 이것이 성령 안에서 하나님께 말하는 것이므로 그 내용은 예언을 말하는 것과 거반 차이가 없으며, 한 가지 분명한 차이점은 천사들의 종말론적인 언어와 같은 위치에 있다는 점이라고 주장한다.[25] 하지만 만약 예언이 세우는 것, 권면, 약속 또는 하나님의 행위를 선포하는 것을 포함한다면 이 절들에서 이것을 "하나님께 답

24) Theissen, *Psychological Aspects of Pauline Theology*, 287-288, 293-315. 참조. F. D. Macchia, "Groans Too Deep for Words: Towards a Theology of Tongues as Initial Evidence," *Asian Journal of Pentecostal Studies* 1 (1998): 149-173. 이 논문은 Macchia의 이전 논문 "Signs Too Deep for Words," *Journal of Pentecostal Theology* 1 (1992): 47-73을 발전시킨 것이다.

25) Dautzenberg, *Urchristliche Prophetie*, 234-237; 참조. 226-300.

변하는 것"으로 생각하는 것은 타당해 보이지 않는다.[26] 자신의 개인 영성의 배경이 오순절 신학임을 인정하는 고든 피가 방언으로 말하는 것은 "이해의 영역 밖에 있을" 뿐만 아니라 "하나님과 대화하는 것"에 해당한다는 데 동의하는 것은 매우 의미심장하다. "오순절파 안에서 매우 흔하게 '방언을 통해 어떤 메시지가 주어진다'는 개념"과는 대조적으로 "바울 서신에서 [이를 입증해주는] 증거는 없어 보인다."[27] 더 최근 저서에서 피는 다음과 같이 주장한다. "고전 14장 그 어느 곳에서도 바울은 방언이 사람에게 말하는 것이라고 말하지 않는다. 그는 세 번이나 그것이 하나님께 말하는 것이라고 가르친다(14:2, 14-16, 28)."[28]

건드리는 γλῶσσα가 대체로 의사소통을 위한 언어를 가리키며, 그것이 반드시 의식이 고조되거나 황홀경의 상태와 연관이 있는 것은 아니라고 주장한다. 그의 이러한 주장에도 불구하고 "방언이 이 문맥에서[예. 13:1 또는 14:2] 이미 알고 있는 언어를 가리킨다는 것은 타당성이 거의 없다."[29] 특정 문맥을 나타내는 표지가 없다면 γλῶσσα는 단순히 말하는 기관, 곧 혀를 가리킬 것이다. 하지만 12-14장의 문맥은 방언과 예언이 "서로 대조되는 평행 구조"를 제공한다. 이 구조 안에서 "방언의 가장 분명한 특성은 이해할 수 없음"이며, 이는 음조, 리듬, 박자(7-8절)와 대조를 이루는 악기의 유비를 통해 구체적으로 설명된다.[30] 비록 크리소스토모스가 비밀을 더 긍정적으로 해석하긴 하지만, 칼뱅은 이 용어를 더 설득력 있게 다음과 같이 인식한다. 방언은 "이해할 수도 없고 그 의미를 파악할 수도 없는 수수께끼와 같다.…이는 마치 바울이 '아무도 그의 말을 한 마디도 이해하지 못한다'라

---

26) 참조. Fee, *First Epistle,* 656.

27) 같은 책. Fee, *God's Empowering Presence,* 218에서도 재차 언급된다.

28) Fee, *Paul, the Spirit and the People of God,* 148. 이와 비슷하게 참조. Wolff, *Der erste Brief,* 328-329.

29) Williams, *Tongues of the Spirit,* 26; 참조. Gundry, "'Ecstatic Utterance'(NEB)?" 299-307; and BAGD, 162.

30) Gillespie, *The First Theologians,* 130 and 150-151.

고 쓴 것과 같다."[31] 한편 몇몇 현대 주석가들은 πνεύματι가 "인간의 영"을 가리킨다고 이해한다. 그 이유는 14절과 32절에서 이 그리스어 명사가 이런 의미로 사용된다는 것이다.[32] 1950년대 이전의 많은 주석가들은 관념론적 또는 데카르트적 이원론의 지배를 받은 인간성에 대한 견해와 πνεῦμα는 인간의 영으로서 바울의 사상에서 매우 작은 비중을 차지한다는 견해에 부당하게 큰 영향을 받아왔다. 따라서 의미상의 대조가 분명하게 언급되고 인간의 영을 구체적으로 가리키는 문맥을 제외하면(14:14, 32) 이 단어는 거의 언제나 성령을 가리킨다. 15:44에서처럼 인간의 "비물질성"은 말할 것도 없고 인간의 "영성"을 하나님의 영의 중재 역할과 혼동하는 것은 바울 신학을 심각하게 오해하는 결과를 초래한다. NRSV, REB, NJB는 (NIV, AV/KJV와는 대조적으로) "성령"으로 올바르게 번역한다.

3절 정관사와 함께 사용되는 그리스어 현재분사 ὁ δὲ προφητεύων은 "방언으로 말하는 사람"(2a)과 대조를 이루며 "예언을 하는 사람"으로 번역할 수 있다. 하지만 바울은 여기서 방언으로 말하는 사람의 역할과 역동적으로 의사를 전달하는 예언하는 행위의 결과를 서로 대조한다. 이것은 예언하는 어떤 특별한 사람의 지위나 역할보다 그의 **행위**를 강조한다. 이것은 이 그리스어 동사에 대한 바울의 관심사와 용법과도 일치한다. 현재분사와 함께 정관사가 사용되는 표현은 습관(예언을 하는 사람; 참조. NRSV, NIV, NJB)이나 시간적 조건과 연관된 종속절(REB의 번역처럼 "만약 어떤 사람이 예언을 할 때")의 의미를 전달한다. 또한 후자의 경우에도 예상되는 목적격인 οἰκοδομὴν, παράκλησιν, παραμυθίαν을 위한 길을 마련해준다(참조. 불가타

31) Calvin, *First Epistle*, 286; 참조. Chrysostom, *1 Cor. Hom.*, 35:1. 크리소스토모스의 언급은 부분적으로 Dautzenberg의 접근 방법을 예고한다.

32) Kistemaker, *1 Cor*, 477; Edwards, *First Epistle*, 357; Meyer, *Cor*, 2:5. 하지만 이 저자들은 성령의 역할의 중요성도 동시에 강조하면서 자신들의 주장을 서둘러 수정한다. Robertson and Plummer는 어떤 조건도 제시하지 않는다(Robertson and Plummer, *First Epistle*, 306). 그러나 이 명사가 성령을 가리킨다는 견해는 다음을 참조하라. Fee, *First Epistle*, 656-657; Conzelmann, *1 Cor*, 234.

역, *ad aedificationem*).[33] "이것은 '실질적으로'를 의미한다"(강조는 원저자의 것임).[34] 우리의 번역 "이를 통해"는 이 점을 강조한다. 한편 3절의 해석과 관련된 다른 이슈들은 아래의 특별 해설에서, 특히 b1, 2, 3항에서 다루어질 것이다. 한편 "명사 οἰκοδομή는 이어지는 절들과 26절에서 반복적으로 나타나는 주요 모티프로 기능한다."[35]

예언: 14장의 문맥에서 두 번째 특별 해설

"예언: 첫 번째 특별 해설"(12:10)에서 우리는 해석과 관련된 접근 방법의 광범위한 차이점을 개괄했다. 또한 우리는 14:1-25(또한 참조. 29-35절)에 나타난 바울의 주요 관심사를 미처 다루지 못한 채 오직 12:10이 허용하는 범위 안에서 이를 논의했다. 이 논의는 기초를 제공하고 몇 가지 이슈를 설명해주었다. 우리는 하나님이 나누어 주신 성령의 다양한 은사 중에서 예언하는 것은 **공동체 전체와 그 너머에 있는 공동의 유익**을 위한 것이라고 말했다. 또한 우리는 어떤 해석자들이 종종 근거 있는 전제나 귀납법적인 도구로서 텍스트에 부여하는 전제 또는 선이해를 서로 구분했다.

(1) 해석학적 준거 기준을 형성하는 일곱 가지 특징

우리는 첫 번째 특별 해설에서 서로 구별되는 일곱 가지 입장을 언급했다. 이와 같은 구별은 두 번째 논의 단계에서도 여전히 타당하다. 따라서 여기서 이러한 입장을 간략하게 요약하여 제시하고자 한다. (i) **헬레니즘 종교**와 이른바 평행을 이루는 사례 사용 또는 남용(라이첸슈타인; 파셔와 크론은 이 입장에 비판적이며, 보링과 특히 포브스는 이 입장을 예리하게 비판함). (ii) **유대교 묵시 문헌의 계시-천상의 비밀 담론**에 호소(다우첸베르크; 그루뎀은 이 입장을 비판하며, 엘리스와 오니는 이를 결정적으로 수정함). (iii) **묵시 문학적 담론과 성경 해설**의 연결(엘리스, 코테네; 포브스는 부분적으로 이 입장을 비판함) 또는 묵시 문학적 심판 선언과 판결 선언의 연결(뮐러). (iv) 예언하는 것과 **목회적인 설교**

---

33) Edwards, *First Epistle*, 358.
34) Robertson and Plummer, *First Epistle*, 306.
35) Schrage, *Der erste Brief*, 3:386.

(힐) 또는 **목회적·케리그마적 설교**(잔트네스, 필하우어, 길레스피)의 밀접하고 설득력 있는 연결. (v) 예언과 관련하여 **자유와 권위**에 대한 다소 사변적인 주장. (vi) 영감, 권위, **오류 가능성 검증**의 필요성의 양립 가능성(그루뎀). (vii) 14:1-25**에서 묘사하는 예언하는 것의 목적**을 진지하게 다루지 않는 연구의 한계 등이다.

(2) 공동체를 세워주고 격려하고 위로하기

(a) 세우기(명사, οἰκοδομή, 14:3, 5, 12, 26; 참조. 3:9; 동사, οἰκοδομέω, 14:4, 17; 또한 8:1; 10:1, 23, ἐποικοδομέω, 3:10, 12, 14). 고린도전서 외의 바울 서신에서는 롬 14:19; 15:2, 20; 고후 10:8; 12:19; 13:10; 갈 2:18; 살전 5:11(엡 4:12, 16, 29) 등을 참조하라. 우리는 8:1-13과 13:1-13은 12:1-14:40을 이해하는 데 매우 중요하다고 일관되게 주장했다. 또한 8:1에 대한 주해에서 우리는 키츠베르거가 ἀγάπη에 의해 세워지는 유대관계 및 질서 있는 영속성과 사랑 없이 γνῶσις를 통해 φυσιόω, "우쭐대는" 기만적이며 피상적인 천박함의 의미를 서로 대조하는 것을 언급했다.[36] 또한 14:1의 주해에서 우리는 필하우어의 주된 연구에 주목했다. 거기서 우리는 다른 사람의 유익을 위한 결속 활동으로서 남을 세워주는 것과 단순히 부정적인 의미의 자존심을 세워주는 것을 서로 설득력 있게 대조하는 것을 언급했다. 우리는 이것을 14:4에서 더 자세하게 다룰 것이다.[37] 필하우어와 더 최근에 잔트네스는 세워주는 것과 바울의 사도적 사명을 서로 연결한다. 바울은 분명히 자신의 사명을 예레미야가 세우기 위해 예언자로 부름을 받는 것과 비교한다(갈 1:15-16; 렘 1:5, "태어나기 이전에"; 렘 1:10, "세우며 심기 위해"; 참조. 고전 3:6, 10, "나는 심었고…능숙한 건축가로서 나는 기초를 놓았습니다.)"[38] 이 결과에 대한 쉬츠의 주장을 인용하면서 길레스피는 다음과 같이 결론짓는다. "오이코도메와 복음 선포가 **기능적으로나 실질적으로** 서로 관련이 있다는 개념은 매우 중요하다"(강조는 원저자의 것임).[39] 14:26에서 "예언은 제의적 사건으로서 이 규정에 지배

36) I. Kitzberger, *Bau der Gemeinde. Das paulinische Wortfeld oikodome/(ep)oikodomein* (Würzburg: Echter Verlag, 1986), 특히 73-78. 앞에서 8:1에 대한 주해 참조.

37) Vielhauer의 연구에 관해서는 14:1에 대한 주해 참조.

38) Vielhauer, *Oikodome,* 77-98; Sandnes, *Paul-One of the Prophets?*

39) Gillespie, *The First Theologians,* 142; 참조. Schütz, *Paul and the Autonomy of Apostolic Authority,* 224-225.

를 받는다."[40]

(b) **격려하기 또는 권고하기/도전하기**(παράκλησις). 만약 우리가 바울 신학에서 예언과 예언자적인 설교의 본질을 이해하고자 한다면 παράκλησις의 다양한 특성을 재확인하는 것이 필수적이다. 이것은 무미건조한 정보 전달 같은 것이 아니라 다양한 영역을 포괄하는 발화를 수반하는 언어 행위(illocutionary speech-acts)다. 이 언어 행위는 (언어 철학자들이 사용하는 의미에서) "원론적인 사실"—예를 들면 하나님이 이 일을 위해 성령을 통해 부르시고 은사를 주신 인간 대리인들에 의해 전달된 언약에 기초한 약속—에 근거하여 간청하고 권면하며 격려하고 도전하며 감싸 안고 위로하거나 위로를 제공한다. 그라브너-하이더가 **예언의 적극적인 역할을 권면**이라고 올바르게 부르는 것과 같이 울리히 뮐러는 예언을 **하나님의 심판과 은혜 안에서 복음을 선포하는 것과 어떤 상관관계**에 있는 것으로 올바르게 이해한다.[41] 다른 한편으로 "예언"을 주로 신약 시대, 그리고 오늘날에는 오순절 전통에만 국한된, 교회 안에서는 매우 드물게 나타나는 현상으로 간주하는 자들은 이 그리스어 동사와 명사가 신약에서 109번 나타난다는 점을 지적할 수 있을 것이다. "순전히 통계 자료에만 기초한다면 παρακαλέω/παράκλησις는 신약에서 말하고 영향을 미치는 것과 관련하여 가장 중요한 용어 중 하나다."[42] 비록 파라클레시스의 모든 용례가 예언과 관련된 것은 아니지만, 기능적인 측면에서 서로 일치하는 용례는 충분하며 피츠마이어의 다음과 같은 논평을 지지해준다. 롬 12:6-8에서 언급하는 은사의 목록에서 "첫 번째 은사[προφητεία]는 고전 12:10, 28; 13:2; 14:1, 3-6, 24, 39; 딤전 4:14과 마찬가지로 영감을 받은 기독교의 말씀 선포다.…이것은 어떤 사람이 하나님의 이름으로 말하는 것을 가리키며, 마음의 비밀을 파헤친다(고전 14:24-25)."[43]

---

40) Gillespie, *The First Theologians*, 144; 참조. Schrage, *Der erste Brief*, 3:386-389, 396 and 433-448.

41) Ulrich Müller, *Prophetie und Predigt im NT*, 118-130, 162-233; A. Grabner-Haider, *Paraklese und Eschatologie bei Paulus. Mensch und Welt im Anspruch der Zukunft Gottes*, NTA n.s. 4 (Münster im Westfalen: Aschendorff, 1968), 5 and 116-128.

42) J. Thomas, "παράκλησις," *EDNT*, 3:23; 참조. 23-27.

43) J. A. Fitzmyer, *Romans*, AB (New York: Doubleday, 1992), 647.

이 목회적인 측면은 예언을 가르침과 구별하는 문맥적 특수성뿐 아니라(이 가르침은 더 교리적이거나 일반적인 것일 수 있다) παρακαλέω는 종종 말하는 사람과 듣는 사람 사이의 인격적인 관계에 기초한다는 비에르켈룬드의 신중한 주장에 의해 강조된다(1:10에 대한 주해 참조).[44] 이 행위를 통해 "도움을 주는 자"라는 일상적인 의미는 6:12; 10:23의 συμφέρει와 8:7-13에서 다른 사람을 세워주는 데 관심을 갖는 것에서 "다른 사람을 돕는다"는 의미를 취한다. 하지만 종종 이것은 단기적인 방법보다는 장기적인 방법으로 "돕기 위해" 있는 그대로 드러내는 것, 도전하거나 권면하는 것을 요구한다.[45] 말씀의 원천이 성령일 때 심판은 은혜를 받는 통로가 될 수 있다. 따라서 격려, 권면 또는 도전이 지닌 다양한 뉘앙스는 결코 서로 모순되지 않는다. 사랑의 반대는 교정이 아니라 무관심이다. "살전 5:11에서 바울이 파라칼레인과 오이코도메인을 사용한 것은 권면이 복음 선포와 유사한 의미를 내포하고 있다는 점을 암시한다. 살전 2:2-3은 이것에 대한 증거를 제시해준다. 살전 2:2에서 바울은 그의 초기 복음 사역을 데살로니가 교회에 상기시킨다."[46] 길레스피는 바울 서신에서 이 용어가 복음 선포, 윤리적인 가르침, 적용된 신학을 포함한다는 점을 분명하게 밝혀준다.[47]

(c) **위로하기**(παραμυθία). 신약성경에서 이 명사는 이 형태로 오직 이곳에서만 나타나지만(빌 2:1에서는 다른 형태로 사용됨), 동사 형태는 살전 2:11과 5:14에서 나타난다(요 11:19, 31에서는 나사로를 여읜 누이들을 위로하는 데 사용됨). NIV와 KJV/AV는 이 명사를 "위로"라고 번역한다(참조. consolation, NRSV; encourage, REB; reassurance, NJB). 신약성경에서 사용하는 여섯 가지 동족어는 옛날 영어에서 기운을 북돋아주고, 강건하게 하고, 지원해주는 행위 등을 암시한다. 이 단어들은 라틴어 복합동사 *com-fort*를 반영한다. 맬러비는 이 용어가 목회적 돌봄의 자세 및 활동

---

44) C. J. Bjerkelund, *Parakalo. Form, Funktion und Sinn der parakalo-Sätze in den paulinischen Briefen* (Oslo: Universitetsforlage, 1967), 특히 188-190; 참조. 34-58, 109-111.

45) 참조. BAGD, 618. 또한 유비적인 측면에서 요한복음의 파라클레토스에 대한 본문들을 보라.

46) Gillespie, *The First Theologians*, 145.

47) 같은 책, 144-148.

과 밀접하게 연결되어 있다고 확인한다.[48] 그 당시 그리스-로마 세계의 훌륭한 도덕 철학에서 연약한 자에게 관심을 갖는 것에 비추어 그는 특히 살전 5:14-15을 언급한다. 예를 들면 세네카, 플루타르코스, 필로데모스는 권고와 설득을 포기해선 안 되지만, 도움이 필요한 다양하고 구체적인 상황을 개인적으로 면밀하게 이해한 후 사람들이 처한 다양한 상황에 대해 신중하게 말해야 한다고 권고한다.[49] 맬러비는 데살로니가 교회의 일상생활은 "교회 설립 초기부터…위로가 필요했으며" 경고와 위로의 상호 보완적인 활동이 "공동체의 다양한 관계를 도모하는" 목회적인 과정의 일부를 차지했다고 결론짓는다.[50] "바울은 παράκλησις의 어떤 형태를 언제나 παραμυθεῖσθαι 또는 그 동족어와 연결시켰다(살전 5:14; 고전 14:3; 빌 2:1)." 비록 고대 그리스-로마 세계의 도덕 철학에서도 이러한 이중적인 강조점이 나타나지만, 이것은 바울의 목회적인 설교와 돌봄에 특성을 부여한다.[51]

이러한 목회적인 관심은 특별한 상황에 예언적인 배경을 적용하는 구약 전통과 예언의 중심에 목회적인 설교가 있다는 힐과 다른 학자들의 주장을 서로 결합한다. 하지만 "설교"는 단지 무미건조한 정보를 제공하는 훈계나 교훈이 아니며, 세워주고 격려하며 도전하고 권고함과 동시에 위로하는 다양한 기능을 수행하는 언어-행위로 이해해야 한다. 신약성경에서 가장 뛰어난 목회적인 설교의 "모델"의 도입 부분(히 1:1-4)은 다양한 의미가 담긴 여러 표현을 통해 찬사, 구약성경에 대한 해설, 약속, 신앙고백 또는 신조에 대한 동의와 기쁨이 넘치는 찬양 등 다양한 행위를 행하면서 독자들에게 격려와 위로를 준다.[52] 히브리서에서처럼 "'예언하는 자는…사람들에게 격려의 말을 한다'(고전 14:3)"[53]

48) A. J. Malherbe, "'Pastoral Care' in the Thessalonian Church," *NTS* 36 (1990): 375-391 (main SNTS paper, Dublin, 1989).

49) Seneca, *De Ira* 1.6.3; *Epistulae* 64.7-10; 82.23; Plutarch, *Quomodo Adulator* 67B, 73A-C, 74DE; Philodemus, *Peri Parresias* 38.

50) Malherbe, "'Pastoral Care," 388 and 389.

51) 같은 책, 387.

52) 참조. A. C. Thiselton, "The Epistle to the Hebrews," in J. D. G. Dunn and J. W. Rogerson (eds.), *Eerdmans Commentary on the Bible* [title to be revised] (Grand Rapids: Eerdmans, forthcoming), ad. loc.

53) Gillespie, *The First Theologians,* 149.

(3) 성경의 창조적 재해석?

얼 엘리스는 바울의 교회에서 이루어지는 예언과 헬레니즘적 배경이 아닌 구약 및 유대교 사이에서 중요한 연속성을 발견한다. 그는 스탤린의 에세이에 담긴 다른 증거들을 언급하면서 "παράκλησις를 예언자의 특별한 사역으로 이해하는 것은 바울 서신 안에서도 고전 14:2, 3의 지지를 받는다"고 주장한다.[54] 하지만 구약성경이 παράκλησις의 결정적인 원천이므로(참조. 롬 15:4-5) 엘리스는 "대체로 회당에서 이루어지는 성경 해석은 바울과 바나바, 바울과 실라뿐 아니라 베드로와 다른 교회 지도자들의 선교 사역의 핵심적인 특징이다"라고 주장한다.[55] "성경 해석이 예언자의 사역이라는 것은 그 사역이 명시적으로 다니엘에게 부여되었기 때문에(단 9:2, 24) 기원후 1세기에 이미 알려진 사실이었다."[56] 하지만 엘리스는 논증 전개 과정에서 이것이 가르침의 사역의 은사와 점점 더 중복된다고 여기는 방향으로 나아간다. 이것은 사변적이며 심지어 그릇된 전환을 초래한다. 왜냐하면 엘리스는 예언자와 교사 간의 가장 중요한 차이점이 "오직 그것[가르침]이 주어지는 방법이나 '예언자'라는 가르치는 자의 인정된 신분을 통해서만" 파악될 수 있다는 점을 발견하기 때문이다.[57] 엘리스의 견해에서 이것은 주로 그가 "영적인 사람들"로 확인하는 것에 호소하는 것을 통해 발견할 수 있다. 이것은 선별적 증거(예. "예언자들의 천사적 '영들'"에서)만을 "채택함으로써" 순환 논리의 위험성을 불러올 뿐만 아니라 심지어 "비밀"에 대한 더 모호한 전제와 쿰란의 해석 방법과 유사한 창의적 재해석에 그 근거를 둔다.[58]

크리스토퍼 포브스는 코테네가 채택한 관련 접근 방법의 전제와 더불어 이러한 전제의 일부를 신중하게 비판한다.[59] 코테네는 성경을 해설하는 역할을 예배를 드리는 신앙 공동체의 문맥과 연결한다. 하지만 포브스는 성경을 "자유롭게" 해

54) Earle Ellis, "The Role of the Christian Prophets in Acts," rpt. in his *Prophecy and Hermeneutic in Early Christianity*, 131-132; 참조. 129-144; Stählin, *TDNT*, 5:82.

55) 같은 책, 132.

56) 같은 책, 133.

57) 같은 책, 141.

58) Earle Ellis, "'Spiritual' Gifts in the Pauline Community," in *Prophecy and Hermeneutic*, 23-44.

59) E. Cothenet, "Les prophètes chrétiens Comme exégètes charismatiques de l'écriture," in Papagopoulos (ed.), *Prophetic Vocation*, 77-107.

설하는 교수법이 바울에게 있어 예언의 결정적인 특징이었다"는 점은 그 어느 곳에서도 찾아볼 수 없다고 설득력 있게 주장한다.[60] 우리는 오니의 견해를 따라 다음과 같은 사실을 기억할 필요가 있다. "초기 기독교의 예언자 칭호 적용은…원래 구약성경에 나타난 예언자의 역할의 주도적인 개념에 의해 결정되었다. 또한 초기 유대교에서 예언자라는 용어(나비 또는 프로페테스)는 구약의 예언자나 종말론적 예언자가 아닌 이들에게는 매우 드물게 적용되었다."[61] 주요한 예언자들은 개혁자였지, 혁신가는 아니었다는 오래된 규범에 동의하든 않든 간에 이스라엘의 언약의 하나님께 신실해야 한다는 그들의 핵심 주제는 신실해야 한다는 개념의 뿌리가 되는 일종의 전통의 연속성을 전제했다. 따라서 길레스피가 바울의 예언 개념을 복음의 약속의 연속성 및 어떤 전통과 연결하는 것은 옳다.[62] 그런 의미에서 성경의 역할과 약속에 신실한 자로서 하나님의 영의 사역의 일관성은 결코 서로 분리될 수 없다. 이것은 예언을 한다는 주장을 검증할 수 있는 기본 원리의 일부로 남아 있었을 것이다(14:29b; 참조. 14:36-38; 살전 5:20-21, δοκιμάζετε). 코테네는 자신의 논문 제목을 성경의 "카리스마적인 주해처럼"(comme exégètes charismatiques de l'écriture)이라고 붙였다. 하지만 이 제목은 그가 제안하는 것을 온전히 설명해주지 못한다.[63] 만약 성경 해석을 위한 성령의 예언의 은사가 핵심 이슈라면 이것은 우리의 관점과 전적으로 일치한다.

(4)"즉흥적인 것" 또는 이성적인 사색도 포함되는가? 목회적인 설교?

던, 터너, 포브스는 바울이 언급한 예언이 "즉흥적"이었다고 주장하거나 단순히 그렇게 추측하는 많은 학자들 가운데 속한다. 맥스 터너는 "바울의 관점에 의하면 예언은 하나님이 즉흥적으로 주시는 **아포칼립**시스를 받아 전달하는 것"이라고 주장한다.[64] 던은 다음과 같이 말한다. "바울에게 있어 예언은 계시의 말씀이다. 예언은

60) Forbes, *Prophecy and Inspired Speech*, 235.
61) Aune, *Prophecy in Early Christianity*, 195.
62) Gillespie, *The First Theologians*, 132-136.
63) E. Cothenet, "Les prophètes chrétiens," 77-107.
64) M. Turner, "Spiritual Gifts Then and Now," *VoxEv* 15 (1985): 10; 참조. 7-64.

사전에 준비된 설교를 가리키지 않는다.…그것은 즉흥적인 말이다(14:30)."[65] 던이 이 주장을 지지하기 위해 제시하는 주요 근거는 다음과 같다. 예언에 질서를 요구할 수 없다. 또한 30절에 의하면 만약 다른 사람이 "어떤 계시"를 받으면 먼저 예언하던 사람은 중단해야 한다. 포브스는 이렇게 단언한다. "누가와 바울에 의하면 기독교의 예언은 (대체로) 말을 통해 즉흥적으로 주어지는 계시를 받아 곧바로 공개적으로 선포하는 것이었다."[66] 포브스의 견해에 의하면 이와 같은 점을 고려할 때 예언은 설교와 구별되어야 한다. 왜냐하면 설교는 "카리스마"가 아니기 때문이다. 반면에 예언의 경우에 "계시는 일반적으로 즉흥적으로" 주어진다.[67] 하지만 이러한 주장은 다음과 같은 의구심을 크게 불러일으킨다.

(i) 우리는 모든 "영적인 은사"를 포괄적으로 "즉흥적인" 것으로 간주하는 것은 결코 불가능하다고 이미 언급한 바 있다. 우리는 12:8-10, 28-30에 대한 주해에서 성령의 은사 중에는 다음과 같은 것도 포함될 수 있음을 살펴보았다. 즉 전략적·정치적 비전으로 교회를 인도하거나(κυβερνήσεις; 12:28 주해 참조), 조직화를 포함한 행정 지원 능력을 제공하거나(ἀντιλήμψεις, 28절), 쾌활하고 낙천적이며 진취적인 자세를 견지하는 믿음을 행사하거나(πίστις, 9절에 대한 주해 참조), 가르치는 사역을 제공하거나(예언과 밀접한 연관성이 있는 διδάσκαλοι, 29절에 대한 주해 참조), 부활하신 그리스도와 연합하여(과거나 지금이나) 지속적인 사도적 증인의 역할을 하거나(ἀποστόλους, 29절; 참조. 9:1), 기적이나 의술을 통해 병을 치유하거나(복수, χαρίσματα ἰαμάτων, 12:9), 또는 낙심하지 않고 독신 생활을 이어가는 지속적이며 견고한 χαρίσμα ἐκ θεοῦ(7:7)를 받는 것이다. 어떤 사람이 교사가 되는 "은사를 받았다"고 주장할 경우 그 은사에는 지속적인 사색과 준비가 포함될 수 없다고 말하는 것은 이치에 맞지 않는다. 이 "은사"는 προφῆται가 들어 있는 목록에 포함되어 있다. διακρίσεις πνευμάτων(12:10)이 "즉흥적"이라고 상상하는 것도 바울이 신중하게 판단하며 검증하라고 말하는 취지와 어긋난다.

(ii) 양식비평이 밝혀낸 신약성경에 나타난 "예언"도 지나치게 많은 영향을

---

65) Dunn, *Jesus and the Spirit*, 228(그러나 앞에서 그의 *Theology of Paul*에 대한 언급을 보라).
66) Forbes, *Prophecy and Inspired Speech*, 229 and 236.
67) 같은 책, 229. 하지만 12:8에 대한 주해에서 예언과 치유에 대한 논의를 참조하라.

미쳤다. 뮐러가 주장하듯이 라이첸슈타인을 비롯하여 헬레니즘 자료에 호소하는 학자들의 영향력은 아직도 완전히 사라지지 않았다.[68] 비록 수많은 단편적인 **신탁적 양식**을 예언의 **기능**의 모델이나 전형적인 사례라고 확인한 오니의 주요 연구가 부정적인 영향을 미치고 있지만, 신탁적인 양식은 단지 예언의 한 양식일 뿐이다. 하지만 여기서 핵심적인 저자는 데이비드 힐이다. 그는 거의 유일하게 해당 이슈를 올바른 관점에서 고찰한다. 그는 예언은 **고린도에서** "단지 서로 연관성이 없는 일련의 짤막한 계시의 말을 외치는 것"이었을 수 있다는 점을 전적으로 받아들인다.[69] **하지만 바울은 이것을 바로잡기를 원했다.** 바울은 "두세 사람"이 예언을 하도록 제한함으로써 영으로서 하나님의 본성을 더 잘 드러내는 일관성 있는 질서 체계를 세울 뿐만 아니라 이로써 "**메시지가 더 일관성**"을 가질 수 있도록 했다.[70] 이제 바울이 예배의 질서를 다시 세워주는 관점에서 (세워주고 격려하거나 권고하고 위로하는) παράκλησις(3절)는 "계속 이어지는 말로 표현되었으며" 힐의 용어로는 목회적인 설교다.[71] 우리는 "신탁적"이라는 용어는 언어-행위에 대한 상당히 복잡한 이론의 관점에서 설명되어야 한다는 점을 언급했다. 이 이론은 선언, 판결, 지시 및 다른 형태의 발화 행위를 서로 구별한다. 이것은 사전 준비나 사색이 마련되어 있는지 없는지와 전혀 무관하다. 따라서 "신탁"에 근거한 이 주장은 그릇된 범주에 근거한다는 오류를 범하고 있다.

(iii) 14:30에 호소하는 이 주장은 뮐러가 확실한 증거가 부족하다고 말하는 고조된 마음 상태를 전제한다. 두 번째 사람이 "계시"를 받으면(ἐὰν δὲ ἄλλῳ ἀποκαλυφθῇ καθημένῳ, 30절) 먼저 예언을 하던 사람은 중단해야만 한다. 하지만 첫 번째 화자가 자기기만, 정신 산란함, 또는 순전한 오류 또는 지혜나 성경 지식의 자료를 나름대로 결합하는 것에 흠뻑 빠지기 시작함으로써 두 번째 화자가 이 주제를 첫 번째 화자보다 더 상상력이 풍부하고 정확하며 심오하게 전개해나갈 수 있

---

68) Müller, *Prophetie,* 14. 그는 다음과 같은 질문을 제기한다. 왜 우리는 "계시"가 하나님께 열려 있는 어떤 이의 마음에 정보가 주어진 것이라기보다는 단순히 고조된 의식이나 심지어 무아지경의 의식이라고 추측하는가?

69) Hill, *NT Prophecy,* 123.

70) 같은 책.

71) 같은 책, 123, 131.

도록 한 것이 다른 사람의 통찰이 아닌 하나님이 주신 이 "계시"에서 무슨 문제가 되는가?

(iv) 성령이 첫 번째 주제에 실증을 느껴 더 참신한 비전을 위해 두 번째 화자에게 "갑자기 임한다"는 전제는 정경 예언자들보다 앞선 시기를 연상시킨다. 이 시기에 어떤 특정한 목적의 통일된 구조는 아직 온전히 파악되지 않았다. 그러나 하나님은 이 구조 안에서도 여전히 놀라운 일을 행하실 수 있었고 또 행하셨다. 따라서 기원전 9세기에 예언은 "카리스마적인" 표적을 보여주었다. 하지만 이러한 표적은 아모스, 호세아 또는 예레미야 같은 예언자들에게는 나타나지 않는다. 하지만 "계시"를 데우스 엑스 마키나의 세계관과 같은 부류에 한정시키는 것은 바울이 의도하는 개념보다 신학과 세속적인 근대성 사이의 논쟁에 더 많은 빚을 지고 있는 개념을 강요하는 것이다. 바울은 30절에서 계시가 사색 또는 비판의 과정을 포함하는지 명확히 말하지 않는다. 그러나 그가 예언을 "판별하라"고 말했다는 것은 비판적인 고찰에 대한 언급일 개연성이 매우 높다는 점을 암시한다. "즉흥성"의 주장과 관련하여 전제와 추측 외에 남아 있는 것은 전혀 없다. 하나님의 섭리 가운데 즉흥성과 비판적 고찰은 모두 서로 다른 시점에 작동한다고 추론하는 것이 이치에 맞다. 더 복합적인 지식 이론은 하나님의 영을 통해 주어진 "통찰"이 일시적이라는 문제와 거의 상관이 없다는 것을 암시할 수 있다.

(5) 예언은 단지 동료 신자에게 말하는 것에만 한정되는가? 아니면 더 광범위한 청중을 포함하는가?

C. M. 로벡은 예언은 철저하게 신앙 공동체에만 말하는 것이라고 주장한다. 따라서 예언을 케리그마나 복음 선포와 혼동해서는 안 된다는 것이다.[72] 하지만 이 주장은 다음 몇 가지를 간과한다.

(i) 뮐러는 하나님의 심판과 은혜를 선포하는 예언은 전체의 불가분의 측면을

72) C. M. Robeck, "The Gift of Prophecy an Acts and Paul," *Studia Biblica et Theologia* 5 (1975): 특히 (2) 39-54; 참조. (1) 15-38.

형성하면서 구원의 약속을 목회적인 권면과 결합하는 것이라고 이해한다.[73] 만약 교회와 세상이 변화의 은혜의 가능성과 함께 십자가의 심판 아래 있다면 예언자적인 선포, 예언자적인 선언, 예언자적인 판결, 예언자적인 권면은 모두 회개를 촉구하는 이 말씀을 통해 심판을 수용하고 변화를 가져온다.[74]

(ii) 나아가 14:24-25은 분명히 예언의 말씀이 지닌 능력을 불신자들에게도 확대한다. 이 말씀은 그들의 마음의 비밀을 파헤치고, 그들의 악함과 자기중심적인 특성을 드러내며, 성령의 은사를 통해 그들로 하여금 믿음을 갖게 한다. 힐은 다음과 같이 주장한다. "바울은 이 논의에 외부인과 불신자를 의도적으로 포함함으로써 말씀뿐만 아니라 심지어 예배 중에 전달된 성령의 감동으로 된 예언의 말씀이 지닌 선교적 기능을 확인해주며 그것을 입증해준다. 14:24-25에 의하면 예언이 지닌 효력은…우연히 예배에 참석한 어떤 불신자가 자신의 죄를 자각하고 회심하게 하며, 하나님이 함께 모인 신앙 공동체 안에 진정으로 함께 하신다는 것을 인정하게 한다.…또한 그의 마음의 비밀이 모두 드러난다."[75] (14:24-25을 보라.) 현대 조직신학에 못지않게 바울에게 있어 그리스도는 일차적인 의미에서 하나님의 예언의 말씀이므로(참조. 1:18-25), 교회와 세상은 분명히 그 말씀에 기초한 심판과 은혜 아래 있다. 신자들은 복음의 말씀을 계속해서 필요로 한다. 사실 바울 서신은 십자가를 "영성"의 표준으로 선포하며, 이러한 영성이 없다면 "성령의" 사람이 아니다.

(iii) 마지막으로 우리는 바울의 예언자적 소명과 의식을 다루고자 한다. 우리는 여기서 필하우어와 잔트네스의 주장을 다시 언급할 필요가 없다. 바울은 아마도 다수의 연구에서 그의 발언, 선언, 간청, 주장, 요구 중에서 단지 작은 조각과 파편만 "예언자적"이라고 확인하는 것에 상당히 놀라며 당혹스러워 했을 것이다. 14:3에서처럼 예언의 역할은 세워주고 격려하고/도전하고/권면하고 위로하는 것이다. 이것은 논리적으로 이 세 가지—곧 세워주고 격려하고 위로하는 것—가 나타날 때마다 이 발언이 예언자적이라는 결론을 의미하지 않는다. 오히려 이것은 이 현상을 현대 세계 또는 고대 그리스 세계가 기대할 수 있는 것을 미리 전제하는

73) Müller, *Prophetie*, 24-26.
74) 같은 책; 참조. 12-46.
75) Hill, *NT Prophecy*, 123-124.

범주로 축소하지 않도록 유의할 것을 요구한다. 예를 들면 이것은 아모스에서 이른바 아모스의 "일상적인 것"을 배제한 채 단지 נאם יהוה(네움 야웨)의 양식 안에 묘사된 "신탁"만을 포함하는 것이다.

요약하자면 바울 신학과 이 장의 논증에서 예언은 이해할 수 있는 말로 명확하게 의사 전달 및 유포라는 언어-행위를 수행하는 것이다. 이것은 인간의 생각과 삶을 통해 전달되는 성령의 능동적인 중재 역할에 의존한다. 또한 이것은 대인 관계의 맥락에서 다른 사람을 세우고 격려하며 심판하고 권고하며 위로하기 위한 것이다. 이와 같은 정의는 모든 것을 포괄하진 않는다. 또한 예언은 짧게 말하는 것과 바울이 바라는 것과 일치하며 길게 이어 말하는 것도 허용한다. 오늘날의 유사한 사례 중에서 후자의 경우에 가장 가까운 것은 아마도 논리적 근거가 확실하며 다양한 내용을 담고 있는 목회자의 설교일 것이다. 이러한 설교는 하나님의 은혜와 심판을 선포하며, 삶의 변화를 요구한다. 하지만 이것은 다른 사람이 의문을 제기하고 바로잡는 것도 기꺼이 받아들인다. 비록 츠빙글리(1484-1531년)와 불링거(1504-1575년)가 "예언"을 발생시키는 "성경 읽기"에 더 큰 강조점을 두긴 했지만, 우리는 그들이 "예언"이라는 용어를 이렇게 느슨하게 사용했다는 점을 지적할 수 있다.[76] 하지만 많은 이들이 예언을 부당하게 "즉흥적인 것"에 한정하듯이 우리는 예언이 어떤 상황에서도 오늘날 종종 확인되는 더 "신탁적" 양식을 취할 수는 없을 것이라고 주장하면서 정반대의 실수를 범하지 말아야 할 것이다. 결국 우리의 견해는 신중한 해석과 하나님의 본성 및 이 세상에서 일하시는 하나님의 다양한 방법을 보여주는 신학 간의 대화를 통해 결정될 것이다.

4절 양육 또는 세우기(οἰκοδομέω)는 계속 핵심 이슈로 남아 있으므로 바울은 이 용어를 근본으로 대조를 이루는 방언 사용의 개인주의와 공동체 전체에 미치는 예언의 영향에 적용한다. 우리는 이 절을 번역하면서 첫

---

76) 입문서로서는 다음을 보라. G. W. Bromiley (ed.), *Zwingli and Bullinger: Selected Translation*, LCC (Philadelphia: Westminster and London: SCM, 1963), 27. 한편 초기 오순절파의 해석학은 다른 방향을 취한다. 참조. R. Graham, "'Thus Saith the Lord': Biblical Hermeneutics in the Early Pentecostal Movement," *Ex Auditu* 12 (1996): 121-135.

번째로 나타나는 "세우고"(4a)를 다음 두 가지 이유에서 큰 따옴표 안에 넣었다. 첫 번째 이유는 바울이 이것을 대화의 핵심 단어로 삼는다는 것을 나타내기 위함이다. 두 번째 이유는 이 첫 번째 "세우고"가 긍정적으로(곧 자신을 세워줌) 또는 부정적으로(곧 자기 존중 또는 자기 긍정의 수단으로 사용됨) 사용되는지에 대해 격렬한 논쟁이 되고 있기 때문이다. 피는 그 의미를 비하하는 견해에 반대하면서 "바울은 이와 같은 것을 전혀 의도하지 않았으며, 이 세우기는 자기중심적이기보다는 개인적인 기도와 찬양을 통해 신자가 개인적인 측면에서 세워지는 것"이라고 주장한다.[77] 피의 견해는 크리소스토모스, 마이어와 다른 학자들이 이미 예견한 것이다.[78] 콘첼만과 젠프트는 중도 입장을 취하는 견해를 받아들인다. 즉 개인이 세움을 받든 그렇지 않든지 간에 바울은 더 광범위하게 공동체(정관사가 없이 사용된 ἐκκλησίαν) 전체가 아닌 개인에게 관심을 기울이는 것을 비판한다는 것이다.[79] 하지만 필하우어—슈라게도 대체로 이 견해를 따름—는 바울이 의도적으로 οἰκοδομέω를 사용하면서 이중적인 언어유희를 사용한다는 입장을 강력하게 지지한다. 즉 이 동사는 어떤 문맥에서는 자기만족 또는 자기 긍정을 의미하지만, 다른 문맥에서는 다른 사람을 진정으로 세워주는 것을 의미한다는 것이다. 그는 전자의 경우는 확고하게 이기주의적이며 자기 탐닉적이라고 주장한다.[80] 슈라게는 4절을 10:23-24과 바울이 여기서 자신의 유익을 추구하는 것과 "다른 사람"의 유익을 추구하는 것을 서로 대조하는 것과 연결한다. 더 일반적인 관점에서 힐, 쿨만, 말리는 이러한 방향의 논증 전개를 지지한다.[81] 한편 크리소스토모스는 긍정적인 측면에서 이 동사를 이해하는

---

77) Fee, *First Epistle,* 657. 이것은 Fee, *God's Empowering Presence,* 219에서도 동일하게 인용된다.

78) Meyer, Epistles, 2:6. Meyer는 그가 세워진다고 "느낀다"는 Wetstein의 해석에 반대한다. 참조. Chrysostom, *1 Cor. Hom.*, 35:1.

79) Conzelmann, *1 Cor,* 235; Senft, *La Première Épitre,* 175.

80) Vielhauer, *Oikodome,* 91-98.

81) Schrage, *Der erste Brief,* 3:388 (including nn. 62 and 63); Hill, *NT Prophecy,* 122; Maly, *Mündige Gemeinde,* 199. Maly도 Vielhauer뿐만 아니라 Cullmann도 언급한다.

반면, 몹수에스티아의 테오도로스는 이 단어를 부정적으로 해석하는 어조에 동조한다.[82)]

필하우어의 주장이 지닌 장점은 십자가 및 부활과 다른 사람에 대한 그 실천적 의미를 선포함으로써 공동체를 세우는(양육하는) 사도적 임무와 οἰκοδομέω를 동일시하는 데 있다. 이것은 단순히 "영성"이 아니라 다른 사람을 위해 그리스도를 닮아가며 십자가를 구현하는 데 관심을 두는 것이다. 이러한 관심에는 고귀한 희생이 뒤따르는 행위가 수반된다. 세우기에 대한 그림 또는 모델 안에서 "우리는 그리스도의 사랑을 생각해야 한다. 그리스도가 교회 공동체 전체를 실질적으로 주도해야 한다."[83)] 그럼에도 우리는 고든 피가 찬양과 기도가 지닌 세워주기의 능력에 호소하는 것을 전적으로 일축할 수 없다. 왜냐하면 특히 바울은 방언으로 말하는 것(몇몇 후대 사본은 여기서 "방언들"이라고 복수 형태의 독법을 따름)이 성령의 은사임을 결코 부인하지 않기 때문이다. 비록 어떤 이들은 이해할 수 없는 것을 통해서는 아무도 도움을 얻을 수 없다고 주장하지만 말이다.[84)] 이와 관련하여 가장 좋은 설명은 다음과 같다. 즉 고든 피가 받아들이는 방언에 대한 긍정적인 평가는 방언이 **특별히 개인적 용도**에 적용될 수 있지만, 방언의 **공개적** 사용은 지나치게 높은 신분 추구 및 자기 긍정과 밀접하게 연결되어 있어 **공적으로는**(사적으로는 아니지만) 부정적인 영향력이 긍정적인 영향력을 압도한다는 것이다. 하지만 확실한 해석학적 판단은 우리가 14장의 몇몇 난해 구절을 포함하여 14장 전체를 어떻게 이해하는지에 달려 있다.

우리는 다음 두 가지 측면을 염두에 두어야 한다. 한편으로 방언으로 말하는 것은 언어로 명백하게 표현할 수 없는 하나님에 대한 찬양이 마음속에서부터 진정으로 솟아나는 것일 수 있다(참조. 2a). 다른 한편으로 (바울은

---

82) Theodore, 2:76r, cited in K. Staab (ed.), *Pauluskommentare aus der Griechischen Kirche*, 192. 테오도로스는 φθέγγεται, "큰 소리로 말하다"를 사용한다. 또한 그는 "과장해서" 말하는 의미로도 사용된다는 것을 언급한다(참조. BAGD, 857).

83) Vielhauer, *Oikodome*, 92.

84) Edwards, *First Epistle*, 358.

그렇게 인식하지 않았지만) 고린도의 어떤 이들은 방언으로 말하는 것을 "영적인 능력과 성숙을 가리키는 궁극적인 표지로 해석했을 것이다." 이것은 방언으로 말하는 사람에게 부작용을 일으켰다.[85] "비의적인 발언은 방언으로 말하는 것을 무지, 천한 신분, '열광'에 쉽게 빠지는 성향의 증거로 보는 서구의 합리주의적인 사회를 제외하면…대체로 높은 신분에 있는 사람의 행위로 여겨졌다."[86] 호렐은 이 견해를 조심스럽게 지지한다고 말한다.[87] 로널드 녹스는 만약 바울이 은사의 위계질서에 대해 생각하지 않았다면 "고린도 교인들이 예상했던 순서대로 먼저 사도들, 그다음에 예언자들, 그다음에 (기적을 행하는 능력을 지니고 있다고 주장하지 않았던) 교사들이라는 형태가 아니었을 것"이라고 말한다.[88] 또한 "자비를 나타내는 활동 및 교회 재정과 관련된 임무와 더불어" 치유의 은사와 방언이 언급되었다(12:28-30).[89]

하지만 개인적인 신앙에서 사용되는 방언의 더 긍정적인 측면을 간과해서는 안 된다. 프랭크 마키아는 오순절 전통의 관점에서 다음과 같은 질문을 제기한다. "하나님께 논리적으로 명료하게 표현하는 기도가 과연 사람의 반응을…모두 표현할 수 있을까? 시, 노래, 춤, 침묵은 언제나 하나님께 대한 심오한 반응의 사례로 제시되었다.…글로솔랄리아도 분명히 하나님께 대한 이러한 반응 중 하나다."[90] 하지만 마키아는 "하나님 앞에서 우리 존재의 신비와 자유"를 기독론적으로 이해하는 경험은 "어떤 공허하고 자기중심적인 감정적 환희"와 종류가 다르다는 것을 인정한다.[91] 만약 고린도에서 어떤 교인들이 이러한 환희를 추구했다면 필하우어의 해석은 타당

---

85) Hays, *First Cor,* 233; 참조. D. B. Martin, "Tongues of Angels and Other Status Indicators," 547-589; Martin, *The Corinthian Body,* 91-92.

86) Martin, "Tongues of Angels," 556.

87) Horrell, *The Social Ethos of the Corinthian Correspondence,* 177-178; 참조. 63-125.

88) R. A. Knox, *Enthusiasm* (Oxford: Clarendon Press, 1950), 22.

89) 같은 책.

90) Frank D. Macchia, "Sighs Too Deep for Words: Toward a Theology of Glossolalia," 47-73. 이 주제는 나중에 그의 다음 논문에서 더 발전된다. "Groans Too Deep for Words: Towards a Theology of Tongues as Initial Experience," 149-173.

91) Macchia, "Sighs Too Deep for Words," 72.

하다. 하지만 바울이 개인적으로 실행했듯이 글로솔랄리아는 "기독론적으로 이해해야 하며, 이로써 십자가는 영광에 이르는 길이 된다. 현실의 고통과 한계에 매여 있는 창조세계를 향한 신음의 글로솔랄리아는 찬양의 글로솔랄리아에 이르는 길이 된다."[92] 우리는 바로 이 경험이 진정으로 방언의 은사에 해당한다는 것을 곧 논의할 것이다. 반면에 한 걸음 더 나아가 이러한 신비로운 경험을 명백하게 말로 표현하며 의사소통을 하는 것은 또 하나의 독특한 은사다. 이 은사는 공개적으로 다른 사람을 세워주는 용도로 주어질 수도 있고 그렇지 않을 수도 있다.

5절 θέλω를 번역하는 것은 매우 어렵다. 많은 주석가들은 θέλω로 이어지는 절을 회유를 위한 또는 (NJB와 함께) 양보적인 의미로 간주한다. 콘첼만은 "바울이 그들에게 방언으로 말하는 것을 허용한다"라고 말하며, 각주에서 그것을 18절과 7:7의 θέλω와 비교한다. 반면에 에링은 한 걸음 더 나아가 "'텔로'는 어떤 명령이 아니라 성취되지 않을 것 같은 바람을 나타내는 일종의 양보를 표현한다(참조. 7:7)"고 주장한다.[93] 콜린스는 이 동사를 "나는 바란다"라고 번역하지만, 바울이 이 은사를 "명시하지" 않는다는 것이 강조된다고 이해한다. 그러나 브루스는 "바울은 어떤 **주의 사항**을 제시하기에 앞서 그가 비판하는 이들에게 가능한 한 가까이 나아간다"라고 논평한다. 그러면서 그는 "이 논의의 전체 취지는…모든 관행에 찬물을 끼얹는 것과 같다"는 헨리 채드윅의 견해를 지지한다.[94] 그러나 피는 θέλω가 "나는 바란다"를 의미한다고 주장하면서 θέλω ... μᾶλλον을 그렇게 해석하는 것에 반대한다. 반면에 클링은 그것이 "진정으로 바라는 것이며 부적절한 양보가 아니다"라고 주장한다.[95]

슈라게도 확인하듯이 여기서 θέλω를 단순히 허용의 측면에서 "나는

---

92) 같은 책.

93) Conzelmann, *1 Cor,* 235; 참조. Wolff, *Der erste Brief,* 329, "not a pure negative"; Héring, *First Epistle,* 146.

94) Bruce, *1 and 2 Cor,* 130, citing H. Chadwick, "All Things to All Men," *NTS* 1 (1954-55): 268; Collins, *First Cor,* 493.

95) Fee, *First Epistle,* 658-659; Kling, *First Epistle* (Lange's Commentaries), 10: ii, 284.

원한다"를 의미하는 것으로 이해한다면 그것은 이 동사의 의미를 정당하게 취급하는 것이 아니다. 비록 ἐθέλω의 형태로 사용되긴 했지만, 심지어 고전 그리스어 시대에도 이 동사는 "목적 또는 의도를 암시했으며" 목적의 의미가 다소 약한 동사인 βούλομαι와 대조를 이루었다.[96] 하지만 이 절에서처럼 어떤 대상을 비교하며 우선적인 것을 고려하는 이슈들이 의미 영역을 형성할 때 그 의미는 약화될 것이다. 더욱이 "부정사가 이끄는 절[θέλω δὲ πάντας ὑμᾶς λαλεῖν γλώσσαις]로부터 ἵνα가 이끄는 절[μᾶλλον δὲ ἵνα προφητεύητε]로 바뀌는 것은 아마도 그 바람을 더욱 강하게 표현하려는 의도일 것이며" 그것이 μᾶλλον δέ와 연결된 것은 그 강도를 매우 고조시킨다.[97] 따라서 키스트메이커는 "바람"이 5a 전체를 지배하는 한편, 대체로 민 11:29의 성취를 의미하는 것으로 이해한다. 민수기에서 모세는 성령이 일부에게만 주어지는 것을 바라는 개인주의와 엘리트주의를 단호하게 거부한다. 그러면서 그는 자기를 내세우지 않으면서 "야웨기 그의 모든 백성을 예언자가 되게 하시기"를 바란다고 말한다. 그것은 엘닷과 메닷이 "진영 안에서" 예언하고 있었던 것에 대해 모세가 조금도 경쟁심을 갖거나 질투하지 않았다는 것을 분명하게 드러낸다는 것이다.[98]

키스트메이커는 분명히 바울의 주장의 형성과 그가 θέλω를 사용하는 것의 배후에 있는 구약의 자료를 확인했다. **바울은 방언의 은사를 개인적으로 사용한다**(18절). **따라서 바울은 이 은사를 독점하는 것을 바라지 않을 뿐만 아니라 고린도에서 어떤 엘리트주의자가 무언가를 독점하는 것도 원치 않는다.** 그럼에도 그는 12:29-30에서 분명히 이렇게 말한다. "모두가 사도이겠습니까?"(29절, μὴ πάντες ἀπόστολοι;) "모두가 방언으로 말하겠습니까?"(30절, μὴ πάντες γλώσσαις λαλοῦσιν; 참조. 14:5, πάντας ὑμᾶς) 그 수수께끼

96) LSJ, 411(ἐθέλω의 항목 아래, θέλω는 항목조차 없음). Schrage, *Der erste Brief,* 3:389, n. 67. Schrage는 "그는 바란다"라는 더 양보적인 의미로 이해하는 Weiss와 Conzelmann과 거리를 둔다.

97) Robertson and Plummer, *First Epistle,* 307.

98) Kistemaker, *1 Cor,* 481.

의 해결책은 BAGD의 다음과 같은 정보에서 얻을 수 있다. 기원후 1세기 코이네 그리스어에서 θέλω의 의미를 한정하는 다양한 구문 중에서 이 동사가 부정사와 함께 사용될 때는 "내가 즐기다"를 가리킬 수 있다. 예를 들면 막 12:38에서 "서기관들은 긴 옷을 입고 이리저리 걸어 다니는 것을 즐긴다(바란다가 아니라)."[99] 이것은 REB의 번역인 "나는 ~때문에 기쁘다"에 가깝다. 나는 REB를 참고하기 이전에 첫 번째 초고에서 이 번역을 제안했다. 그러나 "~ 때문에 기쁘다"는 다소 열린 의미를 제시하는 것 같다. 피는 이러한 번역을 비판하며, 이 동사의 의미를 소극적으로 표현한다. 나는 부분적으로 12:29-30에 기초하여 바울은 고린도 교회의 모든 구성원이 방언으로 말할 수 있기를 **바라지** 않았다고 결론짓는다. 성령의 은사를 어떻게 나누어줄지 결정하는 분은 바로 성령이다. 또한 전제적인 위계질서에 기초한 섬김이 권위주의와 엘리트주의를 만들어내는 것처럼 단순한 평등주의는 아무런 구별이 없는 단조로움을 빚어낸다. 바울은 방언으로 말하는 사람이 하나님과 친밀하게 교제하며 내면적인 해방감을 느끼고 기도하며 찬송한다는 의미에서 방언으로 말하는 것을 기뻐한다. 하지만 그들의 기쁨은 다음 두 가지에 의해 매우 엄숙하고 진지하게 제한된다. 첫째, 방언의 은사는 오직 개인적으로만 사용되어야 한다. 둘째, 그리스도의 복음을 선포하거나 **다른 사람**을 세우기 위해 예언하는 것은 "사도적" 또는 그리스도를 닮은 십자가를 구현하는 사역 방식으로서 우선권과 특권을 지닌다. 칼뱅도 이 두 가지 측면을 강조한다. 바울은 원칙적으로 "방언의 사용"을 인정한다. 그러나 고린도에서 이 은사가 사용된 방식은 "무가치하고 또 어느 정도 해로운" 것이었다. 따라서 바울이 이 은사의 사용을 인정하는 것은 "이러한 잘못을 바로

99) BAGD, 355, sect. 4 under θέλω. 참조. 막 12:38과 평행 본문인 눅 20:46에서 θέλω는 이미 기원전 250년 무렵부터 사용되어온 일반적인 코이네 단어다. 또한 파피루스 문헌에서 이 단어는 매우 흔히 편지 형식에서 예를 들면 γινώσκειν σε θέλω와 같이 소원을 표현하는 데 사용했다. 하지만 종종 이 단어는 θεῶν δελόντων, "신들은 원하고 있다"를 표현하는 데도 사용했다. 또한 고전 15:38은 ὁ θεὸς … καθὼς ἠθέλησεν이라고 언급한다(참조. *BGU* 1:27:11; 고전 12:28). 해당 절에서 하나님의 절대 주권적 결정은 "하나님의 절대 주권적 즐거움"을 표현한다. 또한 MM 286에서 파피루스 문헌에서 나타나는 평행 사례들을 참조하라.

잡는다는" 의미에서 조건적이다.[100)]

비교를 나타내는 μᾶλλον의 효력은 바울의 주장을 이해하는 데 중요하다. 이 단어는 바울이 예언(앞에서 예언에 대한 특별 해설 참조)의 은사를 사용하는 것을 기뻐하고 선호한다는 것을 표현한다. 이것은 "보다 더"와 "그 대신에"(마 10:6에서처럼)라는 이중적인 의미에서 "더 커다란 정도"(빌 1:12에서처럼)와 "더 선호하는 것"(고전 7:21에서처럼)을 나타내는 "오히려"를 가리킨다. "그 대신에"는 종종 (이 절에서처럼) μᾶλλον δέ로 표기된다.[101)] 이것은 "예언을 말하는 사람이 더 중요합니다"(NRSV, NIV; greater, μείζων)로 이어지는 묘사에 의해 강화된다. NJB는 이것을 문맥에 맞게 번역한다. 여기서 이 단어는 더 위대한 지위를 지닌다는 것을 가리키기보다는 바울의 주장이 제시하는 논리와 일치하는 것으로서 예언을 말하는 사람은 방언을 말하는 사람(그리스어에서 단수)보다 더 중대한 의미를 지닌다는 것을 가리킨다.

방언의 "해석" 또는 "명료한 표현"?

우리는 아직 5절의 논쟁적 이슈를 모두 다루지 않았다. 이 논쟁의 중요한 이슈는 우리가 어떻게 εἰ μὴ διερμηνεύῃ라는 구절을 이해해야 하는지와 연결되어 있다. 우리의 관점에 의하면 NRSV의 번역인 "어떤 사람이 해석해주지 않는 한"은 그 의미를 상당히 잘못된 방향으로 전달한다. **그리스어 텍스트는 방언으로 말하는 사람 외에 다른 어떤 대상도 언급하지 않는다.** 방언으로 말하는 사람이 여전히 이 동사의 주어다. "어떤 사람"을 삽입하는 것은 ἑρμηνεία γλωσσῶν(12:10. 앞에서 이 절에 대한 주해 참조)과 해당 구절과 연결되어 있는 ἄλλῳ δέ에 대한 **특별한 이해에 근거한다.** 즉 "어떤 사람"을 방언을 "해석하는 어떤 해석자"로 이해하는 것이다. 하지만 내가 1979년에 주장했듯이 ἑρμηνεύω와 διερμηνεύω가 빈번하게 나타나는 용례에서 이 동사들은 "해

---

100) Calvin, *First Epistle*, 287.

101) BAGD, 489, sects, 1, 2, 3, 특히 3d, col. 2. 참조. Plutarch, *Moralia*, 634; Philo, *De Aeternitate Mundi*, 23; 롬 8:34; 갈 4:9. BAGD는 이 마지막 범주에서 고전 14:5를 올바로 언급한다.

석하다"가 아니라 "말로 표현하다", 곧 표현하기 어려운 것을 **이해할 수 있는 말로 명료하게 나타내는** 것을 의미한다.[102] 나는 14:13이 이와 비슷하게 방언으로 말하는 사람에 대해 다음과 같이 말한다고 주장했다. "방언으로 말하는 자는 명료한 말로 표현할 수 있는 능력을 위해 기도해야 한다."[103]

요세푸스가 로마 또는 그리스-로마 독자들에게 헤롯 궁전의 놀라운 모습을 보여주려는 부분에서 평행 사례가 나타난다. 이 모습은 말로 이루 다 형용할 수 없다(παντὸς λόγου κρείσσων, Josephus, *Jewish Wars* 5.176). 이 궁전의 벽, 망대, 연회장은 말로 다 묘사할 수 없다(ἀδιήγητος, 5.178). 요세푸스가 회랑, 정원, 화려한 장식을 보았을 때 그는 ἀλλὰ γὰρ οὔθ' ἑρμηνεῦσαι δυνατὸν ἀξίως τὰ βασίλεια(5.182: 적절한 말로 묘사하는 것은 불가능하다!)라고 외쳤다. 여기서 ἑρμηνεῦσαι를 단순히 "해석하다 또는 번역하다"로 이해하는 것은 적절하지 않다.[104] 이와 비슷하게 모세가 아론에게 자기의 "입"(στόμα)이 되어야 한다고 요구하는 장면을 언급하면서 필론은 모세가 요구한 것은 자신이 적절하게 표현할 수 없는 것을 이해할 수 있는 말로 명확하게 표현해줄 수 있는 사람이었다고 말했다.[105] 아론의 역할은 모세가 자신의 능력을 넘어서거나 너무 어렵다고 여기는 것을 이해할 수 있는 말로 전달하기 위해(πρὸς ἑρμηνείαν, loc. cit. 39) 명료한 말로 제시하는 것이었다(ἑρμηνεύω, *Quod Deterius Potiori Insidiari Soleat*, 15). 필론의 주장에 의하면 사람들의 추론 능력을 보여주는 증거는 그들이 이해 가능한 명료한 말로 표현하기 위해(ἑρμηνεύς εἶνθαι, Philo, *Legum Allegoriae* 1.10) 명사와 동사를 사용하여 그것을 적절하게 배열하는지를 통해 알 수 있다. 여기서 이슈가 되는 것은 자신의 생각을 이해할 수 있도록 말로 표현하는 것이다(*Legum Allegoriae* 1.74). 필론은 "글 쓰는 자의 사고 단절"을 잘 알고 있다. 즉 생각이 떠오르지만, 저자가 그것을 말로 표현하는 것은 매우 어렵다는 것이다(*De Migratione Abrahami* 21, 35).

102) Thiselton, "The 'Interpretation' of Tongues? A New Suggestion in the Light of Greek Usage in Philo and Josephus," 15-36.

103) 같은 책, 16.

104) 같은 책, 21.

105) Philo, *Quod Deterius Potiori Insidiari Soleat* 15, 16; 참조. Thiselton, "The 'Interpretation' of Tongues," 20-25.

우리가 여기서 확인한 의미가 바울의 주장과 전적으로 일치한다면 왜 우리는 "통역하다 또는 해석하다"를 가리키는 ἑρμηνεύω와 그 복합동사 διερμηνεύω의 다른 용례에 호소하는 것이 필요할까? 여기에는 "해석자"가 옆에 없다. 바울은 "어떤 특별한 조건이 성립되지 않는 한, 예언을 말하는 사람이 방언으로 말하는 사람보다 더 중요합니다"라고 선언한다. 방언을 말하는 사람은 하나님의 임재와 사랑에 압도당해 방언(γλῶσσα)을 통해 분명하지 않은 소리가 그의 입에서 찬양과 기도로 터져 나온다. 결국 그는 찬양, 기도, 기쁨 또는 갈망의 근거를 알아들을 수 있는 말로 표현해야 한다. 그래서 영적인 측면에서 공개적으로 세워주는(ἵνα ἡ ἐκκλησία οἰκοδομήν) 이 사역을 교회 공동체 전체가 받아들일(λάβῃ) 수 있도록 해야 하는 것이다.

최근에 크리스토퍼 포브스는 이 절들에 대한 이러한 이해를 비판했다.[106] 포브스는 분명한 말로 표현한다는 의미는 "몇몇 사례에서 나타난다"고 시인한다. 또한 1979년 논문은 전후 문맥을 살펴보면 "통역하다"는 부적절하고, "해석하다"는 그 강조점을 제대로 살려주지 못하는 많은 사례를 언급한다. 포브스는 1961년에 제임스 바의 연구서가 출간되기 이전의 접근 방법을 연상시켜주는 방식으로 이 단어의 기본적인 의미는 "설명하다", "통역하다" 또는 "해석하다"라는 던의 견해에 호소한다.[107] 이어서 그는 내가 주장하는 바와 같이 주장한다. 곧 비록 필론의 저서에서 διερμηνεύω의 용례 중 3/4이 "말로 명료하게 표현하다"를 의미하지만, 만약 우리가 접두사 διά 없이 ἑρμηνεύω가 사용된 용례를 살펴본다면 그 비율은 서로 뒤바뀐다. 하지만 (i) 바울은 여기서 자신이 ἑρμηνεύω를 διερμηνεύω와 동일한 뉘앙스로 사용하고 있음을 보여준다(참조. 14:5, 13, 27, 28, διερμηνεύω, διερμηνευτής). 또한 (ii) 우리의 주장을 위해서는 다음과 같은 결론이 필요하다. 영어의 두 가지 의미는 원칙적으로 모두 적용될 수 있다. 그러나 고린도의 상황과 바울의 주장에 비추어 보면 우리는 이 의미들 사이에서 최종적인 판단을 내려야 한다.

---

106) Forbes, *Prophecy and Inspired Speech,* "'Thiselton's Challenge," 65-72.

107) 같은 책, 65; 참조. Dunn, *Jesus and the Spirit*, 247; 참조. J. Barr, *The Semantics of Biblical Language* (Oxford: Oxford University Press, 1961), 36-39, 133-135, 그리고 특히 163-166(어떤 특수한 문맥에서 뽑아낸 "기초적인" 또는 "기본적인" 의미의 오류에 대해).

해석학적인 이슈에 관해 포브스는 우리가 행 2장의 논쟁적인 해석이 고전 12-14장에 대한 해석을 결정하도록 허용할 수 없다고 말한다. 누가와 바울의 관점에 대한 이슈와는 별개로 오순절 날 예루살렘에 있던 거의 모든 디아스포라 유대인은 그리스어를 알고 있었을 것이라는 점은 어떤 종류의 "통역"이었는지에 대한 문제점을 제공하며, 어쨌든 이것은 기적적으로 **말하기**(말하는 사람들이 술에 취한 것으로 인식됨)가 아니라 기적적으로 **듣기** 또는 **이해하기**로 묘사된다. 하지만 그는 방언이 찬양과 기도로서 하나님께 말하는 것이며 해독되거나 전해져야 할 "메시지"가 아니라면 어떻게 방언이 "통역"과 관련되는지에 대한 이슈를 제대로 다루지 못한다. 또한 그는 왜 "통역"과 같은 소중한 은사가 다른 문화권에 복음을 전하려는 이들 사이에서 더 광범위한 역할을 하지 않는지에 대해서도 설명하지 못한다. 또한 (만약 우리 시대에 제기되는 주장을 언급하는 것이 허용된다면) 방언의 은사(그것이 "통역"을 포함한다면)는 고전 그리스어를 배우는 신학생들에게는 허용되지 않는다. NRSV의 극단적인 번역인 "어떤 사람이 해석해주지 않은 한"은 이 서신에 교회의 전통적인 전제를 강요하는 것이다. 바울은 자신이 이러한 취지로 말했다는 것을 인정하지 않을 것이다. 그리스어 본문에 "어떤 사람"을 삽입하는 것은 어떤 이들이 어떤 특정 해석 전통을 유지하려는 입장을 지니고 있음을 암시한다.

스텐달과 타이센의 연구에 대한 특별한 언급과 더불어 하나님을 찬양하고 그분께 영광을 돌리며 기쁨 또는 갈망이 무의식적으로 마음속 깊은 곳에서 솟아오르는 것을 의미하는 **방언으로 말하기**에 대해서는 12:10의 특별 해설을 보라. 바울은 이러한 해방과 자유의 경험을 성령의 은사로 평가한다. 하지만 해당 텍스트는 적어도 이 은사가 암호화된 메시지를 전하는 것과 연결되어 있다는 이해를 의미하지 않는다. 포브스가 이 부분에서 제시하는 한 가지 타당한 점은 여기서 제안한 의미가 "설명하다"라는 사전적 의미와 연결 가능하다는 것이다. 우리가 지적한 바와 같이 방언은 일반적으로 하나님께 말하는 것이다. 따라서 "진정으로 그가 그 의미를 설명할 수 있어 그것을 통해 공동체를 세우는 데 도움을 주지 않는 한"이라는 REB의 번역은 우리의 제안과 매우 가깝다. 이와는 대조적으로 "해석하다"(NIV, NJB, KJV/AV)를 사용하는 것은 오늘날의 사고에서 지나치게 구체적인 주해(NRSV의 번역처럼)와 연결하는 신호를 줄 것이다. 우리는 다음과 같은 점을 지적하면서 이 부분을 마무리하고자 한다. 명백하게 오순절파의 관점에서 서술하는 고든 피는 최근에 과연 "방언"이 실제로 이 세상의 언어에 해당하는지에 대한 이슈가 "논쟁의 여지가 있지만, 종합적인 증거는 그렇지 않다는 것을 암시한다"는 사실을 공개적으로 용감하게 시인한다. 또한 그는 이렇게 주장한다. 과연 오늘날의 "카리스마적인 현상들"이 바울이 세운 교회들의 현상들을 재생하는 것인지도 "논쟁의 여지가 있긴 하지만 아마도 타당성이 없을 것이다. 그것을 확인할 수 있는 방법은 없다."[108] 분명히 그는 방언은 하나님께 말하는 것이며, 바울은 그것을 개인적으로 사용하는 것을 강조했다고 결론짓는다.[109] 본 주석서에서 제시한 특별 해설에서 우리는 오순절파에 속한 몇몇 저자들 사이에서 특히 "오순절파의 해석학"과 관련하여 어떤 강조점의 변화가 감지되고 있음을 언급했다.

ii. 알아들을 수 없는 잡음의 무익함: 네 가지 예(14:6-12)

이제 바울은 자신의 주제를 실증하고자 일련의 사례를 소개한다. 우리가 앞에서 이미 언급했듯이 마거릿 미첼은 심의적 수사학의 한 가지 전략으로 바울은 규칙적으로 "어떤 유익이 있는지"(참조. 13:3)라는 질문을 던진다고 지적한다. 또한 이것은 바울이 개인의 행동과 삶에서 볼 수 있는 사례를 사용하는 것과도 일치한다(참조. 11:1).[110] 한편으로 수사학에 대한 관심이 유행하게 되었지만, 상대적으로 소수의 저자들이 H. M. 게일의 바울의 유비 사용 연구를 받아들였다.[111] 어떤 이들은 바울을 다소 추상적인 사상가로 묘사한다. 하지만 그들이 인정하는 것보다 바울은 더 많은 유비, 모델, 예화 또는 창의적인 그림을 사용한다. 여기서 바울은 먼저 그가 고린도에 도착하여 사역한 것에 대한 어떤 그림을 통해 자신의 주장을 구체적으로 예시한다. 첫 번째 그림은 이해할 수 없는 소리를 내고, 두 번째 그림은 다양한 음조의 멜로디가 혼란스럽고 알 수 없는 어떤 멜로디가 된다. 세 번째 그림

---

108) Fee, *Paul, the Spirit and the People of God,* 169 and 170.

109) 같은 책, 161, 169.

110) Mitchell, *Paul and the Rhetoric of Reconciliation,* 20-60, 특히 58-59.

111) Gale, *The Use of Analogy in the Letters of Paul.*

은 나팔 소리가 리듬 또는 음조를 모호하게 하여 어떤 신호인지 알 수 없게 만들어 적절한 행동을 취할 수 없고,[112] 네 번째 사례는 언어 장벽의 경험에 관한 것이다.

6절 νῦν δέ를 "자 이제"로 번역하는 것은 다음과 같은 에링의 신중한 논평을 반영한다. 이 표현은 부사적 용법도 아니고 결론적 의미도 아니며, "'자 이제' 즉 '사실을 살펴보고 구체적인 예를 들어봅시다'"를 의미한다.[113] 바울이 제시하는 사례는 전적으로 가상의 시나리오다. 곧 ἐὰν ἔλθω는 "상상할 수 있는 제3의 조건법"으로서 가정법 부정과거의 한 가지 사례다.[114] REB의 번역인 "내 친구들이여, 내가 여러분에게 간다고…상상해보십시오"는 이 점을 잘 표현해준다. 우리는 문법, 구문, 의미에 기초하여 이 번역을 채택했다. 한편 "어떤 것으로"는 ἐν이 가리키는 부사적인 양태를 가리킨다. "여기서 전치사 ἐν은 λαλεῖν이 일어나는 양식을 표현한다."[115] "내가 여러분에게 무슨 도움을 주겠습니까?"의 그리스어 텍스트(τί ὑμᾶς ὠφελήσω)는 두 개의 목적격을 취한다. 이것은 흔한 표현이다. 우리는 마지막 날에 주님이 자신을 드러내거나 계시하는 것과 관련하여 ἀποκάλυψις에 대해 이미 논의했다(1:7에 대한 주해 참조). 이 그리스어에 가장 가까운 의미는 "드러낸다"는 것이다. 이 용어는 오늘날 정치계와 미디어 산업에서 매우 널리 사용되고 있으며, 흔히 정부, 정치 또는 상업 전략을 선포하고 전달하는 데 광범위하게 적용된다. 반면에 우리는 이 단어를 "계시"로 번역하는 것을 회피했다. 왜냐하면 계시는 신학적·철학적 논쟁이라는 불필요한 의미를 전달하기 때문이다. 드러냄은 고린도에서 해당 그리스어 단어가 전달하는 효력과 상대적인 단순성을 잘 결합해줄 것이다. 또한 이 번역은 이 단어가 의문의 여지가 있는(14:26 및 14:30에 대한 주해 참조) 예배의 문맥에서 어떤

112) 같은 책, 129-134, 특히 130-131.

113) Héring, *First Epistle,* 147. 한편 Meyer의 번역 "But so"는 관용적인 번역이 아니다(Meyer, *Epistles,* 2:6). 참조. Collins, *now, then* (*First Cor*, 494).

114) Robertson, *Epistle,* 4:181.

115) Robertson and Plummer, *First Epistle,* 4:181.

"전문적인" 의미를 전달하는지에 대한 결정적인 답변을 제시하지 않고 열어둔다. 그리고 ἀποκάλυψις는 이 서신에서 1:7, 14:6과 더불어 14:26에서도 나타난다(이 명사와 관련된 동사는 2:10, 13, 14:30에서 사용된다).

우리는 이미 γνῶσις의 의미에 대해 광범위하고 자세하게 논의했다(1:5; 8:1, 7, 10, 11; 12:8; 13:2, 8에 대한 주해 참조). 이 명사는 이 서신에서 아홉 번, 고린도후서에서 여섯 번(2:14; 4:6; 6:6; 8:7; 10:5; 11:6) 등장하는 반면, 로마서에서 세 번, 빌립보서에서 한 번, 골로새서에서 한 번, 그리고 갈라디아서에서는 사용되지 않는다. 즉 고린도에서는 이 단어가 매우 중요했다. 따라서 이해할 수 없는 소리는 γνῶσις를 전달할 수 없다는 바울의 주장은 독자들에게 특별히 날카롭고 신랄했을 것이다. 이 문맥에서 이 용어는 8:1-11에서 고린도의 "강한 자들"이 매우 높이 평가한 **인지적인** 지식을 가리킨다. REB는 이 단어를 다소 느슨하게 "깨달음"으로 번역하는데, 이 번역은 문학적인 풍미를 전달한다. 한편 예언의 말 또는 예언에 대해서는 앞에서 14:3에 대한 특별 해설을 참조하라. 여기서 가르침(διδαχή)이 포함된 것은 한 가지 영적인 은사가 "공동의 유익"을 주는 다른 은사에 불리하게 작용하는 것을 허용할 수 없다는 점을 확인해준다(12:7-11, 또한 12:28-30에 대한 주해 참조. 거기서 교사들은[28절] 사도들과 예언자들 다음에 언급된다). 이제 바울의 첫 번째 사례(어떤 목적을 위한 방문)는 두 번째 사례로 이어진다.

7절 ὅμως에 대한 이해와 관련하여 우리는 BAGD, BDF, 예레미아스, 에링, 피의 견해를 따라(바이스, 에드워즈, 알로 및 다른 몇몇 저자의 견해와는 상반됨) "이와 비슷합니다"라고 번역했다(이 단어는 바울의 본문이 아닌 경우에는 "그럼에도" 또는 "똑같이"를 뜻한다).[116] BDF는 바울이 이 단어를 오직 두 번(이곳과 갈 3:15) 사용하는데, "앞의 οὕτως는 '동등하게'를 의미하며 따라서 '이

116) BAGD, 569; BDF, 234, sect. 450 (2). 참조. Wilke, *1 Clement*; Héring, *First Epistle*, 147, 더 자세하게; J. Jeremias, "ὅμως, 1 Kor 14:7; Gal 3:15," *ZNW* 52 (1961): 127-128; Fee, *First Epistle*, 663, n. 20. 다른 견해에 대해서는 다음을 보라. Weiss, *Der erste Korintherbrief*, 324, including n. 1; Edwards, *First Epistle*, 360; Allo, *Première Épitre*, 358. 비록 Allo는 어떤 의미를 선택할지 판단하기 어렵다고 시인하고, 그의 논평은 짧지만 말이다. 또한 Meyer, *Epistles*, 2:7-8.

와 비슷하게'로 번역해야 한다"고 제안한다.[117] 에링이 우리에게 상기하듯이 바울의 본문과 p^{46}과 A와 같은 초기 대문자 사본에서는 악센트 부호가 나타나지 않으며, 설령 ὁμῶς가 더 이른 시기에 사용되었다 하더라도 바울 서신에서 ὅμως가 겨우 두 번 일관되게 사용된다는 것은 그의 이 부사 사용이 ὁμοίως에 상응하는 독특한 용법임을 암시한다.

이 구문은 모호하다. διδόντα ... πῶς는 대체로 φωνήν을 지배할 뿐만 아니라 πῶς 절과도 이어지는 현재분사 능동태 주격으로 이해된다. 하지만 여기서 바울의 심의적 수사법의 표현 양식은 우리가 이 현재분사를 τὰ ἄψυχα와 병렬 관계에 있는 목적격으로 보는 것을 허용한다. 우리의 번역도 이와 같은 관점에서 제시되었다. 이 관점은 우리가 πῶς를 수사 의문문을 이끄는 것으로 이해하는 것을 허용한다. 이 수사 의문문은 진술보다는 날카로운 수사학적 표현을 더 잘 나타낸다. 한편 알파-부정사 형태의 ἄψυχα는 신약성경에서 오직 이곳에서만 나타난다. 하지만 오래된 문헌에서 이 단어는 한결같이 "생명이 없는"을 의미하며, 그 반의어는 ψυχή, "생명"이다. 비록 αὐλός가 엄밀히 말해 (70인역의 경우처럼) 플루트를 가리키고, κιθάρα는 (필론, 요세푸스, 계 5:8; 14:2 등에서) 수금이나 옛 하프를 의미하지만, 여기서 강조점은 관악기와 현악기에 이 원리가 모두 적용된다는 것이다.[118] 바울은 오늘날에는 사용되지 않지만 회당에서 연주되던 악기를 가리키기 위해 "생명이 없는"이라는 단어를 사용했다는 콜린스의 정교한 이론은 지나치게 협소하고 사변적이다. 따라서 이 이론은 이 단어의 더 일반적인 의미를 간과한다.[119] 여기서 이 악기들은 사람들 간의 의사소통을 가리키는 두 가지 사례를 서로 대조한다.

J. D. 무어스는 "기호작용(semiosis)이 제대로 작동하지 않는 다른 방법"에 대한 고전적인 논의로서 이 절들(14:7-8)에 특별한 관심을 기울

---

117) BDF, col. 2. 한편 크리소스토모스는 ὅμως를 양보의 의미, 곧 "비록 그것들은 생명이 없는 악기들이지만"이라고 이해한다.

118) BAGD, 121 and 432. 참조. Wolff, *Der erste Brief,* 330.

119) Collins, *First Cor,* 495-496.

인다.[120] 그는 "바울이 악기의 소리를 의미와 연결하여 생각한다는 것은 주목할 만하다"고 지적한다.[121] 첫 번째 사례(7절)에서는 기호작용이 "인식"의 관점에서 다루어지지만, 페르디낭 드 소쉬르가 1913년에 간행된 그의 『일반언어학 강의』(*Cours de linguistique générale*)에서 명확히 진술하듯이 이것은 "차이"(διαστολή)의 원리에 의존한다. "뿐만 아니라 γινώσκω의 의미론적 영역은 그[바울]가 기호작용을 인식으로 간주했다고 해석하는 것을 허용한다."[122] 무어스는 대다수 영역본이 이 그리스어를 단순히 "연주되고 있는 것을 안다"(NRSV, NIV, KJV/AV, 피; 비교. "인식되다", NJB, 녹스)라고 번역하므로 그 강조점을 살리지 못한다고 올바르게 인식한다. διαστολή는 파피루스 문헌을 포함하여 70인역, 필론 등 다른 저자들의 저서에서 대체로 차이 또는 구별을 의미한다. 또한 BAGD는 차별 또는 격차(differential, 이것은 그 당시 법률 문서와 회계 장부에서도 사용됨)의 뉘앙스를 고려하여 이 절에서는 διαστολή를 "명백한 구별(차이)"이라고 번역하는 것을 허용한다. 이 점에 근거하여 우리는 이 단어를 "차이를 분명하게"라고 번역했다.[123] 소쉬르로부터 자크 데리다에 이르기까지 차이(différence)는 기호학에서 전문 용어가 되었고, 무어스가 지적하듯이 바울의 강조점을 "놀랍게도" 잘 나타낸다.

로버트슨과 플러머는 바울의 의도를 제대로 파악하지 못하고 이를 왜곡한다. 그들은 "차이"를 멜로디의 차이로 이해하며, 축제와 장례식과 예배에서 "사람들을 즐겁게 하거나 슬프게 하거나 경건하게 하는" 것으로 이해한다.[124] 심지어 피도 "즐거운 멜로디"를 만들어내지 못하는 것에 대해 논평한다. 그의 이 논평은 해당 이슈의 핵심을 제대로 파악하지 못한다.[125] 여

120) J. D. Moores, *Wrestling with Rationality in Paul,* SNTSMS 82 (Cambridge: Cambridge University Press, 1995), 135; 참조. 132-138.

121) 같은 책, 136.

122) 같은 책. 참조. Ferdinand de Saussure, *Cours de linguistique générale* (Paris: Payot, 1978). 이 책의 영역본은 결함이 있는 것으로 알려져 있다. 참조. Thiselton, *New Horizons in Hermeneutics,* 83-87; *The Two Horizons,* 115-134.

123) BAGD, 188; 참조. MM, 154.

124) Robertson and Plummer, *First Epistle,* 308.

125) Fee, *First Epistle,* 664.

기서 바울의 강조점은 음표를 잘못 연주하거나 적절치 않게 연주했다는 것이 아니라 현악기의 줄을 제대로 조율하지 않거나 관악기를 너무 크게 불어 시끄러운 소리만을 만들어낸다는 것이다. 그러면 거기에는 **무언가**를 명확하게 또는 잘 알아들을 수 있게 전달하는 근거로서 언어학적 또는 기호학적 "차이"에 대해 소쉬르가 주장하는 "차이"가 전혀 없는 것이다. 소쉬르의 저서가 간행되기 이전에도 마이어의 주석서는 이 점을 인식했다. 그는 대체로 φωνή가 악기가 내는 소리를 가리킨다고 주장한다(예. 집회서 1:16; 마카베오1서 5:31; 플라톤, *Timaeus* 47C; *Politica* 3.397A, μυσική φωνή). 하지만 높낮이가 없는 악기의 "소리"(*ex intervaliis sonorum,* Cicero, *Tuscalanae Disputationes* 1.18.41)는 단순히 **소음** 또는 **소리**에 지나지 않으며(조율되지 않은 φωνή로서 이것은 사실상 "음악"이 전혀 아님), 결코 "인식"될 수 없다.[126] 따라서 마이어는 "만약 바울이 **외국어**를 생각하지 않았다면 7절의 유비는 적절하지 않을 것이다. 왜냐하면 소리의 διαστολή가 없었던 것이 아니라…소리가 어떤 멜로디를 표현하는 과정에서…[소쉬르가 주장하는 '차이'라는 의미에서] 소리의 **구별**이 없었기 때문이다"라고 결론짓는다.[127] 또한 에드워즈도 다음과 같이 올바른 결론을 내린다. "διάστημα와 동의어로 사용되는 διαστολή는 음악적인 '간격'…두 소리 사이의 음조의 차이다."[128]

8절 이제 바울은 세 번째 사례를 제시한다. 또다시 핵심 이슈는 소리가 너무 약하거나 낮다는 의미에서 트럼펫(REB, NJB)이나 나팔(NRSV; σάλπιγξ) 소리가 분명하지 않다는 것이 아니며, **음조, 리듬 또는 음의 길이에 차이가 전혀 없어** 이 소리는 **전투준비를 위한** 신호가 아니라 단지 소음에 지나지 않는다는 것이다. 우리는 ἄδηλον … φωνήν을 "신호로 인식하기에 모호한 소리"라고 번역했다. 이것은 의역이 아니라 사전학적 탐구에 기초한 정확한 번역이다. 그림-타이어 4판은 ἄδηλος를 "모호한"(또한 불분명

126) Meyer, *Epistles to the Corinthians,* 2:8.

127) 같은 책, 9.

128) Edwards, *First Epistle,* 361.

한)이라고 번역한다. 이것은 δήλος, "명백한" 또는 "분명한"의 알파-부정사 형태와 동족어 동사 δηλόω를 반영한다. 이 동사는 "명백하게 하다"뿐만 아니라 고전 1:11의 경우처럼 더 자주 "이해시키다, 알게 하다, 신호를 주다"(참조. 골 1:8; 히 12:27; 벧후 1:14) 또는 "알려주다"(벧전 1:11), 곧 "의사소통을 하다" 또는 "신호를 보내다"를 의미한다.[129)]

한편 ἄδηλος의 정확한 의미는 주로 문맥에 따라 결정된다. 파피루스 문헌에서 형용사 형태가 단지 두 번 나타나는 것으로 한정하는 몰턴-밀리건 사전도 이 점을 입증해준다. 그러나 이 사전은 긍정의 형용사 형태인 δήλος를 언급한다. 이 형용사의 의미는 주로 "명백한 의사소통, 예를 들면 법의 취지 또는 범위를 가리킨다(*Papyrus Oxyrhynchus* 8:1101). 비록 "이 단어가 결코 일반적이진 않지만 말이다."[130)] 다른 한편으로 동사 형태 δηλόω는 파피루스 문헌에서 흔하게 나타나며, 대체로 "명백하게 의사소통을 하다" 또는 "이해할 수 있는 분명한 메시지를 전달하다"를 의미한다(*P. Oxy.* 2:237:6, 기원후 186년; 10:1293, 기원후 117-138년). "나에게 알려 달라"(즉 "신호를 보내다")라는 의미는 "아주 많이 나타나는 전형적인 사례다."[131)] 개인적, 사회적, 제도적(14:8의 경우처럼) 또는 법적 의사소통에서 "이 단어는 대체로 '정보를 알려주는 것'을 가리키는 데 사용되었다."[132)] 따라서 비록 대다수 영역본이 BAGD가 제시하는 의미를 따르고 있지만(NRSV, distinct; REB, NIV, clear) 이 사전이 "불분명한 소리를 내다"라고 번역한 것은 이 단어 그룹의 의미 영역의 일부만 반영하는 것이다. 다른 한편으로 NJB는 "인식할 수 없는 어떤 신호"라고 올바르고 타당하게 번역한다.[133)] 또한 루와 니다 사전은 δηλόω의 의미를 고찰할 뿐만 아니라 "어떤 감지기능으로도 표시되지

129) Grimm-Thayer, *Greek-English Lexicon of the NT,* 11 and 131; 참조. Schrage, *Der erste Brief,* 3:393.

130) MM, 9 and 114.

131) 같은 책, 144, col. 2.

132) 같은 책.

133) BAGD, 16. 한편 JB는 "아무도 어떤 신호인지 알 수 없다"라고 번역하는데, NJB의 번역은 이것을 개선한 것이다.

않는"이라는 의미로서 ἄδηλος의 의미 영역을 한정한다(이 사전은 눅 11:44에서 그것이 존재한다는 것에 대한 아무런 신호나 증표를 전달하지 않기 때문에 "드러나지 않게 만든 무덤"과 비교한다).[134)]

τίς παρασκευάσεται εἰς πόλεμον;이라는 의문문으로 표현된 조건절을 뒤따르는 귀결절은 그리스도인의 이해할 수 있는 말이 그 말을 듣는 사람의 자세와 행동(화자의 자세와 행동뿐만 아니라)을 변화시킬 수 있는 탁월한 전달력이 있다는 점을 강화한다. 또다시 이것은 다른 사람의 관심을 사로잡으려는 것과 관련하여 방언을 **공개적으로** 사용하는 것의 "무익함"을 강조한다. 트럼펫 연주자가 "비번"일 때 무엇을 할지는 또 다른 문제다. 무어스는 이것을 반응할 "자세"에 미치는 의미론적 영향과 연결한다.[135)]

9절 이 절에서 핵심 단어는 εὔσημος, "쉽게 이해할 수 있는"이다. 판에 박힌 의미로 "쉽게 이해할 수 있는" 또는 "명료한"이라는 의미를 제안하는 BAGD는 우리의 번역을 지지해준다. 그러나 이 사전은 이 형용사가 14:9에서는 "이해할 수 있는 말"을 가리킨다고 말한다.[136)] εὖ, "잘"과 σῆμα, "표시"(신호)가 결합된 복합 형용사 εὔσημος는 의미론 학자들이 의사소통의 원리 또는 **기호론적인** 원리를 가리키기 위해 "투명한" 용어라고 부르는 것을 생동감 있게 활용한다.[137)] 이 복합 형용사는 σημαίνω, "전해주다, 알리다", σημεῖον, "표시, 구별 표시"(이것에 의해 어떤 것을 알게 됨), σημειόω, "표시하다, 기록하다"와 같은 단어 그룹에 속한다. 말을 전달하는 행위는 화자, 저자 또는 "송신자"와 수신자, 청자 또는 "청취자" 사이의 상호 교류와 능동적인 참여를 포함한다. 만약 청자가 말해지는 것(τὸ λαλούμενον)의 내용을 이해할(γινώσκω) 수 없다면 의사소통은 일어나지 않는다. 바울은 자기 시대보다 앞서 오늘날의 커뮤니케이션 및 해석학적 이론을 간결하고 명료한 경구로 탁월하게 요약한다. 의사소통이 이루어질 수 없다면 송신자는 단순히

---

134) Louw and Nida, *Greek-English Lexicon of the NT,* 1:25 (24-95); cf. also 1:340 (28-42).
135) Moores, *Wrestling with Rationality,* 137 and 189, n. 23.
136) BAGD, 326.
137) 같은 책, 747-749; 참조. Schrage, *Der erste Brief,* 3:393.

허공에(εἰς ἀέρα) 대고 말하는 것이다. 다른 사람에게 부정적인 결과를 초래하면서 화자에게 자기 긍정이나 유익을 가져다주지 않는 한, 이 발화 사건은 무의미하다(참조. 4a, 11).[138] 피는 이 관용적인 표현을 "바람에게 말하는 것"에 비유한다.[139] "어휘들은 [이해되거나 인식되기 위해] 용법에 따라 올바른 어순으로 명료하게 사용되어야 한다. 하지만 고린도의 방언은 이 요건을 충족시키지 **못했다**"(강조는 원저자의 것임).[140]

10-11절 이제 바울은 의사소통의 장벽에서 가져온 네 번째 사례를 언급한다. 즉 심지어 이해할 수 있는 언어가 사용되었을 때도, 만약 화자와 청자가 서로의 언어를 모른다면 결과적으로 각 사람은 서로 외국인(βάρβαρος)으로 남게 된다. 마이어로부터 콘첼만, 피, 볼프로 이어지는 현대 주석가의 긴 전통은 바울이 외국어를 가리켜 글로솔랄리아라는 "방언"과의 혼동을 피하기 위해 γλῶσσα 대신 γένη φωνῶν을 사용했다고 제안한다.[141] 이처럼 외국인이나 이방인처럼 느끼는 경험(다른 사람의 말을 이해하지 못하고 그 사람도 자기 말을 이해하지 못하는 경험)은 여러 작가들의 공통 주제였다. 하인리치는 오비디우스의 불평을 언급한다. "따라서 여기서 나는 야만인이다. 왜냐하면 아무도 나의 말을 이해하지 못하기 때문이다."[142] 바울은 이것을 주된 강조점으로 발전시킨다. 그는 사 28:11-12가 심판의 표시로 증언하는 "소속되지 않는" 경험을 설명하고 적용한다. 즉 바울은 14:21-22에서 이 경험은 참으로 기독교 공동체에 속하고 예배에서 "안식"을 **느껴야 할** 신자들에게 부당하게 적용되어서는 안 된다고 주장한다.

10절에서 ἄφωνος는 단지 사전의 정보에 기초한 관점에서 (콘첼만과 더

138) 참조. Meyer, *Epistles to the Corinthians,* 2:10, "uselessness."

139) Fee, *First Epistle,* 644, n. 33.

140) Findlay, *Expositor's Greek Testament,* 3:905.

141) Meyer, *Epistles to the Corinthians,* 2:11; Conzelmann, *1 Cor,* 256; Fee, *First Epistle,* 665, n. 36; Wolff, *Der erste Brief,* 331.

142) Heinrici, *Das erste Sendschreiben,* 438, n.; 참조. Ovid, *Tristia* 5. 10. "바르바로스"는 로마인들과 그리스인들이 그리스-로마 언어와 문화를 모르는 이들을 경멸하는 데 사용하던 용어다. 하지만 그 이전에 이 용어는 고대 이집트 사람들이 자신들의 언어를 모르는 사람들을 "barbarous"라고 묘사하는 데 사용되었다.

불어) "언어가 없는"을 의미하는 것으로 이해할 수도 있지만, 그것은 바울의 주장의 예리한 주안점을 간과하는 것이다. 어쨌든 이 구절의 구문과 문법상 가장 타당한 의미는 조건절에서 τυγχάνω의 부정과거 희구법을 "~한다 하더라도"로 이해하는 것이다. 이 표현은 "이상한"(이해할 수 없는) 말에 대한 변호를 수사학적으로 예상하는 "설령 그렇다 하더라도"라는 의미를 갖는다. 나아가 바울은 모든 언어가 소리를 사용한다는 점을 시인한다. 하지만 **이것은 결코 공동체의 예배에서 이해할 수 없는 시끄러운 소리를 내는 것을 변호해주지 않는다.** 왜냐하면 이 사례는 정반대의 경우를 증명해주기 때문이다. 즉 사람들은 자기들이 이해할 수 없는 소리로 떠드는 한가운데 있다고 생각한다. 이와 같은 상황은 자신들이 마치 외국인인 것처럼 생각하게 하며 "불편하게" 하거나 "편안함"을 느끼지 못하게 한다. 따라서 동료 신자들은 사실상 주님 안에서 형제자매이면서도 그들에게 외국인처럼 느껴진다. 이처럼 신앙 공동체 안에 내재되어 있는 "다름"이 주관적인 측면(인식와 감정)과 객관적인 측면에서(부지중에 세워진 인위적인 장벽) 모두 전체 상황을 특징지어준다. 바울은 21-22절에서 구약성경에 근거하여 이 점을 강조할 것이다. 영어에서 "블라-블라-블라"라는 표현처럼 βάρ-βάρ라는 표현 안에는 "이상한" 말이 초래하는 짜증나게 하는 효과가 포함되어 있을 수 있다.[143]

12절 οὕτως καὶ ὑμεῖς의 구문은 한 가지 이상으로 이해되어왔다. 하지만 대부분은 피의 번역("여러분도 마찬가지입니다")과 일치한다.[144] 마이어는 ὑμεῖς가 영적인 경험을 열망하는 것보다는 이전 사례의 쓸모없는 일과 더 밀접하게 연관되어 있다고 이해한다. 즉 여러분이 이와 같은 부조리한 상황에 놓여 있기 때문에 현실을 새롭게 점검하고 여러분의 우선 순위를

143) Conzelmann은 여격 ἐν ἐμοί를 "내 눈에"라고 올바르게 이해한다. 또한 그는 의성어적 또는 의미론적으로 명백한 용어 βάρβαρος를 우리에게 상기시켜준다. 즉 화자의 말이 '바르-바르'처럼 소리가 난다는 것이다. 다시 말해 "이해할 수 없는"을 의미한다(Conzelmann, *1 Cor,* 236). 이 단어의 용례에 대해서는 각주 7을 참조하라.

144) Fee, *First Epistle,* 665; *God's Empowering Presence,* 226.

재점검하라는 것이다.[145] 그러나 대다수 주석가들은 ὑμεῖς를 뒤따르는 절과 연결한다. 따라서 우리는 두 가지 가능성을 열어놓는 번역을 채택한다. 또한 οὕτως를 주격 강조형과 연결하여 "여러분 자신도"라고 번역한다. 왜냐하면 οὕτως는 "이처럼", "그래서"의 의미를 전달하며, 대체로 선행하는 것을 가리키기 때문이다(그러나 가끔 뒤따르는 것을 가리키기도 한다). 그리고 이 상황에서는 "이렇게", "이와 같은 방식으로" 선행하는 모든 사례와 매우 밀접하게 연결하는 역할을 한다. 그러나 언제나 그런 것은 아니다.[146] 나아가 이것은 설령 다소 느슨하다 하더라도 여기서는 뒤따르는 내용과도 연결한다.

대체로 ζηλόω는 "~에 대해 열심을 품다"를 의미한다. 하지만 이 단어는 그 대상이 사람이거나 사람과 밀접하게 연관될 때 "~에 대해 깊은 관심을 갖다"를 뜻하기도 한다.[147] 우리가 앞에서 언급했듯이 70인역에서 이 단어는 히브리어 קנא(키네), "열정으로 불타오르다, 뜨거워지다"를 번역한 것이다(13:4, 14:1에 대한 주해 참조). 여기 첫 번째 구절의 "열정적인 관심"이 아마도 그리스어의 의미를 가장 잘 전달해줄 것이다. 더 심각한 문제는 이 단어가 대체로 목적격을 지배하지만, 여기서는 소유격, πνευμάτων, "영들"(심지어 πνευματικῶν, "영적인 것들"도 아닌)이 뒤따른다는 것이다. 고린도 교인들은 아마도 다수의 영으로부터 영감을 추구하지는 않았을 것이다. 오히려 그들은 하나님의 성령으로부터 다수의 나타남(가능한 한 많은)을 추구했을 것이다. 콘첼만은 이것을 현상에 대한 관심으로 올바르게 인식한다.[148] 우리는 πνευματικῶν의 내용을 올바르게 전달하고자 "성령의 은사들"(REB)이나 "영적인 은사들"(NRSV, NIV)로 번역하지 않았다. 왜냐하면 판에 박은 듯한 또는 관습적인 이 표현은 생소하고 예상치 못했던 πνεῦμα의 복수 형태를 제대로 살리지 못하기 때문이다. 따라서 우리는 (NJB의 "영적인 능력들"를

145) Meyer, *Epistles to the Corinthians*, 2:11-12.

146) 강조점과 사례에 대해서는 BAGD, 597-598을 보라.

147) 참조. BAGD, 338; Grimm-Thayer, *Lexicon*, 271.

148) Conzelmann, *1 Cor*, 237: "이 사례들을 현상에 적용하는 일에는 그것을 성령의 감동을 받는 **교회**에 적용하는 작업이 뒤따른다"(강조는 원저자의 것임). 참조. Lang, *Die Briefe*, 193: "성령의 놀랍고 감동적인 나타남…."

따라) "성령의 능력"이라고 번역했다. 가능한 한 "성령"이란 번역을 보존하는 것이 가장 좋다. 왜냐하면 바울은 진정으로 **영적인 것**이 되게 하는 성령을 암시하지 않은 채로 오늘날 널리 사용되는 의미로는 결코 "영성"을 언급하지 않기 때문이다. 이것은 인간의 생각 또는 마음의 성향이 아니라 바울과 고린도 교인들이 모두 동의할 수 있는 성령의 중재 역할, 사역, 임재를 드러내는 어떤 구조, 은사 또는 현상이다.

바울은 성령은 또한 그리스도의 영이며, 그리스도는 **다른 사람을 위해** 자신을 내어주었다고 주장했기 때문에 바울의 이 주장과 고린도 교인들의 견해는 서로 일치하지 않았다. 따라서 "영성"이나 성령의 능력에 대한 주장이 다른 사람의 행복과 유익보다 자신의 신분 상승과 더 관련이 있다면 그것은 문제가 된다. 그러므로 성령의 능력에 대한 이 모든 뜨거운 관심은 교회 공동체를 세우기 위해(예. 8:1; 14:4에서 οἰκοδομή에 대한 설명 참조) 더 그리스도를 닮은 열심을 구현하는 방향으로 재설정되어야 한다(참조. 12:27-30, 특히 12:27에서 그리스도의 몸에 대한 표현 참조).[149] 14:6-11에서 제시하는 네 가지 사례는 12절에서 선명하고 반박할 수 없는 적용으로 구체화된다.

iii. 공적 예배의 정황에서 이해 가능한 의사소통과 지성 사용(14:13-19)

13-14절 콜린스는 διό, "따라서" 또는 "그러므로"의 강력한 의미를 올바르게 강조한다. 즉 이 접속사는 이해 가능한 의사소통에 대한 이전 사례의 강조점을 모두 결합한다.[150] 반복하지 않기 위해 διερμηνεύω, "말로 표현하다"의 의미에 대해서는 14:5에 대한 주해를 보라. 많은 학자들이 14:5 텍스트에 τις, "어떤 사람"을 추가해야 한다고 주장함에도 불구하고(예를 들면 에링. 하지만 이 견해는 두 번째 인물이 연루되어 있지 않다는 하인리치와 다른 학자들의 타당한 판단에 반대한다), 주요 영역본은 모두 "이해 가능한 말로 표현하

---

149) Strobel, *Der erste Brief*, 217; Wolff, *Der erste Brief*, 331.

150) Collins, *First Cor*, 509.

는" 행위를 방언으로 기도하는 사람에게 돌리는 것 같다.[151] 여기서 바울은 단수 γλώσσῃ를 사용한다. 하지만 그는 의미상의 미묘한 차이를 분명하게 드러내지 않고 단수와 복수를 번갈아 사용하는 것 같다(우리는 대체로 그리스어 텍스트에서 사용한 단수 또는 복수를 번역에 그대로 반영한다). "기도하십시오"는 명령법 현재 3인칭 단수 προσευχέσθω의 의미를 관용적으로 표현한다. 이 구절은 심지어 이 구절이 어떤 방언 "통역자"의 두 번째 행위를 전제하는 것으로 오해를 사더라도 이것은 "공동체에 전하는 어떤 메시지"가 아니라 하나님께 기도하는 행위라는 점을 강화한다. ἵνα 다음에 오는 가정법 현재는 종종 부정사의 의미를 에둘러 표현하는 기능을 하지만, 이 동사의 주어나 동인에 대한 암시를 포함할 수도 있다.[152]

"방언"과 의사소통을 위한 언어

우리는 "다양한 방언을 말하는 은사"와 그것을 이해 가능한 말로 통역하는 은사"(1666-97)를 다음과 같이 다섯 가지 소제목으로 다루었다. (1) 천사의 말로서의 방언, (2) 다른 언어를 말하는 기적적인 능력으로서의 방언, (3) 전례적인 또는 고풍스러운 표현으로서의 방언, (4) "무아지경"의 말로서의 방언, (5) 마음속 깊은 곳에서 솟아 나는 "말로 이루 다 형용할 수 없는 탄식"으로부터 해방된 무의식적인 언어로서의 방언. 한편 14:1-25의 논의는 (2) 항과 (5) 항에 대한 평가를 추가로 보충한다.

방언에 대한 정확한 현상학에 관해 어떤 결론을 제시하든지 간에(피는 이것이 확증이나 직접적인 증거가 없다면 사변에 지나지 않는다고 말함) 14절은 게르하르트 타이센과 크리스터 스텐달의 다음과 같은 주장을 지지해주는 것처럼 보인다. 즉 이 말

151) 참조. Heinrici, *Das erste Sendschreiben* 433: "그가 통역하는 경우를 제외하면…통역을 해야만 방언으로 말하는 이가 예언을 하는 것과 같은 영향력을 행사하면서 동일한 가치를 제공한다."

152) BDF, 186, sect. 369; 참조. 187; N. Turner, *A Grammar of NT Greek*, 3 Syntax, 106-108. 또한 특히 다음 논문 참조. Thiselton, "The 'Interpretation' of Tongues? A New Suggestion in the Light of Greek Usage in Philo and Josephus," 15-36. 한편 Forbes는 이 논문을 비판함. C. Forbes, *Prophecy and Inspired Speech*, 63-72.

은 성령이 심리적인 억압과 억제로부터 해방하는 경이로움의 경험과 찬양을 통해 솟구쳐 나온다. 이것은 인식적 객관화 및 체계화에서 탈피하는 선(先)의식적이며 선(先)이해적인 갈망, 탄식 또는 "세워줌"을 반영하는 방법으로 나타난다.[153] 이러한 이해는 다음과 같은 캐제만의 견해와 양립하지 않는다. "적어도 바울 공동체[반드시 바울은 아님]는 이와 같은 기도의 외침을 하늘의 방언으로 말하는 것으로 해석했다."[154] 오순절 계통의 마키아와 함께 이 세 저자는 모두 이 경험을 롬 8:26-27에서 성령의 "이루 다 말로 표현할 수 없는 깊은 탄식과 함께" 터져 나오는 간구의 경험과 연결한다.[155] 감격하며 외치는 "아바"(*Abba*)처럼 이것은 성령이 함께 우리의 심령에 증언하는 것에서 비롯된다(συμμαρτυρεῖ τῷ πνεύματι, 롬 8:15-16). 캐제만은 고후 12:4의 ἄρρητα ῥήματα처럼 이 기도는 "언어로 표현되지 않았다"는 의미에서 "무언의" 기도라고 말한다. 하지만 이 기도는 "말로 표현할 수 없다. 이 기도는 직접 재현될 수 없으며 하늘의 언어로 표현된 감추어진 신비다."[156]

6-11절에서 의사소통을 방해하는 요인에 대한 바울의 네 가지 사례의 누적 효과는 방언으로 말하는 것이 "방언 통역자"가 통역할 수 있는 외국어 형태를 취한다는 개념의 비합리성을 확인해주는 것처럼 보인다. 첫 번째 사례(6절)는 의사소통을 할 수 있는 내용이 없음을 암시할 뿐만 아니라 그리스어 구문(앞의 주해 참조)도 두 번째 사례(7절)의 관점에서 설명된다. 여기서 악기는 **어떤 주어진 음정**을 연주하기보다는 소음을 만들어낸다. 이것은 인식할 수 없는 멜로디가 있다는 말이 아니다. 단순한 소리가 아니라 그것을 "음악"으로 만들어주는 음조 사이에 간격이 전혀 없다는 것이다. 바울은 의사소통이 "차이"를 전제한다는 (소쉬르로부터 비롯된)

153) Stendahl, "Glossolalia: The NT Evidence," in his *Paul among Jews and Gentiles,* 109-124; Theissen, *Psychological Aspects,* 267-342; 참조. Fee, *Paul, the Spirit and the People of God,* 170.

154) Käsemann, "The Cry for Liberty in the Worship of the Church," in his *Perspective on Paul,* 132; 참조. 122-137.

155) 같은 책, 125-131; Macchia, "Sighs Too Deep of Words," 47-73; "Groans Too Deep for Words." 149-173.

156) Käsemann, "The Cry for Liberty," 130. 또한 12:8-10에 대한 주해를 보라. 참조. Schatzmann, *A Pauline Theology of Charismata*, 442-443; Fitzmyer, *Romans,* 518-519 (on 8:26); Dunn, *Romans 1-8,* 492-493.

현대 언어 이론을 예고한다. 세 번째 사례(8절)는 이 점을 강조하며 발전시킨다. 즉 아직 알려지지 않은 어떤 체계가 이해할 수 없는 어떤 신호를 보내는 것이 아니라 원칙적으로 아무것도 일종의 신호로 간주될 수 없다는 것이다. 네 번째 사례(9-11절)는 크세놀랄리아(*xenolalia*, 배우지 않은 외국어로 말하기)를 암시하는 것에 가장 가까워 보일 수도 있지만, 바울의 강조점은 의사소통 행위에 해당하지 않는 **불분명한 표현**에 있다. 사실상 이것은 그리스도인들이 동료 그리스도인들과 한곳에 함께 있으면서도 자신들이 마치 외국인인 것처럼 느끼게 만드는 결과를 빚어낸다는 것이다.[157]

바울은 방언으로 말하는 것을 비판하지도 않고 그것의 진정성에 의문을 제기하지도 않는다(특히 5절과 18-19절의 의미에서). 하지만 그는 다음 두 가지 조건 중에서 하나를 요구한다. (a) 방언을 "사적으로" 사용할 것(16-23절에 대한 주해 참조). 즉 공적인 예배 때는 사용하지 말 것. (b) "말로 표현하기에는 너무나도 심오한" 하나님 또는 복음에 대한 경이로운 인식을 잘 이해할 수 있는 말로 표현할 수 있도록 기도할 것. 여기서는 "**두 번째" 행위자**가 필요 없다. 필요한 것은 **두 번째 "은사"**, 곧 그것을 **말로 표현할** 수 있는 은사다.

캐제만의 주장의 첫 번째 부분은 14:13과 일치하는 것 같다. 하지만 롬 8:15-16, 26-27과 고전 14:5, 13은 "하늘의 언어"를 명시적으로 묘사하지 않는다. 단지 인식적 또는 개념적 표현을 뛰어넘는 찬양을 유발하는 진정성 있는 통찰을 묘사한다. 방언을 말하는 사람은 한 발 뒤로 물러나 깊이 숙고할 필요가 있다. 설령 말로 표현하는 것이 충분치 않다고 하더라도 그는 적어도 통찰과 경험이 빚어내는 찬양을 **공동으로** 표현할 수 있도록 성령이 베푸시는 은혜로 공동체 전체를 유익하게 할 수 있다. 왜냐하면 이것은 공동체가 **공동** 예배(κοινωνία)를 위해 모두 "함께 모이는 것"의 목적을 성취하기 때문이다. "방언 기도의 정황"이 롬 8장에서 신자들

---

157) 참조. J. F. M. Smit, "Tongues and Prophecy: Deciphering 1 Cor 14:22," *Bib* 75 (1994): 175-190; Thiselton, "The 'Interpretation' of Tongues?" 15-36; Macchia, "Sighs Too Deep for Words," 47-73; Aune, *Prophecy*, 19-21; Lang, *Die Briefe*, 204. 또한 각주에서 14:1-25에 대한 주해와 관련된 문헌과 특히 12:8의 주해에서 해당 주제에 대한 논의를 참조하라.

이 어떻게 기도해야 할지 "알지 못한다"는 구체적인 의미를 정확하게 설명해준다는 캐제만의 주장은 강력한 지지를 받는다. 신자들은 하나님에게 무언가를 말하고 싶은 충동과 열망을 갖고 있지만, 그것을 아직 의식적으로 잘 말로 표현할 수 없다. 우리는 바로 이것이 왜 어떤 신자들이 방언의 은사를 받는지를 설명해준다고 생각한다(방언은 마음속 가장 깊은 곳에 있는 탄식을 하나님께 자유롭게 말하게 한다). 그리고 다른 사람들은 또 다른 은사를 받고, 이 은사를 통해 그들은 말로 다 표현할 수 없는 성령의 탄식에서 비롯된 경험을 숙고한 후 그 내용을 명료하게 의사소통할 수 있는 말로 전달한다. 이로써 모두가 유익을 얻을 수 있다. 아마도 바울은 방언을 사적으로만 사용하라는 권면에 만족하지 않는 자들에게 구체적으로 이 은사를 위해 기도할 것을 권면했고, 그렇지 않다면 공적인 예배에서는 방언 사용을 자제하라고 말했다. 어떤 선택을 하든지 간에 다른 사람에게 도움이 되어야 했지만, 바울이 지적한 당시의 관행은 그렇지 못했다. 따라서 여기서부터 예배에 관한 규정이라는 주제가 등장하기 시작한다.[158)]

서양 철학과 기독교 신학 전통의 역사는 τὸ πνεῦμά μου를 "나의 영"으로 잘못 번역하게 만들었다(물론 이것은 문화적 전통과는 별개로 바울의 표현 선택을 반영하지만 말이다). 로버트 주이트가 지적하듯이 바울은 이미 데살로니가전후서와 갈라디아서에서 νοῦς/νουθετέω 용어를 서로 대립시켰다. 즉 이 용어는 논쟁적인 문맥에서 지성을 사용하는 것과 관련이 있다. 이 문맥에서 바울은 "신령한 열광주의자들"의 상식적인 판단의 부족함을 바로잡아야 할 필요를 느꼈을 것이다.[159)] 인식과 관련된 사색이 부족한 "열광주의자들은 파루시아가 이미 도래했다고 주장하기에 이르렀다." 이것은 그들이 올바른 생각을 할 수 없도록 만들었다(ἀπὸ τοῦ νοός, 살후 2:2).[160)] 살전 5:14은 이 주제와 연결되어 있는 반면, 갈라디아 교인들의 지나친 열심과 반율법주의는 바울이 그들에게 지성을 사용하지 않는 ἀνόητοι라고 부르도록 만들었다(갈 3:1).[161)] 이러한 문맥에서 τὸ πνεῦμα, "영"은 의미상 νοῦς, "지성"(생

---

158) 참조. Fee, *God's Empowering Presence*, 228; *First Epistle*, 669.
159) Jewett, *Paul's Anthropological Terms*, 369; 참조. 367-374.
160) 같은 책, 368.
161) 같은 책, 373-374.

각)에 상반된 위치에 놓인다. 그러나 오늘날에는 바울의 주요 서신에서 τὸ πνεῦμα가 인간의 능력으로 사용될 때 대체로 "다른 어떤 것"과 구별되는 부정적인 기능을 수행한다는 견해는 광범위하게, 그리고 어쩌면 거의 보편적으로 받아들여지고 있다. 바울은 하나님의 영을 가리킬 때 τὸ πνεῦμα를 사용하고, 성령에게 속한 것을 가리킬 때는 πνευματικός를 사용하는 것을 선호한다. 심지어 고전 2:11도 "영"이 만물에 내재한다는 스토아학파의 견해와 하나님으로부터 오는 성령의 초월성을 서로 구별하는 역할을 한다.

주이트가 입증하듯이 엄밀하게 인간적인 의미에서 바울 서신에 나타난 인간의 영의 의미 연구 역사는 철학적 관념론과 서로 밀접하게 얽혀 있다. 철학적 관념론은 바울이 의도한 바와는 다르게 인간의 영을 하나님의 영과의 "접촉점"으로 승격시켰으며, 이것을 실존주의적 접근 방법과 연결했다. 이 접근 방법은 생경한 개인주의를 바울 사상 안으로 끌어들였다.[162] 우리는 성령 하나님의 심오한 역사와 활동과 연결될 뿐만 아니라 지성과 대조를 이루는 사람의 인격의 영역 또는 양상을 가리키는 데 유용한 용어가 필요하다. 초고에서 나는 이 절의 τὸ πνεῦμα를 "마음"(mind)으로 번역했다. 하지만 여기서는 사용하지 않지만 바울이 다른 곳에서 καρδία를 사용하기 때문에 이러한 번역은 너무 대담한 것 같다. 물론 "마음"이라는 용어가 본문 분위기와 이슈를 잘 전달해주긴 하지만 말이다. 전반적으로 볼 때 가장 좋은 타협은 τὸ πνεῦμά μου를 "나의 가장 깊은 영적 존재"라고 번역하는 것이다. 이 번역은 플라톤이나 관념론자 또는 데카르트의 이원론의 입장에서 오해를 불러일으킬 수도 있을 것이다. 그러나 이것은 바울의 표현을 살려주고 바울이 의도한 의미를 타당하게 한정하는 안내 표지로서 그것을 보호하려고 시도한다.

한편 바울이 ἄκαρπός를 사용한 것은 그의 강조점을 잘 마무리한다. 하지만 많은 번역은 그 의미를 훼손한다. 예를 들면 "내 마음은 열매를 맺지 못합니다"(REB, NIV) 또는 "내 마음은 그것으로부터 열매를 얻지 못합니다"(NJB) 등

162) 참조. 다음 연구서에서 Jewett의 광범위한 논의를 참조하라. Jewett, *Paul's Anthropological Terms*, 167-200 and 451-453. 한편 Barrett는 "나의 영"과 관련하여 세 가지 가능한 의미를 논의한다. 하지만 그는 "바울의 묘사에는 명료성이 없다"고 결론짓는다. 왜냐하면 바울이 몇 가지 개념을 좁은 지면에서 압축하여 다루기 때문이다(Barrett, *First Epistle*, 320).

이다. 캐제만이 주장하듯이 바울의 강조점은 **방언으로 말하는 사람**이 열매를 맺지 못하는 것이 아니라 **교회 공동체**가 열매를 맺지 못한다는 것이다.[163] 주요 영역본 중 NRSV의 번역이 그런 의미에서 가장 좋다. "내 마음은 수확이 없습니다." 왜냐하면 **수확**은 다른 사람에게 유익을 줄 수 있기 때문이다. 콜린스의 번역인 "쓸모없는"에 대해서도 동일하게 평가할 수 있을 것이다. 하지만 "그러나 내 마음은 그것으로부터 열매를 거두지 못합니다"라고 번역하는 것이 바울의 논리를 더 분명하게 전달해줄 것이다. 즉 다른 사람에게 유익을 줄 수단을 얻지 못한다는 것이다. 캐제만은 바울이 고린도에서 방언에 대한 억측을 부각한 개인주의를 바로잡아주는 것과 관련하여 이렇게 결론짓는다. "[고린도의] **영광의 신학**을 [바울의] **순례자의 신학**으로 더 철저하게 탈신화화하는 것은 불가능하다."[164]

15절 바울은 한편으로 무비판적인 "열광"과 무비판적인 "갱생"의 전통 또는 무비판적인 신비주의에 반대하는 것과 또 다른 한편으로 영지주의자들, 신학적 이론가들 또는 기독교 신앙을 단순한 믿음 체계로 합리화하려는 이들에 반대하는 것에 대해 논의한다. 그리스도인들은 "이것이냐…저것이냐"의 선택의 문제에 직면해 있는 것이 아니라 두 가지 모두, 곧 "나의 가장 깊은 영적 존재"(τῷ πνεύματι, 14절에서 사용되고, 이 절에서 두 번 반복됨)와 "나의 마음"(τῷ νοΐ)에 직면해 있다. 서로 연결하는 표현인 τί οὖν ἐστιν;은 이 논리를 앞 절과 연결해준다. 즉 거의 분명히 "그렇다면 어떻게 해야 하겠습니까?"를 의미한다(참조. 콘첼만, "이것으로부터의 결론은 무엇입니까?").[165] 하지만 엄밀히 말해 이 그리스어 표현은 "이것은 무엇에 해당합니까?"라는 덜 구체적인 의미를 갖고 있다. 한편 REB와 NJB의 번역인 "그렇다면 어떻습니까?"는 지나치게 퉁명스러운 반면, NRSV와 NIV의 번역인 "그렇다면 내가 무엇을 해야 합니까?"는 이 질문의 한 측면을 설명하고자 해당 그리스어

163) Käsemann, "The Cry for Liberty," 132; 참조. 122-137.
164) 같은 책, 136.
165) Conzelmann, *1 Cor.* 233.

표현의 의도를 넘어서는 경향이 있다.

πνεῦμα를 "나의 가장 깊은 영적 존재"로 번역하는 것에 대해서는 14절의 주해를 보라. 우리는 플라톤이나 데카르트의 이원론적 사상에 대한 암시를 회피하기 위해 "가장 깊은"(14)을 "가장 심오한"(15a)과 "가장 깊은 곳"(15b)으로 대체했고, πνεῦμα의 의미를 반영하기 위해 세 곳 중 두 곳에서 "영적인"을 그대로 두었다. 하지만 대다수 번역은 서구 근대성의 전제(예. 내 영)로부터 보호하지 않는 의미를 그대로 내버려두거나 바울의 정확한 의미에 대한 해석학적 판단을 반영하는 것 같다(예. BAGD, "영적인 무아지경과 자신의 지적인 이해력을 온전히 지닌 채 찬양함").[166] 부분적으로 고대 그리스 종교와 너무 성급하게 연결하면서 이 문맥에서 무아지경이라는 용어 사용을 명시적으로 비판하는 연구 논문들이 없었다면 우리는 BAGD의 설명에 만족할 수 있었을 것이다.[167] 오니는 정제되지 않고 지나치게 광범위하며 더 문제가 많은 "무아지경" 또는 "무아지경 대 그렇지 않음" 사이에서 단순히 대안을 찾기보다는 우리가 어떤 의미로 "변화된 의식 상태"에 대해 말할 수 있는지에 관한 유용한 연구를 제공한다.[168] 하지만 그는 여기서 신탁의 양상으로서 "환상의 황홀경" 또는 "신내림"과 관련된 "고대의 예언"을 논의한다. 그는 사회인류학에서 사용하는 이 용어들이 과연 우리에게 도움을 줄 수 있을 것인지를 공개적으로 질문한다. 우리가 한결같이 주장해왔듯이 바울이 일차적으로 "신탁"을 암시한다는 증거는 전혀 없으며, 이것은 기도와 찬양에 관한 현재 문맥에 적용할 수 없다.[169] "무아지경"과 "황홀경"

---

166) BAGD, 891(ψάλλω에 대한 항목에서).

167) 예를 들면 Gundry, "'Ecstatic Utterance'(NEB)?" 299-307; 참조. Forbes, *Prophecy and Inspired Speech,* 53-65, 104-106; Aune, *Prophecy,* 20-21, 230; Dunn, *Jesus and The Spirit,* 242-243; C. G. Williams, "Glossolalia as a Phenomenon: Tongues at Pentecost and Corinth," *Religion* 5 (1975): 21.

168) Aune, *Prophecy,* 19-21.

169) 참조. R. Wilson, "Prophecy and Ecstasy: A Re-examination," *JBL* 98 (1979): 321-327; Callan, "Prophecy and Ecstasy in Greco-Roman Religion and in Corinthians," 125-140; Carson, *Showing the Spirit,* 77-79; Poythress, "The Nature of Corinthians Glossolalia: Possible Options," 130-135.

에 대한 주장은 우리가 건설적으로 앞으로 나아갈 수 있는 길을 제시해주지 못하지만, 부정적인 주장을 개진하는 역할을 할 수는 있다. 캘런은 바울의 예언자적 발언은 황홀경을 포함하지 않지만, 방언은 그것을 포함한다고 주장한다. 왜냐하면 고전 14장은 이해할 수 있는 의사소통에 관심을 갖기 때문이다.[170] 또 다른 한편으로 엥겔센은 예언과 방언은 의식적인 통제를 받는다고 주장한다. "둘 중 하나가 다른 것보다 더 무아지경에 속한다"라는 견해는 순환 논리에 기초하여 무아지경을 정의하는 것이다.[171] 여기서는 랑의 견해를 따르는 것이 가장 좋으며, "이해할 수 없는 소리"(15절; 또한 7절, 8절 참조)에 대한 그의 언급은 앞에서 제시한 우리의 견해와도 일치한다.[172]

우리가 현대 이론에 근거하여 살펴본다면 뇌의 알파파와 베타파의 구분에 대한 심리학적 관찰을 통해 잘 확립된 현상이 여기에 가장 잘 적용될 것이다. 왜냐하면 모든 **비판적인 사고**는 즉시 알파 상태에 있는 우리의 의식을 깨우기 때문이다. 만약 어떤 사람이 복잡한 문제로 인해 밤새 불면증에 시달릴 때 "내면을 안정시키는" 어떤 방법을 사용한다면(즉 베타파를 줄이고 알파파를 늘린다면) 그는 이것을 경험을 통해 알 수 있을 것이다. 하지만 심지어 여기서도 이것은 기원후 1세기의 고린도와 바울에게는 하나의 가상의 시나리오에 지나지 않을 것이다. 포브스가 주장하듯이 14:13-15에서 "방언으로 말하는 사람은 듣는 사람과 마찬가지로 자신이 무슨 말을 하는지 이해하지 못한다. 바울의 관점에서도 이러한 말은 의식의 통제하에 있으며 또 그래야만 한다."[173]

하지만 인간이 어떤 인식할 수 없거나 "영적" 능력으로서의 πνεῦμα를 하나님의 영인 성령과 혼동하는 것은 처참한 결과를 초래한다. 적어도 서로 다른 두 가지 이유가 있다. 첫째, 바울 전문가들은 대체로 "신과의 접촉점"

170) Callan, "Prophecy and Ecstasy," 125-140.

171) N. I. J. Engelsen, "Glossolalia and Other Forms of Inspired Speech" (Yale Ph. D thesis, 1970, Forbes가 다음에서 언급함[Forbes, *Prophecy and Inspired Speech,* 56]).

172) Lang, *Die Briefe,* 204.

173) Forbes, *Prophecy and Inspired Speech,* 55, n. 22.

으로서 인간의 영에 대한 플라톤적·관념론적 개념은 바울에게 생소하며, 고전 2:10-12의 취지와도 잘 어울리지 않는다는 데 의견을 같이한다. 둘째, 이 개념을 고전 14:15에 적용하여 이해하는 것은 그 당시 고린도 교인들과 오늘날 많은 사람들이 걸려 넘어지는 함정에 빠지는 것이다. 즉 이것은 하나님의 말씀을 자기비판적으로 사고하기보다는 성령의 역사를 인식과 상관 없는 "즉흥적인" 현상과 밀접하게 연결하는 것이다. 하나님의 말씀은 인간의 이해에 호소하며, 이를 통해 마음을 변화시킨다(참조. 14:23-25). 대체로 그의 더 사려 깊은 판단과는 대조적으로 고든 피는 자신의 주석서와 최근에 출간된 두 저서에서 "나의 성령/영은 기도한다"라고 주해하면서 명백하게 이와 같은 파국적인 혼동을 반복한다.[174] 한편 에링과 바레트는 세 번째 요인을 지적한다. 바레트는 다음과 같이 말한다. 그는 이러한 해석에 공감할 수도 있었지만, 14절에서 바울은 "내 영, 나의 가장 깊은 영적 존재"(τὸ πνεῦμά μου, 14절)라는 표현을 사용하며 이 용어를 "하나님의 영"과 분리한다는 것이다. "성령을 어떤 의미로든 **나의 것**이라고 묘사하는 것은 절대로 용납될 수 없다. 또한 이것은 바울이 의도한 바가 아니다"(강조는 원저자의 것임). 이것(곧 나의 영)은 "나의 심리학적 구조의 일부분이다."[175] 에링도 이를 똑같이 강조한다.[176]

바울은 "영적" 상태, 곧 성령에 속한 상태는 "성령이 영과 생각을 모두 통제할 때" 일어난다고 선언한다.[177] 만약 생각만 활동한다면 모든 것은 이론적인 측면에만 머무른다. 만약 마음만 활동한다면 자기기만과 맹신으로

---

174) Fee, *1 Cor,* 670; *God's Empowering Presence,* 229-230; 참조. Paul, *Spirit and the People of God,* 148.

175) Barrett, *First Epistle,* 320. Conzelmann도 "내 영"이라고 번역한다. 하지만 그는 "성령 안에서" 찬양한다는 것을 암시할 가능성을 배제하지 않는다(Conzelmann, *1 Cor,* 233-238). 이것은 진정으로 궁극적인 결과다. 하지만 이것은 각 구절의 첫 번째 부분에 한정시킬 수 없다.

176) Héring, *First Epistle,* 150: "여기서 프뉴마는 하나님의 영을 의미할 수 없다." 많은 주석가들은 이 이슈에 대해서 충분히 다루지 않는다. 심지어 Schrage도 마찬가지다. Schrage(*Der erste Brief,* 3:399-400)와 Strobel(*Der erste Brief,* 218)은 주로 바울이 '두 가지 모두'를 지지하면서 '둘 중의 하나'를 거부한다는 데 초점을 맞춘다.

177) Kistemaker, *1 Cor.* 491.

가는 길이 열린다. 만약 영과 생각이 모두 성령에 열려 있다면 그것은 공동체를 세우고 다른 사람을 사랑하는 열매를 맺는 결과를 가져온다(14a). 우리가 ψαλῶ(ψάλλω의 미래 축약형)라는 단어 안에서 생각과 마음의 찬양을 각각 표현하는 말과 멜로디의 결합을 보는 것은 지나치게 사변적인가?[178] 우리는 바울이 현대 교회를 향해 마음의 찬양을 표현하는 멜로디와 복음 진리에 대한 지적 표현을 진정으로 반영하는 가사를 결합할 것을 권면하는 모습을 쉽게 상상할 수 있을 것이다.[179] 로버트슨과 플러머는 다음과 같이 주장한다. "무아지경(또는 우리가 이 용어를 어떻게 이해하든지 간에)에서 나오는 말은 종종 말로 다 표현할 수 없는 읊조림, 곧 이해할 수 있는 말이나 특정 멜로디가 없는 노래의 형태를 취할 수 있다."[180] 로버트슨은 다른 곳에서 "교회 예배에서 사람들이 이해하지 못하는 독창은 그 가치를 절반 이상 잃어버리는 것이다"라고 논평한다.[181] 종교개혁자들은 공적인 예배에서 회중이 지적으로 올바로 이해하는 데 관심을 기울였는데, 이는 바울의 입장을 잘 반영한다. 그들의 이러한 노력은 라틴어를 고집한 전통주의자들과 개인의 자유로운 표현을 추구한 열광주의자들의 문제점에 제대로 대처하게 했다.

16절 p^{46}, F, G, K, L과 공인 본문은 광범위한 독법인 가정법 현재 εὐλογῇς 대신에 가정법 부정과거 εὐλογήσῃς를 원문으로 읽는다(참조. KJV/AV, when thou shalt bless). 하지만 피가 주장하듯이 이러한 구문에서 부정과거로 수정되는 경우가 있는데, 여기서는 가정법 현재가 원문일 개연성이 거의 확실하다.[182] UBS 3판과 4판은 별 문제 없이 가정법 현재를 원문으로 채택한다.[183]

여기서는 구문과 특별히 어휘가 논쟁을 불러일으켰다. ἐπεὶ ἐὰν

178) BAGD, 891. 70인역과 마찬가지로 이 사전은 종종 "마음속으로 노래하며 찬양한다"는 의미를 제시한다. 고전 그리스어에서 이 동사는 단지 연주하는 것을 의미했다. 하지만 70인역을 따라 이 단어는 신약성경에서 "찬송하다"를 가리킨다(참조. 엡 5:19).
179) 참조. Lang, *Die Briefe,* 104.
180) Robertson and Plummer, *First Epistle,* 312.
181) Robertson, *Word Epistles,* 4:181.
182) Fee, *First Epistle,* 667, n. 2.
183) Metzger, *Textual Commentary.* Metzger는 이 점에 대해 논평하지 않는다.

εὐλογῇς, "그렇지 않고 만약 여러분이 하나님을 찬양한다면"은 별 문제가 없다. 왜냐하면 ἐπεί는 "그럴 경우에" 또는 부정적인 대답을 요구하는 질문 앞에서(예. NJB, NRSV, 바이스) 더 분명하게 "그렇지 않고"와 같은 의미를 취하기 때문이다.[184] 이와 비슷하게 세속 그리스어에서는 εὐλογέω가 종교적인 의미로는 드물게 사용되는 반면, 신약성경에서는 한결같이 (예배의 문맥에서) 히브리어 בָּרַךְ(바라크), "하나님을 축복하다"를 번역한 70인역의 용법을 반영한다.[185] 비록 신학적으로는 "하나님을 축복하다"가 찬양과 감사를 모두 포함할 수 있지만(물론 다른 문맥에서는 같은 의미가 아님), 이 문맥에서는 "감사드리다"와 거의 동의어다.[186]

여기서도 바울의 πνεῦμα 용법이 논쟁의 대상이다. 이 용어는 과연 지적인 이해와 대립 관계에 있는 인간의 능력 또는 성향을 가리키는가? "우리 존재의 가장 깊은 곳"이라는 번역에 대해서는 14절과 15절에 대한 주해를 보라. πνεῦμα는 이 절에서 지성과 암묵적으로 대조를 이루고 있기 때문에 여기서는 이 용어의 의미를 설명하기 위해 "단지"를 덧붙이는 것이 필요하다. 하지만 바울은 지금 고린도에서 사용하던 "성령 안에서 축복하는 것"에 대한 용어를 차용할 가능성도 있다. 따라서 만약 바울이 이 용어를 고린도에서 끌어와 사용하는 것이라면 πνεῦμα는 하나님의 영을 가리킬 수 있다(그래서 우리는 "성령 안에서"를 인용부호 안에 넣어 표기했다). 또한 우리는 이것을 배제할 수 없지만 개연성이 없지 않다는 점을 알리기 위해 이것을 꺾쇠괄호 안에 넣었다.

ὁ ἀναπληρῶν τὸν τόπον τοῦ ἰδιώτου의 의미에 대해서도 격론이 벌

---

184) Weiss, *Der erste Kor,* 329.

185) Conzelmann, *1 Cor,* 238, n. 58; Weiss, *Der erste Kor,* 329; Kistemaker, *1 Cor,* 493; Meyer, *Epistles to the Corinthians,* 2:15.

186) 대다수 주석가들은 여기서 감사와 축복의 말을 사용하는 것이 주의 만찬에서 감사하며 축복하는 것을 나타낸다는 것을 진지하게 상상할 수 없다는 데 동의한다(앞에서 10:16, 11:24에 대한 주해 참조). 참조. Grosheide, *First Epistle,* 326-327; Robertson and Plummer, *First Epistle,* 313: "여기서 εὐχαριστία가 성만찬을 의미할 수 없다는 것은 명백하다. 성만찬을 거행하는 목회자는 방언으로 말하지 않을 것이다." 또한 그들은 여기서 "아멘"은 특히 성만찬과 관련된 의미가 없다고 덧붙인다.

어진다. 우리는 광범위하게 열린 관점에서 ἰδιώτης를 (NJB, 에링과 더불어) 복음에 대한 "기초교육을 받지 않은 사람"이라고 번역했다(비교. NRSV[콜린스의 번역은 대체로 이 번역과 비슷함]; REB, an ordinary person; KJV/AV, he that occupieth the room of the unlearned; J. B. Phillips, those who are ungifted). 해당 이슈의 전반적인 취지는 분명하다. 즉 ἰδιώτης의 위치를 차지하고 있는 사람은 당황스러워하며 τὸ ἀμήν이라는 공동체의 긍정적인 반응에 동참하지 못한다. 왜냐하면 그는 이러한 찬양과 기도의 내용을 이해할 수 없기 때문이다. 또한 ἴδιος, "자기 자신", 곧 어떤 특정한 개인에게 속한 것을 가리킨다. 언어사전의 광범위한 정보에 의하면 ἰδιώτης는 특정 분야에서 훈련을 받은 **전문가**와는 대조적으로 **어떤 개인**이나 어쩌면 **독학한 사람**을 가리킨다고 추론할 수 있다.[187] 그런 의미에서 "보통 사람"(REB), "배우지 못한 사람"(KJV/AV) 또는 "외부인"(NRSV)으로 번역할 수도 있다. 하지만 이러한 문맥에서 일반적으로 "어떤 사적인 개인"은 기초교육을 받지 않은 사람(NJB)이라는 의미를 지니고 있다.[188] 한편 "ἰδιώτης의 자리를 차지하고 있는 어떤 사람"(ὁ ἀναπληρῶν τὸν τόπον τοῦ ἰδιώτου)이라는 어구는 해석상에 문제점이 있다. 이 표현은 더 전문적인 범주를 가리키는 것 같다. 따라서 많은 저자들은 이 표현이 평신도 또는 유대교로 개종한 이방인 또는 (더 타당성이 있는) 교회에 등록하기 이전에 또는 공식회원이 되기에 앞서 기초교리교육을 받는 사람을 가리킨다고 주장해왔다. 이것은 어떤 공식적인 신분을 암시하며, 왜 여기서 τόπος가 사용되는지, 그리고 어떤 특정 그룹을 가리키는 용어인 ἀναπληρῶν이 사용되는지를 설명해줄 것이다. 모팻은 만약 우리가 "외부인"이라고 번역한다면 그것은 불신자가 아니라 오히려 "은사를 받은 사람"의 관점에서 본 "외부인", 곧 일반 그리스도인으로 볼 수 있다고 말한다.[189]

---

187) BAGD, 370; and Grimm-Thayer, 296-297.
188) 참조. Héring, *First Epistle,* 151.
189) Moffatt, *First Epistle,* 220.

로버트슨과 플러머는 특히 초기 또는 소규모 가정 교회에서 "ἰδιῶται를 위한 방이 별도로 마련되어 있거나 정식회원과 구별되는 평신도들이 있었다는 것은…타당성이 거의 없다"고 주장한다. 또한 그들은 다음과 같이 주장한다. 이 단어는 "여기서 '배우지 못한 사람' 또는 '경험이 없는 사람'을 의미할 것이다. 하지만 '은사를 받지 못한', 곧 방언의 은사를 받지 못한 자라는 RV의 각주는 아마도 옳을 것이다.…그러므로 이 단어는 ἀμύητος, 즉 '입교 교육을 받지 않은'에 해당할 것이다."[190] 따라서 에링은 ὁ ἀναπληρῶν τὸν τόπον이 "공동체 안에서 어떤 명확한 위치를 차지하고 있는" 자들을 가리킨다고 간주한다. 또한 "그들은 우연히 참석한 이방인이 아니라 아직 세례를 받지 않은 자이거나 단순히 영감의 은사를 소유하지 않은 '일반' 그리스도인들이다. 사도 바울은 이해할 수 없는…말로 인해 그들이 혐오감을 느끼고 소외당하게 될 가능성을 염려한다."[191] 이것은 이 이슈를 잘 요약해주며, "기초교육을 받지 않은 사람"은 지나치게 전문적인 의미를 피함과 동시에 "은사를 받지 않은 사람"이라는 뉘앙스를 허용한다. 슈라게는 이 단어가 비전문가 또는 평신도를 가리키지만, 여기서는 "내부자가 아닌"(der Nicht-Eingeweihte) 사람을 가리킨다고 주해한다.[192] 따라서 이 단어는 "신령한 사람"이 (자신처럼) "방언"의 은사를 받지 못했다고 여기는 어떤 사람을 가리켰던 고린도 교회의 용어를 암시할 수 있다.

"아멘"은 그리스어 ἀμήν과 히브리어 אמן(아멘)을 음역한 것이다. 70인역은 항상 해당 히브리어를 그리스어로 음역한다. 예를 들면 대상 16:36, 느 5:13, 8:6, 토빗서 8:3, 마카베오3서 7:13 등이다. 여기서 예배 용어를 사용한 것은 민 5:22, 신 27:15, 대상 16:36, 느 5:13, 8:6의 경우처럼 다른 사

---

190) Robertson and Plummer, *First Epistle*, 313. 이들은 이 단어를 행 4:13에서 "특별한 교육을 받지 않았다"는 의미를 전달하는 용례와 비교한다. Tyndale and Coverdale은 여기서 "배우지 못한"이라고 번역하지만, 행 4:13에서는 유대교 서기관 또는 랍비와 대비되는 lay people로 번역한다. 아람어에서 הדיוט, 평인은 랍비와 대비된다(Strack-Billerbeck, *Kommentar zum NT aus Talmud und Midrasch*, 3:463).

191) Héring, *First Epistle*, 151.

192) Schrage, *Der erste Brief*, 3:401.

람의 찬양 또는 기도를 시인하거나 그것에 엄숙하게 동의하는 것을 나타낸다. 16절은 가장 초기의 교회가 이렇게 사용한 것을 받아들였음을 보여준다. 또한 신약성경에서 화자는 종종 자신의 찬양이나 기도의 끝부분에서 아멘으로 마무리한다(예. 롬 1:25; 11:36; 15:33; 갈 1:5; 엡 3:21; 빌 4:20; 딤후 4:18; 벧전 5:11; 계 1:6). 하지만 이러한 전례적인 용례는 복음서에서 "진실로"(마 5:18; 막 3:28; 또는 요 1:51; 3:3; 5:19 등에서 "아멘"을 두 번 반복하며 선언하는 것)에 해당하는 어떤 장엄한 선언을 시인하는 것과는 다르다. 예배에서 아멘으로 화답하며 시인하거나 엄숙하게 동의하는 것을 나타내는 이 단어는 속사도 시대와 교부시대 초기에 두드러지게 나타나며(예. Justin, *Apology,* 1:65-67; Tertullian, *De Spectaculis,* 25), 회당 예배에서도 정기적으로 등장한다(예. 1QS 1:18-20; *m. Berakoth* 8:8). "아멘"은 찬양(롬 11:33-36; 엡 3:20-21)이나 간구(히 13:21-22)를 마무리할 때 사용된다.

우리가 앞에서 지적했듯이 히브리어 동사 니팔 형태 "확신하다"를 통해 전달되는 이 뉘앙스는 동의의 개념을 지니고 있으며, 공식적인 합의를 나타낼 뿐만 아니라 "끝까지 우리의 신념을 고집하다"를 표현한다.[193] 예수는 참된 존재로서 계 3:14에서 "아멘"이라고 불린다. 또한 바울은 자신이 계획한 행동에 대해 말하는 문맥에서 이 용어를 사용한다(고후 1:15-22). 이것은 결과적으로 하나님의 신실한 약속은 그분이 말씀하신 것을 신실하게 지키신다는 것을 반영한다(고후 1:18-20).[194] 바울은 개인의 신앙생활에서 어떤 다른 이슈가 생겨나든 그렇지 않든 예배와 기도는 **이해 가능하고** 공동체

---

193) 참조. Neufeld, *The Earliest Christian Confessions,* 51-68 and 140-146; G. P. Wiles, *Paul's Intercessory Prayers,* SNTSMS 24 (Cambridge: Cambridge University Press, 1974), 68-70.

194) 참조. F. Hahn, "Das Ja des Paulus and das Ja Gottes," in H. D. Betz and L. Schottroff (eds.), *Neues Testament und Christliche Existenz: Festschrift für Herbert Braun* (Tübingen: Mohr, 1973), 229-239; Wolff, *Der erste Brief,* 333. 상당히 많은 문헌이 예수의 아멘 사용에 관심을 기울인다. 예를 들면 J. Strugnell, "'Amen, I Say Unto You' in the Sayings of Jesus," *HTR* 67 (1974): 1977-82; B. D. Chilton, "'Amen': An Approach through Syriac Gospels," *ZNW* 69 (1978): 203-22. 하지만 이 논문은 고전 14:16과 다른 방향으로 우리를 이끈다. 한편 이 이슈와 관련하여 J. Jeremias와 K. Berger의 연구는 다소 비판을 받았다.

를 위한 것이어야 한다고 강조한다. 머피 오코너는 이 절에 대해 이렇게 논평한다. "공동체의 예배가 목표하는 것은 개인적으로 전율을 느끼는 것이 아니라 그리스도의 몸을 세우고…신앙을 성장시키며…이미 받아들인 핵심 내용에 부합해야 한다. 그럴 때 신앙 공동체는 '아멘'이라고 외친다.…'이것이 참되고 옳다.'"[195)]

17절 이 절은 앞 절들에서 확립한 원리를 단순하게 설명하고 적용한다. 하지만 17절은 "세움을 받는다"라는 주제의 문맥 안에 그것을 배치한다. 바울은 이 주제를 8:1, 10, 10:23, 14:3, 4, 5, 12에서 다룬다. 그는 14:26에서도 이 주제를 다룰 것이다. 접속사 γάρ, "왜냐하면"은 논리적인 연관성을 확인해준다. σὺ μέν이 ἀλλ᾽ ὁ ἕτερος와 함께 사용된 것은 강력한 대조를 나타낸다(여기서 ἀλλά는 δέ보다 더 강함). 우리는 이 표현을 "당신 자신은…드리지만, 다른 사람은…"이라는 대조를 나타내 번역했다. 바울은 공동체의 예배를 "하나님과 우리 모두"가 아니라 단지 "하나님과 나"에 관한 것으로 간주하는 개인주의와 이기주의적인 자세를 강력하게 비판한다. 한편 이중적인 의미의 οἰκοδομέω에 대해서는 (필하우어에 대한 언급과 함께) 특별히 14:4에 대한 주해를 보라. 하지만 더 중요한 점은 8:1이 매일의 삶(8:6-13)에서나 교회의 예배(14:1-40)에서 그리스도처럼 "다른 사람"(ὁ ἕτερος)에게 관심을 갖는 것에 대한 더 광범위한 이슈를 소개하는 데 이 동사를 사용한다는 것이다. 우리는 마거릿 미첼의 연구에서 οἰκοδομέω의 중요성을 이미 언급한 바 있다.

18-19절 (1) F, G 및 많은 라틴어 역본에는 εὐχαριστῶ τῷ θεῷ 다음에 ὅτι가 삽입되어 있다(참조. NRSV, NJB, NIV, I thank God that; REB의 번역, Thank God, I am more gifted과 대조된다). (2) KJV/AV는 "나는 나의 하나님께 감사한다"라고 번역하는 반면, p^{46}, ℵ, B, D 사본은 μου를 생략한다. 웨스트코트-호트(RV)를 비롯하여 다른 역본들은 이 독법을 따른다. (3) ℵ, A, D 사본은 γλώσσῃ, "방언으로"라고 읽는 반면, B, K, L 사본과 UBS 4판은 γλώσσαις라고 읽는다. (4) (A 사본을 제외하고) 대다

195) Murphy-O'Connor, *1 Cor,* 154 and 155.

수 사본은 λαλῶ라고 읽는 반면, K, L 사본은 λαλῶν(현재분사)이라고 읽는다. (5) 대다수 초기 사본은 τῷ νοΐ, "내 마음으로"(도구적 용법)라고 읽는 반면, 어떤 다른 독법은 διὰ τοῦ νοός μου, "내 마음을 통해"라고 읽는다. 이 독법 중 어느 것도 18절과 19절의 내용에 실질적인 영향을 미치지 않으며, 이것들은 동일하게 내포되어 있는 주제 또는 개념을 나타내는 표현의 다양성을 보여줄 뿐이다.

"나는 하나님께 감사합니다. 이는 내가 여러분 중에 누구보다도 방언의 은사를 더 많이 받았기 때문입니다"라는 우리의 번역은 REB의 번역을 그대로 따른다. REB의 번역은 ὅτι를 생략한 것을 제외하면 해당 이슈의 요점을 잘 반영한다. 즉 요점은 방언의 은사를 얼마나 자주 사용하는지 또는 얼마나 오래 사용하는지보다는 (16절의 ἰδιώτης와 대조를 이루는) 이 은사 자체에 초점이 맞추어져 있다. 다시 말해 여기서 μᾶλλον, "더 많이"는 이 은사의 양적 사용이 아니라 질적 사용과 관련이 있다.[196] 바울은 자신도 받은 방언의 은사를 비판하기에 앞서 자신에 대해 이야기한다.

사실상 모든 주석가들은 ἐν ἐκκλησίᾳ가 "함께 모인 회중 안에"라는 의미를 지니고 있다는 데 동의하는 것 같다.[197] 따라서 공적인 예배와 개인의 경건이라는 각각의 정황 간의 대조가 종종 무시된다는 사실은 놀라운 일이다. 특별히 바울이 방언을 "지지하는지" 아니면 더 놀랍게도 그가 가치가 있다고 여기는 것을 일관성 없게 비판하는지에 대한 질문이 제기된다면 더 더욱 그러하다. 바울이 "개인을 위한 용도로"(privat Gebrauch; 참조. 28b) 주어진 어떤 은사에 대해 하나님께 감사한다는 것은 매우 명백하다.[198] 공적인 영역에서 이 은사를 사용하는 것은 유익을 주기보다는 오히려 해를 끼칠 것이다. 이것은 주의를 산만하게 하고 방해 요인을 제공하는 자기 홍보(또

196) Kistemaker는 이 점을 올바르게 지적한다(Kistemaker, *1 Cor*, 496). 참조. Meyer, *Epistle to the Corinthians*, 2:16, "더 높은 정도로." 하지만 그의 입장은 양적인 의미뿐만 아니라 질적인 의미도 허용하는 Barrett의 견해와 대조된다. 비교. Barrett, *First Epistle*, 321.

197) Conzelmann, *1 Cor*, 239; K. L. Schmidt, "ἐκκλησία," *TDNT*, 3:506; Barrett, *First Epistle*, 121; Meyer, *Epistles to the Corinthians*, 2:17; Fee, *First Epistle*, 675; Schrage, *Der erste Brief*, 3:403-404.

198) Wolff, *Die Briefe*, 333.

는 그룹 홍보)를 "공적 예배"—곧 찬양, 기도, 성경, 아마도 기본 신조와 하나님의 말씀 선포를 이해할 수 있는 말로 전달하는 것—안에 포함시키는 것이다.

바울에 대한 그릇된 이해(또는 적어도 결정적인 증거가 전혀 없는 어떤 이해)를 강요하는 것으로부터 단순히 혼란이 빚어졌다. 즉 만약 "방언을 통역"하는 두 번째 은사가 제공될 수 있다면 공적으로 방언을 사용하는 것이 받아들여질 수 있다는 것이다. 하지만 우리는 12:8-10의 은사 목록뿐만 아니라 14:9과 14:13도 방언을 하는 사람이 "이해할 수 있는 말로 표현함으로써" 자신의 고양된 상태를 유발하는 것을 공유하는 은사를 받기 위해 기도하여 공동체를 세우는 방법을 찾는 것 그 이상을 의미하지 않음을 위에서 보여주었다. 어떤 사람이 방언을 곧바로 "해독하든지" 그렇지 않든지 간에 바울은 공적 예배에서 시끄러운 소리를 내면서 이해할 수 없는 말로 기도하는 것에 찬성하지 않는다. 더욱이 "방언"은 일반적으로 **하나님께** 말하는 것이기 때문에(14:2, 15, 16) **공동체를 위한**(14:3, "예언하는 사람은…다른 사람에게") 글로솔랄리아를 예언의 "메시지"로 해석한다는 개념은 고전 14장에 대한 정확한 주해에 기초하기보다는 경건주의적인 전통에 호소하는 것이다. 우리는 앞에서 이 이슈에 대한 우리의 주장을 제시한 바 있다. 또한 20-25절에서 이사야에 대한 바울의 언급도 이 주장을 지지해준다.

"다섯 마디의 말"(NRSV, NJB) 또는 "다섯 가지 이해할 수 있는 말"(REB, NIV)에서 "다섯"(πέντε)이라는 숫자와 "10,000"(μυρίους λόγους ἐν γλώσσῃ, NRSV, NIV, NJB)이라는 숫자는 문자적으로 수량을 가리키는 숫자가 아니다("은사를 더 많이 받았다"의 μᾶλλον에 대한 주해 참조). 여기서 다섯은 "'여럿'을 가리키는 대략적인 숫자"다(눅 12:6; 14:9).[199] 이와 비슷하게 μυρίον은 명사로서 통계의 문맥에서 "10,000"을 가리킨다. 반면에 형용사 μυρίους(여기서는 목적격 복수 형태 λόγους와 나란히 사용됨)는 "셀 수 없는, 무

199) Conzelmann, *1 Cor,* 240, n. 74; G. Kittel, "Die Fünfzahl als geläufige Zahl," in Kittel, *Rabbinica,* 1, 3 (Leipzig: Hinrichs, 1920) 39-47; Strack-Billerbeck, *Kommentar,* 3:461.

수한"(예. 고전 4:15, 클레멘스1서 34:6, 필론, *De Legatione ad Gaium* 54) 또는 "수많은"을 의미한다.[200] 이것은 상상할 수 있는 숫자 중 가장 큰 수를 가리키는 용어다. 현대 영어 표현에서 billions to the power of billions에 해당할 것이다. 우리는 "방언으로 수 만 마디의 말을 하는 것"이라고 번역했다(참조. REB, thousands). 요한계시록에서는 μυριάς가 복수 형태의 μυριάδες μυριάδων(계 5:11; 9:16)으로 사용된다. 이 표현을 수학적으로 해석하는 것은 요점에서 벗어나는 것이며, 헤아릴 수 없이 많은 하나님의 백성이 구원을 받아 하나님께 예배하는 환상을 파괴하는 것이다.

iv. 다른 사람에 대한 사랑으로서의 성숙함: 신자와 외부인을 위한 복음과 가정 (14:20-25)

이 부분은 1-25절의 네 번째 단락이다. 하지만 어떤 이들은 이 부분을 20-40절의 첫 번째 단락으로 간주하는 것을 선호한다. 우리는 14장 머리말에서 20-25절은 1-19절의 전체 논점을 보강하고 강조하는 것으로 이해하는 것이 가장 좋다고 주장했다. 지성과 올바른 의사소통 방법을 사용하는 것은 8:7-13과 13:1-13의 주제를 이어받아 다른 사람(ὁ ἕτερος, 17절)을 향한 사랑을 반영한다. 은사의 사용은 "영리함", 신분 또는 특권에 대한 경쟁적인 평가를 배제한다(참조. 2:1-5과 14:20). "이해할 수 없는 말"은 사 28:11-12(70인역)에서 하나님께 속하지 않거나 불신에 대한 일종의 심판을 나타내는 표시로 기능한다. 이러한 말은 신자와 불신자를 모두 타당하지 않거나 자신을 기만하는 위치에 놓이게 한다. 신자들은 심지어 예배드리는 공동체 안에서도 "외부인"처럼 느낄 수 있다. 방언이 아니라 복음에 대한 예언자적인 선포가 그 자리에 함께한 불신자를 기독교 신앙으로 이끌어줄 것이다.

20절 바울은 고린도에서 방언을 사용하는 방법이 단지 자기 과시나 사려 깊지 못한 자기중심적인 유치한 집착을 충족시켜준다는 점에 대해

200) BAGD, 529 (μυριάς에 대해서는 계 5:11; 9:16 참조. 또한 *Sibylline Oracles* 4:139; Josephus, *Antiquities* 7.318; 단 7:10 참조).

여기에서보다 더 명백하게 진술하는 곳은 없다. 여기서 다음 두 가지 사이의 연관성은 명백하고 분명하다. 따라서 13장에서 어린아이 같다는 것에 대한 언급을 방언에 대한 이슈로부터 분리하려 한 것은 전적으로 무의미하다. 또 다른 한편으로 바울은 방언으로 말하는 것은 어린아이와 같은 것이라고 말하지 않는다. 바울은 단지 고린도에서 **방언의 공개적인 사용**과 그것이 **다른 사람에 대한 관심을 희생시키고 자기 홍보**에만 도움을 주는 경향을 보이는 것은 다른 사람 대신 자신을 내세우는 것과 다른 사람의 시각을 통해 자신을 살펴보는 것을 추구하는 일을 아직 배우지 못한 어린아이와 같이 사려 깊지 못하며 자기중심적인 한계를 노출하는 것이라고 주장한다. 바울은 παιδία, "어린아이들"(모든 주요 영역본)과 현재 부정 명령 μή ... γίνεσθε, "머물러 있지 마십시오"라는 표현을 사용한다. 언어사전의 증거를 살펴보면 παιδίον은 태어난 지 며칠 밖에 되지 않은 갓난아기 또는 새로 태어난 아기를 매우 빈번하게 가리킨다. 따라서 "어제 태어난 갓난아기"라는 영어의 관용적인 표현은 해당 그리스어의 의미를 적절하게 표현할 것이다.[201] 지적인 어린아이라는 은유적인 표현은 다른 곳에서도 나타난다.

바울은 그의 동료 그리스도인들(ἀδελφοί)에게 어린아이의 순진무구함을 보존할 것을 간청한다. 하지만 그는 관심 끄는 것을 추구하는 것과 특별히 다른 사람에 대한 성숙한 사고가 부족한 것을 회피할 것을 그들에게 권면한다. 비록 κακία가 NRSV와 REB에서 "악함"으로 번역되지만, "사악함"(NJB)은 언어사전으로부터 훨씬 더 강력한 지지를 받는다.[202] 이러한 번역상의 차이점은 한 가지 중요한 원리의 의미에 심각한 영향을 미친다. "악"에 대해 순진무구하다는 것은 선과 맞서는 악한 세력을 이해하려는 것으로부터 멀리 떨어져 있다는 것을 암시할 수 있다. 반면에 "사악함"에 대

201) 지소사(diminutive) παιδίον은 대체로 "어린이, 유아, 또는 갓난아기를 가리킨다(창 17:12에서는 태어난 지 8일 된 아기). 마 2:8, 9, 11, 13; 눅 1:59, 66; 히 11:23(참조. 출 2:2, 3)에서는 새로 태어난 아기를 가리킨다. 또한 이 단어는 은유적으로 "어린아이와 같은 생각"을 나타내는 데 사용될 수도 있다(참조. BAGD, 604; Grimm-Thayer, 473).

202) 참조. BAGD, 397.

해 순진무구한 것은 자신의 사악한 목적을 장려하는 교활한 전략에 대한 지식을 거부하는 것을 포함한다. 여기서 이것은 아마도 다음과 같은 것에 대한 암시를 포함할 것이다. 즉 심지어 종교적인 문맥도 자신의 이익을 위해 이와 같은 전략을 주도하려는 음흉한 유혹을 제공할 수 있다는 것이다. 이것들은 결국 **사악한** 것으로 드러날 것이다.[203)]

고린도 그리스도인들은 자신들이 박수갈채를 받거나 자기 성취 또는 자기 발전의 전략을 위해 사용하는 것이 아니라 **다른 사람을 세우기 위해** "지혜롭고" "성숙한"(바울은 τέλειοι, "성숙한 어른들"이란 용어를 사용한다[참조. 2:6]. 이는 3:1-2의 νηπίοις, "어린아이들"과 반대되는 개념임) 자라는 평가를 받도록 힘써야 한다(참조. 14:4). 우리는 여격 복수 ταῖς δὲ φρεσίν을 "지성에 관한 문제에서는"이라고 번역했다. 왜냐하면 이것은 어떤 관계나 영역을 가리키는 여격이기 때문이다.[204)] 명사 φρήν은 신약성경에서 오직 이곳에서만 나타난다(따라서 오직 복수로만). 하지만 플루타르코스와 필론의 저서에서 이 단어는 명백하게 사고, 판단 또는 이해의 영역을 가리킨다.[205)] 지성은 이것과 동족 관계에 있는 φρόνησις와 φρονέω를 상기시킨다. 베르트람은 이 이슈는 "어린아이처럼" 자기에게만 관심을 기울이는 것에 반대되는 것으로서 **다른 사람에게 성인으로 책임을 져야 하는** 것 중 하나라고 올바르게 인식한다.[206)] 한편 들뤼는 어린아이의 관점을 다음과 같이 특이한 것을 과대평가하는 것과 연결한다. "어린아이들은 무언가 반짝이거나 움직이는 것 또는 요란한 소리를 내는 것을 좋아한다.…오늘날 많은 그리스도인도 동일한 사고방식을 갖고 있다.…그들은 생각하는 것보다 느끼기를 원한다.…그들은 뛰어난 사람…매혹적인 사람에게 나무나 쉽게 반한다.…하지만 이와 같

---

203) 나는 Nietzsche, Foucault, Niebuhr의 견해와 소통하면서 이 이슈에 대해 논의했다. A. Thiselton, *Interpreting God and the Postmodern Self*, 3-27 and 127-136.

204) Edwards는 이렇게 주장한다. 참조. Edwards, *First Epistle*, 371.

205) BAGD, 865-866. 이 사전은 Plutarch, *Moralia 116a*를 언급한다. 참조. G. Bertram, "φρήν," *TDNT*, 9:220-235.

206) G. Bertram, "φρήν," *TDNT*, 9:230.

은 자세는 성령과 관련된 문제에는 미성숙함을 드러낸다."[207]

21절 바울은 이 의미를 설명하기 위해 약간 표현을 바꾸어 사 28:11-12을 인용한다. 여기서 율법이라는 용어는 단지 모세오경만을 가리키지 않고, 유대교와 기독교의 성경인 구약성경 전체를 가리키기 위해 사용되었을 것이다(롬 3:19; 또한 참조. 요 10:34). 이 율법은 유대교 회당과 마찬가지로 새로 생겨난 교회에도 최고의 권위를 지닌다. 하지만 여기서 바울은 70인역도, 히브리어 텍스트도 정확하게 인용하지 않는다. 스탠리는 그의 연구서에서 "바울이 구약성경을 인용한 본문 전체에서 고전 14:21의 표현과 70인역의 해당 본문의 정확한 관계를 결정하는 것은 매우 큰 난제 중 하나"라고 주장한다.[208] 한편 70인역 전승의 몇몇 다른 독법은 종종 어떤 변화를 설명해주지만, 스탠리의 견해에 의하면 바울의 해당 인용은 쉽게 설명할 수 없다. 하지만 (i) 오리게네스는 아퀼라 번역본에서 바울의 표현과 동일한 것을 발견했다고 주장한다(Origen, *Philocalia*, 9). (ii) 만약 이것이 불확실하다면 우리는 바울이 다음 단락에서 확인되는 차이점을 해결하기 위해 주해와 적용을 결합한다고 주장하고자 한다.

주된 차이점은 다음과 같다. (1) 바울은 70인역의 διὰ φαυλισμὸν χειλέων διὰ γλώσσης ἑτέρας 대신에 ἐν ἑτερογλώσσοις καὶ ἐν χείλεσιν ἑτέρων을 선택한다. (2) 바울은 1인칭 단수, λαλήσω로 바꾸어 표현한다. (3) 바울은 70인역의 λέγοντες … σύντριμμα를 생략한다. (4) 바울은 미래 시제 εἰσακούω로 바꾸어 표현한다. (5) 그는 마치 텍스트의 일부인 것처럼 λέγει κύριος를 추가한다. (6) 또한 그는 οὐκ를 οὐδ' οὕτως로 대체한다. 더 이상 존재하지 않는 기억이나 판본을 사용했다는 이론 외에도 이처럼 다양하고 미미한 수정 사항을 설명하기 위해 여러 가지 복잡한 설명이 제시되었다. 아마도 디트리히-알렉스 코흐의 설명이 가장 복잡할 것이다.[209]

---

207) Deluz, *Companion to 1 Cor*, 203.

208) C. D. Stanley, *Paul and the Language of Scripture*, 198. 그는 자신의 연구서에서 이 절을 위해 아홉 면(197-205)이나 할애한다.

209) D.-A. Koch, *Die Schrift als Zeuge des Evangeliums* (Tübingen: Mohr, 1986), 123; cf also 64

이러한 전문적인 이슈는 오직 바울이 구약성경의 참된 의미는 새로운 상황에 창의적으로 말한다는 전제하에 고린도와 사 28장의 유사한 상황을 어떻게 서로 중첩시켰는지를 이해할 때만 윤곽이 잡힌다. 로널드 클레멘츠는 예언자 이사야가 직면했던 상황을 설명한다. "이사야는 자신이 예루살렘의 몇몇 제사장 및 예언자와 갈등 관계에 있다는 사실을 자각했다." 그들은 축제에서 방종하게 행동하며 술에 취해 말을 뒤죽박죽으로 하고 사고력이 혼미해졌다. 이것은 그들이 하나님의 행위에 대한 이사야의 진지한 선언을 조롱하게 만들었다.[210] "이사야는 아시리아 군대가 다가오는 것과 더불어…하나님이 그들을 어떻게 벌하실지에 대해 경고하면서(11절) 그들의 조롱을 그들 자신에게 돌린다."[211] 조롱하는 자들의 입에서 나오는 "그가 누구에게 지식을 가르치려 하는가?"(사 28:9)라는 말은 지금 이사야가 시간을 허비하고 있음을 암시해준다. 왜냐하면 이사야를 조롱하던 자들은 술에 취해 제대로 사리를 분별하지 못하며 자만심에 빠져 있기 때문이다. 사 28:10의 히브리어 텍스트는 "술 취한 자들이 시끄럽게 떠드는 소리를…의성어로 표현한다." 그들은 이사야의 책망을 "어리석고 유치한 것"으로 받아들인다. 하지만 사 28:11에서 "이 언급은 분명히 아시리아어의 거친 소리를 묘사하는 것이다. '이 백성'은…이 소리를 곧 듣게 될 것이다.…[이 외국인들은] 그들에게 곧 어떤 교훈을 가르쳐줄 것이다."[212] 브루스, 키스트메이커, 알로, 슈라게도 이와 비슷한 배경을 묘사한다.[213]

---

and 151. Koch는 고린도와 이스라엘 사이에 아무런 유사성도 없도록 만드는 데 기여한 한 가지 요소는 고린도가 말씀을 "듣는 것"을 스스로 차단하지 않았다는 점이며, 따라서 바울은 이런 차이를 해소하기 위해 발언의 맥락을 수정한다고 주장한다. 하지만 그의 주장은 더 복잡해진다. Stanley는 그의 견해를 비판하면서 그것이 사변적인 특성이 있음을 밝혀준다. 또한 (아래에서) Maly와 (22절의 주해에서) Sweet의 주장을 참조하라.

210) R. E. Clements, *Isaiah, 1-39*, NCBC (Grand Rapids: Eerdmans and London: Marshall, 1980), 226.

211) 같은 책.

212) 같은 책, 228.

213) Bruce, *1 and 2 Cor,* 132; Kistemaker, *1 Cor,* 499; Allo, *Première Épitre,* 365-366. Bruce는 다음과 같이 주장한다. "그들은 그가 어린아이가 하는 말과 같은 것을 사용한다고 비웃었다. 곧 차브 라차브 카브 라카브(사 28:10)…이것은 방언으로 말하는 것을 모방하는 것이다." 참

이 두 정황은 서로 잘 어울린다. 자신들의 눈으로 판단하기에 "지혜롭고" "은사를 받은" 자들은 이해하기 쉬운 메시지를 "어린아이와 같은" 것이라며 받아들이지 않는다. 그러나 사실은 이른바 지혜롭다고 말하는 자들이 어린아이와 같이 생각하고 말하는 것이다. 우리의 삶 속에서 종종 일어나듯이 하나님의 심판은 "내적 문법", 즉 하나님은 씨앗이 스스로 떨어져 효력을 나타내도록 허락하신다는 측면이 있다. 이해하기 쉬운 메시지를 거부하면 앙갚음으로 되돌아온다. 만약 그들이 이해할 수 있는 말 대신 다른 것을 원한다면 그들은 그것을 가질 수 있다. 하지만 그것은 그들에게 고통을 주는 심판의 역할을 할 것이다. 왜냐하면 그것은 하나님의 백성 중 많은 사람에게 임할 것이기 때문이다. 그들은 외국인과 국외자의 입장에서 그 백성을 돌보아야 했다.[214] 22절을 주해할 때 살펴보겠지만, 주석가들은 바울의 강조점이 어디에 있는지에 대해 서로 다르게 판단한다. 피와 다른 많은 학자들은 바울의 주요 관심사가 불신자들에게 미치는 방언의 효력에 있다고 주장한다. "바울의 문맥에서 이것은 23절의 외부인들을 가리킨다."[215] 이것은 다음과 같은 바울의 미묘한 이중적 의미를 제대로 파악하지 못하는 것이다. (i) 첫째, 공적 예배에서 방언으로 말하는 것은 타당하지 않다. 왜냐하면 그것은 **하나님의 백성 중 많은 이들이 자기 집에서 "편안하게 있는 것이 아니라" 오히려 외국 땅에서 외국인처럼 느끼게 하는 상황에 놓이게 하기** 때문이다. (ii) 둘째, 헬레니즘의 "영성"에 대한 몇몇 그릇된 전제와는 대조적으로 방언으로 말하는 것은 **불신자에게 그리스도에 대한 복음의 메시지를 명확하게 전달해주지 못한다.** 십자가는 "종교"나 "종교적인 현상" 그 이상의

조. Schrage, *Der erste Brief,* 3:405-406.

214) "만약 이해할 수 없는 말이 그림자와 같고 의식과 연결된 하나님의 계획 속에서 하나님의 보응에 대한 일종의 상징이었고, 우리가 하나님의 진리에 대한 더 온전한 계시를 받는다면 그 보응은 훨씬 더 중대할 것이다.…그러므로 불순종하는 이스라엘은 어린아이와 같은 그리스도인뿐만 아니라 불신자의 모형이기도 하다"(Edwards, *First Epistle,* 372).

215) Fee, *First Epistle,* 672 and 680. 한편 21절에 대한 다른 견해는 다음을 참조하라. Conzelmann, *1 Cor,* 242. Kistemaker는 다소 수정된 대안을 제시한다. Kistemaker, *1 Cor,* 499-500(22절 주해에서 방언으로 말하는 이들이 그것의 가치를 시인하기 위해 사 28:11을 사용했다는 B. C. Johanson의 주장을 참조하라).

것이다.

이제 이것은 사 28:11-12의 70인역 텍스트와의 유사점과 분명한 차이점에 대해 많은 것을 설명해준다. **왜냐하면 바울은 이 부분을 인용함과 동시에 이를 적용하고 있기 때문이다.**[216] (1) 형용사 또는 복합어의 일부인 ἕτερος를 반복적으로 사용하는 것은 사 28:11의 의미를 충실하게 전달해준다. 하지만 이것은 "다른 사람"에 대한 경멸과 "다른 사람"에 대한 관심 간의 언어유희와 잘 어울린다(참조. 4:6; 6:1; 14:17, 경멸; 10:24, 29, 관심).[217] (2) 1인칭 λαλήσω의 사용은 λέγει κύριος를 덧붙여(앞에서 [5] 참조) 신적 동인을 나타내는 문맥에서 예언자나 사도를 인식함으로써 그 의미가 강화된다. (3) 사 28:11의 몇몇 측면은 그 당시 상황에 직접 적용되지 않으며, 인용문의 일부는 종종 생략된다. (4) 여기서 동사가 미래 시제로 사용된 것은 "다른 사람"의 행복을 희생시킨 채 사람들이 내밀한 것 또는 특이한 것에 계속 집착함으로써 뒤따르는 결과를 내포한다. 그리스도는 그들을 위해 죽으셨다(참조. 8:6-13). 한마디로 이러한 상황은 "믿음을 유발하기보다는 회의주의를 확인하는" 역할을 했다.[218]

22절　　이 절은 고린도전서에서 가장 난해한 절 중 하나다. 크리소스토모스는 다음과 같이 주장한다. "이곳에서 제기되는 난제는 매우 어렵다. 이것은 무언가 말해진 것으로부터 야기되는 듯하다."[219] 헤이스는 이 절이 "매우 혼란스럽다"고 생각한다. 왜냐하면 22절은 "곧바로 이어지는 23-25절의 설명과 완전히 모순을 일으키는 것처럼 보이며…여기서 바울의 논

---

216) 다음 연구서에서 더 세밀한 논의를 참조하라. Maly, *Mündige Gemeinde,* 206-211, 특히 208-209(이 절에 근거하여 반[反]유대교적 논쟁에 대한 전승을 다루는 Ellis와 Sweet의 이론은 22절의 주해를 참조하라).

217) Grosheide, *First Epistle,* 330, [바울이] "이것을 인용한 이유는…틀림없이 '다른'을 두 번 반복하는 데 있다.…이 중간 용어는 이 두 가지에서 모두 '다른' 소리가 말해졌다는 것이다.…그러나 이스라엘은 하나님이 베푸시는 이 은혜를 경시했다." 참조. Maly, *Mündige Gemeinde,* 206-211. 한편 Conzelmann은 "일종의 연결 모티프로서 이해하지 못함의 개념이 제시되어 있다"고 주장한다(Conzelmann, *1 Cor,* 242, n. 19).

218) Moffatt, *First Epistle,* 36:2.

219) Chrysostom, *1 Cor. Hom.,* 36:2.

점은 다소 혼란스럽기" 때문이다.[220] 키스트메이커는 "이 텍스트는 모든 해석자에게 난제를 제공해왔다"고 지적한다. 한편 루에프와 스위트는 스스로 당혹감을 인정한다.[221] 에링은 (일반적인 번역을 따르면서) 왜 방언으로 말하는 것이 "'불신자들을 위한 표징'이며, 왜 예언은 '신자들을 위한 표징'인가?"라고 질문한다. 그는 "오히려 정반대의 주장이 더 자연스럽다"라고 말한다.[222] 안타깝게도 우리는 콘첼만의 주석서에서 도움을 거의 받지 못한다.[223] 젠프트가 주장하듯이 "모든 것은 우리가 εἰς σημεῖόν εἶναι, '~를 위한 표'라는 모호한 표현에 부여하는 의미에 달려 있다."[224] 하지만 여러 가지 난점과 가능성을 고찰한 젠프트는 "벵엘이 제시한 이전의 해결 방법"으로 회귀한다. "예언은 불신자를 신자로 만들지만, 방언으로 말하는 것은 불신자를 그 상태 그대로 남겨둔다"(*quatenus prophetia ex infidelibus credentes facit; lingua loquens infidelum sibi relinquit*). 벵엘은 방언이 나타날 때 불신자는 …불신자로 남아 있지만, 예언은 불신자를 신자로 만든다고 덧붙인다.[225] 벵엘이 같은 말을 되풀이하는 것은 특이하다. 그는 심지어 이 해석도 단지 대충 들어맞는다는 것을 인정한다. "여기서 바울의 말은 명확하지 않다"(*sermo Pauli est indefinitus*).

그러므로 우리의 번역은 εἰς σημεῖον이 서로 다른 문맥에서 서로 다른 의미를 지닌다는 점을 나타내려는 의도가 있다. 하지만 스미트의 의역이 암시하듯이 그는 해당 이슈를 충분히 강조하지 않는다. 바레트와 많은 어휘학자들이 인정하듯이 이 전치사 어구는 거의 틀림없이 "표징의 역할을 한다"를 의미한다. 한편 σημεῖον은 경고 표시, 표시, 외적 표시 또는 심판, 경고, 확인 또는 혜택을 나타낼 수 있다.[226] 우리는 모순을 나타내는 투박한 번역

---

220) Hays, *First Cor,* 239-240.
221) Kistemaker, *1 Cor,* 500.
222) Héring, *First Epistle,* 152.
223) Conzelmann, *1 Cor,* 242.
224) Senft, *Première Épitre,* 179.
225) Bengel, *Gnomon*, 659.
226) Barrett, *First Epistle,* 323; BDF, sect. 145; BAGD, 747; Grimm-Thayer, 573-574; MM,

과 바울의 강조점을 살리는 번역 사이에서 하나를 선택해야 한다. 여러 가지 견해를 개관하면서 우리는 우리의 접근 방법에서 시작하고자 한다. 우리는 다음과 같은 잔트네스의 견해에 동의한다. 즉 바울은 고린도 교인들이 방언과 예언의 결과를 각각 평가해보도록 초대한다. 이 둘은 각각 어떤 신호를 보내는가?[227] 다른 사람에 대한 사랑은 언제나 **다른 사람**과 관련된 **관점**과 **결과**를 신중히 고려한다.

(1) 바울은 21절에서 아시리아 사람들의 "방언"에 둘러싸여 있는 경험이 불신앙을 나타내는 표징(참조. εἰς σημεῖόν εἰσιν, 22절, 이스라엘이 하나님의 심판 아래 놓여 있다는 것)의 역할을 한다고 말했다. 하지만 이것은 하나님의 백성에게 어울리는 상황은 아니었다. 그들은 이사야가 전한 메시지에 회의적인 태도를 보인 "영향력 있는 자들"에 의해 미혹되었다. 따라서 "방언은…불신자(τοῖς ἀπίστοις, 불이익을 나타내는 여격)에 대한 표징의 역할을 한다. 따라서 기독교 신자는 자신이 속한 공동체의 예배에 이러한 "표징"이 나타나게 해서는 안 된다. 그리고 이것을 통해 **불신자들**이 느낄 수 있는 "잘못됨" 또는 "낯섦"이 발생하지 않게 해야 한다. **신자들은 자신이 속한 공동체 예배에서 "편안함"을 느낄 수 있어야 한다.** 이와 반대로 예언의 말이 효력을 나타내는 곳에서는 이것이 믿음의 백성을 양육하는 하나님의 임재와 활동을 알려준다. 불신자는 복음의 진리를 전하는 예언의 말을 발화하지 못한다. 따라서 한편으로 예언의 말은 **예배드리는** 신자들의 **교회**의 특성을 드러내며, 또 다른 한편으로 방언은 (적어도 공적 예배에서 그 영향과 관련하여) 신자들에게 어울리지 않는 장벽과 소외감을 유발하는 부정적인 표징이 된다.

하지만 해석의 영향사는 **기대의 지평**을 마련해주었다. 이 지평은 여기서 연속적으로 사용되는 여격이 모두 **유익을 가져다주는 여격**, 즉 외적인 관계, 불이익 또는 심판을 암시하는 문맥보다는 소유 또는 유익을 나타내는 여격임을 전제한다. J. B. 필립스는 "그것은 '방언'이 불신자에게는 아니지

577–578; K. Rengstorf, *TDNT,* 7:200–69, esp. 258–60; O. Betz, *EDNT,* 3:328–41.

227) Sandnes, "Prophecy-A Sign for Believers (1 Cor 14:20–25)," 1–15.

만 이미 믿는 자들에게는 하나님의 능력을 나타내는 표징임을 의미한다"라고 번역하는데, 이는 바울의 강조점을 완전히 뒤바꾸어놓은 것이다. 하지만 이 표현의 순서를 뒤바꾸어 해석하는 것을 지지하는 사본의 증거는 없다.

(2) B. C. 조핸슨은 이 절의 전반절을 수사 의문문으로 취급한다. 이 의문문은 원래 바울이 제기한 것이 아니라 고린도 교인들이 먼저 제기한 것이다.[228] 그 결과 21절은 몇몇 고린도 교인들이 주장했던 견해를 표현한 것이며, 바울은 이것을 22-23절에서 바로잡는다. (a) 상당히 많은 주석가들은 방언과 관련하여 각각 불신자와 신자의 역할에 대해 당혹감을 표현한다. (b) σημεῖον은 "긍정적인 의미"로도, "부정적인 의미"로도 사용될 수 있다. (c) 비록 아퀼라 그리스어 역본의 초기 형태에 대한 오리게네스의 증언을 무시할 수는 없지만, 사 28:11-12에 대한 인용은 어려움을 제공한다. (d) "이해할 수 없는 방언은 '이 백성이 하나님의 말씀을 듣게' 하는 데 전혀 효력을 발휘하지 못할 것이다." (e) A. T. 로버트슨과 플러머, 그리고 O. P. 로버트슨이 제시한 해결 방법은 몇 가지 취약점을 갖고 있다.[229]

조핸슨의 다음 주장은 결정적이다. (f) 수사학적 구조의 문맥에서 "~을 위한 표징"의 역할은 "기능의 관점에서 [표현되어야 한다]. εἰς σημεῖον은 이 기능을 나타낸다."[230] 하지만 이 지점에서 조핸슨은 "새로운 해결책"을 제시하는데, 이 해결책은 설령 이 표현이 스위트가 제안한 초기의 원리에 해당한다 하더라도 문제점이 있다.[231] 조핸슨은 우리가 22a의 σημεῖον을 긍정적인 의미로 이해할 수 있지만 "그렇게 해석하는 것은 우

228) Johanson, "Tongues, A Sign for Unbelievers? A Structural and Exegetical Study of 1 Cor 14:20-25," 180-223.

229) 같은 책, 180-186.

230) 같은 책, 190.

231) Sweet, "A Sign for Unbelievers: Paul's Attitude to Glossolalia," 240-247. Sweet는 사 28:11-12의 주제는 유대인들의 불신앙을 논박하던 초기 기독교의 논쟁에서 유래한 것이라고 주장한다(E. E. Ellis도 이 입장을 따른다). 또한 그는 하나의 표징으로서 방언의 위치를 변호하기 위해 이 주제가 고린도 교회 안으로 유입되었을 수 있다고 주장한다. 그러나 바울은 이 주장을 전적으로 뒤집었다. Williams는 Sweet의 주장을 지지한다(Williams, *Tongues of the Spirit*, n. 23).

리가 22절의 주장을 바울이 아닌 다른 어떤 사람에게 돌리는 것"이라고 주장한다. 이것은 ὥστε, "그렇다면"을 통해 표현되지만, 다음과 같은 수사 의문문 안에서 그러하다. "그렇다면 방언은 불신자들을 위한 것이 아니라 신자들을 위한 표징이라는 것입니까?"[232] 고린도의 일부 "방언주의자"가 믿거나 주장한 내용의 불합리성은 23-25절에 기록된 바울의 논평에서 드러난다. "바울은 23-25절에서 곧바로 논박한다. 비그리스도인에게 방언은 미친 것이며, 예언이 마음의 변화를 가져온다."[233] 바울은 문제시되고 있는 "방언주의자"의 견해가 "어린아이와 같다"는 의미에서 자신의 비판을 설명한다. 한편 이것은 특히 τέλειος(2:6)와 νήπιος(3:1; 참조. 13:10-11; 14:29)와 관련하여 1:10-4:21에서 기록된 바울의 비판을 다시 언급한다. "소피스트-방언주의자" 그룹은 아마도 "하나님이 그들 가운데 계신다"는 표징으로 방언을 사용하고 있었을 것이다.[234]

우리의 견해에 의하면 바울은 방언의 은사를 받지 못한 자들의 경험에 호소한다. 이사야가 언급한 고국에서 쫓겨난 하나님의 백성처럼 그들은 이방인들 사이에서 "이방인"처럼 느낀다. 이 경험은 설령 조핸슨의 가설에 호소하지 않는다 하더라도 21절을 충분히 설명해준다. 우리의 설명은 아래의 (3) 항과 (4) 항의 강조점과 일치한다. 하지만 이 설명은 일관성과 개연성의 장점이 있다. 뿐만 아니라 만약 바울 당시의 고린도와 오늘날의 현상 사이에 무언가 서로 평행을 이루는 사례가 있다면 의심할 여지 없이 방언은 진정으로 오늘날에도 외부인에게 접근하기 위해서뿐만 아니라 방언으로 말하는 자들의 영적 진정성을 받아들이기 위해 몇몇 그룹에서 하나님의 "권능" 있는 사역을 나타내는 하나의 표징으로 권장되고 있다.[235] 뿐만 아니라

---

232) Johanson, "Tongues, A Sign for Unbelievers?", 193.

233) 같은 책, 194.

234) 같은 책, 195-201. 인용 문장은 200.

235) 토론토 공항 교회와 빈야드 교회 연합과 관련된 자료는 다음을 참조하라. Guy Chevreau, *Catch the Fire: The Toronto Blessing* (London: Marshall Pickering, 1994), 특히 27. Bill Randler, *Weighed and Found Wanting* (Cambridge: St. Matthew Publications, 1995), 119; John Wimber, "Association of Vineyard Churches Notice of Withdrawal from the

오순절 운동의 기원에 깊은 뿌리를 두고 있을 뿐만 아니라 오늘날 다시 강조되고 있는 방언은 "사랑의 띠"일 뿐만 아니라 "하나님의 능력의 충만함"과 "종소리처럼" 일깨우는 믿음으로 이해되고 있다.[236] 주해적·해석학적 문제는 이 내러티브적 경험이 과연 고전 12-14장의 주해와 밀접한 관계가 있느냐는 것이다.

(3) 바레트는 표징을 부정적인 의미, 즉 심판에 대한 표징으로 이해한다. "방언이 믿음과 결합하지 않는다면(참조. 히 4:2) 그것은 불신자들을 완고하게 만들고, 따라서 그들이 정죄를 받게 하는 **역할을 한다**. [비록] 방언은 적어도 지금 무슨 일이 일어나고 있는지 이해하는 그리스도인 회중을 실족시키지 않지만 말이다"(강조는 원저자의 것임).[237] 바레트의 주장에서 첫 번째 부분은 바울의 주장과 일치한다. 하지만 이 장의 다른 곳에서 그의 전반적인 주장은 공동체 전체가 모인 곳에서 방언으로 말하는 것이, "다른 사람들"이 교회를 방문한 불신자이든 "평범한" 또는 "기초교육을 받지 않은" 그리스도인이든 간에, "다른 사람들"에게 긍정적인 결과보다 부정적인 결과를 초래한다는 사실을 암시하는 것 같다. 따라서 바레트의 제안에서 오직 첫 번째 부분만 전적으로 만족스럽다.

(4) 다수의 연구 논문, 예를 들어 렝스토르프(1965년, 영역본 1971년), 호른(1992년)의 연구뿐만 아니라 그루뎀(1979년), 래니어(1991년), 스미트(1994년)의 연구는 불신자에게 임하게 될 **심판**에 대한 표징의 역할을 하는

Toronto Airport Vineyard," December 13, 1995; David White, "The Toronto Blessing-Report for Open Distribution" (York: St. Michael le Belfrey Church, 1995); Sue Hope, "The Fruit of Toronto," *Anglicans for Renewal 70* (1997); W. Boulton, *The Impact of Toronto* (Crowborough: Monarch, 1995); 더 비판적인 측면에서는 Martyn Percy, *Words, Wonder and Power* (London: SPCK, 1996); S. E. Porter and P. J. Richter, *The Toronto Blessing-Or Is It?* (London: Darton, Longman & Todd, 1995), D. Martin and P. Mullen (ed.), *Strange Gifts* (Oxford: Blackwell, 1984).

236) D. T. Irving, "Drawing All Together in One Bond of Love," 40-41; 참조. R. Stronstad, "Trends in Pentecostal Hermeneutics"; J. R. Goff, *Fields White unto Harvest: Charles F. Parham and the Missionary Origins of Pentecostalism* (Fayetteville, Ark.: University of Arkansas Press, 1988).

237) Barrett, *First Epistle*, 323.

표징의 결과를 강조한다. 렝스토르프는 "그[바울]의 강조점은 방언으로 말하는 것이 ἄπιστος에게 하나님의 비밀에 접근할 수 있는 문을 열어주지 못할뿐더러 오히려 그것을 방해한다"고 주장한다.[238] 그루뎀은 통역이 수반되지 않는 방언은 하나님의 심판과 노여움을 불신자에게 경고하는 표징인 반면, 예언은 그들이 하나님의 임재와 축복을 경험하게 한다고 결론을 내린다.[239] 이와 비슷하게 래니어는 바울이 심판의 중요성과 불신자에게 방언이 저주에 이르게 하는 결과를 빚어낸다는 것을 강조하기 위해 논리적으로 사 28:11-12의 정죄의 의미에 기초하여 그것을 따르고 있다고 주장한다.[240] 또한 스미트도 표징의 의미를 직접 이사야 인용문과 연결한다. 바울은 방언으로 말하는 것을 불신자들이 (올바로 또는 그릇되게) 이교의 μανία와 연결하고 해석하여 정죄에 이르는 하나의 표징으로 제시한다. 다른 한편으로 예언의 말은 진리에 대한 진정한 확신(ἔλεγχος)과 믿음을 얻게 한다.[241]

사실상 이 네 가지 견해는 모두 해당 텍스트의 의미를 밝히는 데 기여한다. 이 견해들은 몇몇 주석가—우리는 이들의 주장을 언급하는 것으로 시작했다—가 표명한 절망감을 제거한다. 한편으로 벵엘은 바울의 관심사의 전반적인 어조를 포착하지만, 아마도 우리는 이보다 더 구체적일 수 있을 것이다. (3) 항과 (4) 항과 더불어 우리는 교회의 공적 예배에서 이사야 28장에 묘사된 외국인처럼 느끼는 경험이 은혜의 표징이 아니라 심판의 표징이라는 점에 동의할 수 있다. 하나님의 은혜를 선포하는 것이 바로 예언의 말이다. 그리고 (2) 항과 더불어 우리는 조핸슨의 다음과 같은 견해를 받아들일 수 있다. 즉 만약 다른 모든 견해가 설득력이 없다면 우리는 (6:12; 10:23 및 다른 본문에서처럼) 바울이 고린도의 어떤 기본 원리를 사용할 개연성이 있음을 진지하게 받아들여야 한다. 하지만 (1) 항은 아마도 20-25절

---

238) K. Rengstorf, "σημεῖον," *TDNT*, 8:259; 참조. 258-260. 그리고 사전학적 개요는 200-269.

239) Grudem, "1 Cor 14:20-25; Prophecy and Tongues as Signs of God's Attitude," 381-396.

240) Lanier, "With Stammering Lips and Another Tongue: 1 Cor 14:20-22 and Isa 28:11-12," 259-285.

241) Smit, "Tongues and Prophecy: Deciphering 1 Cor 14:22," 175-190.

뿐만 아니라 이 장 앞부분에서 제시한 바울의 주장의 정확한 뉘앙스와 가장 가까울 것이다.

23절 이 절은 모든 가능한 시나리오를 묘사하는 가정법 구문으로서 핵심 단어인 μαίνεσθε(23절), "여러분이 미치고 정신이 나갔다"에서 절정을 이룬다. 우리는 70인역(예. 지혜서 14:28; 마카베오4서 7:5; 8:5; 10:13), 신약성경(참조. 행 26:24, 25), 파피루스 문헌(예. *Papyrus Oxyrhynchus* 1:33), 필론과 요세푸스(예. 유대 전쟁사 1.352)의 저서, 고전 그리스 배경, 특히 에우리피데스(*Bacchae*, 690-711, 748-768, 1095-1136)에 나타난 μαίνεσθαι의 뉘앙스를 자세히 탐구했다. 왜냐하면 비록 이 용어가 기원전 5세기부터 사용되지만, 에우리피데스의 저서는 감정적으로 매우 "고조되어" 있거나 통제할 수 없는 종교적 정황에서 이 동사에 대한 헬레니즘적 이해에 지속적인 영향을 미쳤기 때문이다.[242] 의심의 여지 없이 대다수 영역본은 "미친"(REB, KJV/AV), "제정신이 아닌"(NRSV, NIV)의 개념을 전달한다. 하지만 이 동사는 여기서처럼 종종 제정신이 아닌 사람이 내는 소리에도 적용된다. 따라서 NJB는 "여러분이 모두 미쳐 날뛰고 있다"라고 번역한다. 이 둘 중 하나의 뉘앙스를 배제하는 것은 이 동사의 의미를 약화하는 것이다. 따라서 (필요에 따라) 두 동사(미쳐 날뛰다)를 사용하는 것은 전혀 지나친 번역이 아니다. 우리는 포브스가 올바르게 주장하듯이 이 점에 근거하여 이것이 바쿠스 축제의 광란에 해당한다는 특수 이론을 받아들일 필요는 없다. 하지만 이 용어는 감정적으로 자제력을 잃어버린 것과 끔찍할 정도로 건전한 이성을 잃어버린 것을 동시에 가리키는 이중적인 의미를 전달한다.[243]

---

242) 참조. BAGD, 486; Grimm-Thayer, 386; MM, 385; Hatch-Redpath, 2:892; Forbes, *Prophecy and Inspired Speech*, 126-133. 이 단어가 반드시 경멸의 의미일 필요는 없다는 Hays의 주장은 이 문제를 더욱 악화시킨다(아래 참조).

243) Forbes는 헬레니즘 종교로부터 몇몇 텍스트의 한정된 중요성에 대해 몇 가지 유익한 점을 알려준다. 하지만 이에 근거하여 외부인이 "미쳐 날뛴다"라고 묘사할 만큼 교회를 인식하지 않을 것이라는 주장은 불합리한 추론이다(Forbes, *Prophecy and Inspired Speech*, 174; 참조. 124-181). 이것은 이 **단어**가 종종 정신 이상을 헛소리 또는 터무니없는 말과 연결한다는 점을 강조한다(앞에서 참고 문헌을 보라). Forbes는 많은 이들이 이 의미에 호소하는 그릇된 주장을 반박하지만, 이것이 이 의미를 뒷받침하는 유일한 주장이 아니다.

이 절의 문장 구조는 의도적으로 인상적이다. πάντες, "모든"의 빈번한 용례를 따라 바울은 여기서 철저한 통계에 기초한 전체를 나열하지 않고(12:30에서 명시적으로 거부된, μὴ πάντες γλώσσαις λαλοῦσιν; "모두가 다 방언을 말하는 것은 아니지 않습니까?"), 우리가 "저마다 웃고 있었다" 또는 "저마다 소리치고 있었다"라고 말할 때 사용하는 그런 인상적인 묘사를 사용한다. 우리는 ἡ ἐκκλησία ὅλη라는 표현에 대해서도 같은 부분을 강조해야 할 것이다. 어떤 이들은 이 표현에 기초하여 공동체 전체가 몰려와 커다란 집이나 저택을 꽉 채울 수 있었을 것이라고 추론한다. 그리고 거기엔 신앙에 대해 긍정적인 자들이나 신앙의 기초교육을 받는 자들과 불신자들도 포함되어 있었을 것이다. 하지만 바울은 14:1-25에 기록된 자신의 주장을 요약해줄 만한 어떤 장면을 상기시키고 싶었을 것이다.[244] 콘첼만은 우리에게 다음과 같이 적절하게 경고한다. "심지어 여기서 영적인 감동의 높은 긴장감도 일반적이라고 말할 수 없을 것이다. 우리는 보편화하는 것을 조심해야 할 것이다."[245]

헤이스는 μαίνεσθε가 "이 번역['여러분은 제정신이 아니다', NRSV, NIV]이 현대 독자들에게 암시하는 경멸적인 의미를 지니고 있지 않다"고 주장한다.[246] 하지만 이것은 "최악의 시나리오"에 대한 바울의 그림을 더욱 더 심각한 것으로 만든다. "외부인들은…이것이…단순히 또 하나의 신비종교라고 생각할 것이다. 이 종교의식은 참석자들을 선동하여 공허한 열광에 빠지게 한다.…이것은 이 사람들이 미쳤다는 것을 의미하지 않는다."[247] 이것은 포브스가 제기한 비판과 상반되지 않는다. 하지만 콘첼만의 보편화에 대한 경고에 동의하기 위해 우리는 왜 신앙의 기초교육을 받지 않은 이들이나 불신자들에 대해 고정관념을 가져야 할까? 어떤 이들은(전부는 아니

---

244) 참조. Maly, *Mündige Gemeinde,* 211-212. 바울은 여기서 일종의 귀류법(*reductio ad absurdum*)을 사용하고 있다.

245) Conzelmann, *1 Cor,* 243 and 243, n. 5.

246) Hays, *First Cor,* 238.

247) 같은 책.

더라도) 여기서 일어나고 있는 일을 또 다른 "광적인" 종교의식으로 일축할 수 있을 것이다. 다른 사람들은(전부는 아니더라도) 건전한 내용이 선포되지 않는 것에 대해 매력적이지 않고 도움을 주지 못하며 정서적으로 자아도취적이라고 생각할 개연성도 높을 것이다. 더 구체적인 이유가 무엇이든 범세계적인 고린도에서 이것은 복음 전파와 관련된 다음과 같은 바울의 기본 원칙(고전 9:20-23)과 어긋나는 것이었다. 즉 이론적으로 그가 어떤 "권리" 또는 "자유"를 지니고 있든지 간에 만약 바울이 그중에 어떤 것을 포기함으로써 다양한 종류의 "다른 사람들"을 얻을 수 있다면 그는 그것을 기꺼이 포기하겠다는 것이었다. 그들이 사회적으로 엘리트이든, 소외자이든, 문화적으로 편견을 지닌 자들이든 말이다.[248] 한편 ἰδιῶται, 신앙의 기본교육을 받지 못한 자들(또는 외부인들)에 대해서는 16절에 대한 주해를 참조하라.

24-25절 ἐὰν δέ가 가정법 현재 προφητεύωσιν과 함께 사용된 것은 영어의 관용적인 표현에서 "이와는 대조적으로 ~을 가정해보라"라는 시나리오를 제시한다(NJB는 23절에서 이렇게 번역함). 또다시 여기서도 πάντες, "모든 사람"은 정확한 숫자를 제시하기보다는 깊은 인상을 심어주는 표현이다(23절의 주해 참조). 따라서 이 단어는 "모두"(NRSV, REB)가 아니라 "저마다"(NIV)라고 번역해야 한다. 누군가를 특정하지 않는 τις ἄπιστος, "어떤 불신자"라는 표현은 상상할 수 있는 시나리오의 양상과 분위기를 제시한다. 현재 수동태 ἐλέγχεται와 ἀνακρίνεται는 이 절의 핵심 내용을 표현해준다. 즉 여기서 언급된 사람은 자기의 죄를 자각하고 책망을 받는다. 동사 ἐλέγχω는 특히 고전 그리스어 배경에서 "빛으로 가져가다, 밝혀내다"를 의미한다. 그러나 이 단어는 신약성경과 종종 파피루스 문헌에서 "죄에 대한 자각"과 "진리에 대한 깨달음"을 뜻한다. 특별히 요한복음에서 이렇게 자각하게 하는 분은 바로 예수 그리스도 또는 성령-파라클레토스다(요 8:9, 46; 참

248) Deluz, *Companion to 1 Cor*, 205: "불신자들에게 이렇게 방언으로 말하는 것은…그들에게 짜증과 혼란을 불러일으킬 것이다. 또한 이것은 불친절에 대한 표징이다.…이것은 그들에게 자신들이 그곳에서 이방인이라고 느끼게 할 것이다."

조. 행 6:10; Philo, *De Specialibus Legibus* 3.54; 약 2:9; *Papyrus Oxyrhynchus* 1032:30; *BGU* 1138:13). 우리의 번역에 사용된 단어의 의미는 신약성경과 기원후 1세기 그리스어 문헌에서 나타나는 평행 본문과도 일치한다.[249] NRSV의 번역인 "책망을 받다"는 지나치게 좁은 의미다. NIV의 번역인 "납득시키다"는 불필요하게 단어의 일부 의미를 상실한다. 하지만 NJB의 번역인 "시험하다"는 배경적인 요소들을 지나치게 많이 허용하여 언어사전의 증거 안에서 특정 용법을 결정하는 데 영향을 미친다. 칼뱅과 바레트가 지적하듯이 여기서 이 동사의 의미는 성령-파라클레토스의 사역으로 돌리는 요 16:8의 평행 사례와 매우 가깝다(각주 249 참조).

"판단을 받는다"라는 번역은 ἀνακρίνω를 이렇게 재구성하는 것과 일치한다. 하지만 우리는 언어사전의 관점에서 이 동사가 서로 구별되는 다음 두 가지 의미를 지니고 있음을 인정한다. (i) 심문하다, 조사하다, (ii) 판단(심판)하다, 분별하다, 책망하다.[250] 하지만 심지어 첫 번째 의미도 반드시 항상 그런 것은 아니지만 일반적으로 고소나 법정에서의 심리의 정황에서 나타난다. 현재의 문맥에서도 그 결과는 다음과 같이 동일하다. 즉 예언자들의 말은 복음의 진리를 분명하게 깨닫게 함으로써 청자가 십자가의 심판 "아래 놓이게" 한다(참조. 1:18-25). 한편 25절에서 묘사하는 반응은 청자들이 자신들이 심판 아래 놓여 있다는 점을 인식하고 있음을 분명하게 보여준다. 그것이 자신들의 불신앙 때문이든, 자신들의 행위 때문이든, 또는 두 가지 모두 때문이든 말이다. 바울 서신과 신약성경의 거의 모든 층에서 하나님의 말씀은 심판과 은혜와 약속을 가져다준다.

예언의 말과 예언에 대한 우리의 논의를 위해(14:3에 대한 주해 참조) 우리는 25절이 C. M. 뢰베크의 다음과 같은 주장과 동일 선상에 있음을 기억

---

249) 참조. BAGD, 249; Godet, *First Epistle,* 2:296; F. Buchsel, "ἐλέγχω," *TDNT,* 2:473-476; F. Porsch, "Pneuma und Wort," *Frankfurter theologische Studien* 16 (1974): 279-289; also in *EDNT,* 1:427-428: "이 동사는 성령에 의해 죄를 자각하게 하고 다시 세워주는 예언자들의 활동을 특징적으로 나타낸다." 또한 (요 16:8에 대한 언급과 더불어) 다음을 참조하라. Calvin, *First Epistle,* 298-299; Barrett, *First Epistle,* 326.

250) BAGD, 56.

하는 것이 중요하다. 즉 예언은 오직 공동체에만 주어지며, 그것을 케리그마 또는 복음 선포와 혼동해서는 안 된다.[251] 이와는 정반대로 이 절은 힐, 길레스피, 특히 뮐러의 다음과 같은 주장을 확증해준다. 즉 예언의 말은 심판을 실행하고 은혜를 베풀며, 복음의 약속에 기초한 언어 행위를 목회적인 권면과 결합한다.[252] 참으로 구약성경의 사례에서 보여주듯이 교회와 세상은 모두 경고와 약속의 형태로 심판과 은혜라는 예언자적인 선포 아래 있다. 뮐러는 "회개를 촉구하는 말"(Bussrede)이라는 용어를 사용한다.[253] 힐과 뮐러가 주장하듯이 예언의 말은 자기중심적인 모습과 신념을 자각하도록 자아의 내면 깊숙한 곳에 있는 비밀을 파헤친다.[254] (또한 예언에 대한 두 번째 특별 해설을 참조하라. 특히 [5] 항을 보라.) 바울의 신학에서 마음의 비밀을 아는 분은 바로 하나님, 특히 성령 하나님이시다(참조. 롬 8:27). 따라서 ὑπὸ πάντων(문법상 남성 또는 중성 복수)은 단지 예언자만을 가리키기보다는 십중팔구 모든 것(예언자들과 예언의 메시지)을 포함한다는 의미에서 "말해지는 모든 것"을 포괄한다. 왜냐하면 특별히 이 절에서 바울이 제시하는 선행사는 명사형 "예언자들"이 아니라 동사형 προφητεύωσιν(주어가 특정되지 않은 가정법 현재), "저마다 예언의 말을 한다"이기 때문이다.

우리는 25절의 τὰ κρυπτὰ τῆς καρδίας αὐτοῦ를 "그들의 존재의 은밀한 것들"(REB, NJB, 거의 모든 영역본)이라고 번역했다. 왜냐하면 단순히 "마음"으로 번역한다면 그것은 καρδία의 배후에 있는 히브리어 לֵב(레브)가 의미하는 것을 모두 전달하지 못하기 때문이다. 영어 단어 heart는 점점 더 서구 문화권에서 습관, 의지, 판단 행위, 통합된 전체로서의 깊은 감정을 유발하는 선-의식적 성향과 반대되는 감정, 로맨틱한 매력 또는 단순히 인간의

251) Robeck, "The Gift of Prophesying in Acts and Paul," 39-54.

252) Müller, *Prophetie und Predigt,* 24-26; 참조. Hill, *NT Prophecy,* 123-124; Gillespie, *The First Theologians,* 134-150.

253) 참조. Jewett, *Paul's Anthropological Terms*, 305-333, 특히 328; Bultmann, *Theology of the NT,* 1:220-227, 특히 223-224; 참조. 1 Cor 4:5; Schrage, *Der erste Brief,* 3:412.

254) Hill, *NT Prophecy,* 123-124.

내면과 연관성을 갖게 되었다.[255] 타이센은 숨겨진 것을 드러내는 하나님의 말씀 및 하나님의 영의 권능과 직면하는 것을 잘 묘사한다. "무의식을 드러내는 과정은 이해의 상호적 한계가 사람과 사람 사이의 한계가 되는 곳에서 전개된다. 곧 그것은 다시 말해 어떤 사람이 낯선 사람을 자신의 일부로 받아들이면서 자신 앞에 낯선 방식으로 서는 것이다."[256] 한편 불트만은 우리에게 다음과 같이 상기시킨다. 바울의 사상에서 καρδία는—특히 그것이 지닌 사색적이며 의지적인 의미에서—"의식의 영역 안으로 침투할 필요가 전혀 없으며, 오히려 자아의 감추어진 성향을 알려준다."[257] 또한 "κρυπτὰ τῆς καρδίας(마음의 비밀)에는 무의식적인 내용도 포함된다.…마음속에 감추어져 있던 것이 밝히 드러나는 것이다."[258]

자신의 죄를 자각하고 판단을 받는 자들(불트만과 슈라게가 동의하는 의미)은 무릎을 꿇고 하나님께 예배한다. 그리스어 표현 πεσὼν ἐπὶ πρόσωπον은 기원후 1세기 언어와 문화에서 "얼굴을 땅을 향하여 엎드리는 것"을 의미한다. 하지만 이것은 예배라는 의식적 행위(προσκυνήσει ... ἀπαγγέλλων ὅτι ὄντως)이므로 이러한 "엎드림"(NIV, REB)은 종종 신오순절주의자들이 묘사하는 "성령에 압도되어 쓰러지는" 현상과 혼동해서는 안 된다. **땅에 자기 몸을 엎드리는 행위**는 구약성경과 기원후 1세기에 "어떤 사람이 높은 지위에 있는 사람이나 신적 존재에게 간청하기 위해 나아갈 때 존경의 표시로 사용되었다.…마 2:11…계 5:14, 19:4, 22:8(이 모든 구절은 προσκυνεῖν과 밀접하게 연결됨)."[259] NRSV는 서구 문화와의 유사성을 나타내기 위해 이 구절을 "어떤 사람은 하나님 앞에 절할 것이다"라고 번역하는데, 이 번역은 일부

---

255) 참조. J. Jewett, *Paul's Anthropological Terms,* 305-333, 특히 328; Bultmann, *Theology of the NT,* 1:220-227, 특히 223-224; 참조. 고전 4:5; Schrage, *Der erste Brief,* 3:412.

256) Theissen, *Psychological Aspects,* 88; 참조. 59-95.

257) Bultmann, *Theology,* 1:223.

258) Theissen, *Psychological Aspects,* 78. 하지만 우리는 예언자들은 다른 사람의 내면 가장 깊숙한 곳에 접근한다는 Theissen의 추론을 따르지 않는다.

259) BAGD, 659. 참조. Josephus, *Antiquities* 10.213(창 17:3, 17; 민 14:5; 단 3:5; 계 4:10; 5:8 다음에).

취약점을 피하지만, 그 의미를 제대로 전달하지 못한다. 오늘날의 관점에서 표현하자면 **자신의 죄를 자각하고 판단을 받는** 자들은 "마음속에 빛이 비추어 감추어진 죄악이 드러나 부끄러움으로 인해" 무릎을 꿇는다. 또한 그들은 자신의 죄를 용서해줄 것을 하나님께 간청하며(BAGD 참조) 헌신의 표시로서 무릎을 꿇고 하나님께 경배한다.[260] 비록 고전 그리스어와 70인역에서 προσκυνέω가 목적격을 취하지만, 신약성경에서 이 동사는 (모두 그런 것은 아니지만) 매우 자주 여격을 취한다. 크리소스토모스가 지적하듯이 그 목적은 "미쳤다는 의혹을 제기하여…놀라게 하려는 것이 아니라 사람들을 헛된 영광에서 경탄과 경배로 이끌려는 것"이다.[261]

이 문맥에서 ἀπαγγέλλω는 신앙고백 또는 경배하며 인정하는 것을 선포하는 언어 행위를 가리킨다. 이제 자신의 죄를 깨달은 자는 이제까지 자신이 단순히 "종교적인 현상"이나 "습관적으로 거행하는" 종교의식으로 여기며 무시했던 것이 신정한 예배임을 깨닫게 된다. 부사 ὄντως는 현재분사 ὤν, "존재하는"에서 파생된 형용사다. 이 부사는 대체로 "진정으로" 또는 "확실히"라고 번역된다. 하지만 현대 영어에서 이 단어는 너무 많이 사용하여 그 의미가 희석되었다(예. "I am really pleased to say").[262] 여기서 의미심장한 재평가와 진리에 대한 새로운 인식은 더욱더 무게감 있고 격조 높은 번역을 요구한다. 이 문맥에서 이 단어는 "사실상" 또는 "실제로"라는 표현을 사용하여 그 의미를 전달한다. 사실상 그들은 단순히 어떤 신을 만들어내거나 투영하는 인간 종교를 만나는 것이 아니다. 그들은 신자들 가운데서 진정으로 역사하며 그들과 함께하면서 그들을 참된 예배로 이끄시는 참된 하나님을 만난다.[263] "하나님의 말씀은 마음속으로 파고들고…죄를 자각하게

---

260) Edwards, *First Epistle,* 377; 참조. Conzelmann, *1 Cor,* 243–244, n. 33; Schrage, *Der erste Brief,* 3:413–414.

261) Chrysostom, *1 Cor. Hom.* 36:2, 3.

262) 따라서 이 부사는 종종 참되거나 진정성 있는 어떤 양식이나 특성을 가리킨다. 참조. BAGD, 574.

263) 이 관점은 Ludwig Feuerbach가 제시하고 Don Cupitt(*Taking Love of God,* New York: Crossroad and London: SCM, 1980)가 받아들인 투사 이론과 대립한다.

한다.…또한 하나님의 말씀은 하나님의 임재뿐만 아니라 자신이 무가치한 존재라는 것을 깊이 깨닫게 한다."[264] 한편 알로는 예언자적인 말을 통해 생기는 이러한 확신은 방언으로 말하는 것이 진정성을 위한 필수적인 표징을 제공해준다는 고린도 교인들의 주장과 대조를 이룬다고 주장한다.[265]

b. 성령은 질서를 조성하는가 아니면 무질서를 조성하는가? 통제된 발언과 공동체 세우기(14:26-40)

**26 나의 사랑하는 친구들이여, 그렇다면 어떻게 해야 하겠습니까? 여러분이 함께 모일 때 각각 찬송이나 어떤 가르침이나 무언가를 드러내거나 방언으로 말하거나 또는 방언을 말로 옮기는 것을 상상해보십시오. 여기서도 중요한 것은 "모든 것이 신앙 공동체를 세우도록 하라"는 것입니다.
27 만약 누가 방언으로 말한다면, 단지 두 사람 또는 많아야 세 사람이 차례대로 말하십시오. 그리고 말하는 사람 중 한 사람은 그것을 말로 옮기십시오.
28 하지만 만약 그가 그것을 말로 옮기지 못한다면, 그들은 함께 모인 신앙 공동체 안에서는 잠잠히 머물러 있고, 개인적으로 하나님께 말하십시오.
29 하지만 예언하는 자들의 경우에는 둘 또는 셋이 말하십시오. 그리고 다른 이들은 그 말을 분별하십시오.
30 만약 곁에 앉아 있는 또 다른 사람에게 무언가 계시된다면, 먼저 말하던 사람은 말하는 것을 멈추어야 합니다.
31, 32 왜냐하면 여러분은 예언할 때 여러분 모두 한 사람 한 사람씩 예언할 수 있기 때문입니다. 그래서 모든 사람이 배우고 모든 사람이 권면을 받거나 격려를 받을 수 있을 것입니다. 그리고 예언하는 자들의 영적인 말은 예언자들에게 통제를 받습니다.
33a 왜냐하면 하나님은 무질서의 하나님이 아니라, 평화의 하나님이기 때문입니다.**

33b, 34 하나님의 거룩한 백성의 모든 교회 안에서 행해지는 것처럼, 회중이

264) Barrett, *First Epistle*, 326-327. 그는 어떤 예언자는 "[사람의] 생각을 간파하는 기적적인 은사"가 있다는 개념을 올바르게 거부한다(*First Epistle*, 326. 이것은 Héring, *First Epistle*, 152의 입장과 반대됨).

265) Allo, *Première Épitre*, 367-368; 참조. Schrage, *Der erste Brief*, 3:414.

공적으로 모일 때 여인들은 침묵해야 합니다. 왜냐하면 [그들이 하는 방법대로?] 말하는 것이 그들에게 허용되지 않기 때문입니다. 율법이 지시하는 바와 같이, 그들은 자신들에게 규정된 위치를 지키십시오. [35] **만약 여인들이 무언가 배우기를 원한다면, 그들은 집에서 자기 남편들에게 물어보십시오. 왜냐하면 공적인 예배에서 어떤 여인이 이렇게 말하는 것은 불명예를 초래하기 때문입니다.**
[36] **아니면 하나님의 말씀이 여러분에게서 나왔습니까? 아니면 오직 여러분에게만 그것이 주어졌습니까?**

[37, 38] **만약 누구든지 자신이 예언자나 "성령에게 속한" 사람이라고 생각한다면, 그는 내가 여러분에게 쓰는 것이 주님으로부터 유래된 [한 가지 명령]이라는 것을 인식하도록 하십시오. 만약 누구든지 그것을 인정하지 않는다면, 그도 인정받지 못할[인정받을 수 없을?] 것입니다.** [39, 40] **그러므로 나의 사랑하는 친구들이여, 예언의 말에 대해 열심을 품고 계속 관심을 가지십시오. 그리고 방언으로 말하는 것을 막지 마십시오. 그러나 모든 것은 적절하게 질서정연한 방법으로 이루어져야 합니다.**

"통제된 말"이라는 용어는 『개인적인 말의 윤리학』이라는 윌리엄 베이커의 최근 저서에서 자주 등장하는 용어다.[266] 베이커는 지혜 문학, 구약성경, 외경 및 위경, 쿰란 문서, 랍비 문헌, 고대 그리스-로마 텍스트, 필론, 신약성경의 일부—이 모든 자료는 야고보서에서 제기하는 이슈에 배경을 제공함—의 윤리적 이슈인 "통제된 말"의 의미를 논의한다.[267] 고대 바빌로니아의 지혜 권고 문헌은 "질서"가 다음과 같은 경구에 의존하고 있는 것으로 인식한다. "네 입을 통제하라. 그러면 네가 하는 말을 지킬 것이다."[268] 구약성경의 지혜 문헌에서 "지식이 있는 사람은 말을 삼가며"(잠 17:27), 비윤리적이고 악한 사람은 "무책임한 입"을 가진 자로 묘사된다(참조. 시

266) W. R. Baker, *Personal Speech-Ethics in the Epistle of James,* WUNT 2:68 (Tübingen: Mohr, 1995).

267) 같은 책, 23-104; 참조. 105-138, 222-242, 278-290.

268) *Counsels of Wisdom* 26 (Baker, *Personal Speech-Ethics,* 23에서 인용됨).

50:19; 59:7; 잠 25:28). 요세푸스는 에세네파가 질서와 상호 존중을 위해 통제된 언어 행위의 중요성을 강조했다고 지적한다. "소리를 지르지 마라.… 각 사람이 한 사람씩 말하도록 하라"(Josephus, *Wars,* 2.8.6). 쿰란 문헌에서 계시된 지식은 특히 통제될 필요가 있다고 언급된다. 이것은 매우 "신중히"(1QS 10:24) 그리고 "확실한 경계선 안에서"(1QS 10:25) 전달되어야 한다. 플라톤은 어떤 사람이 마치 원기 왕성한 말(horse)처럼 말을 "쏟아내는"(ἀναλαμβάνω) 것을 통제하는 것과 말(speech)의 윤리를 서로 비교한다(Plato, *Laws* 701C). 플루타르코스는 말의 윤리를 지켜주는 "혀 앞에 있는 이(teeth)의 방어막"이 지닌 상징적인 역할에 호소한다.[269] 필론은 혀의 통제를 자제(自制)에 대한 한 가지 모범 사례로 이해한다(Philo, *De Specialibus Legibus,* 2.195). 만약 이와 같은 통제가 없다면 "모든 것에 무질서와 혼란이 개입될 것이다"(Philo, *De Abrahamo* 21.29; 참조. *De Vita Mosis* 2:198).

어떤 이들은 바울을 단지 권위주의적인 위계질서를 강요하거나 "열정"의 자유를 반대하는 가부장적인 논쟁자로 인식하지만, 우리는 구약성경에서부터 헬레니즘적 유대교와 필론에 이르는 언어 윤리의 전통의 통제된 말의 윤리에 대한 배경에 더 많은 관심을 기울여야 한다. 이것과 더불어 12:4-31에서 나타나듯이(앞에서 14:1-40의 머리말 참조) 바울의 이전의 강조점은 통일성과 다양성의 질서 정연한 변증법을 설명해준다. 우리가 이미 지적했듯이 사랑의 역할(8:7-13; 13:1-13)도 중요한 한 부분을 담당한다. 논란의 여지가 있긴 하지만, 통일성과 다양성의 변증법은 12:3-6의 삼위일체적 관점을 암시한다. 적어도 이것은 하나님의 성품과 뜻에 기초하고 있다.

i. 일반적인 원리와 다양한 사례에 대한 실천적인 적용(14:26-33a)

26절 ℵ[C](즉 최종 수정본), D, F, G, K, L, 대다수 소문자 사본, 불가타, 시리아어 페시타, 대다수 서방 사본은 ἕκαστος 다음에 ὑμῶν을 포함한다. 즉 이 독법은 수

269) Plutarch, *Moralia,* 15.89. 참조. Baker, *Personal Speech-Ethics,* 27-33, 43-46, 49-52, 60-64.

신자들을 "여러분 중에 **각 사람**"이라고 구체적으로 밝힌다. 알렉산드리아 사본 p^{46}, ℵ*, A, B, 33, 사히드어 사본, 콥트-보하이르어 사본은 이 인칭 대명사를 생략한다. 우리는 더 짧은 텍스트가 더 초기 사본일 개연성이 더 높다는 메츠거, 피, 키스트메이커의 견해에 동의한다.[270] KJV/AV는 서방 독법을 원문으로 받아들인다.

사실상 모든 주석가와 영역본은 τί οὖν ἐστιν(26절)이 "이것은 무엇을 의미합니까?"와 같은 의미라는 데 동의한다. 다시 말해 "15절의 경우처럼 관심을 고조시키기 위한 디아트리베 형식으로 도입된 질문, 곧 아나포라(대용어)"라는 것이다(참조. NRSV, What should be done, then, my friends? REB, To sum up, my friends; NJB, Then what should it be like?).[271] 영어 단어 하나로 정확하게 그 의미를 번역할 수 없기에 우리는 여기서 또다시 ἀδελφοί를 남성과 여성을 포함하는 "나의 사랑하는 친구들"로 번역했다.

(1) 첫 번째 핵심 난제는 가정법 현재와 함께 사용된 ὅταν을 어떻게 번역하고 이해하느냐다. 곧바로 ἔχει의 의미와 번역과 관련하여 두 번째 난제가 뒤따른다. NJB는 14:6, 23에서 ἐάν이 가정법 부정과거와 함께 사용된 것을 "~을 상상해보십시오"라고 번역하지만, 여기서 ὅταν이 가정법 현재와 함께 사용된 것은 반복을 의미한다. "여러분이 함께 모일 때마다."[272] 제임스 던은 이 절이 "예배를 위한 **전형적인 모임에 대한 묘사**"를 제공한다고 믿는다(강조는 덧붙여진 것임).[273] 한편 ἕκαστος ἔχει가 이끄는 구절은 어떤 가능한 시나리오를 나타내거나 하이데거와 리쾨르의 언어로 표현하자면 "가능한 세계"를 투영하는 것이다. 하지만 ὅταν συνέρχησθε가 제시하는 반복적인 기능은 가설적인 시나리오가 아니라 주요 원리—"최우선적인 목적은 공동체를 세워나가는 것이다"—를 강조한다.[274] 공동체를 세우는 목적은 14:3, 5, 12, 26에서 반복되고 누적되며 공리(axiom)가 된다(12절에서는 πρὸς

270) Metzger, *Textual Commentary* (2d. ed), 499; Kistemaker, *1 Cor,* 507; Fee, *First Epistle,* 689. Conzelmann도 이 입장에 동의한다.

271) Conzelmann, *1 Cor,* 244.

272) Robertson, *Word Picture,* 4:184에서도 마찬가지다.

273) Dunn, *The Theology of Paul,* 583.

274) Horrell, *Social Ethos,* 183; 참조. Barrett, *First Epistle,* 327.

τὴν οἰκοδομήν이라는 동일한 의미를 지닌 표현이 사용될 뿐만 아니라 τῆς ἐκκλησίας가 덧붙여진다. 또한 고전 3:9에서는 신앙 공동체가 θεοῦ οἰκοδομή로 명백하게 묘사된다). 8:1, 10, 10:23, 14:4, 17에서 동사형 οἰκοδομέω가 사용된 것도 이 점을 확인해준다(앞에서 해당 절에 대한 주해 참조). 한편 리츠만은 이해의 중요성을 지나치게 확신한다. 이 이해에 의하면 불명확한 가정과 명백한 원리 사이의 관계가 이 문장의 의미를 끌어낸다. 그래서 사실상 그는 그리스어의 엄격한 구문을 바꾼다. 즉 ἕκαστος ἔχει는 어떤 투영된 사고의 세계를 가리키며, "분명히 어떤 소원이 '그렇게 되어야만 한다'는 것을 간접적으로 표현한다." "그렇지 않으면 이 문장은 표현 양식이 완전히 어색해 다음과 같은 것을 말하고자 의도하는 것이다. 곧 '어떤 찬송이나 어떤 가르침을 제시하고자 하는 사람마다…사람을 세우고자 하는 목적을 위해 그것을 해야만 한다.'"[275] 비록 리츠만이 이 점을 다소 지나치게 강조하여 구문을 바꾸기까지 했지만, 이 문제에 대한 그의 분석은 옳다.[276] "이 모든 것의 참된 목표로서 공동체를 세우는 것은 다시 한번 더 강조되어야 한다."[277]

BDF는 ἄν이 현재 시제에서 반복적인 행위를 나타내는 가정법과 함께 접속사 또는 관계사 가까이에 위치하는 것은 가능하다고 말한다.[278] 따라서 "~할 때마다"의 시간적 효과는 ἕκαστος ἔχει로 묘사되는 절이 아니라 "함께 모이는 것"을 지배한다. ἕκαστος ἔχει로 묘사되는 절은 가설적인 시나리오를 제시하기 위해 명확한 묘사와 분리될 필요가 없다. "여러분이 함께 모일 때…상상해 보십시오"는 리츠만처럼 해당 그리스어 표현을 근본적으로 수정하지 않고서도 이해할 수 있는 해결책을 제공해주는 것 같다.

(2) 두 번째 핵심 난제는 ἕκαστος의 의미 및 효과와 관련되어 있다. 우리는 이미 23절에서 πάντες λαλῶσιν을 (단순히 문자적인 숫자로 이해하는 것

---

275) Lietzmann, *An die Korinther,* 73; 참조. Wolff, *Der erste Brief,* 338-339.

276) Lietzmann의 이해는 Hodge 같은 학자들의 해석과 상반된다. Hodge는 이 행위들을 바로잡아야 할 실제 상황으로 이해한다(Hodge, *First Epistle,* 300-301).

277) Findlay, *Expositor's Greek Testament,* 911-912.

278) BDF, 185, sect. 367.

에 반대하면서) 깊은 인상을 심어주기 위한 표현으로 이해하는 것에 대해 논의했다(23절에 대한 주해 참조). 콘첼만이 주장하듯이(젠프트는 그의 견해에 동의하지만 피는 반대함) ἕκαστος도 "각 개인마다 언급된 은사 중 하나를 지니고 있다는 취지로 무리하게 해석해서는 안 된다. 이것은 어떤 사람은 이 은사를, 다른 사람은 저 은사를 지니고 있다는 것을 의미한다."[279] 바로 다음 절 맨 앞에 위치한 가설적인 표현인 εἴτε γλώσσῃ도 이 점을 확인해준다. 여기서 ἔχει의 의미는 해석하기 어렵다. 얼핏 생각하기에 이 동사가 "지니다"를 의미하는 것은 당연해 보인다(NRSV, NIV, KJV/AV, 바레트, 콜린스, 루터). 하지만 리츠만은 vortragen이라고 번역한다. 이 단어는 "제시하다" 또는 "실행하다"를 의미한다. 반면에 NJB는 이 동사를 "가져오다"라고 번역한다. REB는 "기여하면서"라고 번역한다(필립스와 몽고메리의 현대 신약성경 영역본도 여기서 이렇게 번역한다). 웨이머스의 설명은 "지니다"가 얼마나 많은 것을 미리 예단하는지를 드러낸다. 즉 "**여러분 중에는 ~로 준비되지 않은 사람은 아무도 없습니다.**"…그렇다면 예배자들은 미리 선택하고 준비한 찬양 또는 찬송(이 둘 또는 모두는 ψαλμόν을 올바르게 번역함), 자신들의 가르침(διδαχήν), 또는 무언가 드러난 것(ἀποκάλυψιν)을 **가져오는** 것인가?

우리의 견해에 의하면 이 은사 중 일부는 가르침이 일정 기간 심사숙고의 과정을 통해 생겨나는 것이라는 의미에서 **가져온** 것이다. 비록 어떤 사건이 순간적으로 갑자기 어떤 통찰을 제공해줄 수도 있지만 말이다. (바레트와 특히 피의 견해에 반대하는) 볼프는 찬송과 가르침의 선택은 "즉흥적인 것이 아니라(nichts Spontanes) 전해진 것(*Überlieferungen*)에 대해 숙고하도록 하나님의 영이 능력을 부여해준 것"이라고 주장한다.[280] 해당 텍스트는 어떤

---

279) Conzelmann, *1 Cor*, 244; Senft, *La Première Épitre*, 181; 반대 견해는 Fee, *First Epistle*, 684 and 690.

280) Wolff, *Der erste Brief*, 339. 반대 견해는 Barrett, *First Epistle*, 327; Fee, *First Epistle*, 684 and 690-691. Schrage는 즉흥적인 것인가 아니면 미리 준비한 것인가의 문제를 상세하게 논의한다(Schrage, *Der erste Brief*, 3:444-445). 분명히 미리 **전부** 준비하지는 않을 것이다. 하지만 각각의 은사는 미리 준비할 수도 있고, 즉흥적으로 제공될 수도 있다. Collins가 사용한 "기여할 것이 있는"이란 어구는 이 문제를 적절하게 열어놓는다.

예배자가 어떤 시편(NJB)을 선택하여 **가져오는지** 아니면 어떤 찬송(NIV)을 (미리 작곡하여 또는 작곡 과정에 있는 것을) **가졌는지에** 대해 구체적으로 말하지 않는다.[281] 우리는 더 광범위한 관점에서 번역했다. 왜냐하면 후자는 전자를 포함할 수도 있기 때문이다. 하지만 전자(시편)는 더 구체적이다. 다른 한편으로 방언으로 말하는 것을 "가져온다"고 상상하는 것은 어울리지 않아 보인다. 왜냐하면 그것은 하나님을 향해 깊은 갈망, 소원 또는 찬양이 갑자기 솟구쳐 나오는 것을 나타내기 때문이다. 따라서 REB의 "기여하다"는 여기서 언급하는 모든 현상이 "가져오는" 것이라거나 예배자들이 예배드리는 동안에 "갖는" 은사로서 그 자리에서 즉흥적으로 나타나는 것이라고 가정하지 않게 한다.

이 본문에 나타난 해석학적 방법

여기서 방법론에 대한 전반적인 논평이 요구된다. 이른바 해석학적 순환의 영향을 피하는 것은 어렵다. 즉 해석학적 결정은 더 큰 그림의 가설적인 재구성에 의해 영향을 받는 경향이 있지만, 더 큰 그림은 해석적인 결정에 달려 있다. 여기서 리츠만, 콘첼만, 볼프, 본 주석서 저자와 (예. 헤이스와 더불어) 피 사이의 해석학적 판단의 차이가 명백하게 드러난다. 피는 1987년 주석과 1994년에 출간된 책(1996년의 더 작은 연구가 뒷받침해주는)에서 바울의 공동체들을 "카리스마적"이며 "회중적"으로 인식한다. 따라서 그는 23절과 26절에서 다음과 같은 결론을 유도해낸다. (i) "모든 가정 교회의 모든 신자들은 어떤 방식으로든 함께 모였다." (ii) "이 예배는 '카리스마적'이었으며…모든 구성원이 참여했다." (iii) 또한 "더 즉흥적으로 말하는 은사들"에 강조점이 찍힌다는 점에서 "카리스마적"이다.[282] (iv) "모든 사람"은 방언을 하고 예언을

---

281) Barrett는 "찬송"을 "새롭고 어쩌면 즉흥적인" 것으로 이해한다(Barrett, *First Epistle*, 327). 하지만 그의 주장과 반대되는 Wolff와 Schrage의 주석서를 참조하라.

282) Fee, *First Epistle*, 683 and 684. 이 입장은 *God's Empowering Presence* 242–243 (1994)에서 바뀌지 않음. 참조. Fee, *Paul, the Spirit and the People of God*, 154–162; Hays, *First Cor*, 34.

했다. 12:29-30에서 이것을 부인하는 것처럼 보이는 이유는, 설령 그들이 그렇게 할 수 있었다 하더라도, 실제로 "모든 사람"이 그렇게 하는 것을 단념시키고자 했기 때문이다.[283] 바울이 "각각"이라는 용어를 사용한 것도 이 점을 강조한다. 하지만 리츠만, 콘첼만, 슈라게, 볼프는 이것을 가상의 시나리오로 이해하는 반면, 하지는 이것을 바울이 바로잡고 싶어 했던 실질적인 상황으로 간주한다. (v) 찬송은 즉흥적인 기도나 방언 "해석"을 포함할 수도 있지만, 피는 성경의 전통에 기초하여 가장 초기의 찬송이 아마도 구약의 시편에서 유래했을 커다란 가능성을 부인한다. (vi) 지도자들이 전혀 언급되지 않는다. "이 공동체는 공동체 자체와 성령에게 맡겨져 있던 것으로 보인다."[284] 피는 그의 1966년도 연구서에서 이 절을 "바울의 교회들 안에서 예배가 자유롭고 즉흥적이었다는 유익한 증거를 제시해주는 가장 주목할 만한 구절" 중 하나로 이해한다. 또한 "이 예배에 모든 사람이 참여할 수 있었다(고전 14:26).…즉흥성은 질서가 없다는 것을 의미하지 않는다."[285]

리츠만, 콘첼만, 볼프 등이 기여한 것을 포함하여 앞에서 자세하게 개괄한 점은 피의 책에서 적절하게 다루어지지 않는다(비록 볼프[독일어판 1996년]와 슈라게[독일어판 1999년]의 주석서는 피의 두 책보다 나중에 출간되긴 했지만 말이다). 우리는 번역과 의미에 있어 즉흥성을 지닐 수밖에 없는 은사(예. 방언), 성경에 기초한 꾸준한 사색이 필요할 수 있는 은사(예. 가르침), 이 두 가지 범주의 배제를 허용하지 않는 은사(예언의 말, 계시)를 서로 구별할 필요가 있다. 볼프가 바울 서신에 담긴 전승에 주목하는 것은 이 서신의 다른 곳에서 확인된다. 이 구절과 관련하여 벵엘은 적절하게 균형을 유지한다.[286] 그는 은사들이 사색을 수반할 수도 있고 즉흥적으로 주어질 수도 있음을 인정하면서 모든 사람을 숫자상으로나 문자적으로 이해하는 것에 의문을 제기한다. 그러면서 그는 "오늘날에는 단지 한 사람이 길게 설교하지만, 그 당시에는 오늘날보다 더 많은 이들이 말씀을 전하거나 선포하는 데 참여했다"고

283) Fee, *First Epistle*, 684 and 690; *God's Empowering Presence*, 249.

284) Fee, *First Epistle*, 690-691; *God' Empowering Presence*, 249.

285) Fee, *Paul, the Spirit and the People of God*, 154-155.

286) Bengel은 이 "찬송"이 "머리 속에 있던 것이나 즉흥적으로 부르던 것"일 수 있다고 말한다. 또한 그는 이것이 "바울 이전의 것이거나 즉석에서 생겨난" 것일 수 있으며, "성령에 의해 즉석에서 부르는 노래"일 수도 있고 그렇지 않을 수도 있다고 주장한다.

덧붙인다.[287)]

(3) 세 번째 핵심 난제는 ἀποκάλυψιν과 특히 ἑρμηνείαν의 의미 및 번역과 관련이 있다. 또다시 "어떤 계시"(NRSV, REB, NIV, NJB, KJV/AV)는 하나님이 즉석에서 순간적으로 무언가를 드러내는 행위를 암시하는 것 같다. 이 단어는 사실 이런 의미를 포함할 수 있지만, 어떤 경험이나 예배 행위 이전에 성경에 대한 사색을 통해 하나님이 이미 계시해주신 것을 전달하는 것을 배제하지 않는다. NJB는 이러한 우발성을 "어떤 계시를…유발한다"는 번역으로 표현하지만, 이 번역은 NIV의 "어떤 계시가…있다"라는 번역의 동시성을 배제한다. 갈 1:12, 16에서 바울은 자신이 부르심을 받을 때 받았던 하나님의 아들에 대한 계시와 관련하여 ἀποκάλυψις를 사용한다. 비록 그 이후에도 계속해서 계시가 주어지며 그 내용이 깊어지고 확대되었지만 말이다. 또한 고전 1:17에서 이 명사는 예수 그리스도가 미래에 나타나는 것을 가리킨다. 그리고 14:6에서 "ἀποκάλυψις는…방언과 구별되며, '지식, 예언 또는 가르침'과 한 그룹을 이룬다. 따라서 이것은…이해할 수 있는 방법으로 제시된 것이다."[288)] 그러므로 "무언가를 드러내는 것"이라는 번역은 그 용어의 시간적인 범위를 미리 한정하거나 "계시"에 대한 오늘날의 철학적·신학적 논쟁으로 인해 혼란스러워지는 것을 피하게 해준다.[289)] 한편 διδαχή를 "어떤 한 가지 가르침"(바레트), "가르침"(REB, NIV, NJB) 또는 교훈(NRSV)으로 번역하는 것도 후대의 신학적 전통과 거리를 두는 것이다. 이와는 달리 KJV/AV는 "어떤 교리"라고 번역한다.

가장 논쟁을 많이 불러일으키는 문제는 ἔχει ἑρμηνείαν의 의미에서 나온다. 우리는 앞에서 이 표현을 "방언을 말로 옮기는 것"이라고 번역했다.

---

287) 같은 책, 660.

288) T. Holtz, *EDNT,* 1:131.

289) 심지어 몇몇 보수적인 저자도 신학 전문 용어로서 이 단어로 계속 되돌아가는 것에서 부정적인 뉘앙스를 발견한다. 참조. N. Wolterstorff, *Divine Discourse* (Cambridge: Cambridge University Press, 1995), ch. 2, "Speaking Is Not Revealing," 19-36.

하지만 다른 영역본은 "어떤 해석이…있다(REB)고 번역한다. 의심의 여지 없이 여기서 해석되거나 말로 표현된 것은 12:10에서 ἑρμηνεία γλωσσῶν 이라는 정확한 표현을 사용한 것이 확인해주듯이 방언으로 말할 때 실제로 표현된 것이 아니라 표현되었을 수 있는 말을 가리킨다. 바레트는 이 문구를 해석이라고 번역하는 한편 "방언을 통해 이루어진 의사소통의" 가능성을 확증한다.[290] 하지만 우리는 이미 어떤 의미에서 선-의식(preconscious) 또는 하위 언어적(sublinguistic) 경험(전문 용어로는 방언이라고 묘사되는 소리를 유발하는)이 잠재적인 의사소통보다는 실질적인 의사소통의 역할을 하는지에 대해 의문을 제기했다. 비트겐슈타인은 사고와 언어의 관계, 그리고 경험, 자세, "자의식"의 관계를 놓고 계속 씨름한다(8:7-13의 συνείδησις 참조). 그는 다음과 같이 주장한다. "의미는 의도하는 것만큼 작은 경험이다. 하지만 무엇이 그것들(하위 언어적으로 '사적인', 잠재하는, 효력이 없는 의미)을 경험과 구별해주는가? 그것들은 경험-내용이 없다. 왜냐하면 그 내용(예컨대 이미지)은…의미가 아니기 때문이다. 어떤 사고가 말을 '수반하지' 않는 것과 마찬가지로 어떤 사람이 행동하는 의도는 생각이 말을 '수반하는' 것 이상으로 행동을 '수반하지' 않는다.…'말하는 것'(큰 소리로든 나지막하게든)과 '생각하는 것'은 같은 종류의 개념이 아니다."[291] "말하는 것"은 오직 어떤 주어진 상황과 기호론적인 코드와 관련하여 의사소통이 이루어진다. 또한 이 코드는 화자와 청자가 서로 공유하는 언어 능력을 전제한다. 만약 후자가 없다면 "설령 하나님이 우리의 마음을 들여다보신다 하더라도 그는 그곳에서 우리가 말하고 있던 대상을 보실 수 없었을 것이다."[292] 하지만 통제된 갈망, 찬양의 자세, 무언가로 흘러넘치는 마음 등 이 모든 것은 실재에 해당한다. 설령 "의미"로 전달될 수 없다 하더라도 비트겐슈타인이 가정하는 "신"은 그것들을 "볼" 수 있을 것이다.

---

290) Barrett, *First Epistle,* 327.

291) L. Wittgenstein, *Philosophical Investigations* (Oxford: Blackwell, 2d. ed. Germ. and Eng. 1967), 217, sect. 2.11. 사고, 의미, 이해, 언어에 대해서는 327-349을 보라.

292) 같은 책, 217.

이 분석이 아주 잘못된 것이 아니라면 성령을 통해서라도 다른 사람이 "거기에" 있는 것을 하나의 메시지로 해석하는 것을 우리가 이해하는 것은 어렵다. 하지만 무언가에 쫓기다 꿈에서 깨어나는 경우나 어떤 사람의 뇌파의 진폭이 명상의 알파파에서 묵상의 베타파로 증폭되는 경우처럼 바로 이 경험에서 의미는 특이한 경험으로 나타나며, 그것이 말로 표현할 수 있는 화자의 행동이나 사건이라는 정황 안에서 이해된다는 것은 전적으로 타당하다. 따라서 이 그리스어 표현에 대한 우리의 이해는 전혀 해결할 수 없는 난제를 제공하기는커녕, 14:2, 4, 6-11, 13, 18-22에 대한 우리의 주해를 지지해주고 이에 부합한다(이 절들에 대한 주해 및 특별 해설을 참조하라. 또한 크리스토퍼 포브스의 반론에 대한 답변을 보라).

공동체를 세우는 것에 대한 원리가 이제 진지하고 자세하게 다루어진다. 이것은 우선 "하나의 일반적인 원리"다(참조. 12절).[293] 우리는 이미 세우는 것, 곧 공동체를 세우는 것에 내포된 의미가 무엇인지를 설명하는 다양한 주장을 살펴보았다. 바레트는 이를 다음과 같이 요약한다. "공동체를 세운다는 표현은 그리스어 본문에 들어 있지 않다. 하지만 바울은 반복적으로(예. 4절) 개인보다는 그리스도인들이 속한 몸 전체를 세우는 것에 대한 은유적인 표현을 적용한다."[294] 따라서 이 표현에 대한 우리의 번역은 바레트의 번역을 그대로 반복하는 것이다.

27절 또다시 대다수 영역본과 거의 모든 주석가들은 방언으로 말하는 사람(들) 외에 그 화자(들)를 압도하는 과정을 해석하는 **또 다른** 사람을 상정한다. 하지만 우리는 12:1-14:26에서 διερμηνεύω 또는 ἑρμηνεύω를 사용하는 절(특히 14:6, 14:13)은 모두(또는 적어도 사실상 모두) 해당 문맥에서 방언으로 말하는 사람을 가리킬 개연성이 매우 높다고 일관되게 주장해 왔다. 그들은 자신들이 일상의 언어로는 달리 표현할 수 없었던 것을 이 정황에서는 이해할 수 있도록 분명하게 표현하는 역할을 했다. 우리는 루터와

---

293) Senft, *La Première Épitre*, 181; 참조. Horrell, *Social Ethics*, 183.

294) Barrett, *First Epistle*, 327.

하인리치가 특히 14:13을 설명하면서 이 견해를 피력하고 있다는 것을 기억한다.[295] 이 구문(syntax)은 이러한 이해가 14:13과 전적으로 양립하게 만든다. 설령 이 그리스어 표현이 전통적인 방법으로나 여기서 제안한 관점에서 이해할 수 있다 하더라도 말이다.

무엇보다도 BDF와 BAGD는 베츠(*EDNT*의 기고문에서)와 함께 다음과 같은 해석에 전적으로 동의한다. 즉 εἷς라는 숫자(여기서 우리는 "말하는 사람 중 한 사람"이라고 번역함)는 자주 "숫자의 의미(여럿과 대조되는 하나)에서 τις의 의미로 옮겨간다.…이러한 사례는 영어['one speaks …'], 독일어, 로망스어에서도 나타나며, 현대 그리스어에서 절정에 이른다. 신약성경의 본보기는 히브리어의 אחד[에하드]와 아람어의 חד[하드]였다."[296] "어떤 사람"을 가리키는 이 숫자(εἷς)는 "**정관사가 없는…어떤 사람으로서**… 막 10:17, 눅 24:18의 εἷς ὀνόματι Κλεοπᾶς"를 가리키는 역할을 할 수 있으며, "아마도 이것은 히브리어적인 표현을 반영할 것이다(참조. 민 1:1; 에스드라2서 10:17)."[297] "εἷς의 용법은 코이네 그리스어에서 확장되어 점차적으로 가리키는 대상이 특정되지 않은 인칭 대명사 τις의 자리를 차지하게 되었다.…또한 셈어적 용법의 영향도 중요하다."[298] τις와 "두 사람 또는 많아야 세 사람"의 문장론적 관계도 숫자를 가리키는 의미를 확인해준다고 생각할 수 있으며, 표준적인 영역본은 이 입장을 받아들인다. 하지만 εἷς τις ἐξ αὐτῶν(눅 22:50)은 앞에서 언급한 대상을 가리키는 데 사용될 수도 있다(49절, οἱ περὶ αὐτόν …). 따라서 εἷς는 구문론적으로 첫 번째 절의 τις를 가리킬 수 있다. 이 단어는 문장을 다양하게 표현하려는 것일 뿐만 아니라, "두 사람 또는 많아야(마지못해 양보하는 의미에서) 세 사람"이 방언으로 말하는 것을 허용한다 하더라도, **오직 한 사람이 말하는 것을 선호한다는 점을 강조**

---

295) Heinrici, *Das erste Sendschreiben*, 440. 그는 루터의 번역인 "방언으로 말하는 사람은 또한 자신이 그것을 설명할 수 있도록 기도하십시오"를 인용하며 지지한다. 참조. 440, n. 3.

296) BDF, 129, sect. 247 (2); 참조. BAGD, 231; Betz, *EDNT*, 1:399.

297) BAGD, 231. 참조. Schrage, *Der erste Brief*, 3:448.

298) Betz, *EDNT*, 1:399. Weiss의 견해에 반대하며. Conzelmann도 이 주해를 지지한다(Conzelmann, *1 Cor*, 245, n. 43).

하려는 것이다. 피가 여기서 εἷς는 "방언으로 말하는 사람 중 한 사람을 가리킬 수 있다"고 시인하는 것은 주목할 만하다.[299]

둘째, 콘첼만, 핀들레이, NRSV는 καὶ ἀνὰ μέρος를 "동시에 모두 혼란스럽게 말하지 말고…차례대로"라고 번역한다. 이것은 에드워즈의 다음과 같은 개념과 반대된다. "그들은 말하는 것이 끝날 때까지 번갈아 가며(ἀνὰ μέρος, '교대로') 말한다." 또한 이것은 "느긋하게 시작하여 점점 빨라져" 서로 화답하며 찬양하는 교회 음악으로 전개된다.[300] REB와 바레트의 "한 번에 한 사람씩"은 같은 개념을 전달한다. 아마도 방언으로 말하던 두 사람은 자신이 성령의 감동을 받았기 때문에, 설령 그들이 또 다른 사람과 겹쳐 말한다 하더라도, 말을 "해야 한다"고 느꼈을 것이다. 만약 두 세 사람이 감정이나 경험에 압도되어 방언으로 말하기 시작했다면 이들은 말하는 것을 멈추어야 한다. 그래서 한 사람 또는 두 사람(세 사람보다 많아서는 안 됨)이 감정 또는 경험을 전달해야 한다. 이로써 공동체는 그 이유와 내용을 알고 기도와 찬양으로 동참하여 세움을 받을 수 있다. 하지만 이 말은 "통제된 언어의 윤리" 안에 머물러야만 한다(앞에서 14:26-40의 머리말 참조).[301]

볼프는 쿰란 공동체 예배에서 "혼란"을 회피하기 위해 적용하던 이와 유사한 "규칙"과 비교한다(1QS 6:8-10).[302] 교육 지침서에 들어 있는 쿰란 공동체의 이 "규칙"은 예배자들이 발화하기 전에 주위에 있는 사람들의 말을 주의 깊게 들을 것을 요구한다. 피는 이교의 "황홀경"과 달리 영감을 받은 기독교의 방언이나 예언의 말은 "'통제되지 않은' 것이 아니다.…성령은 말하는 사람을 '소유하거나' '제압하지' 않는다"고 주장한다.[303] 설령 그

299) Fee, *First Epistle*, 692, n. 18.

300) Findlay, *Expositor's Greek Testament*, 2:912; 참조. Conzelmann, *1 Cor*, 244; 반대 견해는 Edwards, *First Epistle*, 379. 설령 해당 구문이 이 개념을 선호한다 하더라도 Findlay는 고양된 상태 또는 무아지경에서 하는 말은 번갈아 화답하며 찬송하는 것과 매우 다를 것이라는 점을 예리하게 지적한다.

301) "만약 누가 방언으로 말한다면"은 그리스어 어순에 암시된 강조점을 설명하고자 시도한다.

302) Wolff, *Der erste Brief*, 339.

303) Fee, *First Epistle*, 692.

렇다 하더라도 바울은 이러한 "개입"을 제한한다. 왜냐하면 에링이 지적하듯이 만약 공개적으로 방언으로 말하는 것이 알아 들을 수 있는 말로 표현되어야 하고, 더욱이 예언의 말이 분별을 필요로 한다면, 성경 읽기, 찬송, 기도 등이 더해질 시점에는 "이러한 말의 홍수를 막아야 할 필요"가 있었을 것이다.[304] 다른 한편으로 에링이 암시하듯이 우리는 예언이 선포될 때마다 반드시 그것의 진위를 결정하고 이를 즉석에서 해결해야 했다고 상상할 필요는 없을 것이다. 크레이그는 (만약 "통역자"가 또 다른 사람이라면) 다음과 같이 질문한다. "바울은 과연 여기서 종종 충족시킬 수 없는 조건에 따라 무언가를 허용하고 있었던 것은 아닐까? 어떻게 어느 누가 다른 사람이 그 은사를 갖고 있다는 것을 사전에 알 수…있겠는가?"[305] 이는 피가 시인하듯이 "방언 통역자"는 "교사"나 "예언자"처럼 그 은사를 습관적으로 사용할 수 있는 자가 아니기 때문이다. 따라서 바울은 여기서 매우 부정적이거나 아니면 이 동사는 자신의 경험을 알아 들을 수 있는 말로 설명할 수 있는 방언 발화자의 은사를 가리킨다.

28절 διερμηνευτής와 ἑρμηνευτής 사이에는 의미상 명백한 차이가 없다. B, D*, F, G(서방 사본에는 전자의 독법으로 필사되어 있음)와 (후자의 독법을 취하는) A, E, K, L 간의 사소한 차이가 이를 암시해준다. 한편 D*, G는 명사 앞에 정관사가 제시되어 있다. 하지만 포브스는 14:13에 대한 나의 주해를 비판하면서 이 차이를 크게 부각한다("Thiselton's Philological Argument," in *Prophecy and Inspired Speech*, 65-68).

슈라게는 28-29절의 가설적인 특성에 대해 논의하지만, 하인리치, 바이스, 리츠만, 콘첼만은 여기서 14:2과 "집에서" 방언으로 말하라고 권면하는 것과 "공개적으로" 방언을 사용하는 것을 금하고 제한하는 것을 분명하게 대조하는 이 장의 다른 부분을 적절하게 언급한다.[306] 리츠만과 에드워

304) Héring, *First Epistle*, 153.

305) Craig, "1 Cor," *IB*, 10:208.

306) Heinrici, *Das erste Sendschreiben*, 455; Lietzmann, *An die Korinther*, 74; Conzelmann, *1 Cor*, 245; Weiss, *Der erste Korintherbrief*, 339-340; 참조. 535-539; Schrage, *Der erste Brief*, 3:447-449.

즈는 가정법 ἦ가 παρῇ(참조. 라틴어에서 *sit* 대신에 *adsit*)를 대신하는 것으로 이해한다. 즉 "만약 ~할 수 있는 사람이 거기에 아무도 없다면" 또는 (그들의 말로 표현하자면) "만약 통역자가 아무도 없다면"을 의미한다.[307] 반면에 바이스는 ἦ가 비인칭동사 "있다"도 아니고 "그가 있다"도 아니며, 오히려 주어의 습관적인 행위를 가리킨다고 이해한다. 즉 "그러나 만약 그가 통역자가 아니라면", 다시 말해 "만약 그(방언으로 말하는 사람)가 그것을 말로 표현할 수 없다면"을 의미한다.[308] 후자가 바울이 명령법 현재 σιγάτω를 사용한 것과 더 잘 어울릴 것이다. 이 명령법은 "그들[그 혹은 그녀, 단수]은 잠잠히 계십시오("잠잠해지십시오"와 대조적으로)"라고 번역하는 것이 가장 좋을 것이다.

대다수 독일어 주석가들은 재귀 대명사 ἑαυτῷ, "자신에게"(또는 자신을 위해)라는 관용적인 표현이 14:2(하인리치, 랑, 볼프)과 4절(2절에 이어, 바이스, 슈라게)을 반향한다는 것을 인정한다.[309] 슈트로벨을 제외한 대다수 독일어 주석가들은 바울이 방언을 오직 "집에서만" 사용할 것을 권면한다고 주장한다.[310] 하지만 14:2, 4에 비추어보면 필하우어가 14:2-4의 문맥에서 제안한 것처럼 바울이 ἑαυτῷ를 "자기 긍정을 위해"라는 부정적인 의미로 사용하지 않고, 오히려 "개인적으로"의 의미로 사용한다는 것이 거의 확실해 보인다. 로버트슨과 플러머는 다음과 같이 주장한다. "**자신에게**…다시 말해 공동체 안에서가 아니라 '개인적으로'를 의미한다. 이 표현은 방언으로 말하는 사람이 '자신의 마음과 **공개적으로** 소통해야 한다'는 것을 의미할 수 없다"(강조는 원저자의 것임).[311] 이와 비슷하게 브루스는 바울의 교훈을 다음과 같이 요약한다. 이러한 상황에서는 "방언을 개인의 신앙을 위해 사용

307) Edwards, *First Epistle,* 379.
308) Weiss, *Der erste Korintherbrief,* 339-340.
309) Heinrici, *Das erste Sendschreiben,* 455; Lang, *Die Briefe,* 1,989; Wolff, *Der erste Brief,* 339; Schrage, *Der erste Brief,* 3:449.
310) 반대 의견은 Strobel, *Der erste Brief,* 222.
311) Robertson and Plummer, *First Epistle,* 321.

하라."[312)]

29절 사실상 모든 주석가는 바울이 이 절에서 어조를 바꾼다고 말한다. 여기서 바울은 셋을 언급하면서 마지못해 "많아야"라고 말하는 것이 아니라 예언을 말할 것을 긍정적으로 권장한다. 따라서 콘첼만이 상반절을 "하지만 예언하는 이들의 경우에는"이라고 번역한 것은 탁월하다. 이 번역은 여기서 δέ의 대조적 용법을 잘 살려준다.

주해와 관련하여 가장 중요한 단어는 διακρινέτωσαν, "[그들은] 분별하십시오"다. 비록 다수가 "시험하다"(바레트)라고 번역하지만, NRSV는 굿스피드의 번역을 따라 "검토하다"라고 번역하는 반면, KJV/AV와 *NT in Basic English*는 "판단하다"라고 번역한다. 필립스는 "~에 대해 숙고하다", REB는 "그들의 판단을 실행하다"라고 번역한다. 하지만 BAGD를 비롯하여 다른 언어사전의 연구가 밝혀주듯이 διακρίνω가 능동태로 사용될 때 가장 흔하고 특징적인 의미는 서로 "구별하다" 또는 "구분하다"다.[313)] 여기서 이 단어의 번역과 관련된 문제는 매우 단순하다. 그것은 이 단어를 "다른 사람이 다음 사항을 **구별하게** 하십시오"가 아니다. 바울이 의도한 의미는 바로 "다른 이들은 다음 사항을 분별하십시오"다. 즉 (i) **하나님이 주신 예언의 말은 그리스도의 복음과 목회적인 상황에 부합해야 한다.** (ii) **단순히 자신에게서 비롯된 수사학적인 말은** 이른바 "예언"으로 위장한 채 **말하는 사람이 감추고 있는 자기 이익, 자기기만 또는 자기 오류를 반영한다.** 우리는 앞에서 힐, 뮐러, 길레스피 및 다른 학자들의 견해를 따라 이것은 **목회적으로 상황화된 복음 선포**에 대한 주장을 포함한다고 주장했다. 진정성 있는 것은 구약성경, 그리스도의 복음, 모든 교회의 전승, 비판적인 사색에 비추어 진정성 없거나 거짓된 것으로부터 **가려져야** 한다. 바울은 그 어느 곳에서도 말씀 선포나 예언이 복음, 성령, 성경에 의한 비판적 숙고가 필요 없을 만큼 어

---

312) Bruce, *1 and 2 Cor*, 134.

313) BAGD, 185. "시험하다"의 뉘앙스는 파피루스 문헌에서 더 두드러지게 나타난다. 참조. MM, 150.

떤 특권적인 지위를 갖고 있다고 암시하지 않는다. **이것은 절대 오류가 없는 것이 아니다.**

"다른 이들"은 이해할 수 있는 예언의 말을 전달하는 둘 또는 셋과 분명히 대조된다. 일반적으로 이 분별의 임무는 공동체적으로 수행된다. 하지만 바울은 성령에 의해 주어진 은사에 대한 논의에서 **예언을 말하는 이들**과 함께 **사도들**과 **교사들**에게 특별한 역할을 명시적으로 부여한다. 또한 바울은 성령이 어떤 사람(ἄλλῳ)에게 특별히 διακρίσεις πνευμάτων을 부여했다고 말한다(12:10에서 이 표현과 그것에 대한 주해 참조). 이와 관련하여 우리는 **분별**의 은사에 대한 다우첸베르크의 독특한 이해를 언급했다. 그는 묵시문학의 배경에 비추어 분별한다는 것이 **해석한다**는 것을 의미하는 것으로 이해한다. 그러므로 그는 14:29과 관련하여 "말해진 것을 검토하다"(RSV, NRSV)라는 번역을 명백하게 거부한다. 그는 이 구절이 "둘 또는 세 예언자가 말하게 하고 다른 이들은 **해석하게** 하십시오"를 의미한다고 주장한다.[314] 하지만 그는 주로 다음과 같은 이유로 그렇게 주장하는 것이다. 먼저 그는 "회중이 모인 공동체 안에서 예언자들의 계시에 대해 법적인 평가를 한다(참조. 고전 14:6, 26, 30)"는 개념은 옹호할 수 없다고 보기 때문이다. 또한 그는 이 절들에서 예언의 말은 묵시문학적 관점에서(참조. 단 9:4; 에스라4서 12:11-12; 1QpHab 2:8) "비밀"을 계시하는 것으로 여기기 때문이다.[315] 다음과 같은 사변적인 설명은 앞에서 다우첸베르크가 제시한 이해보다 더 복합적이고 난해하다. 즉 바이스와 프리드리히는 οἱ ἄλλοι를 **예언자들** 가운데 속한 다른 사람들을 가리키는 것으로 간주한다. 하지만 우리가 언급했듯이 **사도들**은 물론이거니와 만약 **교사들**이 분별하는 임무에서 배제된다면 그것은 매우 의아스러울 것이다. 이 표현은 여기서 일반적으로 사용된다. 그것은 예언자들에게 국한된 것도 아니고(프리드리히와 더불어), (피가 암시하듯

314) Dautzenberg, *Urchristliche Prophetie*, 128-129; *EDNT*, 1:306.
315) 같은 책.

이) 지도자들의 임무로부터 어떤 특별한 역할을 배제하는 것도 아니다.[316] 장로, 교사, 공동체 대표에 대한 전통은 유대교 회당 전통에서 유래했을 것이다. 그러나 바울은 여기서 서로 다른 범주를 구분하는 매우 엄격한 선을 긋지 않는다.[317] 알로는 "다른 사람들"을 이와 비슷한 방식으로 이해한다. 그는 (반드시 그런 것은 아니지만) 그들을 "원칙적으로 공동체 지도자들"로 이해한다.[318]

초기 교회가 적어도 몇몇 모임에서 얼마나 신속하게 바울과 다른 견해를 갖게 되었는지를 파악하는 것은 필수적이다. 속사도 시대 문서인 디다케—저술 시기는 불분명함. 아마도 기원후 1세기 말 또는 더 개연성 있는 기원후 2세기 초, 아마도 기원후 117년에서 130년 사이에 기록되었을 것으로 추정됨—는 "너희는 성령으로(ἐν πνεύματι) 말하는 어떤 예언자도 시험하거나 조사하지 말라(οὐ πειράσετε οὐδε διακρινεῖτε)"고 선언한다. 왜냐하면 성령을 모독하는 죄는 "용서받지 못할 것이기 때문이다"(디다케 11:7). 하지만 교회는 단순히 예언자적 발언이나 예언자적 신분을 주장하는 모든 말을 아무런 이의 제기 없이 받아들일 수 없다는 사실을 곧 깨닫게 되었다. 따라서 디다케는 바울이 제시한 **신학적인** 분별을 예언의 영감을 받았다고 주장하는 자들의 **삶의 방식**을 검토하는 것으로 대체했다. 디다케는 다음과 같이 말할 수밖에 없었다. "'성령으로'(ἐν πνεύματι) 말하는[또는 '성령으로' 말한다는 말을 빙자하여?] 자라고 모두 예언자가 아니다. 그렇게 주장하는 사람은 주님의 삶의 방식을 보여주어야 한다(ἐὰν ἔχη τοὺς πρόπους)"(디다케 11:8). 나는 다른 곳에서 삶의 방식에 대한 관심이 딛 1:12-13에서 비슷한 주제에 대해 자기 모순적인 발언을 설명해준다고 주장했다.[319]

30절 우리는 앞에서 **드러남** 또는 **계시**에 대한 이전 언급이 하나님

316) Weiss, *Der erste Korintherbrief,* 340; G. Friedrich, "προφήτης," *TDNT,* 6:851; 참조. 848-861; Fee, *Paul, the Spirit, and the People of God,* 169-175.
317) Greeven, "Propheten, Lehrer, Vorsteher bei Paulus," 1-43.
318) Allo, *Première Épitre,* 370.
319) A. C. Thiselton, "The Logical Role of the Liar Paradox in Titus 1:12, 13: A Dissent from the Commentaries," *BibInt* 2 (1994): 207-223.

이 공동체 예배 도중에 즉흥적으로 주시는 통찰에만 한정될 필요가 없다고 주장했다. 하지만 여기서 사용된 가정법 부정과거 수동태 ἀποκαλυφθῇ는 예배를 드릴 때, 명상할 때, 성경이나 설교 말씀을 묵상할 때 새로운 이해와 더불어 어떤 계시가 주어진다는 것을 암시한다. 가다머가 이해에 대한 그의 연구에서 강조하듯이 "제3의" 문맥에 대한 새롭고 창의적인 이해는 이런저런 대화를 나누는 것으로 나타난다. 이러한 나눔은 새로운 통찰이 "나타나게" 하는 상황을 제공한다.[320] 우리는 하나님의 성령의 사역을 성령이 이와 같은 인간의 사고 과정을 사용하는 것과 분리해서는 안 된다. 이것들은 계시의 "은사"나 계시가 하나님으로부터 비롯된다는 사실을 결코 양보하지 않는다. 벵엘이 주장하듯이(앞에서 26절에 대한 주해 참조) 한 사람의 단 한 번의 설교가 항상 그러한 "열매를 맺게" 하거나 생산적인 결과를 가져다주는 것은 아니다.[321] 앞에서 언급한 디다케의 관심사와 관련하여 가다머는 어떤 창조적인 이해에 대해 말한다. 이러한 이해는 어떤 화자의 선동적인 선언과 달리 무언가를 조종하기 위해 "자기의 마음과 뜻대로 소유"할 수 있는 것이 아니라 오히려 공동체적인 이해 또는 공동의 이해의 지평을 서로 나누는 가운데 화자와 청자를 모두 변화시킨다.[322]

우리는 25-40절의 머리말을 통제된 말의 윤리에 대한 언급으로 시작했다(앞에서 해당 부분의 머리말 참조). 바울의 주장은 이 윤리에 초점이 맞추어져 있다. 즉 심지어 일방적인 예언도 반드시 통제된 울타리가 있어야 한다는 것이다. 우리는 두 번째 화자에게 계시된 것이 첫 번째 화자가 이제 자신도 모르게 자기 기만적이며 무언가를 조종하고 오류가 섞여 있거나 단지 자기를 내세우는 말을 함으로써 하나님의 영이 계시하신 것을 전달하는 임무

---

320) H. G. Gadamer, *Truth and Method* (2nd Eng. ed. from 7th Germ. ed.; London: Sheed & Ward, 1989), 369-379.

321) Bengel, *Gnomon*, 660.

322) Gadamer, *Truth and Method*, 378-379; Gadamer, *Dialogue and Dialectic* (New Haven: Yale University Press, 1980); R. P. Sullivan, *Political Hermeneutics: The Early Thinking of Hans-Georg Gadamer* (University Park: Pennsylvania State University Press, 1989), 25-29, 140-181; Thiselton, *Interpreting God*, 11-27, 67-73.

를 중단한 것이라고 상상할 수 있다. 여기서 이 계시가 이런 형태를 취하든지 또는 상당히 다른 통찰에 대한 계시이든지 간에 볼프는 예언의 말도 방언으로 말하는 것에 대한 바울의 지침처럼 통제된 발언의 제약으로부터 면제되지 않는다고 주장한다. 즉 두 경우에서 모두 화자는 "혼동"이나 "진흙탕"을 초래해서는 안 된다.[323] 왜냐하면 이것은 일관된 목적을 드러내는 절대 주권적 하나님의 속성을 증언하지 못하기 때문이다. 하나님은 성령의 목적을 이끄는 사역을 통해 창조와 구속 사역을 지휘하신다(33절에 대한 주해 참조). 현대 신학 용어로 표현하자면 우리는 여기서 일관된 신적 행동과 관계성이라는 삼위일체적 경륜을 언급할 수 있을 것이다.

"곁에 앉아 있는 또 다른 사람"은 현재분사 여격 ἄλλῳ ... καθημένῳ를 너무 구체적으로 가리키는 것으로 보일 수 있다. 하지만 NRSV의 "가까이 앉아 있는"(AV/KJV, NJB)은 이 절과 관련하여 BAGD에 제시된 목록의 한 가지 하부 범주를 반영한다. 그러나 이 표현은 어떤 특별한 위치 또는 장소를 상정한다.[324] 한편 여기서 "앉아 있다"라는 동사는 과연 "서 있다"와 의미상 대조를 나타내는 것인가? REB는 "거기에 있는 어떤 다른 사람"이라고 번역하여 이와 같은 대조를 피하려고 시도한다. 에드워즈와 피는 다음과 같이 주장한다. 즉 랍비들과 회당 청중은 (가르칠 때뿐만 아니라 들을 때에도) 앉아 있었지만, 성경 본문을 읽는 사람, 기도하는 사람 또는 예언의 말을 하는 사람은 서서 이 모든 것을 했다.[325] 이 경우에 곁에 앉아 있는 어떤 사람은 공동체를 위해 자신에게 계시된 것을 전할 준비가 되어 있음을 나타내려고 일어섰을 것이다. 첫 번째 화자는 그 신호와 함께 말하는 것을 중단해야 했다(명령형 3인칭 단수, σιγάτω, 그는 잠잠하도록 하라). REB가 암시하듯이 비록 이러한 자세의 대조가 개연성이 있지만, 우리는 이러한 시나리오를 절대로 강요할 수는 없다.

---

323) Wolff, *Der erste Brief,* 340.

324) BAGD, 389, entry 1a, second and third categories.

325) Edwards, *First Epistle,* 379; Fee, *First Epistle,* 695, n. 35.

31-32절 우리는 31절을 δύνασθε γὰρ καθ' ἕνα πάντες의 의미가 전후 문맥과 일치하도록 번역하고자 노력했다. 여기서 논쟁은 모든 사람 또는 일부가 예언을 하는지에 관한 것이 아니다. 오히려 예언의 은사가 있는 모든 사람이 화자의 예언자적인 자각이 허용하는 범위를 벗어나는 상황이 전개될 때 과연 예언을 시작하고 특히 그것을 멈출 수 있는 사색적·비판적 자기의식과 통제력을 갖고 있느냐에 관한 것이다. 어떤 사람의 말이 하나님에 의해 "주어질" 때, 설령 그것이 어떤 사람이 예언하고 있는 것과 다른 사람이 예언하고 있는 것에 대한 비판적인 인식을 필요로 한다 하더라도, 바울은 방언으로 말하는 것처럼 예언의 말도 **통제된 말의 윤리**를 따라야 한다는 데는 전혀 예외가 없다고 주장한다.[326] 아마도 일부는 하나님이 성령을 통해 자신들을 사로잡고 압도했으며, 성령은 결코 방해를 받아서는 안 된다는 전제하에 자신들은 예언을 의도적으로 중단할 수 없으며, 그럴 수 없을 만큼 특권을 부여받았다고 느꼈을 것이다. 바울은 이러한 생각에 반대하면서 "한 사람씩"의 원칙(여기서는 배분을 가리키는 καθ' ἕνα로 표현됨. 또한 이 표현은 사실상 27절에서 방언을 ἀνὰ μέρος, "차례대로" 말하라는 것에 해당함)이 반드시 모든 사람에게 적용되어야 한다고 주장한다. 따라서 "모두"와 "~할 수 있습니다"가 "한 번에 한 사람"이라는 표현(적어도 여기서는 예언의 말을 하는 행위가 아닌)에 적용된다는 전제하에 우리는 이 문장을 "여러분은 한 번에 한 사람씩 모두 예언할 수 있습니다"(NRSV) 또는 "여러분은 모두 차례대로 예언할 수 있습니다"(NIV)로 번역할 수 있다. 왜냐하면 바울의 강조점은 예언의 말을 하는 것 자체가 아니라 질서 있게 하는 것이기 때문이다.

31절의 마지막 단어인 παρακαλῶνται를 한 단어로 번역하는 것은 사실상 불가능하다(비록 NRSV가 "격려를 받다"로 번역하지만 말이다). 하지만 REB와 NIV는 παρακαλέω가 광범위한 의미 영역과 심지어 예언자적 선포까

---

326) Fee는 바울이 특별히 "모임을 주도할 가능성이 있는 사람들에게" 이렇게 말하려고 했지만, 이것은 "확실하지 않다"고 주장한다(Fee, *First Epistle*, 695). 또한 그는 이 절의 의미에 관한 핵심적인 주장에 대해 다음과 같이 올바르게 덧붙인다. "방언으로 말하는 사람이나 예언자**도** 무방비 상태에 있지 않다"(강조는 원저자의 것임).

지 가리키고, "격려"가 그중의 하나임을 올바르게 인정한다. 따라서 이 영역본들은 이것을 "교훈과 격려"(REB) 또는 "가르침과 격려를 받다"(NIV)라고 번역한다. 하지만 우리의 판단에 의하면 "교훈"은 가르침과 더 밀접하게 관련되어 있는 것 같다(또한 이 절에서 광범위한 의미의 "배우다", μανθάνω가 나타난다). 격려를 받는 것과 더불어 권면을 받고 심지어 **경고를 받는** 것도 예언의 특성을 더 잘 드러내는 것 같다. 앞에서 14:3의 주해 다음에 제시된 "예언: 14장의 문맥에서 두 번째 특별 해설"을 참조하라. 거기서 공동체를 세우고 권면하고 위로하는 이슈가 다루어지고 참고문헌이 추가된다.[327] 모든 사람이 배우는 경험을 하고 권면 또는 위로를 받는다는 것은 목적절 안에서(ἵνα가 이끄는 가정법) 표현된다. 이것이 바로 통제된 말의 윤리에 의해 성취되는 목표다. 이렇게 다른 사람에게 양보하는 행위는 질서를 통해 혼란을 바로잡을 뿐만 아니라 모든 사람이 유익을 얻게 하고, 어떤 특정 화자의 자기중심적인 태도나 "홀린 상태" 때문에 말할 기회를 잃지 않도록 한다.

비록 그 취지와 의미는 명백하지만, 이 부분의 결론에 해당하는 32절은 번역하기에 난해하다. 우리는 πνεῦμα가 인간의 영을 가리키는 것으로 사용될 때 바울의 정확한 의미를 파악하기가 어렵다는 점에 대해 이미 논의했다. 왜냐하면 그는 이 용어를 헬레니즘적으로도, 데카르트의 이원론적으로도, 또는 예언자적인 "영감"의 의미로도 사용하지 않기 때문이다. 이 용어는 고대 그리스-로마의 종교의식 또는 동방의 종교의식에서(바울의 경우는 아님) 사려 깊은 의식 또는 생각과 상관이 없다고 여겨졌다. 핀들레이는 해당 장면을 과장하여 묘사하는 고린도의 어떤 예언자가 화를 내며 반응하는 것이라는 시나리오를 제안한다. "어떻게 내가 **질서를 세우기 위해** 예언할 수 있습니까?…어떻게 내 안에서 역사하는 성령을 제한할 수 있습니까?"[328] 바울은 이러한 종류의 반대를 예견하면서 이렇게 주장한다. 심지어 예언

327) 특히 참조. Müller, *Prophetie und Predigt im NT,* 118-130, 162-233; Grabner-Haider, *Paraklese und Eschatologie bei Paulus,* 116-128; 참조. Kitzberger, *Bau der Gemeinde,* 73-78.

328) Findlay, *Expositor's Greek Testament,* 2:913(강조는 원저자의 것임).

하는 이들의 영적인 말, 다시 말해 심지어 하나님의 영이 감동을 주는 것도 성령의 목적을 수행하기 위해 통제를 받아야 한다는 것이다. 즉 모든 사람(31절)이 배우고 권면을 받거나 격려를 받을 수 있어야 한다. 이러한 통제는 그 말의 내용만큼이나 성령의 사역의 일부이지만, (적어도 바울의 견해에 의하면 그 말처럼) 이것도 예언자의 능동적이며 책임 있는 행위를 포함한다.

여기서 가장 분명하고 투명한 단어는 ὑποτάσσεται다. 능동태로 사용될 때 이 동사는 "어떤 사람 또는 어떤 대상을 어떤 사람에게" 복종시키는 것을 포함하여 "복종하다"를 의미한다.[329] 수동태로 사용될 때 이 동사는 "굴복당하다"를 의미한다(참조. 롬 8:20; 고전 15:28). 이 절에서 직설법 현재 중간태는 "자신을 복종시키다, 굴복되다, 자신을 ~의 통제 아래 두다"를 의미한다. 따라서 바울은 **통제된 말의 윤리**는 예언을 행하는 사람의 책임 있는 비판적인 결정에 적용된다고 말한다. 설령 예언의 말이 진정으로 영적이라 하더라도, 즉 성령의 감동에 의한 것이라 하더라도 그는 **어느 곳에서 언제 얼마나 오랫동안** 예언을 말해야 하는지 신중하게 통제해야 한다. 왜냐하면 바울은 이제 성령은 부조화와 혼란으로 인해 자신의 사역을 훼손하지 않는다는 점을 분명하게 강조할 것이기 때문이다. 성령은 예언자들에게 감동을 주어 몇몇 사람이 지배하는 것을 허용하고, 다른 이들이 중요한 말을 할 기회를 잃게 하지 않는다. 따라서 적어도 성령의 사역을 돕기 위해, 그리고 예언자적 "영감"의 본질을 올바로 이해하기 위해 예언자가 자신의 말을 통제하는 것은 필수적이다. 언급할 필요조차 없겠지만, 감정을 고조시키려는 심리학적 자기암시(autosuggestion)나 반복적인 수사학적 기교를 통해 공동체를 감정적으로 "서서히 고조시키는" 개념은 바울의 통제된 말의 윤리에 전적으로 어긋난다. "이 모든 지침은 예언의 은사가 어떤 의미에서 화자의 통제 아래 있다는 것을 전제한다. 어떤 사람은 방언으로 말할 것인지, [또는

---

329) BAGD, 848. REB의 매력적인 번역(It is for prophets to control prophetic inspiration)은 주목할 만하다. 이 번역은 그 의미를 탁월하게 전달하지만, 아마도 실질적인 어휘와 구문에서 불필요하게 너무 벗어난 번역일 것이다. 하지만 이 번역은 바울의 강조점을 잘 전달한다는 점에서 수용 가능하다.

예언의 말을 할 것인지] 또는 조용히 있을 것인지, 또는 [말을 하다] 침묵할 것인지" **선택할** 수 있다(강조는 원저자의 것임).[330] (특히 12:8에 대한 논의에서 "학습된 행위"에 대한 타이센의 개념을 참고하라.)

33a절 우리의 번역은 모팻과 NJB를 따르며, NRSV와 REB의 번역과도 일치하고, 부정사의 위치를 제외하면 NIV의 번역과도 일치한다. 우리는 부정의 의미를 나타내는 강세 복합 명사 ἀκαταστασία를 번역하기 위해 "무질서"라는 단어보다 더 강력하고 더 다채로운 단어를 찾아내지 못했다. 한편 KJV/AV는 이 단어를 "혼동"이라고 번역한다. 이 번역은 언어사전의 정보에 기초하여 받아들일 수 있으며, 그 당시 고린도 교회의 상황을 반영한다. 이와 비슷하게 BAGD와 다른 언어사전은 "무질서"와 더불어 "소란", "동요", "규칙을 따르지 않음" 등의 의미를 제시한다. 이 단어들은 하나님의 절대 주권적인 통치와 평화와의 의미론적 대조와 일치한다.[331] 하지만 12-15장은 은사의 분배와 창조 및 부활과 관련하여 목적을 지닌 하나님의 행위의 **질서정연함**을 묘사한다. 그리고 바울은 더 광범위하게 이 질서는 바로 하나님의 본성에 기초한다고 강조한다. 따라서 하나님은 일관되고 신실하며 자기모순적이지 않게 행동하신다. 이와 같은 특성은 하나님의 백성의 삶의 방식과 예배에서 나타나야 한다. 따라서 성령은 모든 사람을 유익하게 하는 은사를 주신다(28-32절). 만약 자기모순적이며 무질서한 방법으로 은사가 사용된다면, 다시 말해 성령이 이 사람 저 사람 위에 "임했지만" 책임감 있게 전개되어야 할 사역이 방해를 받고 혼란에 빠진다면 그 주어진 목적은 훼손될 것이며, 어떤 이들은 책임 있는 사람을 통해 성령이 전해주려는 기회를 놓치게 될 것이다.

이러한 관점은 약 3:16-17의 유사한 그리스어 표현을 통해서도 확인된다. 고린도 교회의 모습을 혼란스럽고 자기중심적으로(σαρκικοί, "육신의", 고전 3:3; 참조. 1:11[ἔριδες], 12) 만든 경쟁적인 시기와 분쟁(ζῆλος καὶ ἔρις)은

---

330) Hays, *First Cor,* 241-242.
331) BAGD, 30; MM, 17.

약 3:16에서 혼란과 무질서(ἀκαταστασία)를 유발하는 시기와 다툼(ζῆλος καὶ ἐριθεία)과 짝을 이룬다. 야고보서 저자는 이것을 하나님으로부터 오는 지혜(ἡ δὲ ἄνωθεν σοφία)와 대조한다. 이 지혜는 평화(εἰρηνική, 17절)를 가져온다. W. R. 베이커는 통제된 말의 윤리에 관한 저서에서 야고보서와 성경적·유대적·헬레니즘적 배경에서 통제된 말과 온유하고 겸손한 자세로 듣고 배우기 위한 열린 태도의 상호 관계가 어떻게 지혜—곧 하나님의 섭리와 신적 지혜로 세상을 다루시는 하나님의 사역을 드러내는 지혜—를 반영하는지를 언급한다. "성숙한 그리스도인은 하나님의 선한 목적을 나타내는 이 강력한 단어를 어떻게 그리고 언제 전해야 하는지를 안다.…약 3:18은 [침묵과 말을 삼가는 것을 포함하여] 이것[지혜]을 증진하는 평화와 행동의 필수적인 역할에 대해 증언한다. 야고보서 저자는 기독교 공동체와 심지어 사회 전체를 위해 이와 같은 소망을 품고 있다."[332] 하지만 이 "지혜"의 근원은 바로 하나님이시다. 이것은 "하나님으로부터 오는 완전한 은사(약 1:17)다. 하나님의 성품은 이렇게 통제된 질서를 표현하고 나타낸다."[333]

하지만 혼동과 동요의 측면이 사라지는 것은 아니다. "영감을 주시는 하나님은 무질서와 혼동을 지지하시는 분이 아니다. 오히려 하나님은 평화를 지지하신다. 그분은 결코 소요를 조장하시지 않는다. 따라서 하나님은 두 사람에게 동시에 영감을 불어넣어 그들이 같은 청중에게 동시에 말하게 하실 수 없다. 성령의 영감은 갈등과 혼란의 구실이 될 수 없으며, 시기와 분열은 하나님의 현존의 표시가 아니다(25절)."[334] 이전의 장들과 12-13장의 관점에서 14장을 읽는 것이 카리스마적 갱신과 "교회론"이라는 교회 질서의 신학에 관한 현대 논쟁이 만들어낸 렌즈를 14장에 강요하는 것보다 훨씬 더 중요하다. 바울은 독립적인 "교회의 교리"로서 "질서"를 강조하는 것이 아니라, 교회는 반드시 하나님의 본성과 "다른 사람에 대한" 존중을 반

---

332) Baker, *Personal Speech-Ethics in the Epistle of James,* 103 and 181.

333) 같은 책, 11; 참조. 102, 175-176, 183.

334) Robertson and Plummer, *First Epistle,* 323-324.

영해야 하므로 "질서"를 강조하는 것이다.

ii. 하나의 특별한 사례(14:33b-36)

이 본문의 번역과 주해는 매우 복잡하다. 문맥적인 요소도 매우 중요하다. 그중에는 바울의 대화 중에 우리가 오직 그가 말하는 것만 알고 있기 때문에 수신자들이 이해하고 있다고 추측하는 것에 대한 전제들도 여기에 포함된다. 그럼에도 "통제된 언어"와 "질서"라는 핵심 주제(14:24-40)는 계속 이어진다. 또한 우리는 이 절들의 일부가 과연 바울이 쓴 것인지 아니면 인용을 통해 삽입된 것인지에 대한 문제를 아래에서 언급할 것이다.

14:33b-36에 대한 추가 참고문헌(14:1-40도 보라)

Allison, R. W., "'Let the Women Silent in the Churches' (1 Cor 14:33b-36): What Did Paul Really Say, and What Did It Mean?" *JSNT* 32 (1988): 27-60.

Barton, S. C., "Paul's Sense of Place: An Anthropological Approach to Community Formation in Corinth," *NTS* 32 (1986): 225-246.

Ellis, E. E., "The Silenced Wives of Corinth (1 Cor 14:34-35)," in E. J. Epp and G. D. Fee (eds.), *NT Textual Criticism and Its Significance for Exegesis: In Honour of Bruce Metzger* (Oxford: Clarendon, 1981), 213-220.

Fitzer, G., *Das Weib schweige in der Gemeinde,* TEH 10 (Munich: Kaiser, 1963).

Flanagan, N. M., and F. H. Synder, "Did Paul Put Down Women in 1 Cor 14:34-36?" *BTB* 11 (1981): 10-12.

Harrington, W., "Paul and Women," *Religious Life Review* 25 (1986): 155-163.

Horrell, D. G., *The Social Ethos of the Corinthian Correspondence* (Edinburgh: T. & T. Clark, 1996), 184-195.

Klauck, C and R., "Strange Tongues or Plain Talk?" *Daughters of Sarah* 12 (1986): 10-13.

Maier, W. A., "An Exegetical Study of 1 Cor 14:33b-38," *CTQ* 55 (1991): 81-104.

Manus, C. U., "The Subordination of Women … 1 Cor 14:33b-36 Reconsidered," *Review of African Theology* 8 (1984): 183-195.

Munro, W., "Women, Text, and the Canon: The Strange Case of 1 Cor 14:33-35," *BTB* 18 (1988): 26-31.

Nadeau, D. J., "La problème des femmes en 1 Cor 14:33b-35," *ETR* 69 (1994): 63-65.

Niccum, C., "The Voice of the Manuscripts on the Silence of Women: The External Evidence for 1 Cor 14:34-35," *NTS* 43 (1997): 242-255.

Odell-Scott, D. W., "In Defence of an Egalitarian Interpretation of 1 Cor 14:34-36 …" *BTB* 17 (1987): 100-103.

_______, "Let the Women Speak in Church: An Egalitarian Interpretation of 1 Cor 14:33b-36," *BTB* (1983): 90-93.
Osburn, C. D., "The Interpretation of 1 Cor 14:34-35," in Osburn (ed.), *Essays on Women in Earliest Christianity* (Joplin: College, 1993), 1:219-242.
Payne, P. B., "Fuldensis, Sigla for Variants in Vaticanus, and 1 Cor 14:34-35," *NTS* 41 (1995): 240-262.
Petzer, J. H., "Reconsidering the Silent Women of Corinth ... 1 Cor 14:33b-36," *ThEv* 26 (1993): 132-138.
Ross, J. M., "Floating Words: Their Significance for Textual Criticism," *NTS* 38 (1992): 153-156.
Rowe, A., "Silence and the Christian Women of Corinth ... 1 Cor 14:33b-36," *CV* 33 (1990): 41-84.
Sigountos, J. G., and M. Shank, "Public Roles for Women in the Pauline Church," *JETS* 26 (1983): 283-295.
Wire, A. C., *The Corinthian Women Prophets* (Minneapolis: Fortress, 1990), 149-158.
Witherington, B., *Conflict and Community in Corinth* (Grand Rapids: Eerdmans, 1995).
_______, *Women in the Earliest Churches,* SNTSMS59 (Cambridge: Cambridge University Press, 1988), 90-104.
Wolff, C., *Der erste Brief des Paulus an die Korinther*, "Exkurs," 341-347.

33b-34절　이 절들의 번역에 대한 판단은 대단히 어렵다. 왜냐하면 바울은 고린도 교인들이 σιγάτωσαν(그들이 침묵하게 하라, 그들이 평화를 유지하게 하라, 그들이 말하는 것을 멈추게 하라, 그들이 방해하지 못하게 하라)과 λαλεῖν(말하다, 앞에서 묘사한 대로 말하다, 그들의 방식 대로 말하다) 같은 단어를 저자와 수신자에게 모두 알려진 상황의 정황에 따라 해석하고 이해한다고 추측하고 있기 때문이다. 여기서 우리가 만약 오직 단어 대 단어의 사전학적 의미에만 기초하여 번역한다면 우리는 문맥상의 의미를 실제로 훼손할 수 있다. 더욱이 이 모든 것은 다음 사실에 의해 더욱더 복잡해진다. 왜냐하면 많은 저자들은 이 본문(또는 몇몇 절)을 바울이 직접 쓴 것이 아니라 어떤 필사자가 삽입한 것으로 이해하기 때문이다. 또한 다른 이들은 이것을 바울이 거부한 고린도의 어떤 견해를 인용한 것으로 이해한다. 또 다른 이들은 이것이 바울 이전 전승이며 그가 이것을 받아들여 고린도의 상황에 적용했다고 본다. 먼저 이것이 바울이 쓴 것이 아니라 삽입된 것이라는 주장에 대한 사본의 증거의 사실 여부를 가려야 한다. 하지만 이것이 바울이 쓴 것이 아

니라고 간주하는 대다수 저자들은 오직 부분적으로 사본의 이문에 근거하여 이러한 주장을 제기한다. 이러한 여러 가지 복잡한 난제는 앞에서 나열한 참고문헌이 늘어나게 하는 역할을 하는데, 그중 최근의 연구가 일부를 차지한다. 한편 헤이스는 33b가 이전 단락(26-33절)에 속한 것으로 간주하는 반면, 콜린스와 대다수 저자들은 해당 절을 34-36절에 대한 서론적 원칙으로 이해한다.[335)]

(1) UBS 4판은 34-35절을 "B" 즉 "이 텍스트는 원문이 거의 확실하다"로 분류한다. 비록 UBS 3판도 "B"로 분류하긴 했지만, 거기서는 "약간의 의심의 여지가 있다"를 가리켰다. 이 점과 관련하여 기본적인 사실은 다음과 같다. 서방 사본인 D, E, F, G, 후대의 88*, 암브로시아스터는 34-35절을 40절 뒤에 위치시킨다. 하지만 매우 초기 사본인 p^{46}(체스터 비티, 기원후 약 200년경. ℵ, B, A, 33, 88 mg, 불가타, 고대 시리아어 역본, 대다수 다른 사본)은 이 절들이 정상적인 위치에 있는 것으로 읽는다. 많은 저자들(그중에 바이스, 콘첼만, 클라우크, 젠프트 등이 포함됨)은 서방 사본에서의 34-35절의 위치 이동을 해당 절들이 삽입된 것이라는 견해를 지지하는 주장의 일부로 사용한다. 그러나 우리는 텍스트에 대한 우리의 판단을 다른 주장들과 혼동하지 말아야 한다. 놀랍게도 피는 다른 독법들을 가장 중시하는 저자 중 하나다. 그는 이 이문들이 "매우 이른 시기의 난외주였으며, 나중에 서로 다른 두 곳에서 본문 안으로 들어오게 되었고" "원문의 일부가 아니었다"고 주장한다.[336)] 이러한 이문의 이동은 "무시될 수 없다."[337)]

다른 저자들은 34-35절(또는 33b-36절)이 후대의 삽입이라는 데 동의하지만, 피와 같이 사본의 이문을 중시하는 학자는 거의 없다. 와이어는 이 이문이 단일 사본 전승에 근거한다는 것을 철저한 연구를 통해 밝혀낸다(아래 참조). 사실상 메츠거와 춘츠는 어떤 초기 필사자가 두세 가지 이유 중 하나에 근거하여 34-35절을 14장

---

335) Hays, *First Cor,* 244 (also. Hays, *Moral Visions of the NT,* 59, n. 82); Collins, *First Cor*, 520. Schrage는 33b 및 새 단락과 관련하여 바울의 저작 여부 문제에 대해 명확하게 알 수 없다는 입장을 취한다(Schrage, *Der erste Brief,* 3:443 and 457).

336) Fee, *First Epistle,* 699.

337) 같은 책, 700.

끝부분으로 옮겼다는 견해가 전적으로 이해할 만하다고 판단한다.[338] 신약성경에서 이러한 위치 이동에 대한 증거가 거의 없다는 피의 주장에 대해서는 로스가 제기한 다양한 증거로 답할 수 있을 것이다.[339] 와이어는 이에 대한 철저한 평가를 제시한다. 그는 "위치가 바뀐" 모든 사본은 그리스어-라틴어 두 가지 언어로 필사된 사본이거나 라틴어 사본이라고 말한다. 그는 E는 D의 필사본이며, F와 G는 서로 너무나 유사하기 때문에 이 사본들은 같은 방법으로 편집된 사본을 필사했다는 데 폭넓은 의견 일치가 존재한다고 주장한다. 실제로 오직 D와 G만 거의 분명히 순차적으로 "단일 공동 원본"으로부터 비롯된 두 가지 증거로 남아 있다.[340] 이 독특한 서방 사본은 단지 라틴어 사본-유형이 다양하게 나타나게 하는 데 기여했다. 왜냐하면 이 사본-유형은 같은 전승에 기초하고 있기 때문이다. 뿐만 아니라 와이어는 12세기의 이례적인 88*의 독법이 왜 더 이른 시기의 라틴어 사본의 살아남은 사본이 아니라 필사자의 복고적인 행위를 반영하는지를 설명한다. 마지막으로 피의 견해에 반대하며 메츠거의 입장에 동의하는 와이어는 왜 D 전승이 우리가 원문으로 받아들이는 텍스트(UBS 3판과 4판)에 나타나는 본래의 순서를 바꾸어야 했는지에 대한 몇 가지 이유를 제시한다. 한 가지 이유는 필사 과정의 오류(예. 다시 나오는 글자 생략) 및 그 수정과 관련이 있다. 두 번째 이유는 해당 텍스트를 "개선하기" 위한 시도에서 비롯되었다. 세 번째 이유는 수정자의 이념적인 관심사에 기인한다. 즉 "여인들은 침묵해야 한다는 본문의 위치를 바꾸거나 그것을 생략하기 위한 번역자 또는 필사자의 이념적인 결정의 가능성을 **선험적으로** 배제하는 것은 과학적이지 않다."[341] 와이어는 이와 같은 변화가 일어났을 수 있는 배경을 몬타누스주의와 테르툴리아누스의 시대로 추정한다.

이 논쟁은 필립 페인(1995년)과 커트 니쿰(1997년)의 고도로 세부적이고 진지한 두 가지 연구에 의해 강화되었다. 하지만 이들은 저마다 서로 상이하고 상반된 결론에 도달한다. 페인은 바티칸 사본에서 "이문에 대한…bar umlaut and/or

338) Metzger, *Textual Commentary* (2d ed.), 499-500; Zuntz, *The Text of the Epistles,* 17.
339) J. M. Ross, "Floating Words ..." *NTS* 38 (1992): 153-156.
340) Wire, *The Corinthian Women Prophets,* 149; 참조. 149-152 (on text) and 152-158.
341) Wire, *The Corinthian Women Prophets,* 152.

umlaut라는 본문 비평 기호"에 근거하여 새로운 텍스트와 내적인 증거는 "고전 14:34-35가 후대의 삽입이라는 기존의 강력한 입장을 강화한다"고 주장한다. 니쿰은 (와이어와 페인을 포함하여) 이 논쟁의 모든 측면을 자세히 검토한 후 다음과 같이 결론짓는다. "현존하는 그 어떤 사본도 고전 14:34-35가 원문에 들어 있지 않다는 것을 증언하지 않는다.…또한 다른 어떤 독법도 이 절들의 전통적인 순서를 보존하는 독법 대신 다른 독법을 '원문'으로 요구하지 않는다."[342] 페인은 메츠거가 해당 본문의 생략을 증언하는 한 가지 중요한 증거로 풀다 사본(Codex Fuldensis)의 증거를 간과했다고 주장한다. 니쿰은 페인이 "모음의 변화를 짧은 선으로" 표시하는 기호에 호소하는 것을 비판한다. 이것들은 기껏해야 혼동을 가져올 뿐만 아니라 14세기 이후의 것이라는 것이다. 해당 문맥에서 순서가 바뀐 것을 보여주는 것으로 알려진 것 중 가장 초기의 사본은 암브로시아스터 사본(기원후 4세기)이다. 그는 "모든 교회에서" 후대에 본래의 위치로 재배치한 것에 대한 좋은 근거를 인용한다. 니쿰의 연구는 설득력 있는 강력하고 간결한 주장으로 가득 차 있다.

다른 저자들도 엄밀히 사본 관련 이슈에 관해(니쿰보다 먼저) 대체로 와이어와 같은 방향으로 주장하지만, 때로는 피의 견해에 동조하는 입장을 지지한다. 호렐은 와이어가 이 이슈를 충분히 다루지 못했다고 주장하면서 피의 입장을 옹호한다.[343] 얼 엘리스는 34-35절은 고린도전서 초고를 다 읽고 난 후 **바울이 추가한 난외주**에 해당한다고 주장한다.[344] 스티븐 바턴은 이 개념을 한층 더 발전시킨다.[345] 하지만 심지어 콘첼만도—그는 **내적** 근거(곧 텍스트와 관련된 것이 아니라 해석학적·신학적 근거)에 기초하여 해당 본문이 삽입된 것이라고 생각함—서방 사본의 독법은 "삽입에 대한 전제를 지지하는 주장을 전혀 뒷받침해주지 못한다"라고 인정한다.[346] 위

342) Payne, "Fuldensis, Sigla for Variants in Vaticanus, and 1 Cor 14:34-35," 259-260 and 240; 참조. 240-262; Niccum, "The Voice of the Manuscripts on the Silence of Women: The External Evidence for 1 Cor 14:34-35," 254-255; 참조. 242-255. 두 논문은 모두 깊은 인상을 심어준다. 하지만 Niccum의 논문이 훨씬 더 설득력이 있다.

343) Horrell, *Social Ethics*, 186-189.

344) Earle Ellis, "The Silenced Wives of Corinth," in *NT Textual Criticism* (cited above), 219-220.

345) Stephen Barton, "Paul's Sense of Place ..." *NTS* 32 (1986): 229-231; 참조. 225-246.

346) Conzelmann, *1 Cor*, 246, n. 16. 다른 많은 저자들과 더불어 Conzelmann은 다음과 같이 덧

더링턴은 사본에 근거한 주장들에 대해 강한 회의를 나타낸다. "위치 이동은 삽입을 지지해주는 주장이 되지 못한다. 아마도 필사자들이 이 절들의 위치를 옮겼을 것이다. 이 필사자들은 이 절들이 예배 질서에 관한 것이 아니라 가정의 질서에 관한 것이라고 추측했을 것이다. 이들이 필사 작업을 진행하던 시기에는 교회 건물과 개인의 집들이 서로 떨어져 있었을 것이다."[347] (가장 초기의 서방 사본의 증거는 기원후 375년경이다.) 로스는 피의 주장 중 많은 부분에 대해 언급한다. 그는 신약성경에서 위치가 옮겨지거나 "표류하고 있는" 텍스트의 다양한 유형을 분류한다. 그는 다음과 같이 주장한다. "만약 이 절들이 삽입된 것이라면 이것은 "매우 이른 시기에 거의 어떤 필사본도 만들어지기 전에, 딤전 2:11-13이 기록되기 전에 일어났을 것이다.…우리는 사본들이 만장일치로 증언하는 것을 받아들여야 한다."[348]

(2) 우리는 보다 덜 중요한 사본의 사소한 이문에 대해서도 언급할 필요가 있다. D, F, G, K, 고대 시리아어 역본은 γυναῖκες 다음에 ὑμῶν을 덧붙인다. 이것은 지배를 한정하려는 시도일 것이며, 아마도 (1)에서 논의한 서방 전승과도 무관하지 않을 것이다. 하지만 (개연성이 있는 독법으로서) p^{46}과 시내산 사본, A, B, C, 33, 불가타, 콥트어 역본 등은 더 짧은 독법을 지니고 있는데, 분명히 원문일 것이다.

어떤 여인들? 어떤 종류의 침묵? 어떤 종류의 질문?(14:33b-35)

(1) 바울이 쓴 것이 아니라 후대의 삽입?

어떤 절들이 바울이 쓴 것이 아니라 후대의 삽입에 해당하는지에 대한 판단과 독립적으로 이 텍스트의 의미를 설명하기는 불가능하다. 34-35절이나 33b-36절이 후대의 삽입이라는 견해를 지지하는 저자 중에는 슈미텔, 바이스, 다우첸베르크, 콘첼만,

---

붙인다. 즉 D, E, F, G가 위치를 옮기는 범위는 많은 저자들이 일종의 삽입으로 간주하는 범위와 일치하지 않는다. 이와 비슷하게 Craig도 삽입 견해를 신중하게 선호한다. 하지만 그는 더 많은 것이 사본의 외적 증거보다는 내적 증거에 달려 있다고 주장한다(Craig, "1 Cor," *IB*, 10:212-213).

347) Witherington, *Conflict and Community in Corinth*, 288; 참조. *Women in the Earliest Churches*, 91-92(참조. 90-104).

348) J. M. Ross, "Floating Word ...," 155-156.

피처, 슈트로벨, 클라우크, 피, 헤이스, 젠프트, 슈라게와 더 신중한 입장을 취하는 모팻, 바레트 등이 있다.[349] 다양한 주장을 세부적으로 살펴보기에 앞서 먼저 전체적인 개관을 다루는 것이 유익할 것이다. 젠프트와 슈라게는 다섯 가지 핵심 주장에 대한 유익한 개관을 제공한다. (1) 해당 절들은 이른바 12:1-14:40의 주요 주제 또는 주제들과 다르다. (2) 서방 필사자들이 인식하듯이(또한 몇몇 사본—예. D, F, G—이 이 절들을 14:40 다음에 배치하듯이) 해당 절들은 예언자에 관한 교훈의 흐름을 방해한다. (3) 해당 절들은 11:5과 모순된다. (4) 교회의 규율을 지지하거나 타당성을 부여하기 위해 "율법"에 호소하는 것은 "바울에게 어울리지 않는다." (5) 앞에서 "하나님의 거룩한 백성의 교회들"이라고 번역한 "'성도의 교회'[ταῖς ἐκκλησίαις τῶν ἁγίων]라는 표현"은 바울에게 생소한 개념이다."[350]

모든 주장은 아니라 하더라도 이 주장 중 대부분(예. 특히 11:5과의 관계)은 면밀하게 주해하면 더 명백해진다. 콜린스는 이 다섯 가지 주장을 "설득력이 없다"고 올바르게 간주하며 14:25-40에서 바울의 관심사를 정확하게 반영하는 주제들과 어휘들을 탐구한다.[351] 하지만 이 주장들에 대한 평가는 (특히 11:5의 관계와 관련하여) 반드시 그 이상의 복잡한 요소들을 고려해야 한다. 많은 저자들은 34-35절이 고린도의 슬로건 또는 고린도 신학의 한 조각을 나타내며, 바울은 단지 그것을 거부하는 차원에서 인용한다고 주장한다. 이와 같은 견해는 억지 주장은 아니다. 왜냐하면 바울은 6:12; 7:1; 10:23과 아마도 다른 곳에서도(예. 8:1-6) 정확하게 이렇게 하는 것처럼 보이기 때문이다.

---

349) P. W. Schmiedel, *Die Briefe an die Thessalonischer und an die Korinther* (Tübingen: Mohr, 1892), 2:181-182; Weiss, *Der erste Korinther Brief,* xli and 342-343; Dautzenberg, *Urchristliche Prophetie,* 253-300; Conzelmann, *1 Cor,* 246; G. Fitzer, "'Das Weib schweige in der Gemeinde,' Über den unpaulinischen Charakter der mulier-taceat Verse in 1 Kor 14," *TEH* 110 (Munich: Kaiser, 1963); Strobel, *Der erste Brief,* 222-225; Klauck, *1 Kor,* 104-106; Moffatt, *First Epistle,* 233-234; Barrett, *First Epistle,* 330-333; Fee, *First Epistle,* 700; Senft, *La Première Épitre,* 182-183; Schrage, *Der erste Brief,* 3:481-487; Hays, *First Cor,* 244.

350) Senft, *La Première Épitre,* 182-183; Schrage, *Der erste Brief,* 3:481-487(14:40에 대한 주해 다음에 위치함).

351) Collins, *First Cor,* 516; 참조. 515-517 and 520-521.

(2) 바울은 자신이 거부하는 고린도의 견해를 인용하는가?

아마도 오델-스코트는 1983년 논문과 그 이후 제롬 머피-오코너에 대한 응답으로 제시한 1987년 논문을 통해 가장 폭넓게 이 견해와 연결되어 있을 것이다.[352] 하지만 마누스, 플라나간과 스나이더, 앨리슨은 모두 이 견해를 수정한다(아래 참조). 오델-스코트는 36절의 시작 부분에서 핵심적인 역할을 하는 불변화사 ἤ를 고린도의 어떤 그룹이 34-35절의 보수적이며 가부장적인 규칙에 대해 반복적인 수사학적 응답을 제시하는 것으로 여긴다. 즉 "아니면 하나님의 말씀이 여러분에게서 나왔습니까?"(36절) 이 응답은 34-35절의 말을 강력하게 반대하는 것으로 이해할 수 있기 때문에, 오델-스코트의 견해에 의하면 36절은 여인들이 공동체 안에서 공개적으로 말할 수 있는 권리가 있다는 것을 시인하며 지지한다.

또한 이 견해는 우카추쿠 마누스의 논문에서 다소 다르게 표현된다. 그는 이것을 여인들은—특히 여기서는 혼인 관계 안에서—전적으로 복종해야 한다는 고린도의 성차별주의자들의 주장을 바울이 논박하는 것으로 이해한다.[353] 하지만 이 접근 방법은 1981년에 플라나간과 스나이더의 논문에서 다소 시험적으로 고안해 낸 견해를 발전시킨 것이다.[354] 더 최근인 1988년에 앨리슨은 이 동일한 접근 방법을 더욱 세부적으로 발전시킨다. 그는 33b-36절이 바울이 고린도에 보낸 이전의 편지에서 유래한 것으로 간주한다. 이 편지에서 34-35절은 고린도의 어떤 보수적인 그룹의 가부장적인 견해를 나타내며, 33b은 일종의 논설을 위한 연결고리 역할을 하며, 36절은 양자택일의 접속사 ἤ에 이어 성난 바울의 수사학적 질문을 소개한다.[355] 그는 바울이 종말론적인 자유를 주장했던 본래 정황을 제안한다. "바울의 수사학적 질문은 그의 반대자들의 입장을 풍자적으로 거부하는 것이다."[356]

---

352) Odell-Scott, "Let the Women Speak in Church: An Egalitarian Interpretation of 1 Cor 14:33b-36," 90-93; "In Defence of an Egalitarian Interpretation," 100-103.

353) C. Ukachukwu Manus, "The Subordination of Women in the Church: 1 Cor 14:33b-36 Reconsidered," 183-195.

354) N. M. Flanagan and E. H. Snyder, "Did Paul Put Down Women 1n I Cor 14:34-36?" 10-12.

355) R. W. Allison, "Let the Women Be Silent in the Churches (1 Cor 14:33b-36): What Did Paul Really Say and What Did it Mean?" 27-60.

356) 같은 책, 47.

호렐은 오델-스코트와 앨리슨의 견해를 "받아들이기 어려운" 것으로 판단한다. 그 이유는 다음과 같다. 콘첼만도 지적하듯이 바울은 특히 36절에서 고린도의 어떤 이들이 자신들이 "다르다는 것"을 내세우며 오만한 주장을 제기하는 것을 비판한다. 그렇다면 33b은 고린도에 대한 우리의 지식과 일치하지 않는 고린도의 슬로건 중 일부이거나, 매우 긴 인용문 이후까지 연속성 없이 그저 길게 늘어지는 문장이거나, 또는 26-33a에 속할 것이다. 하지만 바레트, KJV/AV, RV, 알포드, 필립스 역본을 제외하면 33b은 34-37절에 속하는 것으로 널리 받아들여지고 있다(예. UBS 4판, NRSV, REB, NIV, NJB, 콘첼만, 대다수 저자들).[357] "이 불변화사의 요점은… 36절이 33절과 연결될 때 가장 이치에 잘 맞는다."[358] 위더링턴은 왜 오델-스코트와 플라나간과 스나이더의 가설이 의문의 여지가 남아 있는지에 대해 더 강력하고 세부적인 주장을 제시한다. 요컨대 "하나님의 거룩한 백성의 모든 교회 안에서 행해지는 것처럼"과 같은 구절과 6:12; 10:23; 7:1은 "반박"이 아니라 상황에 따른 제한을 나타내기 때문에, "이것들은 답변보다는 더 많은 의문점을 제기한다."[359] 그는 재치 있는 반전(反轉)과 함께 이렇게 덧붙인다. "십중팔구 바울은 고린도 교인들이 그의 주장을 읽을 때(34-35절) 그가 기대했던 응답을 예상하고 있을 것이다(36절)."[360] 하지만 결정적인 반대 의견은 다음 항목에서 제기된다.

(3) 바울이 이 문맥에서 사용한 용어들: "말하기", "침묵", "질서", "교회들"

(a) 말하기

얼 엘리스와 벤 위더링턴이 주장하는 것처럼 우리는 34-35절이 바로 앞에 있는 절들로부터 중요한 용어를 상당 부분 취했다고 강력하게 주장한다.[361] (위더링턴이 올바

357) Horrell, *Social Ethos,* 187-188. Héring, Bruce, Conzelmann, Witherington은 모두 33b을 이어지는 절들과 연결한다. 참조. Witherington, *Women in the NT,* 91-92 and 258-259, n. 107. 현대 주석서 중 이른 시기에 속하는 것 가운데 우리는 de Wette와 Meyer의 주석서도 언급할 수 있다.

358) Horrell, *Social Ethos,* 188.

359) Witherington, *Women in the NT,* 99.

360) 같은 책.

361) 같은 책, 91.

르게 주장하듯이) 네 개의 핵심 용어는 λαλέω(14:14부터 32절까지 반복됨), σιγάω(14:28, 30, 34), ἐν ἐκκλησίᾳ(14, 28, 35; 참조. 34), ὑποτάσσω(14: 32, 34)다. 엘리스는 σιγάω, "침묵하다, 말하는 것을 멈추다, 말하는 것을 삼가다"가 "28, 30, 34절을 서로 연결해주는 핵심 단어"라고 강조한다. 삽입 이론은 이 점을 간과했다는 것이다.[362] 우리가 33a-36절의 간략한 머리말에서 말했듯이 바로 이 점이 우리가 이 부분을 이렇게 번역하도록 요구한다. 몇몇 저자들은 οὐ γὰρ ἐπιτρέπεται, "허용되지 않습니다"라는 표현은 바울이 직접 쓴 것이 아니라는 주장에 반대하면서 알렌의 다음과 같은 주장에 찬성한다. 즉 이 핵심 단어는 바울이 성경 본문, 특히 모세오경의 문맥에서 사용된 랍비 문헌의 형식을 끌어왔다는 것이다. 이 형식은 종종 ὁ νόμος λέγει, "율법이 지시하는 바와 같이"라고 소개하는 원리를 표현한다.[363] BAGD, 몰턴-밀리건, 그림-타이어 사전은 파피루스 문헌, 요세푸스, 기원후 1세기의 다른 자료에서 이 동사가 "그것은 허용된다"라는 의미(종종 상태를 나타내는 완료시제로, 곧 "허락되어 있다")로 사용되는 용례를 제시한다.[364]

(b) 침묵

동사 σιγάω는 문맥에 따라 "말하는 것을 멈추다"(30절; 또한 REB) 또는 "입을 다물다, 침묵을 지키다, 특별한 종류의 말을 하는 것을 삼가다 또는 어떤 전제된 상황에서 말하다" 등을 의미한다.[365] 따라서 KJV/AV는 "침묵을 지키다"(34절), NEB는 "모임에서 말하지 말라"로 번역한다. 한편 REB는 심지어 λαλεῖν을 "말하는 것이 허용되지 않는다"라고 번역하지만, "침묵을 지켜야 한다"라는 번역으로 되돌아온다. 다른 한편으로 29-33절은 분명히 예언의 말에 관심을 보인다. 그리고 29b은 특히 예언의

---

362) Ellis, "'Spiritual' Gifts in the Pauline Community," in his *Prophecy and Hermeneutic in Early Christianity,* 27, n. 25. 그의 다음 논문도 참조. "The Silenced Wives of Corinth (1 Cor 14:34-35)," in Epp and Fee (eds.), *NT Textual Criticism,* 213-220.

363) S. Aalen, "A Rabbinic Formula in 1 Cor 14:34," *SE* 2 (Berlin: Berlin Academy, 1964), 513-525.

364) BAGD, 303; MM, 249; Grimm-Thayer, 245.

365) Grimm-Thayer, 574; BAGD, 749; MM, 574; W. Radl, *EDNT,* 3:242; G. Fitzer, *Das Weib schweige ....*

말을 분별하는 것에 관심을 기울인다. 따라서 우리는 반드시 다음을 염두에 두어야 한다. 즉 11:5에서 바울은 분명히 여인들이 예언의 말을 하는 것을 시인한다. 따라서 여인들의 침묵은 말하는 것을 멈추는 것 또는 (더 개연성이 있는 것으로서) 이 여인들이 앉아 자기 남편들이 말하는 예언의 말에 대해 판단하는 것, 곧 예언의 말을 분별하는 것을 멈출 것 또는 이 여인들이 말해지는 것을 분별한다는 명분하에 끊임없이 질문을 제기하며(참조. 35절) 간섭하는 것을 가리킬 수 있다. 해당 상황과 관련된 제약과 우리가 알지 못하는 요소들 사이에서 어떤 균형을 잡기 위해 우리는 이전 절들에서 바울이 표현한 것에 보조를 맞추어 보편적 표현인 "침묵해야 합니다"라는 번역을 제안한다.

(c) **질서**

ὑποτάσσω의 문맥적 특성은 분명한 이중적 문맥에 의해 제약을 받는다. 32절에서 이 동사는 중간태를 사용하며, 자제 또는 통제된 말을 가리킨다. 바울은 사색적이며 비판적인 통제라는 것이 강압적인 "질서"를 자신들에게 다시 부여하는 것이라고 여겼던 어떤 그룹에 대해 이것을 구체적으로 적용하는 것을 고집했을 수 있다. 와이어는 바울이 양성평등에 반대한다고 보는 페미니스트의 비판적인 관점에서 이러한 그룹에 대한 어떤 그럴듯한 시나리오를 묘사한다. 이 경우에 바울은 이러한 강요를 성령을 소멸하고 합법적인 자유를 제한하려는 사도의 권세로 인식했을 수 있는 이들에게 자신의 "질서"(τάσσω) 원칙을 적용해야 했다.

"질서"의 두 번째 배경도 소개되었다. 이 배경은 말의 윤리 또는 교회론보다 더 광범위하다. 모세오경(ὁ νόμος)은 창조세계와 인간의 삶의 질서정연한 성격과 규제적인 성격(특히 레위기, 신명기, 민수기)을 선포한다. REB는 ὑποτασσέσθωσαν을 "율법의 지시대로 그들이 자신의 위치를 지켜야 한다"라고 번역함으로써 이 두 번째 배경을 잘 파악하게 해준다. 하지만 이것은 의미상 그들이 자신들에게 규정된 위치를 지켜야 한다는 신학적인 배경과 상당히 다르다.

NRSV와 NIV의 번역은 추측건대 언어사전과 해석의 전통에 근거하는 것 같다. 이 전통은 여기서 율법을 창 3:16, 곧 하와의 "종속"을 가리키는 것으로 이해한다. 크리소스토모스, 벵엘, 고데, 흐로세이데, 로버트슨과 플러머, 오르와 월터 등은 이 전통을 지지하는 이들 가운데 포함된다.[366] 하지만 브루스는 이 견해의 문제점을 보여주며, 일련의 건설적인 논평을 제시한다. 대다수 주석가들의 입장과 일치하는 그의 견해는 율법이 모세오경을 가리키는 것 같다는 데 동의한다(참조. 9:8). 그럼에도 그는 이것이 특히 창 3:16을 가리킨다는 널리 알려진 견해를 거부하면서 다음과 같이 주장한다. "이것은 창 3:16을 가리킬 것 같지 않다. 왜냐하면 마소라 텍스트와 70인역에서 창 3:16은 남편에 대한 여인의 본능적인 성향(תשוקה[테슈카]; ἀποστροφή[70인역])을 언급하기 때문이다.…남편은 이것을 이용하여 아내를 다스릴 것이다. 이것은 창조 내러티브를 가리킬 개연성이 더 높다."[367] 우리는 이 주장에서 한 걸음 더 나아갈 수 있다. 질서의 패턴들은 구별과 질서를 통해 하나님의 창조 행위 안에서, 그리고 레위기와 신명기의 율법 규정 안에서 입증되었다. 또한 그 질서의 패턴들은 모세오경 전체에서 일관되게 나타난다. "땅"의 최초 상태는 "형체가 없고 텅 비어 있었다"(תהו ובהו, 토후 바보후, 혼돈 상태의 깊은 바다에 대한 거의 의성어적 표현, 창 1:2). 그다음 하나님은 빛과 어둠(창 1:4) 그리고 하늘과 땅(창 1:6-8)을 "분리하시고" 또는 "나누시고" 그것에 각각의 "형체"를 부여하셨다. 이 질서와 구분(בדל, 바달, 1:4, 6, 7, 14, 18; 70인역, διεχώρισεν, 4, 6, 7절; διαχωρίζειν, 14, 18절; διαχωρίζον, 6절)의 원칙은 고대 바빌로니아와 이집트의 전형적인 창조 이야기에서도 비슷하게 나타난다.[368]

---

366) Chrysostom, *1 Cor. Hom.*, 37:1; Bengel, *Gnomon,* 661, "*subjici … submittant,* Gen. 3:16"; Godet, *First Epistle,* 2:311, "율법이 말하는 바와 같이 이 말은 창 3:16을 가리킨다." "네 남편이 너를 지배할 것이다." Grosheide, *First Epistle,* 343; Robertson and Plummer, *First Epistle,* 325, "이 언급은…창 3:16이다." Orr and Walther, 1 Cor, 3:12. 이상하게도 아우구스티누스는 예수가 사마리아 여인에게 남편을 데려오라고 명령하는 것(요 4장)을 고전 14:34을 암시하는 것이라고 설명한다. 즉 예수는 이 여인의 남편을 통해 이 여인을 가르치기를 원했다(Augustine, *Treatise on John,* 15:18 on 4).

367) Bruce, *1 and 2 Cor,* 136. 우리는 다음과 같은 비슷한 오류를 지적할 수 있다. 즉 이는 "성경을 따라" 그리스도의 부활에 대한 약속 또는 기대를 구약성경에 의해 매우 광범위하게 증언하는 하나님의 행위의 패턴—곧 하나님은 자신에게 순종하는 자신의 종의 정당성을 입증해 주신다는 주제와 관련된 사례 안에서—과 연결하지 않고, 어떤 (문제점을 지니고 있는) 구체적인 절과 연결하는 오류를 범하는 것이다(15:4에 대한 주해 참조).

368) *Babylonian Creation Epic: Enuma Elish,* 4:136-138; 참조. *ANET* (1950): 3-155; W. G. Lambert, "A New Look at the Babylonian Background of Genesis," *JTS* 16 (1965): 287-300; A. R. Millard, "A New Babylonian 'Genesis' Story," *TynBul* 18 (1967): 3-18. 또한

성령 하나님이 혼돈을 질서로 창조적으로 변화시킨다는 이 신념은 성경 전체를 관통하며, 스티븐 바턴이 우리에게 상기시키듯이 인간론에 대한 탐구와 성경에 대한 연구는 하나님의 거룩한 백성의 삶 속에서 무엇이 "자리를 이탈했고" 무엇이 "제자리에" 올바로 있는지를 분별하기 위해 "경계선"과 "표시"의 중요성을 집중적으로 일관성 있게 드러낸다. 바턴은 14:33b-36의 구체적이며 핵심적인 이슈는 11:17-34과 마찬가지로 "**교회와 가정의 경계선을 어디에 그어야 하는지에** 대한 바울과 고린도 교인들 간의 갈등"에서 비롯되었다고 주장한다(강조는 원저자의 것임).[369] 하지만 우리의 관점에서 보면 "경계선의 사회적인 의미"—이것은 또한 "거룩함"과 "권세"의 이슈와도 관련되어 있다—는 이 단락에서 교회와 가정의 문제에만 국한되어 있지 않다.[370] 바턴은 인간론적인 배경과 관련하여 많은 학자 중 특히 리치, 메리 더글러스, 클리퍼드 게르츠, 터너 등의 표준적인 연구를 언급하고, 신약성경과 관련된 이슈에 관해서는 웨인 믹스, 타이센, 쉬슬러 피오렌자 등을 언급한다.[371] 바턴이 지적하듯이 필론은 남녀의 경계선을 장소의 경계선과 연결한다. 특히 그는 공공장소와 가정을 대조한다(Philo, *De Specialibus Legibus,* 3:169-171).[372]

놀라운 것은 저자들이 바울의 주요 관심사—남편 대 아내, 공적 장소 대 가정, 말하기 대 침묵, 통제된 말 대 "영감을 받은" 말 등—인 "질서"의 경계선이 지닌 특별한 측면을 지나치게 구체화하는 경향을 보인다는 것이다. 비록 와이어의 연구는 이른바 불안정하고 권위주의적인 바울에 반대하면서 해방된 여성 예언자들을

이 단어는 우리에게 친숙하다(BAGD, 191). 한편 혼돈에 대한 히브리어의 의미는 BDB 96, 102을 참조하라.

369) Stephen Barton, "Paul's Sense of Place: An Anthropological Approach to Community Formation in Corinth," 225; 참조. 225-246.

370) 같은 책, 226; 참조. 227-228.

371) 참조. Meeks, *The First Urban Christians,* 74-163; Theissen, Social Setting, 145-174(참조. 69-120); Fiorenza, *In Memory of Her,* 86-90, 176-177 그리고 곳곳에. 한편 고전적인 인간학 자료 중에는 다음과 같은 저자와 연구서가 포함되어 있다. Mary Douglas, *Purity and Danger* (London: Routledge, 1966), *Natural Symbols* (London: Barrie & Jenkins, 1973), *Implicit Meanings* (London: Routledge, 1975); E. Leach, *Social Anthropology* (Glasgow: Fontana, 1982).

372) Barton, "Paul's Sense of Place," 244, n. 32.

옹호하지만, 그가 과연 "질서"가 카리스마적인 복음의 공동체에도 적용되는지에 대한 매우 커다란 이슈를 핵심 과제로 인정하는 것은 분명히 타당하다.[373] 고린도의 많은 사람들의 눈에 "질서"는 이러한 공동체에 적용되지 않는다. 바울의 관점에서 보면 이러한 주장은 새 시대의 성령 하나님을 성경을 통해 자신의 질서정연한 방법들을 계시하신 하나님과 서로 모순되게 함으로써 하나님의 통일성 자체를 약화한다(율법이 나중에 마르키온적이거나 몬타누스적이라고 불리는 경우를 참조하라). 와이어는 바울의 "수사학"이 대체로 차별을 옹호하는 "남성의" 논리에 기초한다고 명백하게 주장한다. 예를 들면 사고 대 현실(3:18; 8:2, 3; 10:12; 11:16; 14:37-38), 사적인 것 대 공적인 것(7:2, 8-9, 36; 11:5a, 21-22a; 14:18-19a, 28, 34-35; 16:2), 자신의 이익 대 공동체의 유익(1:10; 3:3; 8:9-11; 9:22; 10:24-28-29, 32-33; 11:21-22; 12:7, 24b-25; 13:5b; 14:3, 4, 12), 수치 대 명예(1:26, 27; 4:10-14; 11:3-7, 13-15, 21-22; 12:23a; 14:34-35; 15:42, 43a), 인간적인 것 대 신적인 것(2:12-15; 3:1, 3; 6:15-17; 7:32-34; 10:21-22; 11:7, 20-21; 15:50) 등이다. "고린도전서에서 바울의 수사학은 반복해서…위치의 바뀜…대립을 강조한다.…[고린도 교인들, 특히 여성 예언자들은] 분쟁, 무질서와는 대조적으로…주님의 성령이…질서정연한 식사를 해결해줄 것을 기대하지 않는다. 오히려 성령은 이미 정해진 권위의 세계와 대조되는 다양한 권위를 빚어내는 것으로 인식된다."[374] 하지만 바울은 이 구별들을 통합시킨다. 와이어는 정의(definitions)를 통합할 것을 호소하면서 정의(justice), 성경, 논쟁, 하나님의 부르심, 주님의 명령, 현실의 구조, "보편적인 교회 관행" 등을 논의한다.[375] 와이어는 "해방"에 대한 어떤 특별한 의미를 고린도 여성들의 의견으로 간주한 유일한 학자가 아니다(이것은 일종의 특수한 해방 신학을 빚어냈다).[376]

이 모든 사항은 우리가 ὑποτασσέσθωσαν을 "그들이 자신에게 규정된 위치를 지키게 하십시오"라고 이해하고 번역하는 것을 뒷받침해주는 것처럼 보인다. 이

373) Wire, *The Corinthian Women Prophets,* 전반에 걸쳐(예. 13-38절, 이 부분에 대해서는 곧 논의할 것임).

374) 같은 책, 22. 서로 대조되는 사항에 대해서는 13-23을 참조하라.

375) 같은 책, 31. 이 원리들은 23-38에서 다루어진다.

376) 참조. 예를 들면 Maly, *Mündige Gemeinde,* 222-225. 하지만 (Wire의 입장과 달리) Maly는 바울에게 더 공감한다.

것을 창 3:16에 근거하여 복종으로 이해하는 것과 구분하는 것은 대단히 중요하다(앞에서 브루스의 논평 참조). 왜냐하면 이것은 창조 질서 안에 나타난 기독교 신자의 역할을 타락한 창조세계 안에서 여전히 해결되지 않은 역할과 혼동하는 것이기 때문이다. 또한 이것은 갈 3:28의 내용과 모순되는 것처럼 보인다. 키스트메이커는 해당 이슈를 하나님의 질서 안에서 "존중"을 받는 것 가운데 하나로 올바르게 이해한다. 위더링턴이 지적하듯이 (비록 그가 "예배 안에서"라는 표현을 부당하게 덧붙이긴 하지만) 이 질서 안에서 "여인들은 자신의 남편이 아니라 질서의 원리에 복종해야 한다는 명령을 받은 것이다."[377] 심지어 종말론적인 존재 방식 안에서도 질서의 원리가 영속성을 지니고 있다는 증거는 고전 15:28에서도 나타난다. 모든 것이 규정된 대로 하나님께 올바로 굴복할 때(ὑποταγῇ αὐτῷ τὰ πάντα) 예수 그리스도, 곧 아들도 모든 것을 총괄하시는 하나님(τῷ ὑποτάξαντι ... τὰ πάντα)과 관련하여 자기에게 지정된 위치로 되돌아갈 것이다(αὐτὸς ὁ υἱὸς ὑποταγήσεται). 이것은 "종속론적" 기독론이 아니라 "질서 있는" 삼위일체를 나타낸다.[378]

(d) 교회와 말하기

와이어는 고린도 교회가 모든 교회의 입장과 어긋나는 지역의 일방적인 결정을 내리지 않기를 바라는 바울의 마음을 올바르게 지적한다. 왜냐하면 모든 교회는 진정으로 하나님의 거룩한 단일 백성이기 때문이다. 이 문맥은 왜 바울이 ἁγίων이라는 용어(이 용어가 "바울의 것이 아니"라는 그릇된 주장과 달리)를 사용하는지를 아주 분명하게 밝혀준다. 바벨탑 사건과는 대조적으로 하나님의 영은 하나님의 백성을 하나의 거룩한 백성이 되게 한다. 바울은 고전 신학에서 "하나의 거룩하고 보편적이며 사도적인 교회"로서 이른바 후대의 "교회의 표지"를 예고한다. 오늘날에도 수많은 교회에서 신자들은 주일마다 니케아 신조의 이 신앙을 고백한다. 이 절은 1:2을 되돌아보게 한다. "예수 안에서 거룩해지고 하나님의 백성으로 부르심을 받은 이들(κλητοῖς ἁγίοις)과 또한 각처에서 우리의 주 예수 그리스도의 이름을 부르는 모든 이들에게

---

377) Kistemaker, *1 Cor*, 512; Witherington, *Women in the Earliest Churches*, 102-103.
378) 15:28에 대한 주해 참조.

[인사드립니다]. [그는] 그들뿐만 아니라 또한 우리의 주님이십니다."

교회의 관습이라는 **이 문맥에서** "말하는 것"이 무엇을 의미하는지를 묻는 것은 필수적이다. 바울은 11:5에서 여인이 기도하는 것(προσευχομένη)이나 예언의 말을 하는 것(ἢ προφητεύουσα)에 대해 아무런 제약조건도 표명하지 않기 때문에 "말하는 것"은 **조건 없이** 모든 종류의 말하는 것을 가리킬 수 없다. 이에 대한 보편적인 관행은 더 "엄격"했고, 바울은 그것을 11:5에 명시된 제약조건에 따라 광범위하게 인정한다(아래 참조).[379] 하지만 수신자들에게 설명할 필요가 없는 **문맥에 전제된** 이해는 다음 두 가지 경우일 개연성이 높다. **첫째는 말하는 것을 중단하지 못하는 것이다**(만약 더 "해방되고" "신령한" 여인들에 대한 와이어의 가설이 타당하다면 말이다. 이 여인들은 성령의 감동에 대해 통제하는 말의 윤리에 우선권을 부여한다는 개념을 받아들이는 것에 저항했을 것이다). **둘째는 더 개연성이 있는 것으로서 예언의 말의 분별을 방해하는 것이다**(29절에서처럼). **이것은 다음과 같은 것을 포함할 수 있다. (1) 질문을 통해 반복적으로 방해하고, (2) 아내들이 자기 남편에게 반론을 제기하는 것이다.** 이는 만약 디다케에서 발전된 상태로 나타나듯이 정황적인 삶의 방식의 문제가 분별의 일부였다면 더더욱 그러했을 것이다. 우리가 나머지 이슈들을 살펴보면 이 시나리오는 타당성이 더 높아질 것이다.

고든 피의 관찰에 따르면, 34-35절을 후대 삽입으로 간주하는 이들 외에도 대다수 주석가들(특히 개신교 주석가들)은 바울이 여기서 일종의 **방해하는** 말을 가리키거나 (가능한 대안으로서) 14:34-35이 11:2-16보다 더 형식을 중시하는 어떤 **교회의** 정황을 반영하는 것으로 간주한다.[380] 후자를 지지하기는 쉽지 않다. 왜냐하면 바울은 이어서 11:17-33에서 주의 만찬에 대해 다루기 때문이다. 여기서 "자신을 살펴보라"(11:28)와 "분별함이 없이 주의 잔을 마시는 것은 심판을 초래한다"(29절)라는 매우 엄숙한 표현은 11장이 "집에"(ἐν οἴκῳ, 34절) 머무는 정황을

379) Fee는 "11:2-16에서 공동체 안에서 여인들이 기도하고 예언하는 것은 아무런 책망 없이 받아들여지며, 14:23-24, 31에서도 '모두'라는 표현이 반복됨으로써 받아들여진다"고 말한다(Fee, *First Epistle*, 702).

380) 같은 책, 703. 특히 참조. Barrett, *First Epistle*, 331-333; Maly, *Mündige Gemeinde*, 223; Bruce, *1 and 2 Cor*, 135.

묘사한다는 개념을 배제하기 때문이다. 그러나 여기서 드러나는 것은 침묵도, 말하는 것도, 교회도 문맥과 상관없이 보편적으로 언급되지 않는다는 점이다. 따라서 브루스는 해당 이슈를 "그들이 예배 절차를 중단하는 것을 금지하는 것" 중 하나로 해석한다.[381] 그러나 우리는 그들이 어떤 의미로 "중단했는지"를 살펴보아야 한다.

(4) 나머지 이슈들: 바울 이전의 규정? 11:5과의 관계? 유대교와 그리스 배경? 하나의 시나리오

(a) 만약 우리가 여기서 이슈가 "말하기"라기보다는 "말하기의 남용"이라는 위더링턴과 다른 학자들의 견해에 동의한다면 하나의 개연성 있는 시나리오가 드러나기 시작할 것이다.[382] 바울의 모든 언어는 문맥에 따라 구체적으로 나타난다. 비록 바울은 질서를 존중하는 것이 현 문맥에서 다루고 있는 침묵을 의미한다는 교회들의 확립된 전통에도 호소하지만 말이다. 엘리스는 바울이 이전 전승을 수용하고 그것을 난외에서 전적으로 정황과 상대적인 논증에 덧붙인다고 주장한다. 이 주장은 에릭슨이 재구성했지만, 피가 거의 고려하지 않은 것이다. 스티븐 바턴은 엘리스의 주장이 바울의 장소에 대한 의미와 일치하며, 바울이 더 광범위한 원칙을 지지한 것을 허용한다고 주장한다. 즉 엘리스의 주장은 바울의 문맥에 잘 어울리며, 이 표현들을 후대의 삽입으로 간주하지 않으면서도 이른바 바울이 직접 쓴 구절이 아니라는 것을 설명할 수 있게 해준다.[383] 이것은 하나의 가능성이지만, 우리가 앞에서 모세오경 전체를 관통하는 율법과 질서에 대한 존중의 상호 관계를 논의한 것에 비추어보면 하나의 불필요한 가설에 지나지 않는다. 일단 우리가 해석학적인 이슈를 파악했다면 율법에 대한 언급과 관련하여 이른바 "바울의 것이 아닌" 것은 전혀 없다. 이제 우리는 "그들에게 허용되지 않기 때문입니다"에 대해 논의하고자 한다.

(b) 11:5을 14:33b-36과 "조화시키는 것"에 대한 대부분의 가설은 여전히 만

---

381) Bruce, *1 and 2 Cor,* 135.

382) Witherington, *Women in the Earliest Churches,* 104(강조는 덧붙여진 것임).

383) Barton, "Paul's Sense on Place," 229-230; Eriksson, *Traditions as Rhetorical Proof: Pauline Argumentation in 1 Cor,* 214-216(참조. Fee, *First Epistle,* 699, n. 4).

족스럽지 못하다. 11:2-16은 예언의 말에 대해 언급하지만, 여기서 λαλεῖν이 "잡담하다"를 가리킨다는 잘 알려진 개념은 기원후 1세기의 사전학적 증거와 14:27-40에서 전개되는 논의의 배경을 무시하는 것이다. 들뤼는 다음과 같이 주장한다. "그렇다면 바울은 여인들이 '말씀 사역'을 하는 것을 금하고 있는 것이 아니다. 오히려 그는 여인들이 상당한 방해 요인을 제공하고 있던 여성 특유의 잡담에 몰두하는 것을 금하고 있는 것이다."[384] 모팻은 "'침묵하십시오'는 잡담을 금하는 것 그 이상을 의미하며, 예배가 논쟁 그룹으로 바뀌어서는 안 된다"라고 주장한다.[385] 이 견해는 하인리치 이래로 널리 받아들여진 것 같다. 에링과 더불어 하인리치는 바울이 "영감을 받은" 말이나 "예배의식과 관련된" 말을 못하게 한다는 것을 상상할 수 없다고 생각한다. 반면에 그는 바울이 "공동체의 정식 회원들"에게 질서를 요구하는 것으로 이해할 수 있다고 주장한다.[386] C. 크뢰거와 R. 크뢰거는 바울이 "잡담"을 금하는 것이나 정반대의 "미쳐 날뛰며 외치는 것"을 금하는 것이라고 주장한다.[387] 하지만 바레트는 λαλεῖν을 그와 같이 해석하는 이들이 종종 호소하는 그릇된 사전학적 정보를 전적으로 거부한다. 초기 고전 그리스어에서는 이 동사가 "잡담하다"의 의미로 사용되기도 하지만, "신약성경과 바울 서신에서 이 동사는 일반적으로 그런 의미를 지니고 있지 않으며, 14장 전체에서는(14:2, 3, 4, 5, 6, 9, 11, 13, 18, 19, 21, 23, 27, 28, 29, 39) 영감을 받은 말의 의미로 사용된다."[388] 한편 쉬슬러 피오렌자는 11:2-16은 거기 묘사된 대로 여인들을 가리키지만, 14:33b-36은 단지 결혼한 여인들만을 가리킨다고 주장한다. 그의 주장은 가능하지만(특히 γυναῖκες가 여인들뿐만 아니라 결혼한 여인들 또는 아내들을 의미할 수도 있기 때문에), 여전히 사변적이며, 만약 11:2-16과 14:3b-36 사이에 문맥을 고려한 해석으로 인해 모순이 전혀 나타나지 않는다면 가장 확실한 설명은 아닐 것이다.[389]

(c) D. J. 나도의 짧은 논문(1994년)은 우리에게 다음과 같은 측면을 상기시켜

---

384) Deluz, *Companion to 1 Cor,* 215.
385) Moffatt, *First Epistle,* 233.
386) Heinrici, *Das erste Sendschreiben,* 456-461; Héring, *First Epistle,* 154.
387) C. and R. Kroeger, "Strange Tongues or Plain Talk?" 10-13.
388) Barrett, *First Epistle,* 332.
389) Schüssler Fiorenza, *In Memory of Her,* 230-231.

준다. 즉 이처럼 논쟁과 배경적인 요인에 의해 억압받는 상황에서 바울은 이제 막 생겨난 기독교 교회와 고대 그리스-로마 또는 동방의 종교의식 간의 혼란을 어떻게 해서든 피하고자 했을 것이다. 여인들은 교회에 유대교의 뿌리를 제공해준 회당에서보다 오히려 후자의 종교의식에서 더욱더 두드러진 역할을 했다.[390] 바울은 불신자들이 방언에 대해 어떻게 생각할지(14:23)에 대한 암시와 예언의 말을 진지하게 전달함으로써 그들이 회심하리라는 기대(14:24, 25)에 대한 언급을 통해 자신의 선교 또는 복음 전도에 대한 관심사를 표현한다. 설령 바울이 어떤 것에 대한 "권리"를 갖고 있다 하더라도, 그것이 그가 다른 사람을 그리스도에게로 인도하는 데 도움을 주기만 한다면 바울은 9:19-23에서 자발적으로 자신을 기꺼이 억제하고 통제할 것이라고 말한다. 통제된 말은 성경과 회당과 초기 교회의 전통을 반영한다. 아마도 바로 그런 이유에서 바울은 어떤 것이 허용되고 또 율법이 무엇을 지시하는지와 관련하여 랍비 문헌의 표현 양식을 사용한다. 나도는 바울의 관심사 중에서 한 가지 중요한 점을 잘 지적한다. 비록 그는 11:5절이 입증해주는 바와 같이 바울이 공동체 예배에서 여인들이 기도하는 것과 예언의 말을 하는 것을 전적으로 지지한다는 것에 대한 전체적인 그림을 자세하게 설명하지는 않지만 말이다. 그러나 만약 기도 또는 말씀 선포 외에 어떤 형태의 말하기나 그 말하기의 타이밍이 유대교적인 요소보다 오히려 더 헬레니즘적인 요소를 유발한다면 나도는 우리의 이해를 어느 정도 발전시킨 것이다.

(d) 위더링턴과 더불어 우리는 지금 논의하고 있는 말하기가 특히 **회중 앞에서 예언자들의 신학이나 예언자들의 삶의 방식을 엄밀히 검토하는 질문을 던짐으로써 예언자들의** 말을 검토하고 판단하는 행위를 가리킨다고 믿는다.[391] 만약 아내들이 자기 남편에게 말과 행위에 대해 꼬치꼬치 캐묻는다면 그것은 특별히 분위기를 민감하게 만들고 골칫거리를 유발했을 것이다. 바울은 **예언의 메시지를 말한다**

---

390) Nadeau, "Le problème de femmes en 1 Cor 14:33b-35," 63-65.

391) Witherington, *Women in the Earliest Churches,* 102: "예언을 분별하는 것과 관련하여(32-33절) 바울은 더 일반적인 권면에서 질서정연한 진행 절차로, 그리고 여인들이 예언을 평가하거나 이에 대해 질문을 제기하는 더 구체적인 사례로 관심을 돌릴 것이다." 이것은 (과연 30-33a에서처럼 예언자들인지 아니면 33b-36에서처럼 여자 예언자들인지) 37절에 대해 설명해줄 것이다.

는 주장의 진정성을 지지하거나 훼손할 수도 있는 종류의 질문은 집에서 하라고 말했을 것이다. 이 경우 여인들은 (i) 회중 앞에서 자기 남편에게 재판관처럼 행동하고, (ii) 사적인 관심사를 가지고 공적인 예배를 토론장으로 바꿀 위험을 자초하며, (iii) 통제되고 제한된 말의 윤리에 대항하는 것이다. 이런 상황에서 공동체는 이 말 저 말을 시끄럽게 주고받는 것을 듣는 것보다 조용히 하나님의 말씀을 들어야 했다. (iv) 이것은 창조세계와 이 세상 안에서 하나님의 행위의 질서정연함을 존중하며 분별하는 것을 방해하는 것이며, 이 질서는 하나님의 영의 창조 행위 이전부터 존재했던 혼돈 상태와 정반대의 것이다.

과연 이 "질서"가 단지 예배와 교회론에만 국한되는지, 아니면 더 광범위하게 하나님, 하나님의 영, 하나님의 거룩한 백성에게 반영되어야 할 하나님의 통치와 연결되는지에 대한 문제는 위더링턴의 다른 유익한 분석과 차이를 보이는 것 같다.[392] 한편 우리는 이 상황, 곧 우리의 신학이 과연 고린도의 여성 예언자들과 일치하는지, 아니면 바울과 일치하는지에 대한 와이어의 분석을 너무 쉽게 간과해서는 안 된다. 하나님과 하나님의 영에 대한 서로 다른 두 가지 이해가 쟁점이 되고 있다. 설령 더 큰 그림이 거부된다 하더라도 **말하기**를 예언의 말을 분별하는 것으로 이해하는 해석은 바로 앞에서 언급된 32-33절의 문맥과 37절로 이어지는 문맥을 잘 설명해줄 것이다. 그렇지 않다면 37절—만약 누구든지 자기를 예언자나 "성령에게 속한" 사람이라고 생각한다면—은 문맥과 관련된 의미를 상실할 것이며, 나아가 34-35절의 경우보다 "바울의 권위주의"에 대한 더 나쁜 사례를 남기게 될 것이다.

(5) 어떤 종류의 질문?(14:35)

해석과 관련된 기본적인 이슈 가운데 대부분은 앞에서 이미 논의했다. 바턴과 와이어는 해당 이슈와 관련하여 공적인 영역과 사적인 영역 간의 경계선의 중요성을 서로 다른 방식으로 설명한다. 와이어의 견해에 의하면 바울은 여인들의 "위치"를 각

---

392) 이 부분을 설명하는 마지막 단락에서 Witherington은 "질서"를 가정생활에 관한 문제와 분리하는 것을 강력하게 촉구한다. 따라서 그는 이 이슈를 오직 교회의 공적 예배에만 한정한다(Witherington, *Women,* 104).

자의 집으로 한정하여 그들의 권한을 무력화하려고 시도한다.[393] 하지만 바울의 관심사는 여인들의 권력을 무력화하려는 것이 아니라 (i) 삶과 예배에서 하나님의 본성과 세상에 대한 그의 통치를 반영하는 창의성과 질서의 변증법을 반영하고, (ii) (그것이 공동체적인 것이든 개인적인 것이든 간에) 그리스도인의 활동이 이 세상에서 여전히 복음으로 다가가야 하는 것으로 인식되는 선교적 비전임을 염두에 두고(참조. 9:19-23; 14:23-25), (iii) 단순히 지역에 한정되거나 철저히 일방적인 자기 통제를 피하려는 것이다. 이것은 공동체의 자기충족에 대해 그릇된 분별을 빚어낼 수 있다. 칼뱅은 이에 대해 다음과 같이 말한다. "어떤 교회는…자신에게만 몰입하여 다른 사람을 소홀히 하는 결과를 빚어낸다."[394] 따라서 이 절은 33b-34에서 하나님의 거룩한 백성의 모든 교회(33절)와 회중이 공개적으로 모일 때(34절)와 36절에서 하나님의 말씀이 먼저 사도들을 통해 전해졌고 모든 곳에 있는 신자들이 그것을 공유한다는 언급 사이에 들어 있다.

우리가 믿고 있듯이 만약 이 논의의 배경이 특별히 예언의 말을 분별하고 평가하고 시험하거나 분간하는 것을 가리킨다는 위더링턴의 평가가 옳다면 이것은 "예언자가 자기 고향과 자기 집 외에서는 존경을 받지 않음이 없느니라"(ἐν τῇ οἰκίᾳ αὐτοῦ, 마 13:57)라는 경우에 속할 것이다. 나아가 이 배경은 막 6:4, 5—"예언자가 자기 고향과 자기 친척(καὶ ἐν τοῖς συγγενεῦσιν αὐτοῦ)과 자기 집(καὶ ἐν τῇ οἰκίᾳ αὐτοῦ) 외에서는 존경을 받지 못함(ἄτιμος)이 없느니라 하시며 거기서는 아무 권능도 행하실 수 없었다"—의 경우에 속할 것이다.[395] 예수의 이 말은 네 복음서에서 모두 나타나며(참조. 눅 4:24; 요 4:44), 도마복음 31절에서도 등장하는 것으로 보인다. 이 사실은 예수의 운명이 초기 기독교 설교자들에 의해 반복되는 가운데 예

393) Wire, *Corinthian Women Prophets,* 157-158; 참조. 특히 16-17 그리고 다른 곳.

394) Calvin, *First Epistle,* 307.

395) 눅 4:24의 평행 본문에서 예수는 ἀμὴν λέγω ὑμῖν ὅτι οὐδεὶς προφήτης δεκτός ἐστιν, "내가 진실로 너희에게 이르노니 예언자가 고향에서는 환영을 받는 자가 없느니라"고 진지하게 말한다. 마가복음은 다른 곳에서 사람들이 예수의 사역을 진지하게 받아들였지만, 그의 고향 사람들, 친척들, 가족들은 예수에 대한 예언자들의 선포를 요구를 다음과 같이 이해했다고 설명한다. "이 사람이 마리아의 아들 목수가 아니냐? 야고보와 요셉과 유다와 시몬의 형제가 아니냐?" 그리고 그러한 선포가 예수의 사역에 걸림돌이 되었다는 것이다(막 6:3; 고전 1:23).

수의 진정성 있는 초창기의 말씀이 초기 교회 안에서 사실상 하나의 금언이 되었음을 암시한다.[396] 마태복음의 해당 절에 대해 해그너는 다음과 같이 주해한다. "많은 사람들은 예수를 예언자로 간주했다(참조. 마 21:11, 46). 그러나 그의 고향 사람들과 심지어 그의 가족과 친척(참조. 막 3:21)은 자신들이 예수를 너무나도 잘 알고 있기에 그를 보통 사람으로 생각하고 있었고(요 1:11과 광범위한 의미에서 일치함)…자신에 대한 예수의 주장을 듣고 격노하고 화를 냈다."[397] 우리는 어떤 사람이 예언의 말을 할을 때 그것의 흥미로움과 민감성을 이해하기 위해서는 "보통 사람"처럼 보였던 이들과 대조를 이루는 "성령의 사람"의 신분에 대한 고린도 교회의 논쟁을 상기하면 될 것이다. 예언의 말을 검토하거나 심지어 "분별하는 일"을 시작할 때 어떤 아내나 가까운 친척은 "시험"의 일환으로 예언자들이 어떻게 그들의 영적 상태나 일상적인 상황을 그들의 삶의 방식과 일치시키는지에 대해 공개적으로 질문을 제기할 수 있었을 것이다. 만약 예수의 가족에게도 그의 암묵적인 신분이 그들을 걸려 넘어지게 하는 원인(σκάνδαλον, 막 6:3; 고전 1:13)이 되었다면, 고린도전서의 배경에서 몹시 거슬리는 어떤 남편이 "신령한" 사람으로 여겨짐으로써 동일한 걸림돌의 역할을 하는 사례를 상상하는 것은 전혀 어렵지 않을 것이다. 진정으로 그의 삶이 하나님의 영이 그에게 어떤 예언의 말을 할지 암시해주었을까? 이런 경우 진정으로 반드시 분별이 요구된다!

따라서 우리는 ἐπερωτάτωσαν은 "여인들은 자기 남편에게 질문하십시오"(NRSV, REB, NJB)보다 그 이상의 것을 의미한다고 제안한다. 막 14:60에서 대제사장은 예수에게 심문 또는 질의를 했지만(ἐπηρώτησεν τὸν Ἰησοῦν), 14:61에서 이 동사는 사법적 조사에서 실질적 고소로 넘어간다.[398] 이 동사는 헬레니즘 문헌에서 종종 70인역에서 하나님의 뜻을 묻는 의미에서 신들에게 질문을 던지는 데 사용될 수 있었다.[399] 심지어 일상적인 삶에서 질문을 던지는 사례와 관련하여 그

396) Morna D. Hooker, *The Gospel according to Mark* (London: Black and Peabody, Mass.: Hendrickson, 1991), 153: "a proverbial saying."

397) Donald A, Hagner, *Matthew* (2 vols., Dallas: Word, 1993), 1:406.

398) BAGD(285, category 1b)는 이 용례를 인정하며 이것을 포함한다.

399) BAGD, category, c; Herodotus 1:53; Josephus, *Antiquities,* 6.123; 참조. 사 65:1(70인역). 물론 이 단어는 단순히 "질문을 제기하다"의 의미로도 사용된다(BAGD, 1a). 하지만 이 뉘

림-타이어는 여전히 첫 번째 항목에 질문의 형식을 언급한다. 즉 "질문하며 말을 걸다, 어떤 질문을 제기하다…질문하다" 등이다.[400] 그들은 목적격(35절에서는 τοὺς ἰδίους ἄνδρας)을 지배하는 ἐπί 복합동사가 일종의 지시의 의미를 갖고 있음을 설득력 있게 설명한다. 그들은 막 11:29의 반대 심문이라는 준-법률적 정황을 언급하는데, 거기서 예수는 "대제사장들과 서기관들"이 세례 요한의 권위는 인정한다고 하면서 자신의 권위는 어떤 근거로 거부하는지에 대해 반문한다. 마가복음 내러티브에서 권위 있는 말에 대한 **분별**에 관한 내용이 나온다면 그것은 분명히 바로 이 본문일 것이다. 따라서 명사 ἐπερώτημα는 강조의 어조와 함께 질문과 요구 사이를 계속 오간다. 이와는 대조적으로 복합형이 아닌 **단순한** 동사 ἐρωτάω는 "열려 있는" 의미에서 더 일반적으로 "묻다"를 의미한다.[401]

예수가 예언자가 인정을 받는 것과 연결한 **존경**과는 대조적으로 가까운 친척(특히 유대교나 고대 로마의 문화적 배경에서 아내나 가까운 친척에 해당하는 어떤 여인)이 어떤 예언자에게 반대 심문 또는 질문을 하는 것은 존경이 아니라 굴욕과 불명예를 가져다줄 것이다. 여기서는 (아우구스티누스 이후의 서구 사회에서 순결-죄책감이 대조되었던 것과 대조적으로) 기원후 1세기 고린도에서 대화의 세계에서의 존경-수치의 중요성이 전경에 있다.[402] 챈스는 성경과 인간학에 대한 탐구에서, 특히 친족 또는 성별의 문맥에서 존경/수치의 대조가 중요하다고 주장한다.[403] 성별과 친족은 "매우 정서적인" 수준으로 관심을 끌어올린다. 거기서는 (단순히 일반적인 것뿐만 아니라) "지역적인" 이슈들이 강화되고 구체화된다.[404] 하지만 수 세기에 걸쳐 특히 가정, 공동체, 국가 안에서 **다른 사람에 대한 존중, 인정 또는 불신**과 관련하여 더 공

앙스는 문맥에 달려 있다.

400) Grimm-Thayer, 230. 한편 고전 14:29-36의 정황에 대해서는 다음을 참조하라. J. M. Hurley, *Man and Women in Biblical Perspective* (Leicester: Inter-Varsity, 1981), 185-194.

401) Grimm-Thayer, 252.

402) 특히 참조. *Semeia* 68 (1994): *Honor and Shame in the World of the Bible* (ed. V. H. Matthews et al.); J. G. Peristiany (ed.), *Honor and Shame: The Values of Mediterranean Society* (Chicago: University of Chicago Press, 1966).

403) J. K. Chance, "The Anthropology of Honour and Shame," *Semeia* 68, 139-151, 특히 143-145.

404) 같은 책, 144-145.

적이거나 상호 주관적인 측면과는 대조적으로 수치는 서서히 거의 죄책감으로 바뀌었다. 현대 영어에서 가장 적절한 표현은 "인정받다" 또는 "불명예를 얻다"일 것이다. 만약 우리가 그리스어 형용사 αἰσχρός, "부끄러운, 불명예스러운, 수치스러운, 어울리지 않는"을 새롭게 표현한다면 바울이 말하고자 하는 의미를 다음과 같이 가장 정확하게 전달할 수 있을 것이다. "공적인 예배에서(ἐν ἐκκλησίᾳ는 의미상 ἐν οἴκῳ와 대조됨) 어떤 여인이 이렇게 말하는 것은 불명예를 초래할 것입니다." 바울은 35b에서 αἰσχρός를 맨 앞에 놓고 불명예를 강조한다(영어 번역에서는 "불명예"를 문장 맨 뒤에 놓아 같은 효과를 얻을 수 있을 것이다).

우리는 과연 딛 1:11의 침묵과 불명예스러움에 대한 언급이 지금 우리가 다루고 있는 본문을 의도적으로 회고하는 것인지 간략하게 언급하고자 한다. 설령 방해와 불명예의 이슈가 같다 하더라도 딛 1:11-13에서 침묵해야 할 대상은 **여인들**이 아니라 더 광범위한 범주에서 **지도자들**이다. 말의 윤리에서는 자제의 필요성을 존중하는 삶의 방식이 요구되지만, 이와 반대로 큰 소리로 줄기차게 외쳐대며 분열을 조장하는 논쟁은 복음의 의미를 혼란스럽게 만들며, 교인들 사이의 상호 존중을 훼손한다. 또다시 나는 딛 1:12, 13 또는 다른 부분과 관련하여 이 점을 설명했다. 왜냐하면 고린도전서의 이 주장과 관련하여 디도서의 해당 본문의 역할이 종종 오해를 빚어왔기 때문이다.[405] 키르케고르는 이 본문에 대해 논평하면서 다음과 같이 훨씬 더 광범위한 문맥에서 침묵의 미덕을 칭찬한다. "하나님의 말씀이 우리 안에서 그 고유한 일을 할 수 있도록 침묵은 꼭 필요하다.…우리는 오직 침묵 안에서만 하나님의 말씀을 들을 수 있다."[406] 위더링턴도 이 이슈를 다음과 같이 모든 사람에게 확대한다. "고린도 교인들은 구약성경에서 경의를 표하는 침묵에 대해 알아야 했다. 사람들은 조언을 들을 때 종종 침묵했다"(욥 29:21).[407] 하지만 그 문맥은 의미와 적용의 범위를 제한한다. 왜냐하면 해당 이슈는 특별히 여인

---

405) 참조. A. Thiselton, "The Logical Role of the Liar Paradox in Titus 1:12, 13," *BibInt* 2 (1994): 207-223.

406) Deluz, *Companion to 1 Cor,* 210; 다음 책에서 인용함. Kierkegaard, "Touching an Examination of Conscience." 참조. *Either/Or* (Eng. trans., Princeton: Princeton University Press, 2d ed. 1959), 71.

407) Witherington, *Women,* 259.

들과 침묵에 대한 이슈이기 때문이다. 한편 테르툴리아누스의 저서에서 그 텍스트 이후의 역사에서 나타나는 탈문맥화의 한 가지 사례가 발견된다. 테르툴리아누스는 세례에 대한 자신의 저서에서 바울을 외경 문서인 바울과 테클라에서의 위(僞)바울과 대조한다. 그는 바울은 여인들이 가르치거나 세례를 베푸는 것을 허락하지 않았다고 주장하면서 이 주장을 지지하기 위해 고전 14:35을 언급한다.[408]

36절 위더링턴은 36절에 대한 두 가지 유익한 견해를 제시한다. 첫째, 그는 바울의 수사 의문문의 강조점이 다음과 같은 시나리오에 있다고 본다. "고린도 교인들은 자신들의 규칙을 만들려고 시도하고 있었다. 그들은 아마도 자신들의 말이 충분하거나 권위가 있다고 생각하고 있거나 또는 심지어 **하나님의 말씀이 자신들을 위한** 것으로 생각하고 있었을 것이다(36절)"(강조는 덧붙여진 것임).[409] 피는 다음과 같이 올바르게 덧붙인다. "하나님은 그들에게 어떤 특별한 말씀을 주셨는가? 그래서 그 말씀은 그들이 바울의 지시 사항을 거부하고…교회들과 접촉하지 않는 것을 그들에게 허용하는가?"[410] 둘째, "모든 교회"(33절)와 "오직 여러분에게만"(36절)은 서로 대조되며, 이 두 절 사이에는 또 다른 밀접한 관계가 있다. 따라서 위더링턴은 이렇게 논평한다. "이 요약적인 진술[질문]은 단지 여인들에게만이 아니라 모든 [교인에게] 적용된다. 왜냐하면 그[바울]는 μόνας 대신에 μόνους를 사용하고 있기 때문이다. 이 단어는 아마도 남녀 청중을 가리킬 것이다."[411] 한편 로버트슨과 플러머는 AV/KJV의 번역에서 오해를 일으킬 수 있는 뉘앙스를 확인한다. "~로부터"와 "~에게"는 가능한 대안으로 남아

408) Tertullian, *Treatise on Baptism*, 17:3. "바울의 작품으로 잘못 알려진" 외경 문서인 바울과 테클라의 내용에 반대하면서 테르툴리아누스는 이렇게 주장한다. 바울은 "여인들에게 가르치는 것과 세례를 베푸는 것을 허용하지 않았다.…여인들은 [교회 안에서] 침묵하고 집에서 자기 남편에게 의견을 들어야 한다." 따라서 테르툴리아누스는 사람들이 테클라의 거짓된 사례에 호소한다는 점을 지적한다.

409) Witherington, *Women in the Earliest Churches*, 98.

410) Fee, *First Epistle*, 710.

411) Witherington, *Women*, 259.

있을 수 없으며, "오직"은 "오직 여러분에게만"으로 번역해야 한다(곧 우리가 앞에서 언급한 대로 여기서는 남성 복수도 포함된다). 따라서 36절은 다음과 같은 것을 의미한다. "여러분이 바로 복음의 출발점입니까? 또는 여러분이 복음의 유일한 목적지입니까?"[412] 또다시 이것은 1:2에서 묘사된 이 편지 전체에 대한 바울의 머리말과도 정확하게 일치한다. "부르심을 받은 이들과 각처에서 우리의 주 예수 그리스도의 이름을 부르는 모든 이들에게—[예수 그리스도는] 그들뿐만 아니라 또한 우리의 주님이십니다!" 따라서 "과연 그리스도께서 나누어졌습니까?(1:13)"

모든 "교회 연합 운동"에 대한 관심사를 "교회의 부르주아적인 단합"으로 간주하고 이에 따라 그것을 후대의 삽입(그는 어떤 독법도 이 절에 영향을 미치지 않는다고 시인한다)으로 규정하는 콘첼만을 따르는 것은 이 편지에 나타난 바울 사상의 통일성을 훼손하는 일종의 발전 이론을 바울에게 부여하는 것이다.[413] 피가 이 모든 절이 "어떤 사람이 프뉴마티코스라는 것은 무엇을 의미하는지"에 초점이 맞추어져 있다고 올바르게 이해하면서도 여기서 "삼중적" 판단 기준보다는 "이중적" 판단 기준을 언급하는 것은 의미가 있다. 그는 (1) 성령의 은사의 다양성과 (2) 교회를 "세우는 것"의 판단 기준을 수용하지만, (3) 성령의 은사와 그 효능의 자기 일치와 통일성—그리스도인의 삶의 방식과 교회 질서도 이 두 가지 요소를 반드시 나타내야 함—을 배제한다.[414] 교회의 삶에서 다음과 같은 현실은 하나의 비극이다. 즉 어떤 이들은 역사에 의해 너무 짓눌러져 교회에서의 활동이 단순한 반복과 일상화가 된 반면, 다른 이들은 새로움과의 "연관성"에 너무 관심을 기

412) Robertson and Plummer, *First Epistle,* 326.

413) Conzelmann, *1 Cor,* 246. 한편 Fee는 34-35절이 삽입된 것이라고 주장하면서 Conzelmann이 34-35절과 더불어 36절을 삽입으로 보는 것을 비판한다(Fee, *First Epistle,* 710, n. 7).

414) Fee, *First Epistle,* 709. 우리는 앞에서 바울이 12장에서 어떤 부분에서는 성령의 은사의 다양성을 지지하고, 다른 부분에서는 성령의 역사의 통일성을 지지하지만, Fee는 한쪽만을 강조한다는 점을 지적했다. 바울은 이와 같은 통일성이 고린도의 사례처럼 "수평적으로" 지역에도 적용되지만, 시간과 역사에 "수직적으로"도 적용된다는 사실을 간파했다(만약 이것이 "수직적으로" 적용되지 않는다면 교리와 윤리가 동시에 발전되는 것에 반응하여 행동하라고 신자들에게 요구할 수 없을 것이다).

울인 나머지 역사적인 뿌리를 존중하지 않는다. 하지만 그 뿌리는 공동체 전체의 기억과 정체성의 일부로서 존중을 받을 가치가 있다.[415] "고린도에 앞서 복음화된 장소들을 포함하여 다른 곳의 교회 관행도 어느 정도 존중되어야 한다(참조. 11:16; 14:33b).…사 2:3과 미 4:2에 기록된 예언의 성취로 하나님의 말씀이 예루살렘으로부터(롬 15:19에서처럼) 전파된다는 암시가 들어 있을 수 있다."[416] 브루스의 논평은 클링도 인용한 구약의 말씀들을 언급한다. 클링은 다음과 같이 강조한다. "여러분의 교회가 최초의 교회입니까? 그래서 자기 마음대로 오직 혼자서…여러분의 지혜가 예의범절에 대한 표준을 제시합니까?[417]

iii. 특별한 경고와 일반적인 권면(14:37-40)

37-38절 (1) 사본의 몇몇 이문은 특별한 의미를 지닌다. 특히 이것은 캐제만이 "신약성경의 거룩한 법의 판결"에 대한 가장 유명한 네 가지 사례로 꼽는 것 중 하나이기 때문이다. 이것은 명령법 3인칭 단수 ἀγνοέιτω, "그는 인정받아서는 안 됩니다" 또는 "그는 무시되어야 합니다"(p^{46}, B, $D^{b,c}$ [A^2], 후대의 대다수 사본들) 대신에 직설법 ἀγνοεῖται,"그는 인정받지 못할 것입니다"(א*, 아마도 A*, D*, G, 33, 1739, it^d, 고대 시리아어 및 콥트어 역본들, 불가타, 오리게네스의 그리스어 텍스트와 암브로시우스)를 원문으로 지지한다.[418] 오늘날의 많은 역본과 몇몇 그리스어 신약성경 사본 전문가의 견해는 양분되어 있다. 따라서 메츠거, NIV, NJB는 직설법 현재 수동태를 원문으로 지지하는 반면, 춘츠, NRSV(RSV는 아님), REB, ASV, KJV/AV는 명령법을 원문으로 지지한다.[419] 하지만 현대 주석가 가운데 절대다수는 직설법 독법을 지지한다

---

415) 역사, 실용주의, 기독교 진리에 대해서는 다음을 참조하라. R. Lundin, A. C. Thiselton, and C. Walhout, *The Promise of Hermeneutics* (Grand Rapids: Eerdmans and Carlisle: Paternoster, 1999).

416) Bruce, *1 and 2 Cor,* 136.

417) Kling, *First Epistle,* 6:297; 참조. Chrysostom, *1 Cor. Hom.*, 27:2.

418) 참조. Käsemann, "Sentences of Holy Law in the NT"(원래는 독일어로 *NTS* 1 [1954-55]: 248-260에 게재됨; 영문으로는 *New Testament Questions of Today,* 66-81, 특히 68-69.

419) Metzger, *Textual Commentary* (2d ed.), 500. 하지만 Metzger는 불확실성을 어느 정도 인정하면서도 이 독법을 지지한다. 반대 견해는 Zuntz, *Text,* 107-108.

(예. 콘첼만, 바레트, 브루스, 흐로세이데, 피, 랑, 클라우크, 헤이스 등).[420] 비록 명령법이 더 초기의 사본들과 더 탁월한 사본들의 지지를 받긴 하지만, 바울의 평행 본문에 비추어 진행한 해석은 p⁴⁶이 지나치게 가혹하다는 의미의 "어려운" 독법을 초기에 수정했음을 암시하며, 특히 직설법 수동태가 "하나님께 인정을 받지 못하다", "하나님께 알려지지 않다"라는 의미로 해석한다면 더더욱 그러하다.

(2) 37절의 "명령"(ἐντολή)이라는 단어는 D*, G, 이전의 라틴어 사본, 오리게네스에서 생략되어 있다. 춘츠는 이 단어가 생략된 것을 원문으로 간주한다. "내가 여러분에게 쓰는 것이 주님에게서 유래했다는 것을 인식하십시오." 그렇다면 필사자들이 원문을 더 딱딱하게 만들거나 더 부드럽게 만들기를 원한 것인가? p^{46}, B, $ℵ^c$, 33은 ἐντολή라고 읽지만, 몇몇 서방 전승은 복수형 ἐντολάι, "명령들"로 읽는다.[421] 이에 근거하여 춘츠와 바레트는 명령이 나중에 삽입되었으며, 그것이 다른 독법을 만들어낸 것으로 이해한다.[422] (UBS 4판을 포함하여) 대다수 저자들은 p^{46}, B, $ℵ^c$을 더 좋은 독법으로 간주하지만, 우리는 어느 독법이 원문인지 확실하게 알 수 없다. 어느 독법도 원문으로 간주할 수 있다.

37-38절의 내용은 34-36절의 주해에 힘을 실어주는 역할을 한다. 이 절들은 하나님의 영에 의해 어떤 예언을 말하는 자에게 "주어진" 신뢰할 만한 예언의 말인지, 성령의 역사와 상관이 없는 말인지, 단순히 자기암시, 자기기만에 의한 말인지 또는 단순히 실수에 의해 비롯된 말인지를 올바르게 분별하는 것에 대한 주제를 이어간다. 우리는 (위더링턴과 더불어) "예언"의 말을 한 어떤 사람에게 질문을 제기하는 것에 대해 설명했다(적어도 우선은 말하는 사람에게, 그다음에는 진정으로 믿을 만한 예언인지). 따라서 인정하는 것과 인정을 받는 것(또는 아는 것과 알려지는 것)의 문제는 전적으로 적절하다. 또다시 바울을 지나치게 쉽게 권위주의적인 인물로 간주하는 이들과 예언

---

420) 예를 들면 Fee, *First Epistle,* 709, n.4 and 712; Lang, *Die Briefe,* 201; Klauck, *1 Kor,* 107; Bruce, *1 and 2 Cor,* 136-137; Hays, *First Cor,* 244-245; Barrett, *First Epistle,* 314, n. 3; Conzelmann, *1 Cor,* 246; Orr and Walther, *First Epistle,* 314-315; Kistemaker, *1 Cor,* 518.

421) 참조. Zuntz, *Text,* 139-140.

422) Barrett, *First Epistle,* 333-334. Conzelmann은 이 구절을 꺾쇠괄호 안에 넣는다 (Conzelmann, *1 Cor,* 241).

의 말을 분별하는 것에 있어 **일관성**의 역할을 평가절하하는 이들은 이 절들에서 잘못된 것에 관심을 기울인다. 바울의 원칙은 전적으로 논리적이다. 하나님의 영은 모순된 말을 하지 않는다. 성령은 그가 이전에 밝혀준 신비스러운 내용을 훼손하지 않으며, 이로써 결코 "혼란" 또는 "무질서"를 초래하지 않는다(33a). 만약 어떤 예언자의 말이 (성경의 전승은 물론) **사도적인** 말과 모순된다면 그것은 그에게서 스스로 예언의 말을 전하는 권리를 박탈하는 것이 아닌가?

캐제만이 여기서 불필요하게 "거룩한 법의 판결"이라고 객관화하는 것은 언어 철학자들이 "내적 원리"에 근거한 불가피한 논리로 인식하는 것에 해당한다. 캐제만은 네 가지 주요 사례를 모두 이 편지에서 끌어온다. 즉 고전 3:17, 14:38, 16:22, 5:3-5이다.[423] 캐제만은 이렇게 주장한다. "이 그리스어 동사는 조건절과 귀결절의 교차 대구법에서 인간의 죄와 하나님의 심판을 묘사한다. 이 방법을 통해 그것은 이 두 가지 내용이 정확하게 일치하며 **서로 나뉠 수 없는 엄밀한 논리적인 연관성**을 지니고 있음을 나타낸다"(강조는 덧붙여진 것임).[424] 비록 나는 다른 논문에서 이 경우의 심판은 구원으로 이끄는 것이라고 주장했지만, 고전 5:3-5과 같은 사례들은 사실상 어떤 "엄격한" 심판을 포함할 것이다.[425] 하지만 고전 3:17과 14:38에는 **내적인 논리**가 들어 있다. 즉 우리는 교회를 파괴하고 교회에 속해 있다고 주장하면서 동시에 자신을 파괴하지 않을 수 없다(고전 3:17). 이와 마찬가지로 만약 우리가 사도적 계시를 그리스도의 영에 속하지 않은 것이라고 주장하며(사도직은 본질상 그리스도를 가리킴) 그것을 받아들이지 않으면서 동시에 자신이 "성령에게 속한 자"(πνευματικός)라고 주장한다면 우리는 분명히 하나님 앞에서 자기모순을 드러낼 것이다. 랑은 8:1-3의 매우 비슷한 텍스트에 근거하여 ἀγνοεῖται를 "그는 알려지지 않는다"라고 번역한다. "만

423) Käsemann, "Sentences of Holy Law," 66-72.

424) 같은 책, 67.

425) 5:3-5에 대한 주해를 보라. 참조. A. Thiselton, "The Meaning of σάρξ in 1 Cor 5:5," *SJT* 26 (1973): 204-228.

약 어떤 '신령한 사람'이 알지 못한다면—바울은 언어유희로 이것을 표현함—그는 그것을 통해 하나님께 알려지지 않았다는 것을 드러내는 것이다. 다시 말해 하나님의 영은 그의 안에 거하지 않는다"(강조는 덧붙여진 것임).[426] 사실상 와이어나 다른 학자들이 나중에 제시한 견해와는 대조적으로 크리소스토모스는 바울이 다음과 같은 내용을 밝히기 위해 이러한 표현을 사용한다고 주장한다. **바울의 생각 속에는 강요도, 위압적인 대결도 없다.**[427] **진정성이 없고 완고한 이 "예언자"는 자신이 "알려지지 않았다"는 사실, 곧 최종적인 판결을 내리시는 하나님께 인정받지 못했다는 사실을 드러냈다.**

콜린스는 이 점을 다음과 같이 적절하게 강조한다. "바울은 자신들이 예언자들의 전형 그리고/또는 영적인 사람이라고 생각하는 자들에게 이의를 제기한다. 그는 그들의 자만심에 맞서고 있다."[428] 그럼에도 "내적 원리"는 자기도취에서 생겨난 결과나 하나님의 심판을 초래하는 죄에서 벗어나기 위한 방법으로 이해해서는 안 된다. 콜린스는 바울의 사도적 에토스와 관련하여 논의를 이어간다. 바울의 널리 알려진 롬 1:18-32의 주장은 헬레니즘적·유대적 설교 자료를 활용하면서, 여기서 **하나님의 심판**은 사람들의 완고한 자기도취에 **내재된 또는 "내적인" 결과에 처하도록 "내버려 두는 것"**임을 보여준다. 따라서 헤이스는 다음과 같이 구약성경, 복음서, 바울 서신(캐제만과 같이)의 평행 본문들을 언급한다. "누구든지…나와 내 말을 부끄러워하면 인자도…그 사람을 부끄러워하리라"(막 8:38). "왕이 여호와의 말씀을 버렸으므로 여호와께서 왕을 버려…"(삼상 15:26). "만약 그가 이것을 인정하지 않는다면, 하나님도 그를 인정하지 않으실 것입니다"(고전 14:38). "여러분 가운데서 누구든지 이 세상에서 자신이 지혜 있는 사람이라고 생각한다면, 그는 정말로 지혜 있는 사람이 되기 위하여 어리석은 사람이 되어야 합니다"(고전 3:18). "만약 누구든지 자기가 무엇을 '안다'고 생각하는

---

426) Lang, *Die Briefe*, 201.

427) Chrysostom, *1 Cor. Hom.*, 27:3; 참조. Wire, *Corinthian Women Prophets*, 특히 14-15.

428) Collins, *First Cor*, 517.

사람은 아직도 그가 마땅히 알아야 할 것을 '알지' 못하는 사람입니다. 만약 누구든지 하나님을 사랑하면, 하나님께서도 그를 '알아주십니다'"(고전 8:2, 3).[429] 바울은 14:38에서 (NRSV가 암시하는 것처럼) **신앙 공동체**는 그 자만한 예언자를 인정해서는 안 된다고 말하지 않는다(14:38, NRSV: this is not *to be recognized*).[430]

하지만 와이어는 고전 3:18, 8:2, 3, 11:16과 더불어 14:37-38에 대해 매우 다른 접근 방법을 채택한다. 캐제만, 헤이스 및 다른 학자들과 마찬가지로 와이어도 고전 3:18, 8:2, 3, 11:16을 14:37-38과 연결한다.[431] 그의 판단에 의하면 바울은 일종의 수사학적인 장치를 사용한다. 이를 통해 바울은 "현실"을 자신의 사도적 입장과 연결하며, 단순히 "생각", 추측 또는 주관적인 진리를 주장하는 고린도의 (여자) 예언자들의 입장을 배척한다. 따라서 어떤 사람이 지혜롭다고 **생각하는 것**(εἴ τις δοκεῖ σοφὸς εἶναι, 3:18a)은 실질적으로 **지혜로운 사람인 것** 또는 **그와 같은 사람이 되는 것**(μωρὸς γενέσθω, ἵνα γένηται σοφός, 3:18b)과 대조된다. 이와 비슷하게 만약 누구든지 자기를 예언자나(εἴ τις δοκεῖ προφήτης εἶναι, 14:37a) "성령에게 속한" 사람이라고 생각한다면 그는 바울이 그들에게 쓴 것이 주님에게서 온 것이라는 사실을 인식해야 한다(ἐπιγινωσκέτω, 37b). 만약 그 예언자(또는 자칭 예언자)가 이것을 알거나 인식하지 못한다면(곧 그가 바울의 주장이 사실이 아니라 단순히 바울의 개인적인 의견에 지나지 않는다고 간주한다면) 그는 (실질적으로 **하나님에 의해** 예언자로) 인정받지 못한다. 와이어는 이러한 주장은 고린도의 (모두는 아니지만 대체로 여자인) "신령한" 예언자들과 관련하여 바울의 수사법의 특성을 드러낸다고 주장한다. "바울의 의기양양한 이 도전은 순식간에 그 예언자들의 기를 꺾어 그들의 주장을 단순히 주관적인 생각이나 현실과 동떨어진 허상으로 만

429) Hays, *First Cor,* 244-245.

430) 같은 책, 244. 이 원리의 기본적인 특성을 파악했음에도 Hays가 "바울은 지금 인내심이 바닥나는 것 같다"고 주해하는 것은 의아스럽다. (앞에서 우리가 딛 1:12, 13과 관련하여 논의했듯이) 크리소스토모스는 고전 11:16; 6:9-11; 갈 5:2 등과 같은 본문이 해당 행위의 불가피한 결과를 설명함으로써 "분쟁"을 피하고자 한다고 말한다.

431) Wire, *The Corinthian Women Prophets,* 특히 14-15.

든다. 이러한 도전은 바울 서신의 다른 곳에서도 두 번 나타난다(갈 6:3; 빌 3:4)."[432] 와이어의 견해에 의하면 침묵에 대해 말하는 이 단락에서 바울의 주장은 절정에 달하는 요약에 해당한다. "바울은 다른 이들 가운데 분명히 여자 예언자들을 대상으로 말하고 있다."[433]

생각과 현실 간의 괴리는 사적인 것과 공적인 것 간의 괴리에서도 나타난다. 따라서 와이어는 여인들의 "힘의 영역"이 (만약 그와 같은 것이 있다면) 가정의 사적인 영역(ἐν οἴκῳ, 35절)으로 밀려나야 했다고 강조한다.[434] 그는 14:35을 방언을 사적으로 사용하는 것(14:18, 19, 28), "가정에서" 식사를 제공하는 것(γὰρ οἰκίας οὐκ ἔχετε εἰς τὸ ἐσθίειν, 11:22), 사적인 초대(10:24-33), "혼자서" (예언의) 사역을 하기 위해 가정을 떠나는 것보다 결혼 상태를 유지하라는 바울의 권면과 연결한다(7:2, 8-9, 36). 그리고 와이어는 고린도의 사례에서 "바울의 복음과 리더십"에 대한 큰 위협은 "예언하는 여인들"과 관련이 있었다고 주장한다.[435] "몇 가지 사항에서 바울은 고린도 교인들이 함께 모일 때 방해하거나 곤란하게 한다고 여기는 몇 가지 활동을 집에서 할 것을 제안한다.…그는 여인들의 영적·신체적 에너지의 판도라 상자를 집으로 돌려보내려고 시도했을지도 모른다. 그 에너지는 교회에는 풍요로움을 주었지만, 가정에는 분열을 초래했다."[436]

우리는 반드시 다음 사항을 결합하는 데 주의해야 한다. (i) 여성 예언자들에 대한 어떤 가설을 내적 원리에 기초한 문장과 결합하는 것이다. 이 문장들은 이와 같은 모순 안에서, 그리고 그것을 통해 표현된 논리적인 모순과 하나님의 심판을 결합한다. 와이어는 (의식적으로든 자신도 모르게든) 바울의 세 번째 "수사학적 장치"로 "신앙 공동체의 유익"을 "자기 유익"과 분리하는 것을 꼽으면서 이 점을 강조한다.[437] 만약 바울이 다른 사람의 유익

---

432) 같은 책, 14.
433) 같은 책, 15.
434) 같은 책, 16.
435) 같은 책, 15.
436) 같은 책, 16, 17.
437) 같은 책, 17-19. 또한 Wire가 138-158에서 14장에 대해 더 자세하게 다루는 것을 참조하라.

에 대한 어떤 판단 기준을 제시한다면(와이어도 그것을 시인하거나 확인함, 1:10; 3:3; 8:9-11; 9:22; 11:21-22; 12:24-25; 13:5; 14:3, 4, 12) 그것은 성별에 대한 관심사에 의해 고안된 어떤 수사학적인 전략이 아니라 바울의 십자가 신학의 일부에 해당한다는 사실이 명백하게 드러난다(참조. 1:18-25). 만약 그리스도가 "다른 사람을 위해" 존재한다면(참조. 바울 이전 전승인 τὸ σῶμα τὸ ὑπὲρ ὑμῶν, 11:24; Χριστὸς ἀπέθανεν ὑπὲρ τῶν ἁμαρτιῶν ἡμῶν, 15:3) 진정성의 판단 기준은 다른 사람에 대한 사랑으로 요약되는 "공동체의 유익"일 수밖에 없다. 한편 공동체의 유익은 타인을 향한 사랑을 구체화한 것으로서 성령의 중재와 은사가 갖는 기독론적인 기초와 성격을 특징짓는다.

만약 성령의 사역이 삶의 모든 영역에서(12:3-6) 그리스도의 실천적 주권을 장려하는 것이라면 자신의 사역과 은사를 훼손하지 않으시는 하나님의 "그리스도다우심"을 실천적으로 증거하는 것과 일치하지 않는 것은 모두 진정으로 "하나님의 성령에 속한 것"(πνευματικός, 37절)으로 인정받을 수 없다(38절, 논리적인 측면에서)는 것이 명백해진다. 우리가 앞에서 논리와 신적 실재에 대한 호소 사이의 합치점에 대해 말한 것은 와이어의 논평에 따른 수정을 필요로 하지 않는다. 설령 와이어의 논평이 다른 타당한 쟁점을 제기한다 하더라도 말이다.

39-40절 (1) 39-40절 다음에 34-35절을 배치하는 사본들에 대해서는 34절에 대한 주해의 해당 부분을 보라. (2) p^{46}, B^2, D^*, F, G 및 많은 서방 사본은 μου를 생략한다. UBS 4판은 이 소유격 인칭 대명사를 꺾쇠괄호 안에 넣는다. 한편으로는 11:33의 경우처럼 (춘츠와 함께) 이 단어를 원문에 포함해야 한다고 주장하는 것이 더 설득력이 있을 것이다. 또 다른 한편으로는 어떤 필사자가 39절을 필사하면서 11:33을 기억했다고 주장할 수도 있을 것이다. 이것은 결코 μου의 불분명한 독법의 유일한 사례는 아니다. 아마도 "나의"는 독자들에 대한 바울의 애정과 관심을 표현할 것이다.

또다시 ἀδελφοί는 오늘날의 관용어로 표현하는 것이 거의 불가능

우리는 이에 대해 이미 언급했다.

하다. 따라서 우리가 앞에서 지적했듯이 우리는 이 용어를 문맥에 따라 다양하게 번역한다. 여기서 우리는 "나의 사랑하는 친구들이여"라고 번역했다. 한편 여기서 명령법 현재 ζηλοῦτε에 대한 우리의 번역은 더 많은 논쟁을 불러일으킬 것이다. 이 명령법은 대체로 "갈망하라"(NRSV, REB, NIV, NJB; 참조. KJV/AV, covet to)로 번역된다. 우리는 12:31 —ζηλοῦτε δὲ τὰ χαρίσματα τὰ μείζονα—에서 이 동사의 의미에 대해 살펴보았다. 우리가 제시한 자세한 논증에 의하면 해당 절에서(그리고 이 절에서도) 이 동사의 가장 정확한 의미는 "~에 대해 열심을 품고 지속적으로 관심을 가지십시오"다. 이 점에 대해서는 12:31의 주해와 번역을 지지하는 스미트의 논문을 참조하라.[438] (우리는 거기서 현재 명령형이 지속적인 의미를 지니고 있다는 견해를 지지했다.) 12:31에서 목적격 χαρίσματα는 39a의 목적격 정관사와 함께 부정사 τὸ προφητεύειν으로 대치된다. 이 표현은 39b에서 두 번째 정관사 + 부정사 구문, τὸ λαλεῖν으로 이어진다. 따라서 강조점은 "예언자라는 존재"가 아니라 예언의 말을 하는 언어-행위에 있다. 방언과 관련해서도 강조점은 "방언" 그 자체가 아니라 방언으로 말하는 것, 곧 방언의 **사용**에 있다. 여기서 바울은 14장 전체(또는 적어도 14:26-38)의 논점을 요약해주고 있다. 따라서 바울의 이 지침은 그가 그것에 대해 이미 한정시킨 모든 제한 조건 및 권면 사항에 맞추어 이해하고 적용해야 한다. 그러므로 "예언의 말에 대해 열심을 품고 계속 관심을 가지십시오"라는 바울의 말은 틀림없이 예언의 말을 **전하는 것** 또는 들려주는 것뿐만 아니라 그것을 분별하고 질서정연하게 사용하는 것을 포함한다.

---

438) J. E. M. Smit, "Two Puzzles: 1 Cor 12:31 and 13:3: Rhetorical Situation," *NTS* 39 (1993): 246-264. 한편 Allo, *Première Épitre,* 374은 만약 이 동사를 "갈망하라"로 번역한다면 이 번역은 이 절을 "아마도 아이러니하게" 만들 것이라고 믿는다. 왜냐하면 방언으로 말하는 것은 단순히 "용인되고 있기" 때문이다. 하지만 만약 예언의 말이 단순히 즉흥적으로 주어지는 계시의 말뿐만 아니라 **목회적인** 설교도 포함한다면 다음과 같은 조건 아래에서 예언하는 것에 대한 바울의 권면은 진정성이 있다. 즉 이것은 분별하는 것과 통제하는 것을 포함하여 예언과 관련된 모든 것에 관심을 갖는 것을 가리킨다. 한편 Collins는 "방언을 소홀히 하지 않고" 예언에 대해 "열심을 품고 추구하라"는 전통적인 개념을 강조한다(Collins, *First Cor,* 517).

14장 마지막 절은 여기서 바울이 그것을 구체적으로 언급했든 그렇지 않든 간에 공동체가 모여 공적으로 예배를 드릴 때 일어나는(γινέσθω) 모든 것과 관련되어 있다. 40절에서 사용한 그리스어 동사 γίνομαι는 가끔 "창조되다" 또는 "만들어지다"를 뜻할 수도 있지만, 대부분 "발생하다" 또는 "일어나다"의 의미를 지니고 있다. 대다수 영역본(NRSV, REB, NIV)은 γινέσθω를 "행해져야 합니다"라고 번역하지만, 이 명령법 현재는 행위자를 구체적으로 언급하지 않고 "모든 것이 이루어지게 하라"라는 의미를 지니고 있다.[439] 한편 40절에서 접속사 δέ는 예언의 말과 방언으로 말하는 것을 제한적으로 허용하는 것에 관한 이슈에 대해 권면하며 그것에 대한 구체적인 언급을 한정한다. 그러므로 로버트슨과 플러머가 이 접속사를 "오직"이라고 번역한 것은 더 일반적인 번역인 "그러나(NRSV, NIV)보다 더 적절한 기능을 수행하게 한다.[440]

14장의 내용을 요약하는 "결정타"는 부사 εὐσχημόνως와 전치사구 κατὰ τάξιν으로 표현된다. BAGD는 이 부사를 "품위 있게" 또는 "어울리게"라고 번역하면서 이 절에서 이 부사의 의미를 "적절하게"(properly)라고 제안한다.[441] (만약 관용적인 영어가 여전히 proper를 더 고전적인 의미에서 "단정하게" 또는 "예의 바르게"라는 의미로 사용한다면 properly라는 번역은 훌륭하다.) 이 부사의 동족 명사 εὐσχημοσύνη는 분명히 "적당함, 예절 바름"과 "공개적으로 제시할 만한 것" 등을 의미한다. 우리는 바울이 하나님을 대할 때 필요한 적절한 존경심과 품위, 그리고 단순히 미학적인 측면보다는 선교 및 복음 전파의 측면을 염두에 두고 있음을 의심하지 않는다. 형용사 εὐσχήμων은 고전 7:35에서 "어울리는 것"과 고전 12:24에서 "공개적으로 제시할 만한 것"을 의미한다.[442] 다른 동시대 저자들의 저서에서 이 형용사는 또한 "평

439) 참조. Findlay, *Expositor's Greek Testament*, 2:917; Robertson and Plummer, *First Epistle*, 328.

440) Robertson and Plummer, *First Epistle*, 328.

441) BAGD, 327.

442) BAGD 외에 MM, 266에 제시된 사례를 참조하라.

판이 좋은"을 뜻한다.[443] 만약 우리가 바울 시대의 사전학적인 증거, 바울의 이 부사와 그 관련된 용어 사용, 문맥적 요소를 모두 충분히 고려한다면 아마도 "적절하게"가 이 부사의 의미를 가장 잘 전달해줄 것이다.

전치사구 κατὰ τάξιν은 군대 세계의 대화에서 끌어온 은유적인 표현이다. 동족 명사 τάγμα는 질서가 잡혀 있는 것, 특히 문자적으로 군대가 줄을 잘 맞추어 정렬해 있는 것을 의미한다.[444] 로마의 클레멘스는 분파와 분열을 바로잡기 위해 기원후 95년에 로마에서 편지를 써서 고린도로 보냈다. 이 편지에서 그는 하나님의 대적들과 싸우는 것(참조. 히 1:13)에 대한 은유적인 표현이나 이미지를 그의 사역에 적용하며 다음과 같이 강조한다. 하나님의 군대 안에서 "우리의 지도자들(또는 장군들, ἡγουμένοις)에게 규칙을 따라(εὐτάκτως) 섬기며…그들의 통제에 복종하십시오(ὑποτεταγμένως).…모든 사람이 총독, 호민관, 백부장이 아닙니다. 그러나 각 사람은 자신의 직분 안에서(ἕκαστος δὲ ἐν τῷ ἰδίῳ τάγματι)…."[445] 바울은 하나님과 하나님의 영의 행동으로서 부활의 목적에 부합하는 질서정연함을 묘사하는 데 τάγμα를 사용한다(고전 15:23-24). 또한 추상 명사 τάξις는 "정해진 순서" 또는 "질서"를 가리키는 데 사용되고, 전치사구 κατὰ τάξιν은 "질서정연하게"를 의미한다.[446] 한편 클레멘스1서는 군대의 질서에 대한 클레멘스의 주장에서 상호 협력과 공동체의 유익(클레멘스1서 38:1-4), 창조의 질서와 지혜(39:1-9), 정해진 시간에(κατὰ καιροὺς τεταγμένους)…질서정연한 방법으로(πάντα τάξει ποεῖν ὀφείλομεν) 모든 것을 해야 하는 공동체 예배(40:1)의 관점에서 고린도전서의 주제를 추적하는 방향으로 나아간다.[447] 클레멘스1서의 다음 장은 다양성을 고려하지만, 다시 한번 각 사람은 자신의 "순서"에 따라(ἐν

---

443) 참조. Plutarch, *Moralia* 37.7; *Florentine Papyri* 61:61(AD 85).

444) BAGD, 802-803; 참조. MM, 624.

445) *1 Clement* 37:2, 3.

446) BAGD, 803, col.2, entry 2; 참조. MM, 625, entry 1. Barrett도 "질서정연하게"라고 번역한다(Barrett, *First Epistle*, 334).

447) *1 Clement* 40:1-5.

τῷ ἰδίῳ τάγματι) 해야만 한다고 말한다.[448] "적절하고 질서정연하게"는 특별히 12:3-6, 12-18, 28-31, 13:1-9-120, 14:1-33과 관련하여 14장의 절정을 잘 표현해준다(위를 보라).

448) *1 Clement* 41:1. 42장은 이것을 삼위일체와 관련된 질서(εὐτάκτως, 42:2)와 연결한다.

VI. 죽은 자들의 부활(15:1-58)

고전 15장에 대한 75년 간의 연구는 이 장에 대한 칼 바르트의 판결의 타당성을 논박할 만한 설득력 있는 근거를 제시하지 못했다. 그는 15장에 대해 다음과 같이 쓴다. 고전 15장은 "이 편지 전체의 절정과 마무리를 형성할 뿐만 아니라 **그 의미를 이해하는 데 필요한 열쇠를 제공하며**, 거기서 **이 편지 전체에 빛을 비추어주고**, 이로써 15장은 하나의 통일된 전체로 이해할 수 있게 된다"(강조는 덧붙여진 것임).[1] 15장은 하나님이 그의 주권에 기초하여 십자가를 통해 거저 주시는 은사인 은혜의 주제를 절정으로 이끈다. "죽은 사람"은 여기에 어떤 특별한 "지식"이나 "경험"을 부여할 수 없지만, **약속에 근거하여**(롬 4:17) "죽은 자들을 살리시는" 하나님을 통해 진정으로 생명과 삶의 방식에 변화를 경험한다.[2] 이것은 신자들이 그리스도와의 연합을 통해서뿐만 아니라 더 구체적으로 그리스도의 죽음과 하나가 되는 것을 통해 중재된다(고전 11:17-34). 몰트만과 슈라게의 표현을 빌리자면 십자가는 그리스도인의 존재와 그리스도인의 정체성에 대한 "근거와 판단 기준"이다(1:18-25).[3] 이 존재와 정체성은 성령이 장차 그리스도인의 존재 방식을 부

---

1) Karl Barth, *The Resurrection of the Dead*, 11.

2) Moxnes는 자신의 박사학위 논문 *Theology in Conflict*, 231-282, 특히 253-282에서 은혜의 주제에 주목한다. 그는 롬 4장과 고전 1:26-31(277); 롬 4:14-16과 고전 1:17, 18(263), 고전 1:21-25, 26, 31의 "반전"과 고전 15장, 특히 15:14(260)을 비교한다. 하지만 그는 바울이 "존재하지 않는 것을 존재하게 만드신다"는 주제를 **이방인들의 새 공동체**에 적용함으로써 이 주제를 재해석한다는 점을 강조한다. 15:4b도 보라.

3) Moltmann, *The Crucified God*의 부제; Schrage, *Der erste Brief*, 1:163.

활의 존재 방식으로 변화시킬 때 그 모호함과 부족함이 제거되며 절정에 이를 것이다. 이것은 방해받지 않는 성령의 활동을 통해 실현될 것이며, 마지막 날에 종말론적인 성취가 이루어질 것이다.[4)]

루터와 칼뱅도 분명히 부활을 다루는 15장이 복음과 이 서신 전체의 핵심 이슈를 다룬다고 확신했다. 루터는 이렇게 주장한다. 만약 어떤 사람이 부활을 믿지 않는다면 "그는 틀림없이 복음과 그리스도와 하나님에 대해 선포된 모든 것을 단번에 부인하는 것이다. 왜냐하면 이 모든 것은 사슬처럼 연결되어 있기 때문이다.…누구든지 이 조항을 부인하는 사람은 분명히 동시에 더 많은 것…한 마디로 말해 **하나님이 하나님이심**을 부인하는 것이다"(강조는 덧붙여진 것임).[5)] 이 서신에서 "하나님은 하나님이시다"보다 더 핵심적인 것일 수 있는 것은 무엇일까? 바울은 "'하나님이신 하나님"에 관심이 있지만, 그는 주로 하나님이 행하시는 것에 관심이 있다."[6)] 칼 바르트는 "이 '하나님으로부터'(참조. 고전 4:5)가 고린도전서 전체의 "비밀스러운 중추"라고 말한다.[7)] 바울의 종말론에 대한 다소 오래된 현대 연구서에서 H. A. A. 케네디는 바울에게 있어 그 자체로는 아무것도 아닌 γυμνὸς κόκκος, "알맹이"와 장차 나타날 영광의 σῶμα(15:37) 간의 유일한 유기체적인 연관성은 단순히 그리고 오직 "그가 뜻하시는 대로…주시는"(15:38, 여기서 ἠθέλησεν, 부정과거는 "우리의 본질의 구성을 결정하는" 하나님의 최종적이고 절대 주권적인 의지를 표명함) "하나님의 주권적인 능력"이라고 주장한다.[8)] 고전 2장

---

4) 다음 논문에서 더 확대된다. Thiselton, "Luther and Barth on 1 Cor 15: Six Theses for Theology in Relation to Recent Interpretation," in Stephens (ed.), *The Bible, The Reformation and the Church*, 258-289.

5) Luther, *Luther's Works XXVIII: Commentaries on 1 Cor 7 and 15*, 94-95.

6) Leon Morris는 로마서(그리고 함축적으로 고린도전서)와 관련하여 이 서신들이 그리스도나 기독론보다 하나님의 본성을 강조하며 거기에 더 많은 관심을 기울이고 있다고 주장한다. Leon Morris, "The Theme of Romans," in W. W. Gasque and R. P. Martin (eds.), *Apostolic History and the Gospel: To F. F. Bruce* (Exeter: Paternoster, 1970), 263; 참조. 249-263.

7) Barth, *Resurrection*, 18.

8) Kennedy, *St. Paul's Conception of the Last Things*, 243.

과 고후 5장 사이에 쐐기를 박는(후자에 "영혼의 불멸"이라는 상당히 다른 개념을 부여하면서) 많은 저자들과는 대조적으로 케네디는 고후 5장에서도 하나님에 대한 동일한 강조점을 발견한다. 거기서 "우리는 하나님으로부터 오는 어떤 집을 갖고 있다"라는 표현은 고전 15:38에서 말하는 '하나님이 그 씨앗에 주시는 몸'의…또 다른 형태의 반복"으로서 "확실한 소유"를 반영한다.[9)]

이와 비슷하게 칼뱅은 고전 15장이 무엇보다도 특별히 한 가지 논제, 곧 죽음 이후의 존재에 대한 믿음의 본질에 대해 말하고 있다고 본다. 이 장은 하나님과 복음의 본질을 다룬다. 바로 그런 이유에서 바울은 "부활의 교리를 복음으로 언급한다."[10)] 이것은 칼뱅이 다음과 같은 오래된 논쟁에 답하도록 유도한다. 즉 만약 이 문제가 포괄적이고 핵심적인 것이라면 바울은 왜 고린도전서의 거의 마지막 부분에서 이 문제를 다루는가? 칼뱅은 이 질문에 근본적으로 또는 광범위하게 타당한 답변을 제시한다. 즉 그의 답변은 지나치게 도덕주의적이며 지나치게 교회론적인 방향으로 나아가는 경향이 있다. 칼뱅은 바울이 "그들의 교만을 제압하고" 자신의 사도권을 온전히 확립한 후 이 주제를 다루고자 했기 때문에 15장까지 보류했다는 것이다.[11)] 위르겐 몰트만은 이 점을 다소 덜 도덕적으로 표현한다. 그는 희망의 원리와 부활의 논리는 "허무의 심연"의 내부로부터 하나님을 바라보는 것에서 비롯된다고 말한다.…또한 하나님의 약속에 따라 그리스도와 함께 부활하는 것은 "모든 허무(*nihil*)를 무력화하고 무효화한다."[12)] "자기 밖으로 향하는"(*extra se*) 하나님의 행위에 기초하여 십자가에 달린 그리스도와 하나가 되는 변증법적인 관계가 아니라면 이 개념은 통용될 수 있는 효력을 잃어버린다. 즉 "단순히 생명으로의 회귀가 아니라…죽음의 치명적인 파괴성을 정복하는…약속된 생명과 비교되는 죽음의 치명적인 파괴성 안에서…하나

9) 같은 책, 264, 265.
10) Calvin, *First Epistle*, 312.
11) 같은 책.
12) Moltmann, *Theology of Hope*, 172 and 198.

님은 무의 상태로부터 생명과 새로운 존재를 창조하신다."[13]

목스네스와 마찬가지로 몰트만은 이것을 롬 4:15, 17과 같이 "없는 것을 있는 것으로" 부르는 것으로 이해한다.[14] 따라서 "부정의 고통을 이해하지 못하면 그리스도인의 희망은 결코 현실적일 수도 없고 해방을 가져올 수도 없다."[15] 앞에서 언급한 바와 같이 이것은 롬 4장에 대한 목스네스의 주해와 공통되는 기반을 공유한다. 그리스도인의 정체성과 삶의 방식의 "근거와 판단 기준"으로서 십자가의 개념이 충분히 재인식되기 전까지 바울은 부활의 신학을 소개할 수 없었다. 종교적인 승리주의와 자기만족의 배경은 죽음을 부활로 "변화시키는 반전"을 위한 개념적인 공간을 허용하지 않는다. 부활은 1:31의 "누구든지 자랑하는 자는 주 안에서 자랑하라"를 전형적으로 보여준다. 하나님의 행위는 자신의 안녕을 위해 아무것도 할 수 없는 죽은 자들을 향하고 있다. 이 사실은 하나님의 절대 주권뿐만 아니라 하나님의 은혜를 강조한다.

어떤 이들은 루터, 칼뱅, 바르트, 몰트만과 같은 저자들에게 있어 이 부활 장에 대한 이러한 접근 방법과 평가는 예견될 만하다고 주장할 수 있다. 하지만 다른 현대 주석가들은 "15장은 부활에 관한 따로 독립된 논문이다"라는 콘첼만의 견해에 반대하면서 이 관점을 공유하고 이 서신의 통일성을 주장한다.[16] 해리스빌(1981년)은 이 장이 "이 편지의 핵심이며 거기서 모든 것이 흘러나온다"라고 본다.[17] 15장은 십자가(1:18-25과 곳곳에)와 일체적으로 관련되어 있다. 이는 "해피 엔딩"으로서가 아니라 "십자가의 말씀이 동시에 부활을 선포하는 것인 것처럼 부활을 선포하는 것은 동시에 십자가의 말씀이기 때문이다.…바울은 어떻게 이것이 그럴 수 있는지 이 놀라운 장에서 보여줄 것이다."[18] 이와 비슷하게 M. C. 드 보어(1988년)

---

13) 같은 책, 210, 211.
14) 같은 책, 145.
15) J. Moltmann, *The Crucified God* (Eng. trans., London: SCM, 1974), 5. 참조. 46.
16) Conzelmann, *1 Cor,* 249.
17) Harrisville, *1 Cor,* 249.
18) 같은 책, 248.

는 바르트, 목스네스, 해리스빌이 공유하는 관점을 정확하게 반영한다. "그리스도가 죽은 자 가운데서 부활한 것은 인간이 자신을 구원할 수 없는 무력한 존재이며 주 안에서밖에는 자랑할 근거가 없다(고전 1:31)는 것을 의미한다. 따라서 죽음에 대한 바울의 우주론적·묵시론적 이해와 더불어 죽은 자들의 부활에 대한…그의 주장은 그의 십자가 신학을 확대한 것이다.…우리는 그리스도로 말미암아 우리에게 승리를 주시는 **하나님께** 감사합니다(57절)"(강조는 원저자의 것임).[19]

이 서신이 여러 개의 서신으로 이루어져 있다는 이론은 널리 알려져 있다. 우리는 앞에서 36-41절에 대한 머리말에서 이에 대해 이미 논의했다. "주제, 시간, 상황"의 전환은 콘첼만뿐만 아니라 주이트, 바이스, 슈미트할스, 에링, 딩클러, 고구엘, 워커, 젤린으로 하여금 과연 이 부분이 이 서신의 나머지 부분과 통일성을 유지하는지를 의심하게 만든다.[20] 하지만 우리는 머리말 부분에서 이 편지의 일관성과 결정적인 반대 증거가 없다는 미첼, 피, 알로, 바레트 및 다른 학자들의 설득력 있는 반론을 소개했다.[21]

우리가 바울이 이 장에서 전개하는 주장의 수사학적·논리적 구조를 설명하기에 앞서 과연 바울이 말하는 죽은 자들의 부활 문제에 대한 정확한 본질에 관해 어떤 합리적인 의견의 일치가 이루어져 있는가? 첫 열한 절은 어떤 주제를 확인하기 위해 도입된 일종의 "답변" 형태를 취하고 있지는 않아 보인다. 비록 이 문제가 12절에서 고린도 교회 안에 있는 어떤 그룹 또

---

19) De Boer, *The Defeat of Death: Apocalyptic Eschatology 1 Cor 15 and Rom 5*, 140; 참조. 93-140.

20) 큰따옴표 안에 있는 내용은 Jewett의 다음 논문에서 인용한 것이다. Jewett, *Paul's Anthropological Terms*, 23. 참조. "The Redaction of 1 Cor and the Trajectory of the Pauline School," *JAAR Suppl* 46 (1978): 298-444; Weiss, *Der erste Korintherbrief*, xxxix-xliii and 343-345; W. Schmithals, "Die Korintherbriefe als Briefsammlung," *ZNW* 64 (1973): 263-288; *Gnosticism in Corinth*, 87-113. 또한 머리말의 다른 언급들도 보라.

21) 특히 다음을 참조하라. Mitchell, *Paul and the Rhetoric of Reconciliation;* Fee, *First Epistle*, 15-165; Allo, *Première Épitre*, lxxix-lxxxv and 387-388; Barrett, *First Epistle*, 12-17. 또한 다음 논문에 제시된 참고문헌을 참조하라. Saw, *Paul's Rhetoric in 1 Cor 15*, 180-183, 특히 n. 13; Thiselton, "Luther and Barth on 1 Cor 15," 275-278.

는 그룹들(ἐν ὑμῖν τινες, 12절, 외부 그룹이 아님)에 대한 언급과 함께 더 분명해지긴 하지만 말이다. 그들은 λέγουσιν ... ὅτι ἀνάστασις νεκρῶν οὐκ ἔστιν이라고 주장했다. 일단 저자들이 고린도 교인 가운데 "일부"가 죽은 자들의 부활의 실재 또는 가능성을 부인했다는 것을 그 진술보다 더 구체적으로 설명하려고 하면 여러 가지 이론이 서로 중첩되고 교차한다. 다음 저자들의 논문 또는 에세이의 광범위한 관점에서 보면 다양한 재구성에 대한 개요는 다양한 가능성을 동일하게 확인해준다. 즉 윌슨(1968년), 스푀를라인(1971년), 플랑크(1981년), 젤린(1986년), 웨더번(1987년), 드 보어(1988년), 바르트(1992년), 티슬턴(1995년), 요스트 홀레만(1996년), 에릭손(1998년, 콜린스, 1999년은 이 개요를 따름) 등이다.[22]

(i) 비록 우리는 이러한 대략적인 범주화의 경계선을 명확하게 그을 수 없지만, 몇몇 학자들은 고린도의 어떤 그룹은 **죽음 이후의 어떤 존재 방식도 결코 믿을 수 없다**고 생각했다고 주장한다. 교부 시대, 종교개혁 시대, 19세기, 그리고 더 최근의 저자들은 고대 그리스-로마 세계의 에피쿠로스 철학을 심지어 유대교 내의 사두개파 전통과 비교했고, 죽음 이후의 삶에 대한 믿음은 상상했던 것보다 기원후 1세기에 그리 널리 퍼져 있지 않았다고 강조했다. 또한 학자들은 이 견해를 지지하기 위해 여러 명의 고전학 전문가의 연구에 호소해왔다.[23] 에스티우스(1613년), 휴고 그로티우스(1645년), 그

---

22) Wilson, "The Corinthians Who Say There Is No Resurrection of the Dead," 90-107; Spörlein, *Die Leugnung der Auferstehung. Eine historisch-kritische Untersuchung zu 1 Kor 15,* 특히 7-19; Plank, "Resurrection Theology: The Corinthian Controversy Reexamined," 41-54; Sellin, *Der Streit um die Auferstehung der Toten,* 17-37; Wedderburn, *Baptism and Resurrection,* 6-15; de Boer, *The Defeat of Death,* 96-105; G. Barth, "Zur Frage nach der in 1 Kor 15 bekämpten Auferstehungsleugnung," *ZNW* 83 (1992): 187-201; A. Thiselton, "Luther and Barth on 1 Cor 15," 268-274; Joost Holleman, *Resurrection and Parousia: A Traditio-Historical Study of Paul's Eschatology in 1 Cor 15,* 35-48; Eriksson, *Traditions as Rhetorical Proof,* 232-278 (참조. Collins, *First Cor,* 525-528).

23) 특히 R. MacMullen, *Paganism in the Roman Empire* (New Haven: Yale University Press, 1981); 참조. M. Nilsson, *Geschichte der griechischen Religion* (2 vols, Munich: Beck, 1955 and 1961), 1:220-221.

이후에 특히 데 베테(1845년), 더 최근에는 슈미트할스(영역본 1970년) 등이 이 견해를 지지했다.[24] 칼뱅과 하인리치도 이 견해를 지지한 것으로 종종 알려져 있다. 하지만 칼뱅은 최종적으로 이 입장에 대해 "미결 상태"라고 결론짓는다. 하인리치도 한 가지 이상의 접근 방법을 결합한다.[25] 이와 같은 저자들은 대체로 바울이 "내일이면 죽을 터이니 먹고 마시자"라는 에피쿠로스학파의 원리를 사용하고, 부활에 대한 믿음을 부인하는 자들의 믿음은 결국 헛되거나 쓸모없는 것(15:17)이라는 개념을 사용한다는 점에 호소한다. 만약 그들이 현세의 삶에만 소망을 두었다면 그들은 불쌍한 자들이며 여전히 죄 가운데 있다는 것이다(15:17, 19). 스푀를라인은 고전 15장에 대한 이러한 견해는 F. C. 바우어, 데 베테의 시대와 1840년대의 전형적인 견해를 보여준다고 믿는다. 물론 슈미트할스와 다른 학자들도 더 최근에는 이 견해를 지지하긴 했지만 말이다.[26]

슈미트할스는 다음과 같이 주장한다. "바울은 고린도 교인들이 내세에 대한 소망을 모두 부인하고 있다고 믿었다. 이러한 믿음은 그 시대에 이상한 것이 아니었다."[27] 불트만은 이것이 바울의 생각이었다는 데 동의하지만, 그 타당성에는 의문을 제기한다. 즉 "우리는 바울이 죽음과 함께 모든 것이 끝이 난다(고전 15:19, 32)는 견해를 그의 적대자들의 것으로 돌리면서 그들을 오해하고 있었다는 것을 받아들여야 한다."[28] 불트만은 15:29과 같은 본문에 호소하면서 고린도 교인들의 견해는 다양했다고 주장한다. 하지만 절대다수의 저자들은 미래에 대한 모종의 소망에 근거한 고린도 교인들의 행동이나 믿음에 대해 말하는 15:29과 다른 본문은 바울이 그 상황을 오해한 것이 **아니라** 이 첫 번째 이론이 이 문제를 과장하거나 지나치게 단순

---

24) W M. L. de Wette, *Kurze Erklärung der Briefe und die Korinthianer* (Leipzig: Weidmannische Buchhandlung, 2d ed. 1845), 7; and Schmithals, *Gnosticism in Corinth,* 156.

25) Calvin, *First Epistle,* 312; Heinrici, *Das erste Sendschreiben,* 463-471.

26) Spörlein, *Die Leugnung.* 7, n. 3.

27) Schmithals, *Gnosticism,* 156.

28) Bultmann, *Theology of NT,* 1:169.

화하고 있음을 알려준다고 주장한다.[29] 이것을 "부인하는" 견해는 더 구체적이었다. 또한 웨더번이 주장하듯이 설령 데 베테의 평가가 한 작은 그룹에 적용될 수 있다 하더라도 바울은 15:29에서 또 다른 그룹을 언급할 수도 있다.[30]

(ii) 학자들이 제안한 두 번째 재구성은 크리소스토모스와 루터에게로 거슬러 올라간다. 즉 이 그룹은 "부활이 이미 오래전에 일어났다고 주장했다." 다시 말하면 **부활은 이미 일어났다**(딤후 2:18)는 것이다.[31] 만약 그리스도인들이 그리스도와 함께 이미 새로운 삶의 양식으로 부활했다면 죽음과 함께 일어나는 모든 일은 육체의 해체이며, 이미 존재하는 "신령한" 또는 영적 본질은 몸의 껍데기 없이 계속 존재할 것이다. 이 접근 방법은 다양한 형태로 이미 실현된 종말론과 연결되어 있으며, 때로는 영적인 열광주의나 고(高) 성례론과도 연결되어 있다. 하인리치(1880년), 한스 폰 조덴(1931년), 슈니빈트(1952년), 그 이후로는 뭉크, 빌켄스, 그랜트, 캐제만, 샤이어스, 바레트, 윌슨, 브루스, 베커, 뷩커, 마틴 등이 이와 같은 견해를 차례대로 제시했다.[32]

하지만 이러한 견해 안에서 우리는 반드시 몇 가지 중요한 구분 또는

---

29) 예컨대 de Boer, *Defeat of Death,* 96-97; Holleman, *Resurrection and Parousia,* 36; Fee, *First Epistle,* 716; Spörlein, *Die Leugnung.* 9-12; G. Barth, "Zur Frage nach der in 1 Kor 15."

30) Wedderburn, "The Problem of the Denial of the Resurrection in 1 Cor 15," 229; 참조. 229-241.

31) *Luther's Works,* vol. 28, 59 (Germ. *WA* 36:482); Chrysostom, *1 Cor. Hom.,* 38:1.

32) Heinrici, *Das erste Sendschreiben,* 463-471; Hans von Soden, "Sakrament und Ethik bei Paulus," in H. Frick (ed.), *Marburger Theologische Studien,* 1 (Gotha: Klotz, 1931), 23; 참조. 1-40; J. Schniewind, "Die Leugnung der Auferstehung in Korinth," in *Nachgekassene Reden und Aufsätze* (ed. E. Kähler; Berlin: Töpelmann, 1952), 110-139; Munck, *Paul and the Salvation of Mankind,* 165; Wilckens, *Weisheit und Torheit,* 11; Grant, *Historical Introduction,* 204; Käsemann, *NT Questions,* 125-126; Shires, *The Eschatology of Paul in the Light of Modern Scholarship,* 53-54; Wilson, "The Corinthians Who Say There Is No Resurrection," 90-107; Barrett, *First Epistle,* 109; Bruce, *1 and 2 Cor,* 49-50; Becker, *Auferstehung der Toten im Urchristentum,* 74-76; Bünker, *Briefformular und rhetorische Disposition in Kor,* 72; Martin, *The Spirit and Congregation,* 109-110.

하부 범주를 설정해야만 한다. 슈니빈트는 영지주의의 영향을 받았다는 이론을 상당히 선호하며 다음과 같은 견해를 지지한다. 즉 이제 일종의 완전히 "신령한" 존재가 시작되었으며, 거기서 신자들은 단순히 감각적인 것에 지나지 않는 영역 위로 이미 들림을 받았다는 것이다. 빌켄스의 견해도 광범위한 측면에서 비슷한 개념에 기초하고 있다. 그는 이 "더 높은" 차원에서 이 "영지주의자"는 심판을 이미 통과했다고 주장한다. 고린도 교인들은 고린도에 퍼져 있던 일종의 실현된 종말론을 반영한다는 이 견해는 이른바 "영지주의"가 이미 기원후 55년 무렵부터 영향력을 행사했다는 이전의 이론과 신중하게 구별되어야 한다.[33] 또한 이미 실현된 종말론이 십자가를 평가절하하는 이러한 다양한 주제를 함께 연결하는 역할을 한다는 주장은 목회 사역과 윤리학의 역할을 오해하고, 주의 만찬을 남용하며, "영적인 은사"를 신분을 나타내는 표시로 간주한다. 이와 같은 주장은 죽은 자들의 부활을 부인하는 것을 지지하는 근거에 대해 이러한 구체적인 재구성을 수반하는 것을 요구하지 않는다.[34] 데이비드 쿠크는 건실하고 균형 잡힌 견해를 제시한다. 로빈슨은 "자신들이 이미 부활했고 영광 가운데 살고 있다고 주장하는 자들의 과장된 열광주의"(참조. 4:8-13)에 대해 언급한다. 쿠크는 이 언급의 배후에 있는 강조점을 받아들인다. 그는 성령주의자들 또는 광신주의자들에 대한 캐제만의 다음과 같은 주장이 지닌 힘을 인정한다. "그들에게 '역사의 종말은 이미 왔다.'…묵시론자가 여전히 소망하고 있는 모든 것은 이미 실현되었으며" 그들에게는 "신학적으로 타당한 미래의 희망"은 남아 있지 않다.[35]

하지만 쿠크는 15:12이 "그들이 왜 부인하는지에 대한 이유도, 그들이 죽은 자들에 대해 어떤 신념을 지니고 있었는지에 관한 단서도 전혀 제시

---

33) 참조. A. C. Thiselton, "Realized Eschatology at Corinth," *NTS* 24 (1977): 510-526.

34) 같은 논문; 참조. Kuck, *Judgment and Community Conflict*, 24.

35) Kuck, *Judgment*, 23; 참조. 23-31; J. M. Robinson, "Kerygma and History in the NT," in J. M. Robinson and H. Koester (eds.), *Trajectories through Early Christianity* (Philadelphia: Fortress, 1971), 33-34; Käsemann, *NT Questions of Today*, 106 and 131.

해주지 않는다"고 지적한다.[36] 그리고 "영혼"에 대한 일상적인 개념뿐만 아니라 널리 알려진 철학적인 신념도 몸(σῶμα)의 부활과 영혼의 불멸성을 대조하는 것을 다루는 난제를 야기할 것이다.

(iii) 다수의 저자들은 고린도의 몇몇 사람 또는 많은 사람이 몸의 부활을 믿는 것을 어려워했다는 데 초점을 맞춘다. 사실상 크리소스토모스는 이 어려움을 확인하고 이것을 우리가 바로 앞에서 언급한 두 번째 범주와 결합한다. 바이스(1910년)는 고린도의 이 그룹뿐만 아니라 현대의 신학적·철학적 이슈와 연결하며 이와 같은 대립이 지닌 문제점을 더 분명하게 강조한다. 연대순으로 언급하자면 리츠만, 들뤼, 호프만, 시더, 머피-오코너, 퍼킨스, 젤린, 슈트로벨, 데일 마틴 등도 바이스의 견해를 따른다.[37] 플라톤의 영원한 이데아 또는 형상에 속하는 영혼 안에 내재하는 불멸성에 대한 개념과는 대조적으로 퍼킨스는 심지어 오늘날에도 "부활은 그 근본적인 신념의 일부를 훼손하지 않고서는 철학적으로 일관된 설명은 제시할 수 없다"고 선언한다.[38] 몸(σῶμα)의 부활에 대한 믿음은 논리적인 원칙, 담론의 세계 또는 언어 게임에 속한다. 이 안에서 "죽은 자들에게 생명을 주시고 존재하지 않는 것을 존재하도록 부르시는 하나님"(참조. 롬 4:17)을 믿고 신뢰하는 것이 이해될 수 있다.[39]

---

36) Kuck, *Judgment,* 27. 다음 저자들은 "실현된 종말론"의 접근 방법을 매우 강력하게 비판한다. E. Earle Ellis, "Christ Crucified," in R. Banks, (ed.), *Reconciliation and Hope* (Exeter: Paternoster, 1974), 73-74; Horsely, "Pneumatikos versus Psychikos," 269-288; Wedderburn, "Problem of the Denial," 231-233; P. Marshall, *Enmity in Corinth,* 206-209; P. J. Doughty, "The Presence and Future of Salvation in Corinth," *ZNW* 66 (1975): 61-90.

37) J. Weiss, *Der erste Korintherbrief,* 344; Lietzmann, *An die Korinther,* 79; Deluz, *Companion to 1 Cor,* 225; P. Hoffmann, *Die Toten in Christus* (Münster: Aschendorff, 1966), 241-243; Sider, "St. Paul's Understanding of the Nature and Significance of the Resurrection in 1 Cor 15:1-19," 137; Murphy-O'Connor, *1 Cor,* 137; Perkins, *Resurrection: NT Witness and Contemporary Reflection* (London: Chapman, 1984), 221-227 and 431-436; Sellin, *Der Streit um die Auferstehung,* 79-189 and 290; Strobel, *Der erste Brief,* 226-227, 240-243; Martin, *The Corinthian Body,* 104-136.

38) Perkins, *Resurrection,* 438.

39) 참조. Moxnes, *Theology in Conflict,* 231-282: "God Who Gives Life to the Dead," 231-282.

바로 앞의 이론이 서로 다른 두 가지 측면(곧 영지주의와 실현된 종말론)을 구체화한 것 같이 이 세 번째 접근 방법도 다음 두 가지를 구분할 것을 요구한다. 즉 (a) 무에서(ἐκ τῶν νεκρῶν) 새로운 것을 창조하시는 하나님의 주권적인 능력과 하나님이 σῶμα를 "소마적인"(somatic) 존재의 변화된 형태로 다시 일으키실 것에 대한 믿음과, (b) 이 몸(σῶμα)은 하나님 나라에 들어가는 이 변화된 존재 양식을 위한 도구가 될 수 없다는 개념(15:50-54)이다.[40] 첫 번째 측면은 "그들은 영혼의 불멸에 대한 이교 사상과 부활에 대한 기독교의 가르침을 혼동했다"는 들뤼의 논평의 배후에 있다.[41] 두 번째 측면은 독창적이며 시사하는 바가 큰 데일 마틴의 가설의 배후에 있다. 즉 고린도의 평범하고 소박한 그리스도인들("약한 자들")은 바울의 가르침으로부터 광범위하게 이해할 수 있는 본질의 위계질서를 받아들일 수 있었던 반면, "강한 자들"은 오직 ἐκ τῶν νεκρῶν 부활의 개념을 썩은 시체를 다시 일으키는 원시적인 개념으로밖에 볼 수 없었다.[42]

여기서 나타나는 이슈들은 15:42-44, 50-54에 대한 우리의 주해에서 자세하게 다룰 것이다. 우리는 문화적으로 분류하는 것과 어떤 신념을 더 쉽게 또는 더 어렵게 느끼는 것에 대한 마틴의 상관관계를 거부하지 않지만, 그가 σῶμα πνευματικόν을 **성령에 의해 온전히 소통할 수 있는 존재로 만들어지는 몸**이 아니라 **영의 영역에 참여하는** 몸으로 보는 매우 문제점이 많은 견해로 되돌아가는 것을 거부한다.[43] 하지만 마틴의 이러한 견해가 이 접근 방법에 대한 유일한 설명은 아니며, "어떤 이들"(τινες, 15:12)이 "강한 자들"의 모습을 반영하는지에 대한 그의 질문은 탐구할 만한 가치가 있다. 피어슨과 호슬리는 고린도의 이 그룹이 영혼의 불멸성과 유사한 견해를 지니고 있지만, 지혜에 대한 유대교 전승에서 통용되던 어휘를 많이 사용했다

40) Dahl, *The Resurrection of the Body*. 그는 우리가 "소마"를 번역할 수 없고, "소마적"(somatic)이라는 형용사를 사용해야 한다고 주장한다.

41) Deluz, *Companion to 1 Cor*, 225.

42) Dale Martin, *The Corinthian Body*, 130, 132, 135-136.

43) Dale Martin, *The Corinthian Body*, 132.

고 주장한다. 그 누구보다도 필론이 그 대표적인 인물이다. 15:45-49에서 바울이 첫 번째 아담과 마지막 아담의 순서를 바꾼 것은 분명히 필론이 사용한 유형의 사변을 반영할 수 있다.[44)]

이 견해의 또 다른 변형으로서 젤린은 자신의 연구서에서 "이 몸"이 고린도 교인들이 의심하게 된 하나의 주된 원인이라고 주장한다.[45)] 젤린은 인간에 대한 이원론적인 이해가 고린도의 몇몇 사람에게 영향을 미쳤을 것이라고 주장한다. "영적인" 존재가 된다는 것은 성령에 의해 영혼이 영감을 받는 것을 경험하는 것이다. 젤린의 견해에 의하면 바울은 새 창조를 의미하는 마지막 때의 부활에 대한 묵시론적인 견해를 활용하여 이 견해를 반박한다. 무엇보다 중요한 것은 묵시 문학의 심판에 관한 주제와 그 두 시대 신학이 새 창조에 관한 하나님의 종말론적인 행위의 연속성과 불연속성에 대한 강조를 보장한다는 것이다. 동시에 이 불연속성은 십자가에서 그리스도와 하나가 되는 과정에서 부분적으로 경험된다. 따라서 부활은 지금 윤리적인 삶의 방식을 바꿀 필요성이 있음을 확인해준다(58절).

(iv) 두 번째와 세 번째 접근 방법이 중요한 요소들을 포함하고 있음을 부인하기는 어렵다(설령 이 문제에 대한 독점적 또는 포괄적 설명은 아니라 하더라도 말이다). 루터는 여기서 그가 "어떤 이들"(12절)은 한 가지 이상의 문제로 시달리던 하나 이상의 그룹을 가리킨다고 제안했을 때 어쩌면 가장 타당성 있는 주장을 이미 예고했을 수 있다(예를 들면 현재 미첼과 에릭손의 견해에서 발견됨).[46)] 대다수 저자들은 다른 해결책을 완전히 배제할 만큼 한 가지 해결책을 구체적으로 명시할 수 있는 충분한 증거를 갖고 있지 않다는 점을 시

---

44) 참조. Philo, *Legum Allegoriae* 1.31 and 2.4 with Gen 1:27; 2:7 and 1 Cor 15:45-53. 참조. B. A. Pearson, *The Pneumatikos-Psychikos Terminology in 1 Corinthians*, SBLDS 12 (Missoula: Scholars Press, 1973), 82; Horsely, "Pneumatikos versus Psychikos: Distinctions of Spiritual Status among the Corinthians," 269-288.

45) Sellin, *Der Streit um die Auferstehung*, 79-189.

46) *Luther's Works*, 18-59(Germ. *WA* 36:482); 또한 Mitchell, *Paul and the Rhetoric of Reconciliation*, 177 and 287; Eriksson, *Traditions*, 236-237; Thiselton, "Luther and Barth on 1 Cor 15," 268-269.

인한다.[47] 대다수 주석가들은 그리스도의 부활을 부인한 사람은 소수에 불과했지만, 어떤 이들은 그리스도의 부활에 참여하는 것, 특히 공동체적으로 그의 몸을 공유하는 것이 어떤 의미인지에 대한 종말론적·윤리적 함의를 제대로 파악하지 못했다고 믿는다.

우리는 여기서 마지막으로 바울의 논의의 수사학적 구조와 논리를 고찰하고자 한다. 최근 몇 년 동안 바울의 수사학과 특히 고린도전서에 나타난 그의 수사학에 대해 엄청난 분량의 연구가 쏟아져 나왔다.[48] 서인선, 에릭손, 미첼은 모두 전승의 공통성에 호소하는 부분을 강조한다. 서에게 있어 이것은 바울의 일반적인 심의적 수사학 사용과 더불어 "제안자"의 기능을 한다.[49]

우리는 바울의 주장의 **논리적인** 구조에도 관심을 기울인다. 하지만 탁월한 수사학 관련 연구서들이 의사소통 전략을 파악하는 것(해석학의 하부 범주)을 포함하는 이상, 고전 문헌과 바울의 수사학적 방법과 의도에 대한 관심은 이 과제를 수행하는 데 도움을 준다(서론 109-126을 보라). 15장은 점진적인 주장을 여러 단계에 걸쳐 전개하는 매우 감동적인 연설이다. 그 내용이 너무 논리정연하게 제시되기 때문에 15장을 "하나의 독립된 논문"이라고 간주한 캐제만의 평가는 이해할 만하다(앞에서 우리가 언급했듯이 그는 15장과 이 서신 나머지 부분 사이의 통일성을 의심한다).[50] 거의 모든 저자는 15:1-58의 통일성을 받아들이며, 그중에 미첼, 에릭손, 왓슨은 15장의 수사학적 일관성을 강조한다.[51] 에릭손은 **헛됨 또는 무익함**이라는 주제가 수사법의

---

47) 참조. Spörlein, *Die Leugnung*, 9-12; and Wolff, *Der erste Brief*, 349-352.

48) 참조. 예컨대 Saw, *Paul's Rhetoric in 1 Cor 15: An Analysis Utilizing the Theories of Classical Rhetoric;* Eriksson, *Traditions as Rhetorical Proof,* 특히 232-278; Mitchell, *Paul and the Rhetoric of Reconciliation,* 175-177 and 283-290; Bünker, *Briefformular und rhetorische Disposition im 1 Kor;* Watson, "Paul's Rhetorical Strategy in 1 Cor 15," in Porter and Olbricht (eds.), *Rhetoric and the NT,* 231-249.

49) 예컨대 Saw, *Paul's Rhetoric,* 183-201; 참조. Eriksson, *Traditions*, 233; Watson, "Paul's Rhetorical Strategy," 231-249.

50) Conzelmann, *1 Cor,* 249(앞에서 논의됨).

51) Mitchell, *Rhetoric of Reconciliation*, 284; Eriksson, *Traditions,* 233; Watson, "Paul's

시작(εἰκός, 2절)과 끝(κενός, 58절)을 알려주는 수미상관법(*inclusio*)을 사용한다고 본다.[52)]

또한 서로 구별되는 단계적 주장에 대해서는 학자들 간에 사실상 의견이 일치한다.[53)] **그리스도의 부활**에 관한 단락(15:1-11)은 바울 이전의 공동 전승(아마도 3-5절)을 포함한다. "진술[*narratio*; 1-11절]의 첫 번째 부분은 사안에 대한 진술을 제시하고, 이 부분은 바울과 고린도 교인들 간의 공통되는 기반을 제공한다."[54)] 수사학적인 관점에서 이것은 사실에 대한 설명이며, "신념을 확증하기 위한 일종의 근거와 기초로서" "진술"에 대한 키케로의 정의와 일치한다.[55)] 일반적으로 진술은 간결성, 명료성, 개연성을 지니고 있다. 하지만 수사학적 분석을 제공하는 많은 이들이 간과하는 부분은 이 진술의 두 번째 부분(8-11절)이 바로 **그리스도의 부활의 실재와 더불어 하나님의 창조적이고 주권적이며 과분한 은혜**(ἐκτρώματι…8절; χάριτι δὲ θεοῦ εἰμι ὅ εἰμι, 10절)의 실재를 언급한다는 사실이다. 하나님의 은혜와 그리스도의 인격과 사역은 이 장의 나머지 부분에 기초를 제공한다.

첫 번째 논박(*refutatio*; 15:12-19)은 부활을 부인하는 것이 초래하는 비참한 결과를 설명하기 시작한다. 만약 죽은 자들의 부활이 없다면 어떻게 그리스도가 부활할 수 있었겠는가? 이것은 원칙적으로 불가능하다(15:12-14, 16). 이어서 바울은 그렇게 부활을 부인하는 것이 가져오는 불이익 또는 (여기서는) 처참한 결과를 강조하기 위해 심의적 수사학을 사용한다. 부활이 없다면 믿음은 헛된 것이다. 사도들은 거짓 증인이다. 결코 죄에서의 해방은 없다. 이미 죽은 신자들은 완전히 멸망한 것이다(15:15-19). 그다음에는

Rhetorical Strategy," 321-249.

52) Eriksson, *Traditions,* 233.

53) 앞에서 이미 언급한 연구서들과 더불어 다음을 참조하라. Fee, *First Epistle,* 713-809; Hays, *First Cor,* 252-277; Ortkemper, *1 Kor*, 143-167; Horsely, *1 Cor,* 197-220; Klauck, *1 Kor,* 107-123; Harrisville, *1 Cor,* 247-284; Wolff, *Der erste Brief,* 349-426; Allo, *Première Épitre,* 387-454.

54) 같은 책.

55) Cicero, *De Partitione Oratoria* 9.31.

첫 번째 확증(*confirmatio*; 15:20-34)이 뒤따른다. 하지만 사실상 그리스도는 부활의 첫 열매로서 죽음에서 일으킴을 받았다. 그의 생명과 죽음에 동참하는 자들도 이 부활을 경험하게 될 것이다(22-23절). 이처럼 하나님의 목적은 질서정연한 방법으로 순차적으로 펼쳐질 것이다(24-38절). 또한 그리스도인의 행위는 이것을 암시해준다(29-34절).

이 장에서 세 번째 주요 단락(15:35-58)은 죽은 자들의 부활이 **논리적으로 가능한지** 또는 **상상할 수 있는지**에 관심을 기울인다. 수사학적인 관점에서 에릭손은 이 부분에서 두 개의 부차적인 단락을 두 번째 논박(15:35-49)과 두 번째 확증(15:50-57)이라고 부른다. 이어서 마지막으로 간략한 결론(*peroratio*; 58절)이 바울의 논의를 요약하며 결론을 맺는다.[56] 하지만 이들이 종종 15:8-11에서 은사로서 하나님의 은혜의 중요성을 간과하는 것처럼 다수의 저자들은 (더 철저하게 논리적인 분석보다) 수사학적 분석에 관심을 갖는다. 그들은 매우 빈번하게 이행 절(34절)의 기본적인 역할을 간과한다. 반면에 바르트, 케네디와 더 신학적인 저자들은 34절을 연결고리로 이해한다. 곧 이 절은 다음과 같은 논리적인 효력이 있다. 어떤 이들(τινες)은 **하나님에 대한** 지식이 없다(ἀγνωσίαν γὰρ θεοῦ τινες ἔχουσιν). 이것은 의미상 이 장의 첫 번째 단어인 γνωρίζω와 일치한다. 따라서 부활의 **가능성**에 대한 믿음의 근거는 인간의 어떤 능력보다는 은혜가 넘치는 하나님의 무한한 자원과 주권적인 창조 능력이다. 하나님은 이미 창조세계에 무한한 다양성과 온갖 영광을 부여함으로써 입증한 것처럼(39-41절) 그분이 뜻하신 대로 각 피조물에 알맞은 σῶμα를 주신다(58절). 바로 이 사실은 **변화**의 신학을 위한 길을 마련해준다(15:42-57).

한편 변화는 하나님의 주권적인 은혜의 궁극적인 원인(근원)과 성령 사역의 작용인(44-45절)뿐만 아니라 마지막 아담으로서 그리스도의 형상으로 변화되는 중재 원인과 최종 원인을 내포한다. 앞에서 그리스도는 추수의 첫 곡식 다발 또는 잠자는 자들의 첫 열매(ἀπαρχή; 20, 23절)로 언급되는데,

---

56) Eriksson, *Traditions*, 275.

이제 45-49절의 아담 모형론을 통해 확인되고 확대된다. 이 모형론에 의하면 신자들은 **장차 마지막 아담의 형상을 입을 것이다**(49절). 따라서 해당 논리에 대한 요스트 홀레만의 분석이 다음과 같이 확인된다. "(a) 예수는 잠자는 자들의 **첫** 열매로서 부활했다.…(b) 예수는 장차 부활할 자들의 **유일무이한 대표자**로서 부활했다"(강조는 원저자의 것임).[57] 그럼에도 M. E. 달이 애써 강조하려 했듯이 그리스도와 기독교 신자들의 부활의 능동적 동인은 언제나 절대 주권을 지닌 **하나님**이시다. 하나님은 자신의 은혜로우신 결정에 따라 그렇게 행하신다.[58]

15:1-58에 대한 주요 참고문헌

이 주요 참고문헌은 이 장 전체에 대한 문헌을 대부분 포함하고 있지만, 특히 15:1-11에 대한 참고문헌을 포함한다. 그리고 15:12-34에 대한 보충적 참고문헌은 15:12에, 15:35-58에 대한 보충적 참고문헌은 15:35에 있다.

Barrett, C. K., "Immortality and Resurrection," in C. Duthie (ed.), *Resurrection and Immortality* (London: Bagster, 1979), 68-88 (rpt. from *London Quarterly Holborn Review* [1965]: 91-102).

Barth, G. "Zur Frage nach der 1 Kor. bekämpften Auferstehungsleugnung," *ZNW* 83 (1992): 187-201.

Barth, K. *The Resurrection of the Dead* (Eng. trans., London: Hodder & Stoughton, 1933).

Bartsch, H.-W., "Inhalt und Funktion des urchristlichen Osterglaubens," *NTS* 26 (1980): 180-196.

Becker, J., *Auferstehung der Toten im Urchristentum* (Stuttgart: Katholische Bibelwerk, 1976).

Beker, J. C., *Paul the Apostle* (Edinburgh: T. & T. Clark, 1980), 135-181.

________, "Paul the Theologian: Major Motifs in Pauline Theology," *Int* 43 (1981): 352-365.

Benoit, P., and R. Murphy (eds.), "Immortality and Resurrection," *Conc* 60 (1970).

Binder, H. "Zum geschichtlichen Hintergrund von 1 Kor 15:12," *TZ* 46 (1990): 193-201.

Boismard, M.-É., *Our Victory over Death: Resurrection?* (Eng. trans., Collegeville, Minn.: Liturgical Press, 1999).

Boer, M. C. de, *The Defeat of Death: Apocalyptic Eschatology in 1 Cor 15 and Rom 5,*

57) Holleman, *Resurrection and Parousia,* 1. 참조. Pate, *The Glory of Adam and the Afflictions of the Righteous: Pauline Suffering in Context.*

58) Dahl, *The Resurrection of the Body,* 96-100 그리고 곳곳에.

JSNTSS 22 (Sheffield: JSOT Press, 1988).
Bruce, F. F., "Paul on Immortality," *SJT* 24 (1971): 457-475.
Bünker, M., *Briefformular und rhetorische Disposition in 1 Kor* (Göttingen: Vandenhoeck & Ruprecht, 1983).
Bultmann, R., "Karl Barth: The Resurrection of the Dead," in Bultmann, *Faith and Understanding* (Eng. trans., London: SCM, 1969), 1:66-94.
Cambier, J., "Paul and Tradition," *Conc* 10:2 (1966): 53-63.
Carnley, P., *The Structure of Resurrection Belief* (Oxford: Clarendon, 1987).
Cavallin, H. C. C., *Life after Death: Paul's Argument for the Resurrection of the Dead in Cor 15,* ConBNT 7 (Lund: Gleerup, 1974).
Collins, R., "From Good Friday to Easter: A Call for Metanoia," *Emmanuel* 98 (1992): 125-129.
Conzelmann, H., "On the Analysis of the Confessional Formula in 1 Cor 15:3-5," *Int* 20 (1966): 15-25 ("Zur Analyse der Bekenntnisformel 1 Kor 15:3-5," *EvT* 25 [1965[: 1-11].
Cullmann, O., *Immortality of the Soul or Resurrection of the Dead* (Eng. trans., London: Epworth Press, 1958).
_______, *Les Première Confessions de Foi Chrétiennes* (Paris: Universitaires de France, 1948).
_______, *La Tradition,* Cahiers Théologiques 33 (Paris: Delachaux & Niestlé, 1953): Eng. trans., "The Tradition," in Cullmann, *The Early Church* (London: SCM, 1956), 59-99.
Daalen, D. H. van, *The Real Resurrection* (London: SCM, 1962).
Dahl, M. E., *The Resurrection of the Body* (London: SCM, 1962).
Davis, S. T., *Risen Indeed: Making Sense of the Resurrection* (London: SPCK, 1993), 1-6, 191-209.
Davis, S., D. Kendall, and G. O'Collins (eds.), *The Resurrection: An Interdisciplinary Symposium* (Oxford: Oxford University Press, 1997).
De Margerie, B., "Le troisième jour selon les Ecritures il est ressucité. Importance theologique d'une recherche exégétique," *RSR* 60 (1986): 158-188.
Dunn, J. D. G., *The Theology of Paul the Apostle* (Edinburgh: T. & T. Clark, 1998), 163-181, 235-266.
Eriksson, A., Traditions as Rhetorical Proof: Pauline Argumentation in 1 Cor, *ConBNT* 29 (Stockholm: Almqvist & Wiksell, 1988), 86-97 and 232-278.
Fischer, K. M., *Das Ostergeschehen* (Göttingen: Vandenhoeck & Ruprecht, 2d ed. 1980 [1978]).
Fiorenza, E. Schüssler, "Rhetorical Situation and Historical Situation in 1 Cor," *NTS* 33 (1987): 386-403.
Harris, M. J., *Raised Immortal* (London: Marshall, Morgan & Scott, 1983).
Hasler, V., "Credo und Auferstehung in Korinth. Erwägungen zu 1 Kor 15," *TZ* 40 (1984):

130-141.

Hill, D., "On the Third Day," *ExpTim* 78 (1966-67): 266-267.

Hoffmann, P. (ed.), *Zur neutestamentlichen Überlieferungen von der Auferstehung Jesu* (Darmstadt: Wissenschaftliche Buchgesellschaft, 1988).

Holleman, J., *Resurrection and Parousia: A Traditio-Historical Study of Paul's Eschatology in 1 Cor 15,* NovTSup 84 (Leiden: Brill, 1966).

Horsely, R. A., " 'How Can Some of You Say That There is No Resurrection of the Dead?': Spiritual Elitism in Corinth," *NovT* 20 (1978): 203-231.

_______, "Pneumatikos versus Psychikos: Distinctions of Spirituals Status among the Corinthians," *HTR* 69 (1976): 269-288.

Johnson, A., "First Fruits and Death's Defeat: Metaphor in Paul's Rhetorical Strategy in 1 Cor 15:20-28," *WW* 16 (1996): 456-464.

Jones, P. R., "1 Cor 15:8: Paul the Last Apostle," *TynBul* 36 (1985): 5-34.

Kearney, P. J., "He Appeared to 500 Brothers (1 Cor 15:6)," *NovT* 22 (1980): 264-284.

Kegel, G., *Auferstehung Jesu-Auferstehung der Toten* (Gühtersloh: Mohn, 1970).

Kennedy, H. A. A., *St. Paul's Conceptions of the Last Things* (London: Hodder & Stoughton, 1904), 222-341.

Kloppenborg, J., "An Analysis of the Pre-Pauline Formula in 1 Cor 15:3b-5 in Light of Some Recent Literature," *CBQ* 40 (1978): 351-367.

Kreitzer, L., "Adam as Analogy: Help or Hindrance?" *New Blackfriars* 70 (1989): 278-284.

_______, "Christ and Second Adam in Paul," *CV* 32 (1989): 55-101.

_______, *Jesus and God in Paul's Eschatology,* JSNT 19 (Sheffield: JSOT, 1987).

Kuck, D. W., *Judgment and Community Conflict: Paul's Use of Apocalyptic Judgment Language in 1 Cor 3:5-4:5,* NovTSup 66 (Leiden: Brill, 1992).

Künneth, W., *The Theology of the Resurrection* (Eng. trans., London: SCM, 1965).

Lindars, B., "Jesus Risen: Resurrection but No Empty Tomb," *Theol* 89 (1986): 90-96.

_______, "The Sound of the Trumpet: Paul and Eschatology," *BJRL* 67 (1984-85): 766-782.

Lindemann, A., "Paulus und die korinthische Eschatologie. Zur These von einer 'Entwicklung' im paulinischen Denken," *NTS* 37 (1991): 373-399.

Lüdemann, G., *Die Auferstehung Jesu* (Göttingen: Vandenhoeck & Ruprecht, 1944).

Luther, M., Commentaries on 1 Cor 7 and 15, *Luther's Works* 28 (ed. H. Coswald; St. Louis: Concordia, 1973) (Weimar ed., 36:482-696).

Martin, D. B., *The Corinthian Body* (New Haven: Yale University Press, 1995), 104-136.

Marxen, W., "The Resurrection as a Historical and Theological Problem," in C. F. D. Moule (ed.), *The Significance of the Resurrection for Faith in Jesus Christ* (London: SCM, 1968), 15-50.

_______, The Resurrection of Jesus of Nazareth (Eng. trans., Philadelphia: Fortress, 1970).

McArthur, H. K., "On the Third Day," *NTS* 18 (1971-72): 81-86.

Moiser, J., "1 Cor 15," *IBS* 14 (1992): 10-30.

Moltmann, J., *The Coming of God: Christian Eschatology* (Eng. trans., London: SCM, 1996), 49-256.

_______, *Is There Life After Death?* (Milwaukee: Marquette University Press, 1998).

_______, *Theology of Hope* (Eng. trans., London: SCM, 1967).

Moore, A., *The Parousia in the NT,* NovTSup 13 (Leiden: Brill, 1996).

Moxnes, H., "God Who Gives Life to the Dead," in *Theology in Conflict: Studies in Paul's Understanding of God in Romans,* NovTSup 53 (Leiden: Brill, 1996).

Munck, J., "Paulus tamquam abortivus, 1 Cor 15:8," in A. J. B. Higgins (ed.), *NT Essays: Studies in Memory to T. W. Manson* (Manchester: Manchester University Press, 1959), 180-195.

Murphy-O'Connor, J., "Tradition and Redaction in 1 Cor 15:3-7," *CBQ* 43 (1981): 582-589.

Nickelsburg, G. W. E., "An ektroma, Though Appointed from the Womb: Paul's Apostolic Self-Description in 1 Cor 15 and Gal 1," *HTR* 79 (1986): 198-205.

_______, *Resurrection, Immortality and Eternal Life in Intertestamental Judaism* (Cambridge, Mass.: Harvard University Press, 1972).

Oberlinner, L., (ed.), *Auferstehung Jesu-Auferstehung der Christen. Deutungen des Osterglaubens* (Freiburg: Herder, 1986).

Pannenberg, W., *Systematic Theology* (3 vols.; Eng. trans., Edinburgh: T. & T. Clark and Grand Rapids: Eerdmans, 1991, 1994, 1998), 2:343-372, 3:375-380, and 555-646.

Pate, C. M., *The Glory of Adam and the Afflictions of the Righteous: Pauline Suffering in Context* (Lewiston, N. Y.: Mellen, 1993).

Perkins, P., *Resurrection: NT Witnesses and Contemporary Reflection* (London: Chapman, 1984).

Plank, K. A., "Resurrection Theology: The Corinthian Controversy Re-examined," *PRS* 8 (1981): 41-54.

Price, R. M., "Apocryphal Apparitions: 1 Cor 15:3-11 as a Post-Pauline Interpolation," *JHC* 2 (1995): 69-99.

Radl, W., "Der Sinn von γνωρίζω in 1 Kor 15:1," *BZ* 28 (1984): 243-245.

Saw, Insawn, *Paul's Rhetoric in 1 Cor 15: An Analysis Utilizing the Theories of Classical Rhetoric* (Lewiston, N. Y.: Mellen, 1995).

Schenk, W., "Textlinguistische Aspekte der Strukturanalyse, dargestellt am Beispiel von 1 Kor xv.1-11," *NTS* 23 (1977): 469-477.

Schütz, J. H., "Apostolic Authority and the Control of Tradition: 1 Cor 15," *NTS* 15 (1968-69): 439-457.

Schweitzer, A., *The Mysticism of Paul the Apostle* (Eng. trans., London: Black, 1931), 219-226 AND 294-297.

Sellin, E., *Der Streit um die Auferstehung der Toten* (Göttingen: Vandenhoeck & Ruprecht, 1986).

Shires, H. M., *The Eschatology of Paul in the Light of Modern Scholarship* (Philadelphia:

Westminster, 1966).
Sider, R. J., "St. Paul's Understanding of the Nature and Significance of the Resurrection in 1 Cor 15:1-19," *NovT* 19 (1977).
Spallek, A. J., "The Origin and Meaning of εὐαγγέλιον in the Pauline Corpus," *CTQ* 57 (1993): 177-190.
Spörlein, B., *Die Leugnung der Auferstehung: Eine historisch-kritische Untersuchung zu I Kor 15* (Regensburg: Pustet, 1971).
Stanley, D. M., *Christ's Resurrection in Pauline Soteriology,* AnBib 13 (Rome: Pontifical Biblical Institute, 1961), 108-127.
Thiselton, A. C., "Luther and Barth on 1 Cor 15: Six Theses for Theology in Relation to Recent Interpretation," in W. P. Stephens (ed.), *The Bible, the Reformation and the Church: Essays in Honour of J. Atkinson,* JSNTSS 105 (Sheffield: Sheffield Academic Press, 1995), 258-289.
Verburg, W., *Endzeit und Entschlafene. Syntaktische-sigmatische, semantische und pragmatische Analyse von 1 Kor 15,* FB 78 (Würzburg: Echter, 1996).
Von der Osten-Sacken, P., "Die Apologie des paulinischen Apostolats in 1 Kor 15:1-11," *ZNW* 64 (1973): 245-262.
Vorster, J. N., "Resurrection Faith in 1 Cor 15," *Neot* (1989): 287-307.
Wagner, G., "If Christians Refuse to Act, Then Christ Is Not Risen Once More, 1 Cor 15," *IBS* 6 (1984): 27-39.
Watson, D. F., "Paul's Rhetorical Strategy in 1 Cor 15," in S. E. Porter and T. H. Olbricht (eds.), *Rhetoric and the NT,* JSNTSS 90 (Sheffield: Sheffield Academic Press, 1993), 231-249.
Webber, R. C., "A Note on 1 Cor 15:3-5," *JETS* 26 (1983): 265-269.
Wedderburn, A. J. M., *Baptism and Resurrection: Studies in Pauline Theology against Its Graeco-Roman Background,* WUNT 44 (Tübingen: Mohr, 1987).
_______, "The Problem of the Denial of the Resurrection in 1 Cor 15," *NovT* 23 (1981): 229-241.
Wilckens, U., *Resurrection: Biblical Testimony to the Resurrection: An Historical Examination and Explanation* (Eng. trans., Edinburgh: St. Andrew's Press, 1977), 1-26, 112-132.
Wilson, J. H., "The Corinthian Who Say There Is No Resurrection of the Dead," *ZNW* 59 (1968): 90-107.
Zimmer, C., "Das argumentum resurrectionis in 1 Kor 15:12-20," *LB* 65 (1991): 25-36.

A. 그리스도의 부활의 실재(15:1-11)

1 **사랑하는 형제자매 여러분, 이제 나는 여러분을 복음에 대한 온전한 지식으로**

되돌려 주려고 합니다. 곧 내가 여러분에게 선포했던 복음입니다. 여러분은 순서에 따라 이 복음을 받았으며, 여러분은 그 위에 서 있습니다. [2] **이 복음을 통해 여러분은 구원을 받는 과정에 있습니다. 만약 여러분이 내가 선포한 이 복음의 본질을 굳게 붙들고 있다면, 그리고 여러분이 그것을 일관된 생각 없이 믿은 것이 아니라면 말입니다.**

[3, 4, 5] **왜냐하면 무엇보다도 나는 먼저 내가 받은 것을 여러분에게 전해주었기 때문입니다. 곧 "그리스도께서는 성경대로 우리의 죄를 위해 죽었습니다. 그는 매장되었습니다. 그는 성경대로 사흘 만에 부활하셨습니다. 그리고 그는 베드로에게 그리고 열두 제자에게 나타나셨습니다."**

[6] **그 후에 그는 단번에 오백 명이 넘는 우리 그리스도인들에게 나타나셨습니다. 비록 몇 사람은 죽었지만, 그들 중 대다수는 여전히 살아 있습니다.** [7] **그 후에 그는 야고보에게, 그다음에는 모든 사도에게 나타나셨습니다.** [8, 9] **맨 마지막에 그는 마치 유산한 태아 같은 나에게도 나타나셨습니다. 왜냐하면 나는 사도 중에서 가장 작은 자이기 때문입니다. 나는 사도라고 불릴 자격도 없습니다. 왜냐하면 내가 하나님의 교회를 박해했기 때문입니다.** [10] **그러나 하나님의 은혜로 나는 오늘의 내가 되었습니다. 그리고 그가 나에게 베풀어주신 은혜는 열매 없는 것으로 입증되지 않았습니다. 그와 정반대로 나는 그들 모두보다 훨씬 더 많이 수고했습니다. 하지만 내가 아니라 나와 함께 하시는 하나님의 은혜로 그와 같이 일한 것입니다.** [11] **어쨌든 그들이든 나이든 간에 바로 이것이 우리가 선포하는 것이며, 바로 이것이 여러분이 믿게 된 것입니다.**

1절 γνωρίζω를 번역하는 것은 보기보다 어렵다. 12:3에서 바울은 "나는 여러분에게 이해시키려고 합니다"라는 의미로 이 동사를 사용한다. 대다수 주요 영역본은 이 동사를 "기억나게 하다"(REB, NRSV, NIV)라고 번역한다. 그러나 NJB는 "나는 여러분에게 매우 분명하게 말하기를 원합니다", RV(1881년)는 "나는 알려줍니다", AV/KJV는 "나는 선언합니다"라고 번역한다. 거의 모든 문맥에서 이 동사는 일반적으로 "알려주다"(또는 알다)를 의미한다. 그리고 이에 근거하여 W. 라디는 다음과 같이 주장한다. 즉 이 동사는 3-5절에서 이미 알려진 공동 전승을 가리킬 뿐만 아니라 1-11절과 더 광범위한 의미에서 바울에게 계시된 모든 것, 곧 복음을 가리키기 때문에 이러한 의미를 지닐 수밖에 없다는 것이다.[59] 그리스어 사전의 설명에 의하면 γνωρίζω는 파생적인 측면에서 "기억나게 하다"라는 의미를 지니고 있다. 하지만 주로 그림-타이어는 이 의미를 다음과 같이 확인해준다. "마치 이미 알려진 것이 그의 기억에서 사라진 것처럼 어떤 사람에게 기억나게 한다(고전 15:1)."[60]

볼프는 이 동사가 ἀναμιμνῄσκειν과 같은 의미임을 단호하게 거부하면서 로버트슨과 플러머의 논평—이것은 마치 "그[바울]가 이미 그들이 받아들인 기본적인 사실을 다시 그들에게 가르치기 시작해야 한다"—을 지지한다.[61] 사실 로버트슨과 플러머는 (데 베테와 마이어의 견해를 따라) 단순히 "나는 알려준다"라고 번역한다. 그리고 에드워즈와 더불어 그들은 "기억나게 하다"라는 부정확한 번역이 테오도레토스와 크리소스토모스로부터 유래한 것으로 본다.[62] 하지만 콜린스는 이 본문의 내용을 "이 공동체가 이미 알고 있는 어떤 것"으로 이해한다. 또한 이와 비슷하게 핀들레이는 "나는 여러분에게 알려줍니다"는 "일종의 비난의 어조"를 지니고 있다고 주장한다.[63] 하지만 이 동사의 의미와 관련하여 우리가 해야 할 것은 12:3(참조. 롬 9:22, 23; 고후 8:1; 빌 1:22; 4:6)에서 등장하는 이 단어의 의미와 비교하는 것뿐만 아니라 이 장의 몇몇 핵심점에서 무지와 지식에 대한 주제가 어떤 역할을 하는지를 파악하는 것이다(특히 ἀγνωσίαν ... θεοῦ, 34절; ἄφρων, 36절; μυστήριον, 51절; εἰδότες, 58절). 만약 바울은 특별히 이 장에서 이 지식을 뽐내는 "강한 자들"에게 말하고 있다는 데일 마틴의 주장이 사실이라면 더더욱

---

59) W. Radi, "Der Sinn von γνωρίζω in 1 Kor 15:1," 243-245. 이 점과 관련하여 그는 갈 1:11을 언급한다.

60) Grimm-Thayer, 119, col. 2; 참조. BAGD, 163.

61) Wolff, *Der erste Brief,* 354. Wolff는 Radi의 견해도 지지한다.

62) Robertson and Plummer, *First Epistle,* 331; Edwards, *First Epistle,* 389; Meyer, *First Epistle,* 2:39.

63) Findlay, *Expositor's Greek Testament,* 2:918; Collins, *First Cor,* 533.

그러하다.[64)]

다시 한번 ἀδελφοί를 번역하는 것의 어려움에 대해서는 앞에서 1:10, 11, 2:1, 3:1, 4:6 등의 주해를 참조하라. 그리스도인 가정의 구성원으로서 애정과 친밀함의 정도를 나타내는 것에 외에도(비록 애정과 친밀함의 의미에서 오직 그리스도인의 관계에 국한된 것은 아니지만) 이 용어는 하나의 새로운 주제를 도입하며 그 주제를 나타내는 역할을 한다. 우리는 영어의 한두 단어로 이 모든 내용을 전달할 수 없다. 또한 양성을 모두 포괄하는 번역은 어색한 느낌을 피하기 어려울 것이다. 하지만 "이제"(논리적인 "이제")는 어떤 주제를 나타내는 역할을 한다. 우리는 문맥에 따라 ἀδελφοί를 번역해야 한다는 점을 고려하여 이 용어를 다양하게 번역한다. 수사학적인 관점에서 바울은 독자들이 자신의 말과 선의에 주목하기를 원한다.

고든 피는 에드워즈와 핀들레이를 따라 1-2절에서 "일종의 A-B-A-B"의 구조를 확인한다(에링의 견해와 반대됨). 이 구조에서 "A"는 먼저 이미 선포된 복음을 말하고 이를 반복하는 반면, "B"는 먼저 고린도 교인들의 반응을 표현하고, 실질적인 결과를 나타내는 일종의 부정적인 대조의 역할을 한다.[65)] 하지만 에드워즈는 이 사중적 분석의 실질적인 의미를 더욱더 분명하게 설명한다. 오늘날의 관점에서 우리는 다음과 같이 말해야 한다. 즉 "A"는 상황, 특히 하나님의 행위를 선포하는 복음을 반영한다. "B"는 자신이 연루되는 측면을 전달하고, 이는 선언 또는 선포의 언어-행위를 내포한다. 즉 그리스도인의 존재의 안전성, 구원의 경험, 일관된 전용의 함의(2절에서 εἰκῇ에 대한 주해 참조)를 전달한다.[66)] 이 두 가지 측면이 모두 복음의 본질을 설명한다.

던이 최근에 이 단어에 대한 추가 논의에서 주장하듯이 복음(τὸ εὐαγγέλιον)이라는 용어는 주로 바울 서신에서 등장한다(신약성경에서 76번 중

64) Dale Martin, *The Corinthian Body*, 104-136.

65) Fee, *First Epistle*, 720. 광범위한 의미에서 Strobel도 이렇게 주장한다. Strobel, *Der erste Brief*, 227.

66) Edwards, *First Epistle*, 390. 본 주석서 저자가 자신의 방법으로 표현함.

60번).[67] 이것은 로마서에서 핵심 단어이며(롬 1:1, 15; 15:20) 바울은 복음을 "부끄러워하지 않는다"(롬 1:16; 참조. 고전 1:18-25, 두 문맥에서 모두 "부끄러움"은 구원하는 능력과 대조된다). 만약 바울이 복음을 선포할 수 없다면(고전 9:16; 참조. 9:26), 그것은 그에게 비참하고 수치스러운 것이다. 그의 회심과 부르심은 구체적으로 이방인들에게 복음을 전파하는 것이었다(갈 1:16). 던은 이 용어가 70인역과 (바울이 사용하는 의미로) 동시대 그리스어 문헌에서 나타나지 않는다는 점을 강조한다. 비록 동사형 εὐαγγελίζομαι가 사 40:9, 52:7, 61:1-2에서 등장하고, 솔로몬의 시편 11:1에서 이사야 본문에 대한 반향으로 사용되지만 말이다. "아마도 그것은 바울이 자신의 복음 선포를 묘사하기 위해 고안해낸 새로운 전문 용어였을 것이다."[68] 이 용법은 예수가 사 61:1-2를 인용하는 문맥에서 해당 동사를 자신의 설교에 적용하는 전승과 연속성을 지닌다(눅 4:16-21; 참조. 마 11:5; 눅 7:22).[69] 따라서 우리는 15:1에서 이 복음이 부활의 메시지 그 이상(절대 그 이하가 아닌)을 가리키는 것으로 이해해야 한다. 이 단어는 **구원의 메시지**를 가리킨다. 바울은 15:3-4에서 자신이 이전 전승을 공유한다는 점을 확인한다. 이 전승은 **그리스도의 부활과 죽음을 선포하며, 하나님의 구원하시고 변화시키시는 능력과 관련하여 그것을 해석한다. 그리고 이것은 [구약]성경이 제공하는 표준적 틀 안에서 설명되고 이해될 수 있다.**[70]

에릭손이 주장하듯이 여기서 추가로 논의될 것이 남아 있다. 바울은 이 복음이 이미 드러났을 뿐만 아니라(참조. 갈 1장과 2장) "전해지고 받아들여졌다"고 선언한다. 따라서 원칙적으로 이 복음은 "청중의 전제"가 되며,

---

67) Dunn, *"Euangelion,"* in his *The Theology of Paul,* 164-169. 참조. J. A. Fitzmyer, "The Gospel in the Theology of Paul," in *To Advance the Gospel* (New York: Crossword, 1981), 149-161; L. A. Jervis and P. Richardson (eds.), *The Gospel in Paul,* JSNTSS 108 (Sheffield: Sheffield Academic Press, 1994); P. T. O'Brien, *Gospel and Mission in the Writings of Paul* (Carlisle: Paternoster, 1995).

68) Dunn, *Theology of Paul,* 168; also 167.

69) 참조. C. K. Barrett, "I Am Not Ashamed of the Gospel," in *NT Essays* (London: SPCK, 1972), 116-143.

70) 또한 9:16, 23을 보라. 참조. Meyer, *First Epistle,* 2:39.

이 청중은 바울이 죽은 자들의 부활에 대한 자신의 논의를 전개하는 데 기초를 제공해준다.[71] 독자들은 순서에 따라 이 복음을 받았다. 전승이 전달되었음을 나타내는 NRSV의 번역은 좋다. 이것을 묘사하기 위해 1-2절에서 καί가 세 번이나 반복된 것은 결코 우연이 아니다. 우리는 볼프와 더불어 ἑστήκατε가 현재 완료로서 기능한다고 이해한다(NRSV, 반대 견해는 NJB, took their stand).[72] REB의 번역인 "여러분의 입장을 고수했습니다"는 현재의 상태뿐만 아니라 과거의 행위에 기초하여 현재의 안정성을 나타낸다.

2절 UBS 4판의 εἰ κατέχετε 대신에 몇몇 서방 사본(D*, F. G)은 ὀφείλετε κατέχειν으로 읽는다. 이러한 변화는 이해할 만하며, 설령 p^{46}의 또 다른 필사본도 부차적인 독법을 지니고 있다고 주장하는 춘츠의 견해가 옳다 하더라도 이 독법은 개연성의 무게를 바꾸지 못할 것이다(Zuntz, *Text,* 254-255).

주석가들은 지속을 나타내는 현재 σῴζεσθε를 다음과 같이 설명해야 한다는 데 동의한다. 즉 이 동사는 "신자들을 위해 미래에 온전히 성취되고 있는 것"을 가리킨다.[73] 1절에서 관계 대명사는 세 번 사용된다. 2절 맨 앞에서도 δι᾽ οὗ 관계 대명사, "이 복음을 통해"가 반복된다. 한편 τίνι λόγῳ를 영어의 관용적 어법으로 번역하는 것은 매우 어렵다. 우리는 "내가 여러분에게 선포한 복음"(εὐηγγελισάμην ὑμῖν)을 그리스어의 어떤 어구와 연결해야 할까? 어떤 이들은 이 표현이 여전히 1절의 γνωρίζω와 연결되어 있다고 주장한다(벵엘, 에드워즈, 로버트슨). 하지만 이 동사가 1절 맨 앞에 위치하며 다른 주제들이 추가되었다는 사실은 이 견해가 타당하지 않다는 것을 보여준다.[74] 어떤 저자들은 τίνι λόγῳ가 파피루스 문헌에서 종종 나타나듯이 이것이 관계사처럼 여기서는 아마도 도구적인 의미로 사용되었을 것이라고 본다.[75] 우리가 λόγος가 단순히 말, 메시지 또는 말하는 행위뿐만 아니라 어

---

71) Eriksson, *Traditions,* 241.

72) Wolff, *Der erste Brief,* 354; Strobel, *Der erste Brief,* 227.

73) Robertson and Plummer, *First Epistle,* 331; Findlay, *Expositor's Greek Testament,* 2:918; Fee, *First Epistle,* 720, n. 32.

74) 여기서 Findlay의 주장은 설득력이 있다(Findlay, *Expositor's Greek Testament,* 2:919).

75) MHT, 1:93-94.

떤 선언, 주장, 제안 또는 다른 의사소통 행위의 내용이나 본질도 가리킨다는 것을 기억하면 이 표현의 해석과 관련된 난제는 해결될 것이다(콘첼만에게 실례가 되긴 하겠지만, 각주에서 주해 참조).[76] 동사 εὐαγγελίζομαι는 이미 "복음을 선포하다"를 뜻한다. 따라서 바울은 여기서 "내가 여러분에게 선포한 이 복음의 본질"을 가리킨다.

εἰκῇ를 "헛되이"(NRSV, REB, NIV, NJB, AV/KJV, 콜린스)라고 번역하는 것은 불필요한 문제를 초래하며, 공동 전승에 호소하고 독자들을 ἀδελφοί라고 부르며 이전의 강조점을 확증하면서 공통 기반을 찾으려는 바울의 의도를 평가절하하는 과격한 아이러니로 바울을 몰아넣는다. εἰκῇ가 충분한 숙고 없이 또는 닥치는 대로(Epictetus, *Dissertations* 1.28.28; 6:7) 또는 생각 없이 또는 무턱대고(1 Clement 40:2)를 의미한다는 확실한 사전학적 증거가 있다.[77] 여기서 바울은 복음을 이처럼 피상적으로 또는 어리둥절한 상태에서 받아들였을 가능성을 상정한다. 이렇게 받아들였다면 종말론이나 실천적 제자도를 위한 복음의 논리적 또는 실천적 의미를 일관성 있게 파악하는 데 이르지 못한다. 따라서 **일관성 없는** 믿음과 **헛되이** 믿는 것은 서로 다른 것이다.

3-5절 (3절과 5절에 나타난) 두 이문은 모두 텍스트보다 사본의 신학과 더 관련이 있다. (1) 마르키온은 예상한 대로 원문에서 ὃ καὶ παρέλαβον을 누락시킨다. 왜냐하면 그는 바울이 이른바 "바울 복음"을 직접적인 계시보다 사도적 전승에 의존한다는 함의를 피하려고 하기 때문이다. (2) 몇몇 서방 독법—D*, F, G 및 많은 라틴어 역본—은 5절에서 εἶτα를 μετά ταῦτα, "그 이후에"로 대체하여 베드로의 신분을 높이려고 한다. 아마도 이것은 베드로에게 먼저 나타났을 뿐만 아니라 이 전승이 베드로에게 나타난 장면으로 끝난다는 것을 암시할 것이다. 비록 א, A,

76) BAGD, 477-478.; Grimm-Thayer, 380-382. Conzelmann, *1 Cor*, 248, n. 4은 다양한 가능성이 있는 문장 구조에 근거하여 매우 복잡하게 사고한다. 그는 다음 학자들로 대표되는 여섯 가지 견해—Kümmel, Weiss. BDF, Lietzmann, Heinrici, Conzelmann—를 소개한다. 한편 Collins는 이 표현이 γνωρίζω와 연결되어 있다고 추측하며, 이것은 여기서 그 복음을 의미한다고 이해한다(*1 Cor*, 533).

77) BAGD, 221-222; Grimm-Thayer, 174.

33은 (7절에서 끌어온) ἔπειτα라는 독법을 반영하지만, p^{46}, B, D^2는 (UBS 4판의 텍스트와 마찬가지로) 원문을 반영한다. (3) 5절에서 D*, F, G, 불가타, 몇몇 고대 시리아어 역본 및 (에우세비오스, 히에로니무스와 더불어) 라틴어 역본들은 "여기서 δώδεκα를 공식 명칭으로 인정하는 대신에 ἕνδεκα(열 하나)라는 수정 독법을 도입한다"(Metzger, *Textual Commentary*, 2d ed. 500).

REB의 번역 "무엇보다도 먼저"는 이 문맥에서 ἐν πρώτοις의 시간적인 의미보다 논리적인 의미를 잘 파악한다(즉 "제일 중요한 것으로서", NRSV, NIV 처럼).[78] NJB는 "제일 먼저 여러분에게 전달했다"라고 번역한다. 이 번역은 시간상의 순서를 잘 암시하지만, 그리스어와 영어에서 first가 문맥에 따라 전달할 수 있는 이중적 의미를 잘 살리지 못한다. 한편 REB는 관계 대명사 ὅ를 "이 전승"이라고 설명한다. 3a의 두 동사는 분명히 이것을 암시한다(앞에서 [1] 항 참조. 또한 11:23에 대한 주해 참조). 하지만 계몽주의가 표방하는 이성주의의 그릇된 측면에서 여전히 벗어나지 못한 이들이 전승이라는 개념의 부정적인 의미를 오해하고 있다는 관점에서 우리는 여기서 쓸데없이 이 단어를 끌어들일 필요가 없다. 하지만 바울은 사실상 **기독교 신앙의 절대적인 기본과 그 위에 세워진 그리스도인의 정체성(그리고 구원의 경험)을 선언하는** 전해줌과 받음의 연속성을 언급한다. 이것은 사실상 가장 초기의 신조에 해당한다.

바울과 전승에 대한 연구는 그 목록을 나열하기 어려울 정도로 많다. 20세기 후반 초기에 출간된 영향력 있는 연구자 중에서 오스카 쿨만(프랑스어 원본 1953년; 영역본 1956년)은 이 절에 대해 다음과 같이 주장한다. "전승의 본질은 바로 이것이 어떤 연속성을 형성한다는 것이다.…때로는 바울이, 때로는 교회가 이 전승을 '물려받았다.' 우리는 3절에서 καί라는 단어를 특별히 주목해야 한다. 왜냐하면 이 접속사는 분명히…11:23…15:1, 15:3에서

78) Fee는 복수 형태와 함께 사용되는 이 전치사는 "특별히 이 방향을 가리키는 것 같다"고 주장한다(Fee, *First Epistle*, 722, n. 45). 참조. Robertson and Plummer, "foremost place"(*First Epistle*, 332); Wolff, "wichtige Stücke"[중요한 사항들] (*Der erste Brief*, 355). 한편 Collins의 "우선"이라는 번역은 시간적인 방향으로 기우는 것 같다(Collins, *First Cor*, 534).

파라도시스(*paradosis*)라는 용어에서 유래한 표현 양식이기 때문이다.… '나는 내가 여러분에게 전해준 것과 동일한 방식으로 (중개를 통해) 이 전승을 전해 받았습니다'"(강조는 원저자의 것임. 마지막 문장은 E.-B. Allo의 저서에서 인용한 것임).[79] 한스 폰 캄펜하우젠과 J. N. D. 켈리는 고전 15장 및 바울 서신의 다른 본문에 나타난 "신조의 단편들"과 초기 기독교 신조의 지속적인 발전 과정 간의 관계를 추적했다.[80] 켈리가 주장하듯이 우리는 고전 11:23-25과 15:3-5이 바울 서신에서 이러한 사례를 제공하는 유일한 본문이라고 추측해서는 안 된다. 우리는 에릭손이 고전 8:6, 8:11b, 10:16, 12:3, 13장(또한 16:22)에서 바울 이전 전승을 확인하는 것에 대해 언급했다. 또한 켈리는 롬 1:3-4, 4:24, 8:34, 갈 1:4, 살전 4:14, 5:9과 후기 자료인 벧전 3:18-20과 딤전 2:5-6, 8, 6:13-14을 비교한다. **십자가의 구원하는 능력에 대한 신앙고백과 부활을 통한 그리스도의 신적 신원 및 영화에 대한 신앙고백이 나란히 나타나는 현상은 신약성경에 기록된 초기 기독교 신앙고백 또는 신조의 핵심적인 패턴으로서 사실상 이 모든 본문에서 특징적으로 나타난다.**

이러한 유사한 패턴의 중요성은 베르논 노이펠트가 제시한 사례를 통해서도 확인된다. 노이펠트는 연속적으로 나오는 동사 ἀπέθανεν ... ἐτάφη ... ἐγήγερται ... ὤφθη(15:3-5)는 파라도시스를 나타낼 가능성이 있다고 주장한다. 또한 이 동사들은 예컨대 롬 4:24, 25, 8:34, 10:9, 14:9(참조. 롬 1:3; 4:2; 고후 13:4; 갈 3:20; 엡 4:8-10) 등에서 발견되는 형태와 평행을 이룬다(비록 정확한 표현으로 묘사되진 않지만).[81] 많은 사례에서 어떤 분사 구문이나 관계 대명사가 이끄는 절들은 신앙고백 자료를 도입할 가능성이 있다. 그러나 그리스도의 죽음과 부활 또는 "주님"으로서 신분(고전 12:3)이 구원과 연결되는 문맥은 문체적인 특성 못지않게 매우 주목할 만하다. 이러한 문맥은

79) Cullmann, *La Tradition,* 16; 또한 영역본, "The Tradition," in Cullmann, *The Early Church,* 63-64; 참조. 59-99. 또한 참조. Cullmann, *Les Premières Confessions de Foi Chrétiennes,* 25-27, 33, 43-44; Cambier, "Paul and Tradition," *Conc* 10:2, 53-63.

80) J. N. D. Kelly, *Early Christian Creeds* (London: Longmans, Green 1950), 17; 참조. 16-29; Hans von Campenhausen, "Bekenntnis im Urchristentum," *ZNW* 63 (1972): 210-253.

81) V. H. Neufeld, *The Earliest Christian Confessions* (Leiden: Brill, 1963), 42-51.

"대체로 두 부분으로 나누어져 있으며", 항상 그렇진 않지만 종종 반의적인 기능보다는 "보완적인" 기능을 한다.[82] 롬 4:34는 반의적이다. 롬 4:24-25은 서로 평행을 이루는 두 부분으로 구성되어 있다. 고전 15:3-5은 그 내용이 이른 시기의 것임을 분명하게 보여주지만, 그리스도의 죽음과 부활을 성경적·구원론적·자기 관여적 구조 안에 위치시키는 한정적이며 서술적인 표현을 구체적으로 제시한다.[83]

이 모든 가장 초기의 신앙고백은 그리스도 안에서, 그리고 그를 통해 이루어지는 하나님의 행위가 진리라고 주장한다. 또한 이 신앙고백은 "예수 그리스도와 그리스도인(한 개인으로서 그리고 신자들의 몸의 구성원으로서)이 서로 하나가 된 관계"에 대해 말한다.[84] 고전 12:3, 15:58, 16:22은 이러한 이중적 측면을 확인한다.[85] 복음의 진리 주장을 선언하는 **말씀 선포** 또는 **케리그마**의 측면과 주장된 것에 대한 개인적인 관여를 선언하는 **신앙고백** 또는 **자기 관여** 측면 사이에는 매우 밀접한 관계가 있다. 어떤 실존주의적인 접근 방법과 이에 대한 보수주의적인 반작용 사이의 위험한 이분법을 고려하면 이 연관성은 매우 중요하다. 전자는 여기서 **오직 개인적인 신앙**의 고백만 인식한다. 후자는 여기서 종종 **오직 있는 그대로의 사실**적 진술만 인식한다. 그러나 그리스도의 죽음과 부활은 우리 밖에서 일어난 일 또는 사건일 뿐만 아니라 사람들로 하여금 믿음을 갖게 하는 변혁적 사건이다. 따라서 이 두 측면은 15:3-5에서 매우 중요하다. 오스틴이 오래 전에 주장했듯이 결혼식이나 법적 선서에서 "네!"처럼 이러한 언어-행위는 "많은 사항을 전제한다." "왜냐하면 어떤 수행적 발화가 만족스러운 것이 되려면 특정 진술은 **참되어야 하기 때문이다**"(강조는 원저자의 것임).[86] 따라서 바울 이전의

---

82) 같은 책, 45.

83) 같은 책, 47-48(그리고 곳곳에, 진리에 대한 주장과 자기가 포함되는 입장의 이중적인 측면에 대해).

84) 같은 책, 53.

85) 같은 책, 55-57.

86) J. L. Austin, *How to Do Things with Words* (Oxford: Clarendon Press, 1962), 51 and 45 respectively. 더 복합적인 논의는 다음을 참조하라. J. R. Searle, *The Construction of Social*

교회와 바울의 교회의 기초적인 신앙고백은 선포와 교육의 문맥에서 진리 주장의 선언적인 행위로서 기능할 뿐만 아니라 세례, 성찬 또는 박해의 시기에 충성 서약으로도 기능한다.

제베르크는 15:3-5을 초기 교리문답으로 이해한다. 한스 폰 캄펜하우젠은 이 절들을 세례를 위한 신앙고백과 연결한다. 한편 바르취도 1절의 τὸ εὐαγγέλιον ὃ εὐηγγελισάμην ὑμῖν에서 기꺼이 선언적인 측면을 강조한다.[87] 그는 이 배경을 70인역뿐만 아니라 부활한 그리스도가 베드로에게 나타난 것과 관련하여 눅 24:34과도 연결한다. 한편 하슬러는 그리스도가 오백 명이 넘는 증인에게 나타난 사건(아래에서 6절에 대한 주해 참조)을 진리 주장에 대한 확고한 보증으로 해석하는 한편, 12절에서 시작하는 다음 논의와 관련하여 케리그마적인 측면을 강조한다. 그리스도는 부활의 첫 열매이시다. 신자들은 여기에 포함되며 연관된 정체성과 소망을 지니고 있다. 바울이 이 기독론을 견고한 진리 주장으로 간주하지 않았다면 이 정체성과 소망은 헛된 생각으로서 아무런 의미가 없었을 것이다.[88]

대다수 저자들은 바울이 여기서 언급하고 지지하는 바울 이전 전승의 공통성이 에릭손이 일종의 공유된 전제 또는 그 이상의 논의를 위한 합의된 기초라고 부르는 것에 해당한다는 데 동의한다. 에릭손은 "고린도 교회의 전제로서 전승"에 대해 말한다.[89] 폰 데어 오스텐-자켄은 이것이 먼저 바울의 사도권 변호를 소개하는 역할을 한다고 주장한다. 그러나 그는 15:8의 기능과 강조점을 전적으로 잘못 이해했다. 이 절은 부활의 원리의 원동력인

Reality (London: Allen Lane, 1995), 1-112; his *Expression and Meaning: Studies in the Theory of Speech Acts* (Cambridge: Cambridge University Press, 1979); D. Vanderveken, *Meaning and Speech Acts,* I: Principles of Language Use (Cambridge: Cambridge University Press, 1990); S. L. Tsohatzidid (ed.), *Foundations of Speech-Acts Theory* (New York: Routledge, 1994).

87) A. Seeberg, *Der Katechismus der Urchristenheit* (Munich: Kaiser, 1966 [1903]), 45-57; Bartsch, "Inhalt und Funktion des urchristlichen Osterglaubens," 180-182; 참조. 180-196; von Campenhausen, "Bekenntnis im Urchristentum," 210-253.

88) Hasler, "Credo und Auferstehung in Korinth. Erwägungen zu 1 Kor 15," 12-33.

89) Eriksson, *Traditions,* 73-96 and 300.

하나님의 주권적인 은혜에 주목한다(8절에 대한 주해 참조).[90] 머피 오코너와 미첼은 3-5절에서 ὅτι가 네 번 반복적으로 나타나는 것과 다른 요소들은 해당 절들의 통일성에 의문을 제기한다는 빌켄스와 클로펜보그의 주장과 더불어 오스텐-자켄의 견해에 탁월하게 답한다.[91] 머피-오코너는 ὅτι가 강조를 의미하는 καί와 함께 인용 부호를 가리키는 관용적 용법이라는 점에 올바르게 호소한다.[92] 그는 3b-5절을 한 단위로 설득력 있게 이해한다. 또한 6절은 공적인 영역에서 그리스도의 부활에 대한 추가적인 지지와 입증의 기능을 하며 중요한 8절에서 바울의 사례로 전환하는 기능을 한다. 이것은 미첼이 나중에 부분적으로 확인해주는 것과 같은 기능을 한다.[93] 복합적인 어휘들은 그것의 통일성에 대한 의심보다는 전승의 공통성을 암시해준다. 이 공통성은 아마도 아람어와 연관된 가장 초기의 요소들과 헬레니즘-유대교-기독교 전승을 반영할 것이다. 또한 이것은 누가복음 저자가 예수가 자기 죽음과 부활의 의미에 대해 근본적으로 성경에 기초하여 설명했다고 묘사하는 것과도 일치한다(눅 24:25-27, 44-46).[94] 누가복음에서 예수는 자신의 사역(45절)과 관련하여 성경을 설명한다. 그는 성경에 근거하여 자기 죽음과 부활(26-27절)을 설명하며 이 문맥에서 자신의 제자들에게 증인으로서

90) P. von der Osten-Sacken, "Die Apologie des paulinischen Apostolats in 1 Kor 15:1-11," 345-362.

91) U. Wilckens, "Der Ursprung der Überlieferung der Erscheinungen des Aufestandenen ... 1 Kor 15:1-11," in W. Joest and W. Pannenberg (eds.), *Dogma und Denkstrukturen. Festschrift für E. Schlink* (Göttingen: Vandenhoeck & Ruprecht, 1963), 36-95; 참조. Wilckens, *Resurrection,* 6-26; Kloppenborg, "An Analysis of the Pre-Pauline Formula in 1 Cor 15:3b-5 in Light of Some Recent Literature," 351-367. 이러한 견해에 반대하는 다음 논문과 저서를 참조하라. Murphy-O'Connor, "Tradition and Redaction in 1 Cor 15:3-7," 582-589; Mitchell, *Rhetoric of Reconciliation,* 285-289, including nn. 557-558.

92) Murphy-O'Connor, "Tradition and Redaction," 582-589.

93) Mitchell, *Rhetoric of Reconciliation,* 285-289.

94) 이 이슈에 대한 참고문헌은 여기서 언급하기에는 너무 방대하다. 참조. Jeremias, *Eucharistic Words,* 101-103, 아람어와의 연관성에 대해; 또한 Conzelmann, "On the Analysis of the Confessional Formula in 1 Cor 15:3-5," 15-25, 그리스어 요소와 70인역에 대해. Eriksson은 예루살렘 교회의 삶의 정황을 지지한다(Eriksson, *Traditions,* 90-91).

의 사명을 부여한다(48절).[95)]

이러한 초기의 선언적·자기 관여적·서술적인 신앙고백의 내용은 이제 네 가지 요소로 표현된다. 각각의 요소는 실질적으로 인용 부호의 역할을 하는 ὅτι 또는 καὶ ὅτι로 시작한다. 우리는 대문자 사본에서 인용문을 소개하는 적합한 동사 없이 인용문을 다른 방법으로 나타내기가 어렵다는 점을 염두에 두어야 한다. BDF, 나이젤 터너, 오코너도 이 점에 대해 논의한다.[96)]

(1) **첫 번째 절은 복음의 핵심을 표현해준다.** 바울은 고전 1:18에서 이 복음을 ὁ λόγος γὰρ ὁ τοῦ σταυροῦ라고 묘사하며 이를 확증한다(참조. διὰ τῆς μωρίας τοῦ κηρύγματος σῶσαι τοὺς πιστεύοντας, 1:21; ἡμεῖς δὲ κηρύσσομεν Χριστὸν ἐσταυρωμένον, 1:23; Χριστὸν θεοῦ δύναμιν, 1:24). 우리는 복음 선포의 삶의 정황을 의심할 수 없다. (우리가 이미 지적했듯이) 벵스트, 크라머, 한스 폰 캄펜하우센은 이것을 그리스도의 죽음과 합하여(또는 죽음 안에서 또는 죽음을 향하여) 세례 받는 모티프와 연결한다(롬 6:3-11).[97)] 이 절이 교리문답으로 학습되고 전해졌다는 제베르크의 이전 제안은 여전히 타당하고 가능하다.[98)] **이러한 모든 통용 방식은 가장 초기의 그리스도인의 삶, 기독교 신학, 예배의 기초를 규정한다.**

아마도 ἀπέθανεν ὑπὲρ τῶν ἁμαρτιῶν ἡμῶν라는 구절은 70인역의 사 53장(아마도 53:5-6 또는 11-12절)에 대한 언급일 수 있다.[99)] 하지만 κατὰ τὰς

---

95) 참조. Wolff, *Der erste Brief,* 361.

96) BDF, sect. 470. 참조. N. Turner in MHT, 3:325-326. 그는 "직접 화법 앞에서" 그리고 일반적인 내용에서 이 표시의 발전과 사용이 히브리어 כי와 아람어 די와의 연관성에 대해 논의한다. (과연 마가복음은 이 점과 관련하여 구두 전승을 반영하는가?) 또한 앞에서 언급한 Murphy-O'Connor의 논문 참조.

97) Klaus Wengst, Christologist Formeln und Lieder der Urchristentum (Gühtersloh: Mohn, 1972), 47; 참조. "Der Apostel und die Tradition," *ZTK* 69 (1972): 145-162; W. K. Kramer, *Christ, Lord, and Son of God* (Eng. trans., London: SCM, 1966), 64; Hans von Campenhausen, "Bekenntnis," 210-253.

98) Seeberg, *Der Katechismus der Urchristenheit,* 45-57.

99) Fee, *First Epistle,* 724.

γραφὰς라는 표현이 나타내는 원리의 보편성에 비추어볼 때 단 하나의 특정 본문만을 제시하거나 사 53:5의 타르굼 번역을 암시하는 것으로 추측하는 견해는 설득력도 없고 불필요하다.[100] 예를 들면 스탠리는 자신의 저서 『바울과 성경의 언어』에서 이사야의 이 본문을 전혀 언급하지 않지만, 갈 3:13에 대한 논의 과정에서 이 본문을 매우 간략하게 다룬다.[101] 여기서 이슈는 "이 대속적 죽음이 성경을 성취한다"는 것이다. 이 가운데 그 어떤 구절보다도 중요한 한 가지 사례는 "고전적인 본문인 사 53장, 곧 주의 종의 구속적 고난에 대한 위대한 묘사다." 또한 "시 22편은…공개적으로 거부당한 피해자에게 어울리는 다수의 세부 내용을 소개한다." 한편 신 18:15, 18, 애 1:12, 18의 슬픔도 이 사례에 어울리지 않는다고 간주하여 배제할 수 없다.[102] 바레트가 주장하듯이 "성경대로"라는 표현의 강조점은 다음과 같다. (1) 그리스도의 십자가는 구약성경에 계시된 하나님의 구원 목적이 전개되는 역사 과정과 연속성을 지니고 있다. 이 목적은 그리스도의 구원 사역 안에서 절정을 이루며 성취된다. (2) 그리스도의 죽음이 구원하는 역할을 한다는 이해는 "구약성경의 범주—예를 들면 대속…고난…장차 올 좋은 시대 등—안에서 해석"되어야 한다.[103] 도드의 이 연구는 이 분야에서 영속적인 가치가 있다.[104] 한편 블롬버그는 "초기 기독교 저자들은 모든 성경이 그리스도를 가리킨다고 이해했다"고 논평한다.[105]

---

100) Wolff는 이러한 추측에 대해 경고한다. Wolff, *Der erste Brief,* 359; 참조. Hays, *1 Cor*, 256.

101) Stanley, *Christ's Resurrection in Pauline Soteriology,* 246(참조. 205-206, 해당 부분에서 그는 고전 14:21에서 15:27로 이동한다).

102) Orr and Walther, *1 Cor,* 320.

103) Barrett, *First Epistle,* 338-339. 이 부분에서 그리스도의 십자가를 쉽게 이해하도록 하기 위해 많은 구약성경 본문이 언급된다. 물론 행 8:30은 사 53장을 암시하지만 말이다.

104) C. H. Dodd, *According to the Scriptures* (London: *Nisbet,* 1952). Dodd는 초기 교회가 케리그마를 설명하기 위해 구약성경 본문을 어떻게 사용했는지를 밝혀준다. 즉 이것은 개별적인 "증거 본문"을 인용하는 것이 아니라 전체적으로 특별히 이사야, 예레미야, 시편, 예언서의 일부에서 긴 본문을 사용하는 것을 수반했다. 이 본문들은 일관된 패턴을 따르는 방식으로 신약신학의 "하부구조"를 위한 "규정적인 개념"을 제공하는 역할을 한다(예. *According to the Scriptures,* 127).

105) Blomberg, *1 Cor,* 301.

이것은 ὑπὲρ τῶν ἁμαρτιῶν ἡμῶν이라는 표현이 지닌 다양한 뉘앙스를 매우 진지하게 다룰 수 있는 길을 우리에게 열어준다. 바울은 갈 1:4에서도 이와 동일한 표현을 사용하며 그리스도가 우리의 죄를 위해 "자신을 내어주었다"(τοῦ δόντος ἑαυτὸν ὑπὲρ τῶν ἁμαρτιῶν ἡμῶν)라고 말한다. 또한 그는 그리스도가 "하나님 곧 우리 아버지의 뜻을 따라 이 악한 세대에서 우리를 건지시려고" 이렇게 했다고 설명한다. 바울은 복수형 "죄들"을 드물게 사용한다. 콜린스가 지적하듯이 이것은 이 전승의 정황을 강조하는 반면, 볼프와 슈트로벨은 사 53:4, 5, 12에 대한 또 다른 암시를 발견한다. 이러한 성경의 틀에 비추어볼 때 에드워즈(그리고 부분적으로 볼프)의 다음과 같은 주장은 정당하다. 즉 단순히 "우리를 위하여"(ὑπὲρ ἡμῶν)라는 표현은 단지 "우리의 유익을 위하여"를 의미할 수 있지만, "우리의 죄를 위하여"라는 표현은 "ὑπέρ와 더불어 **속죄의 개념**을 포함한다"(강조는 덧붙여진 것임).[106] 왜냐하면 70인역에서 περὶ ἁμαρτίας는 속죄제사를 가리킬 수 있기 때문이다(레 5:11; 7:37). 에드워즈는 (칼뱅의 견해를 따라) 이 절에서 "그리스도의 죽음은 '복음의 필수 불가결한 측면으로서' 죄를 위한 대속적 희생제사였다는 교리에 대한 독특한 진술을 발견한다(참조. 1:17; 2:2; 갈 3:1; 롬 4:25).…ὑπέρ라는 단어는 6:20에서 [값을 치르고 산] τιμῆς와 같은 개념을 표현한다.…그러므로 고후 5:21의 경우처럼 여기서도 ὑπέρ는 ἀντί와 동의어다"(앞에서 6:19, 20에 대한 주해 참조).[107] 에드워즈가 "화목"(propitiation)이라는 용어를 도입한 것은 해당 본문에서 벗어나는 것처럼 보인다. 하지만 판넨베르크의 견해에 의하면 "바울 서신(고전 15:3)에서 전승의 표현 양식은…의심의 여지 없이 **그가 우리의 죄를 대속했다**"(강조는 덧붙여진 것임)는 것을 의미하기 때문에 이 두

---

106) Edwards, *First Epistle,* 392; Collins, *First Cor,* 534; Strobel, *Der erste Brief,* 229; Wolff, *Der erste Brief*, 362, n. 32. 이 자세한 특별 해설에서 Wolff는 롬 4:25, 갈 3:13과 구약성경의 다양한 문맥을 서로 비교한다(359-362).

107) Edwards, *First Epistle,* 392-393. 나아가 칼뱅은 다음과 같이 주장한다. "우리의 죄를 위해. 다시 말해 그는 우리의 저주를 스스로 짊어지셨다.…우리의 죄를 대속하기 위한 희생제물이다"(Calvin, *First Epistle,* 310).

전문 용어는 모두 서로를 한정하고 보완한다.[108] 속죄(expiation)는 죄를 해결하는 어떤 수단을 가리키지만, 단순히 비인격화된 기계적인 행위 또는 과정의 모델을 가리킬 위험성이 있다. 화목(propitiation)은 그 행위가 하나님으로부터 왔고 하나님을 향한다는 점을 강조한다. 하지만 이 개념은 그리스도가 행위의 궁극적인 원천이자 창시자로서 하나님을 대신한다고 왜곡할 위험성이 있다. 죄에 대한 희생제물 또는 속죄(Sühnopfervorstellung)와 대표 또는 대체(Stellungvertretungsgedanken) 중 하나를 결정하는 것이 어렵다는 것을 시인하고 나서 볼프는 각 개념이 다른 개념을 내포한다고 결론짓는다.[109] 이 절은 반드시 다른 절, 특히 바울 이전의 전승과 연결하여 이해해야 한다.

ὑπέρ가 과연 ἀντί의 의미로 사용되는지는 주로 문맥에 대한 고찰에 달려 있다. 왜냐하면 이 전치사는 **때때로** 이와 같은 의미로 사용되기 때문이다. BAGD가 언급하는 광범위한 용례들이 밝혀주듯이 우리는 순전히 언어학적인 근거에 기초하여 그 의미를 결정할 **필요는 없다**.[110] 또 다른 한편으로 고전 그리스어 문법학자인 로버트슨은 다음과 같이 주장한다. ὑπέρ는 종종 "~을 위하여"를 의미하지만, 사람과 관련하여 사용할 때는 "심지어 '~을 대신하여'(갈 3:13)를 가리킬 수도 있다. 그러나 코이네 그리스어에서 흔히 나타나듯이 여기서 이 전치사는 거의 περί의 의미로 사용된다(참조. 갈

---

108) Pannenberg, *Systematic Theology*, 2:418. 그는 이 주제를 예컨대 롬 4:25; 8:22; 고전 11:24; 갈 2:20과 밀접하게 연결하여 올바르게 설명한다.

109) Wolff, *Der erste Brief*, 362. 또한 15:3b-5에 대한 특별 해설, 355-364 참조. Ian T. Ramsey는 이 이슈에 대해 여러 저서를 출간했다(예. *Religious Language:* London: SCM, 1957). 각 모델은 다른 모델을 **한정한다**는 Ramsey의 설명을 이해하지 못해 학자들 사이에서 열띤 논쟁이 벌어진 것은 아쉬운 일이다. 만약 우리가 그리스도가 화가 나서 못마땅해하시는 하나님을 "달래는" 것이 아니라 하나님 자신이 행위의 **원천**이라는 점을 제대로 강조하지 못한다면 **화목**(propitiation)은 끔찍하게 왜곡될 수 있다. 한편 **속죄**(expiation)는 "더 안전한" 용어일 수 있다. 하지만 이 단어는 마치 하나님이 이 원리에 매여 있기라도 한 것처럼 공의의 추상적인 원리가 지니고 있는 지위를 의심하게 한다. 오히려 죄로 말미암아 누군가 "반드시 고통을 당해야 한다"는 개념은 순전히 **하나님이 자신의 규정과 약속을 일관성 있고 신실하게 지키신다**는 것에 기초한다. 또한 하나님은 자기 뜻에 따라 그것을 선택하셨다.

110) BAGD, 838-839. 특히 항목 1(e) 및 고통당하는 것과 관련된 문맥 참조.

1:14). 벧전 3:18에서 우리는 περὶ ἁμαρτιῶν이라는 표현을 발견한다."[111] 마지막으로 3절에서 우리는 부정과거 ἀπέθανεν에 주목해야 한다. 즉 "그리스도가 죽었다"는 과거의 일회적인 사건을 가리킨다(바울은 이 점을 다른 곳에서도 강조한다. 참조. 롬 6:9, "다시 죽지 아니하시고").

(2) 신앙고백의 두 번째 절 καὶ ὅτι ἐτάφη(4a)는 그리스도의 죽음의 실재뿐만 아니라 그의 부활의 실재를 강조한다. 그가 매장되지 않았다면 그의 죽음과 부활 중 하나 또는 모두가 의문점으로 남아 있을 가능성은 충분하다. 나아가 칼뱅은 "죽음의 실재[곧 죽었다는 사실]는…또한 그가 매장되었다는 언급을 통해 더욱더 생생하게 드러난다"고 주장한다.[112] 칼뱅의 견해를 따라 바이스는 이러한 사고의 문맥에서 죽음-장사-부활을 모든 것을 포괄하는 단일 개념으로 간주한다.[113]

이그나티오스의 편지들이 기록될 즈음(기원후 108년경)에 그는 그리스도의 고난이 단순히 "외관상으로", "겉으로" 또는 "그러한 모습으로" 보였다(λέγουσιν τὸ δοκεῖν αὐ τὸν πεπονθέναι)고 주장하는 자들을 언급한다.[114] 가현설로 보이는 이러한 경향은 사실상 기원후 1세기부터 위협을 초래했고, 이에 반대하면서 이그나티오스는 이렇게 선언한다. 그리스도는 "우리를 위하여"(δι᾽ ἡμᾶς)…진정으로 고난당했으며(ἀληθῶς ἔπαθεν), 진정으로(ἀληθῶς) 부활했다.[115] 영지주의적인 사고가 인간 "예수"와 하늘로 올라간 "그리스도"를 서로 분리한다고 비판하면서 이그나티오스는 정확하게 이 부분에 표현되어 있는 대로 바울과 바울 이전 전승을 인용한다. 그의 인용에는 그가 매장되었다는 주장이 포함되어 있다.[116] 가현설적인 기독론은 기원후 120-130년경에 케린투스가 주장한 것으로 알려져 왔다. 한편 테르

111) A. T. Robertson, *Epistles,* 4:186-187. 참조. Meyer, *First Epistle,* 2:42-43.
112) Calvin, *First Epistle,* 314.
113) Weiss, *Der erste Korintherbrief,* 342-347; Calvin, *First Epistle,* 314.
114) Ignatius, *Letter to the Smyrnaeans,* 2:1.
115) 같은 책. (하지만 이그나티오스는 바울이 수동태로 묘사하는 것을 "그가 스스로 진정으로 다시 일어났다"로 바꾸어 표현한다.)
116) Ignatius, *Against Heresies,* 3:18:3.

툴리아누스는 "그가 매장되었다"라는 바울의 말을 몇 가지 예를 들어 강조한다. 그는 몇몇 문맥에서 그리스도가 실질적으로 죽었다는 것을 강조한다. 또한 그는 다른 문맥에서 그가 실제로 부활했다는 것을 강조한다.[117] 한편 레기누스 서신(또는 부활에 관한 논문, 나그함마디 문서에 들어 있음)은 "그가 다른 사도들과 공유하는 초능력적인 말씀 선포"를 더 "신령한" 바울의 "영지주의적" 이해로부터 분리시킨 것으로 보인다.[118]

또한 장사에 대한 언급도 부분적으로 제자들이 예수의 시신을 훔쳐 갔다는 가설에 근거하여 부활을 부인하려는 가장 초기의 이론에 대해 말한다(참조. 마 28:13; 오리게네스, *Against Celsus,* 2:56). 라이마루스는 1778년에 이 이론을 다시 유행시켰다.[119] 파울루스(1828년)와 슈트라우스(1835년)는 이른바 예수가 "죽지 않았다"는 후대 이론을 다시 널리 퍼뜨렸다. 파울루스는 예수가 단지 거의 죽음에 가까이 이른 상태를 경험한 것을 죽음으로 인식했다고 주장하려고 했다. 그는 (바위 안의 선선한 공간에 아로마 향료로 둘러싸인) "장례"는 예수를 다시 소생시켰을 것이라고 상상한다. 슈트라우스는 장례 절차 자체를 부인했다. 그는 예수의 몸은 죄수들의 시신을 던져 넣는 장소에 던져졌다고 주장한다. 그 결과 그는 나중에 제자들에게 다시 나타날 수 있었다는 것이다.[120] 하지만 해당 이슈는 다음과 같은 사실을 강조한다.

---

117) Tertullian, *On the Resurrection of the Flesh,* 48("그는 성경대로 무덤에 묻혔다"); and *Against Marcion,* 5:9. 한편 Pagels는 "문자적으로 과거 사건"으로서 부활에 대해 단지 "심리적으로" 이해를 하는 것을 언급한다. 영지주의적인 "신령한" 의미는 **교회의** 부활이다(E. Pagels, *The Gnostic Paul,* 82).

118) *The Epistle to Rheginus,* 43:33-44; *Pagels,* Paul, 80.

119) H. M. Reimarus, "On the Intention of Jesus and His Disciples," in C. H. Talbert (ed.), *Reimarus Fragments* (London: SCM and Philadelphia: Fortress, 1971 [1778]). Reimarus는 이른바 제자들의 이중성을 비난하지 않는다.

120) D. F. Strauss, *The Life of Jesus. Critically Explained* (Philadelphia: Fortress, 1972). 하지만 그 후에 Strauss의 독일어판 *Das Leben Jesu*(1835)는 여러 차례(1838년, 1840년) 수정되었고, 1864년에는 대폭 수정되었다. 하지만 그의 어떤 이론도 이른바 이 은밀하고 격리된 이 세상의 상태에서 예수가 어떻게 살았는지를 설명해주지 않는다. 더욱이 Paulus와 Strauss는 실질적으로 역사적인 방법과 상반되는 가설을 통해 이 이론에 접근한다. Paulus는 역사적인 탐구에 어떤 실증주의적이며 합리주의적인 세계관을 부여한다. 반면 Strauss는 고대 종교에서 신화는 어떤 이야기를 묘사하는(*Vorstellung*) 느슨한 양식으로 이루어져 있다는 헤겔의

즉 케리그마, 신앙고백, 신조와 관련된 전승에서 "그가 매장되었다"는 언급은 예수 그리스도가 진정으로 죽었고 또 정말로 부활했다는 두 가지 사실을 주장한다. 그 이후로 이어진 논쟁의 역사도 이 절의 중요성을 입증해준다. 진정으로 R. J. 사이더는 이것은 아마도 **빈 무덤**의 실재를 암시했을 것이라고 주장한다(아래 참조).[121]

(3) 세 번째 절(4b)은 완료 수동태 동사 ὅτι ἐγήγερται와 함께 예수 그리스도의 부활 사건의 실재를 묘사하며, 이 사건을 설명하는 준거의 틀—곧 τῇ ἡμέρᾳ τῇ τρίτῃ κατὰ τὰς γραφὰς—안에 배치한다. 여기서 "성경대로"라는 표현은 첫 번째 절의 경우와 마찬가지로(앞에서 주해 참조) 이에 관한 이해와 약속에 대한 광범위한 배경을 제공해준다. M. E. 달은 우리가 이 동사의 수동태 의미를 진지하게 받아들여야 한다고 주장한다.[122] 그의 견해는 전적으로 옳다. 달은 (바레트와 오르트켐퍼보다 앞서) 다음과 같이 주장한다. "신약성경에서 **하나님**은 실질적으로 언제나 '부활'이라는 동사의 주어이시다. **그리스도**(그의 부활이 아니라)가 우리의 부활을 유발한다고 명백하게 언급하는 본문은 오직 요 6:39, 40, 54뿐이다. 이 절들은 그리스도가 신적 로고스로서 그 원인이라는 것을 의미할 수 있다.…ἐγείρω와 ἀνίστημι를 포함하는 절대다수의 본문에서는 능동적인 의미의 타동사로서 하나님이 주어로 사용되고, 그리스도나 사람이 목적어로 사용된다(행 3:15; 4:10; 5:30; 10:40; 13:30, 37; 롬 4:21; 8:11 [두 번]; 10:9; 고전 6:14; 15:15 [두 번]; 고후 4:14a; 갈 1:1; 골 2:12; 살전 1:10 등).…그밖에 거의 모든 경우에 이 동사는 수동태 또는 중간태로 사용된다."[123] 실질적으로 유일한 반대 사례는 요한복음 기독론

개념에 기초한다. 이 묘사 양식은 철학에서 더 비판적으로 허용하는 개념(*Begriff*)의 역할과 상반된다.

121) Sider, *The Resurrection of the Body,* 특히 96-100; 참조. Moxnes, *Theology in Conflict,* 231-282; Barrett, *First Epistle,* 341; Ortkemper, *1 Kor,* 145.

122) M. E. Dahl, *The Resurrection of the Body,* 특히 96-100. 참조. Moxnes, *Theology in Conflict,* 231-282; Barrett, *First Epistle,* 341; Ortkemper, *1 Kor,* 145.

123) Dahl, *Resurrection,* 96-97; 참조. Barrett, *First Epistle,* 341; Ortkemper, *1 Kor,* 145. 또한 이 주제는 다음 저서에서도 상세하게 설명된다. Künneth, *The Theology of the Resurrection,* 111-149.

이 지니고 있는 독특한 이슈와 관련이 있다. 이 사례는 바울의 일반적인 표현 양식과 다른 구원론적인 논리에 속한다. 달이 제시하는 언어학적인 도표는 이 정보를 확인해준다.[124] 롬 8:11은 고전 15장에서 언급한 바울의 논리를 다음과 같이 자세하게 설명해준다. "만약 **예수를 죽은 자들 가운데서 살리신 분의** 영이 여러분 안에 살아 계시면 **그리스도 예수를 죽은 자들 가운데서 살리신 하나님**이 여러분 안에 계신 자신의 영으로 **여러분의 죽을 몸도 살리실 것입니다**"(REB의 번역에 기초함; 강조는 덧붙여진 것임). 하나님은 장차 **그리스도와 연합한 자들을** 살리실 것이다. 그들은 **하나님이 그리스도를 살리신** 사건 안에서 **그리스도와 하나가 된 자들이다.**

이것은 오직 견고한 종말론적·공동체적 문맥 안에서 바울 신학에 나타난 그리스도와의 연합을 "신비주의"로 이해하는 강한 전승과 부합한다. 바이스, 슈바이처, 그리고 더 광범위한 의미에서 손턴과 비켄하우저는 모두 이 접근 방법을 지지한다.[125] 손턴은 다음과 같이 말한다. "메시아에게 속한 자들(롬 8:23)은 어느 날 그가 이미 얻은 부활의 상태를 그와 함께 공유할 것이다."[126] "이스라엘의 소망은 무덤으로 내려갔다.…그리스도가 무덤에서 일어났을 때[즉 들어 올려졌을 때]…교회도 죽은 자들 가운데서 일어났다[즉 들어 올려졌다/올려질 것이다]."[127]

최근 저자 중에서 요스트 홀레만은 바로 이 논리를 다음과 같은 이중적인 근거하에 올바르게 강조한다. "(a) 예수는 잠자던 자들 중에서 **첫 번째**로 부활했다.…(20, 23절). (b) 예수는 장차 그의 부활에 동참함을 통해 부활할 자들의 **대표자**로서 부활했다(21-22절)"(강조는 원저자의 것임).[128] 또한 이것은 그리스도와 함께 죽음을 통과하는 것에 동일하게 적용된다. "한 사람

124) Dahl, *Resurrection*, 98-100.

125) Weiss, *Earliest Christianity*, 2:462-471; A. Schweitzer, *Mysticism of Paul*, 특히 141-174; Thornton, *Common Life*, 34-65, 127-187, and 253-286; A. Wikenhauser, *Pauline Mysticism* (Eng. trans., Freiburg: Herder, 1960), 17-108.

126) Thornton, *Common Life*, 266.

127) 같은 책, 282.

128) Holleman, *Resurrection and Parousia*, 1: 참조. 1-4, 49-58, 131-163.

이 모든 사람을 위해 죽었다, 그러므로 모든 사람이 죽은 것이다”(고후 5:14; 참조. 고후 5:20; 롬 5:9-10).[129] 나아가 이것은 “그가 매장되었다”와 “그가 부활했다”를 서로 연결해준다. 목스네스가 자세히 설명해주듯이 견고한 하나님의 **약속**(롬 4:16)은 전적으로 **죽은 자들을 살리시려는 하나님의 주권적인 의지와 은혜**에 달려 있다(롬 4:17). 그들은 **죽은 자들로서 하나님의 선택받은 공동체로** 사는 삶을 창조해내거나 재개할 수 있는 능력이 전혀 없다.

하지만 여기서 이슈는 새로운 존재 그 이상에 관한 것이다. 분명히 “하나님은 **존재하지 않는** 것을 **존재하게 하신다.**”[130] 필론도 (바울이 암시하는) 창 17:17을 이와 비슷하게 설명한다. “하나님께는 모든 것이 가능하다. 심지어 하나님은 노인을 청년으로 변화시키실 수 있다.”[131] 롬 4장과 고전 15장 배후에 있는 구약성경 전승은 “하나님은 죽이고 살리신다”(왕하 5:7)는 것을 증언한다.[132] 하지만 목스네스는 바울이 이 모티프를 재해석한다고 주장한다. 즉 “죽음으로부터 생명으로” 옮겨지는 것은 **새로운 공동체를 위한 새로운 정체성**을 제공해준다. 하나님은 돌들로도 아브라함의 자손을 “일으키실 수” 있다(마 3:7-10). 따라서 바울은 **아무것도 아닌 것들, 유산을 받지 못한 자들, 이방인**들에게 생명과 정체성을 주시겠다는 하나님의 약속이 확정되었음을 설명하기 위해 죽음의 “아무것도 아님”의 비유를 사용한다.[133] 나아가 이것은 우리로 하여금 **은혜의 주제**와 직면하게 한다.[134] 목스네스는 이것을 로마서와 고린도전서를 서로 연결하는 (아마도) 가장 중요한 연결고리로 올바르게 인식한다.

이것은 “성경대로”라는 구절이 예수 그리스도의 부활에 대한 문맥에 적용될 때 우리에게 이 표현의 특별한 뉘앙스를 이해하는 길을 열어준다. (a) 첫째, 이 표현은 진정으로 신적 신원 행위와 주권적인 행위를 **약속의 주**

129) 같은 책, 181.
130) Moxnes, *Theology of Conflict,* 231-233.
131) Philo, *Quaestiones et Solutiones* in Genesis 3.56.
132) Moxnes, *Theology of Conflict,* 240.
133) 같은 책, 241-253.
134) 같은 책, 253-282.

제와 연결한다. 이 표현이 나타나는 것은 하나님의 능력과 은혜뿐만 아니라 하나님의 뜻과 계획에 순종한 메시아의 정당성을 입증하는 **하나님의 신실하심**에 근거한다. (b) 둘째, 따라서 만약 우리가 하나님의 은혜 안에서 그분의 절대 주권과 정당성을 입증하는 하나님의 약속에 기초한 종말론적인 행위의 누적적 전승이 궁극적으로 성취되는 것에 대한 증거로서 그리스도의 부활을 이해하지 않고, **일부 특정한 개별 텍스트**(예. 시 2:7; 16:9, 10; 또는 호 6:2)를 따로 **분리하려고 한다면** 그것은 의도하지 않은 축소주의와 제한에 해당할 것이다. 이와 관련하여 이 표현은 3절에서 그리스도가 "우리의 죄를 위하여" 죽었다는 언급과 정확하게 평행을 이룬다.[135] (c) 셋째, 이 표현은 **하나님의 성품**에 대해 증언한다. 성경은 하나님을 절대 주권을 행사하시는 신실하신 창조주이시며 은혜를 풍성히 베푸시는 분으로 묘사한다. 만약 창조 자체가 하나님의 선물이라면 그것은 그리스도의 부활로 시작하고, 신자들의 부활을 약속하는 새 창조도 분명히 그에 못지않을 것이다. 바로 그런 이유에서 이 표현은 바울이 하나님의 은혜에 대해 말하는 모든 것을 강조하는 역할을 한다(참조. 1:4, 26-31; 3:5, 22; 4:7; 6:20; 8:13; 9:13; 10:16; 11:24; 12:4; 15:8, 10). 그리고 15:8-10은 특별히 이 주제를 다룰 것이다.

몇몇 저자들은 몇 가지 근거에 기초하여 구체적인 구약성경 본문을 확인하려고 한다. (a) 젠프트는 호 6:2—"이틀 뒤에 그는 우리를 다시 살려 주시고, 사흘 만에 우리를 다시 일으켜 세우실 것이다. 그래서 우리가 주 앞에서 살 것이다"—이 이 약속을 전달해준다고 주해한다. 그는 오르와 월터와 함께 해당 절이 이것을 암시할 "가능성이 있다"고 본다.[136] 키스트메이커는 밤낮 삼 일을 물고기 뱃속에 있었다(욘 1:17)는 요나의 언급과 더불어 호세아의 이 말씀은 부분적으로 마 12:40에서 예수가 요나의 표적을 분명

135) 구약성경의 다양한 본문을 검토하고 나서 Héring은 이 결론에 도달한다(Héring, *First Epistle*, 158-160). 반면에 Bruce는 이 표현과 다양한 본문이 관련되어 있을 것이라고 믿는다. 그러나 만약 "사흘 만에"가 이 표현이 암시하는 것에 포함되어 있다면 그는 이 숫자가 더 적을 것이라고 생각한다(Bruce, *1 and 2 Cor*, 139-140).

136) Senft, *Première Épitre*, 188. 참조. Wolff, *Der erste Brief*, 365-367; Orr and Walther, *1 Cor*, 321; Lang, *Die Briefe*, 211.

하게 언급하는 근거를 제공했다고 믿는다. 하지만 델링과 볼프가 보여주듯이 호 6:2의 역할은 매우 복합적이다. 왜냐하면 70인역에서 해당 절은 ἐν τῇ ἡμέρᾳ τῇ τρίτῃ ἀναστησόμεθα καὶ ζησόμεθα("제 삼일에 우리는 일으킴을 받을 것이며 우리는 살 것이다")라고 번역되어 있지만, 타르굼은 이 구절을 "죽은 자들의 부활의 날에 그는 우리를 일으켜 세워서 우리가 살 것이다"라고 바꾸어 말하기 때문이다. 그러나 델링은 이것이 그리스도인들의 호 6:2 사용에 대응하기 위해 기독교 시대 이후에 수정된 것을 반영하는 것인지 질문하면서 고전 15:4이 호 6:2을 암시할 가능성이 있다고 주장한다.[137] (b) 흐로세이데는 어떤 본문이 신약성경의 다른 본문에서 이 역할을 하는지를 검토함으로써 이 주장에 반론을 제기한다. 그는 다음과 같이 결론짓는다. "십중팔구 바울은 욘 1:17(히브리어 본문, 70인역은 2:1)을 염두에 두었을 것이다.… 호 6:2은 그리스도의 부활을 가리킨다고 이해할 수 없다."[138] 하지만 고데와 알로는 키스트메이커에 앞서 이 두 본문을 서로 결합한다.[139] (c) 바이스와 다른 학자들은 사흘 뒤부터 시신이 부패하기 시작한다는 잘 알려진 유대교 견해를 언급한다. 이 견해에 기초하여 힐은 해당 구절이 시 16:9-11(70인역)을 암시한다는 견해를 지지한다. 베드로는 행 2:27에서 오순절 날 설교에서 이 본문을 분명하게 인용한다. "주께서 내 영혼을 하데스에 버리지 않으실 것이며, 주의 거룩한 이를 썩지 않게 하실 것이다"(διαφθοράν; 또한 참조. 고전 15:43-44).[140]

그러나 결국 이 이슈를 해결하는 데 있어 중요한 것은 우리가 "성경대로"라는 표현을 특별히 "사흘 만에"를 수식하는 것으로 이해하는지 아니면 더 일반적으로 하나님의 은혜와 약속의 배경에서 "그리스도가 일으킴을

137) G. Delling, "ἡμέρα," *TDNT* 2:949; 참조. 943-953. Wolff도 이 이슈에 대해 논의한다. "Exkurs: Die Tagesangaben in den Auferstehungs-zeugnis," in *Der erste Brief,* 364-368, 특히 366, para. 6.

138) Grosheide, *First Epistle,* 350.

139) 이 구문이 "성경"을 "사흘 만에"와 연결한다는 전제 아래 이렇게 시도한다. Godet, *First Epistle,* 2:332; Allo, *Première Épitre,* 391.

140) Hill, "On the Third Day," 266-267.

받았다"에 대한 해석과 이해의 틀을 제공하는 것으로 이해하는지에 달려 있다. 바레트, 에링, 헤이스 및 등 다수의 저자들은 후자를 지지한다.[141] 에링은 특정 본문들에 대한 사변을 위해 엄청난 잉크를 낭비한 것에 대해 신랄하게 비판한다. 이 전승은 (우리가 첫 번째 신앙고백 구절과 관련하여 도드와 블롬버그와 함께 지적했듯이) 하나님의 약속과 은혜의 패턴에 호소한다. 거기서 그리스도의 죽음 및 부활 사건은 절정에 해당하며, 이 패턴들은 이것을 해석하는 데 도움을 준다. 그럼에도 이것은 여전히 초기의 신조, 신앙고백, 교리문답 또는 전승 안에 "사흘 만에"가 포함된 것에 대해 의문점을 남긴다. 볼프는 그의 특별 해설에서 무려 일곱 가지 이론에 대해 논의한다.[142] 가장 중요하고도 널리 알려진 견해는 증인들이 예수가 죽은 지 사흘째 되는 날 부활한 그리스도의 첫 번째 출현을 경험했거나 또는 사흘째 되는 날 첫 번째 증인들이 무덤이 비어 있는 것을 발견했다는 것이다.[143]

다른 여섯 이론 중 몇 가지는 호 6:2과 같은 본문에 대한 사변에 관심을 기울이며(위를 보라), 다른 이론들은 개연성도 없고 타당성도 없는 이른바 신비 종교의 평행 사례(예. 오시리스)에 대한 가설에 기초한다. 바그너는 이러한 이론이 지닌 오류를 밝히 드러냈다.[144] 볼프는 이 배경에는 셋째 날에 결정적으로 시신의 부패가 시작되었다는 신념이 있다고 지적한다. 이것은 앞에서 언급한 역사적 기억에 대한 설명을 부인하는 것이 아니라 오히려 이를 보완해준다. 언급할 만한 또 하나의 이론은 레만의 견해다. 레만은 이 표현을 셋째 날에 개입하시는 하나님의 행위에 대한 구약성경 전승—예를 들면 출 19:11, 16(참조. 창 22:4; 왕하 20:5, 8; 에 5:1; 호 6:2)—을 비롯하여 이러

---

141) Barrett, *First Epistle,* 340; Hays, *First Cor,* 256; Héring, *First Epistle,* 158-160; 참조. B. M. Metzger, "A Suggestion concerning the Meaning of 1 Cor xv:4b," *JTS* 8 (1957): 118-123.

142) Wolff, "Exkurs," in *Der erste Brief,* 364-368.

143) Sider, "The Nature and Significance of the Resurrection," 136-139(참조. 124-141); Weiss, *Der erste Korintherbrief,* 349.

144) G. Wagner, *Pauline Baptism and the Pagan Mysteries* (Eng. trans., Edinburgh: Oliver & Boyd, 1967).

한 본문에 대한 후대의 미드라쉬 자료와 연결한다.[145] 하지만 이것은 어떤 "경쟁이 될 만한" 설명이 되지 못한다. 신약성경의 진리 주장을 구약성경의 본문에 비추어 이해하려는 다른 모든 인위적인 방법과 마찬가지로 이것은 하나님의 행위에 대한 일관된 패턴을 나타낼 수 있다. 이 전승은 가장 이른 시기까지 거슬러 올라가며, 예수의 어록에 관한 공관복음 전승에 기초하여 "역방향으로 읽는 것" 그 이상을 의미한다(막 9:31).[146]

"그는 일으킴을 받았다…그는 나타났다…"

믿음의 여명 또는 공적인 영역 안에서 일어난 사건?

"그는 매장되었다"라는 세 번째 행과 "그는 일으킴을 받았다"는 네 번째 행이 서로 연결된 것은 그리스도의 출현과 빈 무덤이 서로 보완하는 의미를 제공하는 몸의 부활을 허용하거나 암시하는가? 이 질문에 대한 온전한 답을 얻으려면 우리는 빌리 마르크센과 다른 학자들이 내놓은 5절에 대한 해석을 기다려야만 한다(아래 참조). 그때까지 우리는 다수의 저자들이 3b-5을 빈 무덤에 대한 전승을 전제하는 것으로 해석한다는 점을 지적할 필요가 있다(설령 이 절들이 이를 명시적으로 진술하지 않는다 하더라도 말이다). 외프케는 다음과 같이 말한다. 설령 후대의 변증적 관심이 "복음적이며 정경 이후 전승을 자료와 연결되는 방향으로 더 기울게 한다" 하더라도 "바울은 빈 무덤을 인정한다(ἐτάφη, 고전 15:4)"고 주장한다.[147] R. J. 사이더는 분명히 이 표현 양식을 빈 무덤을 암시하는 것으로 인식한다.[148] 판넨베르크는 신중하고 기본적인 네 가지 강조점을 다음과 같이 제시한다. (1) "만약 예수의 시신이 무덤에 그대로 있었다면 최초기 그리스도인들은 예수의 부활을 성공적으로 선포할 수 없었을 것이다.…우리는 반드시 그 무덤이 사실상 비어 있었다는 사실을 받아들여야만

---

145) K. Lehmann, *Auferweckt am dritten Tag nach der Schrift,* QD 38 (Freiburg: Herder, 2d ed. 1969), 176-181 and 262-290; 참조. Lang, *Die Briefe,* 211.

146) "두 번째" 이론에 대한 Wolff의 논의(Wolff, *Der erste Brief,* 365)와 그의 광범위한 논평(364-368)을 참조하라.

147) A. Oepke, "ἐγείρω," *TDNT*, 2:335 (참조. 333-339).

148) Sider, "Resurrection," 136-139.

한다."[149] 또한 (2) "고전 15:4에서 바울이 예수가 매장되었다고 언급한 것은 빈 무덤을 발견한 것에 대해 그가 구체적으로 알고 있었는지와 관련하여 우리에게 아무것도 말해주지 않는다. 바울이 빈 무덤을 구체적으로 분명하게 말하지 않는다는 사실에 근거하여 우리는 그가 그것에 대해 알지 못했다고 추론할 수 없다." 즉 그것은 바울의 구체적인 주장에서 신학적으로 아무런 결정적인 역할을 하지 않는다. "만약 바울에게 빈 무덤이 예수의 부활에 대해 말해진 것을 스스로 분명하게 암시해주는 것이었다면 그것은 놀랄 만한 일이 아니다."[150] 빈 무덤은 그 자체로 결코 어떤 "증거"가 될 수 없다. 왜냐하면 그것은 다양하게 설명될 수 있기 때문이다. (3) 하지만 빈 무덤에 대한 전승은 예수가 죽은 이후에 일어난 사건들을 "단순히 환영"으로 해석하려는 시도에 어려움을 제공한다.[151] (4) 무엇보다도 예수의 부활은 일종의 변혁적 사건이었다. "**하지만 이 사건은 이 세상에서 일어났다. 즉 여인들이 무덤을 찾아가기 전에 예루살렘에 있는 예수의 무덤에서 일어났다.**…과거에 어떤 사건이 일어났다고 주장하는 진술은 모두 일종의 역사적인 요구를 암시하며 점검을 받아야 한다"(강조는 덧붙여진 것임).[152] 판넨베르크는 이렇게 결론짓는다. 이것은 예수가 죽은 지 "**사흘 만에 부활하셨습니다**"라는 주장에도 적용된다.

(5) **네 번째 행인 "그는 베드로에게 그리고 열두 제자에게 나타나셨습니다"** (5절) **에 대한 우리의 이해는 이미 3b과 4절에 기초하여 설명한 이 모든 주요 고찰 내용과 분리될 수 없다.** 그럼에도 καὶ ὅτι ὤφθη Κηφᾷ의 의미를 어떻게 이해하는지에 대해서는 매우 많은 논문이 발표되고 상당한 논쟁을 불러일으켰다. 철저하게 언어학적인 관점에서 ὤφθη는 ὁράω, "나는 본다, 나는 눈으로 본다"(고전 9:1에 대한 주해 참조)의 직설법 제1부정과거 수동태다. 비록 이 수동태는 종종 "보였다"를 뜻하기도 하지만, 대체로 "그가 볼 수 있게 되었다" 또는 "그가 나타났다"라는 의미를 전달한다(참조. REB, NIV, NJB, NRSV, RV 그리고 우리의 번역; 비교. AV/KJV, was seen). "그가 나타났다"는 이 재귀용법의 의미에서 여격 Κηφᾷ와 함께 사용된다. 하지만 이것은

---

149) W. Pannenberg, *Systematic Theology,* 2:358 and 359.
150) 같은 책, 359.
151) 같은 책.
152) 같은 책, 360.

70인역과 다른 종교적 본문에서 통례적으로 "예외적이며 초자연적인 출현"이나 눈과 다른 감각 기관에 나타나는 것뿐만 아니라 신적 존재가 나타나는 것을 묘사하는 데도 사용된다.[153)]

바로 여기서 논쟁이 시작한다. 그림-타이어는 9:1(직설법 능동태)을 분명히 "눈으로 본다"는 항목 아래 두고, 신약성경의 많은 용례를 "마음으로 보다"(이해하다; 예. 롬 15:21)라는 항목 아래 열거한다(롬 15:21에서 "그들은 보게 될 것이다"는 "그들은 깨닫게 될 것이다"와 나란히 언급된다. 비교. 골 2:18, REB, access to some visionary world). 반면에 다른 용례에서는 "경험하다, 경험으로 알게 되다"(예, ζωή와 함께)를 가리키는 것으로 이해된다.[154)] 또 다른 한편으로 다른 용례는 이 수동태가 특별히 사람을 여격으로 취하면서 주로 "나는 내 모습을 나타냈다, 나는 보였다 또는 나는 나타났다"라는 의미를 제시한다(참조. 눅 24:34; 행 9:17; 고전 15:5-8). 신약성경 밖에서 이 시기의 그리스어의 능동태 또는 수동태는 스펙트럼의 한 극단에서 증인들에게 나타나는 사건이나 사람을 묘사하기도 했다. 또 다른 극단에서는 초자연적인 현현을 묘사하는 데 사용되기도 했다(파피루스 옥시린쿠스 1:3; 120:4; 헤르마스의 목자들 12:2, 4; 마카베오4서 4:24; 9:30; 필론, *De Migratione Abrahami* 46). 비문학적인 문서들은 종종 이 동사를 "인식하다"뿐만 아니라 "꿈속에서 보다 또는 하나님을 보다"를 가리키는 데 사용한다.[155)] 루-니다는 이 동사가 의미하는 바를 다음과 같이 분류한다. 첫 번째 "의미 영역"으로 (i) "감각으로 분별할 수 있는 사건과 상태"의 항목에서 "보다"(이 사전은 고전 15:6을 이 항목에 포함함). (ii) 두 번째 "의미 영역"으로 "경험하다"("보다"를 "비유적인 의미"로 확대함). (iii) 또 다른 항목으로 "방문하다"("친구를 보다"의 경우처럼: 참조. 히 13:23). 그밖에 이 사전은 또 다른 네 가지 하부 항목을 제시한다.[156)]

비록 셈어적 영향의 가능성도 염두에 두어야 하겠지만(아래 참조), 해치-레드패스 사전에서 70인역의 용례에 대한 탐구는 여기서 여격과 함께 사용된 ὤφθη

---

153) Findlay, *Expositor's Greek Testament,* 2:920; BAGD, 577-578; Grimm-Thayer, 451-452.
154) Grimm-Thayer, 451-452.
155) MM, 455; 참조. BAGD, 577-582.
156) Louw-Nida, 1:277 (sect. 24.1), 808 (sect. 90.79), 453 (sect. 34-50).

는 대체로 하나님, 하나님의 천사 또는 영광의 하나님의 현현을 가리킨다는 H.-W. 바르취의 주장을 확인해준다. 또한 그는 이러한 현현은 전형적으로 구원 역사의 세 가지 시대, 즉 아브라함, 이삭, 야곱의 시대, 모세와 광야의 시대, 다윗과 솔로몬의 시대와 관련되어 있다고 지적한다. 그리고 콜린스는 이러한 배경에서 "하나님의 초월적인 현현"에 대한 이러한 묘사는 "물리적으로 보는 것을 암시하지 않았다"라고 덧붙인다. 오히려 바르취가 강조하듯이 시편과 예언서는 종말론적인 영광에 대한 하나님의 약속의 성취로 신적 존재가 나타나 구원을 베풀고 회복하는 시대를 기대한다.[157] 고전 15:5을 원시 기독교 신앙에 대한 증거로 보는 분석은 이 배경에 비추어볼 때 이러한 현현은 종말론적이며 초월적인 영광에 대한 기다림의 시대가 다다랐다는 주장을 나타낸다고 주장한다. 부활하신 그리스도의 현존은 하나님이 종말론적으로 자신을 나타내는 역할을 한다.

이 접근 방법이 직면할 수 있고 이 접근 방법에 또 도전을 제기할 수 있는 한 가지 난제는 이 그리스어가 셈어의 관용적 표현을 반영할 가능성이 있다는 점이다. 우리는 이 가능성에 대해 (브루스와 예레미아스의 견해를 참조하면서) 논의할 것이다. 하지만 뉴먼은 최근에 바르취의 분석을 수용하면서 이것은 "예수가 바울에게 나타난 사건을 영광의 하나님이 찾아오시는 연속적인 내러티브 안에 배치하고" 예수 그리스도 안에서 "종말론적인 영광의 계시에 대한 약속이 이미 예기적으로 시작되었다"는 것을 확인한다고 주장한다.[158] 하지만 지상 역사와의 연속성은 고전 15:3-5에 나타난 바울의 사고의 틀에 속하는 반면, "부활한 그리스도가 바울에게 개인적으로 나타난 사건"인 이 현현에 대한 뉴먼의 묘사는 바울은 베드로와 열두 제자에게 나타난 예수의 현현이 공적인 영역에서 일어난 사건에 그 기초를 두고 있다고 이해한다는 판넨베르크의 주장을 약화한다(이 이슈에 대한 설명 참조).

이것은 ὤφθη에 대한 각각의 이해—예를 들어 마르크센과 판넨베르크—를

---

157) Bartsch, "Inhalt und Funktion der urchristlichen Osterglaubens," 180-196, 특히 184-185(아브라함), 185-187(모세), 187-188(왕들), 189-192(종말론적인 영광); Collins, *First Cor,* 535.

158) C. C. Newman, *Paul's Glory Christology: Tradition and Rhetoric,* NovTSup 69 (Leiden: Brill, 1992), 192. 또한 아래에서 Marxsen에 대한 비판을 참조하라.

서로 비교하는 논쟁의 초점을 예리하게 만든다. 마르크센은 기독교의 공통된 전승의 세 번째 행인 "그리스도께서 부활하셨습니다"에 대해서는 논쟁의 여지가 없다는 데 동의한다. 하지만 그는 "그리스도가 나타난" **방식**과 관련하여 ὤφθη의 의미가 **매우 모호하게** 진술되었다고 주장하면서 모호하지 않고 분명하게 진술된 것은 바로 "동일한 예수의 활동"이라고 강조한다.[159] 첫째, 마르크센은 그리스도가 나타난 사람들은 우선 어떤 사건이나 정황에 대한 **증인**의 신분을 갖고 있다는 전통적인 이해에 이의를 제기한다. "이 명칭은 오직 그들이 모두 부활을 **선포한다**는 것을 의미할 때만 타당하다. 그들은 그것을 경험하지 않았다. 그들의 경험은 예수를 본 것으로 묘사된다"(강조는 원저자의 것임).[160] 둘째, "베드로에게 나타난 사건은 **묘사되지** 않는다. 단순히 언급될 뿐이다"(강조는 원저자의 것임).[161] 하지만 마태복음은 베드로에게 나타난 사건을 언급하지 않는다. 마가복음과 요한복음은 그리스도가 먼저 막달라 마리아에게 나타났다고 이야기한다(막 16:9; 요 20:2-18. 따라서 쉬슬러 피오렌자에게 그녀는 "사도 중에서 여사도"가 된다). 하지만 누가복음은 베드로의 독특한 역할을 강조하는 특별한 이유가 있다는 것이다.[162] 그럼에도 마르크센은 베드로가 그리스도의 부활을 제일 먼저 믿었다는 것에 대한 다중적인 전승은 "**어떻게** 그가 믿게 되었는지에 대한 세부적인 설명(요 21장)"과 구별되어야 한다고 주장한다(강조는 원저자의 것임). 또한 "부활한 그리스도가 제자들에게 나타난 사건은 그들에게 사명을 불러일으켰다." "따라서 성 금요일 이후에 베드로가 제일 먼저 예수를 믿었다는 것은 전혀 의심할 이유가 없다." 그러나 이 "믿음의 발견"은 "부활한 그리스도가 **여러 차례** 나타난 것을 **보고하려는** 목적"과 밀접하게 연결되어 있다(강조는 원저자의 것임). 베드로의 경우에는 그가 "부활한 예수를 본 것이 사명을 가져다

---

159) Marxsen, *The Resurrection of Jesus of Nazareth*, 72.
160) 같은 책, 81.
161) 같은 책, 82.
162) E. Schüssler Fiorenza, *In Memory of Her: A Feminist Reconstruction of Christian Origins* (New York: Crossroad and London: SCM, 1983), 332. Schüssler Fiorenza는 요한복음의 "페미니스트" 전승—이 전승 안에서 막달라 마리아는 주요한 사도적 증인이다—과 바울이 받아들인 바울 이전 전승과 누가복음을 서로 분리하려는 경향을 보인다(315-334). 아래에서(5절에 대한 주해) Künneth가 다른 대안을 앞질러 설명하는 것을 참조하라. Schüssler Fiorenza는 이 대안을 고려하지 않았을 것이다.

주었고" 부활한 예수가 나타난 사건에 대한 전승의 목적은 일차적으로 "보고"에 있지 않고, **사명을 가져다주는 믿음을 갖게 하는** 데 초점이 맞추어져 있다.[163] 셋째, 하나님의 계시와 "과거의 일이 아니라…현재의 일에" 대한 관점을 강조하면서 마르크센은 심지어 바울의 다메섹 도상의 경험도 "그의 경험의 본질"보다는 "**하나님께서** 나에게 하신 일"에 강조점이 있다고 주장한다(강조는 원저자의 것임)[164] **과거의** 역사보다는 **현재의** 기능이 무대의 중심을 차지한다(고전 9:1; 갈 1:15-16; 마 28:16; 요 20:19-21).

이 광범위한 세 가지 주장에 기초하여 마르크센은 네 번째 주장으로 결론을 맺는다. 우리는 "어떤 객관적인 환상"에 대해 이야기하는 것을 단념해야 한다. 아니면 적어도 그 중요성이 "나 자신의 믿음의…주관성"에 있다는 것을 인정해야 한다. 비록 바울(또는 베드로)에게는 "**믿음에 이르게 하는 동기가 외부에서 왔다**"는 전제가 기본적으로 깔려 있지만 말이다.[165] 부활과 "나타난" 것의 핵심은 "하나님이 예수를 **과거의 그 사람으로** 인정해주신다"는 것이다(강조는 원저자의 것임).[166] 하지만 "우리는 예수를 다시 일으킨 것이 어떤 것인지 여전히 알지 못한다. 우리는 사람들이 어떻게 예수를 다시 일으킨 것에 대해 말하게 되었는지 여전히 알지 못한다."[167] "예수는 주님이시다"라는 표현은 "나의 경우에 구체적으로 인식된다."[168]

우리는 이 이슈에 관한 수많은 참고문헌 가운데 각각 언어학적 주장과 실존-신학적 주장을 통해 καὶ ὅτι ὤφθη Κηφᾷ εἶτα τοῖς δώδεκα가 "보고"가 아니라는 것을 밝히는 바르취와 마르크센의 연구를 선택했다. 물론 이 문장은 "자신 밖에서"

---

163) Marxsen, *Resurrection*, 82, 83, 95.
164) 같은 책, 77, 106.
165) 같은 책, 116, 117.
166) 같은 책, 125.
167) 같은 책.
168) 같은 책, 124-125. 한편 Bultmann은 어떤 묘사적인 내용보다는 단지 있는 그대로의 "그것"의 관점에서 역사적 예수를 설명하고자 했다. 어떤 이들은 Bultmann의 이러한 견해와 유사한 점을 언급하면서 Marxsen의 입장을 "설명하려고" 시도할 수도 있을 것이다. 하지만 Marxsen이 제시하는 시나리오는 심지어 "객관성"이 더 적다. 설령 이러한 유비가 무언가 시사하는 바가 있다 하더라도 그것은 그릇된 방향으로 인도할 것이다.

믿음에 이르게 하는 어떤 동기를 표현하지만 말이다. **하나님**은 나사렛 예수 그리스도가 주님이시며 그가 계속해서 현존하신다는 것을 계시하시고, 그의 사역을 지지해주시고 정당성을 입증해주신다. 그럼에도 우리는 이러한 실존적 또는 자신을 연관시키는 해석이 **우리가 앞에서 해설한 첫 두 줄의 사고를 올바르게 반영할 수 있**는 개념적 면밀함을 구현하는지를 반드시 물어야 한다. (a) **가장 초기의 신조와 신앙고백에 대한 연구**와 특히 **자신을 연관시키는 언어의 효율적 사용에 기초한** 연구는 "사명"과 정황의 관계나 현재의 경험과 과거의 사건의 관계에 대한 마르크센의 설명이 이치에 맞지 않는다는 것을 암시한다. 우리는 마르크센의 주장이 개념적으로 느슨하다는 점을 인식하기 위해 쿨만부터 캄펜하우젠과 노이펠트에 이르는 탐구 역사와 언어-행위와 관련하여 언어 철학의 측면에서 오스틴, 존 설, 반더베켄 및 다른 학자들의 탐구 역사를 기억할 필요가 있다.

(b) 판넨베르크가 매우 탁월하게 입증했듯이 역사와 믿음의 관계에 대한 탐구는 바울 이전 전승과 그 이후의 발전 과정이 "나 자신의 사례의 구체적인 관점에서" 어떻게 내가 그리스도의 주님 되심을 경험하는지에 대한 "사적인" 개념이 아니라는 점을 확인해준다(설령 나 자신의 사례가 그러한 경험에 포함된다 하더라도 말이다). 알렉산드리아의 클레멘스와 영지주의자들에 반대하면서 이레나이우스가 강조했듯이 전승들은 무엇보다도 **공적인 영역에서 일어나는 사건**에 관심을 기울인다. 따라서 "그가 매장되었습니다"는 "그는 사흘 만에 부활했습니다"와 더불어 최초기 전승에서 신앙의 기본을 형성하는 역할을 한다. 더욱이 "성경대로"는 부활 사건을 내가 어떻게 그리스도의 주님 되심을 "나의 사례에서" 구현하는지에 대한 "사적인" 영역에 두지 않고, 약속에 대한 하나님의 신실하심을 이해시키기 위해 어떻게 역사적으로 오랜 기간에 걸쳐 명백한 뜻을 가지고 전개된 하나님의 행위와 인간의 반응에 대한 한 가지 패턴이 이해를 위한 표준적인 틀로 나타나는지를 가리킨다.[169] 구약성경에 의해 형성된 "선이해"를 실존주의적 선이해로 대치하는 경향을 보이는 불트만의 신학적 유산에 대한 비판은 여기서도 타당성이 있다. 우리는

---

169) 참조. A. Thiselton in R. Lundin, Thiselton and C. Walhout, *The Promise of Hermeneutics* (Grand Rapids: Eerdmans, 1999), 223-239.

앞에서 판넨베르크의 네 가지 강조점을 다루었다. 마지막으로 그는 다음과 같이 결론짓는다. "이[부활] 사건은 이 세상 안에서 일어났다. 다시 말해 여인들이 찾아가기에 앞서 예루살렘에 있는 예수의 무덤 안에서 일어났다"(앞의 설명 참조).

이것은 마르크센의 견해를 따르는 자들은 "부활을 믿지 않는다"는 것을 암시하는 것으로 받아들여서는 안 된다. 오히려 그들은 신약성경이 부활의 **방식**을 명확하게 설명하지 않고 마무리되기 때문에 텍스트에 부당하게 "역사적인" 사고방식을 강요해서는 안 된다고 주장한다. 하지만 사실상 마르크센의 견해는 주해와 논리에 관한 세부 내용과 언어 철학적 이슈를 충분히 고려하지 않는다. 이 점은 그의 견해가 타당하지 않고 바울의 15:1-58 논의 전체가 지닌 논리를 훼손한다는 의미에서 축소적이라고 묘사하는 것을 허용한다. 더욱이 마르크센이 주장한 ὤφθη의 "열려 있는" 의미는 앞에서 묘사했듯이 오직 70인역이나 그리스어 어휘적 배경에만 적합한 것이다. 예레미아스는 이 표현에 초기의 셈어적 배경이 반영되어 있다고 파악한다. 브루스는 예레미아스의 견해를 따라 "히브리어의 '용인의 니팔 형태', 즉 그는 '자신을 보이게 했다'라는 의미에서…부활에 대한 그 증인들의 증거가 강조된다"고 주장한다.[170] 따라서 이 배경은 마르크센이 제시하는 개념—정신적 또는 영적 인식과 같은 어떤 사적인 방법을 통해 단순히 개인의 신앙이 시작됨—보다 더 예리하고 "공적인" 의미를 제공한다. 뿐만 아니라 9:1에 대한 우리의 논의에서(앞의 주해 참조) 우리는 "내가 우리 주 예수를 보지 못하였습니까"를 **사도권**과 밀접하게 관련이 있는 "**그리스도에 대한 진리 주장에 관한 독특하고 기초적인 증언**"의 일부로 이해한다(강조는 덧붙여진 것임. 또한 9:1에 대한 주해 참조). 마르크센은 자신의 주장을 지지하기 위해 이 절을 언급한다. 하지만 우리가 오직 누가-행전만이 이런 의미에서 **사도권**을 인식하고 있다는 그의 견해에 동의하지 않는 한, 이것은 정반대의 효력을 지닌다. 사도적 증언은 후대 교회의 증언과 다르다(마르크센의 입장에 대한 반론).[171] 바울은 바로 이 점을 강조하고자 자신이 지지하는 바울 이전의 사도적 전승을 인용한다.

---

170) Bruce, *1 and 2 Cor,* 140. 참조. Jeremias, *Eucharistic Words,* 101-103(또한 아래에서도 언급됨).

171) 참조. Wilckens, *Resurrection,* 122.

이 단락에 대한 논의를 마무리하는 차원에서 우리는 이전 세대의 두 저자를 서로 비교할 수 있다. 그들의 접근 방법은 마르크센이나 판넨베르크의 접근 방법에 비해 더 극단적이다. 불트만은 나사렛 예수의 부활은 객관적인 관점에서 역사적인 사건이 아니었다고 주장한다. 그는 부활 신앙은 "십자가의 구원하는 효능을 믿는 것과 같은 것이다"라고 주장한다.[172] 이것은 **"객관적인 사실로서"** 확증될 수 없다(강조는 덧붙여진 것임).[173] **그렇다면 이 견해를 고전 15장에 진지하게 적용할 수 있는가?** 불트만은 이 **놀랄 만한** 발언에서 다음과 같이 양보할 수밖에 없다. "바울은 자신의 변증으로 스스로 모순에 빠진 것으로 묘사된다".[174] 왜냐하면 불트만의 견해에 의하면 15:1-19에서 바울의 증인에 대한 호소는 15:20-22과 그 이후에 사용된 내세적 언어와 모순된다. 왜냐하면 1-11절은 그의 더 나은 모든 판단에 맞서 "그리스도의 부활을 하나의 객관적인 역사적 사실로 받아들일 수 있는 것으로 만들려는 시도"를 나타낸다.[175] 불트만은 누가-행전이 부활을 육체적(또는 물리적?) 실재(눅 24:39-43)로 묘사하지만, 바울의 언어는 실존적 또는 자기 연관적이라고 믿는다. 하지만 우리는 이미 이러한 극단화가 이해 가능한 언어 철학에 위반된다는 점을 살펴보았다. 오히려 이것은 초기 기독교 신조와 신앙고백의 다양하고 중첩되는 언어 기능과 상관이 있다. 불트만이 고전 15장에서 자기모순에 빠져 있다고 바울을 비난할 필요가 있었다는 사실은 이 점을 잘 대변해준다. 한편 울리히 빌켄스는 불트만과 마르크센이 역설하는 긍정적인 부분을 다음과 같이 잘 확인해준다. "부활한 그리스도와의 만남의 *실재*는 언제나 새롭고 언제나 다른 형태다.…이것은 현대 개신교 신앙의 역사에서 하나의 본질적인 모티프다"(강조는 원저자의 것임).[176] 그럼에도 빌켄스는 이것은 고전 15:3-8의 관심사가 아니라 오히려 "최초의 기본적인 증언"에 관한 "정당성"과 연결된 "독특한 행위"에 대해 말하는 것이라고 덧

---

172) R. Bultmann in H.-W. Bartsch (ed.), *Kerygma and Myth* (2 vols., London: SPCK, 1962-64), 1:38 and 41. 독일어 원본: *Kerygma und Mythos* (6 vols., Hamburg: Reich & Heidrich, 1948), 1:47.

173) 같은 책(독일어 원본, 49: 영역본 39).

174) 같은 책, 1:83.

175) 같은 책, 83, 독일어 원본, 54.

176) Wilckens, *Resurrection*, 122.

붙인다.[177] 빌켄스는 이 이슈가 **기초**에 관한 것임을 올바르게 논의한다. 그는 이렇게 주장한다. "다시 나타난 사건이…믿음을 갖도록 영감을 불어넣었고…원시 공동체를 세우도록 만들었다."[178]

20세기 초반의 저자 가운데 가장 단도직입적인 저자는 아마도 발터 퀸네트일 것이다(1933년, 1991년 3판, 영역본 1965년). 그는 로마이어가 종교사적 맥락에서 인용한 일종의 "부활 신화"뿐만 아니라 불트만이 강조한 일종의 "신화"에 호소하는 것을 거부한다.[179] 그는 (바르트와 더불어) 고전 15장에서 **"하나님의"**라는 표현의 중요성을 지적하면서 "신화는 인간 중심적인 종교에 대한 표현이다"라고 말한다. 신화는 **하나님**의 어떤 **특별한 행위**이기보다는 인간적이며 보편적인 행위다.[180] 퀸네트는 그리스도의 부활을 "천지창조처럼…새 창조, 최후의 창조처럼 최초의 기적"과 비교하면서 34-42a에 나타난 바울의 논리를 예고한다.[181] 고후 12:2-3의 환상적인 경험과 바울과 다른 사도들에게 나타난 그리스도의 출현 사이에는 "질적인 차이"가 있다.[182] "빈 무덤에 관한 설명이 사도적 전승에 확실하게 포함되었다"는 사실은 "확실하다."[183] 신학은 이 점을 "진지하게" 다루어야 한다. 달, 바레트, 오르트켐퍼의 연구를 예고하면서(앞의 주해 참조) 퀸네트는 "그리스도의 부활 사건 안에서 나타난 하나님의 행위"를 강조한다(참조. 3b-5에서 사용된 수동태).[184] 그는 불트만과 마르크센처럼 그리스도의 지속적인 행위와 주님 되심에 대한 **현재의** 경험을 강조하지만, 그는 그리스도의 부활을 통해 **이 세상에서 그리고 이 세상 위에서 나타난 하나님의 행위**가 "**구원의 기초를 놓는**" 역할을 한다고 주장한다(강조는 덧붙여진 것

177) 같은 책.

178) Wilckens, "The Tradition of the Resurrection," in C. F. D. Moule (ed.), *The Significance of the Message of a Resurrection for Faith in Jesus Christ* (London: SCM, 1968), 73(참조. 53-76).

179) Künneth, *The Theology of the Resurrection,* 40-53.

180) 같은 책, 57.

181) 같은 책, 75.

182) 같은 책, 84.

183) 같은 책, 93.

184) 같은 책, 117; 또한 97, 111-149.

임).[185] 이것은 역사와 공개적으로 분리되기보다는 오히려 위기와 약속을 통해 "역사의 초점과 의미"를 제공한다.[186]

퀸네트는 판넨베르크처럼 개념적으로 명확한 글을 쓰지 않으며, 그의 연구는 15:4-5로부터 점점 멀어져 간다. 그럼에도 그는 더 온전한 배경을 제공하기 위해 마르크센 및 불트만의 관점과는 한 차원 다른 하나의 건설적인 사례를 제공한다. 우리는 이 배경과 대조하며 판넨베르크 및 다른 학자들의 주장을 살펴볼 수 있다. 심지어 70인역의 배경에 비추어볼 때 그리스어 ὤφθη, "그는 나타났다"에 대한 전적으로 언어학적 설명은 위에서 제시한 문맥적 고려 사항으로 보충되어야 한다. 그렇지 않으면 우리는 불트만과 함께 15:1-58의 일관된 논리를 깨뜨리고 말 것이다.

어떤 저자들은 동사 ὤφθη에 이어 여격 Κηφᾷ가 사용된 것에 기초하여 다음과 같은 주장을 제기했다. 바울은 베드로를 흔히 "게바"라고 불렀기 때문에(1:12에 대한 주해를 보라. 참조. 3:22; 9:5; 갈 1:18; 2:9, 11, 14) 바울 이전의 공동 전승은 4절 끝부분에서 또는 "그는 나타나셨습니다"(5a) 다음에 끝났을 수 있다.[187] 하지만 우리가 이미 앞에서 언급했듯이 대다수 저자들은 이 전승이 7절까지 이어지든 그렇지 않든 간에 적어도 5절을 포함하는 것으로 간주한다.

에릭슨은 문체적·구조적·수사학적 분석에 근거하여 교묘한 타협을 제시한다. 그는 세 가지 유형의 자료를 제안한다. (i) 어떤 구체적인 신조 전승이 3b-5a에 들어 있다. (ii) 5b, 6b, c, 7절은 "네 가지 전통적인 그리스도 현현"을 구체적으로 나타낸다. 이것은 "수미상관 구조"로 표현되어 있고 그 중심은 6a이다. (iii) 6a은 바울이 제시하는 해석적 논평이다. 바울은 8-11절에서 자신의 다른 논평을 적절하게 제시한다. "이 구조에서 수미상

185) 같은 책, 153.

186) 같은 책, 253.

187) Bartsch는 후자의 견해를 대표한다(Bartsch, *Kerygma and Myth*). 비록 "개연성"이 있다고 인정할 뿐이지만, Héring도 후자의 입장을 지지한다(Héring, *First Epistle*, 158).

관의 첫 번째 행은 ὅτι 절의 마지막 행과 연결된다. 이 구조는 바울이 바울 이전 전승을 배열하고 편집했음을 암시한다."[188] 20세기 전반에 걸쳐 아마도 대다수 저자들은 3b-7을 하나의 고정된 전승으로 이해했다.[189] 하지만 이처럼 이른 시기에도 의심이나 이견이 존재했으며, 20세기 후반에 가장 광범위하게 받아들여진 견해는 설령 6-7절의 일부가 바울 이전 자료나 전승에서 유래한 것이라 하더라도 3b-5을 가장 개연성 있는 최초기 신앙고백의 범위로 간주했다.[190]

바레트는 "게바"라는 아람어 형태("베드로"라는 그리스어 형태와 대조되는)가 사용된 것에 큰 의미를 부여한다면 바울의 용례가 아닌 "열둘"이라는 고정된 표현이 사용된 것의 의미는 이를 능가한다고 지적한다. 사실상 고린도의 베드로 그룹에 대한 이슈와 관련하여(1:12) 바울은 독자들의 주목을 끌기 위해 베드로에 관한 전승(눅 24:34; 참조. 막 16:7; 마 16:18; 사도행전 첫 여러 장)을 사용하는 것은 그리 어렵지 않았을 것이다. 예레미아스는 바울은 "열둘" 대신 "사도들"이라는 표현을 사용하는 것을 선호한다고 말한다. 나아가 그는 3b-5은 "케리그마의 핵심이 **셈어적 표현을 번역한** 것임을 알려준다"고 주장한다(강조는 덧붙여진 것임).[191] 만약 예레미아스의 견해가 옳다면(여기서 우리는 이를 확실히 알 수 없다) 이것은 그리스어 형태의 "베드로"보다 "게바"가 포함되었을 가능성을 잘 설명해줄 것이다. "베드로"와 "열둘"은 초기 전승에서 중요한 증인이라는 공식적인 역할을 하게 되었을 것이다.

---

188) Eriksson, *Traditions*, 89; 참조. 86-97.

189) Weiss, *Der erste Korintherbrief*, 150; Bachman, *Der erste Korintherbrief*, 436; Moffatt, *First Epistle*, 237-238; Meyer, *First Epistle*, 244-245.

190) Findlay는 3-5절을 확립된 전승으로 인정하는 것을 선호한다(Findlay, *Expositor's Greek Testament*, 2:920). Robertson and Plummer는 확실한 입장을 결정하지 못한다(Robertson and Plummer, *First Epistle*, 335-336). 또한 최근 저자들의 다음 주석서 참조. Conzelmann, *1 Cor*, 198; Fee, *First Epistle*, 722-729; Bruce, *1 and 2 Cor*, 140-141; Hays, *1 Cor*, 257; Horsely, *1 Cor*, 198; Barrett, *First Epistle*, 341-342; Lang, *Die Briefe*, 212-213; Strobel, *Der erste Brief*, 233; Wolff, *Der erste Brief*, 355-370.

191) Jeremias, *Eucharistic Words*, 102; 참조. 101-103.

쉬슬러 피오렌자는 마가복음과 요한복음이 바울 이전 전승의 탁월함과는 전혀 다른 견해를 제시한다고 주장한다. 마가복음은 **여인들**을 예상치 못한 "최초의" 역사적 증인으로 묘사하는 반면(막 16:9), 요한복음은 막달라 마리아를 요한 공동체를 위한 **주된 사도적 증인**으로 이해한다.[192] 나사렛의 마리아, 베다니의 마르다와 마리아와 더불어 막달라 마리아는 (이 여인들 가운데 "첫 번째"로) "사도적 제자 됨의 전형"이 된다.[193] 이 요한복음 전승은 고전 15:3, 6의 바울 이전 전승에 나타난 "베드로 전승에 도전했다."[194] 이와는 대조적으로 퀸네트는 "베드로"에 대한 언급을 바울 이전 전승의 "첫 번째"로 이해한다. 왜냐하면 베드로는 공개적으로 **예수를 부인했기** 때문이다. 부활의 패러다임은 예수에 대한 증인을 십자가의 "미래"의 반전, 즉 예수 그리스도의 죽음과 부활에 동참하는 것에 기초한 변화와 회복과 연결한다. **은혜와 반전을 공동으로 경험한 사실이 베드로와 바울에게 부활의 증인이라는 공통된 역할을 부여한다.**[195] 퀸네드는 이 경험이 "사도직 확립"에 필수적이라고 결론짓는다(강조는 원저자의 것임).[196] 바울은 8-10절에서 이 하나님의 **은혜**에 대한 주제를 설명할 것이다. 따라서 이 문맥에서 그리스도가 나타난 사건과 관련하여 이미 알려진 베드로 전승을 언급한 것은 의아한 일이 아니다.[197] 마지막으로 신뢰할 만한 δώδεκα, "열둘" 대신에 서방 사본들의 이문인 ἕνδεκα, "열하나"에 대해서는 3절의 본문 주해 앞에 제시된 사본 주해를 보라. 가룟 유다는 더 이상 존재하지 않기 때문에 몇몇 교부들은 "열

192) Schüssler Fiorenza는 누가복음은 제자들이 여인들의 말을 "터무니없는 이야기"로 인식했다고 보도함으로써 부활에 대한 케리그마의 선포자로서 여인들의 역할을 감퇴시키려고 한다고 주장한다(눅 24:11). 누가복음과 바울 이전 전승과는 대조적으로 마가복음과 요한복음은 이 여인들의 중요성을 강조한다. 즉 마가복음은 여인들을 증인으로서, 요한복음은 막달라 마리아에게 "사도들 중에서 여자 사도"(*apostola apostolorum*)로서의 위치를 부여한다(E. Schüssler Fiorenza, *In Memory of Her*, 315-344).

193) 같은 책, 333.

194) 같은 책, 332.

195) Künneth, *The Theology of the Resurrection*, 86-91.

196) 같은 책, 89.

197) 이것은 모든 것을 성별에 대한 이슈로 돌리기보다는 전승 안에서의 차이점을 더 설득력 있게 설명해준다.

둘"에 맛디아가 포함되어 있다고 추측한다(예. 오리게네스, 크리소스토모스, 에우세비오스, 테오필락투스, 포티오스; 종교개혁 이후에는 벵엘).[198] 에링(메츠거도 그의 견해를 따름)은 이 독법을 예수가 지상에 있는 동안 그를 따랐고 부활하신 그리스도를 지속적으로 증언하던 사도적 증인을 가리키는 공식적인 명칭이 되었음을 인정하기보다는 이것을 숫자에 연연하는 현학적인 행위로 간주한다.[199] 바울은 "사도들"이라는 용어를 선호하며, 오직 이곳에서만 "열둘"이라는 용어를 사용한다. 이 점은 (우리가 이미 언급했듯이) 이 전승의 바울 이전 기원을 확인해준다.[200] 바울은 종종 사도적 전승을 언급한다(앞에서 특히 에릭손에 대한 논의 참조). 따라서 갈 1:1, 11, 12에 기록된 바울의 주장에 근거하여 이 본문이 그가 기록한 것일 수 없다고 주장하는 것은 설득력이 없다. 이것은 서로 대립하는 진리 주장이 아니다.[201]

6절 ἐξ ὧν οἱ πλείονες μένουσιν ἕως ἄρτι라는 절이 포함된 것은 "분명히 예수의 부활에 대한 추가 증거를 제공하기 위한 것으로 평가된다. 부활에 회의적인 입장을 취하는 사람이 있다면 그는 자신이 예수가 살아 있는 것을 직접 보았다고 기꺼이 증언하는 상당히 많은 사람을 발견할 것이다."[202] 헤이스는 다음과 같이 말한다. 이것은 바울이 "부활을 역사를 초월한, 말로 표현할 수 없는 종류의 진리"로 생각하지 않았다는 것을 보여준다. 오히려 "이것은 역사적으로 목격자의 증언이 엄연히 존재하는 하나의 사건이었다."[203] 히브리서에서 ἐφάπαξ는 그리스도의 희생제사가 **단번에** 드려졌다는 중요한 신학적 의미를 전달한다(히 7:27; 10:10; 참조. 롬 6:10). 하지만 이 단어는 또한 "한꺼번에" 또는 "단 한 번에"를 가리킬 수도 있다(NRSV,

---

198) Origen, *Against Celsus,* 2:65; Bengel, *Gnomon,* 662, "아마도 또한 맛디아도 포함되어 있을 것이다."

199) Héring, *First Epistle,* 161. 절대다수의 주석가도 이 입장에 동조한다.

200) 그밖의 문헌은 Conzelmann, *1 Cor,* 257, n. 78을 참조하라. 또한 특히 성경 자료에 대해서는 다음을 참조하라. Wolff, *Der erste Brief,* 368-370.

201) 이 견해는 Price의 입장과 상반된다. Price, "Apocryphal Apparitions: 1 Cor 15:3-11 as a Post-Pauline Interpolation," 69-99.

202) Hays, *First Cor,* 257; 또한 Fee, *First Epistle,* 729-730.

203) Hays, *First Cor,* 257; 또한 Horsely, *1 Cor,* 199.

at one time; REB, at once; NIV, NJB, at the same time).[204] 한편 피는 이 단어를 시간 또는 연속적인 것을 가리키는 것으로 액면 그대로 받아들여서는 안 되며, 오히려 단지 "그리스도가 나타난 사건의 실재와 객관성을 나타내는 것"으로 이해해야 한다고 주장한다. "시간과 장소의 관점에서 이것에서 벗어나는 것은 모두 사변에 불과하다."[205] 하지만 마이어는 만약 이 단어가 환상의 경험을 언급할 가능성을 배제한다면 시간적인 의미를 내포한다고 지적한다. 다시 말해 우리는 "500번 이상의 환상이 동시에 동일한 장소에서 일어난다"고 상상하는 것은 어렵다.[206] 나아가 이 실재를 가리키는 것은 대략의 숫자다. 소수의 사람들은 자신의 믿음을 혼란스러운 인식에 근거지을 수 있었겠지만, 그렇게 큰 무리의 신자들은 그렇게 하지 않을 것이다. 한편 콜린스는 ἔπειτα, "그 후에"가 "바울이 선호하는 용어"라고 지적한다. "신약성경에서 이 단어가 16번 등장하는데, 그중 열 번은 바울 서신에서 사용된다.…수사학적으로 일련의 '그 후에' 절은 독자들에게 생략된 것이 전혀 없음을 보증해준다."[207]

키어니는 이 절을 송영으로 재구성한다. 그는 ἐπάνω, "위에"가 "~보다 더"라는 의미에서 공간적인 의미의 "위에"를 가리킨다고 번역한다. 즉 "그는 ~위에 나타났다."[208] 이것은 크리소스토모스가 언급한 전승으로 거슬러 올라간다. 그는 "어떤 이들은 '위에'(ἐπάνω)가 '하늘 위에'라고 말한다"라고 기록한다.[209] 비록 키어니는 셈어적 배경의 가능성을 언급하지만, 대다수 저자들은 만약 바울이 말한 것이 바로 이것을 가리킨다면 ἄνωθεν이 사용되었을 것이라고 주장한다.[210] 키어니의 이론도, 이른바 오순절에 모인

---

204) Grimm-Thayer, 264; BAGD, 330.
205) Fee, *First Epistle,* 730.
206) Meyer, *First Epistle,* 2:45.
207) Collins, *First Cor,* 535. 이렇게 많은 사람을 속이기 어렵다는 점에 대해서는 다음을 참조하라. Allo, *Première Épitre,* 395-397; Murphy-O'Connor, "Tradition and Redaction in Cor 15:3-7," 586.
208) Kearney, "He Appeared to 500 Brothers (1 Cor 15:6)," 264-268.
209) Chrysostom, *1 Cor. Hom.,* 38:5.
210) 참조. Wolff, *Der erste Brief,* 370, n. 115.

군중으로 보는 이론도 일반적으로 받아들여지지 않으며, 대다수 저자들은 (피와 더불어) 이 경우가 무엇을 가리키는지에 대해 "미결 상태로 남겨둔다."[211]

알로는 그리스도의 출현 사건에 대한 특별 해설에서 광범위한 논의를 펼친 후에 다음과 같이 결론짓는다. "그렇다면 우리는 도덕적인 확신을 갖고 고전 15:6과 마 28:16-20을 동일시한다."[212] 그는 교부 시대부터 20세기 전반까지의 견해를 역사적으로 검토했다. 로버트슨과 플러머도 이러한 동일시를 "개연성 있는" 것으로 간주한다.[213] 그러나 많은 학자들은 이것을 인정하지 않으며 아마도 마이어가 가장 크게 반발할 것이다. "마 28:16 이하는 우리의 본문[고전 15:6]과 아무런 상관이 없다.…마태복음의 해당 본문은 단지 열한 명의 제자에게만 적용된다."[214] 하지만 마태복음의 해당 단락(마 28:16-20)에 속한 대위임령이 권위를 지닌 지도자들과 교사들인 **열한 명**의 사도에게 전해졌다는 것은 마태복음의 독특한 교회론의 일부에 해당한다. 또 다른 한편으로 누가복음, 요한복음, 그리고 마가복음의 긴 결말에 나타나 있듯이 평행 본문들이 분명히 존재하므로 "전통적인 요소가 적어도 이 자료의 일부에 깔려 있다"는 데는 의문의 여지가 없다(참조. 눅 24:38, 47-49, 52; 요 20:21; 막 16:17).[215] 비록 명백하게 확인할 수는 없지만, 이 사례는 15:6이 복음서 내러티브 안에서 전승으로 자리 잡을 개연성이 없을 것이라는 우려를 반감시키기에 충분하다.

콘첼만은 6절의 다른 부분, 즉 "몇 사람은 이미 죽었다는 사실"을 강조한다.[216] 이것은 정말로 나중에 이 장에서 제기한 이슈를 예고하는 것이다. 설령 이 측면이 건설적인 반향을 지니고 있다 하더라도 이 측면은 부차적

---

211) Lang, *Die Briefe,* 213; Strobel, *Der erste Brief,* 233; Ortkemper, *1 Kor,* 147; Héring, *First Epistle,* 161; Wolff, *Der erste Brief,* 370-371; Barrett, *First Epistle,* 342.

212) Allo, *Première Épitre,* 396; 참조. 394-398.

213) Robertson and Plummer, *First Epistle,* 337.

214) Meyer, *First Epistle,* 2:44-45.

215) D. A, Hagner, *Matthew,* 2; *Matt 24-28* (Dallas: Word, 1995), 881, and 880-889.

216) Conzelmann, *1 Cor,* 258.

인 이슈 이상의 의미를 지닐 수 없다. 콘첼만의 견해는 주로 바울이 이 절들이 부활을 확증하는 특성이 있다는 데 관심을 보인다는 것을 받아들이지 않는 저자들의 지지를 받는다. 이것은 광범위하게 받아들여지지 않는다. 설령 그렇다 하더라도 바울은 여전히 초기 전승에 포함된 요소에 의존하고 있다. 설령 공식적인 "신조"가 5b에서 끝난다 하더라도 말이다. ἀδελφοῖς를 현대 영어로 번역하는 일은 정말 악몽과 같다. 예수는 분명히 여인들에게 나타났기 때문에 NIV가 이 절에서 "형제들과 자매들"이라고 번역하는 것은 사실상 옳지만, 이 그리스어 단어는 이것을 말하지 않으며, 만약 이것이 양성을 포괄한다면 이는 또한 양성을 강요하는 것이다. 따라서 우리는 "우리 그리스도인들"이라는 번역을 제안한다(앞에서 1:10 등에 대한 주해 참조). "잠자고 있다"(ἐκοιμήθησαν)라는 은유적인 표현은 기독교 신자들의 죽음을 가리키지만, 동시에 부활 때 **깨어날 것**이라는 문법을 담고 있다(15:51에 대한 주해 참조).

7절 비록 두 번째 "그다음에"가 의미상 거의 또는 아무런 차이가 없지만, UBS 4판의 εἶτα는 p^{46}, $\aleph^{*}$, A, F, G, 33에서 ἔπειτα로 필사되어 있지만, $\aleph^{2}$, B, D는 UBS의 독법을 그대로 유지한다(아래에서 주해 참조).

NRSV, NIV, NJB는 "그다음에"라고 번역하고, REB는 "그다음에… 그 후에"라고 번역한다. REB의 이것은 아마도 ἔπειτα 독법을 반영한 번역일 수 있지만 BAGD는 이 두 단어 간의 의미 비교가 실질적으로 서로 거의 차이가 없음을 보여주기 때문에 이 이슈는 사본학적 또는 언어학적 관점에서 단지 이론적인 것으로만 남아 있다.[217] (신학적인 관점에서 바울 앞에 언급된 마지막 증인과 모든 사도들 사이에 쉼표를 표기해야 하는지는 또 다른 문제에 해당할 것이다.) 대다수 저자들은 사실상 여기서 언급된 야고보가 예수의 동생 야고보일 것이라고 거의 확신한다.[218] 정경 복음서는 이 "나타남"(ὤφθη)에 대해

---

217) BAGD, 233 and 234.

218) 이 절과 관련하여 초기 교회 안에서 야고보의 역할에 대한 유익한 논의는 다음을 참조하라. F. F. Bruce, "James and the Church of Jerusalem," in Bruce, *Men and Movements in the Primitive Churches* (Exeter: Paternoster, 1979), 86-119. 참조. W. Schmithals,

명시적으로 언급하지 않는다. 비록 행 1:6-9에 언급된 그룹에는 야고보가 포함되어 있을 수는 있지만 말이다. 바울은 그가 "주님의 동생"(갈 1:19), 예루살렘 교회의 "기둥"(갈 2:9), 예루살렘 공회 참석자(갈 2:1-10; 참조. 행 15:1-20)라고 말한다. 갈 1-2장에 묘사된 인물이 행 12:17, 15:13, 21:18(또한 막 6:3; 평행 본문 마 13:55; 약 1:1)의 야고보라는 점은 널리 인정되고 있다.

특별히 두 가지에 대해 논할 수 있다. 첫째, **하나님의 은혜의 관점에서 베드로와 바울 사이에는 한 가지 유사한 점이 있다**. 퀸네트는 **베드로의 예수 부인**, 회개, 회복과 **바울의 교회 박해**와 소명에 비추어 부활에 대한 증인으로서 베드로와 바울의 중요성을 강조하는데, 이와 마찬가지로 야고보도 **예수의 십자가 처형 이전에는 그를 따르지 않았던 것처럼 보인다**. 따라서 브루스는 (로버트슨과 플러머와 더불어) 야고보가 회심하고 제자가 된 것을 바울의 경우와 비교한다. "예수가 '야고보에게 나타났다'는 사실은…바울이 나중에 겪은 놀라운 경험에 비할 만큼 혁명적인 결과가 야고보에게도 분명히 일어났음을 말해준다."[219] 둘째, 주님의 동생이었던 예루살렘의 야고보가 ("소[小] 야고보"로서) 매우 이른 시기(기원후 44년경)에 순교 당한, 열둘 가운데 하나인 세베대의 아들 야고보와 분명히 구별되어야 하지만, 우리는 **바울이 주님의 동생을 분명히 사도로 간주한다**는 독립된 증거를 지니고 있다. 브루스는 다음과 같이 주장한다. "바울이 '야고보 외에는 다른 사도 중에 아무도 보지 않았다'[갈 1:18-21]고 말한 것은 분명히 그가 야고보를 사도로 간주했다는 것을 가리킨다."[220] 이것은 바울에게 있어 "사도"라는 용어가 항상 "열둘"보다 더 광범위한 의미임을 보여준다.[221] 사실상 갈 2:9에서 야고보와 게바와 요한은 예루살렘 교회의 세 "기둥"으로 묘사된다. 요세푸스에게서 유래한 전승에 의하면 야고보는 아마도 기원후 62년에 죽었을 것

Paul and James (Eng. trans., London: SCM, 1965); G. Howard, "Was James an Apostle? A Reflection on a New Proposal for Gal 1:19," *NovT* 19 (1977): 63-54; R. J. Bauckham, *Jude and the Relatives of Jesus in the Early Church* (Edinburgh: T & T Clark, 1990).

219) Bruce, "James," 87. 참조. Robertson and Plummer, *First Epistle,* 338.

220) Bruce, "James," 89.

221) 같은 책, 90.

이다.[222] 히에로니무스는 예수 그리스도가 부활한 후 야고보에게 나타났다는 기사가 담긴 외경 문헌인 히브리인들의 복음서를 언급한다.[223]

τοῖς ἀποστόλοις πᾶσιν의 어순은 강조점이 "모든"이 아니라 "사도들"에 있다는 것을 암시한다(터너, 바레트는 동의; 이상하게도 콘첼만은 반대).[224] 이 표현은 "사도 전체"를 가리킨다.

설령 바울이 종종 "열둘"보다 더 폭넓은 의미에서 기본적인 증인으로 "사도들"을 사용한다 하더라도 이 용어가 가리키는 대상에는 한계가 있다("사도"에 대해서는 1:1의 주해 참조. 또한 12:29, "모두가 사도이겠습니까?"[또한 참조. 4:9; 9:5; 12:28]). 여기서 이 구절의 목적은 8절에 길을 열어주려는 것이리라. 사도들은 모두 그리스도의 구원 사역과 부활을 증언하기 위해 하나로 묶여 있다. 이 점과 관련하여 바울은 8절에서 자신의 소명을 언급한다. 이 언급은 사도들의 목록을 완성하며, 복음의 가장 핵심 요소 중 하나인 부활의 실재에 대한 사도들의 증언을 확립해준다(15:3).

8-9절 여기서 강조점은 단순히 증인들 가운데 바울이 차지하는 위치에 있지 않다. 또한 그 강조점은 바울의 사도권 변호에도 있지 않다(폰 오스텐-자켄의 견해와 반대됨. 머피-오코너와 미첼의 입장과 일치함).[225] 오히려 그 강조점은 죽은 사람처럼 여겨졌던 자들에게 또는 바울처럼 그리스도와 하나님의 새로운 백성에게 적대적이었던 유산된 태아와 같은 자를 택하셔서

---

222) Josephus, *Antiquities* 20.200-201.

223) Jerome, *De Viris Illustribus*, 2.

224) Robertson and Plummer와 Barrett는 강조점이 사도들에게 있다는 데 동의한다. 참조. Robertson and Plummer, *First Epistle*, 328; Barrett, *First Epistle*, 343. 이와는 대조적으로 Conzelmann은 "πᾶσιν, '모든'은 그 의미를 강조하는 곳에 놓여 있다"고 주장하면서 BDF, sect. 575 (5)를 언급한다. 그러나 N. Turner가 지적하듯이 "만약 πᾶς가 정관사와 더불어 명사 다음에 오면 그것은 특별히 명사를 강조하는 것이다. 예. 고전 15:7"(MHT, *Grammar*, 3:200).

225) Von der Osten-Sacken, "Die Apologie des paulinischen Apostolats in 1 Kor 15:1-11," 245-262. 이 견해와 반대되는 다음 두 저자를 참조하라. 이들은 은혜의 배경을 더 적절하게 다룬다. Murphy-O'Connor, "Tradition and Redaction," 582-589; Mitchell, *Rhetoric*, 285-289. 그밖에 유익한 논문인 P. R. Jones, "1 Cor 15:8: Paul the Last Apostle"은 "사도 직분"과 너무 밀접하게 관련시키는 반면, "은혜"로부터 멀리 벗어난다(3-34).

생명을 주시고 새롭게 창조하시는 **하나님의 은혜**에 있다(10절에 대한 주해에서 더 자세하게 설명할 것임).

8절의 잘 알려진 해석상의 난제는 우리가 ὡσπερεί로 시작하는 구절을 어떻게 이해하고 번역하는지와 관련되어 있다(NRSV, "너무 일찍 태어난 자 같은"; REB, "이것은 갑작스럽고 비정상적인 출생과 같았다"; NIV, "비정상적으로 태어난 자 같은"; NJB, "나는 마치 비정상적으로 태어난 어린 아기 같았다"; 바레트, "자기 때보다 급하게 세상으로 나온 자처럼"; 모팻, "어떤 사도의 이른바 '낙태'에 의해"). 뭉크는 논의의 대상인 해당 그리스어 단어를 세밀하고 논리정연하게 연구한 후 다음과 같이 주장한다. "고전 15:8의 ἔκτρωμα라는 용어는 해석하기 어렵다. 신약성경에서 이 단어는 오직 이곳에서만 나타난다. 이 문맥은 그 의미를 분명하게 알려주지 않는다."[226] 뭉크는 더 초기의 해석은 "바울이 갑작스럽게 강압적으로 부르심을 받았다"는 것을 강조했다고 말한다. 그러나 더 최근 저자들은 이 단어가 바울의 적대자들이 그에게 적용하며 그를 비방하던 용어였다고 여기고 이 단어에 초점을 맞춘다. 뭉크는 세 번째 대안을 강하게 지지한다. 즉 이 단어는 "예정보다 일찍 죽은 채로 태어난 태아"를 의미하며, 인간의 비참함과 가엾음을 가리키는 70인역의 용례를 반영한다.[227] 바울은 한 걸음 더 나아갈 수 있었고, 또 그렇게 했어야 했다. **"하나님의 은혜는 죽은 자들에게 생명을 준다."**

광범위하게 우리는 다음과 같은 주장을 서로 구분할 수 있다. (i) 바울의 소명은 그가 교회를 대적할 때 갑자기 주어졌기 때문에 ἔκτρωμα는 이처럼 갑작스럽고 파괴적이며 강압적인 경험과 베드로를 비롯하여 열두 제자에게 주어진 믿음의 지속적인 성숙을 서로 대조하는 것을 가리킨다. 따라서 이것은 **비정상적으로 태어난 사람**을 가리킨다(NIV, REB, NJB; 또한 결과적으로 NRSV, AV/KJV, 바레트). 칼뱅, 그로티우스, 하인리치, 슈나이더는 이 단

226) Munck, "Paulus Tamquam Abortivus," in *NT Essays in Memory of T. W. Manson*, 180 (180-193).

227) 같은 책, 183.

어를 **갑작스러운** 출생을 언급하는 것으로 이해한다.[228] (ii) 프리드릭센과 브요르크는 이 단어가 비방의 용어로 사용되었을 수 있다고 주장한다. 아마도 초기 그리스도인들은 바울이 교회를 박해하던 시기에 그를 **괴물**이라고 불렀을 것이다. 바울은 9절을 내다보면서 부활한 예수 그리스도가 괴물이었던 자신에게 나타났다고 말한다. 브요르크는 이 단어가 현대 그리스어에서 괴물 또는 괴짜를 가리키며, 이것은 이 단어의 의미의 역사를 추적할 수 있게 해준다고 주장한다.[229] (iii) 바이스와 패리는 이 단어가 비방의 용어로 사용되었다고 생각한다. 하지만 그들은 일부 고린도 교인들이 이 용어를 예를 들어 베드로와 아볼로와 대조하여 바울에게 적용했다고 주장한다.[230] 하지만 바이스는 비록 이 단어가 (거의 욕설에 가까운) 비웃는 의미로 사용되긴 했지만, 유산(miscarriage)이라는 더 전통적인 의미도 내포하고 있음을 인정한다. 콜린스는 이 단어의 70인역 배경을 검토한 후 유산이라는 바이스의 주장을 따른다.[231] (iv) 뭉크는 비록 그의 첫 번째 선택은 아니지만, παῦλος(작은 사람)와 ἔκτρωμα(키가 작은) 사이에는 일종의 언어유희가 있을 수도 있다고 믿는다. 이것은 아마도 ἔσχατος, "마지막"(8절)과 특히 9절의 ὁ ἐλάχιστος, "가장 작은 자"를 설명해주는 역할을 할 것이다. 그는 **막둥이**며 키가 작은 **난쟁이**다. 이 견해는 이것을 겸손의 표현으로 이해하는 대부분의 교부 시대 주해와 일치한다는 장점이 있다.[232] (v) 하지만 다수의 초기 저자들은 이 겸손은 다음과 같은 비교에서 비롯된다고 주장한다. "사도로 불리기에는 무가치하며, 온전한 사람으로 보기에는 미숙아 같다."[233]

---

228) Calvin, *First Epistle,* 315; Heinrici, *Das erste Sendschreiben,* 480; J. Schneider, "ἔκτρωμα," *TDNT,* 2:466; 참조. 365-367.

229) G. Björck, "Nochmals Paulus abortivus," *ConNT* 3 (1938): 3-8.

230) Weiss, *Der erste Korintherbrief,* 351-352; Parry, *First Epistle,* 218.

231) Collins, *First Cor,* 537-538.

232) Munck, *NT Essays,* 188-190. 하지만 이 시기에 키가 작다는 견해를 유일하게 제안한 해석자는 아우구스티누스인 것 같다.

233) Theodoret, Estius, Bengel, de Wette, Meyer, Alford. 참조. Bengel, *Gnomon,* 662: "바울은 오직 이 단어 하나로 다른 어떤 방법보다도 더 자신을 매우 낮춘다.…그는 유산된 자로서 사람으로 불릴만한 자격이 없다는 것이다"; Meyer, *First Epistle,* 2:46-47, "낙태아, 70인역 민

(vi) 이 견해는 여기서 루터와 종교개혁자들의 견해와 일치한다. 루터는 바울이 자신을 "내가 그리스도로 인해 다시 태어나기 전까지…죽은 아이…부패한 과일"에 비유했다고 주장한다. 또한 칼뱅은 이렇게 말한다. "설령 바울이 그리스도 안에서 점진적으로 한 걸음씩 성장했다 하더라도 이러한 조산(早産)은 바울의 경우에 하나님의 은혜를 더욱더 명백하게 드러낸다."[234] 뭉크는 70인역에서 "깊은 곤경에 처해 있는 어떤 사람이 사산아(死産兒)에 비유된다"는 점을 어렵지 않게 보여준다(참조. 민 12:12; 욥 3:16; 시 57[58]:9; 사 14:9[심마쿠스]).[235] 하지만 뭉크는 자신이 가장 선호하는 두 가지 견해([iv]과 [vi]) 중 하나를 결정할 수 없다고 말한다. 왜냐하면 이 단어는 종종 사산아를, 때때로 미숙아를 가리키기도 하며, 어떤 경우에는 유산이든 아니든 기형아의 출산을 가리킬 수도 있기 때문이다.[236] 바울이 자신이 부활의 삶을 만나게 된 것을 새 창조로 본다는 점을 고려할 때(고후 4:6; 참조. 창 1:3-5) 그는 자신을 하나님의 주권적인 은혜가 사람의 생각으로는 모든 소망이 끊어진 자에게까지 생명을 주실 정도로 모든 것을 좌우하는 만남에 아무것도 기여할 수 없는 존재로 인식할 개연성이 매우 높다. 이것은 고전 15장 전반에 걸쳐 죽은 자들(이미 스스로 영속하는 능력을 지닌 자들이 아닌)에게 생명을 주시는 하나님의 주권적인 은혜인 부활의 주제를 반영한다. 마지막으로 이것은 사 49:1(그리고 렘 1:5)과 갈 1:15이 이 "사도의 자기 묘사"에 중요한 역할을 한다는 니켈스버그의 주장과도 일치한다. 바울은 **출생 이전에** 하나님의 은혜로 사도로 임명되었다.[237]

비록 우리가 15:8-10을 바울의 사도 직분에 대한 "변호"의 일부분으로 이해하는 학자들과 의견을 달리하지만, (특히 7절의 "모든 사도"와 관련하여) "모든 이들의 마지막"이라는 표현을 바울이 사용한 것에 대한 피터 존스의

12:12; 욥 3:16…비유적으로, 열등한 사람."

234) Luther, "1 Cor 15," *Luther's Works,* 28:83 (*WA* 36:509); Calvin, *First Epistle,* 315.

235) Munck, *NT Essays,* 184.

236) 같은 책, 187. 다른 언어학적 자료는 다음을 참조하라. BAGD, 246.

237) Nickelsburg, "An *ektroma*. Though Appointed from the Womb: Paul's Apostolic Self-Description in 1 Cor 15 and Gal 1," 198-205.

다음과 같은 이해는 옳다. 즉 바울은 암묵적으로 자신을 이 사도 직분에 포함했을 뿐만 아니라 "그는 사도적 복음을 완성하라고 부르심을 받았다고 의식한다. 사도의 범위가 바울과 함께 종결되었다는 것은…계시에…기초한 그의 사도적 사역에 대한 엄중한 주장을 반영한다."[238] 또 다른 한편으로 미첼이 지적하듯이 바울의 사도 직분 문제가 고전 15장의 중요한 부분을 차지한다고 주장하는 것은 바울이 말하려는 강조점을 간과하는 것이다. "바울은 고전 15장의 주제가 아니다. 이 장의 주제는 **하나님**, 새 창조 및 **부활**에 대한 하나님의 은혜 또는 은사다."[239]

일부 역본은 ἱκανός를 도덕적인 의미로 "나는 사도라고 불릴 만큼 뛰어나지 못합니다"라는 번역을 제안함으로써 바울의 자기 비하와 최상급 ἐλάχιστος, "가장 작은"(9절) 사용이 지닌 **신학적인** 의미를 감퇴시킨다. 여기서 ἱκανός는 (부정적인 측면에서) **인간적 자원의 불충분함**을 가리킨다(이것은 "자연적" 불멸과 반대되는 부활이라는 주제와 함께 15장의 또 다른 핵심 주제다). 따라서 NIV의 번역—"심지어 ~로 불릴 만한 자격도 없습니다"—은 도덕적으로 오해를 불러일으킬 소지가 있다. 한편 "나는 적합하지 않다"(NJB, REB; NRSV, unfit)도 바울의 강조점을 오해하게 만들 위험이 있다(참조. AV/KJV, am not meet). 사도 직분에 포함되는 특권을 고려해볼 때 바울은 진정으로 자신이 **가장 작은** 자임을 통탄한다. 이것은 ἔκτρωμα, "키가 작은"을 현 문맥에서 언어유희로 이해하는 것이 얼마나 부적절한지를 잘 보여준다. 오히려 이 단어는 절대적으로 적절하지 못한 자기 패러디를 암시한다. ἱκανός는 바울이 자신의 소명을 스스로 "**기대하거나**" "**소망할**" 수 없다고 보는 그의 **신학적** 인식을 암시한다. 따라서 **그는 그것을 은혜의 선물로 받아들인다.**[240] 뭉크와 다른 학자들이 보여주듯이 바울의 교회 박해는 먼저 개입

---

238) Jones, "Paul the Last Apostle," 28 and 33. 그는 이러한 주장은 목회 사역에서 신앙의 "보관소"에 관심을 갖는 바울과 대조를 이루는 그의 "카리스마적인" 측면을 강조하는 신약 연구의 경향뿐만 아니라 몇몇 기독교 교파의 주장과도 반대된다고 지적한다. 그는 유행의 영향이라는 의심의 해석학을 올바르게 적용한다.

239) Mitchell, *Rhetoric of Reconciliation*, 285.

240) "기대하다"에 대해서는 다음을 참조. Robertson and Plummer, *First Epistle*, 341.

하여 주권적으로 부어주시는 하나님의 은혜를 강조하며, "하나님의 주권적 소명의 경험에 기여하는" 이른바 잠재의식에 있는 죄의식에 대한 심리학적인 설명을 결코 허용하지 않는다. 바울은 자신의 이러한 소명을 "출생 이전에" 받은 예레미야의 소명과 비교한다(참조. 갈 1:13-17; 고전 9:16-18).[241] 한편 ὅς는 관계사로 사용된 것이 아니라(AV/KJV, that am, 곧 who am), ἐπεὶ ἐγώ를 나타내기 위해 인과적 의미로 사용된다.[242]

10절 (1) 서방 사본 D*, F, G는 κενή, "공허한, 헛된" 대신 πτωχή(암브로시우스, *pauper*[가난한])로 읽는다(10절). 이것은 분명히 하나님의 은혜를 내용이나 결과의 측면에서 결실이 없는 또는 속이 빈 것으로 인식하는 사고를 피하기 위함이다. (2) 그보다 더 중요한 것은 메츠거와 편집위원들이 UBS 4판의 [ἡ] σὺν ἐμοί 독법에 "C" 등급("위원회는 어떤 다른 독법을 본문 안에 넣어야 할지 결정하는 데 어려움이 있다")을 부여했다는 것이다.[243] 더 "어려운" 독법이 더 개연성이 높은 독법이라는 원칙에 근거하여 ἡ εἰς ἐμέ가 10b 끝부분에 등장한 것은—심지어 p⁴⁶과 같은 초기 사본(그리고 몇몇 고대 시리아어 역본과 테오도레토스)에도—거의 확실히 10a 끝부분에 있는 ἡ εἰς ἐμέ를 무의식적으로 따라갔음을 보여준다. 또 다른 한편으로 두 번째 난제는 ἡ가 א*, B, D*, F. G, 불가타 등에 생략되어 있다는 것과 관련되어 있다. 이것은 아마도 실수로 생략되었을 것이다. 하지만 동시에 p⁴⁶과 다른 사본들(예. א², A, D)은 이 표현과 평행을 이루는 앞 절과 일치시키기 위해 이것을 삽입했을 것이다. 따라서 UBS 4판 위원회는 ἡ를 꺾쇠괄호 안에 넣는다. 우리의 번역은 UBS의 텍스트를 전제한다.

이제 우리는 바울의 강조점의 핵심에 이르렀다. 받을 자격도 없고 공로도 없는 하나님의 은혜(χάρις)는 오직 하나님의 자유롭고 주권적인 사랑에서 흘러나와 인간의 삶 속에서 활동한다. 이 은혜는 바울의 삶과 그의 사도의 소명을 결정할 뿐만 아니라 모든 그리스도인의 존재를 특징짓는다. 특별히 이 은혜는 모든 신자에게 부활을 약속하며 주님으로서 그리스도의

---

241) Munck, *Paul and the Salvation of Mankind*, 11-35; Seyoon Kim, *The Origin of Paul's Gospel* (Grand Rapids: Eerdmans, 1981), 32-99, 특히 55-61.

242) 예. Edwards, *First Epistle*, 399. Edwards와 대다수 현대 영역본은 이 의미를 받아들인다.

243) Metzger, *Textual Commentary* (2d ed.), 501.

활동의 실재를 보여준다. 한편 "이중적 εἰμι는 바울의 확고한 주장을 나타낸다. '내가 나인 것'은 다소의 사울에게 임한 하나님의 과분한 은혜다(갈 1:13 이하)."[244] 여기서 바울의 요지는 두 가지다. (i) 지금의 바울이 있게 한 것은 순전한 하나님의 은혜의 선물이다. (ii) 하나님의 은혜가 **바울에게 작용하고 있지만**, 그 은혜 또한 **그를 통해 작용해왔다**. 즉 그것은 그를 다른 사람의 유익을 위해 사도로 만들었다. κενός의 통상적인 의미는 "내용물이 없는, 실재가 없는 또는 텅 빈"이다. 하지만 BAGD는 이 단어가 또한 (진정으로 15:58의 경우처럼) "결과가 없는, 효력이 없는, 아무런 목적 없이" 등을 의미한다는 것을 보여준다.[245] 따라서 우리는 로버트슨과 플러머, 콘첼만과 함께(핀들레이의 견해에는 반대됨) 이 단어를 "열매 없는"이라고 번역한다.[246]

접속사 ἀλλά는 "이와는 정반대로"라는 의미가 있다. 하지만 바울의 수고(ἐκοπίασα, 힘들게, 기진맥진할 정도로 수고하는)는 "나에게 베풀어주신"(ἡ εἰς ἐμέ; '나에게 주어진'보다 더 큰 의미; 단순히 '나에게'보다는 훨씬 더 큰 의미; NRSV의 toward me가 이중에 가장 좋은 번역임) "하나님의 은혜"(ἡ χάρις αὐτοῦ)에 대한 강조점을 약화시켜서는 안 된다. (비교의 소유격, αὐτῶν πάντων과 함께 사용되는) 비교급 부사 περισσότερον은 형용사 περισσός에서 유래한 것이다. 이 형용사는 "주목할 만한, 풍부한"을 의미한다. 하지만 엄밀히 말하자면 이것은 **평상시의 숫자를 초과하는 것**을 가리킨다. 따라서 이 비교급 부사는 "심지어 더 많이" 또는 (여기서는) "**훨씬 더 많이**"를 의미한다.[247] 이러한 수고는 오직 은혜가 지금의 바울을 있게 했고 지금도 그렇게 하고 있기 때문에 가능하다. 지금의 바울은 그가 "그러한 부류의 사람"이기 때문에 존재하는 것

---

244) Findlay, *Expositor's Greek Testament*, 2:921–922.

245) BAGD, 247.

246) Findlay는 이 단어가 "결과가 없는"(곧 ματαία)이 아니라 "실재가 없는"을 의미한다고 주장한다(Findlay, *Expositor's Greek Commentary*, 341). Conzelmann은 "결과"를 강조하며(Conzelmann, *1 Cor*, 260), Collins는 전통적으로 받아들여지는 "헛된"을 의미한다고 이해한다(Collins, *First Cor*, 538).

247) 이 단어의 동족어에 대한 일련의 용례는 사전학적으로 결정적인 증거를 제공해준다. 참조. BAGD, 651.

이 아니다. 하나님이 출생 이전에 그를 부르셨다면(갈 1:15; 참조. 렘 1:9) 하나님의 은혜가 그의 전 생애와 성품을 만든 것이다. 하나님은 그를 사도로 택하시고 그를 통해 다른 사람에게 다가가 그들을 변화시키신다. 루터는 다음과 같이 주장한다. "목회자가 되거나 목회자로 만들어지는 것은 인간의 행위나 능력 안에 있는 것이 아니라…하늘의 은사다.…'내가 어떤 사람이든지, 무엇을 할 수 있든지, 내가 무엇을 갖고 있고 무엇을 베풀든지 그것은 지금도 그리고 앞으로도 오직 하나님의 은혜로 말미암는 것이다.'"[248]

수고에 대한 강조는 그리스도인의 사역에서 나타나는 어려움과 이에 요구되는 희생이 하나님의 은혜가 그들과 함께하지 않는다는 점을 암시하는 것이 아니라 모든 장애물을 극복함으로써 그 사역을 성취하기 위해 그러한 은혜가 은사로 주어진다는 것을 전제한다(참조. 고후 11:23-27). "연약함" 안에서 그리고 그것을 통해 나타나고 역사하는 은혜에 대한 주제는 바울이 끊임없이 고린도 교인들에게 강조한 것 중 하나다.[249] 또한 은혜의 "절대성"(콘첼만)은 9:16에서도 비슷하게 표현된다.[250]

11절 바울은 "주제에서 벗어났다가 다시 되돌아오는 것"이 아니다. 왜냐하면 그는 부활, 증거, 은혜를 하나로 묶어서 강조한 것이지, 자신의 사도 직분을 "변호하기" 위해 주제에서 벗어난 것이 아니기 때문이다(앞의 주해 참조).[251] 콘첼만은 바울의 사고의 핵심이 어떻게 연결되어 있는지 확인해준다. 하나님의 은혜에 비추어(8-10절) "바울은 본질적인 것, 곧 복음 선포와 믿음을 위해 **인간적인** 차이를 상대화한다"(강조는 원저자의 것임).[252] 다시 말해 우리가 어떻게 하나님의 은혜가 다른 사도들(예. 베드로 또는 열두 제

---

248) Luther, "1 Cor," *Luther's Works,* 28:89 (*WA* 36:517-518).

249) 참조. T. B. Savage, *Power through Weakness: Paul's Understanding of the Christian Ministry in 2 Cor:* SNTSMS 86 (Cambridge: Cambridge University Press, 1996), 130-190; Clarke, *Secular and Christian Leadership;* and Litfin, *St. Paul's Theology of Proclamation,* 147-212.

250) Conzelmann, *1 Cor,* 260.

251) 심지어 Fee도 "잠시 이탈"에 대해 말한다(Fee, *First Epistle,* 736).

252) Conzelmann, *1 Cor,* 260.

자)을 통해 역사했는지에 대해 말하든지 아니면 하나님의 은혜를 받고 그리스도의 나타남을 증언한 한 가지 사례로 바울을 여기든지 간에 사도의 케리그마는 공동 전승(3b-5절; 6-7절에 의해 보강되며, 8-10절에 의해 구체적인 또 하나의 사례로 예시됨)이 한결같이 증언하는 공동의 기초를 유지한다. 이것은 분명히 1:10-12, 18-25를 되돌아보게 하며 15:12-28을 내다보게 한다. 그리스어 본문에는 "있다" 동사가 생략되어 있다. 암시되어 있는 동사는 논리적인 동사이며, **과거에 대한 묘사가 아니다.**[253] NJB는 접속사 οὖν을 "어쨌든"이라고 번역하는데, 이 번역은 논리적인 결과를 나타낸 후 문장을 재개하는 의미를 잘 살려준다.[254]

여기서 부사 οὕτως는 의미를 강조한다. 우리는 "바로 이것이 우리가 선포하는 것이다"라고 번역하여 그 뉘앙스를 전달하고자 한다. 비록 이 단어는 엄밀히 말해 부사(이처럼, 이렇게)이지만, NIV, REB, NJB는 이것을 지시 대명사로 번역한다. 즉 "이것이 우리가 선포하는 것입니다"(REB), "이것이 우리가 전파하는 것입니다"(NJB). 하지만 NRSV는 이 문장 구조를 부사적인 의미로 이해할 수 있는 여지를 남긴다. "우리는 그렇게 선포하고 여러분은 그렇게 믿음에 이르게 되었습니다." 이 문맥은 여기서 이슈가 케리그마의 전달 방식이 아니라 케리그마의 문맥이라는 것을 암시한다. 따라서 이 단어를 "이것"으로 번역하는 것은 전적으로 타당하다. 이는 특히 οὕτως는 언제든지 형용사로 사용될 수 있기 때문이다.[255] 다른 한편으로 비록 "이것"이 "여러분이 믿은 것입니다"에 더 타당하긴 하지만, 부사적인 의미로 "이처럼, 이렇게"로도 번역이 가능하다(예. AV/KJV). 그리고 여기서 "우리가 선포한다"라는 현재 시제에서 "여러분이 믿게 되었다"라는 부정과거 시제로 바뀐 것은 그 자체로 "고린도 교인들의 믿음이 다소 흔들리기 시작했다"는

253) 이 견해는 NRSV, REB, NIV, NJB에서 이 생략된 동사를 was로 번역하는 것에 반대한다. Fee는 시간적인 암시는 **논리적인** 추론의 뉘앙스를 파악하지 못한다고 올바르게 지적한다. 참조. Fee, *First Epistle,* 736.

254) 참조. Meyer, *First Epistle,* 2:49.

255) BDF, sect. 434; BAGD, 598, sect. 5.

것을 암시하는 것으로 이해할 필요는 없다.[256] 볼프가 지적하듯이 이 부정과거는 아마도 시작을 나타내는 부정과거일 것이다. 이 부정과거는 이 단락(1-11절) 끝에서 1-2절을 되돌아본다.[257] 바울은 부활에 대해 다루는 장의 이 첫 번째 단락을 다음과 같이 주장하면서 마무리한다. "중요한 것은 바로 여러분이 과연 기독교 신자로서 이 복음을 선포하고 있는지 아니면 이에 대응하고 있는지입니다." 마거릿 미첼은 이 절들을 하나로 통합하는 측면과 이러한 공통된 믿음의 기초가 예수 그리스도의 죽음과 부활에 대한 복음이라는 점을 올바르게 강조한다. "바울은 모든 그리스도인이 공유하는 것의 중요성을 강조한다. 이것은 바로 동일한 παράδοσις 안에서 받아들인 공통된 믿음이다."[258] "통합"(ecumenicity)은 개인적인 경험이 모인 잡동사니에서 가장 낮은 공통분모를 찾아내는 것이 아니다. 바울에게 있어 이것은 먼저(ἐν πρώτοις, 15:3) 예수의 죽음과 부활 안에 확고하게 자리 잡은 **공통된 복음 전승의 공통된 케리그마**에 의해 규정된다.

---

256) Edwards, *First Epistle,* 401.

257) Wolff, *Der erste Brief,* 375.

258) Mitchell, *Rhetoric of Reconciliation,* 287.

B. 부활을 부인하는 것이 초래하는 끔찍한 결과들: 첫 번째 논박과 확증(15:12-34)

1. 부활 개념 자체를 부인하는 끔찍하고 달갑지 않은 결과들: 첫 번째 논박 (15:12-19)

[12, 13] 이제 그리스도께서 죽은 자 가운데서 다시 살아나셨다고 선포되고 있는데도 어떻게 여러분 중에 어떤 사람들은 죽은 자의 부활이 없다고 주장할 수 있습니까? 그러나 만약 죽은 자의 부활이 없다면 그리스도께서도 다시 살아나실 수 없으셨을 것입니다. [14, 15] 하지만 만약 그리스도께서 다시 살아나지 않으셨다면 우리의 복음 선포는 무가치한 것이 될 것이며, 여러분의 믿음도 헛된 것이 될 것입니다. 또한 우리도 하나님에 대해 증언한 것 때문에 거짓말쟁이로 드러날 것입니다. 왜냐하면 우리는 하나님을 거스르면서 하나님께서 그리스도를 다시 살리셨다고 증언했기 때문입니다. 그들이 말하는 대로, 만약 죽은 자가 다시 살아나지 않는다면 하나님께서 그리스도를 다시 살리지 않으셨을 것이기 때문입니다. [16, 17] 왜냐하면 만약 죽은 자들이 다시 살아나지 않는다면 그리스도께서도 다시 살아나지 못하셨을 것입니다. 그러나 만약 그리스도께서 다시 살아나지 않으셨다면 여러분의 믿음은 아무런 효력이 없습니다. 또한 여러분은 여전히 여러분의 죄 안에 있을 것입니다. [18] 그렇다면 또한 그리스도 안에서 잠자고 있는 사람들도 영원히 멸망할 것입니다. [19] 만약 우리가 이 세상에서 다른 데 소망을 두지 않고 그리스도에게만 소망을 두었다면 우리는 모든 사람보다 더 불쌍히 여김을 받아야 할 것입니다.

이 논증의 수사학적 형태와 구조에 대해서는 15:1-58에 대한 머리말(15장 참고문헌 앞에)을 보라. 바울은 1-11에 대한 "진술"(*narratio*)을 마쳤다. 이 단락에서 예수 그리스도의 죽음과 부활에 대한 공동 전승의 요약은 (a) 하나의 토대와 기초, 그리고 (b) 더 진전된 논증을 위해 활용될 공통된 전제를 제공해준다.[1] 또한 하나님의 절대 주권과 은혜에 대한 주제들이 **그리스도의 부활의 실재에 대한 해설과 더불어 나란히** 등장한다(위를 보라).

이제 첫 번째 논박(*refutatio*)은 심의적 수사학의 언어에서 "불리한 점"(바울에게는 받아들일 수 없는 결과)이라고 불리는 것을 다룬다. 이것은 부활을 원칙적으로 어떤 실재 또는 개념으로 볼 가능성 또는 적용성을 부인하는 것이다. 이처럼 부활을 부인하는 것은 예수 그리스도 자신이 죽은 자 가운데서 부활하지 않았다는 상상하기 어려운 주장을 수반한다. 만약 **이 보편적인 원리가 전혀 유효하지 않다면** 연역적인 논리에 따라 **부활의 어떤 특정 사례도 전혀 유효하지 않을 것이다. 그리스도의 부활이 현실에서도 부활의 표준 사례로 간주되기 때문에**(20-34절) 현대 독자들에게는 어떤 혼란스러운 느낌이 들 수 있다. 따라서 바울은 지금 이미 예견된 주장을 뒤집고 있다고 볼 수 있다. 하지만 실질적으로 **이 두 가지 접근 방법은 서로 다르면서도 보완적인 주장**을 나타낸다. 우리가 서로 다른 방법론과 목적을 염두에 둔다면 **12-19절과 20-34절 사이에는 논리적 모순이 전혀 없다.** 첫 번째 단락(12-14절 및 16절)은 다음 두 가지 주장을 설명한다. (i) 만약 부활이 전반적으로 불가능하다면 어떻게 그리스도가 부활했다고 주장할 수 있는가? (ii) 이와 반대로 만약 우리가 그리스도가 부활했다고 선포한다면 "죽은 자의 부활"을 부인하는 것이 무슨 의미가 있는가? 바울은 12절에서 두 번째 질문을 다루면서 이 단락을 시작한다. 피는 12-13절이 이 단락 전반에 걸쳐 다른 형태로 나타날 수 있는 수미상관적 구조를 반영한다고 주장한다.[2]

15:12-34에 대한 추가 참고문헌(15:1에 제시된 15:1-58에 대한 전반적인 참고문헌에 더하여)

Barth, G., "Erwägungen zu 1 Kor 15:20-28," *EvT* 30 (1970): 515-527.

Bauckham, R., *The Fate of the Dead: Studies of the Jewish and Christian Apocalypses*, NovTSup 93 (Leiden: Brill, 1988).

---

1) 키케로는 토대 및 기초와 같은 용어를 사용한다. 반면에 Eriksson은 바울이 내레이션과 전승을 추가적인 주장을 위한 공통된 전제로 사용한 것을 설득력 있게 설명해주었다(위를 보라).

2) Fee, *First Epistle*, 739.

Brandenburger, E., *Adam und Christus* (Neukirchen-Vluyn: Neukirchener, 1962).

DeMaris, R. E., "Corinthian Religion and Baptism for the Dead (1 Cor 15:29): Insights from Archaeology and Anthropology," *JBL* 114 (1995): 661-682.

Ford, J. M., "Rabbinic Humour behind Baptism for the Dead (1 Cor XV:29)," in F. L. Cross (ed.), *SE* (Berlin: Berlin Academy, 1968), 2:400-403.

Forschini, B. M., " 'Those Who are Baptized for the Dead': 1 Cor 15:29," *CBQ* 12 (1950): 260-276 and 379-388; also 13 (1951): 46-78, 172-198, and 276-283.

Hamilton, N. Q., *The Holy Spirit and Eschatology in Paul,* SJT Occasional Papers (Edinburgh: Oliver & Boyd, 1957), 19-25 and 31-33.

Heil, Uta, "Theologische Interpretation von 1 Kor 15:23-23," *ZNW* 84 (1993): 27-35.

Hill, C. E., "Paul's Understanding of Christ's Kingdom in 1 Cor 15:20-28," *NovT* 30 (1988): 297-320.

Howard, J. K., "Baptism for the Dead: A Study of 1 Cor 15:29," *EvQ* 37 (1965): 137-141.

Lambrecht, J., "Paul's Christological Use of Scripture in 1 Cor 15:20-28," *NTS* 28 (1982): 502-527.

Lassen, E. M., "The Use of the Father Image in Imperial Propaganda and 1 Cor 4:14-21," *TynBul* 42 (1991): 127-136.

Lindemann, A., "Parusie Christie und Herrschaft Gottes. Exegese von 1 Kor 15:23-28," *Wort und Dienst* 19 (1987): 87-107.

Malherbe, A. J., "The Beasts at Ephesus," *JBL* 87 (1968): 71-80.

Marcus, J., and M. L. Soards (eds.), *Apocalyptic and the NT* (Sheffield: JSOT Press, 1989).

Moltmann, J., *Is There Life after Death?* (Milwaukee: Marquette University Press, 1998), 47-55.

Muller, R. A., "Christ in the Eschaton: Calvin and Moltmann on the Duration of the Munus Regium," *HTR* 74 (1981): 31-59.

Murphy-O'Connor, J., " 'Baptized for the Dead' (1 Cor XV:29): A Corinthian Slogan?" *RB* 88 (1981): 532-543.

Pannenberg, W., *Systematic Theology,* 1:308-319 and 259-336.

Reader, M., "Vikaristaufe in 1 Cor 15:29?" *ZNW* 46 (1955): 258-261.

Reaume, J. D., "Another Look at 1 Cor 15:29, 'Baptized for the Dead'" *BSac* 152 (1995): 457-475.

Rissi, M., *Die Taufe für die Toten,* Abhandlungen zur Theologie des A und NT 42 (Zürich: Zwingli Verlag, 1962).

Schnackenburg, R., "Baptism for the Dead," in *Baptism in the Thought of Paul,* 95-103.

Wilcke, H.-A., *Das Problem eines messianischen Zwischenreichs bei Paulus* (Zürich: Zwingli Verlag, 1967), 85-92.

White, J. R., " 'Baptized on Account of the Dead': The Meaning of 1 Cor 15:29 in its Context," *JBL* 116 (1997): 489-499.

Witherington, B., *Conflict and Community in Corinth,* 295-312.

Wolff, C., "Exkurs: Deutungsvorschläge zu 1 Kor 15:29," in *Der erste Brief des Paulus an die Korinther* (Leipzig: Evangelische Verlag, 1996), 392-396.

12-13절 우리는 15:1-58에 대한 머리말에서 죽은 자의 부활이 없다(12절)는 주장의 정확한 형태에 대해 논의했다. 이 주장은 고린도에서 상당히 상세하게 다루어졌을 수 있다. (불필요한 중복 설명을 회피하기 위해 앞의 논의를 보라). 우리는 윌슨, 스푀를라인, 젤린, 웨더번, 드 보어, G. 바르트, 홀레만 등의 견해가 제시하는 유익한 개요를 언급했다.[3] 간략하게 말하자면 우리는 몇몇 고린도 교인(τινες ἐν ὑμῖν)이 경험한 문제를 다음과 같이 크게 네 가지로 구별했다. (i) 죽음 이후의 존재에 대한 어떤 신념도 갖고 있지 않다. 이 견해는 아마도 어떤 에피쿠로스학파의 자세와 유사하다(데 베테, 슈미트할스, 불트만[그들의 문제점을 바울이 오해했다는 점에 근거하여]). (ii) 이 부활이 "내적" 또는 "영적인" 것이라고 믿었다. 또한 이 부활은 "신령한" 신자들의 경우에 이미 일어났다(하인리치, 슈니빈트, 빌켄스). (iii) "몸"의 특성 때문에 또는 "영혼"의 불멸과 영속성에 대한 사고와 부활을 혼동했기 때문에 "몸의" 부활 가능성을 구체적으로 의심했다(바이스, 젤린, 데일 마틴). (iv) 어떤 이들은 이 문제를, 또 어떤 이들은 저 문제를 대변할 수 있다(미첼, 서인선, 에릭손, 루터). 우리는 이러한 이론의 장점과 약점에 대해 이미 앞에서 논의했다(15:1-58의 머리말 참조).

왓슨이 지적하듯이 "바울은 자신의 논박에서 그들의 제안에 잠시 동의하지만, 곧이어 그것의 당연한 결과는 고린도 교인들이 인정하고 싶지 않는 결론을 내포한다는 점을 보여준다"(참조. 13-19절).[4] 기본적인 케리그마는 그 내용 가운데 그리스도가 부활했다는 것을 포함하고 있다(완료 수동태, ἐγήγερται는 그리스도가 "부활했으며 또 계속 살아 있다"는 것을 의미한다. 곧 과거의 사

---

3) 예를 들어 Wilson, "The Corinthians Who Say There Is No Resurrection of the Dead," 90-107; Spörlein, *Die Leugnung der Auferstehung,* 특히 7-19; Sellin, *Der Streit um die Auferstehung,* 17-37; G. Barth, "Zur Frage," 187-201; Wedderburn, *Baptism and Resurrection,* 187-201; de Boer, *Defeat of Death,* 96-105; Holleman, *Resurrection and Parousia,* 35-48.

4) D. F. Watson, "Paul's Rhetorical Strategy in 1 Cor 15," 239.

건에 기초한 현재의 상태를 가리킨다). 따라서 부활 그 자체의 가능성을 부인하는 것은 기독교 신앙의 핵심 조항이 되는 기초(ἐν πρώτοις, 15:3)를 완전히 허물어버리는 것이다. 이것은 비트겐슈타인이 제시한 다음과 같은 경구적인 경고를 상기시킨다. 그것은 바로 우리의 사고 기저에 있는 발판을 제거해 버리는 **논리적인** 술책이다. "나는 지금 내가 앉아 있는 가지를 잘라내야만 한다."[5] 로버트슨과 플러머는 이해를 돕기 위한 유비(물론 동일한 이슈로서는 아님)를 통해 깊은 생각을 하지 않고 이른바 선험적으로 "기적은 **일어나지 않는다**"고 단호하게 선언하는 그리스도인을 언급한다. 물론 이것은 이 세상에서 신이 활동한다고 믿는 이신론자에게는 아무것도 아닐 수 있다.[6] 따라서 πῶς, "어떻게"는 "놀라움을 나타낸다. 어떻게…그것이 아직 가능할 수 있는가?"(참조. 14:7, 16; 롬 3:6; 6:2; 8:32; 10:15; 갈 2:14)[7]

데일 마틴과 볼프는 ἐκ νεκρῶν이라는 표현에 특별히 주목한다. 마틴은 다음과 같이 믿는다. 고린도의 "강한 자들"은 "몸을 경시하는 대중적인 철학에 영향을 받아 부활의 몸이라는 개념에 반대했다. 진정으로 그들은 '시신'이 다시 살아나는 것을 가리키는 '죽은 자(νεκρός)의 부활'에 관한 바울의 용어에 대해 들었다. 하지만 그들은 그와 같은 견해를 철학적으로 터무니없는 것으로 이해했다."[8] 이와는 대조적으로 "교육을 받지 못한 자들은 부활의 몸에 대한 초기 기독교 설교를 기꺼이 받아들일 수 있었다. 설령 그들이 바울의 의도를 정확하게 이해하지 못했다 하더라도 말이다."[9] 마틴의 견해는 종말론적인 믿음과 관련하여 고린도에서 사회 계층 간의 차이를 잘 확인해준다. 그러나 νεκρός에 대한 그의 사전학적인 주장은 다소 과장되었을 수 있다. (고린도 교회의 성경인) 70인역에서 이 그리스어 단어는 종종 죽은

---

5) L. Wittgenstein, *Philosophical Investigations* (Germ. and Eng. trans., Oxford: Blackwell, 2d ed. 1967), sect. 55. 또한 확실성에 대한 그의 관점도 참조하라.

6) Robertson and Plummer, *First Epistle,* 346.

7) Meyer, *First Epistle,* 2:50.

8) Martin, *The Corinthian Body,* 107-108; Wolff, *Der erste Brief,* 377-378; Epictetus, *Dissertations* 1.5.7; 9.33; Lucian, *Menippus,* 17, 18.

9) Martin, *The Corinthian Body,* 108.

사람을 의미하지만, 부패해가는 시신을 반드시 암시하진 않는다. BAGD 및 그림-타이어는 고전 그리스어의 언급보다 더 도움을 줄 것이다. 마틴은 거의 전적으로 리델-스코트-존스의 고전 그리스어 사전의 해당 사례를 인용한다.[10] 또한 표준적인 영역본들은 12a의 죽은 자 가운데서(ἐκ) 살아난 것(ἐκ νεκρῶν ἐγήγερται)과 12b의 죽은 자의 부활(ἀνάστασις νεκρῶν, 전치사 ἐκ 없이)을 서로 구분한다(NRSV, REB, NIV, NJB, AV/KJV).

접속사 δέ(13절)는 일련의 추측을 전개한다. 13절에서 이 접속사는 대조의 의미를 나타낸다. 여기서 οὐδὲ Χριστὸς ἐγήγερται는 **논리적으로 당연한 결과**다. 아마도 이 표현을 "그렇다면 그리스도께서도 살아나실 수 없었을 것입니다"(경험적인 가능성이 아니라 **논리적인** 가능성)라고 번역하는 것이 가장 좋을 것이다. 여기서 마이어는 기독론에 대한 한 가지 흥미로운 암시를 확인한다. 하지만 그는 이것을 설득력 있게 강조하지 못한다. 과거의 교의학자들은 여기서 "그리스도의 더 높은 본성"에 호소했다(예. 뤼케르트). 그러나 마이어는 만약 바울이 나사렛 예수를 인간을 대표하는 존재로 이해하지 않았다면 그가 여기서 호소하는 논리는 상당 부분 효력을 상실하게 될 것이라고 지적한다.[11] 부활 가능성을 선험적으로 부인하는 것은 그리스도의 부활을 **논리적으로 배제한다**. 이 절들은 **믿음을 지닌 그리스도인들은 논리적인 일치와 합리적인 사고를 존중해야 한다**는 바울의 기대를 뒷받침해준다. 바울은 이것에 호소하는 것을 주저하지 않는다.

14-15절 (1) 대다수 사본(예. ℵ, A, D², F, G, 시리아어, 콥트어 역본들, UBS 4판 등)은 14절의 마지막 부분을 ἡ πίστις ὑμῶν, "여러분의 믿음"이라고 읽는다. 그러나 B, D*, 33 등은 ἡ πίστις ἡμῶν, "우리의 믿음"이라고 읽는다. 메츠거가 설명하듯이 이것은 바로 앞에 나오는 ἡμῶν에 쉽게 동화되었을 수 있다. UBS 편집위원들은 ὑμῶν을 "B" 곧 "거의 확실하다"라고 분류한다. 우리의 번역은 이 독법을 전제하

---

10) LSJ는 BAGD, 534-535와 Grimm-Thayer, 423-424과 비교해보아야 할 것이다. 단지 언어사전의 빈도수에만 기초한다면 실질적으로 일종의 은유적인 또는 "신령한" 견해가 더 강력한 지지를 받는다.

11) Meyer, *First Epistle*, 2:50.

며, 17절의 논란의 여지가 없는 독법도 이 견해를 지지한다.[12] (2) UBS 4판(또한 UBS 1979년 및 네슬레)은 14절의 ἄρα와 τὸ κήρυγμα 사이에 있는 καί를 꺾쇠괄호 안에 표기한다. 이 접속사는 א*, A, D, G, 33 등에서 나타나는 반면, p46, א2, B 등에서는 생략되어 있다. 18a의 비슷한 문장 구조도 이것이 14절의 추가적인 요인임을 가리킬 것이다. 그러나 이 구문을 "~뿐만 아니라…또한 ~도"라는 의미를 전달하는 것으로 이해하지 않는다면 이것이 여기에 포함된 것은 의아스럽다. 이것은 어떤 필사자가 18절을 예상하면서 덧붙인 것에 지나지 않을 것이다.[13] p46, א2, B, 시리아어 역본 등에 근거한다면 아마도 이것은 여기서 생략되어야 할 것이다.[14] (3) D, 테르툴리아누스, 몇몇 다른 사본은 15절 끝부분에 있는 εἴπερ ἄρα νεκροὶ οὐκ ἐγείρονται를 생략한다. 그러나 분명히 이 표현이 16절 맨 앞에 있는 세 단어와 일치하기 때문에 필사자의 시선이 이것을 건너뛰었을 것이다.

접속사 δέ는 또 다른 대조와 함께 논리를 계속 펼쳐나간다. 14절에서 ἄρα는 논리적으로 명백한 한 가지 결과를 가리키면서 이를 대조한다. 즉 "그렇다면", "그러므로" 또는 "그 결과는…이다." 여기서도 그 의미는 강하다. κενόν과 κενή, "무의미한, 공허한, 내용이 없는 또는 텅 빈"(참조. 볼프, inhaltlos; 이 단어에 대해서는 앞의 주해를 보라)은 의미를 강조하는 위치에 있다. 따라서 καί와 더불어 우리는 "여러분의 믿음도"라고 번역했다. 한편 이 배경에서 τὸ κήρυγμα ἡμῶν(15:3b-5에서 이미 정의됨)은 단순히 "우리의 설교"(NIV)도 아니고 "우리의 선포"도 아니다. 오히려 구체적으로 "복음에 대한 우리의 선포"다(참조. REB, our gospel). 이것은 11절의 κηρύσσομεν을 되돌아보며 선포된 내용을 가리킨다(REB와 더불어). 진리 주장과 부활 사건은 매우 핵심적이다. 따라서 만약 가장 중심적인 것이 제거된다면 그것에 의존하는 다음과 같은 파생적인 것은 붕괴한다. (i) 복음의 내용과 유

12) Metzger, *Textual Commentary* (2d ed.), 501.

13) Godet, *First Epistle*, 2:345. 그는 이 부분에서 당혹스러운 주장을 제기한다. 왜냐하면 그는 ἄρα가 생략되는 것보다 오히려 ἄρα 다음에 καί가 삽입된 것을 B로 돌리기 때문이다.

14) 또한 Robertson and Plummer도 이 입장을 지지한다. Robertson and Plummer, *First Epistle*, 348n.

포. (ii) 기독교 신앙의 진정성. (iii) 하나님의 행위에 대한 증언의 진실성(15절). (iv) 죄의 파괴적이며 해로운 능력으로부터 자유롭게 됨. (v) 이미 죽은 신자들이 받은 손실은 원상태로 되돌릴 수 없음(18절) 등이다. 그러므로 이것을 철학적인 용어로 표현한다면 우리는 바울의 관점에서 그리스도의 부활을 어떤 "기초적 특성"을 지닌 것으로 간주할 수 있다. 이 특성은 우리가 지식에 대한 이론에서 "강경한" 토대주의(foundationalism, 데카르트) 또는 비토대주의(포스트모더니즘의 특성)에 반대되는 어떤 "부드러운" 또는 "온건한" 토대주의로 알려진 것을 폐기하는 것을 망설이게 한다. 바울은 기독교 신앙의 요소 중 상당수가 서로 지지하는 역할을 한다는 데 동의하면서도 그것에 우선권을 부여한다(ἐν πρώτοις ... παρέλαβον ... κατὰ τὰς γραφάς, 3-5절).[15]

바울은 자신이 반대하며 일종의 수사학적인 논박(*refutatio*)의 목적에 일치하는 기본 원리를 그것이 초래하는 그 이상의 끔찍한(심의적 수사학에서 '무익한') 결과로 밀어붙인다. 즉 사도들은 거짓말쟁이로 드러난다는 것이다(이것은 그리스어 동사 εὑρισκόμεθα, "우리는 발견될 것이다, 곧 밝혀질 것이다, 드러날 것이다"와 그리스어 명사 ψευδομάρτυρες, "거짓 증인들", 곧 하나님에 대해 증언한 것 때문에 거짓말쟁이로 나타나는 것의 실천적인 의미다).[16] 이 문맥에서는 목적격 소유격 τοῦ θεοῦ, "하나님에 대하여"가 주격 소유격("하나님의 일에서")보다 더 적합한 것처럼 보인다.[17] 한편 접속사 ὅτι는 원인을 제시하거나 설명하는 효력을 지니고 있다. "왜냐하면 우리는 하나님을 거스르면서(κατὰ τοῦ θεοῦ)

---

15) 철학적 신학에서 "기초적 특성", "상호성", "비토대적인" 믿음에 대한 논쟁은 최근에 새롭게 두각을 나타내게 되었다. 다음을 보라. A. Plantinga and N. Wolterstorff (eds.), *Faith and Rationality: Reason and Belief in God* (Notre Dame: University of Notre Dame Press, 1983); W. Jay Wood, *Epistemology: Becoming Intellectuality Virtuous* (Leicester: Apollos, 1998), 77-174; Thiselton in *The Promise of Hermeneutics*, 209-223.

16) Fee, *First Epistle*, 742, n. 21. 그는 여기서 "발견된다"는 의미를 올바르게 간파한다. 참조. Collins, *First Cor*, 544. 또한 그는 데모스테네스와 후대 헬레니즘의 다른 저자들의 저서에서 거짓 증인이라는 용어에 대한 고전 그리스어의 배경에 주목한다.

17) 대다수 주석가들은 이 해석을 지지한다. 하지만 Edwards는 이 해석에 반대한다. Edwards, *First Epistle*, 404.

하나님께서 그리스도를 다시 살리셨다고 증언했기 때문입니다. 만약 죽은 자들이 다시 살리심을 받지 않는다면…." (에드워즈와 더불어) 바레트는 이 구문이 지닌 다른 난점을 설명한다. 즉 "그들이 말하는 대로"는 ἄρα(BDF, sect. 454)의 고전적 용법을 나타낸다.[18] 소유격과 함께 사용된 전치사 κατά는 "~을 반대하여"라는 적합한 의미를 지니고 있다. 이것은 περί, "~에 관하여"의 뜻으로 바꿀 수 없다.[19] 바울은 나선형 내리막길로 진행되는 끔찍한 결과를 추적한다. 그리스도의 정당성에 대한 하나님의 입증이 진실하다는 것과 그리스도의 부활 안에서 새로운 창조가 시작되었다는 것을 부인함으로써 케리그마의 내용을 반대하는 제안이나 그것을 반대하는 기본 원리를 받아들이는 자들은 하나님께 공개적으로 반대하는 자들이다.

15:9의 경우(ὅς οὐκ εἰμὶ ἱκανός ...)와 마찬가지로 τὸν Χριστόν, ὅν οὐκ ἤγειρεν εἴπερ ἄρα νεκροὶ οὐκ ἐγείρονται 안에 나오는 관계 대명사는 εἴπερ, "만약 그렇지 않다면"에 뒤따르는 논리적인 설명과 연결하는 기능을 한다(비교. NJB, Christ ... whereas, if ...; NRSV, Christ whom he did not raise, if ...). 바레트는 이 구절을 "그리스도가 만약 그들이 말하는 대로"라고 번역한다. 이 논리는 요점을 표현하기에 매우 복합적인 것처럼 보일 수 있다. "그리스도가 죽은 자 가운데서 다시 살리심을 받았든지 아니면 우리가…거짓말을 한 것이다." 그러나 바울은 단순히 이러한 거짓 증언보다 더 많은 것이 연결되어 있음을 밝혀준다. 즉 신학 전체가 여기에 달려 있다. 따라서 볼프가 지적하듯이 15절은 12절과 연결되고, 16절은 13절과 연결되며, 17절은 14절과 연결된다. 그리고 이 양식은 점층적으로 이어지는 연결고리를 형성한다. 이 고리 안에서 해당 반론은 절정적이며 강조적인 εἴπερ ... ἄρα, "만약 그들이 진정으로 말하듯이"에 달려 있다.[20]

16-17절 B와 D*는 "여러분의 믿음" 뒤에 ἔστιν을 덧붙이지만, 그 의미는 이미 자명하다.

---

18) Barrett, *First Epistle,* 348; Edwards, *First Epistle,* 405.

19) 이 해석은 다음 저자들의 입장과 반대됨. Robertson and Plummer, *First Epistle,* 348-349.

20) 참조. Wolff, *Der erste Brief,* 378; Edwards, *First Epistle,* 405.

16절에 대해서는 더 이상의 주해가 필요하지 않을 것이다. 왜냐하면 이 절은 사실상 13절의 논점을 반복하기 때문이다(위를 보라). 이러한 반복은 반대 견해에 내포된 누적되고 증폭되는 일련의 파괴적인 결과를 강화하는 역할을 한다. 17절에서 확인된 두 가지 결과 중에서 첫 번째 결과를 가리키는 ματαία, "여러분의 믿음은 아무런 효력이 없습니다"의 의미는 14b에서 "여러분의 믿음도 헛된 것(κενή)"이라는 것과 다소 다르다. 17절에서 이 형용사는 만약 부활이 없고, 결과적으로 예수 그리스도의 부활이 없다면 그리스도인의 믿음이 헛되고 효과가 없는 것(NJB, pointless; NRSV, futile; REB, your faith has nothing to it)을 가리킨다. 반면에 14b의 κενή는 내용이 없는 믿음에 주목한다(REB, null; NJB, without substance). 17절에서 두 번째 결과—"여러분은 여전히 여러분의 죄 안에 있을 것입니다"—는 그리스도의 부활이 없다면 인류의 죄와 관련하여 오직 그리스도의 죽음만으로는 대속하고 구속하고 자유롭게 하는 효력이 없다는 것을 보여준다.

이것은 언제나 그리스도와의 연합이라는 주제를 통해 보완되어야 하는 속죄에 대한 **대속** 모델의 필요성을 강조한다. J. K. S. 리드는 여기에 "반대의 원칙"이 있다고 지적한다. "그리스도는 우리를 위해 혜택을 얻어낸다. 하지만 그는 자신을 위해 그것이 필요 없다." 그리고 여기에는 "상응의 원칙이 있다. '그가 여전히 살아 있으므로 우리 또한 살 것이다'"(새로운 존재 방식으로의 부활).[21] 만약 부활이 없다면 다른 모델도 효력을 잃게 될 것이다(마지막 아담으로서의 그리스도, 영적으로 사악한 통치자들과 권세들의 파괴자로서의 그리스도). 모든 점에서 고린도 신자들은 여전히(ἔτι) "여러분의 죄 안에"(ἐν ταῖς ἁμαρτίαις ὑμῶν) 머물러 있을 것이다. 바울이 죄를 복수 형태로 사용하는 것은 흔치 않다. 왜냐하면 그는 단순히 행위의 연속으로 죄를 이해하는 것과는 대조적으로 통상적으로 일종의 자세, 태도 또는 상태로 죄를 이해하기 때문이다. 하지만 전치사 ἐν, "안에"는 죄의 구조적인 측면을 강조한다.[22]

21) J. K. S. Reid, *Our Life in Christ* (London: SCM, 1963), 90-91.

22) 참조. Pannenberg, *Systematic Theology*, 2:231-276. "인류의 죄의 비참함", 특별히 "죄의 양

18절 여기서 ἄρα καί가 사용된 것은 바울이 반대 원리에 대한 이 논박에서 그밖의 논리적인 결과를 확인해주는 것을 강조한다. 초창기 기독교 신앙에서 죽음을 잠자는 것으로 비유하는 것은 "그리스도 안에" 있는 신자들의 입장에서 중요한 것이었다. 왜냐하면 잠자는 것(κοιμάω)의 논리적인 "법칙"은 이와 함께 새로운 아침과 새로운 날에 다시 깨어날 것을 기대했기 때문이다. 즉 부활과 새로워진 생명과 힘을 기대했다(참조. 51절).[23] 그리고 하나님이 그리스도를 통해 죄를 해결하실 때(56절) 이것은 죽음의 쏘는 것(κέντρον, 55절)이 제거되는 승리의 소망을 기대한다.[24] 판넨베르크는 다음과 같이 덧붙여 말한다. "**잠자는 것**에서 깨어나는 우리에게 친숙한 경험은 죽은 자들이 기대하는 전혀 알 수 없는 운명에 대한 일종의 비유의 역할을 한다."[25] 새로운 날은 새 생명뿐만 아니라 그것이 지닌 놀라운 요소들을 가져다줄 것이다.

고전 15장에 대한 해설에서 쿨만은 다음과 같이 주장한다. 죄가 완전히 해결되고 없어지지 않는다면 "원수"로서 "죄의 쏘는 것"으로 인해 생명은 그 존재 자체가 부정될 것이다. 왜냐하면 죄의 최후의 결과는 생명을 주신 하나님과 분리되는 것이기 때문이다(고전 15:19, 54-57).[26] 몰트만은 잠자는 은유가 "죽은 자들과 살아 있는 자들의 주님"(롬 14:9)과 "여러분의 생명은 그리스도와 함께 하나님 안에 감추어져 있습니다"(골 3:3)와 같은 바울의 말이 허용하는 "완성을 향한 과정"을 배제하는 방법으로 사용되어서는

태들"에 대한 탁월한 논의에 대해서는 238-252을 보라. 그리고 일종의 환상적인 "자율"에 대한 세속적(그리고 고린도 교인들의) 열망과 대조를 이루는 인류의 속박을 인정하는 것에 대한 바울과 아우구스티누스의 논의를 참조하라.

23) Strobel, *Der erste Brief,* 245.

24) Cullmann은 다음과 같이 말한다. "'죽음아, 너의 독침이 어디 있느냐?'(15:55)라는 바울의 환호는 '우리는 살아도 주님을 위하여 살고, 죽어도 주님을 위하여 죽습니다'(롬 14:8)라는 신뢰와 확신과 연결된다"(Cullmann, *Immortality of the Soul or Resurrection of the Dead,* 55).

25) Pannenberg, *Jesus-God and Man,* 74.

26) Cullmann, *Immortality of the Soul,* 24.

안 된다고 주장한다.[27] 하지만 죽음은 통상적으로 소망을 지닌 그리스도인들이 경험하는 죽음을 가리키며, 이것은 표준 용어가 된다(요 11:11; 행 7:60; 13:36; 고전 7:39; 11:30; 15:6; 벧후 3:4; 클레멘스1서 44:2; 헤르마스의 목자 4:4; 이그나티오스의 로마인들에게 보낸 편지 4:2 등).[28] 만약 이 "과정"이 부활 이후에 일어난다면 아마도 이 두 측면을 함께 설명할 수 있을 것이다. 정관사가 붙은 부정과거 수동태 분사 οἱ κοιμηθέντες ἐν Χριστῷ라는 표현은 "그리스도 안에서 잠자고 있는 자들"이라는 의미를 지니고 있다(NRSV의 번역—그리스도 안에서 죽은 자들—과 NIV, NJB, AV/KJV의 번역—그리스도와 연합하여 죽은 자들—은 그리스어의 의미와 핀들레이, 로버트슨과 플러머의 견해를 제대로 전달해주지 못하는 것 같다. 우리는 여기서 이들의 견해를 따른다).[29] 강조의 의미를 지닌 ἄρα καί는 "또한…결과가 뒤따릅니다"라는 의미를 전달해준다.

우리는 1:18에서 ἀπόλλυμι(능동태, 파괴하다, 멸망시키다)의 현재분사 중간태 "멸망의 길로 나아가는 자들"의 의미를 이미 다루었다(1:18을 보라). 여기서 우리는 직설법 제2부정과거 중간태 ἀπώλοντο를 발견한다. 이것은 통상적으로 (NRSV의 경우처럼) "그들은 멸망했다"라고 번역된다. 그러나 바울은 REB의 번역처럼 되돌릴 수 없는 상실, 완전히 잃어버림 또는 영원히 멸망함(앞에서 κενός에 대한 설명 참조)의 공허함과 황폐를 염두에 두고 있다.[30] 그들은 잠자는 상태에서 결코 다시 깨어나지 못할 것이다.

19절 바레트를 제외한 대다수 영역본(NRSV, REB, NJB, 콜린스)은 μόνον함께 εἰ ἐν τῇ ζωῇ ταύτῃ를 "만약 오직 이 삶을 위해서라면"이라

27) Moltmann, *Is There Life after Death?* (Milwaukee: Marquette University Press, 1998), 47-55. Moltmann은 "영혼의 잠"에 대한 루터의 관점을 훌륭하게 설명한다. 그러나 그는 칼뱅이 이 점과 관련하여 주저하는 것을 언급하면서 이것은 전체에 대한 그림이 아니라고 주장한다(56).

28) 참조. BAGD, 437-438; Lampe, *Patristic Greek Lexicon,* 759-760.

29) Robertson and Plummer, *First Epistle,* 150; Findlay, *Expositor's Greek Testament,* 2:926. NRSV와 REB는 이 은유의 논리를 제대로 파악하지 못한다. 반면에 NIV, NJB, AV/KJV는 은유적인 의미가 사용된 것을 알려주지 못한다. 이 영역본 중 그 어떤 것도 수동태의 뉘앙스를 제대로 살리지 못한다.

30) 또한 참조. BAGD, 95.

는 단순한 영어로 번역하는 것을 허용한다. "오직"을 이처럼 이해하는 것도 가능하다. 그러나 이 부사는 상황을 에둘러 표현하는 현재완료 분사 ἠλπικότες ἐσμέν(문자적으로, 우리는 여전히 소망하며 우리의 소망을 [이 생명에] 두고 있는 자들) 바로 뒤에 있다.[31] 엄밀히 말해 여기서 "오직"은 해당 절 전체를 한정한다(바레트, 볼프, 로버트슨). 따라서 우리는 이 측면을 배제한 채 단순히 쉬운 영어로 번역하는 것만을 선호해서는 안 된다.[32] 바울은 오직 그리스도께만 소망을 두고, 그 이상의 것이 없는 어떤 사람을 신중히 묘사한다. 한편 ἐλεεινότεροι, "더 불쌍한, 더 불쌍히 여겨야 할" 다음에는 비교를 나타내는 소유격 πάντων ἀνθρώπων, "모든 사람보다"(단순히 πάντων이 아님)가 뒤따른다.[33] 피는 여기서 바울이 만약 죽음 이후에 그리스도인들이 존재하지 않는다면 그들은 불쌍히 여겨야 할 대상이라는 것보다 훨씬 더 많은 의미를 내포하고 있다고 올바르게 지적한다.[34] 바울은 여기서 **점점 더 강화되고 누적되는 논리**를 세워나간다. 그리고 그는 거기에 논박 전체를 **집결시킨다**. 만약 부활이 없다면 그리스도인들은 얼마나 불쌍하겠는가? 12절의 반대 원리 다음에 이어지는 13-18절에서는 이 결과 전체가 다음과 같이 연속적으로 묘사된다. (i) 복음은 본질적인 내용이 없다. (ii) 믿음은 쓸모가 없다. (iii) 증인들은 거짓말쟁이다. (iv) 죄는 여전히 파괴하고 피해를 입힐 힘을 지니고 있다. (v) 이미 죽은 신자들은 돌이킬 수 없이 영원히 멸망한 것이다. 이 누적적이며 돌이킬 수 없는 재난에 대해서는 13-18절에 대한 주해를 보라. 따라서 바울은 그의 **첫 번째 논박**을 이렇게 결론짓는다. **부활의 개념 자체를 부인하는 것은 달갑지 않은 끔찍한 결과를 초래한다**. 이것은 심의적 수사학

---

31) 상황을 에둘러 표현하는 현재완료의 강조적 의미에 대해서는 다음을 보라. Wolff, *Der erste Brief*, 380.

32) 특히 다음을 보라. Barrett, *First Epistle*, 349–350; Wolff, *der erste Brief*, 380. Barrett는 "그리스도 안에서—그것이 전부이며 그 이상이 아무것도 아니라면—그렇다면"이라고 번역한다.

33) NRSV, NJB, NIV는 "모든 사람"이라고 번역한다.

34) Fee, *First Epistle*, 741. 그는 위경인 바룩의 묵시 21:13에 대한 언급이 더 많은 의미를 내포하고 있다고 올바르게 강조한다. Collins도 이 위경의 해당 부분을 언급한다(Collins, *First Cor*, 545).

의 한 가지 예로서 하나의 훌륭한 사례다.[35)]

2. 현재의 삶과 기독교 신자들을 위한 종말론적인 약속의 기초로서 그리스도의 부활: 첫 번째 확증(15:20-34)

20 그러나 사실 그리스도께서 죽은 자 가운데서 다시 살아나셔서 죽은 자들의 추수의 첫 열매가 되셨습니다. 21, 22 한 사람으로 말미암아 죽음이 들어왔으므로 또한 한 사람으로 말미암아 죽은 자들의 부활이 일어납니다. 아담 안에서 모든 사람이 죽는 것과 마찬가지로 모든 사람이 그리스도 안에서 생명을 얻게 될 것입니다. 23 그러나 저마다 마땅히 정해진 순서 대로입니다. 곧 그리스도께서 첫 열매이십니다. 그다음은 그가 다시 오실 때 그리스도에게 속한 자들입니다. 24, 25 그다음은 종말입니다. 그리스도는 모든 통치와 권세와 능력을 멸하시고 나서 하나님이자 아버지이신 그분께 통치권을 건네드릴 것입니다. 왜냐하면 하나님이 그의 모든 원수를 그리스도의 발아래 두실 때까지 그는 반드시 다스리셔야 하기 때문입니다. 26, 27 멸망 받게 되어 있는 마지막 원수는 바로 죽음입니다. 왜냐하면 "하나님께서 모든 것을 그의 발아래에 굴복시키셨기 때문입니다." 그러나 "모든 것이 굴복되었다"라고 말할 때 "모든 것"이 모든 것을 그리스도께 굴복시키신 분을 제외한다는 것은 분명합니다. 28 그러나 모든 것이 그에게 굴복했을 때 아들 자신도 모든 것을 그에게 굴복시키신 분께 복종할 것이며, 이로써 하나님이 모든 것 안에서 모든 것이 되실 것입니다. 29 그렇지 않다면 죽은 자들을 위해 스스로 세례를 받은 사람들은 자신의 그러한 행위에 대해 뭐라고 생각하겠습니까? 만약 죽은 자들이 진정으로 다시 살아나지 않는다면 그들을 위해 세례를 받는 것이 무슨 소용이 있습니까?

30, 31 우리는 또한 왜 날마다 매시간 위험을 무릅씁니까? 날마다 나는 죽음의 위험을 자초하고 있습니다. 정말로 그렇습니다. 내가 우리 주 예수 그리스도

---

35) 참조. Eriksson, *Tradition*, 244-245; Bünke, *Briefformular und rhetorische Disposition*, 62-63.

안에서 소중히 여기는 여러분에 대해 가지고 있는 모든 자랑거리를 걸고 나는 그렇다고 증언할 수 있습니다! 32 만약 오직 인간의 관점에서만 내가 에베소에서 맹수들과 싸웠다면 나의 유익이 무엇이겠습니까? 만약 죽은 자들이 다시 살아나지 않는다면 "먹고 마시자! 내일이면 우리가 죽기 때문이다."

33, 34 미혹되지 마십시오. "나쁜 패거리에 속하게 되면 그것은 훌륭한 삶의 방식을 망칩니다." 정신을 차리십시오. 깨어 각성하십시오! 죄를 짓지 마십시오. 여러분도 알다시피 "어떤 사람들은" 하나님에 대한 "지식"이 전혀 없습니다. 나는 여러분을 부끄럽게 하려고 이 말을 합니다.

바울은 부활을 부인하는 반대 원리의 달갑지 않은 논리적인 결과를 냉정하게 드러내어 논박했다. 이제 바울은 논의의 방향을 반대로 이끌어 놀라운 결과들을 확증한다. 부활의 원리, 특히 예수 그리스도의 부활은 그 결과를 지지하는 확실한 근거다.[36] 또다시 심의적 수사학의 관점에서 그는 일련의 "유익한 점", 즉 그리스도인의 삶과 종말론적인 약속의 기본적인 요소들을 설명한다. 미래의 부활의 "논리적 가능성"을 언급하고 나서(35-37절) 바울은 58절의 전체 논의에 대한 결론에서 언급될 실천적인 측면으로 되돌아올 것이다.

20절 몇몇 서방 사본은 "첫 열매가 **되었다**"라고 읽기 위해 ἐγένετο를 삽입한다. 그러나 이 독법은 p[46], ℵ, B, A에서 나타나지 않는다. 그리고 대문자 사본들은 이 삽입된 독법을 지지하지 않는다.

BAGD는 부사 νυνί가 논리적으로 "지금"뿐만 아니라 어떤 비현실적인 것을 묘사하는 절 또는 문장 다음에 "실질적인 상황이 도입되는 것, 곧 그러나 사실상"(히 9:26; 고전 5:11; 참조. NRSV, But in fact; REB, But the truth is ...)을 가리키는 데 사용될 수 있다는 것을 사례와 함께 확인해준다.[37] 그다

---

36) Eriksson, *Tradition,* 261-267; Watson, "Rhetorical Strategy," 240-244; Mitchell, *Rhetorical Reconciliation,* 288-289. 한편 Collins는 12-19, 20-28, 29-34절에서 "잘 알려진 A-B-A′의 수미상관의 패턴"을 인식한다(Collins, *First Cor*, 547).

37) BAGD, 546; Grimm-Thayer, 430-431.

음에 나오는 접속어 δέ는 어떤 분명한 표지가 되는 것—예를 들면 "그러나"—을 요구한다. 한편 "죽은 자 가운데서 다시 살아나셨다"에 대해서는 4, 12, 14절 등에 대한 주해를 보라. 달, 바레트, 오르트켐퍼, 드 보어 및 다른 학자들이 강조하듯이 바울은 이 절에서도 계속해서 현재완료 수동태를 사용한다.[38)]

특히 세 명의 저자는 바울의 사상에서 ἀπαρχή, "추수의 첫 열매"의 중요성을 보여준다. 해밀턴은 "더욱더 오기로" 약속된 은사인 성령에 대해 짧으면서도 유익한 몇 단락을 제공한다.[39)] 드 보어와 요스트 홀레만은 이 절의 이 단어가 바울의 기독론과 이 장의 그의 주장에서 중추적인 역할을 한다고 본다. 드 보어는 첫 열매 이미지는 "구약성경에서 유래했다"고 주장한다. 또한 "구약성경에서 이것은 수확(또는 가축)의 만물로서 하나님께 감사 예물로 드려졌다. 따라서 **이 용어는 나머지 수확을 약속하며 동시에 풍성한 추수를 보증한다**.…이것은 첫 번째 봉헌이며 제유법에 따라 전체를 대표하는 일부분이다"(강조는 덧붙여진 것임).[40)] 홀레만은 한 걸음 더 나아간다. 그는 20절에서 첫 열매는 두 가지 개념—곧 **시간과 관련된** 논리와 **대표성을 지닌** 논리—을 구체적으로 나타낸다고 주장한다. 첫 열매로서 그리스도는 다시 살아나야 할 "첫 번째 사람"이다. 언어사전의 용례에 의하면 이것은 "소속 또는 소유의 첫 번째 부분 또는 가장 좋은 부분"이다(20-23절). 하지만 그리스도는 또한 "남은 자들의 **대표**"다(강조는 덧붙여진 것임).[41)] 이것은 마지막 아담으로서 그리스도에 대한 바울 신학의 길을 예비한다(21-22절).

바울은 이 단락 외에 다른 곳에서도 ἀπαρχή를 사용한다. 그중에서 가장 중요한 본문은 롬 8:23과 11:16이다. 그리스도인들은 첫 열매로서 성령

---

38) 바울의 논리에서 수동태의 중요성은 매우 강조할 만하다. 앞에서 15:4의 주해와 15:1-58에 대한 머리말을 보라. 참조. Dahl, *Resurrection of the Body,* 96-100; Barrett, *First Epistle,* 341; Ortkemper, *1 Kor,* 145; de Boer, *Defeat or Death,* 105-109; Moxnes, *Theology in Conflicht,* 231-282; and Holleman, *Resurrection and Parousia,* 49-57.

39) Hamilton, *The Holy Spirit and Eschatology in Paul,* 19-25 and 31-33.

40) De Boer, *Defeat or Death,* 109.

41) Holleman, *Resurrection and Parousia,* 49; 참조. 49-50.

을 받았다. 지금 그들이 성령을 받은 것은 성령에 대한 그들의 더 광범위하고 더 온전한 종말론적인 경험을 보증해준다. 이것은 고전 15:44에 대한 우리의 주해와도 전적으로 일치한다(해당 절에 대한 주해 참조). 롬 11:16은 칠칠절에 치르는 의식을 언급한다. 만약 하나님께 첫 열매(만물)로 바치는 떡 반죽 덩이가 거룩하면 남은 밀가루도 이 거룩한 특성을 공유한다. 이 두 가지 사례는 모두 20절에서 언급하는 첫 열매의 특성을 공유한다. (1) **시간적인 측면에서** 먼저다. (2) 똑같은 특성을 **대표한다**. (3) 똑같은 종류의 것이 더 많이 온다는 것을 **약속하거나 보증한다**.[42] 이 점과 관련하여 고후 1:22, 5:5에는 성령에게 적용된 ἀρραβών, "더 많은 것이 온다는 것을 보증하는 첫 할부금"의 의미와 명백하게 평행을 이루는 요소들이 있다. 그리고 첫 열매 은유는 더 약하고 덜 신학적인 의미에서 아가야에서 맺은 ἀπαρχή로서 스데반의 가정에도 사용된다(곧 그 지방에서 첫 번째 회심자로서 스데반과 그의 식구는 다른 사람들에게 [다소 느슨한 의미에서] 복음의 약속을 제시하는 역할을 한다. 참조. 고전 16:15). 그리고 이와 비슷하게 에배네도도 소아시아 지역에서 그리스도를 믿은 ἀπαρχή다(롬 16:5). 다른 문맥에서 이 명사는 종종 공식적인 법적 의미로서 출생증명서를 가리킨다. 이 증명서는 또다시 참됨 및 신분과 관련되어 있다.[43]

시간적인 측면, 대표성, 앞으로 올 것에 대한 약속 또는 보증의 체계적인 순서는 **하나님이 정하신 목적의 순서에 대한 바울의 입증**을 시작한다. 대다수 주석가들은 20-25절이 실존적인 보증을 제시한다고 강조한다. 그리스도가 다시 살아나셨기 때문에 그리스도 안에 있는 자들도 다시 살아날 것이다. 왜냐하면 그리스도는 앞으로 실행될 추수 전체의 첫 열매이기 때문이다. 이것은 이치에 맞다. 하지만 20-25절은 **26-28절을 위한 길을 예비하는** 역할을 한다. (바르트가 주장하듯이) **고전 15장 전체와 마찬가지로 이것은**

42) 참조. Holleman, *Resurrection*, 50; Hamilton, *Holy Spirit*, 20-21.
43) BAGD, 81. 그리고 이 명사는 먼저 나신 이(πρωτότοκος, 골 1:18; 계 1:5)의 역할과도 비교해보아야 한다.

하나님과 하나님의 목적에 대한 것이다. 따라서 에드워즈는 그 핵심을 **사건들의 질서**라고 올바르게 인식한다. 그 질서 안에 "ὑπόταξις가 없는 **τάξις**는 없다."[44] 다른 말로 표현하자면 하나님은 행동하셨고 또 행동하실 것이다. **그러나 모든 것은 하나님이 정하신 시간과 방법대로 일어난다**. 순서(τάξις)는 우리의 은혜로우신 하나님의 의지에 대한 복종(ὑπόταξις)을 포함한다. 우리는 생명을 얻게 될 것이지만(22절), 각자 자기 차례대로 될 것이다(23절). 부활의 순서는 하나님의 절대 주권, 은혜, 약속에 달려 있다(앞에서 특히 15:1-58의 머리말 참조).[45]

21-22절 이중적인 평행 사례를 서로 연결하여 이해하는 것이 필수적이다. 왜냐하면 21절에서 ἀνθρώπου의 각 지시 대상이 22절에서 (i) 아담과 (ii) 그리스도인 것으로 설명되고 있기 때문이다. γάρ, "왜냐하면"이 두 번 언급된 점이 일러주듯이 홀레만이 **대표성**(21-22절)이 시간적 측면의 우선성과 첫 열매에 대한 **약속**을 보완하는 것(20절)이라고 강조한 것이 여기서 전형적인 표현으로 나타난다. 브루스는 다음과 같이 주장한다. "이제 바울은 두 명의 유일무이한 대표자에 대한 유비를 묘사한다. 아담은 옛 창조의 머리이며, 그 안에서 모든 사람은 죽는다. 그리고 그리스도는 새 창조의 머리이며, '죽은 자들 가운데 먼저 나신 이'(골 1:18; 참조. 계 1:8)이며, 그의 안에서 모든 사람이 부활을 통해 다시 살아나게 될 것이다."[46] 바울의 관점에서 보면 아담은 한 개인인 동시에 한 집단이다. "아담의 히브리어 이름이 알려주듯이 그는 '인류'다. 인류 전체가 원래 아담 안에서 존재하는 것으로 이해되었다."[47] 오늘날 서구의 개인주의와 이른바 자율의 관점에서 볼 때 이 절들은 실질적으로 의미하는 것에 비해 논리적으로 더 문제점이 있어 보일지도 모른다. 오늘날 지구화 및 국제적인 경제 교류와 함께 전 인류는 그 어느 때보다도 "밀접하게 연결되는 한 묶음의 지음 받은 존재"(로빈슨의 표

---

44) Edwards, *First Epistle,* 409.

45) 참조. Thiselton, "Luther and Barth on 1 Cor 15," 258-289.

46) Bruce, *1 and 2 Cor,* 145.

47) 같은 책, 145-146.

현), 즉 구조적·집단적인 죄와 타락으로 하나가 된 존재임이 분명하게 드러났다(하지만 아래에서 피츠마이어의 경고를 보라).[48] 구약성경의 약속과의 연속선상에서 바울은 아담과 인류를 모두 구조적-집단적인 관점과 개인적 관점에서 생각한다. 마치 사 40-55장의 고난받는 의로운 종에 대한 언어가 한 개인과 집단적 백성 사이를 왔다 갔다 하는 것처럼 말이다.[49] 심지어 그렇다 하더라도 단순히 순전한 사실로서 인류가 아담의 삶과 운명의 연대성, 취약성과 결과들과 밀접하게 연결되어 있다는 점은 복음의 약속 안에서 그것을 구원하는 평행 사례를 발견한다. 곧 새로운 인류는 "마지막" 아담으로서(참조. 15:45) 그리스도의 연대성, 구속 사역, 부활의 승리, 약속과 밀접하게 연결되어 있다. 로빈슨은 "연대성[취약점과 유익을 공유함]은 하나님이 정해놓으신 구조이며, 그 안에서 개인은 자신의 삶을 이끌어 간다"라고 말한다.[50] 나아가 데이비스는 "바울은 아담 안에서 인류가 연합되어 있다는 랍비들의 전통적인 가르침을 받아들였다"고 주장한다. 하지만 피츠마이어는 랍비 문헌의 어떤 문장도 "모든 인류가 고전 15:22의 방식대로 아담의 몸 '안'에 포함되어 있다고 명백하게 말하지 않는다"라고 경고한다.[51]

비록 우리는 일반적으로 바울이 롬 5:21-22에서 "아담 안에서…그리스도 안에서"에 대해 가장 의미심장하게 다룬다고 생각하지만, 그의 사상 안에서 이 주제는 고전 15:21-22, 45-59에서 가장 먼저 그리고 똑같이 중요하게 설명된다. 롬 5:12-20에서 바울은 모형론적인 평행 구조를 사용하

48) 루터가 "세상 사람들에게 그렇게 어리석고 그릇된" 것처럼 보인다고 강조하는 것과 비교해 보라(Luther, "1 Cor 7 and 15," 116-117); J. A. T. Robinson, *The Body: A Study in Pauline Theology* (London: SCM, 1952), 21; 참조. 8-33 and 58-60.

49) 참조. W. D. Davies, *Paul and Rabbinic Judaism* (London: SPCK, 2d ed, 1955), 36-57; K. Barth, *Christ and Adam* (Edinburgh: Oliver & Boyd, 1956); Morna Hooker, "Adam," in *From Adam to Christ: Essays on Paul* (Cambridge: Cambridge University Press, 1990), 73-101(주로 롬 1장과 빌 2:6-11에 대해); Branderburger, *Adam und Christus*, 15-131; G. Barth, "Erwägungen zu 1 Kor 15:20-28," 515-527; J. Lambrecht, "Paul's Christological Use of Scripture on 1 Cor 15:20-28," 502-527.

50) J. A. T. Robinson, *The Body*, 9.

51) Davies, *Paul*, 57; Fitzmyer, *Romans*, 412.

며 다음과 같은 주제를 설명한다. 즉 비록 온 인류는 죄의 연대적이며 구조적인 결과에 사로잡혀 있지만, "그리스도 안에서" 하나님의 연대적이며 구조적인 은혜는 그 결과의 근본적인 본성 안에서 심지어 이전 것까지도 뛰어넘는다. 여기서 바울은 죄와 죽음의 통치를 드러내는 "인간"의 집단적·구조적인 측면이 그리스도 안에 있는 모든 사람이 그와 연합하여 죽은 자의 부활이라는 실재에 동참하는 것을 보증한다는 것을 보여준다. 따라서 게르하르트 바르트는 이 절들(15:20-28, 특히 20-22)을 "이 장 전체의 최고점"이라고 부른다.[52] 이와 비슷하게 젤린은 이 단락이 "바울의 논의에서 중심 부분을 다룬다"고 말한다.[53] 볼프가 언급하듯이 이것은 15:24-58에서 다루어지는 모든 것을 위한 길을 예비한다.[54] 본질적인 측면에서 "아담과의 연합은 죽음으로 인도하지만, 그리스도와의 연합은 부활로 인도한다"(홀레만).[55]

베커는 바울이 사용하는 아브라함 모형론(예. 롬 4장)은 하나님의 신실한 행위의 연속성을 강조하지만, "아담 모형론은 연속성의 관점이 아니라 불연속성의 관점에서 작동한다"고 주장한다. "여기서 마지막(종말론적인) 아담은 첫 번째 아담이 인류 역사에서 시작한 것을 근본적으로 반전시킨다(롬 5:12-17; 고전 15:20-22). 따라서…아담 모형론의 종말론적인 의미는 그리스도 안에서 하나님의 행위의 완전한 새로움을 강조한다."[56] 따라서 이 모형론의 배경은 각각의 시대의 특성을 드러내는 "죽음과 생명의 존재론적인 반정립과 더불어" 두 시대에 대한 묵시론적인 배경이다.[57] 베커는 이 종말론적인 배경이 암시하는 것을 세부적으로 설득력 있게 설명한다.[58] 베커는 필하우어와 클라우스 코흐의 연구에 기초하여 다음과 같이 말한다. 바울의

52) G. Barth, "Erwägungen zu 1 Kor 15:20-28," 516.
53) Sellin, *Der Streit um die Auferstehung*, 261.
54) Wolff, *Der erste Brief*, 382.
55) Holleman, *Resurrection and Parousia*, 53.
56) Beker, *Paul the Apostle*, 100.
57) 같은 책.
58) 같은 책, 135-181 그리고 곳곳에.

관점에서 "최종적인 부활은 묵시론적인 의미에서 모든 것이 온전히 새로워지는 것이다. '새로운 세계…그리스도의 부활은 앞으로 모든 사람이 부활하게 될 새로운 날을 예고한다."[59] 베커의 견해에 의하면 "이 묵시론적인 연관성"이 고린도 교회가 직면한 문제의 핵심에 해당한다고 보는 것은 잘못된 것이다. 따라서 이것은 "바울이 제시하는 논점(15:20-28)의 기초에 해당한다."[60] 부활은 "'주님'으로서 그리스도의 즉위" 그 이상을 의미한다. 따라서 베커는 다음과 같이 결론짓는다. 우리는 고전 15:22에서 "'한 사람에 의해 죽음이 온 것처럼 한 사람에 의해 **생명**이 왔다'고 기대할 수 있다. 하지만 우리는 '한 사람에 의해 또한 **죽은 자들의 부활**'이 왔다고 해석한다"(강조는 원저자의 것임)[61]

드 보어와 홀레만은 더 최근에 몇 가지 수정과 함께 이 묵시론적인 접근 방법을 발전시켰다. 드 보어는 갈라디아서에 대한 추가 언급과 함께 묵시론적인 전환점은 "한 세상이 가고 또 다른 세상이 온다"는 것을 알려준다는 J. L. 마틴의 논평을 인용한다.[62] 슈바이처, 코흐, 캐제만, 브란덴부르거 및 다른 저자들의 견해와 일치하는 드 보어는 에스라4서와 바룩2서같은 묵시문학 작품에 관심을 기울인다. 하지만 그는 (브란덴부르거와 더불어) 죽음의 현상에 초점을 맞춘다. 에스라4서는 죽음을 "현재의 긴 시대의 모든 것을 포함하는 하나의 실재"로 이해한다. 심지어 바룩2서는 "이 세상은 아담에게 부여된 사형 선고에 의해 결정된다"라고 언급한다.[63] 하지만 두 책에서 아담의 역할은 서로 다르다. 각 책은 구조적·집단적 측면을 강조한다. "오 아담아, 너는 무엇을 했는가? 비록 죄를 지은 것은 바로 너지만, 타락은 너 자신의 것만이 아니라 너의 후손인 우리의 것이기도 하다"(에스라4서 7:118). "오 아담아, 너는 네게서 태어난 이들에게 무엇을 했는가?"(바룩2서 48:42)

---

59) 같은 책, 153.
60) 같은 책, 168.
61) 같은 책, 168, 170.
62) De Boer, *Defeat or Death,* 34; 참조. 32-35 on Beker.
63) 같은 책, 75, 81. 또한 Brandenburger, *Adam und Christus,* 58.

다른 한편으로 "아담은 오직 자신 외에는 원인 제공자가 아니다. 우리 가운데 각 사람은 저마다 아담이다"(바룩2서 54:19).[64] 그뿐만 아니라 우리는 랍비 문헌과 묵시 문헌의 저작 연대를 결정하는 데 주의를 기울여야 한다는 피츠마이어의 경고에 유의해야 하며, 헬레니즘적 유대교 텍스트에 나타난 아담의 역할에 주목해야 한다(예. 지혜서 2:24 및 필론).[65]

우리가 피츠마이어의 경고에 유의한다는 전제하에 바울의 아담 모형론의 궁극적인 기원에 대한 가설 목록을 제시하는 것은 불필요할뿐더러 설득력이 없다. 우리가 45-49절의 주해에서 살펴보겠지만, 바울의 종말론적인 아담은 필론의 "두 번째" 아담이 아니다. 바울은 최초의 사람에 대한 신화를 전혀 언급하지 않는다.[66] 묵시 문학의 유산은 옛 "질서"가 죄, 율법, 죽음의 파괴적인 악순환의 연쇄적인 진행 과정에 빠져 있다는 바울의 믿음을 뒷받침한다(참조. 롬 1:18-5:20). 그는 ("종교"가 아니라) 오직 하나님의 **새로운 창조** 행위만이 **새로운 질서**를 제공할 수 있으며, 그 질서 안에서 하나님이 **모든 것 안에서 또는 모든 것에 대해 모든 것이 되신다고** 믿는다. 따라서 홀레만은 "(바울의 관점에서 보면) 아담 안에서 '대표된' 모든 사람은 죽음의 질서에 동참한다. 그러나 바울은 예수의 부활에 동참하는 것과 관련해서는(22b) 오직 그리스도인만 언급한다. 왜냐하면 오직 그리스도인들만이 예수에 의해 **대표된다**고 간주할 수 있기 때문이다"(강조는 덧붙여진 것임).[67] 묵시 문학

---

64) 참조. 바룩2서 4:3; 17:2; 18:2; 23:4; 48:62; 54:15, 19; 에스라4서 3:30, 21, 22, 26.

65) Fitzmyer, *Romans,* 412. 이 부분에서 그는 Davies가 몇 가지 사항에서 오류를 범하고 있다고 분명하게 지적한다.

66) 이 견해는 Conzelmann의 입장과 반대된다(Conzelmann, *1 Cor,* 268-269). Conzelmann은 "최초의 사람"에 대한 신화가 유대교 안에서 그리고 유대교를 넘어 영지주의 안에서 모두 나타난다고 주장한다. 그러나 사실을 말해주는 증거 구절은 이것이 "무엇보다도" 영지주의 안에서 나타난다는 것이다. 참조. F. H. Borsch, *The Son of Man in Myth and History* (London: SCM, 1967); Stanley, *Christ's Resurrection in Pauline Soteriology,* 122-124; 특히 Dunn, *Romans,* 277-279. Dunn은 종교사학파의 가설에 대해 예리하게 비판한다.

67) Holleman, *Resurrection,* 55. 그리고 52-54에서 그의 논평을 보라. 그는 *First Epistle,* 750에서도 비슷하게 주해한다. 또한 참조. Luther, "1 Cor," 114; Ortkemper, *1 Kor,* 154. 이것은 "그리스도인들"이라는 용어 안에 누가 포함될 수 있는지 한정하려는 것이 아니다. 오히려 이것은 22b에서 "모든 사람"이 사용된 의미를 상황에 맞추어 표현하려는 것이다. 다시 말해

은 "아담 이후로 죽음이 지배한다는 것을 강조하기 위해"(롬 5:14) 인간의 속박과 그 보편성을 힘주어 말하는 특성이 있다. 그리고 묵시 문학은 오직 새 창조만이—그것은 인간이 스스로 성취할 수 없고 인간의 영역 밖에서 오는 은사로 받을 수 있음(롬 5:15)—다른 어떤 방법으로도 해결할 수 없는 인간의 곤경을 반전시키고 구속할 수 있다고 강조한다. 롬 5:12-16과 고전 15:21-22의 평행 관계는 매우 밀접하다. 그러나 전자는 하나님의 은혜가 "얼마나 더 큰지(롬 5:15)를 강조하는 반면, 후자는 그리스도 안에 존재한다는 것에 기초하여 죽은 자의 부활에 대한 약속으로서 새 창조가 보증된다는 점을 강조한다. 하지만 이것은 오직 **하나님의 은혜**로 말미암는다.[68]

이 같은 주해가 기독론에 주는 함의는 놀랍다. 수동태 "들어 올림을 받다"는 그리스도에게 적용되는데, 이 표현을 통해 바울은 그리스도가 하나님의 구원의 의로운 대리자라는 사실을 제외하고 예수가 아담과 모든 인류와 함께 공유하는 인간 됨을 강조한다. 이 점과 관련하여 "그리스도는 아담과 동일한 인간의 본성을 소유했다"는 스탠리의 진술은 수정이 필요하다.[69] 다른 한편으로 이것은 전혀 놀랍지 않으며 동일한 죽음이 내포되어 있다는 것을 암시한다. 고후 5:20-21에서 분명하게 밝히듯이 그리스도가 인간의 죄와 하나가 된다는 것은 그의 죽음이 "단지 육체적인 죽음일 뿐만 아니라" **아담 이후로 모든 인류를 지배하고 있는 종말론적인 죽음의 공허함에 동참하는 것**이라는 점을 의미한다.[70] 몰트만은 그의 고전적인 연구서 『희망의 신학』에서 이렇게 말한다. "하나님과 그분의 약속은 생명이기 때문에, 죽음의 실질적인 고통은 단지 생명을 잃어버리는 것뿐만 아니라 하나님에

여기서는 어떤 절대적이며 무한정한 의미에서 모든 사람을 가리키는 것이 아니다. 오리게네스는 보편 구원론의 주해를 예비한다(Origen, *De Principiis* 1:6).

68) 롬 5:12-16에 대해서는 다음을 보라. Fitzmyer, *Romans,* 411-420; Dunn, *Romans,* 270-280.

69) Stanley, *Christ's Resurrection,* 123.

70) Stanley, *Christ's Resurrection,* 123. Cullmann은 처음으로 이 주제를 탁월하게 해설했으며, 다른 저자들은 나중에 그것을 발전시켰다. Cullmann, *Immorality;* Moltmann, *The Crucified God: The Way of Jesus Christ;* Pannenberg, *Systematic Theology,* 2, 특히 416-437.

게서 저버림을 당함으로써 하나님을 잃어버린 것에 있다."[71] 소망의 적절한 문맥은 "약속된 생명과 비교되는 죽음을 향한 마감시한의 적나라한 엄격함이다. 이 생명은 하나님의 약속으로 받은 것…생명에 온 마음으로 무제한으로…동의하는 것…[하나님에 대한] 찬양의 승리와 그것과 더불어…넘을 수 없는 죽음의 경계선을 정복하는…죽음에 대한 생명의 승리다."[72] 이것은 "새로운 전체"다. "이것은 허무 그 자체를 완전히 없애버린다. 이 두 가지 경험은 서로 근본적으로 대조된다.…죽음과 생명, 무(無)와 모든 것, 하나님을 잃어버림과 하나님의 하나님 되심."[73]

여기서 15:22의 아담-그리스도 모형론은 하나의 **대조**와 **반전**이라는 베커의 주장이 신학적으로 온전히 정당화된다. 하지만 이 주장은 또한 죽음이 지닌 극단적이며 끔찍한 의미에서 예수 그리스도가 죽음의 지배하에 기꺼이 자신을 내어주며, 그 지배는 하나님께 등을 돌리고 떠나간 최초의 사건부터 모든 인류에게 미치고 있음을 전제한다. 로버트슨과 플러머는 "아담이 죽음의 길로 인도한 것처럼 그리스도는 부활의 길로 인도한다"고 논평한다.[74] 그러나 우리는 그리스도가 부활의 길로 인도하기 위해 죽음의 끔찍함에 참여하는 과정을 너무 서둘러 지나쳐서는 안 된다. 특히 쿨만이 우리에게 상기시켜주듯이 다른 사람을 위해 예수가 직면한 죽음은 "독침이 없는" 죽음이 아니었다. 오히려 그 죽음은 "하나님으로부터 버림받음"이 의미하는 허무(*nihil*)였다(몰트만).[75] 게다가 아담 이전에 동물의 왕국에서 "죽음"이 존재할 개연성을 언급하는 것은 타당하지 않다. 이는 바로 아담이 자신의 죄와 관련된 죽음을 이 세상에 초래했기 때문이다. 이 죽음은 "하나님의 진노의 성례"로 묘사되어 왔다. 그리스도는 그의 백성을 이 끔찍한 경험으로부터 구원하기 위해 이 죽음을 경험했다. "한 사람을 통해 발생한 이 악

---

71) Moltmann, *Theology of Hope*, 208.

72) 같은 책, 210, 211.

73) 같은 책, 198; 참조. 139-229; 참조. Moltmann, *The Coming of God*.

74) Robertson and Plummer, *First Epistle*, 352.

75) Cullmann, *Immortality*.

은 또한 하나님의 계획에 따라 한 사람을 통해 제거된다"(ἐστί가 추가되어야 한다).[76] 22절에서 ἐν τῷ Χριστῷ는 이 근거와 원인으로 확인된다.

ζῳοποιηθήσονται, "생명을 얻게 될 것이다"(미래 수동태, 22b)는 여기서 종말론적인 의미를 지니고 있다. 앞 절의 평행 표현 ἀνάστασις νεκρῶν(21b)은 그것을 밝혀준다. 후대 그리스어 단어인 ζῳοποιέω는 단순히 "생명을 회복하다"를 의미할 수 있다. 그러나 예를 들어 요한복음 11장에서 나사로를 "다시 살린 것"과 달리 예수의 부활은 단지 이 땅에서 계속 살다가 (나중에 최종적으로 죽기 위해) 다시 생명을 얻은 것이 아니었다. 오히려 그는 종말론적인 새 창조의 첫 열매(20절)로서 변화된 존재 방식을 시작하려고 다시 생명을 얻었다. 이 주제는 23-26절에서 더 자세하게 설명된다. 22절 맨 앞에 있는 접속사 ὥσπερ(22a)는 (롬 5:12과 같이) "~와 마찬가지로"를 뜻하며, 22b에서 그것에 상응하는 οὕτως καί, "심지어 그렇게"가 뒤따른다. 따라서 22절의 강조점은 πάντες가 아니라 ἐν τῷ Ἀδάμ과 ἐν τῷ Χριστῷ다. 각 사람의 경험과 운명이 아담과 그리스도 안에 놓여 있다.[77]

23절 　린데만은 "바울이 23-28절에서 21b, 22b의 주장을 개진하려고 작은 묵시론적인 드라마를 사용한다"고 단언한다.[78] 그리스어 명사 τάγμα는 "배열된 것, 적합한 순서에 놓인 것"을 뜻하며, 군대의 정황에서 부대, 군대의 구분 또는 군대의 계급 등을 가리킨다. 여기서 이 단어는 하나님의 목적에 기초한 행위뿐만 아니라 사상의 묵시론적 배경을 모두 강조한다.[79] 한편 ἕκαστος δὲ ἐν τῷ ἰδίῳ τάγματι, "저마다 자신의 순서대로"(NRSV)와 관련하여 NJB는 성별 배타적 번역을 피하려고 "그들 모두 자신의 순서대로"라고 번역한다. 그러나 이 "모두"는 (바이스, 에링 및 다른 학자들이 지적하듯이; 24절에 대한 주해 참조) 두 그룹 이상을 전제하는 것처럼 보

---

76) Meyer, *First Epistle,* 2:57.

77) Findlay는 이 점을 잘 강조한다. Findlay, *Expositor's Greek Testament,* 2:926. Collins는 21절과 22절을 "동의어의 평행 구조"로 이해한다(Collins, *First Cor,* 548).

78) Lindemann, "Paulus und die korinthische Eschatologie: Zur These von einer 'Entwicklung' im paulinischen Denken," 383; 참조. 373-389.

79) Grimm-Thayer, 613; BAGD, 802-803.

인다. REB는 성별과 관련하여 중립적인 ἰδίῳ, "자기 자신"을 표현하기 위해 "올바른 순서에 따라"를 사용한다. τάγμα의 특별한 의미에 기초하여 우리는 ἐν τῷ ἰδίῳ τάγματι를 지나치게 확대 번역하지 않고 "저마다 마땅히 정해진 순서대로"라고 번역하여 그 특수성을 강화할 것이다. "마땅히 정해진 순서대로"라는 번역은 다음 두 가지를 설명한다. (a) 나머지 추수보다 앞선 첫 열매(20절)의 논리. (b) 그리스도께서 다시 살아나셨고(완료 형태, 15:4, 12, 14, 16, 17, 20), 그리스도 안에 있는 자들도 다시 살아날 것(미래 형태, 15:22, 49, 51, 52, 54)이라는 실질적인 상황. 한편 ἔπειτα는 명백하게 표현되는 시간적인 순서, 곧 "그다음에 또는 그 이후에"를 가리킨다. 하지만 이 부사는 더 강조하는 의미—곧 "그러고 나서", "그렇다면 그 후에"—를 전달할 수도 있다. 왜냐하면 이 부사는 종종 의도적으로 "시간과 순서를…나열하는 데" 사용될 수 있기 때문이다.[80)]

그리스도에게 속한 자들(οἱ τοῦ Χριστοῦ; NRSV, REB, NIV)은 (홀레만, 피, 오르트켐퍼와 함께; 앞의 주해 참조) 22b에서 묘사한 모든 사람을 한정시키는 구원론적인 범위를 확인해준다. ἐν τῇ παρουσίᾳ αὐτοῦ, "그가 다시 올 때"의 그리스어 배경은 반복 설명이 필요 없을 정도로 잘 알려져 있다. 비록 사전적인 관점에서 παρουσία는 종종 "현존" 또는 심지어 "신체적인 임재"(고후 10:10; 빌 2:12)를 가리키지만, 종말론적·신학적인 배경뿐만 아니라 일상생활의 배경에서(고후 7:6, 7) "도래"를 가리키기도 한다. 잘 알려져 있듯이, 이 단어는 높은 지위에 있는 사람이 방문하는 것, 예를 들면 황제나 장군이 어떤 지방을 방문하는 것을 가리키는 데 사용될 수도 있다.[81)] 하지만 최근에 몰트만은 하나님의 오심은 단순한 미래 또는 현재보다 지금도 계시고 전에도 계셨고 또 장차 오실 분(ὁ ἐρχόμενος, 계 1:4)의 역동적인 특성을 더 정확하게 반영한다고 강력하게 주장했다.[82)] 하나님은 "이동 중이시며 오고 계

---

80) Grimm-Thayer, 230.

81) BAGD, 629-630에서 항목별로 각각의 사례가 소개된다.

82) Moltmann, *The Coming of God*, 23.

신다.…미래의 것(*futurum*)은 앞으로 일어날 것을 의미하며, 도래(*adventus*)는 오고 있는 것을 뜻한다.…도래(*adventus*; 참조. Zukunft)는…그리스어 명사 파루시아를 번역한 것이다."[83] "새로운 것은…옛것으로부터 **드러나지 않는다**.…그것은 또한 새 창조…무(無)로부터의 창조…**크레아티오 노바**(*creatio nova*)다. 부활하신 그리스도가 십자가에 달린 그리스도로부터 발전한 것이 아닌 것처럼…비록 그것이 유비가 전혀 없지는 않지만…그것은 **궁극적인 새로움**(*novum ultimatum*)이다.…종말론적으로 새로운 것은 그 자체의 연속성을 창조한다. 왜냐하면 그것은 옛것을 완전히 없애버리는 것이 아니라 그것을 모아 새롭게 창조하기 때문이다"(강조는 원저자의 것임).[84] 이 신학적인 배경은 홀레만의 주해의 결론—바울 서신에서 고전 15:20-28과 다른 곳에서 신자들의 종말론적인 부활은 파루시아의 시점에 일어난다—을 확인하고 추가로 강조한다.[85] 23절과 관련하여 홀레만은 여기서 바울이 두 가지 범주에 대해 말한다고 주장한다. "예수는 첫 번째 범주를 형성한다.…'그가 올 때'…두 번째 범주, 곧 종말에 그리스도에게 속한 자들이 그를 뒤따를 것이다."[86]

24-25절 (1) παραδιδῷ(UBS 4판의 24절처럼, 가정법 현재 능동태)는 p^{46}, A, D를 반영한다. 그러나 ℵ는 παραδῷ(가정법 부정과거 능동태)라고 읽고, B와 G는 παραδιδοῖ라고 읽는다(이것은 직설법일 수도 있지만, BDF는 이것을 가정법으로 간주한다).[87] 가정법 현재 능동태는 그 시점을 명확히 알려주지 않는다. 따라서 ὅταν과 함께 사용되는 것은 전적으로 타당하다. 그리고 (특히 만약 B가 또한 가정법이라면) UBS의 텍스트를 의심할 이유는 전혀 없다. (2) 25절에서 A와 G는 "그의 원수들"이라고

83) Moltmann, *The Coming of God,* 23 and 25. 참조. Wolff, *Der erste Brief,* 385-386.

84) Moltmann, *The Coming of God,* 27, 28, 29; 참조. 22-29. Moltmann과 다른 논문 기고자들 사이의 비판적인 대화는 다음을 참조하라. R. Bauckham (ed.), *God Will Be All in All: The Eschatology of Jürgen Moltmann.*

85) Holleman, *Resurrection and Parousia,* 45-47, 56-65 그리고 곳곳에.

86) 같은 책, 52. 참조. Lindemann, "Paulus und die korinthische Eschatologie," 383; Lindemann, "Parusie Christi und Herrschaft Gottes. Zur Exegese von 1 Kor 15:23-28," 87-107; Hill, "Paul's Understanding of Christ's Kingdom in 1 Cor 15:20-28," 297-320.

87) BDF, sect. 95.

더 분명하게 표현하기 위해 ἐχθρούς 다음에 αὐτοῦ를 삽입한다. 하지만 이것은 의미를 바꾸지 않으며, 후대의 삽입을 반영한다.

우리는 바울이 21b, 22b에서 자신의 주장을 전개하기 위해 23-28절에서 "작은 묵시론적인 드라마를 사용한다"는 린데만의 논평을 언급했다. 나아가 그는 24a에서 τὸ τέλος가 "남은 자들"을 가리키지 않으며, "따라서 이것은 비그리스도인 인류의 부활을 가리킬 수 없다"고 (대다수 주석가와 더불어 올바르게) 주장한다.[88] 리츠만과 바이스는 다음 두 가지 근거에 기초하여 반대 견해를 제시한다. (a) 이 구문은 연속적으로 일어나는 세 가지 사건을 가리킨다. (b) 바울은 마지막 날에 예상되는 모든 사람의 일반적인 부활을 언급한다.[89] 하지만 주석가들은 전반적으로 다음 내용에 동의한다. (a) 그들의 견해는 τὸ τέλος에 대한 언어사전의 의미 범위를 제대로 반영하지 못한다. (b) 이 구문과 εἶτα의 용례를 결정적으로 확정할 수 없다. (c) 유대교 묵시 문학은 모든 사람이 아니라 "모든 의인"의 최종적인 부활을 기대한다. 크리소스토모스부터 벵엘을 거쳐 오늘날에 이르기까지 대다수 주석가들은 린데만이 옹호하는 견해를 지지한다. 그들 중에서 특히 콘첼만, 빌케, 홀레만은 이 입장을 적극적으로 지지한다.[90]

우리가 이 텍스트에 대한 주해 부분에서 살펴보았듯이 ὅταν이 가정법 현재 παραδιδῷ(또는 παραδιδοῖ, 또는 심지어 가정법 부정과거 παραδῷ)와 함께 사용된 것은 그 시점을 명확하게 제시하지 않고 열린 상태로 남겨놓는다. 메시아의 중간 통치는 미래에 두 가지 조건이 성취되기까지 계속된다. (1) 그리스도는 하나님이자 아버지이신 분께 그 통치권을 넘겨줄 것이다. (b) 그는 모든 통치와 권세와 능력을 멸할 것이다(καταργήσῃ). 동사 καταργέω에

---

88) Lindemann, "Paulus und die korinthische Eschatologie," 383.

89) Weiss, *Der erste Korintherbrief,* 357-358; Lietzmann, *An die Kor,* 1/1:81.

90) Wilcke, *Das Problem eines messianischen Zwischenreichs bei Paulus,* 85-92; Conzelmann, *1 Cor,* 270-271; Fee, *First Epistle*, 753-754; Barrett, *First Epistle,* 356-357 (with Allo, Héring, Kümmel, and most others). 참조. Holleman, *Resurrection,* 52-55. 더 긴 명단은 다음을 보라. Sellin, *Streit um die Auferstehung,* 264, n. 12; 참조. Collins, *First Cor,* 548: "The parousia of Christ in the end"; and further 552.

대해서는 앞의 1:18과 2:6의 주해를 보라(참조. 종말론적인 배경에서 6:13; 13:8, 10, 11). 알파 부정어와 함께 의미를 강조하는 κατά가 사용된 것은 비활동적으로 만든다는 개념에 특별한 의미를 부여한다. 즉 "멸한다"를 뜻한다. 한편 엄밀히 말해 τῷ θεῷ καὶ πατρί라는 구문은 우리가 "하나님께, 심지어 아버지께"라고 이해하지 않는 한, "하나님 아버지께"(NRSV, REB, NIV, NJB)를 의미하지 않고, "그의 아버지와 하나님께" 또는 "하나님이자 아버지이신 그분께"(바레트)를 가리킨다.[91] 로버트슨과 플러머는 "우리의 이해를 뛰어넘는" 사건에 대한 "어떤 공손하고 신중하며 겸허한 표현"에 대해 언급한다. 그러나 그들은 여기서 "어떤 특정한 목적을 위해 절대적인 통치권이 그 아들에게 주어졌다"라는 것이 핵심 강조점이라고 주장한다.[92] 그리스도가 죽은 후에 다시 살리심을 받았기 때문에 그가 구원하고 대속하며 승리하는 결과—개인의 죄와 허물뿐만 아니라 거대한 구조적·집단적 사악함이 산산조가이 나서 없어짐—를 "지켜보는 것"은 그의 승귀의 일부분에 해당한다. 이 사악함은 사랑, 공의, 생명의 근원이신 하나님께 등을 돌리고 망상적인 자기만족에 빠진 소외된 세상을 지배해왔다. 하지만 여기서 다음과 같은 사실을 인식하는 것은 매우 중요하다. 하나님과 주님이신 그리스도는 "하나"이시다. 이것은 그러한 존재로서 그리스도의 주님 되심의 "불연속성"을 강조하는 것이 아니다. 오히려 이것은 이 세상과 그리스도의 왕국에 대한 하나님의 목적이라는 관점에서 그것의 최절정을 강조한다.

바울이 πᾶσαν ἀρχὴν καὶ πᾶσαν ἐξουσίαν καὶ δύναμιν이라는 표현을 사용한 것은 묵시 문학에서 원래 악마적인 권세들을 포함하여 초인간적인 대리자들을 가리키는 것을 반영한다. 그러나 바울 서신에서 이 표현은 **모든 구조적인 권세**를 암시할 수 있다. 이 권세에 대해 개인은 무력하며 희생제물로 사로잡혀 있다. 바울은 여기에 "악마적인" 또는 "초자연적인" 권세가 포

---

91) 참조. Conzelmann, *1 Cor,* 271, n. 79; Weiss, *Der erste Kor,* 358-359; Robertson, *Epistles,* 2:191; Robertson and Plummer, *First Epistle,* 355; Meyer, *First Epistle,* 2:65.

92) Robertson and Plummer, *First Epistle,* 355.

함되어 있다고 단언하지도, 부인하지도 않는다. 왜냐하면 그는 그것들을 하나님의 목적에 반대하거나 사람들을 속여 도구로 악용하는 모든 억압적인 구조로 이해하기 때문이다. 이 도구들은 결국 하나님께 대항하는 적대적인 세력을 대변한다(앞에서 2:6, 2:8의 주해 참조).[93] 집단적이며 구조적인 죄악은 개인의 행위와 자세의 총합보다 "더 거대하고" 더 끔찍하다. 왜냐하면 이러한 죄악은 개개인을 속박하며 악한 영향을 끼치는 억압적인 네트워크와 하나님을 무시하는 에토스를 형성하기 때문이다.

위더링턴은 다음과 같이 세부적으로 논의한다. 15:24b과 28절에서 등장하는 "모든 통치와 권세와 능력"이 멸망한다는 표현은 아마도 "제국의 종말론"을 포함할 것이다. 왜냐하면 로마 제국의 선전 문구에서 로마 황제는 신뿐만 아니라 '조국의 아버지'(*pater patriae*)로 묘사되었기 때문이다."[94] 그는 로마 제국의 선전 문구에서 로마와 이탈리아 지역뿐만 아니라 로마 식민지 안에서—그 가운데 고린도는 하나의 중요한 사례임—이 이미지가 지닌 강력한 효력과 관련하여 E. M. 라센의 연구에 호소한다.[95] "바울은 제국에 대한 종말론을…그리스도와 참되신 하나님 아버지를 포함하는 종말론으로 대치하려고 시도한다. 이 종말론은 분명히 고린도에 여전히 남아 있었으며 로마 황제를 아버지와 은인으로 기대했다."[96] 의심의 여지 없이 이 접근 방법은 여기서 바울의 강조점에 빛을 비추어준다. 하지만 이것은 모든 통치와 권세와 능력에 대한 전반적인 설명도 아니고 그것을 더 포괄적으로 이해하게 해주는 대안도 아니다. 이 표현은 하나님을 구조적으로 대적하는 모든 부류의 대상—사회적, 정치적, 경제적, 윤리적, 영적 또는 비록 구체적으로

---

93) 고전 2:6은 15:24에 상응하는 시간의 뉘앙스와 더불어 τῶν ἀρχόντων τοῦ αἰῶνος τούτου τῶν καταργουμένων이라는 매우 비슷한 표현을 사용한다. 참조. 롬 8:38; 골 1:16; 2:10-15. 또한 엡 1:21; 3:10; 6:12의 자료 참조. 한편 Hays는 이것들을 "하나님을 대적하기 위해 배열한 우주적인 권세들 또는 세력들"로 묘사한다(Hays, *1 Cor,* 265).

94) Witherington, *Conflict and Community,* 304-305.

95) Lassen, "The Use of the Father Image in Imperial Propaganda and 1 Cor 4:14-21," 127-136, 특히 133.

96) Witherington, *Conflict and Community,* 305. 참조. 295-312.

명시되진 않지만 심지어 이 세상을 초월하는 "초자연적" 대리 행위자—을 포함한다.[97]

크리소스토모스는 엡 6:12을 언급하면서 이러한 통치를 단순히 "마귀들의 통치"로 이해했다.[98] 오리게네스는 고전 2:6의 "통치자들"을 "영적인 권세"로 인정한다. 반면에 알렉산드리아의 키릴로스는 15:24의 "통치"를 ἀρχῆς ἁπάσης τῶν ἀκαθάρτων πνευμάτων과 동일시한다.[99] 다른 한편으로 칼뱅은 모든 통치와 권세와 능력을 "하나님이 정하신 합법적인 권세"로 설명한다. 그리고 (우리가 2:6의 배경에서 언급했듯이) 웨슬리 카는 단지 지상의 통치자들을 언급한다는 견해를 옹호한다.[100] 하지만 쿨만, 케어드 및 많은 학자들은 이 두 가지 견해가 서로 배타적이지 않다고 주장한다.[101] 콘첼만은 묵시 문학이 **마귀의 세력들**을 암시한다고 인정하지만, 바울이 이 세력들을 '비신화화했다'고 주장한다.[102] 어쨌든 개개인이 단순히 자신의 의지의 결성이나 윤리적인 개선을 통해 도저히 벗어날 수 없는 세력들을 가리키는 묵시 문학적 배경은 여전히 중요한 것으로 남아 있다.[103]

교부들로부터 오늘날에 이르기까지 저자들은 이미 승귀하신 주님(그는 일으킴을 받았다)으로서 다스리시는 그리스도가 모든 통치를 어떤 의미에서 아직 온전히 통제하고 있지 않는지에 대해 질문을 제기했다. 루터는 다음과 같이 주장한다. 이 중간 시기에 "이것은 믿음의 왕국이다. 이 왕국 안에서 그는 눈에 보이는 공적인 방법이 아니라 말씀으로 통치한다. 그것은

---

97) Meyer는 이 부분에 대한 해석의 역사를 광범위하고 자세하게 검토하고 나서 이렇게 결론짓는다. Meyer, *First Epistle,* 2:64-66.

98) Chrysostom, *1 Cor. Hom.,* 39:6.

99) Origen, *De Principiis,* 3:3:1-3; Cyril of Alexandria, *Fragmenta in Ep. 1 ad Corinthios,* 3:305; Origen, *Fragments on 1 Cor,* sect. ix, lines 14-15 (on 2:6).

100) Calvin, *First Epistle,* 324; A. Wesley Carr, *Angels and Prinicipalities,* SNTSMS 42 (Cambridge: Cambridge University Press, 1981). 그리고 여기서 Grotius도 "세상의 제국들"에 대해 말한다.

101) Cullmann, *Christ and Time,* 191-200; Caird, *Principalities and Power* (throughout).

102) Conzelmann, 1 Cor 271-272: "롬 8:38에 근거할 때…비신화적인 의미는 명백하다."

103) Marcus and Soards (eds.), *Apocalyptic and the NT*; D. S. Russell, *The Method and Message of Jewish Apocalyptic* (London: SCM, 1964). 그리고 2:6에서 언급된 다른 연구서 참조.

구름을 통해 해를 바라보는 것과 같다. 이 경우에 사람은 햇빛을 보긴 하지만, 해 자체를 보지는 못한다. 그러나 구름이 걷히면 그는 빛과 해를 동시에 볼 수 있다."[104] 그 나라를 **하나님 아버지께 넘겨줄** 때 "그[바울]는 그[그리스도]가 믿음과 감추어진 본질을 계속 유지하는 것을 그만두고, 자신을 하나님 아버지께…공개적으로…내어드린다는 것을 말하려고 한다."[105] 한편 "하나님은 자신을 그리스도 안에 감추셨다." 따라서 "하나님 아버지와 함께 신적인 위엄을 지닌 그를" 보게 되기까지 "우리는 이제 그 안에서 오직 하나님만…찾아야 한다."[106] 한편 판넨베르크는 다음과 같이 감추어짐의 관점보다는 범위의 관점에서 그것을 대조한다. "비록 그는 이미 세상의 통치자이지만, 오직 그가 다시 오실 때 주권과 권세 주장과 세력을 소유한 모든 것을 멸하실 것이다(고전 15:24)."[107]

콘첼만이 주장하듯이 δεῖ, "그는 반드시 ~하다"(25절)를 사용한 것은 묵시 문학적 사고의 배경을 강조한다. 즉 아무것도 하나님의 절대 주권적 목적과 하나님이 언제 그리고 어떻게 그것을 성취하시는지 방해할 수 없다.[108] 한편 이 절에서 번역과 관련하여 두 가지 이슈가 제기된다. 첫째, 대다수 영역본은 θῇ를 "(그가) 두었다"(NRSV, REB, NIV, AV/KJV; 참조. NJB, he has made)라고 번역한다. 이 동사의 형태는 사실 가정법 제2부정과거 능동태다. 그러나 여기서 부정과거는 시점 또는 시제를 알려주는 기능을 하지 않는다. 이것은 절정을 알리는 부정과거다.[109] ἄχρι οὗ θῇ는 미래의 불분명한 시점—곧 "그가 두실 때까지"—을 알리는 역할을 한다. 번역과 관련된 두 번째 이슈는 이 동사의 주어가 누구인지와 관련되어 있다. 즉 이 동사의 주어는 하나님인가(REB), 아니면 "그"(문법적인 선행사로서 그리스도를 암시; NRSV, NIV, NJB, AV/KJV)인가? 바레트와 볼프는 (다소 망설이면서) 전자를 지

104) Luther, "1 Cor 7 and 15," *Luther's Works,* 18:124 (*WA,* 569).
105) 같은 책, 125 (*WA,* 571).
106) 같은 책, 126 (*WA,* 571).
107) Pannenberg, *Systematic Theology,* 3:605.
108) Conzelmann, *1 Cor,* 272; 참조. Fee, *First Epistle,* 755, n. 45.
109) 참조. Robertson, *Epistles,* 2:191.

지하는 반면, 바이스, 콘첼만, 피는 더 충실하고 자세한 논증을 제시하면서 후자를 지지한다.[110]

"궁극적인" 주 되심을 하나님께 두고(볼프), 시 110:1에 대한 언급에 중요성을 부여하는 것이 합리적일 것이다. 왜냐하면 시편의 해당 절에서 하나님이 주어이며 27-28절에서 원수들은 그리스도에게 복종한다고 묘사되기 때문이다(바이스). 하지만 여기서 시 110:1은 단지 언급되고 있는 것이지, 인용되고 있는 것은 아니다(콘첼만). 또한 "우리는 여기서 문법을 따라야 하며 따라서 그리스도를 주어로 이해해야 한다"(피).[111] 구약성경의 해당 절은 단순한 언급이지 명백한 인용이 아니므로 "성경의 언어"에 대한 스탠리의 연구에서 25절은 중요한 역할을 하지 않는다. 그러나 헤이스는 『구약의 반향』(*Echoes of Scripture*)에서 바울이 고전 15:25-27에서 그리스도가 하나님의 우편에 있는 보좌에 앉는 것과 모든 피조물에 대한 궁극적인 권위를 지닌 것을 예언하는 "시 110:1과 시 8:6을 언급한다"고 논평한다. "이처럼 바울은 이 시편에 대한 가장 이른 시기의 기독론적인 해석을 문서로 제공한다."[112] 이 시편들은 초기 교회에서 중요한 위치와 중대한 영향력을 행사하게 되었다(행 2:33-36; 히 1:13; 2:5-9; 엡 1:20-22; 막 12:35-37).[113] 이어지는 세 절은 25절의 의미를 더 자세하게 설명해준다.

26-27절 p^{46}, B, 33, 불가타, 몇몇 라틴어 사본은 27절에서 πάντα 앞에 있는 ὅτι를 생략한다. 그러나 א, A, D, F, G, 고대 시리아어 역본은 이것을 보존한다. 이 사례에 대한 이유를 설명하긴 어렵지만, 의미상의 차이는 거의 없다.

현재 수동태 καταργεῖται를 적절하게 번역하는 것은 어렵다. 이 그리

---

110) Barrett, *First Epistle,* 358; Wolff, *Der erste Brief,* 387-388; Conzelmann, *1 Cor,* 272-273; Fee, *First Epistle,* 755-756; Weiss, *Der erste Kor,* 359.

111) 바로 앞의 각주에서 언급한 주석서들 참조.

112) R. B. Hays, *Echoes of Scripture*(『바울서신에 나타난 구약의 반향』, 여수룬 역간), 84; 참조. Stanley, *Paul and Language of Scripture,* 206, n. 85.

113) 히브리서에서 시 110편이 중요성을 지니고 있다는 사실은 아무리 강조해도 지나치지 않다. 다음 주석서에서 히브리서에 대한 나의 주석을 보라. J. W. Rogerson and J. D. G. Dunn (eds.), *Eerdmans Commentary on the Bible* (to be retitled) (Grand Rapids: Eerdmans, forthcoming).

스어 구문을 “마지막 원수는 멸망당하고 있다, (곧) 죽음”(26절)이라고 직역할 수 있다. 바울이 그리스도의 (과거의) 죽음과 부활로 말미암아 이미 시작된 멸절 과정을 가리키기 위해 현재 시제를 사용한다는 해석은 의문의 여지가 있다. 따라서 그리스도인들이 경험하는 “독침 없는” 죽음은 완전하고 끔찍하고 절대적인 의미에서 이미 죽음의 멸망을 부분적으로 나타낸다(앞의 주해 참조). 하지만 모든 주요 영역본은 다음과 같이 번역한다. “멸망되어야 할”(NRSV, NIV), “타도되어야 할”(REB), “제거되어야 할”(NJB), “멸망될”(AV/KJV) 마지막 원수 등이다. 현재 시제에 대한 일반적인 설명은 앞으로 일어날 일에 대한 확실성을 표현한다. 우리가 이 구문을 어떤 과정을 나타내는 것으로 번역하지 않는다면 “멸망받게 되어 있는”과 같은 의미로 사용되어야 한다. 즉 이 번역은 미래가 아니라 적어도 현재를 미래적으로 또는 “예언적으로” 사용한다는 것을 가리킨다. 만약 바레트와 더불어 우리가 죽음의 효력을 빼앗고 있는 것에 대해 말한다면 현재의 강조점이 더 명백하게 유지될 것이다.[114] 하지만 볼프는 이 절을 고린도 교인들이 “지금”에 집착하는 것을 비판하는 것으로 이해한다.[115] 따라서 26절에서 ἔσχατος는 그 의미를 강조하는 위치에 있다. 즉 죽음은 원수(ἐχθρός)인 동시에 순서상으로 모든 사람을 위해 모든 의미에서 마지막으로 완전히 극복되어야 할 대상이다. 죽음은 “하나님의 전능하심에 대항하는 장애물…죽음의 제국이다.”[116]

바울은 (22절의 경우처럼) 어떻게 그로 말미암아 죽음이 들어오게 된 ἄνθρωπος가 “모든 것에 대한 지배권”을 받을 수 있었는지에 대한 역학을 설명하기 위해 이제 시 8:6을 인용한다.[117] 시 8:5-8은 땅에 대한 하나님의 대리 통치자로서 인간이 하나님의 형상대로 지음 받은 것에 대한 주해를 제

114) 현재 시제에 대해서는 다음을 보라. Barrett, *First Epistle*, 358; 참조. Edwards, *First Epistle*, 417-418.

115) Wolff, *Der erste Brief*, 388. 참조. 고전 3:21-22.

116) Héring, *First Epistle*, 168. 참조. 사 25:8; 에스라4서 8:53; 계 6:8; 20:14.

117) Wolff, *Der erste Brief*, 388-389.

공한다(창 1:26-30). 히 2:5-8에서도 언급하듯이 인간의 영광스러운 운명은 "영광과 존귀로 관이 씌워지며" "주의 손으로 만드신 것을 다스리는"(시 8:5, 6a) 것이다. 이것은 "주께서 만물을 그의 발아래 두셨다"라는 절정에 이른다(시 8:6b; 히 2:6a). 히 2:8에서 저자는 "하나님께서 만물을 사람에게 굴복시켜 그에게 굴복하지 않는 것은 아무것도 없게 하셨습니다"라고 말한다. 히브리서 저자는 인간이 **인간으로 말미암아** 하나님이 의도하신 것을 성취하는 데 실패했지만, **예수**를 통해 인간의 원래 역할이 성취되었으며 시 110편(70인역 109편)에서 묘사하는 절대 주권이 회복되었다고 설명한다. 바울은 24-27절에서 이 두 시편을 서로 결합한다. "그리스도는 마지막 아담, 곧 인자로서…첫 번째 아담이 잃어버린 상황을 회복하셨다."[118] 시 8편과 110편은 히브리서에서뿐만 아니라 엡 1:20-22에서도 서로 결합되어 있다.

스탠리는 70인역의 2인칭 동사(πάντα ὑπέταξας, 직설법 부정과거 능동태 2인칭)를 직설법 제1부정과거 능동태 3인칭 πάντα (γὰρ) ὑπέταξεν — "그가 모든 것을 그의 발아래에 굴복시키셨습니다" — 으로 바꾸고, 70인역의 ὑποκάτω τῶν ποδῶν을 ὑπὸ τοὺς πόδας αὐτοῦ — "그의 발아래에" — 로 대치했지만, 그 의미는 같다고 지적한다. 다른 가능한 설명을 살펴본 후 스탠리는 바울이 단순히 "자신의 표현 용법에 맞추기 위해" 조금 수정한 것으로 결론짓는다.[119] 인용문의 마지막 구문인 "그의 발아래"는 그리스어 원문에서 25b과 정확하게 일치한다. 동사 ὑποτάσσω는 14:32, 34에서도 나타나며, 대체로 "굴복시키다"(NRSV, REB)라고 번역된다. 그러나 이 동사는 가끔 "~아래 두다"(NIV, NJB)라는 의미로도 번역된다.[120] 하지만 여기서 중요한 점

---

118) Bruce, *1 and 2 Cor,* 147.

119) Stanley, *Paul and the Language of Scripture,* 206-207.

120) BAGD, 847-848; Grimm-Thayer, 645. 참조. 롬 13:5; 엡 1:22; 빌 3:21; 히 2:5, 8b; 벧전 3:22; 클레멘스1서 2:1. "종속시키다" 및 "종속"이 복합동사 ὑπό + τάσσω(τάγμα)를 더 정확하게 번역한다. 하지만 번역에서 이것을 재현하려는 시도는 영어에서 어색하고 모호한 표현을 만들어낼 것이며 신약성경의 모든 용례에도 적절하지 않다. "τάξις(질서)가 없으면 ὑπόταξις(복종)도 없다"라는 Edwards의 원칙은 바울의 사고에 잘 들어맞는다(Edwards, *First Epistle,* 409, 20절에 대해, 앞에서도 언급됨).

은 이 동사가 τάσσω와 연결되거나 τάγμα 또는 τάξις, "질서정연"이 ὑπό와 연결되는 경우다(즉 "종속시키다"). 한편 콜린스는 24-28절에서 "질서"를 강조하기 위해 군대의 이미지가 "상당히 강조된다"고 말한다.[121)]

우리는 ὑποτάσσω의 주어를 확인하기 위해 (주어를 **하나님**으로 이해하는) 바레트와 볼프의 주장과 대조되는 바이스, 콘첼만, 피, 콜린스의 주장(그리스도로 이해함)을 다시 살펴보면 된다고 생각할 수도 있다. 그러나 피가 인식하듯이 이것은 25b를 반복하는 것 이상이다. 그리고 ὅταν의 주어도 **그리스도**가 아니다. 그다음에 나오는 가정법 제2부정과거의 주어는 불분명한 문맥에서 "그것"(곧 성경 또는 시편)이 말한다는 것 그 이상을 의미한다고 볼 필요는 없다.[122)] 하지만 이 인용이 26절의 확증을 되돌아볼 뿐만 아니라 28절의 논증에서 **하나님**이 분명히 포함되어 있어 그것은 또한 논증의 진전을 가져온다.[123)] 여기서 바울의 강조점은 마지막 원수인 죽음이 그대로 남아 있을 수 없다는 것이다. 그렇지 않다면 모든 것이 그(그리스도)의 발아래에 굴복된 것이 아니기 때문이다. 따라서 강조점은 바로 πάντα에 있다. 그러나 "δῆλον ὅτι κτλ도 단순히 삽입구가 아니라 매우 중요한 강조점이다.…바울은 하나님을 모든 것을 **복종시키는 대상**으로 제시한다"(강조는 원저자의 것임).[124)] 알로는 26-28절에 대한 바르트의 특별한 관점을 인정하면서 그것을 인용한다. "죽음은 이 세상에서 하나님과 정반대되는 모든 것의 정점이다. 곧 마지막 원수이다.…하나님이 모든 것 안에서 모든 것이라는 것은…반드시 사실이 되어야 한다.…하나님이 모든 것 안에 모든 것이 되게 하는 것이 **바로** 그리스도의 사명이며 그것이 지닌 의미심장함이다"(강조는 원저자의 것임).[125)] 따라서 **하나님**은 원천과 목적이시다. **그리스도**는 그 목표를 이루는

---

121) Collins, *First Cor,* 553.

122) Lietzmann, *An die Kor,* 1/2:81; Conzelmann, *1 Cor,* 274. Meyer도 주어가 불명료한 구문은 "일종의 전형적인 선언"의 의미를 전달할 수 있다고 주장한다(Meyer, *First Epistle,* 2:67).

123) 참조. Fee, *First Epistle,* 758. 그는 이 용어와 관련하여 광범위하고 신중한 논의를 제시한다.

124) Meyer, *First Epistle,* 2:68-69.

125) Barth, *Resurrection of the Dead,* 178 and 179; 참조. Allo, *Première Épitre,* 409.

수단이다. 하나님은 그 목표를 계획하시고 그것을 실현하신다. 이것은 **하나님과 함께 아버지**를 강조하는 것과도 일치한다(24절, 28절). 모팻은 이것이 특히 고린도를 위해 꼭 필요한 것이라고 분석한다. 고린도는 더 "친밀한" **퀴리오이** 숭배를 강조하기 때문이다.[126] (우리는 28절의 주해에서 모팻의 접근 방법을 더 자세하게 살펴볼 것이다.)

28절 (1) UBS 4판은 καί를 τότε 다음에 꺾쇠괄호 안에 위치시킨다. 이 단어는 B, D*, F, G, 33, 불가타에는 생략되어 있지만, א, A, D², 테르툴리아누스 등에는 포함되어 있다. 이 독법이 들어 있는 사본과 생략된 사본은 균형 있게 양분되어 있다. 웨스트코트-호트도 καί를 꺾쇠괄호 안에 위치시킨다. 만약 이 단어가 원문에 포함되어 있다면 이것은 "그렇다면 심지어 그 아들 자신도" 또는 "그렇다면…그 아들 자신도"(곧 다른 모든 것과 함께)를 의미할 것이다. (2) 테르툴리아누스와 암브로시아스터는 ὁ υἱός를 생략하고 αὐτός를 동사의 주어로 남겨둔다. 이 독법은 분명히 부차적이며 아마도 신학적인 동기에서 비롯되었을 것이다.

23-28절의 "묵시론적인 작은 드라마"는 이제 바울이 구원론적이며 종말론적인 "질서에 따른" 과정의 궁극적인 목적을 드러내는 가운데 대대적인 절정에 이른다.[127] "추수의 첫 열매인 그리스도"(20절)는 하나님으로부터 제한이 없는 통치권을 부여받는다. 이를 통해 그는 시 8:6-7에 언급된 인류에게 약속된 운명을 성취한다(참조. 시 110:1). 그럼에도 "제한이 없는"이라는 표현은 하나님 자신을 배제할 뿐만 아니라(27b), 이 구절은 "그는 하나님이자 아버지이신 그분께 통치권을 건네줄 것입니다"(24절)를 "하나님이 모든 것 안에서 모든 것이 되실 것입니다"(28절)와 연결하면서 24절과 더불어 "틀"을 형성한다.[128] 우리는 앞에서 바울이 이 편지에서 그리스도와 아버지 하나님의 관계를 강조하는 것에 대해 논의했다(예를 들면 3:23; 11:3; 15:24에 대한 주해 참조). 한편 헤이스는 이 절과 관련하여 "바울이 여기서 후

---

126) Moffatt, *First Epistle,* 249-251.

127) Lindemann, "Paulus und die korinthische Eschatologie," 383.

128) Harrisville, *1 Cor,* 268.

대에 명명된 종속론적 기독론을 다루고 있다는 인상을 받는 것은 불가피하다"고 지적한다.[129)]

그러나 모팻은 바울의 이 강조점을 고린도와 관련하여 상황화한다. 바울은 "배후에 있는 다소 모호하며 불가사의한 개념과 함께 모든 구성원에게 거의 모든 것이 되는 신적인 주님으로서 예수를 숭배하는 어떤 개념"을 전혀 장려하지 않는다.[130)] 모팻은 고대 그리스-로마 문화의 종교적인 배경에서 "그들 자신이 선호하는 영웅이나 신적인 인물, 아스클레피오스, 세라피스 등의 주위에 함께 모여 그들의 특별한 종교의식을 거행할 때 그들은 그 대상을 열정적으로 숭배하며, 그 대상에게 진정으로 친숙함을 느끼고, 그들로부터 안전하게 보호받는다고 생각한다"라고 주장한다.[131)] 그러나 이러한 종교적인 헌신은 "제우스처럼 우주 중심에 있는 최고 신에 대한 진지한 경외심은 거의 포함되어 있지 않았다."[132)]

닐 리처드슨은 반드시 고린도의 교회 전체에서는 아니지만, 아마도 1:12의 "그리스도 그룹" 안에서 이러한 경향을 포착한다.[133)] 따라서 우리는 하나님의 절대 주권과 역할을 강조하는 본문 "묶음"—곧 1:26-28, 30, 2:1-5, 11, 12, 14, 3:6, 7, 9, 23—에 대한 리처드슨의 설명을 언급했다. "고린도 신자들의 구원을 포함하여 모든 것은 하나님으로부터 온다(1:30; 8:6; 11:30).…모든 것은 하나님께 돌아가도록 정해져 있다(8:6; 15:28). 그리스도 자신도 하나님으로부터 오며(1:30; 11:3), 하나님께 신실해야 한다(3:23; 11:3; 15:28). 성령은 하나님의 영이다(2:10-14; 3:16; 6:11; 7:40; 12:3).[134)] 그리고 θεός라는 단어는 매우 자주 나타날 뿐만 아니라 종종 그의 특별한 성품

129) Hays, *1 Cor,* 266.

130) Moffatt, *First Epistle,* 250.

131) 같은 책.

132) 같은 책.

133) N. Richardson, *Paul's Language about God,* JSNTSS 99 (Sheffield: Sheffield Academic Press, 1994), 114-115.

134) 같은 책, 115.

을 강조하는 것과 더불어 사용된다."[135] 선택하거나 부끄럽게 하거나 아무것도 아닌 것으로 만드는 하나님의 능력에 대한 주제는 1:21, 27, 28에서 언급하는 십자가의 능력에 관한 문맥에서 고전 15장을 위한 길을 예비한다(καταργήσῃ).[136] 나아가 바울의 감사는 "하나님으로 시작하여 그분으로 끝난다."[137] 튀징과 더불어 리처드슨은 15:24, 28은 "바울이 다른 곳에서 제시하는 신학과 일치한다"고 결론짓는다.[138]

한편으로 우리는 이 모든 해석에 동의할 수 있다. 하지만 또 다른 한편으로 이러한 논평은 단지 우리가 하나님과 그리스도의 목적이 일치하며 원천, 매개 원인, 대리, 목표의 구조에서 나타나는 어떤 차이점도 **경쟁 관계가 아니라** 바울과 다른 신약성경 저자들(특히 요한복음 저자)이 공유하는 목적으로 표현하는 것에 해당한다는 점을 기억할 때 그 의미가 명백해지며 잘못된 방향으로 흐르지 않을 것이다. 따라서 우리는 고전 12:4-7(참조. 8:6)과 같은 본문이 기독교 전승에서 우리가 "삼위일체적인" 관심이라고 부르는 것을 어느 정도 반영하는 것을 과소평가해서는 안 된다. 전반적으로 초기의 단순한 교리를 반대하는 과장된 반응은 그리스도, 성령, 하나님에 대한 바울의 이해를 당연하게 주장하는 것과 관련하여 우리를 매우 소심하게 만들었다. 20세기 동안 진행된 신학적인 숙고에도 불구하고 오늘날 우리가 원천과 목표로서 하나님의 우선권을 주장하는 것과, 하나님의 자기 구별화를 나타내는 상호성과 연관성—하나님이 자신처럼 사랑하는 "타인"의 다름을 자비롭게 존중하는 측면으로서—을 주장하는 일이 보다 용이해진 것은 아니다.[139]

---

135) 같은 책, 116.

136) 같은 책, 119.

137) 같은 책, 304.

138) 같은 책, 303; W. Thüsing, *Per Christum in Deum*, 244.

139) 참조. Pannenberg, "The Reciprocal Self-Distinction of Father, Son and Spirit as the Concrete Form of Trinitarian Relation," in *Systematic Theology*, 1:308-319 and 259-336; J. Moltmann, *The Trinity and the Kingdom of God* (Eng. trans., London: SCM, 1981), 61-65 그리고 곳곳에. *The Spirit of God* (Eng. trans., London: SCM, 1992), 58-81 and 289-310; E. Jüngel, *The Doctrine of the Trinity* (Eng. trans., Edinburgh: Scottish Academic

이 절에 대한 해석이 3, 4, 5세기 논쟁에서 매우 두드러지게 나타났다는 것은 놀라운 일이 아니다. 오리게네스는 이 세상의 일시성이라는 정황에서 이 절을 해설한다. 세상의 기원과 종말은 바로 하나님의 계획과 의도 안에 있다.[140] 그러나 그는 이 절을 "스스로를 비하하는" 복종을 아들에게 요구하는 것으로 간주하는 "이단"의 견해를 바로잡는다. 오리게네스의 답변에 의하면, 만약 하나님이 하나님이시고, 또 모든 것이 저마다의 고유한 질서로 회복되었다면 이 절은 하나님의 승리를 강조한다. 그리고 이 승리 안에서 모든 것의 "복종"은 "매우 합리적이며 논리적"이다.[141] 크리소스토모스는 거의 열두 단에 걸쳐 28절에 대해 논평한다.[142] 그는 이 절이 빌 2:9에 기록된 그리스도의 승귀와 모순될 수 없다고 주장한다. 바울은 그리스도가 다스리는 것을 멈출 것이라고 말하지 않고, 오직 모든 것이 올바르게 정리될 때까지 그의 통치가 중단되지 않을 것이라고 말한다. 따라서 그리스도는 "권세 없이" 존재하지 않을 것이다.[143] "하나님이 모든 것 안에서 모든 것이 되신다"는 말은 모든 것이 "그에게 의존한다"는 것을 의미한다.[144] 강조점이 이렇게 변하는 것은 논쟁의 역사를 반영한다. 아리우스파는 이 절에 호소하면서 종속 기독론을 주장했다. 한편 아우구스티누스는 한층 더 강조하며 "우리는 그리스도가 하나님 아버지께 나라를 건네줄 것이고, 하나님이 그것을 빼앗을 것으로 생각해서는 안 된다"라고 말한다.[145] 고전 15:24-28에서 "그가 반드시 통치한다"는 것은 "~까지"의 상대성을 결정한다. 따라서 "그가 통치권을 하나님께 넘겨줄 때"(24절)는 "그가 신자들이 하나님을 직접 보게 할 때"를 의미한다. 반면에 하나님께 "복종한다"(28절)는 것은 (성육신을 통해) "피조물의 본질"에서 "하나님의 본질이 되는" 변화를 의

Press, 1976).

140) Origen, *De Principiis,* 3:5:6.

141) 같은 책, 3:5:7.

142) Chrysostom *1 Cor. Hom.,* 39:7-17.

143) 같은 책, 39:8, 9.

144) 같은 책, 39:11(테오필락투스 및 포티오스와 함께).

145) Augustine, *On the Trinity,* 1:8:16.

미한다.[146] 아우구스티누스의 저서 『삼위일체론』은 "한 분이신 삼위일체 하나님"을 찬양하는 것으로 끝난다. 이 하나님은 "모든 것 안에서 모든 것"이시다.[147]

이 절들의 해석에 대한 후기 역사가 특별히 교부 시대에 15:27-28에 후대의 교리를 강요했을 가능성에 대해 매우 신중한 자세를 우리에게 주문한다는 것은 이해할 만하다. 하지만 우리는 과잉 반응을 보여서는 안 된다. 이 구체적인 정황에서 역사적으로나 신학적으로 바울의 사상을 형성한 많은 요인들을 참작해서 바울의 텍스트를 올바로 주해하는 것은 가능하다.

우리는 목적절 ἵνα ᾖ ὁ θεὸς πάντα ἐν πᾶσιν에 대해 더 자세히 논평할 필요가 있다. 흔히 이 구절은 "하나님이 모든 것 안에서 모든 것이 되신다"(NRSV, NIV, NJB, AV/KJV, 바레트; 참조. will be all, REB)라고 번역된다. 이 번역은 특히 롬 11:36의 관점에서 ἐν πᾶσιν을 중성 복수로 이해한다.[148] 하지만 모팻과 콜린스는 "이로써 하나님이 모든 사람에게 모든 것이 되시도록"(ἐν πᾶσιν을 남성으로 간주하여 하나님 아버지와 그분의 아들 그리스도에게 속한 자들 간의 교제를 방해하는 것이 전혀 없다는 것을 의미함)이라고 번역한다.[149] 그러나 이 "모든"은 시기적으로 나중에 기록된 평행 구절인 롬 11:36(ὅτι ἐξ αὐτοῦ καὶ δι᾽ αὐτοῦ καὶ εἰς αὐτὸν τὰ πάντα)뿐만 아니라 15:54b-58의 구체적인 내용—곧 죽음, 죄, 율법, 열매 없는 행위의 공허함 등—에 비추어 해석해야 한다. 따라서 드 보어와 볼프는 πᾶσιν을 (비록 모든 것이 포함되지만) 전적으로 중성도 아니고 (비록 "모든"이 우주적인 생명 영역뿐만 아니라 인간의 삶의 영역도 포함하지만) 전적으로 남성도 아니라고 여긴다. 오히려 "이것은 인류가 경

146) 같은 책, 1:8:15.

147) 같은 책, 15:28:51. 암브로시아스터, 아타나시오스, 테오도레토스는 그리스도가 교회의 "복종"을 자기 것으로 만드는 방법을 통해 자신을 교회와 동일시했다고 주장한다(참조. 고전 12:12).

148) 참조. Robertson and Plummer, *First Epistle*, 358: "틀림없이 중성이다." Findlay, *Expositor's Greek Testament*, 2:930; Conzelmann, *1 Cor*, 275; Fee, *First Epistle*, 759-760; Strobel, *Der erste Brief*, 253; Senft, *La Première Épitre*, 200.

149) Moffatt, *First Epistle*, 249; Collins, *First Cor*, 547 and 555; Meyer, *First Epistle*, 2:69-70. Collins는 하나님의 "원수들"을 화해한 자들을 나타내는 남성 명사 안에 포함한다.

험하는 세상의 총합이다.…'모든 것'은 **인간 세계**와 대비되는…우주다. 그 안에서 온 인류가 살고 있다(참조. 고전 8:6; 롬 11:36; 골 1:16)"(강조는 원저자의 것임).[150]

비록 스토아학파의 사상에서도 우주와 "만유"를 가리키는 데 τὰ πάντα라는 표현이 사용되지만, 바울의 역동적이며 종말론적인 사상은 스토아학파의 범신론과의 유사성을 배제한다. 바울은 하나님을 "만유"와 동일시하기는커녕 세상의 원천과 목표로 이해한다. 그리고 이 세상은 그리스도 안에서 하나님을 통해(δι' αὐτοῦ, 롬 11:36) 화목과 구원을 필요로 한다.[151] 슈바이처는 다음과 같이 논평한다. "스토아학파의 견해에서는 세상을 정적인 것으로 본다.…이 세상은 자연이다.…바울은 후대 유대교 종말론의 특성을 드러내는 극적인 세계관이라는 개념 안에서 살고 있다.…바울은 이렇게 결론짓는다. '만물이 **그에게서** 나왔고 **그로 말미암아** 있고 그를 **위하여** 있습니다'(롬 10:36). 그러나 그는 만물이 하나님 **안에** 있다고 덧붙일 수 없었다"(강조는 원저자의 것임).[152] 슈바이처는 그 절들의 목적에 따른 전개 과정을 강조하면서 이 준거 기준 안에 고전 15:26-28을 배치한다.[153]

만약 이와 같은 역동성이 살아 계신 하나님의 특성을 나타낸다면 목적을 지향하는 그의 행위는 그가 모든 것 안에서 모든 것일 때 중단될 것인가? 드 보어가 시인하듯이 이 모든 것은 "우리의" 우주와 관련되어 있다. 몰트만과 보컴은 어떤 의미에서 연속성과 일시성(그러나 "인간의" 시간은 아님)이 종말 이후에도 계속될 수 있는지에 대해 논의한다(15:44-45에 대한 주해 참조).[154]

---

150) De Boer, *Defeat of Death*, 125-126; Wolff, *Der erste Brief*, 390.

151) 참조. Marcus Aurelius, 4.23.2; de Boer, *Defeat of Death*, 224, n. 109; Senft, *Première Épitre*, 200; Héring, *First Epistle*, 168-169.

152) Schweitzer, *Mysticism of Paul*, 11. 만약 이 견해를 부당하게 강요한다면 그것은 바울의 주요 서신과 행 17장을 서로 갈라놓을 것이다. 하지만 일종의 조건적인 일반화로서 이것은 바울의 입장의 특성을 알려준다.

153) 같은 책, 12-13.

154) R. Bauckham (ed.). *God Will Be All in All* (Edinburgh: T. & T. Clark, 1999), 특히 Bauckham, "Time and Eternity"(155-226)와 Moltmann의 답변(227-232).

29절 D[2], 페쉬타는 맨 뒤에 있는 αὐτῶν을 τῶν νεκρῶν으로 대치한다. 그러나 이 독법은 분명히 후대의 것이며 부차적이다.

29-34절에서 바울은 하나님이 정하신 절대 주권적인 종말론적 목적을 엄중하게 숙고하고 나서 부활을 부인하는 것이 초래하는 결과를 강조하는 데로 관심을 돌린다. 20절에서 시작된 바울의 사고는 이와 같은 신앙의 원인과 근거를 확인해준다. 29-34절은 삶의 방식의 일관성 및 그 윤리와 관련하여 신앙 또는 불신앙의 결과에 초점을 맞춘다. (a) 만약 부활을 부인한다면 죽은 자들을 위해(또는 대신하여) 세례를 받는 것은 아무런 의미가 없을 것이다(29절). (b) 바울 자신이 헌신적인 삶을 사는 것도 마찬가지로 어리석고 의미가 없을 것이다(30-32a). (c) 그렇다면 왜 오직 이 세상의 삶의 쾌락에만 몰두하는 삶의 방식을 따르지 않고 그 길을 끝까지 가려고 하는가?(32b-34)

29절은 난해하기로 악명 높은 절이다. 이 편지에서 가장 "격렬한 논쟁"이 바로 이 절과 관련하여 일어난다(콘첼만). "우리는 과연 이 관습이 무엇이었는지 정확하게 알 수 없다"(데일 마틴). "모든 해석은 불확실한 것으로 이해되어야 한다"(피). "이 관습의 수수께끼와 같은 특성을 고려할 때" 다양한 이해가 빚어진다(콜린스).[155] 1887년에 고데는 "죽은 자들을 위해 세례를 받은 사람들"에 대한 약 서른 가지 설명을 열거했다. 한편 포쉬니와 슈나켄부르크는 "마흔 가지가 넘는" 견해를 언급한다.[156] 볼프의 주석도 일곱 가지 이슈를 중심으로 한 전반적인 접근 방법과 함께 열일곱 가지 부차적인 범주를 포함한다.[157] 기원후 2세기부터 오늘날에 이르기까지 이 본문 해석에 대해서는 방대한 문헌이 존재한다. 마티스 리시는 자신의 저서 전반에 걸쳐 이 한 절을 다룬다. 그는 각각의 그룹마다 다양한 입장을 지닌 네 개의 주

---

155) Conzelmann, *1 Cor,* 275; Dale Martin, *The Corinthian Body,* 107; Fee, *First Epistle,* 767; Collins, *First Cor,* 559.

156) B. M. Foschini, "'Those Who Are Baptized for the Dead': 1 Cor 15:29," *CBQ* 12 (1950): 260-276 and 379-388; also 13 (1951): 46-78, 172-198, 276-283; R. Schnackenburg, "Baptism for the Dead," in Schnackenburg, *Baptism in the Thought of Paul,* 95-103.

157) Wolff, "Exkurs: Deutungsvorschläge zu 1 Kor 15-29," in *Der erste Brief,* 392-396.

요 그룹으로 나누어 해석의 역사에 대한 방대한 견해를 다음과 같은 범주로 분류하며 소개한다. (a) 한 가지 범주는 ὑπὲρ νεκρῶν에 σωμάτων을 덧붙인다. 그래서 죽은 자들을 세례받는 자들과 동일시한다. (b) 두 번째 견해는 세례를 순교의 고난과 죽음으로 이해한다. (c) 세 번째 견해는 세례를 광범위하게 씻는 것(이 경우에 그리스어는 그렇지 않지만, 히브리어는 공통적으로 한 단어를 사용함)으로 해석한다. (d) 네 번째 견해는 이것을 죽은 자들을 대신하는 대리 세례로 이해한다. 리시는 종종 이 해석에 암시된 "성례론"을 거부한다.[158)]

또한 τί ποιήσουσιν에서 동사 ποιέω를 우리가 어떻게 이해해야 하는지와 관련하여 한 가지 문제점이 제기된다. 그러나 핵심 이슈는 정관사가 붙은 소유격 복수 τῶν νεκρῶν과 함께 사용되는 ὑπέρ의 의미가 무엇인지와 연결되어 있다. 다른 주요 이슈는 무엇이 선행하는지 아니면 뒤따르는지와 관련된 사고와 어떤 구두점을 사용해야 하는지와 관련하여 여러 가지 가능한 연관성에 관심을 기울인다.

비록 리델-스코트-존스 사전이나 람페의 『교부 문헌에 대한 그리스어 사전』은 비교적 더 적은 지면을 할애하지만, BAGD와 그림-타이어 사전이 할애한 지면의 분량이 입증해주듯이 ποιέω의 의미 영역은 매우 광범위하다.[159)] 이 절에서 이 단어의 의미를 탐구한다면 다음과 같이 요약될 수 있다. (a) 성취하다, 초래하다. (b) 자동사로서 어떤 행동을 하다. (c) 아마도 몰입하여 자발적인 방법으로 만들어내다. (d) (c)에 암시된 주관적인 측면을 가리키는 것으로서 미래를 위해 무엇을 하다. 곧 어떤 사람이 어떤 행위를 하는 것을 어떻게 생각하는지의 관점에서 행하다. (i) NJB의 번역인 "~하는 사람들은 어떤 의도가 있는가?"는 매력적이며 올바른 번역일 수

158) Rissi, *Die Taufe für die Toten.* 그리고 1962년 이후의 문헌도 방대하며 계속 출간되고 있다. 예를 들면 White, "'Baptized on Account of the Dead': The Meaning of 1 Cor 15:29 in Its Context," 487-499.

159) BAGD, 680-683; Grimm-Thayer, 524-527; 참조. LSJ, 1,234-1,235; Lampe, *Patristic Greek Lexicon,* 1,107-1,108.

있다. 이전의 초안에서 제시된 번역처럼 우리는 그것을 포함시켰다. 하지만 이 번역은 몇몇 저자들이 여기서 (아마도 올바르게) 인식하는 주관적인 측면을 제대로 살려주지 못한다. 이 점과 관련하여 더 바람직하지 않은 번역은 (ii) "과연 그들은 무엇을 성취합니까?"다(참조. Grotius, "*quid efficient?*"). 바흐만, 슐라터, (부분적으로) 바레트는 이 견해를 지지한다. 그러나 마이어는 세례를 통한 "성취"라는 개념은 "사도 바울에게 생소하며, 그는 그 실행 과정이 주관적이며 터무니없다는 것을 지적하기를 원했을 것이다"라고 논평한다.[160] (iii) 바이스는 τί ποιήσουσιν을 "진정으로 논리적인 미래에 대한 표현 방식"이라고 이해한다. 하지만 그는 이 구절을 "그들은 무엇에 호소할 것인가?…그들은 미래에 무엇을 할 것인가?"라고 번역한다.[161] 이것은 바레트의 두 번째 강조점과도 일치한다. 즉 "미래는 그들이 다음에 (다시 말해 부활이 없다는 것이 밝혀질 때) 무엇을 할 것인가?"라는 의미를 전달해준다.[162] 바레트는 이 의미가 주관적 또는 자신을 언루하는 것이라는 데 동의한다. "~할 때 이 사람들은 바보처럼 보이지 않겠는가?" (iv) (볼프, 콜린스와 더불어) NRSV와 NIV의 번역인 "그들은 무엇을 할 것인가?도 이와 비슷하다. 하지만 이 번역은 논리적이며 주관적인 의미를 살리지 못한다.[163] (v) 흥미롭게도 REB의 번역은 주관적인 측면을 강조하지만, 이것을 해당 텍스트가 가리키는 자들이 아닌 독자들에게 전가한다. "여러분은 그들이 무엇을 하고 있다고 상상하십니까?" (vi) 모팻은 우리가 상상하는 것보다 더 광범위한 어휘적 지지를 찾아내 "사람들이 세례를 받는 의미가 무엇입니까?"라고 번역한다. 이것은 한 걸음 앞선 번역일 것이다. (vii) 전반적으로 살펴볼 때 "이 사람들은 자신들이 무엇을 하고 있다고 생각하겠습니까?"라는 번역은 다음과 같은 사항을 정당하게 나타낸다. (a) **논리적인** 미래로서 미래 시

---

160) Schlatter, *Die Korintherbriefe,* 201-202. 하지만 Schlatter는 "명백한 의미는 알 수 없다"고 시인한다. Meyer, *First Epistle,* 2:72; Barrett, *First Epistle,* 362.

161) Weiss, *Der erste Kor,* 365.

162) Barrett, *First Epistle,* 362.

163) Wolff, *Der erste Brief,* 396; Collins, *First Cor,* 356.

제가 사용됨. (b) 주관적인 또는 자신을 연루시키는 측면. (c) 자신의 사고와 행위를 스스로 일관성 있게 드러낼 것을 그들에게 열린 마음으로 호소함. (d) 이 단어의 광범위한 의미 영역 등.

"죽은 사람들을 위한 세례"에 대한 다양한 해석 및 우리의 결론

이제 우리는 악명 높은 구절인 ὑπὲρ τῶν νεκρῶν에 대한 주요 해석을 열거할 필요가 있다. NRSV, REB, NJB, 바레트의 주석서는 이 구절을 "죽은 자들을 대신하여", NIV, AV/KJV는 "죽은 자들 때문에"로, 우리는 핀들레이, 래더, 하워드, 슈나켄부르크를 따라 "죽은 자들을 위해"라고 번역했다.[164] (만약 전치사 for를 "목적을 나타내는" 의미로 이해한다면 이 번역도 받아들일 수 있다.) 고려할 가치가 거의 없는 수많은 해석을 모두 나열하는 것은 시간 낭비일 것이다. 하지만 우리는 (A) 부분에서 대체로 설득력이 없는 열 가지 견해와 (B) 부분에서 세 가지 견해를 언급할 것이다. 세 견해 중 두 견해는 널리 알려진 반면(11, 12), 한 가지 견해(마지막 견해)는 올바른 해석일 개연성이 매우 높다(13).

(A)(1) 테오도르 베자(1605년 사망), 하인리히 불링거(1575년 사망), 코케이우스(1669년 사망)—오늘날에는 포드가 이들의 견해를 따름—는 οἱ βαπτιζόμενοι를 "몸을 씻어 정결하게 하는 자들"("*qui ablatione utuntur*")로 이해한다.[165] 베자는 이 그리스어 구문이 [장례를 위해] 그들의 죽은 자들을 씻는 자들을 의미한다고 무리하게 해석한다. 반면에 코케이우스는 "시신을 접촉하여 의식적으로 부정하게 된 자들이 자신들의 몸을 씻는 것"이라고 이해한다. 그러나 이 구문, 해당 문맥, (여기서) 그리스어 사전은 모두 이 견해를 지지하지 않는다.

(A)(2) 존 라이트푸트(1664년 사망)는 τῶν νεκρῶν이 순교를 당해 죽은 자들을

164) Findlay, *Expositor's Greek Commentary,* 2:931; Raeder, "Vikariastaufe in 1 Cor 15:29?" 258-261; Howard, "Baptism for the Dead: A Study of 1 Cor 15:29," 137-141; Schnackenburg, "Baptism for the Dead," 102; Collins, *First Cor,* 556.

165) Ford, "Rabbinic Humour behind Baptism for the Dead (1 Cor XV:29)," in Cross (ed.), *SE,* 400-403; 참조. Wolff, *Der erste Brief,* 394, sect. 4.

가리킨다고 이해한다. 그래서 그는 세례가 은유적으로 고난과 순교의 세례를 가리킨다고 해석한다. 이것은 부활에 대한 바울의 강조점과 15:30에도 적절할 것이다. 그러나 이 해석은 τῶν νεκρῶν을 왜곡시킨다. 볼프는 이처럼 이른 시기에 이러한 역할이 순교자들에게 주어졌다고 여겨지지 않는다고 지적한다.[166)]

(A)(3) 토마스 아퀴나스와 리르의 니콜라스(1349년 사망)는 ὑπὲρ τῶν νεκρῶν을 죽음을 면할 수 없는 죄와 동일시하며, 사람들이 그것을 피하려고 세례를 받는다고 이해한다. 그러나 이 견해는 시대착오적이며 해석학적인 판단 기준에 위배된다.

(A)(4) 루터는 ὑπέρ를 장소를 나타내는 의미에서 "~의 위에"로 이해한다(오늘날에는 에발트와 부분적으로 흐로세이데가 이 견해를 따름). 그리고 그는 죽은 자들을 죽은 자들의 무덤을 묘사하는 것으로 해석한다. 흐로세이데는 "우리의 문맥에서 죽은 자들은 항상 개인이 아니라 죽은 자들 전체 그룹을 나타낸다"고 주장한다. 그는 다음과 같은 사례가 확실치는 않지만 가능하다고 여긴다. "고린도에서 어떤 이들은 무덤 위에서 세례를 받았다. 다시 말해 그리스도 안에서 이미 죽은 친척의 무덤 위에서 세례를 받았다."[167)] 루터는 처음에는 "남을 대신하여 받는" 세례를 고려하지만 이를 거부한다. 그 배경은 "죽은 자들을 존경하며 그들을 무덤까지 따라가 송별하는 것"이다. 그리고 부활의 소망에 대한 실재를 보여주는 일종의 표지로서 세례는 공통적인 배경을 제시한다.[168)] 하지만 ὑπέρ가 장소를 나타내는 의미로 사용되는 용례는 고전 그리스어 문헌보다 코이네 그리스어 문헌에서 더 드물게 나타난다. 그리고 이 개념은 분명히 신약성경에서는 생소한 것이다. 나아가 기원후 54-55년에 사람들이 그리스도인들의 무덤에 특별한 관심을 기울였다는 증거는 없다.[169)]

(A)(5) 벵엘, 플라키우스, 칼뱅은 에피파니우스의 견해를 따라 이 문맥을 임

---

166) Wolff, *Der erste Brief,* 392, sect. 1 (c).

167) Grosheide, *First Epistle,* 372 and 373.

168) Luther, "1 Cor 15," *Luther's Works,* 28:151-152 (*WA* 36:605).

169) 이 견해에 대한 다음 주석가들의 비판을 참조하라. Meyer, *First Epistle,* 2:74 and 75; Wolff, *Der erste Brief,* 392, sect. 1 (b); M. Rissi, *Die Taufe.*

종의 문맥으로 간주한다. 벵엘은 다양한 이론에 대해 논평한 후 다음과 같이 결론짓는다. "그 당시에는 아직 무덤 위에서 순교당하거나 세례를 받는 사례가 없었다.…오히려 노쇠함으로…또는 순교로 죽음을 바로 눈앞에 두고 있는 순간에 기독교 신앙을 고백하며 세례를 받았을 것이다."[170] 칼뱅은 자기 생각을 다음과 같이 바꾸었다고 인정한다. "나는 종종 바울이 여기서 모든 것을 포괄하는 세례의 목적을 가리킨다고 생각했다. 세례의 유익은 우리의 이 세상에서의 삶에만 국한된 것이 아니기 때문이다." 그러나 칼뱅은 더 자세히 연구해보면 바울은 "삶의 소망을 포기한 자들", 어쩌면 심각한 병에 걸려 "분명히 죽음의 위험에 직면해 있는" 세례문답 준비자들을 염두에 두고 있음을 암시해준다고 주장한다.[171] 미신의 개입에 대해 보고하는 "교부들"에 대한 칼뱅의 언급은 에피파니우스의 글에서 발견되는 이 절에 대한 언급과도 잘 들어맞는다. 에피파니우스는 이 표현을 죽음을 눈앞에 두고 병상에서 세례를 받는 자들이라고 설명한다.[172] 바흐만도 이 견해를 지지한다. 그러나 마이어는 이 해석은 29절의 그리스어를 무리하게 해석하는 것이라고 주장한다.[173]

(A)(6) 올스하우젠(아래에서 프라이스커 참조)은 얼핏 보기에는 그리 신중해 보이지 않는 견해를 제시한다. 그러나 에드워즈와 다른 학자들은 이 견해를 언어학적·해석학적으로 가능하다고 본다. 그들은 이 표현을 "죽은 자들의 자리를 채우기 위해 세례를 받는 자들"이라고 해석한다. 어떤 특정의 수(πλήρωμα)가 세례를 받아야 한다는 것이다.[174] 만약 ὑπέρ의 의미에 대한 에드워즈의 견해가 옳다면 여기서 상상해볼 수 있는 유일한 장점은 22-28절의 종말론적인 드라마와의 연속성이다. 그러나 이 개념은 바울에게 생소한 것 같다. 그리고 극소수만 결국 이 견해를 인정한다.

(A)(7) 존 에드워즈(1692년)는 이 절이 회심자들로서 세례를 받은 자들을 가

170) Bengel, *Gnomon,* 667.
171) Calvin, *First Epistle,* 330.
172) Epiphanius, *Against Heresies,* 28:3.
173) Meyer, *First Epistle,* 2:74; Bachmann, *Der erste Brief,* 457.
174) Olshausen, *Biblischer Commentar über sämmtliche Schriften des NT* (1840), ad. loc.

리킨다고 해석한다. 그들은 순교자들의 기쁨으로 빛나는 확신과 용기를 목격한 후 회심하고 세례를 받았다.[175] 바울도 이와 같은 방법으로 스데반의 순교를 목격했다. 그러나 많은 이들은 이것은 ὑπέρ의 의미를 무리하게 해석하는 것이며, 왜 바울이 πιστεύοντες가 아니라 οἱ βαπτιζόμενοι를 사용했는지 분명하게 밝혀주지 못한다고 주장한다.[176]

(A)(8) 크리소스토모스, 테오필락투스, 포티오스, 에라스무스는 τῶν νεκρῶν을 믿음으로 고백하는 **세례 신조**—τοῦ νεκροῦ σώματος ἀνάστασιν πιστεύων, 곧 죽은 자들의 부활을 믿고 고대함—를 반영하는 일종의 생략법으로 이해한다.[177] 죽은 자들은 "곧 시신이 될 것"을 가리킨다. 크리소스토모스는 **"사별한 자들을 대신하여** 세례받는다"라는 견해를 전적으로 거부한다. 이 해석은 **마르키온 이단**이 주장하는 것으로서 "정신 나간 자들…매우 무지한 자들"에게 들어맞는다.[178] 만약 이 해석이 그리스어 본문에 들어 있지 않은 것을 추가로 삽입하지만 않는다면 이와 같은 견해는 쉬운 해결책이 될 것이다. 하지만 이것은 그 이상의 설명 없이 τῶν νεκρῶν을 "생략법으로" 사용하는 것이 아니다. 그럼에도 이 견해는 교부 시대에 지지를 받았다.[179]

(A)(9) 로버트 앤더슨 경(1905년)의 제안을 따라 바인은 이 절에 구두점을 다르게 찍어 다음과 같이 다른 의미를 부여한다. "그렇지 않다면 세례를 받은 자들은 무엇을 해야 하는가? 만약 죽은 자들이 진정으로 부활하지 않는다면 그것은 바로 죽은 자들을 위한 것이다."[180] 이 견해는 ὑπὲρ τῶν νεκρῶν과 οἱ βαπτιζόμενοι 사이에 마침표나 쉼표를 찍어 이 둘 사이를, 특히 ποιήσουσιν과 분리해야 한다고 주장한다. 이 제안은 고려해볼 만하지만, 해당 구문을 왜곡하는 것이다.[181] 피가 지적

---

175) John Edwards, *Enquiry into Four Remarkable Texts* (1692).
176) 비판에 대해서는 다음 주석서 참조. Edwards, *First Epistle,* 422-423.
177) Chrysostom, *1 Cor. Hom.,* 40:2.
178) 같은 책, 40:1.
179) 참조. Fee, *First Epistle,* 766.
180) Howard, "Baptism for the Dead: A Study of 1 Cor 15-29," 138; Sir Robert Anderson, *The Bible and the Church* (London, 1905), 234.
181) 참조. Bachmann, *Der erste Brief,* 457.

하듯이 "[이 가운데] 그 어떤 것도 설득력이 없다."[182)]

(A)(10) 머피-오코너는 세례를 예수의 고난의 "잔"과 죽음에 동참하는 것(막 10:39; 참조. 눅 12:50; 롬 6:3)으로 이해하는 초기 전승을 언급한다. 바울을 일종의 "사산아"(또는 15:8에서 ἐκτρώματι를 어떻게 해석하든지 간에)라고 조롱할 가능성을 염두에 둔다면 고린도의 "신령한 엘리트들"은 부활에 대한 자신의 주장을 뒷받침하기 위해 그들을 비판하려는 바울을 향해 경멸적인 구호를 사용했다고 볼 수 있다.[183)] 그리고 "죽은 자들을 위해 세례받는다"라는 문구는 진정한 "지혜"에 대해 죽은 신자들로 구성된 하층 계급을 위해 바울이 고난을 겪고 지원하는 것과 관련하여 그를 반대하는 구호에서 유래한 것이다. 아이러니하게도 바울은 만약 부활이 없다면 이러한 사역이 과연 계속되겠는지를 묻고 있다. 이 견해를 지지하는 강력한 주장은 다음과 같다. (a) 30절과의 밀접한 연관성, (b) 세례와 죽음의 밀접한 연관성(참조. 막 10:39; 또한 해당 절들에 대한 쿨만과 다른 저자들의 연구 참조), (c) 고린도 교인들이 사용한 구호(예를 들면 6:12; 12:23 및 다른 구절), (d) 바울이 이와 같은 구호를 기꺼이 그들에게 역으로 적용함 등이다. 이 견해는 사변적인 특성이 있으며 언어사전도 이것을 명백하게 지지하지 않는다. 이 점은 머피-오코너의 견해에 반대한다. 한편 최근에 화이트는 이 표현이 사도들을 암시할 가능성이 있다는 주장을 제기했다. 하지만 다른 한편으로 볼프는 만약 바울이 29절의 언급 배후에 있는 암묵적 지시 대상이라면 30절의 καὶ ἡμεῖς 구문이 어색하다는 점을 지적한다.[184)] 이 견해는 진지하게 고려해볼 만하지만 설득력이 없다. 화이트는 곧바로 이어지는 문맥은 바울이 직면한 위험을 언급한다고 올바르게 지적한다(30-31절). 하지만 그가 이 절에서 "사도"를 "죽은 자들" 가운데 하나로 규정한다고 보는 견해는 더더욱 그 근거가 취약하다.

(B)(11) 다수의 저자들은 29절이 죽은 자들을 **대신하여 받는 세례**에 주목한다

182) Fee, *First Epistle*, 766.

183) Murphy-O'Connor, "'Baptized for the Dead'(1 Cor XV:29): A Corinthian Slogan?" 532-533.

184) Wolff, *Der erste Brief*, 395; 참조. White, "'Baptized on Account of the Dead': The Meaning of 1 Cor 15:29 in Context," 487-499.

고 주장한다.[185] 이 견해는 (B 항목의) 세 가지 견해 중 첫 번째 견해다. (11)과 (12)처럼 이 견해들은 광범위하게 지지를 받으며 영향을 미치고 있다. 또한 (13)처럼 이 견해들은 가장 개연성이 높으며 상당히 설득력이 있다. 따라서 이 세 견해는 더욱더 주목을 받을 만한 가치가 있다. 콘첼만은 다음과 같이 단언한다. "이 표현은 '대리 세례'와 관련하여 '일반적인' 해설을 지지한다. 고린도에 살던 사람들은 죽은 자들을 위해 그들을 대신하여 세례를 받았다." 콜린스도 비슷한 견해를 제시한다.[186] 이것은 고린도에서 "성례주의"가 널리 퍼져있었음을 밝혀준다. 그리고 "바울은 이 관행을 비난하기보다는 오히려 그의 주장을 지지하기 위해 이것을 사용한다."[187]

(B)(11)(a) 특별히 이른바 영지주의와 헬레니즘적 신비 종교의 영향을 받았다는 견지에서 슈미트할스는 이 견해를 확신을 갖고 지지한다. 그는 "예를 들면 바흐만과 슐라터가 상당히 의심스러운 방법으로 시도한 것처럼 이 견해에 의문을 제기하는 것은 터무니없는 것"이라고 주장한다.[188] 이와 같은 과도한 진술을 고려할 때 콘첼만이 이 절과 관련하여 "격렬한 논쟁이 빚어졌다"라고 묘사하는 것은 그리 놀라운 일이 아니다. 슈미트할스는 이 "대리 세례는 영지주의자들 사이에서 흔한 일이었다"고 지적한다(그리고 이 관습은 분명히 오늘날 모르몬교 안에서 종종 유사한 형태로 나타난다).[189] 슈미트할스는 영지주의 안에서 죽은 자를 위한 세례는 살아 있는 자를 위한 세례보다 더 큰 의미를 지니고 있었다고 주장한다.[190] 슈미트할스는

185) Conzelmann, Schmithals, Lietzmann, Weiss, Oepke, Wendland, Parry, Hays, Allo, Collins와 다른 많은 학자들은 이 견해를 지지한다. 그러나 우리는 다음 네 가지를 서로 구분해야 한다. (i) Schmithals가 제시하는 이론의 근거는 영지주의다. (ii) Hans von Soden은 성례론에 기초한다. (iii) 순교자들의 피와 관련하여 Preisker는 비성례적인 "유대교적인" 접근 방법을 사용한다. (iv) Hays는 이 견해의 논점을 신중히 유연하게 하고 Allo는 그것을 제한하지만, 이러한 시도는 이 견해의 개연성을 더 낮게 만든다.

186) Conzelmann, *1 Cor,* 275; Collins, *First Cor,* 559. Collins는 "유익의 적용을 전가하는 것, 대리를 통한 효과(참조. 11:24)"를 제안한다. Collins는 기원후 1세기 고린도의 사고에서 죽음의 역할에 대한 R. E. DeMaris의 논점에 호소한다. 그러나 DeMaris의 저서는 (B)(13)을 똑같이 지지할 수도 있다. (Raeder와 Howard를 따르는) 이 견해는 우리의 견해이기도 하다. 아래에서 (B)(13)을 참조하라.

187) Conzelmann, *1 Cor,* 275.

188) Schmithals, *Gnosticism in Corinth,* 257; 참조. 257-259.

189) 같은 책, 258.

190) 같은 책.

"죽은 자를 위한 세례의 효력은 그 본질에서 마술적이며" 피스티스 소피아와 같은 영지주의 문서는 고전 15:29과 평행을 이루는 내용을 제공한다고 결론짓는다.[191] 그리고 바이스, 리츠만, 벤트란트도 테르툴리아누스, 크리소스토모스, 에피파니우스가 마르키온의 추종자들과 다른 이단 사이에서 이와 같은 관습이 존재했다고 언급한 것을 인용하며 대리 세례를 지지한다.[192]

(B)(11)(b) 몇몇 저자들은 슈미트할스가 주장한 것보다 종교사적 배경에 덜 의존한다는 의미에서 "대리" 세례를 주장하고자 했다. 웨더번은 이것을 세례받지 않은 그리스도인을 대신하여 세례받는 것으로 이해한다.[193] 하지만 한스 폰 조덴이 제안한 **이루어진 일**(*opus operatum*)의 "성례주의"는 이와 같은 이해의 흐름이 바뀌기 수년 전까지 명맥을 유지해왔다.[194] 호슬리는 어떤 사람들은 "이미 사망한 친구나 친척을 위해 그들을 대신하여 세례를 받았다"는 견해를 견지한다.[195] 하지만 프라이스커는 다른 묵시론적인 배경—예. 에스라4서 4:35; 에녹1서 47:4; 계 2-4장 등—을 찾아낸다. 이 배경에 근거하여 그는 "이처럼 대리 세례는 성례론적이 아니라 종말론적으로 사용된다"고 단언한다.[196] 프라이스커는 이러한 연관성은 묵시론적인 특성이 있는 본문인 24-28절에 기초하며, 따라서 의인들의 부활 배경을 전제한다고 주장한다. 의인들과 "가까이" 있는 자들은 대리 역할을 통해 그들의 행위로부터 유익을 얻을 수 있다. 슈나켄부르크는 이 견해를 "받아들일 수 없다"고 올바르게 비판한다.[197] 이보다 더 일반적으로 패리는 다음과 같이 결론짓는다. "이 단어들의 명백한 의미는 고린도에서 대리 세례의 관습이 존재했다는 것을 암시해 준다. 아마도 이것은 세례를 받지 않은 상태에서 죽은 신자들을 대신하여 받은 세례였을 것이다."[198]

---

191) 같은 책, 259.

192) Weiss, *Der erste Kor,* 363; Lietzmann, *An die Kor, I/II,* 82; and Wendland, *Die Briefe,* 150.

193) Wedderburn, *Baptism and Ressurection,* 288-289.

194) Hans von Soden, "Sakrament und Ethik," 특히 22-40.

195) Horsely, *1 Cor,* 206-207.

196) H. Preisker, "Die Vikariastaufe 1 Cor 15:29—ein eschatoligischer-nicht sakramentaler Brauch," *ZNW* 23 (1924): 298-304.

197) Schnackenburg, "Baptism for the Dead," in *Baptism in the Thought of Paul,* 97.

198) Parry, *First Epistle,* 228.

(B)(11)(c) 알로와 헤이스는 서로 다른 방법을 통해 이 견해의 다른 설명에 해당하는 다소 유연한 견해를 제시한다. 알로는 세례문답 지원자의 사례를 언급한다. 그들은 자신들의 세례 안에서 기독교 신앙에 가깝거나 실제로 신앙을 가진 (즉 "공식" 세례가 아니라 "소망하는 세례") 죽은 가족과 동일시되기를 원한다.[199] 이 하나의 구체적인 사례에서 혹시 바울이 다양한 목회적인 이유에서 거기서 행해진 것에 의문을 제기하지 않았다면 그것은 이해할 수 있다. 나아가 만약 헤이스와 더불어 우리가 "오늘날 개신교의 견해보다 바울의 덜 개인주의적인 견해"를 머릿속에 떠올린다면 이것은 더 잘 이해될 수 있을 것이다. "신앙 공동체는 스스로 무언가를 할 수 없는 자들을 대신하여 의미 있는 일을 할 수 있다."[200] 이 특별한 원리는 부분적으로 유아 세례를 베푸는 성공회와 개신교 전통에서 볼 수 있으며, 헤이스는 바울이 대리 세례를 "추천하지" 않았다고 말한다. 오히려 그는 부활을 의심하면서 세례를 베푸는 것이 자기 모순적이라는 점을 지적할 뿐이다.[201]

종교개혁자들의 경우뿐만 아니라 교부 시대와 최근의 경우에서도 이 견해는 많은 사항을 이해시키지 못한 채 남겨둔다. 머피-오코너는 이렇게 단언한다. "이 난점은…성례를 베푸는 방식에 대한 바울의 이해가 그의 교회 중 어느 곳에서도 이러한 미신을 묵인하는 것을 절대로 허용하지 않았다는 것이다.…죽은 자들은 자신을 구원에 이르게 하는 믿음을 고백할 수 없다(롬 10:9)."[202] 그뿐만 아니라 많은 이들은 바울이 이 관습을 인정하진 않지만, καὶ ἡμεῖς를 통한 30절로의 전환은 그가 이 관습을 인정하고 그 연속성을 암시해주는 것 같다고 주장한다. 그러나 설령 우리가 알로가 제안한 "특별 사례"가 목회적인 측면에서 눈감아줄 수 있는 것임을 인정한다 하더라도 이것은 거의 상상할 수 없는 것이다. 테르툴리아누스와 특히 크리소스토모스는 이와 같은 관습을 야만스러운 것으로 이해하며 이단들 사이에서 행

199) Allo, *Première Épitre,* 411-414. 그는 교부들에 대한 광범위한 자료뿐만 아니라 특히 크리소스토모스, 테르툴리아누스, Bachmann을 언급한다.

200) Hays, *1 Cor,* 267.

201) 같은 책, 267 및 268.

202) J. Murphy-O'Connor, *1 Cor* (Oxford: Albatros, 1997 ed.), 178. 로마 가톨릭 성서학자인 Murphy-O'Connor가 이처럼 탁월한 논평을 제시한다는 것은 주목할 만하다. 참조. Murphy-O'Connor, "'Baptized for the Dead' (1 Cor XV:29)," cited above.

해지는 기괴한 것으로 특징짓는다. 우리는 이러한 관점을 쉽사리 잊어버리거나 무시해서는 안 될 것이다.

키스트메이커가 지적하듯이 만약 **죽은 그리스도인들을** 대신하여 세례를 받는 것이며, 또한 그들이 진정으로 신자들이라면 (그 세례가 공식적이든 그렇지 않든 간에) 어떻게 그들의 구원을 의심할 수 있겠는가?[203] 바울은 그 어느 곳에서도 세례가 구원을 위한 **필수 조건**이라고 규정하지 않는다. 세례는 단지 회심과 입교의 광범위한 경험 안에서 하나님의 은혜로 세례받는 자가 그리스도와 연합되어 있으며 그의 죽음과 부활에 동참한다는 것을 가시적으로 보여주는 **전형적이며 합당한** 표지인 것이다. 세례와 "성령 세례"에 대한 제임스 던의 연구보다 실제적인 세례 의식을 **회심-입교라는 복잡하고 광범위한 문제와 절대적으로 동일시하는 것으로부터** 벗어나게 하는 데 더 크게 기여한 책은 아마도 거의 없을 것이다. 그는 다음과 같이 주장한다. "롬 6:4을 보면 세례 의식은 세례를 받는다는 은유로 묘사되는 실재를 나타내는 데 도움을 준다. '성령으로 세례를 받는다'는 표현은 심지어 더 분명하게 그리스도와 연합하여 성령으로 세례를 받는다는 **입교를 나타내는** 은유다.… 바울이 고린도 교회의 엘리트주의자들의 영성을 바로잡아주는 것은…거의 오늘날 오순절파 안에서 발견되는 몇몇 비슷한 그릇된 개념을 바로잡아주는 것처럼 들린다."[204] 의심의 여지 없이 고전 15:29은 세례에 대한 **은유**가 아니라 **관습**을 가리킨다. 그러나 이 절에 대한 무미건조한 문자적인 해석은 바울이 죽은 신자들을 위해(죽은 불신자들은 물론) 무언가를 "성취하는" 대리 세례의 관습에 무관심했다고 이해한다. 하지만 이것은 바울이 세례를 광범위하고 다양한 뉘앙스를 지닌 것으로 이해했다는 최근 연구를 간과하는 것이다(앞에서 1:14-17에 대한 주해 참조. 그것도 여기에 타당함).

죽은 자들을 위한 세례에 대해 가장 곤혹스러워하는 이들은 특별히 세례 의식을 **높이 평가하는** 견해를 지닌 이들이다. 만약 **하나님의 은혜의 효력을 나타내는 표지로서 자신을 연루시키는 역할을 하는** 모든 것과 더불어 이 중요한 성례가 **단지**

---

203) Kistemaker, *1 Cor,* 559.

204) J. D. G. Dunn, "The Birth of a Metaphor-Baptized in Spirit," *ExpTim* 89 (1978): 175; 참조. 134-139 and 173-176. 특히 Dunn, *Baptism in the Holy Spirit* (London: SCM, 1970).

일종의 도구적인 메커니즘으로 전락했다면 바울은 그것에 대해 깊은 우려감을 표명하지 않았겠는가?[205] 이것은 우리가 앞에서 언급한 리시의 상세한 연구에서도 나타난다.[206] 만약 세례가 그리스도의 죽음과 부활 안에서 그리스도와 하나가 되게 하는 하나님의 은혜를 진지하게 받아들이는 것을 의미한다면 어떻게 그 정황이 신자들의 정황이 아니거나 (나중에 제2세대의 정황에서) 그리스도인의 가정 안에서의 양육이라는 전제하에 하나님의 은혜를 간구하는 것 외에 다른 어떤 것이 될 수 있겠는가? 죽은 자의 상태는 세례가 무엇을 나타내고 의미하는지를 진지하게 이해하는 것을 허용하지 않는다. 한편 슈타우퍼는 이 의식이 예후다 마카비가 드린 "죽은 자들을 위한 희생(또는 속죄)제물"에 대한 유비에 기초하여 죽은 자들을 위해 베푸는 "중보" 세례를 나타낸다는 대안을 제시한다. 하지만 이에 대한 근거는 너무 빈약하고 막막하여 세례 신학을 확대할 만큼 큰 의미가 없다.[207] 또한 다우니는 죽음 이후의 삶에서 "영적인 권세와 능력"으로부터 보호받기 위해 이러한 세례를 베푼다는 대안을 제시한다. 하지만 이 대안도 구원과 성례에 대한 바울의 신학에서 완전히 빗나간다.[208]

(B)(12) 앨포드(1881년)는 바로 앞의 견해와 다소 다른 견해를 가장 분명하고 예리하게 옹호한다(이 견해는 [11][d]로 분류될 수도 있을 것이다). 이 견해는 하인리치와 부분적으로 리시가 표현한 견해와 다소 차이를 보인다. 앨포드는 이렇게 단언한다. "**단 하나의 적절한 대상은**... 여기서 사도 바울이 긍정적으로 언급하지 않은 어떤 관습이며, 몇몇 생존자들이 세례를 받지 않은 채 죽은 (믿은?) 친구들 대신에 자신들이 받은 세례일 것이다.…그러나…바울은 그것에 대한 비방도 하지 않고 그것을 언급하지도 **않는다**"(강조는 원저자의 것임).[209] 두말할 필요도 없이 앨포드는

205) Murphy-O'Connor와 Schnackenburg는 모두 이 견해를 가장 강력하게 비판하는 학자들 사이에 속한다. 반면에 20세기 초엽 또는 중엽부터 개신교 교회에 속한 많은 자유주의 신학자들은 이것을 기꺼이 받아들인다.

206) Rissi, *Die Taufe für die Toten*. 그는 세례 문답을 고백하는 문맥에서 **그리스도와 함께 죽는** 실재를 강조한다.

207) 참조. E. Stauffer, *NT Theology* (Eng. trans., London: SCM, 1955), 202 and 209.

208) J. Downey, "1 Cor 15:29 and the Theology of Baptism," *Euntes Docete* 38 (1985): 23-35.

209) H. Alford, *Greek Testament,* 4 vols. (London: Rivingtons and Cambridge: Deighton, Bell, 1881), 2:612.

테르툴리아누스, 크리소스토모스, 에피파니우스의 글에 담긴 내용을 인용하는데, 이 내용은 교부들이 비기독교적이거나 이단적이라고 정죄한 것이다.[210] 이 관습은 (만약 존재했다면) "점차 쇠퇴했으므로" "그[바울]가 진정으로 공감할 수 없는 것"이었다고 추측할 수 있을 것이다.[211] τί ποιήσουσιν이 지닌 뉘앙스도 이 점을 확인해 준다(위를 보라). "이 표현에는 우리가 거의 놓칠 수 없는 이 관습에 대한 암묵적인 비난이 포함되어 있다."[212] 하인리치는 바울의 신중함을 앨포드보다 덜 강조하지만, 이 점은 그의 주장에서 나타난다.[213] 젠프트는 이 접근 방법이 암브로시아스터에게서 유래한 것이라고 말한다.[214] 하지만 또다시 리시는 세례에 대한 바울의 신학과 그리스도의 사역 전반을 살펴본다. 그리고 그는 머피-오코너와 마찬가지로 이 관습을 더 타당한 배경과 분리한 채 이 특성을 도구주의적으로 이해하는 이들의 견해에 바울이 무관심했다는 데 동의하지 않는다.[215] 비록 덜 강력하긴 하지만 (B)(11)을 괴롭혔던 난점들은 얼핏 보기에 30절의 명백한 이슈로 다소 급작스럽게 전환된다는 점과 함께 이 제안에도 적용된다.

(B)(13) 1955년에 마리아 래더(핀들레이도 그의 견해를 따름)는 이전의 이론들에서 암시된 어떤 견해를 이전보다 더 분명하게 설명했다. 즉 죽은 자들을 위한(ὑπέρ) 세례는 **어떤 사람 또는 사람들이 이미 죽은 믿는 친척과 연합하려는 열망 때문에 세례를 요구하고 세례를 받는 것을 가리킨다. 이것은 죽은 자들이 부활할 때 그리스도 안에서 그리고 그를 통해 그들이 다시 만날 것이라는 확신을 공유하는 것을 전제한다.**[216] 요아힘 예레미아스의 제자로서 마리아 래더는 언어학적인 이슈를 잘 알고 있었다. 그는 이 해석이 "목적"을 나타내는 의미로 전치사 ὑπέρ를 사용하는

---

210) Tertullian, *On the Resurrection of the Flesh,* 48; *Against Marcion,* 5:10; Chrysostom, *1 Cor. Hom.,* 40; Epiphanius, *Against Heresies,* 6. 크리소스토모스는 테르툴리아누스보다 이 관습을 더 강하게 비난한다. 테르툴리아누스는 단순히 고린도에 거주하던 그들의 신념들을 고려할 때 과연 이러한 관습에서 어떤 유익이 생길 수 있는지에 대한 질문을 제기한다.

211) Alford, *Greek Testament,* 2:613.

212) 같은 책, 611.

213) Heinrici, *Das erste Sendschreiben,* 513-518.

214) Senft, *Première Épitre,* 202.

215) Rissi, *Die Taufe.*

216) Raeder, "Vikariastaufe in 1 Kor 15:29?" 258-261.

것, 곧 "~을 위해"에도 잘 부합한다고 설득력 있게 주장한다. 사실상 이 전치사는 예수의 사역과 가장 초기의 케리그마의 배경에서 규칙적으로 이렇게 사용되었다. 그리고 이것은 죽은 자들을 고려하여 세례를 받았다는 로버트슨과 플러머의 제안과도 잘 조화를 이룬다.[217] 만약 우리가 이것이 경건한 부모가 자신들의 아들이나 딸이 믿음을 갖기를 간절히 바라는 것과 같은 상황이라는 점을 고려한다면 ὑπέρ가 (실용적인 관점에서) "~을 위해"라는 뉘앙스를 지니고 있다는 것이 이치에 맞을 것이다.

우리의 결론

J. K. 하워드는 대리 세례를 지지하는 이들에 맞서 이 견해를 전적으로 지지하며 발전시킨다. 그는 죽은 자들을 위한 세례는 "죽은 자들의 어떤 결함을 제거하려는 것이 아니라 장차 부활할 때 그들과 다시 결합하려는 것"이라고 주장한다.[218] 슈나켄부르크는 "이 논점은 초기 기독교의 관점의 틀에서 벗어나지 않으며, 특히 부활에 대한 장에 아주 잘 어울린다"는 데 동의한다.[219] τῶν νεκρῶν(죽은 그리스도인들)과 βαπτιζόμενοι의 중간태 의미—스스로 세례를 받은 자들—와 더불어 언어사전이 지지하는 ὑπέρ의 의미—~을 위해—는 잘 유지된다. 우리는 핀들레이의 명료하고 신중한 논평을 다시 언급할 수 있다. 몇몇 경쟁 관계에 있는 견해의 오류를 밝혀내고 나서 그는 다음과 같이 주장한다. "바울은 그리스도인들의 죽음이 생존자들을 회심으로 이끄는 매우 흔하고 정상적인 경험을 언급하고 있다. 이 생존자들은 먼저 '죽은 자들을 위해'(그들이 사랑하던 죽은 자들) 그리스도와 연합하여 그에게 돌아간다는 소망을 품고 세례를 받는 것이다. 예를 들면 죽음을 눈앞에 둔 어떤 어머니는 '하늘에서 꼭 나를 만나라!'고 호소하며 자기 아들이 견고한 믿음을 갖도록 유도한다. 이러한 호소와 이것이 구원으로 이끄는 영향력은 **부활에 대한** 믿음을 갖게 하는 강한 증거를 제공해준다"(강조는 원저자의 것임).[220]

217) Robertson and Plummer, *First Epistle,* 345 (참조. 359-360).
218) Howard, "Baptism for the Dead: A Study of 1 Cor 15:29," 140-141; 참조. 137-141.
219) Schnackenburg, "Baptism for the Dead," 102.
220) Findlay, *Expositor's Greek Testament,* 2:931.

어떤 이들은 이러한 회심이 복합적인 동기에 근거한다면서 다음과 같이 이의를 제기한다. 첫째, 수 세기에 걸쳐 수많은 목회적인 상황에서 이것은 반복적으로 나타난다. 둘째, 이것은 그리스도와 그의 부활을 확신하며 증언하는 초점을 흐리게 만들어서는 안 된다. 이러한 호소는 이것을 분명히 전제한다. 죽어가는 사랑하는 사람의 관점에서 이것은 큰 의미가 있다. 죽음을 바로 눈앞에 둔 상황에서 부당한 요구나 이기심을 내세울 만한 자리는 없다. 그는 진지하고 투명하게 자신의 믿음을 고백하며 증언할 것이다. 최근의 두 논문 중에서 기원후 1세기 중엽의 고린도에서 죽은 자들의 세계의 중요성에 관한 고고학적인 증거에 대한 R. E. 드마리스의 연구는 설득력이 있다. 그러나 그의 연구는 실질적으로 "대리 세례"의 견해나 이 마지막 주장을 똑같이 지지할 수도 있다.[221] 죽은 자들의 운명이 중요할수록 그리스도인이 죽음을 맞이하며 내세에서 다시 결합할 목적으로 간구하는 것은 더더욱 중요할 것이다. 다른 한편으로 (11) 견해에 반대하는 주장은 대부분 여전히 적용된다. 하지만 리옴의 최근 논문은 우리의 주장의 방향을 확인해준다.[222] **우리는 모든 견해 중에서 가장 문제점이 적고 가장 설득력 있는 견해로서 이 (B)(13) 견해를 거부할 이유가 전혀 없다.**

30-31절 (1) 31절에서 몇몇 중요한 초기 사본(ℵ, A, B, 33, 콥트어 역본과 불가타 등)은 καύχησιν 다음에 호격 ἀδελφοί를 포함한다. 하지만 이것은 가장 초기의 사본인 p[46]과 D, F, G, L, 고대 시리아어 역본, 암브로시아스터 등에는 생략되어 있다. 이 독법이 생략되기보다는 삽입되었다는 점과 p[46]과 서방 텍스트의 결합이 더 설명하기가 쉽다는 이유에서 대다수 저자들은 p[46]의 독법이 옳다고 간주한다. (네슬레-알란트의 1979년 텍스트와 마찬가지로) UBS 4판은 이것을 꺾쇠괄호 안에 넣는다. 메츠거는 이 독법이 ℵ, A, B에 포함되어 있어 "UBS 4판 위원회는 이것을 해당 텍스트에서 생략하는 것을 주저했지만" 이것에 "C"등급을 부여했다고 설명한다. 즉 이 독

221) DeMaris, "Corinthian Religion and Baptism for the Dead (1 Cor 15:29)
222) Reaume, "Another Look at 1 Cor 15:29, 'Baptized for the Dead,'" *BSac* 152 (1995): 457-475.

법이 원문인지 확실하게 판단하긴 어렵다는 것이다.[223] NRSV, NIV, REB는 이것을 원문에 포함한다(NRSV, NIV, brothers and sisters; REB, my friedns). 반면에 NJB는 (AV/KJV와 마찬가지로) 이것을 생략한다. 다양한 사본 전승이 이 독법을 반영하지 않았다면 이 애정 용어가 이 전승들에서 괜히 생략되었겠는가? (2) 일부 필사자들은 ὑμετέραν이 목적격으로 사용된 것(내가 여러분에 대해 지닌 자부심)을 오해했다. 그래서 A와 몇몇 소문자 사본은 주어 또는 능동적인 행위자를 나타내려고 이 독법 대신에 ἡμετέραν이라고 읽는다.[224] UBS 4판이 제시하는 텍스트는 신뢰할 만하며 옳다. (3) D*와 암브로시아스터는 τῷ κυρίῳ 다음에 ἡμῶν을 생략한다. 비록 춘츠는 더 짧은 독법을 원문으로 지지하지만, 현재의 텍스트가 보편적으로 원문으로 인정을 받는다. 즉 "그리스도 예수 우리의 주님"이 원문으로서 옳은 독법이다.[225]

καὶ ἡμεῖς는 "우리도"라고 이해해야 한다. 여기서 καί는 30절의 문장 전체를 수식하지 않고, 구체적으로 "우리"를 수식한다.[226] "우리"는 일차적으로 "우리, 사도들"을 가리킬 것이다. 그러나 바울은 이것을 기독교 사역 또는 증언의 한 가지 범주에만 국한하지 않는다. κινδυνεύω는 "위험에 처해 있다, 위험을 무릅쓰다" 또는 (이 문맥에서) "우리의 목숨을 위험에 노출하다"를 의미한다.[227] πᾶσαν ὥραν은 이 경험이 중단 없이 계속된다는 것을 강조한다. 즉 날마다 매시간, 모든 시간, 매시간, 끊임없이 등을 뜻한다.

31절에서 καθ' ἡμέραν, "날마다, 매일, 날이면 날마다"는 똑같은 강조점이 있다. 여기서 ἀποθνήσκω는 정확하게 번역하는 것이 어렵다. 만약 이 단어가 세례에 암시된 신학적인 의미를 전달한다면 이것은 "나는 계속해서 죽습니다. 내 죽음의 과정은 계속 진행 중입니다"를 의미할 수 있다. 우리는 이 표현을 고후 4:10—πάντοτε τὴν νέκρωσιν τοῦ Ἰησοῦ ἐν τῷ σώματι περιφέροντες, "언제나 예수의 죽음을 내 몸에 지고 다니는"—과 비교할

---

223) Metzger, *Textual Commentary* (ed ed.), 501; 참조. Zuntz, *Text*, 176-177.
224) 참고문헌과 더불어 이에 대한 탁월한 평가는 다음을 보라. Fee, *First Epistle*, 761, n. 3.
225) 참조. Zuntz, *Text*, 182. 그의 입장에 반대: Fee, *First Epistle*, 761, n. 4 및 다른 학자들.
226) Barrett도 이렇게 주장함. 참조. Barrett, *First Epistle*, 364.
227) Grimm-Thayer, 347; Robertson and Plummer, *First Epistle*, 360-361. 그리고 다른 저자들도 이 능동태 형태가 수동태 또는 중간태의 의미를 지니고 있다고 말한다.

수 있다. 또 다른 한편으로 고후 1:9에서 "우리는 사형 선고를 우리 안에 지니고 있습니다"는 전후 문맥을 살펴볼 때 "**우리는 이제 벼랑 끝에 섰다**는 신체적·심리적·영적 경험", 다시 말해 "**우리의 생명과 힘은 고갈되었다. 모든 것은 죽은 자를 다시 살리시는 하나님께 달려 있다**"는 것을 암시하는 것으로 보인다. 30절과 32절을 연결하여 이해하면 여기서도 죽는다는 것은 세상의 공적인 영역에서 일어나는 사건과 관련되어 있다는 의미에서 은유적인 의미를 넘어선다. "우리는 날마다 죽음의 문 앞에 있습니다"라고 번역할 수 있을 것이다. NRSV, NIV, 콜린스는 해당 그리스어 표현을 문자 그대로 "나는 날마다 죽습니다"라고 번역한다. 이것은 다양한 선택의 가능성을 열어두며, 다른 번역들에 비해 정확한 정보를 제공하지 않는다(REB의 번역도 마찬가지다). 이 번역은 그리스어 표현을 문자 그대로 정확하게 전달한다는 장점이 있지만, 전후 문맥에 관해 설명해주지 않는다. 따라서 NJB는 "나는 날마다 죽음을 직면합니다"라고 번역한다. 이 번역은 31절이 평행절인 30절과 잘 어울리지만, "나는 죽습니다"보다는 더 약한 의미를 전달한다. 상당한 사전학적·주해적 탐구에 이어 우리는 "날마다 나는 죽음의 위험을 자초하고 있습니다"라는 번역을 제안한다. 왜냐하면 이 번역은 다음과 같은 요소를 결합하기 때문이다. (a) **죽음에 직면함**(30절), (b) **그리스도의 죽음과 연합하는** 삶을 사는 것을 자발적으로 받아들임, (c) 그리스도의 부활에 동참하며 마지막 날에 **부활할** 것을 확신하고 고대하면서 그리스도인의 헌신의 **취약성과 연약함**을 기꺼이 받아들임 등이다.[228)]

바울은 법적인 것과 유사한 의미에서 맹세 또는 "증언"과 연관된 관용어를 사용한다. 그림-타이어는 νή에 대해 다음과 같이 지적한다. 이것은 "(아티카 지역에서 흔히) 증언하고 맹세할 때 사용하던 불변화사다. 이 불

---

228) 참조. Hays, *1 Cor*, 268: "복음을 선포하기 위해 바울은 끊임없이 자기 목숨과 건강을 잃는 것을 무릅썼다(예. 고전 4:11-13; 고후 4:8-12; 6:3-10; 11:23-33). 만약 정말로 부활이 없다면 왜 바울은 이와 같은 일을 자초했겠는가?" Wolff는 "날마다 죽는 것"을 고후 4:10-11절에서 언급하는 죽음과 비교한다. 해당 본문에서도 이것은 신체적인 죽음 그 이상을 의미하며 절대 그 이하는 아니다(Wolff, *Der erste Brief*, 397-398).

변화사는 증언하거나 맹세한 인격체(대부분 신적 존재) 또는 사물의 목적격과 결합된다.…고전 15:31(창 42:15, 16)의 경우처럼…[이것은 종종] ~에 의해로 번역하는 것이 가장 바람직하다."[229] 이 불변화사에 대한 BAGD의 설명—에픽테토스와 파피루스 문헌의 사례에 의하면 "강력한 단언"—도 비슷하다.[230] 바울이 "~에 의해"(νή) 단언하거나 맹세하는 목적격은 τὴν ὑμετέραν καύχησιν, "여러분 안에서 자랑하는 [행위]"다(앞의 주해[2] 참조). 로버트슨과 플러머는 러더퍼드의 다음과 같은 번역을 인정한다. "나는 [형제자매; 텍스트에 대한 주해 (1) 참조] 여러분의 믿음을 자랑하면서 여러분을 보증합니다. 그리스도 우리 주 예수 안에서 나도 그 믿음을 갖고 있습니다."

이것을 어떻게 현대 영어의 관용적인 표현으로 전달할 수 있을까? 새 옥스퍼드 영어사전(1988년)은 다음과 같은 현대 용례를 포함한다. 예를 들면 "내가 소중히 간직하고 있는 모든 것을 걸고 나는 맹세한다." 이것은 바울의 관용적인 표현을 정확하게 반영하는 것 같다.[231] 동시에 그는 (마치 공식적인 맹세인 것처럼) 다음과 같은 내용을 "증언한다." (a) 그가 언급하는 다양한 위험과 죽음의 위험은 단순히 이론적인 과장이 아니라 신학의 실재 안에 기초하고 있는 삶의 현실이다. (b) 그에게 가장 소중한 것은 그리스도 예수 우리 주 안에서 그리스도인으로서 그들의 존재에 대한 그의 자랑거리다. 따라서 그가 "증언하려고" 선택하는 것은 하나님의 은혜 안에서 그들의 신분과 그들이 바울과 함께 그리스도와의 연합에 동참하는 것이다. 사람들은 신적 대상에게 부여하는 어떤 궁극적인 중요성을 걸고 오직 그들에게만 맹

229) Grimm-Thayer, 425.

230) BAGD, 537. Epictetus, *Dissertations* 2.20.29; *Papyrus Oxyrhynchus* 939:20. 참조. BDF, sect. 149.

231) *New Oxford Dictionary* (Oxford: Clarendon, 1998) 1873, col. 1, under "swear." Fee의 다음과 같은 올바른 주해와 비교하라. "그는 자기에게 가장 소중한 것, 곧 그리스도 안에서 그들의 존재를 걸고 맹세한다. 바울은 자신을 이와 같은 온갖 위험에 노출하며 수고함으로써 그들을 믿음으로 인도했다"(Fee, *First Epistle*, 770).

세하거나 증언한다.[232] 여기서는 부활할 때 모든 신자가 함께 모인다는 점에 비추어 복음을 위해 모든 것을 기꺼이 희생하는 어떤 목회자가 경험하는 **다양한 위험, 취약성**과 **가장 소중하고 깊은 관심사**에 대한 간략한 목회 신학이 언급된다.[233]

32절 κατὰ ἄνθρωπον은 그 의미를 강조하려고 조건문의 조건절에서 맨 앞에 위치한다. 이 표현은 귀결절 τί μοι τὸ ὄφελος보다는 ἐθηριομάχησα를 수식한다(RSV 2판과 [비록 그 표현이 문장 전체를 수식하는 것으로 번역하지만] REB는 전자를 수식하는 반면, NRSV, NIV, NJB, AV/KJV는 후자를 수식한다). NRSV는 κατὰ ἄνθρωπον을 "단지 **인간적인** 희망으로"라고 번역한다(사실상 REB도). NIV는 "인간적인 이유"라고 번역한다. NJB는 "인간적인 관점"이라고 더 바람직하게 번역한다. 설령 부활의 배경에서 **소망**이 암시되고 이어지는 **이익** 또는 **유익**에 대한 언급에서 **이유**가 암시된다 하더라도, 해당 표현은 단순히 인간의 **한계에 관심**을 기울이기 때문이다. 하지만 단지 인간적인 견해의 **한계**를 가리키는 데 적합한 용어는 "오직 인간적인 관점에서만"이다. 다시 말해 인간의 관점은 **무덤을 넘어가지 못하고 하나님의 능력에 인간의 힘이 미치지 못한다**(34절과 38절을 보라. 이 절들은 단순히 전자가 아니라 **후자**에 초점을 맞춘다).[234]

"맹수들과 싸우다"(θηριομαχέω)는 부정과거로 표현된다. 이것은 일반적으로 과거 사건을 묘사한다. 바울은 에베소에서 고린도전서를 썼기 때문에 영어의 현재완료—I have battled—가 이에 상응한다.[235] 어떤 이들은 바울이 추정적인 또는 실질적인 범죄에 대한 형벌로서 맹수들과 싸우도록 강요받았음을 암시한다고 주장한다(시칠리아의 디오도로스 3.43.7 [기원전 1세

232) AV/KJV의 I protest는 바울이 부인하거나 반대하는 것을 실질적으로 들을 수 있다고 실감나게 상상하는 것을 전제할 때만 타당하다.

233) 참조. Luther, "1 Cor 15," *Luther's Works*, 28:152-154: "나는 영예를 위해 이것을 행하지 않는다"(참조. 1 Cor 4:9), *WA*, 36:608-609.

234) Robertson and Plummer도 "κατὰ ἄνθρωπον(3:3; 9:8; 롬 3:5; 갈 1:11; 3:15)의 정확한 의미는 각 문맥에 달려 있다"고 주해한다(Robertson and Plummer, *First Epistle*, 361).

235) Edwards, *First Epistle*, 428.

기]; 요세푸스, 유대전쟁사 7.38; 이그나티오스, 에베소 교인들에게 보낸 편지, 1:2; 트랄레스 교인들에게 보낸 편지, 10). 그러나 이그나티오스는 이 복합동사를 문자적으로(앞에서처럼) 그리고 은유적으로 사용한다. 곧 후자의 경우 그는 시리아로부터 로마에 이르기까지 표범 열 마리—곧 열 명으로 구성된 군대 단위—에 묶인 채 맹수들과 싸웠다고 말한다(이그나티오스, 로마 교인들에게 보낸 편지, 5:1).[236] 루터와 칼뱅은 맹수들과 싸우는 것도 포함된 로마의 박해 형태에 대해 세부적으로 논의한다. 그러나 이것은 기원후 54-55년경보다 후대의 시기에 속한다.[237] 바이스와 에링은 이 언급을 문자적인 것으로 간주하면서도 오직 가상적인 것으로만 여긴다. 이것은 수사학적으로 어떤 클라이맥스 또는 절정을 요구하는 주장의 효력을 감소시키는 것처럼 보인다.[238] 다른 한편으로 로마 시민으로서 바울은 이와 같은 형벌을 받을 수 없었을 것이라는 에링의 주장도 은유의 방향을 가리킨다. 또한 고후 11:23 이하에서 언급되는 고난 목록도 이 경험을 언급하지 않는다. 설령 바이스와 에링이 문법상 이 직설법이 지닌 문제를 극복할 수 있다 하더라도, 대다수 저자들은 이 표현을 은유로 이해한다. 피는 이것이 은유일 "수밖에 없다"고 주장한다. 반면에 콜린스는 이것이 어떤 가상적인 사건보다 개연성이 더 높은 아곤(곧 고난) 모티프를 은유적으로 암시하는 것이라고 해석한다.[239] 테르툴리아누스는 이것을 행 19장에 기록된 소동을 은유적으로 언급하는 것으로 간주한다.[240] 오즈번과 맬러비는 여러 대안을 숙고하고 나서 여기서는 분명히 은유가 사용되었다고 결론짓는다.[241] 한편 볼프는 이 경험을 바

236) BAGD, 360-361에 인용됨.

237) Luther, "1 Cor 15," *Luther's Works,* 156 (*WA,* 36:612-613); Calvin, *First Epistle,* 332-333.

238) Weiss, *Der erste Kor,* 365-366. 그는 거의 두 면에 걸쳐 자세하게 논의한다. Héring, *First Epistle,* 171: "더욱이 한 가지 가정적인 요소… '내가 맹수와 싸웠다고 가정해보십시오.' 여기서 직설법은 성취되지 않은 어떤 조건을 표현하기 위해 사용되었을 것이다."

239) Fee, *First Epistle,* 770; Collins, *First Cor,* 557.

240) Tertullian, *Resurrection,* 48.

241) R. E. Osborne, "Paul and Wild Beasts," *JBL* 85 (1966): 225-230; A. J. Malherbe, "The Beasts at Ephesus," *JBL* 87 (1968): 71-80. Malherbe는 헬레니즘의 자료를 견유학파의 윤리학과 비교한다. 반면에 Osborne은 어떤 유대교의 배경을 언급한다(1QpHab 11:16-12:5

울이 자신이 끝자락에 이르렀다("우리는 사형 선고를 받고")고 고백하는 것과 비교한다. "우리는 살 소망까지 끊어졌다"(참조. 고후 1:8-11).[242] 고전 16:9에서 바울은 에베소에서 여전히 복음 사역을 대적하는 자들이 많이 있다고 말한다.

이제 바울은 궁극적인 결말로서 개인의 존재가 해체되는 것을 넘어 아무것도 없는 삶에 대해 절망하는 말을 인용한다. 그는 사 22:13을 인용하는 것인가? 아니면 에피쿠로스학파의 어떤 슬로건을 인용하는 것인가? 또 아니면 에피쿠로스학파의 철학을 반어적으로 과장한 반(反)에피쿠로스적인 슬로건을 인용하는 것인가? 스탠리는 그의 저서 『바울과 성경의 언어』에 이 인용문을 포함하지 않는다.[243] 헤이스도 비록 그의 연구서 『바울서신에 나타난 구약의 반향』에서 이것을 생략하지만, 자신의 주석서에서는 이와 관련하여 다음과 같이 지적한다. 이러한 회의주의는 독자들을 "아시리아 군대에 의해 포위되어 멸망을 눈앞에 두고 미쳐 날뛰는 예루살렘의 주민들처럼(사 22:12-14) 행동하도록 만들 것이다. 즉 뉘우치고 슬피 울며 자신들의 운명을 맞이하는 대신 그들은 사 22:13에서 인용한 것처럼 '[마치 내일이 진정으로 없는 것처럼] 내일 죽을 것이니 오늘은 먹고 마시자고 잔치를 즐기는 것'과 같은 결정을 내렸다."[244] 사실상 모든 주요 주석가는 바울이 이사야 본문을 인용한다고 추측하거나 주장한다.[245] 그들이 제기하는 질문은 다음과 같다. 이 인용문은 과연 헬레니즘의 철학적 또는 윤리적 논쟁에서 인용되는 것과 일치하는가? 궤변적인 형태를 지닌 에피쿠로스학파의 견해는 조야한 물질주의 이상(以上)을 지향하지만, 이 학파의 적대자들, 특히 스토아학파와 견유학파에 속한 이들은 그들을 그렇게 특징지었다. 피가 우리

---

et al.).

242) Wolff, *Der erste Brief*, 398-399; Wolff, *Zweiter Kor*, 25.

243) 다른 한편으로 C. D. Stanley의 판단 기준은 매우 엄격하다.

244) Hays, *1 Cor*, 268. *Echoes of Scripture*는 바울을 포괄적으로 다루려는 의도에서 집필된 것이 아니다.

245) 예를 들면 Wolff, *Der erste Brief*, 399; Fee, *First Epistle*, 772; Conzelmann, *1 Cor*, 278; Weiss, *Der erste Kor*, 366; Héring, *First Epistle*, 172; Barrett, *First Epistle*, 367.

에게 상기시켜주듯이 플루타르코스는 반(反)에피쿠로스적인 경향을 드러내면서 "먹고 마시는" 삶을 방탕하고 허무한 삶이라고 평가한다.[246)]

에릭손이 지적하듯이 이 두 가지 자료는 이 절을 33-34절과 논리적·수사학적 측면에서 훌륭하게 연결해준다. 사 22:13과 "동시대의 반(反)에피쿠로스적인 논쟁"은 모두 "자유 지상주의적인 삶을 가리킨다.…바울은 그리스도의 부활이 주는 삶의 동기 부여 없이 사는 전적으로 공허한 삶이 무엇인지를 알려주기 위해 이것을 사용한다."[247)]

33-34절 UBS 4판의 그리스어 텍스트는 34절 마지막 부분에서 ὑμῖν λαλῶ, "나는 여러분에게 말합니다"라는 올바른 독법을 제시한다. A, F, G는 어떤 필사자가 λέγω로 바꾼 독법을 제시한다. 이 필사자는 이 단어가 장엄한 말에 더 타당하다고 추측하여 그렇게 했을 것이다. 그러나 바울은 분명히 거의 모든 문맥에서 이 단어를 동의어처럼 사용한다.

이 두 절, 특히 34절은 이 장의 신학적인 핵심과 논의의 요점을 표현한다. 하나님에 대한 지식(하나님의 부요, 하나님의 은혜, 그리스도를 통한 하나님의 변화시키는 행위)은 부활이 진정으로 무엇인지를 이해하는 데 핵심적인 역할을 한다.[248)] 하나님에 대한 이 지식과 매일의 삶의 방식 간의 상호 관계 또한 근본적이다. 이 절들은 문법과 어휘에 담긴 의미 깊은 뉘앙스를 보여주는 데 중요한 역할을 한다.

첫 번째 부정적인 명령인 μὴ πλανᾶσθε은 현재 시제다. 이 그리스어는 (전후 문맥이 다른 의미를 제시하지 않는 한) "잘못하는 것을 멈추어라, 더 이상 미혹되지 말라 또는 미혹되지 말라"를 뜻한다. 이 표현은 계속해서 미혹되지 말라는 의미가 있다. πλανάω는 이어지는 인용문이 알려주듯이 이 문맥에서 "잘못하다" 그 이상을 의미한다.

---

246) Plutarch, *Moralia* 1098C, 1100D, 1125D. 다음 주석서에서도 인용됨. Fee, *First Epistle*, 770.
247) Eriksson, *Tradition as Rhetorical Proof*, 266.
248) Barth의 다음 저서에서 이 강조점이 두드러지게 나타난다. Barth, *Resurrection of the Dead*, 특히 17-18, 113, 127, 179, 189-197. 그리고 본 주석서 저자도 다음 논문에서 이 강조점을 강력하게 지지한다. Thiselton, "Luther and Barth on 1 Cor 15," in Stephens (ed.), *The Bible, the Reformation and the Church*, 258-259.

히에로니무스가 처음으로 이 인용문이 메난드로스의 희극에서 유래했다고 주장했지만, 이 인용문이 널리 알려진 격언이 되었다는 명백한 증거가 있다.[249] 바울은 이 말이 격언으로서 인용되는 것을 여러 번 들었을 수도 있다. 이 인용문과 관련하여 우리는 바울이 해당 그리스어 문헌을 알고 있었는지 여부에 대해 추론할 수 없다. 한편 ὁμιλίαι는 번역하는 데 세심한 주의를 기울여야 한다. 이 단어는 진정으로 교제, 친교, 동아리 등을 가리킨다. 나아가 이것은 확장된 의미로 연설이나 설교를 뜻한다.[250] 하지만 이 단어는 규칙적으로 모여 어떤 일을 함께하는 사람들과 그 모임에 "속한다"라는 의미에서 패거리, 그룹 등의 개념을 전달한다. 따라서 우리는 ὁμιλίαι κακαί를 "패거리에 속하는"이라고 번역했다. 흔히 이 표현은 "나쁜 무리"(NRSV, REB, NIV, NJB)로 번역된다(반대: AV/KJV; evil communications). 하지만 이 번역은 그룹 "내부에서" 경험하는 동료 집단으로부터 받는 사회적 압력이라는 의미를 상실한다. 이 그룹에 속한 사람의 삶은 이와 밀접하게 연결되어 있다.

번역과 관련된 또 다른 이슈는 ἤθη χρηστά라는 표현에서 ἤθη가 무엇을 의미하는지와 관련이 있다. 여기서 영역본들은 서로 다른 번역을 제시한다. 예를 들면 "훌륭한 도덕"(NRSV, 콜린스), "좋은 성품"(REB, NIV, 모팻), "좋은 길"(NJB, 바레트), "훌륭한 매너"(AV/KJV), "훌륭한 습관"(W. F. Beck) 등이다. 그리고 관습 또는 습관을 가리키기 위해 ἦθος(단수) 또는 ἤθη(복수)가 사용되는 것은 고전 그리스어 시대 초기부터(헤로도토스, 헤시오도스) 바울 시대를 거쳐(필론, *De Specialibus Logibus* 2.104) 사도 교부 시대(클레멘스1서 21:7)와 파피루스 문헌(*Papyrus Oxythynchus* 642)에 이르기까지 다양하게 발견된다.[251] 그러나 고대 그리스 윤리와 현대 윤리에서 χρηστά와 함께—훌륭한 습관 또는 습관화된 훌륭한 성향—이 표현은 우리가 (그리고 고대 그리

249) Menander, *Thais,* Fragment 218; 참조. Euripides, *Fragments* 1,013; Diodorus Siculus, *History* 16.54.4(아우구스투스 황제 시대); Philo, *Deterius Potiori Insidiari Soleat* 38.

250) BAGD, 565.

251) 표준사전에서 해당 단어의 의미 영역을 참조하라. 예. BAGD, 344.

스인들이) 훌륭한 성품이라고 부르는 것을 가리킨다. ἤθη를 "습관"(Beck) 또는 "성품"(REB, NIV)이라고 번역하는 것도 가능하며, 이 점에 근거하여 "선"을 실천하는 습관도 "도덕"(NRSV)에 속한 것으로 인식될 수 있다. 하지만 소홀히 여겨진 요소는 여전히 공적인 영역에서 나타나는 성품 또는 습관의 표현이며, "좋은 길"(NJB와 바레트의 첫 번째 선택, 그의 두 번째 선택은 성품)이라는 번역을 지지해준다.[252] 이와 같은 논의가 활발하게 전개된 때부터 영어에서는 "삶의 방식"이 실질적으로 이 모든 측면을 통합한 것을 가리키는 용어로 등장했다. 이 용어는 도덕, 성품, 습관, 길을 모두 포함한다. 심지어 이 단어는 다른 사람을 존중하거나 경시하는 것도 포함한다(참조. 고전 8-10장. AV/KJV는 이 오래된 의미로 "매너"라는 번역을 사용한다). 따라서 우리는 이 표현을 "훌륭한 삶의 방식"이라고 번역한다.

우리는 과연 바울이 교회 안에서 현실에 안주하며 회의적인 생각을 지닌 "강한 자들"의 나쁜 패거리(에링; 참조. 마틴)를 염두에 두고 있는지, 아니면 고조된 사회관계와 외부의 영향으로 비기독교적인 가치관이 교회 안에 침투한 것에 관심을 기울이는 것인지 알 수 없다.[253] 둘 중에 하나이든 둘 다이든 간에 이것은 오늘날의 훌륭한 사회심리학에 기초하여 목회 현장에 실질적인 경고를 제공한다. "내부 그룹"에 의한 압력은 매우 강하며, 이른바 포스트모더니즘의 분위기는 이러한 그룹이 더 광범위한 합리주의나 세계관의 틀 안에서 공유할 수 있는 중재가 불가능하거나 불필요하다는 것을 받아들이도록 유도한다.

또 ἐκνήψατε δικαίως도 한 가지 이상의 번역이 가능하다(참조. "진지하고 올바르게 생각하라", NRSV; "마땅히 흐리멍덩한 상태에서 깨어나라", NJB). 동사 ἐκνήφω(여기서는 부정과거 명령형으로 사용됨)는 신약성경에서 오직 여기서만

252) Barrett, *First Epistle,* 367.

253) Héring은 교회 안에 있던 부정적인 그룹들에 속한 그리스도인들을 상상할 "필요가 없다"라고 이해한다(Héring, *First Epistle,* 173). 반면에 마틴은 다음과 같이 주장한다. 부활의 이슈가 "고린도 교회를 사회적 신분에 따라 갈라놓았다. 강한 자들은 그 당시 널리 퍼져 있던 철학에 영향을 받아 몸을 무시하며 부활의 몸이라는 개념에 반대했다"(D. B. Martin, *The Corinthian Body,* 107; 참조. 104-136).

나타난다. 그러나 이 동사는 70인역에서 창 9:24과 욜 1:5에서처럼 대체로 술 취한 상태에서 깨어나는 것, 맑은 정신으로 되돌아오는 것 등의 의미로 사용된다(그림-타이어). 또한 이 단어는 플루타르코스, 데모스테네스 및 다른 고대 그리스 저자의 글에서 "제정신으로 돌아오다"(BAGD)를 뜻한다.[254] 이 동사가 δικαίως와 함께 사용될 때 이 표현은 술에 취해 흐리멍덩한 상태에서 깨어나는 것을 가리킨다. 이것은 다음 두 가지 중 하나와 관련되어 있다는 점에 해당하는, 서로 매우 다른 두 가지 방법으로 이해되었다. (a) 도덕적 또는 상호 관계의 올바름과 (b) 항상 구체적으로 명시될 필요가 없는 어떤 적합한 규범에 상응함이다. 두 번째 의미에 근거하여 바레트는 "온전히(δικαίως, '올바르게'가 아님: 컴멜은 이 의미로 이해함) 정신을 차려라"라고 올바르게 주장한다.[255] 이 은유는 다음 요소를 결합한 영어 번역을 요구한다. (a) 술에 취한 후에 깨어나 머리가 맑아지는 것, (b) 현실을 각성하는 것, 곧 어떤 환상에 빠지거나 세상으로부터 도피하는 대신에 분별력을 되찾는 것, (c) 꼭 필요한 진지하고 맑은 정신을 되찾는 것 등이다.

δικαίως의 의미는 "올바르게" 또는 "올바른 결심으로"(로버트슨과 플러머)보다는 "여러분이 마땅히 그래야 하듯이"(NIV) 또는 "여러분이 그래야 하듯이"(NJB) "적절하게"(바레트, 콜린스)일 것이다. 이 문맥에서 "적절하게"는 현실에서 모든 영적 능력과 신분을 기대하는 승리주의, 자기만족 또는 환상에 대항하여 **현실주의와 절제의 규범**에 올바르게 부합하는 것에 달려 있다. 호슬리는 **그노시스**의 "나쁜 대화"와 **소피아**에 대한 꿈에서 깨어나는 것에 대해 깊이 생각한다.[256] 랑은 더 설득력 있게 자신들을 "성령의 사람"으로 규정하는 자들의 열광적인 "황홀 상태"(참조. 4:8)를 언급한다. 바울은 이에 반대하면서 "진정한 종말론적인 '현실주의'"를 요구한다.[257] "성령에 취했다"는 것은 아마도 "우리 그룹의 경험"에 대항하여 진지한 논의와 공

---

254) BAGD, 243; Grimm-Thayer, 198.

255) Barrett, *First Epistle,* 367.

256) Horsely, *1 Cor,* 208.

257) Lang, *Die Briefe,* 231.

동 전승에 기초한 합리적인 진리 주장에 대한 관심을 평가절하하며 부당하게 들떠 있는 어떤 비판자의 인식일 수 있다. 만약 그것이 옳다면 δικαίως는 "술에 취해" 환각 상태에서 벗어난 **냉철한 상태**(참조. REB)를 가리킬 것이다. 우리는 부정과거 명령과 강조 부사의 의미가 서로 합쳐진 것을 인정하며 "정신을 차리십시오. 깨어 각성하십시오"라고 번역했다.

부정과거 ἐκνήψατε는 부정의 의미를 전달하는 두 개의 현재 명령형 사이에 놓여 있다. 각 동사는 저마다 다른 동사를 강조할 수밖에 없다. 따라서 μὴ ἁμαρτάνετε는 "죄짓는 것을 멈추십시오, 그릇된 행위를 그만두십시오" 또는 (NJB와 함께, 개선할 수 없는) "죄에 관여하지 마십시오" 등을 의미할 것이다. 대다수 영역본은 바울이 신학적으로 사용하는 "죄"라는 단어를 번역에 (올바르게) 포함한다. 이는 여기서 하나님과 타인에 대한 태도, 믿음의 문제, 생활 방식에 대한 문제가 모두 망라되기 때문이다. 바울은 주로 죄를 범하느냐 마느냐라는 행위의 관점에서보다는 태도, 자세, 상태의 관점에서 죄를 평가하는데, 여기서 인간의 의지에는 하나님께 등을 돌리고 인간의 삶의 궁극적인 목적으로서 자기만족을 추구하는 "자율성"이 허용된다.[258)]

"어떤 사람들"은 단순히 τινες를 묘사하지만, 이 단어는 15:1부터 현 지점까지 바울의 논의 전반에 걸쳐 "대적자"였던 15:12의 "어떤 이들"의 뉘앙스를 이어받는다. 이 핵심적인 구절의 첫 번째 단어는 (γάρ 앞에 있는) ἀγνωσίαν이다. 그노시스, "지식"에 대한 우리의 이론이 무엇이든 간에 이 편지에서 이 단어는 적어도 고린도의 "강한 자들"이 아주 선호했던 것이었다. "우리는 모두 그노시스를 소유하고 있습니다"(8:1, 우리 그룹 안에 있는 자들?)라는 문장에 "그러나 [고린도 교회에 속한] 모든 사람이 '지식'을 소유하고 있는 것은 아닙니다"(8:7)가 특징적으로 뒤따른다. 어떤 사람들(τινες)은 더 쉽게 상처를 받는다(8:8-13). 여기서는 그저 "어떤 사람들은 하

---

258) Pannenberg의 조직신학(2:231-276; 또한 참조. 218-231)은 엄밀히 말해 20세기 후반의 "조직신학"의 일부분에 속한다. 그러나 죄에 대한 바울의 이러한 관점을 해당 부분에서 그보다 더 정확하게 파악하고 전달한 저자는 극소수에 지나지 않는다. 특히 아우구스티누스의 체계적인 검토 이전의 바울에 대한 논의는 232-240을 보라.

나님에 대해 전적으로 무지합니다"라고 번역하는 것이 더 쉬울 것이다. 이 번역은 바울이 사용한 명사 ἀγνωσίαν과 그 강조점을 잘 보존해준다. 그러나 알파 부정어 ἀγνωσίαν은 지식에 대한 언어유희를 포착할 수 있게 한다(예. 영어에서 unknowledge 또는 non-knowledge; ignorance는 그 의미를 제대로 전달하지 못함). 바울의 단호한 비판에 무게를 더하기 위해 우리는 τινες 앞에 있는 γάρ를 "여러분도 알다시피"라고 번역했다(즉 논리적인 의미에서 여러분도 알다시피 "어떤 사람들은" 하나님에 대한 "지식"이 전혀 없습니다). 우리는 (그리스어 본문에는 없지만) 여기서 "전혀"와 같은 단어가 필요하다. ἀγνωσίαν ἔχουσιν은 바울과 성경 전승의 많은 부분에서 "ἀγνοεῖν 그 이상을 의미하기" 때문이다. 에드워즈가 지적하듯이 이 단어는 그리스도인이 되기 전의 어둠의 상태와 똑같은 의미를 지니고 있다(클레멘스1서 59). 또한 이 단어는 종종 이방인들의 생각을 특징짓기 때문에 바울은 다음과 같은 논점을 전달하려는 것 같다. "여러분 가운데 어떤 이들은 이교도들에게 해당하는 하나님에 대한 무지를 소중히 여기고 있습니다."[259]

하나님에 대한 지식은 바울의 논의 전체의 핵심이다. 우리가 이미 살펴보았듯이 바르트의 견해에 의하면 "이 '하나님의'[참조. 고전 4:5]는 분명히 은밀한 중심이다"(고전 1-4장과 15장은 물론 고린도전서 전체 참조).[260] 케네디는 씨앗 그 자체 또는 "썩을 몸"(15:37)과 부활의 σῶμα 전체(15:38) 사이의 단 하나의 연결고리는 "하나님의 주권적인 능력"이라고 말한다.[261] 창조주로서 그의 주권적인 능력과 지혜 안에서 이미 입증된 하나님의 무한한 풍요가 부활의 "몸"을 "상상할 수 있는 가능성"에 대한 유일한 대답이다(15:35-45). 죽은 사람은 "다시 살아나는 것"에 스스로 아무런 기여도 할 수 없다. 심지어 나사렛 예수의 부활도 하나님의 주권적인 능력으로 말미암은 것이다(앞에서 해당 그리스어 동사의 수동태에 대한 설명 참조). 모든 것은 하나님

---

259) Edwards, *First Epistle*, 430.

260) Barth, *Resurrection*, 18(독일어. *Auferstehung*, 4).

261) Kennedy, *St. Paul's Conceptions of the Last Things*, 243.

께 달려 있다. "하나님은 죽은 자를 살리시며 없는 것을 있는 것으로 부르시는 이시다"(롬 4:17).[262] 나는 다른 논문에서 고전 15장의 논리에서 이 주제가 핵심을 차지한다고 주장했다.[263]

바울이 **명예와 수치**의 기준에 관심을 둔 문화 안에서 이것을 가장 중요한 이슈로 삼는 것은 놀라운 일이 아니다(6:5, "나는 여러분을 부끄럽게 하려고 이 말을 합니다"에 대한 주해를 참조하라). 이 편지의 수신자들(예. "강한 자들")이 자신들의 명예를 드높이거나 수치를 가져올 다양한 비난에 대해 얼마나 민감하게 반응할지와 관련하여 우리는 단지 수사학, 다양한 기부, 기념비 등에 의해 구체적으로 예시되는 명예와 자화자찬의 중요성을 머릿속에 떠올리기만 하면 될 것이다. 브루스 윈터는 고전 1:26-28과 관련하여 명예-수치의 기준에 서로 대조되는 다양한 사항을 탁월하게 예시해준다. "세속적인 고린도 도시에서 존중받는 신분은 σοφοί, δυνατοί, εὐγενεῖς 등이다"(이들과 대조되는 대상은 τὰ μωρά ... τὰ ἀσθενῆ ...τὰ ἀγενῆ ...τὰ ἐξουθενημένα ... τὰ μὴ ὄντα 등이다). 이와 나란히 윈터는 소피스트의 목록을 제시한다. 이 목록은 ἔνδοξοι, πλούσιοι, ἡηεμόνες로부터 시작하며…열두 가지 항목에 이른다.[264] 우리가 앞에서 이미 언급한 바와 같이 앤드류 클라크는 "자기 자랑"이 "광범위하게 받아들여진 관습"이었음을 보여준다.[265] 15장에 언급된 그룹 또는 그룹들은 그 어떤 것으로도 자신들의 자세의 극악함을 스스로 깨달을 수 없었다. 따라서 이 절은 35-58절의 중심을 형성하는데, 거기서 바울은 그리스도를 통해 성령에 의해 나타난 하나님의 창조적이며 주권적인 행위의 실재에 근거하여 자신의 주장을 펼친다.

262) 참조. Wendland, *Die Briefe*, 151; Lang, *Die Briefe*, 231.

263) Thiselton, "Luther and Barth on 1 Cor 15," in Stephens (ed.), *The Bible, the Reformation and the Church*, 258-289.

264) B. W. Winter, *Philo and Paul among the Sophists*, SNTSMS 96 (Cambridge: Cambridge University Press, 1997), 192 and 193.

265) Andrew Clarke, *Secular and Christian Leadership*, 98.

C. "몸의 부활"은 어떻게 이해하고 상상할 수 있을까? 두 번째 논박과 확증(15:35-58)

[35] 그런데도 어떤 사람은 이렇게 반문할 것입니다. "어떻게 죽은 자들이 다시 살아납니까? 그들은 어떤 몸으로 돌아올 수 있습니까?" [36, 37] 여러분은 어리석은 사람입니다! 여러분이 심는 것은 죽지 않으면 살아나지 못합니다. 그리고 여러분이 심는 것에 대해 생각해봅시다. 여러분이 심는 것은 장차 나타날 몸이 아니라 아마도 밀이나 다른 곡식의 알갱이일 것입니다. [38] 그러나 하나님께서 자신이 의도하신 대로 그것에 어떤 '몸'을 주십니다. 곧 다양한 종류의 씨앗에 각각 고유한 썩을 몸을 주십니다. [39, 40] 모든 살이 똑같은 살은 아닙니다. 사람의 살도 있고, 짐승에게 속한 살도 있고, 새에게 속한 살도 있고, 물고기에게 속한 살도 있습니다. 그리고 땅을 초월한 몸도 있고, 땅에 속한 존재를 위한 몸도 있습니다. 이 땅을 초월한 몸에 주어진 광채가 다르고, 땅 위에 사는 이들의 몸에 주어진 광채도 매우 다릅니다. [41] 해의 광채가 그 나름대로 독특하다면 달의 광채 또한 그것과 다르고, 별 또한 그것 나름대로 독특한 광채를 지니고 있습니다. 왜냐하면 한 별의 광채가 다른 별의 광채와 다르기 때문입니다. [42] 그러므로 죽은 자의 부활도 이와 같을 것입니다. 썩을 것으로 심어진 것은 썩지 않을 것으로 다시 살아납니다. [43] 비천한 것으로 심어지지만, 영광스러운 것으로 다시 살아납니다. 약한 것으로 심어지지만, 능력 있는 것으로 다시 살아납니다. [44] 평범한 사람의 몸으로 심어지지만, 성령에 의해 형성된 몸으로 다시 살아납니다. 만약 인간적인 영역을 위한 몸이 있다면 성령의 영역을 위한 몸도 있습니다. [45, 46] 이런 의미에서 다음과 같이 기록되어 있습니다. "첫 사람" 아담은 "살아 있는 사람이 되었다." 마지막 아담은 생명을 주는 영이 되었습니다. 그러나 먼저 온 자는 성령에게 속한 자가 아니라 순전히 인간이었습니다. 그다음에 성령에게 속한 자가 왔습니다. [47, 48] 첫 사람은 '땅의 흙, 먼지로 빚어졌습니다. 둘째 사람은 하늘에서 났습니다. 흙으로 빚어진 자는 흙에 속한 자들의 모델입니다. 하늘에서 난 자는 하늘에 속한 자들의 모델입니다. [49] 우리가 땅의 흙으로 빚어진 자의 형상을 입은 것 같이 우리도 하늘에 속한 자의 형상을 입을 것입니다. [50] 나의 사랑하

는 친구들이여, 나는 이것을 분명히 말하고자 합니다. 곧 살과 피는 하나님 나라를 상속받을 수 없습니다. 썩는 것은 썩지 않는 것을 소유할 수 없습니다. [51, 52] 보십시오! 내가 여러분에게 한 가지 비밀을 말합니다. 우리 곧 사람들이 모두 죽어 잠자지 않을 것이며, 우리는 모두 변화될 것입니다. 곧 순식간에 눈 깜짝할 사이에 마지막 나팔이 울려 퍼질 때 우리는 변화될 것입니다. 나팔이 신호를 보낼 것입니다. 그러면 죽은 자들이 썩지 않는 몸으로 다시 살아날 것입니다. 그리고 우리도 다른 형태로 변화될 것입니다. [53] 썩을 수밖에 없는 이 몸은 반드시 썩지 않는 것을 입어야 하고, 이 죽을 몸은 죽지 않는 것을 입을 것이기 때문입니다. [54, 55] 이 썩을 몸이 썩지 않을 것을 입을 때, 그리고 이 죽을 몸이 죽을 수 없는 것을 입을 때, 그때 성경의 선언이 효력을 나타낼 것입니다. "승리가 죽음을 삼켰다. 죽음아—너의 승리가 어디 있느냐? 죽음아—너의 독침이 어디 있느냐?" [56] 자, 죽음의 독침은 죄입니다. 그리고 죄의 능력은 율법으로부터 옵니다. [57] 그러나 우리 주 예수 그리스도를 통해 우리에게 승리를 주시는 하나님께 감사합시다! [58] 그러므로 나의 사랑하는 동료 그리스도인들이여, 굳게 서서 흔들리지 마십시오. 그리고 언제나 주님의 일에 헤아릴 수 없을 만큼 더욱더 풍성한 사람이 되십시오. 여러분의 수고가 주님의 일 안에서 헛되지 않다는 것을 여러분은 알고 있습니다.

에릭손의 최근의 수사학적 분석은 오늘날 몇몇 오래된 주석서 및 연구서(바이스, 케네디, 로버트슨과 플러머)와 최근의 몇몇 주석서 및 연구서(M. M. 미첼, D. F. 왓슨, 볼프)에서 확인된 강조점과 잘 부합한다.[1)] 에릭손은 다음과 같이 주장한다. "논박(*refutatio*) 및 확증(*confirmatio*)과 함께 새로운 논쟁은 15:35에서 시작한다.…논쟁의 핵심 질문은 부활의 본질과 관련이 있다. 이 질문은

1) Eriksson, *Traditions as Rhetorical Proof,* 267-275; Weiss, *Der erste Kor,* 367-370; Robertson and Plummer, *First Epistle,* 367-373; Kennedy, *St. Paul's Conceptions of the Last Things,* 239-262; Mitchell, *Rhetoric of Reconciliation,* 289-290; Watson, "Paul's Political Strategy in 1 Cor 15," in Porter and Olbricht (eds.), *Rhetoric and the NT,* 244-249; Wolff, *Der erst Brief,* 401-412.

더 구체적으로 ποίῳ δὲ σώματι ἔρχονται;로 명시된다. 이 질문은 부활의 몸을 정의하는 데 강조점을 둔다."[2)]

두 번째 **논박**(35-49절)은 두 가지 반박을 통해 몸의 부활이 논리적으로 이해될 수 없으며 상상조차 할 수 없다는 주장의 오류를 밝혀낸다.

(1)(a) **감탄**(*exclamatio*, 단순한 감정의 격발이 아님, ἄφρων σύ, 36a)은 (비록 그것의 정체성은 저것이 아니라 이것으로 머물러 있지만) 어떤 꽃이나 열매가 그것의 씨와 더 이상 똑같지 않듯이 변화된 부활의 몸(σῶμα)이 죽을 때 지녔던 몸과 똑같을 것이라는 그릇된 전제를 거부한다. (b) **감탄**은 하나님에 대한 지식이 없다(34b)는 말을 다시 논의하며, 이해 불가능성과 상상 불가능성이 없이도 논리적으로 수용 가능하다는 개념을 반박한다(창조주 하나님은 자신의 목적, 지혜, 풍요로운 계획에 따라 결정된 적절한 σῶμα를 주신다[38절]는 논리적 삼단논법 참조).[3)]

(a) "몸" 간의 차이점과 (b) 창조세계 안에서 이미 관찰할 수 있는 절대 주권을 지닌 하나님의 무한한 풍요로움이라는 두 가지 주제는 35-49절 전반에 걸쳐 언급된다. 이 절들에서 논박의 클라이맥스는 성령의 변화시키는 역할(44절)뿐만 아니라 옛 질서에 속한 첫 번째 아담과 마지막 아담—신자들은 장차 그의 형상을 입을 것이다—사이의 대조(45-49절) 안에서 발견된다. 그리고 바이스, 왓슨, 볼프는 대적자 또는 반대자가 말하는(ἀλλ᾽ ἐρεῖ τις ...) πῶς, "어떻게"의 중요한 역할을 지적한다. 반면에 미첼, 케네디, 로버트슨과 플러머(그리고 볼프와 왓슨도)는 바울의 수사학이나 생략 삼단논법의 논리에서 ὁ δὲ θεὸς δίδωσιν αὐτῷ σῶμα καθὼς ἠθέλησεν(38절)이 핵심적인 역할을 한다고 말한다.[4)]

---

2) Eriksson, *Traditions*, 267.

3) 바울이 생략 삼단논법을 사용하는 것에 관해서는 다음을 보라. Moores, *Wrestling with Rationality in Paul*.

4) Mitchell, *Rhetoric of Reconciliation*, 289; Watson, "Rhetorical Strategy," 245; Kennedy, *Last Things*, 242-247; Wolff, *Der erste Brief*, 403-403; Weiss, *Der erste Kor*, 367. 참조. Bünker, *Briefformular*, 59-72. 한편 Kennedy는 (Edwards, *First Epistle*, 434의 견해를 따라) καθὼς ἠθέλησεν, "그분이 의도하신 대로"가 하나님의 절대 주권적인 의지의 최종적

(2) 에릭손은 50-57절에서 두 번째 **확증**(*confirmatio*)이 다루어진다고 확인한다. 반면에 왓슨은 이 확증이 44b에서 시작된다고 주장한다. 에릭손은 49절이 아담-그리스도의 유비를 부활의 몸에 대한 질문에 적용하면서 35-48절의 내용을 요약해준다고 강력하게 주장한다. 우리의 견해에 의하면 49절은 논박의 "대조되는" 논점의 절정을 반영함으로써 이것을 확인해준다. 그리고 두 번째 확증(50-57절)은 **미래**와 관련하여 **변화에 대한 복음의 원리**를 설명한다. 에릭손은 "바울의 논점의 예리한 핵심이 현재의 부활을 주장하는 자들을 향하고 있다"고 믿는다.[5] 나아가 그는 50절의 **명제**(*propositio*)에 대한 예레미아스의 논문의 특별한 중요성을 올바르게 받아들인다. 50절에서 현재의 상태 그대로 종말론적인 하나님의 나라를 기업으로 받지 못하는 **살과 피**는 썩음(ἡ φθορά)으로 특징지어지며, 연약하고 상처받기 쉽고 죄악의 상태로부터 **변화**를 기다리고 있다. 또한 살과 피는 영광의 변형된 상태로 "깨어날" 것이다. 그때 잠든 군대가 나팔소리를 듣자마자 일어나듯이 "우리는 모두 순간적으로 **변화될** 것이다"(52절). 이 단락의 결론을 맺어주는 찬가는 죄, 죽음, 과거의 행위의 영향력에 얽매임(곧 율법, 54-56절)에 대한 승리의 신학을 구체적으로 표현해준다. 그 근거는 바로 그리스도를 통한 하나님의 절대 주권적인 은혜다(57절). 마지막 절(58절)은 3-57절의 결과로서(ὥστε) 신학과 일상생활에서 복음의 전승을 꼭 붙잡으라는 권면으로 되돌아간다(15:3-6).[6] 이 기초에 의하면 아무것도 "헛되지" 않다.

15:35-58에 대한 추가 참고문헌(15:1과 15:12도 보라)

Altermath, F., *De corps psychique ou corps spirituel. Interprétation de 1 Cor 15:35-49 par des auteurs des quatre premiers siècles*, BGBE 18 (Tübingen: Mohr, 1977).

인 행위를 가리키기 위해 **부정과거**로 표현되었다는 것에 주목한다. 이것은 그 의지의 특성을 결정한다.

5) Eriksson, *Tradition*, 272.

6) Eriksson은 58절에서 제시된 "결론(*Peroratio*)에 나타난 복음 전승"을 언급한다(Eriksson, *Tradition*, 275).

Bonneau, N., "The Logic of Paul's Argument on the Resurrection Body in 1 Cor 15:35-44a," *SeEs* 45 (1993): 79-92.

Burchard, C., "1 Kor 15:39-41," *ZNW* 74 (1983): 233-252.

Carrez, M., "With What Body Do the Dead Rise Again?" *Conc* 10:6 (1970): 92-102.

Cavalin, H. C. C., Life after Death: Paul's Argument for the Resurrection of the Dead in 1 Cor 15, ConB 7 (Lund: Gleeup, 1974).

Clavier, H., "Brèves Remarques sur la Notion de σῶμα ψυχικόν," in W. D. Davies and D Daube (eds.) *The Background to the NT and Its Eschatology: Sudies in Honour of C. F. D. Moule* (Cambridge: Cambridge University Press, 1956), 342-362.

Cullmann, O., Immorality of the Soul or Resurrection of the Dead? (London: Epworth, 1958)

Davies, J. D., "Factors Leading to the Emergence of Belief in the Resurrection of the Flesh," *JTS* 23 (1972): 448-455.

Dunn, J. D. G., "1 Cor 15:45—Last Adam. Life-Giving Spirit," in B. Lindars and S. J. Smalley (eds.) *Christ and the Spirit in the NT: In Honour of C. F. D. Moule* (Cambridge: Cambridge University Press, 1973), 127-141.

______, *The Theology of Paul* (Edinburgh: T. & T. Clark, 1998), 199-204, 208-212, 241-265.

Ford, D. F., *Self and Salvation: Being Transformed* (Cambridge: Cambridge University Press, 1999).

Gillmann, J., "A Thematic Comparison: 1 Cor 15:50-57 and 2 Cor 5:1-5," *JBL* 107 (1988): 439-454.

______, "Transformation in 1 Cor 15:50-57 and 2 Cor 5:1-5," *ETL* 58 (1982): 309-333.

Goppelt, L., *Typos* (Eng. trans., Grand Rapids: Eerdmans, 1982), 129-136.

Gundry, R. H., *Soma in Biblical Theology,* SNTSMS 29 (Cambridge: Cambridge University Press, 1976), 159-183.

Hollander, H. W., and J. Holleman, "The Relationship of Death. Sin and the Law 1 Cor 15:56," *NovT* (1993): 270-291.

Jeremias, J., "Ἀδάμ," *TDNT,* 1:141-143.

______, "'Flesh and Blood Cannot Inherit the Kingdom of God' (1 Cor 15:50)," *NTS* 2 (1955): 151-159 (also rpr. in Jeremias, Abba [Göttingen, 1966], 298-307).

Kreitzer, L. J., "Resurrection," *DPL,* 805-812.

Morisette, R., "La condition de ressucité, 1 Cor 15:35-49," *Bib* 53 (1972): 208-228.

Pamment, M., "Raised a Spiritual Body: Bodily Resurrection acvcording to Paul," *New Blackfrairs* 66 (1985): 372-388.

Perriman, A. C., "Paul and the Parousia: 1 Cor 15:30-37 and 2 Cor 5:1-5," *NTS* 35 (1989): 512-521.

Rahner, K., "Ideas for a Theology of Death," in *Theological Investigations* (London: DLT and New York: Seabury, 1975), 13:169-186.

______, *On the Theology of Death* (Eng. trans., New York: Herder & Herder, 1961).

_______, "The Resurrection of the Body," in *Theological Investigations* (London: DLT and New York: Seabury, 1963), 2:203-216.

_______, "The Scandal of Death" and "He Descended into Hell," in *Theological Investigations* (London: DLT and New York: Seabury, 1971), 7:140-151.

Sand, A., *Der Begriff "Fleisch" in de paulinischen Hauptbriefen,* BU 2 (Regensburg: Pustet, 1967).

_______, "σάρξ," *EDNT,* 3:230-233.

Schneider, B., "The Corporate Meaning and Background of 1 Cor 15:45b," *CBQ* 29 (1967): 450-467.

Schweizer, E., "χοϊκός," *TDNT,* 9:472-479.

Sider, R., "The Pauline Conception of the Resurrection Body in 1 Cor 15:35-54," *NTS* 21 (1975): 429-439.

Thiselton, A. C., "Eschatology and the Holy spirit in Paul with Special Reference to 1 Cor" (Unpublished M. Th. thesis, University of London, 1964), 189-239, 245-248.

Usami, K., "How Are the Dead Raised? (1 Cor 15:38-38)," *Bib* 57 (1976): 468-493.

35절 하나님에 대한 지식이 없다는 바울의 비난—그는 그들이 이것을 부끄러워해야 한다고 말한다—에도 불구하고(34절) 대조를 강하게 나타내는 접속사 ἀλλά, "그럼에도"에 의해 "어떤 사람들"(τις; 참조. 15:12, 34)이 자신들의 관점에서 바울의 답변에 이의를 제기하는 내용이 소개된다(여기서 이의를 제기하는 것에 해당하는 그리스어 단어는 ἐρεῖ다. 그러나 바울은 다른 곳에서도 대답, 회답 또는 반대를 표현하는 데 이 단어를 사용한다). 바이스, 랑 및 많은 저자들이 주장하듯이(콜린스의 견해와 다름) 이 반대의 초점과 강조점은 πῶς, "어떻게"에 있다. 이것은 "어떤 방법으로"를 의미하기보다는 "어떻게 그것이 가능한가?"를 뜻한다.[7] 이것은 (일차적으로) 논리에 근거한 것이며 (이차적으로는) 경험에 근거한 것이다. 비록 이 이의 제기가 진정한 것이며 단순히 수사학적으로 고안된 것이 아니지만, 이처럼 πῶς를 사용하는 것은 "종종 질문을 통해 어떤 전제를 토의하게 하거나 그것을 전적으로 거부하는 수사 의문문을 도입한다."[8]

---

7) Weiss, *Der erste Kor,* 367; Lang, *Die Briefe,* 232; 참조. Wolff, *Der erste Brief,* 402(이와는 대조적으로 Collins, *First Cor,* 565은 몸에 관한 묵시론적인 사변에서 "옷"과 "여행"에 대한 질문을 언급한다).

8) Watson, "Rhetorical Strategy," in *Rhetoric,* 245, n. 50; BAGD, 732.

35절의 두 가지 질문이 과연 서로 구별되는 것인지 아니면 두 번째 질문은 첫 번째 질문을 확대 설명하는 것인지에 대해서는 상당한 논쟁이 벌어졌다. 볼프가 강조하듯이 35-41절은 주로 "몸"에 근거하여 "몸을 지니고 있음"(독일어. *Leiblichkeit*)이라는 주제에 초점이 맞추어져 있다(실제로는 이 두 주제 중 하나다. 앞에서 15:35-58에 대한 머리말을 보라). 그리고 여기서 이 몸은 이전의 (경험으로 알 수 있는) 창조세계 안에 있는 것으로 인식된다. "어떻게"로 표현된 **개념적인 난점**에 "어떠한(ποίῳ) 몸으로"가 덧붙여져 더 날카로워진다고 추론하는 것은 자연스럽다.[9] 그리고 35절에서 δέ의 효력은 한편으로 이 견해를 반대하는 논점이라는 주장이 제기되었지만, 또 다른 한편으로는 그것을 뒷받침하는 논점이라는 주장이 제기되었다. 따라서 마이어는 이렇게 주장한다. "δέ는 πῶς와 ποίῳ δὲ σώματι를 매우 밀접하게 평행으로 배열하기 때문에 이것은 사실상 '아니면…'을 의미하지 않고 '오히려 어떻게…'로 시작하는 질문의 범위를 설명한다."[10] "이 두 번째 질문은 첫 번째 질문을 지지하기 위해 제기되었다."[11] 피와 랑의 견해는 이 점에서 서로 일치한다.[12]

로버트슨과 플러머는 다음과 같이 의역하며 요점을 잘 제시한다. "우리가 그런 일**에 대해 상상할 수 있습니까? 불가능하고 상상할 수 없는** 일을 믿는 것을 우리에게 기대할 수 없습니다"(강조는 덧붙여진 것임).[13] 그들이 유대교 묵시 문헌에서 증거를 인용할 때 이 반론은 더더욱 예리해진다. 이 문헌에 의하면 부활의 몸은 이미 부패했거나 또는 썩어가는 시체로부터 각 지체를 모아 재결합한 어떤 조직체다. "주의 날에 살아 있는 자들은 어떤 형태로

---

9) Wolff, *Der erste Brief,* 401-412; Strobel, *Der erste Brief,* 257; Collins, *First Cor*, 565. Collins는 두 번째 질문을 새로운 질문으로 이해한다.

10) Meyer, *First Epistle,* 2:85.

11) Robertson and Plummer, *First Epistle,* 368.

12) 두 번째 질문은 첫 번째 질문을 "부연한다"(Fee, *First Epistle,* 780); Lang, *Die Briefe,* 232. 이와는 달리 Jeremias, "'Fleish and Blood Cannot Inherit the Kingdom of God'(1 Cor 15:50)," 151-159은 다음 두 가지 질문을 서로 구별한다. (i) 어떻게 부활이 일어날 수 있는가? (ii) 부활의 "몸"은 어떤 특성이 있는가?

13) Robertson and Plummer, *First Epistle,* 368.

살게 될 것입니까?…그분은 나에게 이렇게 대답하시며 말씀하셨다.…그때 땅은 분명히 죽은 자들을 복원시킬 것이다. [지금 땅은 그들을 보존하기 위해 받아들이는 것이다]. **그들의 형태는 전혀 변하지 않을 것이다.** 그러나 땅이 그들을 받은 그대로 그들을 복원할 것이다"(바룩2서 49:2; 50:1-2[강조는 덧붙여진 것임]).[14)]

R. H. 찰스는 바리새인들 가운데 일부가 바룩2서(곧 바룩의 묵시, 기원후 75-100년경) 이전에 이미 변화된 방식의 부활한 존재를 믿었으며, 바룩2서는 부활에 대한 매우 물질주의적인 견해를 강조한다는 점을 지적한다. "땅은 자기에게 맡겨져 있는 그 몸을 그대로 보존한다."[15)] 다른 한편으로 찰스의 논평은 실제로 존재하는 것보다 더 노골적이라고 간주해서는 안 될 것이다. 때때로 "그 땅"은 그 형태가 스올에서 변하지 않은 채 그대로 보존된다는 개념으로 대치되었다(바룩4서 21:23; 30:2-5. 아마도 바룩2서는 일종의 복합적인 문서일 것임). 핵심적인 강조점은 다음과 같다. (i) 바룩2서 49:2에서 제기하는 질문은 고전 15:35의 질문과 **매우 비슷하다.** 그러나 (ii) 바룩2서 50:2에서 **변화되지 않는다**고 강조하는 것은 바울의 다음과 같은 말과 **전적으로 반대된다.** "우리는 모두 변화될 것입니다"(15:51). "여러분이 심는 것은 장차 나타날 몸이 아닙니다"(15:37a).[16)]

---

14) 이 번역은 R. H. Charles, *Apocrypha and Pseudepigrapha of the OT, II: Pseudepigrapha* (2 vols., Oxford: Clarendon Press, 1913), 2:508에서 발췌한 것이다(Robertson and Plummer의 번역이 아님). Charles는 (Robertson and Plummer의 경우와는 대조적으로) 텍스트가 불확실한 곳에서 꺾쇠괄호를 사용한다.

15) Charles, *Pseudepigrapha,* 508, notes on 50-51 and 50-52. 물론 그리스어 텍스트가 고대 시리아어로 번역된 연도는 다른 문제다.

16) 기원후 1세기의 유대교의 사상은 다양한 개념을 반영한다. 마카베오4서 7:3; 9:22; 13:17; 14:5-6; 17:12, 18, 19는 부활을 헬레니즘의 영혼 불멸의 개념으로 대체한다. 그리고 이것은 죽는 순간부터 시작된다(참조. 지혜서 1-6). 솔로몬의 시편들은 "영원한 생명으로 일어나는 것"에 대해 말하지만(3, 13), 이것에 대해 자세히 설명하지 않는다. 한편 요세푸스는 다음과 같이 구분한다. (a) 에세네파는 영혼 불멸을, 바리새파는 몸의 부활을 믿었던 반면, 사두개파는 죽음 이후에도 계속 존재한다는 것을 믿지 않았다(*Jewish Wars* 2.8.11, 14; *Antiquities* 18:1, 3-5; 참조. 막 12:18-23). 한편 Collins(*First Cor,* 563)가 인용한 내용은 대체로 후대의 랍비 문헌에 속한 것이다(예. *b. Ketubot* 11a; *b. Sanhedrin* 90b; et al.)

여기서 "온다"(ἔρχονται)라는 단어의 사용은 예상치 못했던 것일 수 있으며, 당혹스럽기까지 하다. "바울은 아마도 그리스도와 함께 무덤에서 정말로 **나오는** 것을 생각했을 것이다"(강조는 원저자의 것임).[17] 하지만 우리는 이 이슈가 부활에 반대하는 자의 입에서 나오는 **개념적·논리적 가능성**(아마도 실질적이며, 어쩌면 수사학적일 가능성)과 관련된 이슈라는 것을 잊어서는 안 된다. 따라서 영어로 번역하는 데 있어 논리적인 "can"을 사용하는 것은 도움을 준다. 즉 "어떠한 몸으로 죽은 자들이 올 수 있다는 겁니까?" REB의 번역인 "어떤 종류의 몸으로"는 단순히 바울이 "오다"라는 동사를 사용한 것을 진지하게 거부한다(참조. do they come, NRSV, Collins; will they come, NIV; do they have when they come, NJB). "그들이 부인하는 것의 배후에 있는 진정한 관심사는…그들이 죽은 몸이 다시 생명력을 얻는 것, 곧 시신이 다시 살아나는 것을 의도했다는 암묵적인 이해에 있다."[18]

36-37절 드물게 사용되는 미래 완료 τὸ γενησόμενον이 원문에 포함된 것은 타당하다. p^{46}, F, G는 γεννησόμενον 독법을 채택한 것으로 보인다.

과거에는 σύ가 ἄφρων에 속하는지 또는 ὃ σπείρεις에 속하는지와 관련하여 오랫동안 논쟁이 벌어졌다. 수사학에 관한 최근 연구는 ἄφρων σύ가 수사학적 의미(단순히 감정적인 의미가 아니라)를 지니고 있음을 확증했다.[19] 이 표현은 퀸틸리아누스가 수사학에 관한 그의 저서에서 주장하듯이 해당 논점을 강조하는 일종의 **감탄**(*exclamatio*)의 기능을 한다.[20] 일부 영역본은 "여러분"(σύ)의 의미를 약화한다. 예를 들어 REB는 "얼마나 어리석은 질문입니까?", NJB와 NIV는 "얼마나 어리석습니까!"라고 번역한다(바레트, NRSV, Fool!; 모팻, Foolish man!; 콜린스, You fool!). 형용사 ἄφρων은 엄밀히 말

17) Barrett, *First Epistle,* 370.
18) Fee, *First Epistle,* 776.
19) Eriksson, *Traditions,* 268.
20) Quintilian, *Institutio Oratoria,* 9:2:26, 27(그의 생존 시기: 기원후 35-95년). 예를 들어 그는 키케로를 인용한다. Cicero, *Pro Murena* 6.14, "이것은 얼마나 미친 짓인가!" 참조. J. Martin, *Antike Rhetorik, Technik und Methode* (München: Beck, 1974), 283, on *exclamatio.*

하자면 "분별력이 없는, 지각이 없는"을 뜻한다. 즉 φρόνιμος의 알파 부정어다. 이 모든 요소를 결합하면 이 표현은 "여러분은 분별력이 없는 사람입니다!"를 가리킨다. 이 번역은 이 감탄의 의미를 정확하게 전달하는 동시에 "얼마나 어리석은 질문입니까?"라는 덜 인격적이며 완곡한 표현뿐만 아니라 "바보!"라는 번역의 조야함을 해결해주고 아이러니한 강조점도 살려준다.[21)]

바울은 정체성의 연속성 안에 있는 수확 또는 열매와 형태의 변화 또는 서로 다른 존재 방식으로 살아나는 것 사이의 보편적인 연관성을 강조하기 위해 땅에 씨를 심는 모델을 사용한다. 예수도 요한복음에서 "스스로 자신을 죽음에 내어주는 것" 간의 대조를 나타내기 위해 똑같은 모델을 사용한다(요 12:24). ("밀알 하나가 땅에 떨어져 죽지 않으면 한 알 그대로 있고 죽으면 열매를 많이 맺는다. 자기 목숨을 사랑하는 사람은 잃을 것이요"[요 12:24-25a].) 그러나 15:36에서 바울은 반드시 죽어야 한다는 것이 아니라 "죽음과 부활을 통해 변화된다는 사실"을 강조한다.[22)] 한편 조건절 ἐὰν μὴ ἀποθάνῃ는 의미 있고 상상할 수 있는 연속성을 허용하기 위해 불연속성의 논리적·부수적 조건을 강조한다. 해리스빌은 어떻게 이 두 가지 원리가 새로움에 대한 바울의 개념 안에서 작동하는지를 입증해주었다. 이 원리는 복음 자체가 지닌 역동성의 핵심을 요약해준다.[23)]

바울은 σῶμα와 함께 매우 드물게 사용되는 정관사가 붙은 γίνομαι의 미래 완료 형태—"곧 여러분이 심는 것은 장차 나타날 될 몸이 아니라"—를 사용한다. "나타나다/생기다"는 γίνομαι의 상태를 나타내는 의미보다는 능동적 또는 역동적인 의미를 나타낸다. 37절의 구문과 문법은 매끄럽게 전개되지 않는다. 그 이유는 부분적으로 바울이 "여러분이 심는 것"을 두 번 반복하기 때문이다. 더 정확히 말하자면 맨 처음 언급되는 ὃ

21) 해당 그리스어는 단호하지만, 우리는 "반론자가" 수사학적 관례와 "자신의 날카로움을 과시한다"(Robertson and Plummer, *First Epistle,* 369)고 추측할 수 있다.

22) Barrett, *First Epistle,* 370.

23) R. A. Harrisville, "The Concept of Newness in the NT," *JBL* 74 (1955): 69-79.

σπείρεις는 두 가지로 이해할 수 있기 때문이다. 아마도 바울은 이같이 말할 것이다. "그리고 여러분이 심는 것, 여러분이 심는 그것은 장차 나타날 몸이 아니라 단지 곡식의 알갱이입니다." 이처럼 그는 문장을 잠시 중단하고, "여러분이 심는 것"을 강조하기 위해 곧바로 다시 말하기 시작한다. 이 문장을 정확하게 이해하기 위해 우리는 ἐστίν을 덧붙여야 한다. 하지만 관계 대명사 ὅ를 관계를 나타내는 목적격으로 이해하는 것도 가능하다. 즉 "여러분이 심는 것과 관련하여 여러분이 심는 것은 장차 나타날 몸이 아니라…." 한편 곡식의 알갱이(γυμνὸν κόκκον)는 여기서 폴 리쾨르가 모든 창조적 또는 긴장을 일으키는 은유가 지닌 "이중적인 의미"와 "분할된 관계"라고 부르는 것을 의미한다. 밀 또는 수확에 적용하는 것과 관련하여 우리는 알곡의 의미를 그 명백한 의미 이상으로 이해할 필요가 없다. 하지만 바울은 15:43-44에서 부활한 σῶμα가 입을 "옷"이 없는 것에 대한 두 번째 적용을 이미 염두에 두고 있다. 이것은 고후 5:3의 평행 본문과도 일치한다(어떤 이들은 이와 반대되는 설득력 없는 주장을 제시한다). εἰ τύχοι, "만약 그것이 우연이라면"은 "아마도"(예. NRSV, REB, NIV; 참조. NJB, I dare say)라고 번역할 수 있을 것이다. "아마도 밀이나 다른 곡식의 알갱이일 뿐입니다."

38절 이 절에서 바르트, 케네디 및 다른 학자들은 전체 논의에서 가장 중요한 강조점 하나를 발견한다. 케네디는 다음과 같이 주장한다. 만약 우리가 옛 창조 또는 옛 질서의 알곡과 새로운 "몸"(σῶμα) 사이의 연관성이 무엇인지 묻는다면 바울은 이렇게 대답할 것이다. "우리가 그에게 기대할 수 있는 유일한 한 가지 답변은…'하나님의 주권적인 능력'이다. 하나님은 그가 의도하신 대로(ἠθέλησεν) 어떤 몸을 주실 것이며, 여기서 부정과거는 하나님의 의지의 최종적인 행위를 가리킨다. 그의 의지는 피조물이 어떤 구조를 지닐지를 결정한다. 에드워즈도 해당 부분에서 탁월하게 말한다."[24] 한편 δίδωσιν의 현재 시제의 의미는 ἠθέλησεν의 부정과거와 대조

24) Kennedy, *St. Paul's Conception of the Last Things*, 243(34절에 대한 주해에서 이미 부분적으로 인용됨. 또 (부분적으로) 다음 주석서에서도 인용됨. Edwards, *First Epistle*, 434; 참조.

된다. 이 문맥에서 부정과거는 "(하나님의 선택이나 선호에 근거하여) '그가 원하시는 대로'가 아니라 첫 번째 창조에서 하나님이 이미 정하신 섭리와 일치한다는 것을 가리킨다. 그 섭리에 근거하여 처음부터 땅 위에 생명체가 번식하는 것이 결정되었다(창 1:11, 12; 이 동사에 대해서는 12:18을 참조하라)."[25]

그러므로 REB의 "그의 선택의"라는 번역은 너무 모호하다. NIV의 "그가 결정한 대로"가 더 좋은 번역이며, 창조의 섭리를 연상시킨다. 하지만 이 번역은 39-42절에서 자세하게 설명하는 목적의 측면을 제대로 살리지 못한다. 하나님의 섭리는 목적 또는 역할에 따라 결정되었다. 하나님은 그가 지으신 각 피조물에 고유한 역할을 나누어주셨다. BAGD에서 제시하는 사례의 광범위한 비교와 특별히 어떻게 하나님이 "그가 결정한 대로"(καθὼς ἠθέλησεν) 그리스도의 몸인 교회 안에서 신자들에게 은사를 나누어 주시는지(12:18)에 대한 이슈와 비교한다면 이것은 이 강조점을 확증해줄 것이다(12:18의 수해 참조). 옛 창조에 속한 것이든 새 창조에 속한 것이든 간에 미래에 대한 하나님의 목적과 관련하여 하나님의 주권적인 섭리에 해당하는 구별은 "질서 체계"의 근본적인 원리다(15:24-28; 14:40; 12:4-11). 바울이 καθώς를 사용한 것은 비교에 바탕을 둔 설명—곧 "하나님께서 의도하신 것과 똑같이"—을 뒷받침해준다.[26] 이 절에서 ὁ δὲ θεός가 문장 맨 앞에 있다는 것은 그 의미를 강조하는 것이다. 즉 몸을 주시는 분은 바로 하나님이시다.

그리고 ἑκάστῳ 앞에 있는 καί는 설명의 의미를 지니고 있다. "곧" 또는 "다시 말해"를 뜻한다. 여기서 "단수[σπέρμα, 씨]가 집단적인 의미로 사용된 것"을 파악하는 것은 중요하다. 이것은 심어진 알곡들 또는 씨들을 가리킨다. 따라서 (이 본문에서처럼) 복수 형태가 나타날 때 이것은 종종 다양한 종류의 씨앗을 뜻한다.[27] 우리는 영어의 치즈나 과일과 같은 단어에서 이와

Barth, *Resurrection*, 18; Wendland, *Die Briefe*, 151; Lang, *Die Briefe*, 231.

25) Findlay, *Expositor's Greek Commentary*, 2:934.

26) BAGD, 391; θέλω에 대해서는 354-355.

27) Grimm-Thayer, 583. 이 부분에서 이 점이 명백하게 설명된다.

비슷한 예를 발견할 수 있다. 소설가들은 다양한 종류의 과일 또는 다양한 유형의 치즈를 가리키기 위해 종종 치즈들 또는 열매들이라고 쓰기도 하지만 말이다. 그리고 문장 맨 뒤에 있는 ἴδιον σῶμα, "저마다 특별한 몸"(REB; 참조. its own body, NRSV, NIV; 하지만 its own kind of body, NJB)이 사용된 것도 문장 맨 앞에 있는 하나님과 거의 똑같이 강조된다. 여기서 핵심 구절은 하나님께서 의도하신 것과 똑같이 그것에 몸을 주신다는 것이지만, 두 번째 원리는 동시에 정체성의 연속성을 나타내는 대조, 구별, 다양성이다. 이것은 왜 "질서"가 12, 14, 15장에서 그렇게 중요한지에 대한 한 가지 이유다. 즉 진정한 구별과 다양성은 하나님의 의지를 반영한다. 물론 그것이 완전히 혼란에 빠져 정체성을 잃어버리게 하지 않는다면 말이다. 이 정체성은 다른 사람으로서 다른 사람들의 다름을 보존해주며, 어떤 그룹 안에 있는 "강한 자들"의 단순한 복제나 투영이 아니다. 쿨만이 강조하듯이 "성령이 현세에 종말에 대한 예고라면" 15:38과 12:18 사이의 평행 관계가 왜 그렇게 중요한지를 이해하는 것은 그리 어렵지 않을 것이다.[28)]

콘첼만은 서로 다른 요소가 데카르트의 이원론과 혼합된 것과 대조를 이루는 바울의 사고를 훌륭하게 표현해준다. 바울의 사고는 "벌거벗은 영혼"은 σῶμα를 "입을" 필요가 있다는 것이 아니다. 이 개념은 서구의 이원론에 여전히 매여 있다. 오히려 "새 생명은 새 창조다. 그것은 '하나님의 뜻대로' 주어진 은사(선물)다(창 1:11).…[새 생명은] 그것을 믿음으로 이해하는 것에 의해 평가된다. 각각의 사례마다 이것은 **내** 생명, 곧 ἴδιον, '자신만'의 특별한 생명이다"(강조는 원저자의 것임).[29)] "몸"에 대해서는 특별히 43-44절에 대한 주해를 보라. 볼프가 논평하듯이 이 "몸"은 어떤 "새로운 전체"다. 여기서 바울은 옛 창조와 새 창조 사이의 평행 관계에 초점을 맞춘다.[30)] 여기서 이슈는 **아무도 아직 볼 수 없는 부활의 σῶμα의 모양 또는 형태를 예고**

---

28) O. Cullmann, *Christ and Time*, 72; 참조. 롬 8:23; 고후 1:22; 5:5.

29) Conzelmann, *1 Cor*, 281.

30) Wolff, *Der erste Brief*, 404; 참조. Hays, *1 Cor*, 270.

하거나 상상할 수 없다는 것이다. 이 모든 것은 자신의 절대 주권에 기초한 목적에 따라 주시는 하나님의 손안에 있다.

39-40절 (1) 일부 사본은 ἄλλη μέν 다음에 σάρξ를 삽입한다. 따라서 "사람의 육신"을 더욱더 명시적으로 표현하며, 동물과 새의 육체가 반복적으로 언급되는 것과 일치시키고자 한다. 그러나 이러한 삽입은 불필요하다. (2) D*, F, G는 πτηνῶν을 더 자주 사용하는 πετεινῶν으로 바꾼다. 그러나 이것은 후대에 "더 좋게 수정한" 것이다. (3) F, K, L은 창 1:25의 순서를 반영하기 위해 새와 물고기의 순서를 (하등에서 고등으로) 바꾼다. AV/KJV는 이 독법을 따른다. 그러나 이 독법은 부차적이며 후대에 생겨난 것이다.

σάρξ를 "육신"보다 더 낫게 번역하는 것은 어렵다(사실상 거의 모든 영역본은 이 명사를 'flesh'로 번역한다). 하지만 해당 그리스어 단어의 의미 영역은 육신보다 훨씬 더 넓다. 바울 서신에서 σάρξ는 일차적으로 영혼 또는 영과 대조되는 물리적인 것과 물질적인 것을 가리키지 않는다. 비록 (여기서처럼) 이 단어가 "인간 또는 동물의 몸에 있는 뼈를 덮고 있는 물질"을 가리키는 데 사용되지만 말이다.[31] 이 단어는 플라톤 또는 서구의 이원론과 서로 조화를 이루는 의미에서 사용되지 않는다. 바울은 이 단어를 다양하게 사용하는데, 실질적으로는 히브리어 בשר (바사르)와 겹친다. 이 단어는 대체로 인간이 피조물이며 연약성을 지니고 있다는 것을 가리킨다. 바울은 (이 절의 경우처럼) 매우 드물게 σάρξ를 모든 사람과 동물의 왕국에 공통된 육신의 실재를 가리키는 데 사용한다. 70인역과 마찬가지로 그는 동물의 고기를 가리키는 데 κρέας를 사용하는 것을 선호한다(롬 14:21; 고전 8:13). σάρξ는 사람의 어떤 "부분"을 가리키기보다는 "사람의 외적이며 물리적인 존재의 측면에서 그 사람 전체를 고려 대상으로 삼는다. 따라서 갈 4:13 이하('몸의 연약함[질병]')와 고후 12:7('몸 안에 있는 가시')에서…이 단어는 대체로 육체적인 괴로움을 가리킨다."[32]

---

31) BAGD, 743; Sand, *Der Begriff, "Fleisch,"* 144.

32) Robinson, *The Body,* 17-18 and 19. 이 부분에서 그는 또한 사 40:6; 시 36:4; 78:39; 욥

이것은 특히 바울이 70인역의 히브리어 בשׂר(바사르)의 번역을 받아들이는 곳에서 나타난다. 이것은 가장 특징적인 의미로 "내적인" 영혼과 대조되는 측면이 아니라 초월자의 강함과 대조되는 관점에서 나타난다. 예를 들면 "이집트 사람들은 단지 사람이며 하나님이 아니다. 그들의 군마도 **바사르**이지 **루아흐**가 아니다"(사 31:3). 잔트는 그의 학술논문과 사전학적 연구에서 이 문제를 잘 요약해준다. "이 의미 영역은 (사람과 동물의) 살에서부터 사람의 몸으로, 사람 전체로 또 온 인류로 확대된다"(참조. 15:50에서 "살과 피").[33]

동시에 주이트는 E. D. 버튼의 다음과 같은 주장을 지지한다. **육신**이라는 단어는 바울의 주요 서신에서 서로 구별되는 일곱 가지 의미로 사용되며, 이것들을 서로 구별하지 않으면 혼란이 빚어진다.[34] 불트만은 롬 8:7, 8과 같은 절에서 "육신"(그리스어 단어는 σάρξ가 사용됨)이 매우 신학적·윤리적으로 사용된 것은 "지상의 것과 자신의 고유한 힘과 성취를 사용하여 생명을 얻을 수 있는 존재로서 자신을 신뢰하는 사고방식"을 가리킨다고 주장한다.[35] 그의 이러한 언급은 바울의 텍스트에 이른바 루터 신학을 강요하는 것은 아니다. 바울은 이 단어를 훨씬 더 특징적으로 사용한다. 갈라디아서에서 **육신에 속한**(fleshly) 사고방식은 동시에 방종한 자유주의와 자기 이익을 위해 "종교"를 목적으로 삼는 것을 가리킬 수 있다(참조. 갈 3:3; 5:19-26; 6:1-6, 13, 14). 갈 5:19, 20에서 "육신의 일"(τὰ ἔργα τῆς σαρκός)은 육체적 또는 육감적인 영역에만 한정되지 않는 자세와 행위를 모두 포함한다. 내가 다른 논문에서 주장했듯이 바울 서신에서 육신(flesh)은 어떤 "일반적인

34:15 등을 언급한다. 참조. R. Jewett, *Paul's Anthropological Terms* (Leiden: Brill, 1971), 49-166 and 453-456; BAGD, 743-744; E. Schweitzer, "σάρξ," *TDNT*, 7:125-136; 참조. 98-151.

33) A. Sand, *Der Begriff "Fleisch" in den paulinischen Hauptbriefen;* "σάρξ," *EDNT*, 3:230; 참조. 230-233. 참조. 롬 6:19; 고전 5:5-7; 7:28; 고후 7:1, 5; 갈 4:13.

34) Jewett, *Paul's Anthropolpgical Terms*, 63. 그는 Burton의 갈라디아서 주석을 언급한다.

35) Bultmann, *Theology of the NT*, 1:239. 참조. 고전 1:29; 빌 3:3-7; 갈 6:13, 14. 또 참조. Jewett, *Paul's Anthropolpgical Terms*, 95-103.

한 가지"를 가리키지 않는다. 이것은 "다양한 의미를 지닌 개념"으로 사용된다. 다시 말해 이 단어는 언제나 문맥에 따라 다양한 의미를 나타낸다.[36] **그러므로 다양한 문맥에 따라 달라지는 육신**(사람과 동물의, 39절)**의 의미에 대한 바울의 설명은 몸**(σῶμα)**도 그 의미와 관련하여 다양한 문맥과 목적의 요인에 따라 달라지는 그의 강력한 논증을 위한 길을 탁월하게 열어준다**(40절).

한편 그의 논증 가운데 이 부분의 첫 단계는 37절의 취지를 뒷받침해 주는 데 결정적인 역할을 한다. 즉 무덤 안에서 썩는 몸은 미래의 부활 때 지니게 될 몸이 **아니**라는 것을 강조한다. 이미 창조세계의 질서는 육신의 실체와 몸의 다양성을 보여준다. 창조주 하나님의 무한한 풍요로움이 그것을 제공해주었다. 그렇다면 부활의 몸도 그것의 새로운 영역과 목적에 따라 죽은 몸과 그 종류 및 특성 또는 "실체"에서 서로 다를 것이라는 사실을 의심할 수 있는 것인가? 35절에서 "어떻게"로 시작하는 질문에 대한 답변으로 바울은 "죽은 사들의 부활이 존재론적인 측면에서 가능하다"고 주장한다.[37]

39절의 σάρξ는 40절에서 σῶμα로 바뀐다. δόξα의 도입과 땅을 초월하는 몸에 대한 언급은 이것을 드러낸다. 한편으로 육신은 창조의 "소재"의 다양성을 강조했지만, 이제 몸은 **형태와** 특성의 다양성에 주목한다.[38] 칼뱅의 견해에 의하면 39절의 비교는 37-38절의 비교와 똑같은 목적을 갖고 있지만, "우리가 어떤 특별한 종(種) 안에서 어떠한 다양성을 인식하든지 간에 그것은 부활에 대한 일종의 맛보기"다.[39] 크리소스토모스, 테오도레토스, 암브로시아스터, 아우구스티누스 등은 39절과 40절을 이른바 41b에서

---

36) Thiselton, *The Two Horizons*, 408-411; "The Meaning of σάρξ in 1 Cor 5:5 …" *SJT* 26 (1973): 204-228.

37) Conzelmann, *1 Cor,* 281.

38) 이것은 Conzelmann의 견해와 광범위하게 일치한다. 참조. Conzelmann, *1 Cor,* 282. 한편 Fee는 "종"의 다양성(39a과 41b)과 속의 다양성(39b과 41a)에 대해 수미상관적인 분석을 통해 전반적인 대조(40a과 40b)를 발견한다. 하지만 이것은 너무 정교해 보인다(Fee, *First Epistle,* 783). 바울은 과연 여기서 잠시 멈추어 정말로 이러한 수미상관적인 구조를 지어냈을까?

39) Calvin, *First Epistle,* 336.

암시하는 구별을 예고하는 것으로 이해한다. 즉 부활의 때에 심지어 신자들 사이에서도 "영광"이 서로 차이가 있다는 것이다. 그러나 이 해석은 이 절들이 명확하게 제시하는 의미의 범주를 벗어난다.[40] 테르툴리아누스도 여기서(39-40절) 바울의 주장이 마르키온이 의도하던 바를 논리적인 측면에서 결정적으로 논박한 것으로 이해한다. 즉 마르키온은 몸의 부활을 영혼의 불멸성에 대한 개념으로 대치하고자 했다. 테르툴리아누스는 이렇게 주장한다. "그[바울]는 부활이 하나님에 의해 성취된다는 점을 확증하지 않는가?" 즉 창조세계와 변화 안에 있는 다양성에 대한 "모든 사례는 하나님으로부터 나온다."[41] 테르툴리아누스는 이 믿음에 대한 기초로 **창조주로서 하나님과 그의 풍요로운 자원**을 올바르게 강조한다.

σώματα ἐπουράνια(40절)가 무엇을 의미하는지에 대해서는 교부 시대 이래로 논쟁의 대상이 되어왔다. ἐπουράνια는 단순히 ἐπίγεια, "땅에 존재하는"과 대조되는 개념으로서 "하늘에 존재하는"을 가리킨다(ἐπί + οὐρανός, ἐπί + γή). 그러나 οὐρανός는 다음과 같은 개념을 포함한다. (1) 땅 위에 있는 하늘, (2) 구름과 별이 있는 영역, (3) 하나님과 천사들의 거주지 또는 영역, (4) 땅과 함께 하나님이 창조하신 완전한 실재로서 우주 전체를 가리킨다. BAGD는 각각의 경우를 보여주는 저자들과 텍스트의 사례를 제시한다.[42] 따라서 ἐπουράνιος는 언어사전의 관점에서 다음과 같은 의미를 지니고 있다. (1) 하나님과 그리스도가 거주하는 곳이나 영역(예. 고전 15:48-49; 참조. 히 12:12). (2) 해, 달, 별이 있는 영역(15:41에 비추어 BAGD는 15:40을 언급함). (3) 더 광범위하고 전반적인 측면에서 하늘에 있는 물체나 하늘(고후 12:2; 히 8:5)을 가리킨다.[43] 41절에 비추어볼 때 40절은 분명히 해, 달, 별의 영역을 가리킬 것이다. 하지만 일부 해석자들은 바울이 비인격적인 물체에 σῶμα를 사용하지 않았을 것이며, 이 단어를 천문학적인 "물체"에 적

---

40) 예. Chrysostom, *1 Cor. Hom.*, 41-43.

41) Tertullian, *Against Marcion*, 5:10.

42) BAGD, 593-595.

43) BAGD, 305-306.

용한 것은 σῶμα에 현대적 의미를 부여하는 것이며, 나아가 기원후 1세기의 일부 비기독교적인 종교 안에 반영된 것처럼 천상의 물체를 유사-인격적인 물체로 보는 견해를 전제하는 것이라며 반대한다. 그 누구보다도 마이어와 핀들레이는 이 입장을 강력하게 주장한다. 그들은 이른바 마 22:10과 눅 20:36의 평행 본문에 호소하면서 40절에서 바울이 천사들의 몸을 암시한다고 주장한다.[44]

에링은 여기서 원시적인 천문학을 바울에게 적용한다. 이것을 통해 바울은 두 가지 견해, 곧 "'천상의 몸'—우리에게 별의 형태로 나타나는 천사들의 살아 있는 몸—과 지상의 몸과 다른 특성의 몸을 서로 결합한다."[45] 그러나 이것은 우리가 앞에서 언급한 육신과 몸의 구별을 간과하는 것이다. 즉 육신은 다양한 "물질"(substance, 39절)을 가리키고, 몸은 서로 다른 영역 안에서, 또는 서로 다른 목적이나 기능이 주어진 관계에서 서로 다른 본질, 성질 또는 형태를 가리킨다. 바울은 의도적으로 몸의 일반적인 의미를 확대한다. 왜냐하면 해당 문맥은 어떻게 이 확대된 의미를 이해해야 하는지를 아주 명백하게 밝혀주기 때문이다. 바울이 독자들에게 말하려는 의도는 **존재의 다양한 질서의 창조자이신 하나님에 대한 신학에 기초하여 "우리의 현재의 경험에서 완전히 벗어난…어떤 유형의 몸"을 상상하는 것이 가능하다**는 것이다.[46] 볼프는 집회서 43:1-10에서 언급하는 다음과 같은 사고의 배경을 건설적으로 제안한다. "푸른 하늘은 지극히 높은 곳의 자랑이며 하늘의 아름다움은 그분의 영광스러운 모습을 나타내고 있다. 태양은 동쪽에서 떠오를 때 지극히 높으신 분의 업적의 놀라움을 드러낸다.…그 뜨거운 열기를 누가 감당하랴?…태양을 만드신 주님은 위대하시다.…달은 시절을 구분하는 영원한 표지다.…달은 축일을 알려준다.…별들의 광채는 하늘의 아름다

---

44) Meyer, *First Epistle,* 2:87; Findlay, *Expositor's Greek Testament,* 2:935. Findlay는 "σῶμα가 성경 그리스어에서는 무생물의 몸에 절대 사용되지 않으며, 고전 그리스어에서는 매우 드물게 사용된다"고 주장한다. 그는 41절을 언급하지만 전자의 주장이 "우세하다"고 주장한다.

45) Héring, *First Epistle,* 174.

46) Hays, *1 Cor,* 271.

움이다"(공동번역 개정판에 기초함).[47] 40절을 이해하기 위한 배경으로 볼프는 41절에 올바르게 호소한다.

이와 같은 논쟁에 비추어 우리는 논쟁의 대상이 되는 그리스어 표현(σώματα ἐπουράνια)을 그리스어의 광범위한 의미 영역과 당연히 41절의 영향을 고려하여 "땅을 초월한 몸"이라고 번역했다(참조. NRSV, NIV, NJB, REB, heavenly bodies). 하지만 만약 우리가 (1) 15:38에서 몸이 "'**형태**'의 의미에 가깝다"고 주장하는 슈바이처의 견해를 따른다면 (2) 우리는 바울이 이 부분에서 그의 반대자들이 이 용어를 빈번하게 사용한 것과 관련하여 그들에게 답한다는 것을 받아들인다. (3) 우리는 바울 당시의 그리스 저자들이 무생물이나 비인격적인 대상에 종종 몸이라는 용어를 사용한다는 점을 인정한다. 설령 바울이 천사들을 언급할 수 있다는 것을 배제하지 않는다 하더라도 이것은 땅을 초월한 몸이 일차적으로 별이나 행성을 가리킨다고 전제하기 때문에 아무런 문제도 초래하지 않는다.[48] 하지만 우리는 바울이 소크라테스 이전부터 오리게네스에 이르기까지 고대 그리스 철학의 어떤 전통에서 발견되는 의미에서 하늘의 몸을 언급한다는 데일 마틴의 제안은 설득력이 없다고 생각한다. 즉 이 몸은 해나 별이 지닌 것과 비슷한 영광의 실재를 입고 있는 불멸의 영혼을 가리킨다.[49] 티마이오스에서 플라톤은 땅, 물, 공기, 불의 요소를 재배열하여 불이 지배하게 하는 방법에 대해 깊이 생각한다.[50] 기원후 1세기의 어떤 비문은 다음과 같이 기록한다. "나를 위해 울지 마라.…나는 신들 가운데서 하나의 저녁별이 되었기 때문이다."[51] 마틴은 이 비문을 단 12:3에서 의인이 "빛나는 것"에 대한 언급과 비교한다. 하지만 다음 두 가지 반대 견해는 중요하다. (1) 에링의 견해와 관련하여 우

47) Wolff, *Der erste Brief*, 405.

48) Schweizer, *TDNT*, 7:1,060; 참조. 1,055 and 1,062-64. 참조. Philo, *Opificio Mundi* 36, 49, 102; *Confusione Linguarum* 190; *Quis Rerum Divinarum Heres?* 72.

49) Martin, *The Corinthian Body*, 117-120 and 123-136.

50) Plato, *Timaeus* 31B-C2.

51) Arcesine, *Inscriptiones Graecae* 12:7:123,5-6. Martin의 다음 저서에서 인용됨. Martin, *Corinthian Body*, 274, n. 56.

리가 논평했듯이 해당 이슈는 39절의 본질(substance)에서 40-41절의 형태(form)로 옮겨 간다.[52] (2) 분명히 42-57절에서 영적인 것은 (실재라는 의미에서) "영으로 구성된 것"이 아니라 죄, 구원, 거룩함의 광채의 배경에서 성령의 도덕적·신학적 특성과 일치하는 변화를 의미한다. 마틴의 분석은 44절에서 바울의 주장이 결정적으로 전환하는 여지를 남겨놓지 않으며, 바울의 신학에 나타난 **영광** 또는 광채의 특성을 잘못 해석한다.

바울 서신과 신약성경 나머지 부분에서 δόξα(NRSV, AV/KJV, 콜린스, glory; REB, NIV, NJB, 또한 앞의 주해, splendor)의 의미는 70인역에서 δόξα가 나타나는 경우 그 배후에 있는 히브리어 단어 כבוד(카보드)에 따라 상당히 달라진다.[53] 이 히브리어 단어는 무게 또는 중압과 관련된 동족어에서 유래했으며, 어떤 대상을 중요하게 또는 인상적으로 만드는 것을 가리킨다. 바울이 고전 3:21에서 "그러므로 아무도 **사람들을 자랑하지** 마십시오" 또는 고전 1:31에서 "누구든지 자랑하는 자는 주 안에서 자랑하라"라고 선언할 때 그는 수신인들에게 그들이 **감동적이고 훌륭하며** 광채로 **가득하다고 생각하는 것을 인간 지도자들에게서 찾지 말고 그리스도 안에서 찾으라**고 권고한다.[54] 바울의 관점에서 보면 심지어 하나님을 설득력이 있고 감동적이며 기쁨과 광채의 초월적인 근원으로 만드는 것은 단지 그분의 장엄한 빛이나 "광휘"가 아니라 (그가 고후 4:6에서 이 이미지를 의도적으로 "전환하는" 것처럼) 이 "빛" 곧 **예수 그리스도의 얼굴에 나타난**—다시 말해 자신을 내어주는 그의 은혜 안에 있는—**하나님의 영광**에 대한 지식이다(REB의 번역에 기초함). 데이비드 포드는 모든 풍요, 모든 "기쁨이 넘쳐 흐르는 시내…빛을 뿜어내는

---

52) 참조. Sellin, *Streit um die Auferstehung*, 220; Strobel, *Der erste Brief*, 258.

53) BDB, 458-459은 다음과 같이 나열한다. (1) 풍부함, (2) 명예, 영광, 광채, 예. 이집트에서의 요셉(창 45:13); 부와 광채(대상 29:12, 28); 보좌의 광채(삼상 2:8; 사 22:23); 제사장 의복(출 28:2-40); 성전(학 2:13); 신의 현현(출 33:18, 22), 예. 천둥소리로(시 29:3), 하늘에서(시 19:2, 70인역). (3) 지위의 위엄(민 24:11); 미련한 자에게 어울리지 않는 것으로서(잠 26:1). (4) 명예, 평판(성품의, 대하 26:18; 잠 21:21), 하나님께 대한 존경(사 42:8; 43:2).

54) K. Barth, *Church Dogmatics*, 4/1, 514 and 524; *Resurrection*, 68. 참조. Thiselton, "Luther and Barth on 1 Cor 15," in Stephens (ed.), *The Bible, The Reformation, and the Church*, 265 and 288-289.

기쁜 얼굴" 등이 "영광스러운 얼굴", "예수 그리스도의 얼굴" 안에서 결정적으로 표현된다고 주장한다. 이것이 바로 하나님의 영광인 "그토록 다채로운 풍요로움의 핵심"이며 "신뢰, 경배, 사랑, 기쁨, 회개를 끌어낸다."[55] 다시 말해 하나님의 **영광** 또는 광채는 단지 그의 능력과 장엄함 그 자체가 아니라 그리스도 안에서 그리고 그리스도를 통해 은혜와 사랑으로 자신을 내어주는 것이다.

이 관점들은 광채 또는 영광을 땅 위에 사는 자들의 몸에 돌리는 것이 난점을 지니고 있다는 생각을 극복한다. 비록 40절 마지막 구절에 δόξα를 추가해야 한다고 이해하더라도 말이다. 로버트슨과 플러머는 다음과 같이 탁월하게 주해한다. "땅 위에 다양한 차이가 있는 것처럼 그것은 하늘에서도 마찬가지다. 땅 위의 몸과 하늘의 몸 사이에는 광범위한 차이(ἑτέρα)가 있다. 나아가 하늘의 어떤 몸과 다른 몸 사이에도 차이(ἀλλά)가 있다. 우리는 이 하나의 같은 우주 안에 이처럼 무수한 차이를 두신 하나님은 무한한 능력을 지니신 분이라고 믿을 수 있다.…그는 물고기, 새, 가축, 죽을 수밖에 없는 사람에게 저마다 적절한 몸을 찾아내셨다. 그렇다면 왜 하나님은 장차 부활할 인간을 위해 그에게 알맞은 몸을 만드시지 않겠는가? 우리의 경험은 하나님이 땅에 있는 생명체의 모든 유형과 하늘에 있는 생명체의 모든 유형에 꼭 알맞은 몸을 찾아내신다는 것을 가르쳐준다. 우리의 경험은 어떤 유형의 생명체는 자기에게 적절하지 않은 몸을 지녔음을 발견할 수 있다고 가르쳐줄 수 없다."[56]

41절 집회서 43:1-10의 배경은 광채에 대한 우리의 이해를 한층 더 밝혀준다.[57] 해의 광채(곧 이것을 인상 깊게 만드는 것, 앞에서 히브리어의 배경에 대한 설명 참조)는 "이것의 뜨거운 열기…일종의 용광로…뜨거운 열로 산

55) David Ford, *Self and Salvation: Being Transformed,* 24-28 and 171-176. "광휘"에 대한 Martin의 개념은 "부차적인 위치"를 차지한다.

56) Robertson and Plummer, *First Epistle,* 371; 참조. Senft, *La Première Épitre,* 205-206: 하나님이 지으신 온갖 다양성은 서로 다른 유형의 아름다움을 표현한다. 이 안에서는 품질도, 본질적인 특성도 전혀 똑같지 않다.

57) 참조. Wolff, *Der erste Brief,* 405.

을 태우고…그것의 강한 빛은 사람의 눈을 뜨지 못하게 한다"(집회서 43:3-5). 광채로서 δόξα의 개념은 여기서 잘 적용된다. 그러나 오직 그러한 목적을 위해 "주님이 그것을…그렇게 만드셨기"(집회서 43:5) 때문이다. 한편 달의 광채는 다른 질서에 속한다. "달은 시절을 구분해주며…축일을 알려준다.…또 달은 한번 찼다가는 다시 기우는 천체다. **이 변화 안에서** 달은 얼마나 신기한가"(집회서 43:6-8, 강조는 덧붙여진 것임). 달의 이 영광 또는 광채(곧 변화)는 **고정된 듯 보이고 다양한 형태로 배열된 별**과 비교할 때 서로 다른 형태를 지니고 있다. "별들의 광채는 하늘의 아름다움이며…**찬란하게 비추는 장식**이다.…거룩하신 분의 명령대로 **그것들은 저마다 지정된 위치에 있다.** 그것들은 주의를 게을리해서 절대로 흐트러지는 법이 없다"(집회서 43:9-10). 하나님이 창조세계에 부여하신 "질서" 안에서 해, 달, 별들은 각각의 σῶμα 또는 형태의 능력과 관련하여 각각의 고유한 기능을 수행하는 것을 통해 저마다 "깊은 인상을 주는" 것처럼 보인다. 모든 존재의 위계질서를 "지시하시는" 또는 그것에 "복종하게 하시는"(ὑπέταξεν, 27절; 참조. 28절) 하나님께 반응하는 이것은 "저마다 마땅히 정해진 순서대로"(ἐν τῷ ἰδίῳ τάγματι, 23절)와 상응한다.

심지어 별들도 서로 바뀔 수 없다. 각각의 별은 저마다 고유한 위치와 밝기 또는 광도를 지니고 있기 때문이다. 따라서 한 별의 광채는 다른 별의 광채와 다르다. 곧 별은 저마다 하나님이 요구하시는 고유한 "중요성" 또는 장엄한 능력을 제시한다. 교부 시대의 몇몇 저자들은 이것을 알레고리로 해석하여 부활한 신자들의 서로 다른 영광을 가리키는 것으로 이해했다. 그러나 바울은 이 점을 강조한 것이 아니다. 설령 그것이 부활의 존재 양식 안에 있는 역동적이며 다양한 삶의 광범위한 원리를 암시해준다 하더라도 말이다(44b에 대한 주해 참조). 동사 διαφέρει는 일관된 목적 안에서 다양성을 촉진하는 하나님의 무한한 지혜를 강조한다(고전 12-14장에서 하나님이 신자들에게 "은사들"을 다양하게 베푸시는 것을 참조하라).

42절 "그러므로"는 다음 사항과 관련하여 37-41절의 전체 문맥을 취하며 그것을 전제한다. (a) 심어진(37절) 옛 몸과 다시 살아날(42절) 새로운 몸 사이에는 불연속성이 존재한다. (b) 하나님의 절대 주권적인 능력은 그의 고유한 계획에 기초하여 무한하게 변형될 수 있다. 하지만 죽을 수밖에 없는 존재인 인간은 지금 이것을 온전히 상상할 수 없다(38절). (c) 창조주 하나님의 절대 주권적인 능력 안에 있는 존재 양식의 다양성. (d) 각각 고유한…몸(38절)과 같은 표현이 암시하는 정체성의 연속성 등이다. 이 모든 측면이 οὕτως, "그러므로, 이 방법으로, 이처럼" 안에 암시되어 있다. 왜냐하면 하나님의 섭리가 이 네 가지 측면에 암시되어 있기 때문이며, 이 절에 그리스어 동사가 추가되어야 하기 때문이다. 우리는 "될 것입니다"를 덧붙여야 한다고 제안한다(비교. it is, REB, NJB, NRSV; it will be, NIV). 만약 우리가 it is를 제안한다면 그것을 지지하는 논점은 다음과 같다. 이것은 논리적 또는 개념적인 "is"다. 다시 말해 이것은 부활의 존재 방식에 대한 본질과 "원칙"을 규정하는 것이다. 유감스럽게도 비록 우리가 바울이 ἔγερσις를 사용하지 않는다는 사실에서 아무것도 추론할 수 없지만, 여기서 ἡ ἀνάστασις가 사용된 것은 이 논점을 지지해줄 것이다. 바울은 동사 ἐγείρω에서 유래한 이 추상 명사를 전혀 사용하지 않는다.

이 첫 번째 대조 또는 불연속성의 요소는 ἐν φθορᾷ … ἐν ἀφθαρσίᾳ에 의해 묘사된다. 성경 해석자들은 관행상 이 표현을 단순히 지속성의 대조, 곧 "썩을 것으로…썩지 않을 것으로"(NRSV, REB, NIV, NJB), "썩음으로…썩지 않음으로"(AV/KJV), "죽을 수밖에 없는 것으로…불멸의 것으로"(콜린스)로 이해한다. 이것은 전적으로 ἀφθαρσία에 대한 언어사전적인 의미를 반영한다. 고전 그리스어 사전의 대다수 사례는 "썩지 않음, 불멸"을 가리킨다. 예를 들면 필론, 플루타르코스, 이그나티오스, 70인역(지혜서, 마카베오4서) 등이다.[58] 그러나 1964년 이후로 나는 φθορά가 알파 부정어(ἀφθαρσία)가 가리키는 것과 대조되는 점과 관련하여 의미상 서로 반대되는 내용을 지닌 용어라고 일관되게 주장해왔다. 즉 φθορά는 "점점 능력

58) 지혜서 2:23; 마카베오4서 9:22; 17:12; Ignatius, *Letter to the Philadelphians,* 9:2; *To the Magnesians,* 6:2; 참조. BAGD, 125.

이 감퇴하고 연약함이 증가하여 고갈과 정체를 가져오는 것", 즉 부패의 상태에 있는 것을 가리킨다.[59] 70인역에서 φθορά는 대체로 두 히브리어 단어—שחת(샤하트)와 חבל(헤벨)—중 하나를 번역한 것이다. שחת(샤하트)와 이 단어의 동족어는 파멸 또는 파국뿐만 아니라 훼손의 의미를 전달한다. 니팔 형태에서 이 단어는 "손상되다, 망치다"를 가리킬 수 있는 반면, 히필 형태에서는 (도덕적인 의미에서) "타락시키다 또는 더럽히다"를 의미한다.[60] 이처럼 의미상 부패와 대조를 이루는 것은 영원한 지속이 아니라 윤리적·미적·심리적 풍요로움, 나아가 완전함과 생명력의 충만이다. 두 번째 히브리어 단어 חבל(헤벨)의 의미 영역은 수증기 또는 숨으로부터 시작하여 허무, 공허, 열매 없음에 이르기까지 확장된다. 이 단어의 의미는 사 49:4에 온전히 표현되어 있다. "나는 헛되이 수고하였다. 나는 아무것도 아닌 것과 공허한 것을 위해 힘을 소모했다"(NRSV의 번역에 기초함).[61] 이제 의미상의 대조는 **목적을 지닌 역동적인 삶의 과정**에 초점이 맞추어져 있다. 이 과정 안에서 만족 또는 즐거움은 가치 있고 견고한 것에 있다.

이와 같은 고찰에 비추어볼 때 다시 살아날 새 몸의 생명은 단지 "썩지 않는 것"(AV/KJV; 불가타, *incorruptio*) 또는 "썩어 없어지지 않는 것"(REB, NRSV 등)만은 아니다. 오히려 이 생명은 부패의 반전, 곧 생명력의 충만함 안에서 목적을 지닌 영속적인 풍요로움이다. 이것은 다음 두 가지 신학적인 고찰과도 전적으로 조화를 이룬다. (a) 첫째, 몸을 지닌 또는 소마적(Dahl) 존재는 이른바 몸이 없는 존재 방식으로 축소되는 것 또는 "얇아지는 것"이 아니다. 이와 같은 것은 바로 스올의 "냉혹하고 즐거움이 없는 존재"다. 몸은 공동체의 공적·상호주체적인 영역 안에서 상호 교류의 풍성함과 정체성 확인을 위한 도구를 제공한다.[62] (b) 둘째, 성령의 능력으로 하나님에 의

59) Thiselton, "Eschatology and the Holy Spirit in Paul with Special Reference to 1 Cor" (M. Th. thesis, University of London, 1964), 229; 참조. 189-196 and 208-239. 참조. 롬 8:21.

60) BDB, 1,007-8; 참조. Thiselton, "Eschatology," 250.

61) 참조. 사 30:7; BDB, 210-211.

62) 참조. E. Käsemann, "Primitive Christian Apocalyptic," in *NT Questions of Today*, 135. 그는 "몸"을 일종의 "은사"로 이해한다. 이 몸은 다른 사람들과의 유대와 "상호 교류 능력"을

해 다시 살아난다는 것은 살아 계신 하나님과 상응하는 존재의 역동성을 내포한다. 이 하나님은 지속적인 방법으로 목적에 부합되게 행동하시며, 모든 연속적인 경험이 차단된 무시간적인 진공상태 안에 결코 "갇히지" 않으신다(44절의 주해 참조).[63] 이것은 "불멸"(NRSV, REB, NIV, NJB) 또는 "죽지 않음"(콜린스) 그 이상을 의미한다.[64]

43절 이 절의 전반부에서 의미상 서로 대조되는 것은 단순히 똑같은 특성 또는 성질을 부인하고 확인하는 것은 아니다. 여기서 ἀτιμίᾳ와 δόξῃ가 대조된 것은 한 가지 이상의 방식으로 오해될 수 있다. 부정 명사 ἀτιμία는 종종 "불명예, 수치, 부끄러움"(BAGD) 등을 의미하며, 대체로 "불명예"(NRSV, NIV, AV/KJV)로 번역된다. 그러나 다수의 독일 주석가는 이 단어를 특별히 굴욕 또는 낮은 지위(랑), 비참함, 불쌍함(볼프, 랑게) 또는 고통스러움, 탄식, 불평(볼프, 랑게) 등과 연결한다.[65] 하지만 피와 REB는 굴욕이 서로 다른 이 두 가지 의미를 모두 포함하거나 둘 중의 하나를 포함하며, 이것은 영광 또는 광채와 대조된다고 올바르게 인정한다. (a) 이것은 바울이 빌 3:21에서 τὸ σῶμα τῆς ταπεινώσεως ἡμῶν, "우리의 굴욕의 몸", 곧 우리의 비천한 상태라는 표현을 사용한 것과도 일치한다(해당 문맥에서도 부활 이전과 부활 이후의 존재 방식의 배경이 언급됨). (b) 이것은 우리가 δόξα, "광채"와 대비되는 것으로 기대할 수 있는 수치-존중의 대조와도 일치한다.[66] 전자의 이해는 삶의 한가운데서 마주치는 갑작스러운 죽음과 사별 안에 있는

내포하고 있다. 그리스도의 주님 되심은 소마 안에서 "눈에 보이는 표현"을 발견하며 "인격적인 형태를 취한다."

63) 하나님과 시간에 대한 방대한 문헌 가운데 특히 Bauckham과 Moltmann의 대화를 참조하라. R. Bauckham (ed.), *God Will Be All in All: The Eschatology of Jürgen Moltmann* (Edinburgh: T. & T. Clark, 1999), 155-231.

64) Collins, *First Cor,* 567.

65) Lang, *Die Briefe,* 234; Wolff, *Der erste Brief,* 407; BAGD, 120.

66) 빌 3:21에 대해서는 다음 주석서 참조. G. H. Hawthorne, *Philippians* (Dallas: Ward, 1983), 172. 또한 Fee, *First Epistle,* 785 참조. 비록 Collins는 자세한 논의 없이 "'불명예'(더 좋은 표현은 '굴욕')"라고 말하지만, 그는 이 용어를 인간의 타락과 관련시킨다(Collins, *First Cor,* 567).

어떤 패러다임을 인정하는 애도, 슬픔, 연약함, 비애를 포함한다. 후자의 이해는 다양한 "옛" 몸 안에서 나타나는 그릇된 열망과 습관화된 행위와 연결되어 있다. 그러나 부활의 몸은 이로부터 전적으로 자유로울 것이다. 한편 NJB는 ἐν ἀτιμίᾳ를 "하찮은 것으로"라고 번역한다. 이 번역은 몸을 이원론적으로 평가절하하는 것을 허용하거나 우리가 전적으로 (b)의 견해를 수용하게 한다. 하지만 여기서 더 광범위한 뉘앙스가 쟁점이 되고 있을 개연성이 높다. 이 점과 관련하여 "굴욕"은 가장 타당한 이해를 제시한다. 그리고 리델-스코트-존스는 신약성경 밖에서 이 그리스어 단어가 광범위한 의미로 사용되는 사례들을 제공한다.[67)]

"영광스러움"의 의미에 대해서는 15:40-41에 대한 주해를 보라(또한 2:7-8; 10:31; 11:7, 15에 대한 주해를 참조하라). 만약 영광스러운 것이 어떤 사람 또는 어떤 것에 무게(כבוד, 카보드) 또는 인상 깊은 것(δόξα)을 부여한다면 이 문맥에서 눈이 부신 빛 또는 광채라는 뉘앙스는 어울리지 않을 것이다.[68)] 하지만 광채는 이 그림에 어울리지 않는다. 왜냐하면 (빛나는 얼굴처럼) 어떤 빛을 뿜어내는 σῶμα는 다음과 같은 경우에 기쁨으로 가득한 어떤 사람이기 때문이다. 예를 들면 오랫동안 헤어져 있던 사랑하는 사람을 만날 때, 크리스마스 아침에 선물을 받은 어린아이, "행복한" 결혼식을 올리는 신랑 또는 신부, 연인들이 만날 때, 특별히 종말에 성령 충만한 신자들이 그리스도 안에서 얼굴과 얼굴을 마주하며 하나님과 하나가 될 때 등이다(44절 주해 참조). 부정적인 측면에서 이 영광스러운 것은 죄와 허물이 전혀 없는 완전한 상태를 보여준다(참조. 44, 52, 54-57절). 긍정적인 측면에서 이것은 변화되어 그리스도를 온전히 닮은 것의 절정을 표현해준다(49. 57절).

이 절 후반절에서 의미상 두 번째로 서로 대조되는 것(42-44절에서 이것

---

67) LSJ, 270-271.

68) O. Pfleiderer, *Paulinism* (2 vols., Eng. trans., London: Williams & Norgate, 1877 and 1891), 1:201. Pfleiderer는 여기서 영광을 "하늘의 영적인 실체"가 뿜어내는 광채로 간주한다. 한편 Martin은 이것이 "별의 영혼" 이론과 연결되어 있다고 이해한다(Martin, *The Corinthian Body,* 126).

은 네 가지 중 세 번째)은 커다란 난점을 제시하지 않는다. ἀσθένεια와 δύναμις의 대조는 약함-능력에 상응한다. 나아가 약함은 썩음과 비천한 것(굴욕, 43a)에 대한 주제를 설명한다. 심리적·신체적인 생명에서 능력의 감퇴는 뇌세포가 죽어가고 습관화된 행위가 새 창조와 새로운 방향으로 나아가는 능력을 가로막는 시점에서 시작된다. 인간은 자신의 지난날의 결정을 통해 한계를 경험한다는 실존주의 철학자들의 통찰은 인간이 지음을 받은 존재라는 바울의 이해와도 전적으로 부합한다. 이 편지에서 능력은 효력을 지닌 목적 또는 행위를 통한 실행 역량을 반복적으로 언급하는 것처럼 약함은 이와 같은 성취 능력이 없어 모든 노력이 전혀 성공을 거두지 못하고, 그 결과 좌절이 뒤따르며 활력을 잃어가는 악순환이 점차 심화하는 것을 가리킨다.[69] 하지만 이 편지에서 인간이 처해 있는 상황에 대한 바울의 분석에 의하면 인간이 십자가의 능력에 의해 변화되는 영역 안에 있지 않다면 자기를 긍정하는 인간의 열망은 스스로를 패배에 이르게 한다. 하지만 부활 이전의 존재 양식 안에서 새 창조는 언제나 불완전함으로 인해 손상되고 약해진다. 따라서 새로운 창조의 궁극적인 목표는 마지막 날에 실현된다는 것을 자각한다.

다음과 같은 유비는 과거에 오직 한 번 일어난 사건인 그리스도의 죽음 및 부활과 또 이미 "새 창조"(고후 3:17)인 신자들의 몸의 지위가 지닌 결정적인 중요성을 인정하면서도 바울에게 완전히 "실현된 종말론"이 타당하지 않다는 점을 강조하는 데 도움을 줄 것이다. 소모성 질환을 앓고 있어 연약함으로 고통을 겪고 있는 어떤 사람이 있다고 하자. 그는 의학적인 치료와 돌봄을 받기 위해 병원에 입원하여 결정적으로 자신을 내맡길 수 있을 것이다(그리고 얼마 후에 이 새로운 의술은 결정적으로 중요한 도움을 주었다고 입증될 것이다). 그러나 회복의 과정(참조. 에스카톤)에서 치료와 돌봄의 모든 과정이 마무리될 때까지 이 환자는 자신의 질병으로 말미암아 연약함에 시달릴

69) 참조. 고전 1:18, 24; 2:4, 5; 4:19, 20("하나님의 나라는 말이 아니라 확실한 효능과 관련된 사항입니다"); 5:4; 6:14; 12:10; 14:11; 15:24, 46.

것이다. 이것은 자율성을 잃고 자신을 다른 사람의 돌봄에 내어 맡긴 매우 중요한 과거의 행위다. 이 환자가 완전히 회복되었는지는 미래에 확실하게 알 수 있을 것이다. 한편 바울은 "구원"에 대해 과거, 현재, 미래 시제를 사용한다. 그런데 고린도전서에서 그는 (대부분) 현재 시제를 사용한다.[70] 바울이 부활 이전의 소마를 "약한 것으로 심어진 것"으로 묘사하는 것은 (그리스도인들을 포함하여) 인간의 실존이 지닌 연약함, 부서지기 쉬움, 노출되어 있음, 다양한 속박에 대한 그의 현실적인 관점을 표현한다. 하지만 바울은 십자가의 능력을 축소하지 않는다. 이 능력은 부활의 존재 방식이 궁극적으로 승리한다는 것을 전제한다.

"거룩한 영"(44절)의 은사, 사역, 대리 행위를 특징짓는 "능력"은 썩을 것으로 심어진 것이 "썩지 않을 것으로 반전되는 것"(42절)과 "영광스러운 것"(43절)을 한층 더 깊이 설명해준다. 이 편지 전체에서 이 단어(δύναμις)는 다음 사항과 연결되어 있다. (a) 이 대리 행위자가 수행하고자 결정하는 것을 성취하거나 실행하는 능력, (b) 좌절된 노력과 반대되는 견고성과 목적에 부합되는 결과, (c) 인식, 기획 또는 실재와 관련하여 새로운 세상을 창조하는 변화의 영역 등이다. 우리는 1:18-24(특히 알렉산드라 브라운과 레이먼드 피켓의 연구에 비추어), 2:4-5, 특히 4:19, 20; 15:24 등 다른 본문과 관련하여 이러한 측면을 살펴보았다.[71] 만약 약한 것, 비천한 것, 썩는 것이 죽을 수밖에 없는 인간이 점점 약해지는 것의 비애를 묘사한다면 능력 있는 것은 역량의 정적인 원천이 아니라 오히려 영광스러운 것과 미처 상상해보지 않은 임무나 섬김을 위한 준비와 역량이 힘차게 증대되어 가는 것을 가리킬

70) (1) "과거의 사실로서 구원", (2) "구원은 점진적인 경험이다", (3) "구원은 미래에 최종적으로 완성된다"라는 바울의 신학에 대한 고전적인 해설로는 다음을 참조하라. C. A. Anderson Scott, *Christianity according to St. Paul* (Cambridge: Cambridge University Press, 1927), 26-97, 134-234, and 236-242; 참조. Thiselton, "Realized Eschatology at Corinth" in "Eschatology and the Holy Spirit," 250.

71) Brown, *The Cross and Human Transformation;* Pikett, *The Cross in Corinth;* Savage, *Power through Weakness;* Crafton, *The Agency of the Apostle.* 또한 위에서 언급한 절들을 참조하라.

것이다. 하지만 이러한 존재 방식은 42절과 44절의 의미에서 소마 또는 몸과 관련된다.

44절 이 절에서 핵심 이슈는 서로 대조되는 주된 그리스어 표현—σῶμα ψυχικόν과 σῶμα πνευματικόν—을 각각 어떻게 이해하고 또 각각 어떻게 번역하는지와 연결되어 있다. 나는 바울이 πνευματικός라는 형용사를 그 통상적인 의미 가운데 어떤 것으로 사용하든지 간에 이 단어는 하나님의 거룩한 영과 관련된 것을 가리킨다는 것을 조금도 의심하지 않는다. 하지만 몇몇 영역본과 저자들은 다른 결론을 제시한다. 두세 가지 타당한 요소 중 하나는 이 절과 50절의 연관성에 주목한다. 전통적으로 "살과 피는 하나님 나라를 상속받을 수 없다"(50절)는 것을 인정하는 것은 어떻게 "물리적인" 몸이 하늘의 영역으로 들어갈 수 있는지에 대한 문제를 전제한다고 종종 여겨져 왔다. 예레미아스는 이 절에 대한 그의 잘 알려진 연구에서 이러한 잘못된 이해를 설득력 있게 분석한다. 그는 여기서 "피와 살"은 부패한 인간의 몸이 아니라 **연약성과 죄성을 지닌 인간의 타락한 본성**을 가리킨다고 주장한다.[72] 랍비 문헌에서 이에 상응하는 히브리어 표현은 살아 있든지 죽었든지 인간의 연약한 본성을 가리킨다.[73] 살아 있는 사람이든 죽은 사람이든 인간은 **현재의 상태 그대로, 즉 구원을 위한 변화 없이** 하나님의 통치 영역 안으로 들어갈 수 없다. 이 점에 비추어 NRSV의 번역(놀랍게도 REB의 번역도 마찬가지로)—"물리적인 몸으로 심어져…영적인 몸으로 다시 살아납니다"—이 제시하는 의미상의 대조(곧 영적 대 물리적)는 **영적인 것**에 관한 우리의 해석에 선입관을 지니고 있으며 또 이를 왜곡시킬 가능성이 있다. 따라서 NIV, NJB의 번역—자연적인 몸…영적인 몸(곧 [자연을 초월하는] 영적인 것에 반대되는 개념으로서 자연적인 것)—이 훨씬 더 선호할 만하다.

2:14과 2:15에서 ψυχικὸς δὲ ἄνθρωπος와 ὁ δὲ πνευματικός(그리고 2:10-16에서 πνεῦμα) 사이의 대조는 바울이 15:44에서 이 두 용어를 사용하

---

72) Jeremias, "Flesh and Blood Cannot Inherit the Kingdom of God," 151-159.

73) 참조. Strack-Billerbeck, 1:730-31; 참조. 갈 1:17.

는 데 결정적인 근거를 마련해준다.[74] 2:14에서 우리는 ψυχικὸς ἄνθρωπος를 "전적으로 인간적인 차원에서 사는 사람"이라고 번역했다. 이 표현에 대한 불가타의 번역 *animalis homo*는 나중에 존 로크의 "영 또는 계시에 의해 도움을 받지 않는 영혼의 동물적인 능력, 곧 재능"이라는 표현에서 발견된다. 또 "단지 인간의 다양한 욕구와 열망의 차원을 넘어서지" 못한다는 의미에서 로버트슨과 플러머의 "동물적인" 사람에서도 나타난다.[75] 그리고 2:13에서 ψυχικός는 인간의 영이 아니라 하나님의 거룩한 영과 관련된 것과 대조된다. 따라서 해당 절에서 NRSV, REB, NJB는 이 형용사를 "영적이 아닌"으로 올바르게 번역한다. 한편 젠프트는 특별 해설에서 이 단어의 다양한 용례를 논의하며 바울의 용례들을 영지주의 텍스트와 구별한다.[76]

부활의 "몸"의 특성(15:44)

이제 σῶμα πνευματικόν에 대한 세 가지 가능한 견해가 등장한다. 그중에서 첫 두 가지 견해는 철저한 검사를 통과하지 못한다.

(a) 오토 플라이더러는 1877년에 πνεῦμα가 "어떤 초월적이며 물리적인 본질, 감각을 초월한 어떤 물질"이라는 주장을 제기했으며, 요한네스 바이스는 그것을 "하늘의 빛의 실체"라는 관점에서 발전시켰다. 그리고 이 견해는 19세기 후반에 널리 퍼지게 되었다.[77] 최근에 데일 마틴은 고린도에서 "강한 자들"과 "약한 자

---

74) 앞에서 2:10-16, 특히 2:14-15에 대한 주해 참조. 해당 절들에 대한 주해에서 우리는 다양한 자료를 언급하며 논의했다. 이 가운데 예를 들면 다음과 같은 자료가 포함되어 있다. Hoyle, *The Holy Spirit in St. Paul,* 특히 182; Schweizer, *TDNT,* 6:415-437; Swete, *The Holy Spirit in the NT,* 169-223; Bultmann, *Theology of the NT,* 1:153-164, 330-340; Theissen, *Psychological Aspects,* 356-393; Dunn, "Spiritual," *NIDNTT,* 3:700-707; Horsely, "Pneumatikos vs. Psychikos," *HTR* 69 (1976): 269-288; Pearson, *The Pneumatikos-Psychikos Terminology in 1 Corinthians;* and Stadler, *Das Werk des Geistes in der Heiligung des Paulus.*

75) John Locke, *Paraphrase and Notes,* 1:424; Robertson and Plummer, *First Epistle,* 49.

76) Senft, *La Première Épitre,* 206-207.

77) Pfleiderer, *Paulinism,* 1:201; J. Weiss, *Earliest Christianity,* 2:535; *Der erste Kor,* 371-373. Weiss는 이 주석서에서 이것을 **자연적인** 것과 대조하는 것을 받아들인다. 하지만 그는 "하

들"이 주장하던 서로 다른 세계관과 연결하면서 이 견해의 새로운 옹호자로 등장했다. 그는 이 시대의 철학자들이 일종의 "소재"(stuff)로서 영혼에 대해 말했으며, 별들의 "몸" 안에서는 불의 요소가 공기, 흙, 물을 압도했다고 주장한다.[78] 또한 마틴은 네 개의 정경 복음서에서 예수 그리스도의 부활의 몸의 특성은 명료하게 드러나지 않는다고 주장한다. 하지만 바울의 관점에 의하면 부활의 존재 방식은 "하늘의 몸"과 동일시될 수 있다. 44-49절에 비추어볼 때 이것은 "하늘의 몸의 구조와 위계질서에 대한 널리 알려진 신념"을 연상시킨다.[79] 어쨌든 그가 사용한 그리스어 형용사는 "그것의 실체와 구성 요소"를 묘사해주며, 널리 알려진 철학에서 영혼에 대한 개념과 "비슷한" 것으로 판명된다. 프뉴마는 "인간과 별이 공통으로 지니고 있는 실체이며…이 땅의 무거운 물질…별의 본질로 구성되어 있지 않다."[80]

50절과 관련하여 예레미아스가 주장하듯이 이 견해가 직면한 한 가지 큰 난제는 바울이 일차적으로 "몸"의 구성에 대한 질문을 다루고 있지 않다는 것이다. (i) 더 광범위한 해석학적인 이슈와는 별개로 평행을 이루는 세 가지 대조—특히 부정적인 것, 곧 썩음(42절), 비천함, 약함(43절)—는 "실체"가 아니라 존재 방식 또는 삶의 방식을 가리킨다. 다음 두 가지 사항은 이 점을 확인해준다. (ii) 일련의 대조에서 사용되는 전치사 ἐν은 방식을 나타낸다는 데 전반적으로 의견이 일치한다. 또한 (iii) (비록 결정적인 논점은 아니지만) 고전 그리스어 사전은 대체로 -ινός의 어미와 -ικός의 어미 간에 서로 의미를 구별한다. 전자는 대체로 구성을 가리키는 반면, 후자는 주로 존재 방식 또는 특성을 가리킨다. 케네디, 로버트슨과 플러머 및 최근 저자들은 "구성"에 반대하는 결정적인 주장을 제기한다.[81] (iv) 나아가 루와

늘의 몸 또는 프뉴마적인 몸"에 대해 헬레니즘의 배경에 호소한다(372). 나아가 그는 스토아학파의 텍스트에 대해 언급한다(372-373).

78) Dale Martin, *The Corinthian Body,* 115 and 118.

79) 같은 책, 124-126.

80) 같은 책, 126-127.

81) 참조. Findlay, *Expositor's Greek Testament,* 937; Robertson and Plummer, *First Epistle,* 372-373(이 형용사들은 "~으로 만들어진 것"이 아니라 "~의 기관으로 형성됨"(372, 강조는 덧붙여진 것임); Pearson, *Pneumatikos-Psychikos Terminology,* 7-26; Lang, *Die Briefe,* 234-235; Kennedy, *St. Paul's Conception of the Last Things,* 253, n. 1; Dahl, *The Resurrection of the Body,* 53-57, 59-73, 특히 125-126. 더 광범위한 연구는 다음을 보라.

니다는 (πνευματικός를 포함하여) πνεῦμα의 의미 영역을 최소한 열한 가지로 구분한다. 그 가운데 바울이 πνευματικός를 사용한 자료는 가장 빈번하게 "성령으로부터 유래한 또는 성령에 속한"이라는 특징적인 의미를 전달한다.[82] 이처럼 πνεῦμα는 영적인 은사뿐만 아니라 성령으로부터 오는 은사를 가리킨다(12:1; 참조. 2:13; 롬 1:11; 참조. 엡 1:3; 5:19, 천상의 또는 실제적인 파장이 아니라 성령의 영감을 받은 찬양). 신약성경의 다른 드문 경우에서 (바울의 용례가 아닌) πνεῦμα는 유령이나 귀신 등을 가리킨다(거의 틀림없이 막 14:26; 눅 24:37; 행 23:8). 하지만 이러한 표현은 악한 영들과의 연관성 때문에 대체로 회피한다(막 9:25; 참조. 막 1:34, δαίμων).[83] 바울은 44절에서 성령의 인도를 받는 상호 주관적인 생명의 양식과 패턴에 대해 말한다.

(b) σῶμα πνευματικόν은 단순히 어떤 비물리적인 "몸"을 의미한다는 이론은 설득력이 약하다. 이 이론은 ([a] 견해와 마찬가지로) 헬레니즘적 사고를 허용하지만, 바울의 강조점을 완전히 이해하지 못한다. (i) 피가 주장하듯이 "변형된 몸은 '영'으로 구성되어 있지 않다. 이것은 종말론적인 존재에 적합한 몸이다. 또한 이 존재는 성령의 궁극적인 지배 아래 있다."[84] (a) 견해를 반대하는 모든 요소가 여기에서도 적용된다. (ii) 뿐만 아니라 M. E. 달이 일관되게 주장하듯이 다른 견해들의 난점과 인간을 총체로 이해한다는 점에 근거하여 구약성경과 바울은 다음 개념을 공유한다. 즉 "σῶμα ψυχικόν = 피조물이며 영원한 삶을 누릴 가능성을 지닌 존재로서 인간의 총체…σῶμα πνευματικόν = 성령의 거듭나게 하는 은혜를 통해 구원받고 실질적으로 영원한 생명이 **부여된** 사람의 총체다(44절)"(강조는 원저자의 것임).[85] 순전히 "비물리적인" 해석도 아니고 단순히 (어떤 유사-물리적인 의미에서) "신체적인" 해석도 아닌 것은 15:44에 대한 적합한 설명을 제공해준다. 이것을 노골적으로 표현하면 다음과 같다. 곧 **성령 안에서 부활의 존재의 삶의 방식의 총체는 물리적인 것 그 이상이며 그 이하가 아니다.** 다시 말해 미적·경험적 만족에 상응하는 다

Clavier, "Breves REmarques sur la Notion de σῶμα πνευματικόν," in Davies and Daube (eds.), *The Background of the NT and Its Eschatology,* 346; 참조. 342-362.

82) Louw-Nida, 141-143 (sects, 12-18, 12-21) and 509 (sects. 40-41; 참조. 79-86).

83) 같은 사전, 509 (sects. 40-41).

84) Fee, *First Epistle,* 786.

85) Dahl, *Resurrection,* 126; 참조. 20-73 그리고 곳곳에.

양한 능력은 지상의 물리적인 삶보다 **못할 수 없다**. 만약 이 존재 방식이 성령의 중재와 창조주 하나님의 사랑보다 "더 많은 것"을 포함한다면 말이다. 하늘은 지상의 실존이 "희미해진" 상태로 인식되는 스올이 아니다.

놀랍게도 모든 해석학적·신학적·사전학적 증거는 이 견해와 상반된다. 루와 니다는 15:44을 거의 유일하게 "물리적인 것에 속하지 않는"이라는 표제어 아래 부차적인 짤막한 범주 안에 넣는다.[86] 아마도 그들은 다른 외국어 문화로부터 부당하게 영향을 받았을 것이다. 그중에 몇몇을 위해 루와 니다는 "살과 뼈를 지니지 않을 어떤 몸"을 제안한다. 심지어 성령의 인도함을 받는 "몸"도 그리스어와 바울이 사용하는 뉘앙스를 설명하지 않는 한, 물리적인 것으로 인식되기 때문이다. 하지만 다른 곳에서 그들은 고전 3:1에 근거하여 "πνευματικός는 하나님의 영에 의해 통제되는 삶의 한 가지 유형"이라고 올바르게 지적한다.[87] (c) 고전 3:1에 대한 언급은 우리가 주장하는 세 번째 이해를 확증해주는 데 탁월한 출발점이 된다. 우리는 3:1, 3에서 πνευματικός와 σάρκινος … σαρκικός를 "영에 속한 사람들…전적으로 인간적인 동기에 의해 움직이는 사람들…신령하지 않은…"이라고 번역했다. 따라서 바레트는 44절을 "하나님의 영에 의해 생명력을 부여받은 새로운 몸"을 가리키는 것으로 이해한다.[88] 브루스는 여기서 45절의 생명을 주는 영을 언급함으로써 기독론적 관점과 특징을 암시한다.[89] 자연적인 몸은 그 특성을 당연히 창조의 아담으로부터 물려받는다. 부활의 몸은 당연히 마지막 아담, 즉 성령의 주님이시며 하나님이 성령을 통해 다시 일으킨 그리스도(롬 8:11)로부터 그 특성

86) Louw-Nida, 1:694, sect. 79-3.

87) 같은 책, 1:509, sects. 40-41. 상당히 많은 참고문헌은 이것이 바울이 이 용어를 사용하는 가장 특징적인 사례라고 확인해준다. Weiss는 바울이 "죽음 이후에 일종의 '벌거벗은 존재'…몸으로부터 분리된 영혼을 상상할 수 없었을 것이다"라고 주장한다(J. Weiss, *Earliest Christianity,* 2:534). 고전 15:35-44와 고후 5장의 관계는 복잡하면서도 일관성이 있고 서로 일치한다. 설령 우리가 고후 5:2에서 벌거벗은 이들을 "죄와 수치로 벌거벗은 이들"로 이해하는 E. E. Ellis의 견해를 따른다 하더라도 이것은 단순히 우리가 15:43-44을 우주론적인 관점보다는 구원론적인 관점에서 이해하는 것을 뒷받침해준다(E. E. Ellis, "2 Cor 5:1-10 in Pauline Eschatology," *NTS* 3 [1959-60]: 211-214; rpr. in Ellis, *Paul and His Recent Interpreters,* 35-48).

88) Barrett, *First Epistle,* 372.

89) Bruce, *1 and 2 Cor,* 152.

을 물려받는다. 볼프는 다음과 같이 선언한다. "영적인 부활의 몸(der pneumatische Auferstehungsleib)은 철두철미하게 하나님의 영의 지배 아래 있다. 45절에 의하면 이 몸은 생명을 주는 영이신 그리스도의 창조물이다."[90)]

이것은 정경 복음서의 후대 전승에서 이 땅의 육체적인 몸보다 "더"하면 더했지 "덜"하지 않은 성령의 인도함을 받는 몸의 구속적·윤리적 성격과 그리스도의 부활한 몸의 성격 간의 건설적인 연관성을 제공한다. 이러한 부활 전승에서 예수 그리스도는 언제나 제자들에 의해 즉각적으로 "인식되지" 않았지만(요 20:14, 15; 21:12; 눅 24:13-20), 그의 인격적인 정체성은 사회물리학적 동작과 특징의 관점에서 인식되었다(눅 24:31; 요 20:16, 20, 27-28; 행동, 목소리, 손, 옆구리 등). 누가-행전 전승에 의하면 예수는 구름 위로 "들림을 받았지만"(행 1:9, 10), 요한복음 전승에 의하면 예수는 떡과 생선을 제자들과 함께 먹었다(요 21:12, 13).[91)] 창조 질서에 관한 바울의 유비들은 몸의 형태와 목적을 위한 기능(새, 물고기, 해, 달)이 서로 짝을 이루는데, 이는 몸(소마, 형태, 공적인 정황과 관련하여)으로 여겨지는 것이 바로 그것의 직접적인 환경과 목적에 달려 있다는 것을 강력하면서도 결정적으로 암시해준다. 예수 그리스도가 부활하여 변화된 나사렛 예수로서 목격자들에게 자신의 정체성을 눈으로 볼 수 있고 손으로 만질 수 있도록(요 20:27) 우리의 시간과 공간으로 이루어진 세상의 환경 속에 나타났을 때 이 "육체적인" 방식은 물리적인 것과 경계를 맞대고 있을 뿐만 아니라 이를 초월했다. 예수의 승천 사건에서 이 "몸"은 (우리가 이것을 실질적인 사건으로 여기든 일종의 꾸며낸 이야기 세계 안에서 일어난 사건으로 여기든 간에) 물리적인 한계를 초월한다. 하지만 우리는 이 본문에 나타난 바울의 목적을 소마의 구조에 대한 묘사로 이해하려는 유혹에 빠져서는 안 된다. 오히려 여기서 요점은 썩

90) Wolff, *Der erste Brief,* 407.

91) 누가복음과 요한복음의 전승에서 해당 이슈에 대한 간략한 논의는 다음을 참조하라. Perkins, *Resurrection: NT Witness and Contemporary Reflection,* 149-194. "어떤 이들은 누가가 이미 육체적 부활을 부인했던 순진무구한 가현설과 직면했다고 생각한다. 누가의 전체 기사는…부활을 예수의 몸에 영향을 미친 사건으로 묘사한다." 하지만 이것은 반가현설적인 설명일 필요는 없다. 이것은 부활하신 그리스도를 지상의 예수와 동일시한다(164). 참조. R. J. Dillon, *From Witnesses to Ministers of the Word: The Tradition and Composition in Luke 24* (Rome: Biblical Institute Press, 1978); 참조. R. E. Brown, *The Gospel according to John* (Garden City, N. Y.: Doubleday, 1970), 2:995-1092.

지 않음, 광채, 능력으로 특징지어지고 성령의 인도, 통제, 특성으로 구성된 부활의 존재 방식이 **성경의 전승이 중시하는 물리적인 역량으로 축소되는 것이 아니라 그것을 받아들이고 초월하는 방법을 통해 그것을 능가하고 초월한다**는 것을 기대한다는 것이다.

따라서 몸은 생명을 온전하고 풍성하게 경험하기 위한 조건으로서 물리적인 것에 대해 긍정적인 자세를 갖는 성경의 전통을 시인하면서도 **지상의 삶의 공적인 영역에서 일어나는 물리적인 것의 역할을 수용하고 포함하며 이를 초월한다.** 따라서 부활한 몸을 상호 주관적인 의상소통 경험의 모든 측면을 포함하는 전인격의 존재 방식 형태로서 이해하는 것은 적절하다. 이 존재 방식은 개인의 정체성의 연속성과 공동체의 승화된 경험을 보증한다. 이러한 공동체의 경험은 그리스도 안에서 이루어지는 하나님과의 친밀한 연합과 이 연합에 동참하는 "타인들"과의 친밀한 연합을 독려한다. 만약 혼인의 결속이 예를 들어 죽음으로 인해 중단될 때 이것은 부활의 몸이 "더 적은" 것을 제공하기 때문이 아니라 상호 인격적인 연합이 배타성을 흡수하는 "더 많은 것"으로 동화되고 받아들여지며, 나아가 이제까지 상상하지 못했던 심오함을 추가하기 때문이다. 하지만 이와 같은 연합의 상호성과 서로 다름에 대한 존중은 "성령에 의해 통제되고 인도함을 받는 존재의 어떤 "유형"과 종말론적인 새 창조의 새로운 환경을 위해 하나님에 의해 고안된 어떤 존재 방식을 전제한다(위의 BAGD의 정보 참조). 이것은 어떻게 부활한 공동체가 이와 같은 거룩한 특성을 자유롭게 선택할 것인지에 대한 철학적인 이슈들을 암시할 수 있지만, 이 이슈들은 우리를 텍스트로부터 너무 멀리 벗어나게 할 것이다.

다른 한편으로 세 쌍의 대조—썩음과 썩지 않음 또는 그 반전, 비천과 영광, 평범한 인간의 몸과 성령에 의해 형성된 몸—는 생명의 부활 이후의 방식을 생명이 목적을 따라 역동적으로 점점 증가하는 삶으로 인식할 수 있게 하는 어떤 확실한 근거를 제공해준다. 왜냐하면 목적에 따라 행동하시는 **살아 계신 하나님**이 어떤 정적인 결말을 상상하기보다는 이 적합한 방식을 제정하시기 때문이다. 마치 어떤 영화의 마지막 장면에서 "멈춰선" 틀처럼 부활한 몸이 영원히 갇혀 있는 것처럼 말이다. 성경에서 성령은 지속적인 생동성과 매우 밀접하게 연결되어 있는데, 바울은 45b에서 이것을 언급한다.

많은 저자들은 44b에서 새로운 단락이 시작된다고 이해한다.[92] 하지만 44절 후반절은 단순히 독자들에게 만약 어떤 의심이 여전히 남아 있다면 창조 질서와 창조주 하나님의 무한한 풍요로움에 대해 **앞에서 이미 말한 것**을 숙고할 것을 알린다. 만약 하나님이 무수히 많은 다른 형태와 종(種) 중에서 평범한 사람의 몸을 창조하실 수 있다면(44a), 인간적인 영역을 위한 몸(44b, σῶμα ψυχικόν, 44a에서도 똑같은 그리스어 표현이 사용됨)이 있는 것과 마찬가지로, 성령의 영역을 위한 몸(ἔστιν καὶ πνευματικόν, 44a에서도 똑같은 그리스어 표현이 사용됨)도 있다고 생각하는 것이 논리적으로 합당하지 않겠는가? 성령의 영역(곧 πνευματικόν)에 대해서는 한 가지 보충 설명이 필요할 것이다. 이것은 일차적으로 비물리적인 영역을 의미하지 않고 (비록 그것도 분명히 포함하긴 하지만) 성령에 의해 빚어진 존재의 특성 또는 유형의 변화에 적합한 것이 무엇인지를 가리킨다. 여기서 어떤 알곡 하나가 열매를 맺거나 꽃을 피우거나 추수에 이르게 되는 변형에 대한 생물학적인 유비들은 (a) 대조, (b) 정체성의 연속성, (c) 형태와 특성의 완전하고 근본적인 변화를 강조하기 위해 실례를 들어가며 미학적인 측면을 다룰 수 있다.

타이센은 고린도의 전통과는 대조적으로 바울이 44-45절에서 "성령에 속한 것은 목표가 아니라 기원으로 이해해야 한다"고 바로잡아준다고 지적한다. "프뉴마의 주어짐은 '심리적으로' 친숙한 한계들을 초월하는 의식의 확장을 의미한다.…바울은 새로운 세계가 존재한다는 것을 전제한다."[93] 이 "새로운 세계"의 역동적이고 지속적이며 목적 지향적인 특성은 그 세계가 **사랑**으로 특징지어진다는 바울의 주장에 의해 강조된다. 이 사랑은 에스카톤 이후에도 영원히 존속하는 성향이 있다(13:8-11). 바울은 이미 목적 지향적이며 역동적이고 습관화된 행위로 그것을 정의했다(13:4-7; 이 절들에 대해서는 앞에서 주해 및 설명 참조). 부활한 몸은 창조적인 사랑을 주고받는 의미 있는 경험을 위한 상황을 제공한다. 캉비에가 우리에게 상기시켜주듯이 44절은 37-38절에서 소개된 변형을 요약해준다. 즉 "여러분이 심는 것은 장차 나타날 몸이 아니라…하나님께서 자신이 의도하신 대로…주

---

92) 예를 들면 (NRSV와는 대조적으로) REB, NIV, NJB; (Conzelmann, Fee와는 대조적으로) Barrett, Héring, Collins.

93) Theissen, *Psychological Aspects*, 365 and 388.

십니다." 그리고 이것은 두 가지 "구성"이나 두 가지 "상태"가 아니라 "두 가지 성향, 두 가지 세력…"으로 바뀐다.[94] 바울은 부활한 새로운 "몸"이 어떤 "지향점"을 갖게 될지에 관심을 둔다. 그리고 그가 목표로 삼는 "주요한 원수"는 유대인들과 헬라인들이 상상하는 "스올-하데스" 안에 있는 영혼-그림자의 몰락한 존재다.[95] 따라서 그는 55절의 승리—"죽음아, 너의 승리가 어디 있느냐?"—로 인도한다.

이와는 대조적으로 영지주의 본문들은 "몸"의 부활을 "신령하게" 또는 "알레고리적으로" 읽는다는 해석학적인 의미에서 바울이 여기서 "영적"(spiritual)이라는 단어를 사용한다고 이해한다.[96] 이레나이우스는 이와 같은 견해를 단호하게 비판한다. 고전 15:36, 41-44을 인용하고 나서 그는 바울과 다소 다르게 이해하는 발렌티누스파의 견해를 언급한다. 즉 바울은 "불멸의 영들"이 아니라 그리스도 안에 있는 이들에 대해 말한다는 것이다. 그리스도가 육체적으로 부활한 것처럼 그들도 썩어질 몸과 서로 다른 "몸"을 지닌 채 다시 살아날 것이다.[97] 테르툴리아누스는 몸에 대해 마르키온이 평가절하하고 또 고전 15:42-46을 그러한 방식으로 이해하는 것으로부터 거리를 둔다.[98] 토마스 아퀴나스는 부활한 몸을 다양한 기관 또는 "부분"의 기능과 연결하여 이해한다.[99] 하지만 루터는 바울의 관점을 다음과 같이 잘 파악한다. "이것은 진정으로 하나님이 하시는 일이다.…이것은 먹고 잠을 자고 소화하는 몸이 아니다. 오히려 이것은 그분 안에서 생명을 영위하며…오직 성령에 의해 살아간다."[100] 또한 루터는 (48-49절과 관련하여) 그리스도는 우리의 원형이며, 그는 우리를 타락시키는 죄의 독약을 모두 마신다(54-55절)고 덧붙여 말한다. 그러므로 부활한 몸은 "현재의 몸보다 더 아름답고 더 좋은 형태"를 지닐 것

94) Cambier, "Brèves Remarques sur la Notion de σῶμα ψυχικόν," 346 and 347-348.

95) 같은 책, 351 및 360-361.

96) 참조. *Treatise on the Resurrection*, 45:20-28, 그리고 특히 45:39-46:2; 47:4-8; 49:25-28. M. I. Peel (ed.), *Epistle to Rheginos,* 186; E. Pagels, *The Gnostic Paul,* 84-85; Pagels, "Conflicting Versions of Valentinian Eschatology," *HTR* 67 (1974): 35-44.

97) Irenaeus, *Against Heresies,* 5:7:1, 2.

98) Tertullian, *Against Marcion,* 5:10 (throughout).

99) Thomas Aquinas, *Summa Theologica,* pars. 3, Q 84:1:1; 참조. 83:1.

100) Luther, *Works,* 28:187-192; *WA,* 36:657-665.

이다.[101] "하나님이 하시고자 하는 것을 듣는 것에 만족하라. 그리고 그것을 그분께 맡겨라." "이것은 강력하고 활기차며, 건강하고 행복할 것이다.…해와 달보다 더 아름다울 것이다.…우리는 모두 영적인 은사를 지닐 것이다."[102] 이 해석은 유스티누스까지 거슬러 올라갈 수 있는 다음과 같은 한 가지 반대 전승과 전적으로 어긋난다. "비록 우리 자신의 몸은 죽어 땅속에 묻히지만, 우리는 그 몸을 그대로 받을 것을 기대한다."[103] 이레나이우스와 테르툴리아누스의 사고에는 이와 같은 해석의 방향과 관련하여 상반되는 요소가 있다. 이것은 15:36-38, 42-44, 50-54에서 명백하게 표현되는 바울의 논점과 대치된다.[104]

45-46절 B, K 및 일부 소문자 사본은 ἄνθρωπος를 생략한다. 왜냐하면 이것이 Ἀδάμ을 반복하는 것처럼 보이기 때문이다(아래 참조).

45절 상반절은 창 2:7—καὶ ἐγένετο ὁ ἄνθρωπος εἰς ψυχὴν ζῶσαν(70인역)—에서 인용한 것이지만, 바울은 여기에 πρῶτος라는 단어를 덧붙였다.[105] 몇몇 저자들은 이 절 맨 앞에 있는 οὕτως가 바울이 70인역을 문자 그대로 인용하지 않는다는 것을 나타내는 것으로 간주한다.[106] 또 다른 한편으로 "바로 그런 의미에서 성경은…말한다"라는 REB의 번역에 대해서는 할 말이 많다. εἰς ψυχήν이라는 표현에서 70인역과 바울의 전치사 εἰς 사용은 단순히 이에 상응하는 히브리어 전치사 ל(레)를 반영한다. 창 2:7의 히브리어 원문에는 아담이라는 단어가 포함되어 있다. 70인역은 이

101) 같은 책, 28:181; 참조. 196-213; *WA*, 36:648; 참조. 670-696.
102) 같은 책, 28:180, 142; *WA*, 36:647, 593-594. 그리고 루터의 주해에 대해서는 다음을 참조하라. Thiselton, "Luther and Barth on 1 Cor 15," in Stephens (ed.), *The Bible, the Reformation and the Church*, 258-289.
103) Justin, *Apology*, 1:8; 참조. *Dialogue*, 81.
104) 테르툴리아누스의 더 강력한 저서 *Resurrection of the Flesh*, e.g., *Resurrection*, 35에서는 유물론적인 측면이 나타난다. 거기서는 머리카락과 이빨이 회복된다. 참조. Davies, "Factors Leading to the Emergence of Belief in the Resurrection of the Flesh," 448-455. Davies는 다음과 같은 사항을 언급한다. (a) 전승의 나타남, (b) 천년 왕국, (c) 반(反)영지주의적인 논쟁, (d) 부분적인 측면에서 헬레니즘적 이원론.
105) 바울이 과연 **아담**도 삽입했는지에 관해서는 아래를 보라.
106) 예를 들면 Edwards, *First Epistle*, 442.

단어를 ἄνθρωπος로 번역했다. 곧 ויהי האדם לנפש חיה(바예히 하아담 레네페쉬 하야: 그리고 사람/아담은 살아 있는 네페쉬/ψυχή/사람이 되었다). 스탠리는 이것을 바울이 통상적으로 70인역을 사용하는 것과 그가 히브리어를 사용할 가능성을 비교하는 데 유익하다고 올바르게 이해한다. "그리스어 또는 히브리어 텍스트 전승에서 그 어떤 것도 바울 앞에 놓인 창 2:7 텍스트 안에 πρῶτος라는 단어가 들어 있었다고 생각할 만한 근거를 제시해주지 않는다."[107] 하지만 이 단어의 삽입은 "πρῶτος와 ἔσχατος Ἀδάμ(45b)으로 이어지는 논의의 뼈대를 형성하는 아담과 그리스도 간의 근본적인 대조"를 확인해준다.[108] 그러나 바울이 [70인역에 없는] Ἀδάμ을 삽입한 것은 전적으로 자신의 주장의 모양새 때문만은 아닐 것이다. 테오도티온과 심마쿠스 70인역은 ὁ Ἀδὰμ ἄνθρωπος라고 읽는다. 스탠리가 주장하듯이 히브리어 אדם(아담)은 인류를 가리키는 일반 용어 또는 남자를 가리키는 고유 명사이므로 바울과 테오도티온/심마쿠스 텍스트에서 이 두 단어가 이중적으로 사용된 것은 전적으로 가능하고 이해할 만하다. "바울은 그의 창 2:7 본문에 고유 명사 Ἀδάμ을 추가하지 않았을 수도 있다."[109] (이것은 또한 45절의 올바른 독법이 B, K의 독법이 아니라는 것을 뒷받침해준다. 45절에 대한 텍스트 주해 참조.)

아담-그리스도 모형론은 이미 15:21-22에서 소개되었는데, 거기서 이 모형론은 롬 5:12-19의 더 잘 알려진 모형론을 유사하게 예고한다. 모나 후커는 구문상의 여러 가지 난점에도 불구하고 다음과 같이 지적한다. "[롬 5:12-19에서] 아담과 그리스도 사이의 다양한 평행과 대조는 명백하다. 다섯 번 이상 언급되고, 첫 번째는 부정적으로, 그다음에는 긍정적으로 언급된다. '아담 안에서' 일어난 모든 것은 '그리스도 안에서' 일어나는 것으로 상쇄되는 차원을 넘어선다."[110]

---

107) Stanley, *Paul and the Language of Scripture*, 208.

108) 같은 책.

109) 같은 책, 209.

110) Morna Hooker, "Interchange and Atonement," *in From Adam to Christ*, 28; 참조. 26-41.

이러한 대조는 이 장(15:20-22, 45-49)에서뿐만 아니라 바울 신학 전체에서도 중요하고 필수적인 역할을 한다. 제임스 던은 첫 번째 아담과 마지막 아담이 바울의 사상과 논의의 핵심에 놓여 있는 몇몇 단락, 특히 롬 5:12-21, 고전 15:20-22, 15:45에 대해 논의하며 다음과 같이 주장한다. "바울은 의도적으로 예수를 아담과 나란히 놓는다.…아담은 분명히 대표적인 지위에 있는 인물로 이해된다. 아담은 인류인 동시에 한 개인이다. 그는 모든 족속에 속한 모든 사람을 통합하고 대표한다.…이 점에서 그리스도도 마찬가지다. 아담은 '장차 오실 분의 모형'(롬 5:14)이다.…장차 오실 분은 최초의 아담에 종말론적으로 상응하는 분이다.…각각의 아담은 새 시대를 연다. 각각의 시대의 특성은 저마다의 행위로 확립된다."[111)]

바울은 이 사상을 핵심적으로 나타내기 위해 간략하게 **아담 안에 있는 자들과 그리스도 안에 있는 자들**이라는 표현을 사용한다(앞에서 15:22에 대한 주해 참조). 홀레만이 수상하듯이 이 사상의 구소는 내표적·구원론적·묵시론적이다. "예수는 장차 부활할 자들의 **유일무이한 대표자**로서 부활했다"(강조는 원저자의 것임; 앞에서 15:20-22에 대한 주해 참조). "[예수는]…그의 백성과의 연합을 이룬 '대표적인 인물'이다.[112)] 또한 홀레만은 롬 5:12-21, 고전 15:21-22, 43-49에서 언급하는 아담의 역할을 갈 3:8-9에서 묘사하는 아브라함의 역할과 비교한다. 그리고 빌 2:6-11의 배후에서는 교만으로 인해 아담의 대표자로서의 실패와 자발적 자기 비하를 통한 그리스도의 대표자로서의 승리가 미치는 효력들이 서로 대조된다. "옛" 창조는 단순히 "바로잡음"뿐만 아니라 새 창조 안에 있는 새로운 시작을 요구한다. 이것은 인간의 속박, 타락, 율법의 다양한 한계와 구원을 위해 결정적으로 간섭하시는 하나님의 대리 행위에 대한 종말론적인 이해의 중심에 자리 잡고 있다.

---

and 13-101. 1부와 2부의 일곱 가지 에세이는 롬 1장과 빌 2:6-11에 관한 내용도 포함하고 있다.

111) Dunn, *The Theology of Paul,* 200; 참조. 199-204, 208-212, and 241-242.

112) Holleman, *Resurrection and Parousia,* 1 and 21.

하지만 인류 공동체와 관련된 아담의 대표적인 역할은 오직 바울이나 심지어 묵시론적인 사고 안에서만 나타나는 것은 아니다. 이것은 지혜에 대한 헬레니즘적 문헌과 필론의 저서에서도 발견된다.[113] 그럼에도 "바울과 필론 사이의 주된 차이점은 모든 피조물보다 먼저 나신 천상의 사람의 종말론적인 역할과 관련되어 있다. 이것은 또한 ἔσχατος Ἀδάμ(45절)이라는 바울의 표현의 지지를 받는다."[114] 고펠트가 주장하듯이 후대 유대교는 "아담의 파괴적인 능력"을 이미 시인했다. 이것은 바울에게 있어 "그리스도의 구원하는 능력을 입증하는 데" 종말론적이며 구원론적인 배경을 제공한다.[115] "바울은 필론의 글에서 발견되는 **이상적인** 최초의 사람에 대한 사변과 유사한 것을 자신의 주장에…삽입하는 것을 거부한다(참조. 고전 15:46). 그는 성경과 구원 역사가 계시하는 규율과 질서를 받아들인다. 창 2:7에 의하면 **첫 번째** 사람은 **땅에서** 온 반면, **두 번째** 사람은 **하늘에서** 왔다"(강조는 덧붙여진 것임).[116] 각 사람은 "자신의 통치 아래 있는 자들에게 자기와 같은 형상을 새긴다(고전 15:48)."[117]

비록 첫 번째 아담과 마지막 아담이 대표적이며 고유한 특성을 형성하는 역할을 공유하긴 하지만, 다른 측면에서 이 둘 사이에 존재하는 대조는 결코 과장될 수 없다. 첫 번째 아담은 단지 살아 있는 사람이다(창 2:7). 히브

---

113) Sellin, *Der Streit um die Auferstehung der Toten,* 79-189; Weiss, *Der erste Kor,* 374-376; 지혜서 2:23; 9:2; 10:1. 또 지혜서 12장과 13장의 언급과 관련해서는 다음을 보라. Hooker, *From Adam to Christ,* 75-78. 참조. 집회서 17:1; 49:16; 주목할 만한 것으로서 *Apocalypse of Moses* 7:2-3; 8:2; 9:2; 10:2; 14:2; 21:1-6; 37:1-6; 39:1-3; 41:3; Philo, *Opificio Mundi* 47:136-141.

114) Jeremias, *TDNT,* 1:143; 참조. 141-143. 참조. E. Brandenburg, *Adam und Christus,* 68-157; J. Muddiman, "'Adam, The Type of the One to Come,'" *Theol* 87 (1984): 101-110; Scroggs, *The Last Adam;* M. Black, "The Pauline Doctrine of Second Adam," *SJT* 7 (1954): 70-79; Goppelt, *Typos,* 129-136; Pearson, *Pychikos-Pneumatikos,* 17-23.

115) Goppelt, *Typos,* 129-130.

116) 같은 책, 134. Goppelt는 "인자가 하늘로부터 이 세상에 왔을 때 입었던 육신(참조. 롬 8:3)과 변화된 하늘의 몸으로 그가 다시 올 것(참조. 빌 3:20)을 비교한다"(Goppelt, *Typos,* 129-130).

117) 같은 책.

리어 נפשׁ(네페쉬)와 마찬가지로 ψυχή는 죽음으로 인해 잃어버릴 수 있는 이 땅의 생명을 가리킨다. 사실상 동물도 נפשׁ(대체로, 숨쉬는 대상을 의미함)를 소유할 수 있다(창 1:20, 24, 30; 2:10). 또한 이 단어는 단순히 어떤 사람을 가리킬 수도 있다(종종 인칭 대명사에 해당함, 민 23:10; 삿 16:30). 이 단어는 심지어 죽은 사람 또는 시신을 가리키는 데 사용될 수도 있다(민 6:6).[118] 이와 비슷하게 ψυχή는 일반적으로 "공공연하게 관찰할 수 있는 어떤 사람의 지상 생활"을 묘사하며, 이것을 쉽게 잃어버릴 수도 있다.[119] 우리가 살펴본 바와 같이 그리스어 형용사 ψυχικός는 종종 바울 서신에서 부정적인 뉘앙스를 지니고 있다(앞에서 2:14의 주해 참조). 첫 번째 아담과는 상당히 대조적으로 마지막 아담은 단지 살아 있는 존재가 아니라 생명을 주는 영이다.

아담과 창 1장에 대한 기원후 1세기의 사변적인 해석은 첫 번째 사람인 아담을 인류의 조상으로 묘사하는 데 있어 바울과 일치한다(Philo, *De Abrahamo* 56; 고선 15:47). 하지만 창 1장과 2장의 두 가지 창조 이야기를 아담에 대한 두 가지 개념과 연결하는 것과 관련하여 필론은 플라톤의 형상 또는 이데아 이론에 상당히 많은 영향을 받았다. 하나님의 형상(창 1:26)을 지니고 있는 것은 **영적이며 하늘에 속한** πνεῦμα다. **이상적인 아담**의 원형은 οὐράνιος ἄνθρωπος … κατ᾽ εἰκόνα θεοῦ γεγονώς다.…하지만 "하나님의 형상"을 지니고 있는 이 "하늘의 사람"은 "땅에 속하며"(γήϊνος) "약간의 질료로(ἐκ σποράδος ὕλης) 만들어졌다." 모세는 이것을 "진흙" 또는 "흙"이라고 부른다(ἣν χοῦν κέκληκεν; Philo, *Legum Allegoriae* 1:31-32). 플라톤의 철학에서처럼 첫 번째로 **영원한 천상의 이데아** 또는 **형태**가 온다. 두 번째로는 **경험적이며 우연적인 지상의 복제**가 온다. 이것은 형태 또는 패턴을 자기 것으로 받아들이려고 한다. 형태 또는 패턴으로부터 복제가 유래한다. 필론의 관점에서 보면 창 2:7의 **인류** 또는 "사람"은 우연한 것, 어떤 **감각**의 대상의 데이터(αἴσθητος … ἐκ σώματος καὶ ψυχῆς συνεστώς)와 비신체적이며(ἀσώματος)

---

118) BAGD, 659-661.

119) Jewett, *Paul's Anthropological Terms,* 448.

썩지 않는(ἄφθαρτος) 것에 이르는 것이 서로 결합한 존재다. 이것에 근거하여 바울이 이해하는 것과 반대되는 "영적인 것"(spirituality)이 인식될 수 있다. 반면에 바울의 관점에서 보면 새 창조와 변화는 위로부터 오며 내재적인 인간의 영이 아니라 성령의 대리 행위로 말미암아 이루어진다.

"바울이 필론의 저서를 읽었는지"는 이 이슈와 별로 상관이 없다는 점을 지적할 필요가 있다. 필론은 자신만의 고유한 사고에도 불구하고 당대의 종교 철학—특히 유대교 또는 기독교 공동체—에 대한 지식을 갖고 있었으며 종종 그것을 자신의 저서에 반영한다. 이러한 종교 철학적인 사고가 어떤 정교한 개념을 성경에 대한 해석과 결합하는 것처럼 보일 때 이것은 매력적이 된다.[120] 최근에 일레인 페이절스는 "창 1장을 해석하는 일련의 말씀"이 들어 있는 외경 도마복음과 요한복음에 또다시 주목했다. 그는 거기서 전제되는 내용이 어떤 단일 "영지주의 신화"가 아니라 "원시의 창조로…돌아가는 길을…밝혀주기 위해…창 1:26-27의 에이콘(*eikon*)을 최초의 빛과 연결하는 광범위하게 알려진 다양한…주해다"(창 1:3)라고 주장한다.[121] 페이절스는 요한복음이 "유대인들과 그리스도인들을 모두 포함하는 광범위한 독자층이 사용한 창세기 주해의 한 유형에 반대하는 논쟁"을 주도한다고 인식하면서 바울에게서도 이와 같은 관심사를 포착하는 것은 지나치지 **않다**고 주장한다.[122]

그렇다면 종말론적 "질서"(앞에서 23-28절에 대한 주해 참조)에 대한 바울의 설명과 목적 지향적인 순서는 다음과 같은 두 가지 목적을 지니고 있다. (a) 이것은 앞을 바라볼 필요가 있음을 강조한다. 신자들은 장차 그리스도를 묘사하는 영의 존재 방식으로 온전히 변화될 것이다(곧 이것은 상상할 수 있는 지상의 한계를 초월하며 연약함과 죄로 말미암는 파괴적인 결과에서 벗어날 것

120) 참조. G. J. Warne, *Hebrew Perspectives on the Human Reason in the Hellenistic Era: Philo and Paul,* Mellen Bible Press 35 (Lewiston: Mellen, 1995).

121) E. H. Pagels, "Exegesis of Genesis 1 in the Gospels of Thomas and John," *JBL* 118 (1999): 488; 참조. 477-496.

122) 같은 책, 492. 참조. Hays, *1 Cor,* 273; Brandenburger, *Adam und Christus,* 68-157.

이다). (b) 또 이것은 헬레니즘 또는 헬레니즘적 유대교의 "지혜" 전승 또는 필론의 사상에서 비롯된 종교 철학의 잔재에 기초한 원형적인 사람(아마도 더 궤변적인 "강한 자들" 가운데 몇몇 사람에게서 발견되는)이라는 주제에 초점을 맞추는 기독론을 논박할 것이다.[123] 아담은 결코 이상적인 인류를 대표하는 원형적인 모델이 아니다. 그는 타락으로 인해 멸망의 길로 나아가는 모든 사람을 대표한다. 바로 이 배경이 **십자가의 선포**(1:18-25)를 이해하는 것이 모든 소망의 핵심이자 근거가 되게 한다. 십자가는 단순히 "진보"의 정도가 아니라 **반전**을 가져온다(참조. 1:26-31). 그러므로 46절은 첫 번째 아담과 마지막 아담으로 인해 각각 대표되는 두 가지 질서 간의 대조를 강조한다. 그러나 **부활은 그것과 함께 "영원한 회귀의 신화"를 가져오기보다는 새로운 창조를 약속한다.** 바울은 육체적인 것을 과소평가하지 않는다. 이것은 하나님이 은혜로 주신 것이다. 하지만 자연적인 것은 인간의 죄 및 속박과 결부되어 있다. 절대 주권을 지니신 하나님의 행위로 **변화되지** 않는다면 온전한 구원에 대한 소망은 없다. 이 행위 안에는 그리스도와 성령의 중재적인 대리 행위가 내포되어 있다.

당연히 슈미트할스는 46절의 흐름의 중단을 고린도에 영지주의의 영향이 미치고 있었다는 증거로 간주한다.[124] 우리는 이미 이 견해를 비판하는 주장들을 언급했다. 비록 우리가 "고린도의 실현된 종말론"에 대한 문제점을 지나치게 강조할 가능성이 있다고 시인하지만, 이 절은 그리스도에 근거한 종말론적인 지평선을 복음에 기초한 변화와 연결한다.[125] 19세기 후반의 상당히 많은 주석서는 여기서 "진보의 법칙"을 언급한다. 아마도 이것은

---

123) 분명히 "바울이 필론의 저서들을 읽었다고 직접 증언하는 것은 전혀 없다"(Barrett, *First Epistle,* 375). 하지만 아마도 두 저자 모두 잘 알고 있던 사변적인 사고에 대한 공통 자료가 있었을 것이다. 틀림없이 유식한 독자들은 형상 또는 이데아에 대한 플라톤의 철학에 친숙했을 것이다. 일상생활에서 마주치는 우연한 대상들은 그것의 그림자들 또는 복제물들이라는 것이다. Fee는 "이미/그러나 아직 아님"은 "고린도 교인들 자신들을 반박하는" 주장을 제기한다고 지적한다(Fee, *First Epistle*, 791). 참조. Lang, *Die Briefe;* 다소 간략하지만 Collins, *First Cor,* 571.

124) Schmithals, *Gnosticism,* 169-170; 참조. Jewett, *Anthropological Terms,* 352-356.

125) Thiselton, "Realized Eschatology at Corinth," in "Eschatology," 250.

진화적인 이해를 받아들이는 상대적으로 "새로운" 신학적인 관점을 반영할 것이다.[126] 하지만 **새 창조**에 초점을 맞추는 종말론은 "진보에 기초한 낮은 차원의 견해"에 근거하지 **않는다**. 만약 법칙이라는 용어를 통해 바울이 23-28절에서 강조하는 하나님의 목적 안에 있는 "질서"—곧 모든 것은 저마다 고유한 질서 안에 놓여 있다—를 의미한다면 우리는 동시에 "법칙"을 언급하는 것을 받아들일 수 있을 것이다.[127] **종말론적인 불연속성**은 고린도 교인들이 마치 승리가 이미 완벽하게 이루어진 것처럼 살 수 없다는 것을 암시한다. 먼저 그것의 모든 제한 및 불확실성과 더불어 자연적인 것, 삶의 일상적인 질서는 계속된다. 즉 순전히 인간적인 것은 계속된다. 그다음에 "그리스도를 닮음" 곧 마지막 아담의 형상을 지닌 것은 성령의 영역 안에서 제한 또는 유보 조건 없이 그리스도를 따라 전적으로 변화된다.

바로 이 강조점이 구원에 대한 고린도 교인들의 견해와 매우 밀접하게 연결되어 있으므로 성령에 대한 언급은 교부들의 주해에서 상당한 당혹감을 불러일으켰다는 것은 그리 놀라운 일이 아니다. 암브로시아스터(그로티우스, 에스티우스, 하인리치도 그의 견해를 따름)는 성령에 의해 그리스도가 부활할 때 그에게 능력이 주어지는 것을 언급하는 것으로 이것을 이해한다.[128] 테오필락투스는 이것을 성령에 의해 메시아가 기름 부음을 받는 것을 가리키는 것으로 간주한다. 그는 τὸ ζῳοποιόν이 사용된 것은 니케아-콘스탄티노플 신조에서 성령에 대해 "주님, 생명을 주는 이"로 표현되는 데 영향을 미쳤을 가능성이 있다고 여긴다. 하지만 앞에서 제시한 설명은 바울이 처해 있던 배경과 특별히 이 점과 관련하여 그의 주장의 취지를 충분히 밝혀준다. 한편 로버트슨과 플러머는 "하나님 이외에 우주 안에서 최종적이며

---

126) 예를 들면 놀랍게도 Edwards, *First Epistle* (1885), 445; Meyer, *First Epistle* (Germ. 4th ed. 1862, Eng. 1884), 2:95, "발전의 법칙." 이와 비슷하게 Findlay, *Expositor's Greek Testament*, 2:938: "A development from lower to higher."

127) Kennedy, *St. Paul's Conceptions of the Last Things*. 이 연구서에서 그는 이 강조점을 바로 이 방법으로 해결한다.

128) Heinrici, *Das erste Sendschreiben*, 538-539. 여기서 그는 테오필락투스도 언급한다.

궁극적인 것은 아무것도 없다"라며 바울의 사고를 훌륭하게 전달해준다.[129)]

47-48절 이 절에서는 세 가지 다른 독법이 쟁점이 된다. (1) 마르키온은 신학적인 이유에서 두 번째 사람을 주님(κύριος)으로 바꾸었다. 테르툴리아누스는 마르키온이 자신의 목적을 위해 텍스트를 수정한 것을 다음과 같이 비난한다. "만약 첫 번째가 **사람**이었다면 과연 두 번째도 **사람**이 아닐 수 있는가? 또 만약 두 번째가 **주님**이라면 첫 번째도 '주님'이었을 것이다."[130)] 여기에 사본과 관련된 이슈에 대한 초기의 증거가 있다. (2) AV/KJV의 번역인 "하늘에서 [오신] 주님"은 $\aleph^3$, A, D^2, K, D 및 고대 시리아어 역본들에 기초한 것이다. 하지만 이 독법에 반대하는 초기의 결정적인 사본들도 다수 있다. 곧 $\aleph^*$, B, C, D, 콥트어 및 보하이르어 역본(사히드어 역본은 종종 A와 다양한 라틴어 역본을 따름) 등이다. 올바른 입장으로서 이 사본들과 역본에는 모두 κύριος가 생략되어 있다. (3) p^{46}은 ἄνθρωπος πνευματικός라고 읽는다. 하지만 이 독법은 사실상 원문으로 지지받지 못한다. 초기의 어떤 필사자가 바로 앞의 46절에서 이와 비슷한 표현을 필사한 것에 영향을 받아 실수로 이 독법이 생겨났을 것이다. 그러므로 UBS 4판은 ἄνθρωπος πνευματικός라고 이중적으로 제시하지 않는다.[131)]

간략하면서도 구문상 단축되어 묘사된 이 절들에는 여러 주제가 서로 얽혀 있다. (1) 한 가지 주요한 근본적인 요소는 소마(*soma*)의 형태에 대한 주제를 계속 설명한다. 몸을 지닌 존재로서 인류는 땅의 흙으로 빚어진(창 2:7, 히브리어 텍스트와 70인역) 첫 번째 아담 안에서 자신의 모델을 발견한다. 또 인류는 무덤 안에서 먼지로 분해되는 σῶμα로 만들어진 이들에게 속한 죽을 운명과 연약성을 공유한다(그리스어와 히브리어에 대해서는 아래의 설명 참조). 하지만 부활한 그리스도는 진정으로 다른 존재 질서의 모델을 제공한다. 성령의 대리 사역을 통해 하나님에 의해 일으킴을 받은 **둘째 사람은 하늘로부터** 오는 특성들을 보여준다. 이 특성들은 "그리스도 안에서"(앞

---

129) Robertson and Plummer, *First Epistle,* 374; 참조. Burchard, "1 Kor 15:39-41," also 243; 233-252; and Wolff, *Der erste Brief,* 410.

130) Tertullian, *Against Marcion,* 5:10.

131) Metzger, *Textual Commentary* (2d ed.), 301-302.

의 주해 참조) 일으킴을 받게 될 이들이 지닐 형태의 특성과 본질을 형성한다. (2) 다소 덜 핵심적인 두 번째 요소는 우리가 46절에서 논의한 사고의 배경에 대해 다룬다. 우리는 그곳에서 비기독교적인 사변이 초래할 수 있는 오해에 대해 언급했다. 필론은 (바울이 그의 저서를 알았는지 여부와 상관없이) 서로 다른 유형의 사고에 기초하여 두 아담에 대해 말한다. 무엇보다도 존재의 영적 수준은 **인간의 영으로부터**가 아니라 **하나님의 영으로부터 오는** 특성에 기초한 수준을 의미한다. 하나님의 영은 신자들 안에 있으면서도 그들을 초월하여 존재한다. (3) 비록 바레트는 이 절들을 그리스도를 도덕적으로 닮는 것에 대한 문제로 해석해서는 안 된다고 우리에게 경고하지만, 두 번 반복되어 나타나는 인칭 대명사 οἶος … τοιοῦτοι는 "특성 또는 성품을 가리키는 대명사"다.[132] 이 해석에 근거하여 우리는 "모델/모델들"을 사용한다(참조. REB, is the pattern … is the pattern [v. 48]; NJB, is the pattern; NRSV, NIV, 콜린스, as … so …). 바울에 의하면 부활의 존재 방식은 새로운 "형태"뿐만 아니라 그리스도의 형상으로 변화되는 것과 일치하여 성령에 의해 결정적으로 형성되고 인도함을 받는다(15:44, 45, 49, 50-57). (4) 바울은 이 절들에서 창 2:7a에 호소한다(참조. 45절 하반절).

E. 슈바이처에 의하면 바울이 χοϊκός, "흙으로 빚어진"이라는 용어를 지어냈다. 이것은 "오직 창 2:7의 70인역에 기초할 경우에만 가능하기" 때문이다.[133] 이것은 가능하다. 왜냐하면 이것은 매우 드물게 사용되는 단어로서 바울 이전 시기에는 나타나지 않기 때문이다. 70인역은 이 형용사의 명사형 χοῦς를 사용한다. 창 2:7a의 70인역은 ἔπλασεν ὁ θεὸς τὸν ἄνθρωπον χοῦν ἀπὸ τῆς γῆς라고 번역한다. 바울은 이 번역을 부분적으로 언급한다. 하지만 그는 구체적으로 ἐκ γῆς χοϊκός로 바꾸어 표현한다.[134] 그리스어를 검토하기에 앞서 우리는 70인역이 어떤 히브리어 단어를 번역한

132) Robertson, Epistles, 4:197; 또한 Fee, *First Epistle*, 792: "기원"이 아니라 "특성."
133) E. Schweizer, *TDNT*, 9:472, 472-479.
134) Conzelmann은 창 2:7이 "완전히 재해석되었다"고 이해한다. 아마도 그는 그 범위를 과장할 것이다(Conzelmann, *1 Cor*, 284). 이 주장은 부분적으로 우리의 해석과 연결되어 있다.

것인지 언급할 필요가 있다. 히브리어는 하나님이 사람을 지으셨다는 말로 시작하여 את-האדם עפר מן-האדמה(에트-하아담 아파르 민-하아다마)로 이어진다. 이처럼 해당 히브리어 텍스트는 עפר(아파르), 마른 땅, 먼지, 푸석푸석한 땅 또는 때때로 땅의 표면과 אדמה(아다마), 땅의 흙, 말라 있거나(먼지) 또는 젖어 있거나(진흙) 또는 모두(부식토)를 포함한다.[135] 먼지(특히 עפר, 아파르 또는 때때로 חמר, 호메르)는 변질되어 당분간 이전의 형태를 유지하긴 하지만, 손으로 만지거나 바람 또는 공기에 노출되면 가루가 되어 해체된다는 것을 암시한다. 따라서 이것은 무덤에 묻히는 것을 상기시킨다. "너는 흙에서 나왔으니 흙으로 돌아갈 것이다"(창 3:19). 또한 인류는 찰흙(חמר의 또 다른 뉘앙스; 욥 33:6)으로 빚어졌다고 언급된다. 70인역은 땅의 흙, 마른 땅 또는 먼지를 가리키는 데 그리스어 명사 χοῦς(χοϊκός가 아니라)를 사용하는 경향이 있다(아마도 이 형용사는 아직 존재하지 않았을 것이다). 또한 70인역은 대체로 חמר(호메르)를 πηλός로 번역하며, 땅 또는 토지를 가리키는 데 광범위한 의미 영역을 지닌 γῆ를 사용한다.[136] 종종 γῆ는 ארץ(에레츠), "땅 또는 토지"를 번역하는 데 사용되기도 하며, 시련과 미혹의 종말론적인 시기에 바로 앞 기간으로서 특별히 누가복음(눅 21:23, 25)에서 땅 위의 생명을 가리키는 데 사용될 수도 있다. 반면에 요한복음에서는 이 단어가 특별히 땅에 속한 존재 질서 또는 사람을 가리킨다(요 3:31).[137]

따라서 미묘하고 다양한 뉘앙스가 담겨 있는 성경에 친숙한 기원후 1세기 세계는 이 배경을 물려받았고, 바울은 이러한 뉘앙스에 근거하여 말하고 있다. (a) 15:47에서 "땅의"는 성령에 속한 것과 암묵적으로 대조된다. (b) 먼지 또는 흙이라는 소재를 언급한 것은 취약성을 지닌 채 슬픔과 더불어 무덤 속에 안치되어 뼈와 가루로 해체되는 σῶμα를 묘사한다.

---

135) BDBG, 9-10 and 779-780. אדמה(아다마)는 "흙 또는 경작되어야 할 땅"을 가리킨다(창 2:5, 9; 3:17, 23; 4:2). 때때로 밭뙈기(창 47:18-20), 종종 실체로서의 땅, 젖은 흙이나 마른 흙(삼하 17:12; 왕상 17:11; 18:1)을 가리킨다. עפר(아파르)는 먼지, 마른 땅, 푸석푸석한 땅을 가리킨다.

136) Schweizer, *TDNT*, 9:472; BAGD, 884.

137) 참조. Sasse, *TDNT*, 1:677-681; A. Kreitzer, *EDNT*, 1:246-247.

(c) 원천 또는 효력을 나타내는 ἐκ + 소유격과 함께 사용된 명사들과 전치사들은 각각 ὁ χοϊκός와 ὁ ἐπουράνιος로 대표되는 두 가지 존재 방식의 특성을 매우 명백하게 대조한다. 후자는 "하늘에 속한 자들"이라고 번역하는 것이 가장 좋을 것이다. 여기서 하늘은 단순히 어떤 장소를 가리키지 않는다. 오히려 이것은 그리스도와 성령 안에서, 그리고 그들을 통해 살아 계신 하나님의 임재와 순결함을 직접 대면하는 것으로 특징지어지는 영역이다.[138] 나아가 "영적인 사람" 또는 "천상의 사람"(the heavenly Man)은 "하늘의 사람"(heavenly man)에 대한 모호한 사변의 기미를 보인다.[139] 심지어 단 7:13과 에녹1서 46:1-3에서 천상의 인물인 인자를 암시한다는 바레트의 주장은 오늘날 논쟁에 휘말려 있어 이 배경은 기껏해야 불확실한 것으로 남아 있다.[140]

비록 사변적인 특성을 보이긴 하지만, 창 1-2장에 대한 기원후 1세기 유대교 및 기독교의 주해에서 평행을 이루는 텍스트들이 여기서와 45-46절에서 바울이 선택한 어휘들의 배후에 있을 개연성이 매우 높다(앞에서 우리가 특별히 페이절스와 브란덴부르거의 논의에 관해 언급한 것과 필론의 몇몇 텍스트에서 그리스어 표현들을 인용한 것을 보라). 앞에서 우리는 필론이 흙 또는 먼지(χοῦς)로 만든 우연적인 물질(ὕλη)에 속하는 땅(γήϊνος)의 아담과 하늘의 사람(οὐράνιος ἄνθρωπος)으로서 하나님의 형상(εἰκών)을 지닌 아담을 서로 대조하는 것에 대해 논의했다.[141] 필론은 하늘의 아담이 완전하다는 것을 강조한다.[142] 비록 필론의 사고가 종종 독특하고 그가 광범위하게 지지받는 사상의 대표자는 아니지만, 그가 유일하게 타락 이전의 아담의 "아름다움"

---

138) 다음과 같이 널리 알려진 경구를 참조하라. "우리가 하늘에서 하나님을 발견하는 것이 아니라 하나님 안에서 우리는 하늘을 발견한다." 그리고 해당 그리스어 형용사에 대해서는 BAGD, 305-306을 참조하라.

139) 참조. Conzelmann, "Excursus: Adam and Primal Man," 1 Cor, 284-287; Brandenburger, *Adam und Christus,* 68-157.

140) Barrett, *First Epistle,* 375-376.

141) Philo, *Legum Allegoriae* 1.31-32; 참조. 3.161 and *Opificio Mundi* 69.

142) Philo, *Opificio Mundi* 47.136-141.

을 묘사한 인물은 아니다.[143] 이것은 우리가 47-48절에 대한 주해의 첫 번째 단락에서 확인한 두 번째 주제와 관련되어 있다. 이와 같은 관점은 고린도 교회의 몇몇 신자들을 (특히 이른바 "강한 자들" 중에서) 자아 전체를 초월하여 성령의 대리 사역을 통해 **자아 전체가 모두** 변화되는 것과 종말론적인 새 창조의 불연속성 또는 "반전"보다는 내면적으로 **인간의 영과 마음**의 영역을 바라보도록 충분히 유도했을 것이다.[144]

마지막으로 바울은 종말론적인 현실에 주목할 것을 요구한다. 마지막 날의 부활이 일어나기까지 인류는 **인간적이며 연약한 존재**로 남아 있다. 이미 새로운 질서는 그리스도를 닮아가는 것이나 제한된 의미에서—여전히 연약성을 지니고 있고 제약을 받음—"성령으로부터" 존재한다는 차원에서 변화를 이루어가기 시작했다. 고린도 교인들은 자신들이 마치 이미 "거기에" 있는 것처럼 생각하고 행동해서는 안 된다. 하지만 무엇보다도 부활한 그리스도의 존재 방식으로 부활하는 모델은 하늘로부터 수어지는 어떤 형태(σῶμα)와 자아 전체(σῶμα)로 이루어진다. 곧 이것은 하나님의 실재와 새 창조 안에 기초하고 있다. 이것은 미래에 지니게 될 부활의 "몸"을 더욱더 신뢰할 만하고 상상할 수 있는 것이 되게 한다. 또한 이것은 하나님의 영으로 인도함을 받고, 부활한 그리스도의 삶에서 기대되며, 하나님에 의해 계획된 존재 방식의 명백한 표지로서 소마적인 것과 거룩하게 성장해 가는 과정을 하나로 연결한다(참조. 고전 2:11-15; 3:1-3; 15:21-28, 38-44).[145] "그리스

---

143) 집회서 49:16.

144) 부활의 신학은 결코 **십자가의 "반전들"**과 분리된 채 설명될 수 없다(참조. 1:18-31). 십자가는 은혜, 용서 또는 그리스도와의 연합에 의해 하나님 앞으로 나아갈 수 있게 하는 것 그 이상의 의미를 지니고 있다. **불연속성**의 근본적인 원리(그리스도와 함께 죽음)는 **정체성의 연속성 및 근본적인 변화**(15:36, 37, 50, 52)에 대한 주제들과 결코 뗄 수 없는 관계에 있다. 한편 **미래**에 대한 강조는 다음을 보라. Wolff, *Der erste Brief*, 411.

145) 우리가 앞에서 언급했듯이 각각 두 "질서"를 나타내는 관계 대명사 οἷος ... τοιοῦτοι는 구체적인 특성을 가리킨다. 따라서 우리는 Barrett가 "도덕적으로 그리스도를 닮아가는" 존재의 측면을 배제하는 것에 의문을 제기할 수 있을 것이다. 이것이 이 절들의 우선적인 강조점이 아니라는 데 우리가 동의한다 하더라도 말이다(Barrett, *First Epistle*, 377). 한편 Fee는 인간 존재가 지닌 다양한 제약의 불가피성에 대해 건설적으로 논평한다. 그와 같은 다양한 제약은 고린도 교인들에게도 적용되는 것이다(Fee, *First Epistle*, 793).

도인들은 하늘에 속한 사람의 형상 안에서 하늘에 속한 사람들이 되도록 정해져 있다." 하늘에 속한 사람은 하늘에서 난 사람이다.[146)]

49절 과연 우리가 φορέσομεν을 직설법 미래인 "우리는 입을 것입니다"로 읽어야 하는지 아니면 가정법 부정과거(φορέσωμεν)인 "우리가 입읍시다"로 읽어야 하는지는 오랫동안 계속된 난제를 반영한다. 초기의 다양한 텍스트들, 곧 p[46], ℵ, C, D, F, G, 라틴어 역본들, 클레멘스, 이레나이우스, 오리게네스, 니사의 그레고리오스의 라틴어 판본들은 가정법을 지지한다. UBS 4판 텍스트는 직설법 미래로 되어 있다. B와 몇몇 소문자 사본과 더불어 콥트어, 사히드어 역본, 나지안주스의 그레고리오스와 비교적 중요하지 않은 몇몇 다른 자료는 이 독법을 지지한다. NRSV, REB, NIV, NJB, RV, AV/KJV 및 바레트는 모두 직설법으로 된 독법을 따르는 반면, 몇몇 영역본(NRSV, NIV, RVmg, 바레트)은 간략한 언급과 함께 가정법으로 된 다른 독법을 따른다. 이와 관련된 논쟁은 매우 열띠게 벌어진다. 콘첼만은 "해당 문맥은 직설법을 요구한다"고 주장한다. 그러나 피는 만약 B가 제시하는 독법이 더 훌륭한 의미를 제시한다면 알렉산드리아 사본을 포함하여 왜 이처럼 광범위한 텍스트들이 직설법 미래를 가정법 부정과거로 바꾸어야 했는지를 설명하기 어렵다면서 "UBS 위원회가 더 좋은 본문비평적인 감각을 포기했다"고 단언하며 가정법을 원문으로 받아들인다.[147)] 메츠거는 해석학적 근거(이 텍스트는 가르치려는 목적이 있다)에 기초하여 UBS 위원회가 해당 독법에 "거의 확실한 것, 곧 'B'" 등급을 부여한 결정을 지지한다.[148)] 이 논쟁은 이미 이른 시기에 시작되었다. 테르툴리아누스는 마르키온을 논박하면서 이렇게 주장한다. "그[마르키온]는 약속의 의미에서 '우리가 입게 될 것이다'가 아니라 일종의 지침으로서 '우리가 입읍시다'라고 말한다."[149)] 크리소스토모스, 키프리아누스, 바실레이오스는 가정법을 원문으로 받아들이는 것 같다.[150)] 그런데 테오도레토스는 단호하게, 그리고 테오도로스는 아마도 직설

146) Héring, *First Epistle,* 179.

147) Conzelmann, *1 Cor,* 280, n. 3. 그의 견해와 상반되는 다음 주석서를 보라. Fee, *First Epistle,* 787, n. 5.

148) Metzger, *Textual Commentary* (2d ed.), 502.

149) Tertullian, *Against Marcion,* 5:10.

150) Chrysostom, *1 Cor. Hom,* 42:2; Cyprian, *Against the Jews,* 10.

법을 선호하고, 알렉산드리아의 키릴로스는 결단을 내리지 못한 것으로 보인다.[151] 비록 토마스 아퀴나스는 라틴어 가정법 현재 *portemus*를 따르지만, "우리는 ~하게 될 것"이라는 약속의 특성을 나타내기 위해 롬 8:29을 인용한다(*quos praescivit et praedestinavit conformes. Sic ergo debemus conformari*, [하나님께서] 미리 아신 사람들을 택하셔서…되도록 미리 정하셨다. 우리가 될 것이므로, 우리는 ~이 되어야 한다).[152] 하지만 바레트는 오늘날 학계에서 인정하는 중요한 강조점을 다음과 같이 확인해준다. 그리스어를 발음할 때(예를 들면 받아쓰기를 하거나 공개적으로 낭독할 때) 직설법의 "단음" 오미크론과 가정법의 오메가는 서로 거의 차이가 없다. 따라서 "**오직 주해만" 원래의 의미와 독법이 무엇인지 결정할 수 있다**(강조는 덧붙여진 것임).[153] 이처럼 오늘날 대다수 주석가들은 바레트와 콘첼만의 입장을 지지한다.[154] 하지만 하인리치, 알로, 사이더, 콜린스, 볼프는 피의 입장에 동조하기 때문에 해당 이슈에 대한 논쟁은 쉽게 종결될 수 없다.[155] 우리는 직설법이 원문일 개연성이 더 높다고 생각한다. 이것은 롬 5:1의 "우리가 하나님과 화평을 누립니다"와 매우 밀접한 평행 관계를 이룬다.

바울이 사용한 동사 φορέω를 φέρω와 혼동해서는 안 된다. 이 두 동사는 모두 "지니다 또는 가지고 가다"를 의미할 수 있다.[156] 하지만 φέρω, "지니다, 가지고 가다, 인내하다, 만들어 내다, 이끌다"와는 대조적으로 φορέω는 프랑스어 porter, "입다"(wear)의 은유적인 의미를 지닐 수 있으며 대체로 의복에 적용된다. 심지어 "지니다"(to bear)도 다소 은유적인 의미(예. "이름을 지니다")를 지닐 수 있다. 따라서 "우리가 형상 또는 상징물(예. 배지, 군복,

151) Theodore of Mopsuestia in K. Staab (ed.), *Pauluskommentare aus der Griechischen Kirche,* 195.

152) Thomas Aquinas, *1 ad Cor, Lectio* 7, sect. 998 (424).

153) Barrett, *First Epislte,* 369, n. 2.

154) 예를 들면 Meyer, *First Epistle,* 2:98; Héring, *First Epistle,* 175 and 179; Edwards, *First Epistle,* 448; Weiss, *Der erste Kor,* 377; 또한 Bachmann, Loisy, Barth.

155) Allo, *Première Épitre,* 429-430; Heinrici, *Der erste Sendschreiben,* 542-544; Sider, "The Pauline Conception of the Resurrection Body in 1 Cor 15:35-54," 434; 참조. 428-439; Wolff, *Der erste Brief,* 405-406, n. 339. 한편 Collins는 *lectio difficilior*의 원리에 호소한다 (Collins, *First Cor,* 572).

156) 참조. BAGD, 855 and 864-865.

상징)을 입을 것입니다"라는 은유적인 의미를 보존하는 것이 바울의 용법을 더 적합하게 번역할 것이다(REB와 일치함; 비교. bear, NRSV, NIV, NJB). 이 이슈는 롬 8:29을 예고한다. 이와 관련하여 토마스 아퀴나스는 이렇게 주장한다(위를 보라). 하나님은 "그리스도 안에" 있는 자들이 "그의 아들의 형상에 동참하도록"(συμμον,ρφους τῆς εἰκόνος τοῦ υἱοῦ αὐτοῦ) 정하셨고, 이로써 그리스도가 새 가족의 πρωτότοκος가 되게 하셨다(εἰς τὸ + 부정사).

한편 고린도 교인들은 자신들에게 작동하는 두 가지 힘을 기억해야 한다. 그들은 여전히 인간이다. 땅의 흙으로 빚어진 자의 형상을 입고 있어 (그리스어 단어에 대해서는 앞의 주해 참조) 그들은 정말로 견고하지 못하고 실수할 수 있으며 또 연약한 사람이다. 그들은 아직 온전히 "성령에 속한 사람들"이 아니며, 인간으로 존재하며 경험하는 제약과 한계에 동참한다(참조. 고전 8-10장과 12-14장). 그럼에도 그들은 영광 가운데 부활하신 그리스도의 존재와 완전히 동일한 방식으로 존재하는 것을 향해 나아가는 과정에 있다. 루터가 주장하듯이 그때 신자들은 "완전히 영적인 존재가 되며…오로지 성령에 속한 또 성령에 의해 인도함을 받는 삶을 살 것이다.…우리는 땅에 속해 있는 현재의 형상을 벗어버리고…다른 형상, 곧 하늘에 있는 그리스도의 형상을 입을 것이다. 그때 우리는 그리스도가 부활하고 나서 지닌 것과 똑같은 형태와 본질을 지니게 될 것이다."[157)]

50절 (1) 서방 사본 D, E, F와 테르툴리아누스는 δέ를 논리적 연결고리를 제공하는 γάρ로 대체한다. 하지만 더 엄밀한 주해는 아마도 또 다른 사고로 전환하는 δέ가 원문임을 확인해줄 것이다. (2) A, C, D, 고대 시리아어 사본, 불가타, 이레나이우스는 UBS 4판이 원문으로 제시하는 단수 형태 δύναται 대신에 동사 복수 형태 δύνανται로 읽는다. 단수 형태는 "살과 피"가 사람을 구성하는 두 가지 요소가 아니라 연약한(심지어 타락한?) 인류라는 의미에서 하나의 실재를 의미한다고 간주한다. (3) ℵ, B, 클레멘스, 오리게네스가 지지하는 올바른 텍스트는 동사 δύναται, "할 수 있다"와 더불어 부정사 κληρονομῆσαι를 채택한다. 하지만 C, D의 다른 독

157) Luther, *Works*, 28:192 (*WA*, 36:664 and 670-671).

법과 더불어 F, G, 불가타, 보하이르어 사본 등은 직설법 미래 κληρονομεῖ로 읽는다.

REB는 τοῦτο δέ φημι를 "사랑하는 친구들이여, 내가 의미하는 것은 바로 이것입니다"라고 번역하는데, 이 번역은 상당히 매력적이다. 논란의 여지가 있긴 하지만, 고전 7:29, 10:19(이 절에서도 ὅτι가 뒤따름)에서 φημί는 "나는 의미한다"를 뜻한다(BAGD, sect. 2).[158] 하지만 이 표현은 여기서 앞 절을 설명하거나 해설하는 역할을 한다(위에서 δέ를 γάρ로 대체한 독법에 대한 설명 참조). 반면에 바이스, 예레미아스, 콜린스와 다른 학자들은 새로운 단락의 시작을 강조한다.[159] 예레미아스는 35-49절이 부활 이후의 존재 방식으로서 σῶμα와 관련하여 "어떻게"(πῶς)라는 질문을 제기하고 답변하는 반면, 50-53절은 하나님을 보고 복된 비전을 보는 것과 관련하여 "어떻게"라는 질문을 제기하고 그것에 답변한다고 주장한다.[160] 바이스는 50-57절의 연관되어 있으면서도 다른 주제에 대해 이와 비슷한 점을 제시한다. 또한 그는 텍스트뿐만 아니라 해석학적인 이유에서 γάρ를 원문으로 받아들이는 것을 거부한다.[161] 따라서 우리는 BAGD가 첫 번째 의미 범주로 제시하는 "말하다, 단언하다"를 따른다. 하지만 우리는 (NRSV와 더불어, NJB도 대략 비슷함) "형제자매 여러분, 내가 말하고 있는 것은 이것입니다"라는 번역(이 번역은 여전히 바이스와 예레미아스가 언급한 연관성을 보존함)보다는 "나의 사랑하는 친구들이여, 나는 이것을 분명히 말하고자 합니다. 곧 살과 피는 ~할 수 없습니다"라고 번역한다.[162] 이것은 논점의 흐름 및 φημί가 종종 선언의 의미로 사용된다는 점과 더 잘 부합한다. 따라서 ὅτι는 인용 부호의 역할 대신 서술적 역할을 하는 것처럼 간주될 수 있다. 다시 말해 "분명히 말합

---

158) BAGD, 856.

159) Collins, *First Cor,* 573-574, 특별히 수사학적인 근거에서 예를 들면 수미상관 구조의 사용. 한편 Héring, *First Epistle,* 179-180은 한 가지 예외를 둔다.

160) Jeremias, "'Flesh and Blood Cannot Inherit the Kingdom of God'(1 Cor 15:50)," 151-159 (also rpt. in his *Abba,* 298-307).

161) Weiss, *Der erste Brief,* 377; 또한 Lang, *Die Briefe,* 238-239; Hays, *1 Cor,* 274.

162) 참조. Conzelmann, *1 Cor,* 288-289.

니다"(affirm; 참조. NIV, declare)라고 번역하며, (콘첼만의 번역과 일치하는) 도입의 역할을 하는 절 다음에 콜론을 표기한다. 이 번역은 바울이 근본적인 단언으로 표현하는 장엄한 신학적 원리를 충실하게 반영한다.[163]

70인역은 연약하고 견고하지 못한 인류를 가리키는 데 대체로 살과 피라는 표현을 사용한다. 이런 의미에서 바울은 다른 곳에서 그에게 계시된 복음의 진리는 살과 피로부터 온 것이 아니라 바로 하나님으로부터 온 것이라고 선언한다.[164] 하지만 예레미아스의 연구는 한 가지 비판적인 이슈에 빛을 비추어준다. 비록 이 용어는 종종 인간의 연약함에 관심을 기울이지만, 더 오래된 많은 현대 주석가들의 다음과 같은 견해보다 훨씬 더 중요하다. "인간은…다른 세상의 막대하고 강력한 세력들 위에 군림하기에는 너무나 연약한 존재다."[165] 단순히 "살았든지 죽었든지 현재의 우리 몸은 하나님 나라에 절대로 적합하지 않다"라는 말이 아니다.[166] 비록 콜린스는 50절 상반절과 하반절 사이의 평행 구조의 특성에 대한 예레미아스의 견해에 동의하지 않지만, 여기서 종말론적인 사고 구조를 올바르게 강조한다.[167] 묵시론은 "인간 존재의 현재 상황과 부활의 상황이 서로 근본적으로 양립할 수 없다.…변화는 필수적이다"라고 강조한다.[168] 사실 이 주장은 옳지만, 이것은 약함에서 강함으로의 변화뿐만 아니라(43-44절) 죄에서 온전히 구원받고 거룩해진다는 관점에서 새 창조를 의미한다. 오직 순결하고 거룩한 자들만이 하나님의 현존 앞에서 안식을 누릴 수 있다는 것은 유대교-기독교 신학의 기본적인 가르침이다.

그러므로 예레미아스는 단순히 50a와 50b 사이의 유사성보다 더 중요한 평행 구조를 올바르게 포착한다. 각 부분은 43-44절에서 묘사하는 변

163) φημί는 "오해를 바로잡기 위해 단언하는" 개념을 표현해준다(Edwards, *First Epistle,* 449). 참조. Lang, *Die Briefe,* 238 및 Collins가 확인해주는 수미상관 구조.

164) Weiss, *Der erste Kor,* 377.

165) Edwards, *First Epistle,* 449.

166) Robertson and Plummer, *First Epistle,* 376.

167) Collins, *First Cor,* 573-574 and 579-580.

168) 같은 책, 573-574.

화의 두 측면을 (뒤바뀐 순서로) 다룬다. 성령의 임재와 인도함을 받는 σῶμα는 다음과 같은 사항을 내포한다. (i) 죄 대신에 거룩함(50a). (ii) 연약함, 썩음, 분해가 반전됨(50b). 동사 "상속받는다"는 종종 종말론적인 존재와 그것이 암시하는 모든 것을 소유하는 것을 가리킨다. 바울은 이미 하나님이 모든 것 안에서 모든 것이 되시는 종말의 때 또는 마지막 날을 명백하게 언급했다. 이 유사한 평행 구조는 바룩의 묵시론의 아름다운 구절을 포함하여 다른 묵시론에서도 찾아볼 수 있다. "썩어지게 될 모든 것은 사라질 것이다.…그리고 거기에서는 사악함으로 오염된 현재를 전혀 기억하지 못할 것이다.…그 시대는 오고 있으며 영원히 계속될 것이다. 그리고 장차 올 세상은 네가 처음 세상에서 썩는 것으로 돌아갔던 것처럼 결코 그것으로 되돌아가지 않을 것이다.…그들은 그 약속된 시대를 이 시대에 상속받을 것이다."[169)]

교부들의 주해는 19세기 후반과 20세기 초반의 많은 주석서보다 여기서 바울의 사고에 훨씬 더 가깝다. 노바티아누스는 바울이 여기서 σῶμα의 특성보다 "인간의 의도적이며 무분별한 반역으로 야기된 죄악"에 대해 말하고 있다고 주장한다.[170)] 크리소스토모스는 "그 몸"이 커다란 문제를 일으키는 것이 아니라 "우리의 연약함 때문에 우리가 하나님 나라를 상속받을 수 없다"고 말한다.[171)] 히에로니무스가 그 의미를 "육신의 일"에 돌리는 것처럼 분명히 이것은 종종 살과 피에 대한 오해에 근거한다.[172)] 나아가 어떤 경우에는 교부들의 주해가 공적인 소마의 존재에 대한 바울의 강조점을 "영적으로 해석한다." 하지만 아우구스티누스는 그 누구보다도 **하나님의 통치** 안으로 온전히 들어가기 위해서는 반드시 아집에서 나오는 내적 갈등이 해결되어야 한다는 점을 인정한다. "더 이상 견뎌내어야 할 외부의 적이 없

---

169) *2 Apocalypse of Baruch* 44:8-13(이 배경에서 Collins가 인용함. Collins, *First Cor,* 576).
170) Novatian, *The Trinity,* 10.
171) Chrysostom, *1 Cor. Hom.,* 42:2.
172) Jerome, *Homily 54,* 시 143편에서.

듯이…우리 안에도 갈등이 더 이상 없을 것이다."[173)]

또다시 바울은 부활 이후의 영역에서 하나님의 능동적인 통치를 상속받기 위한 전제 조건으로 변화의 필요성을 강조한다. 50절의 평행 구조 전반부는 새로운 창조의 필요성에 관심을 기울이는 반면, 후반부는 그것의 반전이 이루어지거나(42절에 대한 주해 참조) 하나님이 변화시키시지 않으면 자신의 능력으로 할 수 없다는 점을 지적함으로써 다시는 부패함이 없다는 관점에서 이것을 설명한다. 여기서 ἀφθαρσία는 단순히 **조직이 변질하는 것**이나 썩음의 **중지**를 가리킬 것이다. 또는 그것이 42절에서 언급하는 의미상의 대조적인 기능을 강조할 개연성이 있다면 그것은 아마도 그것의 반전을 가리킬 것이다. 왜냐하면 이것은 생명력이 넘치며 능동적으로 역사하는 성령의 인도함을 받는 존재 양식의 **영광스러운 것** 안에 이미 암시되어 있기 때문이다(44절).

이 절은 빌 3:21에서 바울이 비슷하게 선언하는 것과 놀라울 정도로 유사하다. 해당 절에서 바울은 τὸ σῶμα τῆς ταπεινώσεως ἡμῶν(참조. 15:46-48)과 σύμμορφον τῷ σώματι τῆς δόξης αὐτοῦ(참조. 15:49)와 함께 **변화** 또는 **변모**를 의미하는 μετασχηματίζω를 사용한다. 또한 바울은 이것은 "만물을 자신에게 복종시키는 능력을 통해"(REB; ὑποτάξαι αὐτῷ τὰ πάντα; 참조. 15:23-28, 특히 27절, πάντα γὰρ ὑπέταξεν … ὑποτέτακται … τοῦ ὑποτάξαντος …) 그리스도의 영광스러운 몸과 같은 모습으로(비교. into the mold of, NJB) 변화된다고 덧붙여 말한다. 이것은 마치 바울이 고전 15:23-54에서 세부 내용을 반추하고 나서 빌 3:20-21에서 이 신학을 간략하게 요약하고 재확인해주는 것 같다. 이로써 고전 15장과 고후 5장 사이에 이른바 관점의 변화—만약 이와 같은 변화가 존재한다면—가 존재할 수 있다는 또 다른 의혹이 제기된다.

51-52절 사본상의 이문들은 신학에 대한 복잡한 관심을 드러내며, 콘

---

173) Augustine, *Enchridion,* 23:91.

첼만과 피는 이에 대해 세부적으로 언급한다.[174] UBS 4판이 따르는 본문은 분명히 옳고 또 원문으로 "확실하다"(A)는 평가를 받는다.[175] UBS 텍스트는 B, D^{C}, K, 고대 시리아어, 콥트어 역본을 따른다. 필사자들은 다음과 같은 문제에 부딪혔다. 바울과 그의 세대는 이미 죽었다. 따라서 πάντες δὲ ἀλλαγησόμεθα, "우리는 모두 잠자지(곧 죽지) 않을 것입니다"라는 말은 틀린 말처럼 보인다. 그러므로 이 말은 의심을 불러일으키므로 바로잡을 필요가 있다. 사실 바울은 거의 분명히 신자들인 "우리"를 포함하여 인류 전체에게 말한다. 따라서 그들의 염려는 근거 없는 것이다(아래의 주해 참조). 하지만 잘 알려져 있듯이 이 문제는 다음과 같이 일련의 수정을 야기했다. (1) ℵ, C, 33은 해당 부정어를 이어지는 절로 옮긴다. 곧 πάντες (μὲν) κοιμηθησόμεθα, οὐ πάντες δὲ ἀλλαγησόμεθα. (2) 메츠거가 간파하듯이 첫 번째 수정은 이른 시기에 일어났을 것이다. 그 이유는 초기 사본 P^{46}과 그 뒤를 따르는 A^{C} 및 오리게네스는 이 두 독법을 결합하여 다음과 같은 독법에 이르기 때문이다. "우리는 모두 잠을 잘 것이 아닙니다. 그리고 우리는 모두 변화될 것이 아닙니다." (3) A*는 ℵ, C, 33을 따라 첫 번째 부정어를 제거하지만, οὐ를 οἱ로 대치하여 οἱ πάντες μὲν κοιμηθησόμεθα라고 읽는다. 마지막으로 (4) 서방 사본 D*, 불가타, 테르툴리아누스, 마르키온은 ἀναστησόμεθα로 대치한다. 따라서 첫 번째 절은 "우리는 모두 부활할 것입니다, 두 번째 절은 그러나 우리가 모두 변화되지는 않을 것입니다"라고 읽는다.[176] 학자들(메츠거, 콘첼만 등)은 전반적으로 이것이 종말의 배경에서 모든 사람의 부활을 인정하는 것이라는 데 동의한다. ℵ과 C(아우구스티누스도 받아들임)는 모든 사람은 죽을 수밖에 없다는 "중간 견해"를 반영한다. 즉 그들은 실질적으로 파루시아가 독자들이 살아 있는 동안에 도래할 가능성을 배제한다. 우리의 견해에 의하면 바울은 이 이슈를 미결정의 상태로 남겨둔다. 하지만 분명히 초기 필사자들은 바울이 잘못 말했을 수 없다는 가정하에 이 절이 임박한 종말론을 암시하며 수정할 필요가 있다고 이해했다. UBS 4판과 최근의 주석서보다 앞서 웨스트코트-호트, 마이어, 하인리치는 이 올바른 독법을 받아들인다.

---

174) Conzelmann, *1 Cor,* 288 and 289, n. 1; Fee, *First Epistle,* 796, n. 3.

175) Metzger, *Textual Commentary* (2d ed), 502.

176) Tertullian, *On the Resurrection of the Flesh,* 42, *resurgemus*(우리는 다시 일어날 것입니다).

πάντες οὐ κοιμηθησόμεθα가 제기하는 주요한 질문은 종말론적인 임박성에 대한 바울의 견해에 관심을 둔다. 이것은 엄밀히 말하면 다음과 같은 것을 의미할 수 있다. (i) 우리 중에 아무도 잠을 자지 않을 것이다. 곧 파루시아는 어느 신자라도 죽기 전에 임할 것이다. 또는 (ii) (몇몇이 잠을 자긴 하지만) 우리 중 모두가 잠을 자지는 않을 것이다. 곧 파루시아는 우리 가운데 일부가 살아 있는 동안에 임할 것이다. 또는 (iii) 우리가 모두 잠잘 것이 아니다. 곧 파루시아는 머지않아 어느 시점에 인류 역사를 중단시킬 것이다(시간이 명시되지 않음). 바울이 고린도 교인들 중에서 몇몇이 이미 죽었다고 말하므로(특히 15:29, 또 11:30, 이 절은 아마도 "연약함 또는 질병으로" 일찍 죽은 것을 가리킬 것이다), 첫 번째 견해는 분명히 배제된다. 두 번째 견해는 대체로 바울 신학의 급진적인 발전 이론(즉 초기의 편지에서 언급되는 임박한 종말론에서 고린도후서 이후로 실현된 종말론과 유사한 것으로의 발전)과 연결되어 있다. 이 접근법의 상투적인 요소는 흔히 고전 7:29(앞의 주해 참조)과 이 절에 대한 의심쩍은 해석과 더불어 "살아 남아 있는 우리"(살전 4:15)라는 표현이다. 이미 오래전 1941년에 로우가 바울의 종말론에 대한 발전 이론을 결정적으로 논박했다는 점에 주목할 것을 반복적으로 지적해야 한다는 것은 안타깝다.[177] 로우는 현세에서 "열망하는 것"과 종말론적인 뉘앙스에 대한 강조점 간의 극단이 분명한 구분 없이 초기의 편지와 후기의 편지에서 나타나고 있음을 보여준다. 화이틀리와 다른 학자들도 로우의 연구를 지지했다.[178] 세 번째 견해는 51-52절에서 언급하는 바울의 주요 관심사를 나타낸다. 이에 대해 화이틀리는 다음과 같이 표현한다. "데살로니가전서에서처럼 여기서도 바울은 살아 있는 자들과 이미 죽은 자들에게 똑같은 궁극적인 운명을 제시한다." 즉 최후의 부활 때에 살아 있든 죽었든 모든 사람은 변화될 것이다.[179]

---

177) J. Lowe, "An Examination of Attempts to Detect Development in Paul's Theology," *JTS* 42 (1941): 129-142.

178) Whiteley, *The Theology of St. Paul*, 244-248; 참조. 241-258.

179) 같은 책, 253.

바울은 그리스도인들이 어떤 순간에든지 또는 파루시아 때에 집으로 돌아갈 준비가 되어 있는 종말론적인 순례자로서 이 세상에서 "가벼운 마음으로 살기"를 원한다. 이것은 이전에 쓴 편지인 살전 4:13-18과 나중에 쓴 편지인 빌 3:20-21에서도 똑같은 주제다. 고린도와 마찬가지로 빌립보도 그리스 지역에 있던 로마 식민지였다. 두 도시의 시민들은 모두 다음과 같은 하늘의 시민권에 대한 바울의 말—τὸ πολίτευμα ἐν οὐρανοῖς ὑπάρχει, ἐξ οὗ καὶ σωτῆρα ἀπεκδεχόμεθα κύριον Ἰησοῦν Χριστόν—을 잘 이해했을 것이다. 바울은 (비록 그들에게도 그럴 가능성이 있긴 하지만) 구주로 오실 주 예수 그리스도를 기다리던 빌립보 교인들과 마찬가지로 데살로니가 교인들이나 고린도전서의 독자들도 결코 마지막 세대는 아니라고 강조한다(앞의 1:4-9에 대한 주해 참조). 카를 만하임은 "천년 왕국의 사고 구조는 언제나 당장이라도 닥칠 순간(카이로스)을 맞이할 준비가 되어 있다"고 주장한다. 알버트 슈바이처와 마틴 베르너는 바울의 이와 같은 사고 구조를 잘 이해하고 파악한다.[180] 사실상 κυριακή ἡμέρα와 ἡμέρα τοῦ κυρίου 사이에는 연관성이 있으며, 바울은 종말에 초점을 맞춘 역동적인 세계관을 갖고 있다. 또한 바울은 제도적으로 오직 복음을 위한 사역에만 관심을 두고 있다.[181] 그럼에도 아서 무어는 "철저한 종말론[곧 역사는 초기의 케리그마와 모순되게 진행되었다]의 이론에 의하면 하나님이 선택하신 메시아가 그들의 기대를 저버리고…마침내 십자가 위에서 죽었을 때 왜 기독교는 실망을 경험한 다른 종말론적인 그룹이 걸어간 길을 따라가지 않았는지에 의구심이 남는다"고 말한다.[182] 바울은 "이 모든 [기다림을] 발끝으로 서서" 바라본다(롬 8:19; J. B. Philips의 각주 번역). 그러나 이 사고 구조는 종말론적인 긴박성에 대한 진술이 아니라 종말의 진정한 가능성에 관한 전제에 기초하

---

180) Schweitzer, *The Mysticism of the Paul the Apostle*, 36-39 and 90-99(하지만 바울은 "이미 죽은 신자들의 운명에 대한 해결할 수 없는 문제점"에 대해서는 말하지 않는다[95]. 설령 그것이 "그가 예수의 '부활'을 분리된 별개의 사건으로 간주할 수 없다"는 사례라 하더라도 말이다[98]).

181) Werner, *Formation of Christian Dogma*, 32.

182) Arthur Moore, *The Parousia in the NT*, 47.

고 있다.

다른 연구서에서 나는 (비트겐슈타인을 따라) 종말론적인 기대의 논리적인 원칙은 일련의 연대기적인 신념들이 아니라 어떤 자세와 그것에 어울리는 행동에 관심을 기울이는 것이라고 강조했다.[183] 살전 4장과 고전 15장에서 "우리" 또는 "모두가 아닌"을 배제하는 것은 해당 이슈가 미결정으로 남아 있을 뿐만 아니라 진정으로 가능하다는 점과 관련하여 단순히 진지함이 부족하다는 것을 가리킬 것이다. 바울의 주요 관심사는 공동체로서의 인류와 그리스도의 공동체적인 몸으로서의 신자들에 대한 하나님의 철저한 계획이다. 그는 종말에 여러분이 죽었는지 또는 여전히 살아 있는지는 그리 중요하지 않다고 주장한다. 우리는 모두 (똑같이) 변화될 것이다. "그[바울]는 이 두 그룹 사이에는 아무런 차이가 있을 수 없다고 생각한다."[184] 그뿐만 아니라 "변화와 부활은 똑같은 사건을 구성하는 두 가지 요소로 이해된다."[185] 바울의 선언 중 이 부분은 이미 죽은 자들도 파루시아 때에 여전히 살아 남아 있는 자들이 경험할 것을 전혀 놓치지 않는다고 확신을 주며, 또 역으로 죽은 자들과 마찬가지로 살아 남아 있을 자들도 똑같이 부활과 변화에 동참한다는 확신을 준다. 일부의 반대 주장에도 불구하고 바울은 그 누구도 절대적으로 필요한 변화로부터 면제될 수 없다는 단서와 함께 이러한 이중적인 확신을 제시한다. 여기서 바울은 ἀλλάσσω, "변화하다, 변경하다"의 직설법 미래 수동태 또는 "상태 또는 형태가 변화다"라는 수동태를 사용한다. 달(Dahl)은 어떤 측면에서 이것은 변화를 나타내기에는 약한 단어라고 주장한다. 하지만 그것은 이 단어가 이전에 이미 새 창조에 편입되고 난 후에 뒤따르는 **형태의 변화**를 가리키기 때문이다.[186] 동시에 이 문맥은 우리가 그것의 효력을 과소평가해서는 안 된다는 것을 확인해준다.[187]

---

183) Thiselton, *The Two Horizons*, 383-385, and in "The Logical Role …" *BibInt* 2 (1994): 207-223 (on first person utterances).

184) Kennedy, *St. Paul's Conceptions of the Last Things*, 261.

185) Hollemann, *Resurrection and Parousia*, 168.

186) M. E. Dahl, *The Resurrection of the Body*, 103-105.

187) Dahl은 다음과 같은 중요한 강조점을 확인해준다. 곧 **변화**는 **정체성의 연속성**을 단절시키거

51a에서 바울이 사용한 μυστήριον은 서로 다른 두 가지 뉘앙스를 나타낼 수 있다. 바울은 다른 곳에서 무언가가 이전에는 감추어져 있었지만, 하나님이 지금 그것을 드러내신 것을 가리키는 데 이 단어를 사용한다. 여기서 이 단어가 사용된 것은 그 용례에 부합할 것이다. 다른 한편으로 많은 해석자들은 현대 영어에서 사용되는 의미로 이 단어를 설명한다. 바울은 변화의 정확한 특성에 대해 그 이상으로 자세하게 말할 수 없고 또 말하지도 않을 것이다. 그는 그리스도 자신의 부활의 존재 방식이 모델이 된다는 사실을 알고 있다(참조. 빌 3:20-21). 하지만 우리는 그 이상은 알 수 없다. 바울은 아마도 이 두 가지 의미를 전달하기 위해 이 단어를 의도적으로 사용했을 것이다. 그렇지 않다면 두 번째 뉘앙스가 그 용례를 충분히 설명해줄 수 있을 것이다.

변화 또는 변형은 순간적으로(ἐν ἀτόμῳ, τέμνω, "나는 자르다"의 알파 부정어) 일어날 것이다. 이 단어는 나눌 수 없는 것, 곧 순식간, 상상할 수 있는 가장 짧은 순간을 가리킨다. 그리고 ἐν ῥιπῇ ὀφθαλμοῦ는 눈을 재빠르게 움직이는 것을 가리킨다. 흔히 이 단어는 곁눈으로 재빨리 살펴보는 것을 의미한다. 하지만 ῥίπτω가 단순히 "던지다"를 의미하므로 이것은 더 광범위한 의미를 나타낼 수도 있다. 신약성경 밖에서 이 동사는 다른 명사들과 함께 재빠르게 날갯짓을 하는 동작을 가리킬 수 있다. 그럴 경우 이 단어는 모기가 윙윙대거나 별이 반짝이는 것(참조. AV/KJV)을 묘사하기도 한다. 신약성경에서 이 단어는 오직 이곳에서만 한 번 나타난다. 비록 AV/KJV의 "눈 깜박하기"를 따라 NRSV, NJB, REB, NIV가 "눈 깜박할 사이에"라고 번역하지만, 이 번역은 순간을 나타내는 은유로서 이 표현을 현대적으로 인식하는 것이다. 엄밀히 말해 눈빛이 번쩍이거나 변하는 것은 하나의 과정이다. 이것은 반짝이는 별에 대한 은유를 눈에 적용한 것이다. 콜린스는 "눈 깜짝할

나 파괴하지 않는다. 그럼에도 **변형** 또는 **변화**의 효력은 분명히 내포되어 있다. 참조. BAGD, 39; Grimm-Thayer, "한 가지 것을 멈추게 하고 또 다른 것이 그것의 위치를 갖게 한다"—고전 15:51-52에서 "변화(변형)하다"(28).

사이에"라고 번역한다. 이 번역은 그 은유의 창의적인 의미를 보존하면서도 전통적인 이해에 의존하는 것을 회피한다.[188)]

"마지막 나팔"은 갑자기 일어남에 대한 은유를 강화해주며, 하나님의 계획과 질서에 부합하는 신호의 측면을 덧붙인다. 신구약성경에서(출 19:16; 슥 9:14; 살전 4:16) 하나님의 나타나심은 나팔 소리와 연결되어 있다. 나아가 나팔은 경보 신호를 울려 잠자고 있는 군대를 깨워 돌발적인 상황에 대처하게 한다. 거기에는 전쟁에 참여하는 것도 포함될 수 있다. 독자들이 익히 알고 있는 나팔의 군사적인 배경의 관점에서 **소리**는 악보를 표현하는 소리보다는 모든 사람이 들어야 하는 시끄러운 신호라는 보편적인 의미로 해석된다. 이 나팔은 하나님이 그의 주권으로 결정하신 **정확한 때**와 일치하는 **변화의 순간을 선포한다**. 미래 시제의 σαλπίσει는 후대 그리스어다(σαλπίζεται는 사용되지 않는다). 묵시 문헌에서 나팔은 하나님이 정하신 새로운 시작을 선포하는 것을 나타내는 표준적인 이미지다(참조. 계 11:15). 콜린스는 (볼프와 함께) 다음과 같이 주장한다. "'마지막'은 일련의 과정의 마지막(참조. 계 8:2; 11:15)이기보다는 현실 세계의 현재 질서가 사라지는 것을 알리는…최종적이며 종말론적인 나팔 소리를 암시할 것이다."[189)] 암브로시아스터는 이 나팔 소리를 전쟁이 끝날 때 승리를 선포하는 소리로 이해한다.[190)] 브루스는 이와 비슷하게 사 27:13에서 포로들이 돌아오는 것을 알리는 "큰 나팔 소리"(참조. 마 24:31)와 희년을 알리는 것(레 25:9)뿐만 아니라 살전 4:16-17에서 주께서 하늘로부터 내려오시는 것을 알리는 종말론적인 나팔 소리를 인용한다.[191)] 아우구스티누스도 살전 4:16을 인용한다. 이것은 "명백한

---

188) Collins, *First Cor,* 573. 하지만 아우구스티누스는 모든 대상을 동시에 "눈으로 힐끗 살펴보는 것"에 대해 말한다(Augustine, *Letter to Deogratias,* 102).

189) 같은 책, 580. Wolff도 사실상 똑같은 취지로 말한다. "요한계시록에서의 연속적인 나팔 소리와 달리…일련의 과정에서 마지막이 아니라…오히려 종말론적인 신호다(욜 2:1; 습 1:16; 에스라4서 6:23)"(Wolff, *Der erste Brief,* 415). "그 신호가 울려 퍼지면 가능한 한 가장 짧은 시간에 죽은 신자들의 부활이 이루어진다. 그들은 새로운 형태의 몸을 지니게 될 것이다(참조. 42절)"(Wolff, *Der erste Brief,* 415).

190) *Commentary on Paul's Epistles* in CSEL, 81:183.

191) Bruce, *1 and 2 Cor,* 155.

신호"이며, 바울은 다른 곳에서 이것을 "천사장의 소리와 하나님의 나팔 소리"라고 부른다(살전 4:16).[192]

또다시 우리는 부활의 존재 방식의 특성을 나타내는 ἄφθαρτοι를 만난다. 42절에서 우리는 이것을 의미상 φθορά와 상반된다는 점에 근거하여 "썩음의 반전"으로 번역했다. 70인역에서 이 그리스어 단어는 "공허함, 열매 없음, 변질 또는 부패를 의미하는 히브리어 단어를 번역한 것이다. 앞에서 우리는 이것과 대조되는 것이 단순히 썩지 않음의 정적인 상태의 영원한 지속이 아니라 윤리적, 미적, 심리적인 풍요로움, 목적과 생명력의 충만의 역동적인 과정이라고 주장했다(42절에 대한 주해 참조). 비록 여기서 의미상 상반되는 것이 명백히 드러나진 않지만, 썩지 않음은 성령의 인도함을 받는 어떤 과정을 내포하는 파괴적인 과정이 전혀 없는 것을 적절하게 전달해 주지 못한다. σῶμα는 최소한 썩지 않는 것으로 부활할 것이다. 아마도 바울은 여기서 썩음의 반전, 곧 풍요로움이라는 의미를 전달하고자 의도했을 것이다.

53절 로널드 사이더는 심지어 근본적인 변화의 한가운데서도 정체성의 명백한 연속성(이 몸)을 가리키는 τοῦτο, "이것"이 네 번(53절에서 두 번, 54절에서 두 번)이나 사용된 점을 강조한다. 그의 견해는 전적으로 옳다.[193] 확인할 수 있고 인식할 수 있으며 책임질 수 있는 똑같은 정체성은 근본적으로 다른 형태로 변모하지만, 지음을 받은 이 존재의 총체는 그대로 존속한다. δεῖ는 또다시 반복적으로 특히 50-52절에서 주장된 변화의 전적인 필요성을 강조한다. "썩을 수밖에 없는 이 몸"(τὸ φθαρτὸν τοῦτο)은 새로운 옷을 입는 것처럼(ἐνδύσασθαι, 시작을 나타내는 부정과거 중간태 부정사 [옷을 입다]) ἀφθαρσία를 입어야 한다. 만약 우리가 바울의 은유를 계속해서 따른다면 이 ἀφθαρσία는 썩을 수 없는 것을 가리키며, (여기서) 전혀 변질될 수 없는

---

192) Augustine, *Letters,* 34.

193) Sider, "The Pauline Conception of the Resurrection Body in 1 Cor 15:35-54," 437; 참조. 428-439.

형태를 지닌 σῶμα의 측면을 확인해준다.

2000년대를 맞이한 우리 시대에 의술과 약품은 과거에는 상상조차 할 수 없을 정도로 인간의 수명을 연장시켰다. 하지만 변질시키는 능력으로부터 해방되었다는 바울의 강조점을 놓치지 않는 것은 중요하다. 더 철학적이며 추상적인 "부패하지 않음"(AV/KJV)이나 심지어 더 정적이며 형이상학적인 "소멸하지 않음"(REB, NIV, NJB, NRSV)은 τὸ φθαρτόν과 의미상 정반대되는 개념을 덜 강력하고 또 덜 분명하게 전달해줄 것이다. 이와 비슷하게 "불멸성"(REB, NIV, NRSV, NJB, AV/KJV)도 옳은 번역이다. 하지만 이것은 의미상 정반대되는 관계에 있는 "죽을 수밖에 없는"과 "죽을 수 없는"이라는 두 용어에 의해 제공되는 역할과 추가적인 의미를 제대로 전달해주지 못한다. 교부들 가운데 ἀφθαρσία와 ἀθανασία의 역동적이며 긍정적인 의미를 가장 잘 파악하여 구체적인 용어로 전달한 인물이 바로 암브로시우스다. "부활의 화사한 아름다움"이 바로 이것이다. "무엇이 그것보다 더 풍요로운가? 여기에 온갖 열매와 추수가 있다. 부활을 통해 인간의 본성은 죽음 이후에 더 활력이 넘치고 더 생산적으로 성장한다."[194]

아우구스티누스는 바울의 "하나님의"(of God)가 일관성 있게 주목하는 논리적인 근거를 파악한다. "사람들은 무에서 모든 것을 만드신 하나님이 인간의 육신을 가지고 하늘의 몸을 만드신다는 점에 놀란다.…당신이 존재하지 않았을 때 당신을 만드실 수 있었던 분이 당신이 이전에 존재하던 것에서 새로운 것을 만드실 수 있지 않겠는가?"[195]

54-55절 (1) 3판보다 전반적으로 더 낙관적인 UBS 4판은 54절의 더 긴 독법을 "거의 확실한"("B")으로 분류한다. 3판(1966년)은 이 독법을 "상당한 정도로 의심할 만한"("C," 3판에 제시된 용어) 것으로서 설득력이 덜하다고 평가한다. 짧은 독법은 두 번째 구절인 ὅταν δὲ τὸ θνητὸν τοῦτο ἐνδύσηται ἀθανασίαν으로 시작한다. 초기의 P^{46}, $\aleph^{*}$, 아마도 C^{*}, 오래된 라틴어 사본들, 불가타, 콥트어(보하이르어와

194) Ambrose, *On His Brother Satyrus,* 2:54.
195) Augustine, *Sermons for the Feast of the Ascension,* 264:6.

사히드어) 역본, 이레나이우스, 오리게네스, 암브로시아스터, 힐라리우스의 라틴어 사본들이 이 독법을 지지한다. 반면에 B, D, 불분명한 C의 가능성 있는 판독, 부분적으로 K, 시리아어 및 비잔틴 독법들과 오리게네스, 아타나시오스, 크리소스토모스의 그리스어 사본 등이 긴 독법(앞의 설명 및 UBS 4판 참조)을 지지한다. 해당 독법과 관련하여 본문비평의 두 가지 명백한 규칙이 서로 충돌한다. (1) 흔히 더 짧은 독법이 원문일 개연성이 더 높다. (왜냐하면 필사자들이 텍스트에서 내용을 빼기보다는 덧붙일 개연성이 더 높기 때문이다.) (2) 단어들이 똑같은 어미로 끝나는(homoioteleuton) 현상은 어떤 구절이나 표현이 생략되었다는 것을 설명해주기 쉽다. 필사자의 눈이 어떤 비슷한 단어 또는 구절이 나타날 때 무의식적으로 다른 단어나 구절로 이동했을 것이기 때문이다. 비록 초기 사본들이 더 짧은 독법을 지지하긴 하지만, 이 경우에는 두 번째 규칙이 이 절에서 더 큰 비중을 차지한다. 콘첼만은 단순히 "P^{46}은…단어들이 똑같은 어미로 끝나는 것에서 비롯된 결과"라고 주장한다.[196] 초기의 독법들이 불일치하며 후대의 다른 독법들이 나타나긴 하지만, 이것들이 우리를 얽어맬 필요는 없을 것이다.[197] (2) P^{46}, B, D^* 및 테르툴리아누스는 νῖκος, "승리" 대신에 νεῖκος, "분쟁"이라고 읽는다. 그러나 이것은 일반적으로 낭독 소리를 오해한 청각적인 실수로 여겨진다.

이제 해당 논점은 그다음 최종 단계로 나아간다. 바울은 이 강조점을 이미 53절에서 다루었다. 그는 54b, 55, 56-57절의 논의를 위한 출발점으로 이것을 반복한다. τοῦτο가 네 번 나타나는 것은 존재 방식의 변화 이후에도 확인되는 정체성의 연속성을 강조해준다는 로널드 사이더의 주장은 54a에서도 또다시 강조된다(53절의 주해 참조). 그리고 φθαρτόν … ἀφθαρσίαν … θνητόν … ἀθανασίαν의 번역과 의미에 대해서는 53절의 주해를 보라. 우리의 번역은 우리의 이전 영어를 정확하게 재생하는 것은 아니다. 문맥적으로 동의어 형태들은 과거에는 언제나 예를 들면 영어에서 발견되지

196) Conzelmann, *1 Cor*, 289, n. 3; Collins, *First Cor*, 582. Collins는 이 독법을 "선호할 만한 것"으로 받아들인다.

197) 예를 들면 G는 이중으로 언급되는 ὅταν절을 모두 생략한다. 반면에 A는 두 절의 순서를 바꾼다.

만(성공회 기도서에서 크랜머의 번역 참조), 앞에서 확인해준 의미를 전달한다. 명확한 시점을 제시하지 않는 ὅταν과 함께 사용되는 부정과거 중간태 ἐνδύσηται는 어떤 시점을 구체적으로 명시하지 않는다. 하지만 이것은 순서, 결과 또는 결말을 미결 상태로 남겨두지 않는다. 여기서 명확하지 않은 시점과 함께 사용되는 부정과거는 아마도 "이 썩을 몸이…입을 때…"라고 번역할 때 그 의미를 가장 잘 전달할 것이다(참조. NRSV). 반면에 "이 몸이…입었을 때"(REB, NIV)라는 번역은 로버트슨이 미래 완료를 거부하는 것과 충돌을 일으킨다.[198)]

크리소스토모스는 γενήσεται ὁ λόγος를 "그 말씀은 성취될 것이다"로 이해한다(참조. 마 6:10; 막 11:23에서 γίνεσθαι가 "성취된다"라는 의미로 사용됨). 이것은 아마도 성경의 성취에 대한 느슨한 인용(만약 이것이 의역이 아니라 인용이라면)의 유일한 예일 것이다. 바울이 언급한 것은 그리스도 안에서 아직 온전히 일어나지 않았다. 하지만 그의 강조점은 기독론적인 원리에 부합한다. 즉 십자가 사건과 그리스도의 부활 때문에 성경의 성취는 이미 보증되어 있지만, 그 성취는 후대에 이루어질 것이다. 그러므로 γενήσεται는 "작용하게 될 것이다" 또는 "효력을 나타내게 될 것이다"와 같은 의미를 지닌다.

대다수 주석가들은 바울이 아마도 호 13:14과 함께 사 25:8을 인용하거나 또는 암시한다는 데 동의한다.[199)] 스탠리는 어떻게 바울이 이 결합된 인용문을 사용하고 형성하는지에 세밀한 관심을 기울인다.[200)] 첫째, 스탠리는 바울이 "54b-55절이 단일 성경 본문에서 연속적으로 인용한 것이 아닐 수 있다는 암시를 전혀" 주지 않는 방식으로 사 25:8과 호 13:14에 속한 부

198) A. T. Robertson, *Epistle,* 4:198.

199) 예를 들면 Edwards, *First Epistle,* 456; Hays, *1 Cor,* 275; Grosheide, *First Epistle,* 393; Lang, *Die Briefe,* 240; Fee, *First Epistle,* 803; Collins, *First Cor,* 577-578; Wolff, *Der erste Brief,* 417; Senft, *La Première Épitre,* 213-214; Bruce, *1 and 2 Cor,* 156; Conzelmann, *1 Cor,* 292-293; Héring, *First Epistle,* 181-182; Barrett, *First Epistle,* 382-383; Strobel, *Der erste Brief,* 261; Allo, *Première Épitre,* 434-435.

200) C. D. Stanley, *Paul and Language of Scripture,* 209-215.

분들을 결합한다는 점을 지적한다.[201] 바울이 이 구절들을 함께 사용하기 이전에 이미 이것들이 결합되었다고 볼 만한 증거가 없다. 스탠리는 성경 구절들이 이렇게 결합되어 사용된 것은 경솔한 인용의 부산물이 아니라 심사숙고의 결과라고 주장한다.[202]

하지만 사 25:8은 히브리어와 70인역의 텍스트에서 모두 바울의 표현과 다른 형태를 띤다. 히브리어 텍스트는 בלע המות לנצח(빌라 하마베트 라네차흐), "그는 죽음을 영원히 삼킬 것이다"라고 되어 있다. 70인역은 κατέπιεν ὁ θάνατος ἰσχύσας, "죽음이 강력하게 그것을 완전히 삼켰다"라고 번역되어 있다. 그러나 아퀼라와 테오도티온 수정본에서는 εἰς νῖκος, "승리 안으로"라고 번역되어 있다(비록 심마쿠스 수정본은 εἰς τέλος라고 번역했지만). 이처럼 70인역은 "죽음"(המות, 하마베트, 히브리어에서는 목적어)을 주격으로 바꾼다(이것은 전후 절들, 25:6a, 8b과 어울리지 않는다). 또한 70인역은 לנצח(라네차흐)를 히브리어의 관용적인 의미인 "영원히"가 아니라 아람어 동사에 더 가깝게 "이기다"로 번역했다. 이것은 왜 아퀼라, 테오도티온, 심마쿠스가 모두 서로 다르게 번역되어 있는지를 설명해준다. 이 세 번역 수정자는 히브리어 단어에 대한 70인역의 오역을 바로잡으려고 시도한다.[203] 바울이 제시하는 번역은 세 수정자 모두에게서 필요한 요소들을 취한다. 하지만 그는 특별히 테오도티온의 텍스트에서 εἰς νῖκος, "승리 안으로"와 함께 κατεπόθη를 받아들인다. 즉 죽음이 승리 안으로 삼켜졌다는 것이다.[204] 스탠리가 주장하듯이 이 그리스어 역본들과 수정본들의 배후에는 어떤 공통의 전승이 있었

201) 같은 책, 209.

202) 같은 책, 209-210.

203) 이것은 특별히 Stanley의 견해다(Stanley, *Paul and Language of Scripture,* 210 and 210, n. 100).

204) 또 심마쿠스는 수동태 καταποθῆναι를 사용한다. 반면에 아퀼라도 εἰς νῖκος, "승리 안으로"라고 읽는다. κατεπόθη는 고전 그리스어 동사 καταπίνω의 부정과거 수동태다. 반면에 νῖκος는 후대의 그리스어 형태다(예를 들면 시빌라의 신탁 14:334; *Vettius Valens*, 358:5, 기원후 2세기). 신약성경에서는 더 흔한 형태인 νίκη, "승리"가 사용된다(요일 5:4; Josephus, *Antiquities* 6:145 et al.).

을 것이다. 바울은 이 전승을 알고 사용했을 것이다.[205)]

바울의 호 13:14 인용 또는 암시도 70인역과 히브리어 본문과 다르다. 호 13:14의 히브리어 본문은 אהי דבריך מות אהי קטבך שאול(에히 데바레카 마베트 에히 카타베카 셰올), "오 죽음아, 너의 재앙이 어디에 있느냐? 오 스올아, 너의 파괴가 어디에 있느냐?"라고 되어 있다. 70인역은 ποῦ ἡ δίκη σου θάνατε ποῦ τὸ κέντρον σου ᾅδη라고 번역한다. 곧 "오 죽음아, 너의 심판(또는 형벌)이 어디에 있느냐? 오 하데스야, 너의 독침이 어디에 있느냐?" 그러므로 바울의 인용은 70인역의 심판 또는 형벌을 승리로, 하데스를 죽음으로 바꾼다. 또한 수사학적인 목적으로 어순도 바뀐다.

일단 여기서 중요한 것은 히브리어 명사 דבר(데베르), "재앙"을 번역하는 데 있어 70인역의 ἡ δίκη(이 단어가 심판, 형벌 또는 소송 중 어느 것을 의미하든지 간에)가 적합하지 않다는 것이다. 그러므로 스탠리는 "70인역의 일차적인 독법에 해당하는 비-마소라 대본(Vorlage)의 가능성"을 배제할 수 없으며" "바울이 자신의 그리스어 원문에서 이미 τό νῖκος[승리]를 발견했을 가능성이 있다"고 주장한다.[206)] 사실상 "승리"는 이 두 인용문 사이에서 수사학적인 연결고리를 제공한다.[207)] 하데스를 죽음으로 대치한 것과 관련하여 이 두 인용문은 수사학적인 동의어로 기능한다. 즉 몸의 부활이 없는 죽음은 어둠 또는 스올(그리스어로 하데스)의 영역으로 축소되어 강등된다. 어쨌든 바울이 죽음을 의인화한 것은 호 13:14에서 가져온 것이다. 스탠리와 콜린스는 바울이 구약의 한 본문이 다른 본문을 이해하도록 의도했다는 데 동의한다.[208)]

바울이 사용한 구약의 본문에 대한 더 전문적인 질문 세 가지를 살펴보는 것은 중요하다. 하지만 이것은 우리가 그의 인용문이 설명하려는 심오한

---

205) Stanley, *The Language of Scripture,* 211.

206) 같은 책, 212, 213. Stanley는 각각의 가설의 복합성을 인정하며 모든 진지한 반론과 대안을 검토한다.

207) 같은 책, 214.

208) 참조. Collins, *First Cor,* 577-578; Stanley, *The Language of Scripture,* 211.

신학적인 내용에 집중하는 것을 방해해서는 안 된다. 바울은 독침이 제거된 죽음에 대한 종말론적인 비전을 제시하는데, 이는 예수 그리스도 자신이 그의 죽음과 부활이 어떻게 인간의 죄와 율법의 문제를 해결하는지에 근거하여(55-57절) 그 독침을 삼켜버렸기 때문이다. 오스카 쿨만은 죽음을 단순히 "영혼"이 몸의 "감옥"으로부터 해방되는 것으로 보는 소크라테스와 플라톤의 낙관론적인 견해와 죽음을 그리스도가 죽음에 가져다준 변화와 분리된 일종의 비극으로 보는 히브리-기독교적 전통 간의 대조를 잘 묘사해준다. 그럼에도 그는 예수가 자신에게 다가오는 죽음을 내다보면서 경험했던 것, 즉 하나님으로부터 처절하게 버림받고, 하나님의 진노가 부어졌다고 느낀 겟세마네의 고통은 그리스도의 승리와 별개로 죽음의 독침이 무엇을 의미인지를 상기시켜준다는 점을 기억해야 한다고 주장한다.[209)]

그리스어 명사 κέντρον은 독을 지닌 동물 또는 곤충의 독침 또는 쏘는 것을 가리킨다(예 벌, 전갈; σκορπίος ... τὸ κέντρον, 전갈의 꼬리 안에 있는 독침, 이것은 치명적임; Ctesias, *Indika* 7[기원전 4세기]; 또한 비유적으로 Aesop, *Fables*, 276). 또한 이 단어는 맨 끝에 철이 붙은 예리한 도구를 가리키기도 한다. 이것은 가축을 몰 때뿐만 아니라 벌을 주거나 고문을 할 때도 사용된다.[210)] 계 9:10에서 이 용어는 메뚜기 또는 전갈의 독침에 적용된다. 죽음은 독 이빨을 지닌 뱀과 같다. 그러나 이 독은 제거될 수 있다. 독이 제거되면 죽음은 해롭지 않다. 쿨만은 (히브리-기독교 사상이 인식했듯이) 죽음이 단지 더 높은 존재로 들어가는 전혀 해가 없는 문이라고 생각하는 소크라테스와 많은 그리스인의 환상적인 낙천주의는 사실 근거가 없다고 주장한다. 하지만 죽음과 죄에 대한 그리스도의 승리와 더불어 이 "해가 없는" 죽음은 이제 그리스도인 신자들에게 진정으로 확실한 근거의 실재가 된다. 그러므로 바울은 죽음이 영원히 삼켜졌을(사 25:8, 히브리어 텍스트) 뿐만 아니라 승리 안으로

---

209) Cullmann, *Immortality on the Soul or Resurrection of the Dead?*(세 가지 입장은 각각 한 장씩 세 장에 걸쳐 설명된다).

210) BAGD, 428; Grimm-Thayer, 344; Euripides, *Bacchae* 795; 행 25:14. 그리스어 동사 κεντρέω는 "뚫다, 찌르다"를 의미한다.

삼켜졌다(테오도티온, 아퀼라; 70인역의 번역 대본?)고 말한다. 죽음이 피해를 입히거나 겁을 주거나 낙담하게 하는 데 있어 무력하다는 점을 실감 나게 표현하기 위해 바울은 비웃듯이 호격으로 표현한다. 마치 이것은 적대적이지만 무장해제되어 힘이 전혀 없는 공격자를 조롱하는 말과 같다. "죽음아, 너의 승리가 어디 있느냐? 죽음아, 너의 독침이 어디 있느냐?"[211]

56절 핀들레이는 "이 절은 죄, 율법, 죽음에 대한 해석과 관련하여 롬 6-7장과 갈 3장의 가르침에 대한 경구(警句)로 이어진다"고 유쾌하고 간결하게 논평한다.[212] 벵엘도 다음과 같이 간결하게 주해한다. "만약 죄가 없다면 죽음도 전혀 있을 수 없다.…율법이 없다면 죄가 [죄로] 인식되지 않을 것이다. 그렇다면 율법 아래에서는 죄가 지배할 것이다(롬 6:14)."[213] 앞에서 우리가 언급했듯이 쿨만은 하나님 앞에서 버림받는 것이나 심지어 하나님의 진노를 경험하는 것을 포함하여 선(good)의 상실과 관련하여 죽음의 공포를 설명한다. 그러나 죄는 하나님께 등을 돌리고 자아가 중심이 된다. 이것은 죽음을 이처럼 치명적인 독으로 만들었다. 따라서 이 독은 독침처럼 인간을 해치고 죽인다.

불트만은 죄와 죽음의 인과관계는 모두 객관화된 근대 이전의 신화라고 주장한다. 왜냐하면 죽음은 자연의 생물학적 과정이기 때문이다. 사실상 그는 바울이 죄와 죽음의 관계를 매우 다른 두 가지 방법으로 "객관화한다"고 주장했다. 하나의 개념 체계(*Begrifflichkeit*)에서 "**죽음은 어떤 사람이 지은 죄에 대한 형벌이다.** 죄인들은 '죽어야 마땅하다'(롬 1:32; KJV, 'worthy of death').…죄는 죽음의 노예로서 그 '값'을 치른다(롬 6:16, 23)"(강조는 원저자

---

211) Fee가 지적하듯이 70인역의 호 13:14에서 제시된 어순은 바뀌어 있다(또 다른 단어로 대치되어 추가되었다). 이것은 "인격화를 강조한다[문자적으로 '어디에 너의, 오 죽음아, 승리가 있느냐?']. 이 표현은 70인역의 '어디에 너의 형벌이 있느냐, 오 죽음아?'"를 대치한다(Fee, *First Epistle,* 804).

212) Findlay, *Expositor's Greek Testament,* 2:942.

213) Bengel, *Gnonom,* 673: "Si peccatum non esset, mors nil posset…sine lege peccatum non sentitur; sub lege, peccatum dominatur."

의 것임).[214] 하지만 바울의 다른 본문에 의하면 "죽음은 육신을 따라 사는 삶에서—마치 조직체인 것처럼—열매로 자라난다(롬 7:5). 죽음은 죄를 짓는 삶의 '열매'의 '마지막'(롬 6:21)…'죽음의 소마'다(롬 7:24).…인간은 생명을 추구하려고…애쓰지만, 결국에는 죽음을 맞이한다(롬 7:7-25)."[215] 다른 연구서에서 나는 불트만이 "신화"라는 용어를 사용하며 반복적으로 "코드 전환하는 것"을 풀어보려고 노력했다. 그는 이 용어를 어떤 경우에는 유비로, 또 어떤 경우에는 과학 이전의 쓸모없는 세계관으로, 다른 경우에는 인식적 또는 전제적인 모순을 빚어내는 비유적인 설명으로, 또 다른 경우에는 인간의 태도 또는 사회 구조의 객관화로 사용한다.[216] 이 문제점의 실상은 각각의 개념 체계가 서로 다른 보완적인 목적에 사용된다는 것이다. 이 "유기적인" 이미지는 "선" 자체를 파괴함으로써 죄가 불가피하게 자기를 전적으로 파멸에 이르게 하고 파괴한다는 것을 보여준다. 죄는 하나님과 전혀 상관없이 오직 자신의 방식으로 그 신을 붙잡으려고 노력한다. 그런 의미에서 죄는 자기모순의 독을 지닌 죽음의 권세를 끌어안는다. 따라서 이것은 실망과 허무의 먼지와 재로 끝난다. 이 자아는 자기를 선택하며, 그 결과 분리와 죽음의 니힐(*nihil*)로 종결된다. "심판의" 이미지는 이 과정을 하나님의 섭리와 계획에 배치한다. 이것은 절대 주권을 지니신 창조주의 종말론적인 "질서와 순서"의 일부이며, 그 과정 자체의 정당성을 입증한다. 창조주 하나님은 스스로 모순되게 하는 것 없이 자신의 경고 또는 약속의 말씀에 따라 신실하게 행동하신다.[217] 하나님이 선언하시는 심판을 실재에 뿌리내린 닻으로 말하는 것은 단순한 개념적인 "객관화"가 아니라 진리의 주장을 정당화하는 것이다.

---

214) Bultmann, *Theology of the NT,* 1:246; 참조. "NT and Mythology," in H.-W. Bartsch (ed.), *Kerygma and Myth* (various eds., e.g., London: SPCK, 1962-64), I, 특히 1-15.

215) 같은 책, 1:247.

216) 예를 들면 Thiselton, *The Two Horizons,* 205-292, 특히 252-292.

217) Beker는 바울이 종말론적인 주제들을 사용하는 것을 인정하는 타당한 구조 안에서 그의 사고를 신중하게 주해하는 것과 더불어 더 광범위한 이슈들을 유익하게 설명해준다. 참조. Beker, *Paul the Apostle,* 182-234.

그러므로 바울은 그리스도의 사역으로 말미암아 하나님과 올바른 관계에 있는 신자들에게 (종말론적으로 투영된 세계의 한계 상황 안에 존재해야 하는) 자신들을 "죄에 대하여는 죽은 이들이며 하나님께 대하여는 살아 있는 이들"(롬 6:11)로, 그리고 죽음으로부터 해방된 이들(롬 6:13)로 여길 것을 권면한다. "쇠약해지고", "쇠퇴하고" "멸망으로 나아가는"(τοῖς ἀπολλυμένοις, 고전 1:18) 과정의 반전은 그리스도의 사역과 결합하여 일어났다. 이 반전은 부활에 수반되는 최종적인 변화를 통해 궁극적인 목표에 이른다. 이것은 인류 공동체 전체에 관해 바울이 제기한 다음과 같은 질문에 대답한다. "이 사망의 몸에서 누가 나를 건져내랴?"(롬 7:24)[218] 베커는 다음과 같이 말한다. "죽음은 근본적인 권세다. 이것은 서로 맞물려 있는 싸움터에서 이겨야 할 '마지막 원수'다(고전 15:26). 지금 세대와 오는 세대 사이의 대립은 '생명의 통치'에 반대되는 '죽음의 지배'(롬 5:17, 21)로 요약할 수 있다. 심지어 그리스도의 죽음과 부활을 통해 죽음의 동맹군—율법, 육신, 죄—이 이미 패배한 후에도 죽음은 어떤 면에서는 세상을 인증하는 표시로 남아 있다."[219] "죄와 죽음의 동맹은 진정으로 매우 긴밀하게 결속되어 있다."[220]

비록 율법은 "거룩하고 선하며"(롬 7:12, 13) 생명을 가져오도록 의도되었지만, 인간의 타락, 죄, 속박의 맥락에서 정반대의 효력을 나타내게 되었다. 롬 1:18-2:29과 5:12-21은 죄에 대한 인간의 책임과 형벌을 강조한다. 하지만 우리는 롬 7:7-25과 더 예리하게 비판하는 갈 3-5장을 "은혜 아래" 새 창조를 확립해가는 그리스도의 사역 가운데 주요한 한 부분으로 해석한다. "그리스도는 우리를 위해 스스로 저주가 되어 율법의 저주에서 우리를 구속했다."[221] 하지만 우리는 또다시 롬 10:4에서 그리스도를 율법의 "마침", "목표" 또는 "종결"로 해석한다. 그는 "새로운 종말론적인 생

218) 참조. Kennedy, *St. Paul's Conception of the Last Things,* 108-130; Beker, *Paul the Apostle,* 특히 189-198, 204-215.

219) Beker, *Paul,* 190.

220) 같은 책, 215. 참조. de Boer, *The Defeat of Death,* 17-18, 167-180, 185-188.

221) 이 절에 대해서는 다음을 참조하라. Beker, *Paul,* 186 and 182-212.

명으로 이끌어준다. 그 생명 안에서 하나님과 인류는 새로운 상황에서 서로 만난다. 그리고 그리스도는 하나님의 거룩한 뜻의 표현인 율법의 공의로운 요구들을 충족시켰다(롬 8:4). 따라서 그는…'율법과 상관없이' [새 생명을 얻은 자들이] 하나님과 새로운 관계를 맺게 하려는 것이다(롬 3:21)."[222]

여기서 바울의 사고를 이해하려면 ὁ νόμος의 서로 구별되는 세 가지 원리를 상기할 필요가 있다. (i) "하나님의 최고의 자기 계시…하나님의 은사"(예. 롬 7:12-13)로서의 율법(토라). (ii) "도덕의 표준, 죄의 심각성을 깨닫게 하는 것"(예. 롬 3:20, "율법으로는 죄를 깨달음이니라")으로서의 율법. (iii) 원인과 결과의 더 광범위한 원리 또는 규칙의 의미에서 사용되는 율법. 이것은 모든 인류에게 또는 심지어 "성령의 법"에까지 적용될 수 있다.[223] 원인과 결과의 법정에서의 "율법" 또는 실제 "율법"에 대한 주요한 문제는 그것이 어떤 사람을 그의 과거 행위의 결과와 연결한다는 것이다. 궁극적으로 파멸, 자기모순, 죄악의 결과들과 죽음은 서로 연결되어 있다. 이 이유와 "도덕적인 표준"의 두 번째 개념적인 원리에 근거하여 ἡ δὲ δύναμις τῆς ἁμαρτίας ὁ νόμος는 이와 같은 방법으로 죽음을 그것의 치명적인 κέντρον으로 무장시킨다. 하지만 그리스도의 사역이 신자를 과거의 죄악의 열매와 얽어매었던 이 인과적인 변화로부터 이미 해방했기 때문에 이 사람은 미래를 자유롭게 살 수 있다. 진정으로 성경의 용례에서 "구속"(예. 출애굽 사건)은 바로 이 패턴을 따른다. 구원의 행위로 인한 고통과 속박으로부터 새로운 미래로 해방된다. 그리고 이것은 새로운 삶의 형태를 취한다. 이것은 진

---

222) 같은 책, 186. 참조. Whiteley, *The Theology of St. Paul,* 79-86; Dunn, *Theology,* 125-161.

223) 첫 두 범주와 인용문은 Whiteley, *Theology of St. Paul,* 79-82에서 가져온 것이다. 세 번째는 그의 세 번째 범주, 82-83을 수정한 것이다. 말할 필요도 없겠지만, 이른바 바울과 율법에 대한 Sanders 이후의 "새로운 관점"은 세 가지 개념적인 범주 중에서 첫 번째를 매우 강조한다. 참조. E. P. Sanders, *Paul and Palestine Jerusalem* (London: SCM, 1977), 특히 84-124, 442-543; *Paul, the Law and the Jewish People* (Philadelphia: Fortress, 1983); *Jesus, Paul and Torah: Collected Essays,* JSNTSS 43 (Sheffield: Sheffield Academic Press, 1992); Dunn, "The Law," in *the Theology of Paul,* 128-161. 이 절을 언급하면서 Dunn은 율법이 "하나님의 편에서 일종의 계산된 위험 요인이었지만…그것은 죽음의 멸망을 재촉한다"라고 말한다(159).

정으로 다음 절을 위해 우리를 잘 준비시킨다!

57절 여기서 고전적인 발화수반행위(illocutionary speech-act: 어떤 발언을 통해 어떤 행위가 수행됨)가 제시된다. 바울은 죽음과 죄와 율법이 서로 동맹을 맺어 형성한 죽음의 권능을 이기게 하신 하나님의 은혜로운 선물에 감사한다. 이것은 감사 행위다. 이것은 어떤 대상에게 감사하여 그를 팔로 껴안는 행위나 너무 기뻐서 자기 모자를 공중으로 힘껏 던지는 행위와 같다. 바울의 τῷ δὲ θεῷ χάρις는 롬 7:25에서 기뻐하고 감사하며 찬양하는 χάρις δὲ τῷ θεῷ와 비슷하다. 이 두 구절은 모두 예수 그리스도를 통해 우리에게 승리를 주시는 하나님께 감사한다(소유격과 함께 διά가 사용됨; 롬 7:25, 우리 주 예수 그리스도를 통해).[224]

여기서 δέ는 반대 의견을 나타낸다. 즉 죽음의 독침…(56절). 그러나 하나님께 감사합시다(57절). 비록 하나님이 승리를 주시는 것이 사실상 우리 주 예수 그리스도를 통해 이루어지긴 하지만, 롬 7:25의 평행 본문—우리 주 예수 그리스도를 통해—은 부사적인 방식으로 하나님께 감사한다는 것을 암시할 것이다. "신자의 '승리'는 그리스도의 대속 사역을 통해…율법의 정죄로부터…'죄의 권세'와 그것으로 말미암는 죽음의 고통으로부터 구원받는 것 안에 들어 있다(롬 3:23-24)."[225] 이 '사슬'은 오직 십자가의 "효과적으로 작용하는 권능"에 의해서만 끊어질 수 있다(앞에서 1:18, 25에 대한 주해 참조).[226] 몇몇 주석가들(예. 볼프)은 현재분사 τῷ διδόντι에 관심을 기울인다. 심지어 마지막 부활은 여전히 미래에 놓여 있지만, 승리의 기초는 이미 현재 주어지는 하나님의 선물이라는 것이다. 이것은 신자들에게 이미 현재에 기뻐하고 감사하는 근거를 제공해준다.[227] 이것은 미래에 분명히 일어날 부활에 대한 단순한 선물이 아니다. 또한 이것은 이미 현재에 신자들에

---

224) 참조. R. Deichgärber, *Gotteshymnus und Christushymnus in der frühen Christenheit* (Göttingen: Vandenhoeck & Ruprecht, 1967), 43-44.

225) Findlay, *Expositor's Greek Testament,* 2:943.

226) 참조. Brown, *The Cross and Human Transformation,* 1:64, 149-169, 그리고 곳곳에. 다소 덜 단도직입적이긴 하지만 Pickett, *The Cross in Corinth* 참조.

227) Wolff, *Der erste Brief,* 419.

게 은혜로운 선물이 제공되었다는 것을 나타낸다. 신자들은 무시무시한 미래인 죄, 율법, 죽음의 파괴적인 잠재력에서 벗어났다.[228] 사실상 이미 현재에 그리스도의 승리로 죽음의 독침이 제거되었다. 비록 이 승리가 포함하는 모든 것을 최종적으로 소유하는 것은 미래에 속하며, 비록 마지막 날에 그것을 온전히 경험하게 되겠지만, 신자들은 이미 어느 정도 이 승리에 동참한다.[229] 하나님이 주시는 이 승리는 은혜의 선물로 온다. "이 단락은 기뻐하며 찬양하는 말과 더불어 끝난다[즉 58절 앞에서].…'우리에게 승리를 주시는'이라는 표현은 15장 전체의 메시지를 간단명료하게 제시한다. 하나님이 그리스도를 죽음에서 일으키셨을 때 이 은혜는 오직 그만을 위한 것이 아니었다. 오히려 그리스도와 한 몸을 이루고 있는…우리 모두가 이 승리에 동참한다.…우리도 죽은 자 가운데서 부활할 것을 기대할 수 있다."[230]

58절 ὥστε, "그러므로"로 시작하는 맺는말(*peroratio*)은 15장 전체 논의를 요약해준다. 또한 이것은 곧바로 고린도 교인들에게 하나의 은유를 지어내는 데 적용된다. 이 은유는 "견고하고 흔들리지 말며"라는 권고를 들려준다.[231] 또한 에릭손이 지적하듯이 이 결론은 15:1-2의 도입부(*exordium*)의 주제를 요약해준다. 즉 이것은 그들이 복음 안에서 취해야 할 자세(ἐν ᾧ καὶ ἑστήκατε, 1절)와 복음을 엉터리로(εἰκῇ, 2절) 믿은 것이 아니라는 것과 관련이 있다.[232] 하지만 2절의 εἰκῇ와는 대조적으로 이 절에서 κενός는 "헛된, 실속 없는"(BAGD, 2b) 또는 "열매 없는"을 의미할 것이다. 즉 결과도 없고 보람도 없다. 후자는 바울이 이전에 3:9b-16에서 그리스도인이 집을 세우는 은유에 적용한 것과 상응한다. 그리고 "굳게 서라"(REB, NIV)는 "계속 굳세라"(NJB)보다 더 바람직하다. 왜냐하면 ἑδραῖοι

---

228) Edwards, *First Epistle,* 459. 그의 견해는 타당하며 Meyer의 입장과 반대된다. Meyer, *First Epistle,* 2:107.

229) 이 점과 관련하여 현재와 미래의 경험을 균형 있게 제시하는 다음 주석서를 참조하라. Barrett, *First Epistle,* 384.

230) Hays, *First Cor,* 276.

231) Eriksson, *Traditions as Rhetorical Proof,* 275.

232) BAGD, 427-428.

γίνεσθε(7:7에서 해당 그리스어 단어 참조)는 "계속해서 ~이 되다"보다는 "~이 되다, ~이 되는 것을 입증하다"(참조. 10:32, 11:1)를 뜻하기 때문이다.[233]

또다시 우리는 ἀδελφοί μου와 관련하여 양성을 포괄하는 번역의 문제에 직면한다. 앞에서 우리는 대체로 이 문제가 제기될 때마다 이것에 대해 논의했다. 이 그리스어는 언제나 혈족 관계에 있는 자나 친구에 대한 애정을 나타내는 용어로 사용된다. 따라서 ἀγαπητοί가 추가로 사용된 것은 적절하고 중요한 수사학적인 표지일 뿐만 아니라 이 애정의 관계를 이중으로 강조한다. 따라서 우리는 이 표현을 "나의 사랑하는 동료 그리스도인들이여"라고 번역한다(이 번역은 여기서 그들에 대한 바울의 호칭을 통해 그들의 신분을 확인해준다).[234]

한편으로 고린도 교인들은 몸의 부활에 대해 혼란스러워하거나 의심함으로써 자신들을 불안정한 상황에 놓이게 해서는 안 된다. 그들은 확신과 의심 사이를 왔다 갔다 하거나 갈팡질팡해서는 안 된다(ἀμετακίνητοι는 알파 부정어와 μετά + κινέω, "움직이다 또는 이동하다"가 결합한 단어임, 곧 "흔들리지 않는"을 뜻함).[235] 다른 한편으로 그리스도인의 삶과 주님을 위한 사역에는 정적인 것이 전혀 없다. 그리스어 동사 περισσεύω는 두 가지 상관된 뉘앙스를 전달한다. 첫 번째 의미는 풍성하다는 뉘앙스다. 이것은 특별히 데이비드 포드와 관련된 현대 기독교 신학의 독특한 강조점과 일치한다. 포드는 기독교 신학과 삶에서 "풍요, 찬양, 그리고 심지어 과도함과 차고 넘침"이 나타나는 기독교 신학과 삶의 회복을 촉구한다.[236] 그리스도인의 새로운 자아와 하나님과 타인과의 새로운 관계는 "모두 하나님을 직접 보게 되는 것에서 절정에 이르는…풍요, **측량할 수 없음**, 충만함, **넘쳐 흐름**, 영광, 찬양, 감사의 언어로 표출되는…풍요의 역동성으로 승화되어야 한다"(강조는 덧붙

233) Robertson and Plummer는 이렇게 주장한다(*First Epistle*, 379); 참조. BAGD, 217.

234) 이 배경에서 ἀδελφοί가 사용되는 것에 대해서는 1:10, 11, 26; 2:1; 3:1; 4:6; 12:1 등에 대한 주해 참조.

235) BAGD, 45.

236) D. F. Ford, *Self and Salvation: Being Transformed*, 44 and 112.

여진 것임).[237] 두 번째 뉘앙스—포드의 묘사는 이것을 이미 암시함—는 차고 넘침이다. 자동사의 용례에서 περισσεύω는 (a) "충분한 것보다 더 많은 것"과 (b) "차고 넘치게 존재하는 것"을 가리킨다. 그리고 특히 (사람에 대해서는) (a) "능가하다, 더욱더 진보하다"뿐만 아니라 "재산이 넉넉하다, 부자가 되다" 등을 뜻한다.[238] 그리고 그림-타이어도 "정해진 숫자 또는 수치를 뛰어넘다", "일정한…분량보다 많아, 가득 차고 넘치다"를 그 의미로 제시한다.[239]

이것은 바울이 의도적으로 이 확립된 의미의 범주에 의존한다고 추론하기 위해 서로 다른 문맥에서 가져온 여러 의미를 모두 더할 문제가 아니다(제임스 바가 "부당한 총체적인 전이"라고 올바로 확인해준 오류를 범하는 것임). 왜냐하면 그리스어에서는 이 한 단어가 이 다양한 뉘앙스를 동시에 전달할 수 있기 때문이다.[240] 포드가 주장하듯이 이 "총체"는 온전한 변화와 하나님의 충만하심을 직접 보게 되는 축복을 향해 나아가는 변화된 새로운 자아의 특성에 대한 바울의 인식과 전적으로 부합한다. 54-57절에서 확인되는 하나님의 은혜로 주어지는 선물은 신자들의 것이다. 그러므로 신자들은 주님의 일에 아무런 제한 없이 몰두하고 헌신할 수 있을 것이다. 그들은 하나님의 넘쳐 흐르는 은혜에 대한 자신들의 이러한 반응이 확실하고 영속적인 결과들을 빚어낸다는 것을 알고 있다.

15장의 수사학을 탐구하는 대다수 저자들은 두에인 왓슨이 58절에 대해 제시한 견해에 동의한다. "이것은 15장의 모든 내용에 대한 맺는말 또는 결론이다. 이것은 이 편지 전체의 맺는말처럼 15장에서 논의된 주요 강조점을 요약해주며 신자들을 고무시킨다. 여기서 15장의 핵심 단어 가운데 하나인 '헛된'(κενός)이 반복된다.…이 맺는말은 심의적 수사학에서 흔히 발

---

237) 같은 책, 117, 222. 또 이와 비슷하게 강조하는 Daniel Hardy의 저서들도 참조하라.
238) BAGD, 650-651.
239) Grimm-Thayer, 505.
240) J. Barr, *The Semantics of Biblical Language* (Oxford: Oxford University Press, 1961), 206-238, 특히 217-219.

견되는 정중한 제안(προαίρεσις)이다."[241] 의아하게도 서인선은 58절의 결론을 "논리적인 결론이 아니라 하나의 권면"으로 간주한다.[242] 그러나 미첼, 에릭손 및 다른 학자들은 왓슨의 강조점을 지지한다. (에릭손에 앞서) 미첼이 주장했듯이 "견고하고 흔들리지 않는"이라고 번역된 그리스어 표현은 "기초를 잘 놓아 꿈쩍하지 않는 어떤 건물과, 은유적인 측면에서 파괴와 분열을 조장하는 세력이 접근하지 못하게 하는, 견고하게 확립된 불변하는 정치 조직의 속성"을 가리킨다.[243] 몸의 부활이라는 실재에 대한 이해(이미 확립된 기초로서의 그리스도의 부활과 약속에 확실하게 근거한 신자들의 부활)는 주님의 일이 가치 있으며 또 좋은 결과를 가져온다는 확신을 용이하게 한다. 주님의 일에 대한 보답은 인색하게 저울질하여 주어지는 것이 아니라 아낌없이 "누르고 흔들어 넘치게 하여"(눅 6:38) 더 풍성하게 많이 주어질 것이다.

15장의 후기 역사와 충격 및 현실화

기원후 2세기

기원후 2세기에는 예수 그리스도의 부활에 대한 신앙과 관련하여 역사적 또는 논리적인 근거(각각 15:1-11과 12-19)보다는 다음 세 가지 이슈에 더욱 주목했다. (a) 그리스도인들 또는 인류의 운명과 최후의 결말, (b) 구원과 관련하여 "몸"의 역할 및 "육체적" 부활의 특성, (c) 부활은 과연 인간의 불멸성을 당연한 사실로 여기는가, 아니면 그것을 부인하는가(특히 15:35-49)? 인간의 영혼은 자연히 불멸성을 지니고 있는가?[244] 분명히 영혼의 불멸에 대한 플라톤의 철학과 영지주의에서 신체(심지어 신체

---

241) Watson, "Paul's Rhetorical Strategy in 1 Cor 15," 248.

242) Insawn Saw, *Paul's Rhetoric in 1 Cor 15,* 238.

243) Mitchell, *Paul and the Rhetoric of Reconciliation,* 109; 참조. Eriksson, *Traditions as Rhetorical Proof,* 275.

244) 기원후 2세기에 대해서는 특히 다음을 보라. François Altermath, *Du corps psychique au corps spirituel. Interpretation de 1 Cor 15:35-49 par les auteurs chrétiens des quatre premiers siècles* (Tübingen: Mohr, 1977), 52-94; Perkins, *Resurrection: NT Witness and Contemporary Reflection,* 331-390.

의 영역)를 과소평가하는 배경은 기원후 2세기 저자들이 고전 15장을 해석하는 데 주요한 배경을 형성한다.[245)]

(a) **안디옥의 이그나티오스**(사망 기원후 107년 또는 108년). 이그나티오스는 그리스도를 일으키신 [하나님] 아버지가 그를 믿는 자들을 **똑같은 방법으로 일으키실 것이라고 분명하게 말하면서**(ἐηείραντος αὐτον τοῦ πατρὸς αὐτοῦ κατὰ τὸ ὁμοίωμα ὃς καὶ ἡμᾶς τοὺς πιστεύοντας αὐτῷ οὕτως ἐγερεῖ ὁ πατὴρ αὐτοῦ ἐν Χριστῷ Ἰησοῦ; Ignatius, *Letter to Trallians*, 9:2) **추수의 첫 열매로서**(15:20, 23) 그리스도에 대한 바울의 묘사를 충실하게 반영한다. 15장에 대한 한 가지 언급은 순교에 직면한 이그나티오스의 열심에 관심을 갖는다. 그는 "맹수와 더불어 싸운다는 것"에 대해 말하면서 "나는 맹수들과 싸우고 있다"라고 주장한다(Ignatius, *Letter to Romans*, 5:1, 2; 참조. 고전 15:32). 이것은 부활에 대한 주제와 암묵적으로 관련이 있다. 왜냐하면 이와 같은 운명이 가치 있다는 것에 대한 그의 확신은 부활 신앙의 확실함에 근거하고 있기 때문이다. 15:51-53에서 묘사하는 바울의 사고에 의하면 "육적인 것"은 변화되지 않으면 성령에 속한 것을 입을 수 없다. 비록 이 표현은 동시에 고전 2장을 반영하지만 말이다. οἱ σαρκικοὶ τὰ πνευματικὰ πράσσειν οὐ δύναται, οὐδε οἱ πνευματικοὶ τὰ σαρκικά(Ignatius, *Letter to Ephesians*, 8:2). 예수 그리스도가 부활한 이후에 그의 존재 방식이 "영적"(καί περ πνευματικός)이었다 하더라도 "육의 존재로서(ὡς σαρκικός) 먹고 마셨다"는 사실은 이그나티오스에게 중요한 사항이다(Ignatius, *Letter to Smyrnaens*, 3:3).

(b) **폴리카르포스**(155년경 사망)는 고전 15:20-28 문맥 안에 부활을 배치한다. 이그나티오스의 경우처럼 그리스도의 부활은 신자들의 부활을 보증해준다. ὁ δὲ ἐγείρας αὐτὸν ἐκ νεκρῶν, καὶ ἡμᾶς ἐγειρεῖ(Polycarp, *Letter to the Philippians*, 2:2; 또한 참조. 롬 8:11). 하지만 이 부활은 하나님이 그의 절대 주권적인 목적에 근거하여 정하신 배경 안에 놓여 있다. **그것에 따라 하나님은 죽은 자 가운데서 그리스도를 일으키신 것이며**(바울이 능동태 동사 ἐγείρω를 사용하며 목적격 τὸν Χριστόν ἡμῶν을 사

245) 참조. J. Dillon, *The Middle Platonist* (London: Duckworth, 1977); E, H. Pagels, *The Gnostic Paul: Gnostic Exegesis of the Pauline Letters* (Philadelphia: Fortress, 1975); S. Laeuchli, *The Language of Faith* (London: Epworth, 1965).

용한 것처럼[앞에서 M. E. 달에 대한 언급 참조]) 고전 15:28의 경우처럼 그에게 영광을 주셨고 "모든 것이 그에게 굴복한다"(ᾧ ὑποταγῇ αὐτῷ τὰ πάντα: Polycarp, *Letter to the Philippians*, 2:1). 또한 그의 말은 하나님의 지식에 대한 바울의 언급(15:34)과 연관성이 있다. 왜냐하면 폴리카르포스는 **하나님의 약속**에 근거하여 미래의 부활을 확신하기 때문이다. 그는 "하나님은 우리를 죽은 자 가운데서 일으키실 것이라고 우리에게 약속하셨다"라고 말한다(*Letter to the Philippians*, 5:2).

(c) **디다케**(기록 시기는 2세기 초로 추정되지만 확실하지 않음). 디다케는 고전 15:51-52의 비유적인 표현으로 암시되는 묵시론적인 문맥 안에서만 미래의 부활에 대해 말한다. 즉 **죽은 자들의 부활은 마지막 나팔 소리**와 더불어 시작된다(디다케 16:6). 이것은 그리스도의 최종적인 파루시아와 일치한다(16:8).

(d) **로마의 클레멘스**(기원후 96년경). 비록 이른 시대의 인물이지만, 그는 속사도 시대의 다른 교부들 그룹에 속할 수 있다. 그는 신자들의 부활의 첫 열매로서 그리스도에 대해 논의한다(클레멘스1서 24:1). 그는 부활을 통한 변화를 설명하기 위해 씨앗의 유비를 사용한다. 그 씨앗은 "바싹 마르고 벌거벗은" 상태에 있다(γυμνά, 고전 15:37에서 바울도 이 형용사를 사용함). 하지만 "주님의 섭리는 [썩어 해체된 것으로부터] 그것들을 일으키며"(ἀνίστησιν αὐτά) 그것들은 **열매를 맺는다**(ἐκφέρει καρπόν, 클레멘스1서 24:5; 참조. 고전 15:34, 36, 37, 38, 42, 43). 다른 한편으로 그는 기독교 전통에서 벗어나 불사조에 대한 전설에 호소하며 사변적으로 나아간다(클레멘스1서 25:1-5; 참조. 에녹2서 12:1-3). 하지만 또다시 아침에 잠에서 깨어나는 것(클레멘스1서 24:3)과 하나님의 존재를 즐거워하기 위해 깨어나는 것에 대한 은유(클레멘스1서 26:2, 3)는 바울에게서 발견되는 비유적인 표현을 반복한 것이다(고전 15:51; 참조. 새 창조에 대해 롬 13:12).

(e) **순교자 유스티누스**(165년 사망). 유스티누스는 회심 이전에 플라톤주의와 스토아주의의 내부에 속해 있으면서 그 사상을 알았다. 그의 첫 번째 호교론(155년에 로마 황제 안토니누스 피우스와 그의 후계자 마르쿠스 아우렐리우스에게 답변함)은 이교 철학의 불멸에 대한 개념과의 연속성 및 불연속성의 가능성의 관점에서 부활의 주제를 포함하고 있다. 그는 이전에 에베소에서 유대인 트뤼폰과 논쟁을 벌였다(135년경). 트뤼폰과의 대화에서 미래의 부활에 대한 그의 간략한 논평은 성경의

종말론을 다소 좁게 반영한다. 트뤼폰은 과연 구약의 의인들이 미래의 부활에 동참할지에 대해 질문한다(*Dialogue*, 45:1, 2). 그러자 유스티누스는 "그리스도가 두 번째로 다시 오실 때" 인정받을 만한 삶을 사는 자들은 죽은 자 가운데서 일으킴을 받게 된다고 대답한다. 그리고 그들이 죽지 않는 존재로 일으킴을 받을 때 어떤 이들은 심판과 저주를 받지만, 다른 이들은 "썩음으로부터 해방될 것"이라고 대답한다(45). 첫 번째 호교론은 더 복합적이다. 유스티누스는 "당신이 죽은 사람이 다시 살아나는 것을 본 적이 전혀 없으므로" 부활의 원리가 부인되어야 한다는 논점을 인정하지 않는다(*Apology*: 1:19). 유스티누스는 15:35-38에 나타난 바울의 논리를 따라(앞에서 해당 절들에 대한 주해 참조) 그의 독자들에게 다음과 같이 질문한다. 과연 그들은 정말로 "심지어 하나님 자신도" 우리가 상상할 수 있는 것만 행하실 수 있다고 주장하는 것인가? 진정으로 "하나님은…우리가 상상할 수 없는 것…우리 자신의 본질과 인류 전체에게 불가능한 것은 행하실 수 없다는 말인가?… '사람으로는 할 수 없으나 하나님으로서는 다 하실 수 있느니라'(마 19:26)." 그러므로 유스티누스는 바울을 따라 칼 바르트가 "그 편지의 은밀한 중추인… '하나님의'"라고 부르는 것에 모든 것을 귀속시킨다(*Apology*: 1:19; 참조. Barth, *Resurrection*, 18). 하나님이 창조세계에 행하신 것은 이러한 논점을 타당하지 않은 것으로 만든다(참조. 고전 15:36-41). 만약 지음을 받은 모든 것이 영속적인 해체에 종속되어 있다면 이것은 하나님의 능력에 대해 무슨 말을 하겠는가?

(f) **영지주의적인 주제와의 관계**. (i) 중요한 두 가지 이슈가 제기된다. 래우클리는 한 가지 문제를 다음과 같이 주장하면서 간략하게 요약한다. 바울의 관점에서 보면 미래의 부활과 종말의 목표와 절정은 죄가 세상에 들어온 것(고전 15:21)을 반전시키며 승리를 가져다주는 죽음의 "독침"을 죄로부터 완전히 제거하는 것이다(고전 15:56). 반면에 영지주의의 영향을 받은 기원후 2세기의 대다수 저자들의 견해에 의하면 이것은 지식(γνῶσις)의 계시를 통해 무지 또는 실수(πλάνη)를 완전히 없애는 것이다.[246] 고린도전서에서 중요하게 다루어지는 변화는 성령의 인도함으로 특징지어지는 존재 방식과 관련하여 그리스도의 형상으로 변화하는 것이다

246) Laeuchli, *The Language of Faith*, 45 and 45, n. 43.

(15:44-50에 대한 주해 참조). 이 변화는 γνῶσις로서 지식을 통해 질적인 변화에 근거하는 것이 아니다. (ii) 하지만 σῶμα의 문제는 그만큼 중요한 것으로 다루어지지 않는다. 페이절스는 사도들은 "미래에 일어날 몸의 부활"을 선포했지만, "영지주의에 입회한 이들은 이 선포를 문자적이며 초보적인 해석…'어리석은 자들의 믿음'으로 간주하며 거부했다"고 주장한다.[247] 열광적이며 영지주의적인 그리스도인들은 이것을 모두 "상징적으로" 이해했다. 즉 "그리스도의 부활은 '에클레시아'의 부활을 의미한다." 그리고 "사흘 만에"는 "물질적"이며, "혼에 속한"(ψυχικός) 날들은 신령한 영지주의자들을 위해 이미 지나갔다는 것을 가리킨다.[248]

나그함마디 문서에 포함된 부활에 대한 소고는 분명히 "당신은 이미 부활했다"(49:15, 16)라고 말한다. 스승은 자신의 제자 레기누스에게 예수 그리스도가 "부활"의 존재의 기초임을 전혀 의심하지 말라고 말한다. 이 주장에는 고전 15:12, 13과 피상적으로 공명하는 요소가 있을 것이다(참조. *Treatise on the Resurrection*, 43:37; 48:8-10). 하지만 이것은 "불멸의 길"이다(45:14-39). 이 길을 통해 이 영지주의자는 연속성과 변화의 특성을 보이는 썩음의 영역에서 해방된 채 중기 플라톤주의의 불변하는 영역으로 인도함을 받는다(48:20-27). 그러므로 래우클리가 주장하듯이 영지주의 텍스트들은 "그리스도 안에서 모든 사람이 생명을 얻을 것입니다"(고전 15:22)와 같이 바울의 언어에서의 변화에 대해 핵심적이며 역동적이며 문자적으로 언급하는 것을 꺼린다.[249] 그리고 "죽음"은 "혼에 속한"(ψυχικός) 방식에 동참한다는 것을 의미한다. 땅속에 심은 씨앗에 대한 바울의 유비는 소피아에 의해 심긴 혼에 속하면서 신령한 씨앗의 두 가지 범주를 가리킬 수밖에 없다. 이것은 고전 15:42-44의 대조로 귀결된다.[250] 따라서 성령의 인도 아래 있는 소마적인 존재 방식으로 변화된다는 바울의 말은 영지주의의 이 소고에서 전적으로 다른 의미로 바뀐다.[251]

---

247) Pagels, *The Gnostic Paul*, 81.
248) 같은 책, 82; 참조. Tertullian, *On the Resurrection*, 19.
249) Pagels, *The Gnostic Paul*, 81.
250) Laeuchli, *The Language of Faith*, 216; 참조. Perkins, *Resurrection*, 357-360.
251) 출처와 더불어 대화를 기록한 다음을 보라. Perkins, *Resurrection*, 386-389, nn. 61-81.

(g) **이레나이우스**(200년경 사망). 이레나이우스는 영지주의를 분명하게 비판하기 때문에 이전 항목은 그가 고전 15장에 접근하는 데 일종의 지침을 제시한다. 그의 해석은 우리가 앞에서 제시한 해석에서 광범위하게 나타나는 주요한 윤곽을 따른다. (i) 인간은 영과 육이 하나로 연합되어 있는 존재다(심지어 그가 몸과 영혼을 "부분"으로 이해하는 경향을 지니고 있다 하더라도 말이다). 그리고 "영적인" 자들은 성령의 이끄심을 받아들이는 자들이다(*Against Heresies,* 5:6:1). "그들은 자신들의 육신을 벗어버렸기 때문이 아니라 성령에 동참하므로 영적이다"(6:1). (ii) 부활의 가능성을 믿는 문제는 과연 우리가 "하나님이 자신의 능력으로 몸(σῶμα)을 죽은 자 가운데서 일으키신다고 생각하는지"에 달려 있다. "만약 하나님이 죽을 운명에 속한 자들에게 생명을 주시지 않는다면…그는 능력의 하나님이 아니시다"(*Against Heresies,* 5:3:2). 하나님은 이미 볼 수 있는 눈, 들을 수 있는 귀, 만지고 일할 수 있는 손을 창조하시지 않았는가? "숫자는 이 다양성을 다 표현하지 못할 것이다"(3:2; 참조. 고전 15:38-41). (iii) 이레나이우스는 고전 15:54의 변화적인 측면을 "죽을 수밖에 없는 것은 멸망하지 않는 것을 입을 것이다"라고 명백하게 강조한다. 하지만 그는 영지주의가 그것을 플레로마에 대한 언어로 전환하는 것으로부터 분리한다(*Against Heresies,* 1:10:3). 그것은 "실수" 또는 지식의 결핍이나 시대들(*aeons*)과 아무런 상관이 없다. 퍼킨스가 주장하듯이 "영지주의자들처럼 이레나이우스도 완전히 삼켜질 썩을 수밖에 없는 존재에 대해 말할 것이다. 그러나 그는 상당히 다른 의미에서 그것을 언급할 것이다(*Adv. Haer*. 3:19)." (해당 저서에서 이레나이우스는 그리스도와의 연합을 자녀로서의 입양을 통한 "썩지 않음"의 근거로 이해한다.)[252]

기원후 2세기는 어떤 실험실 또는 토론장을 제공해주었다. 거기서 우리는 다음과 같은 사항을 발견하게 되었다. 첫째, 고전 15장에서 언급되는 바울의 주제들이 특별한 목적에 따라 다루어졌다. 둘째, 이 주제들은 바울의 관점이 아닌 내용을 지지하는 데 사용되었다. 마지막으로 이레나이우스는 이것들을 서로 조화되는 해석의 패턴 안으로 가지고 들어왔다. 이 해석은 바울의 논리와 논점을 광범위하게 따른다.

252) Pheme Perkins, *Resurrections,* 363.

기원후 3세기

(a) 테르툴리아누스(225년 사망).[253] 테르툴리아누스의 주된 두 공격 대상은 마르키온과 발렌티누스파의 영지주의였다. 비록 "프락세아스"와 나중에 몬타누스파와 관련된 이슈들도 제기되긴 했지만 말이다. 따라서 우리는 부활에 대한 그의 저서들이 다음과 같은 사항을 강조한다는 점을 기대한다. (a) 그리스도 안에서 구약의 약속의 하나님과의 연속성(마르키온 논박), (b) "몸의" 부활에 정당한 지위를 부여하려는 노력(발렌티누스파 논박), (c) 그가 말년에 몬타누스파에 속해 있던 시기에 고조된 종말론적인 기대와 성령의 임재 및 역사의 긴급성 등이다. 우리는 그의 육신의 부활에 대한 소고(*De Resurrectio Carnis*)뿐만 아니라 『마르키온 논박』(*Against Marcion,* 5:10)에서 적어도 첫 번째 이슈와 두 번째 이슈를 발견한다. 『마르키온 논박』은 자신의 고유한 주해와 함께 바울의 사상을 탐구하면서 고전 15:12-53을 충실하게 따른다. 부활에 대한 소고는 요한복음, 로마서, 고린도후서 등을 포함하여 성경 전체를 광범위하게 다룬다. 하지만 마지막 부분에서 이 소고는 특별히 고전 15장을 집중적으로 언급한다.[254] 하지만 테르툴리아누스는 몸의 부활이 아닌 부활 개념은 그 어떤 개념도 불완전하다고 일관되게 주장한다.[255]

(i) 테르툴리아누스는 먼저 고린도전서의 더 광범위한 문맥에 호소한다. "그런즉 너희 몸으로 하나님께 영광을 돌리라"(고전 6:20; *On the Resurrection,* 16). 또한 부활의 존재 방식은 반드시 "즐거움 또는 고통"을 느낄 수 있어야만 한다. 이것은 단순히 "영혼"의 생존 이상을 전제한다(*On the Resurrection,* 17). 이것은 "주님의 몸의 운명"과 상응한다(비록 테르툴리아누스가 여기서 고전 15장보다 복음서를 더 인용하긴 하지만 말이다). 한편 그는 영지주의에 반대하면서 부활에 대한 성경의 언어는 단순히 비유적이거나 알레고리적인 것이 아니라 오히려 문자적이라고 주장한다(*On the Resurrection,* 20, 21).[256] 이 모든 주제와 이슈는 『마르키온 논박』에서 더 명백하

253) 참조. T. P. O'Malley, *Tertullian and the Bible: Language—Imagery—Exegesis* (Nijmegen: Van de Vegt, 1967); Brian E. Daley, *The Hope of the Early Church: A Handbook of Patristic Eschatology* (Oxford: Oxford University Press, 1991), 34-37.

254) Tertullian, *On the Resurrection,* 특히 48-55.

255) Tertullian, *On the Resurrection,* 특히 16-21, 34-38.

256) 그 주제는 *On the Resurrection,* 24, 26, 27에서 또다시 나타난다.

게 강조된다. "죽는 것은 바로 몸이다.…마르키온의 견해에 의하면 그(바울)가 약속한 것은 단지 영혼의 구원이다.…그렇다면 '그들은 어떠한 몸으로 오는가?'(고전 15:35)…사실상 그는 다시 부활하는 것은 바로 몸이라고 선포했다"(*Against Marcion*, 5:10). "**인간 존재 전체**"가 일으킴을 받을 것이다(*On the Resurrection*, 34).

(ii) 테르툴리아누스는 두 텍스트에서 그리스도 안에서 나타난 하나님의 창조적이며 절대 주권적인 능력을 미래에 일어날 σῶμα의 부활의 근거로 보는 바울의 관점을 따른다. 그는 부활이 어떤 과거의 "내적" 사건이라는 견해를 거부한다. 그는 고전 15:51-55을 살후 2:9-19과 비교한다.[257] 겔 37:1-14의 마른 뼈와 같이 죽은 사람은 스스로 다시 살아날 수 있는 능력을 지니고 있지 않다. 그들의 부활은 하나님께 달려 있다(*On the Resurrection*, 29). 일단 씨앗이 땅에 떨어져 죽으면 "그 몸에 다시 활력을 주는 일은 하나님께 속한다"(*Against Marcion*, 5:10). "부활의 가능성에 대한 테르툴리아누스의 설명은 이제 전형적으로 하나님의 능력에 호소하는 것에 기초한다. 만약 하나님이 무에서 우리를 창조하실 수 있었다면 그는 분명히 물질로 분해되어 해체된 상태에서 우리를 다시 모아 짜 맞추실 수 있다."[258]

(iii) 테르툴리아누스는 변화에 관해 바울보다 더 모호하게 말한다. 한편으로 그는 부활의 몸이 현재의 몸과 똑같은 정체성을 지니고 있다는 견해를 지지한다. 그는 고전 15:43을 사용하여 "이 죽을 몸이 썩지 않을 것을 입는다"라고 주장한다(*On the Resurrection*, 51; 참조. 52, 53). 하지만 이것은 그가 15:37—"여러분이 뿌리는 것은 장차 생겨날 몸 그 자체를 뿌리는 것이 아닙니다"—과 충돌을 일으키게 한다. 하지만 다른 한편으로 그는 **성령을 통해** 살아가는 것을 포함하는 "**영적인**" 존재 방식의 관점에서 변화를 시인한다. 이것은 바울이 "영적"(15:44에 대한 주해 참조) 이라는 용어를 사용하는 방식을 충실히 따르는 것이다. 하지만 테르툴리아누스는 변화의 차원을 하나님의 영의 창조적인 사역에 한정한다. 즉 성령은 똑같은 "몸"에 역사하신다. 여기서 τὸ σῶμα ψυχικόν에 대한 바울의 관점과 관련하여 테르툴리아누스의 견해는 이중적이며 부당하게도 다소 협소하다.

257) *On the Resurrection*, 34.

258) Daley, *Hope*, 34.

요약하자면 『마르키온 논박』 5:9, 10은 사실상 고전 15장을 한 단락씩 해설하는데, 바울의 주제 가운데 많은 것을 다루지만 전부를 언급하지는 않는다. 육신의 부활에 대한 소고는 미래의 부활에 대한 교리를 성경의 매우 광범위한 자료와 연결한다. (i)과 (ii)는 전통적인 주해에 견고하게 기초하고 있는 반면, (iii)은 논란의 여지가 있는 이슈로 남아 있다. 마르키온 및 발렌티누스파와의 논쟁은 (i)과 (ii)를 더 예리하게 이해하도록 도와준다. 하지만 이 논쟁은 (iii)에서 다소 지나친 반응을 유도한다.

(b) **알렉산드리아의 클레멘스**(215년 사망). 야우스의 수용 역사에 대한 분석은 테르툴리아누스와 알렉산드리아의 클레멘스 사이의 극단적인 대조, 곧 반(反)영지주의적인 입장과 준(準)영지주의적인 입장을 구체적으로 보여준다(서론, xvii 참조). 테르툴리아누스와는 대조적으로 클레멘스는 열정과 감정으로부터 자유롭게 되는 "영혼"의 능력을 우호적으로 이해한다. 또한 그는 순교에 대한 그의 글에서 몸의 분리를 복된 해방과 불멸의 영혼이 "주님을 위해 자유롭게 되는 것"으로 간주한다.[259] 그는 고전 15장보다 플라톤을 더 많이 언급한다. 사실상 클레멘스는 단지 "영광의 정도가 다양하다"는 바울의 말에만(고전 15:41) 주목하는 것 같다. 그들이 저마다 "영지주의적인 완전함의…무감각" 곧 지식의 충만을 위해 훈련받은 것에 따라 인간은 서로 정도의 차이가 있는 영광을 받게 된다는 것이다.[260] 그는 "영혼"의 다양한 능력을 찬양하는 기독교화된 플라톤주의를 지지하기 위해 고전 15장의 논점을 실질적으로 옆으로 제쳐둔다. 지식은 "미래가…이미 현재이다"라고 할 정도로 소망을 기대할 수 있다. 예수 그리스도의 몸을 언급하는 것은 무익하다. 클레멘스의 견해에 의하면 이것은 ἀπαθής, **고통을 느끼지 않기** 때문이다.

(c) **오리게네스**(254년 사망). 브라이언 데일리는 다음과 같이 주장한다. 만약 클레멘스가 영혼의 자연적인 능력과 실현된 종말론을 권장했다면, 설령 부활에 대한 오리게네스의 견해가 논쟁의 여지가 있다는 점을 시인한다 하더라도, "단지 그 시대에 어울리지 않는 용어로 표현한다면 우리는 오리게네스의 종말론적인 사고"

259) Clement, *Stromata,* 1:27:6; 4:2; 7:3:1; 4; 13:1.

260) Clement, *Stromata,* 6:13:1.

를 건설적이며 목회적인 배경에서 "성경과 통상적인 기독교 신앙에 의해 받아들여진 종말론적인 전승을 비신화화하려는 시도라고 특징지을 수 있을 것이다."[261) 하지만 데일리의 견해는 한쪽으로 치우쳐 있다. 오리게네스는 그의 저서 신학 원리(*De Principiis*, 2:10, 특히 1-3)에서 미래의 부활과 특히 σῶμα πνευματικόν(고전 15:44)에 대해 해설한다. 이 해설에서 그는 바울의 본문을 매우 신중하게 다룬다(사실 그는 만약 몸이 죽으면 부활하는 것은 바로 몸이라는 테르툴리아누스의 논증을 사용하기도 한다).[262) (i) 첫째, 오리게네스에게 있어 부활의 몸의 **연속성**은 특별히 중요하다. 신자들은 "다른 몸이 아니라 바로 자신의 몸을 입을 것이다."[263) (ii) 동시에 σῶμα πνευματικόν은 **자연의 옛 질서의 일부분이었던 몸과 다르다.** 반면에 σῶμα ψυχικόν은 물리적 또는 자연적인 질서의 일부분에 속한다. 이것은 "땅속으로 심어진다." 오리게네스는 존재 방식 또는 형태로서의 σῶμα에 대해 논의하면서 진정으로 그것 아래에서 자아가 자신의 환경을 이해하는 3세기의 사상가에게 더할 나위 없이 매우 가깝다. 그는 바로 이런 의미에서 다음과 같이 주장한다. "인간의 육신이 있다. 이것은 동물의 몸, 새의 몸, 물고기의 몸과 다르다.…태양의 광채는 특별한 것이다. 달의 광채도 특별한 것이다.…죽은 자들의 부활도 이와 같을 것이다"(참조. 고전 15:39-42a).[264) (iii) (i)과 (ii)를 서로 결합하는 역동적인 개념은 바로 **변화**의 개념이다. 자연적인 몸은 "부활의 은혜에 의해 변화되어 영적인 몸이 되어야 한다. '약한 것으로 심어져서 강한 것으로 다시 살아나야'(고전 15:43) 한다." 진정으로 바울은 고전 15:51에서 이 문제의 핵심에 대해 '우리는 모두 변화될 것입니다'(πάντες δὲ ἀλλαγησόμεθα)라고 말했다.[265) (iv) 이 변화는 하나님의 섭리와 계획에 의해 결정된 것이다. "하나님은 자신이 의도하신 대로 어떤 '몸'을 주신다"(고전 15:38).[266)

이 주제들은 우리가 앞에서 해당 본문들을 해석하고 논의할 때 나타난 것

---

261) Brian Daley, *Hope*, 48.
262) Origen, *De Principiis*, 2:10:1.
263) 같은 책.
264) 같은 책, 5:10:2. 또한 같은 책, 2:9:3 참조.
265) 같은 책, 10:3.
266) 같은 책.

이다. 오리게네스는 그의 선임자들보다 이 주제들을 더 복잡하게 다루며 표현했다. 그렇다면 데일리는 무엇에 근거하여 오리게네스가 미래의 부활을 "비신화화한다"고 주장하는가? 틀림없이 오리게네스는 묵시론적인 비유적 표현의 상당 부분을 은유적인 것으로 간주한다. 예를 들면 그는 이런 질문을 제기한다. 만약 일으킴을 받은 몸이 썩을 수 없다면 그것이 어떻게 멸망시키는 심판의 "불"에 의해 손상될 수 있겠는가? 따라서 이것은 어떤 사람이 "자신의 가시에 의해 깊숙이 찔리는" 것을 경험하는 부끄러움과 후회의 "불"을 가리킨다.[267]

더욱이 오리게네스가 고전 15장의 부활이 아니라 마 24장의 종말에 대한 가르침을 다룰 때 그는 거짓 예언자들 및 예루살렘의 멸망과 관련된 "문자적인" 자료를 현재의 책임을 촉구하며 상징을 사용하는 우주적으로 전개될 종말론적인 사건과 구별한다.[268] 적그리스도는 모든 거짓 가르침과 도덕의 결핍을 가리키는 상징이다. 나아가 영혼에 대한 오리게네스의 진술 가운데 일부분은 다소 모호하게 표현되어 있다. 하지만 심지어 신학 원리(*De Principiis*)의 성령에 대한 장도 영지주의적인 관점이 아니라 바울이 πνευματικός와 ψυχικός를 서로 대조하는 길을 마련해준다.[269] 마지막으로 우리는 (앞에서) 이미 젠킨스가 편집한 오리게네스의 고린도전서 주석 단편들에서 암시된 통찰력 있는 몇 가지 논평을 살펴보았다.[270] 오리게네스는 목회적·신학적 측면에서 마지막 심판과 "영원한 불"과 같은 주제들을 다루는 것, 특히 "게헨나"가 유비와 비유적인 표현의 영역에 속한다는 점을 인식하지 못하는 것과 관련하여 "신중할" 필요성이 있음을 잘 알고 있었다.[271]

4세기에 나타난 영향의 발자취

이제 부활에 대한 자료는 몇 가지 선별된 교리적인 주제보다 고전 15장과 다소 덜 명

---

267) 같은 책, 10:4.

268) Origen, *Commentary on Matthew, 32-60*(마 24:3-44에 대해).

269) *De Principiis*, 2:7:1-4; 참조. 8:1-5.

270) C. Jenkins in *JTS* 10 (1909): 29-51; (also *JTS* 8 [1908]: 231-247, 353-372, and 500-514).

271) *Comm. on Matt*. 16. 한편 보편적 구원에 대한 그의 묘사는 신약성경에서 만물의 "회복"에 대해 설명하는 배경에서 나타난다.

백하게 연결된다. 4세기에 대한 세부적인 연구는 기원후 2세기와 3세기에서 파악된 것 외에 15장의 영향과 실현에 관한 이 연구 목적에 추가해줄 것이 별로 없다. 예를 들면 가이사랴의 바실레이오스는 오리게네스가 제시한 복합적인 길을 따라가는 경향을 보인다.

(a) **니사의 그레고리오스**(394년 사망)는 대체로 다음 두 가지 주제와 관련하여 **죽은 자의 부활**을 설명한다. (i) 타락된 것이 그 원래의 상태로 회복됨(ἀποκατάστασις). "이제 부활이 우리에게 약속하는 것은 타락한 것이 그 옛날 상태로 회복되는 것밖에는 아무것도 없다.…부활은 [아담과 하와가 쫓겨난] 낙원으로 되돌아가는 것이다."[272] 이와 같은 존재 방식은 천사들의 존재 방식과 상응한다.[273] 부활의 소망에 대한 근거는 바로 그리스도의 부활이다. 여기서 그레고리오스는 고전 15:12을 명백하게 인용한다.[274] 이것은 하나님의 형상으로 회복시켜 주는 변화를 내포한다. (iii) 이 마지막 사상은 그레고리오스를 한 가지 주제로 이끌어준다. 즉 그는 부활에 대한 하나님의 행위에 비추어 인간의 다양한 능력이 완전한 것으로 발전할 것임을 암시해준다. 이것은 몰트만을 기다려야 하는 주제일 것이다. 몰트만은 이 주제를 자세하고 심도 있게 탐구한다.[275] 비록 데일리는 그레고리오스가 전적으로 바울의 인간학과 일치하지 않는 인간학에 부분적으로 동기부여를 받았다고 지적하지만, 그레고리오스는 **마지막 나팔 소리에 뒤따르는 변화**(고전 15:51-52)를 통해 하나님이 부활한 자들을 **저마다 완전한 능력을 지니게 하신다고** 주장한다. 이것은 그들이 **하나님의 형상을 온전히 입을** 때만 가능하다(참조. ἡμεῖς φορέσομεν καὶ τὴν εἰκόνα τοῦ ἐπουρανίου, 고전 15:49).[276] 인간이 가능한 모든 것으로 발전하는 것은 오직 하나님의 형상의 "최초의 완전함" 안에서만 완전하게 될 수 있다.[277]

---

272) Gregory, *On the Making of Man,* 17:2.
273) 같은 책.
274) 같은 책, 25:13.
275) Moltmann, *Is There Life after Death?* 5-20, 51-60; *The Coming of God,* 96-128.
276) Daley, *The Hope of the Early Church,* 87-89.
277) Gregory, *On the Soul and Resurrection* (esp. NPNF, ser. 2, 5:461), and *On the Making of Man,* 22:6.

(b) **요안네스 크리소스토모스**(407년 사망). 우리는 본 주석서 전반에 걸쳐 크리소스토모스의 주해를 살펴보았다. 왜냐하면 그의 고린도전서 설교집은 설교를 통해 그 당시의 상황에 더 자세하게 적용하기에 앞서 대체로 단원마다 충실한 주해로 시작하기 때문이다. 그는 바울의 논리를 충실히 따른다. 이것은 바울이 고전 6:14에서 미래의 부활을 간략하게 암시하는 것과 관련하여 크리소스토모스가 이 문제의 핵심을 간략하게 설명할 때부터 시작된다. 하나님의 능력은 그리스도를 일으켰다. 그리스도가 일으킴을 받았기 때문에 하나님은 "그의 능력으로" 장차 "그리스도의 지체들"을 일으키실 것이다(*1 Cor. Hom.*, 17:2). 15장과 관련하여 크리소스토모스는 하나님의 능력에 근거하여 정체성의 연속성과 변화의 두 원리에 관심을 기울인다(*Cor. Hom.*, 41:2-3[고전 15:36-38에 관해]; 41:5[고전 15:43-44에 관해]; 62:3, 4[고전 15:51-57에 관해]). 더 세부적인 내용은 앞에서 15장에 대한 우리의 주해에서 찾아볼 수 있다. 요약하자면 앞으로 수 세기에 걸쳐 등장하게 될 몇 가지 특별한 통찰들을 제외하면 고전 15장에 대한 주요한 주해의 전통에 대한 윤곽은 이 시기에 이미 확립되었다.

VII. 기타 관심사(16:1-24)

주석가들은 16장의 주제를 광범위하게 세 부분으로(어떤 이들은 네 부분, 다른 이들은 다섯 부분으로) 나눈다. 우리가 이 장의 제목으로 제시한 것은 미첼이 제안한 것과 대체로 일치한다.[1] 이 일련의 관심사에는 다음과 같은 사항이 포함되어 있다. (A) 하나님의 백성을 위한 헌금(16:1-4). 이것은 종종 피상적으로 인식되던 것보다 훨씬 더 신학적·목회적 중요성을 지니고 있다. (B) 여행 계획(16:5-12). 이 부분은 디모데와 아볼로의 방문과 관련하여 목회적인 측면에서 예민한 이슈를 포함하고 있다. (C) 결론적인 권면 및 인사—맺는말(16:13-24). 한편 피는 아볼로와 관련하여 목회적인 측면의 외교적 수완에 하나의 개별적인 단락을 부여한다(12절, 우리는 이것을 B 부분에 포함함). 반면에 볼프는 권고 부분(16:13-18)을 마지막 인사 부분(19-24절)과 구분한다.

비교의 관점에서 16장은 이전의 대다수 장들, 특히 15장보다 훨씬 더 적은 논쟁을 제기한다. 단순히 단행본으로 된 연구서 및 논문의 숫자와 관련하여 15장의 참고문헌은 16장보다 대략 40배나 더 많다. 그럼에도 몇몇 전문적인 연구자들은 자신들의 연구에서 헌금에 대해 특별한 관심을 기울이며 질문을 제기한다. 주목할 만한 연구서로는 예를 들면 K. 니클(1966년), 디터 게오르기(독일어판, 1965년; 영역본, 1992년)와 더 광범위한 연구로는 H.-

1) M. M. Mitchell, *Paul and the Rhetoric of Reconciliation*, 177. 그는 "마지막 관심사"라는 제목을 제안한다.

D. 베츠(1985년) 등이 있다.[2] 게오르기는 15장과 16:1-4의 연관성에 대해 흥미로운 주장을 제기한다. 몸의 부활을 강조하면서 그는 바울이 "책임의 영역"을 위한 길을 마련한다고 주장한다. 더욱이 부활에 대한 역사적인 증인들과의 연관성은 나중에 믿은 이방 그리스도인들이 최초의 증인들과 그들의 신앙 공동체에 "역사적인 측면에서 빚"을 지고 있다는 것을 강조한다는 것이다.[3] 여기서 "성도" 또는 "하나님의 백성"(1절)은 예루살렘 신앙 공동체를 가리킨다. 니클, 바실리아데스와 더불어 베츠는 갈 2:10과 일관되게 헌금은 유대인 신자들과의 연대성을 보증해준다고 주장한다. 비록 이것이 바실리아데스가 평등과 공정의 관계를 강조하는 것을 배제하지는 않지만 말이다.[4] 상호 관계, 상호 유익, 연대성에 대한 바울의 관심사는 이 헌금에 신학적이며 신앙의 실천을 강조하는 이 편지의 단순한 후기 또는 부록 이상의 의미를 부여한다. 진정으로 고후 8-9장은 이것이 "부요하신 이로서 너희를 위하여 가난하게 되신"(고후 8:9) 그리스도의 주님 되심 아래 있는 생명과 얼마나 깊고 밀접하게 연결되어 있는지를 보여준다. 15장 마지막 절(15:58 참조)에서 περισσεύω라는 동사가 사용된 것은 주는 것의 동기와 고린도후서에 대한 자신의 연구에서 데이비드 포드가 "풍요의 경제학"이라고 부르는 것 사이의 연관성을 강조해준다.[5] 이 이슈는 바울이 (적어도) 갈라디아, 마게도냐, 아가야 지역에 있던 교회에서 수행한 "중요한 한 가지 일"이었다.[6]

단일한 인종적인 구성을 초월하는 그리스도인들 사이에서 서로 주고받는 것과 그들이 서로 밀접한 관계에 있다는 점을 강조하는 이 중요한 사항 외에도 이 장은 안식일 또는 제7일과 대조되는 날로서(또는 아마도 그날과

---

2) Nickle, *The Collection*; Georgi, *Remembering the Poor: The History of Paul's Collection for Jerusalem*, 특히 49-79; 참조. 93-109 and 122-165; Betz, *2 Cor 8 and 9*.

3) Georgi, *Remembering the Poor*, 51-52.

4) 참조. Vassiliades, "Equity and Justice in Classical Antiquity and in Paul: The Social Implications of the Pauline Collection," 51-59.

5) Young and Ford, *Meaning and Truth in 2 Cor*, 171-185.

6) Hays, *First Cor*, 284.

나란히) 이른 시기부터 주일, "매주 첫날"(16:2)의 역할에 대한 언급을 포함하고 있다. 또한 이 장은 목회적인 측면에서 사려 깊은 지혜에 관한 몇몇 사례를 제시한다. 즉 헌금을 전달하기 위한 교회의 공식적인 절차는 신뢰할 만한 대리인들을 독립적으로 임명하는 것으로 시작된다(16:3, 4). 또한 적합한 때와 관련된 이슈는 바울이 사람들을 들뜨게 해놓고 다른 이들에게 사태를 수습하게 하는 "성급하게 이동하는 복음 전도자"가 아님을 입증해준다(16:7). 그리고 개인적인 세부 사항은 이 편지의 저작 시기와 장소를 확인하고 결정하는 데 소중한 자료를 제공해준다(16:8). 나아가 그리스도인 지도자들로서 동역자들에 대한 존중이 배려된다(16:10-11). 그뿐만 아니라 바울과 아볼로가 **서로 존중한다**는 점이 강조된다. 왜냐하면 (이른바 아볼로의 "팬들"이 고린도 교회 안에 있었지만) 바울은 아볼로가 고린도를 다시 방문하도록 "강력하게 권고했기" 때문이다. 반면에 아볼로는 고린도 교회의 분열을 더 부추기려는 의도가 전혀 없었다(16:12). **목회적인 측면에서 적합한 때**를 분별하는 것은 매우 중요하다. 아볼로가 과연 이 교회를 방문할 것인지에 못지않게 **언제** 그가 방문하는지도("적절한 때가 오면", 12b) 매우 중요한 사항인 것이다.

16:13-24절에서 언급되는 사람들은 그리스도인들의 상호 관계와 친밀한 교제를 위해 열심히 섬기는 이들이다. 이 사람들은 고린도 교회에서 일어나는 일상의 모습을 우리에게 실감 나게 보여준다. 곧 신자들은 서로 마음 깊이 인사를 나눈다. 그리고 바울은 스데바나처럼 신앙 공동체의 유익을 위해 수고하는 지도자들을 존중하라고 간청한다(16:15-18).[7]

---

7) Hans Frör는 대중적인 상상력을 동원하여 사람들과 신앙 공동체의 삶을 묘사하려고 시도한다. Hans Frör, *You Wretched Corinthians! The Correspondence between the Church in Corinth and Paul* (London: SCM, 1995). 대부분의 "다큐-드라마"처럼 이와 같은 시도는 종종 상상력을 동원하지만, 사변적인 허구와 사실에 기초한 통찰을 서로 짜 맞춘다.

A. 하나님의 백성을 위한 모금(16:1-4)

[1] 이제 하나님의 백성을 위한 모금에 관해 내가 갈라디아의 교회들에 지침을 주었던 것처럼, 여러분도 그렇게 해야 합니다. [2] 매주 일요일에 여러분은 각자 형편에 따라 집에 따로 모아 두시기 바랍니다. 그래서 내가 간 다음에 비로소 모금하는 일이 없게 하려는 것입니다. [3] 그리고 내가 도착하면, 나는 여러분이 검증하여 진실하다고 인정한 대리인들에게 신임장을 써주어 그들이 여러분의 선물을 예루살렘으로 가져가도록 할 것입니다. [4] 만약 나도 그들과 함께 가는 것이 합당하다고 여겨진다면, 그들은 나와 함께 갈 것입니다.

16:1-12에 대한 참고문헌

Bacchiocchi, S., *From Sabbath to Sunday: A Historical Investication of the Rise of Sunday Observance in Early Christianity* (Rome: Pontifical Gregorian University Press, 1977).

Banks, R., *Paul's Idea of Community* (rev. ed., Peabody, Mass.: Hendriksen, 1994), 139-169.

Beckwith, R. T. and W. Stott, *This is the Day* (London: Marshall, 1978).

Betz, H. D., *2 Cor 8 and 9: A Commentary on Two Administrative Letters of the Apostle Paul,* Hermeneia (Philadelphia: Fortress, 1985).

Carson, D. A. (ed.), *From Sabbath to Lord's Day: A Biblical Historical and Theological Investigation* (Grand Rapids: Zondervan, 1982), 특히 221-298 by R. J. Bauckham.

Dockx, S., "Chronologie paulinienne de l'année de la grande collecte," *RB* 81 (1974): 183-195.

Ford, D. F., "The Economy of God," in F. Young and D. F. Ford, *Meaning and Truth in 2 Corinthians* (London: SPCK, 1987), 166-185.

Funk, R. W., "The Apostolic Presence: Paul," in *Parables and Presence* (Philadelphia: Fortress, 1982), 81-102.

Georgi, D., *Remembering the Poor: The History of Paul's Collection for Jerusalem* (Nashville: Abingdon, 1992).

Holmberg, B., *Paul and Power: The Structure of Power in the Primitive Church,* ConBNT 11 (Lund: Gleerup, 1978), 35-57.

Hutson, C. R., "Was Timothy Timid? On the Rhetoric of Fearlessness (1 Cor 16:10-11) and Cowardice (2 Tim 1:7)," *BR* 42 (1997): 58-73.

Laansma, J. C., "Lord's Day," in *Dictionary of the Later NT and Its Developments* Grove: InterVarsity, 1998), 679-686.

Lüdemann, G., *Opposition to Paul in Jewish Christianity* (Minneapolis: Fortress, 1989).

_______, *Paul Apostle to the Gentiles: Studies in Chronology* (London: SCM, 1984).
Mitchell, M. M., "Concerning περὶ δέ in 1 Cor," *NovT* 31 (1989): 229-256.
Munck, J., *Paul and Salvation of Mankind* (Eng. trans., London: SCM, 1959), 282-308.
Murphy-O'Connor, J., *Paul: A Critical Life* (Oxford: Oxford University Press, 1997), 164-165, 199-291-332 and 343-348.
Nickle, K. F., *The Collection: A Study of Paul's Strategy*, SBT 48 (London: SCM, 1966).
Rordorf, W., *Sabbat und Sonntag in der alten Kirche* (Zürich: Theologischer Verlag, 1972).
_______, *Sunday: The History of the Day of Rest and Worship in the Earliest Countries of the Christian Church* (Eng. trans., London: SCM, 1968), 193-196.
Vassilides, P., "Equality and Justice in Classical Antiquity and in Paul: The Social Implication of the Pauline Collection," *St. Vladimir's Theological Quarterly* 36 (1992); 51-59.

1절 이 절의 맨 앞에 있는 περὶ δέ의 역할에 대해서는 7:1, 25, 8:1, 12:1에 대한 주해를 보라. 이 장에서 바울은 이 표현을 이 절과 16:12에서 아볼로에 대한 이슈와 관련하여 사용한다. 마거릿 미첼은 과연 여기서 새로운 주제를 소개하는 것이 필요한지 그렇지 않은지에 대해 자세하게 논의한다. 심지어 흔히 이것이 소개된다 하더라도 말이다. 또한 미첼은 과연 독자들이 제기한 어떤 질문에 대한 "대답"을 알려주는 것인지에 대해서도 논의한다.[8] 여기서 이 절은 새로운 주제를 도입하며, 이것은 "수사학과 편지 양식이 교차로 사용되는" 바로 이 부분에서 선택되었다.[9]

περὶ δέ 다음에 오는 소유격 τῆς λογείας는 매우 흥미롭다. ἡ λογεία, 모금은 단지 파피루스 문서와 비문에서만 발견된다. 이 단어는 신약성경에서 오직 이곳에서만 나타난다. 몰턴-밀리건은 이 단어가 파피루스 문서에서 재정적인 기부금을 가리키는 데 사용된다는 것에 관한 다이스만의 연구를 확증해준다. 특별히 이것은 "통상적인 세금과는 대조적으로 지역에서 비정기적으로 거두는 것이다"(예. 파피루스 옥시린쿠스 2:239:8[기원후 66년경], "나는 앞에서 언급한 마을에서 기부금을 전혀 모금하지 않았다고 맹세함"; BGU

8) Mitchell, "Concerning περὶ δέ in 1 Cor," 229-256.
9) Mitchell, *Rhetoric of Reconciliation*, 204, n. 103. 참조. Horrell, *Social Ethos*, 90.

2:515:7[기원후 193년], 종교적인 목적을 위한 헌금).[10] 다이스만은 이시스의 제사장들을 위한 종교적인 모금에 이 단어가 사용된 점을 입증해주는 테베에서 발굴된 어떤 오지그릇 파편에 쓰인 글(기원후 63년 8월 4일에 기록됨)을 다음과 같이 인용한다. "이시스를 위한 모금으로 나는 당신에게서 네 드라크마와 한 오볼로스(드라크마의 1/6)를 공적인 목적을 위해 받았다"(τὴν λογίαν Ἴσιδος περὶ τῶν δημοσίων).[11] 서머나에서 발굴된 기원후 1세기의 어떤 대리석 비문도 어떤 종교 행사에 대해 말하며, 거기서 모금이 이루어졌음을 알려준다.[12] 그런데 그림-타이어는 이 단어가 유대교 또는 기독교 저자들의 저서 외에는(곧 "세속" 저자들 사이에서는) 사용되지 않았다고 주장한다. 하지만 BAGD가 인정하듯이 파피루스 문헌, 비문, 오지그릇 등에서 이 단어가 광범위하게 사용되었기 때문에 이 주장은 정정되어야 한다.[13] 한편 λογεία를 모금이라고 번역하는 것은 성경 이외의 고대 그리스어에서 "모아진 것"으로서 λόγος의 의미와 언어적으로 연관성이 있다는 것을 반영한다.[14]

이 탐구는 단순히 사전학자들만의 관심이 아니다. 이것은 바울이 더 많이 통용되던 단어들을 사용하는 것을 회피한다는 점을 암시한다. 왜냐하면, 그는 일종의 "세금"으로 여겨질 수 있는 함의가 담긴 어떤 단어도 회피하기를 바랐기 때문이다. 고린도 교인들이 이 용어를 사용했을 가능성이 있다. 하지만 바울은 자신이 모금을 의미하는 데 사용하는 단어들을 신중하게 선택한다.[15] 바울은 종종 자비로운 또는 관대한 선물로서(χάρις, 3절, 고후 8:7)

---

10) MM, 377.

11) A. Deissmann, *Light from the Ancient East,* 104-105. λογία는 λογεία의 다른 형태다. MM에서는 "λογ(ε)ία"로 제시된다.

12) Smyrna, *Sylloge* 583:26. 다음 책에서 인용됨. Deissmann, *Light,* 105, n. 10. 참조. *London Papyri* 3:7 (146 or 135 BC); *Giessen Papyri* 1:61:7 (AD 119); *BGU* 3:891:12 (AD 144). 참조. MHT, *Grammar,* 2:82.

13) Grimm-Thayer, 379; BAGD, 475.

14) M. Heidegger의 후기 작품에서 이 뉘앙스는 크게 강조된다.

15) Fee는 바울이 이 그 용어를 사용한 것은 "고린도 교인들이 보낸 편지를 반영할 개연성이 매우 높다"고 주장한다. 그의 주장은 (Mitchell이 의문을 제기한 이래로) περὶ δέ가 수신자 대다수가 제기한 질문에 답변하는 것을 가리킨다는 추론에 기초한다.

예루살렘에 거주하던 하나님의 백성을 위한 모금을 언급한다. 때때로 그는 섬기는 일 또는 행위(διακονία, 고후 8:4; 9:1, 12, 13; 롬 15:25, 31)를 언급하고, 또 어떤 경우에는 친교, 동참, 나눔 또는 연대(κοινωνία, 롬 15:26 "성도들을 돕는 일"])의 행위에 대해 말한다. 또한 축복을 가져다주는 것(εὐλογία, 고후 9:5 "연보")에 대해서도 언급한다. 나아가 그는 하나님을 섬기는 일(λειτουργία, 고후 9:12 "봉사의 직무"])에 대해서도 말한다.[16)]

이 용어들뿐만 아니라 이것들이 사용된 다양한 문맥에는 베풂의 신학 전체가 암시되어 있다. 콜린스가 지적하듯이 바울의 긴 편지들 또는 주요한 편지들은 베푸는 것, 재정 지원, 헌금 모금을 언급한다(고전 16:1-4; 롬 15:25-28; 고후 8-9장; 갈 2:10).[17)] 갈 2:10에서 이것은 온 세상에 광범위하게 세워진 교회(유대인과 이방인) 안에서 돌봄, 책임과 서로 다른 인종 또는 경제적인 지위의 측면에서 서로 나누는 것을 명백하게 표현해준다. 이것은 이방인 선교에 관해 예루살렘의 야고보, 베드로, 요한과 합의한 것을 "인증해주었다"(갈 2:1-10).

그럼에도 이 모금 안에는 이보다 훨씬 더 많은 것이 포함되어 있다. 고후 4:5-7에서 복음 그 자체는 일종의 "보물"이다. 또한 모금에 대한 이슈는 복음을 기본적으로 다시 묘사하는 것과 서로 분리할 수 없을 만큼 다음과 같이 밀접하게 연결되어 있다. "우리 주 예수 그리스도의 은혜를 너희가 알거니와 부요하신 이로서 너희를 위하여 가난하게 되심은 그의 가난함으로 말미암아 너희를 부요하게 하려 하심이라"(고후 8:9). 데이비드 포드는 바울이 "하나님의 경제학"이 그리스도인들의 실질적인 재정에 영향력을 행사하도록 이 주제를 적극 활용한다고 주장한다.[18)] 한편으로 "자원, 수고, 생산, 분배, 가치, 교환은 이 요소들이 포함하는 다양한 과정 및 관계와 더불어"

---

16) 많은 주석서는 다양한 용어의 목록을 제시한다. 예를 들면 Fee, *First Epistle,* 810; Edwards, *First Epistle,* 462; 참조. Collins, *First Cor,* 585 and 588; Ford "The Economy of God," in *Meaning and Truth in 2 Cor,* 176-177.

17) Collins, *First Cor,* 585 and 588.

18) David Ford, "The Economy of God," 170.

복음의 본질과 효능을 나타내는 강력한 은유들을 제공해준다. 하지만 다른 한편으로 이것들은 그리스도인들이 저마다 자신의 재산, 수고, 생산, 가치, 교환, 호혜성, 상호 관계, 베풂에 대해 어떤 자세를 지녀야 하는지에 대해 말한다.[19] 이 모든 것의 중심에 "풍요의 경제학"이 있다. 그리스도 안에서 하나님은 모든 것을 주셨다. "풍요함과 넘쳐 흐름의 주제가 이 편지 전체를 관통하고 있다"(예. 고린도후서).[20]

이 점에 비추어 볼 때 모금이 어떤 판에 박힌 기계적인 의미에서 교회를 "유지하는" 세속적인 일이 아니라 그리스도가 자신의 부요함을 위해 내어준 것과 마찬가지로 그리스도인들이 값없이 받은 은혜, χάρις(앞의 주해 참조)를 전달하는 것을 통해, κοινωνία 또는 동참 안에서의 상호 관계와 호혜성을 명백하게 공적으로 표현함을 통해, 또 다른 사람들을 섬기는 것(διακονία)을 통해, (돌본다는 의미에서) 다른 사람들을 "후원하는" 것이라고 말하는 것은 신학적인 측면에서 전적으로 타당하다. (심지어) "주는 것이 받는 것보다 더 복되기" 때문에 이 모든 것은 주는 자들과 받는 자들 모두에게 축복(εὐλογία)을 가져다준다. 또다시 고전 16:1-4은 15:58에서 περισσεύω, "흘러넘치다"라는 개념을 가져온다. "하나님은 상호성의 모든 인간관계를 상대화하신다. '하나님이 능히 모든 은혜를 너희에게 넘치게 하시나니 이는 너희로 모든 일에 항상 모든 것이 넉넉하여 모든 착한 일을 넘치게 하게 하려 하심이라'(고후 9:8).…은혜의 체현(體現)은 예수 그리스도이시다."[21]

키스 니클은 다음과 같은 제목으로 모금의 신학적인 의미를 잘 요약해준다. "(1) 그리스도인의 사랑을 실천함, (2) 그리스도인의 하나 됨을 표현함, (3) 기독교의 종말론에 대한 기대" 등이다.[22] 니클은 바울이 순전히 예

---

19) 같은 책, 171. 참조. Georgi, *Remembering the Poor,* 82-84.

20) Ford, "The Economy of God," 172.

21) 같은 책, 178. 고린도후서의 은혜에 대한 광범위한 신학의 일부로서 고후 8-9장에 대한 Ford의 해설은 고후 8장을 고후 1-7장과 분리하며 고후 9장이 별개의 정체성과 목적을 지향한다는 견해를 지지하는 Betz의 주장(Betz, *2 Cor 8 and 9*)보다 더 큰 의미가 있다. 참조. Merk, *Handeln aus Glauben* (Marburg: Elwert, 1968), 148.

22) Keith Nickle, *The Collection,* 100; Fee, *First Epistle,* 810, n. 3.

루살렘 교회에 대한 강요된 복종으로부터 행동하며 관대한 자선을 간청하는 것으로 위장된 것이라는 칼 홀의 견해를 올바르게 거부한다. 벵트 홀름베르크는 칼 홀의 견해를 수정하여 다음과 같이 제안한다. "홀은 '성도들'(οἱ ἅγιοι)뿐만 아니라 '가난한 자들'(οἱ πτωχοί)도 예루살렘의 그리스도인들이 자신들을 가리키는 잘 알려진 표현이었다고 추론한다. 이 '거룩함'과 하나님을 기쁘시게 하는 '가난'은 이 그리스도인들이 다른 교회들에 대해 **합법적으로** 요구하는 근거였다"(강조는 덧붙여진 것임).[23] 홀과 홀름베르크는 예루살렘이 교회의 "중심" 또는 "기둥"이었다고 주장한다. 홀은(홀름베르크는 아니지만) 이것을 일종의 "과세권"이라고 부르며 헬레니즘적 유대인들이 성전을 위해 재정적으로 지원하는 것과 비슷하다고 말한다.

이 견해는 신빙성이 거의 없으며, 이것을 뒷받침해주는 확실한 증거도 전혀 없다(앞에서 모금에 대한 설명을 보라. 이것은 다른 의미를 지니고 있다). 하지만 다음 두 가지 사항은 역사적으로 중요한 의미를 지니고 있다. 첫째, 유대인들은 가난한 유대인들을 위해 모금을 하고 자선을 베푼다. (만약 다른 이유가 없다면) 유대인들의 이와 같은 행위를 목격한 교회들이 예루살렘의 유대인 신자들에게 이와 같은 행위를 하지 않았다는 것은 상상할 수 없을 것이다. 그들은 유대인 동족으로부터 더 이상 지원을 받을 수 없었다. 둘째, 바이스가 주장하듯이 행 4:32, 34-36에서 자발적으로 재산을 처분하여 내어놓은 것은 예루살렘 지역에서 많은 소매상인들이 재정적으로 파탄에 이르렀음을 암시할 것이다. 따라서 재산 증여자들이 가난해졌을 뿐만 아니라 교회 전체에도 관대한 회원들의 기부가 현저하게 줄어들었을 것이다.[24] 다른 교회들이 예루살렘 성도들을 도와줄 "의무"가 있다는 것은 단지 모든 교회 안에서 어떤 불균형이라도 해결해야 한다는 의미에서만 사실이다. 디터 게

---

23) Bengt Holmberg, *Paul and Power*, 36; 참조. 35-57. Holl의 연구는 1921년에 처음 출판되었고, 그 후에는 Holl의 논문집에 포함되었다. Holl, *Gesammelte Aufsätze zur Kirchengeschichte*, 2 (Tübingen: Mohr, 1928), 44-67.

24) Weiss, *History of Primitive Christianity* (Harper ed. *Earliest Christianity*). 이 연구에서 초기 예루살렘 교회에 대한 부분을 보라.

오르기가 주장하듯이 여기서는 다음 두 가지 측면에서 부활 장(章)과의 밀접한 연관성이 나타난다. (a) "몸으로" 존재한다는 것은 일상의 공적인 영역에서 다른 신자들과의 공동체성을 이루는 것에 대한 책임을 내포한다. (b) 부활에 대한 최초기 증인들이 세운 신앙 공동체에 빚을 지고 있다는 것은 "기초" 역할을 하는 이 신앙 공동체에 도덕적으로 책임을 지고 있다는 것을 암시한다.[25)]

바울이 그가 갈라디아 교회들에 지침(διέταξα)을 주었다는 사실을 넌지시 언급한 것은 주는 이들과 받는 이들 사이의 유대 관계뿐만 아니라 베푸는 이들이 예루살렘 교회를 위한 후원의 필요성을 공통으로 인정함으로써 주는 이들의 더 광범위한 공동체가 공동의 유대 관계를 지니고 있음을 확인해준다. 갈라디아는 거의 틀림없이 로마 제국의 식민지에 속해 있던 갈라디아 지역을 의미한다. 이 지역 안에는 바울이 이른바 그의 1차 선교여행 동안 세웠던 신앙 공동체들—곧 비시디아 안디옥, 이고니온, 루스드라, 더베 등—이 있다(행 13-14장).[26)] διατάσσω는 틀림없이 사도적인 권위에 대한 함의를 내포하고 있다(이 그리스어 동사의 용례에 대해서는 7:17의 주해를 보라. 또 ὁ κύριος가 주어로 사용되는 9:14 참조. 그리고 11:34에서 이 동사는 더 광범위한 의미로 사용됨). 한편 콜린스는 τοὺς ἁγίους를 "거룩한 자들"이라고 번역한다. 하지만 이 번역은 일부 현대 영어 독자가 이 표현을 올바르게 이해하는 데 어려움을 준다. 그리고 "성도들"(NRSV)이라는 번역도 독자들에게 오해를 불러일으킬 수 있다. 왜냐하면 이 용어는 독자들에게 거룩함과 관련하여 어느 정도 수준에 도달한 신자들에게 적용되는 것처럼 보이기 때문이다(이 점

25) Georgi, *Remembering the Poor,* 51-52. 하지만 "예배 관습에 대한…보답"에 관한 Georgi의 견해는 다소 문제점이 있다(53).

26) 우리는 "남부 갈라디아" 재구성(로마 제국의 식민지)과 "북부 갈라디아" 가설에 대한 널리 알려진 논쟁에서 각 견해가 지닌 장점을 논의할 필요는 없다. 첫 번째 이론이 더 설득력이 있다(참조. F. J. Matera, *Galatians,* SacPag 9 [Collegeville: Liturgical Press, 1992], 19-24 및 많은 다른 논쟁). 한편 Murphy-O'Connor는 매우 유익한 재구성을 제시한다. Murphy-O'Connor, *Paul: A Critical Life,* 159-166.

은 목표가 암시되었을 수 있는 1:2보다 더 진지하다).[27] 반면에 REB와 NIV는 "하나님의 백성"이라는 번역을 채택한다(NJB의 번역 "하나님의 거룩한 백성"도 마찬가지다). 구약성경의 배경에 비추어 어떤 이들은 이 용어가 특별히 예루살렘 신자 공동체에 적용된다고 주장한다. 이 견해는 논쟁의 여지가 있다. 하지만 바울은 이 용어를 더 광범위하게 기독교 신자들을 가리키는 데 사용하는 것 같다. 여기서는 오직 전후 문맥과 배경만이 그 의미 영역을 결정할 수 있다.

2절 (1) UBS 4판의 σαββάτου는 원문으로 잘 입증된다(A, B, C, D, F, G, א[1], 33, 고대 시리아어 및 사히드어 번역본). 몇몇 후대의 사본들(א[2], K, L, M, 고대 시리아어, 보하이르어 역본)이 이른바 교정된 독법으로서 σαββάτων(복수)을 제시하는 것은 놀라운 일이 아니다. (2) εὐοδῶται는 드물게 사용되는 단어다(신약성경에서 오직 이곳과 롬 1:10에서만 사용됨). 이 동사는 가정법 현재 수동태이거나 직설법 완료 수동태일 수 있다(몰턴, 핀들레이, 로버트슨과 플러머는 가정법 완료 수동태를 제안한다[아래 참조]).[28] 이 그리스어 동사가 문법상 정확히 어떤 형태인지 불확실하므로, 몇몇 사본은 εὐοδῶθη, 가정법 제1부정과거 수동태로 읽는다(א[2], A, C, K 등이 이 독법을 지지함). 하지만 εὐοδῶται는 확실한 지지를 받는다. 예를 들면 א*, B, D, F, G 등이 이 독법을 지지하며, 이것은 원문으로 받아들일 수 있다.

2절은 매우 이른 시기에 예배드리는 날로서 매주 일요일(문자적으로는 "그 주일의 첫째 날마다", κατὰ μίαν σαββάτου)이라고 명백하게 언급한다. 히브리어 본문의 셈어 관용구에 대한 70인역의 통상적인 번역에 따라 바울은 더 정확하게 순서를 나타내는 πρώτην 대신에 기수(基數)를 가리키는 μίαν을 사용한다. 이와 비슷하게 공관복음은 예수의 무덤을 방문한 막달라 마리아와 다른 여인들을 언급하면서 τῇ μιᾷ τῶν σαββάτων(막 16:2; 참조. 눅 24:1)라는 표현을 사용한다.[29] 여기서 κατά는 분배적인 의미에서 "매번"(다

27) Collins, *First Cor,* 585.

28) J. H. Moulton, *Grammar, 1: Prolegomena,* 54. 그는 Findlay의 견해를 따른다. Findlay, *Expositor's Greek Testament;* also Robertson and Plummer, *First Epistle,* 385.

29) 참조. Robertson, *Grammar,* 672.

른 본문의 καθά ἡμέραν처럼)을 가리킨다. σαββάτου는 한 주간을 가리키는데, 복수 형태가 더 많이 사용된다(막 16:2의 경우처럼). 하지만 때때로 신약성경의 다른 곳에서 단수 형태가 사용되기도 한다(예. 눅 18:12, νηστεύω δὶς τοῦ σαββάτου, 나는 한 주에 두 번 금식한다).

일요일은 부활 사건이 일어난 날을 회고할 뿐만 아니라 (주의 날에, τῇ κυριακῇ ἡμέρᾳ, 계 1:10처럼) "주의 날"(ἡμέρα τοῦ κυρίου)을 내다본다. 베르너는 ἡμέρα τοῦ κυρίου를 κυριακῇ ἡμέρᾳ에 대한 "의역"으로 여긴다.[30] "주의 날"(계 1:10)은 흔히 "그 주일의 첫째 날"로 묘사된다(참조. 요 20:1, 19; 행 20:7; 디다케 14:1). 하지만 이 표현은 곧 부활하신 주님을 기념하는 날을 가리키게 되었다.[31]

얼마나 신속하게 안식일의 준수가 실질적으로 일요일로 대체되었는지(십계명에서 제4계명이 의미하는 모든 것과 함께)는 논쟁이 빚어지고 있다. R. T. 벡위드와 W. 스토트는 이것이 사도 시대에 일어났다고 주장한다.[32] 다른 한편으로 바키오키와 스트랜드는 신약성경의 언급을 단지 긴 과정의 시발점으로 이해한다. 이 과정은 기원후 2세기에 반(反)유대교 논쟁을 강화하려는 목적과 함께 제7일 안식일의 지위를 일요일로 "대체"하기에 이르렀다.[33] 우리는 신약성경에서 κυριακῇ ἡμέρᾳ라는 표현이 오직 계 1:10에서만 단 한 번 나타난다는 사실을 인정해야 한다. 비록 그 이후에 이 표현이 기원후 2세기 초반에 여러 문서에서 나타나긴 하지만 말이다(디다케 14:1; 이그나티오스, 마그네시아 사람들에게 보낸 편지, 9:1; 또한 참조. 베드로 복음 35:50; 이레나이우스, 단편집, 7).[34] κυριακῇ ἡμέρᾳ(계 1:10)가 κυριακὸν δεῖπνον, "주님의 만찬"(고

30) M. Werner, *The Formulation of Christian Dogma* (Eng. trans., London: Black, 1957), 32. 계 1:10의 "주의 날"은 욜 2:31(70인역)의 "주의 날"("욤 야웨")을 가리킨다.

31) J. A. Fitzmyer, "κύριος, κυριακός," *EDNT*, 2:331.

32) Beckwith and Stott, *This is the Day.*

33) S. Bacchiocchi, *From Sabbath to Sunday;* K. A. Strand (ed.), *The Sabbath in Scripture and History* (Washington, D. D.: Herald, 1982).

34) 또한 참조. BAGD, 458; LSJ, 1,013; W. Stott, *NIDNTT*, 3:411-412, 특히 Carson (ed.), *From Sabbath to Lord's Day,* 특히 R. J. Bauckham, in *From Sabbath to Lord's Day,* 221-250 and 251-298.

전 11:20)에서 유래되었다는 로르도르프의 견해는 사변에 지나지 않는다.[35] 란스마는 비록 가장 초기의 증거가 다소 모호하긴 하지만, 설령 이것이 사도 시대의 보편적인 현상이 아니었다 하더라도(참조. 행 20:7), "그 주간의 첫째 날"은 빠른 기간 내에 "주님의 만찬" 또는 "성찬을 기념하는 특별한 날"이 되었을 개연성이 있다고 결론짓는다. 그는 대규모로 "안식일이 일요일로 대체된 것은 기원후 2세기에 일어났을" 개연성이 크다고 주장한다.[36] 기원후 112년경에 더 확실한 증거가 나타나지만(아마도 로마 황제 트라야누스에게 보내는 플리니우스의 편지에서, *Stato die, Letters,* 10.97), 유스티누스의 저서(*Apology,* 1:65-67)에서 더욱더 분명하게 언급된다. 유스티누스는 "태양의 날"(τῇ τοῦ ἡλίου λεγυμένῃ ἡμέρᾳ)이라는 로마 제국의 명칭을 사용한다.[37]

란스마가 주장하듯이 비록 전통적으로 고전 16:2이 일요일이 그리스도인들에게 특별한 날이었다는 것을 전제하는 것이라고 여겨져 왔지만, 이 모금이 시적인 특성을 나타낸다는 점에서 이 견해에 대한 한 가지 주된 반론으로 제기된다. 특히 만약 우리가 παρ' ἑαυτῷ τιθέτω라는 표현을 "각자 자기의 집에 따로 모아 두는" 것으로 이해한다면 그렇다. 하지만 그는 또한 다음과 같이 모호하게 말한다. "만약 해당 표현에 근거하여…교회가 그날에 모이지 않았음을 암시하는 것이라고 추론한다면, 이것은 지나치게 많은 것을 입증하려는 시도일 수 있다."[38] 또한 그는 바울이 거의 아무런 설명 없이 "그 주간의 첫째 날"이라는 표현을 사용한 것은 "(갈라디아 교회들의 경우와 마찬가지로) 고린도 교인들에게도…이 표현을 선택한 것이 당연하게 여겨졌을 것"이라고 주장한다.[39] 우리의 관점에서 보면 이것은 돈을 사전에 지급하는 사례가 별로 없다는 예산 원리와 거의 연관성이 없다. 또한 어쨌든 ὅ τι ἐὰν εὐοδῶται는 앞을 내다보는 것보다는 되돌아보는 것이다. 요약하자면

---

35) Rordorf, *Sabbat und Sonntag in der alten Kirche,* 그리고 특히 *Sunday.*

36) J. C. Laansma, "Lord's Day," in *Dictionary of the Later NT and Its Development,* 679-686.

37) 이와 비슷하게 Tertullian, *Ad Nationes,* 1:13; *Die Solis, Sun-Day.*

38) Laansma, "Lord's Day," 680. Laansma의 이 연구는 부분적으로 그의 박사학위 논문에 기초하고 있다(Ph. D. dissertation, University of Aberdeen, 1995).

39) 같은 책.

기독교가 유대교의 안식일을 주의 날, 첫째 날 또는 일요일로 대체한 것은 신약성경이 기록되던 기간에 진행된 것처럼 보인다. 하지만 이것에 대한 증거는 기원후 2세기 이전까지 결코 확실하지 않다.

이 절의 나머지 부분의 그리스 문법과 구문은 우리의 해석에 도움을 준다. 우리가 기대할 수 있듯이 τιθέτω는 현재 명령형이다. 이 동사는 예루살렘에 사는 동료 그리스도인들의 궁핍을 해결하기 위해 계속 규칙적으로 따로 모아 두는 과정을 강조한다. 나아가 ὅ τι ἐὰν εὐοδῶται는 분량 미정(未定)의 의미를 지니고 있다. 그리스어 동사 εὐοδόω는 드물게 사용되는 단어다(신약성경에서 단지 롬 1:10, 요삼 2, 그리고 이 절에서만 사용됨). 이 동사는 여행을 의미하는 명사, 좋은(εὖ) + 길(ὁδός)에서 파생되었다. 따라 소포클레스, 70인역, 파피루스 문헌 등에서 "좋은 길로 인도되다, 형통하다, 번영하다" 등의 의미로 사용된다(잠 28:13; 수 1:8; 대하 18:11; 에녹1서 104:6).[40] 요삼 2에서 저자는 "당신에게 모든 일이 잘되도록" 기도한다. 하지만 여기서 "그가 제공할 수 있는 만큼"(REB) 또는 "각 사람이 모을 수 있는 만큼"(NJB)과는 대조적으로 "수익"(바레트) 또는 "소득"(BAGD, 콜린스)이 타당한지는 의문의 여지가 있다. 초기의 대문자 사본들과 다른 초기 사본들은 그리스어의 악센트 부호가 없어 과연 이 그리스어 동사가 가정법 현재 수동태인지(개연성이 매우 높음), 단순히 직설법 현재완료 수동태인지가 또는 (몰턴과 펀들레이와 함께) 가정법 현재완료 수동태인지 분명하지 않다(텍스트에 대한 주해 참조). 우리가 명확하게 규정되지 않은 이 절을 부정적인 의미—곧 그가 지나치게 궁핍하지 않다면—로 이해하는 것을 배제할 수 없어 "번영하다" 또는 "소득을 얻다"를 구체적으로 명시하는 데는 문제점이 있다. 따라서 바울이 묘사하는 이 불명확한 의미를 "여러분은 각자 형편에 따라"로 번역하는 것이 가장 충실한 것 같다.[41] "형편"은 고전 그리스어와 마찬가지로 영어에서도 여행의 개념을 광범위한 은유적인 의미와 잘 결합해준다.

---

40) BAGD, 323.

41) 참조. Robertson and Plummer, *First Epistle*. 이 저자들은 이 단어의 "중립성"을 강조한다.

피는 NIV의 번역인 "그의 수입에 따라"가 "약간은 매우 현대적"이라고 주장한다. 하지만 이 번역은 어떤 사람이 단지 이익(바레트, 콜린스, BAGD)을 낼 때만 헌금한다거나 어떤 기부자가 어떤 것을 절약할지(NJB)를 결정한다거나 여유가 있다(REB)는 개념을 피하는 장점이 있다.[42] 헌금을 드리는 진의(眞意)와 관련하여 바울의 다음과 같은 말에는 가난한 과부가 적은 금액의 동전을 헌금으로 드린 전승이 들어 있을 것이다. "적게 심는 자는 적게 거두고 많이 심는 자는 많이 거둔다.…하나님은 즐겨 내는 자를 사랑하시느니라"(고후 9:6-7; 참조. 고후 8:1-9:15). 또한 이 그리스어 동사(εὐοδῶται)는 재정적인 능력보다는 더 광범위한 의미를 내포할 수 있다. 왜냐하면 고후 8-9장에서 하나님이 넘치도록 베푸시는 은혜에 기쁨으로 반응해야 한다는 점은 "하나님이 이 세상에서 당신의 여행길을 어떻게 축복해주셨는지와 조화를 이루어야 한다"는 의미를 기대하기 때문이다. 아마도 이 두 측면이 모두 적용될 수 있을 것이다.[43] θησαυρίζων은 오늘날 우리가 사용하는 "저금"이라는 개념을 기대할 것이다. 하지만 이 단어는 저축이라는 복합적인 의미를 전달한다. 왜 이 모금을 집에 따로(παρ' ἑαυτῷ, 자기 집에) 두어야 하는지는 확실하지 않다. 어떤 학자들은 이 표현이 안식일에 주고받는 행위를 한다는 비난을 회피하려는 것이었다고 추측한다. 그러나 일요일이라는 구체적인 언급은 이미 이 비난에서 벗어나게 한다.[44] 아마도 후원자, 부자, 다른 교회들과의 관계와 같은 민감한 이슈들은 목회적으로 은밀하고 서로 경쟁하지 않는 전략을 제안했을 것이다. 2절의 마지막 구절은 모금과 관련된 바울의 계획의 구체적인 의도를 언급하며 마무리한다. 즉 아무런 계획 없이 즉석에서 즉흥적으로 일어나는 행사로서 마지막 순간에 피상적으로 기금을 모금하는 것이어서는 안 된다는 것이다. 나아가 이것은 바울

42) Fee, *First Epistle*, 814.

43) 크리소스토모스는 일요일은 다음과 같은 사유에서 적합한 날이라고 믿는다. 곧 그날은 그리스도인들이 하나님이 베푸신 다양한 축복을 기억하고 그것을 깊이 생각하는 날이라는 것이다(*1 Cor. Hom.*, 43:2).

44) 다음 주석서의 논의 참조. Edwards, *First Epistles*, 464. 공관복음서 전승도 은밀하게 구제하라는 예수의 말을 구체적으로 언급한다.

이 비상 상황으로서 "부자들"에게 개인적으로 간청하는 사례도 아니다. 반면에 이것은 각자 하나님의 축복과 그분이 각 사람에게 물질을 공급해주시는 것에 매주 응답하는 것으로서, 극심한 가난으로 고생하는 이들을 위해 지역 교회의 상호성과 연대 관계 속에서 규칙적으로 베푸는 계획된 정책에 동참하는 것이다. 그뿐만 아니라 "바울은 자신이 고린도에 도착하고 나서 마음에 내키지 않지만 어쩔 수 없이 모금 행사를 시작하는 상황을 피하고자 한다.…이 돈은 바울 자신을 위한 것이 아니다."[45)]

3절 p[46]은 οὓς 다음에 곧바로 직설법 현재 δοκιμάζετε, "여러분이 검증하는 이들"이라고 읽는다. 하지만 다른 사본들은 ἐὰν δοκιμάσητε, 가정법 부정과거로 읽는다. 아마도 이 독법은 "어떤 사람들이든지 여러분이 선정하는 이들"을 나타낼 것이다. 사실상 후자의 독법이 확실하다.[46)] 그러나 그 의미는 사실상 달라지지 않는다.

또다시 여기서도 바울의 신중한 목회적인 전략이 나타난다. 만약 고린도 교회가 상당한 금액을 모금한다면 그것은 교회 내에서 고린도 교인들이 전적으로 신뢰할 수 있는 이들에 의해 예루살렘 교회에 전달되어야 한다는 것이다. 바울로서는 그들을 신뢰하는 것만으로 충분하지 않다. 따라서 핀들레이는 "여러분이 편지로 승인하는 이들"이라고 번역한다. 그리고 이론상 δι᾽ ἐπιστολῶν, "[승인의] 편지를 통해"는 δοκιμάσητε, "여러분이 승인하는 [대리인들]을 가리킨다."[47)] 하지만 대다수 저자들은 신임장을 후반절의 주동사 πέμψω, "내가 보낼 것이다"와 연결하여 해석한다. 이것은 흔히 공적인 편지와 연관성이 있는 구문 및 의미와 관련하여 나타난다.

순수주의자들은 δοκιμάζω가 "검증하여 진실하다고 인정하다"가 아니라 단순히 "인정하다"를 의미한다고 주장할 것이다. 하지만 우리는 이미 3:13과 11:28에서 사전학적인 관심사와 11:19에서 δόκιμος에 대해 논의

---

45) Hays, *First Cor,* 285.

46) Metzger, *Textual Commentary.* 그는 이 이슈에 대해 논평할 필요조차 느끼지 않는다.

47) Findlay, *Expositor's Greek Testament,* 2:946.

했다. 이 그리스어 동사는 단순히 승인이 아니라 검증하고 테스트하여 진실하다 또는 믿을 만하다는 의미를 전달해준다. 바울은 의혹의 요인이 잠재하는 신앙 공동체를 대신하여 섬길 수 있는 이들의 검증된 신실함에 대해 언급한다. 그곳에는 이미 "분열"과 경쟁심이 강한 후원자들이 있었을 것이다. 만약 긴 여행의 우발적인 사고와 위험 속에서도 상당한 액수의 헌금을 전달하도록 위임된 이 대표자들—과정과 결과를 모두 가리키는 이 그리스어 동사의 함의가 모두 적용되는 것으로서 검증을 통해 전적으로 진실하다고 인정된 사람들—이 이 임무를 수행한다면 바울의 지침은 기대에 어긋나지 않을 것이다.[48] 머피-오코너는 모금된 돈의 부피를 작게 만들기 위해 금으로 바꾸었을 것이며, 바울의 가장 큰 관심사도 안전이었을 것이라고 주장한다.[49] 이와 비슷하게 편지라는 단어는 종종 각각의 문맥에서 파생되는 기능적인 지식을 암묵적으로 전달한다. 예를 들면 추천장, 신임장 또는 승인서 등이 그것이다. NJB, NIV, REB는 "소개장"이라고 번역하는데, 이 번역도 가능할 것이다(아래 참조). 반면에 NRSV는 단순히 "편지"라는 번역을 제시한다. 이것도 틀린 번역은 아니다. 바레트는 이와 같은 "추천의 편지는 고대 사회에서 잘 알려진 양식"이라는 점에 근거하여 "편지로 승인된"이라고 번역한다.[50] 고후 8:16-24도 보라.

비록 바울이 불명료한 구문인 ὅταν δὲ παραγένωμαι(가정법 제2부정과거 중간태)를 사용하지만, 이것은 그가 고린도를 다시 방문하려는 확고한 의도를 알리는 두 번째 예다(참조. 4:18-21). 여기서 불명확한 측면은 "과연"이 아니라 "언제"에 있다. 로버트 펑크는 바울 서신에서 사도의 "방문"(*parousia*) 또는 "사도적 특사"의 파송과 관련된 열한 가지 사례와 함께 4:14-21과 16:1-11을 상세하게 비교한다.[51] 펑크는 사도의 방문의 "힘"(여기서는 특사

---

48) Robertson도 이 의미를 지지한다(Robertson, *Epistles of Paul,* 201, as in Phil 1:10). 따라서 Collins는 이것을 "여러분이 매우 존중하는 자들"이라고 번역한다(Collins, *First Cor,* 585).

49) Murphy-O'Connor, *Paul: A Critical Life,* 345-346.

50) Barrett, *First Epistle,* 387. Findlay는 신임장을 언급한다(Findlay, *Expositor's Greek Testament,* 2:946).

51) Robert Funk, "The Apostolic Presence: Paul," in Funk, *Parables and Presence,* 81-102;

의 편지가 단지 목회적인 대체에 지나지 않음)을 행 5:1-11에서 묘사하는 사도의 방문의 "힘"과 비교한다. 그러나 그의 논의에는 다수의 최근 연구에서 발견되는 더 세밀하고 복합적인 요소들이 빠져 있지만(예. 슐츠, 크래프턴 또는 새비지), 승인 편지의 역할에 추가적인 점을 부여한다. 이것은 고린도의 대표자들에 대한 신임장을 확증해줄 뿐만 아니라 사도의 권위에 근거한 바울의 약속과 동참을 증언해준다. 그러므로 신임장(REB, NJB)은 사실상 이 편지의 목적을 단지 부분적으로만 확인해준다. 한편 여기서 χάρις는 단순히 선물(NRSV, REB, NIV, NJB, 그리고 앞의 해설 참조)을 가리킨다. 하지만 이 단어는 또한 "관대함"(바레트의 번역)이나 (고후 8:4-9의 경우처럼) "넉넉히 베풂"을 의미할 수도 있다. 그러므로 이 단어는 "관대한 선물"이라고 번역할 수도 있을 것이다. 그리고 독자들은 하나님의 은혜를 가리키는 데 이 단어가 사용된다는 사실을 분명히 인식했을 것이다.

4절 p[46], ℵ[1], B, C, 33, 라틴어 역본들은 UBS 4판에 제시된 온전한 텍스트를 포함하고 있는 반면, ℵ[*], D, F는 ἄξιον ᾖ, "만약 나도 간다면"을 생략한다. 추측건대 후대의 몇몇 필사자는 "합당하다고 여겨진다면"이라는 표현이 바울의 권위나 최종적인 결정권을 다소 훼손한다고 생각했을 것이다. 반면에 비록 원문에는 없었지만 이 부분을 실수로 삽입할 할 이유는 전혀 없을 것이다.

마이어, 패리, 로버트슨, 볼프는 ἄξιον을 "선물"과 연결하여 이해한다. "만약 모금의 결과가 이것에 가치를 부여한다면(곧 가치 있다면, 합당하다면) 나도 갈 것이다."[52] 하지만 최근에 대다수 저자들은 ἄξιον, "적합한 또는 타당한"을 "예루살렘의 상황에 적용한다."[53] 크리소스토모스는 마치 이 선물의 규모가 과연 바울이 이것을 전달하는 데 실질적으로 도움을 줄 "필요가

---

rpt. from W. R. Farmer, et al. (eds.), *Christian History and Interpretation* (Cambridge: Cambridge University Press, 1967), 249-680.

52) Meyer, *First Epistle,* 2:112; Parry, *First Epislte,* 246; Morris, *First Epistle,* 239; Robertson, *Epistles,* 201; and Wolff, *Der erste Brief,* 430.

53) Bruce, *1 and 2 Cor,* 159; 참조. Collins, *First Cor,* 589-590; Allo, *Première Épitre,* 457; Barrett, *First Epistle,* 387.

있는지"를 결정하는 요인인 것처럼 말한다.[54] 콘첼만은 "만약 이것이 여러분의 생각이라면"이라고 번역한다. 즉 이것은 고린도 교인들의 결정에 달려 있다는 것이다.[55] 알로는 이 번역이 타당성이 없다며 거부한다.[56] 피는 어떤 요소들이 바울의 결심을 결정하게 될지와 관련하여 그가 의도적으로 미결로 남겨둔다고 결론짓는다.[57] 그의 견해는 매우 추천할 만하다. 그리스어 형용사 ἄξιος는 시간적인 상황, 다른 필요성, 목회적인 전략과 관련하여 "타당하다고 여겨지는 것"(REB) 또는 "적합한"("내가 가야 할 가치가 있는지"보다 덜 명확함, NJB)의 의미를 전달해준다. 바울이 고후 1:15-16을 기록할 당시 그는 이 대표단과 동행하기로 굳게 결심했다. 그리고 롬 15:26-27에 의하면 이 모금은 넉넉하게 마련되었다. 고대 사회에서 여행 도중에 발생할 돌발 사고와 위험성을 고려할 때 적당한 수의 사람이 함께 가는 것은 안전을 보장해주고 또 서로 의지할 수 있게 해준다. 머피-오코너는 다음과 같이 주장한다. "바울은 예루살렘으로 가지 않기로 결정할 여지도 있었다. 아무도 그가 이 대표단에 동참할 것을 명령하지 않았다.…생명의 위험을 무릅써야 함에도 그가 결정을 남겨놓는 것은…유대인으로 이루어진 교회들과 이방인들로 이루어진 교회들의 상호 관계에 그가 얼마나 깊은 관심을 두고 있었는지를 잘 보여준다."[58]

B. 여행 계획(16:5-12)

5, 6 나는 마게도냐를 거쳐 여러분에게 갈 것입니다. 왜냐하면 나는 마게도냐를 거쳐 가는 계획을 세우고 있기 때문입니다. 나는 한동안 여러분과 함께 머물 수도 있고, 어쩌면 여러분과 함께 겨울을 보낼 수도 있습니다. 그래서 내가 다음

54) Chrysostom, *1 Cor. Hom.*, 43:4-5, "만약 이것이 내가 함께 가야 하는 것을 요구한다면."
55) Conzelmann, *1 Cor*, 294 and 294, n. 5.
56) Allo, *Première Épitre,* 457.
57) Fee, *First Epistle,* 816.
58) Murphy-O'Connor, *Paul: A Critical Life,* 343.

에 어디로 가든지, 실질적인 지원과 더불어 여러분이 나를 보내 줄 수 있을 것 입니다. [7] 왜냐하면 나는 단지 지나가는 길에 여러분을 보는 것을 원하지 않습 니다. 만약 주께서 허락하신다면 나는 얼마 동안 여러분과 함께 머물기를 바랍 니다. [8, 9] 그러나 오순절까지는 에베소에 머물러 있을 것입니다. 왜냐하면 내게 크고 효과를 얻을 수 있는 문이 열려 있기 때문입니다. 그리고 많은 반대자들이 나를 대적합니다. [10, 11] 언제든지 디모데가 도착하면 그가 여러분과 함께 있는 동 안 두려움이 없도록 보살펴 주십시오. 왜냐하면 나와 마찬가지로 그도 주님의 일을 하기 때문입니다. 아무도 그를 업신여기지 마십시오. 그에게 실질적인 도 움을 주어 편안하게 길을 떠나게 하여 나에게 돌아오게 하십시오. 다른 형제자 매와 함께 내가 그를 기다리고 있기 때문입니다. [12] 이제 우리의 형제 아볼로에 관해 말합니다. 나는 그가 다른 형제들과 함께 여러분에게 갈 것을 진지하게 간 청했습니다. 그러나 그는 아직 갈 마음이 전혀 없습니다. 하지만 적절한 때가 오 면 그는 곧바로 여러분에게 갈 것입니다.

바울이 정확히 몇 번 고린도를 방문했는지 재구성하는 것은 어려운 과제라고 널리 알려져 있다. 머피-오코너는 개연성이 가장 확실한 견해 가운데 한 가지를 제시해준다.[59)] 우리는 고후 12:14을 다음과 같이 번역할 수 있다. “내가 여러분에게 가려고 준비하는 것은 이것이 세 번째입니다.” 또는 “나는 여러분에게 세 번째로 갈 준비가 되어 있습니다.” 또한 고후 13:1a의 의미도 모호하다. 그리고 고후 13:2은 복잡한 문장으로서 한 가지 이상의 의미를 허용한다.[60)] 머피-오코너는 처음에 바울이 고린도 교인들이 어떻게 디모데를 받아들일지 상당히 두려워하고 염려하면서 자신을 대신해 그를 보냈고(고전 4:14-21, 특히 17-18) 16:10-11에서 이것을 준비한다고 믿는다. “자신의 젊은 동료에 대한 바울의 고조된 감정은 말의 위협을 통해 절정에 이른다.…바울이 갑자기 고린도를 방문하고자 하는 것은…디모데의 보고

59) Murphy-O'Connor, *Paul*, 291-332 and 341-351.

60) 같은 책, 291-292.

때문에 동기를 부여받은 것이다."[61] 하지만 그는 에베소에 있었다. 바울은 빌립보의 회심자들이 "유대주의자들?"에 의해 위험에 처해 있다고 믿었다(참조. 빌 3:2-4:1). 그러므로 그는 마게도냐 지역, 곧 빌립보와 데살로니가를 방문할 필요가 있다고 인식했다(고전 16:3).[62] 하지만 만약 고린도도 똑같은 위험에 직면해 있었다면, 먼저 고린도를 방문하는 것이 우선권을 지닌다. 이 관심사가 고후 1:15-16에 반영된 방문 계획의 배후에 있었을 것이다.

다른 한편으로 이와 같은 종류의 위험 요소들이 고린도 교회에 명백하게 드러나지 않았다면, 일종의 휴식 장소라는 장점이 있었을 수도 있다. 그래서 그는 마게도냐를 거쳐 고린도를 방문하려는 계획을 세운다(고전 16:5-6). 어쨌든 머피-오코너는 다음과 같이 주장한다. 바울은 무엇보다도 "자신이 판단하기에 고린도의 중요성 때문에" 사실상 그곳을 방문했다.[63] 마침내 바울은 고린도에서 마게도냐로 갔고, 거기서 에베소로 되돌아갔다(고후 2:12-13).[64] 고린도에서 데살로니가까지는 육로로 약 584km다. 만약 바울이 하루에 대략 32km를 걸어갔다면 그는 그 거리를 여행하는 데 약 3주가 걸렸을 것이다. 하지만 신체적으로 연약한 상태에서 "유럽에서 여름에…가장 더운 지역 중 하나인" 광대한 테살리아 평원을 통과한 후 그는 "천천히 걸어 기원후 54년 7월 중순에 데살로니가에 도착했을 것이다."[65] 하지만 바울이 데살로니가와 빌립보에 도착했을 때 그는 자신이 두려워하던 요소들이 그곳에서 구체적으로 드러난 것을 발견하지 못했다. 따라서 빌립보와 데살로니가(마게도냐 지역에서 바울의 베이스캠프), 에베소(소아시아 지역의 베이스캠프), 또한 마침내 광범위한 범위에서 고린도(아가야 지역의 베이스캠프)의 교

---

61) 같은 책, 292 및 293.
62) 같은 책, 294.
63) 같은 책, 296.
64) 이 점에 대해 의견이 일치하는 것은 당연하다. 참조. 같은 책, 296; R. P. Matin, *2 Cor* (Waco: Word, 1986), 24; Barrett, *Second Epistle to the Corinthians* (London: Black, 1973), 7; G. Lüdemann, *Paul, Apostle to the Gentiles: Studies in Chronology* (London: SCM, 1984), 94.
65) Murphy-O'Connor, *Paul,* 297. 그곳의 산지에서는 곰, 늑대, 멧돼지 등으로부터 공격당할 위험이 있었다(Apuleius, *Metamorphoses* 4.13; 7.22-24).

회들은 믿음 위에 견고하게 서 있었다. 바울의 주요 관심사는 복음이다. 목회적인 관심과 활동으로 사도의 "방문"을 통해 또는 어떤 곳에 함께 있는 것이 가능하지 않을 때는 편지로 바울은 복음과 관련된 일을 지원했다.[66] 다른 가설들(예. 요한네스 바이스의 제안들)은 지나치게 복잡해서 세밀한 비판을 받아야 할 요소들이 있다.[67]

디모데의 방문과 관련된 이슈(10-11절)는 매우 민감하다(아래 참조). 고린도의 많은 교인들은 아볼로가 방문하는 것을 선호했을 것이므로 더더욱 그렇다. 부차적인 측면에서 추천서를 보내는 것에 더해 바울은 자신의 목회적인 지혜와 기지를 사용한다.[68]

5-6절 p[46], ℵ, A, C, D, 라틴어와 고대 시리아어 역본(하르켈)은 παραμενῶ, "나는 머물 것입니다"라고 읽는다. 반면에 p[34], B는 καταμενῶ, "나는 남아 있을 것입니다"라고 읽는다. 이 독법이 원문일 개연성은 더 적다.

이 편지를 쓸 당시에 바울은 여전히 고린도를 분명치는 않지만 아마도 대표단과 함께 예루살렘을 향해 출발할 지점으로 생각한다(이 점에 관해 16:5-12에 대한 머리말 부분에서 머피-오코너의 논평과 재구성을 보라). 우리는 그리스어 동사 προπέμπω(προπέμψητε, 6절)를 "실질적인 지원과 더불어…나를 보내줄 것입니다"라고 번역했다. 이 동사는 전문 용어로서 종종 "어떤 사람의 여행을 위해 음식, 돈, 동행자를 제공하여 도와주다" 등을 가리키는 데 사용된다.[69] 고후 2:16에서도 같은 동사(문법상 다른 형태로, προπεμφθῆναι)가 사용된다. 나아가 이것은 머피-오코너의 다음과 같은 이중적인 주장을 지지해준다. 한편으로 바울은 예루살렘으로 돌아갈 필요가 없었지만, 이렇게 하려는 그의 의도는 "바울이 유대인으로 구성된 교회들과 이방인으로 구성된 교회들 사이의 상호 관계에 그가 얼마나 깊은 관심을 두고 있었는지를"

---

66) 참조. Funk, "The Apostolic Presence," 81-102; and Collins, *First Cor,* 590-591.

67) Weiss의 재구성에 대한 Conzelmann의 비판을 보라. Conzelmann, *1 Cor,* 296-297, 특히 n. 25.

68) 참조. Kim, *Form and Structure of the Familiar Greek Letter of Recommendation.*

69) BAGD, 709; Grimm-Thayer, 541, 수행원도 포함됨. 참조. Fee, *First Epistle,* 819.

뒷받침해 준다. 다른 한편으로는 만약 바울이 고린도 교회가 정성 어린 지원과 더불어 그를 여행의 목적지로 보내 줄 것이라고 느꼈다면 이것은 "그가 판단하기에 고린도가 중요했다"라는 점을 반영해준다(앞의 주해 참조).[70]

현재 중간태 διέρχομαι는 "긴급한 목적"(핀들레이) 또는 "확고한 의도"(바레트)를 암시해준다. 즉 "나는 거쳐 갈 것입니다"를 뜻한다.[71] 비록 볼프는 베뢰아도 포함하지만, 마게도냐는 가장 먼저 데살로니가와 빌립보를 암시한다(5-12절의 머리말 참조). 그리고 πρὸς ὑμᾶς는 분명히 "여러분에게"를 의미한다. 하지만 이 표현은 또한 (요 1:1의 경우처럼) 상호 관계를 암시할 수도 있다.[72] visit with you라는 미국식 표현이 visit 또는 come to you라는 영국식 표현보다 원어의 의미에 더 가까울 것이다. 우리는 앞에서 마게도냐에 대한 바울의 관심사가 무엇일지에 대해 논의했다(해당 단락 머리말 참조). τυχόν은 τυγχάνω의 제2부정과거 분사 중성 목적격이다. 여기서 이것은 "아마도"를 뜻하는 부사로 "또는 ~이라면"의 의미로 사용된다. παραχειμάζω(여기서는 미래형이 사용됨)는 최근에 생겨난 단어다. 이 동사는 παρά, "~와 나란히"와 χειμῶν, "겨울 또는 폭풍이 부는 겨울 날씨"가 결합한 합성어다. 그리고 χειμάζω는 "매서운 날씨로 방해를 받다"를 뜻한다.[73] 바울은 목회적인 측면에서 효과적인 일을 할 수 있는 기간을 여행하기에 좋은 날씨를 기다리는 것과 연결하려고 한다. "겨울을 보내려는 계획은 여행을 위한 그 당시의 조건에서 비롯된 것이다. 겨울은 여행하기에 좋은 계절이 아니다. 특히 배를 타고 여행하는 데는 더더욱 그렇다."[74]

우리는 12:1-14:42에서 언급한 이른바 모든 영적인 은사들이 "즉흥적"으로 일어나거나 주어지는 것이 아니라는 점에 대해 논의했다. 이에 덧붙여 조직화하고 계획을 세우는 것도 거기에 포함될 수 있을 것이다(예. 전

---

70) Murphy-O'Connor, *Paul,* 296 and 343. 앞에서도 인용됨.

71) Findlay, *Expositor's Greek Testament,* 2:946-947; Barrett, *First Epistle,* 389; Edwards, *First Epistle,* 466; Robertson, *Epistles of Paul,* 201.

72) Edwards는 이렇게 주장함. Edwards, *First Epistle,* 406.

73) 참조. BAGD, 879.

74) Conzelmann, *1 Cor,* 297; 참조. 행 27:9-12.

략적인 통찰력의 은사, κυβερνήσεις, 12:28). 바울은 언제가 적합한 때인지와 관련하여 하나님이 자신의 계획을 "이끌어 주시는 것"을 경험하는 데 여지를 남겨둔다. 따라서 나중에 고린도 교인들이 바울이 자신의 방문 계획을 바꾼 것을 그가 상황의 변화를 영적·목회적 측면에서 예리하게 대처하기보다는 변덕을 부린다고 비난한 것은 지나치게 성급한 태도인 것이다(참조. 고후 1:17). 비록 바울은 고린도에서 예루살렘으로 이동하는 것을 계획하지만, 바울은 οὗ ἐὰν πορεύωμαι, "내가 다음에 어디로 가든지"라는 표현을 통해 미래의 불확실한 특성에 여지를 남긴다.

7절 UBS 4판은 두 번째의 (설명하는) 절에서 γάρ로 올바로 읽는다. (p^{46}, ℵ, A, B, C, D, F, G, 33 등이 이 독법을 지지한다). 몇몇 라틴어 사본과 고대 시리아어 역본(하르켈)은 δέ라고 읽는다. 이 독법은 AV/KJV에서 왜 "그러나"라고 번역했는지를 설명해준다. 하지만 이것은 분명히 부차적이다(한편 NIV는 γάρ를 번역하지 않았다).

그리스어의 관용적인 표현 ἄρτι ἐν παρόδῳ은 영어에서 다음 두 가지를 의미할 것이다. 먼저 이것은 "단지 지나가는 길에"를 가리킨다. 즉 (더 중요한 일이 앞에 놓여 있어) "단지 지나가면서 우연히"를 의미한다. 또 이것은 (밤중에 지나가는 배처럼, 갑자기 잠깐 방문할 때) "우리가 우연히 서로 스칠 때"를 가리킨다.[75] 바울을 선교사-목회자가 아니라 단지 복음 전도자라고만 생각하는 것은 잘못된 것이다.[76] ἐὰν ὁ κύριος ἐπιτρέψῃ라는 조건은 6절의 맨 뒷부분에 있는 οὗ ἐὰν πορεύωμαι의 불명확성을 강조해주며, 나중에는 우유부단과 변덕으로 잘못 인식되었다. 바울은 이 상황과 관련된 다양한 요소뿐만 아니라 신뢰와 순종 안에서 최종적인 해결과 결과를 모두 주님의 손에 맡긴다.

8-9절 대다수 영역본은 UBS 4판의 ἐπιμενῶ를 따라 "나는 머물러 있을 것입니다"(미래형) 라고 번역하지만, 몇몇 영역본은 ἐπιμένω로 읽고

---

75) 참조. Robertson, *Epistles,* 201-202. 엄밀히 말하자면 이것은 "지나가는 길에"를 의미한다. 참조. Collins, *First Cor,* 593.

76) 참조. Munck, *Paul and the Salvation of Mankind,* 66-67; J. Weiss, *Earliest Christianity,* 2:422-445; N. Elliott, *Liberating Paul* (Maryknoll, N.Y.: Orbis, 1994), 181-214.

"나는 머물러 있습니다"(현재형)라고 번역한다. 엄밀히 말해 이것은 "텍스트에 대한 주해"에 해당하지 않는다. 왜냐하면 가장 초기의 사본들에는 억양 부호가 표기되지 않았기 때문이다. 바울의 이 말은 이 편지가 봄의 한중간에 에베소에서 기록되었음을 확인해준다. 비록 바울이 (그의 편지들에서 오직 이곳에서만) 유대교 명절을 표기하는 달력에 기초하여 오순절이라는 용어를 사용하지만, 5-7절의 언급처럼 그 시기의 중요성은 부분적으로 적어도 그 때가 여행하기에 우호적인 기간이라는 데 있다.[77] 바울은 다음 두 가지 이유에서 하루 속히 그곳을 떠날 필요가 없었다. (1) 바울에게는 커다란 기회의 문이 활짝 열려 있었다(ἀνέῳγεν은 ἀνοίγω의 직설법 제2현재완료 능동태다. 여기서 이 동사는 자동사로 사용된다. 곧 이것이 활짝 열려 있다). (2) 바울은 여전히 그의 사역을 위협하는 반대 세력에 직면해 있었다. 한편 고후 2:12, 골 4:3과 마찬가지로 여기서 문은 기회를 가리키는 은유다. 그리고 ἐνεργής는 "효력이 있는"(NRSV, REB, NJB, 바레트, 콜린스)이라고 번역해야 한다는 데 의견이 일치한다. 이 그리스어 형용사는 바울 서신에서 오직 이곳과 몬 6절에서만 나타난다. 하지만 우리는 이 단어의 동족 동사 ἐνεργέω와 특히 동적 명사 ἐνέργημα의 의미에 대해 앞에서 자세하게 논의했다(12:6, 10, 11에 대한 주해 참조). 핀들레이는 μεγάλη는 그 문이 매우 넓으며, ἐνεργής는 그 문 안으로 들어가면 효력 있는 영향력을 얻는다는 것을 가리킨다고 이해한다[78]

ἀντικείμενοι πολλοί는 15:32("내가 에베소에서 맹수들과 싸웠다면"), 즉 행 19장에 서술된 (나중의?) 폭동과 연관이 있을 수 있다. 명사로서 ἀντικείμενοι는 반대하는 자들, 적대자들, 반대자들을 가리킨다.[79] 그러나 독자들은 이 복합 명사의 구성 요소의 의미를 명백하게 알았을 것이다.

---

77) Collins는 이 표현이 반드시 바울이 에베소에서 실제로 오순절을 기념하려는 의도를 암시하는 것은 아니라고 올바르게 주장한다. 이것은 오늘날 사람들이 "크리스마스까지"라는 표현을 통해 단순히 한 해 중에 한 시기를 광범위하게 확인해주는 방법으로 사용하는 점과 마찬가지다(Collins, *First Cor,* 593). 그 당시 에베소에서 그리스도인들은 대체로 이방인 출신이었다.

78) Findlay, *Expositor's Greek Testament,* 2:947.

79) BAGD, 74.

즉 이 단어는 "나에게 대항할 준비가 된 적대 세력"을 의미한다. 벵엘은 선한 일이 있는 곳마다 거기에는 이에 반대하는 악한 세력이 일어난다고 말한다.[80]

10-11절 어떤 이들은 ἐὰν δὲ ἔλθῃ는 주어가 불분명하므로 단순히 "만약 디모데가 오면"(NRSV, REB, NJB, 콜린스 등이 이처럼 번역함)이라고 번역해서는 안 된다고 주장한다. 하지만 콘첼만, 피, 콜린스는 바울이 디모데를 고린도로 보냈다고 분명하게 말하므로(4:17) 이 불명확한 문장 구조는 디모데를 보낸 것이 아니라 오히려 정확히 언제 그가 도착하는지를 가리킨다고 올바르게 지적한다. BAGD의 정보가 지지해주는 것과 더불어 이 역본들은 "언제든지 디모데가 도착하면"이라는 번역을 제안한다. 이것은 분명히 옳다.[81]

바울은 고린도 교회가 어떻게 디모데를 받아들일지에 깊은 관심을 기울이고 있다. 또다시 피는 한 가지 핵심적인 강조점을 확인해준다. 즉 디모데는 "바울의 삶의 방식을 그들에게 기억나게 해줄 것이다"(4:17). 그는 10절에서 바울 자신(ὡς κἀγώ)이 시작한 일을 계속해나갈 것(τὸ γὰρ ἔργον κυρίου ἐργάζεται, 계속을 의미하는 현재)으로 묘사된다.[82] 그러므로 바울에 대한 어떤 적대감이 있다면 그것은 곧바로 바울의 "대리인", "대표자" 또는 "동역자"로서 디모데에게로 옮겨갈 것이다.[83] 아마도 고린도 교인들은 디모데 대신 아볼로를 맞이하는 것을 더 선호했을 것이다.[84] 행 19:22에 의하면 바울은 디모데와 에라스도를 마게도냐로 보낸다. 바레트는 이 언급을 대략 같은 시기의 것으로 추정한다.[85] 바울은 디모데가 고린도에서 하찮은 사람 또는 쓸모없는 사람으로 여겨질 가능성에 대해(μή τις οὖν αὐτὸν ἐξουθενήσῃ) 염려한다. 1:28에서 바울은 하나님이 선택하신 이들을 보잘것없는 자들(τὰ

80) Bengel, *Gnomon*, 674.
81) Conzelmann, *1 Cor*, 297; Fee, *First Epistle*, 821; Collins, *First Cor*, 596.
82) Fee, *First Epistle*, 821.
83) 참조. Murphy-O'Connor, *Paul*, 292-293; Holmberg, *Paul and Power*, 79-82.
84) Hays, *First Cor*, 286-287.
85) Barrett, *First Epistle*, 392.

ἐξουθενημένα) 또는 아무것도 아닌 것들(중성)이라고 말한다. 반면에 6:4은 교회 안에서 존중받지 못할 자들(τοὺς ἐξουθενημένους)은 부자들과 연결되어 있거나 그들의 호의에 영향을 받는 고린도의 재판관들보다 민사 소송을 더 훌륭하게 판결할 수 있다고 말한다. 고린도 교회는 디모데를 이렇게 생각해서는 안 된다.[86]

최근에 헛슨은 바울 서신이나 사도행전에서 어떤 방식으로든 디모데가 소심한 사람임을 암시해주는 곳은 전혀 없다는 주장을 제기했다.[87] 행 16:1-2에 의하면 디모데는 루스드라 태생이었다. 그는 유대인 어머니와 헬라인 아버지 사이에서 태어났다. 제2차 선교여행 때 바울은 디모데를 선택하여 자기와 동행하게 했다. 그는 다른 신도들에게 칭찬받는 사람이었다(행 16:2-3). 그 이후로 디모데는 항상 바울의 동료, 동역자, 신뢰받는 특사였다. 살전 1:1, 고후 1:1, 빌 1:1, 몬 1 등에서 그의 이름은 바울의 이름과 나란히 언급된다(참조. 골 1:1). 빌 2:20-22은 그가 바울과 특별한 관계에 있음을 증언해준다. 바울의 선교여행에서 그는 종종 실라와 함께 바울과 동행했다(행 16:6-40; 참조. 17:10-14; 살전 2:2). 디모데도 바울과 실루아노와 함께 고린도에서 복음을 전했다(고후 1:19). 또 헛슨의 주장에 따르면 16:10-11은 디모데가 용기가 있었음을 암시해준다. 여기서 바울은 고린도 교회에 다음과 같은 사항을 보살펴 줄 것을 지시한다. (a) 디모데가 두려움이 없도록 하라. 즉 그는 염려하거나 불안해할 필요가 없다. (b) 그는 멸시받거나 과소평가되어서는 안 된다. 오히려 존중을 받아야 한다. (c) 고린도 교회가 필요한 경비와 다른 필요한 물품을 지원하여 그가 에베소에 있는 바울에게 무사히 돌아오도록 하라.[88] 그리고 προπέμπω의 전문적인 의미에 대해서는 6절에 대한 주해를 보라.

이 모든 것은 바울의 동역자들 사이에서 디모데의 역할을 보여주는 데

---

86) 1:28; 6:4의 주해를 보라.

87) Hutson, "Was Timothy Timid? On the Rhetoric of Fearlessness (1 Cor 16:10-11) and Cowardice (2 Tim 1:7)," 58-73.

88) βλέπω에 대해서는 BAGD, 143, category, 4a를 보라. 참조. Collins, *First Cor,* 596, as 10:12.

도움을 준다. 얼 엘리스는 이렇게 주장한다. "동역자들은 거의 언제나 바울과 함께 있었다. 그리고 그들은 그의 선교 사역에 다양한 방법으로 참여했다.…어떤 이들은 지역의 신앙 공동체를 섬기기 위해 자신들의 집을 개방했다(롬 16:3-5; 고전 16:19; 몬 2).…가장 중요한 이들은 성령의 은사를 받은 동역자들이었다. 그들은 바울의 동료들이었으며 설교하고 가르치는 일에 동참했다. 또 그들 가운데는 바울 서신을 기록한 이들, 수신자들, 기여자들도 포함된다"(1:1에서 소스데네에 대한 설명 참조).[89] 한편 "편안하게"(ἐν εἰρήνῃ)는 전반적인 안녕을 포함한다.

우리는 11절에서 τῶν ἀδελφῶν을 "형제자매"로 번역했다. 이렇게 번역하는 것은 드문 사례 가운데 하나다. 왜냐하면 이 경우에 우리는 바울이 친구들, 동료 그리스도인들 또는 어떤 특정 그룹을 의미하는지를 정확히 알지 못하기 때문이다. 또 이 구문에 의하면 과연 그들이 바울과 함께 디모데가 도착하기를 기다린다는 것인지, 아니면 바울이 디모데와 함께 그들이 도착할 것을 기다린다는 것인지 확실치 않다.[90]

12절 ℵ*, D*, F, G는 πολλὰ παρεκάλεσα αὐτόν 앞에 δηλῶ ὑμῖν ὅτι를 덧붙인다. 하지만 이것은 분명히 이차적인 텍스트다.

바울과 고린도 교회의 관계에 비추어볼 때 아볼로에 대한 이슈는 항상 매우 민감한 것이었다. 바울은 그들이 얼굴을 마주하며 복음 사역을 하고, 또 그들이 경쟁적인 역할이 아니라 상호 보완적인 역할을 한다는 점을 매우 분명하게 밝힌다. 앞에서 3:5-9a, 특히 8절에 대한 주해를 보라. 8절에서 바울의 역할은 ὁ φυτεύων, 아볼로의 역할은 ὁ ποτίζων으로 언급되지만, 그들은 ἕν εἰσιν, 사역에서 하나다. 바울은 그들의 어떤 구체적인 자세를 두

---

89) E. E. Ellis, "Coworkers, Paul and His," in *DPL*, 187; 참조. 183-189; F. F. Bruce, *The Pauline Circle* (Exeter: Paternoster, 1985); D. J. Harrington, "Paul and Collaborarive Ministry," *NTR* 3 (1990): 62-71; W. H. Ollrog, *Paulus und seine Mitarbeiter* (Neukirchen: Neukirchener, 1979). 또한 Holmberg를 포함하여 앞에서 언급한 저서들과 1:1의 주해를 보라.

90) Collins는 후자의 견해를 지지한다(Collins, *First Cor*, 597). NRSV는 후자의 번역을 지지하지만, NJB는 전자의 번역을 지지한다. 이 점과 관련하여 REB의 번역은 모호하다.

고 아볼로 그룹(1:12)을 비난하지 않는다. 적어도 아볼로와 관련해서는 그렇다. 하지만 사실상 고린도 교회 안에 아볼로 그룹이 존재했으며(1:10-12), 결과적으로 "분열"(σχίσματα, 10절)의 한 가지 요인이 되었다. 각각의 그룹은 실질적으로 성향에 따라 서로 경쟁하는 그룹의 자세를 취하며 그리스도를 "나누려고" 시도했다(μεμέρισται ὁ Χριστός; 1:13). 이것은 아볼로를 따르는 문제가 매우 심각한 것이었다는 사실을 보여준다. 우리가 바로 앞에서 살펴보았듯이 바울이 고린도 교회가 디모데를 어떻게 받아들일지 염려한 것은 어떤 그룹들이 디모데 대신에 아볼로의 방문을 기대하고 선호한다는 점과 연결되어 있을 것이다.

이른바 "아볼로-에토스"의 특성과 근거에 대해서는 1:12의 주해를 보라. 여기서 그 세부 내용을 다시 다룰 필요는 없을 것이다. 우리가 1:12의 주해에서 언급했듯이 바이스의 견해를 따라 허드는 아볼로를 따르는 것을 "지혜 신학"과 연결한다. 하지만 몇몇 다른 대안도 제기되어 왔다. 바레트와 슈라게가 지지하는 강조점은 바울이 아볼로와 자신의 차이점에 대해 아무것도 제시하지 않았으며, 아볼로도 고린도 교인들의 그릇된 인식에 대해 책임이 없다는 것이다.[91] 몇몇 저자들이 주장했듯이 아볼로가 고린도를 방문하기를 주저한 것, 사실상 아직 갈 마음이 전혀 없다는 것(πάντως οὐκ ἦν θέλημα ἵνα νῦν ἔλθῃ)은 고린도에서 몇몇 교인들이 이른바 아볼로 그룹의 주장을 내세우기 위해 그의 이름을 일종의 슬로건으로 오용한 것을 아주 싫어한 데서 비롯되었을 것이다. 볼프가 지적하듯이 비록 아볼로가 기원후 52년과 54년 사이에 바울과 함께 에베소에 있었지만, 아볼로는 아굴라와 브리스가와 함께 고린도 교회에 문안 인사를 보낸 것 같지 않다(19절).[92] 행 18:27에 의하면 아볼로는 "은혜로 말미암아 믿은 자들에게 많은 유익을"

91) Schrage, *Der erste Brief,* 1:143-144; Barrett, *First Epistle,* 43.

92) Wolff, *Der erste Brief,* 433-434. 과연 아볼로가 에베소에 머무르던 동안 히브리서 저술에 관여했는지에 대해서는 Montefiore의 가설을 비판하는 다음 논문을 보라. L. D. Hurst, "Apollos, Hebrews and Corinth: Bishop Montefiore's Theory Examined," *SJT* 38 (1983): 505-513.

주었다. 그리고 허스트와 다른 저자들이 주장하듯이 고린도에서 아볼로 그룹은 개인적인 충성의 구심점으로서 아볼로를 영웅시했다. 아볼로라는 이름은 교회의 분열과 목회자의 역할에 대한 주요 부분에서(1:1-4:21) 적어도 여섯 번 나온다.[93] 따라서 아볼로의 결정을 거부한다는 것은 바울에게 있어 중요한 과제다. 사실상 바울은 정반대로 행동했다. 바울은 아볼로에게 고린도를 방문할 것을 호소하고 촉구하거나 진지하게(πολλά) 간청한다(παρεκάλεσα). 하지만 아볼로는 방문하지 않기로 마음을 굳혔다.

그리스어 단어 πολλά는 단지 "여러 번"을 의미할 수 있다(콜린스, "반복해서"). 하지만 이 단어가 부정과거와 함께 사용되고, 아마도 여기서 방식 또는 특성을 나타내는 부사로 사용될 개연성이 더 높다는 점은 "강력하게"(NRSV, REB, NIV) 또는 "진지하게"(NJB) 간청했음을 가리키는 것으로 이해하는 것이 더 설득력이 있을 것이다. 그리고 καί는 여기서 의심의 여지 없이 반의(反意)를 나타내는 접속사 "그러나"를 뜻한다.[94] 우리는 περὶ δέ의 가능한 의미에 대해 이미 논의했다(7:1, 25; 8:1; 12:1; 16:1에 대한 주해 참조). 만약 여기서 이 표현이 수신자들이 제기한 어떤 주제를 가리킨다면 고린도 교인들이 사실상 디모데보다는 아볼로가 방문할 것을 요구했다는 로버트슨과 플러머의 주장은 옳을 것이다.[95] 하지만 우리는 이미 이 표현이 항상 주제를 가리키는 것이 아니라는 마거릿 미첼의 설득력 있는 주장을 언급한 바 있다.[96] 마지막으로 Ἀπολλῶ τοῦ ἀδελφοῦ는 무미건조하더라도 "우리의 형제 아볼로"(NRSV, NIV, NJB)라고 번역할 필요가 있다. 왜냐하면 "우리의 친구"(REB)가 원문에 더 잘 어울리는 것 같지만, 형제는 친구뿐만 아니라 명시되지 않은 동료, 동료 그리스도인, 동역자 또는 동업자 등도 포함할 수 있기 때문이다.

---

93) Hurd, *Origin of 1 Cor,* 97-99.
94) 참조. BAGD, 392, sect. 2g, and 5:2; 고후 6:9.
95) Robertson and Plummer, *First Epistle,* 392.
96) Mitchell, "Concerning περὶ δέ in 1 Cor," 229-256.

C. 마지막 권면 및 작별 인사—맺는말(16:13-24)

13, 14 깨어 있으십시오. 믿음에 굳게 서십시오. 성숙한 용기를 보이십시오. 힘을
키우십시오. 여러분이 하는 모든 일을 사랑으로 하십시오. 15, 16 친애하는 그리스
도인 형제자매 여러분, 나는 여러분에게 또 다른 요청이 있습니다. 여러분은 스
데바나 가족이 아가야에서 생겨날 더 많은 회심자들 가운데 첫 열매였고, 또 그
들이 하나님의 백성을 섬기는 데 자신들을 내어놓은 것을 잘 알고 있습니다. 여
러분도 이와 같은 사람들에게 또 우리의 공통의 일에 동참하고 수고하는 모든
사람에게 기꺼이 복종해야 합니다. 17, 18 나는 스데바나와 브드나도와 아가이고
가 도착한 것을 기뻐합니다. 왜냐하면 그들은 내가 여기서 여러분을 보지 못해
생겨난 아쉬움을 채워 주었기 때문입니다. 그들이 여러분의 심령에 활력을 불어
넣은 것처럼 나의 심령에도 활력을 불어넣어 주었습니다. 그러므로 여러분은 이
와 같은 부류의 사람들을 마땅히 알아주어야 합니다. 19 아시아의 교회들이 여러
분에게 문안합니다. 아굴라와 브리스가가 그들의 집에서 모이는 교회와 함께 주
님 안에서 여러분에게 진심으로 문안합니다. 20 여러분의 모든 동료 그리스도인
들이 문안합니다! 거룩한 입맞춤으로 서로 인사하십시오. 21 이 인사말은 나 바
울이 직접 손으로 씁니다. 22-24 만약 누구든지 주님을 사랑하지 않으면, 그 사람
은 저주를 받을 지어다. "우리의 주님이여, 오시옵소서!" 주 예수의 은혜가 여러
분과 함께 있기를 빕니다. 나의 사랑이 그리스도 예수 안에서 여러분 모두와 함
께 있기를 바랍니다.

1:1-3에서 우리는 바울이 헬레니즘 시대와 초기 로마 제국 시대에 관습적으로 통용되던 편지의 머리말 양식을 사용하지만, 또한 이 관습적인 양식을 기독교의 특징적인 내용으로 채웠다는 점을 언급했다. 똑같은 원리가 이 편지의 마지막 부분에도 적용된다.[97] 헬레니즘 시대의 저자들은 종종 자신의

97) 참조. Weima, *Neglected Endings-The Significance of Pauline Letter Closings*. 참조. Hays, *First Cor,* 288; Fee, *First Epistle,* 825-827; Witherington, *Conflict and Community,* 318-

편지를 "강건하십시오" 또는 "모든 일에 형통하십시오"와 같은 기원으로 마무리했다. 그리고 바울도 "믿음 안에서"를 덧붙이며 자신의 전반적인 감정을 반복한다(13절). 편지에서 맨 마지막 부분에 연속적으로 이어지는 짧고 간명한 권면을 사용하는 것은 바울 문체의 특징이다(참조. 롬 16:17-19; 고후 13:11; 빌 4:8-9; 살전 5:12-22). 두 절(13-14절)은 다섯 가지 명령법으로 표현되어 있다. 하지만 이 편지에서, 그리고 그 당시 고린도 교회의 상황에서 사랑의 중요성을 맺는말 부분(14, 22, 24절; 참조. 1:10; 13:1-13)에서 세 번이나 강조한 것은 독특하다. 또 다른 특이한 점은 22절의 저주(*anathema*; 이 단어는 다른 곳에서 오직 갈 1:8-9에서만 사용됨)와 마지막으로 은혜를 언급하고 나서(23절) 추신이 덧붙여진다는 점이다(24절). "바울은 그의 다른 어떤 편지에서도 그가 고린도전서에서 그의 사랑을 공동체에 엄숙하게 확인시켜주었던 것처럼 하지는 않는다."[98]

미첼은 이 편지의 결말 양식 전반에 걸쳐 화목의 주제가 관통하고 있다고 주장한다. "πάντες와 더불어 또다시 모두를 하나 되게 하려는 간청이 언급된다. 곧 나의 사랑이 그리스도 예수 안에서 **여러분 모두**와 함께 있기를 바랍니다. 그리고 이 간청은 모두 한 주님으로 고백하는 그리스도 예수 안에서 최종적으로 호소하는 것에 근거한다"(강조는 원저자의 것임).[99] 이처럼 바울이 고대 그리스-로마의 다양한 편지 저술 관습을 공유하고 사용함에도 불구하고 그가 제시하는 독특한 내용은 와이마가 해석학적 스포트라이트라고 명명한 것을 제공한다. 이것은 이 편지의 핵심적인 관심사를 집중적으로 조명해준다.[100] 그러므로 웰너는 바울이 퀸틸리아누스의 수사학적인 원칙을 구체화한다고 본다. 즉 어떤 연설의 맺는말(*peroratio*)은 사람들의 마음에 호소하는 말과 짝을 이루게 하며, 이전에 진술한 몇몇 이슈를 간명한 형태로 제시해주어야 한다(Quintilian, *Institutio Oratoria* 6.1.1). 이것은 "기본

324.

98) Collins, *First Cor,* 601.

99) Mitchell, *Rhetoric of Reconciliation,* 179.

100) Weima, *Neglected Endings.*

논제(*propositio*)에 대한 요점 약설"을 포함하며, 거기에 마지막 호소가 덧붙여진다.[101] 에릭손은 편지 전체의 주제들을 맺는말로 요약한 것에 대한 가장 강력하고 세련된 설명을 제시한다(특히 22-24절에 대한 주해 참조).[102]

16:13-24에 참고문헌 추가

Albright, W. F., and C. S. Mann, "Two Texts in 1 Cor," *NTS* 16 (1970): 271-276.

Banks, R., *Paul's Idea of Community* (rev. ed., Peabody, Mass.: Hendrickson, 1994), 139-169.

Bjerkelund, C. J., *Parakalo, Form, Funktion, und Sinn* (Oslo: Universitetsvorlager, 1967), 35-111, 141-148, and 188-190.

Black, M., "The Maranatha Invocation and Jude 14, 15 (1 Enoch 1:9)," in Barnabas Lindars and S. S. Smalley (eds.), Christ and Spirit in the NT: Studies in Honour of C. F. D. Moule (Cambridge: Cambridge University Press, 1973), 189-196.

Bornkamm, G., "The Anathema in the Lord's Supper Tradition," in *Early Christian Experience* (Eng. trans., London: SCM, 1969), 169-179.

Bruce, F. F., *Paul: Apostle of the Free Spirit* (Exeter: Paternoster, 1977), 248-263, 298-299, 398-399, and 457-458.

Dunphy, W., "Maranatha: Development in Early Christology," *ITQ* 37 (1970): 294-308.

Emmerton, J. A., "Maranatha and Ephphatha," *JTS* 18 (1967): 427-431.

Eriksson, A., "Maranatha in the Letter's *Peroratio*," in his *Traditions as Rhetorical Proof: Pauline Argumentation in 1 Corinthians,* ConBNT (Stockholm, Almqvist & Wiksell, 1998), 279-298.

Gielen, M., "Zur Interpretation der paulinischen Formel 'he kat' oikon ekklesia,'" *ZNW* 77 (1986): 109-125.

Käsemann, E., "Sentences of Holy Law in the NT," in *NT Questions of Today* (Eng. trans., London: SCM, 1969), 66-81, 특히 68-70.

Kim, Chan Hie, *Form and Structure of the Familiar Greek Letter of Recommendation,* SBLDS 4 (Missoula: Scholars Press, 1972).

Klassen, W., "The Sacred Kiss in the NT: An Example of Social Boundary Lines," *NTS* 39 (1993): 122-135.

Luke, K., "Maranatha (1 Cor 16:22)," *Biblebhashyam* 10 (1984): 54-73.

Malherbe, A., *Ancient Epistolary Theorists,* SBL Sources 19 (Atlanta: Scholars Press, 1988).

---

101) Wuellner, "Greek Rhetoric and Pauline Argumentation," in Schoedel and Wiken (eds.), *Early Christian Literature and the Classical Intellectual Tradition,* 183; 참조. 177-188.

102) Eriksson, *Tradition as Rhetorical Proof,* 279-298. 그의 연구는 22-24절에 대한 탁월한 설명을 포함한다. 세부 내용과 관련하여 주석가들은 종종 이것을 간과한다.

Meeks, Wayne A., *The First Urban Christians* (New Haven: Yale University Press, 1983), 53-63.

Moule, C. F. D., "A Reconstruction of the Context of Maranatha," *NTS* 6 (1959-60): 307-310.

Murphy-O'Connor, J., *Paul: A Critical Life* (Oxford: Oxford University Press, 1997), 164-165, 291-332, 343-348.

_______, *Paul the Letter Writer: His World, His Options, His Skills* (Collegeville: Liturgical Press [Glazier], 1995).

Richard, E. R., *The Secretary in the Letters of Paul,* WUNT 2:42 (Tübingen: Mohr, 1991).

Robinson, J. A. T., "Traces of Liturgical Sequence in 1 Cor 16:20-24," *JTS* 4 (1953): 38-41.

Schulz, S., "Maranatha und Kyrios Jesus," *ZNW* 53 (1962): 125-144.

Spicq, C., "Comment Comprendre φιλεῖν dans 1 Cor XVI:22?" *NovT* (1956): 200-204.

Stählin, G., "φιλέω, φίλημα," *TDNT,* 9:113-171, 특히 138-146.

Stirewalt, M. L., *Studies in Ancient Greek Epistlography* (Atlanta: Scholars Press, 1993).

Thraede, K., "Ursprunge und Formen des 'heiligen Kusses' im Frühen Christentum," *Jahrbuch für Antike und Christentum* 11/12 (1967-68): 124-180.

van Unnik, W. C., "*Dominus Vobiscum:* The Background of a Liturgical Formula," in A. J. B. Higgins (ed.), *NT Essays: Studies in Memory of T. W. Manson* (Manchester: Manchester University Press, 1959), 270-305.

Weima, J. A. D., *Neglected Endings: The Significance of the Pauline Letter Closings,* JSNTSS 101 (Sheffield: JSOT Press, 1994).

Wiles, G. P., *Paul's Intercessory Prayers,* SNTSMS 24 (Cambridge: Cambridge University Press, 1974), 114-122 and 150-155.

Witherington, B., *Conflict and Community in Corinth* (Grand Rapids: Eerdmans and Carlisle: Paternoster, 1995), 318-324.

White, J. L., "Ancient Greek Letters," in D. E. Aune (ed.) *Greco-Roman Literature and the NT,* SBL Sources 21 (Atlanta: Scholars Press, 1988).

_______, *Light from Ancient Letters* (Philadelphia: Fortress, 1986).

Wuellner, W., "Greek Rhetoric and Pauline Argumentation," in W. R. Schoedel and R. L. WEilken (eds.), *Early Christian Literature and the Classical Intellectual Tradition* (Paris: Beauchesne, 1979), 177-188.

13-14절 핀들레이는 13절의 네 가지 명령은 각각 "부주의, 변덕스러움, 어린아이와 같음과 도덕적 무기력"을 바로잡는 것을 목표로 한다고 논평한다.[103] 바울이 네 개의 현재 명령법을 사용한 것을 제대로 전달하는

103) Findlay, *Expositor's Greek Testament,* 2:949.

것은 중요하다. 그는 "일어나십시오, 여러분의 발로 서십시오"라고 말하지 않는다. 그는 "주의하십시오, 또는 깨어 있으십시오. 굳게 서십시오"라고 말한다. 처음 두 동사는 더 이른 시기의 완료 형태에서 유래했지만(γρηγορεῖτε, στήκετε[ἐγείρω가 아니라 γρηγορέω로부터, 그리고 ἵστημι가 아니라 στήκω로부터]) 현재의 기능을 한다(비록 이 단어들은 이 동족어에서 유래했지만, 이것들은 더 이른 시기의 완료 형태를 반영한다). 몇몇 영역본은 ἐν τῇ πίστει, "여러분의 믿음 안에"(NRSV)로, 다른 영역본들은 이 표현을 "그 믿음 안에"(REB, NIV, NJB)로 번역한다. 이 믿음이 복음을 가리킨다는 것은 전자를 지지하는 것이다. 이것은 후대의 편지들, 특히 목회 서신에서 더 특징적으로 나타나는 경향을 보인다. 그러나 바울은 여기서 고린도 신자들 가운데 어떤 이들의 믿음이 드러내는 유사-심리적인 상태보다 오히려 객관적인 의미에서 모든 기독교 공동체에 공통적인 그 복음에 대해 말할 개연성이 더 높다. 따라서 콘첼만, 피, 볼프는 복음의 신앙이 "공동체의 기초가 되어야 한다"라고 올바르게 이해한다.[104] "깨어 있으십시오"라는 권면은 (살전 5:6, 10; 참조. 막 14:34-38; 마 24:42-43; 25:13의 경우처럼) 일차적으로 또는 전적으로 종말론적인 각성을 가리키는 것으로 이해할 필요는 없다. 바울은 부활에 대한 오해가 지닌 문제점의 상당 부분이 분별력 있고 일관성 있는 사색의 부족에서 비롯된 것으로 분석한다(15:2, 33-34). 일단 고린도 교인들이 이와 같은 사항에 방심하지 않고 주의를 기울였다면 그들은 복음 안에 굳게 서 있거나 고정된 채 서 있어야 한다.

사람들은 ἀνδρίζεσθε를 번역할 때 지나치게 민감하게 반응했던 것으로 보인다. 그리스어 전문사전에서 이 단어의 의미는 분명히 "남성"에 초점이 맞추어져 있다. 저자들은 천편일률적으로 이 단어를 ἀνήρ와 연결

---

104) Wolff, *Der erste Brief*, 435; 참조. Fee, *First Epistle*, 827 and 827, n. 11. 의아하게도 Fee는 "여러분의 믿음"을 지지하는 것으로 Barrett를 언급한다. 그러나 Barrett는 자신이 이 점에 대해 중립적임을 밝힌다(Barrett, *First Epistle*, 393). Parry도 "여러분의 믿음"을 지지한다(Parry, *First Epistle*, 249). 한편 Grosheide는 "믿음의 능력으로"라고 번역한다(Grosheide, *First Epistle*, 402).

한다. BAGD는 (여기서처럼) 특히 κραταιοῦσθαι와 함께 "남자답게 또는 용기 있게 행동하다"라는 의미를 제안한다.[105] 고전적인 번역은 종종 "남자가 되라!"(참조. AV/KJV, quit you like men)라고 번역한다. 대다수 현대 영역본들은 "용기를 가져라"(NRSV, NIV; 참조. be brave, NJB 또는 더 좋은 번역으로서 be valiant, REB)라고 번역한다. 그러나 여기서 성별에 관한 이슈는 "남자가 되라!"의 의미를 모호하게 만든다. ἀνήρ에 반대되는 의미는 한 가지가 아니라 두 가지다. 이 단어는 단순히 이른바 "여성적인" 특성과 대조되는 것을 제시하지 않는다. 고전 13:11에서 "ἐφρόνουν ὡς νήπιος(나는 어린아이처럼 생각했지만) ὅτε γέγονα ἀνήρ(내가 어른이 되었을 때) 나는 이것을 모두 버렸습니다"고 명백하게 말하듯이 이 단어의 의미는 어린아이의 방법과 대조된다. 그러므로 이 그리스어 단어는 성숙함과 용기를 모두 제시한다. 따라서 우리는 "성숙한 용기를 보이십시오"라고 번역한다. 이 편지의 맺는말에서 이것은 바울이 이 편지 앞부분에서 비난한 내용을 반영한다. 즉 "신령한 것"에 대한 그들의 개념은 미성숙하고 어린아이와 같다는 것이다(3:1, ὡς νηπίοις; 13:10, 11; 14:20; 대체로 "영적인"[신령한]의 의미를 정의하는 문맥에서).

비록 우리는 BAGD가 언급한 앞의 동사와 κραταιοῦσθε의 연관성을 놓쳐서는 안 되겠지만, κραταιοῦσθε도 이와 비슷한 두 가지 뉘앙스를 지니고 있다는 것은 결코 우연이 아니다. 능동태에서 κραταιόω는 "강하게 하다"를 의미하지만, 수동태에서는 "강해지다"를 뜻한다(참조. Philo, *De Agricultura* 160; *Quod Omnis Liber Sit* 27; 시 30:25; 엡 3:16).[106] 70인역에서 이 동사의 능동태는 히브리어 חזק(하자크)를, 수동태는 אמץ(에메츠), "강하게 하다, 힘을 키우다"를 번역한 것이다.[107] 네 가지 명령이 현재 진행형의 의미로 연결되는 것을 고려할 때 이 마지막 번역은 독자들의 견고함과 성숙함에 대한 바울의 관심사에 가장 잘 어울릴 것이다.

---

105) BAGD, 64; 또한 Grimm-Thayer, 43.
106) BAGD, 448; Grimm-Thayer, 358-359.
107) 70인역에서 해당 단어들이 사용된 것에 대한 Grimm-Thayer, 358-359의 번역을 참조하라.

이전에 바울이 논의했듯이 어린아이와 같음은 종종 자기중심적인 관심사와 근시안적인 만족의 형태를 취한다. 그러므로 바울은 고린도의 그리스도인들이 무엇을 하든지 그 동기와 자세는 사랑, 곧 "타인"의 유익을 위한 관심에 근거해야 한다고 권면한다. 이것은 존중을 구체적으로 나타내며, 장기적인 관점에서 그들을 세워주는 것을 추구할 것이다(참조. 8:7-13; 13:1-13).[108]

15-16절 15절에서 ℵ²와 D는 스데바나 다음에 브드나도를 덧붙인다. 반면에 C*, F, G와 몇몇 사본은 아가이고를 덧붙인다. 하지만 이것은 17절을 예고하는 부차적인 독법이다.

Παρακαλῶ δὲ ὑμᾶς, ἀδελφοί는 1:10의 파라칼로 표현 양식을 그대로 반복한다. 우리는 이것을 이미 자세하게 다루었다. 비록 대다수 영역본이 "나는 간청합니다"(NRSV, REB; NJB; 실질적으로 NIV) 또는 "나는 권고합니다"(콜린스)라고 번역하지만, 우리는 παρακαλῶ에 대한 비에르켈룬드의 상세하고 긴 연구에 근거하여 "나는 요청합니다"(1:10, 곧 making a request)를 지지한다.[109] 이 표현을 심의적 수사학을 소개하는 용어로 간주하는 이들과는 대조적으로 비에르켈룬드는 동시대 그리스어의 많은 사례에서 이것은 발신자와 수신자 사이의 특별한 개인적인 관계 또는 조직 내에서의 관계에서 어떤 요청을 제시하는 역할을 한다고 밝혀준다. 예를 들면 때때로 우정, 상거래 또는 공적인 지위와 연결된 관계 등이다(1:10에 대한 주해 참조).

15-18절의 편지 양식은 바울과 동시대의 헬레니즘적 편지 양식의 추천서 안에서 빈번하게 발견되던 양식과 매우 비슷하다.[110] 1:1-9의 머리말에서 우리는 이 편지 양식에 대한 오늘날의 참고문헌에서 마흔 가지가 넘는 연구 항목을 언급했다. 그중에 김찬희, 화이트, 스타이어월트, 맬러비 등의

108) 이 마지막 부분에서 한 가지 특징적인 주제인 사랑이 언급된 것에 관해서는 16:13-24의 머리말을 보라.

109) Bjerkelund, *Parakalo: Form, Funktion und Sinn*, 특히 35-111, 141-148, and 188-190.

110) 특히 참조. Kim, *Form and Structure of the Familiar Greek Letter of Recommendation.*

연구는 특별히 주목할 만하다.[111] 우리는 이른바 이런 유형의 정체성을 확인하기 위한 몇몇 기준은 충분히 예측할 수 있다고 시인해야 할 것이다. 예를 들면 추천받는 사람의 이름이 등장한다. 그 사람을 확인해주며 묘사하는 분사 구문이 사용된다. 추천자와 추천받는 자의 관계에 대한 진술 등이 이어진다. 하지만 이 편지의 머리말처럼(1:1-9) 설령 독특한 기독교적인 표현과 내용을 덧붙이는 것을 회피할 수 없다 하더라도 바울은 할 수 있는 범위 안에서 정상적인 관습을 따르고 있다.

해석과 관련된 주요 쟁점에서 첫 번째 이슈는 이 문맥에서 ἀπαρχὴ τῆς Ἀχαΐας가 무엇을 의미하느냐다. 일반적으로 이 표현은 "아가야 지역의 첫 번째 회심자들"(NRSV, REB, NIV; 참조. 롬 16:5)로 번역되거나, 그리스어 사전의 정보에 더 가깝고 더 문자적인 번역으로는 "아가야의 첫 열매들"(NJB, 바레트)이 있다. 에드워즈는 다음과 같은 이유에서 "아가야 지역의 첫 번째 회심자들"이라는 관습적인 이해에 이의를 제기한다. 즉 행 17:34에 의하면 아가야 지역의 다른 주요 도시인 아테네에서 디오누시오와 다마리는 이미 기독교 신자가 되었다.[112] 기원후 27년 이후로는 고린도가 아가야 지역의 주도(州都)였으며 그 지역을 위한 바울의 선교 사역에서 다른 경쟁 도시가 없는 주요한 베이스캠프였기 때문에 스데바나 가족이 사실상 그 지역의 첫 번째 회심자들로 여겨졌을 것이다. 이는 특히 바울이 1:16에서 고린도에서 그의 (첫 번째) 사역의 일환으로 자신이 직접 스데바나 가족에게 세례를 베풀었다고 분명하게 말하기 때문이다. 물론 나중에 (바울의 첫 번째? 동역자들을 포함하여) 다른 신자들이 새로운 회심자에게 세례를 베풀었을 수도 있다.[113] 하지만 심지어 첫 번째 회심자들이라는 의미를 받아들이는 저자들

---

111) 참조. White, *Light from Ancinet Lettes:* "Ancient Greek Letters," in Aune (ed.), *Greco-Roman Literature and the NT,* and in *Semeia* 22 (1981): 1-14 and 89-106; Stirewlat, *Studies in Ancient Greek Epistlography;* and Malherbe, *Ancient Epistolary Theorists.*

112) Edwards, *First Epistle,* 471.

113) Barrett는 첫 번째 회심자들이 행 17:34의 내용과 "잘 들어맞지 않는다"는 점을 시인한다. 하지만 그는 바울이 여기서 단지 고린도만 생각했을 가능성도 있다고 생각한다. 참조. 롬 16:5(Barrett, *First Epistle,* 393).

도 ἀπαρχή, "첫 열매"의 주된 의미가 순서를 나타내는 의미로 **첫 번째**가 아니라 앞으로 더 생겨날 어떤 **샘플, 보증** 또는 **약속**을 나타내는 의미로 **첫 번째**라는 뜻에서 유래했다고 주장한다.114)

스데바나와 그의 집안은 하나님의 백성을 섬기는 데 자신들을 헌신했기 때문에 바울은 그들을 이처럼 첫 번째 회심자뿐만 아니라 더 특별히 성숙하고 오래된 신자들의 핵심 멤버로 인식했을 것으로 보인다. 그들의 신실한 사역과 증언은 앞으로 더 많이 생겨날 신자들을 내다보게 해준다. 즉 아가야 지역의 교회에 회심자들을 증가시킬 것이다. 이것은 바울이 15:20, 23에서 ἀπαρχή를 사용한 용법과도 일치한다. 또 다른 한편으로 롬 16:5은 에배네도를 아시아 지역의 "첫 번째 회심자"(ἀπαρχή)로 언급하는 것 같다(NIV). 우리가 이 두 개념을 서로 결합하면 고린도에서 바울의 특별한 관심사를 구현하는 스데바나는 "교회를 세우는 데 있어…동역자"였던 것으로 보인다(뱅크스).115) 따라서 아마도 우리는 이 두 가지 뉘앙스를 서로 결합하여 "아가야에서 생겨날 더 많은 회심자들 가운데 첫 열매"로 번역해야 할 것이다.116)

εἰς διακονίαν τοῖς ἁγίοις ἔταξαν ἑαυτούς라는 구절에서 τάσσω의 용법은 "자신들을 헌신했다"(NRSV, REB, NIV, NJB)보다 어떤 일, 직책 또는 지위를 부여하는 것과 더 연관성이 있다.117) τάγμα(15:23), τάξις(14:40) 또는 ὑποτάσσω(14:32, 34; 15:27, 28; 16:16)는 이 편지에서 중요한 역할을 하며, 이 단어들을 통해 "권리"와 "자유"가 고린도 교인들의 사고에서 특징적으

---

114) Fee, *First Epistle,* 829 and 829, n. 18.

115) Banks는 어떤 지역 교회를 "세우는 일"에 참여하고 바울에게 계속해서 신실했던 동역자들과 "순회 사역을 했던 동료들"을 서로 구분한다. 그는 스데바나는 첫 번째 범주에 속한다고 말한다(Banks, *Paul's Idea of Community* [rev. ed., Peabody, Mass.: Hendrickson, 1994], 164-165).

116) Collins는 바울이 "소망의 표시…앞으로 일어날 일을 예고하는 것"을 의미한다고 생각한다(Collins, *First Cor,* 604).

117) 참조. BAGD, 805-806. 예를 들면 "임명하다, 결정하다, 임무를 부여하다." Grimm-Thayer, 613: "어떤 체계에 위치시키다, 어떤 장소를 할당하다, 자신을 어떤 권위에 임명하게 하다"(중간태). Collins도 "자신들을 내어놓다"를 지지한다(Collins, *First Cor,* 605).

로 나타난다. 문제는 "자신들을 내어놓았다"라는 표현이 바울을 불편하게 만드는 자기중심적으로 추진한다는 뉘앙스를 띠는 반면, 여기서는 ἔταξαν ἑαυτούς가 분명히 더 적절하다는 것이다. 로버트슨과 플러머는 "자신들을 내어놓았다"를 "스스로 부여한 임무"로 이해한다.[118] 따라서 "자신들을 헌신했다"는 이 일을 위해 "자신들을 따로 떼어놓았다"는 의미로 이해해야 한다. 오늘날 우리는 그들이 이 섬김과 사역에 신실하게 헌신했다고 말할 수 있을 것이다.

16절에서 바울은 상호성과 상호 존중을 권고한다. 섬김과 사역에 자신의 에너지와 시간을 내어놓거나 쏟아부은 자들은 이와 같은 헌신에 합당한 존중을 받아야 한다는 것이다. 진정으로 고린도 교회는 자신들을 섬기는 이러한 지도자들이나 사역자들에게 복종해야 한다. "기꺼이"는 의미상 15절에서 παρακαλῶ가 소개하는 구문과 연결되어 있다(비에르켈룬드의 논평 참조). 또한 ἀδελφοί가 사용된 것은—여기서 분명히 형제자매(양성 포함과 평등을 가리킴) 뿐만 아니라 συνεργοῦντι, 공통적인 일에 참여하는 동역자들도 포함함—그들 간의 관계와 보완적 관계를 강조한다. 그리고 진정한 지도력과 섬김은 수고(κοπιῶντι), 힘써 일하는 것을 내포하고 있다. 이것도 마땅히 존경과 존중을 받아야 한다.[119] 한편 볼프는 상호 관계, 인정, 존중의 주제를 13장의 사랑의 주제와 적절하게 연결한다. "사랑은 자기의 이익을 추구하지 않습니다"(13:5).[120]

17-18절 p[46], ℵ, A, K는 17b에서 τὸ ὑμέτερον 대신 ὑμῶν이라고 읽는다(B, C, D 및 다른 사본들도 이 독법을 따름). 하지만 이 두 독법 사이에는 의미상 실질적인 차이가 없다.

바울 당시의 헬레니즘적 세계의 편지 양식은 어김없이 수신자들과 관

118) Robertson and Plummer, *First Epistle*, 392(이것은 틴데일 번역에서 예견되었다).

119) 바울은 고린도의 몇몇 교인들이 자신을 내세우는 자세에 반대하면서 일종의 복종과 동등함의 변증법을 전달한다. 이것을 통해 "질서"가 세워진다. 또한 이것은 강요나 술수가 아니라 사랑으로 유지되어야 한다. 그리스도와 하나님의 관계(3:23; 15:24-28)는 이것에 대한 표준적인 모델을 제시해준다.

120) Wolff, *Der erste Brief*, 435.

련된 내용이나 사건에 대한 개인적인 만족 또는 기쁨을 표현한다.[121] 아마도 χαίρω는 이러한 기쁨을 표현하는 데 가장 빈번하게 사용되는 단어일 것이다. 오늘날 이에 상응하는 말은 "나는 즐거워합니다"(NRSV)가 아니라 "나는 기뻐합니다"(NJB)일 것이다. 그리고 "나는 기쁩니다"(NIV)는 그 의미를 다소 약하게 전달한다. 또한 "이것은 커다란 즐거움입니다"(REB)는 바울이 표현하려는 따스한 감정이 생략되어 있다.

또다시 이 문맥에서는 "사도적 방문"의 주제—여기서 ἡ παρουσία는 도착과 함께함을 모두 가리킴—가 감지된다.[122] 종말론적인 문맥에서처럼 이 명사는 함께 있는 것과 방문을 모두 가리킨다.[123] 우리는 고린도 교회를 세우고 적어도 초기에 이 교회를 양육하는 일에 있어 바울의 현지 교회 지도자이자 신실한 동료 또는 동역자였던 스데바나의 역할에 대해 이미 논의했다. 우리는 브드나도와 아가이고에 대해서는 그들이 라틴어 이름을 지니고 있었다는 것밖에 알지 못한다(참고. 스데바나는 그리스어 이름). 아마도 그들은 해방 노예 또는 로마 식민지의 해방 노예 가문의 후손일 것이다.[124] 아가이고라는 이름은 또한 그가 항상 고린도에서 살지 않았음을 암시할 수 있다. 왜냐하면 "아가야 사람"을 의미하는 이 이름은 아가야 지역에서 별 의미가 없기 때문이다.[125]

바울은 고린도에서 이 세 사람이 도착한 것은 바울과 고린도 교회가 서로 멀리 떨어져 있어 생겨난 ὑστέρημα, "함께 있지 않음, 결핍, 부족함"을 채워주었다고 말한다. 현대 영어의 관용적인 표현으로 그들은 고린도에

121) 앞에서 언급한 상당히 많은 문헌과 Weima, White, Stirewalt를 포함한 이 단원의 참고문헌을 여기서 반복할 필요는 없다.

122) 참조. Funk, "The Apostolic Presence," in his *Parables and Presence,* 81-102.

123) 참조. Moltmann, *The Coming of God* (Eng. trans., London: SCM, 1996), 22-28.

124) 참조. Meeks, *The First Urban Christians,* 53-63, 특히 56. 브드나도는 그 당시 흔한 이름(거의 "행운아")이었으며, 클레멘스1서 59에서 똑같은 이름으로 언급되는 인물과 동일인물일 가능성은 거의 없다.

125) 같은 책. 참조. Collins, *First Cor,* 603(그 이름을 물려받은 것이 아니라면). 한편 Héring은 노예들이 종종 출신지에 따라 이름이 붙여졌다고 주장한다. 아가이고는 브드나도의 노예였을 가능성이 있다(Héring, *First Epistle,* 186).

있는 사랑하는 형제자매들을 그리워하는 바울의 마음을 채워주었다고 말할 수 있다. 이 세 사람의 도착은 고린도 교인들이 함께 있지 않아 생겨난 바울의 공허한 마음을 가득 채우는 데(ἀνά + πληρόω) 도움을 주었다. 이 말은 고린도 교회에 대한 바울의 애정과 대표자들에 대한 감사한 마음을 하나로 묶어준다. BAGD는 그들이 채워준 것은 바로 바울의 부재임을 암시하는 것 같다.[126] 로버트슨과 플러머는 "여러분에 대한 나의 갈망"과 "나에 대한 여러분의 갈망"이 모두 가능하며, 이 두 가지 의미가 모두 잘 들어맞는다고 주장한다.[127] 하지만 NRSV, NIV, NJB 및 콜린스는 우리의 주해를 전제한다. 에드워즈는 이 해석을 전적으로 지지한다. 심지어 로버트슨과 플러머도 다음과 같이 그럴듯하게 논평한다. "그들은 고린도의 한 작은 부분이었다. 이와 같은 존재로서 그들은 이 사도에게 기쁨을 가져다주었다."[128] τὸ ὑμέτερον ὑστέρημα에 대한 이해와 관련하여 과연 우리가 바레트와 REB 중 한쪽의 견해를 따라야 하는지는 더 어려운 이슈다. REB는 이 표현을 "그들은 여러분이 할 기회가 없었던 것을 행했습니다"라고 번역한다. 반면에 바레트는 "그들은 [여러분이] 나를 위해 할 수 없었던 것을 제공해주었습니다"라고 번역한다.[129] 이 번역은 가능하지만 그리스어 텍스트가 제시하는 것보다 더 많이 나아가는 것 같다. 더 확실한 증거가 없다는 점을 고려하면 (위에서 번역한 것처럼) 함께 있음과 함께 없음의 주제가 그 의미를 결정해준다고 추론하는 것이 현명할 것이다. "παρουσία와 ὑστέρημα 사이에는 일종의 의도된 대조가 있다."[130]

바울은 세 사람의 도착과 함께 있음의 결과를 ἀνέπαυσαν γὰρ τὸ ἐμὸν πνεῦμα라고 요약한다. 비록 가끔 그렇게 하긴 하지만, 바울은 πνεῦμα를 다소 오늘날의 심리학적인 의미에서 영(spirit)을 가리키는 데 드물게 사용

126) BAGD, 849.
127) Robertson and Plummer, *First Epistle,* 396.
128) 같은 책. 또한 Edwards, *First Epistle,* 395.
129) Barrett, *First Epistle,* 395.
130) Edwards, *First Epistle,* 472.

한다. 슈바이처는 이와 같은 용법에 관한 명백한 사례로서 고전 7:34(몸과 영)과 고후 7:1(육과 영)을 언급한다.[131] 그러나 가장 최근에 바울 신학 전문가들은 이것은 전적으로 바울 신학과 무관한 부차적인 용법이라는 데 동의한다. 바울은 "단지 영혼만을 구원의 대상으로 삼지 않으며" πνεῦμα를 구원을 위한 주된 접촉점으로 삼지 않는다.[132] 고린도전서에서 πνεῦμα는 구원의 비밀을 알려주거나(고전 2:6-15) 부활의 존재 방식의 특성을 밝혀준다(15:42-44).[133] 주이트는 16:18의 πνεῦμα와 "랍비 유대교의 느슨한 평행 본문" 간에 유사성을 발견한다. 그러나 그는 영에 대한 바울의 개념은 랍비들의 전형적인 개념이 아니라고 주장한다.[134] 주이트는 바울이 "인간의 영"을 사용하는 데 제한 요소가 있다고 강조하지만, 던은 πνεῦμα를 바울이 더 핵심적이며 특징적으로 이해하는 것에 관해 설명한다.[135] πνεῦμα에 대한 바울의 용법과 당대 헬레니즘 세계의 용법 간의 가장 유익한 비교는 부당하게 소외되어온 호일의 연구에서 찾아볼 수 있다.[136] 인간의 영에 대한 고전적인 용법은 바울이 인식을 초월하는 또는 무의식적인 경험 양식의 형태를 합리적인 숙고의 형태(고전 14:14-15; 앞에서 주해 참조)와 비교하려고 할 때 나타난다. 하지만 16:18은 이와 같은 용법이 아니다. 따라서 이것은 "내 영을 새롭게 했다"(NRSV, NIV)라는 전통적인 번역보다 REB의 번역—"그들은 내 심령을 고무시켰다"—을 따르는 것이 더 적은 오해를 초래한다. NJB는 "그들은 내 마음에 안식을 주었다"라는 대안을 제시한다. 이 번역은 이 동사의 의미에 의존하므로 NRSV와 NIV의 번역보다 선호할 만하다.

그러므로 이제는 동사 ἀνέπαυσαν에 대해 설명할 차례다. 의심의 여지

---

131) E. Schweizer, "πνεῦμα," *TDNT,* 6:435; 434-436(바울 서신의 "인간의" 영에 관해); 332-435(논문 전체).

132) 같은 책, 435, n. 491.

133) 같은 책, 426-432; 참조. 422-425.

134) Jewett, *Paul's Anthropological Terms,* 185.

135) 같은 책, 167-197; Dunn, *Theology of Paul,* 413-441.

136) R. B. Hoyle, *The Holy Spirit in St. Paul* (London: Hodder, 1927). 이 연구는 대부분의 표준적인 참고문헌과 논의에서 언급되지 않지만, 여전히 매우 유익하다. 참조. T. Paige, "Holy Spirit," in *DPL,* 404-413.

없이 ἀναπαύω는 종종 "안식에 이르게 하다, 안식을 주다"를 뜻한다. 예를 들면 70인역(대상 22:18; 잠 29:17), 기원후 1세기의 헬레니즘적 유대교 문헌(Josephus, *Antiquities* 3.61) 또는 신약성경에서 수고하고 무거운 짐 진 자들에게 예수가 약속한 말인 내가 너희를 쉬게 하리라(마 11:28) 등이다.[137] 따라서 NJB의 "내 마음을 안심시켰다"라는 번역은 정당화된다. 그렇다면 그들이 바울에게 전한 소식이 이러한 효과를 나타내지 않았다면 어떻게 이것을 16:18의 καὶ τὸ ὑμῶν에 적용해야 하는가의 문제가 남는다.[138] 하지만 이 동사는 어떤 종류이든 움직임, 특히 노동이나 기진맥진하게 하거나 마음을 피곤하게 하는 것을 멈추게 하는 것 등을 뜻한다.[139] 그림-타이어는 회복을 위해 새로운 힘을 모으려고 쉼을 갖는 것을 강조한다. 이 의미는 이 절뿐만 아니라 예수의 말에도 적용할 수 있다. 그러므로 에베소에서 복음 사역과 가죽 공예 작업 및 판매로 인해 지쳐 피곤해하는 바울에게 세 사람의 도착은 그의 심령을 고무시켰고(REB), 그에게 활력뿐만 아니라 새 마음을 주었다. 물론 앞에서 언급한 NJB의 번역도 배제할 수는 없다.

압축적인 표현인 καὶ τὸ ὑμῶν에 대한 우리의 이해는 바로 앞에서 언급한 이슈와 연결되어 있다. 이어지는 추론적인 구문에 비추어볼 때 "그들이 여러분의 심령에 활력을 불어넣은 것처럼"(NJB, just as they did yous; NRSV, as well as yours; REB, and no doubt yours too)이라는 번역은 이 구문을 가장 타당하고 가장 덜 무리하게 이해하는 것 같다. 그렇다면(οὖν) 고린도 교회는 이와 같은 사람들을(τοὺς τοιούτους) 높이 평가한다는 의미에서(NJB) 그들을 마땅히 인정해주어야 한다(ἐπιγινώσκετε). 피는 NIV의 번역인 "이와 같은 사람들은 마땅히 인정받아야 합니다"는 폭넓은 의미를 포착하지만, 바울의 명령법과 추론적인 접속사 사용—그러므로 여러분은 마땅히 ~해야

137) BAGD, 58-59에서 이것은 이 동사의 주요 의미로 제시된다.

138) 테오필락투스는 이것이 "내 심령에 활력을 불어넣어 여러분의 심령에 활력을 불어넣었다"를 의미한다고 해석한다. 반면에 그로티우스는 "내 편지를 여러분에게 가져가는 것을 통해"라고 주장한다.

139) Grimm-Thayer, 40-41.

합니다—을 정확하게 전달하지 못한다고 올바르게 논평한다(NIV를 따르는 REB의 번역에도 똑같은 판단 기준을 적용할 수 있다).[140] 기독교 공동체들이 어느 선까지 지도자들을 "존중"하기를 원하는지는 현대 교회가 당면하고 있는 이슈다.[141] 이와 같은 존중 또는 인정은 재정적인 지원보다 자세와 더 관련이 있다. 비록 때로는 후자가 전자의 증상이긴 하지만 말이다. 이것이 어떻게 나타나든지 간에 바울은 이것의 타당성을 강조한다. 바울은 진정으로 이것을 요구한다. 이것은 어떤 차원에서든 교회를 섬기는 일에 적용될 수 있다. 교회 안에서는 신실하게 일하며 섬기는 것이 종종 공개적으로 인정받기보다는 당연한 처사로 여겨진다.

19절 (1) 신빙성 있는 독법인 "브리스가"는 p^{46}(πρείσκας의 형태로)과 ℵ, B, 33, 불가타, 콥트어 역본 등에서 나타난다(πρίσκα). 하지만 A, C, D, F, G 및 고대 시리아어 역본은 더 친숙한 애칭어인 "브리스길라"라고 읽는다. AV/KJV에서 발견되는 형태는 D를 비롯하여 공인 본문(*Textus Receptus*)을 통해 전해진 "브리스길라"다. 이 형태는 사도행전(18:2, 18, 26)에서 나타난다. 그러나 바울 서신에서 이 형태는 사용되지 않는다. 따라서 브리스길라는 A, C, D, F와 사도행전에서 사용된 이름을 반영하는 부차적인 독법이다. (2) D, F, G와 펠라기우스는 이 이름들에 이어 παρ' οἷς καὶ ξενίζομαι, "또한 나는 그들의 집에 머물고 있습니다"라는 난외주를 덧붙인다.

"문안합니다"는 당시의 헬레니즘 편지 양식에서 볼 수 있는 또 다른 전형적인 요소에 속한다(앞에서 편지 양식에 대한 참고문헌을 보라). 몰턴-밀리건은 다음과 같이 분명하게 말한다. "파피루스 문헌은 신약성경에서 흔히 나타나는 이 단어(ἀσπάζομαι)가 한결같이 편지의 결말 부분에서 인사말을 전하는 전문 용어였음을 확실하게 보여주었다."[142] 이 인사말의 수많은 용례는 *BGU* 4:1079:83-4(기원후 41년부터); *BGU* 2:423:18-20(기원후 2세기), 파

140) Fee, *First Epistle*, 832.

141) 최근에 싱가포르 그리스도인들은 나에게 과분한 환대를 베풀었다. 그들의 말에 의하면 이것은 **방문하는 지도자에 대한 "존중심"의 표현**이라는 것이다. 이와는 대조적으로 서구(특히 영국)의 일부 교회들이 "희생적"이라고 인식하는 것은 영국 교회를 방문하는 극동에서 온 그리스도인들에게는 마땅한 "존경심"의 부재로 인식될 수 있을 것이다.

142) MM, *Vocabulary*, 85.

피루스 옥시린쿠스 7:1067:25 등에서 나타난다. 이 단어의 의미 영역은 개인적인 따뜻한 인사말부터 존경하는 마음을 표현하는 것에 이르기까지 다양하다.[143] 비록 바울은 구체적으로 에베소에서 이 편지를 쓰고 있지만(16:8), 그는 광범위한 접촉과 아시아의 교회들과 상호 교류를 위해 이 도시(아시아 지역의 주도)를 선교와 목회의 "베이스"로 사용한다(참조. 행 19:10, 26). 또한 아시아 지역은 고후 1:8, 롬 16:5, 딤후 1:15에서도 언급된다.

우리는 아굴라와 브리스가가 지금 바울과 함께 있다고 추론할 수 있다. 그러므로 그들이 고린도 교회에 진심으로 문안하는 것은 당연하다. 만약 우리가 신약의 증거와 머피-오코너, 뱅크스, 브루스 및 다른 학자들이 제시하는 재구성을 서로 결합한다면 우리는 남편과 아내로 구성된 이 팀에 대해 일관된 그림을 그릴 수 있다. 바울은 그들을 동역자들(롬 16:3-5)이라고 분명하게 말한다. 아마도 그들은 그리스도라는 인물을 중심으로 끊임없이 혼란이 빚어진 관계로 로마 황제 클라우디우스가 기원후 49년에 로마의 회당을 폐지하라는 칙령을 내렸을 때 로마를 떠난 유대계 자유민이었을 것이다(참조. 행 18:1-3).[144] 그들은 로마에서 회심하고 그리스도인이 된 후 곧바로 로마 식민지인 고린도로 왔고, 고린도에서 작은 가게를 열었을 것이다. 레카이온 도로 근처에 형성된 상업 구역에 위치한 이 가게에서 그들은 가죽 공예 제품을 판매했을 것이다. 바울이 고린도에 도착했을 때 그들은 이미 기독교 신자였다. 그리고 머피-오코너는 아굴라와 브리스길라의 모습을 다음과 같이 설득력 있게 묘사한다. 그들은 시장 주변에 늘어서 있던 가게들 중 하나의 다락방에 자신들의 거주 공간을 마련했을 것이다(대략 4m×4m×2.5m, 상수도 없이). 이 다락방 아래에는 "도구들과 가죽 두루마리와 천막들이 널려 있는 작업 공간이 있었을 것이며, 바울은 그 사이에서 잠을 잤을 것이다. 이 가게는 사람들, 특히 여인들과 처음으로 대면하기에 아주 적합한

143) 같은 책, 85-86.

144) Murphy-O'Connor, *Paul*, 263. 이와 비슷하게 F. F. Bruce, *Paul, Apostle of the Free Spirit*, 250-251 and 381; 참조. Suetonius, *Life of Claudius* 25:4: "선동자 크레스토로 말미암은" 추방.

장소였다. 바울은 가죽옷, 샌들 또는 벨트를 만들면서 대화를 나눌 기회를 얻었을 것이다."[145] 고전 16:19은 그들이 고린도에서 바울과 함께 있었으며 그들이 바울과 특별히 가까운 관계였음을 보여준다. 이 점에 기초하여 우리는 행 18:2-3의 상세한 묘사를 의심할 필요가 전혀 없다. 행 18:3은 바울이 그들의 집에 묵었다는 사실을 알려준다.[146] 행 18장의 알렉산드리아 사본은 그들이 같은 직업에 종사했다고 확인해준다.

바울이 기원후 52년에 에베소로 갔을 때 또다시 브리스가와 아굴라가 그보다 먼저 그곳에 정착해서 그를 영접했다(행 18:24-28).[147] 바울과 함께, 특히 이제 동료 그리스도인들이 된 자들과 함께 그들은 고린도에서 보낸 시간을 애정을 갖고 되돌아보았을 것이다. 그들은 이제 고린도 교인들에게 주님 안에서 진심으로(ἐν κυρίῳ πολλά) 문안한다. REB의 번역인 many greetings와는 대조적으로 (우리가 이 번역을 그들이 알고 있는 많은 사람에게 한 사람씩 인사한다는 것을 의미한다고 간주하지 않는 한) NRSV의 "여러분에게 애정을 품고 문안합니다"(또한 NIV)는 양태 또는 특성을 나타내는 부사인 πολλά를 올바르게 해석한다. NJB는 다소 형식적으로 best wishes라고 번역한다. 이 번역은 그들이 믿음을 갖도록 진심으로 돌보았던 사람들에게 자신들의 기도가 응답되었다는 것을 보고 나서 느끼는 친밀한 애정을 실감 나게 전달해주지 못한다. σὺν τῇ κατ᾽ οἶκον αὐτῶν ἐκκλησίᾳ는 "그들의 집에서 모이는 교회와 함께"라는 의미일 수밖에 없다. 하지만 길렌은 이것이 핵심 회중과 분리된 "가정 교회"가 아니라 그 집에서 모이는 교회 전체를 가리킨다고 주장한다.[148] 바레트는 기원후 54년에 클라우디우스 황제의 칙령이 내려졌을 때 그들이 로마에서 고린도로, 고린도에서 에베소로, 또 아마도 에베소에서 다시 로마로 이동한 것을 보면 "그들에게 돈이 없지" 않았음을 암시

---

145) Murphy-O'Connor, *Paul*, 263.

146) 같은 책, 261.

147) 같은 책, 171-172.

148) Gielen, "Zur Interpretation der paulinischen Formel 'he kat' oikon ekklesia," 109-125. 참조. 롬 16:5; J. M. Peterson, "House Churches in Rome," *VC* 23 (1965): 264-272.

한다고 주장한다.[149] 대체로 부자들이나 사업 전망이 좋은 자들에게만 여행이 허용되었다. 따라서 기원후 52년 또는 53년경에 그들이 예배 모임을 갖기에 충분한 집을 취득했다는 것은 결코 놀라운 일이 아니다.

우리는 아굴라와 브리스가에게서 그리스도인의 진정한 섬김과 헌신, 복음 전파를 위한 비전, 바울에 대한 깊은 애정, 전 세계로 뻗어 나가는 지역 네트워크 속에서 그리스도인 공동체에 대한 깊은 애정 등을 모두 발견한다. 브루스는 아마도 바울이 에베소에서 사역하던 바로 그 기간에 브리스가와 아굴라가 그의 목숨을 위해 "자기들의 목까지도 내놓았을" 것이라는 점을 지적한다(롬 16:4).[150] 브루스는 이것이 오늘날 세속적인 신화에서 종종 제시하는 "사랑받지 못하는" 바울에 대한 잘못된 모습과 기독교의 신앙은 단순히 자기 긍정만을 도모한다는 그릇된 개념을 바로잡아준다고 지적한다.[151] 마지막으로 브리스가(또는 사도행전의 브리스길라)는 때때로 그의 남편 아굴라보다 먼저 언급되거나 그와 나란히 언급된다. 이 점에 근거하여 대다수 저자들은 브리스가가 더 뛰어난 인물이었을 것으로 추론한다. 뱅크스는 브리스가가 물려받은 신분이나 사회적 지위가 아굴라보다 더 높았을 수 있다고 추측한다.[152] 어쨌든 브루스에게 이것은 브리스가가 이른바 여자를 싫어하는 자로 보이는 어떤 사람을 위해 자신의 "목까지도 내놓았다"고 상상하기 어렵게 만드는 또 다른 요인이다.[153]

20절 아마도 "모든"은 고린도와 연관이 있고 아시아 지역에 살던 다른 그리스도인들을 암시하거나 에베소의 다른 그리스도인들이나 구체적으로 아굴라와 브리스가의 집 모임에서 만난 적이 없는 더 광범위한 지역의 그리스도인들을 가리킬 것이다. 머피-오코너는 브리스가와 아굴라가 바울에게 자신들의 이름으로 인사를 전해달라고 부탁했다고 주장한다. 나아

149) Barrett, *First Epistle,* 396.
150) Bruce, *Paul,* 298.
151) 같은 책, 457.
152) Banks, *Community,* 154.
153) Bruce, *Paul,* 457.

가 이것은 바울이 모든 동료 그리스도인들이 문안한다는 인사를 덧붙이게 했다. 이는 바울이 문안 인사에 포함되어야 할 사람들 중에 이름이 빠져 불평이 일어나지 않게 하려는 것이었다.[154] 만약 그렇다면 교회에서 목회적으로 민감한 사항은 기원후 1세기나 오늘날이나 마찬가지이며, 목회자에게는 재치가 필요하다. 비록 피는 "모든 형제"라는 언급이 단순히 19절에서 언급된 자들을 반복하며 에둘러 말하는 것임을 인정하면서도 이 표현을 "지금 바울과 함께 있는 모든 형제"로 이해한다.[155]

Ἀσπάσασθε ἀλλήλους ἐν φιλήματι ἁγίῳ는 롬 16:16에서도 똑같은 표현으로 나타난다. 또한 이 표현은 고후 13:12과 살전 5:26에서뿐만 아니라 벧전 5:14(ἐν φιλήματι ἀγάπης, 사랑의 입맞춤으로)에서도 약간 다른 표현으로 등장한다. 입맞춤은 유대교뿐만 아니라 고대 사회에서도 매우 광범위하게 존중, 애정 또는 화목을 나타내는 표시로 사용되었다(참조. 막 14:45; 눅 7:45; 15:20; 22:48).[156] 우리는 이러한 전제가 과연 주어진 증거와 일치하는지에 대해 곧 살펴볼 것이다. 한편 그리스도인들 사이에서 거룩한 입맞춤으로 인사하는 모습은 데살로니가와 고린도의 바울 공동체뿐만 아니라 (바울과 독립적인 관계에 있는) 로마와 베드로전서 수신자 공동체 내에서도 나타난다. 특성을 나타내는 형용사 "거룩한"은 (i) 입맞춤의 진지함, 또는 (ii) 이것이 특별히 동료 그리스도인들 사이에서 존중과 애정의 표시로 사용됨, 또는 (iii) 예배 의식의 배경 등을 가리킬 것이다.[157] 유스티누스 시대에 입맞춤은 "평화의 입맞춤"으로서 성찬식 또는 주의 만찬에서 공식적으로 전례적인 지위를 얻었다(Justin, *Apology*, 1:65).[158] 하지만 피와 던이 주장하듯이 바울이 분명히 성찬의 일부를 형성하기 위해 그의 편지의 마지막 부분을 기록했다는

---

154) Murphy-O'Connor, *Paul the Letter-Writer*, 105.

155) Fee, *First Epistle*, 835-836.

156) 참조. Stählin, "The Kiss in the NT," *TDNT*, 9:138-141; "The Kiss in the Post NT Period," *TDNT*, 142-146, under φιλέω, φίλημα, *TDNT*, 113-171.

157) Stählin, "The Kiss in the NT," *TDNT*, 9:138-141; Dunn, *Romans*, 2:898-899. 참조. Wolff, *Der erste Brief*, 438-439.

158) 그 이후로도 예를 들면 Hippolytus, *Apostolic Tradition*, 4:1; 22:3; Tertullian, *Orations*, 18.

명백한 증거가 없는 상황에서 NEB와 REB을 따라 거룩한 입맞춤을 평화의 입맞춤으로 번역하는 것은 비록 시대에 어긋나는 것은 아닐지라도 과도하게 구체적이다.[159] 동시에 성만찬이 아닌 (또는 구체적으로 성만찬을 가리키지 않는) 의미에서 거룩한 입맞춤을 "평화의 입맞춤"으로 이해하는 것은 전적으로 가능하다. 따라서 암브로시아스터는 거룩한 입맞춤을 불화를 없애는 평화의 표시로 이해한다.[160]

복음서의 증거는 입맞춤이 애정을 나타내든 그렇지 않든 대체로 인사, 존중, 존경을 가리켰음을 암시해주는 것 같다. 유다의 입맞춤(눅 22:47)은 적어도 관습과 일치했다. 이 관습에 의하면 종이나 제자는 주인에게 존경심을 나타내며 입맞춤을 했다.[161] 이와 비슷하게 집주인은 귀한 손님을 입맞춤으로 맞이했다(눅 7:45). 에베소 교회의 장로들이 입맞춤으로 작별 인사를 한 것(행 20:37)은 바울에 대한 존경과 감사뿐만 아니라 애정을 표현한 것이다. 비록 몇몇 저자들이 16:20에 기록된 바울의 말을 이른바 16:22-23의 전례적인 양식과 연결하긴 했지만, 반 운닉이 설득력 있게 주장하듯이 "주님이 당신들과 함께"(*Dominus Vobiscum*)와 같은 표현은 초기에는 전례적인 반복보다는 역동적인 구원론에서 기인했다. 비록 그 후에는 전례적인 반복도 전적으로 타당한 배경을 제공해주긴 했지만 말이다.[162] 16:20-24의 "성만찬의" 배경에 관한 로빈슨과 플러머 및 보른캄의 주장을 평가하는 데는 사실 매우 신중해야 한다.[163]

그럼에도 윌리엄 클라센의 최근 연구(1997년)는 비록 신약성경의 똑같은 증거를 언급하긴 하지만, 이 가설들 가운데 몇 가지를 뒤집는다.[164] 클라

---

159) Dunn, *Romans,* 2:898-899; Fee, *First Epistle,* 836.

160) Ambrosiaster, *Commentary on Paul's Epistles,* in CSEL, 81:193.

161) Stählin, "The Kiss in the NT," *TDNT,* 9:139.

162) Van Unnik, "*Dominus Vobiscum:* The Background of a Liturgical Formula," in Higgins (ed.), *NT Essays: Studies in Memory of T. W. Manson,* 270-305.

163) Robinson, " Traces of a Liturgical Sequence in 1 Cor 16:20-24," 38-41; Bronkamm, "The Anathema in the Early Christian Lord's Supper Tradition," in *Early Christian Experience,* 169-179.

164) Klassen, "The Sacred Kiss in the NT: An Example of Sacred Boundary Lines," 122-135.

센은 클라우스 트래데(1967년)의 이전 연구에 부분적으로 기초하여 구약성경과 고대 그리스-로마 사회에서 입맞춤의 역할은 다양하고 모호하다고 지적한다.[165] 기원후 1세기 무렵에 경건한 유대인들은 입맞춤을 "단지 형식적인 행위"로 이해했다.[166] 고대 그리스-로마 사회에서 입맞춤의 역할은 지리적인 장소와 어떤 사람의 사회적 위치 또는 지위에 따라 다양했다. "고대 그리스-로마 사회는 공적인 입맞춤을 상당히 조심스럽게…다루었다." 비록 어떤 사례에서는 이것이 "화목을 확인해주는…역할을 했지만" 말이다.[167] 트래데와 클라센은 오직 기독교의 출현과 더불어 이것은 "종교 공동체"에 있어 일종의 공적인 표시였다고 주장한다.[168] 십중팔구 "입맞춤은 다양한 사회 계층에서 유래했고, 성별, 종교, 국적, 인종을 초월하여 그리스도 안에서 자신들이 하나가 되었다고 이해하는 사람들 사이에서 친밀감을 표현하는 일종의 관습으로 시작되었다."[169]

거룩한 입맞춤은 하나님의 거룩한 백성에 속하는 다른 일원에게 인사하는 데 적합하다. 비록 입맞춤이 이 모양 저 모양으로 남용될 수도 있지만, 분명히 그리스도인들 사이에서 이것은 성욕을 자극하는 의도가 전혀 없다. 알렉산드리아의 클레멘스는 입맞춤을 "수치를 모르고" 사용하는 것에 대해 그리스도인들에게 경고하고, 아테나고라스(기원후 176년)는 두 번째 입맞춤에 스며들 수 있는 "나쁜 생각"에 대해 경고한다. 왜냐하면 두 번째 입맞춤은 즐기려는 의도가 담겨 있을 수 있기 때문이다.[170] 그럼에도 클라센은 다음과 같이 결론짓는다. 몇몇 성경 구절이 존중과 화목의 표현으로 입맞춤의 역할을 확인해주는 것처럼 보이든 그렇지 않든 간에 이것의 기본적인 기능은 계급, 성별 또는 인종의 모든 한계를 초월하여 그리스도 안에서의 하

165) K. Thraede, "Ursprünge und Formen des 'heiligen Kusses' im frühen Christentum," in *Jahrbuch für Antike und Christentum* 11/12 (1967-68): 124-180.

166) Klassen, "The Sacred Kiss in the NT," 125.

167) 같은 책, 126, 127.

168) 같은 책, 130.

169) 같은 책, 132.

170) Athenagoras, *Supplicatio,* 32.

나 됨과 유대 관계를 확인하고 드러내는 것이었다. 만약 이것이 옳다면 이것은 왜 "떡 한 덩어리"에 참여하는 성찬 또는 주의 만찬이 신속하게 "평화의 입맞춤"을 위한 주요 배경이 되었는지를 설명해준다. 물론 이것은 최초의 정황은 아니었다.

클라센의 연구는 상당한 의미를 지니고 있지만, 그렇다고 해서 신약성경의 입맞춤에 대한 더 전통적인 설명을 약화시키는 것은 아니다. 우리는 거룩한 입맞춤이 기독교 공동체 안에서 존중, 애정, 화목에 대해 공적인 영역에서 행할 수 있는 일종의 신체적인 표시이며, 동료 신자들 사이에서 거룩한 입맞춤을 독특한 방식으로 사용하는 것은 인종, 계층, 성별의 구분을 초월하여 모든 그리스도인이 동참하는 호혜성, 상호 관계, 신분 및 정체성의 하나 됨을 강조하고 촉진하는 것에 해당한다는 결론에 도달했다. 하지만 교부 시대의 자료들이 입증해주듯이 이것은 분명히 남용될 여지가 있다. 그리고 오늘날 공적인 영역에서 이러한 목적에 따라 어떤 효율적인 표시를 제시해주는 대안도 필요하다.

21절 우리는 이 절에서 바레트의 번역을 채택했다.[171] 정관사가 달린 명사인 ὁ ἀσπασμός(this greeting, NRSV, REB, NJB)에 τῇ ἐμῇ χειρὶ Παύλου, "나 곧 바울의 손으로"가 뒤따른다. REB는 "이 인사말은 나의—바울의—손으로 [쓴 것입니다]"라는 만족스러운 대안을 제시한다. 반면에 NRSV의 번역인 "나 곧 바울이 내 손으로 이 인사말을 씁니다"는 더 나은 번역도 아니면서 문장 구조를 바꾼다. 바울은 갈 6:11에서 이와 비슷한 인사말을 사용한다. ἔγραψα(편지 양식에서 사용하는 부정과거) τῇ ἐμῇ χειρί. 이것은 바울이 자신의 편지를 필사자나 서기에게 받아쓰게 했다는 명백한 증거다. 이것은 바울 당시의 그리스-로마 세계에서 편지를 쓰는 이들의 공통적인 관행이었다. "대부분의 고대 편지 작성자들은 전문적인 서기를 고

171) Barrett, *First Epistle,* 398. 그의 번역은 Collins의 번역과 비슷하다. Collins, *First Cor,* 607: *A greeting in my own hand, the hand of Paul*. 참조. Murphy-O'Connor, *Paul the Letter-Writer,* 104.

용했다. 이 점에서 사도 바울도 예외가 아니었다.…이 사실은 의심의 여지가 전혀 없다."[172] 16:21과 갈 6:11에 덧붙여 우리는 살후 3:17, 몬 19절, 골 4:18의 인사말과도 비교할 수 있다. 더디오는 로마서를 기록할 때 바울의 서기 역할을 했다. "이 편지를 기록하는 나 더디오도 주 안에서 너희에게 문안하노라"(롬 16:22).

그 당시 어떤 필사자나 서기를 고용하는 것이 관행이긴 했지만, 종종 법적인 문서에서도 직접 한 개인이 서명하는 것은 아직 널리 통용되지 않았다. 따라서 비록 바울이 부분적으로 이 편지의 진정성을 수신자들에게 확인해주기 위해 자신의 서명을 덧붙였겠지만, 개인의 손으로 직접 쓴 서명이나 언급은 애정과 고린도를 방문하려는 그의 바람과 갈망을 알려주는 표시로 인식되었을 개연성이 높다(앞에서 파루시아에 대한 설명 참조). 1:1부터 16:20까지는 소스데네가 기록했지만, 16:21-24은 바울이 다른 글씨체로 (아마도 "큰 글자로", 갈 6:11) 썼을 것이라는 데는 전반적으로 의견이 일치한다. 일종의 후기로서 어떤 언급과 함께 또는 그런 언급 없이 개인적인 서명을 할 때 또는 그다음에 글씨가 바뀌는 것은 파피루스 문헌에서도 발견된다.[173] 때로는 나중에 생각이 나서 난외에 개인적인 언급을 간략하게 덧붙이는 경우도 있다. 파울 슈베르트는 어떤 부인이 자기 남편이 아직 집에 돌아오지 않아 화가 나서 (자기 비서를 통해) "그녀의 혐오감"을 편지로 써 내려가면서 마지막 순간에 급하게 "부드러운 말"을 덧붙인 사례를 언급한다.[174] 피가 지적하듯이 이 부분에서 제시되는 편지의 개인적인 필치(筆致)는 21-24절이 원래 어떤 "전례적인" 정황에 속한다는 어떤 학자들의 추측이 그리 개연성이 없음을 보여준다.[175] 어떤 학자들은 22-24절의 표현 양

---

172) Murphy-O'Connor, *Paul the Letter-Writer,* 7; 참조. 7-9, 104-106, and 110-113. 또한 참조. Richards, *The Secretary in the Letters of Paul.*

173) 참조. Barrett, *First Epistle,* 398; Murphy-O'Connor, *Letter-Writer,* 36 and 110-113; White, *Light from Ancient Letters,* 159-162.

174) Paul Schubert, *Form and Function of the Pauline Thanksgivings,* 161 (from *London Papyri* 42, 168 BC).

175) Fee, *First Epistle,* 836-837. 다음 연구서도 이 점을 강조한다. R. Y. K. Fung, "Curse," in

식은 바울이 교회가 주님의 식탁 주변에 모두 모여 있을 때 자신의 편지가 공개적으로 낭독되는 모습을 상상하는 것을 반영한다고 추측한다. 이러한 추측은 타당성이 별로 없지만, 설령 이러한 가능성을 전적으로 배제할 수 없다 하더라도, "주의 만찬 배경"의 가설은 에릭손에 의해 결정적인 비판을 받았다(아래에서 22:24에 대한 주해 참조).[176)]

22-24절 (1) 22절에서 (a) μαράνα θά는 p[46], ℵ, A, B[*], C, D[*]의 지지를 받는다. 아마도 이 독법은 원문일 것이다. (b) μαρὰν ἀθά는 B[1], D[2], 아마도 D[*]의 지지를 받는다. 반면에 (c) 한 단어로 된 독법 μαραναθα는 F에서 나타난다. 아람어에서 (a)와 (b) 사이에 의미상의 차이가 있긴 하지만, 초기 사본들에서 단어와 글자의 띄어쓰기가 다양하게 나타나는 점은 어떤 것이 원문인지 결정하는 데 어려움을 준다. (2) 23절에서 더 짧은 독법 'Ιησοῦ가 ℵ[*], B, 33, 불가타 및 오래된 라틴어 역본들에서 발견된다. 하지만 ℵ[2], A, C, D, F, G 및 고대 시리아어 역본에는 더 긴 독법 'Ιησοῦ Χριστῷ로 필사되어 있다. 메츠거의 견해에 의하면 더 짧은 독법이 원문으로 더 선호할 만하다.[177)] 하지만 바울의 다른 축복에서 더 긴 독법이 존재한다는 점은 원문을 결정하는 작업을 애매하게 만든다(참조. 롬 16:24; 고후 13:13; 갈 6:18; 빌 4:23; 살전 5:28). 메츠거가 주장하듯이 필사자들이 바울의 다른 편지들을 기억하면서 이와 일치시켜 더 짧은 독법을 적용했을 개연성이 있다. 다른 한편으로 더 긴 독법은 바울의 특성을 더 잘 드러낸다. 그럼에도 모든 것을 고려하면 더 짧은 독법에 관한 원칙이 다음과 같이 적용된다. 바울이 단지 "주 예수의 [은혜]"라고만 기록했기 때문이 아니라면 왜 ℵ[*]와 B에서 그리스도가 생략되었겠는가? (3) 24절의 마지막 구절에서 ℵ, A, C, D, 고대 시리아어 역본 및 다른 소문자 사본들에는 "그리스도 예수" 다음에 전례적 ἀμήν이 덧붙여져 있다. 사실상 B, F, 33과 몇몇 사본 및 소문자 사본도 이 독법을 지지한다. UBS 4판은 ("아멘"이 없는) UBS 텍스트를 "거의 확실함"("B")으로 분류한다. 심지어 필사자 자신의 증언이라 하더라도 여기서 "아멘"이 덧붙여진 것

DPL, 200.

176) Eriksson, "Maranatha in the Letter's *Peroratio*," in his *Traditions as Rhetorical Proof: Pauline Argumentation in 1 Cor*, 279-298.

177) Metzger, *Textual Commentary* (2d ed.), 503-504.

은 충분히 예견할 만하지만, 이것이 원문에서 생략된 것이라면 그 이유를 설명하기가 어려울 것이다. 초기의 공개적인 낭독을 반영하는 이 단어는 매우 이른 시기에 덧붙여졌을 것이다.

안더스 에릭손은 그의 매우 유익한 연구서 『수사학적인 증거로서의 전승들: 고린도전서에 나타난 바울의 논증』의 마지막 장에서 탁월한 결론을 제시한다. 그는 고린도전서의 이 마지막 세 절에 대해 몇 안 되는 설득력 있는 해석학적 설명 가운데 하나를 제시한다. 이 절들은 매우 중요하므로 바울은 그의 마지막 언급을 자기 손으로 직접 기록했다.[178] 에릭손이 입증하듯이 우리가 각각의 부분을 올바르게 이해하려면 이것들은 한 단위로 함께 연결하여 설명되어야 한다. 마치 서로 구별된 별개의 텍스트인 것처럼 각 절을 주해하려는 것은 잘못된 것이다. 왜냐하면 각 절은 해당 위치에서 다른 두 절에서 그 의미를 끌어오기 때문이다. 사실상 에릭손은 22-24절은 오직 이 편지 전체의 맺는말 가운데 일부로 간수할 경우에만 그 의미가 분명해진다고 주장한다. 마치 편지의 특성이 지닌 요소[인사말]와 수사학적인 자료가 그 편지의 다른 부분들보다 덜 중요하기라도 하듯이 그는 표준적인 주석서들 가운데 많은 것들이 부당하게도 16:13-24을 자세하게 다루지 않는 점을 비판한다. 또한 그는 많은 주석가들이 22-24절을 다음과 같이 취급하는 것에 대해 불평을 토로한다. 즉 그들은 철저하게 편지 양식의 측면에서 해석하려고 하거나, 주로 수사학적인 관점에서 이해하려고 하거나 또는 (가장 나쁜 경우로서) 기원과 관련된 관점에서 접근한다는 것이다. 따라서 많은 주석가들은 기원의 이슈에 몰두하여 성만찬 배경에 대한 가설을 머릿속에 떠올린다.[179] 이 모든 해석 방법에 반대하면서 에릭손은 공시적인 접근 방법을 채택한다. 이 방법은 바울의 의도와 전략을 이해하는 한 가지 방법

---

178) Eriksson, "Maranatha in the Letter's *Peroratio*," in his *Traditions as Rhetorical Proof: Pauline Argumentation in 1 Cor*, 279-298.

179) 같은 책, 279-290. Strobel, *Der erste Brief*, 269-272. 예를 들면 Strobel은 272쪽부터 단지 세 쪽만 16:13-24에 대한 주해에 할애한다. Lang, *Die Briefe*, 248-250. 그는 250쪽부터 단지 두 쪽만 이 부분에 대해 다룬다. Senft, *La Première Épitre*. Senft는 이 열두 절(13-24절)에 대해 단지 세 쪽에(222-225) 걸쳐 주해한다.

으로서 편지 양식과 관련된 측면과 수사학적인 측면을 종합하여 다룬다.

리츠만과 그 이후에 로빈슨, 보른캄, 캐제만 등 다른 많은 학자들은 (아마도 제베르크의 견해를 따라) 다음과 같은 가설을 발전시켰다. 즉 "평화의 입맞춤"(20절)과 더불어 이 배경에서 ἤτω ἀνάθεμα, μαράνα θά와 아마도 ἡ χάρις τοῦ κυρίου Ἰησοῦ가 나타나는 것은 성만찬의 배경을 알려준다. 하지만 모울과 에릭슨은 이 가설을 단호하게 거부하고, 피는 이에 의문을 제기한다.[180] 이 가설은 특별히 디다케 10:6에 εἴ τις ἅγιος ἐστιν, ἐρχέσθω. εἴ τις οὐκ ἔστι μετανοείτω와 더불어 μαράνα θά가 나타나고, 9:1(περὶ δὲ τῆς εὐχαριστίας)과 10:7(εὐχαριστεῖν)은 주의 만찬과 성찬 기도에 배경을 제공해 준다는 점에 근거하여 초기에 학자들 사이에서 널리 받아들여졌다. 디다케의 성찬 배경으로 "되돌려 읽기"는 "성찬 예식의 주요 부분으로서" 자신을 점검하라는 요청으로 확인되는 듯하며, 거기서 저주와 축복은 "사적인 영역을 넘어서는" 행위이며 고전 11:27-34과 14:38의 평행 본문과 잘 어울린다.[181]

모울은 "이 가설은 정말로 어느 정도 설득력이 있는가?"라고 질문한다. μαράνα θά는 신약성경에서 오직 이곳에서 단 한 번 나타난다. "왜 이 표현은 신약성경의 다른 편지에서 자취를 감추었을까? 왜…고전 16:22에서 마라나타는 특히 이 지점에서 은혜 앞에서 나타나는가?…이것이 성찬으로 이끌려는 의도를 갖고 있다고 암시하는 충분한 증거가 있는가? 그리고 계 22장의 배경에서 무언가 명백하게 성찬과 관련된 것이 있는가?"[182] 사실상 그는 계 22:20에서 "주 예수여, 오시옵소서"의 배경에서 명백하게 성찬과

---

180) Moule, "A Reconstruction of the Context of Maranatha." 참조. H. Lietzmann, *Mass and Lord's Supper: A Study in the History of the Liturgy* (Leiden: Brett, 1979), 186. Lietzmann은 이것을 예루살렘의 전승에 속한 "비-바울적" 성만찬과 연결한다(204-215). 참조. O. Cullmann, *Early Christian Worship* (Eng. trans., London: SCM, 1953), 13-14; Robinson and Bornkamm(앞에서 언급함); Käsemann, "Sentences of Holy Law in the NT," in *NT Questions of Today,* 66-81, 특히 69-70; 참조 O. Cullmann, *Christology of the NT,* 201.

181) Käsemann, "Sentences," 68-70.

182) Moule, "Reconstruction," 307.

관련된 것은 아무것도 없다고 결론짓는다.[183] 부분적으로 에릭손이 제기하는 논점에 앞서 모울은 마라나타가 의미하는 핵심은 아나테마와 이것의 관계에 있다고 주장한다. 마라나타는 부분적으로 아나테마를 재가하는 역할을 한다. 이것은 저주를 뒷받침해준다. 던피의 연구는 교부들의 해석의 한 흐름 안에서 이러한 연관성을 확인해준다. 예를 들면 아만두스는 그의 안식처를 함부로 변경하는 자는 누구든지 파문을 당할 것이라고 선언하며 다음과 같이 덧붙여 말한다. "우리 주님이 오실 때…그는 저주를 받을지어다. 마라나타"(*et sit anathema maranatha ... in adventu Domini nostri*).[184] 설령 우리가 요한계시록의 해당 텍스트가 "성만찬의 배경"을 갖고 있다고 시인한다 하더라도 던피는 "이것이 '**주여, 오시옵소서'라는 외침을 최종 강림에 대한 요청보다는 공동체 안에 주님이 임재하시기를 구하는 것으로**—이미 그의 임재를 믿을 만한 충분한 이유가 존재하듯이—이해하는 것에 대한 충분한 근거인가?"라고 질문한다(강조는 덧붙여진 것임).[185]

모울은 그의 주장을 뒷받침하기 위해 한 가지 증거를 더 제시한다. 즉 "우리 주여, 오시옵소서!"를 뜻하는 아람어 표현에 해당하는 μαράνα θά 또는 μαραναθά는 성찬 때의 임재가 아니라 미래의 파루시아에 대한 소망에 해당한다. 그는 몰턴과 밀리건 사전에서 살라미스에서 발굴된 한 비문을 인용한다. 이 비문은 ἀνάθεμα에 대한 재가를 ἤτω μαρὰν ἀθάν과 연결한다.[186] 이 비문은 성만찬보다는 오히려 종말론 및 최후의 심판과 더 연관이 있다. 매튜 블랙은 모울의 주장을 지지하며 이를 한층 더 발전시킨다.[187] 그는 유 14-15절과 평행을 이루는 에녹1서 1:9을 인용한다(이 본문은 처음으로 인용되는 것 같다). ἰδοὺ ἦλθεν κύριος ἐν ἁγίαις μυριάσιν αὐτοῦ ποιῆσαι κρίσιν

---

183) 같은 책, 308.

184) Dunphy, "Maranatha: Development in Early Chrostology," 294; 참조. 294-308.

185) 같은 책, 296.

186) MM, ἀνάθεμα, 33; on μαραναθά, MM, 388.

187) Matthew Black, "The Maranatha Invocation and Jude 14, 15 (1 Enoch 1:9)," in Lindars and Smalley (eds.), *Christ and Spirit in the NT: Studies in Honour of C. F. D. Moule*, 189-196.

κατὰ πάντων καὶ ἀπολέσει πάντας τοὺς ἀσεβεῖς(에녹1서에서는 ἔρχεται로 표기되어 있음).[188] 블랙은 최후의 파루시아에 대한 이 분명한 언급이 아람어로 기록된 에녹1서 1:9의 형태로 유통되었으며, 이것은 마라나타로 재구성될 수 있다고 지적한다. "만약 이러한 가능성이 인정된다면 마라나타 표현 양식의 원래의 배경은…신약성경에서 파루시아에 대한 언급을 지지할 뿐만 아니라 이것이 ἀνάθεμα를 강화해주는 용도로 사용되는 점을 설명해준다. 따라서 그 어떤 양식도…저주의 목적에 이보다 더 적합하지는 않을 것이다."[189] 설령 우리가 이 아람어 표현을 완료 형태로 이해해야 한다고 강조한다 하더라도 "이 언급은 미래 완료로 미래를 가리킨다. 여기서 이것은 실질적으로 일종의 예언적 완료 형태다."[190] (세계적인 아람어 전문가인) 블랙의 견해에 의하면 이 아람어 양식은 (a) 파루시아에 "주님이 (곧, 분명히) 오실 것이다" 또는 (b) 그리스어 음역과 같이 명령법으로서 "주여, 오시옵소서"를 의미한다. 이것 또한 파루시아를 가리킨다.[191]

에릭슨의 방법론은 바울 이전의 원래 정황에 관한 모든 "일반적인" 사변을 폐기하는 것이다. 따라서 그는 에녹1서 9:1에 대한 언급에 설득당하지 않는다. 하지만 다른 모든 면에서 그의 연구는 모울과 블랙이 파루시아에 관해, 그리고 아나테마와 마라나타의 의미상의 연관성에 관해 펼치는 주장에 동의하고 그것을 출발점으로 삼는다. 하지만 에릭손의 접근 방법은 편지 양식 연구와 수사학에 관한 연구를 서로 결합한다. 첫째, 그는 16:13-24의 여섯 가지 주제들이 어떻게 이 편지 전체의 핵심 주제들을 차례대로 다루는지를 결정적으로 보여준다. 예를 들면 16:13에서 γρηγορεῖτε는 수신자들이 파루시아를 고대하며 깨어 있어야 한다는 종말론적인 주제를 다룬다. 두 번째 명령인 στήκετε ἐν τῇ πίστει는 평안과 안녕을 위해 교회를 굳건하게 세

188) 같은 책, 194-195.

189) 같은 책, 195.

190) 같은 책, 196.

191) Black은 이 해석이 K. G. Kuhn, "μαραναθά," *TDNT*, 4:466-472에서 미래의 의미를 배제하는 것과 대치된다는 점을 인정한다. Black이 제시하는 증거는 Kuhn의 견해를 논박한다.

우는 일을 소개한다. 다른 명령들은 다른 주요 주제들과 관련하여 비슷한 기능을 수행한다.[192] "이 편지의 맺는말 마지막 부분은 16:21-24에 기록된 후기(*postscriptum*)다." 이것은 언약에 기초한 저주와 언약의 축복과 관련하여 하나님과의 언약 관계의 핵심을 요약해준다. "'주님을 사랑하라'와 저주에 대한 개념은 모두 언약 용어에 속한다."[193]

하지만 이 결론은 에릭손의 강력한 논증의 중간 단계에 해당한다. "마라나 타, 우리 주여, 오시옵소서!"는 이 후기의 중심을 형성하고, 그 앞에는 조건절[22a]이 있다. 즉 "만약 누구든지 주님을 사랑하지 않으면 그 사람은 저주를 받을지어다." 우리는 앞에서 엔티메메스(*enthymemes*[생략 추리법])에 대해 논의했다. 존 무어스는 바울의 사고에서 "합리성"을 밝히기 위해 움베르토 에코의 관점에서 아리스토텔레스의 엔티메메스의 용례를 탐구한다.[194] 엔티메메스는 불완전한 연역법(syllogisms)이다. 엔티메메의 결론은 종종 전승에 내포되어 있고, 주로 선포되기보다는 추정되는 전제에 의해 좌우된다. 에릭손은 아리스토텔레스가 엔티메메의 전제를 재구성하기 위해 우리가 "왜?"라고 질문할 것을 제안한다고 말한다.[195] 만약 우리가 무엇이 "조건적인 저주에 대한 근거를 제시할 수 있고, 또 어떻게 이것이 "주님이 다시 오실 것에 대한 기도"와 연결되어 있는지를 묻는다면, 우리가 "'주님을 사랑하는 것'과 이 저주[아나테마]의 개념이 모두 언약 용어에 속해 있고, 또 엔티메메에 대한 배경으로서 언약을 가리킨다"는 점을 인식할 때 비로소 기본적인 전제가 드러날 것이다.[196] "하나님을 사랑하라는 계명이 쉐마의 핵심이다.…언약을 어기는 것에 대한 결과는 저주이며, 언약을 신실하게 지키는 것에 대한 결과는 축복이다."[197] 여기서 사랑은 언약의 규

192) Eriksson, *Tradition,* 289-290. 앞에서 16:13에 대한 주해도 참조하라.

193) 같은 책, 291, 292; 참조. 293.

194) 참조. Aristotle, *Rhetoric,* 2.21.2 (1394a); Moores, *Wrestling with Rationality in Paul,* 1-32 and 132-160.

195) Aristotle, *Rhetoric,* 2.21.2.

196) Eriksson, *Traditions,* 292.

197) 같은 책, 293.

정을 신실하게 지키는 것이다. 고전 16:22는 갈 1:8-9뿐만 아니라 "아무도 두 주인을 섬길 수 없다"는 예수의 말씀과도 평행을 이룬다.[198]

이제 에릭손은 통상적으로 22절의 비-바울적 표현인 φιλεῖ τὸν κύριον을 설명할 수 있는 위치에 있다. 이 표현은 신약성경에서 오직 한 번 나타난다. 그리고 만약 바울이 하나님을 사랑하는 것에 대해 말했다면 그는 통상적으로 ἀγαπάω를 사용했을 것이다. 여기서 에릭손은 εἴ τις οὐ φιλεῖ τὸν κύριον(22a)과 관련하여 스피크의 견해를 따른다. 즉 이 표현은 "단순히 사랑의 부재를 가리키지 않고, οὐκ οἶδα ὑμᾶς와 유사한 일종의 곡언법(曲言法, litotes)이다. 이것은 거부와 버림…**긍정적인 반대**를 표현한다"(강조는 덧붙여진 것임).[199] 그러므로 바울이 자신이 사랑하는 고린도 교인들에게 직접 손으로 쓴 후기는 언약의 배경에서 사랑의 명령을 언급하는 것이다. 이 명령을 따르는 자들에게는 축복이, 반대로 이를 따르지 않는 자들에게는 저주가 주어진다. 따라서 바울은 고린도 교회에서 뜨거운 논란의 대상이었던 목회적·윤리적·신학적인 이슈들을 나열함으로써 십자가의 케리그마와 복음의 내용을 다시 선포한 것이다. "그는 다음과 같이 결론짓는다. 과연 여러분은 [구원과 축복] '안에' 있습니까? 아니면 '밖에' 있습니까?"

마지막으로 에릭손은 해당 텍스트에 대한 이와 같은 이해를 뒷받침해주는 한 가지 내용을 덧붙인다. 그는 편지의 양식과 관련된 이슈들을 고찰했고, 수사학적인 이슈들은 이 결론을 뒷받침해준다. "이 편지의 맺는말은 반복적인 권면과 진정성 있는 호소라는 두 가지 중요한 기능이 있다."[200] 연설(또는 이 경우에는 공동체에 편지를 큰 소리로 낭독하는 것)은 "절정"에서 마무리되어야 한다. 복음의 전승에 대한 스피크의 다음과 같은 언급을 인용한다면 그리스도가 다시 오시는 것을 고대하는 것보다 무엇이 더 숭고한 절정

---

198) 같은 책, 294.

199) Spicq, "Comment Comprendre φιλέω dans 1 Cor XVI:22?" 200-204. 또한 Edwards, *First Epistle,* 474, "hates."

200) Eriksson, *Traditions,* 283; also 296-297; 참조. Quintilian, *Institutio Oratoria,* 6:1:1; Aristotle, *Rhetoric* 3.19.1-6.

이겠는가? 다시 오실 주님은 다음 두 가지 중 하나를 말씀하실 것이다. "저주를 받은 자들아, 나를 떠나라"(πορεύεσθε ἀπ' ἐμοῦ κατηραμένοι, 마 25:41). 또는 "내 아버지께 복 받을 자들이여, 나아오라"(δεῦτε οἱ εὐλογημένοι τοῦ πατρός μου, 마 25:34). 따라서 "창세로부터 너희를 위하여 예비된 나라를 상속받으라."[201] 그리고 "바울은 특별히 7:26-31, 11:26, 15:24, 51-57에서 미래의 차원을 강조한다."[202] 에릭손은 다음과 같이 결론짓는다. 바울의 맺는 말은 두려움과 불쌍히 여김, 사랑과 갈망을 유도함으로써 수사학적인 패턴을 따를 뿐만 아니라 "마라나타는 소망으로 이어지는 다른 진지한 정서를 효과적으로 불러일으킨다. 마라나타는 주님의 재림을 위한 기도이며, 그리스도를 사랑하며 복음을 포기하지 않은 자들에게 종말론적인 소망을 강조한다."[203] "μαράνα θά는 전통적으로 편지의 맺는말에서 핵심적인 역할을 한다. 그러므로 이 점은 편지 전체에서도 마찬가지다."[204] 실천적 관점에서 이것은 "카리스마적인 은사를 받은 것"에서 "언약에 기초한 주제, 그리스도 중심적인 강조점과 종말론적인 긴장과 사랑"으로 관심을 전환한다.[205]

우리는 ἤτω라는 특이한 형태로 인해 멈출 필요가 없다. 이것은 ἔστω를 대신하는 후대의 형태다. 더욱이 우리는 어떻게 마라나타를 붙여 써야 하는지 띄어 써야 하는지에 대해 과도한 의미를 부여할 필요가 없다. 아람어 명사(מרן)는 "주님"을 의미하며, 아람어 동사(אתא, 아타)는 "오다"를 뜻한다. 만약 ת(타)가 분리되어 있다면 아마도 명령형으로서 "우리 주여, 오시옵소서!"일 것이다. 또한 אתא(아타) 형태는 아마도 직설법일 것이다. 즉 "[그가] 온다, 왔다 또는 올 것이다"를 의미할 것이다. 하지만 앞에서 논의한 해석학적인 이슈들은 중요하다. 왜냐하면 아람어 단어의 띄어쓰기나 심지어 방언에 관한 이슈들은 확실하지 않기 때문이다(텍스트에 대한 주해 참조). 계

201) 심판에 대한 비유는 또한 "다른 사람들에 대한 사랑"에도 관심을 보인다. 참조. 고전 8:7-13.
202) Eriksson, *Traditions,* 287.
203) 같은 책, 297.
204) 같은 책, 298.
205) 같은 책.

22:20에서 아람어 마라나타에 상응하는 그리스어 표현인 "아멘. 오시옵소서, 주 예수여"는 이 아람어 동사가 명령형임을 확인해주는 것 같다.[206)]

마지막 두 절은 바울이 은혜(χάρις)에 대해 특징적으로 강조하는 것을 표현해준다. 이것은 주님으로부터 오는 것으로서 받을 자격이 없음에도 우리에게 기꺼이 주어지는 은사다. 한편 바울은 고린도 교회에 무엇보다도 사랑(ἀγάπη)과 관련하여 그의 마지막 소원을 언급하며 이 편지를 맺는다. 그리고 μεθ' ὑμῶν(23절)과 μετὰ πάντων ὑμῶν(24절)은 단순한 여격이 아니다(참조. 1:3). 바울은 이 공동체가 굳게 서기 위해 기도해왔다. 또한 그는 그들에게 사랑이 일시적인 감정이 아니라 지속적인 자세라고 설명했다(13:4-13). "주 예수의 은혜가 여러분과 함께 있기를"이라는 "소원 기도"와 함께 편지를 마무리하는 것은 바울의 통상적인 관습을 반영한다(고후 13:13; 갈 6:18; 빌 4:23; 살전 5:28; 몬 25; 참조. 롬 16:24).[207)] 편지 도입 부분에서 언급되는 이 인사말은 다소 일관된 형태를 유지하지만, "마지막으로 은혜를 기원하는 표현은 가장 짧은 것에서부터(고전 16:24) '삼위일체와 관련된' 긴 형태에 이르기까지(고후 13:14)…다양하게 발견된다. 그러나 이 긴 형태를 제외하면 하나님이 주시는 이 은사는 언제나…똑같다. 그것은 바로 은혜다."[208)] 이 양식은 바울이 자신의 편지가 교인들이 모두 모인 공동체에서 아마도 예배드릴 때 큰 소리로 낭송되기를 기대한다는 견해에 힘을 더 실어준다. 그리고 은혜는 이 편지에서 시작(1:1-3)과 끝(16:21-24)을 알린다. "하나님의 은혜는 모든 것을 내포하며 둘러싼다. 이것은 바울의 메시지에 적합한 결론이다."[209)]

그럼에도 바울은 다음과 같은 사실을 그의 수신자들에게 확신시켜주

206) Hays도 주장하듯이. 참조. Hays, *First Cor*, 292-293. 하지만 Hays는 전례적인 배경을 지지하는 경향을 보인다(앞의 종말론에 대한 배경 참조).

207) 참조. Murphy-O'Connor, *Paul the Letter-Writer*, 99-102. "소원 기도"라는 포괄적인 용어는 대체로 Wiles가 사용한 것이다. Wiles, *Paul's Intercessory Prayers*, 22-155.

208) 같은 책, 114; 참조. 114-122; "기본적인 형태는 '은혜가 여러분과 함께'이다"(Murphy O'Connor, *Paul the Letter-Writer*, 100).

209) Hays, *First Cor*, 293.

기를 원한다. 서로 예민하게 반응하고 자기주장이 분명하여 지나치게 자기중심적인 교회 안에 어떤 종류의 스트레스와 긴장이 존재하든지 간에 그는 그 안에서 하나님의 은혜가 역사한다는 사실을 조금도 의심하지 않는다(참조. 1:4-9). 또한 그는 진정한 사랑으로 그들을 자기 마음속에 품고 있다. 단순히 수사학적 전략이 바울로 하여금 이 최종적인 언급까지 오게 한 것은 아니다. 이른바 이 편지 양식은 이미 완성되었다.[210] 어쩌면 절반 정도 감추어진 하부텍스트만이 μετὰ πάντων ὑμῶν으로부터 드러날 것이다. 그는 단지 "약한 자들"이나 "은사를 가장 많이 받은 자들"이나 "바울의 그룹"(1:12)만 사랑하는 것이 아니라 그들 모두를 사랑한다. 바울은 그들을 그리스도 예수 안에서(ἐν Χριστῷ Ἰησοῦ) 연합한 한 몸으로 이해한다. 바울은 바로 그들에게 자신의 진정한 사랑을 보내어 그 사랑이 그들 모두와 함께 있기를 바란다.

---

210) 이것은 바울이 때때로 자신이 심하게 말한 것을 "부드럽게 하는 데" 관심을 기울인다는 Fee의 생각을 부인하는 것은 아니다(Fee, *First Epistle*, 840). 그럼에도 Wolff가 주장하듯이 은혜와 사랑은 이 신앙 공동체를 위한 진정한 "기초"다(Wolff, *Der erste Brief*, 440-441).

성구 색인

/구약성경/

창세기

출애굽기

레위기

민수기

잠언

말라기

/신약성경/

마태복음

마가복음

누가복음

요한복음

사도행전

로마서

고린도전서

갈라디아서

골로새서

데살로니가전서

데살로니가후서

디모데전서

NIGTC 고린도전서(하권)

1쇄 발행 2022년 11월 18일
2쇄 발행 2023년 3월 17일

지은이 앤서니 C. 티슬턴
옮긴이 신지철
펴낸이 김요한
펴낸곳 새물결플러스

편 집 왕희광 정인철 노재현 이형일 나유영 노동래
디자인 박인미 황진주
마케팅 박성민 이원혁
총 무 김명화 이성순
영 상 최정호 곽상원
아카데미 차상희

홈페이지 www.holywaveplus.com
이메일 hwpbooks@hwpbooks.com
출판등록 2008년 8월 21일 제2008-24호
주 소 (우) 04118 서울시 마포구 마포대로19길 33
전 화 02) 2652-3161
팩 스 02) 2652-3191

ISBN 979-11-6129-241-0 94230 (하권)
SET 979-11-6129-239-7 94230 (세트)

책값은 뒤표지에 있습니다.